国家社科基金项目"清代三礼诠释研究"

(17BZX056)最终成果

清代"三礼"诠释研究

潘　斌◎著

人民出版社

责任编辑：方国根　崔秀军

封面设计：王欢欢

图书在版编目（CIP）数据

清代"三礼"诠释研究／潘斌 著 . — 北京：人民出版社，2021.12

ISBN 978 − 7 − 01 − 023950 − 7

I.①清…　Ⅱ.①潘…　Ⅲ.①《周礼》− 研究 ②《仪礼》− 研究
　③《礼记》− 研究　Ⅳ.① K892.9 ② K224.06

中国版本图书馆 CIP 数据核字（2021）第 223891 号

清代"三礼"诠释研究

QINGDAI SANLI QUANSHI YANJIU

潘 斌 著

人民出版社 出版发行

（100706　北京市东城区隆福寺街 99 号）

北京汇林印务有限公司印刷　新华书店经销

2021 年 12 月第 1 版　2021 年 12 月北京第 1 次印刷

开本：710 毫米 ×1000 毫米 1/16　印张：50.25

字数：850 千字

ISBN 978 − 7 − 01 − 023950 − 7　定价：148.00 元

邮购地址 100706　北京市东城区隆福寺街 99 号

人民东方图书销售中心　电话（010）65250042　65289539

目　录

上　篇　个案研究

下 篇　专题研究

绪　论

本书力图使文献学、史料学、学术史、思想史与社会史形成一个交互作用的立体阐释网络，目标是最大限度地呈现清代"三礼"诠释的面貌和特点，并发挥经典诠释研究的学术及现实启示价值。今将本书的研究动机与目的、方法与限制以及框架与材料略陈于下。

一、研究的动机与目的

"三礼"是《周礼》《仪礼》和《礼记》三部古典礼学文献的统称，属于儒家"十三经"，在中国思想文化史上占有重要地位。与其他经典一样，"三礼"的作者、成书和内容等都极为复杂。历代以来，不少学人围绕"三礼"文本展开了热烈的讨论，并形成了一门学问——"三礼"学。

清代是经学的全盛时代，从阮元所编《清经解》、王先谦所编《清经解续编》、刘晓东所编《清经解三编》，便可知清代经学规模之宏大。在经学大盛的背景下，清代涌现出了张尔岐、万斯大、姚际恒、毛奇龄、李光坡、盛世佐、徐乾学、秦蕙田、惠栋、江永、方苞、吴廷华、杭世骏、戴震、程瑶田、凌廷堪、胡培翚、孙希旦、朱彬、黄以周、林昌彝、孙诒让等一大批在"三礼"学上有精深造诣的经学家。清人在"三礼"文字训诂、名物制度考证以及礼意阐发等方面所取得的成就，可谓驾唐宋学人注疏之上。

学术界于清代"三礼"学已有一批研究成果问世，这些成果可从以下两个方面来看：

第一，有些学者从文献学的角度，对清代"三礼"学文献的影印、刊刻、校勘、标点等做了不少工作。

一是清代"三礼"学文献之整理。如中华书局推出的清人《十三经注疏》，其中有孙诒让《周礼正义》、孙希旦《礼记集解》、朱彬《礼记训纂》的点校本。中华书局还出版了黄以周《礼书通故》、王聘珍《大戴礼记解诂》的点校本。

此外，万斯大、姚际恒、凌廷堪、胡培翚、郑珍、曹元弼等人的"三礼"学著作也有点校本问世。

二是清代"三礼"学文献目录之编纂。王锷《三礼研究论著提要》、林庆彰《经学研究论著目录》以及黄俊郎所编《礼记论著目录》《礼记著述考》、刘兆佑所编《周礼著述考》《仪礼著述考》《三礼总义著述考》等，于清代"三礼"学文献皆有著录。这些目录书于清代"三礼"学文献的版本、卷帙、存佚、收藏等情况皆有详赡的说明。

三是从文献的角度对清代"三礼"学文献所做之研究。这方面的代表性著作是邓声国的《清代〈仪礼〉文献研究》。邓著对清代《仪礼》学文献的流派、诠释体式等皆有较深入的探讨。此外，舒大刚主编的《儒学文献通论》于清代《周礼》《仪礼》《礼记》以及"三礼总义"类文献的种类、数量等皆有介绍，于清代重要的"三礼"学文献皆有提要。邓声国《清代"五服"文献概说》对清代的"五服"文献作了全面系统的研究。商承祚、汪少华、彭林、陈功文、（日）村山吉广、沈乃文等从整体或局部对清代"三礼"学文献的面貌有所考察。

第二，有些学者从学术思想史的角度对清代"三礼"学进行研究。这个角度的研究又包括以下三个方面：

一是从思想文化史的角度对清代"三礼"学做整体研究。丁鼎主编的《三礼学通史》是中国第一部"三礼"学研究通史。该书的清代部分对清代重要的"三礼"学家及其学术成就做了探讨。台湾地区学者张寿安《十八世纪礼学考证的思想活力》、张仁善《礼·法·社会——清代法律转型与社会变迁》、林存阳《清初三礼学》《三礼馆：清代学术与政治互动的链环》将学术史与社会史相结合，对清代"三礼"学与政治、学术的关系做了辨析。

二是从学术思想史的角度对清代"三礼"学的个案加以研究。顾颉刚于方苞的《周礼》学，洪诚、沈文倬于孙诒让的《周礼》学，张寿安、程克雅、商瑈于凌廷堪的《仪礼》学，陈功文于胡培翚的《仪礼》学，张敬煜、邓声国于曹元弼的《仪礼》学，林存阳于张尔岐的《仪礼》学，彭林、李春伶于姚际恒的《仪礼》学，杜明德于毛奇龄的《仪礼》学，邓声国于吴之英、于鬯、盛世佐的《仪礼》学等，皆有较为深入的探讨，属于清代"三礼"学的个案研究。

三是部分经学史或学术史著作有涉及清代"三礼"学的演变、影响之探讨。梁启超《中国近三百年学术史》对清代姚际恒、万斯大、杭世骏、江永、秦蕙田等人的"三礼"学成就有高屋建瓴的评价。皮锡瑞的《经学通论》《经学历史》、刘师培的《经学史教科书》、马宗霍的《中国经学史》、钱基博的《经学通志》、姜广辉的《中国经学思想史》、吴丽娱的《礼与中国古代社会》（明清卷），对清代"三礼"学的发展演变线索以及其在清代学术思想史上的地位皆有研究。

综上所述，可知近代以来的学者于清代"三礼"学的研究已做了很多开拓性的工作，筚路蓝缕之功，对于将来深入从事清代"三礼"学研究会起到推动作用。不过也应该看到，清代"三礼"学研究的不足亦颇为明显。

一是学者们对清代"三礼"学的重视程度不够。尽管"三礼"学在清代学术中占有十分重要的地位，官方和民间皆很重视，相关文献汗牛充栋，然而当代学者倾向于清代的《易》学、《诗》学、《春秋》学等所谓的"显学"之研究，而于清代"三礼"学的关注度不高，相关著述的数量也比较少。

二是学者们于清代"三礼"学研究的深度不够。部分学人已经看到了清代"三礼"学的重要性，然而相关的研究并不深入。一些著述对清代的"三礼"学文献只是简单的罗列；或仅搜集序跋，而缺乏文献的爬梳和深度解读；更缺乏利用史书、文集、笔记中的资料从学术思想的角度做立体的研究。

三是学者们于清代"三礼"学研究的广度不够。"三礼"学不是单纯的经学现象，还触及政治、社会、风俗、道德、哲学等多方面的问题。比如晚清的《周礼》《礼记·王制》诠释与当时的学风转向有极为密切的关系，乾嘉时期徽州的《仪礼》诠释与当时考据学的兴起有内在的联系。因此，梳理"三礼"学与清代的社会变迁、制度变革、移风易俗之间的关系，是清代"三礼"学研究的重要内容。然而迄今为止，相关论著的数量并不多。这是清代学术史研究方面的缺失，亟待补充。

由此可见，清代"三礼"学研究尚有很大余地，是一片值得认真开垦的学术园地。

从事清代"三礼"学研究，对于丰富和深化清代经学史、学术史及思想史的研究皆有重要意义。"三礼"学在清代学术中占有十分重要的地位，探讨清人于"三礼"的理解、阐释及运用，对于认识"三礼"学在清代文化中的地位、扮演的角色以及发挥的作用等有着重要意义，对于研究清代经学、理学等也有一定的参考价值。此外，清代"三礼"学之研究，对于丰富和深化中国经典诠释传统的内涵也是十分必要的。

从事清代"三礼"学研究有着重要的社会应用价值。"三礼"是中国古典文化之瑰宝，其所记载的礼仪制度和蕴含的礼学思想具有超越时空的现实启示和应用价值。清人于"三礼"之诠释，折射出清人对于社会秩序整合的基本观念。通过对清代"三礼"学之省思，可为学界辨析中国古代的学术文化与经世致用之间的关系提供历史的鉴镜。

二、研究的方法与限制

本书在从事清代"三礼"学研究时，拟采用以下的研究方法：

本书将采用史学研究中将文化现象置于当时社会文化的大背景下加以探讨的研究路径。史学研究特别重视将历史事件、文化现象放到社会文化背景之下进行考察，只有如此，才能深刻理解历史事件发生的原因，记述完整过程也才能对历史事件作出客观的评价。清初知识界出现"以经学济理学之穷"的学术潮流，不少学人治学反对空谈、主张实事求是。此外，学界辨疑之风兴起，学人治经崇尚辨疑、喜立新说。乾嘉时期，考据之学大盛，考证精深之作层出不穷。晚清中国危机四起，经学研究范式开始发生变化，由常州庄氏发轫，经龚自珍、魏源等人的推波助澜，今文经学兴起。在清代不同时期，经学研究的重点和风格也有差异。因此，本书在对清代"三礼"学家和他们的著作进行研究时，首先会对经学家和经学著作的社会背景和时代学风进行考察。本书除了考察"三礼"论著的内容之外，还将对论著作者的生平、学术经历、学术思想加以探讨，从而彰显论著的时代特色及学术地位。比如在对明清之际张尔岐、姚际恒的《仪礼》学进行探讨时，明清鼎革之际的学术风气以及士人文化心理将是首先要顾及的。又如本书的专题部分对清人的《大学》《中庸》学进行探讨时，清廷的文化政策、清代的理学也是首先要加以考察的。

本书在研究时将考据与义理相结合。清代学术繁荣，特别是在经典诠释方面可谓是自汉、宋以后的又一座高峰。清代经学家辈出，经学文献汗牛充栋。本书的研究，首先是对"三礼"学文献进行搜集和爬梳。在对"三礼"学文献进行释读时，绝不仅限于涉猎文献的序跋，而是真正走进文献，认真释读，深度掌握文献的内容，在此基础上进行归纳、辨析、得出结论，从而避免蹈虚。此外，本书在涉及"三礼"文字、音韵、名物、制度等内容时，将利用文献学的方法加以辨析。比如惠栋、江永等人的"三礼"学著作考据色彩甚浓，本书在对这二人的"三礼"学进行研究时，将综合应用文献学各方面的知识和方法，以求深度之解析，避免浮泛之空论。清代学人的"三礼"学还有义理层面的内容。此所谓"义理"，即清人的"三礼"学文献所蕴含的思想。此一层面的研究，若仅停留在考据的层面，则难以深入。因此，义理推衍是清代"三礼"学研究的重要路径。

本书还将采用比较研究法。首先是将清代"三礼"学放到中国经典诠释的大背景下加以讨论，以见清代"三礼"学的成就、特色和地位。比如本书在探讨孙诒让的《周礼》学时，将孙氏的解义与清代以前的解义加以比较，以见孙氏对于前人解义的处理方式，以及孙氏在前人基础之上所取得的成就。又如张惠言的《仪礼图》，本书将其与宋代聂崇义的《新定三礼图》、杨复的《仪礼图》、明代刘绩的《三礼图》做比较研究，从而彰显张氏礼图的成就和特色。此外，清人于诸经的研究皆有很大成就，诸经之研究既有共性，也有特性。本书有意识地将清代"三礼"学与清代《易》学、《书》学、《诗》学和《春秋》学进行比较，以见清代"三礼"学与清代经学所具有的共性，以及其所具有的特点。

本书的重点和难点是清代"三礼"名家名著研究。清代经学昌盛，与此相应，"三礼"学著述的数量非常大，这些著述是"三礼"的次生文献，最能体现清人在"三礼"诠释方面的造诣。清代的"三礼"学文献不但数量大，而且部头大，一部著作动辄数十卷，多则百余卷。如秦蕙田《五礼通考》（虽然此书为通礼文献，但是书中内容与"三礼"关系密切）达二百六十二卷，林昌彝《三礼通释》达二百八十卷，杭世骏《续礼记集说》达一百卷。要对这些卷帙浩繁、考据精深的文献加以研究，需要研究者具有深厚的学养以及大量的时间和精力的投入。对于研究者来说，无疑是巨大的挑战。

三、研究的框架与材料

本书分为"个案研究"和"专题研究"两大部分，总体框架如下：

第一部分是"个案研究"。该部分对清代"三礼"学的名家名著开展具体研究，又分为四个单元，即"《周礼》名家名著研究""《仪礼》名家名著研究""《礼记》名家名著研究"和"'三礼'综论类名家名著研究"。

一是《周礼》部分。该部分对清代有代表性的《周礼》学家及其著作进行研究。其中包括毛奇龄《周礼问》、万斯大《周官辨非》、李光坡《周礼述注》、方苞《周官集注》《周官析疑》《周官辩》、乾隆十三年御定《周官义疏》、惠士奇《礼说》、江永《周礼疑义举要》、沈彤《周官禄田考》、孙诒让《周礼正义》《周礼政要》、廖平《今古学考》《古学考》（此二部书皆非《周礼》学专著，然与《周礼》关系极大）等。

二是《仪礼》部分。该部分对有代表性的《仪礼》学家及其著作进行研究。其中包括张尔岐《仪礼郑注句读》、万斯大《仪礼商》、姚际恒《仪礼通论》、李光坡《仪礼述注》、方苞《仪礼析疑》、乾隆十三年御定《仪礼义疏》、江永《仪礼释例》《仪礼释宫增注》、盛世佐《仪礼集编》、沈彤《仪礼小疏》、凌廷堪《礼经释例》、胡培翚《仪礼正义》、曹元弼《礼经学》《礼经校释》等。

三是《礼记》部分。该部分对有代表性的《礼记》学家及其著作进行研究。其中包括王夫之《礼记章句》、万斯大《礼记偶笺》、李光坡《礼记述注》、康熙年间敕编《日讲礼记解义》、方苞《礼记析疑》、乾隆十三年御定《礼记义疏》、杭世骏《续礼记集说》、孙希旦《礼记集解》、朱彬《礼记训纂》、郭嵩焘《礼记质疑》、廖平《礼记识》、康有为《礼运注》《中庸注》等。

四是"三礼"综论部分。该部分对有代表性的"三礼总义"类著作进行研究。其中包括毛奇龄《昏礼辨正》《丧礼吾说篇》、徐乾学《读礼通考》、江永《礼书纲目》、惠栋《九经古义》、秦蕙田《五礼通考》、林昌彝《三礼通释》、俞樾《群经平议》、黄以周《礼书通故》、皮锡瑞《经学通论》等。

第二部分是"专题研究"。该部分对清代"三礼"学的共性问题加以归纳和辨析。该部分又分为八个单元：

一是清人于"三礼"作者及成书的认识。清人在参考和借鉴前人观点的基础上，对"三礼"的作者和成书问题做了新的探讨。清人于《周礼》作者和成书的探讨，主要有"西周成书说""战国成书说""刘歆伪造说"；于《仪礼》作者和成书的认识主要有"周公成书说""孔子成书说""春秋战国间学者成书说""汉儒成书说"。清人还对《礼记》中的《王制》《月令》《礼运》《儒行》等篇的作者以及《礼记》的纂集过程提出了新看法。本部分通过对以上各种观点加以辨析，以见清人在"三礼"作者和成书方面的省思，以及这些省思所透显出的经学观。

二是清人于"三礼"学文献之校勘。清人的经典校勘范围之广、力度之深可谓前所未有。本部分通过对清前期、中期、晚期三个阶段有代表性的学人（前期如顾炎武、张尔岐；中期如沈廷芳、金日追、卢文弨、阮元；晚期如孙诒让、曹元弼、俞樾）的"三礼"校勘情况加以探讨，以见清人在"三礼"经、注、疏的考订方面所取得的成就及特色。

三是清人于"三礼"所绘图。本部分通过对清前期、中期和晚期三个阶段有代表性的学人（前期如徐乾学、朱轼；中期如《钦定仪礼义疏》、张惠言；后期如黄以周、俞樾、吴之英）的"三礼"图进行考察，以见清人所绘"三礼"图的成就及特点。

四是清人于《礼记·大学》之诠释。清人的《大学》解义除了见诸"四书"学文献外，还见诸专门的《大学》诠释类著述。在汉宋、今古、中西之学流行的清代，《大学》的诠释也呈现出多元样态。本部分通过对清人于《大学》文本可信与否之争、《大学》古本与改本之争等问题进行研究，以见清人《大学》诠释的内容及特色。

五是清人于《礼记·中庸》之诠释。清人于《中庸》所做的诠释既见诸"四书"学文献，亦见诸专门的《中庸》诠释类文献。本部分通过对清人于《中庸》文本可信与否之争、《中庸》与其他经典的关系的认知等问题进行研究，以见清人《中庸》诠释的内容及特色。

六是清人于《周礼·考工记》之诠释。清代的《考工记》研究大盛，相关文献十分丰富，研究水平之高可谓空前。本部分通过对清人于《考工记》作者和成书的认识、《考工记》的校勘、《考工记》的文字训诂、《考工记》名物制度的考证等问题加以研究，以见清代《考工记》诠释的内容及特色。

七是清人于《仪礼·丧服》之诠释。清人的"丧学"诠释，有见诸清代的《丧服》专论著作、《仪礼》学文献中的《丧服》部分、通礼著作的丧服部分以及经学史著作等。本部分通过对清人于《丧服》文本、名物制度、义例的观点加以研究，以见清人《丧服》诠释的内容及特色。

八是清代政治和教化与"三礼"之关系。"三礼"之学在清代的文化建设中占有十分重要的地位。本部分通过史料之爬梳，对"三礼"与清廷议礼制礼、"三礼"与清代教化等问题加以研究，以见清代"三礼"学与政治、教育以及社会风尚之关系。

清代在"三礼"学方面造诣精良的学人，远不止以上个案部分所列诸人。本书在个案研究时所选择的"三礼"学家和著作的标准如下：其一在"三礼"学方面作出重大贡献的经学家。比如孙诒让于《周礼》学，张尔岐、凌廷堪、胡培翚于《仪礼》学，孙希旦、朱彬于《礼记》学，徐乾学、秦蕙田、林昌彝、黄以周于"三礼"综论，诸君皆能以平生精力投入"三礼"研究，且其著作是清代"三礼"学术史上的标志性成果。其二在"三礼"学方面的研究颇具特色，并产生了较大影响。比如毛奇龄、万斯大的《周礼》学以辨疑为特色，王夫之的《礼记》学以思辨为特色，廖平的《周礼》《礼记》学以思想体系的建构为特色，康有为的《礼记》学以经世致用为特色。这些学人的学术视野广阔，"三礼"学只是其学术体系中的一部分。本书将其作为个案而加以研究，看重的是他们在"三礼"学方面的特色。

本书列出八个专题，主要是基于以下三个方面的考虑：一是清代经学家在"三礼"诠释中共同面对的问题，比如"三礼"的作者和成书、"三礼"文献的校勘、"三礼"与清代政治和教化的关系；二是清代经学家在从事"三礼"诠释时采用的途径或方法，比如以图释"三礼"；三是清代经学家在从事"三礼"诠释时最感兴趣且做深入探讨的内容，比如清代的《考工记》《丧服》《大学》《中庸》诠释，皆在本书专题讨论之列。为了全面、立体地呈现清代"三礼"学的面貌，本书在专题分类方面的标准并非单一，有的部分甚至有交叉重合。比如清人于《考工记》《丧服》的诠释，本身就涉及作者、校勘、绘图；于《大学》《中庸》的诠释，本身就涉及与政治、教化的关系。本书在从事相关论述时，将有所侧重，尽量避免重复论述。

本书在研究时所采用的材料，主要是《四库全书》《续修四库全书》《四库全书存目丛书》《清经解》《清经解续编》《清经解三编》中所收录的清代"三礼"学文献。此外，一些过去以为已佚而今天重新出现的经学文献（如姚际恒的《仪礼通论》）也在考察的范围。史部文献如《清史稿》、地方志以及清代皇帝的圣谕，臣僚奏疏对于考察清代"三礼"诠释的文化背景以及经典应用状况等皆具有重要意义，故也在采择之列。清代学者如陈确、颜元、方苞、凌廷堪、胡培翚、戴震、孙诒让、阮元等人的文集中也有关于"三礼"的论述，研究中亦有所涉及。

上 篇

个案研究

第一章　清代《周礼》名家名著研究

第一节　毛奇龄的《周礼》诠释

毛奇龄（1623—1716）字大可，又字于一、齐于，号秋晴，又号初晴、晚晴。绍兴府萧山县(今浙江杭州萧山区)人。以郡望西河，学者称"西河先生"。清初著名经学家、文学家，与其弟毛万龄并称"江东二毛"。毛奇龄曾参与抗清斗争，流亡多年始出。康熙时举荐博学鸿词科，授检讨，充明史馆纂修官。后因病辞职归隐，专心著述。所著有《毛诗续传》《古今通韵》《春秋毛氏传》《经集》《四书改错》《竟山乐录》《西河诗话》《词话》《河图洛书原舛篇》《太极图说遗议》等数十种。另有诗赋、杂著二百三十余卷，涉及文学、史学、经学等各个领域，后人编为《西河合集》。

毛奇龄所撰《周礼问》一书对《周礼》的作者、成书年代等有细致的辨析。在《与李恕谷论周礼书》中，毛奇龄对撰著《周礼问》的动机作了交代，他说："近姚立方作《伪周礼论注》四本，桐乡钱君馆于其家多日，及来谒，言语疏率，瞠目者久之。嗫嗫嚅嚅而退，然立方所著亦不示我，但索其卷首《总论》观之，直绍述宋儒所言，以为刘歆作。予稍就其卷首及宋儒所言者略辨之，惜其书不全见，不能全辨，然亦见大概矣。"[①] 由此可见，毛奇龄撰《周礼问》，是对姚际恒的"刘歆伪造《周礼》说"所作的回应。

《周礼问》共二卷，卷一内容有"《周礼》非汉儒伪作"四条，"六官、三官、二官"二条，"古无三司名"，"冢宰"，"《周礼》与《尚书·周官》《大戴礼》表里"，"周六卿、唐虞六卿"，"司徒、司空"，"天地四时之名所始"，"宰夫"；卷二内容有"官名、官职同异"，"人数多寡"，"《周官》禄数不给人数"，"分土三等同异"，"九州闲田"，"《周官》非秦制"，"罗氏攻《周礼》之谬"，"《周

---

① 徐世昌编纂：《清儒学案》第 2 册《西河学案下》，人民出版社 2010 年点校本，第 678 页。

礼》与他礼同文"。在《周礼问》中，毛奇龄以"或问""又问""或又谓""又谓""然又有疑者""乃又有""然而"等先发问，再予以回答。《周礼问》的观点及特色可从以下三个方面来看。

一、认为《周礼》非刘歆伪造

自汉以来，《周礼》的成书问题就聚讼纷纭，莫衷一是。西汉刘歆认为《周礼》成书于西周初，其曰："其周公致太平之迹，迹具在斯。"① 郑玄、王肃、李靓、王安石、叶时、郑伯谦等人皆持此说。有人认为《周礼》出自战国。如何休认为《周礼》乃"六国阴谋之书"②，林硕认为《周礼》乃"末世渎乱不验之书"③。还有人认为《周礼》出自刘歆伪造，此说的首倡者是南宋胡宏、胡安国父子。包恢、洪迈等人亦持此说。

在《周礼问》一书中，毛奇龄重点对"刘歆伪造《周礼》说"做了批判。其所做辨析的角度和方法如下：

第一，据宋代学风以质疑胡宏的"刘歆伪造《周礼》说"。

胡宏认为刘歆为新莽国师，其作《周礼》意在阿莽。胡宏说："夫歆……所列序之书，假托《周官》之名，剿入私说，希合贼莽之所为耳。"④ 毛奇龄驳曰："此皆宋人诬妄毁经习气，好作此等语。如诬《孝经》为刘炫伪作、诬《古文尚书》为梅赜伪作一类，此最误古学者。"⑤ 毛氏认为，以《周礼》为刘歆伪作，与以《孝经》出自刘炫伪作、《古文尚书》出自梅赜伪作一样，皆是宋代疑经思潮之产物，不可信据。

第二，据史书之记载以驳宋人之说不可据。

《汉书》云："献王所得书皆古文先秦旧书，《周官》《尚书》《礼》《礼记》《孟子》《老子》之属，皆经传说记，七十子之徒所论。……武帝时，献王来朝，献雅乐，对三雍宫，及诏策所问三十余事。"⑥ 毛奇龄据此曰："尝读《景十三王传》，知此书出自武帝之朝，为河间献王所献。武帝但藏之内府，而不行其书。至成

---

① （清）阮元校刻：《十三经注疏（附校勘记）》，中华书局1980年版，第636页。

② （清）阮元校刻：《十三经注疏（附校勘记）》，中华书局1980年版，第636页。

③ （清）阮元校刻：《十三经注疏（附校勘记）》，中华书局1980年版，第636页。

④ （宋）胡宏：《极论周礼》，《胡宏集》，中华书局1987年点校本，第259—260页。

⑤ （清）毛奇龄：《周礼问》卷一，《续修四库全书》第78册，第383页。

⑥ （汉）班固：《汉书》卷五十三，中华书局1962年点校本，第2410—2411页。

帝朝，刘向奉诏校理秘书，始发《周礼》《古文尚书》《左氏春秋》诸书，编作《七录》，此皆刘向事，并非刘歆。"①毛氏对《汉书·景十三王传》之记载采取信任态度，从而断定《周礼》在武帝时已出现，且有刘向之校勘。毛氏还据《汉书·艺文志》刘向、刘歆校理群书之事，进一步论证《周礼》出自刘歆之前。《汉书·艺文志》云："成帝时，以书颇散亡，使谒者陈农求遗书于天下。诏光禄大夫刘向校经传、诸子、诗赋。……会向卒，哀帝复使向子侍中奉车都尉歆卒父业。歆于是总群书而奏其《七略》，故有《辑略》。"②毛奇龄据此推测曰："是《周礼》一书，在武帝时已有之，成帝时又从而校理之，且其校理者是向不是歆，而乃以武帝、成帝时早有之书而移之莽。以父所校理者而移之子，则先以诬己，而欲以辨人之诬，所谓以暴易暴，孰知其非者也。"③毛氏认为，武帝之时，《周礼》已有之，成帝时又为刘向校理，因此《周礼》不可能出自刘歆伪造。

有人据《汉书·艺文志》窦公献书部分的注释所引桓谭之言，认为刘歆与窦公交好，窦公所献之书很可能出自刘歆伪造。毛奇龄驳曰："武帝好乐，亦尝以《周官经》定乐章矣。《艺文志》于窦公献乐章后，即云武帝时河间献王好儒，与毛生等共采《周官》及诸子言乐事者以作《乐记》。内史臣王定传之，以授常山王禹，禹成帝时为谒者，献其书有二十四卷，刘向校书得《乐记》二十三篇，与禹不同。则在武帝朝且有采《周官经》而为《乐记》者，此不止窦公献一篇，且必非歆、谭行伪于《周官经》六篇外又作此二十四卷，断可知也。"④毛氏据《汉书·艺文志》所记武帝时河间献王与毛生等共采《周官》及诸子言乐事者作《乐记》，以及王禹献书之事，以证武帝时献采《周官经》而为《乐记》者不止六国时窦公所献一篇，进而说明刘歆、窦公伪造《周礼》之说不可信据。

有人认为，班固《汉书》成书于刘歆之后，因此《汉书·艺文志》及《景十三王传》之记载可能出自刘歆《七略》，而《七略》之记载很可能出自刘歆伪造。毛奇龄认为，刘歆不可能伪造河间献王所献、刘向所校理之书以欺当朝之人。他说："《七略》今不传固无可考，然歆能伪作《周礼》，不能造为

①　（清）毛奇龄：《周礼问》卷一，《续修四库全书》第 78 册，第 383 页。

②　（汉）班固：《汉书》卷三十，中华书局 1962 年点校本，第 1701 页。

③　（清）毛奇龄：《周礼问》卷一，《续修四库全书》第 78 册，第 384 页。

④　（清）毛奇龄：《周礼问》卷一，《续修四库全书》第 78 册，第 384 页。

《周礼》出处踪迹以欺当世。假使河间献王不献《周礼》，成帝不诏向校理《周礼》，歆可造此诸事以欺同朝诸儒臣乎?"①此外，毛氏认为刘歆不可能预造河间先王所献之书，他说:"且《景十三王传》云献王所献皆古文先秦旧书，《周官》《尚书》《礼记》《孟子》《老子》之属皆经传说记，言有经即有传与说记也，此必非歆可预造其语者。乃考之《艺文》所志，在当时所有之书，则实有《周官经》六篇、《周官传》四篇，此班氏所自目睹也，此必非袭刘歆语也。使歆既为经，又复为传，此万无之事。"②毛氏据《汉书·景十三王传》所记古书皆经传说记，断定刘歆不可能预造经传。毛氏于此进一步强化《汉书·艺文志》和《汉书·景十三王传》记载之可信，以明"刘歆伪造《周礼》说"之非。

第三，通过对史实的不同解读，以驳前人之说。

据《汉书·王莽传》可知，王莽母功显君薨，莽不欲居丧，遂使人开秘府，征引《周礼》为不居丧寻求证据。有人据此推测《周礼》为刘歆媚莽而作。毛奇龄驳此说，理由如下:

一是仿诸侯之服为母服缌并非刘歆之意。毛奇龄说:"歆继向校书，实有表章《周官》《左传》及《古文尚书》《毛诗》之意，故移文博士，劝立学官，并非为阿莽而设。观莽所愿效者，仿《大诰》，拟《金縢》，皆今文而非古文，余可推矣。世无学者……引《周礼》云'王为诸侯缌弁而加环绖'，遂拟摄皇帝，仿诸侯之服为母服缌，此实无理之极，并非歆意。"③毛氏认为，莽所欲效者是古文而非今文，刘歆承刘向之志，有表彰古文经学之意，因此《王莽传》所记莽摄皇帝、仿诸侯为母服缌，并非刘歆之意。

二是王莽母未薨之前已有征《周礼》之事。毛奇龄曰:"《莽传》明云平帝四年征天下通一经、教授十一人以上，及有《逸礼》《古书》《毛诗》《周官》《尔雅》诸书能通知其意者，皆诣公车。则在平帝未崩、莽母未死以前，显行《周官》，著于令甲。而谓《周官》之伪始于居摄，则《莽传》且未终读，何况他耶?"④毛氏据《王莽传》，认为平帝未崩、王莽母未死之前，就有征包括《周礼》在内者诣公车。因此，《周礼》并非莽母死才有之。

---

① （清）毛奇龄:《周礼问》卷一，《续修四库全书》第78册，第384页。
② （清）毛奇龄:《周礼问》卷一，《续修四库全书》第78册，第384页。
③ （清）毛奇龄:《周礼问》卷一，《续修四库全书》第78册，第385页。
④ （清）毛奇龄:《周礼问》卷一，《续修四库全书》第78册，第385页。

二、证《周礼》中的制度渊源有自

不少人通过辨析《周礼》所记官制，以证《周礼》是伪书。毛奇龄则认为《周礼》所记官制渊源有自。如有人认为三代时有三卿而无六卿，因此《周礼》六卿制度为伪。毛奇龄驳曰："云三代有三卿而无六卿，则不闻今文《甘誓》有'大战于甘，乃召六卿'乎？天子六军皆命卿，诸侯三军，惟以三卿受命者为之，此在春秋时晋宋诸用兵皆然。……故《甘誓》有六卿之名。《昏义》'天子立六官，三公九卿'，有六官之名。《周礼》一书，直通三代，而谓周制无六官六卿，何其妄乎？"① 毛氏据《尚书·甘誓》《礼记·昏义》等文献之记载，认为先秦时期有六卿，《周礼》所记六卿正是三代官制之反映。

有人认为《周礼》地官司徒一职与古"司徒敬敷五教"不合，因此《周礼》司徒职掌非出自周公之设计，亦非三代之制。毛奇龄驳曰："《周礼》司徒职原似庞杂，然古实如此。如《周语》宣王料民，仲山父以'司徒协旅'为言，则实职舆版民众之事。王不藉千亩，虢文公陈九狗之法，曰'司徒五之'，则又佐农正、后稷、司空土谷诸事。故《洪范》陈八政，并及司徒，以兼司食货诸政故也。《绵》诗迁都专举司徒、司空两官，以度地作室，缩版立庙，实两官共之者也。然则司徒，地官矣，其与司空共职土者，亦曰昔有之，不必始《周礼》矣。"② 毛氏据《国语·周语》《尚书·洪范》《诗·绵》，认为司徒职土地之事古已有之。

有人认为《周礼》天官大宰、小宰之后是宰夫，而宰夫是膳夫（即庖人），其职又掌吏治，可见天官属官设置有淆乱之嫌。毛奇龄驳曰："宰夫佐二宰，行命令诛赏诸事，别有职掌。此不过如司徒下之有乡师，司马下之有诸司马，后世令丞下之有副倅，但作佐领，并未专擅，何为侵官？且《春秋》原有太宰、小宰、宰夫三官，其称宰周公者，此太宰也。公也称宰咺、宰渠伯纠者，即宰夫也，士也。盖公祇称爵，卿则称字，士则称名，凡名而不字，即是宰夫。故《公羊》曰宰者，士也，上士以名通者也。此可据矣。且膳夫之贱隶在天官，且列之宫伯之下，往亦疑之。后读《云汉》诗曰'疚哉冢宰''膳夫左右'，《十月之交》诗曰'家伯冢宰，仲允膳夫'，始悟膳夫甚尊，凡天事有关木旱日食

---

① （清）毛奇龄：《周礼问》卷一，《续修四库全书》第78册，第386页。
② （清）毛奇龄：《周礼问》卷一，《续修四库全书》第78册，第389页。

则必及之,此真天职,所以《周礼》断断必列之天官之中。"① 毛氏认为,《周礼》司徒之下有乡师,司马之下有诸司马,由此可知宰夫非侵官;毛氏还据《诗·十月之交》《云汉》,认为宰夫属于真天职,故被列入《周礼·天官》。

有人认为《周礼》中有多个不同名称的职官共掌一事,由此导致《周礼》职官重复杂乱、数量巨大。毛奇龄据《诗》"尔牧来思"郑玄注,认为牛人、牧人的设置并不重复;又据《孟子》,认为校人、圉人的设置并不重复;据《国语》,认为郁人、鬯人并不重复。如于《周礼》所记牧人、牛人,毛奇龄曰:"官名同异固不可拘,然官职同异亦不定据。云牧人、牛人不应两设,以为纯言牧,则牛已在内,可兼官耳,殊不知牧不止牛,合掌祭祀之六畜。而牛人则又不止祭祀之牛,有膳牛、燕牛、犒牛、丧牛、军事任载牛,原不能兼,即有谓六畜虽繁,而刍豢则一。后世并不设公牛一官,尚不患不给,况已设其一,何必有两,则在《周官》中原设两名。"② 毛氏认为,牧人所掌不止牛,而牛人所掌亦不止祭祀之牛,故二者皆见于《周礼》,并不重复。

毛奇龄曰:"当读《大戴记·朝事》一篇,其中所载大宗伯、典命、典瑞、大行人、职方、射人诸职,全是《周礼》原文,所差不过一二字。……然则《周礼》果周制,其为周末言礼者所通见,当不止《朝事》篇矣。是以《内则》一篇……'春行羔豚,膳膏腥'及'牛夜鸣则庮'十句,与《周礼》文全同,所差不过古今文一二字间,此必当时言礼家所习言习用,故彼此并出,全文不易,断非一人一意可撰造者。"③ 毛氏认为,《周礼》所载部分职官以及礼事、名物,与《大戴礼记·朝事》和《礼记·内则》之记载相吻合,源头皆是《周礼》。毛氏补充道:"予岂不晓,然周制全亡,所赖以略见大意,祗此《周礼》《仪礼》《礼记》三经,以其所记者虽不无参臆,而其为周制则尚居十七。此在有心古学者方护卫不暇,而欲进绝之,则饩羊尽亡矣。"④ 毛氏认为,《周礼》与《仪礼》《礼记》一样,尽管出现较晚,然而内容十之七八是周制之反映。

宋代的胡宏、罗璧以及清初的万斯大皆从制度层面论《周礼》之真伪。如万斯大以《五经》《论语》《孟子》为据,认为《周礼》所记赋税、力役、祭祀制度和民俗皆不可信。毛奇龄则认为《周礼》所记官制渊源有自,虽然这些官

① (清) 毛奇龄:《周礼问》卷一,《续修四库全书》第 78 册,第 390—391 页。
② (清) 毛奇龄:《周礼问》卷二,《续修四库全书》第 78 册,第 392 页。
③ (清) 毛奇龄:《周礼问》卷二,《续修四库全书》第 78 册,第 400 页。
④ (清) 毛奇龄:《周礼问》卷一,《续修四库全书》第 78 册,第 388 页。

制并不一定出自周公，但是仍为三代以来制度之反映。平心而论，毛氏对《周礼》所记制度的认识较为客观。《周礼》并非古代制度之实录，而是带有理想化的色彩。一方面，《周礼》的作者对现实制度有清楚之认识；另一方面，其并不拘泥于现实制度，而是在参考现实制度之基础上掺入不少理想化的成分。因此，将《周礼》所记制度与现实制度进行比较，以二者之差异为据，从而全面否定《周礼》，显然是以偏概全。不难看出，毛奇龄在考证时有回护《周礼》之意，然其不完全排拒《周礼》所记制度，对于今人研究《周礼》的成书问题是有参考价值的。

三、认为《周礼》出自战国

在毛奇龄看来，虽然《周礼》不伪，但是其并非周公所作。他说："若夫《周礼》一书出自战国，断断非周公所作。"① 又说："《周礼》自非圣经，不特非周公所作，且并非孔孟以前之书，此与《仪礼》《礼记》皆同时杂出于周秦之间，此在稍有识者皆能言之。"② 毛氏认为，《周礼》不可能出自孔孟之前，而是杂出于周秦之间。

毛奇龄认为《周礼》出自战国的重要依据，是《易》《书》《诗》在《礼记》多有征引，而于《周礼》《仪礼》，《礼记》并未道及，即使是《论语》《孟子》，也没有论及"三礼"只字。毛氏说："此书（指《周礼》）为战国人书，而其礼则多是周礼。"③ 在毛氏看来，《周礼》虽晚出，但是其所反映的仍是周代礼制。

毛奇龄以《周礼》出自战国的观点得到了后世不少学者的响应。晚清皮锡瑞曰："《周礼》体大物博，即非周公手笔，而能作此书者自是大才，亦必掇拾成周典礼之遗，非尽凭空撰造，其中即或有刘歆增窜，亦非歆所能独办也。惟其书是一家之学，似是战国时有志之士据周旧典，参以己意，定为一代之制。"④ 皮氏认为，《周礼》一书体大物博，乃战国时期有志之士据周之旧典参以己意而成。近代以来，郭沫若、钱穆、顾颉刚、杨向奎、钱玄、杨天宇、史景成、金春峰等学人皆认为《周礼》出自战国。由此可见毛奇龄《周礼》成书于战国之说影响之深远。

① （清）毛奇龄：《周礼问》卷一，《续修四库全书》第 78 册，第 388 页。
② （清）毛奇龄：《周礼问》卷一，《续修四库全书》第 78 册，第 383 页。
③ （清）毛奇龄：《周礼问》卷二，《续修四库全书》第 78 册，第 400 页。
④ （清）皮锡瑞：《经学通论·三礼》，《皮锡瑞全集》，中华书局 2015 年点校本，第 448 页。

汉代以来，由于文献于《周礼》作者和成书之记载有异，所以后世学人于《周礼》作者和成书之认识颇有分歧。《周礼》的作者和成书问题一直困扰着历代学者，成为经学史上的一大公案，直到今天仍无定论。在中国经学史上，持刘歆伪造《周礼》之说者代不乏人，驳刘歆伪造《周礼》之说者亦不少见，因此质疑刘歆伪造《周礼》之说，并非毛奇龄之首创。毛氏治经有"争胜"之嫌，然从其于《周礼》作者和成书问题之论证，可知其经学尚有根柢。即便其"争胜"，也是建立在认真考辨经籍基础之上，而非向壁虚造、师心自说。此外，从毛奇龄所作论证，可见其"信古"的学术取向。关于《周礼》的成书问题，汉代文献仅《汉书》《汉纪》可见。持刘歆伪造《周礼》之说者，于《汉书》《汉纪》之记载或不信，或置若罔闻。毛奇龄对《汉书》之记载持信任态度，对《周礼》成书的相关记载予以采纳。在清初辨疑风潮中，毛奇龄对《周礼》成书的相关记载持信任态度，对于疑古过勇者无疑具有警醒作用。在"疑古"与"信古"并存的现代学界，毛奇龄在《周礼》成书问题上对待经史记载的态度仍然具有启发意义。

第二节　万斯大的《周礼》诠释

万斯大（1633—1683）字充宗，别字褐夫，因患足疾而自号跛翁。浙江鄞县（今浙江宁波）人。生逢乱世，不事科举业，授徒自给，读书之外无他事。曾携幼子万经馆于武林，慨然以穷经自任。曾从黄宗羲学，并在鄞县创建讲经会，一时胜友如云，质疑问难，号称极盛。黄宗羲曾云："学不患不博，患不能精。充宗之经学，由博以致精，信矣其可传也。"[1] 万斯大尤精"三礼"，《清史稿》言其"根柢'三礼'，以释'三传'，较宋元以后空谈书法者殊"[2]。其礼学著作有《学礼质疑》《周官辨非》《仪礼商》《礼记偶笺》《庙寝图说》等。

万斯大《周官辨非》一书依天、地、春、夏、秋五官之序，论辩《周礼》不可信者四十七条，其中天官四条，地官二十二条，春官十条，夏官四条，秋官七条。涉及职官六十九种，其中天官部分五种，地官部分三十种，春官部分

<hr />

[1]　（清）黄宗羲：《万充宗墓志铭》，《黄宗羲全集》第 10 册，浙江古籍出版社 2012 年版，第 418 页。

[2]　赵尔巽等撰：《清史稿》卷四百八十一，中华书局 1977 年点校本，第 13170 页。

八种，夏官部分六种，秋官部分二十种。万斯大《周官辨非》一书对《周礼》成书问题的辨析是清初群经辨伪学的重要组成部分。① 今以《周官辨非》为据，对万斯大《周礼》辨伪的方法和意义加以探讨。

一、认为《周礼》不合《五经》《论》《孟》

万斯大主张治学要融贯群经，他说："非通诸经，不能通一经；非悟传、注之失，则不能通经；非以经释经，则亦无由悟传、注之失。"② 在此治经理念的支配下，万氏将《周礼》与其他经典之记载加以比较，他说："此书（《周礼》）所载止详诸官职掌，其法制典章，取校于《五经》《论》《孟》，殊多不合。夫不合于《五经》《论》《孟》，则是非有在矣。天下是非有一定，无两可，以《周礼》为是，将以《五经》《论》《孟》为非乎？"③ 万氏认为，《五经》《论》《孟》虽非西周之书，内容却出自西周；《周礼》所记制度与周制不合，因此《周礼》非周公之书。在《周官辨非》中，万氏从赋役制度、祭祀制度等多个方面将《周礼》与《五经》《论》《孟》加以比较，以证《周礼》之伪。

《周礼》于赋役制度的种类、征收者的职责、用途等皆详有记载。万斯大通过对《周礼》所记赋役的种类加以辨析，以证《周礼》之伪。如《周礼·天官》大宰"九赋"之一的"关市之赋"，万氏曰："圣人之治天下，利民之事，丝发必兴，厉民之事，毫末必去。关市之赋，厉民之甚者也。"④ 在万氏看来，周公若制礼，绝不可能将上述"关市之赋"笔之于书、以为常法。其主要依据有二：

一是《尚书·无逸》所记周公训成王之言。《无逸》云："文王不敢盘于游田，以庶邦惟正之供。"又曰："继自今嗣王则其无淫于观，于逸，于游，于田，以万民惟正之供。"在《无逸》中，周公告诫成王要以殷亡为戒，知百姓疾苦，不可贪图安逸。万氏据此曰："赋及关市，宁非横敛乎？吾以是知

---

① 清初姚际恒撰《周礼通论》，认为《周礼》为刘歆伪作；毛奇龄撰《周礼问》，认为《周礼》出自战国。姚际恒、毛奇龄于《周礼》成书问题之讨论，是继宋人于此问题讨论以来的又一高峰。

② 转引自（清）黄宗羲：《万充宗墓志铭》，《黄宗羲全集》第 10 册，浙江古籍出版社 2012 年点校本，第 417 页。

③ （清）万斯大：《周官辨非》，《续修四库全书》第 78 册，第 402 页。

④ （清）万斯大：《周官辨非》，《续修四库全书》第 78 册，第 402 页。

《周官》非周公所作,决也。"①《周礼》赋及关市属于横敛之事,与周公的施政理念不合。

二是《孟子·梁惠王下》所载文王治岐之事。《梁惠王下》云:"耕者九一,仕者世禄,关市讥而不征。"万氏据此曰:"孟子言仁政,曰关市讥而不征,将以御暴。今之为关也,将以为暴。使周公时已赋及关市,则已为暴矣,孟子何以有古今之叹哉?"②万氏认为,孟子所叹者乃末世弊政,并非周公之政。因此,以《周礼》"关市之赋"出自周公,就是"诬圣人之制作,流毒当世,贻祸无穷,为此言者,古今之罪人也"③。

万斯大对《周礼》所记赋税的用途作了辨析,以证《周礼》非周公所作。如《大府》云:"凡式贡之余财,以供玩好之用。"《玉府》云:"掌王之金玉玩好。"万氏据此曰:"此明以逸欲导人主,尤为不经。吴澄氏曰:西旅献獒,非出于武王之求,亦非武王之好,召公且谏以为玩物丧志,况聚财而冀其余以为玩好之用。周公肯建官掌此道人主以纵欲如此哉!"④万氏据《尚书·旅獒》所记献獒之事及元人吴澄之注,认为《周礼》大府、玉府所掌王玩好之用,有使王溺于玩物丧志之嫌,与周公施政理念不合。

万斯大对《周礼》中的征税标准作了辨析,以证《周礼》非周公所作。如《载师》:"凡任地,国宅无征,园廛二十而一,近郊十一,远郊二十而三,甸、稍、县、都皆无过十二,唯其漆林之征二十而五。"郑《注》:"周税轻近而重远。"万氏曰:"《孟子》曰:'夏后氏五十而贡,殷人七十而助,周人百亩而彻,其实皆什一也。'故公刘立国,彻田为粮,文王治岐,耕者九一,后王遵守,未常有过此者。迨乎春秋,兵赋繁兴,国用不足,乃重敛以病民,如鲁之税亩在宣公之时,郑之丘赋在昭公之世,十二之始,经传昭然,则知前此皆十一也。鲁、郑之制即周之制,岂周公之时已有加于十一哉?今载师任地,惟近郊十一,远郊则不及七而一,甸、稍、县、都皆十二。……呜呼!吾闻《禹贡》甸服之制,百里赋纳总,二百里纳铚,三百里纳秸,四百里粟,五百里米。盖民之纳赋,远者劳,近者逸,故为之别其精粗,以均其力。未闻轻近重远,

①　(清)万斯大:《周官辨非》,《续修四库全书》第78册,第402页。
②　(清)万斯大:《周官辨非》,《续修四库全书》第78册,第402页。
③　(清)万斯大:《周官辨非》,《续修四库全书》第78册,第402页。
④　(清)万斯大:《周官辨非》,《续修四库全书》第78册,第403页。

有加于十一也。然则载师所言，岂待辨而知为聚敛小人之说乎？"①万氏据《孟子》，认为夏、商、周之税率为十一，春秋以来，兵赋增多，故有重敛病民；又据《尚书·禹贡》甸服之制，认为以王畿为中心，由近至远，纳赋亦由精到粗，是出于"远者劳""近者逸"之考虑。在此基础上，万氏认为《周礼》"轻近重远"的赋税原则与《尚书》《孟子》相矛盾。

万斯大对《周礼》所记力役征调制度作了辨析，以证《周礼》非周公所作。《周礼·均人》："凡均力政，以岁上下。丰年则公旬用三日焉，中年则公旬用二日焉，无年则公旬用一日焉。"万氏认为，《均人》所记力役之征害民者多，与周公施政理念不合。《孟子·尽心下》曰："有布缕之征、粟米之征、力役之征。"又曰："君子用其一，缓其二。"万氏据此曰："有天下者，力役固不能无，要当有限制，使民不困。……一旬而用民三日，则三时之害者多矣。民力几何，安能尽力于农亩？其不至民有殍而父子离者几希。"②万氏据《孟子》，认为《均人》所记力役征调已超出民之承受能力，百姓负担繁重，难以尽心于耕稼，这与周公的仁政理念相去甚远。

万斯大对《周礼》中的祭祀制度作了辨析，以明《周礼》非周公之书。如《周礼·牧人》云："掌牧六牲，而阜蕃其物，以共祭祀之牲牷。凡阳祀，用骍牲毛之。阴祀，用黝牲毛之。望祀，各以其方之色牲毛之。"《礼记·檀弓》云："夏后氏尚黑，牲用玄；殷人尚白，牲用白；周人尚赤，牲用骍。"《郊特牲》云："郊祭，牲用骍。"《祭法》言"燔柴泰坛""瘗埋泰折""用骍犊"。《周书》："成王在新邑烝，祭岁，文王骍牛一，武王骍牛一。"万氏据《礼记·檀弓》《郊特牲》《祭法》以及《周书》《论语》，认为周代祭天、祭地、祭先祖、祭山川皆用骍。其曰："周天子之凡祭无不用骍可知矣。盖牲之所异者，如天地之牛角茧栗，宗庙之牛角握，如帝牛不吉，以为稷牛，如帝牛必在涤三月，稷牛惟具，乃其差耳。若用骍，必无或异也。此《牧人》之文，因祭有阴阳之目，于牲即有骍、黝之别。既为不经，而望祀各以其方之色，大类《月令》四时所陈所驾所衣所服，各随方色而不同，周公之制，岂若是乎？"③万氏认为，《周礼》牧人所掌祭祀牲牷有骍、黝之别，与周代祭祀制度不合。

①　（清）万斯大：《周官辨非》，《续修四库全书》第78册，第407—408页。
②　（清）万斯大：《周官辨非》，《续修四库全书》第78册，第408页。
③　（清）万斯大：《周官辨非》，《续修四库全书》第78册，第407页。

万斯大还对《周礼》所记民俗作了辨析，以明《周礼》非周代之书。《周礼·媒氏》云："中春之月，令会男女。于是时也，奔者不禁，而不用令者罚之。"万氏据《礼记·内则》以及《诗·桑中》《蝃蝀》，曰："愚按：奔者不禁之言，败礼伤教之尤者也。……言奔者不禁，则作《周官》者见周末时俗，有男女相诱，如《溱洧》诗所云者，而官不禁，误以为周礼固然，而遂笔者，不知其大乱先王之教也。"①万氏认为，《周礼·媒氏》所记"奔者不禁"乃周末民俗，有败礼伤教之嫌。

《周礼》所记媒氏之职掌，还有"司男女之无夫家者而会之"。《礼记·昏义》曰："壹与之齐，终身不改，故夫死不嫁。"万斯大据此，曰："先王于夫妇之道，生则教之有别，死则教之有守，故节义风行而谣僻不作。世衰道降，鳏寡复求配偶，礼虽不之禁，要当各如其志。"《诗·柏舟》曰"民之秉彝，好是懿德"，万氏据此曰："志之专一，即父母尚不能夺。今乃取无夫家者而会之，是使鳏必再娶，寡必更嫁，人谓可使无怨旷，吾恐节义之风微矣。"②万氏据《诗》《礼记》，认为《周礼》所记婚俗不合圣人之道。

万斯大将《周礼》与其他经典记载相比较，以证《周礼》为伪，此方法并非其首创。宋人罗璧曰："孟子时，周室犹存班爵之制，已云不闻其详，而谓秦火之后，乃《周礼》灿然完备如此耶？兼其中言建国之制与《书·洛诰》《召诰》异，言封国之制与《书·武成》及《孟子》异，设官之制与《书·周官》六典异。周之制作大抵出周公，岂有言之与行自相矛盾乎？"③罗氏认为，若《周礼》出自周公，孔、孟不会不著一辞；《周礼》与《尚书》《孟子》所记制度多有矛盾，可知《周礼》不是出自周公。万氏将《周礼》与《五经》《论语》《孟子》相比较以证《周礼》为伪，与罗璧的《周礼》辨伪法如出一辙。

万斯大疑《周礼》的赋税制度、力役制度、祭祀制度和民俗，皆以《五经》《论语》《孟子》之记载为判断标准。从今天来看，《周礼》与《五经》《论语》《孟子》所记制度有差异是事实，然以《五经》《论语》《孟子》之记载可信，以证《周礼》所记制度之不可信，则未必然也。比如《孟子》所记的制度有不少理想化的成分，因此我们不可将《孟子》所记制度完全当作史实。若一概以《孟子》所记

① （清）万斯大：《周官辨非》，《续修四库全书》第 78 册，第 409 页。
② （清）万斯大：《周官辨非》，《续修四库全书》第 78 册，第 410 页。
③ （清）朱彝尊：《经义考》卷一百二十，中华书局 1998 年影印本，第 642 页。

制度为是，以断《周礼》所记制度为非，那么辨伪的前提就有问题。《孟子》如此，推之《五经》亦然。①

二、认为《周礼》之记载不合情理

《周礼》全书分为《天官》《地官》《春官》《夏官》《秋官》《冬官》六篇，分别记述各个系统之职官。在《周官辨非》中，万斯大通过对《周礼》职官设置加以辨析，以证《周礼》非周公之书。

《周礼·地官》对乡以及乡之属州、党、族、闾、比职官之设置有记载。如二乡则公一人；乡大夫，每乡卿一人；州长，每州中大夫一人；党正，每党下大夫一人；比长，五家下士一人。万斯大据此曰："嘻! 六乡之中，公三人，卿六人，中大夫三十人，下大夫百五十人，上士七百五十，中士三千，下士一万五千，何官之多也! ……府史胥徒之属，且不下数万，将何以畀之? 故吾谓官多则縻禄，縻禄则财匮，财匮则聚敛，聚敛则病民。呜呼! 生之者众，食之者寡，《大学》生财之道也，作《周官》者曷亦思之乎?"② 万氏认为，《周礼》中的乡之职官数量巨大，将导致财政匮乏、聚敛病民，此与周公的施政理念不合。

《周礼·地官》所记掌林麓山泽及物产之职官十分繁冗，虞衡、迹人、卝人、角人、羽人、掌葛、掌染草、掌炭、掌荼、掌茶、掌蜃等，林林总总，不一而足。万斯大认为："复物物分敛之，数十百官吏，结网罗、置陷阱于山泽之中，民生其间，真一步不可行，一物无所有，累然桎梏之人耳。"③ 万氏认为，如此繁冗的职官设置，无异于结网罗、置陷阱于山泽，使民难行于其中而一无所获。

---

① 关于此，林庆彰先生说："万氏之书引《孟子》《礼记·王制》《尚书·周官》《武成》等书篇作为论证，以证成周礼各种职官制度之非。孟子是带有相当理想色彩的思想家，为了要鼓吹自己的学说，所引述的史事和制度，未必是真，如提倡孝道，塑造孝子大舜，为消除纷争，塑造的禅让制度，还有他理想的井田制度等等，都很难得其他佐证。以致孟子所述的其他典章制度，也不能作为当时之实录来看待。……此外，《周官》和《武成》，都是东晋晚出《古文尚书》中的一篇，为晋人所伪造，用它来反映周代的制度也大有问题。由于《尚书·周官》涉及典章制度的地方不少，万氏引以为证的也时时可见，这当然会影响论证结论的正确性。"（林庆彰：《清初的群经辨伪学》，文津出版社1990年版，第352页）
② （清）万斯大：《周官辨非》，《续修四库全书》第78册，第406—407页。
③ （清）万斯大：《周官辨非》，《续修四库全书》第78册，第415页。

《周礼·夏官》所记掌马政之职官亦十分繁冗。万斯大曰："按天子十二闲，凡良马二千一百六十匹，驽马一千二百九十六匹，合之为三千四百五十六匹。其王马之官有校人，有仆夫，有驭夫，有趣马，有巫马，有牧师，有廋人。养马之役，有圉师，有圉人。计主马之官，中大夫二，上士十六，中士二十，下士二百七十五。养马之役，圉师六百四十八，圉人二千八百八，府五，史十二，胥十二，徒二千一百六十二，医四，贾二，通计大夫士为三百一十三人，府、史、胥、徒、医、贾、圉师、圉人为五千六百五十三人。是人之数，几倍于马之数。呜呼！此即孟子所谓'庖有肥肉，厩有肥马，民有饥色，野有饿莩'之世，恐不至是。"①万氏据《夏官》于马政之记载，对马政职官的数量作了统计，发现马政职官数倍于马，遂认为《周礼》马政职官之设置不合情理。

《周礼·秋官》有冥氏掌攻猛兽，庶氏掌除毒虫，穴氏掌攻蛰兽，翨氏掌攻猛鸟，柞氏掌攻草木及林麓，薙氏掌杀草，硩蔟氏掌覆夭鸟之巢，翦氏掌除蠹物，赤犮氏掌除墙屋，壶涿氏掌除水虫，庭氏掌射国中之夭鸟。万斯大曰："自有君臣以来至于今，设官之多，无有如《周官》者。试观此诸官所掌何事邪？不过此鸟、兽、草、木、虫、蠹之末务，即欲除之，数隶人可毕者，而设官置役周详如此，遍地皆官，遍地皆豺狼也。"②万氏认为，掌鸟、兽、草、木乃末务，置数官即可胜任；《秋官》于鸟、兽、草、木、虫、蠹职官设置如此繁冗，以至于遍地豺狼、民不聊生，由此可证《周礼》非周公之书。

从情理的角度来审视《周礼》所记职官之设置，前人论述已多。如南宋胡宏曰："仰惟前代时若，训迪厥官，说者谓《周官》三百也。今乃冗滥如是，又设三百六十职焉，其妄诞不经，昭昭矣。自刘歆成书，惟郑康成推赞之，真周公之罪人也。"③胡氏认为《周礼》职官"冗滥""妄诞不经"，非出自周公之手。胡宏还通过对《周礼》所记职官职掌具体内容之分析，认为"六官之所掌辞繁而事复，类皆期会簿书之末俗，吏揞克之所为，而非赞冢宰进退百官，均一四海之治者也"④，《周礼》六官"辞繁而事复"，非出自圣人之手。由此可见，万斯大从情理角度从事《周礼》之辨伪，可谓渊源有自。万氏的贡献，是在前人的基础上列举了更多例证，并有更详尽的辨析。

① （清）万斯大：《周官辨非》，《续修四库全书》第78册，第420—421页。
② （清）万斯大：《周官辨非》，《续修四库全书》第78册，第423页。
③ （宋）胡宏：《极论周礼》，《胡宏集》，中华书局1987年点校本，第259页。
④ （宋）胡宏：《极论周礼》，《胡宏集》，中华书局1987年点校本，第254—255页。

三、据史实以明《周礼》非圣人之书

万斯大还据史实，以证《周礼》不是出自周公。如《周礼·泉府》："凡民之贷者，与其有司辨而授之，以国服为之息。"万氏认为："王者以天下为家，而锱铢取息于民无论，足为民病也，其如国体何？"①万氏还以王莽、王安石为例，认为"王莽计赢以受息，安石青苗而败宋，其祸盖本于此"②。

据史实以证《周礼》为伪也并非斯大的首创。如胡宏曰："王安石乃确信乱臣贼子伪妄之书，而废大圣垂死笔削之经，弃恭俭而崇汰侈，舍仁义而营货财，不数十年，金人内侵，首足易位，涂炭天下，未知终始。原祸乱之本，乃在于是。"③胡氏认为，王安石尊信"乱臣贼子伪妄之书"的《周礼》，以至于北宋王朝覆亡。洪迈曰："歆之处心积虑，用以济莽之恶，莽据以毒痛四海，如五均、六筦、市官、赊贷，诸所兴为，皆是也。故当其时，公孙禄既已斥歆颠倒《六经》毁师法矣。历代以来，唯宇文周依六典以建官，至于治民发政，亦未尝循故辙。王安石欲变乱祖宗法度，乃尊崇其言，至与《诗》《书》均匹，以作《三经新义》。……由中及外，害遍生灵。"④洪氏认为，刘歆用《周礼》"济莽之恶"，王莽据《周礼》"毒痛四海"，王安石用《周礼》"害遍生灵"，由此可见《周礼》为伪书。王莽改制、王安石变法时，皆仿《周礼·泉府》取息于民。万氏据王莽、王安石等人取息于民所带来的弊端，以明《周礼》非周公所作。

《周礼·地官·大司徒》于古代天文历法有记载，其曰："日至之景尺有五寸，谓之地中。……然则百物阜安，乃建王国焉，制其畿方千里而封树之。"据贾《疏》，知武王迁鼎于洛，欲以为都，到周公摄政，以岐镐处五岳之外，于政不均，故东行洛邑，合诸侯，谋作天子之居，故更以土圭度景求地中。其度日景之时，并立五表，于颍川、阳城置中表，中表南千里、北千里、东西千里各置一表。斯大曰："唐开元十二年，命太史监南宫说等于河南北平地测日晷及极星，夏至日中立八尺之表。……愚按：此测晷之法，即土圭正日景之法也。然但测日晷之长短，而非求地中。但测南北之晷，而不测东西之晷，有

① （清）万斯大：《周官辨非》，《续修四库全书》第78册，第411页。
② （清）万斯大：《周官辨非》，《续修四库全书》第78册，第411页。
③ （宋）胡宏：《极论周礼》，见《胡宏集》，中华书局1987年点校本，第259—260页。
④ （宋）洪迈：《容斋续笔》卷十六《周礼非周公书》，上海古籍出版社1978年点校本，第412页。

以见测景之法,非因建都而设,而南北之晷,既有长短之分,不必更测东西也。"① 斯大据唐开元年间南宫说到河南进行天文大地测量一事,认为《周礼》所记度景求地中之事可疑;此外,据唐代仅有测南北之晷,而无测东西之晷,可知《周礼》所记东西、南北皆置晷之说可疑。

万斯大据唐代天文测量之事,认为《周礼》所记天文测量与唐代不同,由此断定《周礼》所记天文测量不可靠。从逻辑上来说,万氏之说可谓次序颠倒。《周礼》所记天文测量,是早期天文学家的可贵探索,唐人在前人探索的基础上,天文观测的方法有更新,观测地址有变化,本是合情理之事。万斯大以唐代与《周礼》所记天文观测之差异,从而认为《周礼》之记载不可信,从逻辑上来说是不通的。

第三节　李光坡的《周礼》诠释

李光坡(1651—1723)字耜卿,号茂夫,一号皋轩。福建泉州府安溪县(今福建泉州)人。大学士李光地之弟。少受庭训,弱冠为诸生,览濂、洛、关、闽书,旁及子、史。际遇坎坷,居家不仕,数十年皆用心于经学。从康熙二十五年(1686)起,开始长达三十余年的"三礼"研究,最终于康熙六十一年(1722)完成《周礼述注》二十四卷、《仪礼述注》十七卷、《礼记述注》二十八卷。三书合称《三礼述注》,今传于世。

李光坡所撰《周礼述注》依天、地、春、夏、秋五官及《考工记》的顺序,取郑玄《周礼注》、贾公彦《周礼疏》,删繁举要,以溯训诂之源;又旁采汉唐至明清诸家解义,参以己意,以阐制作之义。李光坡《周礼》学的成就及特色可从以下三个方面来看。

一、汉宋兼采,删繁举要

清初学人治经多是汉宋兼采。皮锡瑞曰:"国初诸儒治经,取汉、唐注疏及宋、元、明人之说,择善而从。由后人论之,为汉、宋兼采一派。"② 受时代学

---

① (清)万斯大:《周官辨非》,《续修四库全书》第 78 册,第 404 页。
② (清)皮锡瑞:《经学历史·经学复盛时代》,《皮锡瑞全集》,中华书局 2015 年点校本,第 89 页。

风之影响，李光坡治《周礼》亦是汉宋兼采。今随机对《周礼述注》的第一、二、十二、二十一卷征引诸家解义的情况进行统计，以窥其治《周礼》之理念及特色。

《周礼述注》卷一征引郑玄《周礼注》三十九次，贾公彦《周礼疏》十四次，朱熹之说一次，刘执中之说一次，陈傅良之说两次，王与之之说一次，薛平仲之说一次，吕伯恭之说一次，李光地之说一次。

《周礼述注》卷二征引郑玄《周礼注》七十二次，贾公彦《周礼疏》二十次，王安石之说四次，朱熹之说一次，叶时之说一次。

《周礼述注》卷十二征引郑玄《周礼注》七十八次，贾公彦《周礼疏》二十五次，二程、朱熹、徐氏、陈氏之说各一次。

《周礼述注》卷二十一征引郑玄《周礼注》二百零四次，贾公彦《周礼疏》六十九次，王安石之说五次，刘迎之说一次，刘执中之说一次，郑刚中之说六次，王光远之说三次，黄文甫之说四次。

据以上所作之统计，可知李光坡格外重视郑玄《周礼注》和贾公彦《周礼疏》。此外，其对宋人二程、王安石、刘执中、朱熹、叶时、刘迎等人的观点也偶有征引。由此可见，李光坡治《周礼》重视汉宋兼采。宋人疑经惑传，鄙弃汉唐解义，而喜以己意解经。皮锡瑞说："宋人不信注疏，驯至疑经；疑经不已，遂至改经、删经、移易经文，以就己说。"① 宋人的《周礼》诠释虽然与《周易》《春秋》诠释有所不同，然以义理解经仍是当时《周礼》诠释之风尚，汉唐的《周礼》解义并非为宋人所重。清初学人治经力破宋学藩篱，主张在择宋人解义之时不废汉唐注疏之学。李光坡对于郑玄、贾公彦的《周礼》解义虽间有疑义，然从整体上来看是持肯定态度。根据以上统计，可知光坡重视汉唐解义甚于宋人之说。四库馆臣曰："宋儒喜谈三代，故讲《周礼》者恒多。又鉴于熙宁之新法，故恒牵引末代弊政，支离诘驳，于《注》《疏》多所攻击，议论盛而经义反淆。光坡此书，不及汉学之博奥，亦不至如宋学之蔓衍，平心静气，务求理明而词达。于说经之家，亦可谓适中之道矣。"②

贾公彦《周礼疏》意在疏解郑玄《注》，内容"极博核"③。李光坡《周礼述注》于郑《注》、贾《疏》删繁就简。其多处直接征引郑《注》，而弃贾《疏》。如在

---

① （清）皮锡瑞：《经学历史·经学变古时代》，《皮锡瑞全集》，中华书局 2015 年点校本，第 78 页。

② （清）永瑢等：《四库全书总目》卷十九，中华书局 1965 年版，第 155 页。

③ （清）永瑢等：《四库全书总目》卷十九，中华书局 1965 年版，第 149 页。

《周礼》天、地、春、夏、秋诸官的《叙官》部分，李氏仅征引郑《注》。在各职官之具体职掌方面，李氏亦多征引郑《注》而不及贾《疏》。观李氏所征引之郑《注》，可知其不用贾《疏》之原因。如于《周礼》太宰以九赋敛财贿，"一曰邦中之赋"，郑玄《注》："邦中，在城郭者。""二曰四郊之赋"，郑玄《注》："四郊，去国百里。""三曰邦甸之赋"，郑玄《注》："邦甸，二百里。"贾《疏》引经据典，对郑《注》有详尽之阐释。李氏于此所征引者仅郑《注》，而不及贾《疏》，原因是郑玄所释"邦中""四郊""邦甸"文义显豁，不观贾《疏》即能明之。

即便是既征引郑《注》，又征引贾《疏》，李光坡也是择其要者，而于名物度数之文多有刊削。如《周礼·天官·膳夫》："膳夫掌王之食饮膳羞，以养王及后世子。"郑《注》："食，饭也。饮，酒浆也。膳，牲肉也。羞，有滋味者。凡养之具，大略有四。"贾《疏》对"食饭也""饮酒浆也""膳牲肉也""羞有滋味者""凡养之具大略有四"皆一一考证，对"以养王及后世子"之义亦有阐发。李氏于此悉数征引郑《注》，而于贾《疏》，仅征引"以养王及后世子"之解义。郑《注》、贾《疏》所释"食""饮""膳""羞"者，皆名物，于"养王及后世子"，则释义。李氏于此弃释名物之文，而取释义者。

又如《周礼·春官·郁人》："郁人，下士二人，府二人，史一人，徒八人。"郑《注》："郁，郁金香草，宜以和鬯。"贾《疏》对郁人置于鬯人之前的原因作了辨析，对郑《注》所言"郁金香草""宜以和鬯"之义作了阐发。李光坡于此悉数征引郑《注》、贾《疏》所言郁人置于鬯人之前的原因，至于"郁金香草""宜以和鬯"之释义则弃而不录。由此可见，李氏所征引者主要是贾《疏》的引申之义，而于名物之考证仅征引郑《注》，而舍贾《疏》。

对于郑《注》、贾《疏》引经据典的内容，李光坡多予以删减。如《周礼·天官·宫人》："宫人掌王之六寝之修。"郑《注》："六寝者，路寝一，小寝五。《玉藻》曰：'朝，辨色始入。君日出而视朝。退适路寝听政。使人视大夫，大夫退，然后适小寝，释服。'是路寝以治事，小寝以时燕息焉。《春秋》书鲁庄公薨于路寝，僖公薨于小寝，是则人君非一寝明矣。"贾《疏》对"路寝一""小寝五"作了辨析，对郑《注》所引《玉藻》《春秋》之文亦逐句诠释。李光坡曰："《注》曰：'六寝者，路寝一，小寝五。……路寝以治事，小寝以时燕息焉。'《疏》曰：'诸侯则三寝，路寝一，燕寝一，侧室一。修，扫除也。'"[1]通过比较，可知李氏于

---

① （清）李光坡：《周礼述注》卷四，文渊阁《四库全书》第100册，第62页。

此所征引郑《注》、贾《疏》者皆非原文，而是对郑《注》、贾《疏》最核心的内容加以保留，至于郑《注》、贾《疏》引经据典的内容则弃而不用。

李光坡从事《周礼》诠释时，以郑《注》、贾《疏》为据，而偶及其他诸家解义，可谓重训诂之源、知轻重之辨。李氏对郑《注》、贾《疏》并非原文照搬，而是多节录相关解义。在他看来，这些节录的文字对于理解《周礼》经文最有裨益。在《周礼》学史上，郑《注》古奥，而贾《疏》繁冗，其利在斯，其弊亦在斯。宋人王与之集汉宋《周礼》学之大成，成《周礼订义》一书。其所征引者数十家，规模大至一百五十卷，初学者欲览此书，殊非易事。李光坡《周礼述注》于郑《注》、贾《疏》之节录，对于初学者研习《周礼》颇有助益。正如四库馆臣所说，《周礼述注》"于郑、贾名物度数之文，多所刊削"，"而析理明通，措词简要，颇足为初学之津梁"①。

二、质疑旧说，间出新义

李光坡对《周礼》经文、郑《注》和贾《疏》虽多有肯定，然并非一味信从。在《周礼述注》一书中，其或以"坡谓"的形式引申发挥前人的观点，或对经文、郑《注》和贾《疏》及其他诸家解义提出质疑。

《周礼》一书，古今学人或信之，或疑之。信之者，如刘歆、郑玄等人认为《周礼》成书于周公，故其内容值得信从。刘歆曰："其周公致太平之迹，迹具在斯。"②郑玄承其说曰："周公居摄而作'六典'之职，谓之《周礼》，营邑于土中，七年致政成王，此以《礼》授之，使居洛邑治天下。"③疑之者，如何休认为《周礼》乃"六国阴谋之书"④。东汉张禹、包咸以及明人季本、清人毛奇龄、崔述等皆持是说。李光坡认为《周礼》可信，他说："《周官》六篇……至若肆为排抵毁訾之言，则愚陋无知之人耳。"⑤在《周礼述注》一书中，李氏对《周礼》经文多有肯定，对前人之所疑者多加反驳。

如《周礼·地官·司徒》，郑玄《注》曰："地者载养万物，天子立司徒掌邦教，亦所以安扰万民。"有人据郑玄此说，认为司徒既然掌邦教，则其属官

①　（清）永瑢等：《四库全书总目》卷十九，中华书局 1965 年版，第 149 页。

②　（清）阮元校刻：《十三经注疏（附校勘记）》，中华书局 1980 年版，第 636 页。

③　（清）阮元校刻：《十三经注疏（附校勘记）》，中华书局 1980 年版，第 639 页。

④　（清）阮元校刻：《十三经注疏（附校勘记）》，中华书局 1980 年版，第 636 页。

⑤　（清）李光坡：《周礼述注》卷一，文渊阁《四库全书》第 100 册，第 2 页。

亦当主教化之事，然而《周礼》司徒的教职惟乡官师保十数人，且其间多是养民之事，因此该篇乃《周礼》司空部分之错简。李光坡驳曰："夫先王之世，辨物居方，秀者为士，而朴者为农，下及工、商，各有常居，皆有守法使之。父以此教其子，兄以此教其弟，习其耳目，而定其心思，闲其道艺，而世其家业，无非神道设教之深意，岂必东胶西序始名教哉？抑又闻之孟子曰：'无恒产而有恒心者，惟士为能。若民则无恒产，因无恒心。苟无恒心，放辟邪侈无不为已。'故制民之产，然后驱而之善，此所谓物畜然后有礼，不养则不可动者也。天下不由养而能教者，希矣。力能为长厚之行，而民者冥也，左右曲成，君相不先，则士、农、工、商，生者不得其情，死者不尽其常，相与矍矍然丧其降衷秉彝之心，其钝顽无耻者，固已率而归于乖戾悖逆，不可复制，即常性未移者，亦颓堕委靡消沮而不复振。呜呼！道之不行，从可知矣。《司徒》一篇，教养相侔，盖圣人酌乎天理人情之安，措之天下，既并举而相成，著之为经，亦贯通而匪二是，是乃尽伦尽制之道也，何疑其错简哉？"① 李氏据孟子所言，对古代教与养之关系作了辨析。其认为教与养不可分，因此《周礼·地官·司徒》并无错简。

　　《周礼·地官·媒氏》："媒氏掌万民之判……中春之月，令会男女，于是时也，奔者不禁。若无故而不用令者罚之，司男女之无夫家者而会之。"李光坡曰："坡谓六礼备为渐。《易》曰'渐，女归，吉'是也。六礼不备为奔，奔者，迅疾之意，不以渐也。古者夫妇有别，而后父子有亲，一礼不备，不可以行。今之奔者不禁何？容有三十之男，二十之女，可以判合。而未合者，虽不备礼，犹许之，非慕说相奔就之说也。"又曰："坡谓司犹察也。无夫家，谓未有夫家也。男无家者，或单，或贫，而不能娶；女无夫者，或屈于孤贱过期而不行，且时有天患民病，男女化离如此之类，皆司而会之也。若夫鳏寡，圣人亦各从其志耳，岂有抑其贞操强使判合乎？呜呼！饿死事极小，失节事极大，曾谓周公而不见此与？"② 不少人对《周礼》媒氏之职掌表示怀疑。如万斯大曰："奔者不禁之言，败礼伤教之尤者也。……言奔者不禁，则作《周官》者见周末时俗，有男女相诱。……其大乱先王之教也。"③ 与万斯大之说不同，李光坡

---

① （清）李光坡：《周礼述注》卷十，文渊阁《四库全书》第100册，第193—194页。

② （清）李光坡：《周礼述注》卷九，文渊阁《四库全书》第100册，第158页。

③ （清）万斯大：《周官辨非》，《续修四库全书》第78册，第409页。

从维护《周礼》的角度，对媒氏之职掌作了新的诠释。李氏认为，媒氏言"奔者不禁"，仅是针对三十之男与二十之女，而不具有普遍性；《周礼》媒氏言"司男女之无夫家者而会之"，是各从其志，而非强迫，与"饿死事极小""失节事极大"之义并不矛盾。

《周礼·地官·泉府》："泉府掌以市之征布。……凡民之贷者，与其有司辨而授之，以国服为之息。"古人于《泉府》"国服为之息"争议不断，特别是王安石以之为制度资源推行经济变革以后，相关的质疑更多，有人甚至据此认为《周礼》非圣人之书。李光坡曰："坡谓国服为息，儒者因青苗之害改为说者不一，抑无庸也。其时孙觉奏曰：'成周赊贷，特以备民之缓急不可徒与也，故与国服为之息。然国服之息，说者不明，郑氏释经，乃引王莽为据。不应周公取息重于莽时，况国用专取具于泉府，则冢宰九赋将安用取？圣世宜讲求先王之法，不当取疑文虚说以图治安。'善哉言也！古今异宜，微文难知，后圣有作，或在损益，此语似可阙疑。"① 宋人孙觉认为郑玄以王莽之事释经不可信从，因为时代有变，微文难知。李光坡据孙觉之说，认为《泉府》"国服"之说应阙疑，后人所言并非圣人原义。

李光坡有疑郑《注》和贾《疏》者。如《周礼·天官·幂人》"掌共巾幂"，郑《注》："曰共巾，祭祀以疏布巾幂八尊。"贾《疏》："祭天无灌，唯有五齐三酒，实于八尊。疏布者，大功布，为幂覆此八尊，故云疏布幂八尊。此据正尊而言，若五齐加明水，三酒加玄酒，则十六尊皆以疏布幂之也。"贾《疏》认为，此所谓"八尊"，为五齐、三酒实于尊，共八尊。李光坡曰："坡谓尊之名六，而曰八尊者，案《春官·司尊彝》春祠、夏禴献象皆两之，则四尊也。皆有罍，则四罍尊也。与上四尊，共八尊。献象四尊，以盛泛醴盎醍，四齐在堂上，即《礼运》所云'醴醆在户、粢醍在堂'是也。四罍尊，一罍以盛沈齐，三罍以盛三酒，俱在堂下。"② 李氏认为，此所谓"八尊"，为春祠、夏禴献象的四尊，以及与之相对应的四罍。对此，孙诒让在征引贾《疏》之基础上曰："依《通典·吉礼》引崔灵恩说，则唯圜丘、方丘备五齐三酒，乃有八尊。"③ 孙氏依贾氏之说，并作了补充。通过考察各家之说，可知贾《疏》渊源有自。李氏之说

① （清）李光坡：《周礼述注》卷九，文渊阁《四库全书》第 100 册，第 166 页。

② （清）李光坡：《周礼述注》卷三，文渊阁《四库全书》第 100 册，第 61—62 页。

③ （清）孙诒让：《周礼正义》卷十一，中华书局 1987 年点校本，第 414 页。

虽新，却缺乏文献依据，聊备一家之说耳。

又如《周礼·夏官·怀方氏》："怀方氏掌来远方之民，致方贡，致远物，而送逆之，达之以节。"郑《注》："远方之民，四夷之民也。谕德延誉以来之。远物，九州之外无贡法而至者。达民以旌节，达贡物以玺节。"贾《疏》："此经上云'致方贡'，谓六服诸侯；又云'致远物'，宜是蕃国。是以《大行人》上云'侯服岁一见，其贡祀物之等'，下文云'蕃国世一见，各以贵宝为挚'，文与此相当，故知义然也。"李光坡曰："坡谓远方之民，非直四夷也，自他州而来者皆是。远物，非直藩国之货也，凡贸迁有无者皆是。上土方既使其有奠居，此官主绥怀之令相来往也。"①光坡认为，"远方之民"并非仅指四夷，"远物"也并非仅指蕃国之货。对此，孙诒让曰："《注》云'远方之民，四夷之民也'者，《王制》'屏之远方'，郑彼《注》云：'远方，九州之外。'与此义同，谓蛮服以外四夷之民也。"②孙诒让征引贾《疏》以释经文"远物"二字，可知孙氏于此信从贾《疏》。平心而论，贾《疏》、孙氏言之有据，义理亨通，李氏之说虽新，却与经义不合。

清初的群经辨伪学盛行，出现了大批辨伪学家及辨伪学著作，如胡渭力辨《易》图为伪，阎若璩举一百二十八条证据以证《古文尚书》为伪，姚际恒撰《九经通论》驳难群经，万斯大质疑《周礼》《礼记》经文和注疏。在经典辨疑之风盛行的清初，李光坡治经可谓独树一帜。《周礼述注》虽然于《周礼》经文、《注》《疏》有质疑，但是对经文、《注》《疏》以及其他诸家解义的肯定是主要的。也就是说，《周礼述注》"信古"的成分远多于"疑古"。四库馆臣说李光坡"平心静气，务求理明而词达"，"于说经之家，亦可谓适中之道矣"③，正是对其在清初辨疑学风下的治学风格的中肯评价。

三、辨经文之间的关系，以明制作之义

在《周礼述注》一书中，李光坡突破了仅事文字训诂和名物制度考证的治经路数，对《周礼》经文之间的关系及作者的撰作意图等作了诠释。兹举数例以见之。

---

① （清）李光坡：《周礼述注》卷十九，文渊阁《四库全书》第 100 册，第 383 页。

② （清）孙诒让：《周礼正义》卷六十四，中华书局 1987 年点校本，第 2696 页。

③ （清）永瑢等：《四库全书总目》卷十九，中华书局 1965 年版，第 149 页。

《周礼·天官·大宰》："以八法治官府。"李光坡曰："坡谓六典非官不举，故继之以治官府也。"①李氏认为，前文所言"六典"，非官不能举，故紧接着记述"治官府"之事。

《周礼·天官·大宰》："以九贡致邦国之用，一曰祀贡，二曰嫔贡……九曰物贡。"李光坡曰："坡谓祀贡以歆神，嫔贡以共丧祭及百用，器贡礼乐之材，先此三者，以其尊也。币以为礼，材以办公，器货以给用，次此三者，以其急也。服者一身之共，斿者旌旗之饰，物者口腹之需，后此三者，恭俭之主皆以为卑而可缓者也。合而言之，则所谓服食器用也，所谓不贵异物，贱用物也。"②李氏认为，《天官》所言太宰以九贡致国用，祀贡、嫔贡、器贡为丧祭之用或礼乐之材，凸显尊之义；币贡、材贡、货贡，或为礼，或为办公，或以给用，凸显急用之义；服贡、斿贡、物贡，或为服饰，或为旌旗装饰，或为口腹之需，置于"九贡"之后，凸显君主恭俭、谦卑之美德。

《周礼·天官·大宰》："太宰之职，掌建邦之六典，以佐王治邦国。"此所谓"六典"，即治典、教典、礼典、政典、刑典、事典。李光坡曰："六者，天子所以治畿内及侯国，而诸侯亦得用之以治其封内者。故邦国之治，可以典待之也。上二典言官府，下四典言百官。冢宰之治，司徒之教，于官府无所不行也。礼、政、刑、事，百官有其职则承之。夫治典立，则君德修，纪纲定，教化可施矣，故以教典次之。教之而有浅深厚薄之不齐者，当有礼以一之，故礼典又次。为礼之所不能范者，大则威之以兵，小则纠之以刑，故政、刑又次焉。礼、乐、政、刑，四达不悖，则君可安富，民得永赖，故事典终焉。"③郑《注》、贾《疏》无大宰六典序列深义之阐释，李光坡遂作了补充。李氏认为，《周礼》的作者按治、教、礼、政、刑、事的顺序安排"六典"是有深义存焉，即治典立则君德修，纪纲定然后教化行，故治典之后是教典；教化不均则以礼齐之，故教典后是礼典；以礼教之而有不能规范者，则以兵威之，或以刑纠之，故礼典之后是政典、刑典；有礼、乐、政、刑的保障，则君可安富，民得永赖，故以事典终结之。

《周礼·夏官·大司马》："大司马之职……以九伐之法正邦国，冯弱犯寡则眚之，贼贤害民则伐之，暴内陵外则坛之。……贼杀其亲则正之，放弑其君

①　（清）李光坡：《周礼述注》卷二，文渊阁《四库全书》第100册，第13页。
②　（清）李光坡：《周礼述注》卷二，文渊阁《四库全书》第100册，第19页。
③　（清）李光坡：《周礼述注》卷二，文渊阁《四库全书》第100册，第12页。

则残之，犯令陵政则杜之，外内乱鸟兽行则灭之。"李光坡曰："坡谓九者之序，以王法所加为先后，曰眚，曰伐，曰坛，差重者在先；曰残，曰杜，曰灭，至重者在后；曰削，曰侵，曰正，轻者在中。盖前三者则害及于人，次三者虐止其国，至后三者则灭纪法而穷人欲矣。"[1] 李氏于此对《周礼》大司马所掌建邦国九伐之法的顺序及原因作了辨析。其认为眚、伐、坛为差重者，害及于人；残、杜、灭为至重者，灭纪法而穷人欲；削、侵、正为轻者，虐止其国。

在《周礼》诠释史上，诠释者多重视文字训诂和名物制度的考证，而于经文之间的逻辑关系以及作者行文和谋篇布局的深意较少涉及。李光坡对《周礼》作者的撰作意图和写作风格的探讨，与仅事文字训诂和名物制度考证的研究路径已有不同。李氏之反思，既涉及《周礼》经文前后记载的关系，亦涉及撰作者的动机，这是《周礼》诠释的新路径，值得《周礼》研究者重视。

第四节　方苞的《周礼》诠释

方苞（1668—1749）字灵皋，亦字凤九，晚年号望溪，亦号南山牧叟。桐城（今安徽桐城市）人。官至礼部右侍郎。清代著名的文学家、经学家，桐城派的鼻祖。学宗程朱，遵循古礼。经学著作有《周官集注》《周官析疑》《周官辩》《仪礼析疑》《礼记析疑》《诗义补正》《春秋比事目录》等。另有《望溪先生文集》《集外文》《集外文补遗》。

一、于《周礼》作者和成书之认识

西汉刘歆认为《周礼》成书于西周之初，为周公所作。郑玄、王肃、伊说、干宝、贾公彦、李觏、王安石、司马光、二程、朱熹、叶时、郑伯谦等人皆持此说。诸儒之中，朱熹之说较有特色。朱熹认为《周礼》之纲领出自周公，蕴含圣人之意，他说："《周礼》一书好看，广大精密，周家法度在里，但未敢令学者看。"[2]"《周礼》一书，也是做得来缜密，真个盛水不漏。"[3] 朱熹还对《周

---

① （清）李光坡：《周礼述注》卷十八，文渊阁《四库全书》第 100 册，第 325 页。

② （宋）黎靖德辑：《朱子语类》卷八十六，《朱子全书》（修订本）第 17 册，上海古籍出版社、安徽教育出版社 2010 年点校本，第 2912 页。

③ （宋）黎靖德辑：《朱子语类》卷八十六，《朱子全书》（修订本）第 17 册，上海古籍出版社、安徽教育出版社 2010 年点校本，第 2912 页。

礼》具体内容之归属问题作了辨析，他说："《周礼》只疑有行未尽处。看来《周礼》规模皆是周公做，但其言语是他人做。"①朱熹认为，《周礼》纲领出自周公，具体内容则由他人完成。

朱熹关于《周礼》作者及成书过程之认识，对方苞颇有影响。在《周官集注·总说》部分，方苞征引孟子、张载、二程、朱熹、张栻等人之说，以明《周礼》为周公之书。诸家之中，方苞征引朱熹之说有九则，由此可见方苞对朱熹观点之重视程度。

方苞认为《周礼》是周公记六官程序之书，他说："《汉·艺文志》列《周官》五篇于礼家，后人因谓之《周礼》，其实乃成周分职命事之书也。《春秋传》曰'先君周公作《周礼》'，而所称则是书所无。盖周公监于二代，以定五礼，必有成书，谓之《周礼》，用别于夏、殷。散亡既久，其存者如《仪礼》十七篇，犹其支流。若是书则六官程式，非记礼之文，故复其旧，仍曰《周官》。"②在方苞看来，《汉书·艺文志》所言"《周礼》"乃周公所作之礼书；《周礼》之撰作，意在别夏、殷之礼；现存《周礼》所记者乃六官程序，虽为周公所作，然非记礼之书，故仍称之为《周官》。

与朱熹等人一样，方苞从整体上对《周礼》一书给予了肯定。他认为"公之兼三王以施四事者，具在是书"③，"三王致治之迹，其规模可见者，独有是书。世变虽殊，其经纶天下之大体，卒不可易也"④。方氏之依据，是《周礼》职官之周密布局。他说："其于人事之始终，百物之聚散，思之至精，而不疑于所行，然后以礼乐、兵刑、食货之政散布六官，而联为一体。"⑤又曰："其笔之于书也，或一事而诸职，各载其一节，以互相备；或举下以该上，或因彼以见此。其设官分职之精意，半寓于空曲交会之中，而为文字所不载。迫而求之，诚有茫然不见其端绪者，及久而相说以解，然后知其首尾皆备，而脉络自相灌输。故叹其遍布而周密也。"⑥在方氏看来，《周礼》各职官所司之事散于

---

① （宋）黎靖德辑：《朱子语类》卷八十六，《朱子全书》（修订本）第17册，上海古籍出版社、安徽教育出版社2010年点校本，第2911—2912页。
② （清）方苞：《周官集注条例》，《周官集注》卷首，文渊阁《四库全书》第101册，第5页。
③ （清）方苞：《周官集注原序》，《周官集注》卷首，文渊阁《四库全书》第101册，第2页。
④ （清）方苞：《读周官》，《方苞集》卷一，上海古籍出版社2008年点校本，第17页。
⑤ （清）方苞：《周官集注原序》，《周官集注》卷首，文渊阁《四库全书》第101册，第2页。
⑥ （清）方苞：《周官集注原序》，《周官集注》卷首，文渊阁《四库全书》第101册，第2页。

六官，表面上看似分散，实际上是联为一体，布局周密。

方苞认为，《周礼》所记之内容可与《中庸》所谓"尽人物之性以赞天地之化育"相印证。他说："盖惟公达于人事之始终，故所以教之、养之、任之、治之之道无不尽也。惟公明于万物之分数，故所以生之、取之、聚之、散之之道无不尽也。运天下犹一身，视四海如奥阼，非圣人而能为此乎？"① 在方氏看来，《周礼》体现了周公达人事之始终，明于万物之分数，若非圣人，断不能为之。

方苞对疑《周礼》者作了批驳。由于王莽改制和王安石变法皆以《周礼》为依据，而两者皆以失败而告终，所以不少人将变革之失败归罪于《周礼》。方苞认为，前人疑《周礼》，或"道听涂说"，或"未尝一用其心"，或"粗用其心，而未能究乎事理之实者也"②。对于何休、欧阳修和胡宏等人疑《周礼》之说，方苞亦作了辨析，他说："自汉何休、宋欧阳修、胡宏皆疑为伪作。盖休耳熟于新莽之乱，而修与宏近见夫熙宁之弊，故疑是书晚出，本非圣人之法，而不足以经世也。"③ 方氏认为，何休的时代近新莽改制，欧阳修、胡宏的时代近熙宁变法，诸家皆见变革、变法之失败，遂以《周礼》不足以经世。

对于新莽改制、熙宁变法与《周礼》之关系，方苞有着与何休、欧阳修、胡宏等人不同的看法。方氏曰："莽之事不足论矣，熙宁君臣所附会以为新法者，察其本谋，盖用为富强之术，以视公之依乎天理以尽人物之性者，其根源较然异矣。就其善者，莫如保甲之法；然田不井授，民无定居，而责以相保相受，有罪奇邪相及，则已利害分半，而不能无拂乎人情矣。修与宏不能明辨安石所行本非《周官》之法，而乃疑是书为伪，是犹惩覆颠而废舆马也。"④ 方氏认为，王安石借《周礼》变法乃富国强兵之术，周公作《周礼》，则是依乎天理以尽人物之性；安石之所行，与《周礼》之意蕴相悖，不可将安石变法与《周礼》混为一谈。

方苞认为，《周礼》总体上是可信的，其中"决不可信者，实有数事焉"⑤。

---

① （清）方苞：《书考定仪礼丧服后》，《方苞集》卷一，上海古籍出版社 2008 年点校本，第 16 页。

② （清）方苞：《周官辨伪一》，《方苞集》卷一，上海古籍出版社 2008 年点校本，第 17 页。

③ （清）方苞：《读周官》，《方苞集》卷一，上海古籍出版社 2008 年点校本，第 16 页。

④ （清）方苞：《读周官》，《方苞集》卷一，上海古籍出版社 2008 年点校本，第 16 页。

⑤ （清）方苞：《周官辨伪一》，《方苞集》卷一，上海古籍出版社 2008 年点校本，第 17 页。

兹举数例，以见方氏于《周礼》之辨疑：

《周官》"九职"，方苞认为除"贡物"之外，别无所取于民，而《载师》职则曰："近郊十一，远郊二十而三，甸、稍、县、都皆无过十二。"市官所掌惟廛布与罚布，而《廛人》之絘布、总布、质布别增其三。对于此，方苞曰："古者公田为居，井灶场圃取具焉，国赋所入，实八十亩；《孟子》及《春秋传》所谓十一，乃总计公私田数以为言；若周之赋法，不过岁入公田之谷，并无所谓十一之名也；又安从有'二十而三'与'十二'之道哉？《闾师》之法通乎天下，又安有近郊、远郊、甸、稍、县、都之别哉？《载师》职所以特举国宅、园廛、漆林，以田赋之外，地征惟此三者耳；今去'近郊十一'至'无过十二'之文，而《载师》职固辞备而义完矣。《周官》之田赋，更无可疑者矣。周之先世关市无征；及公制六典，商则门征其货，贾则关市征其廛；盖以有职则宜有贡，又惧所获过赢，而民争逐末耳。肆长之敛总布，盖总一肆买赊官物所入之布而敛之，非别有是征也。若质布则本职无是，絘布则通经无是也。今去'絘布、质布、总布'之文，而《廛人》职固辞备而义完矣。《周官》之市征，更无可疑者矣。"① 方苞认为，《周礼·载师》《闾师》所记赋税比率与周代之赋法不合，《周礼·廛人》所记市官所掌亦与周之市官所掌有异。在方苞看来，刘歆增《闾师》之文，意在迎合王莽，他说："盖莽诵六艺，以文奸言，而浚民之政，皆托于《周官》。其未篡也，既以'公田口井'布令，故既篡下书，不能遽变十一之说，而谓汉法名三十税一，实十税五，则其意居可知矣。故歆承其意而增窜《闾师》之文，以示《周官》之田赋本不止于十一也。"② 方氏认为，刘歆增益《廛人》之文，意在为王莽征敛长目。方氏曰："莽立山泽，六筦，榷酒，铸器，税众物以穷工商；故歆增窜《廛人》之文，以示《周官》征布之目，本如是其多也。"③

《周礼》夏、秋二官有驱疫禬蛊、攻狸蠹、去妖鸟、驱水虫之记载。在方苞看来，这是"除民害，安物生，肃礼事也"④。然而以戈击圹，以矢射神，以

① （清）方苞：《周官辨伪一》，《方苞集》卷一，上海古籍出版社 2008 年点校本，第 18—19 页。

② （清）方苞：《周官辨伪一》，《方苞集》卷一，上海古籍出版社 2008 年点校本，第 17—18 页。

③ （清）方苞：《周官辨伪一》，《方苞集》卷一，上海古籍出版社 2008 年点校本，第 18 页。

④ （清）方苞：《周官辨伪一》，《方苞集》卷一，上海古籍出版社 2008 年点校本，第 17 页。

方书厌鸟，以牡橭象齿杀神，在方氏看来则是"荒诞而不经"①。方氏曰："夫疫可驱也；而'蒙熊皮，黄金四目'，与莽之遣使'负鸒''持幢'何异乎？卜得吉兆，以安先王之体魄，而'入圹戈击四隅，以驱方良'，与莽之令'武士入高庙，拔剑四面提击'何异乎？妖鸟之巢可覆也，而以方书日月星辰之号悬其巢；妖鸟之有形者可射也，不见其形而射其方，犹有说也；神之降，不以德承焉，不以其物享焉，而射之可乎？水虫之怪可驱也，而其神可杀乎？"②方氏认为，《周礼》此之记载"揆之于理则不宜，验之于人心之同然则不顺"③，皆歆莽增窜之文。方氏认为，若于《方相氏》去"蒙熊皮黄金四目"及"大丧"以下之文，于《硩蔟氏》去"以方书下"之文，于《壶涿氏》去"若欲杀其神"以下之文，于《庭氏》去"若神也"以下之文，则"四职固辞备，而义完矣，其他更无可疑者矣"④。

《周礼·地官·媒氏》："仲春之月，大会男女，奔者不禁。"有人认为此之规定，反映的是圣人止逸淫而消斗辩之意；管子治齐以掌媒合独，犹师其意。方苞驳曰："呜呼！管子生政散民流之后，而姑为一切之法，是不可知；若成周之世，则安用此哉？自文王后妃之躬化，远蒸江、汉，至周公作洛，道洽政行，民知秉礼而度义也久矣；又况《周官》之法：冠昏之礼事，党政教之；比户之女功，鄰长稽之；凡民之有邪恶者，虽未丽于法，而已'坐诸嘉石，役诸司空'，任诸州里，尚何怨旷阴私暴诈之敢作哉？管子合独之政，乃取鳏寡而官配之；若会焉而听其自奔，则虽乱国污吏能布此为宪令乎？"⑤方氏认为，管子所用，并非成周之法，故不可据之与《媒氏》相印证。方氏认为，《媒氏》所记乃刘歆增窜之文。方氏曰："盖莽之法：私铸者伍坐。没入为官奴婢，传诣锺官者，以十万数；至则易其夫妇，民人骇痛。故歆增窜《媒氏》之文，以示《周官》之法官会男女而听其相奔；则以罪没而易其夫妇，犹未为已甚也。"⑥方氏认为《媒氏》所记不合于圣人之法、圣人之经。他说："呜呼！圣人之法，所以循天理而达之也；圣人之经，所以传天心而播之也；乃为悖理逆天之语所

① （清）方苞：《周官辨伪一》，《方苞集》卷一，上海古籍出版社 2008 年点校本，第 17 页。
② （清）方苞：《周官辨伪一》，《方苞集》卷一，上海古籍出版社 2008 年点校本，第 19 页。
③ （清）方苞：《周官辨伪一》，《方苞集》卷一，上海古籍出版社 2008 年点校本，第 17 页。
④ （清）方苞：《周官辨伪一》，《方苞集》卷一，上海古籍出版社 2008 年点校本，第 19 页。
⑤ （清）方苞：《周官辨伪二》，《方苞集》卷一，上海古籍出版社 2008 年点校本，第 20 页。
⑥ （清）方苞：《周官辨伪二》，《方苞集》卷一，上海古籍出版社 2008 年点校本，第 21 页。

混淆，至于二千余年而不可辨，则歆诚万世之罪人也。"①

方苞之前，刘歆等人认为《周礼》乃周公所作，而胡安国、胡宏等人认为《周礼》乃刘歆伪作，朱熹则认为《周礼》的纲要出自周公，具体内容可能出自他人。此外，还有一些学者认为《周礼》既非周公所作，又非刘歆伪作。如毛奇龄认为《周礼》出自战国，万斯大将《周礼》与《五经》《论》《孟》加以比较，以证《周礼》非周公之书。方苞对《周礼》作者和成书之认识，是对前人观点之综合。其一方面认为《周礼》是周公之书，总体上可信，对于完全否定《周礼》者予以批驳；另一方面认为《周礼》有刘歆增窜之内容。方苞辨别《周礼》之真伪，是"揆之于理""验之于人心"，是否合于"圣人之法""圣人之经"。而这些标准出自方苞的主观判断，而非文献之记载。方苞之后，对《周礼》作者和成书问题的探讨从未停止。晚清康有为撰《新学伪经考》，认为刘歆伪造《周礼》，意在以周公抑孔子之学，从而助莽改制。刘师培撰《汉代古文学辨诬》，竭力推尊《周礼》乃周公之作。方苞于《周礼》成书问题之探讨受到后人的重视，有承先启后之意义。②

二、汉宋兼采，训诂简明

方苞有《周官集注》十二卷。该书仿朱子《通解》之例，采合众说者，不复标目。全引一家之说者，乃著其名。凡其显然舛误之说，皆置不论。惟似是而非者，乃略为考正。有推极义类，旁见侧出者，亦仿朱子之例，以圈外别之。方苞对该书撰作之动机作了陈述："余尝析其疑义，以示生徒，犹苦旧说，难自别择，乃并纂录，合为一编，大指在发其端绪，使学者易求。故凡名物之纤悉，推说之衍蔓者，概无取焉。盖是经之作，非若后世杂记制度之书也，其经纬万端，以尽人物之性，乃周公夜以继日穷思而后得之者。学者必探其根源，知制可更，而道不可异，有或易此，必蔽亏于天理，而人事将有所穷，然后能神而明之，随在可济于实用，其然则是编所为发其端绪者，特治经者所假

---

① （清）方苞：《周官辨伪二》，《方苞集》卷一，上海古籍出版社 2008 年点校本，第 21 页。

② 刘师培曰："自东汉何休治《公羊》，虑《周官》之说与之相异也，遂以《周官》为六国阴谋之书。及于宋代，道学之儒以王荆公行《周礼》而流弊也，遂并集矢于《周礼》。至于近代，方苞以《周礼》多刘歆所窜，毛西河亦以《周礼》为周末之书，谓孔子引经，与《春秋》诸大夫及诸子百家引经并无一字及此书。"[（清）刘师培：《汉代古文学辨诬》，《刘申叔遗书》下册，凤凰出版社 1997 年版，第 1389 页]

道，而又岂病其过略也哉！"①方苞认为，旧注繁多，而初学者难自别择，遂集诸家之说而发其端绪，以便于初学者。

郑玄《周礼注》、贾公彦《周礼疏》是汉唐《周礼》诠释史上最重要的两部著作，受到后世《周礼》诠释者的普遍重视。即使是在"视汉儒之学如土埂"的宋代，学者们于郑氏和贾氏的解义亦不敢轻视。如宋人王与之的《周礼订义》在大量采择宋人解义的同时，亦不废郑玄、贾公彦之说。清代万斯大、李光坡等人治《周礼》，亦尚汉宋兼采。

汉宋兼采的治经方法在方苞等人那里得以发扬光大。在《周官集注》中，方苞对郑《注》、贾《疏》重视有加。其在《周礼》的经文之下，往往仅节取郑《注》、贾《疏》而不及其他。如《周礼·春官·小宗伯》："若大师，则帅有司而立军社，奉主车。"郑《注》："有司，大祝也。王出军，必先有事于社及迁庙，而以其主行。社主曰军社，迁主曰祖。《春秋传》曰：'军行祓社衅鼓，祝奉以从。'《曾子问》曰：'天子巡守，以迁庙主行，载于齐车，言必有尊也。'《书》曰：'用命赏于祖，不用命戮于社。'社之主盖用石为之，奉谓将行。"方苞曰："有司，大祝也。王出军，必先有事于社及迁庙，载其主以行。《春秋传》'军行祓社衅鼓，祝奉以从'，《礼记·曾子问篇》'天子巡守，以迁庙主行，载于齐车'是也。社之主用石为之。鄢陵之战，晋张幕虔卜于先君以主车，在军故也。"②通过比较，可知方苞省略了郑玄所引《书》的内容，而于郑《注》的其他内容则全部录之。

《周礼》"天官冢宰第一"，此"天官"二字，方苞曰："冢，大也。宰，主也。天统万物，冢宰统众官，故曰天官。不言司者，不主一官之事。宗伯亦不言司，鬼神非人所主故也。"③郑《注》："冢，大也。宰者，官也。天者统理万物，天子立冢宰使掌邦治，亦所以总御众官，使不失职。不言司者，大宰总御众官，不主一官之事也。"贾《疏》："此天官则兼摄群职，故不言司也。若然，则春官亦不言司者，以其祭祀鬼神。鬼神非人所主，故亦不言司也。"通过比较，可知方苞此之解义是融合郑《注》、贾《疏》而成。

除了征引郑《注》、贾《疏》解义外，方苞还征引宋代至清代学人之解义。今随机对《周官集注》卷一、卷二、卷十征引其他各家解义之情况（郑玄、贾

---

①　（清）方苞：《周官集注原序》，《周官集注》卷首，文渊阁《四库全书》第 101 册，第 2—3 页。

②　（清）方苞：《周官集注》卷五，文渊阁《四库全书》第 101 册，第 156 页。

③　（清）方苞：《周官集注》卷一，文渊阁《四库全书》第 101 册，第 6 页。

公彦两家之外）进行统计，所得出的数据如下：

《周官集注》卷一采择其他各家共十人，其中王安石二次，朱熹一次，易袚一次，蜀冈陈氏一次，李世美一次，叶氏一次，邓氏一次，王氏三次，王明斋一次，李光坡五次。

《周官集注》卷二采择其他各家共九人，其中王安石三次，朱熹一次，薛氏一次，王氏一次，陈及之一次，杨氏一次，郑刚中二次，蜀冈陈氏一次，李光坡二次。

《周官集注》卷十采择其他各家共十人，其中王安石二次，郝敬一次，王明斋一次，郑刚中一次，唐子西一次，王振声一次，刘氏一次，黄文叔一次，王光远一次，李光坡四次。

据以上的统计，可知方苞在从事《周礼》诠释时，既重视汉唐学人之解义，又重视宋人之说，可谓汉宋兼采。值得注意的是，方苞还多次征引宋人王安石之解义。前已述及，方苞认为王安石用《周礼》推行变法，与周公撰《周礼》之精神不合，而方氏在从事《周礼》诠释时并不排斥安石之解义。平心而论，王安石在从事《周礼》诠释时有不少臆说，然也不乏独到之见。由此可见，方苞从事《周礼》诠释时并不以先入为主之见左右自己对经解的取舍，而是以是非曲直作为判断经义是否可取之标准。

方苞《周官集注》虽集诸家解义，然文简义明，与贾《疏》繁冗考证、王与之《周礼订义》繁琐征引大相径庭。与李光坡的《周礼述注》类似，方苞的《周官集注》十分简明。方氏在该书中往往略于名物制度之考证，他说："字义已诂者，不再见制度名物之详。"①方氏所征引他家解义，往往节取而非原文照搬。四库馆臣评价《周官集注》曰："训诂简明，持论醇正，于初学颇为有裨。"②此可谓的当之论也。

三、辨析旧说，得失兼有

方苞对于前人之解义并不全然认同。他说："《注》《疏》及诸儒之说必似是而非者，乃辨正焉。"③兹对方苞辨析前人解义方面的得失加以评述。

---

① （清）方苞：《周官集注条例》，《周官集注》卷首，文渊阁《四库全书》第101册，第5页。
② （清）永瑢等：《四库全书总目》卷十九，中华书局1965年版，第156页。
③ （清）方苞：《周官集注条例》，《周官集注》卷首，文渊阁《四库全书》第101册，第5页。

第一，方苞征引前人的《周礼》解义，是以深入的研究为前提。

如《周礼·天官·大宰》："以九两系邦国之民，一曰牧以地得民。"郑《注》："牧，州长也。九州岛各有封域，以居民也。"方苞曰："牧者，侯伯有土之君，故曰以地得民。"方苞此说渊源有自。刘敞云："牧者，司牧也，谓邦国之君也。诸侯世，故曰以地得民。"[①]方苞虽不言其说源自刘敞，却与敞说如出一辙。孙诒让曰："此牧即《孟子·梁惠王篇》之人牧，赵岐注以为'牧民之君'是也。此与'建其牧'之'牧'微异，犹'长以贵得民'亦与'建其长'之'长'异也。"[②]由此可见，方苞于此取刘敞解义而弃郑氏之说，颇有见地。

《周礼·天官·大宰》："以九赋敛财贿：……九曰币余之赋。"郑司农曰："币余，百工之余。"《大府》郑司农注曰："币余，使者有余来还也。"郑司农释前之"币余"为百工之余，后之"币余"为剩余币帛。郑玄曰："币余谓占卖国中之斥币。"郑玄所言"币余"，并非指币帛。然而《司书》"以叙其财，受其币，使入于职币"，郑玄曰："币物将以时用之，久藏将朽蠹。"郑玄于此则以"币"为币帛。方苞曰："币余，即职币所敛余币也。余币乃邦物，而谓之赋者，既已给之，又振之以归于国，故亦云赋也。"[③]方苞认为此"币"乃邦物，而非币帛，此说渊源有自。王安石、江永、庄存与、王念孙等皆认为此"币"非币帛。孙诒让曰："王安石、王昭禹、易祓、薛氏、刘迎、陈友仁、方苞、江永、庄存与、沈梦兰，并据《职币》证此币余为式法所用之余币，而王说尤精确，足正二郑之误。"[④]由此可见，方苞择安石之说而弃郑氏解义，为江永、孙诒让等人所认可。

《周礼·天官·宰夫》："凡朝觐、会同、宾客，以牢礼之法，掌其牢礼、委积、膳献、饮食、宾赐之飧牵，与其陈数。"郑《注》："膳献，禽羞俶献也。"方苞曰："膳献，殷膳大牢，及上介禽献之属。"[⑤]王安石据《掌客》，曰："膳则殷膳大牢之属是也，献则上介有禽献之属是也。"[⑥]宋人王昭禹、易祓，清人李光坡、姜兆锡、庄可有、孙诒让等人亦持是说。如孙诒让曰："王说

① 转引自（清）孙诒让：《周礼正义》卷三，中华书局 1987 年点校本，第 110 页。

② （清）孙诒让：《周礼正义》卷三，中华书局 1987 年点校本，第 110 页。

③ （清）方苞：《周官集注》卷一，文渊阁《四库全书》第 101 册，第 16 页。

④ （清）孙诒让：《周礼正义》卷三，中华书局 1987 年点校本，第 99 页。

⑤ （清）方苞：《周官集注》卷一，文渊阁《四库全书》第 101 册，第 27 页。

⑥ （宋）王安石：《周官新义》卷二，上海书店出版社 2012 年版，第 316 页。

较郑尤备。《掌客》说诸侯相朝之礼，君殷膳及夫人膳，并以大牢。《牛人》亦云'积膳之牛'，则膳不徒指禽羞俶献之等可知矣。"① 通过比较，可知方苞此说源自王安石。其择安石"膳献"之说而弃郑玄《注》，得到孙诒让等人的认可。

《周礼·天官》："以九赋敛财贿：……七曰关市之赋。"方苞云："关市讥而不征，乃文王治岐之政。或以九赋及关市证《周礼》为伪，非也。《孟子》'市廛而不征'，则市有赋矣。《春秋传》'偪介之关暴征其私'，则远关有常赋矣。"② 万斯大曰："圣人之治天下，利民之事，丝发必兴，厉民之事，毫末必去。关市之赋，厉民之甚者也。"③ 万氏认为圣人治天下，不可能将"关市之赋"笔之于书、以为常法。方苞据《孟子》《左传》，认为市有赋，远关有常赋。方氏此说，贾公彦、易祓等人已述及。如易祓曰："关市之赋，如《司市》所言市征、《司关》所言关门之征是也。"④ 方氏承贾氏、易氏之说，并据《孟子》《左传》以驳万氏，可谓得经文之义也。

第二，方苞驳前人之解义，对于正确理解经文颇有助益。

如《周礼·天官·职内》："凡受财者，受其贰令而书之。"郑《注》："受财受于职内，以给公用者。"贾《疏》："职内主入，职岁主出。职内分置于众府，所以得有物出与入者，职内虽分置众府，职内亦有府，货贿留之者，故得出给。"方苞云："受财，受大府之颁而藏之者，若内府、外府、玉府是也。大府以其令之贰下，职内故受而书之。《注》谓受于职内，以给公用，非也。凡出财用皆受法于职岁，《疏》谓职内亦有留货贿之府，故得出给，益误矣。"⑤ 郑玄认为经文所言"受财"，乃受财于职内。贾公彦申郑《注》，认为职内有府，且有货贿留之者，所以有财以给公用。方苞驳郑氏和贾氏，认为"受财"并非受于职内。方氏此说对孙诒让有直接影响。孙氏曰："郑意职内掌财用之物，凡受财者，即向职内受之。知给公用者，别于赐予为私用，非职所给。然谛审经义，实不如郑说。盖此受财者，即谓以上令受财于百官府，如受泉者，即自向外府、泉府取之。但以令送致此官，书其副贰，以备钩考，非必皆

① （清）孙诒让：《周礼正义》卷六，中华书局 1987 年点校本，第 203 页。
② （清）方苞：《周官集注》卷一，文渊阁《四库全书》第 101 册，第 16 页。
③ （清）万斯大：《周官辨非》，《续修四库全书》第 78 册，第 402 页。
④ 转引自（清）孙诒让：《周礼正义》卷三，中华书局 1987 年点校本，第 97—98 页。
⑤ （清）方苞：《周官集注》卷二，文渊阁《四库全书》第 101 册，第 56 页。

此官取百官府之财以授之也。"① 孙氏与方氏解义如出一辙，只不过孙氏解义更加详尽。

第三，方苞驳前人之解义，有可成一家之言者。

如《周礼·天官·笾人》："为王及后、世子共其内羞。"郑《注》："于其饮食以共房中之羞。"方苞云："王及后、世子或有私亲，燕赐则为共其内羞也。《注》谓共王、后、世子饮食，则经文当曰'共王及后、世子之内羞'。临川王氏谓王及后、世子以此内羞共礼事，而笾人、醢人为之共，又引《世妇》职以为此内羞所共为祭事。果尔，则独为后共，而不得曰为王及世子共。且祭祀、丧纪、宾客之事，即为后共，不应别见此文。"② 郑玄等人认为，经文之义乃为王、王后及太子供给陈放在房中的食物。王安石据《世妇》，认为此内羞是供祭祀之用。方苞认为，若依郑玄之说，经文当为"共王及后、世子之内羞"；若依王安石之说，则只应为王后供内羞，不得包括王及世子。在驳郑玄和王安石解义之基础上，方苞认为《周礼》经文之义是王、王后和太子有私亲，燕赐则供给内羞。方苞此说可通，不过没有文献依据，可备为一家之说。

第四，方苞驳前人之解义，有流为臆说者。

如《周礼·天官·凌人》："大丧，共夷槃冰。"郑《注》："夷之言尸也。实冰于夷槃中，置之尸床之下，所以寒尸。尸之槃曰夷槃，床曰夷床，衾曰夷衾，移尸曰夷于堂，皆依尸而为言也。"方苞云："夷，旧说训尸。以义测之，夷，等也。《丧大记》曰：'自小敛以往，用夷衾。'盖大敛衣物加多，衾必更宽大与相等，然后可遍覆。夷盘，疑亦称敛衣之多寡而为之制。《记》曰：'君设大盘造冰焉，大夫设夷盘造冰焉。'则夷不宜以尸训明矣。此统曰夷盘者，或以兼后世子，或记所称非周制也。"③ 郑玄训"夷"为"尸"，方苞则训"夷"为"等"。孙诒让曰："夷、尸音近，得转相训。《士丧礼》注亦云'夷槃，承尸之盘'。吕飞鹏引成十七年《左传》'一朝而尸三卿'，《韩非子》载厉公语曰'吾一朝而夷三卿'，是夷尸训得通也。"④ 孙氏据吕飞鹏之说，并从音韵学的角度认为"夷"可训"尸"。孙氏之解义，足证方苞此说之谬。

综上所述，可知方苞对《周礼》一书的作者、成书时代以及经文注疏等

① （清）孙诒让：《周礼正义》卷十，中华书局1987年点校本，第485页。
② （清）方苞：《周官集注》卷二，文渊阁《四库全书》第101册，第45页。
③ （清）方苞：《周官集注》卷二，文渊阁《四库全书》第101册，第44页。
④ （清）孙诒让：《周礼正义》卷十，中华书局1987年点校本，第375页。

皆有深入之研究。朱轼曾云："张子、二程子深非荆公之新法，而于《周礼》则尊信而述之。朱子谓非圣人不能作。西山真氏极言其广大精微，必有周公之心乃能行，有周公之学乃能言。概指为矫诈而訾弃之，此林硕、何休之妄，与《新义》之渎乱等耳。善乎，望溪先生……其《总论》十篇，大义既以章彻，又逐节爬梳，以析其疑，经纬条贯，一归于正。且探其根源，使周公运用天理之实，介甫摭拾附会以求逞其私记之情，昭然其不可掩焉。"① 朱氏对方苞《周礼》学之评价虽有溢美之词，然方氏于前人解义之精审抉择，以及重视以经义判断是非，对于《周礼》学之复兴，可谓功莫大焉。当然，方苞于《周礼》之诠释亦有值得商榷者。四库馆臣曰："苞别著《周官辨》十篇，指《周官》之文为刘歆窜改，以媚王莽。证以《汉书》莽传事迹，历指某节某句为歆所增，言之凿凿，如目睹其笔削者，自以为学力既深，鉴别真伪，发千古之所未言。"② 在文渊阁《四库全书》的提要中，可见馆臣于"发千古之所未言"之后，又言"而究不免于臆断"③。方苞之后，驳刘歆伪窜之说者所持论据颇为充分，在气势上占上风，在学界属主流。不过，持《周礼》为刘歆伪窜之观点者也大有人在，刘歆伪造说并非毫无道理。方氏于《周礼》真伪之说虽非确论，然亦非四库馆臣仅以"臆断"二字所可概括也。

第五节　《钦定周官义疏》

《钦定周官义疏》（以下简称《周官义疏》）是乾隆十三年（1748）御定《三礼义疏》的第一部。④ 该书除卷首《纲领》和《总辩》外，卷一到卷七是《天

---

① （清）朱轼：《周官析疑序》，《周官析疑》卷首，《续修四库全书》第79册，第4页。

② （清）永瑢等：《四库全书总目》卷十九，中华书局1965年版，第156页。

③ （清）永瑢等：《四库全书总目》卷十九，中华书局1965年版，第156页；（清）永瑢等：《周官集注提要》，文渊阁《四库全书》第101册，第2页。

④ 《周官义疏·凡例》云："《春秋传》云'先君周公作周礼'，其所称引，则此经中无有也。盖'周礼'指当时上下所行五礼之经典，以别于夏殷之礼。此则分职命官之籍，故揭于篇首，曰治典、教典、礼典、政典、刑典、事典。《汉志》本称《周官经》《周官传》。至唐以后，乃更名《周礼》。朱子及郑樵辈曾辨之。今仍曰《周官》，从其始称，且按以五官之职事，于义为当也。"（清乾隆十三年敕撰：《周官义疏》卷首《凡例》，文渊阁《四库全书》第98册，第5页）由此可见，《周官义疏》之所以称"《周官》"而非"《周礼》"，是基于其编纂者对于该书于史书记载及该书之内容而得出的。

官冢宰》，卷八到卷十六是《地官司徒》，卷十七到卷二十七是《春官宗伯》，卷二十八到卷三十三是《夏官司马》，卷三十四到卷三十九是《秋官司寇》，卷四十到卷四十四是《考工记》，卷四十五到卷四十八是《周官图》。《周官义疏》在立意、体例、内容等方面皆与以前的《周礼》学著作有所不同，其经典诠释的成就及特色可从以下几个方面来看。

一、征引前人解义之概况

清代以前的《周礼》学史上有三本划时代的著作。一是汉代郑玄的《周礼注》。郑玄于"三礼"之学，本为专门，故所释特精，其所撰《周礼注》集汉代《周礼》学之大成。欲窥汉代之《周礼》学，舍郑《注》莫由。二是初唐贾公彦奉敕所撰《周礼疏》。该书广泛征引汉魏以来《周礼》解义，融会贯通，集汉唐《周礼》学之大成。欲窥魏晋南北朝时期的《周礼》学，舍贾《疏》莫由。三是南宋后期王与之所撰《周礼订义》。该书博采汉宋《周礼》解义，集汉代到宋代《周礼》学之大成。欲窥宋代《周礼》学，舍王氏《周礼订义》莫由。与这三本《周礼》学著作相比，乾隆年间三礼馆所修《周官义疏》也有自己的独特之处。

第一，《周官义疏》所征引的解义极为丰富，超过以前所有集解类《周礼》学著作。

由于时代的限制，郑玄《周礼注》所能征引之解义仅限于汉代，贾公彦《周礼疏》所征引之材料仅限于唐代以前，王与之《周礼订义》所征引之材料仅限于汉唐及两宋。《周官义疏》所征引之解义则涵盖了清乾隆以前所有时代。

据笔者统计，贾公彦《周礼疏》所征引者，主要是参考陈邵和沈重之疏，间及他家。王与之《周礼订义》采汉唐学人解义六家，宋人解义五十余家。《周官义疏》所采历代各家解义之情况如下：

汉代二十五家，分别是司马迁、毛苌、刘安、京房、刘向、扬雄、刘歆、杜子春、班固、贾逵、郑兴、郑众、马融、卢植、许慎、服虔、郑玄、何休、应劭、刘熙、徐干、李巡、虞翻、王肃、韦昭；

晋代三家，分别是杜预、干宝、郭璞；

南朝宋一家，即范晔；

南朝梁二家，分别是沈峻、崔灵恩；

北魏三家，分别是郦道元、李谧、吕忱；

隋代一家，即王通；

　　唐代十家，分别是魏徵、陆元朗、颜师古、孔颖达、贾公彦、司马贞、赵匡、杜佑、孙恤、成伯玙；

　　宋代八十九家，分别是邢昺、聂崇义、陈襄、胡瑗、石介、欧阳修、刘敞、范镇、司马光、王安石、刘彝、周敦颐、张载、程颢、程颐、范祖禹、陆佃、曾巩、苏轼、苏辙、沈括、陈祥道、陈旸、杨时、吕大临、吕大钧、谢良佐、李觏、叶梦得、刘恕、胡安国、胡宏、夏休、胡铨、王昭禹、郑樵、程迥、林勋、陈彦群、朱熹、林之奇、吕祖谦、陈傅良、张栻、项安世、薛季宣、郑伯熊、叶时、俞庭椿、王炎、蔡元定、蔡沈、黄榦、陈淳、郑锷、史浩、方悫、刘迎、杨简、杨恪、陈汲、郑伯谦、李叔宝、叶适、易祓、薛衡、曹叔远、林椅、陈汪、赵溥、李嘉会、孙之宏、杨复、晁公武、真德秀、魏了翁、王与之、李如圭、章如愚、王应麟、朱申、欧阳谦之、毛彦清、毛一清、严粲、林希逸、王十朋。此外还有《礼图说》《礼库》（王与之《周礼订义》采之，佚作者姓名）。

　　元代七家，分别是马端临、吴澄、刘瑾、毛应龙、敖继公、丘葵、陈友仁；

　　明代二十九家，分别是朱升、梁寅、薛瑄、邱浚、何乔新、舒芬、王鏊、杨慎、魏校、李如玉、陈深、金瑶、郎兆玉、归有光、王乔、柯尚迁、王应电、唐枢、孙攀、邓元锡、郝敬、全赐、柯潜、郭良翰、王志长、张采。另还有《杂说》《周礼菁华》《官制》（王与之《周礼订义》采之，佚作者姓名）。

　　据以上之统计，可知《周官义疏》征引汉代以来各家之解义总计达一百七十家。其中宋代最多，明代次之，汉代又次之。若将《周官义疏》与《周礼订义》征引解义之状况相比较，可以更加清楚地看到《周官义疏》征引解义之宏富。兹举两例以见之：

　　《周官义疏》卷首的《纲领》与《周礼订义》卷首的《序周礼兴废》《论周礼纲目》相似，皆是征引前儒之说，以明《周礼》一书之作者、成书、内容及流传情况。《周礼订义》的《序周礼兴废》细分为五部分，分别是"论周公作《周礼》本旨""论周公授《周礼》于成王""《周礼》至春秋犹存""《周礼》至战国已亡""见《周礼》待汉以后诸儒而始明"。该部分所征引者有《左传》《孟子》、郑玄、孔颖达、贾公彦、郑锷、张栻之说。《周官义疏》卷首的《纲领》细分为四，分别是"经传大儒之语义贯全经者""论《周官》为周公所作""论《周官》亦有后人窜入者""论《周官》兴废传授源流、今文古文并古今书名不同"。该部分所征引者有《尚书》《孟子》《汉书》《晋书》《魏书》《齐书》《隋书》、荀悦、贾公彦、程子、朱子、张栻及郑樵之说。此外，《周官义疏》还有“论《周官》大体及行《周官》得失”“论读《周官》法并诸家注解得失”。通过比较，可知《周官义疏》所征引之材料远多于《周礼订义》。

《周礼·天官·冢宰》：“惟王建国，辨方正位，体国经野，设官分职，以为民极。”王与之所征引者，除郑玄外，还有郑众、王安石、李嘉会、黄度、项安世、刘执中、王昭禹、郑伯谦。《周官义疏》所征引者，除王与之所征引的郑玄、郑众、王安石、黄度、郑伯谦外，还有干宝、贾公彦、朱熹、叶时。由此可见，《周官义疏》参考了《周礼义疏》所征引的材料，而又有所增补。

通过比较，可知《周官义疏》征引旧说之数量比前代大。究其原因，是《周官义疏》后出，以至于其能更多地采择元、明时期经学家的解义。此外，《周官义疏》在从事《周礼》之诠释时，比《周礼订义》更加详明，所征引之材料必然更加丰富。

《周官义疏》所征引者，既有汉唐注疏，亦有宋、元、明解义。由此可见该书不分汉宋门户，而以实事求是为解经之取向。学界普遍认为，乾嘉时期的学人治经重实证，而不空谈义理，此时期，许、郑之学大兴，以至于有江藩作《国朝汉学师承记》，以彰显乾嘉时期重家法而贵专门之学。乾嘉时期之学术固然以考据见长，重实证而弃空谈，然不能据此割裂乾嘉学术与宋学之关系。事实上，乾嘉学术与宋学渊源至深，晚清皮锡瑞曾说：“雍、乾以后，古书渐出。……惠周惕、子士奇、孙栋，三世传经。栋所造尤邃，著《周易述》《古文尚书考》《春秋补注》《九经古义》等书。论者拟之汉儒，在何邵公、服子慎之间。而惠氏红豆山斋楹帖云：‘六经宗孔、孟，百行法程、朱。’是惠氏之学未尝薄宋儒也。戴震著《毛郑诗考正》《考工记图》《孟子字义疏证》《仪礼正误》《尔雅文字考》，兼通历算声韵，其学本出江永，称永学‘自汉经师康成后，罕其俦匹’。永尝注朱子《近思录》；所著《礼经纲目》，亦本朱子《仪礼经传通解》。戴震作《原善》《孟子字义疏证》，虽与朱子说经抵牾，亦只是争辨一‘理’字。《毛郑诗考正》尝采朱子说。段玉裁受学于震，议以震配享朱子祠。……段以极精小学之人，而不以汉人小学薄朱子小学。是江、戴、段之学未尝薄宋儒也。”①

---

① （清）皮锡瑞：《经学历史·经学复盛时代》，《皮锡瑞全集》，中华书局 2015 年点校本，第 90—91 页。

皮锡瑞又曰:"惠、江、戴、段为汉学帜志,皆不敢将宋儒抹杀。"①乾隆年间,"三礼馆"编纂的《周官义疏》融汇汉代以来各家之《周礼》解义,不为汉、宋门户所囿。乾嘉时期学人治经之态度,由此可管窥一二。

二、前人解义之分类排比

广泛征引解义以释经的经典诠释体式被称之为集解体。集解体经学著作的编纂者对别人的解义有取有舍。比如贾公彦《周礼疏》全部征引郑《注》,而于魏晋南北朝时期的《周礼》疏则是部分采纳;王与之《周礼订义》对于郑《注》、贾《疏》仅部分采纳,对于其他各家的解义更是以己意择之。对于别人解义的取舍,是建立在取舍主体对于经文注释理解的基础上的,可以折射出取舍主体的学识和经学观。

《周官义疏》的编纂者对《周礼》文本有精深的研究,对汉唐以来的《周礼》解义也有通盘的考察。在参考借鉴二程、朱熹、蔡沈、陈澔等人著述体例得失之基础上,《周官义疏》提出了自己的编纂体例。此书《凡例》云:"《易》有程《传》、朱子《本义》,《诗》有朱子《集传》,《书》有蔡沈《集传》,亦经朱子指授,故折中汇纂,皆奉以为宗。视其离合,以为众说之去留,《春秋》则有不用胡《传》,更立一义者;'三礼'自朱子请修而未果,群言莫适为主,即《仪礼经传通解》亦仅开其端绪,而意义则未暇发明;陈澔《礼记集说》虽列于学官,而自始出即不厌众心。兹故特起义例,分为七类,俾大义分明,而后兼综众说。"②是书所起义例七类:一曰"正义","乃直诂经义确然无疑者";二曰"辨正","乃后儒驳正旧说至当不易者";三曰"通论","或以本节本句参证他篇,比类以测义,或引他经与此经互相发明";四曰"余论","虽非正解,而依附经义于事物之理有所推阐";五曰"存疑","各持一说,义亦可通,又或已经驳论而持此者,多未敢偏废";六曰"存异","名物象数久远无传,难得其真,或创立一说,虽未即惬人心,而不得不姑存之,以资考辨";七曰"总论","本节之义已经训解,又合数节而论之,合一职而论之"③。

---

① (清)皮锡瑞:《经学历史·经学复盛时代》,《皮锡瑞全集》,中华书局2015年点校本,第91页。

② (清)乾隆十三年敕撰:《周官义疏》卷首《凡例》,文渊阁《四库全书》第98册,第5—6页。

③ (清)乾隆十三年敕撰:《周官义疏》卷首《凡例》,文渊阁《四库全书》第98册,第6页。

　　清代以前的《周礼》集解体文献，如郑玄《周礼注》、贾公彦《周礼疏》、王与之《周礼订义》皆是采择并排比前人解义，而于各家解义并不以类分别。《周官义疏》列"正义""辨正""通论""余论""存疑""存异"和"总论"七大义例，从中可见其编纂者对于前人的解义有深刻的认识和理解。比如其中的"正义"，被纳入其下的解义在编纂者看来都是"确然无疑"的。又如其中的"辨正"，被纳入其下的解义都是后儒驳前儒之说，在编纂者看来，后儒所驳是"至当不易"的。当然，所谓的"确然无疑""至当不易"，皆是编纂者的主观判断。从今天来看，这些被纳入"正义""辨正""通论""余论""存疑""存异"和"总论"的解义皆需重新审视，对于这些义例本身也需重新认识。

　　贾公彦对于郑玄《周礼注》的态度几乎是完全肯定，即所谓"疏不破注"。而《周官义疏》对于郑《注》则是疑信参半，对于郑玄于某段经文下的解义，也是"正义"与"存疑"并存。因此，《周官义疏》打破了贾《疏》对于郑《注》完全接受的态度，并将郑《注》与其他诸家解义平等看待，从而论定是非、决定去取。如《周礼·春官·大宗伯》"以禋祀祀昊天上帝"，《周官义疏》曰："辨正：张子曰：《注》以禋为烟，非也。凡祀天、日、月、星、辰、风师、雨师皆取烟，燎，则不言可知。盖祭天礼重，故取禋敬之名以别之，《书》曰'禋于六宗'，又曰'禋于文王武王'。"①经文之"禋"字，郑玄以"烟"释之；张载驳郑玄，认为禋祀当属祭天礼，取禋敬之名，以与一般的祭祀相区别。《周官义疏》于此以张载解义为是，以郑玄解义为非，并以"正义"二字冠于张载解义之前。而事实上，张载此说并非确论。孙诒让云："《书·尧典》'禋于六宗'，《通典·吉礼》引郑注云：'禋，烟也，取其气达升报于阳也。'《御览·时序部》引《尚书大传》，述《书》作'禋于六宗'。郑《注》云：'烟，祭也。字当为禋。'盖禋、烟声类同，故升烟以祭谓之禋祀，对实柴槱燎言之也。散文则禋通为祭祀，《尔雅·释诂》云：'禋，祭也。'《说文·示部》云：'禋，洁祀也。一曰精意以享为禋。'是也。"②孙氏认为，禋、烟声类同，升烟以祭谓之禋祀；禋亦可通为祭祀。孙氏之说有理有据，足破张载解义之失。由此可见，《周官义疏》所谓"正义"者，未必是确而不易之义。

---

①　（清）乾隆十三年敕撰：《周官义疏》卷十八，文渊阁《四库全书》第98册，第473页。

②　（清）孙诒让：《周礼正义》卷三十三，中华书局1987年点校本，第1299页。

三、对前人解义之辨析

《周官义疏》不仅通过义例将前人的解义加以区分，还以案语的形式对前人解义加以辨析。其认为前人解义为是者则申之。如《周官义疏》在"正义"部分大量征引郑玄之说，以示对郑《注》之肯定；此外，其还于注释中力辨郑《注》之可信。如《周礼·春官·小宗伯》："兆五帝于四郊，四望、四类亦如之。"郑《注》："兆，为坛之营域。……四望，五岳、四镇、四窦。四类，日、月、星、辰，运行无常，以气类为之位。兆日于东郊，兆月与风师于西郊，兆司中、司命于南郊，兆雨师于北郊。"《周官义疏》曰："案四类，天神之兆也，当依《注》说。《尚书》'类于上帝'及'大祝六祈'之类，下经'类社稷宗庙'之类，乃是祭名，非所祭之兆也，不可牵彼混此。"① 对于经文"四类"之解义，《周官义疏》认为当从郑《注》。

《周官义疏》认为前人解义为非者，则质疑之，兹举数例以见之：

《周礼·地官·小司徒》："乃颁比法于六乡之大夫，使各登其乡之众寡，六畜、车辇，辨其物，以岁时入其数，以施政教，行征令。及三年，则大比，大比则受邦国之比要。"郑《注》："登，成也，成犹定也。众寡，民之多少。物，家中之财。岁时入其数，若今四时言事。"《周官义疏》曰："案登谓升而载于册也。物即谓六畜、车辇，其弓矢、甲楯、桢干、旗物之属亦存焉，即大比所稽兵器也。旗物有度式，什器有良苦，故辨之。《注》以为家中之财，则岂可辨乎？汉法算缗钱，商贾末作贳贷稽物者，各以其物自占。王莽税天下，吏民一切訾三十取一。康成每以汉法莽事释《周官》，害义之尤甚者也。"②《周官义疏》训"登"为"升而载于册"，训"物"为"六畜""车辇""弓矢""甲楯""桢干""旗物"，皆与郑《注》异也。③

---

① （清）乾隆十三年敕撰：《周官义疏》卷十九，文渊阁《四库全书》第98册，第499页。
② （清）乾隆十三年敕撰：《周官义疏》卷十，文渊阁《四库全书》第98册，第294—295页。
③ 孙诒让云："《注》云'登，成也，成犹定也'者，《乡大夫》《族师》《遂人》注义并同。登，成，《尔雅·释诂》文。《国语·周语》韦注云：'成，定也。'郑以登本无定义，而登训为成，成亦训为定，展转引申，则登亦得为定，故必先以成训登，复以定训成，明其义之相通也。定谓定其众寡以下凡数之实，无遗误也。……云'物，家中之财'者，谓泉谷也。云'岁时入其数，若今四时言事'者，贾《疏》云：'汉承周后，皆四时入其数。今时白役簿皆在于冬，代异时殊，故有革别也。'"［（清）孙诒让：《周礼正义》卷二十，中华书局1987年点校本，第775页］孙氏于此对郑玄《注》、贾《疏》持信任态度，并对郑《注》作了考证和引申。

《周礼·地官·小司徒》:"乃会万民之卒伍而用之,五人为伍,五伍为两……以起军旅,以作田役,以比追胥,以令贡赋。"郑《注》:"贡,嫔妇百工之物;赋,九赋也。"《周官义疏》曰:"康成训贡为嫔妇百工,赋为九赋,词愈别而义愈晦,由不知井法之通行故耳。"①《周官义疏》认为,郑玄训经文"贡"为"嫔妇百工","赋"为"九赋",是不通井法通行之故。②

《周礼·春官宗伯》之解题,郑《注》:"象春所立之官也。宗,尊也。伯,长也。"《周官义疏》曰:"舜命伯夷典三礼,名曰秩宗,周人因之,立春官宗伯。盖以宇宙之中,莫尊于天神、地示、人鬼,秩宗者,叙次天神、地示、人鬼之礼事也。宗伯者,治尊礼之长官也。若如俗说,以宗庙之宗为目,其人则对先王先公,义不得以称伯矣。自唐以前,注、疏、笺、传,皆训宗为尊,至宋王昭禹始谓有族则有祖,有祖则有宗。蔡氏沈以宗庙为义,后儒多遵之,谓凡祭祀之礼,皆自祖宗推而及之,不知天神、地示之祭本以宗名。《舜典》曰:'禋于六宗。'孔安国《传》:'宗,尊也。所尊祭者有六,谓四时也,寒暑也,日也,月也,星也,水旱也。'《月令》:'天子乃祈来年于天宗。'贾逵曰:'天宗三,日、月、星;地宗三,河、海、岱。'天神、地示皆称宗,乃秩宗之义所由起也。"③唐以前皆训"宗"为"尊",宋人蔡沈以"宗庙"释"宗",祭祀之礼皆自祖宗推之。《周官义疏》据《尚书》孔《传》,认为天神、地示之祭本以宗名,不必由祖宗推之;春官宗伯乃周人据秩宗之义而立。《周官义疏》于"宗伯"之释义可备一说。

《周礼·春官·旄人》:"旄人,下士四人,舞者众寡无数,府二人,史二人,胥二人,徒二十人。"贾《疏》:"下《鞮鞻氏》云'主四夷之乐',两官共掌者,但鞮鞻氏掌而不教,此旄人教而不掌,故二官共其事也。"《周官义疏》曰:"四夷有慕化而愿留者,祭祀宾客,使各舞其国之燕乐,以示声教之四讫,其思归者亦听焉,故无定数。《疏》谓'鞮鞻氏掌夷乐而不教','旄人教而不掌',非也。旄人所教,舞也,鞮鞻则掌声歌,分职甚明。"④贾《疏》认为旄人教而不

---

① (清)乾隆十三年敕撰:《周官义疏》卷十,文渊阁《四库全书》第98册,第296页。

② 孙诒让云:"云'贡,嫔妇百工之物'者,据《闾师》云:'任工以饬材事,贡器物;任嫔以女事,贡布帛。'郑于八贡唯举此二者,明与后井牧田野令贡为农牧衡虞之贡,互相备也。"[(清)孙诒让:《周礼正义》卷二十,中华书局1987年点校本,第778页]孙氏对郑《注》持信任态度,并作了引申和考证。

③ (清)乾隆十三年敕撰:《周官义疏》卷十七,文渊阁《四库全书》第98册,第454页。

④ (清)乾隆十三年敕撰:《周官义疏》卷十七,文渊阁《四库全书》第98册,第464页。

掌，鞮鞻氏掌而不教。《周官义疏》则认为旄人所教为舞，鞮鞻氏所掌为声歌，二者职之分别其为显明。①

《周礼·春官·宗伯》："小宗伯之职，掌建国之神位。"贾《疏》："建，立也。言立邦之神位者，从内向外，故据国中神位而言，对下经在四郊等为外神也。"《周官义疏》曰："建神位，乃小宗伯所专掌，故首列之，而后及与大宗伯相成之事，犹小宰之建宫刑，小司徒之建教法，小司寇掌外朝之政，皆其专职也。神位宜合下诸兆而言，《疏》谓专据国中对下四郊等为外神，未安。"②贾《疏》认为，此言小宗伯掌建国之神位，是据国中神位而言，与下之经文在四郊为外神相应；《周官义疏》则认为，经文所言神位是合下诸兆言，而不是与四郊为外神相应。

《周官义疏》重视以义理解经。兹举两例以见之：

《周礼·地官·大司徒》："以天下土地之图，周知九州之地域广轮之数，辨其山林、川泽、丘陵、坟衍、原隰之名物；而辨其邦国都鄙之数，制其畿疆而沟封之。"马融、郑玄、贾公彦、王应电之解义，皆以名物考证为务，而疏于大司徒职掌之说明。《周官义疏》曰："此下数节之纲领，盖建土地之图，以辨五土之名物，然后知广谷大川异制，民生异俗，而施十有二教以一之。然后知土地所宜，五谷所殖，而相民宅，任地事，然后可量地之肥瘠高下，以制地征，均地政，然后可求地中，制地域，以建王国侯邦，以造都鄙。此建土地之图，所以为大司徒之首务与。"③《周官义疏》于此结合经之上下文，对大司徒之职掌做了说明。此段解义没有文字训诂和名物制度之考证，而是力在经义之阐发。

《周礼·地官·牛人》："凡会同、军旅、行役，共其兵车之牛与其牵彷，以载公任器。"郑《注》："牵彷，在辕外挽牛也。人御之，居其前曰牵，居其旁曰彷。"《周官义疏》曰："牵彷，亦牛也，重车非一牛所能胜，故自驾辕而外，又有居其前、居其旁者数牛而共挽一车，故云'共其兵车之牛与其牵彷'也。

① 孙诒让曰："'旄人'者，此官掌教舞散乐，而兼教舞夷乐，与后鞮鞻氏专掌夷乐及声歌异。贾《疏》谓此官教而不掌，鞮鞻氏掌而不教，故二官共其事，非也。"[（清）孙诒让：《周礼正义》卷三十二，中华书局1987年点校本，第1276页]孙氏亦驳贾《疏》，然其持论与《义疏》有异。

② （清）乾隆十三年敕撰：《周官义疏》卷十九，文渊阁《四库全书》第98册，第499页。

③ （清）乾隆十三年敕撰：《周官义疏》卷九，文渊阁《四库全书》第98册，第263页。

至人御之，而时居其前，时居其旁，则又经文言外之意，玩《注》可见。"① 郑《注》重在文字训诂，而《周官义疏》重在释"牵彷"之义。

第六节　惠士奇的《周礼》诠释

惠士奇（1671—1741）字天牧，一字仲孺，晚号半农，人称红豆先生。江苏元和（今江苏苏州市）人。康熙四十八年（1709）进士，官编修、侍卫学士。曾典试湖南、督学广东。雍正间，以召对不称旨，罚修镇江城，以产尽停工削籍。乾隆初再起为侍读。士奇精于经学，有《易说》《礼说》《春秋说》传世。

惠士奇所撰《礼说》，对《周礼》的部分经文和注疏作了考证。是书共十四卷，凡《天官》二卷，计六十一条；《地官》三卷，计六十三条；《春官》四卷，计九十五条；《夏官》二卷，计六十一条；《秋官》二卷，计六十一条；《考工记》一卷，计四十条。各卷皆不载《周礼》经文，惟标举其有所考证辨驳者各为之说，并依经文次序编之。是书于《周礼》诠释之成就及特色可从以下几个方面来看。

一、古音古字之考释

惠士奇治《周礼》，重视古字古音之考释。兹举数例以见之：

《周礼·天官·叙官》："惟王建国，辨方正位，设官分职，以为民极。"郑《注》："极，中也。令天下之人各得其中，不失其所。"惠士奇曰："《诗》曰：'商邑翼翼，四方之极。'言商之建国翼翼然，乃四方之中正也。惟王建极以立国，设六官，分六职，以为民极。极者，度也，中也。……《诗》曰：'立我烝民，莫匪尔极。'是民立于极也。《书》曰：'惟天监下民，典厥义。'是民生于典也。不协于极者，皇亦受之，则不能者劝，不迪率典者，天乃弃之，则为恶者惩。皇建谓之极，天叙谓之典，锡汝极所以遵王道，守尔典所以承天休，因此三极立为六典，典，常也，法也。"②《周礼》此"极"字，郑玄训"中"。惠氏引《诗》《书》以申郑氏，训"极"为"中""度""典"之义，并对"极"与"典"字义之异同作了辨析。

---

① （清）乾隆十三年敕撰：《周官义疏》卷十二，文渊阁《四库全书》第98册，第344页。

② （清）惠士奇：《礼说》卷一，文渊阁《四库全书》第101册，第389页。

《周礼·天官·大宰》："正月之吉，始和布治于邦国都鄙，乃县治象之法于象魏，使万民观治象，挟日而敛之。"郑《注》："从甲至甲谓之挟日。"惠士奇曰："《礼》曰'挟日'，《传》曰：'浃辰，周之正月，魏阙挟日而敛五象。'成之九年，'楚人浃辰而克三都'，《正义》云：浃，周匝也。从甲至癸为十日，从子至亥为十二辰。浃辰者，子亥之辰一匝。挟日者，甲癸之日一周。古挟、浃通。《诗》曰：'使不挟四方。'毛《传》云：'挟，达也。'谓方皇周浃于天下，故曰达。"① 阮元曰："挟，古浃字。《周礼》《毛诗》用字正同。干本作匝，系以意改，非也。"② 孙诒让征引惠士奇、阮元之说，曰："阮说是也。浃即俗挟字。《国语·越语》云：'浃日而令大夫朝之。'韦《注》云：'从甲至甲曰浃。浃，匝也。'韦说与郑同。诸家云从甲至癸差一日者，据郑云，凡十日，则亦是甲癸一周。而云自甲至甲者，不外所挟日耳。此乃立文小殊，不为异说。"③ 惠氏认为古之"挟"与"浃"通，有'达'之义。此说为阮氏、孙氏所承袭。

《周礼·天官·酒正》："辨五齐之名……三曰盎齐。"郑《注》："盎犹翁也，成而翁翁然，葱白色，如今酇白矣。"贾《疏》曰："汉时萧何所封南阳地名酇。"陆德明《释文》："酇白，即今之白醙酒也，宜作'醙'。作'酇'，假借也。"贾氏训"酇"为地名，而陆氏训"酇"为"醙"。惠士奇曰："'盎'，《说文》作'醠'，亦云浊酒。郑云'葱白色，如今酇白矣'。'酇'读为'醙'，《广雅》云：'醙，酒也。'宋孝武《四时诗》所谓'白醙解冬寒'也。"④ 惠氏据《说文》《广雅》，训"酇"为"醙"，酒之义，非如贾《疏》所云地名。孙诒让申惠氏之说曰："贾以此注'酇'为南阳地名，非也。依陆说，则'酇'为'醙'之借字，说与贾异。《御览》引《礼记外传》云：'盎齐今之白醙酒也。'亦与陆同。……丁晏亦云：'《玉篇·酉部》："醙，白酒也。"《一切经音义》引《通俗文》"白酒曰醙"。贾《疏》以酇为地名，非也。'惠、丁说是也。……其为声近假借字明矣。"⑤

《周礼·地官·大司徒》："以天下土地之图，周知九州之地域广轮之数。"惠士奇曰："'域'，古作'或'，《说文》云：'或，邦也，从口从戈，以守一。'一，地也，又从土，后人所加，今用之。独《尚书·微子篇》作'或'，古文也，

① （清）惠士奇：《礼说》卷一，文渊阁《四库全书》第101册，第395页。
② （清）阮元校刻：《十三经注疏（附校勘记）》，中华书局1980年版，第652页。
③ （清）孙诒让：《周礼正义》卷四，中华书局1987年点校本，第124页。
④ （清）惠士奇：《礼说》卷二，文渊阁《四库全书》第101册，第412页。
⑤ （清）孙诒让：《周礼正义》卷九，中华书局1987年点校本，第344页。

曰'殷其弗或乱正四方'。'或乱正四方'者，犹《诗》'正域彼四方''肇域彼四海'云尔。毛《传》云：'域，有也。'郑《笺》云：'长有邦域。'孔《传》亦云：'或，有也，言能守之，是以有之。'则'或'即'域'甚明。孔《疏》云'或者，或无或有，不定之辞'，误矣。"①惠氏据《尚书》《诗》《说文解字》之记载，认为《大司徒》此"域"字，古文作"或"。

《周礼·地官·师氏》："师氏以三德教国子：……二曰敏德。"此"敏"字，惠士奇曰："克为敏德，以己承之。孔子曰'克己'，曾子曰'己任'，一也。《说文》：'克之象肩也，其义任也。'《诗》云'佛时仔肩'，毛《传》曰'克'，郑《笺》曰'任'，《释诂》曰'胜'，盖能胜其任谓之克。然则苟非己，焉能克，苟非克，焉得敏。是故尧舜恭己，禹稷由己，成汤惟己，伊尹若己，皆敏德也。"②惠氏据《说文解字》《尔雅》以及《诗》之毛《传》、郑《笺》，训"敏"为"克"。

《周礼·夏官·廋人》："马八尺以上为龙。"郑司农引《月令》曰"驾苍龙"。惠士奇曰："《尔雅》马属，'绝有力，骥'，又曰'马八尺为骥'。郭《注》引《廋人》职'龙'作'骥'，而高诱注《月令》引《廋人》职作'龙'。然则'龙'与'骥'，古音同也。'龙'亦作'骧'，《潜夫论》曰'求骧''问骧'。或云'骧，野马'，非也。……《大戴礼》曰：'春夏乘龙，秋冬乘马。'《月令》：'春骧夏骊，秋骆冬骊。'而'骥'、'骧'并不见《说文》，则知古通作'龙'矣。《易》：'震为龙。'虞翻本作'駹'，《注》云：'駹，苍色，震东方，旧读作龙，非也。'《说文》'駹马面颡皆白'，亦非纯苍，盖苍龙而兼的颡与。'龙'转为'駹'，犹'龙'转为'鸗'，古音皆通。"③惠士奇将《周礼》所言"龙"，《尔雅》及郭《注》所言"骥"，《潜夫论》所言"骧"作了比较分析，认为"龙"与"骥""鸗"之古音可通。惠氏此说被孙诒让《周礼正义》所引。

文字音韵之学乃乾嘉时期经学家尤为擅长者。晚清皮锡瑞曰："古人之语言、文字，与今之语言、文字异。汉儒去古未远，且多齐、鲁间人，其说经有长言、短言之分，读为、读若之例。唐人已不甚讲，宋以后更不辨。……顾炎武《音学五书》始返于古。江、戴、段、孔益加阐明。是为音韵之学。段玉裁《说文解字注》昌明许慎之书。同时有严可均、钮树玉、桂馥，后有王筠、苗

① （清）惠士奇：《礼说》卷三，文渊阁《四库全书》第101册，第436页。
② （清）惠士奇：《礼说》卷四，文渊阁《四库全书》第101册，第462页。
③ （清）惠士奇：《礼说》卷十一，文渊阁《四库全书》第101册，第606页。

夔诸人，益加阐明。是为音韵兼文字之学。经师多通训诂叚借，亦即在音韵、文字之中。"① 惠士奇治《周礼》，重视古字古音之考释。其考释过程中既广泛征引《说文》《尔雅》等字书，又以经典注疏作为参证。惠氏于《周礼》古音古字之考释受到阮元、孙诒让等人的重视，其影响之大由此得见。

二、名物制度之考证

惠士奇治《周礼》，还重视名物制度之考证。兹举数例以见之：

《周礼·地官·槁人》："槁人掌共外内朝冗食者之食。"郑《注》："外朝，司寇断狱弊讼之朝也。今司徒府中，有百官朝会之殿云，天子与丞相旧决大事焉，是外朝之存者欤？内朝，路门外之朝也。冗食者，谓留治文书，若今尚书之属，诸直上者。"贾《疏》："天子三朝：路寝庭朝，是图宗人嘉事之朝，大仆掌之；又有路门外朝，是常朝之处，司士掌之；又有外朝，在皋门内、库门外，三槐九棘之朝，是断狱弊讼之朝，朝士掌之。"惠士奇云："《槁人》职'内外朝'，康成谓：'外朝断狱弊讼之朝，今司徒府中有百官朝会之殿云，天子与丞相旧决大事焉，是外朝之存者欤。'蔡质《汉仪》曰：'司徒府与苍龙阙对，厌于尊者，不敢号府。'应劭曰：'不然，丞相旧在长安时，有四出门，随时听事。东京本欲依之，迫于太尉、司空，但为东西门耳。每国有大议，天子车驾，亲幸其殿。'然则东汉三公府皆对苍龙阙也。周之外朝，左右皆棘，而中槐，则槐当在阙下。左九卿之庐，右诸侯之舍，中三公之朝，面三槐，对两观，与汉丞相殿对苍龙阙者正同，则外朝在雉门外矣。旧说在库门外，非也。"② 惠氏于此对周之外朝作了探讨，其所据者有郑玄《注》、贾公彦《疏》、蔡质《汉仪》以及应劭之说，并对贾《疏》有所驳正。

《周礼·天官·阍人》："阍人掌守王宫之中门之禁……奇服怪民不入宫。"郑《注》："《春秋传》曰：'龙奇无常，怪民狂易。'"此"奇服怪民"，惠士奇曰："愚谓怪民执左道者，汉之方士，周之怪民也。战国时，燕人为方仙道，形解销化，依托鬼神，名为方士。汾阴出宝鼎，阙下献玉杯，汉文贤明，犹为之惑，后觉其诈，卒被诛夷。然则新垣平非所谓怪欤？及武帝时，李少君、少

---

① （清）皮锡瑞：《经学历史·经学复盛时代》，《皮锡瑞全集》，中华书局 2015 年点校本，第92 页。

② （清）惠士奇：《礼说》卷五，文渊阁《四库全书》第 101 册，第 495 页。

翁、栾大之属,其怪益甚矣。东晋元帝时,暨阳人任谷有羽衣人与之交,而有娠,产一蛇,遂成宦者。诣阙上书,自云有道术,帝留之宫中。郭璞上疏,乞遣谷出,以为《周礼》怪民不入宫。谷之妖,乃怪民之尤者。阴阳陶烝,变化万端,狐狸魍魉,凭陵作愿。其后元帝崩,谷亡云。此皆所谓怪也。……不徒曰怪民,而兼曰奇服,盖怪民未有不服奇服者。江充之召见犬台宫也,衣纱縠禅衣,冠步摇冠曳燕尾之裾,垂飞翮之缨。此所谓奇服,说者以为服妖。巫蛊之祸胎于此,故曰奇服怪民不入宫。武帝望见充而异之,目为奇士而信用焉。"①《周礼》此所言"奇服怪民",郑氏解义甚略,惠氏据战国、秦汉、东晋之方士以及史书所记载的著奇服者,对"奇服怪民"一词作了阐述。

《周礼·地官·师氏》:"师氏……居虎门之左,司王朝。"郑《注》:"虎门,路寝门也。王日视朝于路寝门外,画虎焉以明勇猛,于守宜也。"惠士奇曰:"路寝制如明堂,面有四门。虎门者,路寝之西门也。西为成熟之方,学贵成熟,故小学在西,亦名西学。《祭义》云:'食三老五更于大学,所以教诸侯之弟也。祀先贤于西学,所以教诸侯之德也。'大学在成均,则西学在虎门之左,明矣。古者学在门,缪公学著人,《齐风》毛《传》云:'门屏之间曰著。'著人者,楚语所谓位宁,有官师之典,盖师氏、保氏也。师氏、保氏同居门左,各司王朝,保氏不言者,省文可知。……家之学在门侧之堂,故国之学在虎门之左,此蔡邕所谓《周官》有门闱之学也。"②惠士奇于此对师氏、路寝、虎门等作了考证。孙诒让曰:"惠士奇谓官师即师氏、保氏,是也。"③

惠士奇认为,《周礼》所记名物制度属于西周。在此观念之下,其征引百家之说以证周制。从以上所列诸例,可知惠氏所征引者既有《周礼》经文注疏,还有《诗》《礼记》之经文注疏,亦有蔡邕《汉仪》等诸子之说,以及史书之记载。惠氏还通过征引郑玄、郑兴、郑众等汉人于汉代名物制度之记载,与《周礼》之名物制度作比较分析。

三、风俗史实之考证

惠士奇还对《周礼》所记风俗和史实作了考证。兹举数例以见之:

---

① (清)惠士奇:《礼说》卷二,文渊阁《四库全书》第101册,第430页。
② (清)惠士奇:《礼说》卷四,文渊阁《四库全书》第101册,第463页。
③ (清)孙诒让:《周礼正义》卷二十五,中华书局1987年点校本,第1005页。

《周礼·天官·大宰》："以八则治都鄙……六曰礼俗，以驭其民。"惠士奇曰："康成以旧所行者，昏姻、丧纪为礼俗。《士昏礼》有辞，辞曰'某有先人之礼'，《觐礼》侯氏前朝有戒，戒曰'伯父帅乃初事'。先人之礼者，家之先典。帅乃初事者，国之故事。盖行礼顺先典，循故事，所谓礼俗也。百里不同风，千里不同俗，俗不同，而一之以礼，则无不同。《鹖冠子》曰：'田不因地不能成谷，化不因民不能成俗。'又曰：'勿损勿益，幼少随足，以从师俗。'言天命者性，师教者习，因习而俗成焉。《荀子》曰：'圣人明知之，士君子安行之，官人以为守，百姓以成俗。'《淮南子》曰：'行齐于俗，可随也。事周于能，易为也。矜伪以惑世，伉行以违众，圣人不以为民俗。'晏子曰：'泪常移质，习俗移性，不可不慎也。'又曰'婴之家俗有三。及病将死，谓其妻：吾恐死而俗变，谨视尔家，毋变尔俗。'乃凿楹纳书，以为楹语。此晏子之家俗也，当时称为贤大夫。《管子》曰'藏于官则为法，施于国则成俗'，'有一体之治者，去奇说，禁雕俗也'，'朝有经臣，国有经俗，民有经产'。'明君在上，俗无异礼，变更自为，易国之成俗者，命之曰不牧之民'。由此观之，有一家之俗，有一国之俗，有天下之俗。一家之俗大夫主之，一国之俗诸侯主之，天下之俗天子主之，而皆以一人为转移。故天下国家，远近大小虽殊，莫不有祖宗家法，颠覆典型，纷更约束，子孙不法祖宗，而俗败矣。《书》曰：'商俗靡靡，利口惟贤，余风未殄。'商之俗，成汤作之于前，圣君哲相成之于后，犹若不足，而兢兢以巫风淫风乱风，家必丧、国必亡为训。及受之身，一人败之而有余，盖作之难，成之难，败之甚易，若此。有周代商，既历三纪，世变风移，而靡靡之俗尚未尽革也。败之甚易，变之甚难，又若此。故曰败常乱俗，三细不宥，言皋虽小，乱俗者必诛，所谓礼俗以驭其民也，可不慎哉！"[1]惠氏据经、史、诸子之记载，对《周礼》"礼俗以驭其民"的意义作了阐发。其据《仪礼·士昏礼》《觐礼》，认为礼俗是"行礼顺先典，循故事"；据《鹖冠子》《荀子》《淮南子》《管子》及晏子之说，将风俗分为家、国、天下之俗；又借殷商风俗之变革，以明礼俗对于社会教化之意义。

《周礼·天官·玉府》："王齐，共则食玉。大丧，共含玉。"郑《注》："玉是阳精之纯者，食之以御水气。郑司农云：'王齐当食玉屑。'"贾《疏》："其玉屑研之乃可食。"惠士奇驳曰："食玉者，神仙道家之法，其说见《山海经》

---

① （清）惠士奇：《礼说》卷一，文渊阁《四库全书》第 101 册，第 389—390 页。

'崒山多白玉,是有玉膏,其源沸沸汤汤。'……《离骚》所谓'登昆仑而食玉英'者,大率皆寓言神仙怪迂之事,圣人所不语。而食玉载于《周官》,则又何说?盖玉以礼天地,飨鬼神,王者尊之为宝,除不祥,辟恶气,君子不去于身,而裸用圭璋,其名曰场,清明之玉气能与神通,故齐则共之,是为食玉。食犹服也,谓洁清其气,被除其心,神明其德而已,非口食之也。且君子之食,莫备于食医,而不闻食玉。食玉掌于玉府,而不掌于膳夫,则玉非可食之物矣。……愚谓天子以珠出于谶纬,汉儒信纬不信经,故据以为说。"①惠氏认为,古代食玉乃"神仙怪迂之事";《周礼》所记食玉乃服玉之义,意在"除不祥""辟恶气";据《周礼》职官之职掌,玉掌于玉府,而非掌于膳夫,亦可证玉不可食。惠氏于此是凭经验和理性以驳郑《注》、贾《疏》,其说得到后人的赞同,如孙诒让曰:"惠氏纠之甚允。"②

《周礼·天官·内宰》:"中春,诏后帅外内命妇始蚕于北郊,以为祭服。"惠士奇曰:"汉法,皇后蚕于东郊。魏遵《周礼》,蚕于北郊。吴韦昭著《西蚕颂》,则孙氏在西郊矣。晋亦如之。宋大明四年,于城西白石里为西蚕,其礼始备。隋于宫北三里为坛,季春上巳,皇后躬桑于坛南东面礼,王耕南郊,后蚕北郊;诸侯耕于东郊少阳之位,而夫人蚕于北郊。康成谓夫人不蚕于西郊,妇人礼少变也。古有天子东耕仪,因是有皇后西蚕礼。唐太宗以为平秩东作,合在东方。宋因之,礼院言周蚕于北郊,以纯阴也,汉蚕于东郊,以春桑生也,请筑坛东郊,从桑生之义。然则耕蚕并在东矣,可乎?王太阳,诸侯少阳,后太阴,夫人少阴,东耕西蚕,皆非礼也。"③惠氏以《周礼》所记为周制,与《周礼》所记不合者,则与周制不合。惠氏将汉、吴、晋、南朝(宋)、唐诸代的皇后、夫人蚕之地与《周礼》之记载加以比较,认为蚕于东郊、西郊,皆与《周礼》之记载不合,不能体现周制。

李光坡《周礼述注》、方苞《周礼析疑》以及敕撰《周官义疏》皆是清代中前期重要的《周礼》学著作。这些著作的体例前后一致,篇幅分配也比较均衡。不过由于是《周礼》全经诠释之作,故于历代以来聚讼不已者往往无深入之考辨,于注疏之讹误未能细究,以至于以讹传讹。与《易说》《春秋说》一样,

---

① (清)惠士奇:《礼说》卷二,文渊阁《四库全书》第 101 册,第 422—423 页。

② (清)孙诒让:《周礼正义》卷十二,中华书局 1987 年点校本,第 457 页。

③ (清)惠士奇:《礼说》卷二,文渊阁《四库全书》第 101 册,第 428 页。

惠士奇《礼说》亦不载《周礼》经文，而就所辩驳者各为之说。该书没有诠释《周礼》全经，其所辩驳者，或是前人争议多而莫衷一是者，或是前人信以为真而不加质疑者，或是前人习以为常而根本未曾注意者。由于惠氏《礼说》并非全经诠释之作，故其能将精力放在重要问题的考辨上。

惠士奇《礼说》重视文字音韵之学，将《周礼》诠释学推向了新的高度。四库馆臣曰："郑氏之时，去周已远，故所注《周礼》多比拟汉制以明之。今去汉末复阅千六百年，郑氏所谓犹今某物、某事、某官者，又多不解为何语。而当日经师训诂，辗转流传，亦往往形声并异，不可以今音、今字推求。士奇此书，于古音、古字皆为之分别疏通，使无疑似。复援引诸史百家之文，或以证明周制，或参考郑氏所引之汉制，以递求周制，而各阐其制作之深意。在近时说礼之家，其持论最有根柢。"① 文字学、音韵学在经学考证中的普遍使用，是清代考据向更加精深方向发展的一大表征。惠士奇在《周礼》诠释中于文字学、音韵学之运用，对其子惠栋以及乾嘉时期其他经学家产生了深远影响。

惠士奇《礼说》于《周礼》经、注、疏考辨的方法多样。李光坡《周礼述注》、方苞《周礼析疑》以及敕撰《周官义疏》仅以经证经，而甚少涉及子部、史部文献之记载。惠氏《礼说》所征引的文献除《易》《书》《诗》《周礼》《仪礼》《礼记》《左传》《公羊传》《孟子》《尔雅》《说文解字》外，还有《孔子家语》《墨子》《管子》《荀子》《庄子》《列子》《淮南子》《黄帝内经》《抱朴子》《说苑》《风俗通义》《吕氏春秋》《史记》《汉书》《后汉书》《魏书》《南齐书》，经、史、子皆有涉及。由此可见，惠氏打破了"以经证经"之藩篱，将经史百家之记载皆纳入经学考证的范围，此也是乾嘉时期考据学向精深方向发展之表征。

惠士奇于《周礼》之考证亦有值得商榷处。四库馆臣曰："因巫降之礼，遂谓汉师丹之使巫下神为非惑左道；因狸首之射，遂谓周苌宏之射诸侯为非依物怪；因庶民攻说，蔟氏攻禜，遂谓段成式所记西域木天坛法禳虫为周之遗术，皆不免拘泥古义，曲为之词。……因《左传》称仍叔之子为弱，遂据以断犁牛之子为牦，亦失之附会。至于引《墨子》以证司盟之诅，并以证《春秋》之观社，取其去古未远，可资旁证可也。遂谓不读非圣之书者非善读书，则词不达意，欲矫空谈之弊，乃激而涉于偏矣。"② 尽管如此，四库馆臣仍称该书

---

① （清）永瑢等：《四库全书总目》卷十九，中华书局 1965 年版，第 156—157 页。
② （清）永瑢等：《四库全书总目》卷十九，中华书局 1965 年版，第 157 页。

"引博而皆有本原,辨论繁而悉有条理。百瑜一瑕,终不能废其所长也"①,可谓公允之论。

第七节　江永的《周礼》诠释

江永(1681—1762年)字慎修,又字慎斋,清代徽州婺源县(今江西婺源县)人。清代著名经学家、皖派经学创始人。生员出身,晚年入贡。博通古今,长于考据,尤精"三礼"。于音韵、乐律、天文、地理等领域皆有著述。戴震、程瑶田、金榜等皆其弟子。其代表作有《周礼疑义举要》《礼书纲目》《礼记训义择言》《仪礼释例》《群经补义》《四书古人典林》《音学辨微》等。

江永治礼,是从《周礼》入门。据戴震记载,江永"少就外傅时,与里中童子治世俗学。一日,见明丘氏《大学衍义补》之书内征引《周礼》,奇之,求诸积书家,得写《周礼》正文,朝夕讽诵。自是遂精心于前人所合集《十三经注疏》者,而于'三礼'尤功深"②。《周礼疑义举要》七卷成于乾隆二十五年(1760),是江永晚年重要的礼书之一。该书的特点及成就可从以下几个方面来看。

一、《周礼》成书问题之辨析

江永于《周礼》成书问题之辨析,重点在《考工记》与《周礼》之关系方面。

宋代以前,人们普遍认为《周礼·冬官》亡佚,后人以《考工记》补之。如陆德明曰:"河间献王开献书之路,时有李氏上《周官》五篇,失《事官》一篇,乃购千金不得,取《考工记》以补之。"③南宋以来,有人认为《冬官》不亡。此说乃胡宏所首倡,而程大昌、俞庭椿、王与之袭之。如俞庭椿曰:"《周礼·司空》之篇有可得言者,反复之经,质之于《书》,验之于《王制》,皆有可以是正焉者。而《司空》之篇实杂出于五官之属,且因司空之复,而六官之讹误,亦遂可以类考,将一一摘其要者议之。"④南宋以来,遂有"《冬官》

---

① (清)永瑢等:《四库全书总目》卷十九,中华书局1965年版,第157页。
② (清)戴震:《江慎修先生事略状》,《戴震文集》卷十二,中华书局1980年点校本,第178页。
③ (唐)陆德明:《经典释文》卷一,中华书局1983年版,第11页。
④ (宋)俞庭椿:《周礼复古编》,文渊阁《四库全书》第91册,第604页。

不亡"一派。

江永认为《冬官》已亡，他说："《周礼》本是未成之书，阙《冬官》。汉人求之不得，以《考工记》补之。恐是当时原阙也。"① 江永驳"《冬官》不亡"之说曰："《冬官》虽缺，以诸经传证之，当有大司空、小司空、匠师……车人、㚟人等官。此皆《冬官》篇亡之证。"② 又曰："后人读书粗疏，果于妄作，如俞庭椿之徒纷纷割裂牵补，致五官无一完善，《周礼》之罪人也。"③ 江永还以经传之记载为据，考证出《冬官》的部分职官，这些职官是大司空、小司空、匠师、梓师、豕人、啬夫、司里、水师、玉人、雕氏、漆氏、陶正、圬人、舟牧、轮人、车人、㚟人等。如"豕人"，江永曰："先郑云：'司徒奉牛，司马奉羊，宗伯奉鸡，司寇奉犬，司空其奉豕与。'然则《冬官》当有豕人。"④ 江氏于此据郑兴之注，认为《冬官》有"豕人"职官。又如"玉人"，江永曰："《天官》有追师专掌宫内追琢之事，则凡用玉府之玉，追琢成器，以其典瑞之藏者，当有玉人在《冬官》。"⑤ 江氏于此据《周礼·天官·追师》之职掌，认为《冬官》有"玉人"职官。

关于《考工记》的作者和成书年代，学界的看法不一。如宋人林希逸曰："看来《考工记》须是齐人为之，盖言语似《穀梁》。"⑥ 林氏此说对江永有直接影响。江永曰："《考工记》，东周后齐人所作也。其言'秦无庐''郑之刀'。厉王封其子友，始有郑；东迁后，以西周故地与秦，始有秦，故知为东周时书。其言'橘逾淮而北为枳'，'鹳鹆不逾济，貉逾汶则死'，皆齐、鲁间水；而终古、戚速、椑、茭之类，郑《注》皆以为齐人语，故知齐人所作也。盖齐鲁间精物理、善工事而工文辞者为之。"⑦ 江永认为《考工记》为东周后齐人所作，依据有三：一是《考工记》所言"秦""郑"之国名；二是淮、济、汶之地理分布；三是终古、戚速、椑、茭之方言。

江永于此的论证方法源自宋人林希逸，然论据较林氏丰富。江氏此说为清

① （清）江永：《周礼疑义举要》卷六，文渊阁《四库全书》第 101 册，第 765 页。
② （清）江永：《周礼疑义举要》卷六，文渊阁《四库全书》第 101 册，第 766 页。
③ （清）江永：《周礼疑义举要》卷六，文渊阁《四库全书》第 101 册，第 766 页。
④ （清）江永：《周礼疑义举要》卷六，文渊阁《四库全书》第 101 册，第 766 页。
⑤ （清）江永：《周礼疑义举要》卷六，文渊阁《四库全书》第 101 册，第 766 页。
⑥ （宋）林希逸：《考工记解》卷上，文渊阁《四库全书》第 95 册，第 12 页。
⑦ （清）江永：《周礼疑义举要》卷六，文渊阁《四库全书》第 101 册，第 765 页。

人所认可，如孙诒让云："江说近是。"① 江氏的论点和论据对近人郭沫若、陈直等亦有影响。如郭沫若认为《考工记》的作者为东周以后之齐人。郭氏据《考工记》所云"周人上舆"，"郑之刀，宋之斤，鲁之削，吴越之剑"，"越无镈，燕无函，秦无卢，胡无弓车"，"荆之干，妢胡之笴"，认为《考工记》的作者的国别"非晋即齐"；郭沫若认为，《考工记》云"橘逾淮而北为枳，鸲鹆不逾济，貉逾汶则死"，乃《考工记》出于齐地之力证。江永以"戚速""椑""荚"为齐地之方言，郭沫若补"菑""章""终葵"，合为六例，并将此六例作为《考工记》出于齐地之证。郭氏还认为《考工记》有蜀地方言，然与齐地方言相比，仅是"六与一之比而已"。郭沫若得出结论曰："作者的国别……便只能是齐人了。"② 郭氏认为《考工记》的作者不是齐人便是晋人；又据"妢胡"，进而认为《考工记》的作者是齐人。陈直列《考工记》方言十一条，其中属于齐方言者九条，楚方言者两条，由此推断《考工记》为齐人所作，为楚人所附益。由此可见，《考工记》为齐人所作说源于林希逸，而为江永所发扬光大，并为近现代学人继承和发展。

二、于前人解义之辨析

在《周礼疑义举要》一书中，江永主要是对前人之解义加以辨析。其所关注者主要是郑玄、郑众，偶及贾公彦、汪绂、姜兆锡等人。江永所辨析之解义，主要涉及文字训诂、名物制度之考证。

江永对郑玄、郑众于《周礼》的文字训诂作了辨析，提出了不少新见。兹举数例以见之：

《周礼·地官·乡师》"辇辇"，郑玄："辇，驾马。"江永曰："《注》谓'辇，驾马'，《说文》亦谓'大车驾马'，非也。愚谓从后推之曰辇，从前挽之曰辇。辇从共，以两手拱而推也。今有后推之车。"③ 孙诒让曰："沈、江二说亦通。"④ 江氏此说无文献依据，然于理可通，故可备一说。

《周礼·地官·稻人》："稻人掌稼下地。……以涉扬其芟作田。"郑众曰："涉

---

① （清）孙诒让：《周礼正义》卷七十四，中华书局1987年点校本，第3103页。
② 郭沫若：《考工记的年代与国别》，《沫若文集》第十六卷，人民文学出版社1957年版，第383页。
③ （清）江永：《周礼疑义举要》卷二，文渊阁《四库全书》第101册，第730页。
④ （清）孙诒让：《周礼正义》卷二十一，中华书局1987年点校本，第823页。

扬其芟，以其水写，故得行其田中，举其芟钩也。"郑玄曰："开遂舍水于列中，因涉之，扬去前年所芟之草，而治田种稻。"江永曰："'以涉扬其芟作田'，先郑云'以其水写，故得行其田中，举其芟钩'。后郑云'开遂舍水于列中，因涉之，扬去前年所芟之草，而治田种稻'。'涉'字，后郑得之；'扬其芟'，先郑得之。下地之田，田中常有水，足涉水，扬举除草之器以芟之。若水尽写，不得谓之涉。扬芟，是举器以除新生之草，非扬去前年所芟之草。"① 孙诒让曰："江说是也。"② 江永认为郑众释"涉"、郑玄释"扬其芟"皆得经义。江氏此说虽无文献依据，然于理得通，故受到孙诒让的肯定。

《周礼·考工记·轮人》言"轮虽敝不匡。"郑众曰："匡，枉也。"《轮人》又言"萬之以视其匡也"，郑玄曰："轮中萬菱，则不匡刺也。"江永曰："《轮人》两'匡'字，皆训为枉。后郑训刺，刺音辣，亦枉也。他处言'匡救''匡正'，则是因其匡而正之也。古人语有相反而转诂之例，去污曰污，治乱曰乱，驯扰曰扰，正匡曰匡，置物曰废，后人不识此义。王氏解为方，岂可谓轮虽敝不方？又有训为匡郭者，谓肤殻不固，尤难通。"③ 江永于此采用了训诂学上的"反训"以释"匡"字，于义得之。

《周礼》记载的古代名物制度纷繁。郑玄、郑众对《周礼》所记的名物制度作了考释。江永对郑玄、郑众于名物制度之解义作了辨析。兹举数例以见之：

《周礼·天官·大宰》："以九职任万民：一曰三农，生九谷。……"江永曰："先郑云'平地、山泽'，后郑云'原、隰、平地'，皆未当。山泽之农，自属虞衡，不生九谷。原、隰与平地无异，又不可分为三。近世惠士奇著《礼说》云：'三农，上农、中农、下农也。《管子·揆度篇》曰：上农挟五，中农挟四，下农挟三。《小司徒》上地、中地、下地，分为三者以此。'此说甚确。"④ 郑众认为"三农"是平地、山泽；郑玄认为"三农"是原、隰、平地。江永驳先郑、后郑之说，认为此所谓"三农"，当如惠士奇所云上农、中农、下农也。江氏所作之辨析，可备一说。

《周礼·天官·大宰》："以九职任万民。"江永曰："九职任万民，皆任之以

①　（清）江永：《周礼疑义举要》卷三，文渊阁《四库全书》第101册，第746页。
②　（清）孙诒让：《周礼正义》卷三十，中华书局1987年点校本，第1190页。
③　（清）江永：《周礼疑义举要》卷六，文渊阁《四库全书》第101册，第768页。
④　（清）江永：《周礼疑义举要》卷一，文渊阁《四库全书》第101册，第718页。

生财，《大学》所谓'生之者众'也。九职外，有学士习道艺，巫医卜筮守世事，府史胥徒服公事，皆非所以生财，故不在九职之数。而《大司徒》并之为十有二，天下之民尽此矣。九职生财，即《闾师》之八贡与无职者之夫布，然亦稍有不同。九职合虞衡为一，而有臣妾聚敛疏材；《闾师》无疏材之贡，而分虞衡为二，亦得九，《大府》所谓九功者也。"① 江永将《天官》所谓九职与《地官·大司徒》颁下民职事十二条相比较，认为九职以生财为目的，学士习道艺，巫医卜筮守世事，府史胥徒服公事，皆非生财者，故于九职无涉。孙诒让申江氏之说曰："江说是也。大司徒颁职事十有二于邦国，其稼穑、树艺、作材、阜蕃、饬材、通财、化材、敛材、生材九者，与此正同。而别有学艺、世事、服事三者，此九职无之者，大宰主财用之总要，彼三者皆无力征，非财用所出，故不及也。"② 江氏于此将天、地二官之记载结合起来加以辨析，其说甚得经义。

《周礼·天官·大宰》："以九职任万民。……五曰百工，饬化八材。"江永曰："八材，先郑本《尔雅》，珠、象、玉、石、木、金、革、羽，遗砖埴之工。且珠之用少，当不特设一工。宜以《曲礼》土、金、石、木、兽、草之六材，而益以玉、羽。"③ 江永将《尔雅》与《曲礼》相比较，认为"八材"，相当于《曲礼》的"六材"益以玉、羽。孙诒让曰："江说亦通。"④

《周礼·天官·大宰》："以九赋敛财贿：一曰邦中之赋，二曰四郊之赋……八曰山泽之赋，九曰币余之赋。"郑众云："邦中之赋，二十而税一，各有差也。币余，百工之余。"郑玄云："玄谓赋，口率出泉也。"江永驳郑玄曰："币余一赋，从八式所用之余而生，因王不能无赐予，故于八式所用之财常留有余，特设职币一官掌之。是以赋与式，皆有九也。先儒不明此义，释赋为口率出泉，引《乡大夫》之征力役者以为口赋，释关市山泽为占会百物，币余为占卖国斥币，皆末作，当增赋，引汉之贾人倍算况之，失之远矣。汉之口率出泉，《周礼》亦有之，《闾师》言'凡无职者出夫布'是也。此因闲民一职，转移执事于人，不能赴公旬三日之役，故使出夫布以当之，犹后世之丁钱及雇役钱，不

---

① （清）江永：《周礼疑义举要》卷一，文渊阁《四库全书》第 101 册，第 718 页。

② （清）孙诒让：《周礼正义》卷二，中华书局 1987 年点校本，第 81 页。

③ （清）江永：《周礼疑义举要》卷一，文渊阁《四库全书》第 101 册，第 718 页。

④ （清）孙诒让：《周礼正义》卷二，中华书局 1987 年版，第 84 页。

可以此通释赋字也。"① 江氏认为，此"币余之赋"，非如郑玄所谓按人口比例所交税，而是八式所用之余财。孙诒让申江氏此说曰："江说是也。赋虽为岁入之总名，而九赋当以先郑之说为正。盖自邦中至山泽八者，并任地之税。币余出于官府，虽非地税，而官府亦即出赋之地，故《司会》云：'以令田野之财用。'若是口泉，则不得言田野矣。载师任地，自国宅无征外，园廛、近郊、远郊、甸、稍、县、都及漆林之征，即此邦中至山泽八赋之法。若夫布，则《闾师》与八贡同举，乃九职闲民之征，非九赋之正。若如郑说，非徒币余一赋必不可通，而闲民之外，农牧虞衡之民，既各有所专任之职事，以令贡税，乃复计口令出泉，是责倍输之赋也，岂先王之法乎！"② 江氏"余币"之说有理有据，甚得经义。

《周礼·地官·廛人》："廛人掌敛市絘布、总布、质布、罚布、廛布，而入于泉府。"郑玄曰："布，泉也。……质布者，质人所罚犯质剂者之泉也。罚布者，犯市令者之泉也。廛布者，货贿诸物邸舍之税。"江永驳曰："絘布者，市之屋税；总布者，货贿之正税；廛布者，市之地税也。古者建国，王立朝，后立市，国中大小之肆，皆是公家之财所成，故有屋税。廛者，市中空地，未有肆，停货物于此，则有地税。二者皆非商贾之正赋。《闾师》云：'任商以市事贡货贿。'总布正是货贿之税。"③ 又云："官独以廛名者，举廛以该肆也。五布惟总布最多，地税有定，质剂物微，罚布无常。货贿充牣，市廛源源而至，非廛人所能尽稽，故必使每肆之肆长敛之，入于廛人。此总布是商贾之正赋，犹农之九谷，嫔之布帛，工之器物。《大宰》所谓市赋，《闾师》所谓任商，以市事贡货贿者，此也。商虽不以其所卖之物为贡，而布亦即货贿。先儒失总布之义，而诸职脉络不得贯通矣。"④ 孙诒让曰："江说是也。凡商贾有屋税、廛税，又有所齐货物之税，此三者为九赋之市赋，乃正税也。此外又有力征，即九职货贿之贡。总布者，以货物税为正，而亦兼有贡，故谓之总，明通晐赋贡也。市征虽亦有它物，而以泉布为多，故有五布，即《泉府》所云'市之征布'也。……五布之义，以江为允，今从之。"⑤ 江氏所云絘布、总布、质布、罚布、

①　（清）江永：《周礼疑义举要》卷一，文渊阁《四库全书》第 101 册，第 719—720 页。
②　（清）孙诒让：《周礼正义》卷三，中华书局 1987 年点校本，第 93 页。
③　（清）江永：《周礼疑义举要》卷三，文渊阁《四库全书》第 101 册，第 740 页。
④　（清）江永：《周礼疑义举要》卷三，文渊阁《四库全书》第 101 册，第 739 页。
⑤　（清）孙诒让：《周礼正义》卷二十七，中华书局 1987 年点校本，第 1081—1082 页。

廛布之意涵有理有据，甚得经义。

《周礼·地官·县师》："县师掌邦国、都鄙、稍甸、郊里之地域，而辨其夫家、人民、田莱之数，及其六畜、车辇之稽。"郑玄曰："主天下土地人民已下之数。"江永曰："县师虽通掌内外地域，而所主实为家、稍、县、都及其间之公邑三等。稍、地、县为中，故举中以该之。《注》谓'县师主天下土地人民已下之数'，非也。天下土地人民自有职方氏掌之，亦但知其数要耳，其详数自在列国诸侯。若县师者，上士、中士止六人，岂能一一稽之？又四郊以内之人民田莱等，自有乡遂之官稽之，亦非县师之职。"① 江永驳郑《注》，认为县师所掌并非天下土地人民已下之数，而所涉者，家、稍、县、都及其间之公邑三等。江氏所言，可备一说。

据以上所列诸例，可知江永在从事《周礼》之诠释时，特别重视对郑玄、郑众等人解义之辨析。不过，江永对于郑玄、郑众之解义仅有部分之考释。江永所及者，皆是其认为前人解义有误，或易致误者。在辨析的过程中，江永既从事《周礼》文字训诂训释，又有名物制度考证；既重视文献记载之融会贯通，又重视经义之阐发。其比之细、考之详、释之精、辨之深，往往能发现前人之误，并创发新说。

三、江永《周礼》诠释之影响

刘师培在《近代汉学变迁论》一文中，将清代汉学之发展分为四期，即顺康之交的怀疑派，康雍之间的征实派，此后的丛缀派，以及嘉道之际的虚诬派。刘氏对清代考据学的分期及各时期经典诠释特征之概括比较准确，其说对于认识清代之《周礼》诠释颇有帮助。

刘师培言"怀疑派"曰："宋学之行已历数百年之久，非惟不敢斥，抑且不敢疑。至胡、毛诸儒之书出，而无稽之说扫除廓清。始也疑其不可信，因疑而参互考验，因参互考验而所得之实证日益多、虽穿凿之谈，叫嚣之语，时见于经说之中，然不为俗说所迷，归于自得。"② 清代顺康之交的《周礼》诠释，与刘氏所言"怀疑派"之经典诠释风格相合。清初学人万斯大撰《周官质疑》、毛奇龄撰《周官辨非》，更多的是从制度的角度来判断《周礼》一书可信与否，

---

① （清）江永：《周礼疑义举要》卷二，文渊阁《四库全书》第 101 册，第 724 页。
② （清）刘师培：《近代汉学变迁论》，《国粹学报》第 31 期，1907 年 7 月 29 日。

至于文字训诂、名物考证方面则甚少着力。

刘师培言"征实派"曰："康雍之间，为士者虽崇实学，然多逞空辩，与实事求是者不同，及江、戴之学兴于徽歙，所学长于比堪，博征其材，约守其例，悉以心得为凭。且观其治学之次第，莫不先立科条，使纲举目张，同条共贯，可谓无征不信矣。"①江永一生历经康、雍、乾三世，其撰《周礼疑义举要》已是乾隆二十五年（1760），此时之经学研究，与清初已不可同日而语。作为清代乾嘉学派皖派经学之先驱，江永与清初学者之《周礼》诠释已有很大不同。《周礼疑义举要》一书的重点在于辨析前人之解义，而辨析之内容主要是《周礼》之经文和所记之名物。钱穆云："《周礼疑义举要》……大率归于礼数名物。"②此言甚确。从前面所列举诸例，可见江永对《周礼》经文加以考释时，精熟于文字学和训诂学，于《周礼》所记名物之考证时皆持之有据。此外，江永之学不固守前人之见，而是多有创新，其驳郑玄、郑众等人之说，往往能切中要害，与清初有争胜意味之经学辨疑颇为不同。总之，江永于《周礼》经文旧注考释之精，为清初辨疑派所不及也。

江永的《周礼》诠释影响颇为深远。四库馆臣对江永《周礼疑义举要》评价颇高，认为"其解《考工记》二卷，尤见精核"③。馆臣举例曰："经文曰：'参分其隧，一在前，二在后，以揉其式。'式之制，具详于《曲礼》孔《疏》。其说谓车箱长四尺四寸而三分，前一后二，横一木，下去车床三尺三寸，谓之为式。又于式上二尺二寸横一木，谓之为较。至宋林希逸，又谓揉者揉其木，使正直而为之。永则谓'揉两曲木，自两旁合于前，通车前三分隧之一，皆可谓之式。式崇三尺三寸，并式深处言之。两端与两軨之植轵相接，军中望远，亦可一足履前式，一足履旁式。《左传》长勺之战'登轼而望'是也。若较在式上，如何能登轼而望？若较于隧三分之前横架一木，则在阴版之内，车外不见式矣。《记》如何云'苟有车，必见其式'云云。考郑《注》曰'兵车之式深尺四寸三分寸之二'，则经所云'一在前者'皆为式。凡一尺四寸有奇之地，《注》始得云'式深'。若仅于两軨之中横架一木，名之曰式，则一木前后更不为式，《注》又何得以深浅度式乎？孔《疏》谓横架一木于车箱内，盖未会郑

① （清）刘师培：《近代汉学变迁论》，《国粹学报》第 31 期，1907 年 7 月 29 日。
② 钱穆：《中国近三百年学术史》上册，商务印书馆 1997 年版，第 340 页。
③ （清）永瑢等：《四库全书总目》卷十九，中华书局 1965 年版，第 157 页。

《注》'式深'二字之义。又郑《注》云'较，两輢上出式者'，两輢则两箱版也。上出式而度之以两輢，则两较各在两箱之上明矣。故《释名》曰'较在箱上'，不云较在式上，是其明证。孔《疏》之误显然。"① 四库馆臣认为，南宋林希逸《考工记解》"均不及永之所说确凿有征"②。

江永的《周礼》诠释对其弟子戴震影响颇大。段玉裁所撰的戴震年谱记载："婺源江慎修先生永治经数十年，精于'三礼'及步算、钟律、声韵、地名沿革，博综淹贯，岿然大师。先生一见倾心，取平日所学就正焉。"③ 戴震对于其师江永之学问颇为推崇。戴震亦精于礼学，其所撰《考工记图》《周礼太史正岁年解》皆是《周礼》诠释之作。戴震于《考工记》之精深考证，与江永有渊源关系。④

晚清孙诒让撰《周礼正义》时，对江永的《周礼》解义有颇多征引，且常以"江说是"为断，由此可见孙诒让对江永《周礼》解义的推崇态度。据笔者统计，仅《周礼·地官·县师》部分，孙诒让就三次征引江永之说，由此可见孙氏对江永学说的重视程度。

第八节　沈彤的《周礼》诠释

沈彤（1688—1752）字冠云，号果堂，吴江（今江苏苏州市吴江区）人。少补诸生，从何学士义门游。雍正间至京师，方苞绝重之。乾隆元年（1736）举荐博学鸿词，报罢，预修"三礼"及《一统志》。书成，授九品官。彤笃志群经，尤精"三礼"。著有《周官禄田考》《仪礼小疏》《春秋左氏传小疏》《内经本论》《气穴考略》《果堂集》等。

一、《周官禄田考》的撰作缘由

沈彤撰《周官禄田考》的原因，可从以下两个方面来看：

---

① （清）永瑢等：《四库全书总目》卷十九，中华书局 1965 年版，第 158 页。

② （清）永瑢等：《四库全书总目》卷十九，中华书局 1965 年版，第 158 页。

③ （清）段玉裁：《戴东原先生年谱》，载《戴震文集》附录，中华书局 1980 年版，第 217 页。

④ 据江锦波、王世重《江慎修先生永年谱》，可知江永的《周礼疑义举要》成于乾隆二十五年（1760）；据段玉裁《戴东原先生年谱》，可知戴震的《考工记图》成于乾隆十一年（1746）。然江永之第一部《周礼》学著作《周礼约编》成于康熙五十九年（1720），远早于戴震《考工记图》。

第一，沈彤撰《周官禄田考》，意在释欧阳修等人"官多田寡，禄将不给"之疑。

宋人欧阳修认为《周礼》的记载不切实际。他说："夫内设公、卿、大夫、士，下至府史、胥徒，以相副贰；外分九服，建五等、差尊卑以相统理，此《周礼》之大略也。而六官之属略见于经者五万余人，而里闾县鄙之长，军师卒伍之徒不与焉。王畿千里之地，为田几井，容民几家？王官、王族之国邑几数？民之贡赋几何？而又容五万人者于其间，其人耕而赋乎？如其不耕而赋，则何以给之？夫为治者，故若是之烦乎？"① 欧阳修认为，王畿千里之地，见于《周礼》的官员达五万余人，若加上闾、县、鄙之长，及军师、卒伍之徒，官员数量还远大于五万；这样庞大的官僚机构，仅靠千里之地的贡赋是难以养活的。欧阳修之后，苏轼、苏辙、胡宏等人皆认为《周礼》非出自圣人，理由之一便是该书官制、田制等与周代的实际情况不符。

沈彤认为，《周礼》所记官制、田制与周代之实际是相符的。其曰："官之命者必有禄，禄必称其爵，而量给于公田，是《周官》法制之大端，其等与数之相当，在当时固彰彰可考也。"② 然而，"自《司禄》籍亡，先后郑注《内史》，专取诸《王制》，而本经之禄秩以晦。迨欧阳氏发'官多田寡，禄将不给'之疑，后之附会者且踵为诬谤，即信《周官》者亦未得二者之等数，而此制几无从复显"③。为释欧阳修等人之疑，沈彤"尝研求本经，旁览传记，得其端于《载师》之都邑，以为有义例可推，确征可佐。凡内外官之禄，皆可得辨析整齐之，而前人之缪妄皆得而破之"④。

第二，沈彤撰《周官禄田考》，乃是受徐大椿的启发。

清代名医徐大椿与沈彤为友。沈氏撰《周官禄田考》，乃是受徐氏之启发。沈彤曰："会吾友徐君灵胎撰《经济策》，举此相访，余为一陈梗概。灵胎谓曷不著书以尽阐其制，乃遂摅曩时所得，为《官爵数》《公田数》《禄田数》三篇，复为问答于每篇之后，反复委蛇，以明其所以定是数之故，而总名曰《周官禄

---

① （宋）欧阳修：《问进士策三首》，《欧阳修全集》卷四十八，中华书局 2001 年点校本，第 673 页。

② （清）沈彤：《周官禄田考》卷上，文渊阁《四库全书》第 101 册，第 667 页。

③ （清）沈彤：《周官禄田考》卷上，文渊阁《四库全书》第 101 册，第 667 页。

④ （清）沈彤：《周官禄田考》卷上，文渊阁《四库全书》第 101 册，第 667 页。

田考》。"① 由此可见，沈氏于《周礼》禄田研究早有心得，当徐大椿来访，并劝沈氏著书以明《周礼》禄田之制时，沈氏遂将旧时之心得笔之于书，成《官爵数》《公田数》《禄田数》三篇，总名为《周官禄田》。

二、《周礼》官爵、禄田之考证

沈彤认为《周礼》所记职官之数与田禄并不牾，他说："夫自宋以来之稽官，有未及乡遂属吏者，今乃并郊野之吏而补之。其稽田有不去山林、川泽、城郭等三之一者，今更通不易、一易、再易，上、中、下之率，而二夫当一夫，则官益多，而田益寡，宜禄之不给尤甚也。然以县都已下数等之田，食公、卿、大夫、士数等之爵，非独相当，且供他法用而有余，是田禄与官爵之数，在本经曷尝抵牾，乃晦蚀且二千年，而莫之开阐。"② 在《周官禄田考》一书中，沈彤据经注所记，对《周礼》所记田、爵、禄之数多加辨析。兹举数例以见之：

有据经文而推阐者。如有人问："掌客之徒三十，而破为二十，何也？"沈彤曰："胥为什长，胥一则徒十，胥十则徒百，五官自玉府而外无不然者。掌客之胥二，则徒当二十也。且掌客与掌讶其事相承，掌客之府史胥皆半于掌讶，徒亦当半之矣。"③ 沈氏据《周礼》五官于胥、徒人数之设定，从而推断掌客之徒为二十，而非三十。

有人问："阍人之为二十八，何以定之？"沈彤曰："《序官》云：'王宫每门四人，囿游亦如之。'宫门皋、库、雉、应、路凡五，当二十人，囿游之门盖二，又当八人也。"④ 沈氏据《周礼·序官》，从而推断阍人有二十八。

有人问："条狼氏下士，及胥徒之数，何以皆破六为八也？"沈彤曰："其职云：'王出入则八人夹道，公则六人。'此下士属王，当八人也。下士之夹道者八，则随而条狼之胥亦当八。胥为什长，胥八，则徒当八十也。"⑤ 沈氏据《周礼·条狼氏》之记载，从而推断条狼氏下士及胥徒之数皆为八。

有据经的注文而推阐者。如有人问："仆夫之列于上士，何？"沈彤曰："按校人职，仆夫领驭夫，驭夫领趣马。《注》云：'趣马下士，驭夫中士。'则仆

---

① （清）沈彤：《周官禄田考》卷上，文渊阁《四库全书》第 101 册，第 667 页。
② （清）沈彤：《周官禄田考》卷上，文渊阁《四库全书》第 101 册，第 667—668 页。
③ （清）沈彤：《周官禄田考》卷上，文渊阁《四库全书》第 101 册，第 676 页。
④ （清）沈彤：《周官禄田考》卷上，文渊阁《四库全书》第 101 册，第 677 页。
⑤ （清）沈彤：《周官禄田考》卷上，文渊阁《四库全书》第 101 册，第 674 页。

夫上士也。"①沈氏据郑玄《注》于趣马、驭夫爵位之记载，从而推断仆夫为上士。

有既据经文、又据注文而推阐者。如有人问："《地官》乡老二、乡公一人，《注》以为三公兼之；而乡大夫，每乡卿一人，则不以六卿兼，何也？"沈彤曰："乡老无专职，惟及乡大夫帅其吏而礼宾贤能，以献其书于王，退而以乡射之礼五物询众庶而已，故三公可兼。若乡大夫，则职专而所掌多，故别置，而不以六卿兼也。如或兼之，亦与公之兼乡老常暂殊矣。"②此于乡老、乡大夫之兼任者，沈彤据《周礼·地官》及郑《注》作了辨析。

沈彤对《周礼》官爵、禄田之考证颇为精密，受到当时和后世学者的高度赞赏。如四库馆臣云："其说精密淹通，于郑贾注疏以后，可云特出。……得彤此书，遂决千古之疑，颇为有功于经典。"③徐世昌所编《清儒学案》云："'三礼'之学，清代最盛，有就一事物、一制度而著说者，如元和惠氏《明堂大道录》《禘说》等书是也。果堂友于定宇，喷意五业，乃取《周官》禄田、《仪礼》冠昏等礼疏之，凡所发正，咸有义据，湛深经术，齐称定宇，允无愧焉。"④孙诒让《周礼正义》对沈氏之说多有征引，并时有肯定。孙氏乃清代《周礼》学大家，其对于沈氏之说的看重与肯定，正可证沈氏解义所具有的可贵的学术价值。

不过，沈彤对《周礼》官爵、禄田之考证亦有值得商榷之处。如沈彤曰："王畿地方千里，三分去一，其井数、夫数与康成《载师》注不合，何也？曰：《载师注》计夫而不计井，故方千里为九百万夫，去其三之一，为六百万夫。今计井而后计夫，则方千里而去其三之一，止六十四万井，夫亦止五百七十六万矣。康成从《王制》，今从《汉书·刑法志》，所以从《汉书》者，以公田出于井也。"⑤四库馆臣曰："又彤算畿内百万井，去山陵林麓等三十六万井，存田六十四万井，以为三分去一，本于班固《刑法志》。今考百万井而去三十六万井，乃二十五分而去九。班《志》本不云三分去一，彤所

---

① （清）沈彤：《周官禄田考》卷上，文渊阁《四库全书》第 101 册，第 673 页。
② （清）沈彤：《周官禄田考》卷上，文渊阁《四库全书》第 101 册，第 673 页。
③ （清）永瑢等：《四库全书总目》卷十九，中华书局 1965 年版，第 157 页。
④ （民国）徐世昌编纂：《清儒学案》第 4 册《果堂学案》，人民出版社 2010 年点校本，第 1602 页。
⑤ （清）沈彤：《周官禄田考》卷中，文渊阁《四库全书》第 101 册，第 684 页。

引殊为误记。"① 四库馆臣所言，实乃沈氏之误也。

第九节　孙诒让的《周礼》诠释

孙诒让（1848—1908）幼名效洙，又名涵德，字仲容，别号籀庼，浙江瑞安人。晚清时期著名的经学家、文字学家、教育家，与俞樾、黄以周合称"清末三先生"，有"晚清经学后殿""朴学大师"之美誉。同治六年（1867）举人，五应会试不中。官刑部主事，旋归不复出，专攻学术，精研古学四十年，著述三十余种。代表作有《尚书骈枝》《周礼正义》《周礼政要》《九旗古义述》《大戴礼记斠补》《温州经籍志》《墨子间诂》等。孙诒让精研《周礼》，并取得辉煌的成就，其《周礼正义》是历代《周礼》学的集大成之作，在经学界和《周礼》学史上有着深远影响。今通过考察孙诒让的《周礼正义》和《周礼政要》，以见其《周礼》诠释之内容、特色和学术影响。②

一、《周礼正义》的撰作缘由及体例

《周礼正义》共八十六卷，是孙诒让的代表作。据朱芳圃所编《清孙仲容先生诒让年谱》，可知《周礼正义》始撰于同治十一年（1872），是年孙诒让二十五岁。《周礼正义》成于光绪二十五年（1899），是年孙诒让五十二岁。由此可见，《周礼正义》之成书，历时近三十年。孙诒让撰《周礼正义》的动机，可从以下三个方面来看：

第一，孙诒让认为《周礼》是周公之书，其所包含的政教观可施于今。孙氏曰："粤昔周公，缵文武之志，光辅成王，宅中作雒，爰述官政，以垂成宪，有周一代之典，炳然大备。"③在孙氏看来，《周礼》"非徒周一代之典也，盖自黄帝、颛顼以来，纪于民事以命官，更历八代，斠汋损益，犹约略可考。……此经上承百王，集其善而革其弊，盖尤其精详之至者，故其治跻于纯太平之域。作者之圣，述者之明，蟠际天地，经纬万端，究其条绪，咸有原本，是岂皆周公所肊定而手剬之哉。"④《周礼》是周公参考历代之制度从而写成的，内

---

① （清）永瑢等：《四库全书总目》卷十九，中华书局 1965 年版，第 157 页。
② 孙诒让于《周礼》的《经》《注》《疏》的校勘成就，见本书的专题部分。
③ （清）孙诒让：《周礼正义序》，《周礼正义》卷首，中华书局 1987 年点校本，第 1 页。
④ （清）孙诒让：《周礼正义序》，《周礼正义》卷首，中华书局 1987 年点校本，第 1 页。

容"不越政教二科"①。孙诒让又曰："其政教之备如是，故以四海之大，无不受职之民，无不造学之士，不学而无职者，则有罢民之刑，贤秀挟其才能，愚贱贡其忱悃，咸得以自通于上，以致纯大平之治，岂偶然哉。"②在孙诒让看来，《周礼》俨然是"周公致太平之书"。

不过，《周礼》在历代受到颇多非议。汉代经师何休斥之为"六国阴谋之书"③，唐赵匡、陆淳，以逮宋元诸儒訾议之者尤众。此外，新莽托之以改制，李林甫托之以修六典，王安石托之以行新法，皆无好的结局。孙诒让指出，何休等人之说"逞臆不经"，"学者率知其谬，而其抵巇索痏，至今未已者，则以巧辞衺说附托者之为经累也"④；刘歆、王安石等人，"以其诡谲之心，刻核之政，偷效于旦夕，校利于黍杪，而谬托于古经以自文，上以诬其君，下以戮天下之口，不探其本，而饰其末，其侥幸一试，不旋踵而溃败不可振，不其宜哉。而惩之者，遂以为此经诟病，即一二阔揽之士，亦疑古之政教不可施于今，是皆胶柱锲舟之见也"⑤。"盖秦汉以后，圣哲之绪，旷绝不续，此经虽存，莫能通之于治。"⑥在孙诒让看来，《周礼》在应用过程中无甚成效，并非《周礼》本身的问题，而是后人诠释和居心的问题。

孙诒让还从"迹"与"习"因时变革的角度以明《周礼》所记政教可行于今。孙氏认为"迹"与"习"有不可变者，他说："日月与地行同度，则相掩蚀，地气之烝荡，则为风雨，人之所稔知也。而薄蚀则拜跪而救之，湛旱则号呼而祈之，古人以为文，至今无改也。……今泰西之强国，其为治，非尝稽核于周公、成王之典法也，而其所为政教者，务博议而广学，以枲通道路，严追胥，化土物卉之属，咸与此经冥符而遥契。盖政教修明，则以致富强，若操左契，固寰宇之通理，放之四海而皆准者，此又古政教必可行于今者之明效大验也。"⑦亦有必须变者，"久而有所不安，则相与变革之，无勿可也"⑧。孙氏所强调的"变"与"不变"，体现其恪守儒家伦理及与时俱进之精神。孙诒让认为，

---

① （清）孙诒让：《周礼正义序》，《周礼正义》卷首，中华书局1987年点校本，第1页。
② （清）孙诒让：《周礼正义序》，《周礼正义》卷首，中华书局1987年点校本，第2页。
③ （清）阮元校刻：《十三经注疏（附校勘记）》，中华书局1980年版，第636页。
④ （清）孙诒让：《周礼正义序》，《周礼正义》卷首，中华书局1987年点校本，第3页。
⑤ （清）孙诒让：《周礼正义序》，《周礼正义》卷首，中华书局1987年点校本，第3页。
⑥ （清）孙诒让：《周礼正义序》，《周礼正义》卷首，中华书局1987年点校本，第3页。
⑦ （清）孙诒让：《周礼正义序》，《周礼正义》卷首，中华书局1987年点校本，第3—4页。
⑧ （清）孙诒让：《周礼正义序》，《周礼正义》卷首，中华书局1987年点校本，第3页。

晚清时弊之根源，是"政教未修"①，"夫舍政教而议富强，是犹泛绝潢断港而
蕲至于海也。然则处今日而论治，宜莫若求其道于此经。"② 而《周礼》所记政
教，正可为救时弊之资源。

　　第二，孙诒让撰《周礼正义》，意在补郑玄《周礼注》和贾公彦《周礼疏》
之不足。孙氏曰："诒让自胜衣就传，先大仆君即授以此经，而以郑《注》简奥，
贾《疏》疏略，未能尽通也。既长，略窥汉儒治经家法，乃以《尔雅》《说文》
正其诂训，以《礼经》、大小戴《记》证其制度，研撢纂载，于经注微义，略
有所寤。"③ 在《周礼正义》一书中，孙氏以郑氏《注》、贾氏《疏》为基础进而
展开诠释，并力纠郑氏《注》、贾氏《疏》之谬。

　　第三，孙诒让撰《周礼正义》，是对清代新疏状况考察后作出的决定。清
儒不满前人之经疏，遂纷纷撰新疏。李道平《周易集解纂疏》、孙星衍《尚书
今古文注疏》、王先谦《诗三家义集疏》、胡培翚《仪礼正义》、孙希旦《礼记
集解》、朱彬《礼记训纂》、洪亮吉《春秋左传诂》、刘文淇《左传旧注疏证》、
陈立《公羊义疏》、廖平《穀梁古义疏》、刘宝楠《论语正义》、皮锡瑞《孝经
郑注疏》、焦循《孟子正义》、邵晋涵《尔雅正义》等为群经新疏之杰出者。这
些新疏的作者，或生活在孙诒让之前，或与孙诒让同时代。孙诒让在考察前人
新疏时，发现《周礼》新疏尚无人承担。他说："窃思我朝经术昌明，诸经咸
有新疏，斯经不宜独阙。"④ 由此可见，孙氏撰《周礼正义》的原因之一，是补
清代群经新疏之缺。

　　据孙诒让所撰《周礼正义略例》，可知《周礼正义》的体例大致如下：

　　第一，《周礼正义》先列经文，经文之下先以小字列郑《注》，再列贾《疏》
及他人经说，并间出己说。其所列经文主要依据唐石经，注文据明嘉靖仿宋
本。这是基于孙氏对《仪礼》版本所做之考察，他说："经本以唐石经为最古，
注本以明嘉靖放宋本为最精。"⑤ 孙氏以唐石经和明嘉靖仿宋本为主，若此二本
有讹脱，则以孟蜀石经及宋刊诸本参校补正。

　　第二，《周礼正义》意在释经文和疏通郑《注》，至于文字异同和形体讹别，

----

① （清）孙诒让：《周礼正义序》，《周礼正义》卷首，中华书局 1987 年点校本，第 5 页。
② （清）孙诒让：《周礼正义序》，《周礼正义》卷首，中华书局 1987 年点校本，第 5 页。
③ （清）孙诒让：《周礼正义序》，《周礼正义》卷首，中华书局 1987 年点校本，第 4 页。
④ （清）孙诒让：《周礼正义序》，《周礼正义》卷首，中华书局 1987 年点校本，第 4 页。
⑤ （清）孙诒让：《周礼正义略例》，《周礼正义》卷首，中华书局 1987 年点校本，第 1 页。

阮元等人的校勘记已详，此书不载。胡培翚说："近胡培翚《仪礼正义》、阮福孝《孝经义疏补》、陈立《公羊传义疏》，并全录阮《记》，俗本讹文，尘秽简牍，非例也。"①对于胡培翚等人连篇累牍地征引阮元等人的校勘记，孙诒让不以为然。这并不是说孙氏不重视《周礼》之校勘，事实上，孙氏通过比对各个不同的版本，对《周礼》作了全面的校勘。

第三，《周礼正义》以《周礼》太宰八法为纲，统领全书。孙诒让认为，《周礼》五篇"以大宰八法为纲领"②，八法之中，"唯官联条绪纷緐，脉络隐互，散见百职，钩核为难。今略为甄释，虽复疏阙孔多，或亦稽古论治之资乎"③。孙诒让此举对于《周礼》诠释颇有价值。如洪诚曰："通贯之学与杂糅殊，通贯以建极，杂糅者无归。新疏为通贯之学，然其所通者为本经。《周礼》本经之义例所关，则笃守不失毫厘。太宰八法，为全经之纲领，新疏以官职官常为经，以官联为纬。其于关联之错综隐互，钩核尤详。此为全书之内部脉络，为理董全书之最切要处，新疏于此致力最深，加惠于后之学者最巨。"④王文锦曰："他以太宰八法为纲领，诠释众职，特别是官联一项，纷繁隐互，悉为钩考。应该说，作者抓住了《周礼》的要领，提絜全书，昭示了三百职官的内在关系，这就帮助了读者对此书的全面领悟。"⑤

二、《周礼》文字训诂和名物制度考证

文字、音韵、训诂之学是治经学之前提和基础。清代学人在治经学方面取得巨大成就，与他们精通小学有密切关系。受乾嘉学派之影响，孙诒让重视小学，其十三岁草《广韵姓氏勘误》，始为校雠之学。二十一岁深善王氏《读书杂志》、卢氏《群书校补》。孙氏所著《名原》，是古文字研究"偏旁分析法"的开派性著作。郭在贻认为："孙诒让为清代考据学的最后一位大师，其训诂学的成就，可与高邮王氏父子相颉颃。所著《周礼正义》，为经学名著，同时也是一部训诂学的集大成之作。其中有大量关于古代字义（或词义）

---

① （清）孙诒让：《周礼正义略例》，《周礼正义》卷首，中华书局1987年点校本，第1页。
② （清）孙诒让：《周礼正义略例》，《周礼正义》卷首，中华书局1987年点校本，第3页。
③ （清）孙诒让：《周礼正义略例》，《周礼正义》卷首，中华书局1987年点校本，第3页。
④ 洪诚：《读周礼正义》，杭州大学语言文学研究室编：《孙诒让研究》，内部发行本，第21页。
⑤ 王文锦：《周礼正义》整理本前言，《周礼正义》卷首，中华书局1987年点校本，第2页。

以及典章名物的资料，足供训诂学者采获之用。"① 在《周礼正义》一书中，孙诒让通过应用字形、音义、词义，进而释读经文，将《周礼》研究向前推进了一大步。

关于孙诒让《周礼正义》中的文字、音韵、训诂之学，今人已有不少研究。

向熹将孙诒让《周礼正义》训释《周礼》词语的内容和方法归纳为十端，分别是"描述古物形制""阐释官司职守""从多角度训释词义""探求词的内部形式""辨析同义异词""辨析同词异义""辨歧义，正失误""明通假，正文字""释语法，正句读""正确阐释古代风俗词语"。②

方向东对孙诒让《周礼正义》的训释文字和词语的方法之辨析更为细致。"文字观"方面，方向东从字形、异体字、古今字、通假字等角度对孙诒让的文字观及在实践中的应用作了探讨；"音义观"方面，方向东从音读、声义、通假等角度对孙诒让的词义观及在训诂实践中的应用作了探讨；"词义观"方面，方向东从词义的辨析和词义的发展等角度对孙诒让的词义观及在训诂实践中的应用作了探讨。在每一部分，方先生皆多以孙诒让《周礼正义》为据。③ 比如"声近例"，方先生征引《周礼正义》如下：

> 孙云：膴、覆声近。……胖、判、片声并相近。(p312)
>
> 孙云：䳚、雉并雗之异文，鹘与鸒亦声相近。(p506)
>
> 孙云：橐、宅、杔、芦、卢、栌，声并相近。(p1215)
>
> 孙云：牺、戏声近。(p1516)
>
> 孙云："卣"与"攸"声近。(p1529)
>
> 孙云：贞、正声相近。(p1569)
>
> 孙云：皋、告亦声近。(p1808)
>
> 孙云：衍美声近通用。(p2000)
>
> 孙云：郑司农云"夏，赤也"者，夏与瑕声近。《说文》玉部云："瑕，玉之小赤也。"故夏亦训赤也。(p2181)
>
> 孙云：轃、轈、栈，声并相近。(p2183)

① 郭在贻：《训诂学》，湖南人民出版社 1986 年版，第 206 页。

② 向熹：《略谈〈周礼正义〉和汉语词汇史》，中国训诂学研究会编：《孙诒让研究论文集》，百花洲文艺出版社 2007 年版，第 18—41 页。

③ 方向东：《孙诒让训诂研究》，中华书局 2007 年版，第二、三、四章。

孙云：无、毋、巫、间、虑，声并相近。（p2673）

孙云：坎、欿声近通用。（p2853）①

在《周礼正义》一书中，孙诒让十分重视字书、韵书和辞书著作之征引，《尔雅》《方言》《说文解字》《释名》《小尔雅》《广雅》《经典释文》《一切经音义》《广韵》等皆在其应用之列。此外，孙诒让还多次征引惠栋、江永、戴震、段玉裁、徐养原、郑珍等人于《周礼》文字、音韵、训诂之内容。由于孙诒让重视考据，并善于采择前人之成果，所以将《周礼》文字、音韵、训诂之学推到了一个新的高度。

《周礼》所记名物繁多，这些名物是释读《周礼》之关键，因此，名物之考证为历代治《周礼》者所高度重视。孙诒让亦对《周礼》所记名物作了详密的考证。如《春官·叙官》所言"大司乐""乐师"，郑《注》曰："大司乐，乐官之长。"贾《疏》曰："大司乐掌教国子六乐六舞等，在此者，以其宗伯主礼，礼乐相将，是故列职于此。但乐师教国子小舞，与大司乐职别而同府史，亦谓别职同官者也。"孙诒让征引郑《注》和贾《疏》，并对"大司乐"和"乐师"做了进一步的考证。《乡饮酒礼》郑玄《注》云："正，长也。"《王制》云："乐正崇四术，立四教，顺诗书礼乐以教士。将出学，大胥、小胥、小乐正简不帅教者，以告于大乐正。"郑《注》："乐正，乐官之长，掌国子之教。"《文王世子》："大乐正学舞干戚，语说命乞言，皆大乐正授数。""小乐正学干。"注以为乐师。孙诒让据此曰："大司乐、乐师又谓之大乐正、小乐正，亦通谓之乐正。"② 又《毛诗·邶风·简兮》叙云："卫之贤者，仕于伶官。"郑《笺》："伶官，乐官也。伶氏世掌乐官而善焉，故后世多号乐官为伶官。"孙诒让据此曰："凡诸乐官，亦通谓之泠官。"③ 孙氏通过群经记载之排比和辨析，认为"大司乐"即"大乐正"，"乐师"即"小乐正"。孙氏于此不仅限于释"大司乐"和"乐师"，还广征博引，融贯群经，对古代乐官之职作了辨析。

孙诒让还对《周礼》所记礼制作了考证。如《媒氏》："媒氏掌万民之判。……令男三十而娶，女二十而嫁。"《媒氏》于此所记男女嫁娶之年龄，与其他经典

① 方向东：《孙诒让训诂研究》，中华书局 2007 年版，第 53—54 页。

② （清）孙诒让：《周礼正义》卷三十二，中华书局 1987 年点校本，第 1268 页。

③ （清）孙诒让：《周礼正义》卷三十二，中华书局 1987 年点校本，第 1268 页。

的记载有差异，如《周礼》《礼记》《大戴礼记》《穀梁传》有"男子三十娶""女二十嫁"之文；汉魏诸儒，说者互异，有认为天子以下至于庶人同，男三十娶、女二十嫁者，许慎《五经异义》所引大戴、伏生、班固、卢植、马昭、张融之说是也，《淮南子》甚至说"礼，三十而娶，文王十五生伯邑考，非法也"；以为大夫以上不拘年数，惟庶人三十而娶，女二十而嫁者，《春秋左传》及谯周、范宁、杜佑之说是也；认为男子十六以上可娶、女十四以上可嫁，三十娶、二十嫁言其极法者，王肃及《孔子家语》之说是也。由此可见，由于经典记载不尽一致，所以历代学人于男女嫁娶年龄之争议亦颇多。孙诒让对前人的观点加以征引和排比。此外，他还对前人之说加以辨析。他说："窃谓通校群经，并无男未三十、女未二十不可嫁娶及天子以下至于庶人同法之明文。况谯、王诸家所举未三十二十而嫁娶者，证论繁多，非尽衰世之法，则王氏三十二十言极法之说，未尝不可通。"① 孙氏认为，"男三十而娶、女二十而嫁"之说，当以变通的眼光来理解。在他看来，王肃之说可取，即以三十、二十乃男女嫁娶之极法，并非未满三十、二十必不可嫁娶。② 综合起来看，王肃此说比较平允，能会通诸家之说。孙诒让通过比较分析，从而选择王肃此说，可见其眼光之独到。

又如《媒氏》："于是时也，奔者不禁。"郑玄曰："重天时，权许之也。"郑玄于此语焉不详，后人异议颇多。比如宋人刘敞认为，若男三十、女二十为期尽，虽中春犹可行，所以蕃育人民，是皆言其极也；及此月而父母不娶不嫁之者，相奔不禁。宋人郑锷则认为，郑玄此说伤败风教，《周礼》所言"奔者不禁，若无故而不用令"，与今律文言若之若同，若之为言及，谓不禁男女之奔及无故不用令者俱有罚。《国语·周语》"共王游于泾上，密康公从，有三女奔之"，韦昭《注》："奔，不由媒氏也。"谯周曰："奔者，不待聘礼，因媒请嫁而已矣。"董勋曰："《周礼》仲春奔者不禁，谓不备礼而行，非谓淫佚奔者，如侄娣不聘之例。"孙诒让引韦昭、谯周和董勋之说，并辨析曰："谯说是也。此奔亦由媒氏，但礼不备耳。韦昭所云'则淫泆踰礼，不由媒氏'，与此异也。"③ 孙氏还以胡培翚之说为证。胡氏据《内则》"聘则为妻，奔则为妾"，认为聘谓

---

① （清）孙诒让：《周礼正义》卷二十六，中华书局 1987 年点校本，第 1036 页。
② 孙氏在辨析之后，还征引俞正燮之说以固己说。[参见（清）孙诒让：《周礼正义》卷二十六，中华书局 1987 年点校本，第 1036 页]
③ （清）孙诒让：《周礼正义》卷二十六，中华书局 1987 年点校本，第 1044 页。

以礼娶也，奔则不备礼之谓。孙氏曰："胡说本叶时、戴震，亦足申谯、董两家义。"① 孙氏又引《诗·召南·摽有梅》毛《传》、郑《笺》，且云："毛以男年三十、女年二十，即可不备礼而行；郑以过三十、二十，明年而后可不备礼而行。二义微不同。要两君皆隐据此经义，其以奔为不待礼则一也。"② 孙氏对《周礼》"于是时也，奔者不禁"之考证，符合清代学人于此问题认识之主流。其对汉唐及清代学人观点之征引和辨析，既看到前人之异同，又有自己的判断，因此，孙氏可谓此问题认识之集成者。

三、于各家解义之征引和辨析

孙诒让《周礼正义》的一大特点是征引极详。从先秦到清代的各类文献，凡是有助于解经疏注者，孙氏皆加征引，详为辨析。《周礼征引》征引解义的体例可从以下几个方面来看：

第一，《周礼正义》在征引各家解义时，皆交代征引者的姓氏或书名，绝不攘善。

唐代贾公彦所撰《周礼疏》，往往不言征引之源。孙诒让对此颇不以为然，他说："今疏于旧疏甄采精要，十存七八。虽间有删剟移易，而绝无屚改。且皆明楬贾义，不敢攘善。唐疏多干没旧义，近儒重修，亦或类此，非肤学所敢效也。"③ 孙氏对清儒亦有批评，他说："胡氏《仪礼正义》，间袭贾释；郝懿行《尔雅义疏》，亦多沿邵义。窃所未安。"④《周礼正义》征引解义时，凡录唐以前旧说，皆备举书名。宋元至清代，则只著某云。其治学之严谨为后人所称道。如梁启超认为《周礼正义》"多存旧疏，声明来历"⑤，"盖贾《疏》在诸旧疏中本较好，原非《孟子》伪孙《疏》，《公羊》徐《疏》，《尚书伪孔传》之孔《疏》等可比也。唐疏多干没旧义，近儒重修，时亦不免。如胡竹村《仪礼正义》袭用贾《疏》处盖不少，而每没其名。仲容则绝不攘善，于著述家道德守之最严"。⑥ 洪诚亦曰："攘善为学者之病，不独于己为失德，且遗误后人。文献积

① （清）孙诒让：《周礼正义》卷二十六，中华书局 1987 年点校本，第 1044 页。
② （清）孙诒让：《周礼正义》卷二十六，中华书局 1987 年点校本，第 1045 页。
③ （清）孙诒让：《周礼正义略例》，《周礼正义》卷首，中华书局 1987 年点校本，第 2 页。
④ （清）孙诒让：《周礼正义略例》，《周礼正义》卷首，中华书局 1987 年点校本，第 2 页。
⑤ （清）梁启超：《中国近三百年学术史》，上海三联书店 2006 年版，第 185 页。
⑥ （清）梁启超：《中国近三百年学术史》，上海三联书店 2006 年版，第 185 页。

累，日益增多。才士亦不能遍观，即遍观亦不能尽记。攘人之说以为己有，将使后人获失考之愆，失德何甚？唐疏多干没旧义，重累后人考核之劳；清人重修，亦或类此。先生之书不独于贾《疏》明楬其义，凡前人之说皆著其名。每述一义，必穷源竟委，去其重复，分别主次。……先生之疏超越贾《疏》远甚。昔卫正叔著书惟恐说之不出于人，先生有焉。"①

第二，《周礼正义》征引前贤时人解义能实事求是，无门户之见。

郑玄集汉代《周礼》学之大成，其所撰《周礼注》为历代治《周礼》者所重。孙诒让对郑《注》颇为看重，且有很高的评价，他说："郑学精贯群经，固不容轻破。"②"惟郑注博综众家，孤行百代，周典汉诂，斯其渊椒矣。"③孙氏于每段经文之下，皆征引郑玄注文。孙氏看重郑《注》，然非唯郑是从。相反，他实事求是地审视郑《注》，或从或驳，不一而足。孙氏对郑玄《周礼注》的态度大致如下：

一是认为郑玄的《周礼》解义不可破。

孙诒让《周礼正义》对郑玄解义以肯定和疏通为主。如《医师》："医师掌医之政令，聚毒药以共医事。"郑《注》："毒药，药之辛苦者，药之物恒多毒。"孙诒让曰："《说文·屮部》云：'毒，厚也。'《广雅·释诂》云：'毒，苦也。'凡辛苦之药，味必厚烈而不适口，故谓之毒药。……是毒药者，气性酷烈之谓，于《本草经》所云有毒无毒者异。郑义根据古训，不可易也。"④孙诒让据《说文》《广雅》，认为郑玄于"毒药"之解义不可破。

二是认为郑玄之说未能赅备，故补之。

如《大宰》："以九两系邦国之民：……三曰师，以贤得民；四曰儒，以道得民。……"郑《注》："师，诸侯师氏，有德行以教民者。儒，诸侯保氏，有六艺以教民者。"郑玄以"师氏""保氏"释《周礼》此之"师""儒"，孙诒让认为，郑玄之说"偏举师氏保氏二官为说，则又未晐"⑤。孙氏遂补充曰："此经之师儒，即《大司徒》本俗六之联师儒，皆通乎上下之辞。师则泛指四民之

①　洪诚：《读周礼正义》，见杭州大学语言文学研究室编：《孙诒让研究》内部发行本，第24页。

②　（清）孙诒让：《周礼正义略例》，《周礼正义》卷首，中华书局1987年点校本，第2页。

③　（清）孙诒让：《周礼正义》卷一，中华书局1987年点校本，第8页。

④　（清）孙诒让：《周礼正义》卷九，中华书局1987年点校本，第316页。

⑤　（清）孙诒让：《周礼正义》卷三，中华书局1987年点校本，第111页。

有德行材艺，足以教人者而言。上者国学，乡遂州党诸小学，以逮里巷家塾之师，固为师而兼儒；下者如嫔妇有女师，巫医农工亦皆有师。盖齐民曲艺，咸有传授，则亦各有师弟之分。以贤得民，只谓师贤于弟子耳，奚必德行纯备之贤乎？儒则泛指诵说《诗》《书》，通该术艺者而言。若《荀子·儒效》篇所称俗儒、雅儒、大儒，道有大小，而皆足以得民，亦不必皆有圣贤之道也。"①孙氏认为，《周礼》此所谓"师""儒"，是从广泛意义而言，"师"指有德行才艺、足以教人者，"儒"指能说《诗》《书》而又通术艺者。

三是认为郑玄解义虽通，然以他人之说为优。

如《天官·宰夫》："凡朝觐、会同、宾客，以牢礼之法，掌其牢礼、委积、膳献、饮食、宾赐之飨食。"郑《注》曰："膳献，禽羞俶献也。"王安石以《掌客》说之云："膳则殷膳大牢之属是也，献则上介有禽献之属是也。"孙诒让曰："王说较郑尤备。《掌客》说诸侯相朝之礼，君殷膳及夫人膳，并以大牢。《牛人》亦云'积膳之牛'，则膳不徒指禽羞俶献等可知矣。"②孙诒让认为，郑玄以"禽羞俶献"释"膳献"，义虽可通，然不及安石以"殷膳大牢之属""上介有禽献之属"分别释"膳""献"晐备。孙氏以王氏之说为优，故舍郑而从王。

四是认为郑玄和他人之说皆可取，遂两存之。

如《天官·医师》："以五气、五声、五色视其生死。"郑《注》："五气，五藏所出气也。肺气热，心气次之，肝气凉，脾气温，肾气寒。"曾钊据《素问·宣明五气》篇所言"五气所病，心为噫，肺为欬，肝为语，脾为吞，肾为欠为嚏"，认为《医师》"此经五气当从之"。吕飞鹏据《素问·至真大要》篇所云"厥阴司天，风淫所胜，病本于脾，冲阳绝，死不治"，认为"冲阳足跗上动脉，胃气也，木胜土，故脾胃病"，肺气、肾气、肝气、心气等皆类推。孙诒让曰："曾、吕二家并据《素问》说五藏之气，与郑异而义可通，今两存之。"③《医师》所言"五气"，郑玄以"五藏所出气"释之，而曾钊、吕飞鹏据《素问》五藏之气释之，孙诒让认为，郑氏与曾钊、吕飞鹏之说虽有异，然可通，故兼存之。

五是驳郑玄解义。

① （清）孙诒让：《周礼正义》卷三，中华书局 1987 年点校本，第 112 页。

② （清）孙诒让：《周礼正义》卷六，中华书局 1987 年点校本，第 203 页。

③ （清）孙诒让：《周礼正义》卷九，中华书局 1987 年点校本，第 329 页。

在《周礼正义》中，孙诒让以肯定郑《注》为主，然亦有驳之者。兹举数例以见之：

如《大宰》："以九两系邦国之民：一曰牧，以地得民。……"郑《注》曰："牧，州长也。"后"建其牧"，郑《注》曰："以侯伯有功德者，加命作州长，谓之牧。"《尚书·立政》"宅乃牧"，孔《疏》引郑说为"州牧"。刘敞云："牧者，司牧也，谓邦国之君也。诸侯世，故曰以地得民。"王安石云："牧，九州岛之牧也。连率卒正属长国君，皆以地得民，而独言牧者，举尊以见卑也。"孙诒让曰："刘说较郑为晐。此牧即《孟子·梁惠王》篇之人牧，赵岐注以为'牧民之君'是也。此与'建其牧'之牧微异，犹长以贵得民，亦与建其长之长异也。《文王官人》七属，'一曰国则任贵'，惠士奇、孔广森并谓于此九两，当'牧以地得民'，其说最塙。盖自畿外九州牧伯、五等诸侯及附庸之君与公卿大夫食三等采地，凡世守其国邑者，通谓之牧。郑云州长，固为牧中之一，而别以诸侯为长，公卿大夫为主，则非也。"① 郑玄以"州长"释《大宰》此"牧"字，刘敞驳郑玄"州长"之说，而以"邦国之君"释之。李光坡、方苞、庄有可等人皆从刘而驳郑。孙诒让通过考察前人之说，认为刘敞、王安石等人之说为是，郑玄之说为非。

《春官·大宗伯》："凡祀大神，享大鬼，祭大示，帅执事而卜日，宿，视涤濯，莅玉鬯，省牲镬，奉玉齍，诏大号。"郑《注》："玉，礼神之玉也。始莅之，祭又奉之。"孙诒让驳曰："郑以玉鬯之玉与玉齍之玉为一，故以'莅'与'奉'皆指礼神之玉，特事有先后为异。其说非也。"② 方苞云："于玉齍曰奉，于玉鬯曰莅者，小宰赞裸，宗伯惟莅玉鬯而已。"孙氏据方氏之说，认为郑氏以"莅""奉"为礼神之玉之说为非。

《地官·大司徒》："颁职事十有二于邦国都鄙，使以登万民。……九曰生材。"郑《注》："玄谓生材，养竹木者。"贾《疏》承郑玄之说。孙诒让驳曰："养竹木已晐于'三曰作材'中，不当别为职事，后郑及贾说非也。"③ 孙诒让认为"养竹木"包括在"作材"之中，不当重提，故以郑《注》为非。

唐人贾公彦集汉唐《周礼》学之大成，其所撰《周礼疏》是后世治《周礼》

---

① （清）孙诒让：《周礼正义》卷三，中华书局 1987 年点校本，第 110 页。

② （清）孙诒让：《周礼正义》卷三十五，中华书局 1987 年点校本，第 1407 页。

③ （清）孙诒让：《周礼正义》卷十九，中华书局 1987 年点校本，第 756 页。

者的重要参考书。孙诒让对贾氏《周礼疏》的态度可从以下几个方面来看：

一是肯定并征引贾《疏》。

《周礼正义》除全部征引郑《注》之外，对于贾《疏》亦特别重视，并多有征引。如《地官·州长》："若以岁时祭祀州社，则属其民而读法，亦如之。春秋，以礼会民而射于州序。"贾《疏》："上云岁时，皆谓岁之四时；此云岁时，唯谓岁之二时春秋耳。春祭社以祈膏雨，望五谷丰熟；秋祭社者，以百谷丰稔，所以报功。"孙诒让曰："贾说是也。"①

二是驳贾《疏》。

《地官·贾师》："凡国之卖儥，各帅其属而嗣掌其月。"贾《疏》曰："贾师之下有群贾，亦二肆则一人者，使之更互相代也。"孙诒让驳曰："李钟伦云：属，盖即肆长是也。《疏》言'贾师下有群贾，亦二肆则一人'，于经无之，按：李说是也。《司市》'以贾民禁伪而除诈'，贾彼疏谓'贾民为属于贾师诸官者'，故此疏又谓贾师之属别有群贾，盖隐据彼贾民为说，实则两疏皆非也。"②李钟伦认为此"属"字，当是《地官》中的"肆长"，贾《疏》所谓"群贾"于经无据。孙诒让于此是李而非贾。

《春官·叙官》之"鞮鞻氏"，郑《注》曰："鞮屦，四夷舞者所屝也。今时倡蹋鼓沓行者，自有屝。"贾《疏》曰："谓汉时倡优作乐蹋地之人，并击鼓沓沓作声者，行自有屝屦。引之者，证四夷舞者亦自有屝，与中国者不同也。"孙诒让驳贾氏曰："《三国志·杨阜传》：'曹洪置酒大会，令女倡著罗縠之衣，蹋鼓。'《汉书·礼乐志》颜注：'沓沓，疾行也。'踏鼓沓行，盖谓踏鼓疾行，不当如贾所说。"③贾氏谓郑氏于此所言"沓"为"沓沓作声"，孙诒让据《三国志·杨阜传》和《汉书·礼乐志》颜注，认为此"沓"为"疾行"义。

孙诒让以实事求是的态度对待前贤时人之《周礼》解义，其所认为是者则采之，其所认为非者则弃之。这与乾嘉时期部分唯汉是从者颇有不同。比如惠栋试图矫正宋儒空疏之弊，然唯汉是从，又走向了另一极端。孙诒让吸取前人之教训，其于汉宋学人之说，皆实事求是地加以考察。孙诒让认为宋元诸儒"于周公致太平之迹推论至详"，而于周制汉诂"或多疏谬"④。孙氏认为郑玄经

①　（清）孙诒让：《周礼正义》卷二十二，中华书局 1987 年点校本，第 862 页。

②　（清）孙诒让：《周礼正义》卷二十八，中华书局 1987 年点校本，第 1091 页。

③　（清）孙诒让：《周礼正义》卷三十二，中华书局 1987 年点校本，第 1280 页。

④　（清）孙诒让：《周礼正义略例》，《周礼正义》卷首，中华书局 1987 年点校本，第 5 页。

说"固不容轻破",然乾嘉经儒考释《周礼》间与郑异,故于乾嘉经说,当"寻绎经文,博稽众家为主","注有牾违,辄为匡纠"①。对于前人流行的观点和看法,孙诒让皆重新予以审视。如郑玄、王肃经说往往相异,后人是郑而非王者多,即使郑氏解义不可从,亦强为郑氏辩护。孙诒让曰:"议礼群儒,昔称聚讼。此经为周代法制所总萃,闳章缛典,经曲毕晐。而侯国军赋,苟何胶于旧闻;明堂辟雍,服蔡腾其新论。两汉大师,义诂已自舛互。至王肃《圣证》,意在破郑,攻瑕索疵,偏戾尤甚。然如郊社禘祫,则郑是而王非;庙制昏期,则王长而郑短。"②在孙氏看来,"唐疏各尊其注,每多曲护,未为闳通",对于郑、王之争,要"究极诸经,求厥至当,无所党伐,以示折衷"③。因此,梁启超认为孙氏"虽极尊郑《注》,而不墨守回护"④,洪诚亦认为孙氏"无宗派之见",且"囊括大典,法衍高密;惟是之求,道比河间。群经诸子,苟有足资参证者,细大不捐。彼马昭、孔晁、输墨郑王,不足以拟其万一"⑤。梁氏、洪氏所言皆为的当之见。

兹以《周礼正义》中的《天官冢宰》部分的《叙官》《大宰》《小宰》征引诸家解义为例,以证孙氏征引诸家解义的体例和特点。

《周礼正义》征引《天官冢宰》部分的《叙官》《大宰》《小宰》情况如下:

序号	被征引者	被征引次数	被征引者的时代
1	《国语》	28	春秋
2	《吕氏春秋》	10	战国
3	《孔子家语》	3	三国(魏)
4	《孔丛子》	1	
5	《晏子春秋》	5	春秋
6	《管子》	22	春秋

---

① (清)孙诒让:《周礼正义略例》,《周礼正义》卷首,中华书局1987年点校本,第2页。
② (清)孙诒让:《周礼正义略例》,《周礼正义》卷首,中华书局1987年点校本,第3页。
③ (清)孙诒让:《周礼正义略例》,《周礼正义》卷首,中华书局1987年点校本,第3页。
④ (清)梁启超:《中国近三百年学术史》,上海三联书店2006年版,第185页。
⑤ 洪诚:《读周礼正义》,见杭州大学语言文学研究室编:《孙诒让研究》内部发行本,第21页。

序号	被征引者	被征引次数	被征引者的时代
7	《墨子》	2	春秋
8	《荀子》	10	战国
9	《庄子》	1	战国
10	《韩非子》	3	战国
11	《王度记》	1	战国
12	《甘石星经》	1	不晚于西汉
13	贾谊	2	西汉
14	董仲舒	4	西汉
15	刘安	6	西汉
16	司马迁	14	西汉
17	桓宽	1	西汉
18	扬雄	2	西汉
19	刘向	3	西汉
20	王充	1	东汉
21	张衡	1	东汉
22	何休	9	东汉
23	马融	8	东汉
24	卢植	1	东汉
25	赵岐	4	东汉
26	贾逵	1	东汉
27	高诱	8	东汉
28	应邵	7	东汉
29	刘熙	15	东汉
30	班固	48	东汉
31	许慎	144	东汉

续表

序号	被征引者	被征引次数	被征引者的时代
32	蔡质	2	东汉
33	蔡邕	6	东汉
34	卫宏	3	东汉
35	李巡	1	东汉
36	曹宪	1	东汉
37	徐干	1	东汉
38	张揖	30	三国（魏）
39	何晏	1	三国（魏）
40	孙炎	3	三国（魏）
41	王肃	3	三国（魏）
42	韦昭	11	三国（吴）
43	皇甫谧	1	西晋
44	杜预	22	西晋
45	司马彪	2	西晋
46	孔晁	1	西晋
47	郭璞	2	西晋
48	范宁	3	东晋
49	干宝	12	东晋
50	孔安国	3	东晋
51	范晔	13	南朝（宋）
52	蔡仲熊	1	南朝（齐）
53	陶弘景	1	南朝（梁）
54	何佟之	2	南朝（梁）
55	贾思勰	1	北朝（北魏）
56	崔灵恩	5	北朝（北魏）

续表

序号	被征引者	被征引次数	被征引者的时代
57	郦道元	1	北朝（北魏）
58	熊安生	2	北朝（北齐）
59	卢辩	1	北朝（北周）
60	陆德明	28	唐
61	魏徵	3	唐
62	孔颖达	28	唐
63	颜师古	8	唐
64	李善	1	唐
65	贾公彦	223	唐
66	杨士勋	1	唐
67	徐彦	1	唐
68	司马贞	4	唐
69	张参	1	唐
70	杜佑	1	唐
71	释玄应	5	唐
72	韩愈	1	唐
73	李翱	1	唐
74	杨倞	2	唐
75	王泾	1	唐
76	李鼎祚	1	唐
77	邢昺	1	北宋
78	聂崇义	1	北宋
79	陈祥道	1	北宋
80	刘敞	5	北宋
81	张载	2	北宋

续表

序号	被征引者	被征引次数	被征引者的时代
82	王安石	4	北宋
83	王昭禹	3	北宋
84	易祓	6	南宋
85	郑锷	1	南宋
86	易祓	2	南宋
87	王应麟	3	南宋
88	王与之	2	南宋
89	马端临	1	元
90	胡广	1	明
91	臧琳	3	清
92	李光坡	3	清
93	李钟伦	1	清
94	沈彤	9	清
95	姜兆锡	2	清
96	方苞	3	清
97	江永	24	清
98	吴廷华	9	清
99	惠栋	5	清
100	惠士奇	18	清
101	庄存与	8	清
102	戴震	2	清
103	程瑶田	5	清
104	胡匡衷	7	清
105	金榜	4	清
106	段玉裁	16	清

续表

序号	被征引者	被征引次数	被征引者的时代
107	孔广森	5	清
108	庄述祖	2	清
109	沈梦兰	1	清
110	吕飞鹏	7	清
111	刘台拱	2	清
112	阮元	12	清
113	汪中	1	清
114	徐养原	1	清
115	王念孙	2	清
116	王引之	9	清
117	臧庸	1	清
118	蒋载康	2	清
119	金鹗	6	清
120	焦循	2	清
121	刘宝楠	1	清
122	丁晏	4	清
123	俞樾	5	清
124	黄以周	13	清
125	王聘珍	1	清
126	严可均	1	清
127	夏炘	1	清

　　根据统计，可知《周礼正义》于《叙官》《大宰》《小宰》部分共征引历代解义127家，可见其征引之宏富。所征引者，涉及子、史、集部文献，亦并不限于《周礼》学文献。《国语》《史记》《汉书》《后汉书》等史书，以及《晏子春秋》《吕氏春秋》《管子》《墨子》《荀子》《庄子》《韩非子》等子书，凡有助

于释经义者皆在征引之列。127 家中，先秦到唐代共 76 家，其中征引较多的是郑玄、许慎、陆德明、贾公彦、孔颖达；宋、元、明共 14 家；清代 37 家，其中征引较多的是江永、惠士奇、段玉裁、王引之、黄以周。

孙诒让解经无汉宋门户之见，此可从其于历代解义的征引情况中可以看出来。不过需要指出的是，虽然孙氏并不完全排斥宋人解义，但是其采择宋人解义时是十分审慎的。孙氏说："此经旧义，最古者则《五经异义》所引古《周礼》说，或出杜、郑之前。次则贾逵、马融、干宝三家佚诂，亦多存古训。……至于六朝、唐人礼议经疏，多与此经关涉，义既精博，甄录尤详；间有未允，则略为辨证，用释疑牾。宋、元诸儒说，于周公致太平之迹，推论至详，而于周制汉诂，或多疏谬，今所搴择，百一而已。"① 由此可见，孙氏对"汉学"解义颇为倚重，而将"宋学"解义看作补充，此无疑是受到清代乾嘉学派学术观念的影响。

四、以《周礼》经世致用

在晚清的危难时局下，孙诒让有着传统士人心忧天下的情怀。他关心时局，与进步人士交往，并以实际行动支持维新变法。光绪二十一年（1895），孙诒让听说康有为、梁启超联合十八省举人公车上书、开"强学会"的消息之后十分激动，他说："公车上书，海内志士列名者千余人，浙人无与者，窃以为吾乡之大辱。"② 孙诒让成立"兴儒会"，声援康、梁。戊戌变法失败以后，孙诒让对康有为和梁启超给予了积极的评价。他认为康有为是"洞中中土之症结"，梁启超《变发通议》"剀切详明"，"不敢以其主张康学之执拗而薄之"③。1902 年，孙诒让参加蔡元培、章太炎在上海创办的中国教育会，试图振兴教育，革除时弊。在经世致用的道路上，孙诒让选择了一条与同时代其他人不尽一致的道路。而《周礼》研究，就是他在这条道路上的重要倚靠。

作为受过传统经学研究方法训练，特别是受乾嘉考据学影响的学人，孙诒让对于《周礼》的研究，首先是发掘其学术价值，进而实现其社会价值。也就是说，其《周礼》研究首先要经得起当时学界的认同，再能用以经世。孙诒让之前，经学界于《周礼》已有深入的研究。在晚清新的历史条件下，孙诒让应

---

① （清）孙诒让：《周礼正义略例》，《周礼正义》卷首，中华书局 1987 年点校本，第 5 页。
② （清）孙诒让：《与汪穰卿书十一通》，《籀庼遗文》，中华书局 2013 年点校本，第 355 页。
③ （清）孙诒让：《与汪穰卿书十一通》，《籀庼遗文》，中华书局 2013 年点校本，第 360 页。

用乾嘉学人的治经方法，对历代解义加以抉择和辨析，使不少含混不清甚至争讼不止的问题得到了澄清。孙诒让积数十年之功所成的《周礼正义》，从表面上看是一部纯粹的经学著作，直到今天，其影响也主要是在经学方面。然而该书之撰作，有着孙诒让良苦之用心。他在该书序言曰："私念今之大患，在于政教未修，而上下之情暌阂不能相通。故民窳而失职，则治生之计陬隘，而谲觚干纪者众。士不知学，则无以应事偶变，效忠厉节，而世常有乏才之憾。夫舍政教而议富强，是犹泛绝潢断港而蕲至于海也。然则处今日而论治，宜莫若求其道于此经。而承学之士，顾徒奉周经汉注为考证之渊薮，几何而不以为已陈之刍狗乎。既写定，辄略刺举其可剟今而振敝一二荦荦大者，用示橥楬，俾知为治之迹，古今不相袭，而政教则固百世以俟圣人而不惑者。世之君子，有能通天人之故，明治乱之原者，傥取此经而宣究其说，由古义古制以通政教之阂意眇恉，理董而讲贯之，别为专书，发挥旁通，以俟后圣；而或以不佞此书为之拥篲先导，则私心所企望而且莫遇之者与！"① 由此可见，孙诒让是带着强烈的经世济民的使命去撰写《周礼正义》的。他希望通过此书之撰作，廓清《周礼》所记载的制度，从而使人明白古之政教可施之于今。

孙诒让通经致用最典型的著作是其晚年所撰的《周礼政要》一书。② 在该书序言中，孙氏曰："中国变法之议，权舆于甲午，而极盛于戊戌。盖侁变而中阻，政法未更，而中西新故之辩，舛驰异趣，已不胜其哗眣。夫政之至精者，必协于群理之公，而通于万事之变。一切弗讲，而徒以中西新故书区畛以自隘。吾知其懵然一无所识也。中国开化四千年，而文明之盛莫尚于周。故《周礼》一经，政法之精详，与今泰东西诸国所以致富强者若合符契。然则华盛顿、拿坡仑、卢梭、斯密亚丹之伦所经营而讲贯，今人所指为西政之最新者，吾二千年前之旧政已发其端。吾政教不修，失其故步，而荐绅先生咸茫昧而莫知其原，是亦缀学者之耻也。辛丑夏，天子眷念时艰，重议更法，友人以余尝治《周礼》，属捃摭其与西政合者甄辑之，以备财择。此非欲标楬古经以自张其虚憍，而饰其窳败也，夫亦明中西新故之无异轨，裨迂固之士废然自反，无所腾其喙焉。"③ 此段文字集中体现了孙诒让的古今中西观：中西方的政

---

① （清）孙诒让：《周礼正义序》，《周礼正义》卷首，中华书局 1987 年点校本，第 5 页。

② 据朱芳圃所编《清孙仲容先生诒让年谱》，可知孙氏于光绪二十八年（1902）夏撰《周礼政要》四十篇。

③ （清）孙诒让：《周礼政要序》，《周礼政要》卷首，中华书局 2010 年点校本，第 340 页。

治观并非截然不同,而是可以会通;西方近代的政治理念与中国古代《周礼》蕴含的政治理念若合符契;通过考证《周礼》所记政治制度、发掘《周礼》所蕴含的政治理念,可以为解决时艰提供制度资源和思想资源。《周礼政要》的内容十分丰富,大凡政治、经济、水利、狱讼、教育、文化、外交、治兵、宣传等皆有涉及。是书以《周礼》经文为基础,以郑《注》为补充,对中国、西方、日本的相关制度加以辨析,从而寻找解决现实社会问题的途径。兹以《周礼政要》中的"朝仪""冗官""广学""会计"为例,以见该书对《周礼》的诠释及应用情况。

在《朝仪》部分,孙诒让先征引《周礼》的《大祝》《司士》《司仪》《考工记》及郑玄注文关于"坐"礼之记载,从而得出结论:"古常朝之仪有立有坐而无跪,有揖而无拜。"①孙氏指出,今有跪拜礼而无坐礼,与古有异。其中的原因,是"汉以后君臣之分益严","古礼凌夷,堂廉隔阂,拜跪之节益繁,则臣无坐论,而君有坐受"②。孙氏认为跪拜礼带来严重的弊端,他说:"古者臣再拜稽首,君尚以空首一拜答之,安有臣拜跪而箕踞以受之者哉!夫天泽之分,古今不异,本不藉以仆仆呕拜为恭,而以天子敬礼师保老臣,亦必责其以筋骨为礼,天威所慑,情谊不通,而求其从容论谏,直言无隐,盖亦难矣。"③孙氏认为,跪拜礼弊端之大,已与时势不合,"西人来中国,不习拜跪,故各商埠租界华洋之讼,华人跪而洋人立,已为失礼,况其公使觐见,往往以议礼龃龉。乾隆十八年、嘉庆二十一年,英使两次入觐,均以不能行礼被申饬。彼时我国势方盛,犹不能强彼相从,而况于今乎?"④孙诒让认为当变革跪拜礼,他说:"援据古礼,每日常朝,易拜为揖,议政之顷,则一律赐坐。"⑤如此,就能"迁尊达情,既以新普天之耳目,而霁威崇礼,亦不嫌外辱之要求"⑥,"进天下魁杰之士,俾咸得竭忠尽智,造膝敷陈,以论安危之大计"⑦。

在《冗官》部分,孙诒让先征引《周礼·天官序》《大宰》《槁人》经文和

---

① (清)孙诒让:《周礼政要》卷上,中华书局 2010 年点校本,第 344 页。
② (清)孙诒让:《周礼政要》卷上,中华书局 2010 年点校本,第 344 页。
③ (清)孙诒让:《周礼政要》卷上,中华书局 2010 年点校本,第 345 页。
④ (清)孙诒让:《周礼政要》卷上,中华书局 2010 年点校本,第 345 页。
⑤ (清)孙诒让:《周礼政要》卷上,中华书局 2010 年点校本,第 345 页。
⑥ (清)孙诒让:《周礼政要》卷上,中华书局 2010 年点校本,第 345 页。
⑦ (清)孙诒让:《周礼政要》卷上,中华书局 2010 年点校本,第 345—346 页。

郑《注》，并得出结论："周六官，三百六十职，各有职掌。郑《注》所谓'各有所职，而百事举也'。"① 在此基础上，孙氏将清代冗官现象与《周礼》加以比较，以示清代冗官之弊。比如孙氏认为宰相在清代已为冗官，他说："后世设官猥多，而事之举者转少。故冗官之弊兴，而今为尤甚。周制以冢宰总百官，阔广如六典，崇重如八柄，繁杂如九式，以一人掌之而不疑。汉、晋之盛，丞相亦多止一人，而今则大学士四人，协办二人，员数已多。雍正间，设军机大臣，而内阁止主票籤，于军国大事，不得与闻，则宰相为冗员矣。"② 孙氏还认为六部在清代亦为冗职。他说："《周礼》六官之长，各官止一人，而今则六部尚书皆二人，侍郎以下，视周之贰考员数皆倍蓰，而礼部之外，又有太常寺、鸿胪寺；刑部之外，又有大理寺，其重复尤甚。"③ 而冗官的后果很严重，孙氏说："冗员多，则贤者苦于牵制，而不得展其才，不肖者易于推诿，而得以藏其拙。"④ 孙氏还将西方和日本作为例证，以明去冗官之必要性。他说："西国官无虚设，职事径省。美国各州知事，与次官参谋长，互相出入。日本变法，至以县令直隶政府，以亲王之贵，下为令长。"⑤ 针对冗官现象，孙氏提出了解决方案，即"减员"和"裁缺"。比如"减员"，孙氏曰："凡官不可裁，而员数多者，如内官阁部寺司员等，皆可大减之，是也。"⑥

在《广学》部分，孙诒让先征引《大司乐》《乡大夫》的经文和郑《注》于古代教学内容的记载，再对周代的学校如"国学""郊学""乡遂之学"之建置作了说明。他论"国中之学"曰："辟雍南，成均东，东序，西瞽宗，北上庠，是为大学，大司乐教焉。其小学，则师氏、保氏教焉。自王子以下，及公卿大夫、元士之子，以逮宿卫士庶子，咸学于是，是为国中之学。"⑦ 孙氏还对欧洲、美国和日本的学校建置、教学内容作了介绍，以明西方和日本与《周礼》学校建置相类似。比如日本所设寻常的高等小学校，"即周之家塾、里校"⑧；

---

① （清）孙诒让：《周礼政要》卷上，中华书局 2010 年点校本，第 347 页。
② （清）孙诒让：《周礼政要》卷上，中华书局 2010 年点校本，第 347 页。
③ （清）孙诒让：《周礼政要》卷上，中华书局 2010 年点校本，第 347 页。
④ （清）孙诒让：《周礼政要》卷上，中华书局 2010 年点校本，第 348 页。
⑤ （清）孙诒让：《周礼政要》卷上，中华书局 2010 年点校本，第 348 页。
⑥ （清）孙诒让：《周礼政要》卷上，中华书局 2010 年点校本，第 347 页。
⑦ （清）孙诒让：《周礼政要》卷上，中华书局 2010 年点校本，第 370—371 页。
⑧ （清）孙诒让：《周礼政要》卷上，中华书局 2010 年点校本，第 371 页。

其寻常高等中学校及师范学校,"即周之乡庠、州序"①;海军、陆军及各专门学校,"即周之小学"②。孙氏还指出当时中国教育存在很大问题,他说:"我国士不学而民无教,以四百兆之众,而识字者不及百之一二,取士专重科目,以时文试帖之庸陋腐滥,为多士进身之阶,是率天下而趋于不学也。京师国子监为古之大学,而祭酒、司业徒拥虚位,并无肄业之生。各府、州、县学,虽立教谕,训导诸官,而无教士之法。书院院长,仅课文艺,于学无与,问以声、光、化、电诸学,则老师宿儒,懵然不能举其名。以四千年声名文物之邦,而荒陋如是,可耻孰甚焉。"③孙氏提出自己的设想曰:"窃谓今既更定科举之法,宜远法成周,近采西制,尽改府、州、县学及书院小学堂,而设总学堂于各省会,重开大学堂于京师。凡高才生,自小学堂升入省学堂,又自省学堂升入大学堂,更甄拔其学成者,予以官职,与进士出身同。"④

在《会计》部分,孙诒让先征引《大宰》《宰夫》《大府》《司会》《司书》《职内》《职岁》之内容,从而认为西方的财政"豫算""决算","其豫算,即周职内所掌赋入之事;决算,即周职岁赋出之事"⑤。孙诒让还提出解决的办法,即"略放西制,令户部及各省布政司,各以一岁应共入出常用之数,备列簿册,明示官民,府、厅、州、县,则总赋税之共、支用之出会计之"⑥。

通过以上所列诸例,可知孙诒让通经致用精神的三个面向:

一是真切的尊经意识。在《周礼政要》中,孙诒让在论述任何问题时,皆首先征引《周礼》经文和注释,再结合时代的需要阐发己见。孙诒让对儒家经典《周礼》抱有真诚的信仰,他认为"有周一代至典炳然大备","处今日而论治,宜莫若求其道于此经"⑦,他坚定地认为《周礼》出自周公,是后人治国理政的典范。孙氏的尊经精神是真切的,与同时代康有为等人的"尊经"有本质的不同。为了变法的需要,康有为对儒家经典也进行过一番研究,然而康氏多是利用,而非真正的"尊经"。他的《新学伪经考》尽管在当时产

---

① (清)孙诒让:《周礼政要》卷上,中华书局2010年点校本,第371页。
② (清)孙诒让:《周礼政要》卷上,中华书局2010年点校本,第371页。
③ (清)孙诒让:《周礼政要》卷上,中华书局2010年点校本,第372页。
④ (清)孙诒让:《周礼政要》卷上,中华书局2010年点校本,第372—373页。
⑤ (清)孙诒让:《周礼政要》卷上,中华书局2010年点校本,第400页。
⑥ (清)孙诒让:《周礼政要》卷上,中华书局2010年点校本,第401页。
⑦ (清)孙诒让:《周礼正义序》,《周礼正义》卷首,中华书局1987年点校本,第5页。

生了极大的影响，但是从学术的角度来看，其经学考证却是经不起推敲的。康有为在"尊经"的旗号下，实际上是做与经典本身无多大关系之事。与康氏不同，孙诒让的尊经是发自内心的。孙氏议政论政时皆以《周礼》之记载为起点，而这种做法，源自于他内心对经典的敬畏和尊崇，是中国古代士人的古典理想主义之反映。

二是强烈的经世致用精神。《周礼》内容繁芜，职官众多，孙诒让所阐释者皆与时政关系密切。此外，孙氏强调古礼要因时势而变通。比如"坐"礼，孙氏曰："因时审势，通变化裁，拜跪之繁文缛节，似有不能不变革者。礼莫大于因时，义或在斯乎?"①事实上，虽然《周礼》所记的各项制度丰富，很多内容确实与现实社会有关系，然而从今天来看，《周礼》是一部带有理想主义色彩的制度之书，其中的很多制度设计是超越现实的。加之今非昔比，《周礼》中的制度设计即使在当时有其存在的合理性，但是在晚清的时局下，这些制度很难在现实中亦步亦趋地去实行。孙诒让清醒地认识到这一点，他在尊经的前提下，又有着强烈的经世致用精神。在《周礼政要》中，孙氏诠释的重点是与国计民生密切相关的内容，比如与经济密切相关的有"户版""口税""券税""渔征""度量""矿政""冶金""会计"，与教育密切相关的有"广学""教胄""通艺"等。《周礼》的内容繁芜，孙诒让选择这些与国计民生密切相关内容加以诠释，体现了其通经致用的精神。利用《周礼》经世致用，在中国古代并不鲜见。从新莽时代利用《周礼》从事改制，到王安石利用《周礼》进行变法，《周礼》在政治上的应用比其他经典都要多，影响都要大。试图通过《周礼》诠释以解决时弊的学者亦大有人在，郑伯谦的《太平经国之书》、叶时的《礼经会元》皆是如此。从这一点来说，孙诒让此举并无新意，其《周礼政要》影响不大的原因可能就是在此。不过作为传统的士人，孙诒让良苦的用心、悲悯的情怀却是永远值得人们钦佩的。

三是中西文化会通精神。鸦片战争以来，不少人开始开眼看世界，洋务派、维新派在"中体西用"的口号下，分别在经济和政治领域掀起了革新的浪潮。当时的很多士人如郭嵩焘、刘古愚、章太炎等对中西文化的关系亦作了深入的探讨。孙诒让有着广阔的学术视野，他对西方文化有着全方位的认识，这从他的《周礼政要》的论述中可以看得出来。孙诒让的中西文化观，若用"中

---

① （清）孙诒让:《周礼政要》卷上，中华书局 2010 年点校本，第 346 页。

体西用"来归纳，未免有简单化之嫌。《周礼政要》每篇文字的开头部分皆是《周礼》经文和注文，可知传统文化在孙氏心中占有很高的地位。不过，孙诒让还时时强调西方文化与中国文化具有同一性。比如跪拜之礼，孙氏认为西人所行与《周礼》有一致之处，他说："西国崇信基督，唯入堂礼拜有跪礼，此外臣见君、子见亲亦无拜跪，其礼与中国古礼虽不同，然其简而易行则一也。"① 孙诒让认为西方文化与《周礼》具有一致性，然其重点论述的是实际操作层面的内容，而于政治体制鲜及之，这是其与维新派很不一样的地方。

五、孙诒让《周礼》诠释的影响和学术价值

孙诒让的《周礼》诠释影响十分深远，特别是其所撰《周礼正义》具有重要的学术价值，受到清代以来学者的高度赞扬。孙诒让《周礼》诠释的学术价值和影响可从以下几个方面来看。

第一，从《周礼》学史来看，孙诒让的《周礼正义》有集大成意义。

孙诒让之前，汉代郑玄的《周礼注》集汉代《周礼》学之大成，为历代《周礼》研究者所格外看重，唐代贾公彦的《周礼疏》集汉唐《周礼》学之大成，亦是后世《周礼》研究者的重要参考文献。不过郑氏、贾氏之书皆有不尽人意处，如郑《注》过于简奥，后人释读艰难。贾《疏》取材不富，且不言取材之源，给后来者之考证带来颇多困惑。孙诒让之前，清代比较有影响的《周礼》学著作有万斯大《周官辨非》、李光坡《周礼述注》、方苞《周官集注》、李钟伦《周礼训纂》、江永《周礼疑义举要》、鄂尔泰等奉敕撰《周官义疏》、段玉裁《周礼汉读考》。这些著作皆有创获，然皆未达到集成地步。其他如王鸣盛《周礼军赋说》、戴震《考工记图注》、程瑶田《考工记创物小记》、程际盛《周礼故书考》、阮元《考工记车制图解》、王宗涑《考工记考辨》等，皆就《周礼》某篇或某方面问题而展开讨论，更非集成之作。

孙诒让所处之时代，乾嘉学术已近尾声，清代考据家们的经说多已问世，因此总览清初到乾嘉时期的经说，孙氏有着之前经学家不具备的优势。章太炎曰："初，贾公彦《周礼疏》多隐略，世儒往往傅以今文师说，而拘牵后郑义者，皆仇王肃，又糅杂齐鲁间学。诒让一切依古文弹正，郊社禘祫则从郑，庙制昏期则从王，益宣究子春、少赣、仲师之学，发正郑、贾凡百余事。古今言《周

————————
① （清）孙诒让：《周礼政要》卷上，中华书局 2010 年点校本，第 345 页。

礼》者，莫能先也。"① 刘师培曰："瑞安孙诒让深于训诂典章之学，作《周官正义》，亦集《周官》学之大成。"② 曹元弼曰："孙氏《周礼正义》，博采故书杂记，疏通证明，虽于高密硕意，间有差池，而囊括网罗，言富理博，自贾氏以来，未有能及之者也。"③ 今人王文锦认为："孙氏对历代学者，特别是清代学者的有关研究成果十分重视，数十百家的精言胜义，几乎甄录无遗。当然这也是一种总结。读者不难看出，他的总结不是纯驳杂陈，而是审慎的选择；不是呆板的资料汇辑，而是重要的资料结合着精确的断制。"④ 王文锦还认为："孙氏在《周礼正义》中，每述一义，每引一说，必称举其人，指明源委，绝不攘人之善据为己有。对著名学者是如此，对不甚知名的学者也是如此，全书自始至终总是体现着尊重别人劳动的精神。这种大公无私、谦虚谨慎的学风，也是令人钦佩的。"⑤ 今人向熹则认为："清代研究、注疏《周礼》的著作几近百家，其中孙氏诒让的《周礼正义》最为杰出。"⑥ 章太炎、罗振玉、刘师培、曹元弼、王文锦等人所做之评价，涉及《周礼正义》对郑《注》贾《疏》的继承和超越，对古今学人解义的征引，以及对前人成果之尊重等。在晚清经学百川归海的背景下，受乾嘉学术影响深远的孙诒让能精择吸收历代之解义，并对各家观点作客观之辨析，从而使其《周礼》新疏能超越前人，成为中国古代《周礼》学史上当之无愧的集大成之作。

第二，孙诒让的《周礼正义》是清代群经新疏的代表作。

清代经学大盛，新的注疏之作不断涌现。"三礼"方面，《仪礼》有胡培翚《仪礼正义》，《礼记》方面有孙希旦《礼记集解》和朱彬《礼记训纂》。孙诒让的《周礼正义》是清代《周礼》群经新疏中的最杰出者。梁启超说："这部书可算清代经学家最后的一部书，也是最好的一部书。"⑦"仲容斯疏，当为清代

① （清）章太炎：《孙诒让传》，《章太炎全集》（太炎文录初编），上海人民出版社 2015 年点校本，第 219 页。
② （清）刘师培：《南北学派不同论》，《刘申叔遗书》上册，凤凰出版社 1997 年版，第 559 页。
③ （清）曹元弼：《书孙氏〈周礼正义〉后》，《复礼堂文集》卷四，民国六年刻本，第 3 页。
④ 王文锦：《周礼正义》整理本前言，《周礼正义》卷首，中华书局 1987 年点校本，第 3 页。
⑤ 王文锦：《周礼正义》整理本前言，《周礼正义》卷首，中华书局 1987 年点校本，第 3 页。
⑥ 向熹：《略谈〈周礼正义〉和汉语词汇史》，中国训诂学研究会编：《孙诒让研究论文集》，百花洲文艺出版社 2007 年版，第 18 页。
⑦ （清）梁启超：《中国近三百年学术史》，上海三联书店 2006 年版，第 173 页。

新疏之冠。"① 洪诚亦曰:"群经义疏之学起于南北朝,盛于唐而终于清,先生之《周礼正义》殿焉。此书集汉以后礼学之大成,故谓群经疏之冠,渊渊乎其难穷也。"②

与清代其他诸经新疏相比较,孙诒让《周礼》新疏有其特色。比如《周礼正义》部头虽大,然对于经学史上聚讼纷纭的问题往往能"博稽约取"。洪诚曰:"新旧注疏中以孙仲容《周礼正义》文字最为简练。《周礼正义》卷三三《大宗伯》禘祫与时祭大典,孙氏总结旧说共 9470 字,其中论二十一家说禘祫之是非仅 2819 字;卷五十《司巫》说雩祭用 1151 字。刘宝楠《论语正义·先进》说明《古论》舞雩一事,竟用 3381 字。两疏繁简精粗,悬殊至此。"③ 此外,孙诒让的《周礼正义》重在整理和辨析经说,而非故求新奇。今人乔秀岩说:"《周礼正义》的宗旨在阐明'周代法制''周制汉诂''古义古制',而讨论历代各家经说并非孙氏重点所在。大概因为孙氏有这样一个明确方向,所以才能够摆脱历代经学家的窠臼,将经学史上纷繁难治的问题分析整理得清清楚楚。以探明'古义古制'为宗旨,客观地分析整理历代经说,始终保持旁观者的清醒,不让自己被裹挟到那些经学争论当中去,这或许是孙氏与其他诸多经学家不同的特点。"④ 乔秀岩还将《周礼正义》与黄以周《礼书通故》进行比较,从而认为:"《礼书通故》与《周礼正义》这两部著作,我们就无法拿一个标准去衡量其间的高低,因为两书性质不同。《礼书通故》是传统经学的杰作,我们读它,必须注意黄以周精心构造的经学理论体系。孙诒让自己并没有刻意构造自己的经学理论体系,但也没有完全脱离过去经学学说的传统,《周礼正义》的成就在于客观地整理总结《周礼》学说。所以《周礼正义》与过去的经学著作有本质上的不同,同时仍然没有完全脱离传统经学的范畴。"⑤ 实际上,《周礼正义》与《礼书通故》之别,在中国古代并非没有先例。比如唐代《五经正义》与宋代陈祥道《礼书》之别亦是如此。乔氏认为孙氏是"客观地分析整理历代经说",

---

① (清)梁启超:《中国近三百年学术史》,上海三联书店 2006 年版,第 185 页。

② 洪诚:《读周礼正义》,杭州大学语言文学研究室编:《孙诒让研究》,内部发行本,第 35 页。

③ 洪诚:《训诂学》,江苏古籍出版社 1984 年版,第 214 页。

④ 乔秀岩:《〈周礼正义〉的非经学性质》,中国训诂学研究会编:《孙诒让研究论文集》,百花洲文艺出版社 2007 年版,第 78 页。

⑤ 乔秀岩:《〈周礼正义〉的非经学性质》,中国训诂学研究会编:《孙诒让研究论文集》,百花洲文艺出版社 2007 年版,第 81 页。

且"始终保持旁观者的清醒",确是事实。不过,若说这是孙氏与以前经学家之不同,则未必恰切。实际上,包括孔颖达、贾公彦以及清代的经学家,他们无不是在既定的理念下开展经疏之撰作,也多是以"旁观者的清醒"来要求自己。只不过,相对于其他经学家,孙诒让自始至终专注于《周礼》新疏之撰作,因此他格外"清醒",他的新疏亦更"客观"。

第三,孙诒让的《周礼》诠释还有可议之处。

孙诒让《周礼正义》有很高的学术价值,特别是其征引之宏富,为历代《周礼》学著作所不及。不过,若从解经方法来看,与前代学人并无二致。沈文倬说:"孙氏所处的是个新旧交替的时代,有可能接受新的方法进行研究,而他仍然只是通过汉儒旧训以求疏解《周礼》本文,所走的仍是朴学家的路径,不能改弦易辙,负起承先启后的时代使命,仅仅做了清代《周礼》学的总结工作,而没有新的开创。"①《周礼》研究内容的拓展和方法的更新是在现当代才实现的。现当代以来,随着出土文物的大量出现,以及"二重证据法"的应用,一些学者如郭沫若、李学勤、刘雨、张亚初等将金文或其他出土文献与《周礼》所记之职官进行比较研究,在此基础上判定《周礼》的作者和成书年代,从而实现了《周礼》研究方法的更新和内容的拓展。

若从考据的角度来看,孙诒让的《周礼》诠释亦有值得商榷处。如洪诚曾指出孙氏《周礼正义》的八大疏失,即"信刘歆郑玄说以《周礼》为周公之书,终有未安","解《王制》《孟子》与《周官》封国之矛盾犹未尽善","郑氏《周官》职方注牵引《王制》之国数为说,孙疏失纠","古今亩法之比误算","说孤卿未安","《考工记》画绘之事火以圜疏,于《尚书》某氏传义似误驳","车人步尺之数申郑与记文不符","误谓郑玄《周礼注》有出于《毛诗传》者"②。洪诚所持是考据立场,其说虽非确论,然足以说明孙氏之说还有可商榷处。此外,孙氏所撰《周礼政要》亦有可议处。若从经世致用的角度看,《周礼政要》自有其价值所在,不过孙氏根据自己的需要,有选择性地征引《周礼》,并与日本、西方制度相比附,虽然有其良好动机,但是难逃附会之嫌。

---

① 沈文倬:《孙诒让周礼学管窥》,《菿闇文存》(下),商务印书馆 2006 年版,第 671 页。
② 洪诚:《读周礼正义》,杭州大学语言文学研究室编:《孙诒让研究》内部发行本,第 25—35 页。

第十节　廖平的《周礼》诠释

廖平（1852—1932 年）字旭陵，号四益；继改字季平，改号四译；晚年更号为六译老人。四川井研县人。廖平一生研治经学，融贯古今中西各种学说，构建了具有时代特色的经学理论体系，是中国近代最著名的经学大师之一。廖平著述近一百二十种，其中关乎经学者最多。廖平重视"三礼"，特别是"三礼"中的《周礼》和《礼记》，其经学理论体系的建构与"三礼"有着密切的联系。

廖平的经学凡六变，在前三变中，其对《周礼》给予了不少关注。然受其经学观点转变之影响，廖平对《周礼》的认识亦多变。廖氏经学第一变认为《周礼》乃古文之祖，第二变认为《周礼》乃刘歆之伪作，第三变则认为《周礼》乃孔经之大统说。此结合廖平前三变之经学观，对其《周礼》研究与其经学转变之间的关系作一梳理，以见《周礼》在廖平经学体系建构中的作用。

一、《周礼》与今古文之辨

廖平经学的第一变是"平分今古"，其认为《周礼》是古文学之大宗。廖氏曰："古学全用《周礼》，于古为纯。"[1] 又曰："古学主《周礼》，隐与今学为敌。"[2] 在《周礼》为古文学大宗之观念下，廖平认为："古学诸书皆为《周礼》派，可以《周礼》统诸书也。"[3] 其撰《古学书目表》，认为今天所存古文学之书有《周礼》《左氏春秋》《仪礼经》《戴记》古学各篇、《逸周书》《国语》《说文》。已佚之书，《周易》方面的有《古五子易传》、费直《费氏易》《费氏易林》《周易分野》、马融《马氏注》；《尚书》方面的有《古文尚书》、贾逵《古文训》、马融《马氏传》；《诗经》方面的有《毛诗马氏传》；《周礼》方面有郑兴《郑大夫解诂》、郑众《郑司农解诂》、杜子春《杜氏注》、贾逵《贾氏解诂》、马融《周官传》；《仪礼》方面有郑众《婚礼谒文》、马融《丧服经传》；《礼记》方面有马融《礼记马氏注》、卢植《礼记卢氏注》；《春秋》方面有刘歆《左传刘氏注》、贾逵《左

---

[1] （清）廖平：《今古学考》卷上，《廖平全集》第 1 册，上海古籍出版社 2015 年点校本，第 29 页。

[2] （清）廖平：《今古学考》卷下，《廖平全集》第 1 册，上海古籍出版社 2015 年点校本，第 34 页。

[3] （清）廖平：《今古学考》卷上，《廖平全集》第 1 册，上海古籍出版社 2015 年点校本，第 25 页。

氏传解诂》《左氏长经》、马融《三传异同说》;《论语》方面有张禹《安昌侯论语》、包咸《包氏章句》等。

古文经学家多以《周礼》是周公所作,并以此书所记皆周代之礼制。汉代刘歆曰:"其周公致太平之迹,迹具在斯。"① 郑玄亦曰:"周公居摄而作'六典'之职,谓之《周礼》,营邑于土中,七年致政成王,以此《礼》授之,使居洛邑治天下。"② 关于《周礼》的作者和成书时代,廖平经学第一变中的观点与古文家接近,然亦有不同。他说:"《周礼》之书,疑是燕赵人在六国时因周礼不存,据己意,采简册摹仿为之者。其先后约与《左传》《毛诗》同,非周初之书也。何以言之? 其所言之制与《尚书》典礼不合,又与秦以前子书不同。且《孟子》言:'诸侯恶其害己,而去其籍。'无缘当时复有如此巨帙传流。故予以为当时博雅君子所作,以与《王制》相异,亦如《左传》之意。其书不为今学所重,故《荀》《孟》皆不引用。其中礼制与《左传》不同,必非一人之作。"③ 又曰:"燕赵弟子,未修《春秋》以前,辞而先反,惟闻孔子从周之言,以后改制之说未经面领,因与前说相反,遂疑鲁弟子伪为此言依托孔子。故笃守前说,与鲁学相难。一时隐君子习闻周家故事,亦相与左证,不信今学而攻驳之,乃有《周礼》《左传》《毛诗》之作。自为朋党,树立异帜,以求合于孔子初年之说。"④ 廖平认为《周礼》是燕赵之人采周代之典册而成,并非周公所著,因此《周礼》所记并非全是周代礼制。

二、《周礼》与刘歆关系之辨

继提出"平分今古"说之后,廖平又提出了"尊今抑古"的新观点。廖氏"抑古"之说的理论前提是刘歆伪造《周礼》说。刘歆伪造《周礼》之说并非滥觞于廖平,宋人胡宏、洪迈、晁说之、包恢以及清人康有为、崔适等皆持是说。

廖平认为,《周礼》乃刘歆本《佚礼》羼臆说糅合而成,其作伪的动机有二:

---

① (清) 阮元校刻:《十三经注疏 (附校勘记)》,中华书局 1980 年版,第 636 页。

② (清) 阮元校刻:《十三经注疏 (附校勘记)》,中华书局 1980 年版,第 636 页。

③ (清) 廖平:《今古学考》卷下,《廖平全集》第 1 册,上海古籍出版社 2015 年点校本,第 45 页。

④ (清) 廖平:《今古学考》卷下,《廖平全集》第 1 册,上海古籍出版社 2015 年点校本,第 37 页。

　　从学术动机上来说，刘歆本《佚礼》羼臆说而成《周礼》是为了报复博士。廖平曰：“自春秋至哀、平之际，其间诸贤诸子、经师博士，尊经法古，道一风同，皆今学也。虽其仁知异见，乡土殊派，然谭六艺必主孔子，论制度必守《王制》，无有不同。刘歆报复博士，创为邪说，颠倒五经。改《周礼》而《王制》毁。”①又曰：“六经传于孔子，实与周公无干。哀、平以前，博士全祖孔子，不祖周公。刘歆《移书》亦全归孔子，后来欲攻博士，故牵引周公以敌孔子。”②廖氏认为，自春秋至汉代哀、平之际，有今学而无古学，刘歆为了报复博士，创为邪说，颠倒五经，并以周公敌孔子。

　　从政治动机来说，刘歆本《佚礼》羼臆说而成《周礼》是为了迎合莽意。廖平曰：“至《周礼》，则刘歆迎合莽意所造之制，显与今学为难。”③“歆当时意在乱博士礼，报怨悦主。……使《周礼》早出，抑刘歆早改《周礼》，则当时必本之为说，何以全无引用？是‘发得周礼，以明因监’。是时《周礼》始出，中多迎合莽意而作。”④“刘歆等颂莽功德云：‘发得周礼，以明因监’，可知《周礼》出于居摄以后，以为新室制作。”⑤“歆改《周礼》，今为删出明条，不过千余字，又杂有原文，然则合其零星所改，不过千字耳。歆固为攻博士，尤在迎合莽意。莽居摄以前，全用今说；意欲变古以新耳目，且自托于新王，歆乃改《周礼》以迎合之，大约多莽私意所欲为者。如引《周礼》为攻显君服缌，为莽聚百二十女。汉疆域大，改为九服万里之说。”⑥廖平认为，刘歆伪造《周礼》的又一原因是为了迎合王莽改制；如果说攻击博士是因为学术见解的不同，作伪是为了争胜，那么迎合莽意则是出于政治的原因，作伪是为了谄媚当权者。

　　廖平以《周礼》乃刘歆羼臆说糅合而成，其理由还有以下四点：

　　一是《周礼》所记制度自相矛盾，后世未见实行。廖平曰：“此书如果古书，必系成典，实见行事者。即使为一人拟作私书，亦必首尾相贯，实能举行。今其书所言制度，惟其本之《王制》今礼者，尚有片段。至其专条，如封国、爵禄、职官之类，皆不完具，不能举行，又无不自相矛盾。（如建国五等、出车

---

①　（清）廖平：《古学考》，《廖平全集》第 1 册，上海古籍出版社 2015 年点校本，第 77 页。

②　（清）廖平：《古学考》，《廖平全集》第 1 册，上海古籍出版社 2015 年点校本，第 77 页。

③　（清）廖平：《古学考》，《廖平全集》第 1 册，上海古籍出版社 2015 年点校本，第 89 页。

④　（清）廖平：《古学考》，《廖平全集》第 1 册，上海古籍出版社 2015 年点校本，第 81 页。

⑤　（清）廖平：《古学考》，《廖平全集》第 1 册，上海古籍出版社 2015 年点校本，第 82 页。

⑥　（清）廖平：《古学考》，《廖平全集》第 1 册，上海古籍出版社 2015 年点校本，第 81—82 页。

三等之类)"① 廖平认为,《周礼》所记封国、爵禄、职官等制度多有自相矛盾之处,根本不可实行。

二是《周礼》专条不见他书,缺少佐证。廖平曰:"且今学明说见之载籍者,每条无虑数千百见;至《周礼》专条,则绝无一证。佐如今学言封国三等,言三公九卿,毋虑千条。而《周礼》言地五等,以天地四时分六卿,则自古绝无一相合之明证。此可知其书不出于先秦。"② 廖平认为,《周礼》中关涉今文家者皆见之载籍,而刘歆之改窜者则不见于他书。

三是《周礼》有诽谤圣经之言。廖平曰:"刘歆《周礼》中,暗寓攻击圣经之言。除'三易'外,《诗》有'六义',则经佚其半矣;有'豳雅','豳颂',则《风》不及半矣;有'九夏',则《肆夏》只得其一耳。此等说全无依据,歆悍然为之而不顾者,明知其无益,特以此说迷惑后人,使人有疑经之心。故至今千余〔年〕来误说从无人正之也。"③ 廖平认为,《周礼》所记"三易"、《诗》"六义"及"豳雅""豳颂"等皆无依据,乃刘歆迷惑后人之说。

四是刘歆有作伪之条件。廖平曰:"刘歆官司儒林,职掌秘籍。方其改窜《佚礼》,以为《周礼》,并因博士以'尚书为备'一语,遂诋六经皆非全书。弟子恐其无本,则私改史书、纬书以自助。"④ 在廖平看来,刘歆两次校领秘书,为作伪提供了便利的条件。

廖平认为《周礼》乃刘歆之伪作,并认为刘歆作伪的方式有二:

一是"依傍今礼,推例小变"。廖平曰:"如纬之殷爵三等、周爵五等、地三等,伪《周礼》则以为五百里递减。《曲礼》言五官与天官,《盛德》言六官之名,《千乘》以四官配四时,此皆今学家同实异名分配之说也。刘歆本之作六卿,以天地四时分配矣。今学之师、保、傅乃太子官僚,而三公九卿则又明说不可易。刘歆以三太为三公,三少为三卿,配之六卿,以合九卿之数。皆依傍今礼,推例小变,不惟不合《王制》,亦绝无明证。"⑤ 廖平认为,今学之纬书言殷爵三等、周爵五等、地三等,而《周礼》则以五百里递减,此是刘歆为迎合王莽而难今学之证;又如《曲礼》言五官与天官,《盛德》言六官,《千乘》

① (清)廖平:《古学考》,《廖平全集》第 1 册,上海古籍出版社 2015 年点校本,第 68 页。
② (清)廖平:《古学考》,《廖平全集》第 1 册,上海古籍出版社 2015 年点校本,第 68 页。
③ (清)廖平:《古学考》,《廖平全集》第 1 册,上海古籍出版社 2015 年点校本,第 88 页。
④ (清)廖平:《古学考》,《廖平全集》第 1 册,上海古籍出版社 2015 年点校本,第 77 页。
⑤ (清)廖平:《古学考》,《廖平全集》第 1 册,上海古籍出版社 2015 年点校本,第 89 页。

以四官配四时，皆是刘歆本之作六卿之证。

二是取材于《佚礼》。廖平认为"《佚礼》"即"《逸礼》"，又以《逸礼》非古学，他说："《逸礼》即《周礼》之原文，礼经非古，则逸者可知。又其文散见者，皆今学也。《易》西汉无古学，《费氏》虽经有异文，然其说礼制仍今学。故《异义》无《古易》，《艺文志》于《费易》亦不云古，可见易无古学。总之，刘歆以前不可立古名，建武后古学乃成，则不得以《逸礼》《费易》为古学也。"① 廖氏认为刘歆以前有今文而无古文，《逸礼》所云礼制皆非古学。

廖平认为，刘歆取材于《逸礼》而伪造《周礼》。他说："承《盛德》篇六官旧文，以变三公九卿之说，于是以六大为一卿，大宰即冢宰也，天官即仍其号。改司徒礼官为地官，以配天官，取司官所掌职尽归之，以合地官之义。即以大宗代司徒主春，司马、司空仍旧文。至于司空一官，则其职以归司徒，并分见余官，六府可以分隶，而六工不能，故即以司空作叙于首，以百工为六职之一。此刘氏取《佚礼》为《周礼》，变六大、五官、六府、六工以为六卿之实迹也。"② 《大戴礼记》有《盛德》一篇，该篇言及"六官"。廖平认为《盛德》属于《逸礼》，并以《周礼》之职官源自《盛德》等古文篇目。廖平曰："刘歆与今学为难，始改《逸礼》以为《周礼》，刘歆以前实无古学派也。秦汉以前，所说礼制有与《王制》小异者，此三统异说之文，实非今学外早有古学专门名家，自成一派。刘歆取《佚礼·官职篇》删补羼改，以成《周礼》。"③ 可见廖平将《逸礼》作为《周礼》重要的制度和思想资源。

关于刘歆作伪之时间，廖平曰："考刘歆文集初年全用博士说，晚乃立异。欲知其年限，因考《王莽传》，乃知《周礼》之出，在于王莽居摄以后。《王莽传》上言《周礼》者只二事，在居摄后；中、下以后则用《周礼》者十之七。可见《周礼》全为王莽因监而作，居摄以前无之。"④ 廖平认为，从刘歆文集可知其早年用今文说，晚年才与今文为异；据刘歆采用《周礼》之情况，亦可知其作《周礼》当在王莽居摄之后。

廖平又举一例以证刘歆作伪的时间在王莽居摄之后，他说："《周礼》不出于王莽居摄以前，于《莽传》又得一确证。《莽传》上实考周爵五等，地四等，

---

① （清）廖平：《古学考》，《廖平全集》第1册，上海古籍出版社2015年点校本，第69—70页。
② （清）廖平：《古学考》，《廖平全集》第1册，上海古籍出版社2015年点校本，第90—91页。
③ （清）廖平：《古学考》，《廖平全集》第1册，上海古籍出版社2015年点校本，第78页。
④ （清）廖平：《古学考》，《廖平全集》第1册，上海古籍出版社2015年点校本，第81页。

有明文。殷爵三等，有其说无其文。《周礼》明以为地五等，与纬书合，无附庸。今以为四等，合附庸而数，是未见《周礼》五等封明文也。又帝娶十二女，与后用《周礼》百二十之说不合。使《周礼》果出于前，刘歆校书时已得见之，则居摄以前亦当引用，不致前后两歧也。"① 廖平认为，《莽传》于周爵五等、地四等有明文；殷爵三等，有其说无其文，与《周礼》地五等之说不符；若《周礼》出自王莽居摄前，刘歆校书时当引用，而不致前后之记载相抵牾。

廖平认为刘歆伪造《周礼》造成了很大的负面影响，他说："古学始于刘氏……挟《佚礼》改《周礼》，今学诸经悉受其祸，至今未艾。"② 又曰："刘氏弟子乃推其书以说《诗》《书》《孝经》《论语》，此皆东汉事。马融以后，古乃成家，始与今学相敌。许、郑方有今、古之名。今学以六艺为宗，古学以《周礼》为首。今学传于游、夏，古学张于刘歆。今学传于周、秦，古学立于东汉。"③ 刘歆之弟子推阐师说，始与今学为敌；今学诸经悉受其祸，延续至今。

廖平认为《周礼》本《逸礼》而成，并认为《周礼》包括两部分：一是《逸礼》部分，该部分属于今文系统；二是刘歆揽以己意部分，该部分属于古文系统。廖平撰《周礼删刘》，将其判定为伪作的部分全部删除。《周礼删刘》共分天官冢宰、地官司徒、春官宗伯、夏官司马、秋官司寇、冬官考工记六部分。其中天官冢宰所删者乃"惟王建国"至"以佐王均邦国"及六典、六属、六职之记载。地官司徒所删为"惟王建国、辨方正位"至"以佐王安扰邦国"及封疆五等之记载。春官宗伯所删为"惟王建国、辨方正位"至"以佐王和邦国"、宾礼八个方面之记载。夏官司马所删为"东北曰幽州""正北曰并州"，以及邦国千里封疆五等之记载。秋天司寇所删为《大行人》所云朝觐之礼、六服制度以及诸侯春入贡、诸侯入王之记载。冬官考工记所删为国之六职之记载。

为证明所删诸条皆为刘歆伪造，廖平列举十二证，分别是违经、反传、无征、原文、阙略、改旧、自异、矛盾、依托、征莽、误解、流误。如关于"违经"，廖平曰："凡歆所改专条，皆与诸经违反。九州、五服、三等封，三公、九卿、六太之文本皆详明。伪说皆与相反，今学全与经合，即此可知优劣。或因《周礼》不同经，以为周公之私稿。即能通之，亦与经无相干涉，况其万不

① （清）廖平：《古学考》，《廖平全集》第 1 册，上海古籍出版社 2015 年点校本，第 81 页。
② （清）廖平：《古学考》，《廖平全集》第 1 册，上海古籍出版社 2015 年点校本，第 79 页。
③ （清）廖平：《古学考》，《廖平全集》第 1 册，上海古籍出版社 2015 年点校本，第 78 页。

可通。"① 又如关于"无征",廖平曰:"刘歆专条,西汉以上从无明证,此人所共知。或以《明堂位》方七百里说公方五百里,不知其为'四'字之误。《千乘》亦间田所出,非本封。以学礼师保证三公,不知太子宫官皆兼摄,非本职。又或以《朝事》证会同,不知乃注文误入,故郑《注》不引之。实则《周礼》条全出臆撰误读,无一明证也。"②

　　廖平所列十二例,今人黄开国归纳认为:"廖平的十二证之说表明,《周礼》专条在性质上,同孔子六艺和今文经传记,是正相反对的;在内容上,是刘歆为迎合王莽的臆造谬说;在起源上,是依托今文经学;在作法上,是改乱今文经传,羼入伪说;在体系上,是自相矛盾、残缺不备。总之,一无可取。……因此,所谓古文经学不过是刘歆作伪的产物。"③ 廖平认为《周礼》本依今文,其中刘歆之伪者乃古文学之源,他说:"《周礼》本依托《王制》以行,若提出今学明条,更无以自立。"④ 又曰:"《周礼》本为传记,今蒙经名,然其原本今学,不过刘歆所改数条乃为异耳,不得为经。《书》《诗》与《易》,更无论矣。今定凡经皆为今学,古之所以不如今,以其出于附会羼改也。"⑤ 在廖平看来,经皆属今文之范畴,古文则出于刘歆之附会羼改。

_____

① （清）廖平:《古学考》,《廖平全集》第 1 册,上海古籍出版社 2015 年点校本,第 92 页。

② （清）廖平:《古学考》,《廖平全集》第 1 册,上海古籍出版社 2015 年点校本,第 92 页。

③ 黄开国:《廖平评传》,百花洲文艺出版社 2010 年版,第 97 页。

④ （清）廖平:《古学考》,《廖平全集》第 1 册,上海古籍出版社 2015 年点校本,第 72 页。

⑤ （清）廖平:《古学考》卷上,《廖平全集》第 1 册,上海古籍出版社 2015 年点校本,第 73 页。

第二章　清代《仪礼》名家名著研究

第一节　张尔岐的《仪礼》诠释

张尔岐（1612—1678）字稷若，号蒿庵，又号汗漫，山东济阳人。其学问广博，谙熟经史，兼及诸子百家，旁及太乙、奇门之学。晚年精研"三礼"，在《仪礼》学方面造诣尤深。其所撰《仪礼郑注句读》（以下简称《句读》）十七卷，在《仪礼》学史上有深远影响，受到顾炎武等人的大力表彰。张尔岐言撰《仪礼郑注句读》之心路历程曰："愚三十许时，以其周、孔手泽，慕而欲读之，读莫能通。旁无师友可以质问，偶于众中言及，或阻且笑之。闻有朱子《经传通解》，无从得其传本。坊刻考注、解诂之类，皆无所是正，且多谬误。……注文古质，而疏说又漫衍，皆不易了，读不数翻辄罢去。至庚戌岁，愚年五十九矣，勉读六阅月，乃克卒业焉。于是取经与注，章分之，定其句读。疏则节录其要，取足明注而止，或偶有一得，亦附于末，以便省览。"① 此外，尔岐所撰《仪礼监本正误》（以下简称《监本正误》）、《仪礼石本误字》（以下简称《石本误字》），对清代《仪礼》学文献之校勘，亦有开风气之先的意义。本书拟在清代学术史的大背景下，对张尔岐《仪礼》诠释的内容和特色加以阐述，以见其《仪礼》学成就以及在思想史上的意义。

一、于郑《注》、贾《疏》之辨析

《仪礼》文字古奥、典制繁冗，令人望而生畏。东汉末年，通儒郑玄集汉代《仪礼》学之大成，成《仪礼注》一书。此书一出，汉代《仪礼》其他诸家注释皆亡。魏晋南北朝时期，治《仪礼》者多本郑《注》而立说，期间郑《注》之义疏频出，蔚为大观。唐人贾公彦集南北朝《仪礼》义疏学之大成，撰《仪

---

① （清）张尔岐：《仪礼郑注句读序》，文渊阁《四库全书》第108册，第3页。

礼疏》五十卷。此书一出，南北朝《仪礼》学如万流归海，唐代治《仪礼》者皆宗之。宋儒疑古惑经，视汉学为土埂，郑、贾《注》《疏》皆被重新审视，轻则疑之，重则弃之。元、明学人步宋代疑经改经之老路，治《仪礼》者于郑、贾《注》《疏》鲜有发明。

明末清初，宋学仍有极大的影响力，然汉唐注疏重新回到了学人治经学的视野。在《仪礼》学方面，安徽人姚际恒撰《仪礼通论》一书，既重视征引宋学系统的敖继公、郝敬解义，还于汉学系统的郑《注》、贾《疏》多有辨析。张尔岐与姚际恒乃同时代人，其早年读《仪礼》时所守者唯郑《注》、贾《疏》。到了晚年撰《句读》时，则取《仪礼》经文和郑《注》章分之，定其句读，并录贾《疏》可明郑《注》者。张尔岐《句读》一书，对于郑《注》、贾《疏》的处理方式主要有如下数端：

一是于每段经文之下直接征引郑《注》，甚至仅引郑《注》而不及贾《疏》。如《士冠礼》："宰自右少退，赞命。"张尔岐曰："宰，有司主政教者也。自，由也。赞，佐也。命，告也。佐主人告所以筮也。《少仪》曰：'赞币自左，诏辞自右。'"[1] 张尔岐于此仅引郑《注》，而于贾《疏》无征引。

二是将贾《疏》与自己的见解融为一体。如《士冠礼》"摈者玄端负东塾"，张尔岐曰："摈者立此，以待传命。《疏》谓别言玄端，不言如主人服，则与主人不同可知。当衣冠同而裳异也。下文赞者别言玄端亦然。"[2] 案贾《疏》云："摈者不言如主人服，别言玄端，则与主人不同可知。主人与兄弟不同，故特言玄端，与下赞者玄端从之同言玄，则此摈者是主人之属中士若下士也，故直举玄端，不言裳也。"通过比较，可知张氏此之解义源自贾《疏》，然而张氏并非照搬贾《疏》，而是将贾《疏》与自己的理解融为一体。

三是补郑《注》、贾《疏》之未备。如《士冠礼》"乃易服，服玄冠、玄端……奠挚见于君，遂以挚见于乡大夫、乡先生"，张尔岐曰："见君、见乡大夫、先生，非必是日，因见兄弟等类言之耳。"[3] 关于见君、乡大夫和乡先生之具体时间，郑《注》、贾《疏》皆未言及。张氏此之解义，可补郑《注》、贾《疏》之未备也。

---

[1]　（清）张尔岐：《仪礼郑注句读》卷一，文渊阁《四库全书》第108册，第5页。

[2]　（清）张尔岐：《仪礼郑注句读》卷一，文渊阁《四库全书》第108册，第8页。

[3]　（清）张尔岐：《仪礼郑注句读》卷一，文渊阁《四库全书》第108册，第11页。

四是申贾《疏》而驳他人之说。如《士昏礼》："祝盥，妇盥于门外。妇执笲菜，祝帅妇以入。祝告，称妇之姓，曰：'某氏来妇，敢奠嘉菜于皇舅某子。'"贾《疏》："云'某子'者，言若张子、李子也。"张尔岐云："《疏》云盥于门外，此亦异于常祭；云某子者，言若张子、李子也。顾炎武云：妇人内夫家，无称其舅为张子、李子者。某子云者，或谥或字之称。愚谓《疏》之意或以妇新入门，称姓以告，故亦以姓称其舅与。"① 案贾《疏》认为经文称"某子"，是以姓称其舅也。顾炎武认为此不应称姓，而应称谥或称字。张尔岐认为，贾《疏》以姓称其舅是顾及新妇入门当称姓以告，不当如顾炎武所云称谥或称字。

五是以"愚意""愚案"的方式质疑郑《注》、贾《疏》。张尔岐《句读》对于郑《注》和贾《疏》大体上是认可的，这从《句读》大量征引郑《注》、贾《疏》即可知晓。然《句读》对郑《注》和贾《疏》亦不乏有异议者。兹举数例，以见张氏疑郑《注》、贾《疏》之具体内容。如于《士冠礼》之仪节，张尔岐曰："以上士冠礼正经，颇疑数事。……见于母，而不见于父，见赞者，而不见宾，《疏》以为冠毕已见，似矣，然醴毕即见于母，仪节相承，则见父见宾当于何时？岂在酌醴定祥之前与？又言归俎，而不言载俎，其牲未闻，《注》已陈之，要皆文不具也。"② 案贾《疏》认为，《士冠礼》有冠者见母而无见父见宾之仪节，原因是冠者冠毕已见父和宾，故此不再言。张氏驳贾《疏》，认为此并非不言，而是文不具也。

又如《乡饮酒礼》："乡，朝服而谋宾、介，皆使能，不宿戒。"郑《注》："乡，乡人，谓乡大夫也。"贾《疏》："以乡大夫为主人，故知乡大夫。"张尔岐曰："乡谓乡饮酒之礼，《注》指人，恐义不尽。"③ 郑玄认为，经文此"乡"字乃乡大夫之义；张氏认为，此"乡"字并非指人，而是乡饮酒之义。

明末清初，兵荒马乱，社会失序，不少人从经世济民的角度对先前学术作了反思，顾炎武、黄宗羲、王夫之乃其中之最杰出者。他们认为社会失序之根源，是学术风气之陵夷。明代王学末流束书不观、怪诞狂妄正是学术风气坏乱之表征。鉴于此，不少人抨击王学末流之弊，主张通过经学求义理，从而经世致用。其中最响亮的口号，就是顾炎武提出的"经学即理学"。与顾炎武的学

---

① （清）张尔岐：《仪礼郑注句读》卷二，文渊阁《四库全书》第 108 册，第 23 页。
② （清）张尔岐：《仪礼郑注句读》卷一，文渊阁《四库全书》第 108 册，第 11 页。
③ （清）张尔岐：《仪礼郑注句读》卷四，文渊阁《四库全书》第 108 册，第 43 页。

术思想接近，张尔岐亦注重在治经中寻得圣人之意。他所撰《句读》，以发明郑《注》、辨析贾《疏》为宗，一反宋明以来不少人轻视汉唐注疏之治学理路。

二、《仪礼》学文献之校勘

张尔岐花费了不少心力从事《仪礼》学文献之校勘。除了《句读》于《仪礼》文字有校勘外，其所撰《监本正误》和《石本误字》还对《仪礼》石本和监本作了校勘。

据《玉海》和《宋史》之记载，所谓北宋监本就是北宋咸平、景德年间所刊《五经正义》和《七经正义》本。南宋绍兴年间，朝廷下令重刊诸经义疏，故有南宋监本。由于出自众手、校勘不严，监本文字讹脱者不在少数。张尔岐对《仪礼》监本作了校勘，他说："《十三经》监本，读书者所考据，当时校勘非一手，疏密各殊。至《仪礼》一经，脱误特甚，岂以罕习故忽不加意耶？《易》《书》《诗》《春秋》《论语》《孟子》《礼记》充满天下，固不容或误。《周礼》《孝经》《尔雅》《三礼》，人间犹多善本，即有误，亦易见。《仪礼》既不显用于世，所赖以不至坠地者，独此本尚在学宫耳，顾不免脱误至此。"① 张氏认为，由于监本校勘非出自一手，故监本《十三经》有脱误；此外，由于《仪礼》不像《周礼》等经典那样显用于世，故鲜受人关注，脱误亦较多。鉴于此，张氏在撰《句读》后，乃取《仪礼》唐石经本、吴澄本与监本对勘，摘《仪礼》监本脱者、误者、羡者、倒置者、经注互淆者录之。在《监本正误》之末，张尔岐对《仪礼》监本之讹误做了统计，他说："共脱八十字，误八十八字，羡十七字，倒置者六处，计十三字，经文误细书一字，注文误大书混经文二字，误隔一圈。"② 兹举数例，以见张氏于《仪礼》监本校勘之状况。

如《士昏礼》，张尔岐曰：

> "妇说服于室，御受"，"受"误作"授"。（第二十七纸）
> "毋违命"，"毋"误作"母"。（第五十纸）
> "视诸衿鞶"，下脱"壻授绥，姆辞曰：未教，不足与为礼也"十四字。（第五十一纸）

① （清）张尔岐：《仪礼监本正误》，文渊阁《四库全书》第108册，第244页。
② （清）张尔岐：《仪礼监本正误》，文渊阁《四库全书》第108册，第249页。

主人对曰："某以得为外昏姻之数。""昏"从"女"，误。（第五十三纸）
"某得以为昏姻之故"，作"某以得为昏姻之故"。（第五十三纸）①

张氏认为监本《仪礼·士昏礼》字误者有三处，分别是"御受"的"受"字误作"授"，"毋违命"的"毋"字误作"母"，"外昏姻之数"的"昏"字从"女"；有脱者一处，即"视诸衿鞶"下脱"婿授绥姆辞曰未教不足与为礼也"十四字；有倒者一处，即"某得以为昏姻之故"作"某以得为昏姻之故"。

又如《士虞礼》，张尔岐曰：

"篚巾在其东"，"巾"误作"布"。（第五纸）
"祝飨"，"飨"误作"响"。（第九纸）
"卒彻，祝佐食，降，复位"，脱"复"字。（第二十八纸）
"适尔皇祖某甫，飨"，"飨"误作"响"。（第三十一纸）
"尸即席坐，唯主人不哭"，"唯"误作"帷"。（第三十四纸）
"尸受，振祭"，"受"误作"授"。（第三十四纸）
"无尸则不馂，犹出，几席设如初，拾踊三"，下脱"哭止告事毕宾出"七字。（第三十七纸。唐石经剥蚀，尚有"宾出"二字脚可辨，补字缺，或亦承监本之误）②

张氏认为监本《仪礼·士虞礼》字误者有四处，分别是"篚巾"的"巾"误作"布"，"祝飨"的"飨"误作"响"，"适尔皇祖某甫飨"的"飨"误作"响"，"尸受"的"受"误作"授"；有脱者两处，分别是"祝佐食降复位"脱"复"字，"几席设如初拾踊三"下脱"哭止告事毕宾出"七字。

张尔岐于此虽未明言校勘之依据，然从《监本正误序》中，可知其所据者或是唐石经，或是吴澄本。如《士昏礼》"妇说服于室，御受"，此"受"字，唐石经作"受"③，张氏认为监本误"受"字为"授"，可知其于此是以唐石经

---

① （清）张尔岐：《仪礼监本正误》，文渊阁《四库全书》第108册，第244页。
② （清）张尔岐：《仪礼监本正误》，文渊阁《四库全书》第108册，第247页。
③ 《景刊唐开成石经（附贾刻孟子严氏校文）》第1册，中华书局1997年版，第672页。

为校勘依据。又如《士虞礼》"卒彻，祝佐食降，复位"，此"复"字，唐石经有之①，张氏认为监本于此脱"复"字，可知张氏于此是以唐石经为校勘依据。

张尔岐还对《仪礼》石经作了校勘。他说："唐石经，当时学者以为芜累，至于今日已为老成典型矣。乃《仪礼》亦不免多误，逮补字承讹，则又鲁鱼莫辨。"②张氏于《仪礼》石经所作之校勘，大致可以从以下几个方面来看。

首先，张尔岐以监本、吴本为据，认为石经有脱误者，如《士昏礼》"某得以为昏姻之故"，监本作"某以得为昏姻之故"，张氏曰："监本似长。"③又如《燕礼》"小臣又请媵爵者二大夫，大夫媵爵如初"，张氏曰："监本、吴本俱不再出'大夫'二字。"④张氏据监本、吴本，认为《燕礼》石经本的第二个"大夫"有重复之嫌。

其次，张尔岐有不言依据而直接下结论者，如《士丧礼》石经，张氏曰："'祭服不倒'，'倒'误作'到'。"⑤又如《士丧礼》石经，张氏曰："'若不从卜，择如初仪'，'择'误作'宅'。"⑥又如《少牢馈食礼》石经，张氏曰："'明日朝服筮尸'，脱'服'字。"⑦

以上诸例，张尔岐皆未明言其校勘依据，而是直接得出结论。

张尔岐于《仪礼》学文献之校勘，在《仪礼》学史上有承先启后的意义。宋代张淳所撰《仪礼识误》，是继郑玄后《仪礼》校勘方面又一部力作。元、明时期，《仪礼》学式微，《仪礼》校勘方面亦无重要著作。清代《仪礼》学大盛，《仪礼》校勘力作数量之多可谓空前，如卢文弨《仪礼注疏详校》、金曰追《仪礼经注疏正讹》、胡培翚《仪礼正义》、阮元《十三经注疏校勘记》、孙诒让《十三经注疏校勘记》等，皆于《仪礼》经、注、疏有全面之校勘。通过清人的校勘工作，《仪礼》经、注、疏的很多问题都得到了解决，从而极大地方便了后世学人于《仪礼》之研究。张淳于《仪礼》之校勘，依据主要是刻本，而于石经无涉。张尔岐生当明末清初，其将监本和石经皆纳入校勘之依据，从而突破了

---

① 《景刊唐开成石经（附贾刻孟子严氏校文）》第2册，中华书局1997年版，第856页。

② （清）张尔岐：《仪礼石本误字》，文渊阁《四库全书》第108册，第249页。

③ （清）张尔岐：《仪礼石本误字》，文渊阁《四库全书》第108册，第249页。

④ （清）张尔岐：《仪礼石本误字》，文渊阁《四库全书》第108册，第250页。

⑤ （清）张尔岐：《仪礼石本误字》，文渊阁《四库全书》第108册，第251页。

⑥ （清）张尔岐：《仪礼石本误字》，文渊阁《四库全书》第108册，第251页。

⑦ （清）张尔岐：《仪礼石本误字》，文渊阁《四库全书》第108册，第251页。

前人仅以刻本作为《仪礼》校勘依据的做法。尔岐之后，卢文弨、金曰追、胡培翚、阮元、孙诒让等人从事《仪礼》校勘时，特别重视以石经作为校勘之资。此校勘方法，可以追溯到张尔岐也。张尔岐于《仪礼》校勘的内容并不多，然其影响却是深远的，其价值主要是方法论层面的。清代不少学人正是在张尔岐的影响下，将《仪礼》之校勘推向更高水平。

三、《仪礼》学文献之辨伪

清初有《仪礼考注》流传于世，作者相传为元人吴澄。据目录书记载，吴澄确实撰有《仪礼考注》。张尔岐撰《吴氏仪礼考注订误》，认为清初世上所传《仪礼考注》乃伪书，而非吴澄所撰。张氏曰："《考注》一书，前人已判其为伪，而犹流传至今者，以此经习之者鲜，人不及深考，遂致坊贾流布不已耳。愚为拈出，庶不使后学受其疑误。将以暇日准吴氏所序次第，订为一书，亦当礼家之巨观也。"[1] 尔岐此书已佚，内容不得全见。今藉《蒿庵闲话》所载《仪礼考注》数则辨伪文字，以窥张氏于《仪礼考注》辨伪之原则和方法。

张尔岐认为，从《仪礼考注》的解经内容和征引郑《注》、贾《疏》的方式，可知该书非吴澄所撰。张氏曰："愚读《仪礼》，自郑、贾《注》《疏》外，偶得吴氏《注》，稍一涉目，辄掩卷置庋阁。以其注皆采自郑、贾，往往失其端末，至其自为说，则大违经意故也。……唯《少牢篇》'尸入正祭'章补出'尸受祭肺'四字为有功于经，余皆支离之甚，不须剖击，疵病立见。疑其书殆庸妄者托为之，不然草庐名宿岂应疏谬至此？"[2] 张氏认为，《仪礼考注》引郑《注》、贾《疏》"失其端末"，解经"大违经意""支离之甚"，这些疏谬可证该书不可能出自名宿吴澄之手。

张尔岐还将所传《仪礼考注》的内容与吴澄《仪礼考注序》进行比较，指出世传《仪礼考注》至少有三个方面的内容与吴《序》不合。

一是与吴《序》所言《仪礼·记》文的编排方式不同。张尔岐曰："《序》云：'忘其僭妄，辄因朱子所分礼章重加伦纪，其经后之《记》依经章次秩序其文，不敢割裂，一仍其旧，附于篇终。'今此书则割裂《记》文，散附经内矣。"[3]

---

① （清）张尔岐：《蒿庵闲话》卷二，《续修四库全书》第 1136 册，第 125 页。

② （清）张尔岐：《蒿庵闲话》卷二，《续修四库全书》第 1136 册，第 124 页。

③ （清）张尔岐：《蒿庵闲话》卷二，《续修四库全书》第 1136 册，第 124 页。

张氏认为，吴氏《序》言《仪礼·记》文附于篇末，且不会割裂《记》文，然世传《仪礼考注》中的《仪礼·记》文被割裂，且散附于经内，与吴《序》迥然有异。

　　二是与吴《序》所言《逸经》《传》的篇目不合。张尔岐曰："《序》又云：'二戴之《记》中有经篇，离之为《逸经》，礼各有义，则经之传也，以戴氏所存，兼刘氏所补，合之而为《传》，《传》十五篇。'今此书十五篇则具矣，《士相见》《公食大夫》二篇但采掇《礼记》之文以充数，求所谓清江刘氏之书，无有也。至于《逸经》八篇，《序》则又详列其目矣，《公冠》《迁庙》《衅庙》取之《大戴》，《奔丧》《投壶》取之《小戴》，《中溜》《禘于大庙》《王居明堂》取之郑氏《注》。《逸经》虽曰八篇，实具其书者五篇而已，其三篇仅存篇题，非实有其书也。"① 张氏认为，世传《仪礼考注》中的《传》，与《序》所言《传》之篇目不尽合；此外，《仪礼考注》的《逸经》八篇中，三篇仅存篇题，实仅五篇，与《序》所言篇目又不合。

　　三是与吴《序》所言篇卷安排有异。张尔岐曰："《序》有云：'正经居首，《逸经》次之，《传》终焉，皆别为卷而不相紊。此外悉以归诸戴氏之《记》，朱子所辑及黄氏《丧礼》、杨氏《祭礼》，亦差伍以去其重复，名曰《朱氏记》，而与二戴为三。'草庐本书次第略见于此数言，今此书朱《记》了不可见，而又杂取二戴之书名为《曲礼》者八篇，庞杂萃会，望之欲迷，与草庐所云'此外悉以归诸戴氏之《记》'者又不合矣。何物妄人，谬诬先儒至此，真可恨也。"② 张氏认为，吴《序》言经在前，《逸经》次之，《传》在后；此外吴《序》以朱子所辑与黄榦《丧礼》、杨复《祭礼》合为《朱氏记》，与大、小戴合而为三；而世传《仪礼考注》无《朱氏记》，而有取大、小戴书名为《曲礼》者，此又与吴《序》不合。

　　清初学界，群经辨伪之风盛行，黄宗羲、陈确、毛奇龄、胡渭、阎若璩、姚际恒等皆是当时的群经辨伪学大家。清初学人辨伪之动机，是希望通过对经典文本的重新审查，从而复兴晚明以来积衰之经学，进而经世致用。林庆彰先生认为："明末清初，经学逐渐复兴。而所谓经学复兴的面相又如何？即从事辨伪。因为流传两千年左右的经学，已如黄河之挟沙，附会、伪托不一而足，

---

① （清）张尔岐：《蒿庵闲话》卷二，《续修四库全书》第 1136 册，第 124—125 页。

② （清）张尔岐：《蒿庵闲话》卷二，《续修四库全书》第 1136 册，第 125 页。

今欲从经学中求圣人之道，自应将经学中非圣人所传的部分加以厘清。这种清除污染的工作，就是清初学者研究经学的重点所在。"①张尔岐于《仪礼考注》之辨伪，属于清初辨伪学风潮的一部分。张氏之后，清代不少经学家从辨伪学的角度对《仪礼》的作者、成书年代等问题作了更加深入的研究，将《仪礼》正本清源的工作推向了更高的水平。

四、张尔岐《仪礼》诠释之地位和影响

张尔岐的《仪礼》诠释受到了当时和后世学人的高度推崇。与张尔岐情谊甚笃的一代大儒顾炎武曾云："济阳张尔岐稷若笃志好学，不应科名，录《仪礼》郑氏注，而采贾氏、陈氏、吴氏之说，略以己意断之，名曰《仪礼郑注句读》。又参定监本脱误凡二百余字，并考石经之误五十余字，作《正误》二篇，附于其后，藏诸家塾。时方多故，无能板行之者。后之君子，因句读以辨其文，因文以识其义，因其义以通制作之原，则夫子所谓以承天之道而治人之情者，可以追三代之英，而辛有之叹，不发于伊川矣。如稷若者，其不为后世太平之先倡乎？"②又云："有济阳张君稷若，淹通礼学，著《仪礼郑注句读》一书，立言皆有原本。"③"独精'三礼'，卓然经师，吾不如张稷若。"④四库馆臣亦云："盖《仪礼》一经，自韩愈已苦难读，故习者愈少，传刻之讹愈甚。尔岐兹编，于学者可谓有功矣。"⑤由此可见清代学人对张尔岐《仪礼》学评价之高。

从《仪礼》学发展史来看，张尔岐的《仪礼》诠释可谓有清一代《仪礼》学之先声。清人从事《仪礼》诠释时，对张尔岐的《仪礼》解义颇为重视，并时有征引。如盛世佐撰《仪礼集编》时，曾大量征引张尔岐的《仪礼》解义。如《士冠礼》"若不吉，则筮远日，如初仪"，贾《疏》曰："云'如初仪'者，自'筮于庙门'已下，至'告吉'是也。"张尔岐曰："《少牢》云：'若不吉，则及远日，又筮日如初。'……其云'如初仪'，止从'进受命于主人以下'至'告

---

① 林庆彰：《清初的群经辨伪学》，文津出版社 1990 年版，第 6 页。

② （清）顾炎武：《仪礼郑注句读序》，《顾炎武全集》第 21 册，上海古籍出版社 2011 年点校本，第 82 页。

③ （清）顾炎武：《答汪苕文》，《顾炎武全集》第 21 册，上海古籍出版社 2011 年点校本，第 249 页。

④ （清）顾炎武：《广师》，《顾炎武全集》第 21 册，上海古籍出版社 2011 年点校本，第 197 页。

⑤ （清）永瑢等：《四库全书总目》卷二十，中华书局 1965 年版，第 162 页。

吉'而已,不自筮于庙门也。"① 张氏认为,此"如初仪"应是从"进受命于主人以下"至"告吉",而不自筮于庙门。盛世佐曰:《疏》说士筮远日之法……当以张子及张氏尔岐之说为正。俱见《士冠礼》。"② 又如《士冠礼》"蒲筵二,在南",郑《注》:"筵,席也。"张尔岐曰:"一为冠子,一为醴子也。在南,在三服之南。通指缺项、纚笄、组綖等,不专言蒲筵。"③ 盛世佐曰:"张说得之,敖谓筵在箪南,非。"④ 敖继公认为经文"在南",义即筵在箪之南。张尔岐则认为,此所谓"在南",义即在所加冠者的三套服装之南,与下文所言"侧尊一甒醴在服北"相对应。盛世佐以张氏之说为是,以敖氏之说为非。在《仪礼集编》中,盛世佐肯定张尔岐解义者还有多处。此外,方苞也十分重视张尔岐的《仪礼》解义,据笔者统计,方氏所撰《仪礼析疑》征引张氏《句读》达二十七次。秦蕙田撰《五礼通考》时,亦大量征引张尔岐的《仪礼》解义。明末清初的《仪礼》学,北有张尔岐,南有姚际恒,两人共同成为清代《仪礼》学研究之先导。在他们之后,清代《仪礼》研究蓬蓬勃勃地开展起来,到乾嘉时期的胡培翚和凌廷堪那里而臻于鼎盛。

张尔岐《句读》一书,若仅从经典诠释的角度来看,无非就是经典诠释史上一部重要著作而已。若我们将张氏《句读》放到明末清初的思想史背景下来考察,其意义和地位便可以得到进一步的凸显。

明末清初,学界于王学末流空谈心性、流于狂禅之弊已有清醒的认知。学人们认为,即使谈心性亦应从经学中获得,而不应师心自说。如焦竑说:"经者性命之奥,政治之枢,文章之祖也。"⑤ 黄宗羲亦云:"受业者必先穷经,经术所以经世,方不为迂腐之学。"⑥ 与其他经典研究不甚一致,礼学研究向来讲究考据,实学色彩更浓,经世致用效能更直接。因此,从事礼学研究对于扭转晚明学风空疏之弊有着重要意义。清初学人陆嘉淑曾说:"名物器数之繁,莫备于经。考核形状制度,比类指象,探赜穷变,莫详于汉唐诸儒。盖虽草木

① (清)张尔岐:《仪礼郑注句读》卷一,文渊阁《四库全书》第108册,第6页。

② (清)盛世佐:《仪礼集编》卷三十四,文渊阁《四库全书》第111册,第517页。

③ (清)张尔岐:《仪礼郑注句读》卷一,文渊阁《四库全书》第108册,第8页。

④ (清)盛世佐:《仪礼集编》卷一,文渊阁《四库全书》第110册,第89页。

⑤ (清)朱彝尊:《经义考》卷二百九十七,中华书局1998年影印本,第1529页。

⑥ (清)全祖望:《梨洲先生神道碑文》,《鲒埼亭集》卷十一,《续修四库全书》第1429册,第51页。

禽鱼、工人祝史所创述方名，经述所载列，无不竭智毕虑，尽其纤微曲折而后止。呜呼！名物器数，先王礼乐之本，而治天下之具之所托也。"① 陆氏认为，名物器数研究乃礼乐之根本，治理天下的道理蕴含其中。陆氏所言，可谓明末清初经学家之共同心声。张尔岐学宗程朱，然其更强调从经学中获取圣人之意。张氏在《仪礼郑注句读序》中指出："方愚之初读之也，遥望光气，以为非周、孔莫能为已耳，莫测其所言者何等也。及其矻矻乎读之，读已又默存而心，历之而后，其俯仰揖逊之容，如可睹也，忠厚蔼恻之情，如将遇也。周文郁郁，其斯为郁郁矣，君子彬彬，其斯为彬彬矣。虽不可施之行事，时一神往焉，仿佛戴弁垂绅从事乎其间，忘其身之乔野鄙僻，无所肖似也。"② 张氏认为，《仪礼》所记之礼仪，乃周、孔圣人奥义之体现。寻求圣人之意以济时用，这是张尔岐从事《仪礼》诠释之根本动机。张氏《仪礼》诠释崇实黜虚，顺应了明末清初反王学末流学术之大势，成为清代实学之先声。

第二节 万斯大的《仪礼》诠释

万斯大对《仪礼》颇有研究。其所撰《仪礼商》二卷、《附录》一卷，取《仪礼》十七篇，篇为之说，颇有新义。应㧑谦为万氏《仪礼商》所撰序曰："今之世有经济之学，有禅玄之学，有诗赋之学，有四六之学，有刑名之学，有举业之学，而性命之学则未之见也。独孜孜于经学者，吾见充宗万子。万子于《礼经》专志殚精者数十年矣。"③ 今以《仪礼商》为据，对万斯大《仪礼》诠释的方法及特色加以辨析和归纳。

一、驳前人解义而自出新说

《仪礼》文字古奥，所记名物制度繁多，学人苦其难读。东汉郑玄集两汉《仪礼》学之大成，撰《仪礼注》，该书是汉代以来《仪礼》研究者的必备之书。唐人贾公彦集汉唐《仪礼》学之大成，撰《仪礼疏》，此书是唐以来《仪礼》研究者最重要的参考书之一。郑玄和贾公彦对《仪礼》学作出了杰出贡献，然

---

① （清）朱彝尊：《经义考》卷二百五十一，中华书局 1998 年影印本，第 1268 页。
② （清）张尔岐：《仪礼郑注句读序》，文渊阁《四库全书》第 108 册，第 3—4 页。
③ （清）应㧑谦：《仪礼商序》，《仪礼商》卷首，文渊阁《四库全书》第 108 册，第 255 页。

而由于多种原因的限制，郑、贾《仪礼》解义有颇多值得商榷之处。事实上，历代都有学人对郑氏和贾氏之说提出质疑。在清初辨伪风气的影响之下，《仪礼》郑《注》、贾《疏》受到了颇多质疑。万斯大是清初《仪礼》学中的一员健将，其于郑、贾之《仪礼》解义多有驳议，兹举数例以见之：

《仪礼·士冠礼》："缁布冠缺项，青组缨属于缺。"此之"缺项"，前人解义纷繁。如郑玄曰："'缺'读如'有頍者弁'之'頍'。缁布冠无笄者。著頍，围发际，结项中，隅为四缀，以固冠也。项中有纮，亦由固頍为之耳。"郑氏读"缺"为"頍"，并将"缺项"与汉代的卷帻相类比。清人胡培翚认为此"当以郑《注》为正"①。元人敖继公驳郑《注》曰："此缺项者，盖别以缁布一条围冠，而后不合，故名之曰缺项。谓其当冠项之处则缺也。"②江永、戴震皆袭敖氏此说。敖、江、戴诸儒虽与郑玄读"缺"为"頍"不同，然诸家皆以"缺项"为一物，似无分歧。

万斯大于"缺项"之诠释与郑玄、敖继公皆异。万氏曰："'缁布冠缺项'，'项'指冠之后与初加缁布冠宾右手执项、再加皮弁宾右执项之项同。以其冠时附著于项，故曰项。'缺项'谓冠后两开不相属，'青组缨属于缺'，谓以青组系缺，冠时合两组结之，而垂其余为缨也。郑《注》读'缺'如'有頍者弁'之'頍'，谓'著頍，围发际，结项中，隅为四缀，以固冠'，则凿矣。"③万斯大认为此"项"指冠之后部，"缺项"并非指一物，而是谓冠后两开不相属者。

万斯大此说影响颇为深远。承万氏此说者，有盛世佐、吴廷华、蔡德晋等人。如盛世佐曰："'缺'读如字，项冠后也。下经云'宾右手执项，左手执前'，'项'对'前'而言，其为冠后明矣。缺项者，谓缁布冠之后有缺也。冠制小而又缺其后，故必以青组一条束之，联属于缺处，而以其两端之垂者为缨，结于额下，所以固冠也。是时缨与冠犹未合，而经先言之者，明青组缨为缁布冠而设，且以见其设之之法也。经文明白如是，自郑氏读'缺'为'頍'，又以缺项与青组缨共为一物，而经义始晦。然经义之在天壤，如日星河岳，然则亦岂得而终泯之耶！"④盛氏虽不明言其说出自万氏，然其以"缺项"乃项冠后之说，与万氏之说如出一辙也。

---

① （清）胡培翚、胡肇昕：《仪礼正义》卷一，北京大学出版社 2016 年点校本，第 50 页。
② （元）敖继公：《仪礼集说》卷一，文渊阁《四库全书》第 105 册，第 42—43 页。
③ （清）万斯大：《仪礼商》卷一，文渊阁《四库全书》第 108 册，第 256 页。
④ （清）盛世佐：《仪礼集编》卷一，文渊阁《四库全书》第 110 册，第 88—89 页。

　　万斯大此说亦受到后人的质疑，如沈彤曰："缺项所以固缁布冠者，其用与皮弁之笄、爵弁之笄同，乃自为一物，非虚言冠项之缺也。郑读'缺'如'頍'，谓其制围发际结项中，隅为四缀。敖读如字，谓别以缁布一条围冠，而后不合，皆无正文，不辨其孰是。然并以缺项为固冠之物，则不可易也。万充宗乃以冠后两开不相属为缺项，是缺项非一物，而本文五字专为下句张本矣。岂误以缁布冠与青组缨同篋，而忘其自置一匴乎？不思甚矣。"① 沈彤认为"缺项"乃固冠之物，并非如万氏所言冠项之缺。

　　《仪礼·士冠礼》三次加冠以后，宾向冠者行醴礼。经文曰："筵于户西，南面。赞者洗于房中，侧酌醴。"郑玄据《士昏礼》所记房中之洗"在北堂，直室东隅。篚在洗东，北面盥"，遂于《士冠礼》断句为"赞者洗于房中，侧酌醴"。

　　万斯大认为此之断句应为"筵于户西，南面。赞者洗，于房中侧酌醴"。斯大释之曰："此谓冠毕醴子，赞者就阼阶下，直东荣之洗，洗觯，而入房中酌醴，以授宾耳。郑氏读'赞者洗于房中'为句……据《昏礼》妇洗为说，非也。《昏礼》舅姑飨妇，舅洗于南洗，姑洗于北洗，南洗在庭东，北洗在北堂，男女有别之义也。冠礼无妇人与事，赞者何容别洗？况考上文陈器，第云设洗直于东荣，无北堂别置洗之文。又上文陈服于房中，下即云侧尊一甒醴，在服北，是醴固在房中也。然则降洗于阶下，而升酌于房中，又何疑乎？"② 郑氏据《士昏礼》舅洗于南洗，姑洗于北洗，南洗在庭东，北洗在北堂，从而断定《士冠礼》赞者之洗在房中。万氏认为，冠礼无男女之别，故无北堂之洗。

　　万斯大此说，受到沈彤、江筠等人的质疑。如沈彤云："冠三加之后仍入房，而筵又近在户西，则洗于房中，固其所宜。万充宗读'赞者洗'为句，而谓就庭中之洗洗觯，失之矣。昏礼舅姑醴妇，分南北洗，固取男女有别之义。此冠后醴子，陈器位人多在房中，行礼又在户牖间，故于房中洗酌，本非为别洗也，安得以冠礼无妇人与事为辞。若云篇中无北堂别置洗之文，则侧尊一甒醴之下，既云有匴实勺、觯、角柶，此又云洗于房中，则北堂之有洗亦可互见。且《少牢》篇主妇洗于房中，亦不言房中设洗，而但言馔匴于房中，与此同例。"③ 沈氏认为，

————————

①　（清）沈彤：《仪礼小疏》卷二，文渊阁《四库全书》第109册，第914页。

②　（清）万斯大：《仪礼商》，文渊阁《四库全书》第108册，第256—257页。

③　（清）沈彤：《仪礼小疏》卷一，文渊阁《四库全书》第109册，第903页。

《士昏礼》舅姑醴妇分南北洗固然有男女之别，然而冠后醴子无别男女之义，故有房中洗酌之事；此外，房中设洗，有《仪礼》其他篇之记载可印证，如《少牢》篇不言房中设洗而有洗。江筠驳斯大此说曰："经惟《昏礼》见北洗之文，然其所设之处，至下《记》始见之，而经初不言也。其余如《特牲》《少牢》云'主妇盥于房中''主妇洗于房中'，俱是北洗。而其上文陈器，皆止云'设洗于阼阶东南'，初不及其在房中者。然则凡北堂设洗，经皆不见之，不得执以相难。至于房中之文见于经者，句读总于'中'字绝，未有'于'字之上为句，而以此三字贯下连读者，又不应此处独他处异也。"①江氏认为，北堂所设之洗，于经文仅见于《士昏礼》，设洗之处见于《记》文；其余如《特牲》《少牢》皆有设洗于北堂，然经文皆未言之。江氏据此，认为不当以《士冠礼》此无北堂设洗之言而否定有北堂设洗之实。

二、申前人解义并阐发礼意

在《仪礼商》一书中，万斯大对前人之解义有申说。兹举数例以见之。

《士冠礼》三次加冠后，冠者有见母、兄弟、姑姊妹、乡大夫、乡先生之仪节，而无见父、宾之仪节。贾公彦曰："不见父与宾者，盖冠毕则已见也。不言者，从可知也。"万斯大继承贾公彦之说，并阐释云："冠者取脯见母，继而见兄弟，见赞者，见姑姊；又继而见君，见乡大夫、乡先生，详矣。独父与宾之拜不之及，何与？天下固有礼之所决然而无疑者，更不必繁其文而后见。父为冠主，宾以成礼，理无不拜，当三加既毕，未醴之前，时父在东序端也，宾在西序也，子即是而拜，无烦他适，固与见母于东壁、入见姑姊者不同。此拜父与宾所以不著也。见兄弟赞者何以著之？赞者见于兄弟之后，固与兄弟同在阶下，且兄弟卑于父，赞次于宾，不著则疑于不拜也。"②斯大认为，《士冠礼》虽无冠者见父、宾之文，而有见父、宾之实；之所以无见父、宾之记载，是为了避免繁冗之记载；冠者拜父、宾是在三加之后、未醴之前；之所以有拜兄弟、赞者之记载，是因为兄弟位卑于父，赞者位卑于宾，不突出见兄弟和赞者，则易使人误认为无此礼也。

---

① 转引自（清）胡培翚、胡肇昕：《仪礼正义》卷一，北京大学出版社 2016 年点校本，第 74 页。

② （清）万斯大：《仪礼商》，文渊阁《四库全书》第 108 册，第 257 页。

　　万斯大此说受到沈彤等人的质疑。沈氏认为，经文不著见父与宾者，实不见之也，而非省文。沈氏曰："贾与万皆非也。其不见，何也？盖见于母，见于兄弟，见于赞者，见于姑姊，皆冠毕而以成人见也。所见者必先拜，虽母亦寓之于受脯，尊其成人而礼之也。父为冠主，则成之者也，宾与之加冠，则为其父而成之者也，故皆不见也。不见者，不宜见也。"① 沈氏认为，冠毕见母、兄弟、姑姊妹、乡大夫、乡先生，是以成人礼见；父为冠主，是冠者成人之成就者，宾是助父而成之者，故皆不宜见。沈氏据此认为敖氏之说近是，而斯大之说为非。

　　关于《仪礼》所记乡饮酒礼，后人解读各异。贾公彦据行礼之主体、内容，将乡饮酒礼分为四类，即三年大比，诸侯之乡大夫饮国中贤者；党正饮酒；州长于春秋习射于州序，射前饮酒；乡大夫以宾礼宴饮国中贤者。宋人吕大临认为，乡饮酒礼是乡人以时会聚饮之礼。万斯大曰："其实乡饮之礼，《仪礼》著其仪，戴《记》详其义，义所以明礼，相为表里，二而一者也。其《仪礼》有未备者，则义文补之，读者取而并观，互为考订，其中首尾脉络，本自明通。即或用此礼者，其名不同，要不得谓《仪礼》之礼与戴《记》之义有殊礼也。《经解》曰：'乡饮酒之礼，所以明长幼之序也。'《乐记》曰：'射乡食飨，所以正交接也。'《仲尼燕居》曰：'射乡之礼，所以仁乡党也。'观此，可以知凡乡人会聚饮酒，皆行此礼，不特四事为然矣。吕氏说是。"② 万氏认为，要明乡饮酒礼之义，当须取《仪礼》《礼记》并观，互为考订。其据《经解》《乐记》《仲尼燕居》之记载，认为当从吕氏之说，即乡饮酒礼是乡人会聚饮酒之礼。

　　万斯大此说受到后人的质疑，如盛世佐曰："此篇所陈，乃侯国乡大夫宾贤之礼。他如党正正齿位，州长春秋习射，及乡大夫士饮国中贤者，虽亦名乡饮酒，而其礼固不能无异也。自吕氏之说见采于《通解》，而后儒宗之，遂以为乡人聚会饮酒之通礼矣。然《论语》所载有尚齿之意，谓与党正饮酒法相似则可，援以证此则不可。且其所谓乡人者，乡之人耳，与《乡饮酒义》'乡人士君子'之'乡人'注以为乡大夫者亦别。顾麟士曰：'乡人饮酒，与乡饮酒礼无预。'是也。"③ 盛氏认为，党正正齿位、州长春秋习射及乡大夫士饮国中

①　（清）沈彤：《仪礼小疏》卷一，文渊阁《四库全书》第 109 册，第 905 页。

②　（清）万斯大：《仪礼商》，文渊阁《四库全书》第 108 册，第 260 页。

③　（清）盛世佐：《仪礼集编》卷六，文渊阁《四库全书》第 110 册，第 238—239 页。

贤者，虽亦名乡饮酒，然与侯国乡大夫宾贤之礼有异；此外，《论语》与《礼记·乡饮酒义》所谓"乡人"亦有别。因此，盛氏认为"乡人饮酒"与乡饮酒礼有本质的区别，不可混而为一。

在《仪礼商》一书中，万斯大除了对名物制度加以考证外，还对礼仪制度的意义有所阐释。如于射仪，斯大曰："夫射者，志必正，体必直，其容必比于礼，其节必比于乐，而后射得中，中得多。其射而不中，中而不多者，必志不正，体不直也，容不比于礼，节不比于乐也。吾中多，而为人所掩，非吾过也，吾自安也。吾射不中，中不多，而因以蔽人之贤，能无自歉乎？吾射不中，中不多，纵因人之中多，而得与于贤，能无自愧乎？歉愧交并，而反求正己之心，不自知其何以兴也。故曰动其羞恶之心，而使之自勉于有德也。迨夫胜饮不胜，乃复比耦以行之，则明示劝惩，以分其优劣。斯以叹先王制礼，其所以示激劝于人者，固非一术也哉！"①斯大于此所言乃是明射礼之义，即反求诸己、自勉于有德，以及示劝惩、分优劣。

三、万斯大《仪礼》诠释的方法及影响

据万斯大所撰《学礼质疑》自序，可知其学礼以来，心有所疑，则取其大者条而说之，而质之其师黄宗羲。斯大问："学礼有疑，求之注疏而不得，求之唐宋以来诸儒而又不得。以经说《礼》，其可乎？"②黄宗羲表示首肯。斯大治礼，首取戴《记》诸篇作比较分析，次取《仪礼》与戴《记》作比较分析，次取《易》《书》《诗》《春秋》及《左传》《国语》《公羊传》《穀梁传》与《仪礼》《礼记》作比较分析。

万斯大治《仪礼》，特别重视以经解经。如释《仪礼·士丧礼》时，特别重视将《士丧礼》所记丧礼仪节与《礼记》的相关记载进行比较分析。《士丧礼》有设明衣裳仪节，《礼记·檀弓》有设饰仪节，斯大曰："设明衣裳，《檀弓》所谓设饰也。先时尸裸体，惟幠敛衾，至此始有饰，故曰设饰。曾子曰：'尸未设饰，故帷堂。'"③斯大将《仪礼·士丧礼》与《礼记·檀弓》之记载加以比较，认为《士丧礼》设明衣即《檀弓》设饰。

---

① （清）万斯大：《仪礼商》，文渊阁《四库全书》第108册，第263页。

② 徐世昌编纂：《清儒学案》卷三十四，人民出版社2010年点校本，第817页。

③ （清）万斯大：《仪礼商》，文渊阁《四库全书》第108册，第276页。

《仪礼·士丧礼》有君视大敛、释采入门仪节。郑《注》："释采者，祝为君礼门神也。必礼门神者，明君无故不来也。"万斯大驳曰："君视大敛，释采入门，说者曰'释采，礼门神也'。夫以君之尊，而下临臣丧，必礼其门神而后入，窃疑于礼未安。深求其故，盖先儒缘《丧大记》'君视大敛'条，讹'释采'为'释菜'，遂以为礼门神。《丧大记》，后人所述，则因古有释奠、释菜之礼，遂讹'释采'为'释菜'，不知'采'与'菜'不同。释菜者，祭礼之细；释采者，释去吉衣也。《服问》云'公为卿大夫锡衰以居'，此指成服后言。大敛时未成服，君未锡衰，吉服而来，不可即以吉服入，故释而去之，以著其哀也，岂礼门神之谓哉?"①《士丧礼》此"释采"二字，郑玄释为祭门神。斯大据《礼记·丧大祭》《服问》，认为后人讹"释采"为"释菜"，遂有礼门神之说。

万斯大治经学务求新义，其于《仪礼》经文和注疏之考察亦是如此。万斯大所考察的经文注疏中的问题，有些为其前的经学家论及，他所做的是加以深化或驳正。有的问题则为前人所未曾关注，斯大的质疑启发了后人的研究。四库馆臣评价《仪礼商》曰："斯大学本淹通，用思尤锐，其合处往往发前人所未发，卷末附《答应嗣寅书》，辨治朝无堂，尤为精核。弃所短而取所长，亦深有助于考证也。"② 应㧑谦亦云："其所爬罗剔抉，颇能见先儒所不及。"③

万斯大的《仪礼》诠释有值得商榷处。应㧑谦认为斯大"自负其能，每有欲推倒一世独扩心胸之意。余喜其覃思，嫌其自用"④。四库馆臣亦认为斯大撰《仪礼商》"勇于信心"⑤。如斯大所绘庙寝图，庙之东西堂下分别有东西箱。四库馆臣驳曰："其庙寝图列东西箱在东西堂之下，如今廊庑。考《公食大夫礼》云'宾升，公揖退于箱下'，又云'公降，再拜'，若箱在堂下则既退于箱，又何降乎? 故郑《注》以箱为堂上东夹之前。《汉书·董贤传》太皇太后召大司马贤引见东箱，则东箱非廊庑间明矣。王延寿《鲁灵光殿赋》曰'右个清晏'，李善注引杜预《左传注》曰：'个，东西箱也。'东西个在堂上，则东西箱不在堂下明矣。斯大所图，亦非经义也。"⑥ 四库馆臣据《仪礼·公食大夫礼》经文

①　（清）万斯大：《仪礼商》，文渊阁《四库全书》第 108 册，第 277 页。
②　（清）永瑢等：《四库全书总目》卷二十，中华书局 1965 年版，第 163 页。
③　（清）应㧑谦：《仪礼商序》，《仪礼商》卷首，文渊阁《四库全书》第 108 册，第 255 页。
④　（清）应㧑谦：《仪礼商序》，《仪礼商》卷首，文渊阁《四库全书》第 108 册，第 255 页。
⑤　（清）永瑢等：《四库全书总目》卷二十，中华书局 1965 年版，第 162 页。
⑥　（清）永瑢等：《四库全书总目》卷二十，中华书局 1965 年版，第 163 页。

及郑《注》《汉书·董贤传》《鲁灵光殿赋》李善注,认为东西箱不在堂下。馆臣言之有据,可纠斯大考据之谬也。

第三节 姚际恒的《仪礼》诠释

姚际恒(1647—1715)字立方,一字首源,清仁和(今浙江杭州)人。清初著名的辨伪学家。早年曾泛滥百氏,意在词章之学。中年以后以考辨《九经》为务,历十四载成《九经通论》。又著《庸言录》,书末附《古今伪书考》。姚氏著作等身,然由于其疑古过勇而受正统派学者所侧目,以至于终清一代,其学湮没不彰。直到现代,经顾颉刚等人的推崇褒扬,其学才得以重光。

姚际恒《仪礼通论》十七卷,属于其所撰《九经通论》之一。该书写成之后未能及时刊刻,故鲜为学人所知。1932 年,顾颉刚在浙江杭州崔永安处发现《仪礼通论》的写本,遂誊录校勘,带回北平。顾氏抄本后来保存于中国社会科学院历史研究所图书馆,可是并没有受到关注。直到 1995 年,陈祖武发现了《仪礼通论》的顾氏抄本,遂整理校勘,施以现代标点,由中国社会科学出版社于 1998 年出版。下面将对姚际恒《仪礼》诠释的内容和特色进行考察,以见其《仪礼》学成就及其在思想史上的意义。①

一、于《仪礼》撰作风格之认识

不少人认为《礼记》自然灵动,令人可喜,而《仪礼》斤斤于器数之间,一览生厌,故多重视《礼记》而忽视《仪礼》。姚际恒"独以为不然"②,他说:"《礼记》言义理,有纯有疵,此言器数,故自无弊。《周礼》蹈袭二礼,填塞满纸,无异饾饤,不若《仪礼》自为一书,首尾完善,犹为今中之古也。又其为文,外若质实排叙,而其中线索穿插,最为巧密,章句字法,一一皆备,旨

---

① 近二十年以来,学界于姚际恒《仪礼通论》已有初步的研究。如陈祖武在《仪礼通论》的"点校说明"中,对姚际恒的生平学行、《仪礼通论》的特点以及顾颉刚与《仪礼通论》的关系等皆有所介绍。此外,清华大学彭林发表了《论姚际恒〈仪礼通论〉》(《湖南大学学报(社会科学版)》2006 年第 1 期)一文,对姚氏《仪礼通论》的内容及学术趋向做了探讨。彭先生认为姚氏此书"绝少创见",是"率尔操觚之作","学术价值不高"。
② (清)姚际恒:《仪礼论旨》,《仪礼通论》卷首,中国社会科学出版社 1998 年点校本,第8 页。

趣隽永，令人寻绎无尽。非深心学古，而得古文之妙者，未易知此。一览生厌，由其不能知之。"① 姚氏认为，《仪礼》"自为一书""首尾完善"，内容安排巧密，章句字法皆备，故一览生厌者是未能深知《仪礼》也。

姚际恒多次表彰《仪礼》的文法，他说："《仪礼》之文自成一家，为前古后今之所无。排缵周密，毫忽不漏，字句最简，时以一字二字赅括多义，几于惜墨如金，而工妙正露于此。章法贯穿，前后变化，成竹在胸，线索在手，或此有彼无，或彼详此略，义取互见，不独一篇中，即十七篇亦只如一篇。此等文章之法，后人鲜知，故其法不传。"② 又说："读《仪礼》，如入洞天，峭壁奇峰，金光瑶草，别一天地。读《仪礼》，使人之乎者也竟无所用，诚古今奇绝之作。"③ 姚际恒对《仪礼》各篇的文法给予了充分的重视，如《士冠礼》筮于庙门仪节，"主人玄冠朝服"，于宿宾之仪节，"宾如主人服"，于为期仪节，"有司皆如宿服"，姚际恒曰："上宿宾云'宾如主人服'，承求日节'主人朝服'来。此为期云'有司皆如宿服'，又承宿宾节'宾主朝服'来。笔法蝉联，殊妙。"④ 姚氏认为，此"宾如主人服""有司皆如宿服"皆是承自上文，且用蝉联笔法。又如关于《士丧礼》朝夕奠之文字，姚际恒曰："凡两段之文，皆彼此互异，而其中一一印合。虚实隐显，无法不备，如五花八门，极离奇变幻之妙。此等文字，岂许粗心人读也？"⑤ 姚氏认为，《士丧礼》朝夕奠之文字彼此互异、能相互印证，且有虚实隐显之美、离奇变幻之妙。

《仪礼》所记皆上古仪制，所涉及者，名物制度也。此外，《仪礼》文字古奥，记述方式规整，不像《礼记》记述方式多样、文风灵动。自汉代郑玄以来，从事《仪礼》之研究者，多重视文字训诂和名物制度考证，从文法的角度从事研究者鲜矣。实际上，《仪礼》文法之研究是十分必要的，因为《仪礼》所记人物之向位、礼器之陈设、礼仪之展开，皆有互相关联者，从事《仪礼》记述方式和风格之探讨，对于礼仪本身之研究具有重要意义。此外，《仪礼》属于

① （清）姚际恒：《仪礼论旨》，《仪礼通论》卷首，中国社会科学出版社 1998 年点校本，第 8 页。
② （清）姚际恒：《仪礼论旨》，《仪礼通论》卷首，中国社会科学出版社 1998 年点校本，第 11 页。
③ （清）姚际恒：《仪礼论旨》，《仪礼通论》卷首，中国社会科学出版社 1998 年点校本，第 12—13 页。
④ （清）姚际恒：《仪礼通论》卷一，中国社会科学出版社 1998 年点校本，第 20 页。
⑤ （清）姚际恒：《仪礼通论》卷十二，中国社会科学出版社 1998 年点校本，第 456 页。

上古文献,从文法的角度加以研究,可以丰富古典文献学和古代语言文学之内容。姚际恒《仪礼通论》一书独辟蹊径,其在诠释《仪礼》所记名物制度的同时,还对《仪礼》的语言组织方式和表达风格有不少反思。姚氏指出,《仪礼》之记载既有变易之文、蝉联笔法,还蕴含有作者的情感。姑且不论姚氏观点正确与否,单就其开《仪礼》文法研究风气之先,就值得《仪礼》学研究者的珍视。

二、认为《仪礼》是仪而非礼

《仪礼》所记乃冠、婚、丧、祭、乡、射、朝、聘之仪节。姚际恒认为,《仪礼》所记的这些仪节是仪而非礼,他说:"其名以仪,实为至允。何则? 辞让之心,礼之端也,仪则礼之委也。从委以求端,其于辞让也殆不远矣。礼者所以律身,故《论语》曰'执礼'。不可尽以言传,其可以言传者,惟仪而已。"① 据姚氏所言,可知其所谓"仪"乃礼之规条,是属于形式层面的;其所谓"礼",是礼之根据和意义,是属于本质层面的。在此前提下,姚氏以《仪礼》所记之"仪"是"委",与"辞让之心"的礼之"端"有先后轻重之别。然世有称《仪礼》十七篇有仪有礼者,姚际恒驳曰:"言礼而不言仪,举其本以明体。言仪而不言礼,详其末以达用。本末兼该,体用交致,斯学士之全功矣。其云《仪礼》者,礼为总名,犹曰礼之仪云尔,勿以辞害意可也。后儒不达,谓十七篇中,有仪有礼,直以仪、礼为对举之辞,误也。"② 姚氏认为,《仪礼》所记是仪而非礼,不可谓该书既有仪又有礼。

在严格区别"礼""仪"之后,姚际恒对《仪礼》与《礼记》的关系作了辨析。姚氏曰:"考之小戴,荟萃言礼之文,以为《礼记》。虽纯驳杂收,然其为礼犹近之。《仪礼》则仪也,非礼也。……且《礼记》荟萃言礼之文,而犹可为礼者也。《仪礼》单著其仪,而未可为礼者也。乃以《仪礼》为经,《礼记》为传,则是仪为本而礼为末,不几冠履倒置乎?"③ 姚氏认为,《礼记》所记是"礼",《仪礼》所记是"仪",礼为端为本,而仪为委为末,因此《礼记》为经,而《仪礼》为传,以《仪礼》为经、《礼记》为传者是本末倒置。

---

① (清)姚际恒:《仪礼通论序》,《仪礼通论》卷首,中国社会科学出版社 1998 年点校本,第 2 页。

② (清)姚际恒:《仪礼通论序》,《仪礼通论》卷首,中国社会科学出版社 1998 年点校本,第 2—3 页。

③ (清)姚际恒:《仪礼通论序》,《仪礼通论》卷首,中国社会科学出版社 1998 年点校本,第 3 页。

宋人朱熹以《仪礼》为经、《礼记》为传，他说："《仪礼》是经，《礼记》是解《仪礼》。"①"《仪礼》，礼之根本，而《礼记》乃其枝叶。"②姚际恒则认为《仪礼》是言仪之书，古人以《易》《书》《诗》《礼》《乐》《春秋》为六经，仪既非礼，则《仪礼》不得为经矣；不过仪者辅经而行，则可谓《仪礼》乃礼经之传，因此朱熹以《仪礼》为经、《礼记》为传，"明是反见"③。朱熹《仪礼经传通解》以《仪礼》为经、《礼记》为记为指导思想，姚际恒认为《仪礼经传通解》"经传颠倒……全录注、疏，毫无发明，一抄书吏可为也"④。姚际恒认为《仪礼》非礼经，而是礼传，《礼记》是经而非记，此说可谓颠覆了自朱熹以来学者们对《仪礼》与《礼记》关系的认识。在姚际恒看来，《仪礼》是记载仪节的单子，而《礼记》是记载儒家核心义理之书，故相对于《礼记》来说，《仪礼》的重要性要逊一等。

从礼学史的角度来看，《仪礼》与《礼记》的关系和地位高下，不同时代是有差异的。比如在唐代以前，《仪礼》与《礼记》的地位难分伯仲，学人们既重视《仪礼》之诠释，特别是《仪礼·丧服》之诠释，又重视《礼记》义理之发掘。到了唐代，孔颖达主持编撰《五经正义》，取《礼记》而弃《仪礼》，可见唐人重视《礼记》之程度已经在《仪礼》之上了。到北宋熙宁年间，王安石改革科举考试，重视《礼记》而废罢《仪礼》，安石之追随者如陆佃、马希孟、方悫等人亦皆释《礼记》而弃《仪礼》。⑤孔颖达、王安石等人认为《礼记》

---

① （宋）黎靖德辑：《朱子语类》卷八十五，《朱子全书》第 17 册，上海古籍出版社、安徽教育出版社 2010 年点校本，第 2899 页。

② （宋）黎靖德辑：《朱子语类》卷八十四，《朱子全书》第 17 册，上海古籍出版社、安徽教育出版社 2010 年点校本，第 2888 页。

③ （清）姚际恒：《仪礼论旨》，《仪礼通论》卷首，中国社会科学出版社 1998 年点校本，第 6 页。

④ （清）姚际恒：《仪礼论旨》，《仪礼通论》卷首，中国社会科学出版社 1998 年点校本，第 13 页。

⑤ 朱熹多次表达对王安石废罢《仪礼》之不满。如朱熹曰："旧来有明经科，便有人去读这般书，注、疏都读过。自王介甫新经出，废明经学究科，人更不读书。"［（宋）黎靖德编：《朱子语类》卷八十五，见朱杰人等编：《朱子全书》第 17 册，上海古籍出版社、安徽教育出版社 2010 年版，第 2906 页］又曰："《仪礼》旧与《六经》《三传》并行，到王介甫始罢去。其后虽复《春秋》，而《仪礼》卒废。今士人读《礼记》而不读《仪礼》，故不能见其本末。场屋中《礼记》义，格调皆几下。"［（宋）黎靖德编：《朱子语类》卷八十四，《朱子全书》第 17 册，上海古籍出版社、安徽教育出版社 2010 年点校本，第 2888 页］

的作者"博物通人，知今温古，考前代之宪章，参当时之得失，俱以所见，各记旧闻"①，意即《礼记》之所记乃礼之精粹，对经邦治国有重要意义。他们不直言《礼记》为经、《仪礼》为传，然而他们重视《礼记》之程度高于《仪礼》，事实上是在挑战《仪礼》的礼经地位的同时抬高了《礼记》。直到朱熹《仪礼经传通解》出，学界轻《仪礼》之风才渐得改变。从朱熹到黄榦、杨复，再到元人吴澄、清初万斯大，学界的主流观点皆是以《仪礼》为经、《礼记》为记。姚际恒以《礼记》为礼经、《仪礼》为礼传，看重的是《礼记》之大义，其说与孔颖达、王安石之观点暗合。因此，从礼学史的角度来看，姚际恒的观点渊源有自，而非师心自说。

姚际恒认为《仪礼》为礼传，理由是该书所记内容主要是事实层面之仪而非意义层面之礼。姚际恒并不否定"记器数之书"的《仪礼》蕴含义理。他说："说者谓《仪礼》详于器数，略于义理。固矣，然不尽然。器数亦从义理而生，苟非义理，器数焉行？苟非器数，义理焉托？义理譬之规矩，器数则其方圆也。故愚于是书，多就器数中论其义理。"②鉴于有人以《仪礼》详于器数而略于义理，遂谓《仪礼》为无用之书，姚际恒驳曰："古礼今虽不能尽俾世从，然为之推详其旨，阐明其义，使后之人晓然，知先型之本善，悔末流之已失，不亦可乎？若果有非，亦当辨明其由，又不可概以无用于世一语抹杀也。"③在此观念下，姚际恒从事《仪礼》诠释时重视发掘仪节所蕴含之深义。如《士冠礼》"筵于户西"一节，有赞者"加柶覆之面叶""加柶覆之面枋""奠觯"诸仪节，姚氏曰："加柶，横加柶于觯上。覆之，示不用，使冠者祭时覆手取也。……面枋，以枋向前矣，便冠者覆手执枋，挑醴以祭也。……上叶下枋，插于觯中，示不复执也。奠觯，置觯于筵端，为拜谢宾。奠觯于荐东，示不复饮也。"④姚氏认为，赞者于器物之摆放并非随意为之，各细节间皆有深义存焉。

需要注意的是，姚际恒一方面认为《仪礼》所记皆仪，故视之为礼之末，另一方面又认为《仪礼》所记之仪有深义，又多加褒扬。从表面上看，其观点

① （清）阮元校刻：《十三经注疏（附校勘记）》，中华书局1980年版，第1222页。

② （清）姚际恒：《仪礼论旨》，《仪礼通论》卷首，中国社会科学出版社1998年点校本，第7页。

③ （清）姚际恒：《仪礼论旨》，《仪礼通论》卷首，中国社会科学出版社1998年点校本，第10页。

④ （清）姚际恒：《仪礼通论》卷一，中国社会科学出版社1998年点校本，第28页。

似有矛盾，而实际上并非如此。从内容上看，《仪礼》所记仪节严整，而欠义理之阐发。然而从诠释者的角度来看，《仪礼》所记仪节蕴含着作者的深层动机和文化理想，这些动机和文化理想，需要通过诠释者的介入才能得以呈现。也就是说，《仪礼》所记仪节蕴含的作者动机和文化理想是相对的、见仁见智的，而《礼记》所记的是礼之意义，是跃然纸上、相对固定的。若从这个角度理解姚氏关于《仪礼》《礼记》地位之看待，就不会认为其"轻率"和"莫名其妙"了。①

三、于《仪礼》旧注之辨析

东汉末年，郑玄对《仪礼》作了一番校勘和注释。郑玄《仪礼注》出现以后，大、小戴及庆氏三家之学皆亡，形成了郑学独盛的局面。唐永徽年间，贾公彦专门疏解郑玄《仪礼注》，成《仪礼疏》。宋人鄙薄汉唐学人之经解，故治《仪礼》者多自出新意而少征引郑《注》、贾《疏》。元明学人沿宋人治经之理路，于郑玄和贾公彦之说亦少涉及。明末清初，在反王学空疏之弊的学术背景下，不少经学家主张在重视宋学的同时，重新回归汉唐经学，顾炎武甚至提出"经学即理学"的口号。在《仪礼》学领域，山东学人张尔岐以辨析郑《注》、贾《疏》为宗，成《仪礼郑注句读》，从而成为北方《仪礼》学之代表。

与张尔岐的《仪礼》研究近似，姚际恒亦对郑《注》、贾《疏》多有关注，且有很多论说。对于郑玄《仪礼注》，姚际恒有从之者。如《既夕礼·记》"士处适寝"，姚际恒曰："郑氏谓'适寝者，不斋不居其室'是也。后儒以其若预拟死，近迂。"②姚氏从郑玄以"适寝"为"不斋不居其室"之义。又如《丧服》："妾为女君。《传》曰：何以期也？妾之事女君，与妇之事舅姑等。"姚际恒曰："妾事女君，与妇事舅姑等，此况其相似之意耳，非谓报亦相似也。郑氏曰：'女君于妾无服，报之则重，降之则嫌。'此说是。"③郑氏认为女君于妾无服，姚氏从之。

姚际恒对郑《注》、贾《疏》多有批评。如对于郑玄以《周礼》解《仪礼》

---

①　彭林认为："《仪礼》与《礼记》本末、源流关系之纠葛，至朱熹而完全厘清，成为学者共识。姚氏指责学者以《仪礼》为经，《礼记》为传，乃是'冠履倒置'，批评朱熹之说'明是反见'，认为其说本于陆德明，而陆氏又本于臣瓒，并讥之为'谬学者的流传'云云。《仪礼》是否为经，宋儒曾有迷误，但经由朱熹之研究，问题已经解决。真正'冠履倒置'者，应是姚氏本人。"（彭林：《论姚际恒〈仪礼通论〉》，《湖南大学学报（社会科学版）》2006年第1期）

②　（清）姚际恒：《仪礼通论》卷十三，中国社会科学出版社1998年点校本，第482页。

③　（清）姚际恒：《仪礼通论》卷十一，中国社会科学出版社1998年点校本，第373页。

之方法，姚际恒甚是不满。比如姚氏认为郑玄据《周礼》以释《觐礼》"无有一是"，郑玄"张《周礼》之帜而诋乱古礼，更足恨也"①。在《仪礼通论》中，姚际恒对郑玄据《周礼》释《仪礼》还有很多批评。如《觐礼》"四享"，姚氏曰："四享，谓享凡四次，皆以帛璧致之，其余庭实无常，货唯国之所有也。'四'字本不误，而郑氏据《周礼·大行人》三享，反以此为'三'字之误。非也。"②郑氏据《周礼·大行人》改《觐礼》"四享"为"三享"，姚氏驳之。又如《觐礼》"飨礼，乃归"，姚际恒曰："谓行飨礼也。郑氏牵合《周礼·掌客》有享、食、燕三者，以'礼'字为指食、燕。然则飨非礼，而食、燕乃为礼乎？不通如此。"③郑氏以"食""燕"释"飨礼"之"礼"字，姚氏驳之。

　　姚际恒于《仪礼》郑《注》、贾《疏》之疑义受到了后世学人的重视。有些经学家虽不直言自己的《仪礼》解义源自姚氏，而实际上是受姚氏之启发。如《士昏礼》："舅飨送者以一献之礼，酬以束锦。"郑玄曰："古文作帛。"姚际恒曰："古人束帛贵，束锦贱。《聘礼》国君享用束帛，而宾介私觌皆用束锦。主君报礼用束帛，而傧宾介用束锦。夫人归宾束帛，而宾傧使者束锦。又《公食大夫》侑币用束帛，而大夫相食侑币用束锦。其低昂轻重，悉可见矣。"④郑氏认为，《士昏礼》此所言"锦"，古文作"帛"。姚氏则认为束帛贵而束锦贱，此用束锦与实际相合。盛世佐曰："冠礼酬宾用束帛、俪皮，此不用帛，用锦，送者贱，宜下宾也。"⑤盛氏此说出自姚氏也。

　　又如《仪礼·士相见礼》："主人请见，宾反见，退。主人送于门外，再拜。"郑玄曰："请见者，为宾崇礼来，相接以矜庄，欢心未交也。宾反见，则燕矣。"贾《疏》曰："主人留不必虚，宜有欢燕，故云'则燕矣'。"姚际恒驳郑、贾之说曰："郑氏谓反见则燕，此又全属臆说。古人于一相见，三辞三让，如是之不易。若燕飨，则其礼尤重，必有其名。非若后世，无故辄行燕会也。昏礼为事而来，始一醴之，则相见无燕可知。且燕非可猝办，前已三辞，将走见矣，若复有燕，则前辞不为虚乎？"⑥郑玄认为，士相见之礼，宾反见则

①　（清）姚际恒：《仪礼通论》卷十，中国社会科学出版社1998年点校本，第338页。

②　（清）姚际恒：《仪礼通论》卷十，中国社会科学出版社1998年点校本，第341页。

③　（清）姚际恒：《仪礼通论》卷十，中国社会科学出版社1998年点校本，第345页。

④　（清）姚际恒：《仪礼通论》卷二，中国社会科学出版社1998年点校本，第64页。

⑤　（清）盛世佐：《仪礼集编》卷四，文渊阁《四库全书》第110册，第170页。

⑥　（清）姚际恒：《仪礼通论》卷三，中国社会科学出版社1998年点校本，第79页。

行燕礼。贾公彦从之。姚氏则认为，反见行燕礼属于臆说，理由是燕飨之礼尤重，非随时可行。清人江筼曰："燕见之礼，与始之致尊严者不同，非燕饮之燕也。"① 江氏认为此之"燕"非燕饮之燕，与姚氏之说相合。

又如《仪礼·士相见礼》主人许宾见之下，郑玄认为此处无主人迎宾之礼，因为"异日则出迎，同日则否"。姚际恒驳郑《注》曰："主人许宾见之下，似少迎宾一句。郑氏遂谓异日则出迎，同日则否。非也。《乡饮酒》同日亦出迎，礼止论应迎与否，岂论同异日乎？若以同日例，则亦可不必拜矣，何为更拜乎？"② 清人姜兆锡曰："不言迎，恐亦是省文，复见于其家，宜无不迎之礼。"③ 姜氏认为，《士相见礼》主人许宾见之下不见"迎宾"之记载，可能是省文所致。姜氏此说与姚氏之说相合也。

姚际恒驳郑《注》、贾《疏》之内容，有失之于轻率者。如《士冠礼》所云之洗，郑玄认为乃铁制作而成，水器尊卑皆用金罍。贾公彦据汉代礼器制度，认为洗之所用，士用铁，大夫用铜，诸侯用白银，天子用黄金。姚氏认为，郑玄、贾公彦之说"悉杜撰"。他解释说："三代鼎、彝、尊、罍之属，尊卑皆用铜，无用铁及金银者。"④ 宋人聂崇义《新定三礼图》引旧《图》曰："洗高三尺，口径一尺五寸，足径三尺，中身小，疏中。士以铁为之，大夫已上以铜为之，诸侯白金饰，天子黄金饰。"⑤ 由此可见，关于洗之材质，从汉代郑玄到宋代聂崇义，皆认为有金银铜铁，姚氏反郑、贾之说，而无真凭实据，可知其于洗的材质之说出于主观臆想。

又如《仪礼·士冠礼》"宾字之，冠者对"，郑玄曰："对，应也，其辞未闻。"陆德明曰："应也，应对之应。"姚氏曰："对，郑氏谓应，又谓其辞未闻。对有辞，应不必有辞，则对非应也。"⑥《士冠礼》此之"对"，郑玄以"应"释之。《论语·子张》云："子夏之门人小子，当洒扫应对进退则可矣。"《列子·汤问》："河曲智叟亡以应。"《后汉书·齐武王演传》："伯温笑而不应。"《集韵·证韵》：

① 转引自（清）胡培翚、胡肇昕：《仪礼正义》卷四，北京大学出版社 2016 年点校本，第 196 页。

② （清）姚际恒：《仪礼通论》卷三，中国社会科学出版社 1998 年点校本，第 80 页。

③ （清）盛世佐：《仪礼集编》卷五，文渊阁《四库全书》第 110 册，第 210 页。

④ （清）姚际恒：《仪礼通论》卷一，中国社会科学出版社 1998 年点校本，第 21 页。

⑤ （宋）聂崇义：《新定三礼图》卷十三，清华大学出版社 2006 年点校本，第 414 页。

⑥ （清）姚际恒：《仪礼通论》卷一，中国社会科学出版社 1998 年点校本，第 30 页。

"应,答也。"由此可见,"应"即"对"也,答之义。姚际恒以"对"为有辞,而"应"不必有辞,强加分别,与字义不符。

从清初到乾隆年间,治《仪礼》者特别重视元人敖继公的《仪礼集说》和明人郝敬的《仪礼节解》。除了关注汉学系统的郑《注》、贾《疏》外,姚际恒还对宋学系统的敖继公和郝敬之解义多有认同。姚际恒认为敖氏《仪礼集说》"颇称精密",然敖氏解义"过于求详,辞意冗蔓",从而"反致不达"①。姚氏认为郝氏《仪礼节解》"训释详明,为《仪礼》第一书,亦其《九经解》中第一书也","优于《仪礼》注、疏多矣"②。

在《仪礼通论》一书中,姚际恒多处直接征引敖氏和郝氏之说。如于《士冠礼》,姚氏直接征引敖继公之说达十三处,直接征引郝敬之说达九处。于《士昏礼》,姚氏直接征引敖继公之说达九处,直接征引郝敬之说达十二处。于《丧服》,姚氏直接征引敖继公之说达二十三处,直接征引郝敬之说达三十六处。由此可见姚氏对敖氏、郝氏《仪礼》解义尊崇之甚。

姚际恒亦有暗袭敖氏、郝氏解义而不明言者。如《士冠礼》:"若不醴,则醮,用酒。"姚氏曰:"醴质醮文,醴为先时之典,醮其后起者。记者乃战国时人,故述醴于前,述醮于后。而云'若不醴则醮',犹所谓先进、后进也。郑氏谓醮为国有旧俗,贾氏因以醴为周,醮为夏、殷,则是皆反说矣。"③敖氏曰:"此醮与醴大意略同,惟用酒而仪物繁为异。上既见醴礼矣,此复言不醴,则醮者,盖冠礼之始,惟醴而已。然少近于质,故后世圣人又为此醮礼与之并行焉。"④通过比较,可知姚氏于此乃袭敖氏之说也。

姚际恒于敖继公、郝敬之说并非一味是从,如《士冠礼》"筮于庙门",郑氏谓不于堂者,嫌蓍之灵由庙神。敖氏谓必于门者,明其求于外神。郝氏谓不于庙中者,不敢必神。姚际恒认为郑氏、敖氏、郝氏之说"意皆近凿"。姚氏曰:"古人行礼于庙,未有卜筮于庙者。此因庙中行冠礼,故即筮于庙门耳,无深义。"⑤

① (清)姚际恒:《仪礼论旨》,《仪礼通论》卷首,中国社会科学出版社1998年点校本,第14页。

② (清)姚际恒:《仪礼论旨》,《仪礼通论》卷首,中国社会科学出版社1998年点校本,第14页。

③ (清)姚际恒:《仪礼通论》卷一,中国社会科学出版社1998年点校本,第33页。

④ (元)敖继公:《仪礼集说》卷一,文渊阁《四库全书》第105册,第53页。

⑤ (清)姚际恒:《仪礼通论》卷一,中国社会科学出版社1998年点校本,第17页。

姚氏在驳郑氏、敖氏和郝氏之基础上，认为士冠礼行于庙中，筮则于庙门。

与姚际恒同时代的张尔岐亦重视前人的《仪礼》解义，然与张尔岐相比较，姚际恒既重视前人解义之具体内容又有自己鲜明的特色。如对于郑《注》和贾《疏》，姚际恒主要是持否定态度，而张尔岐主要是持肯定态度。又如张尔岐主要是在汉唐注疏的基础上阐发新义，姚际恒则主要是在元人敖继公和明人郝敬解义的基础上阐发己意。此外，张尔岐在《仪礼》文字和名物制度的考证方面较为谨慎，方法也比较传统，姚际恒在《仪礼》文字和名物制度的考证方面则欠精审，受到后人的诟病较多。

四、姚际恒《仪礼》诠释之影响

明代中叶以来，受阳明心学之影响，不少人束书不观而空言心性，流于狂禅而不自知，经学之荒陋，臻于极致。清末学人皮锡瑞认为"经学至明为积衰时代"[1]，非虚言也。明代中叶，已有学人意识到王学末流之弊，逐渐悟到汉学之重要性，如明人王鏊曰："郑玄之徒，笺注训释，不遗余力，虽未尽得圣经微旨，而其功不可诬也。"[2] 杨慎云："《六经》作于孔门，汉世去孔子未远，传之人虽劣，其说宜得其真。"[3] 王鏊认为郑玄经注"功不可没"，杨慎认为汉人注经"得其真"，可知学界于宋学之反动已显端倪。然宋学对清初学界之影响，仍根深蒂固的，清初学风，以汉宋兼采为主流。清初学人提倡汉学，乃是从群经辨伪入手。与宋儒的群经辨伪有相似之处，清初的学人亦强调疑经惑传、直击原典，一切以孔门之是非为判断标准。比如清初学人陈确说："凡儒先之言，一以孔、孟之学正之。"[4] 以孔、孟之说为断的前提，就是回归原典，在经书中寻得孔、孟之真义。在此问题意识下，检讨经书文本的真实性和可靠性问题又一次被提出来。明末清初辨伪学风由此兴起，阎若璩、胡渭、毛奇龄、朱彝尊、姚际恒等一大批学人起来，对包括《易》《书》《诗》《礼》在内的经书做了正本清源的工作。

在明末清初辨疑思潮中，姚际恒无疑是一名弄潮儿。他有强烈的辨疑精

---

① （清）皮锡瑞：《经学历史·经学积衰时代》，《皮锡瑞全集》，中华书局 2015 年点校本，第 86 页。

② （清）王鏊：《震泽长语》卷上，文渊阁《四库全书》第 867 册，第 191 页。

③ （明）杨慎：《升庵集》卷四十二，文渊阁《四库全书》第 1270 册，第 290 页。

④ （清）陈确：《复张考夫书》，《陈确集》卷三，中华书局 1979 年点校本，第 132 页。

神，所撰《九经通论》以疑经之勇而独步一时。与姚氏同时代的辨伪学大家阎若璩认为姚氏所撰《古文尚书通论》"得则多超人意见外"①。心气甚高、睥睨一世的辨疑大家毛奇龄对姚际恒亦颇有称许。在《仪礼通论》一书中，姚际恒于汉学系统的郑《注》、贾《疏》，以及宋学系统的敖继公、郝敬解义，皆是有从有违，只不过其驳郑、贾之说者多，而从之者少，其驳敖、郝之说者少，而从之者多。姚氏所撰《仪礼通论》远没有乾嘉时期胡培翚所撰《仪礼正义》、凌廷堪所撰《礼经释例》规模之宏大、考证之精深。然而，从开学术风气之先或对近代学界影响的角度来看，姚氏《仪礼通论》又可谓功不可没。正是在姚际恒等清初学人的努力下，经书的真伪问题才得以扫除，乾嘉学人才能心无旁骛地从事文字音义考订和名物制度之考证。此外，姚际恒的《仪礼通论》受到了顾颉刚等人的高度重视。顾先生服膺姚氏之疑古精神，他在杭州发现姚氏《仪礼通论》之抄本后，雇人抄出一部，顾先生为之喜而不寐。顾颉刚是现代疑古派的代表人物，他对姚际恒《仪礼通论》的重视态度，使今人可窥现代疑古思潮与明末清初辨疑思潮之渊源关系，亦透显出姚氏《仪礼通论》之深远影响。

第四节　李光坡的《仪礼》诠释

李光坡在完成《周礼述注》和《礼记述注》以后，又投入到《仪礼述注》的撰著中。康熙六十一年（1722），《仪礼述注》十七卷竣稿。该书的解经成就及特色可从以下几个方面来看。

一、删繁就简，为说《仪礼》之初津

与《周礼述注》的体例一样，李光坡的《仪礼述注》亦是以征引郑《注》、贾《疏》为主，而兼采宋人之说。笔者随机对《仪礼述注》的第一、二、五卷征引诸家之说的情况作了统计，希望借此以窥光坡治学之理念及该书之特色。

《仪礼述注》卷一征引郑《注》一百二十一次，贾《疏》四十一次，杨氏之说四次，朱子之说四次。

《仪礼述注》卷二征引郑《注》一百四十七次，贾《疏》五十一次，陆佃之说一次，朱子之说一次，杨氏之说三次。

---

① （清）阎若璩：《尚书古文疏证》卷八，上海古籍出版社 2010 年点校本，第 650 页。

《仪礼述注》卷五征引郑《注》三百二十八次，贾《疏》八十四次，朱子之说七次，杨氏之说二次。

《仪礼述注》于不少地方仅征引郑《注》而弃贾《疏》。如《仪礼述注》卷一共征引郑《注》一百二十一次，而仅征引郑《注》而不及贾《疏》者达七十六次。《仪礼述注》卷二共征引郑《注》一百四十七次，而仅征引郑《注》而不及贾《疏》者达九十四次。由此可见，《仪礼述注》最重视汉唐解义，尤其重视郑玄《仪礼注》，其次是贾公彦的《仪礼疏》。至于宋人解义有补郑《注》、贾《疏》之不足者，光坡则偶有采择。若郑《注》、贾《疏》已较完备，光坡则舍宋人之说。

对于《仪礼》之郑《注》、贾《疏》以及其他诸家解义，李光坡并非原文照搬，而是有所节略。其所节略者，大致可从以下几个方面来看：

一是略去贾《疏》于名物之解义。如《仪礼·士冠礼》："主人玄冠，朝服，缁带，素韠，即位于门东，西面。"郑《注》："主人，将冠者之父兄也。玄冠，委貌也。朝服者，十五升布衣而素裳也。衣不言色者，衣与冠同也。筮必朝服者，尊蓍龟之道。缁带，黑缯带。士带博二寸，再缭四寸，屈垂三尺。素韠，白韦韠，长三尺，上广一尺，下广二尺，其颈五寸，肩革带博二寸。天子与其臣，玄冕以视朔，皮弁以日视朝。诸侯与其臣，皮弁以视朔，朝服以日视朝。凡染黑，五入为緅，七入为缁，玄则六入与。"郑玄于此对"主人""玄冠""朝服""缁带""素韠"分别作了解释。贾《疏》于此解郑《注》则多达一千三百余字。李光坡于此征引郑《注》全文，征引贾《疏》仅十四字，即"礼之通例，衣与冠同色。裳与韠同色"①。

二是略去郑《注》之比况者。郑玄释《仪礼》，往往以汉代的名物制度相比况。《仪礼述注》在采择郑《注》时，往往将其比况的内容略去。如《仪礼·士冠礼》："有司如主人服，即位于西方，东面，北上。"郑《注》："有司，群吏有事者，谓主人之吏所自辟除，府史以下，今时卒吏及假吏皆是也。"郑玄以汉代"卒吏""假吏"与《仪礼》所记"有司"相比况。光坡于此则略去郑《注》的比况内容。②

又如《仪礼·士昏礼》："姆纚、笄、宵衣，在其右。"郑《注》："姆，妇人

---

① （清）李光坡：《仪礼述注》卷一，文渊阁《四库全书》第 108 册，第 299 页。
② （清）李光坡：《仪礼述注》卷一，文渊阁《四库全书》第 108 册，第 299 页。

年五十无子，出而不复嫁，能以妇道教人者，若今时若母矣。"郑玄以汉代的乳母与《士昏礼》所言"姆"相比况。光坡于此征引郑《注》，删"若今时若母矣"六字。①

三是略去郑《注》异文校勘内容。据邓声国统计，《仪礼·士冠礼》之郑《注》言古今异文例者总为二十八例，而《仪礼述注》仅出现二次。《士昏礼》郑《注》言古今异文例者总为三十二例，而《仪礼述注》只保留了六例。②

宋代以来，治《仪礼》者皆是在郑《注》、贾《疏》的基础上，或申之，或驳之，再阐发新义。光坡治《仪礼》宗郑《注》、贾《疏》，而偶采其他诸家，可谓明轻重之分、得训诂之源。此外，光坡对于郑《注》、贾《疏》之节略，对于初学颇有助益。与清初学人张尔岐一样，光坡对于贾《疏》有益解经者则取之，无益者或关联不大者则舍之。与《周礼述注》《礼记述注》类似，《仪礼述注》的主要价值也是为初学者提供实用的读本，正如四库馆臣所云："光坡此编虽瑕瑜互见，然疏解简明，使学者不患于难读，亦足为说《礼》之初津矣。"③

二、汉宋兼采，得失皆有

李光坡《仪礼述注》既重视郑《注》、贾《疏》，又不废宋人解义。据邓声国统计，《仪礼述注》征引杨复、朱熹、陆佃、刘敞、陈祥道、张载六家研究成果，其中杨复说五十次，散布于除《士相见礼》之外的诸篇疏解之中，引朱熹说三十六次，散布于《士冠礼》《士昏礼》《士相见礼》《乡饮酒礼》《乡射礼》《燕礼》《聘礼》《丧服》等篇；引陆佃说只有二次，见于《士昏礼》《聘礼》；引刘敞说二次，分别见于《乡饮酒礼》《少牢馈食礼》；引陈祥道说仅一次，见于《聘礼》；引张子说一次，见于《特牲馈食礼》。④由此可见，光坡征引经说可谓汉宋兼采。兹举两例以见之：

《仪礼·士昏礼》："昏礼。下达。纳采用雁。"郑《注》："达，通也。将欲与彼合昏姻，必先使媒氏下通其言。女氏许之，乃后使人纳其采择之礼。用雁为挚者，取其顺阴阳往来。《诗》云：'取妻如之何？匪媒不得。'昏必由媒，

① （清）李光坡：《仪礼述注》卷二，文渊阁《四库全书》第108册，第318页。
② 邓声国：《清代〈仪礼〉文献研究》，上海古籍出版社2006年版，第84页。
③ （清）永瑢等：《四库全书总目》卷二十，中华书局1965年版，第163页。
④ 邓声国：《清代〈仪礼〉文献研究》，上海古籍出版社2006年版，第87—88页。

交接设绍介，皆所以养廉耻。"① 陆佃曰："若逆女之类，自天子达是也。大夫有昏礼，而无冠礼，则冠礼不下达矣。"② 朱熹曰："'下达'二字，本为用雁一事而发，言自士以下，至于庶人，皆得用雁，亦摄盛之意也。"③ 此"下达"二字，郑玄作"通"解，陆佃、朱熹则认为是"自士至于庶人"之义，由此可见，陆佃、朱熹与郑玄解义有很大的分歧。李光坡既征引郑玄、贾公彦之说，又不废陆佃、朱熹之解义。光坡征引诸家之说，而无按语。④ 然据征引之情况，可知其对学界于"下达"之分歧有清楚之认识。其征引前人解义而不下案断，似有阙疑之意。

《仪礼·乡饮酒礼》："乃合乐。《周南》：《关雎》《葛覃》《卷耳》。《召南》：《鹊巢》《采蘩》《采苹》。"郑《注》："周，周公所食；召，召公所食。于时文王三分天下有其二，德化被于南土，是以其诗有仁贤之风者，属之《召南》焉；有圣人之风者，属之《周南》焉。"郑玄认为，有仁贤之风的诗属于《周南》，有圣人之风的诗属于《召南》，也就是说，仁贤之风与圣人之风是区别《周南》与《召南》的标准。朱熹驳郑玄曰："二《南》之分，《注》《疏》说未安。唯程子曰：'以周公主内治，故以畿内之诗言文王太姒之化者属之《周南》；以召公掌诸侯，故以畿外之诗言列国诸侯大夫之室家者属之《召南》。'此为得之。"⑤

① （清）阮元校刻：《十三经注疏（附校勘记）》，中华书局 1980 年影印本，第 961 页。

② （清）李光坡：《仪礼述注》卷二，文渊阁《四库全书》第 108 册，第 314 页。

③ （宋）朱熹：《仪礼经传通解》卷二，《朱子全书》第 2 册，上海古籍出版社、安徽教育出版社 2002 年点校本，第 83—84 页。

④ 实际上，北宋初年陈祥道已开始质疑郑玄《士昏礼》此"下达"解义。陈祥道曰："帛有衣被之仁，皮有炳蔚之文，故孤执之。羔有跪乳之礼，有群而不党之义，故卿执之。进必以时，行必以序，雁也，故大夫执之。交有时，别有伦，被文以相质，死分而不变者，雉也，故士执之。可畜而不散迁者，鹜也，故庶人执之。可畜而不违时者，鸡也，故工商执之。士相见礼，于雉左头奉之，于雁饰之以布，维之以索，如执雉。于羔饰之以布，四维之，结于面，左头，如麝执之。盖执禽者必左首，雉必左首而无饰，维雁有饰，维而亦左首。雁之饰与羔同，而维与羔异。羔四维而结于面，郑氏谓系联四足，交出背上于胸前结之，是也。士执雉，而昏礼用雁，以贽不用死，且摄盛故也。观其所乘者墨车，所冠者爵弁，女衣必纁袡，领必頯黼，腊必用鲜鱼，用必用鲋，则其摄盛可知。郑氏谓雁顺阴阳往来，故昏礼用焉，误也。《诗》曰：'雝雝鸣雁，旭日始旦，士如归妻，迨冰未泮。'亦谓用雁，士礼也。贾公彦曰'昏礼无问尊卑，皆用雁'，盖附会郑氏而为之说欤。"[（宋）陈祥道：《礼书》卷六十一，文渊阁《四库全书》第 130 册，第 382—383 页]

⑤ （清）李光坡：《仪礼述注》卷四，文渊阁《四库全书》第 108 册，第 352 页。

朱熹据程子之说，认为周公主内治，以畿内言文王太姒之化的诗属之《周南》，召公掌诸侯，以畿外言列国诸侯卿大夫的诗属之《周南》。也就是说，周公、召公职掌之别以及诗之内容，是《周南》《召南》之别的依据。李光坡于此既征引郑《注》，又征引朱子之说，表明其对于前人之争议有清楚的认识。不过，光坡除征引各家之说外，并不言孰是孰非，阙疑态度由此得见。

李光坡《仪礼述注》采择前人之说，有未能深考者。兹举数例以见之：

如《仪礼·士冠礼》："摈者告期于宾之家，夙兴，设洗，直于东荣，南北以堂深。水在洗东。"郑《注》："荣，屋翼也。"李光坡征引郑玄此说，并无按语，可知光坡以郑《注》为是。实际上，关于此"荣"字，学界争论不断。李如圭曰："荣者，《说文》曰：'屋栒之两头起者为荣。'又曰：'栒齐谓之檐，楚谓之栭。'郭璞注《上林赋》曰：'南荣，屋南檐也。'义与《说文》同。然则檐之东西两头起者曰荣，谓之荣者，为屋之荣饰，谓之屋翼者，言檐角之轩。"[1]沈彤云："《疏》云即今之抟风，朱熹厦屋说，云横栋尽外，有版下垂，谓之抟风。荣，翼，乃接檐之名，《疏》直指抟风，误。……谓檐为荣，乃本郭璞注《上林赋》所云'南荣，屋南檐'者。以《说文》核之，郭亦误也。又《士丧礼》云'升自前东荣，降自后西荣'，前者南，后者北，由南北而言，则曰东荣、西荣。由东西而言，则曰前荣、后荣。故《丧大祭》之西北荣，与《士丧礼》之后西荣，一也。"[2]李如圭、沈彤皆认为"荣"乃檐之东西两头起者，其说有理有据，颇得经义。光坡于此征引郑玄《注》，可谓不深考也。

《仪礼·聘礼》："公侧袭，受玉于中堂与东楹之间。"郑《注》："堂南北之间也。入堂深，尊宾事也。东楹之间，亦以君行一，臣行二。"贾《疏》："于当楣北面拜讫，乃更前北侵半架于南北之中乃受玉，故云南北之中。又云两楹之间为宾主处中，今乃于东楹之间，更侵东半间，故云君行一，臣行二也。"李光坡征引郑玄之说，且无案语。实际上，《聘礼》此所言"中堂与东楹之间"，古人争议颇大。李如圭云："受玉于中堂、东楹二者之间也。中堂，堂东西之中也，是为两楹间。凡敌者受玉于两楹间。聘宾与主君非敌，故进东，近主君，受玉于中堂与东楹之间也。下宾覜受币当东楹，覜，私事，宾又宜近东而

---

① （宋）李如圭：《仪礼释宫》，文渊阁《四库全书》第 103 册，第 534 页。

② 转引自（清）胡培翚、胡肇昕：《仪礼正义》卷一，北京大学出版社 2016 年点校本，第 41 页。

当东楹，则此受玉在东楹之西，明矣。贾氏据郑以中堂为南北之中，意以楹间为东楹之东，若然，则宾觌受币，不得反当东楹也。"①李如圭认为，经文"中堂与东楹之间"，指堂东西之中与东楹之间，非若郑玄所云堂南北之间也。此说得到清人胡培翚的认可，胡氏曰："凡言之间者，必有两物对待而后可云之间。今《注》《疏》以中堂为南北之中，而解东楹之间为更侵东半间，则经当云东楹之东，不当云东楹之间矣。且单言东楹，经文'之间'二字，亦无著及。读宋李氏如圭《仪礼集释》，而后此疑豁然以解。"②李如圭、胡培翚之说既有文献依据，又于理得通，由此可知郑《注》不可据也。光坡以郑玄《注》为是，可知其未能深考也。

李光坡征引郑《注》、贾《疏》以外其他诸家解义亦有不审者。如《仪礼·公食大夫礼》："饮酒、浆饮，俟于东房。"郑《注》："饮酒先言饮，明非献酬之酒也。"《公食大夫礼》又曰："宰夫右执觯，左执丰，进设于豆东。"郑《注》："食有酒者，优宾也。"杨孚曰："上'饮酒、浆饮、俟于东房'，《疏》云'酒浆皆以酳口'，此又云'浆以酳口，不用酒，今主人犹设之，所以优宾'，两说抵牾不同。下文'祭饮酒于上豆之间，鱼腊酱湆不祭'，夫鱼腊酱湆不祭，而祭饮酒，则知酒以优宾，但宾不举尔，岂酳口之物哉？当以优宾之义为正。"③李光坡征引杨孚此说，并无案语，可知其对杨氏之说表示认可。然而杨氏此说并非确论，四库馆臣曰："今考贾前疏云'酒浆皆以酳口'，谓二饮本并设以待宾用也。后疏云：'浆以酳口，不用酒。'谓二饮虽并设，其实宾止用浆耳。前后一义相承，并无抵牾。杨氏殊未解《疏》意。至于郑《注》'优宾'之义，亦谓宾酳口止用浆，而主人仍特设酒，故曰'优宾'。下文之祭饮酒，乃宾加敬以报酳礼之优，与他篇献酬之酒、祭酒不同。观郑上注明云饮酒，非献酬之酒，则为饭后洁口之物可知。杨氏以设饮酒为优宾，而谓饮酒非酳口，于郑《注》'优宾'之义亦为未明。且考《周礼·酒人》曰：'共宾客之礼酒、饮酒而奉之。'《注》：'礼酒，飨燕之酒。饮酒，食之酒。'贾《疏》：'"饮酒，食之酒"者，《曲礼》曰："酒浆处右。"此非献酬之酒，是酳口之酒。'则杨氏谓饮酒非酳口之物，与《酒人》经注皆相矛盾矣。"④馆臣之考证，可明杨孚解义之谬也。光坡征引

①　（宋）李如圭：《仪礼集释》卷十一，文渊阁《四库全书》第 103 册，第 226 页。
②　（清）胡培翚：《仪礼集释书后》，《续修四库全书》第 1507 册，第 439—440 页。
③　（清）李光坡：《仪礼述注》卷九，文渊阁《四库全书》第 108 册，第 531 页。
④　（清）永瑢等：《四库全书总目》卷二十，中华书局 1965 年版，第 163 页。

杨氏此说，实未深究也。

三、《仪礼述注》的学术价值和影响

《仪礼》是记载上古时代诸仪节之书，是中国礼仪文明重要载体之一，其与《周礼》《礼记》合称"三礼"。此三书的特点不同，以至于后世对三书的关注程度亦有不同。《周礼》言官制，对中国的政治制度影响颇为深远，后世从事政治改革者，往往从其中获取制度资源和思想资源。故《周礼》之学，汉唐和宋代皆曾与政治有干系。正是由于政治力量的介入，使不少人汲汲于此书之研究，《周礼》之学遂绵延两千年而不衰。《礼记》多言礼意，且《大学》《中庸》《礼运》《乐记》《学记》含精微之义理，故《礼记》一书备受历代学人之青睐，《礼记》学亦长盛不衰。与《周礼》《礼记》不同的是，《仪礼》言名物和礼制，内容异常复杂。治《仪礼》者，知名物、晓制度是基本的前提，借此才能通礼仪。这是一项非常艰难的工作，若非有十年至数十年之工夫，《仪礼》研究难有真正之建树。故从汉代到明代，《仪礼》学的经典之作可谓屈指可数，这并非学人不知此书之重要，而是畏治此学之艰难。若说汉唐时期有郑玄《仪礼注》、贾公彦《仪礼疏》以及南北朝时期的《丧服》学还算可观之外，那么到了宋代，超越前人的《仪礼》学著述就不复出现了。即便是朱子的《仪礼经传通解》，也只是在编纂体例上有创新，至于名物制度之诠释则乏新见矣。元、明二代的经学袭宋人之旧，《仪礼》学亦一代不如一代。加之明代心学的兴起，喜发高论者更是将《仪礼》束之高阁，不予观览。四库馆臣曰："'三礼'之学，至宋而微，至明殆绝。《仪礼》尤世所罕习，几以为故纸而弃之。注其书者寥寥数家，即郝敬《完解》之类稍著于世者，亦大抵影响揣摩，横生臆见。盖《周礼》犹可谈王谈霸，《礼记》犹可言敬言诚，《仪礼》则全为度数节文，非空辞所可敷演，故讲学家避而不道也。"[①] 这种状况，直到明清之际才有所改观。

鉴于晚明王学末流束书不观、流于狂禅之弊，明清之际的顾炎武、黄宗羲等人批判王学之流弊，竭力提倡实事求是之学。《仪礼》言名物制度，正符合实学应有之义。从事《仪礼》之研究，与明清之际的学风相吻合。山东济阳张

---

① （清）永瑢等：《四库全书总目》卷二十，中华书局 1965 年版，第 163 页。原文如此，然郝敬于《仪礼》之著作为《仪礼节解》，于《周礼》之著作为《周礼完解》，依此处文义，《完解》似应为《节解》。

尔岐撰《仪礼郑注句读》，在北方举起《仪礼》学复兴之大旗；仁和姚际恒作《仪礼通论》，与北方的张尔岐相呼应。在顾炎武等人的推崇下，张尔岐等人的《仪礼》学逐渐受到学界的关注，《仪礼》学在清代的复兴渐成气候。继张尔岐、姚际恒之后，李光坡对《仪礼》又作了全面的研究，其所撰《仪礼述注》是继张尔岐《仪礼郑注句读》和姚际恒《仪礼通论》之后又一部重要的《仪礼》学专著。该书将清初的《仪礼》研究推进一步，且推高一层。对于后来乾嘉学派更加精深的《仪礼》研究，光坡此书可谓先导之一也。

需要指出的是，李光坡《仪礼述注》并无多少理论上之建树，亦乏名物制度之专精考证，与乾嘉时期凌廷堪的《礼经释例》、胡培翚的《仪礼正义》等著作相比，光坡是编之差距显而易见。

第五节　方苞的《仪礼》诠释

方苞晚年专注于《仪礼》研究，其以十余年之功，成《仪礼析疑》十七卷。该书不全录《仪礼》经文，仅依《仪礼》十七篇之顺序条举文句详加辨证论说。关于该书之撰作，苏惇元曰："先生以此经少苦难读，未经倍诵，恐不能比类以尽其义。又世所传，惟注疏及敖继公《集说》二书。其《永乐大典》中宋、元人解说十余种，皆肤浅无足观。国朝惟张稷若、李耜卿各有删定注疏，间附己意，发明甚少。先生大惧是经精蕴未尽开阐，而闭晦以终古。故七十以后，晨兴，必端坐，诵经文，设为身履其地，即其事，而求昔圣人所以制为此礼，设为此仪之意，虽卧病犹仰而思焉。有心得，乃稍稍笔记，十余年来已九治；犹自谓积疑未祛，乃十治，早夜勤劬，迄今始成。"① 由此可见方苞晚年于《仪礼》用心之苦、用功之深。方苞此书于《仪礼》诠释的内容及特色可从以下两个方面来看。

一、前人解义之辨疑

方苞治经，善于在辨析旧说之基础上提出新解。其治《仪礼》亦是如此。与张尔岐和李光坡征引《仪礼》旧注而少驳难不同，方苞《仪礼析疑》对郑《注》、贾《疏》和敖继公《仪礼集说》质疑辩难者甚多。从《仪礼析疑》的书名，即

① （清）苏惇元：《方苞年谱》，《方苞集》附录一，上海古籍出版社 2008 年点校本，第 888 页。

可知该书重在辨疑，而非一般性的笺注之作。如《仪礼析疑》卷一《士冠礼》，驳郑《注》者九条，驳贾《疏》者二条，驳敖继公《集说》者七条。兹列举方苞于《仪礼》辨疑之内容，以见其解经的方法，以及其于《仪礼》旧注辨疑之特色。

第一，方苞于郑玄《仪礼注》多有疑义。

在汉唐《仪礼》诠释史上，最重要的著作是郑玄的《仪礼注》。此书集汉代《仪礼》学之大成，被后世《仪礼》学家奉为圭臬。方苞于郑玄《仪礼注》多有疑义，兹举数例以见之：

《仪礼·士冠礼》："卒筮，书卦，执以示主人。"郑《注》："书卦者，筮人以方写所得之卦也。"方苞驳曰："书卦，即卦者书之也。以紧承上文卦者在左。又《特牲》《少牢》有明文，故不复言卦者书卦耳。至此始言书卦，则上文所卦者，谓刻识阴阳、老少之木，而非以木画地，明矣。"① 郑玄、贾公彦认为，此"书卦"者指筮人，方苞则认为是卦者，而非筮人。方氏解义得到姜兆锡等人的赞同，可备一说。

《仪礼·乡饮酒礼》："凡旅，不洗。不洗者不祭。"郑《注》："敬礼杀也。"方苞驳曰："与酬者众，每人而洗，日不暇给矣，《注》说未安。"② 郑玄认为，相比献、酢、酬，旅酬礼简，故不洗爵。方苞则认为，与酬者众多，无暇洗爵，而非郑玄所云礼简也。胡培翚《仪礼正义》征引方氏此说，而不置可否，可见胡氏认为方氏此说有参考意义。

《仪礼·乡射礼》："主人降席自南方。"郑《注》："礼杀，由便。"方苞驳曰："惟宾酢主人，主人升席自北方，用升席之正礼，尊礼也。立司正及将彻俎主人降席自南方，临属吏及弟子，乃特变其方以尊主人，《注》皆曰'由便'，似非礼意。"③ 郑玄认为，先前之作爵、啐酒结束时，主人皆降席自北方，主人此时从席之南头下席，是因为立司正礼简，意在行动方便。而方苞认为，主人降席自南方，意在改变方向，以尊主人。方氏此说得褚寅亮的共鸣，褚氏云："此降席之正，《注》云'礼杀由便'，未详。"④

《仪礼·乡射礼》："司射适堂西，命弟子设丰。弟子奉丰升，设于西楹之

---

① （清）方苞：《仪礼析疑》卷一，文渊阁《四库全书》第109册，第5页。
② （清）方苞：《仪礼析疑》卷四，文渊阁《四库全书》第109册，第57页。
③ （清）方苞：《仪礼析疑》卷五，文渊阁《四库全书》第109册，第64页。
④ （清）褚寅亮：《仪礼管见》卷五，《续修四库全书》第88册，第398页。

西，乃降。胜者之弟子洗觯，升酌，南面坐奠于丰上。降，袒，执弓，反位。"郑《注》："耦不酌，下无能也。"方苞驳曰："《注》谓'耦不酌下无能'，非也。非献非酬，本无亲酌之义，投壶礼胜者曰敬养，而亦使他人酌，则非下无能审矣。盖胜者张弓而先升，不胜者弛弓而先降，彼此相形，实有难为情者。虽法行于有司，而同侪犹略见献酬之意，故使子弟洗酌，坐奠于丰，亦曰敬养之义耳。"①郑玄认为，耦不酌，乃下无能之义。方氏据投壶礼以驳郑玄，认为此并非下无能，而是敬养之义。平心而论，方氏此说较合经义。

《仪礼·大射仪》："司射适次，袒、决、遂，执弓，挟乘矢于弓外，见镞于弣，右巨指钩弦。自阼阶前曰：'为政请射。'"郑《注》："为政，谓司马也。司马，政官，主射礼。"郑玄认为，经文所言"为政"指司马。方苞则认为"为政"不当指人，其曰："为，去声，言为政典而请射，主于事，非指其人也。国之大事在祀与戎，故于礼辞特著其义曰为政，若乡射以教学士，燕射以乐宾，无庸及此。《注》以为司马之称，则司马当自请于君，不宜使司射请。且君前臣名，不宜隐其名而曰为政也。"②胡培翚云："'为政'当以方说为长。"③胡氏以方苞此说为是。

《仪礼·聘礼》："士介死，为之棺敛之，君不吊焉。"郑《注》："不具他衣物也，自以时服也。"郑玄认为，士介死，主国仅提供棺材，其他衣服则自己出。方苞驳云："康成盖以'为之棺'句谓独具其棺而敛以亲身之服，不知经意正谓为之棺而具衣物以敛耳。"④胡培翚云："《士丧礼》君有致襚之礼，岂他国士介死于其国，而反缺敛衣物邪？"⑤胡氏以方苞此说为是。

第二，方苞对贾公彦《仪礼疏》亦有疑义。

唐人贾公彦在汉郑玄、齐黄庆、隋李孟悊诸家的基础上，增以己意而成《仪礼疏》五十卷。《仪礼疏》是汉唐《仪礼》学的集大成之作，影响深远。方苞《仪礼析疑》对贾《疏》亦有颇多疑义，兹举数例以见之：

《仪礼·士冠礼》："主人再拜，宾答拜，主人退，宾拜送。"贾《疏》："案《乡饮酒》：'主人戒宾，宾拜辱，主人答拜。乃请宾，宾礼辞，许，主人再拜，

① （清）方苞：《仪礼析疑》卷五，文渊阁《四库全书》第109册，第69页。
② （清）方苞：《仪礼析疑》卷七，文渊阁《四库全书》第109册，第101页。
③ （清）胡培翚、胡肇昕：《仪礼正义》卷十四，北京大学出版社2016年点校本，第650页。
④ （清）方苞：《仪礼析疑》卷八，文渊阁《四库全书》第109册，第132页。
⑤ （清）胡培翚、胡肇昕：《仪礼正义》卷十八，北京大学出版社2016年点校本，第854页。

宾答拜。主人退，宾拜辱。"方苞驳曰："《乡饮酒》《乡射》主人戒宾，宾拜辱，主人退，宾又拜辱。《疏》谓此篇文不具，礼则宜同，非也。乡大夫兴贤能，州长礼先于学士或州之公士，自当拜其辱，以僚友而请宾，以冠其子，何为拜其辱哉？义各有当也。"① 贾氏据《乡饮酒礼》，认为《士冠礼》主人戒宾、主人退之后，宾亦有拜辱之事，经文不具，乃省文。方氏则认为《乡饮酒礼》乃乡大夫兴贤能，《乡射礼》乃州长礼先于学士或州之公士，故皆应拜其辱；《士冠礼》以僚友请宾以冠其子，则不应拜辱。

《仪礼·乡饮酒礼》："主人降席自南方，侧降。"郑《注》："宾、介不从。"贾《疏》："侧，特也。宾介不从，故言侧。上来主人降，宾、介皆从降，此独不从者，以方燕礼，礼杀故也。"贾《疏》认为，上之主人降席，宾、介随主人降，此独不降，故言特也。方苞驳贾《疏》曰："《疏》谓主人侧降，宾介不从，以方燕礼轻，非也。乐以乐宾，故主人为大师降洗，宾介从遵者，为宾兴而至，故主人迎，宾介从。若立司正以监酒仪，则主人之事，主人自命之可矣，与宾无与，何为而从降哉？"② 贾氏认为，刚行燕礼，礼杀，故主人降，而宾、介不随主人降。方苞则认为，此乃主人命司正监酒之事，与宾、介无关，故宾、介不随主人降。方氏之说可通。

《仪礼·乡射礼》："歌《驺虞》若《采苹》，皆五终。射无算。"此所言"众宾"，乃堂下之众宾；若堂上之众宾，则只有三人。贾《疏》以上下别所歌，即上用《驺虞》以化民，下用《采苹》。方苞驳曰："疑宾、主人、众宾之射皆歌《驺虞》，有司、学士并宜助流王化也。大夫则歌《采苹》，以职位既有定耳。《疏》以上下为别，义不可通。"③ 胡肇昕申方氏之说曰："方氏谓宾、主人、众宾射皆歌《驺虞》，大夫则歌《采苹》，其说疑可从。大夫或来或不来，未定，故经但言歌《驺虞》，《记》则为补言之耳。"④

《仪礼·士冠礼》："乃宿宾。"郑《注》："宿，进也。"贾《疏》："义与速同。"方苞驳云："《祭统》'前期旬有一日，宫宰宿夫人'，似不宜以进与速为义，盖先事而与之要也。"⑤ 方氏认为此"宿"并非进与速之义，而是预先告诉宾行礼

① （清）方苞：《仪礼析疑》卷一，文渊阁《四库全书》第 109 册，第 6 页。
② （清）方苞：《仪礼析疑》卷四，文渊阁《四库全书》第 109 册，第 49 页。
③ （清）方苞：《仪礼析疑》卷五，文渊阁《四库全书》第 109 册，第 75 页。
④ （清）胡培翚、胡肇昕：《仪礼正义》卷十，北京大学出版社 2016 年点校本，第 506 页。
⑤ （清）方苞：《仪礼析疑》卷一，文渊阁《四库全书》第 109 册，第 6 页。

之大要。胡培翚云："《注》云'速，进也'者，谓进之使来。《特牲》《少牢》注皆云'宿读为肃，肃，进也'，本《尔雅·释诂》。'宿'为古文'夙'，'宿'又通'速'，皆是豫召使来之义。"① 胡氏据郑《注》和《尔雅》，认为此"宿"通"速"，有豫召使来之义，而非如方氏所言"宿宾"之义。

第三，方苞对敖继公的《仪礼》解义亦多有疑义。

继郑玄和贾公彦之后，宋、元、明时期亦出现了一批颇有影响的《仪礼》学著作，其中影响较大的有张淳《仪礼识误》、李如圭《仪礼集释》、朱熹《仪礼经传通解》、杨复《仪礼图》、敖继公《仪礼集说》及郝敬的《仪礼节解》。其中敖继公的《仪礼集说》最受明清时期治《仪礼》者的重视。该书以旧注为根柢，提出驳议，强调回复古经，并以礼义为主，辨析其间得失。清初姚际恒撰《仪礼通论》，对敖氏解义多有采纳。清代官修《仪礼义疏》，亦推崇敖氏礼说。受时代学风之影响，方苞《仪礼析疑》亦十分重视敖氏解义，然与其他诸家信从敖氏解义不同，方氏是以敖氏解义为矢的，而多有疑义。兹举数例以见之：

《仪礼·士冠礼》"筮人执筴"，方苞曰："《易大传》乾之策二百一十有六，坤之策百四十有四，筴乃蓍之正名也。句中有二筮，故实指其物，而易以筴言之法宜然。敖氏谓此传写之误，证以《特牲》《少牢》，皆云执筮。按《特牲》筮人取筮，于西塾执之，《少牢》左执筮，于文义皆不必易筮以筴，则此非传写之误也。"② 方苞疑敖继公之说，认为此"筴"非"筮"字之讹。按："筴"，严本、《通解》俱作"筮"，敖氏《集说》从之。阮校从方氏之说，曰："按：《通解》偶误耳。敖氏改经'筴'为'筮'字，乃臆说也。"③ 俞樾则从敖氏之说，云："按：敖继公《集说》曰'执筴当作执筮'，上云'筮与席'，下云'彻筮席'，以上下文征之，则此'筴'字乃传写误也。又《特牲》《少牢礼》皆云'执筮'，益可见矣。阮氏《校勘记》斥为臆说，今按敖说固多不足据，然此文'执筴'之当作'执筮'，则《特牲》《少牢》两篇确有明证，《礼记·月令篇》《少仪篇》郑注并曰'筮，蓍也'，若此文是'筴'字，则亦必有注，以其无注，知其所据本作'执筮'，不作'执筴'也。'筮''筴'形似，又涉注文云'赣藏筴之

---

① （清）胡培翚、胡肇昕：《仪礼正义》卷一，北京大学出版社 2016 年点校本，第 36 页。

② （清）方苞：《仪礼析疑》卷一，文渊阁《四库全书》第 109 册，第 35 页。

③ （清）阮元：《十三经注疏（附校勘记）》，中华书局 1980 年版，第 949 页。

器',因而致误。宜从敖说订正。至注文'藏筴之器',乃郑君自释'韇'字之义,不必因经文言'籈',亦顺之曰'藏筴之器'也。朱子《经传通解》改'筴'为'籈',则又非郑君之旧矣。"①由此可见,关于此处经文之"籈"字,学界各执己说,莫衷一是。方氏解义,可备一说。

《仪礼·士冠礼》:"主人升,立于序端,西面。"敖继公曰:"主人立于序端,北当序也。宾在西序,负序也。主人不立于东序者,辟子之坐,且不参冠礼也。"②敖继公认为主人并非立于东序,而是立于北当序端处。方苞驳云:"冠者筵于东序,少北,则主人惟序之北端可立。敖氏谓不立于东序,辟子之坐,且不参冠礼,非也。使主人立于东序,则迫近冠者之筵,而碍执事者之往来。立于序北端,正临视冠者之礼仪,而曰辟其坐,义无所处。"③盛世佐曰:"序端不言东西序,不言端,文互见也。"④胡培翚曰:"今盛氏'文互见'一语最明。下经云'筵于东序,少北',注云'少北,辟主人',则序端之位,安得辟子乎?敖说非。"⑤比较诸家之说,可知方氏所言主人立于东序北端较合经义。

《仪礼·士昏礼》:"下达,纳采用雁。"方苞曰:"敖氏谓自天子下达于庶人,纳采皆用雁,非也。臣下之赞乃用膳物,大国之孤则更以皮帛矣。然则惟卿以下宜用雁耳。天子谷圭以聘女,诸侯大璋合之以币,安用参以食物之细微者。下经序纳采之礼,自主人筵,使者至,始则达于媒妁而有成言,明矣。《注》不可破,即用敖说,亦宜谓下达于庶人皆备六礼。"⑥关于"下达"二字,经学家们的争议很大。郑《注》:"达,通也。将欲与彼合昏姻,必先使媒氏下通其言。女氏许之,乃后使人纳其采择之礼。"郑氏认为,下达是在行纳采之礼以前,男方先请媒人到女家征求意见,若得到女方同意,才使人纳其采择之礼。据贾《疏》,此称"下达",是男为上,女为下,男为阳,女为阴,取阳倡阴和之义。敖继公则认为"下达",是自天子达于庶人纳采皆用雁之义。姚际恒袭敖继公此说。方苞认为,天子、诸侯、大国之卿行纳采礼,礼物皆不同,故敖氏所云从天子到庶人皆用雁之说不可取。在此基础上,方氏认为郑《注》、贾《疏》不可破。

---

① (清)俞樾:《群经平议》卷十五,《续修四库全书》第178册,第242页。

② (元)敖继公:《仪礼集说》卷一,文渊阁《四库全书》第105册,第47页。

③ (清)方苞:《仪礼析疑》卷一,文渊阁《四库全书》第109册,第8页。

④ (清)盛世佐:《仪礼集编》卷一,文渊阁《四库全书》第110册,第94页。

⑤ (清)胡培翚、胡肇昕:《仪礼正义》卷一,北京大学出版社2016年点校本,第64—65页。

⑥ (清)方苞:《仪礼析疑》卷二,文渊阁《四库全书》第109册,第15页。

需要注意的是，方苞不但疑前人《仪礼》解义，还质疑《仪礼》经文。《仪礼·士冠礼》"侧酌醴"，方苞云："凡尊必有玄酒，惟冠独陈醴，故云侧。凡酌未有使人助者，不宜言侧，盖传写误衍。"①方氏认为"侧"字衍，理由是独自酌醴不宜言侧。不过方苞质疑《仪礼》经文不多见，《仪礼析疑》的主要内容是以辨析、驳难郑《注》、贾《疏》和敖氏《集说》为主。②

综上所述，可知方苞《仪礼析疑》所疑者涉及内容广泛，既有经文之校勘，亦有名物制度之考证，还有礼意之阐发。方苞于前人解义之辨析，有的地方有文献根据，有的地方则是主观推断。其所疑者，有的得到胡培翚、褚寅亮等人的赞同，有的则受到后人的质疑。宋人聂崇义、陈祥道、张淳、李如圭等人对郑玄、贾公彦的《仪礼》解义质疑不断，方苞对《仪礼》旧注的态度与宋人颇相似。由此可见，在考据学逐渐兴起的清代中前期，汉学与宋学的壁垒并非那么森严。或者说，清代中前期的经学家并没有那么强烈的汉学与宋学意识，他们从事经典诠释的理念是实事求是，而非经学门户之争。

二、重视礼意之阐发

方苞重视《仪礼》所记仪节意义之阐发。在其看来，"《仪礼》志繁而辞简，义曲而体直，微周公手定，亦周人最初之文也"③，"然其制惟施于成周为宜；盖自二帝、三王彰道教以明民，凡仁义忠敬之大体，虽氓隶晓然于心，故层累而精其义，密其文，用以磨礲德性而起教于微眇，使之益深于人道焉耳。后世淳浇朴散，纵性情而安恣睢，其于人道之大防，且阴决显溃而不能自禁矣；乃使戋戋于登降进反之仪，服物采色之辨，而相较于微忽之间，不亦末乎？吾知周公而生秦、汉以降，其用此必有变通矣。"④"先王制礼，有迹若相违而理归于一者，以物之则各异，而所以为则者，无不同也。"⑤方苞认为，《仪礼》所记仪节随着时代的变迁而有变化，然而礼之深义却古今如一。在《仪礼析疑》

① （清）方苞：《仪礼析疑》卷一，文渊阁《四库全书》第109册，第10页。
② 方苞疑《仪礼》旧注，而于经文则少有疑。方氏曰："余少读《仪礼·丧服传》，即疑非卜氏所手订，乃一再传后门人记述而间杂以己意者；而于经文，则未敢置疑焉。"[（清）方苞：《书考定仪礼丧服后》，《方苞集》卷一，上海古籍出版社2008年版，第24页]
③ （清）方苞：《读仪礼》，《方苞集》卷一，上海古籍出版社2008年点校本，第23页。
④ （清）方苞：《读仪礼》，《方苞集》卷一，上海古籍出版社2008年点校本，第23—24页。
⑤ （清）方苞：《书考定仪礼丧服后》，《方苞集》卷一，上海古籍出版社2008年点校本，第24页。

中，方苞对《仪礼》所记仪节蕴含之深义作了阐发。兹举数例以见之：

《仪礼·士冠礼》："降筵，北面坐取脯，降自西阶，适东壁，北面见于母，母拜受，子拜送，母又拜。"方苞曰："冠者无见父之礼，何也？父为主，而亲临之，故冠后无庸更见，即见赞者而不见宾之义也。"①《士冠礼》于三加之后无冠者见父之记载，后人对此理解各异。有人认为冠者有见父之礼仪，只不过经文省略了。有人则认为此无冠者见父之礼仪。方氏认为无冠者见父之礼仪，原因是父已亲临加冠仪式，故加冠后不需再见之。

《仪礼·士昏礼》："纳采用雁。"方苞云："鸿雁性难驯，且非时非地不可必得。昏礼及大夫所执皆舒雁耳，盖取其洁白而安舒。"②江筠曰："方氏苞独指为舒雁。夫雁不再偶，是以取之。盖《郊特牲》所谓'一与之齐，终身不改'之义也。舒雁则无所取矣。"③方苞认为，纳采所用乃舒雁而非鸿雁，理由是舒雁洁白安舒，而鸿雁性难驯，且"非时非地不可必得"。江筠则认为，纳采用雁，乃取专一之义，无所谓鸿雁与舒雁之别。

《仪礼·乡射礼》："主人戒宾。宾出迎，再拜。主人答再拜，乃请。"郑《注》："告宾以射事，不言拜辱，此为习民以礼乐，不主为宾己也。"《乡饮酒礼》主人戒宾一节有两处"宾拜辱"之文，即宾感谢主人屈驾光临。乡射礼则无宾拜辱之事。方苞究其原因曰："不言拜其辱，盖此宾或在朝公士，或不仕之君子，与乡大夫所举贤能不同，即或用庠序中学士，亦奉长吏之教令而习礼，无所为拜其辱也。"④方苞认为，之所以不言拜其辱，是因为射礼主要是通过射箭比赛以观德，并不像乡饮酒礼那样是为了礼宾。

《仪礼·乡射礼》："司射遂适阶间，堂下北面命曰：'不鼓不释。'"郑《注》："不与鼓节相应，不释算也。乡射之鼓五节，歌五终，所以将八矢，一节之间当拾发，四节四拾，其一节先以听也。"鼓，演奏。司射命上耦，若射箭不与演奏的节拍相合，则不算数。方苞对第三番比赛时以乐助射的意义作了阐释，其曰："初射、再射欲其容体比于礼也，至三射又欲其节比于乐。初射、再射欲其不失正鹄也，至三射又欲其循声而发。射之初，弓矢未调，三射而后乐作，俾循序

---

① （清）方苞：《仪礼析疑》卷一，文渊阁《四库全书》第 109 册，第 10 页。
② （清）方苞：《仪礼析疑》卷二，文渊阁《四库全书》第 109 册，第 16 页。
③ 转引自（清）胡培翚、胡肇昕：《仪礼正义》卷三，北京大学出版社 2016 年点校本，第 127 页。
④ （清）方苞：《仪礼析疑》卷五，文渊阁《四库全书》第 109 册，第 59 页。

而益致其精也。射之终，筋力既乏，三射而乐始作，俾严终而弥敛其气也。"①
方氏认为，三射之后乐作，意在"俾循序而益致其精""俾严终而弥敛其气"。

《仪礼·大射仪》："大射正立于公后，以矢行告于公。"郑《注》："若不中，
使君当知而改其度。"大射正立于公之后，将矢发射的情况告君，让君心中有
数。此特指矢不中的情况。方苞阐发此仪节之深义云："不中而以其矢告，俾
君自省以勉于后也。人君于事物之理不中，常苦不自知，射失其宜而不中，则
易明于心，亦所以示君当绎思己过也。凡此皆所以防纵弛、养德性，事近而义
深矣。"②方氏认为，大射正将矢不中的情况向君报告，君遂思己过而改正之；
此虽是射事，然有使君防纵弛、养德性之效能，体现的是制礼者的良苦用心。

方苞《仪礼析疑》重在析理，而轻考据。关于这一点，四库馆臣早已道破。
如《士昏礼》"纳徵，玄纁束帛"，方氏云："致币之仪不具，何也？士庶人所
通行，人皆知之。"③馆臣曰："夫经文'俪皮'以下既曰'如纳吉礼'，则非以
人所通行而略之也。且束帛为十端，详于《周礼》郑《注》《礼记·杂记》注，
十个为束，二端相向卷之，共为一两。苞第云'执一两以致辞'，则一两不知
为何语矣。"④《有司彻》"侑俎"二字，盖总挈羊左肩左胉以下，下节"阼俎"，
则以起羊肺诸品。而方氏认为前文有侑有俎，遂谓此乃衍文。馆臣曰："果如
所说，则与下'阼俎'不配。"⑤四库馆臣所举诸例，可明方苞之说之谬也。不
过馆臣也承认方氏是书"用功既深，发明处亦复不少"⑥，"检其全书，要为瑜
多于瑕也"⑦。方苞《仪礼析疑》在重视辨疑之同时，又重视礼意之阐发，往往
能发前人之所未发，是清代中期《仪礼》学方面较有影响的作品。

第六节　《钦定仪礼义疏》

《钦定仪礼义疏》（以下简称《仪礼义疏》）是乾隆十三年（1735）御定《三

---

① （清）方苞：《仪礼析疑》卷五，文渊阁《四库全书》第 109 册，第 71 页。
② （清）方苞：《仪礼析疑》卷七，文渊阁《四库全书》第 109 册，第 106 页。
③ （清）方苞：《仪礼析疑》卷二，文渊阁《四库全书》第 109 册，第 17 页。
④ （清）永瑢等：《四库全书总目》卷二十，中华书局 1965 年版，第 164 页。
⑤ （清）永瑢等：《四库全书总目》卷二十，中华书局 1965 年版，第 164 页。
⑥ （清）永瑢等：《四库全书总目》卷二十，中华书局 1965 年版，第 164 页。
⑦ （清）永瑢等：《四库全书总目》卷二十，中华书局 1965 年版，第 164 页。

礼义疏》的第二部。是书有《纲领》四卷,《释宫》一卷,经文部分四十卷,殿以《礼器图》四卷,《礼节图》四卷,共四十八卷。是书之纂修者主要是徐用锡、王文清、李清植、吴廷华、诸锦、程恂、潘乙震、徐铎、吴绂、王士让、叶酉等人。其解经成就及特色可从以下三个方面来看。

一、征引前人解义之概况

《仪礼义疏》采用集解体的诠释体式,对周秦至明代的《仪礼》解义择善而从。据《仪礼义疏》卷首《引用姓氏》,可知该书征引前人解义之情况如下:

战国一家,即荀况。

秦代一家,即孔鲋。

汉代三十九家,分别是董仲舒、毛苌、司马迁、孔安国、王吉、戴德、戴圣、韦玄成、萧望之、闻人通汉、匡衡、师丹、刘向、刘歆、杜子春、班固、贾逵、郑兴、郑众、马融、许慎、王充、服虔、卢植、郑玄、赵商、赵岐、何休、应劭、阮谌、刘熙、田琼、王肃、孙炎、徐干、谯周、韦昭、射慈、徐整。

晋代二十二家,分别是羊祜、杜预、挚虞、荀顗、淳于睿、郑昕、习凿齿、束皙、孙毓、郭璞、范宁、虞喜、袁准、贺循、徐邈、许猛、綦毋邃、刘智、吴商、刘玢、江彪、陈铨。

南朝宋三家,分别是雷次宗、庾蔚之、崔凯。

南朝齐一家,即徐孝嗣。

南朝梁五家,分别是贺玚、崔灵恩、徐勉、周舍、皇侃。

北魏三家,分别是徐遵明、刘芳、吕忱。

北齐一家,即熊安生。

隋代二家,即王通、焦氏。

唐代十六家,分别是陆元郎、魏徵、长孙无忌、孔颖达、贾公彦、颜师古、张九龄、裴耀卿、韦述、徐坚、李涪、杜佑、赵匡、杨倞、韩愈、张镒。

宋代六十一家,分别是聂崇义、邢昺、欧阳修、曾巩、刘敞、刘攽、司马光、陈师道、王昭禹、方悫、马希孟、刘彝、彭思永、陆佃、周敦颐、程颢、程颐、张载、范祖禹、晁说之、沈括、吕大临、吕大钧、杨时、陈祥道、陈旸、叶梦得、胡安国、张淳、胡铨、应镛、高闶、程大昌、范处义、郑樵、胡寅、胡宏、张栻、吕祖谦、朱熹、薛季宣、黄度、罗愿、叶时、辅广、蔡沈、葛胜仲、杨复、杨简、朱在、陈汲、晁公武、真德秀、魏了翁、王与之、李心传、严粲、易袚、王应麟、马廷鸾、林希逸。

元代九家，分别是马端临、敖继公、吴澄、金履祥、熊朋来、陈澔、陈栎、虞集、张养浩。

明代二十七家，分别是汪克宽、宋濂、冯善、邵宝、邱浚、黄润玉、王廷相、吕柟、杨廷和、薛蕙、何孟春、杨慎、唐顺之、杨继盛、魏校、湛若水、归有光、邓元锡、姜宝、朱载堉、王应电、郝敬、吕坤、王志长、黄榦行、刘绩、黄叔旸。

据以上之统计，可知《仪礼义疏》征引历代解义共一百九十一家。其中汉代以前两家，汉唐九十二家，宋元明九十七家。

在《仪礼》学史上，郑玄《仪礼注》囊括大典、删裁繁诬，集汉代《仪礼》学之大成。贾公彦《仪礼疏》在南朝齐黄庆、隋李孟悊等人之基础上，对汉唐《仪礼》学做了一次总结，集汉唐《仪礼》学之大成。然由于时代的限制，或编撰旨趣的影响，郑玄、贾公彦于前人《仪礼》解义之征引并不甚丰富。如《丧服》一篇，贾氏《仪礼疏》所征引者仅袁准、孔伦十余家，其余各篇所征引者仅黄庆、李孟悊两家而已。《仪礼义疏》成书于乾隆年间，故其能在新的历史条件下对前人的解义加以采择和辨析，从而使其在材料的占有方面超越前人，成为清代《仪礼》学史上的重要著作。

不过，《仪礼义疏》并没有征引清初各家的《仪礼》解义，这不能不说是一大缺失。事实上，在反王学末流的学风浪潮中，明末清初诸大儒对于《仪礼》学重视有加，顾炎武、张尔岐、姚际恒、万斯大、李光坡皆于《仪礼》有深入之研究，《仪礼郑注句读》《仪礼通论》《仪礼商》以及《仪礼述注》皆是《仪礼》学史上掷地有声之作。诸大儒之《仪礼》研究对于明清之际学风的转变起了重要作用。然《仪礼义疏》舍清初各家之解义而不用，这无疑是不利于当时士人全面了解前代之《仪礼》学成就的。直到胡培翚撰《仪礼正义》时，清代中前期的《仪礼》解义才被广泛征引，官方所编纂的《仪礼义疏》之缺失，在民间学人那里得到纠补。

二、排比前人解义之类别

与《周礼义疏》一样，《仪礼义疏》之"义例"亦分为七类，即正义、辨正、通论、余论、存疑、存异、总论。所谓"正义"，即"直解经义确然无疑者";所谓"辨正",即"后儒驳正旧说至当不易者";所谓"通论",即"以本节本句参证他篇,比类以测义,或引他经与此经互相发明";所谓"余论",即"虽非正解,而依附经义于事物之理有所推阐"。所谓"存疑",即"各持一说,义亦可通,又或已经驳论而持此者多未敢偏废";所谓"存异",即"名物象数,久远无传,难得其真,或创立一说,虽未惬人心,而不得不姑存之以资考辨";所谓"总论",即"本节之义已经训解,又合数节而论之,合全篇而论之"①。编纂者希望藉此七大义例,使《仪礼义疏》"叙次排纂,庶几大指,开卷了然,而旁推交通,义类可曲尽也"②。

从《仪礼义疏》编纂者于前人解义之分类,可知其于《仪礼》经文之理解及于前人解义之态度。如《士昏礼》"下达,纳采用雁",此"下达"二字,经学家们争议不断。郑玄认为"下达"之义,即男方派媒氏将合婚姻之想法告知女方。郑氏曰:"达,通达也。将欲与彼合昏姻,必先使媒氏下通其言,女氏许之,乃后使人纳其采择之礼。"贾公彦申之曰:"下达者,男为上,女为下,取阳倡阴和之义,谓以言辞下通于女氏也。"陆佃曰:"下达,若逆女之类,自天子达是也。"③朱熹认为,"下达"即自士至庶人皆如此义。其曰:"大夫执雁,士执雉,而士昏下达、纳采用雁,如大夫乘墨车,士乘栈车,而士昏亲迎乘墨车也。《注》《疏》知乘墨车为摄盛,而不知'下达'二字本为用雁一事而发,言自士以下至于庶人皆得用雁,亦摄盛之意也。"④《仪礼义疏》将郑氏、贾氏和陆氏解义归为"存疑"类,将朱子解义归为"辨正"类。由此可见,《仪礼义疏》的编纂者认为朱子解义可信,而郑氏、贾氏解义可疑。也就是说,编纂者认为"下达"乃士庶皆得用雁之义,而非郑氏、贾氏和陆氏所谓下通其言。

《仪礼义疏》于前人解义之分类无疑是主观的。比如其所谓的"正义",并非一定就是"确然无疑者",其所谓的"辨正",亦非一定就是"驳正旧说至当不易者"。如《仪礼·士相见礼》:"宾奉贽入,主人再拜,受。宾再拜,送贽,出。主人送于门外,再拜。"郑《注》:"异日则出迎,同日则否。"贾《疏》:"宾奉贽入,不言主人出迎……是与前相见同日。知异日出迎者,《乡饮酒礼》云

---

① (清)乾隆十三年敕撰:《仪礼义疏》卷首《凡例》,文渊阁《四库全书》第106册,第2页。
② (清)乾隆十三年敕撰:《仪礼义疏》卷首《凡例》,文渊阁《四库全书》第106册,第2页。
③ 陆氏此说,于朱熹《仪礼经传通解》、杨复《仪礼图》皆有征引。
④ (宋)朱熹:《仪礼经传通解》卷二,《朱子全书》第2册,上海古籍出版社、安徽教育出版社2002年点校本,第83—84页。

明日息司正，主人出迎之，司正犹迎之，况同僚乎？"郑氏、贾氏认为，由于还贽与相见是在同一天，故此不言主人出迎。敖继公驳曰："宾得主人见许之命则不俟主人之迎，而即自入，盖急欲还贽，且尊主人也。是亦复见之礼，异于始见者，与授受不著其所，如上可知。"① 敖氏认为，无主人出迎，是因为还贽与始见之礼不同，而非同日、异日之别。《仪礼义疏》将敖氏之说归为"正义"，将郑氏、贾氏之说列入"存疑"，并下案语："出迎之拜，拜其辱也。复见之节，礼未更端，故主人不必有出迎拜辱之事。敖氏以为异于始见者是也，《注》《疏》同日、异日之说似泥。"②《仪礼义疏》认为，宾还贽之节是士相见礼的一部分，并非重新行的仪，故不必有出迎拜辱之事，故敖氏之说为是，而郑氏、贾氏之说为非。关于此，胡培翚曰："夫还挚何争此斯须之顷，而汲汲如是？且宾既尊主人，主人顾傲然自尊，不出迎乎？揆之情理，斯不然矣。经不言者，仪已具上文耳。"③ 胡氏认为，经文于此不言主人出迎，是因为前文已言之，此乃省文。由此可见，《仪礼义疏》以敖氏解义为"正义"，然敖氏解义非为定论也；《仪礼义疏》以郑氏、贾氏解义为"存疑"，然郑氏、贾氏解义非一定可疑也。

三、于前人解义之辨析

《仪礼义疏》虽广泛征引前人之解义，然其所格外看重者仅四家也，即郑玄、贾公彦、朱熹和敖继公。

郑玄《仪礼注》被历代治《仪礼》者奉为圭臬，《仪礼义疏》亦极为重视之，且多有征引。比如《士冠礼》仅"正义"部分征引郑玄解义就达一百一十四次，"正义"即"直解经义确然无疑者"，由此可见《义疏》对郑玄解义多有崇信。

不过，《仪礼义疏》于郑玄《注》并非一味信从。如于《仪礼》今古文，《仪礼义疏》并没有完全照搬郑玄之说。《仪礼义疏》曰："《仪礼》高堂生所传者为今文，出于淹中者为古文，经文并同，而字间有异。郑氏于二者之中，择从其一，而仍存古文某为某、今文某为某于注末，志慎也。兹另提附经文音切之下，以省涸目，其后人有所论说，或不从郑氏者，仍入本注。"④ 由此可见《仪礼义疏》于《仪礼》今古文之谨慎态度。

① （元）敖继公：《仪礼集说》卷三，文渊阁《四库全书》第 105 册，第 100—101 页。
② （清）乾隆十三年敕撰：《仪礼义疏》卷五，文渊阁《四库全书》第 106 册，第 197 页。
③ （清）胡培翚、胡肇昕：《仪礼正义》卷四，北京大学出版社 2016 年点校本，第 198 页。
④ （清）乾隆十三年敕撰：《仪礼义疏》卷首《凡例》，文渊阁《四库全书》第 106 册，第 2 页。

《仪礼·士冠礼》:"尊于房户之间,两甒,有禁。玄酒在西,加勺,南枋。洗,有篚在西,南顺。"郑《注》:"洗,庭洗,当东荣,南北以堂深。篚亦以盛勺觯,陈于洗西。南顺,北为上也。"《仪礼义疏》曰:"醴之篚在房中,服北。醮之篚在庭中,洗西。醴用觯,而醮用爵,则此篚不宜有觯,醴不加勺于尊,故并在篚。此勺加尊上,则篚中不宜更有勺矣。《注》误。"①郑玄认为此所设篚,意在盛勺和觯。而《义疏》认为醮与醴有异,醴用觯而醮用爵,醴不加勺于尊而醮加之,故此篚不盛勺和觯。

《仪礼·士冠礼》:"乃宿宾,宾许。主人再拜,宾答拜。主人退,宾拜送。宿赞冠者一人,亦如之。"郑《注》:"赞冠者……若宾入他官之属,中士若下士也。"《仪礼义疏》曰:"赞冠者,即次宾也,与正宾德位相埒,但卜而吉者为正宾,其未卜若卜而未吉,则为赞冠者耳。《注》《疏》以宾上士,赞冠者中士、下士为言,不可,泥。"②郑玄认为,赞冠者与正宾之区别在于德位,正宾乃上士,赞冠者为中士或下士;《义疏》认为,赞冠者与正宾之区别并非在于德位,而在于卜之结果,卜而吉者为正宾,不卜或卜而不吉者为赞冠者。

《仪礼义疏》还补郑玄解义之不备者。如《士冠礼》:"冠者立于西阶东,南面。宾字之,冠者对。"此"西阶东",郑玄无解义。而此三字,易使人误以为是西阶上之东之义。《仪礼义疏》曰:"冠者立于西阶东,乃西阶下之东也,是时冠主与宾俱降阶。尊者既降,则卑者岂得在上?经文自冠者见母后,无升降之仪可以见之。"③《义疏》认为,此"西阶东"是西阶下之东,因为前文言主人与宾皆已降阶,冠者卑,当在阶下。

《仪礼·士昏礼》:"赞者彻尊幂。"此"赞者",郑《注》、贾《疏》无解义。《仪礼义疏》曰:"此赞者或疑为妇人,非也。洗在阼阶东南,洗爵以酳,必下堂也。妇礼不下堂,则其为男子明矣。意以子弟若旧戚之卑属为之,与内尊有绤幂彻之者待酳也。"④《义疏》认为,此"赞者"当是男子,而非妇人。

《仪礼义疏》对贾公彦《仪礼疏》亦颇为重视。比如《士冠礼》仅"正义"部分就征引贾《疏》达六十六次,由此可见《义疏》对贾《疏》亦多信据。

不过《仪礼义疏》于贾《疏》亦有疑义。如《仪礼·士丧礼》:"升自前东荣,

① (清)乾隆十三年敕撰:《仪礼义疏》卷二,文渊阁《四库全书》第106册,第101页。
② (清)乾隆十三年敕撰:《仪礼义疏》卷一,文渊阁《四库全书》第106册,第75页。
③ (清)乾隆十三年敕撰:《仪礼义疏》卷二,文渊阁《四库全书》第106册,第96页。
④ (清)乾隆十三年敕撰:《仪礼义疏》卷三,文渊阁《四库全书》第106册,第145页。

中屋，北面，招以衣，曰'皋某复'三，降衣于前。"郑氏认为，士死行复礼时有狄人设梯。贾《疏》："《丧大记》：'复有林麓，则虞人设阶；无林麓，则狄人设阶。'《注》云：'虞人，主林麓之官。狄人，乐吏之贱者。'……有林麓，谓君与夫人有国有采地者，无林麓，谓大夫士无采地者。则此升屋之时，使狄人设梯。"《仪礼义疏》曰："士复设阶者，当亦私臣隶子弟之属为之，未必尽有狄人也。"①《义疏》认为士行复礼，设阶者或有私臣隶子弟之属，不一定全是狄人。

朱熹以《仪礼》为主，取《周礼》《礼记》及他经传记之言礼者以类相从，成《仪礼经传通解》。其门人黄榦、杨复亦遵其例，续成丧、祭二礼。与《通解》之撰作体例有异，《仪礼义疏》属"三礼"分治之一，"故于《仪礼》经、记之外，概无附益"②。不过对朱熹于《仪礼》之分章，《义疏》则予以采纳。其曰："朱子谓《仪礼》经不分章，所以难读，每篇俱案行礼之节次，分为章段。……兹所分章，大概遵用朱子。"③

《仪礼义疏》还重视敖继公的《仪礼集说》。《义疏》曰："《仪礼》自《注》《疏》而外，前人解诂颇少，即经籍、艺文偶有其目，而书或不传，间见一二，亦多摭取《注》《疏》，删改成文，罕有自出心裁者。惟元儒敖继公《集说》细心密理，抉摘阐发，颇能得经之曲折。其偶驳正《注》《疏》，亦词气安和。"④《义疏》所采敖氏解义甚多，比如《士冠礼》之"正义"部分征引敖继公解义达一百一十一次。由此可见《义疏》对敖氏解义亦多信据。

《仪礼义疏》在案语部分多申敖氏而驳郑氏和贾氏。兹举数例以见之：

《仪礼·士相见礼》："主人对曰：'某子命某见，吾子有辱，请吾子之就家也，某将走见。'"郑《注》："有，又也。某子命某往见，今吾子又自辱来，序其意也。"敖继公曰："有辱，谓有所屈辱也。宾来见已，是自屈辱。"⑤郑氏与敖氏对"有"字之诠释有异，然《义疏》将二者解义皆列入"正义"类，可见《义疏》以郑氏和敖氏解义皆可据。《义疏》还下案语曰："'有'字之义，敖说尤长。"⑥《义疏》认为，尽管郑氏、敖氏解义皆可从，然敖氏解义为长。

① （清）乾隆十三年敕撰：《仪礼义疏》卷二十六，文渊阁《四库全书》第107册，第6页。
② （清）乾隆十三年敕撰：《仪礼义疏》卷首《凡例》，文渊阁《四库全书》第106册，第1页。
③ （清）乾隆十三年敕撰：《仪礼义疏》卷首《凡例》，文渊阁《四库全书》第106册，第1页。
④ （清）乾隆十三年敕撰：《仪礼义疏》卷首《凡例》，文渊阁《四库全书》第106册，第3页。
⑤ （元）敖继公：《仪礼集说》卷三，文渊阁《四库全书》第105册，第99页。
⑥ （清）乾隆十三年敕撰：《仪礼义疏》卷首《凡例》，文渊阁《四库全书》第106册，第193页。

《仪礼·士昏礼》:"女从者毕袗玄,纚笄,被颎黼,在其后。"郑《注》曰:"《诗》云:'素衣朱襮。'《尔雅》云:'黼领谓之襮。'……天子、诸侯、后、夫人狄衣,卿大夫之妻,刺黼以为领,如今偃领矣。士妻始嫁,施颎黼于领上,假盛饰耳。言被,明非常服。"郑氏认为,颎黼乃玄衣之领。敖继公驳曰:"玄者,玄衣也。其亦宵衣,與颎绹同。《玉藻》曰'禪为绹',蓋指衣而言。《考工记》曰:'白与黑谓之黼颎。'黼者,以黼为禅衣,而被之于玄衣之上,亦犹妇之加景然也。昏礼尚饰,故用颎黼,不登车,乃被之者,远别于妇也。"①《义疏》将郑氏解义列为"存异"类,将敖氏解义列为"正义"类,并下案语曰:"经于纚笄之下别言被颎黼,则颎黼另为一衣,非即玄衣之领明矣。如谓被此领于玄衣之上,则古人之服,从无殊领于衣者,况妇服本连衣裳者乎?敖说为长。"②《义疏》认为,敖氏以颎黼另为一衣之说可从。

《仪礼·乡饮酒礼》:"主人坐取爵,兴,适洗南面,坐,奠爵于篚下,盥洗。宾进,东北面辞洗。"郑《注》曰:"必进东行,示情。"郑玄认为,宾进,表示自己卑于主人,主人不必为自己洗爵。敖继公曰:"进者,少南行也。南于洗西,乃止而东北面,乡主人辞洗之意。与辞降同。"③敖继公认为,当主人洗爵时,宾当南行,至洗之西南乃止,此时宾东北面向主人行辞洗。《义疏》曰:"此时主人南面于洗北,而宾位阶下,当西序,是在主人之北矣。故必稍进,南行,遥当主人之西南,而后斜乡之而辞洗,是以东北面也。《注》东行之说,不如敖氏为核。"④《义疏》于此驳郑氏而申敖氏。

《仪礼义疏》是清代官方所编的经学著作。该书是清代中期以前《仪礼》学的集成之作,其不仅大量征引前人解义,还重视创新,反对因循守旧。该书的义例和案语部分,对于前人之解义作了分类胪列,并对前人解义之是非作了辨析,集中地体现其创新特色。此外,《仪礼义疏》延续了《仪礼》学的求实学风,其于文字训诂、名物礼制之考证,亦达到了较高水平。四库馆臣曰:"举数百年庋阁之尘编,搜剔疏爬,使疑义奥词涣然冰释。先王旧典,可沿溯以得其津涯,考证之功,实较他经为倍蓰,岂非遭遇圣朝表章古学,万世一时之嘉会欤!"⑤

---

① (元)敖继公:《仪礼集说》卷二,文渊阁《四库全书》第 105 册,第 71 页。
② (清)乾隆十三年敕撰:《仪礼义疏》卷三,文渊阁《四库全书》第 106 册,第 142 页。
③ (元)敖继公:《仪礼集说》卷四,文渊阁《四库全书》第 105 册,第 111—112 页。
④ (清)乾隆十三年敕撰:《仪礼义疏》卷六,文渊阁《四库全书》第 106 册,第 222 页。
⑤ (清)永瑢等:《四库全书总目》卷二十,中华书局 1965 年版,第 162 页。

由此可见，《仪礼义疏》非一般的集解体经学著作，其于《仪礼》文本及名物礼制之考证，对于深入理解《仪礼》有着重要的参考价值。《仪礼义疏》也存在一些问题，比如其未能征引清初学人之《仪礼》解义，对于《仪礼》经文之训释未能像后人那样因声以求义。然而《仪礼义疏》的编纂，为清代中期《仪礼》学的蓬勃开展提供了前提。《仪礼义疏》之后，得益于参编者之经历的李清植撰《仪礼纂录》，盛世佐撰《仪礼集编》，以及徐乾学撰《五礼通考》，将清代的《仪礼》学推向了新的高度。

第七节　江永的《仪礼》诠释

江永曾撰《仪礼释例》一卷。该书虽然标目为"释例"，但是实止"释服"一类，分为天子冕服、诸侯冕服、大夫冕服、爵弁服、皮弁服、韦弁服等六篇，只有数页，盖未成之书。此外，江永在李氏《仪礼释宫》的基础上撰《仪礼释宫增注》一书。是书录《仪礼释宫》全文，并为之详注，多所发明补正。

一、服制之考证

江永《仪礼释例》在服制考证方面，既有合古义者，亦有可商榷处。兹举数例以见之：

在"天子冕服"部分，江永对前人之考证作了省思。如《玉藻》："天子玉藻，十有二旒，前后邃延，龙卷以祭。"郑《注》："'前后邃延'者，言皆出冕前后而垂也，天子齐肩。"贾《疏》："天子之旒长尺二寸，故垂而齐肩。诸侯以下各有差降，九玉者九寸，七玉者七寸，以下皆依旒垂而长短为差。"江永曰："前后邃延，谓冕长尺六寸，前延后延，至武皆深邃耳，非谓前后皆有旒也。郑氏谓皆出冕前后而垂，遂有二十四旒之说，误矣。"[1]江氏此说得到黄以周等人的认可。黄氏曰："《说文》：'瑬，垂玉也，冕饰。'《弁师》作'斿'，《戴记》作'旒'，《大戴·子张问入官篇》：'冕而前旒，所以蔽明也。'《晏子·外篇》：'冕前有旒，恶多所见也。'东方朔《荅客难》亦云'冕而前旒'。诸文并言前旒，不言后旒，前旒义取蔽明，后旒无所取也。……江说是也。"[2]

---

①　（清）江永：《仪礼释例》，《续修四库全书》第 88 册，第 367 页。

②　（清）黄以周：《礼书通故》卷三，中华书局 2007 年点校本，第 78 页。

关于冕服，江永曰："按冕延不用丝而用麻，因古尚质也。布最粗者三升，最细者十五升。礼家相传八十缕为升，其说是古布幅阔二尺二寸，周尺甚短，以八尺当今之五尺，二尺二寸当今之一尺三寸七分半，如冕延有三十升，其经二千四百缕，是今尺一分之地，须容十七缕有奇，虽绩麻极细，亦不能为此，因《丧服》而误耳。《丧服》虽有降杀，斩衰衣三升，冠六升，齐衰以下渐细，不皆冠倍于衣，是冠衣原无倍半之例，况吉服又不以布缕精粗为降杀，岂可泥斩衰三升六升之数，而云冠必倍衣、冕麻用三十升布乎？"① 江氏此说，后人疑信参半。四库馆臣曰："其说验诸实事，最为细析。"② 而黄以周曰："夫今古尺之长短，说人人殊。今以诸书记尺寸者参考之，惟云古尺得今尺之八寸一分，其说近是。江氏定古尺当今尺六寸二分半，则车广六尺六寸，何以容三人？席长八尺，何以容四人？鬴深尺内方尺，何以容米八斗？臀寸，何以容米四升？不特麻冕之升缕无以容也。且麻冕果止十五升，与他布同，又何细密难成之有乎？"③

二、宫室制度之考证

宋人李如圭特别重视《仪礼》所记宫室制度，其认为"周之礼文盛矣，今仅见于《仪礼》"，然而"去古既远，《礼经》残阙，读礼者苟不先明乎宫室之制，则无以考其登降之节、进退之序，虽欲追想其盛，而以其身揖让周旋乎其间且不可得，况欲求之义乎？"④ 李氏遂本之于经，稽之于《注》《疏》，取宫室名制之可考者，汇而次之曰《仪礼释宫》。李如圭《仪礼释宫》结合经文注疏于宫室之记载，对宫室建置有所探讨。不过李氏之探讨较为简略，于宫室相关的名物亦无详尽之考证。鉴于此，江永在李如圭之基础上，对《仪礼释宫》作了注释，以补《仪礼释宫》于名物考证之未备。兹举数例以见之：

《仪礼释宫》："《周礼》：'建国之神位，右社稷，左宗庙。'"江永《增注》曰："《小宗伯》职文。郑《注》：'库门内、雉门外之左右。'又《礼记·祭义》亦有此文。《注》云'周尚左'。按宗庙，人道，宜居左；社稷，神道，宜居右。诸侯制度亦同。"⑤ 李如圭于《周礼》所言社稷宗庙建置之意义并无阐释。江永

---

① （清）江永：《仪礼释例》，《续修四库全书》第 88 册，第 367 页。

② （清）永瑢等：《四库全书总目》卷二十三，中华书局 1965 年版，第 191 页。

③ （清）黄以周：《礼书通故》卷三，中华书局 2007 年点校本，第 77 页。

④ （宋）李如圭：《仪礼释宫》，文渊阁《四库全书》第 103 册，第 523 页。

⑤ （清）江永：《仪礼释宫增注》，文渊阁《四库全书》第 109 册，第 885 页。

征引《周礼·小宗伯》和《礼记·祭义》以释《周礼》社稷宗庙建置之意义，是对李如圭解义之补充。

《仪礼释宫》："大夫、士之门，惟外门、内门而已。诸侯则三，天子则五。"江永《增注》曰："天子五门，皋门为郭门，在外朝之南。其次库门、雉门、应门、路门。诸侯三门，库、雉、路。旧说惟鲁有库、雉，他国诸侯皆皋、应、路者，非是。"江永于此对李如圭天子五门、诸侯三门之说作了补充，并对旧说有辨正。

《仪礼释宫》："《诗》所谓'尚不愧于屋漏'是也。《曾子问》谓之'当室之白'。孙炎曰：'当室，日光所漏入也。'郑谓：'当室之白，西北隅得户明者，经止曰西北隅。'"江永《增注》曰："西北隅亦谓之扉，见《士虞礼》及《特牲馈食礼》。《注》云：'扉，隐也。'"① 江永于此是对李如圭"屋漏"之说所作的补充。

《仪礼释宫》："古之筑室者以垣墉为基，而屋其上。"江永《增注》曰："堂基筑土为之。案，朱子《答罗鄂州社坛说》云：'中原土密，虽城壁亦不用砖。'然则古人筑土为堂，不用砖石，堂上作垣墉不多用木材者，由土密故也。古制多在中原。"② 江永于此征引朱熹之说以证李如圭"以垣墉为基，屋其上"之说。

《仪礼释宫》："《士冠礼》注曰：'阼，酢也。东阶，所以答酢宾客也。'每阶有东西两廉，《聘礼》饔鼎设于西阶前，陪鼎当内廉。此则西阶之东廉，以其近堂之中，故曰内廉。"江永《增注》曰："阶之两廉又谓之砌，钮里切。《顾命》'四人綦弁，执戈'，'夹，两阶砌'，《玉篇》《广韵》皆曰砌也。砌当以石为之。张衡《东京赋》所谓玉阶金砌是也。玉与金，美其名耳。《书》注谓砌为堂廉，非也。又《释宫》：'枢达，北方谓之落时，落时谓之砌'，此砌名同实异。"③ 江永于此征引《尚书·顾命》和《玉篇》《广韵》《尔雅》《东京赋》以补李如圭所言阶廉之义。

李如圭《仪礼释宫》于《仪礼》经文、注、疏皆有征引，于前人之说既有申之者，亦有驳之者。江永对包括李如圭在内的诸家解义皆有细致的辨析，兹举数例以见之：

《礼记·曲礼》孔《疏》认为天子外屏，屏在路门之外；诸侯内屏，屏在

---

① （清）江永：《仪礼释宫增注》，文渊阁《四库全书》第 109 册，第 887 页。
② （清）江永：《仪礼释宫增注》，文渊阁《四库全书》第 109 册，第 888 页。
③ （清）江永：《仪礼释宫增注》，文渊阁《四库全书》第 109 册，第 891 页。

路门之内。李如圭征引孔《疏》为据。江永曰："孔氏此说非也。凡屏皆当设于正门之内外，故《记》旅树与台门相连。天子以应门为正门，屏在应门之外。诸侯以雉门为正门，屏在雉门之内。若路门之外内皆无屏。司士掌朝仪，路门左右诸臣，王还而揖之，是无屏也。《燕礼》，卿大夫皆入门右，即位，未见有屏。"① 江永以《周礼·朝士》和《仪礼·燕礼》之记载为据，认为路门之外内皆无屏。

《仪礼释宫》："楹，柱也。古之筑室者以垣墉为基，而屋其上。惟堂上有两楹而已。楹之设，盖于前楣之下。……《释宫》曰：'梁上楹谓之棁。'棁，侏儒柱也。"江永曰："《释宫》云：'枨谓之阃，枨谓之楔，楣谓之梁。'此门上之横梁也，与堂上之楣同名。又云：'宗庙谓之梁，其上楹谓之棁。'此宗庙之梁当作于东西序之上，前接前楣，后接后楣，其上各作侏儒柱以承栋，栋乃得高起。若前楣之梁樏桷架其上，不用侏儒柱矣。《释宫》因楣已见前，故不再言堂上之楣。郭释宗庙为屋大梁者，非是。此所引亦误以为前楣之梁，而棁之制遂因之以误，故考正。"② 江永认为，《尔雅·释宫》郭璞注释宗庙为屋大梁者有误，李如圭征引《尔雅·释宫》，棁之制遂以讹传讹。

《仪礼释宫》："《公食大夫礼》：'大夫立于东夹南。'《注》曰：'东于堂。'贾氏曰：'序以西为正堂，序东有夹室。今立于堂下，当东夹，是东于堂也。'"江永曰："序外之室，《仪礼》及《顾命》皆言东夹、西夹，未有言夹室者。盖此处所夹者堂，不可谓之夹室。《注》《疏》或有言夹室者，因《杂记下》衅庙章及《大戴礼》衅庙篇而误耳。《杂记》云：'门夹室皆用鸡。'先门而后夹室。又云'夹室中室。'此夹、室二字本不连，夹与室是二处，室谓堂后之室也。室是事神之处，衅庙不可遗，先儒读者误连之，则事神之室顾独不衅，而序外夹堂之处谓之夹室，亦名不当物矣，当正其名曰东夹、西夹。"③ 李如圭据《仪礼·公食大夫礼》经文、郑《注》和贾《疏》，认为序之外谓之夹室。江永认为，此处所夹者是堂而非室。

江永对前人观点之驳正影响深远。四库馆臣评价《增注》曰："其辨订俱有根据，足证前人之误，知其非同影响剽掇之学矣。"④ 兹举两例，以见江氏考

---

① （清）江永：《仪礼释宫增注》，文渊阁《四库全书》第 109 册，第 894 页。
② （清）江永：《仪礼释宫增注》，文渊阁《四库全书》第 109 册，第 889 页。
③ （清）江永：《仪礼释宫增注》，文渊阁《四库全书》第 109 册，第 889—890 页。
④ （清）永瑢等：《四库全书总目》卷二十，中华书局 1965 年版，第 167 页。

证之精到：

《仪礼·聘礼》郑《注》："曰宫必有碑，所以识日景、引阴阳也。"江永曰："朱子《仪礼注》云：'《注》内"引"字疑当作"别"'。今按碑取日景而引之，'引'字疑不误。"① 阮元云："朱子曰：'引，疑当作别。'周学健云：'别字固直截，或以绳著碑，引之而定方位。'则'引'字亦可解。"② 由此可见，江氏之说可从也。

《仪礼》郑《注》认为天子、诸侯有左右房，大夫、士有左房而无右房。郑玄此说，后人争议颇多。③ 李如圭对郑玄此说作了考证，他说："《聘礼·记》：'若君不见，使大夫受聘，升受，负右房而立。'《大射仪》'荐脯醢由左房'，是人君之房有左右也。《公食大夫礼·记》'筵出自东房'，《注》曰：'天子、诸侯左右房。'贾氏曰：'言左对右，言东对西，大夫、士惟东房西室，故直云房而已。'然案《聘礼》'宾馆于大夫、士，君使卿还玉于馆也，宾亦退负右房'，则大夫、士亦有右房矣。又《乡饮酒礼·记》'荐出自左房'，《少牢馈食礼》'主妇荐自东房'，亦有左房、东房之称。"④ 李如圭认为大夫、士亦有左、右房。江永《增注》曰："按堂后室居中，左右有房，上下之制宜皆同。若东房西室，则室户牖偏西，堂上设席，行礼皆不得居中。疑古制不如此。且乡饮酒宾皆专席，若偏于西则西序，以东为地无多，不能容众宾矣。左房无北墉，有北堂北阶，异于右房，故凡陈器服及妇人立位常在此。经或省文，单言房，即知是东房，非谓无西房右房也。而经与《记》亦有言左房、东房、右房者，则上下同制可知。自天子降杀至士，士亦左右房，其室虽迫狭，亦自足以行礼，必不至甚迫狭也。先儒东房西室之说，由《乡饮酒义》而误。"⑤ 江永据礼仪开展之空间及经文之特点，认为大夫、士与天子、诸侯一样，皆有左右房。江氏此说，得到戴震等人的赞同。戴震曰："贾氏以言左对右，言东对西，

---

① （清）江永：《仪礼释宫增注》，文渊阁《四库全书》第 109 册，第 892 页。
② （清）阮元校刻：《十三经注疏（附校勘记）》，中华书局 1980 年版，第 1061 页。
③ 北宋陈祥道曰："《少牢礼》司宫尊两甒于房户之间，《士冠》《乡饮》亦尊于房户之间，《特牲礼》尊于户东，皆指东房言之，非谓无东房也。《乡饮·记》曰'席出自左房'，《乡射·记》曰'出自东'，与《大射》'诸侯择士之宫''宰胥荐脯醢由左房'，其言相类。盖言左以有右，言东以有西，则大夫士之房室与天子诸侯同可知。郑氏曰'大夫士无西房'，误矣。"［（宋）陈祥道：《礼书》卷四十三，文渊阁《四库全书》第 130 册，第 263 页］
④ （宋）李如圭：《仪礼释宫》，文渊阁《四库全书》第 103 册，第 524 页。
⑤ （清）江永：《仪礼释宫增注》，文渊阁《四库全书》第 109 册，第 886 页。

为人君有左右房之证。李氏援《聘礼》之右房,《乡射礼·记》之左房,《少牢馈食》之东房,疑大夫、士亦有右房,亦有左房、东房之称,实足以订正旧说之误。"①

第八节 盛世佐的《仪礼》诠释

盛世佐(? —1781)字庸三,浙江秀水(今属浙江嘉兴市)人。关于盛氏之生平事迹,史料语焉不详。目前所知者,仅是其为乾隆十三年(1748)进士,官贵州龙里县知县。卢文弨《仪礼注疏详校序》载:"乾隆庚申之岁,吾师桑弢甫先生讲学于湖上之南屏,秀水盛庸三(世佐)实从之游。"② 由此可知盛氏曾受业于桑调元。桑氏崇程朱,以尚志力行为先,主张穷经之要有三,即"博综""折衷""自得",认为不通群经不足以治一经,不知史法不足与以谈,不博研象纬度、山川、方名、器数之岩迹,不足以穷遐极幽。桑氏强调"博综""折衷""自得"之治学方法,对盛氏有深远之影响。盛世佐以近十年之功,成《仪礼集编》四十卷。③ 该书的学术成就及特点大致可从以下几个方面来看。

一、《仪礼集编》之体例

盛世佐《仪礼集编》卷帙浩大,内容丰富。其参考前人之《仪礼》学著述,并结合自己对《仪礼》之理解,对《仪礼》诠释之体例作了探讨。

第一,该书采用集解体,重在征引前贤之说,时附盛氏自己的见解。盛世佐曰:"欧阳子曰:'学者迹前代之所闻,而校其得失,或有之矣。若不见先儒中间之说,欲特立一家之学,吾未之信。'斯言诚释经之圭臬也。是编采自先秦,迄于本朝,凡百九十七家,就中有全解行世者仅十数家,文集、语类、杂说及他经解苟有与此经相发明者,务摭而录之。志在博收,兼存异义,不专

---

① (宋)李如圭:《仪礼释宫》,文渊阁《四库全书》第 103 册,第 524 页。

② (清)卢文弨:《仪礼注疏详校自序》,《仪礼注疏详校》卷首,台湾"中央研究院"中国文哲研究所 2012 年点校本,第 5 页。

③ 今流传于世之《仪礼集编》有十七卷和四十卷两个版本。《四库全书》本为四十卷。十七卷者,今藏浙江大学图书馆。《贩书偶记》云:"《仪礼集编》十七卷、首一卷、《附录》一卷,秀水盛世佐撰。嘉庆十年冯集梧贮云居刊,卷首纲领篇第,卷八《聘礼》分二卷,卷十一《丧服》分四卷,附录'监本正误''石经误字'。按:《四库》著录四十卷,因在刊本前,据稿本未改定也。"此所言嘉庆十年刊本,即浙江大学图书馆之藏本。

主一家言。"①《仪礼集编》所征引先秦至乾隆年间学人之说者共一百九十七家。所征者大部分并非《仪礼》通释之作，而是文集、语类、杂说及其他解经之作。盛氏《仪礼集编》这一征引经说之体例，乃是受宋人朱熹、卫湜之影响也。卫湜《礼记集说》一百六十卷，征引解义达一百四十四家。所征引者，既有经学著作，亦有文集，还有史书。盛氏所征引者亦不限于《仪礼》学专著，还扩展到文集、语类、杂说及其他经解。

第二，该书遵从《仪礼》的《经》《记》之本来面貌，不以己意破之。盛氏认为，"以《记》分属于经文每条之下，亦《通解》例也。而以为释是经之例，则其势有不可行者"②。在盛氏看来，朱熹《仪礼经传通解》编纂之初以记附属于经乃权宜之例，意在便于寻省；惜朱熹未能卒业，而门人继之，因仍不改，然非朱熹之本意。朱熹《仪礼经传通解》体例不为诠解《礼经》而设，故读者不可以释经之例绳之也。因此，盛氏撰《仪礼集编》，"一依郑本，经自为经，记自为记，不敢学步邯郸失其故步"③。

第三，该书编次众说，皆按各家时代先后为序。若二说略同，则录前而弃后，若后之解义足以发前所未备，则兼录之。若有袭用先儒之说而没其姓氏者，盛氏必予以追正，"庶不使伯宗郭象之流得售其攘善之技"④。

第四，该书在征引众说之后间附己意，以断前贤解义之是非。盛氏认为，"明中叶以后，经解之书往往隐没古人名字，将为己说。顾炎武尝病之"⑤。有鉴于此，盛氏"潜心是经几十年，始克成编。间有一得之愚，附于先儒之说之后，随时札记。见有先我而得之者则削之，惟恐不尽，虽未必尽得遗经之旨，要薪无蹈昔人所讥云"⑥。

二、于《仪礼》成书之认知

《仪礼》的文本问题十分复杂，比如成书问题、今古文问题、经与记文关系问题、与《礼记》的关系问题等，学界众说纷纭，莫衷一是。然治《仪礼》者，

---

① （清）盛世佐：《仪礼集编》卷首《凡例》，文渊阁《四库全书》第 110 册，第 3 页。
② （清）盛世佐：《仪礼集编》卷首《凡例》，文渊阁《四库全书》第 110 册，第 5 页。
③ （清）盛世佐：《仪礼集编》卷首《凡例》，文渊阁《四库全书》第 110 册，第 5 页。
④ （清）盛世佐：《仪礼集编》卷首《凡例》，文渊阁《四库全书》第 110 册，第 3 页。
⑤ （清）盛世佐：《仪礼集编》卷首《凡例》，文渊阁《四库全书》第 110 册，第 3 页。
⑥ （清）盛世佐：《仪礼集编》卷首《凡例》，文渊阁《四库全书》第 110 册，第 4 页。

这些问题当必须面对，并有一些基本认识。盛世佐对《仪礼》的认知，可从以下两个方面来看：

一是对《仪礼》成书问题的认知。

汉代以来，世所传《仪礼》为十七篇。然十七篇是否为全本，争议颇大。在汉代，有所谓的《礼古经》三种，即淹中本、孔壁本和河间本。如关于淹中本，《汉书·艺文志》云："《礼古经》五十六卷……《礼古经》者，出于鲁淹中及孔氏，与七十篇文相似，多三十九篇，及《明堂阴阳》《王史氏记》所见，多天子、诸侯、卿大夫之制，虽不能备，犹愈仓等推《士礼》而致于天子之说。"① 宋人刘敞改 "七十" 为 "十七"。《礼古经》五十六卷出于鲁淹中，其中十七篇与今文《仪礼》相同，这五十六卷即古文《仪礼》淹中本。然而，围绕 "七十" 是否应改为 "十七"，争议不断，因此今所传《仪礼》十七篇是否与《礼古经》有重合亦是见仁见智。

盛世佐认为，与《周礼》《礼记》相比，《仪礼》较完备。他说："《周礼》周公未成之书，大、小戴《记》缀缉自汉儒手，醇疵参半，故礼书之存于今者，惟此经称完备。惜古文增多三十九篇佚不传，然冠、昏、丧、祭、乡、相见六礼，修之司徒，以节民性，为士大夫日用所不可阙者，具在是矣。"② 然在盛氏看来，《仪礼》亦有阙文，所阙者主要是军礼。他说："所亡惟军礼耳。抑尝思之，孔子自谓未学军旅，而《周礼·夏官》之职，亦多阙文。《隋志》言河间献王得《司马穰苴兵法》一百五十篇，无敢传之者，岂以其书禁秘，非儒者所素习，故不传于后与，要不足为是经累也。"③

盛世佐相信有《逸礼》，他说："夫今之《仪礼》，在汉谓之《礼经》，出于高堂生五传弟子，名著简策，班固《艺文志》、郑康成《六艺论》皆有确据，何得云汉儒未尝以教授邪？《礼古经》出于古淹中及孔壁，其十七篇与此同，河间献王、孔安国皆尝献之，而云诸儒不献之朝，妄矣。《汉志》所谓经十七篇，即高堂生所传也。徐积说、张淳说传写者倒其文，误以'十七'为'七十'，清江刘氏已正之。"④ 盛氏以刘敞改 "七十" 为 "十七" 之举为是，并认为《礼古经》中的十七篇与《仪礼》十七篇同，其余三十九篇已佚。

---

① （汉）班固：《汉书》卷三十《艺文志》，中华书局 1962 年点校本，第 1710 页。

② （清）盛世佐：《仪礼集编》卷首《凡例》，文渊阁《四库全书》第 110 册，第 5—6 页。

③ （清）盛世佐：《仪礼集编》卷首《凡例》，文渊阁《四库全书》第 110 册，第 6 页。

④ （清）盛世佐：《仪礼集编》卷首《凡例》，文渊阁《四库全书》第 110 册，第 6 页。

有人质疑《仪礼》，认为其非圣人之书。盛世佐驳曰："自汉以来，人无异议，张子、朱子尤尊信此书，世儒乃有疑其非尽于圣人者，有疑其非高堂生之书者，少所见，则多所怪，其信然乎？……（乐）史乃谓《七略》九种并不著《仪礼》，何其弗深考也。以是推之，则其所谓五疑者，皆捕风捉影之谈耳。又况徐积、郝敬辈以私意窥圣人，见其不合于俗，而妄訾之，何足与深辨哉！"①盛氏认为，以《仪礼》非成于圣人、非传自高堂生者，皆是少见多怪；此外，以当今之礼俗与《仪礼》不合，遂否定《仪礼》者，乃是"妄訾"，不足以与之深辨。

二是对《仪礼》经文与《记》文关系之认知。

《仪礼》十七篇，其中十二篇后有《记》，这些《记》文或阐发礼的意义，或追述远古异制，或补充说明仪制的变异及原因，或详述器物的形制及其规格数量，或附录礼典仪式所用之辞。这些《记》文出自什么时代和什么人之手，古今学人说法不一。盛世佐认为："凡为《记》者有三：有记经所未备者，有记礼之变异者，有各记所闻颇与经义相违者。记经所未备者，周公之徒为之，与经并行者也；记礼之变异，则非周之盛时书矣。……其在春秋之际乎？至于各记所闻而颇失经义者，则七十子后学所记也。意其初经与《记》分，《记》与《记》亦不相杂，至汉儒掇拾灰烬之余，窜以经师之说，而三者之辨不可复知。且有经连于《记》《记》混于经者，错乱无次，于《记》为甚，读者不可不分别观之也。"②盛世佐还说："诸《记》不出一手，亦非一代所成。"③"据《汉书·艺文志》所载，诸《记》与经文各自为书，本不相杂，以《记》附于逐篇之下者，其始于郑氏乎？郑氏注《易》，合《彖》《象》于经，亦其例也。"④盛世佐认为，《记》文的作者不一，有周公所作，有春秋时人所作，有战国时人所作，汉儒将《记》文附于《仪礼》经文之下，遂成今日所见《仪礼》经文与《记》文合为一书的面貌。

盛世佐认为《仪礼》经文中混有《记》文。如《士冠礼》经文有戒宾之辞、三加祝辞及字辞。元人敖继公认为这些内容皆属于《记》文，或在经文之后、《记》文之前。盛世佐曰："诸辞之当为《记》，敖氏已见及之，特狃于汉儒所定本而未

① （清）盛世佐：《仪礼集编》卷首《凡例》，文渊阁《四库全书》第110册，第6页。
② （清）盛世佐：《仪礼集编》卷二，文渊阁《四库全书》第110册，第107页。
③ （清）盛世佐：《仪礼集编》卷二，文渊阁《四库全书》第110册，第124页。
④ （清）盛世佐：《仪礼集编》卷二，文渊阁《四库全书》第110册，第124页。

能断耳。且不知是篇之《记》之混于经者,固不止此也。"①盛氏认为,此戒宾、三加及字辞皆属《记》文,且《士冠礼》经文中混入之《记》文不止此也。

《士昏礼》曰:"若舅姑既没,则妇入三月乃奠菜。……婿飨妇送者丈夫、妇人,如舅姑飨礼。"此所载乃舅姑既没所行三月庙见礼。盛世佐曰:"按:此章亦《记》体也。当在'妇入三月,然后祭行'之后。盖编礼者误置于此,否则错简耳。断为《记》者,以其言礼之变也。凡言礼之变者二:一后世变礼自不合入经,如冠礼不醴若杀,此篇不亲迎之类是也;一古者元有其礼,以通乎正之所穷,特以非当,故不见于经,而贤者识之,以补其所未备,如冠礼孤子冠母不在,此篇宗子无父之类是也。此章亦其类矣,二者皆《记》,而作《记》之人则非一时。"②盛氏认为,舅姑既没行三月庙见礼属于变礼,故属《记》文而非经文。不过为谨慎起见,盛氏在《仪礼集编》中仍将这段文字置于经文之内,只是在其后作了说明。

今传《士相见礼》无《记》文,盛世佐曰:"《仪礼》十七篇,无《记者》五,而此篇居其一焉。愚尝求其说而不得也,及细阅之,则非本无《记》,编礼者误合于经耳。此篇之经止士相见一章,自士见于大夫以下,皆记也。其中见大夫、大夫相见、见君三节,文与本篇相似,犹可曰自士相见推之也。至凡燕见于君以下,则其体宛似《戴记》,且与彼大同小异者,亦多有以是续经,其为编次之误无疑。"③盛氏认为,今传《士相见礼》看似有经文而无《记》文,而实际上,该篇仅士相见一章为经文,其他部分如士见大夫、大夫相见、见君等皆属于《记》文;今之文本,乃编次之误所致。

　　三、于《仪礼》经文和旧注之校勘

《仪礼》经文和注文在流传的过程中难免会产生讹、脱、衍、倒、错乱等各种情况,因此,盛世佐对《仪礼》的经文和注文作了校勘。他说:"是经(指《仪礼》)遭王安石废罢之后,读者绝少,宋人陈祥道、张淳、李如圭辈之讲说多不传。明国子监所刻《十三经注疏》,此经讹脱特甚,或欲据关中石经刊正之,不知唐之石经在当时已讥其芜累,又况碑板剥落,补字荒陋,恶可据为定

---

①　(清)盛世佐:《仪礼集编》卷二,文渊阁《四库全书》第110册,第116页。
②　(清)盛世佐:《仪礼集编》卷四,文渊阁《四库全书》第110册,第175页。
③　(清)盛世佐:《仪礼集编》卷五,文渊阁《四库全书》第110册,第205页。

本邪？张尔岐参校为《正误》，嘉惠后学不浅，惜其所据止石本、监本、吴澄本而已，未尝博考宋元人旧本及其论著，故从违容有未当。今更取朱子《通解》、杨氏《图》、敖氏《集说》诸本，辨其异同，务归至当。《注》《疏》阙误可考者，亦与补正。庶不至谬种流传，疑误后学。"① 盛氏于《仪礼》之校勘，既有经文，又涉及注文。兹举数例，以见其《仪礼》校勘之概况：

《乡饮酒礼》："羹定。"郑《注》："肉谓之羹，定犹熟也。著之者下以为节。"盛世佐曰："监本注中脱'著之者下以为节'七字，今从敖氏本补入。"② 盛氏据敖氏本，在郑《注》"定犹熟也"后补入"著之者下以为节"七字。

《乡饮酒礼》："坐取觯，不祭，遂饮，卒觯兴，坐奠觯，遂拜，执觯兴，洗，北面坐奠觯于其所，退立于觯南。"贾《疏》曰："执觯兴洗北面者，案《乡射》《大射礼》皆直云取觯洗，南面反奠于其所，不云盥，此俗本有盥者，误。"盛世佐曰："唐时石经'洗'上尚有'盥'字，即贾氏所谓俗本也。监本无之，盖从朱子《通解》本删。"③ 盛氏于此对唐石经、《通解》本是否有"盥"字作了描述，对贾《疏》之观点亦作了陈述，对监本无"盥"字之原因作了探寻。不过为谨慎起见，盛氏对此经文是否有"盥"字不置可否。

《乡射礼》："上射既发，挟弓矢而后下射射，拾发，以将乘矢。"盛世佐云："'弓'字非衍也。谓上射既发第一矢，复于带间取第二矢傅于弓而挟之也。《大射仪》无'弓'字，省文耳。"④ 盛氏认为，此"挟弓矢"之"弓"字非衍文；《大射仪》相似经文无"弓"字，乃省文。

《乡射礼》："三耦拾取矢，皆袒、决、遂、执弓，进立于司马之西南。"朱子曰："此'拾取矢'字疑衍。"朱子认为此之"拾取矢"三字乃衍文。盛世佐曰："于此言'拾取矢'者，明其袒、决、遂、执弓，拟为此事耳，即上文司射立比众耦之例也。朱子疑是衍文，愚不敢信。"⑤ 盛氏认为此三字不衍。清人王引之曰："'三耦拾取矢'五字之意，直贯至下文'三耦拾取矢亦如之'句，非特为皆袒决遂三句而设也。皆袒决遂之时，尚未拾取矢也，而其事归于拾取矢，则统谓之三耦拾取矢。犹主人戒宾之时，尚未射也，而其事归于射，则统谓之

---

① （清）盛世佐：《仪礼集编》卷首《凡例》，文渊阁《四库全书》第110册，第4页。
② （清）盛世佐：《仪礼集编》卷六，文渊阁《四库全书》第110册，第246页。
③ （清）盛世佐：《仪礼集编》卷七，文渊阁《四库全书》第110册，第272页。
④ （清）盛世佐：《仪礼集编》卷九，文渊阁《四库全书》第110册，第332页。
⑤ （清）盛世佐：《仪礼集编》卷九，文渊阁《四库全书》第110册，第338页。

乡射之礼耳。且下文众宾未拾取矢，皆袒决遂执弓，与此三耦拾取矢皆袒决遂执弓，相对为文，不得以为衍字。"① 王引之所言甚确。由此可证盛氏之说是，而朱子之说非也。

《燕礼》："设洗篚于阼阶东南，当东霤。"敖继公云："诸篇设洗无连言篚者，此有之，衍文耳。下别云'篚在洗西'，则于此言篚，文意重复。且篚在洗西，亦不可以东霤为节，其衍明矣。"盛世佐曰："洗篚之篚，当从敖氏作衍文。贾云洗，士用铁，大夫用铜，诸侯白银，天子黄金。夫一承弃水之器，而以金银为之，侈矣。敖说盖得之。"② 此"篚"字，武威汉简作"匪"，可见敖氏有疑古过勇之嫌。实际上，清代亦有人驳敖氏此说，如褚寅亮曰："'洗篚'二字，不妨连言，何必武断'篚'为衍字?"由此可见，盛氏从敖氏之说不可取。

据以上所列诸例，可知盛世佐的《仪礼》校勘方法多样，有本校、他校、理校等。清初张尔岐于《仪礼》校勘时仅据唐石经、监本和吴澄本，而盛世佐所参校的《仪礼》宋元版本则更多，故可弥补张尔岐校勘之不备。此外，盛氏从事《仪礼》校勘时显得颇为谨慎，不轻易下案断，亦不轻易改经。然而《仪礼》文本异常复杂，校勘工作亦十分艰难，盛氏所作之校勘，亦有失之深考者。胡培翚撰《仪礼正义》时，对盛世佐的《仪礼》校勘成果多有征引，盛氏于《仪礼》校勘之深远影响，由此得以窥见。

四、于前人《仪礼》解义之辨析

汉代以来，《仪礼》学虽算不上显学，然由于其所记礼仪制度对于朝廷议礼制礼，以及化民成俗，皆有重要的参考价值，故仍然受到历代经学家的重视。东汉郑玄集汉代《仪礼》学之成，撰《仪礼注》，该书可谓《仪礼》学最重要的文献，其影响绵延至今。魏晋南北朝时期，由于社会阶层的分化，强调阶层分别的礼仪制度受到特别重视，这集中体现在学人对《丧服》的重视。唐代经学一统，贾公彦集汉唐《仪礼》学之大成，撰《仪礼疏》，该书成为唐代以后治《仪礼》者的必备之书。宋人崇尚以义理解经，崇实黜虚之《仪礼》学受到冷落，然亦不乏聂崇义、陈祥道、李如圭、张淳、朱熹、杨复等《仪礼》学大家。元、明经学空疏，然敖继公、郝敬、吴澄之《仪礼》学尚可观。清初

---

① （清）王引之:《经义述闻》卷十，上海书店出版社 2012 年点校本，第 254 页。
② （清）盛世佐:《仪礼集编》卷十一，文渊阁《四库全书》第 110 册，第 411 页。

学人反明末阳明后学之流弊，他们的《仪礼》诠释，最能体现这一时期学人治经征实之特点。张尔岐、姚际恒、万斯大、李光坡皆属于该时期《仪礼》学的代表人物。盛世佐生活于清代雍正、乾隆年间，其《仪礼集编》正是在遍览前人经解之基础上撰写而成的。

对于前贤之《仪礼》学，盛世佐曾有评论。如于郑玄之《仪礼》学，盛氏曰："康成祖谶纬，兼有牵率附会之病，同时通人已有讥其多臆说者。然其家世习礼，身复博通群籍，故其为文简严该洽，先王之制度赖以不坠，其功居多。王子邕虽力排之，而卒不能掩。贾公彦等作《疏》，芟除异议，郑《注》遂孤行至今。有宋而后，说经者多矣，他经旧说，多遭摈弃，而此书独以罕习，故得完。"① 于朱熹及其弟子所编《仪礼经传通解》，盛氏认为是"垂千古不刊之典，至于诠释多仍旧文"②。元人敖继公《仪礼集说》"间发新义"，"而于制度文为，反多阙而未备记，其优劣盖与陈澔之《礼记集说》等"③。至于明人郝敬的《仪礼节解》，则是"尤好立异"，"掊击郑、贾，不遗余力，而考据未精，穿凿已甚"④。在对诸家之《仪礼》解义作了整体上的评议之后，盛氏欲"并录诸家之说，断以己意，亦欲讲去其非，而求是耳"⑤。兹举数例，以见盛世佐于前贤《仪礼》解义所作之辨析。

《士冠礼》："赞者洗于房中，侧酌醴，加柶，覆之，面叶。"郑《注》："侧酌者，言无为之荐者。"贾《疏》："云'侧酌者，言无为之荐者'，谓无人为之荐脯醢，还是此赞者，故下直言荐脯醢，不言别有他人，明还是赞者也。《昏礼》赞醴妇，是赞者自酌自荐，经虽不言侧酌，侧自明也。"盛世佐驳之曰："按侧，偏也。房中侧，谓房中之西偏也。盖房中之洗直室东隅，则其于房为西侧也明矣。经言此者，著赞者洗觯之处也，'侧'字句绝。先儒以'侧酌醴'为句，而训侧为特，宜其说愈多，而愈支也。又案《昏礼》醴使者及醴妇，皆赞者自酌，还自荐脯醢，而不云侧酌，则《注》义绌矣。凡赞者之酌，未闻有佐之者，何独于是而云侧乎？"⑥《士冠礼》"侧尊一甒醴"，郑《注》："侧犹特也，

---

① （清）盛世佐：《仪礼集编》卷首《凡例》，文渊阁《四库全书》第 110 册，第 4 页。
② （清）盛世佐：《仪礼集编》卷首《凡例》，文渊阁《四库全书》第 110 册，第 4 页。
③ （清）盛世佐：《仪礼集编》卷首《凡例》，文渊阁《四库全书》第 110 册，第 4 页。
④ （清）盛世佐：《仪礼集编》卷首《凡例》，文渊阁《四库全书》第 110 册，第 4 页。
⑤ （清）盛世佐：《仪礼集编》卷首《凡例》，文渊阁《四库全书》第 110 册，第 4 页。
⑥ （清）盛世佐：《仪礼集编》卷二，文渊阁《四库全书》第 110 册，第 99 页。

无偶曰特。"郑氏、贾氏认为,"侧酌醴"与"侧尊"之"侧",皆训"特"。胡培翚曰:"'无偶曰侧'者,侧与特皆训独。"① 结合各家之说,可知此"侧"训"特"较妥,盛氏训"偏",与经义不合也。

《士冠礼》:"栉实于箪,蒲筵二在南。"张尔岐曰:"一为冠子,一为醴子也。在南,在三服之南,通指缺项、纚笄、组栉等,不专言蒲筵。《疏》云对下文侧尊一甒醴,在服北也。"盛世佐云:"张说得之,敖谓筵在箪南,非。"② 张尔岐认为此所谓"在南",当是蒲席在"三服"之南;敖继公认为"在南",当是在箪南。盛世佐以张氏之说为是,而敖氏之说为非。

《士冠礼》:"筮于庙门。"贾《疏》:"不筮月者,《夏小正》云:'二月绥多士女,冠子取妻时也。'既有常月,故不筮也。"盛世佐驳曰:"下经云'屦,夏用葛',又云'冬皮屦可也',然则冠无常月明矣。筮日而不筮月,筮之常法也。《疏》误。"③ 贾《疏》认为,冠子有常月,故不筮月。盛氏则认为,冠无常月,故不筮月,此乃筮之常法。受盛氏之启发,胡培翚曰:"古无筮月之法,贾说非也。"④

《士昏礼》:"昏礼,下达,纳采用雁。"此"下达"二字,郑《注》曰:"达,通达也。将欲与彼合昏姻,必先使媒氏下通其言。女氏许之,乃后使人纳其采择之礼。《诗》云:'娶妻如之何?匪媒不得。'昏必由媒,交接设绍介,皆所以养廉耻。"郑氏认为,"下达"即男方派人到女家提亲之义。朱熹则认为,此"下达"二字乃是因下文"用雁"而言,即大夫用雁而士用挚,昏礼自士以下至庶人皆用雁,有摄盛之义。盛世佐曰:"下达,犹言下际也。男尊女卑,而男必先施乎女,故云下达。昏礼六,自纳采以至请期,皆男氏使使者致命,而逆女,则壻又亲之,皆下达事也。天气下降而万物兴,明王下交而贤人出,男子下达,而昏姻之礼正。《易》咸卦以少男下于少女,而其《象》曰'取女吉',亦此意也。'下达'二字,足尽此篇之义矣。"⑤ 盛氏认为此"下达"之义乃男先施乎女,与郑玄之解义同,而与朱子之解义异也。

《士相见礼》:"曰:'某也愿见,无由达,某子以命命某见。'"此所谓"某

① (清)胡培翚、胡肇昕:《仪礼正义》卷一,北京大学出版社 2016 年点校本,第 52 页。

② (清)盛世佐:《仪礼集编》卷一,文渊阁《四库全书》第 110 册,第 89 页。

③ (清)盛世佐:《仪礼集编》卷一,文渊阁《四库全书》第 110 册,第 73 页。

④ (清)胡培翚、胡肇昕:《仪礼正义》卷一,北京大学出版社 2016 年点校本,第 20 页。

⑤ (清)盛世佐:《仪礼集编》卷三,文渊阁《四库全书》第 110 册,第 137 页。

子"，郑《注》："某子，今所因缘之姓名也。"贾《疏》认为，彼对面语，故不言名，此非对面之言，若不言名，直称姓，则不知是何人，故郑氏以姓名解之也。盛世佐驳曰："案古人男子无称姓者，'某子'之'某'所，因缘者之氏也，《乡饮酒》《乡射》所云'某子'同。《特牲》云'皇祖某子'，则谥也。《注》惟于《乡射》得之，余皆失经义。而《疏》每曲为之说，故不敢不辨。"①盛氏认为，《士相见礼》于此所言"某子"，乃称氏而非姓名，郑氏认为是姓名，而贾氏曲为之说，皆与经义不合。

《乡饮酒礼》之解题，郑玄曰："诸侯之乡大夫，三年大比，献贤者能者于其君，以礼宾之，与之饮酒，于五礼属嘉礼。"郑玄认为，乡饮酒礼有尚贤举能之义。宋吕大临则认为，乡人凡有聚会，皆当行此礼。盛世佐曰："此篇所陈，乃侯国乡大夫宾贤之礼。他如党正正齿位，州长春秋习射，及乡大夫士饮国中贤者，虽亦名乡饮酒，而其礼固不能无异也。自吕氏之说见采于《通解》，而后儒宗之，遂以为乡人聚会饮酒之通礼矣。然《论语》所载有尚齿之意，谓与党正饮酒法相似则可，援以证此则不可。且其所谓乡人者，乡之人耳，与《乡饮酒义》乡人士君子之乡人注以为乡大夫者亦别。"②盛氏认为，此篇所记乃乡大夫宾贤之礼，与党正正齿位、州长春秋习射及乡大夫士饮国中贤者之饮酒礼皆不同，亦非乡人聚会饮酒即乡饮酒礼。盛氏此说，是申郑《注》而驳吕氏也。

《乡饮酒礼》："主人一相迎于门外，再拜宾，宾答拜。拜介，介答拜。"郑《注》："相，主人之吏，摈赞传命者。"郑玄认为此"相"即主人之吏。盛世佐曰："按：《注》以相为主人之吏，而敖氏易之，非也。古者党有庠，术有序，教民之职在乡，则掌于州长党正以下，而统于乡大夫。在遂则掌于县正鄙师以下，而统于遂大夫。治民之官即教民之官，非若后世守令之外别有教职也。主人，乡大夫也，自州长以至比长，皆其属吏。此相恐是择州长中一人为之。《周礼·州长》职云：'三年大比，则大考州里，以赞乡大夫废兴。'则相主人者，舍州长而谁？学中有司如乐师、大小胥之属，于国学则有之，乡学则未之闻也。"③盛氏据《周礼·州长》，认为此相为州长。胡培翚《仪礼正义》于此全

---

①　（清）盛世佐：《仪礼集编》卷五，文渊阁《四库全书》第110册，第206页。

②　（清）盛世佐：《仪礼集编》卷六，文渊阁《四库全书》第110册，第238—239页。

③　（清）盛世佐：《仪礼集编》卷六，文渊阁《四库全书》第110册，第247页。

部征引盛氏之说，可见其对盛氏此说重视之甚。

《燕礼》："司宫尊于东楹之西，两方壶，左玄酒，南上。"郑《注》："司宫，天子曰小宰，听酒人之成要者也。"郑氏认为《燕礼》于此所言"司宫"即天子之小宰。盛氏驳之曰："司宫即天子之宫人也。……宫人中士则司宫下士也，小臣于天子为上士，以小臣设公席，以司宫设臣席，亦其差也。郑乃以小宰当之，误矣。小宰，诸侯之小卿也，以尊官而执斯贱役，可乎？"①盛氏认为，小宰即诸侯之小卿，位尊，不可执宫人之贱役。清人胡匡衷《仪礼释官》云："《公食大夫礼》注云：'司宫，大宰之属，掌宫庙者。'疏以《周礼》宫人当之，是矣。此注及疏释为小宰，甚误。……小宰，卿贰之官，秩尊职重，不得以司宫当之。"②胡匡衷之说，与盛氏之说如出一辙也。胡培翚《仪礼正义》，亦全部征引盛氏此说。

《士丧礼》："复者一人，以爵弁服簪裳于衣，左何之，扱领于带。"关于此"带"，张尔岐曰："扱领于带者，平叠衣裳，使领与带齐，并何于左臂，以便升屋也。"张氏认为，此"带"为复衣之带。盛世佐驳曰："带，复者之带也。复者，朝服则缁带矣。以左肩荷爵弁服，而插其领于己之带间，亦便其登梯也。复时既不用冠，则带鞸之属皆不用可知。张以带为复衣之带，非。"③盛氏认为，此带为复者之衣所有，将爵弁服之领插于己之带间，意在方便登梯。胡培翚《仪礼正义》引盛氏此说。

《士丧礼》："入，坐于床东。众主人在其后，西面。妇人侠床，东面。"贾《疏》："众主人直言在其后，不言坐，则立可知。妇人虽不言坐，案《丧大记》妇人皆坐，无立法。"盛世佐曰："入，入室也。众主人、妇人不言坐，蒙上'入坐'之文可知也。《疏》误。"④盛氏认为，上文有主人"乃坐"二字，可知众主人、妇人皆不坐。张惠言曰："经云众主人在其后，妇女侠床，俱不言坐，蒙上'入坐'文也。与《丧大祭》正合。"胡培翚云："盛氏、张氏之说似是。"⑤

据以上所列诸例，可知对于郑玄、贾公彦、朱熹、敖继公、郝敬、张尔岐

---

① （清）盛世佐：《仪礼集编》卷十一，文渊阁《四库全书》第 110 册，第 412 页。

② （清）胡匡衷：《仪礼释官》卷二，《续修四库全书》第 89 册，第 332 页。

③ （清）盛世佐：《仪礼集编》卷二十六，文渊阁《四库全书》第 111 册，第 281 页。

④ （清）盛世佐：《仪礼集编》卷二十六，文渊阁《四库全书》第 111 册，第 285 页。

⑤ （清）胡培翚、胡肇昕：《仪礼正义》卷二十六，北京大学出版社 2016 年点校本，第 1232 页。

等前贤之解义，盛世佐既有肯定，亦有质疑；既有文字之释义，亦涉及名物制度之考证。盛氏评断前人解义之标准，既有以经典为依据者，亦有义理之推衍。桑调元认为盛氏此书"送难钩玄，暗与古合，多抒特见，发前笺之所未尝。经奥之抉，疏讹之纠，耄中理解，刃之游且恢恢然"①。此虽有溢美之词，然也确实看到了盛氏《仪礼》诠释之价值。

五、《仪礼集编》的学术取向及影响

集众说以作解的诠释体式被称为"集解体"。清代以前，著名的"三礼"学集解体文献，汉代有郑玄的《三礼注》，唐代有贾公彦的《周礼疏》《仪礼疏》、孔颖达的《礼记正义》，宋代有王与之的《周礼订义》、朱熹及其弟子的《仪礼经传通解》、卫湜的《礼记集说》。清代的"三礼"学大盛，集解体"三礼"学文献比以前任何时代都多。《仪礼》学方面，清代第一部真正意义上的集解体文献当属盛世佐的《仪礼集编》。该书所征引前人解义达一百九十七家，其征引范围之广，在《仪礼》学史上可谓前所未有。

盛世佐《仪礼集编》所征引者不限于解经之作，其他如文集、语类、杂说等，只要与《仪礼》相关者皆在征引之列。广征博引之好处，在于从各个方面、各个角度对《仪礼》之记载加以诠释。以《仪礼集编》卷首为例，该卷言《仪礼》之纲领，共分十二部分，即通论制礼之本、序《礼经》废兴、论作经之人、论《仪礼》与《周礼》《礼记》不同、论《仪礼》不可废、论题号篇目次第、论《逸礼》、论古今文、论经礼威仪之别、杂论注疏传说得失、论读《仪礼》法、论以记传附经。在每一部分，盛世佐认为与该部分内容相关者，皆征引史志、官目、私目之记载以及经学文献之论述。如于"论《逸礼》部分"，盛世佐征引解义二十二家，分别是刘歆、桓谭、阮孝绪、孙惠蔚、孔颖达、朱熹、叶适、陈振孙、王应麟、敖继公、吴澄、汪克宽、湛若水、何乔新、吴继仕、郝敬、焦竑、张采、朱彝尊、毛奇龄、阎若璩、姜兆锡。各家之解义，有的言《逸礼》篇卷，有的言《逸礼》出处，有的言《逸礼》与《仪礼》十七篇之关系，有的言《逸礼》篇目及内容。各家所言《逸礼》之侧重点不同，然皆被盛氏采择。据盛氏所采之解义，读者对《逸礼》的各个问题皆能有认知，进而加以甄别和辨析。此外，盛氏通过对不同甚至相反观点之征引，可让读者对前人的各种解

---

① （清）桑调元：《仪礼集编序》，《仪礼集编》卷首，文渊阁《四库全书》第110册，第2页。

义有全面之认知。如于卷首《纲领》"杂论注疏传说得失"部分，苟崧、贾公彦等人对郑玄《仪礼注》持肯定态度，而孔融、沈括、敖继公、郝敬则否定之，卫湜、陈澔则在肯定的同时伴有质疑。尽管诸家对郑《注》的态度不同，但是盛世佐还是予以征引，以俟读者评断。

盛世佐《仪礼集编》征引广博，然绝非仅前人解义之简单罗列。其在面对前人解义时，认为有助于理解经义者则取之，无助于理解经义者则弃之。对于后人袭前人之说者，则仅取前人之解义，而弃后人之说。对于前后相似者，则详加辨析，而明其源流。支伟成评价盛氏此书曰："间有己见，更缀于诸儒之后，辨其异同，务归至当。其抉择之严，裁断之精，直欲与唐李氏《周易集解》、宋卫氏《礼记集说》相骖靳。"[1] 从表面上看，《仪礼集编》是大量材料的排比罗列，而实际上，该书于材料之去取蕴含着盛氏对前人解义之理解。盛氏在征引前人解义之先做了大量的辨析工作，从而大大提升了《仪礼集编》的学术价值。

从盛世佐采择前人《仪礼》解义之情况，亦可以见其学术之取向。汉唐学人治经，总体上倾向于文字训诂和名物制度之考证；宋人则一反汉唐学人解经重考据之习，他们以经典义理为治经的本质诉求。晚明以来，学界对宋学，特别是阳明心学末流之弊有深彻之反思，该时期学人治经普遍崇尚汉宋兼采。清末学人皮锡瑞曰："国初诸儒治经，取汉、唐注疏及宋、元、明人之说，择善而从。由后人论之，为汉、宋兼采一派；而在诸公当日，不过实事求是，非必欲自成一家也。"[2] 盛世佐生于康熙年间，而卒于乾隆后期，较清初诸儒晚数十年，其学仍体现了清初学人汉宋兼采之遗风。

据笔者统计，《仪礼集编》卷一《士冠礼》部分，盛氏征引卢植解义1次，郑玄解义54次，贾公彦解义26次，聂崇义解义4次，陈祥道解义2次，张载解义1次，朱熹解义13次，王应麟解义1次，杨复解义3次，蔡沈解义1次，敖继公解义36次，熊朋来解义1次，郝敬解义10次，姜兆锡解义5次，张尔岐解义27次。盛世佐自己所作考证24次。所征引诸家解义，汉唐共3家，宋代共7家，元、明各1家，清代共2家。《仪礼集编》卷三《士昏礼》部分，

---

① 支伟成：《清代朴学大师列传》，上海人民出版社2014年版，第73页。

② （清）皮锡瑞：《经学历史·经学复盛时代》，吴仰湘编：《皮锡瑞全集》，中华书局2015年版，第89页。

征引郑玄解义 63 次，贾公彦解义 18 次，孔颖达解义 1 次，聂崇义解义 1 次，陈祥道解义 2 次，陆佃解义 1 次，朱熹解义 2 次，敖继公解义 63 次，熊朋来解义 2 次，郝敬解义 18 次，冯复京解义 1 次，顾炎武解义 1 次，张尔岐解义 22 次，姜兆锡解义 2 次。盛世佐自己所作考证 28 次。所征引诸家解义，汉唐共 3 家，宋代共 4 家，元、明各 2 家，清代 3 家。据以上统计数据，可知盛氏格外重视征引汉人郑玄、唐人贾公彦、宋人朱熹、元人敖继公以及清人张尔岐的解义。据本文前面之论述，可知盛氏于诸儒解义既有肯定，亦有攻驳。盛氏《仪礼》诠释透显出的学术取向，即皮锡瑞所云"汉宋兼采"一派，而其辨别前人解义之是非，是以"实事求是"为标准。①

盛世佐《仪礼集编》受到后人的高度重视。四库馆臣评价是书曰："其持论颇为谨严，无浅学空腹高谈，轻排郑、贾之锢习。又杨复《仪礼图》久行于世，然其说皆本《注》《疏》，而时有并《注》《疏》之意失之者，亦一一是正。至于诸家谬误，辨证尤详。虽持论时有出入，而可备参考者多，在近时说礼之家，固不失为根据之学矣。"②馆臣之评价，实非虚言也。胡培翚撰《仪礼正义》时，对盛氏解义多有征引，并笃于尊信，由此亦可见盛氏《仪礼》解义之独特学术价值和深远影响。

第九节　沈彤的《仪礼》诠释

沈彤《仪礼》学的代表作是《仪礼小疏》。该书常见的版本有《四库全书》本和《皇清经解》本，《四库全书》本分为七卷，而《皇清经解》本分为八卷。《四库》本将《左右异尚考》置于第七卷之末，而《经解》本则将《左右异尚考》单列一卷。此外，《四库》本于卷一、三、五之末分别附《士冠礼监本刊误》《士昏礼监本刊误》《士丧礼监本刊误》，《经解》本则不收录此三篇刊误文字。《仪礼小疏》并非就《仪礼》十七篇而为之笺释，而是仅释《士冠礼》《士昏礼》《公

---

① 当代学人邓声国将盛世佐列入"弘扬朱学派"，原因是盛氏的《仪礼》研究重在继承与发展朱熹、黄榦等人治礼学的路子。（参见邓声国：《清代〈仪礼〉文献研究》，上海古籍出版社 2006 年版，第 138 页）而据笔者考察，盛世佐虽然重视朱熹之《仪礼》学，且有褒奖之言，然对于朱熹《仪礼经传通解》之体例并不认可，对于朱熹之解义亦时有攻驳，因此将盛氏列入"弘扬朱学派"似显不妥。

② （清）永瑢等：《四库全书总目》卷二十，中华书局 1965 年版，第 167 页。

食大夫礼》《丧服》《士丧礼》《既夕礼》六篇。沈彤通过辨析前人之解义,对《仪礼》经文注疏作了校勘,对名物制度作了考证。其《仪礼》学成就可从以下几个方面看来。

一、《仪礼》经文之校勘

沈彤《仪礼小疏》以明监本为校勘底本,并参考多种文献,采用多种方法,对《仪礼》经文和郑《注》作了细致的校勘。兹举数例以见:

《仪礼·士冠礼》:"主人玄冠,朝服。"郑《注》:"筮必朝服,尊蓍龟之道也。"沈彤曰:"'朝服'下,嘉靖本有'者'字。按:《疏》出注语及杨氏图并同。'道'下,嘉靖本无'也'字,杨图同。"①沈氏将自己所据《仪礼》郑《注》本与嘉靖本及杨复《仪礼图》相比较,指出嘉靖本及杨复图所征引郑《注》"朝服"下有"者"字,"道"字下无"也"字。

《仪礼·士冠礼》"素韠",郑《注》:"肩革带博三寸。"沈彤曰:"'三',《疏》作'二'。按郑此注本,《玉藻》彼文正作'二'。又'士大带广二寸',则'革带二寸'可知。当改正。"②沈氏据贾《疏》及《玉藻》,认为郑《注》此"三"乃"二"字之讹。考《仪礼集释》《仪礼经传通解》,可知此"三"皆作"二"。阮元云:"作'二',与《玉藻》合。"③

《仪礼·士冠礼》"有司如主人服",郑《注》:"今时卒吏及假吏是也。"沈彤曰:"'卒吏',朱子《通解》引《疏》作'卒史'。按《汉书·倪宽传》'补廷尉文学卒史',《黄霸传》'补左冯翊二百石卒史',《儒林传》'置五经百石卒史',皆作'史'。当改正。"④沈氏据《仪礼经传通解》《汉书》,认为"卒吏"当作"卒史"。沈氏此说为阮元所取。阮氏曰:"《通解》引《疏》曰:'卒史,假吏。'又举汉法为证也。沈说据此。然《疏》无此语,《通解》载注仍作'卒吏'。"⑤

《仪礼·士冠礼》"水在洗东",郑《注》:"水器,尊卑皆用金罍,及大小异。"沈彤云:"朱子《通解》云:"罍"下"及"字恐误。'彤谓'及',至也,

---

① (清)沈彤:《仪礼小疏》卷一,文渊阁《四库全书》第 109 册,第 907 页。
② (清)沈彤:《仪礼小疏》卷一,文渊阁《四库全书》第 109 册,第 907 页。
③ (清)阮元校刻:《十三经注疏(附校勘记)》,中华书局 1980 年版,第 948 页。
④ (清)沈彤:《仪礼小疏》卷一,文渊阁《四库全书》第 109 册,第 908 页。
⑤ (清)阮元校刻:《十三经注疏(附校勘记)》,中华书局 1980 年版,第 949 页。

言至其大小则异耳。"① 郑《注》"及"字，朱熹认为乃误字。沈彤则认为"及"字不误，乃"至"之义。沈氏此说为阮元所取。阮氏曰："《疏》云'及其大小异'，盖谓论其质，则尊卑皆用金罍，及论其形制之大小，则仍有异耳。"②

《仪礼·士昏礼》："昏礼，下达。"沈彤曰："凡篇题皆用经首句，故首句无不与篇题同。……则此经'昏礼'上当脱'士'字，'下达'上亦有阙文。玩郑《注》'必先使媒氏下通其言'，及引《诗》'匪媒不得'诸语，当脱'使媒氏'三字。"③ 沈氏据《仪礼》篇题通例，认为"昏礼"二字上脱"士"字；又据郑《注》和《诗》，认为此"下达"上脱"使媒氏"三字。

以上所列诸例，沈氏校勘时参考了明嘉靖本、陆德明《释文》本、朱熹《仪礼经传通解》本、杨复《仪礼图》本、敖继公《仪礼集说》本。实际上，《仪礼小疏》还参考了聂崇义《三礼图》本、李本、吴本。所谓李本即李如圭《仪礼集释》本，吴本即元吴澄《仪礼考注》本。沈氏还采用了多种校勘方法，本校、他校、理校等皆时见书中。在清中前期《仪礼》学史上，张尔岐《仪礼郑注句读》乃清代《仪礼》校勘之先声，然张氏主要论定字之正误，而鲜于缘由之说明。沈氏不仅论定经文和郑《注》字之正误，还于结论之缘由有论证。沈氏的《仪礼》校勘，是对宋代以来诸家《仪礼》校勘的继承和发展，其不少观点为卢文弨、阮元等人所采纳。

二、《仪礼》礼例之归纳

沈彤《左右异尚考》先征引《仪礼》经文，再征引郑《注》和贾《疏》，并结合敖继公《仪礼集说》的部分观点，对《仪礼》中的行礼者和礼器向位有所考证。兹举数例以见之：

《仪礼·士冠礼》："筮于庙门。主人玄冠，朝服，缁带，素韠，即位于门东，西面。有司如主人服，即位于西方，东面，北上。"沈彤曰："主人位东，而有司位西，尚右也。有司，宾也。凡宾位皆在右。"④

《仪礼·士冠礼》："主人玄端，爵韠，立于阼阶下，直东序，西面。兄弟毕袗玄，立于洗东，西面，北上。"郑《注》："位在洗东，退于主人。"沈彤曰：

---

① （清）沈彤：《仪礼小疏》卷一，文渊阁《四库全书》第 109 册，第 908 页。

② （清）阮元校刻：《十三经注疏（附校勘记）》，中华书局 1980 年版，第 949 页。

③ （清）沈彤：《仪礼小疏》卷三，文渊阁《四库全书》第 109 册，第 918 页。

④ （清）沈彤：《仪礼小疏》卷七，文渊阁《四库全书》第 109 册，第 990 页。

"凡立于堂下者,亦东西面,皆北上,与门外同。"①

《仪礼·士昏礼》:"质明,赞见妇于舅姑。席于阼,舅即席。席于房外,南面,姑即席。"沈彤曰:"凡室中之席皆南上,菹又在醢北。"②又曰:"敖氏《集说》:'奥,室中西牖下,少南也。布席东面北上,宜变于神席也。'"③

《仪礼·士昏礼》:"席于北牖下。妇彻,设席前如初,西上。妇馂。"贾《疏》:"西上者,亦以右为上也。"沈彤曰:"室中之席,东面者南上,南面者西上,人鬼同。"④

第一、二例言行礼主体之向位,第三、四例言礼器物之陈设。在第一、二例中,沈氏以"凡"字开头,意即类似前提下皆是此等结果。这是从《仪礼》内容中寻求规律。沈彤之后,凌廷堪《礼经释例》于《仪礼》所记饮食、器服、宾客等的规律皆有归纳,是《仪礼》礼例研究最重要的著作。沈彤《左右异尚考》集中于向位问题之探讨和归纳,可谓凌氏《仪礼》礼例研究之先导也。

三、《仪礼》文字训诂和名物之考证

沈彤精于考据,是乾嘉学派的代表人物之一。清人称沈彤的经学"尤足补汉宋以来注释家所未备,……颇足羽翼经传,其实学有足取者,与文章家又别论矣"⑤。沈彤于《仪礼》的文字训诂和名物制度考证,集中地体现了他的考据精神。

沈彤《仪礼小疏》有不少文字训诂的内容。兹举数例以见之:

《仪礼·士丧礼》:"左何之,扱领于带。"张尔岐曰:"扱领于带者,平叠衣裳,使领与带齐,并何于左臂,以便升屋也。"⑥敖继公谓:"爵弁,士之上服也,故复用之。左手何之,而空右手,为登梯备颠蹶也。"⑦沈彤曰:"《说文》云:'何,儋也。臣铉等曰:儋何,即负何也。'凡儋何、负何皆在肩背。敖云左手何之,张云左臂何之,皆非。"⑧沈氏据《说文》,释"何"为"儋",即负

① (清)沈彤:《仪礼小疏》卷七,文渊阁《四库全书》第109册,第991页。
② (清)沈彤:《仪礼小疏》卷七,文渊阁《四库全书》第109册,第993页。
③ (清)沈彤:《仪礼小疏》卷七,文渊阁《四库全书》第109册,第993页。
④ (清)沈彤:《仪礼小疏》卷七,文渊阁《四库全书》第109册,第994页。
⑤ (清)永瑢等:《四库全书总目》卷一百七十三,中华书局1965年版,第1529页。
⑥ (清)张尔岐:《仪礼郑注句读》卷十二,文渊阁《四库全书》第108册,第166页。
⑦ (元)敖继公:《仪礼集说》卷十二,文渊阁《四库全书》第105册,第441页。
⑧ (清)沈彤:《仪礼小疏》卷五,文渊阁《四库全书》第109册,第960页。

荷之义。此说与敖氏左手何之、张尔岐左臂荷之之说皆异。沈氏此说为胡培翚《仪礼正义》所引。

《仪礼·士丧礼》:"蚤、揃如他日。"郑《注》:"蚤读为爪,断爪揃须也。""揃",万斯大训"展",姜兆锡训"顺"。沈彤云:"按《说文》云:'揃,搣也。'搣,批也、捽也,捽持头发也。然则此经之'揃',谓持其须而理之也。《丧大记》云:'小臣翦须。'孔《疏》云:'治须也。'是孔盖读'翦'从揃矣。"① 沈氏据《说文》,训"揃"为"搣"。胡培翚云:"沈氏谓持而理之,皆与孔《疏》治须义近,说固可从。然以'揃'同展,及训揃为择、为顺,于字书无考,亦难据信。"②

沈彤《仪礼小疏》还有不少名物考证之内容。兹举数例以见之:

关于《士冠礼》之"士"字,沈彤曰:"士有已仕者,《周礼》上士、中士、下士是也;有未仕者,《王制》选士、俊士、进士皆是也。郑云童子任职居士位,已仕之士也,所引四民之士,即国之俊选未仕者也。此《士冠礼》,郑乃主任职居士位者。古者四十强而仕,何童子任职之有?下《记》云'天子之元子犹士也',盖以王太子入学受教即俊选之类,则彼士固指未仕者,而此为未仕者加冠之礼可知。又案《昏礼》'士乘大夫墨车',《注》云'摄盛',则未仕者而加仕者之冠亦摄盛,无不可也。郑专据周衰为言,误矣。近万充宗亦辨郑《注》,但于'士'字无确证耳。"③ 郑玄云:"童子任职居士位,年二十而冠,主人玄冠朝服,则是仕于诸侯。天子之士,朝服皮弁素积。古者四民世事,士之子恒为士。"郑玄认为,《士冠礼》所记行士冠礼者乃童子,此童子已任职居士位。沈彤据《周礼》《王制》,认为士分已仕和未仕,古代年四十而仕,童子不仕,更无任职,故郑玄误以加冠之童子为任职居士位者。实际上,清初万斯大已论及,然于"士"无详细之考证。沈彤在万斯大的基础上,引经据典,对此"士"之内涵作了深入的考察。沈氏此说影响深远,如胡匡衷曰:"士有已仕而有位者,上士、中士、下士是也。有未仕者,《玉藻》所谓居士,《王制》所谓选士、俊士是也。此冠礼虽士身加冠,但不必为有位之士。……观经云主人玄冠朝服,则其父固有位之士也,又云将冠者采衣纷则未仕为士可知。敖氏谓此

---

① (清)沈彤:《仪礼小疏》卷五,文渊阁《四库全书》第109册,第967页。
② (清)胡培翚、胡肇昕:《仪礼正义》卷二十六,北京大学出版社2016年点校本,第1265页。
③ (清)沈彤:《仪礼小疏》卷一,文渊阁《四库全书》第109册,第902页。

篇主言士冠其子之礼，义亦得通。古者四十强而仕，岂有童子居士位哉？郑氏之说失之。"① 胡氏于此驳郑玄之说，沈彤之说隐约可见也。

《仪礼·士冠礼》："设洗直于东荣。"郑《注》："荣，屋翼也。"李如圭《仪礼释宫》引《说文》"屋梠之两头起者为荣"，认为梠即檐也，檐之东西起者曰荣。沈彤曰："彤按：二说，《释宫》为得其实。谓檐为荣，乃本郭璞注《上林赋》所云'南荣，屋南檐者'。以《说文》核之，郭亦误也。又《士丧礼》云'升自前东荣''降自后西荣'，前者南，后者北，由南北而言则曰东荣、西荣，由东西而言则曰前荣、后荣，故《丧大记》之西北荣与《士丧礼》之后西荣，一也。"② 沈氏据《说文》，认为郭璞《上林赋注》所云"南荣，屋南檐者"有误。沈氏之说颇合宫室之制。黄以周云："郑云：'霤，屋檐也。'霤即屋梠；荣，屋梠之两头起者：此荣霤之别。"③ 沈氏以李氏引《说文》之说为是，荣、霤之辨可得而见也。④

《仪礼·士冠礼》："缁布冠缺项。"郑《注》："'缺'读如'有頍者弁'之'頍'。缁布冠无笄者，著頍，围发际，结项中，隅为四缀，以固冠也。"敖继公驳郑《注》曰："此缺项者，盖别以缁布一条围冠，而后不合，故名之曰缺项。谓其当冠项之处，则缺也。"⑤ 万斯大云："'缁布冠缺项'，'项'指冠之后与初加缁布冠宾右手执项、再加皮弁宾右执项之项同。以其冠时附著于项，故曰项。'缺项'，谓冠后两开不相属。'青组缨属于缺'，谓以青组系缺，冠时合两组结之，而垂其余为缨也。郑《注》读'缺'如'有頍者弁'之'頍'，谓'著頍，围发际，结项中，隅为四缀，以固冠'，则凿矣。"⑥ 万氏认为，此"项"指冠的后部，"缺项"非指一物，而是谓冠后两开不相属者。沈彤驳万氏曰："缺项所以固缁布冠者，其用与皮弁之笄、爵弁之笄同，乃自为一物，非虚言冠项之缺也。郑读'缺'如'頍'，谓其制围发际结项中，隅为四缀；敖读如字，谓别以缁布一条围冠，而后不合。皆无正文，不辨其孰是，然并以缺项为固冠之物，则不可易

---

① （清）胡匡衷：《仪礼释宫》卷首，《续修四库全书》第 89 册，第 310 页。

② （清）沈彤：《仪礼小疏》卷七，文渊阁《四库全书》第 109 册，第 912 页。

③ （清）黄以周：《礼书通故》卷二，中华书局 2007 年点校本，第 51 页。

④ 四库馆臣云："考《景福殿赋》曰：'南距阳荣，北极幽崖。'是南檐通名荣之显证。亦不得云郭注为误。"[（清）永瑢等：《四库全书总目》卷二十，中华书局 1965 年版，第 167 页] 馆臣此说未能深考，不可据也。

⑤ （元）敖继公：《仪礼集说》卷一，文渊阁《四库全书》第 105 册，第 43 页。

⑥ （清）万斯大：《仪礼商》卷一，文渊阁《四库全书》第 108 册，第 256 页。

也。万充宗乃以冠后两开不相属为缺项，是缺项非一物，而本文五字专为下句张本矣。岂误以缁布冠与青组缨同箧，而忘其自置一匴乎？不思甚矣。"①沈氏认为，尽管郑氏与敖氏之说有异，然二者皆不否认缺项为一物；万氏以缺项乃虚言冠项之缺，不合冠制。

《仪礼·士丧礼》："妇人侠床，东面。"郑《注》："妇人，谓妻妾子姓也。亦嫡妻在前。"万斯大认为，凡《仪礼》丧祭称主妇者，皆宗子之妻，而非宗子之母。沈彤曰："《丧大记》云：'君之丧三日，子、夫人杖。大夫之丧，主人、主妇、室老皆杖。士之丧，主人杖，妇人皆杖。'《注》云：'妇人皆杖，谓主妇，容妾为君、女子子在室者。'《丧服》'妻为夫杖，妇为舅姑不杖'，明夫人与主妇皆死者之妻。本注嫡妻即主妇，故贾决妻妾子姓，据死者是也。……又《丧服小记》云：'妇人不为主而杖者，姑在为夫杖。'是姑在，虽夫死不为主，况舅丧而顾为之主分，义不全乖乎？如万说，实有于妇、姑两无所处者，未密也。"②《士丧礼》所言"妇人"，郑玄认为乃妻妾子姓；万斯大驳郑玄，认为此所言"妇人"乃宗子之妻，而非宗子之母。沈彤据《礼记·丧大祭》《仪礼·丧服》经文注疏，认为此"妇人"并非仅宗子之妻。沈氏此说申郑氏而驳万氏，受到胡培翚的赞同，胡氏曰："沈申郑义皆是。"③

四、《仪礼》礼意之阐发

沈彤在从事《仪礼》诠释时，重视仪节背后意义之阐发。兹举数例以见之：

《仪礼·士冠礼》："彻皮弁、冠、栉、筵。入于房。筵于户西，南面。"郑《注》："彻者，赞冠者、主人之赞者为之。筵，主人之赞者。"贾《疏》："知主人之赞者设筵者，以上文筵于东序，已遣主人之赞，故知此亦主人之赞者也。"沈彤曰："上筵于东序少北者，将成之而示之代也。此筵于户西者有成，而以客尊之也。皆主人意也，故皆主人之赞者为之。"④郑玄认为，此筵乃主人之赞者设之，而于其中的原因无交代；贾氏认为，知此为主人之赞者为之，是因为上文筵于东序乃主人的赞者为之。沈氏认为，上文筵于东序及此筵于西序皆主

---

① （清）沈彤：《仪礼小疏》卷二，文渊阁《四库全书》第 109 册，第 914 页。

② （清）沈彤：《仪礼小疏》卷五，文渊阁《四库全书》第 109 册，第 961—962 页。

③ （清）胡培翚、胡肇昕：《仪礼正义》卷二十六，北京大学出版社 2016 年点校本，第 1233 页。

④ （清）沈彤：《仪礼小疏》卷一，文渊阁《四库全书》第 109 册，第 903 页。

人之意，故皆主人之赞者为之。沈氏此说，是对郑《注》、贾《疏》的深化。

《仪礼·士冠礼》："赞者洗于房中，侧酌醴。"沈彤曰："赞者之洗为酌醴而洗觯也。觯实于篚，篚置房中，与醴同在服北。又赞者初位在房中，冠三加之后仍入房，而筵又近在户西，则洗于房中固其所宜。万充宗读'赞者洗'为句，而谓就庭中之洗洗觯，失之矣。昏礼舅姑醴妇分南北洗，固取男女有别之义。此冠后醴子，陈器位，人多在房中行礼，又在户牖间，故于房中。"① 郑《注》："《昏礼》曰房中之洗'在北堂，直室东隅。篚在洗东，北面盥'。"万斯大驳曰："三加之后，筵于户西、南面，赞者洗（句），于房中侧酌醴。此谓冠毕醴子，赞者就阼阶下直东荣之洗洗觯而入房中，酌醴以授宾耳。郑氏读'赞者洗于房中'为句，谓房中之洗在北堂，直室东隅，篚在洗东，北面盥。此据昏礼妇洗为说，非也。"② 郑玄以"赞者洗浴房中"为句，意即此洗在房中；而万斯大以"赞者洗，于房中侧酌醴"为句，意即洗在堂下。沈氏认为，赞者最初之位在房中，此三加完毕行醴礼，亦当在房中，故此当读为"赞者洗于房中"。清代江筠《读仪礼私笺》所持之说与沈氏此说同。胡培翚云："万氏斯大读'赞者洗'为句，后人颇惑其说，惟沈氏彤、江氏筠辨之最力。……今沈、江二说，足破万氏之谬。"③ 沈氏驳万斯大而申郑玄，主要是从推理的角度而言。

《仪礼·士冠礼》："冠者见于兄弟，兄弟再拜，冠者答拜。见赞者，西面拜，亦如之。"沈氏曰："其不见，何也？盖见于母，见于兄弟，见于赞者，见于姑姊，皆冠毕而以成人见也。所见者，必先拜，虽母亦寓之于受脯，尊其成人而礼之也。父为冠主，则成之者也。宾与之加冠，则为其父而成之者也，故皆不见也。不见者，不宜见也。"④ 贾《疏》："不见父与宾者，盖冠毕则已见也。不言者，从可知也。"万斯大曰："父为冠主，宾以成礼，理无不拜，当三加既毕、未醴之前，时父在东序端，宾在西序，子即是而拜，无烦他适，并不必降阶，故不著也。"⑤ 敖继公则谓："不见父者，以难为礼也。盖此时冠者于凡所见者皆不先拜而答拜，乃其礼当然尔。父至尊也。是礼有不可行，故阙之。且父为冠主，虽不见之，亦无嫌也。不见宾者，宾既醴之，则交拜矣。是亦见

① （清）沈彤：《仪礼小疏》卷一，文渊阁《四库全书》第 109 册，第 903 页。
② （清）万斯大：《仪礼商》卷一，文渊阁《四库全书》第 108 册，第 256 页。
③ （清）胡培翚、胡肇昕：《仪礼正义》卷一，北京大学出版社 2016 年点校本，第 74 页。
④ （清）沈彤：《仪礼小疏》卷一，文渊阁《四库全书》第 109 册，第 905 页。
⑤ （清）万斯大：《仪礼商》卷一，文渊阁《四库全书》第 108 册，第 257 页。

也。若复行礼，则几于亵。"①沈氏认为，冠毕见母、兄弟、姑姊妹、乡大夫、乡先生，是以成人礼见；父为冠主，是冠者成人之成就者，宾是助父而成之者，故皆不宜见。沈氏据此，认为敖氏之说近是，而斯大之说为非。

《仪礼·士昏礼》："宾升，北面奠雁，再拜稽首，降，出。妇从，降自西阶。主人不降送。"沈彤曰："按此时女立房中，南面俟壻，婿当楣北面奠雁，拜，所谓执贽以相见也。婿妇之相见同此。始妇不答拜者，谦不敢当其盛礼也，盖稍还避之。妇人从夫者也，故无论夫下之而不敢当，即夫齐视之而亦不敢当，故夫有亲迎之礼，而妇无见夫之仪。夫执挚以拜，而妇不答拜，也不还其挚者，雁取有常节，随阳，义不可不受也。妇虽不敢当夫之下之齐之，而未尝不随者，所以明妇顺也。"②此妇与婿相见礼之意义，郑《注》、贾《疏》无解。沈氏则作了阐发，如妇"谦不敢当其盛礼""从夫""顺"等义，皆可补郑《注》、贾《疏》也。胡培翚《仪礼正义》征引了沈氏此段文字，可见胡氏对沈氏此说是认可的。

《仪礼·士丧礼》："复者降自后西荣。"郑《注》："降因彻西北厞，若云此室凶不可居然也。"贾《疏》："《丧大记》将沐，'甸人为垒于西墙下，陶人出重鬲。管人受沐，乃煮之。甸人取所彻庙之西北厞薪。'用爨之诸文，更不见彻厞薪之文，故知复者降时彻之，故郑云'降因彻西北厞'也。"沈彤云："彤谓西北厞乃室西北隅，隐暗之处，尸在其南。彻之者，去其盖蔽以通神也。降衣于前，不知魂之反不反，故又彻西北厞，意魂或自此而反也。然则北面招者求诸幽，彻西北厞者通诸幽也。此亦圣人知鬼神之情状，达孝子之心之一端。而郑谓'若云此室凶不可居'，然则是方冀其生，而即致死之不诚甚矣，岂招魂复魄之意耶？且果如郑言，彼毁庙尚必在迁主之后也，况尸在室而即彻厞，于人子之情安乎？"③郑氏、贾氏认为，复者降自后西荣，与升自前东荣有异；降自后西荣，意在彻西北厞，必彻西北厞者，是因为此室凶不可居也。而沈彤认为，此彻西北厞者是通诸幽，与招魂者北面求诸幽之义同；若依郑说，则与招魂复魄之意相去甚远。平心而论，沈氏此说颇得经义。胡培翚评价沈氏此说云："沈说尤详善。"④

---

①　（元）敖继公：《仪礼集说》卷一，文渊阁《四库全书》第 105 册，第 51—52 页。

②　（清）沈彤：《仪礼小疏》卷三，文渊阁《四库全书》第 109 册，第 925 页。

③　（清）沈彤：《仪礼小疏》卷五，文渊阁《四库全书》第 109 册，第 960—961 页。

④　（清）胡培翚、胡肇昕：《仪礼正义》卷二十六，北京大学出版社 2016 年点校本，第 1228 页。

沈彤在从事《仪礼》诠释时重视前人观点之辨析。其中着重解析的前人解义有四家，即郑玄《仪礼注》、贾公彦《仪礼疏》、敖继公《仪礼集说》和万斯大《仪礼商》。对于前人之解义，沈氏或申之，或驳之，无汉宋门户之见，一切皆以文本和是否符合古制为判断之标准。比如对于郑《注》，沈氏申之者多，驳之者亦不少；对于敖氏《集说》，肯定者有之，否定者亦有之，阙疑者亦有之。如《士丧礼》："系用靲。"郑《注》："靲，竹簪也。"敖继公云："靲字从革，似当为革之属。"①沈彤云："未详孰是。"②值得注意的是，沈氏对万氏《仪礼商》基本上是持否定态度。沈氏曾曰："万充宗之误尤多，故不暇辨。"③万斯大治经学务求新义，其于《仪礼》之诠释虽多发前人之所未发，然值得商榷者亦不少。据以上所列诸例，可知沈氏所言往往可破万氏之谬。乾嘉时期之经学考证较清初更为细致精微，由此可得见。

沈彤于《仪礼》之考辨，既重视文字训诂、文本校勘、名物制度考证，又不废礼意之阐发。四库馆臣认为沈氏"考证颇为精核"，"其说皆具有典据，足订旧义之讹"，"大抵援据淹通，无可訾议"④。不过，沈氏也有"过于推求，转致疏舛者"⑤。四库馆臣列举数例以明沈氏之疏失。如《士丧礼》"牢中旁寸"，郑《注》云"牢读为楼"，沈氏虽深信郑《注》，而终以"牢读为楼"无他证。馆臣考证曰："考焦延寿《易林》曰'失志怀忧，如幽陛牢'，又曰'失羊补牢，无益于忧'为韵。《淮南子·本经训》'牢笼天地，弹压山川'，高诱《注》曰：'牢读如屋溜之溜，楚人谓牢为溜。'盖萧肴豪尤四韵，古音本通，郑《注》即从当时之读。又考《水经注》引释氏《西域记》曰：'南河自于阗至鄯善，入牢兰海。'牢兰即楼兰，尤与郑《注》暗合。彤疑无证，是盖未尝深考也。"⑥馆臣有典据可从，足证沈氏之失。总的来说，沈彤在新的时代学风背景下所作的《仪礼》诠释，虽有不足，但是较清初为胜。四库馆臣曰："彤'三礼'之学亚于惠士奇，而醇于万斯大。"⑦此可谓公允之见。

---

① （元）敖继公：《仪礼集说》卷十二，文渊阁《四库全书》第105册，第453页。
② （清）沈彤：《仪礼小疏》卷五，文渊阁《四库全书》第109册，第969页。
③ （清）沈彤：《仪礼小疏》卷五，文渊阁《四库全书》第109册，第969页。
④ （清）永瑢等：《四库全书总目》卷二十，中华书局1965年版，第167页。
⑤ （清）永瑢等：《四库全书总目》卷二十，中华书局1965年版，第167页。
⑥ （清）永瑢等：《四库全书总目》卷二十，中华书局1965年版，第167页。
⑦ （清）永瑢等：《四库全书总目》卷二十，中华书局1965年版，第167页。

第十节　凌廷堪的《仪礼》诠释

凌廷堪（1757—1809）字仲子，又字次仲。安徽歙县（今安徽歙县）人。少赋异禀，年幼家贫，弱冠之年始读书。稍长，工诗及骈散文，兼为长短句。因仰慕同乡江永、戴震之学，遂潜心于经史之学。乾隆五十四年（1790）应江南乡试中举，次年中进士。例授知县，自请改为教职，入选宁国府学教授。曾主讲敬亭、紫阳等书院。其学无所不窥，于六书、历算以及古今疆域沿革、职官异同无不条贯，而尤精于礼学。著述有《礼经释例》《燕乐考原》《校礼堂文集》《梅边吹笛谱》《充渠新书》等。

凌廷堪认为《仪礼》所记礼仪有规律可循，他说："《仪礼》十七篇，礼之本经也。其节文威仪，委曲繁重。骤阅之如治丝而棼，细绎之皆有经纬可分也；乍观之如入山而迷，徐历之皆有途径可跻也。是故不得其经纬途径，虽上哲亦苦其难；苟其得之，中材固可以勉而赴焉。经纬途径之谓何？例而已矣。"① 凌氏认为，《仪礼》所记名物仪节虽然繁多，但是众多的礼仪有"经纬可分"，有"途径可跻"，若找到了这些"经纬"和"途径"，就找到了治《仪礼》之筦钥。这些"经纬"和"途径"就是所谓的"例"。

乾隆五十二年（1787）丁未，凌廷堪仿《尔雅》撰《礼经释名》十二篇。其言撰作之由曰："郑氏既注《礼经》，又注《戴记》，既注《尚书》，又注《伏传》，此其例也。自范蔚宗有'三礼'之称，而经传不分，后儒舍陋，束之不观，六籍遂阙其二，心窃惑焉。今拟区其门类，为《礼经释名》一书，年来粗有规模，到都日当以草创请正也。"② 后来，凌氏得知江永有《仪礼释例》，又见杭世骏《道古堂集》有《礼例序》，认为自己于《仪礼》之例的研究与江氏、杭氏有雷同之嫌，遂停止撰作。不过，通过查阅四库馆臣为江氏《仪礼释例》所撰提要，凌氏发现江氏之书仅有"释服"一类，为未成之书。其又考杭氏《礼例序》，发现杭氏于《仪礼》尚疏。鉴于此，凌氏"重取旧稿，证以群经，合者取之，离者则置之，信者申之，疑者则阙之"③。乾隆五十九年（1794），凌氏将《礼经释名》删繁就简，并仿杜预之于《春秋》，定书名为《礼经释例》。

① （清）凌廷堪：《礼经释礼序》，《凌廷堪全集》第 1 册，黄山书社 2009 年点校本，第 1 页。
② （清）凌廷堪：《与阮伯元孝廉书》，《凌廷堪全集》第 3 册，黄山书社 2009 年点校本，第 189 页。
③ （清）凌廷堪：《礼经释礼序》，《凌廷堪全集》第 1 册，黄山书社 2009 年点校本，第 3 页。

嘉庆四年（1799），凌氏在任职宁国府学教授的闲暇中完成了三稿的修订。嘉庆九年（1804）和嘉庆十三年（1808），凌氏先后完成了《礼经释例》四稿和五稿的修订。凌氏《礼经释例》五易其稿，前后长达二十二年，可谓呕心沥血之作。

一、于礼例之归纳

凌廷堪《礼经释例》一书共十三卷，区为八类，即通例四十则、饮食之例五十六则、宾客之例十八则、射例二十则、变例二十一则、祭例三十则、器服之例四十则、杂例二十一则，全书释例共二百四十六则。鉴于李如圭《仪礼释宫》已有宫室之例，凌氏此书遂未将宫室之例纳入。

凌廷堪所释之例，既有名物，亦有行礼之向位，还有仪节之开展。其分类的标准，既不是吉、凶、军、宾、嘉五礼，亦不是冠、昏、丧、祭、乡、射、朝、聘八礼，而是将《仪礼》整本书所记诸礼的名物、向位、仪节进行重新分类。表面上看，凌氏所作分类的界限并不清晰，比如通例中有宾客，宾客之例、射例、祭例之中有器服，祭例中有饮食，而凌氏又单列宾客之例、器服之例和饮食之例，故其分类似有重复之嫌。然而细究之后，可知凌氏于例之分类有其良苦用心。若依"五礼"或"八礼"划分，进而探求《仪礼》之例，那么出现的问题将会更多，因为诸礼中皆有饮食、器服以及通例中的内容。而将其划分为通例、饮食之例、宾客之例、射例、变例、祭例、器服之例、杂例八类，既考虑到比较特殊的射礼、祭礼之例，又考虑到其他诸礼普遍涉及的内容。《仪礼》所记乡射礼、大射礼、祭礼所涉及的器服、仪节与其他诸礼差别较大，不能杂入他例释之，故只能单独列出。而凌氏所列通例、宾客之例、饮食之例、器服之例等则遍及诸礼，如饮食之例中的醴礼涉及士冠礼、士昏礼、聘礼，器服之例中的几、席涉及士冠礼、士昏礼、乡饮酒礼、乡射礼、士丧礼、士虞礼、公食大夫礼、聘礼、觐礼、燕礼、特牲馈食礼。由此可见，凌氏是在对《仪礼》所记诸礼作综合考察之基础上才对例进行分类和归纳，其所归纳的八例可以最大限度地揭示《仪礼》所记诸礼的名物、向位和仪节的规律。

凌廷堪既重视辨析诸礼的异中之同，亦重视辨析诸礼的同中之异。如《乡饮酒礼》，此饮食之礼也；而《有司彻》祭毕饮酒，其例亦与之同。尸即《乡饮酒礼》之宾也；侑即《乡饮酒礼》之介也；主人献尸、主人献侑、主人受尸酢，即《乡饮酒礼》之主人献宾、主人献介、宾酢主人也。主人酬尸，奠而不举，即《乡饮酒礼》之主人酬宾、奠而不举；旅酬、无算爵，即《乡饮酒礼》之旅酬、无算爵。凌氏曰："此异中之同也。"①《有司彻》献尸、献侑及受尸酢，有豆笾、牢俎、匕湇、肉湇、燔从诸节；《乡饮酒礼》献宾、献介及酢主人，但荐与俎而已。《有司彻》献尸、侑毕，复有献长宾、主人自酢及酬宾之仪；《乡饮酒礼》只献众宾。《有司彻》无算爵，宾党则用主人酬宾之觯，主人党则用兄弟后生所举之觯以发端；《乡饮酒礼》则只使二人举觯于宾与介而已。凌氏曰："此同中之异也。"②

凌廷堪于《仪礼》之例的划分十分细密。如《仪礼》的很多篇目都有主人和宾，而这些人的身份地位并不完全相同。凌氏在辨析主人、宾的身份和地位之基础上，对主人迎宾所处位置之异同作了说明。如《士冠礼》和《士相见礼》所言宾、主人皆士，《聘礼》所言宾、主人皆卿，《公食大夫礼》所言宾、主人皆大夫，《觐礼》所言宾、主人皆侯氏。凌氏曰："皆宾、主人相敌者，故皆迎于大门外也。"③凌氏认为，宾与主人的地位相当，主人就到大门外迎宾。凌氏据《聘礼》《公食大夫礼》《燕礼》皆有公迎宾于大门内之记载，曰："皆主人尊者，故迎于大门内也。"④主人较宾为尊，亦有迎宾于大门外者。此又可细分为两类：一是示礼之隆盛。如《士昏礼》纳采之时，有主人迎宾于大门外之记载，亲迎之时，有女父迎婿于大门外之记载。凌氏曰："此主人尊者，而迎于大门外，以宾客接之，故盛其礼也。"⑤凌氏认为，主人之地位虽然较宾为尊，但是为了表示礼之隆盛，还是在大门外迎宾。二是表尊贤之义。如《乡饮酒礼》《乡射礼》主人为州长或乡大夫，宾为处士。凌氏曰："宾主不敌而迎于大门外者，尊贤，故具宾主正礼也。"⑥凌氏认为，州长或乡大夫较处士为尊，为示尊贤之义，故迎宾于大门外。此外，凌氏还对祝迎尸和主人迎尸两种特殊情况作了说明。《特牲馈食礼》《少牢馈食礼》有祝迎尸于庙门外，《有司彻》有主人出庙门迎尸，凌氏曰："盖以鬼神事尸则祝迎，以宾客事尸则主人迎。正祭之

---

① （清）凌廷堪：《礼经释礼序》，《凌廷堪全集》第 1 册，黄山书社 2009 年点校本，第 1 页。

② （清）凌廷堪：《礼经释礼序》，《凌廷堪全集》第 1 册，黄山书社 2009 年点校本，第 1 页。

③ （清）凌廷堪：《礼经释礼》卷一，《凌廷堪全集》第 1 册，黄山书社 2009 年点校本，第 22 页。

④ （清）凌廷堪：《礼经释礼》卷一，《凌廷堪全集》第 1 册，黄山书社 2009 年点校本，第 22 页。

⑤ （清）凌廷堪：《礼经释礼》卷一，《凌廷堪全集》第 1 册，黄山书社 2009 年点校本，第 22 页。

⑥ （清）凌廷堪：《礼经释礼》卷一，《凌廷堪全集》第 1 册，黄山书社 2009 年点校本，第 22—23 页。

尸，鬼神也；傧尸之尸，宾客也。故礼有不同焉。"①凌氏认为，《特牲馈食礼》《少牢馈食礼》与《有司彻》所记迎尸之礼不同，前者是以鬼神事尸，后者则是以宾客事尸。从凌氏对宾主地位和主人迎宾位置的辨析，可窥其于宾客之例的划分之细密。

凌廷堪在考察《仪礼》之例时，既重视归纳常例，又重视归纳变例。所谓常例，指一般情况下遵循的规则；所谓变例，指在特殊情况下所遵循的规则。在《礼经释例》中，凌氏所列例中有"变例"，凌氏所列"变例"，并非与常例不同的例，而是变化的仪节之例。比如"凡始卒于室，小敛后则奉尸于堂"，此是言始卒与小敛后尸所在的位置有不同，是一个变动的过程。又如"凡大敛于阼阶上，既殡则于西阶上"，此言大敛和既殡有不同的位置。此所言变例，是与常例相对的例，与《礼经释例》所列"变例"之例是不同的。下面列举数例，以见凌氏在言常例之外对变例所作的探讨。

在"通例"部分，凌廷堪以《士冠礼》《士昏礼》《少牢馈食礼》《有司彻》等作为依据，从而得出"凡妇人于丈夫皆侠拜"之常例。不过，《特牲馈食礼》《少牢馈食礼》《有司彻》还有妇人不侠拜之例，凌氏或征引郑《注》，或自己加以解释，以明妇人不侠拜的原因。如《特牲馈食礼》主妇亚献，郑玄《注》云："不侠拜，士妻仪简耳。"又《少牢》主妇献祝，祝拜受爵，主妇答拜，郑玄《注》云："不侠拜，下尸也。"凌氏于此征引郑玄《注》以释妇人不侠拜之原因。又如《少牢》主妇亚献，卒爵，《有司彻》主妇亚献，啐酒，卒爵，不宾尸之礼，尸醋主妇，卒爵，亦不侠拜。郑玄于此于主妇不侠拜不出解义。凌氏补充曰："皆隆杀之义。"②此即凌氏于不侠拜之特例的归纳和解释。

在"授受之礼"部分，凌廷堪据《仪礼》，认为行礼于尊者之前则同面受，不于尊者之前则讶授受。不过《士昏礼》纳采，授雁于楹间，南面，郑玄认为是"并受"。此并受非行于尊者之前，与常例不合。而在《聘礼》傧归饔饩使者，宾面卿，经文皆云"受币于楹间，南面"，与《士昏礼》纳采同。而郑玄认为授者北面、受者南面，非并受。凌氏曰："经同注异，窃疑《士昏礼》之注非也。盖郑、贾之说以讶受为尊卑相受法，并受为敌者相受法；敖氏之说则以讶受为行礼之事，并受为相礼之事，皆与经不合。今仍依郑氏注释之，而附

---

① （清）凌廷堪：《礼经释礼》卷一，《凌廷堪全集》第1册，黄山书社2009年点校本，第23页。
② （清）凌廷堪：《礼经释礼》卷一，《凌廷堪全集》第1册，黄山书社2009年点校本，第50页。

鄙见于此，俟深于礼者择焉。"①凌氏认为，并授受是行礼于尊者之前，而讶授受非行礼于尊者之前，《仪礼》大部分记载皆符合此例。不过凌氏也看到《士昏礼》纳采、《聘礼》傧归饔饩使者皆有不行礼于尊者之前时，郑玄或认为是并受，或认为是讶受。在凌氏看来，郑玄于《士昏礼》之解释有误。

在"饮食之例"部分，凌氏据《乡饮酒礼》《乡射礼》《燕礼》《大射仪》《士虞礼》《特牲馈食礼》《少牢馈食礼》《有司彻》等归纳出"凡主人进宾之酒谓之献"的常例。不过除了主人献宾之正礼外，凌氏还归纳出很多变例，如《乡饮酒》献介，献众宾，及遵旨入，公如宾，大夫如介。《乡射礼》献众宾，献遵，《燕礼》《大射》献公、卿，献大夫，献士及庶子，"皆次于宾者也"②；《燕礼》《大射》主人献公者，尊公，"不使与宾同也"③；《士虞礼》《特牲馈食礼》《少牢馈食礼》三献，"此室中事尸之礼，不与宾客同"④；唯《有司彻》之尸、侑，乃傧尸于堂之礼，始以宾客事之，尸如宾，侑如介。合乐毕，献公及笙，犹之《乡射礼》献获之及释获者、祭礼之献祝及佐食，"非宾、主人正礼矣"⑤。此外，《乡饮酒礼·记》《乡射礼·记》皆云献用爵，《燕礼》《大射》献用觚，《大射》献服不用散。在对进酒之礼作如此细致之辨析后，凌氏曰："细按之皆有条而不紊，圣人之心，精密如此，学者审诸。"⑥

二、归纳例时征引文献之原则

从书名可知，凌廷堪《礼经释例》意在释《仪礼》所记诸礼之例。全书所释例二百四十六则，其所依据者主要是《仪礼》经文和注疏，并间引《周礼》《礼记》经文和注疏以及其他经籍子书。凌廷堪认为，《仪礼》十七篇，"礼之本经也"⑦，"悉体夫天命民彝之极而出之，信非大圣人不能作也"⑧。在凌氏的观念

---

① （清）凌廷堪：《礼经释礼》卷二，《凌廷堪全集》第1册，黄山书社2009年点校本，第64—65页。

② （清）凌廷堪：《礼经释礼》卷三，《凌廷堪全集》第1册，黄山书社2009年点校本，第97页。

③ （清）凌廷堪：《礼经释礼》卷三，《凌廷堪全集》第1册，黄山书社2009年点校本，第97页。

④ （清）凌廷堪：《礼经释礼》卷三，《凌廷堪全集》第1册，黄山书社2009年点校本，第97页。

⑤ （清）凌廷堪：《礼经释礼》卷三，《凌廷堪全集》第1册，黄山书社2009年点校本，第97页。

⑥ （清）凌廷堪：《礼经释礼》卷三，《凌廷堪全集》第1册，黄山书社2009年点校本，第97—98页。

⑦ （清）凌廷堪：《礼经释礼序》，《凌廷堪全集》第1册，黄山书社2009年点校本，第1页。

⑧ （清）凌廷堪：《礼经释礼序》，《凌廷堪全集》第1册，黄山书社2009年点校本，第3页。

里,《仪礼》一书出自圣人,蕴含圣人之意,故为礼之本经。凌氏认为,持《周礼》出自王莽和刘歆伪撰之说者"非丧心病狂不至于此",不过他还是认为"《周官》晚出"①。凌氏认为,大小戴《礼记》"乃章句之余,杂记说礼之言,互相引证,不但非礼之经,且与传注有间"②。在凌氏看来,《仪礼》是经,而《周礼》《礼记》是传、记,传、记的记载有与经合者,有与经违者,只可以传、记证经,而"未可强经以就传、记也"③。

当《周礼》与《仪礼》之记载相违异时,凌廷堪据《仪礼》以断《周礼》记载为非。如《聘礼》郊劳,"受于舍门内",郑《注》:"不受于堂,此主于侯伯之臣也。公之臣受劳于堂。"贾《疏》:"按:《司仪》云:'诸公之臣相为国客,及大夫郊劳,三辞拜辱,三让,登听命。'是公之臣受劳于堂之事。"凌氏认为,"郑氏此注盖据《周礼》而推之,非《礼经》本义矣"④。在凌氏看来,《仪礼》蕴含圣人之意,《周礼》于此所记礼仪与《仪礼》不合,故《周礼》此之记载不合圣人之意。

当《礼记》与《仪礼》之记载相违异时,凌廷堪据《仪礼》以断《礼记》记载为非。如凌氏曰:"《玉藻》'公事自阇西,私事自阇东',但据《聘礼》而言,非礼之通例。且私觌虽先入门右,至主君辞之,仍入门左也。"⑤凌氏以《聘礼》为据,认为《玉藻》于此所记臣见君入门之礼非礼之通例。

凌廷堪还据《仪礼》以断郑《注》、贾《疏》之是非。如于会同、巡守之礼,经、注文多有疑义。《仪礼》先言"四传摈",后言"反祀方明",郑玄《注》引《朝事仪》,谓已祀方明,乃以会同之礼见诸侯;《仪礼》言"祭天燔柴",注引《大宗伯》,谓是祭日;《仪礼》言"祭地,瘗",注谓是祭月。凌氏曰:"皆显与经违,疑不能明也。"⑥凌氏据《仪礼》,认为郑《注》不可据。又如《士昏礼》贾《疏》:"《乡

---

① (清)凌廷堪:《礼经释礼》卷八,《凌廷堪全集》第1册,黄山书社2009年点校本,第319页。

② (清)凌廷堪:《与阮伯元孝廉书》,《凌廷堪全集》第3册,黄山书社2009年点校本,第189页。

③ (清)凌廷堪:《礼经释礼》卷一,《凌廷堪全集》第1册,黄山书社2009年点校本,第46页。

④ (清)凌廷堪:《礼经释礼》卷六,《凌廷堪全集》第1册,黄山书社2009年点校本,第198页。

⑤ (清)凌廷堪:《礼经释礼》卷一,《凌廷堪全集》第1册,黄山书社2009年点校本,第28页。

⑥ (清)凌廷堪:《礼经释礼》卷六,《凌廷堪全集》第1册,黄山书社2009年点校本,第221页。

饮酒》《乡射》皆主尊宾卑，故初至之时，主人升一等，宾乃升；至卒洗之后，亦俱升。"凌氏云："考《乡饮酒》经文，但云主人升，无'一等'二字，与《乡射》不同，疏说误也。"①凌氏于此以《乡饮酒礼》的经文为据，以断贾《疏》有衍文。

当汉代以后学人的解义与郑玄《注》有违异时，凌氏往往是申郑《注》而驳后人解义。如《士冠礼》"至于庙门，揖入，三揖"，郑玄《注》："入门，将右曲，揖；将北曲，揖；当碑，揖。"敖继公曰："三揖者，于入门左右之位揖，三分庭一在南揖，三分庭一在北揖。"凌氏认为敖氏此说"与注乖违，不可从也"②，凌氏于此据郑玄《注》，以断敖氏之说为非。

需要指出的是，凌廷堪以郑玄《注》优于后人解义并不是绝对的。如《燕礼》主人洗象觯献公毕，"更爵，洗，升，酌膳酒以降，酢于阼阶下"。郑玄《注》："更爵者，不敢袭至尊也。"贾《疏》："献君自酢同用觯，必更之者，不敢因君之爵。"《大射仪》主人献公毕，"更爵洗，升酌散"，郑玄《注》："更，易也。"张尔岐认为《燕礼》《大射仪》于此所言易犹更也，郑玄于"更""易"二字太生分别，疏家援证虽多，亦未见确据。凌氏曰："窃谓张氏之说是也。考《大射仪》主人献公毕，'更洗爵'，注：'更，易也。'则郑氏已不能自守其说，而疏文出于附会明矣。"③凌氏于此推崇张尔岐之说，而驳郑《注》和贾《疏》。

除了间引《周礼》《礼记》经文和注疏以释《仪礼》所记之例以外，凌廷堪还以儒家经典和先秦两汉诸子以及后世礼家之解义作为参证。其所征引者，既有《诗》《左传》《论语》《尔雅》《荀子》《竹书纪年》《汉书》《资治通鉴》等经史诸子之书，还有何休、杜预、聂崇义、陈祥道、李如圭、朱熹、杨复、陈澔、敖继公、顾炎武、张尔岐、毛奇龄、万斯大、方苞、盛世佐、惠士奇、陆陇其、汪绂、吴廷华、蔡德晋、任大椿、戴震、江藩等人之解义。而在诸家中，凌氏征引最多的是元代敖继公的《仪礼集说》。敖继公虽值经学积衰之元代，却仍能在"礼是实学"的立场上对《仪礼》进行诠释。正如清人所云："继公所学，犹有先儒谨严之遗，固异乎王柏、吴澄诸人奋笔而改经者也。"④清代学者很重视敖继公的《仪礼》学，比如乾隆年间官修《仪礼义疏》就推崇敖氏

---

① （清）凌廷堪：《礼经释礼》卷一，《凌廷堪全集》第1册，黄山书社2009年点校本，第32页。
② （清）凌廷堪：《礼经释礼》卷一，《凌廷堪全集》第1册，黄山书社2009年点校本，第30页。
③ （清）凌廷堪：《礼经释礼》卷五，《凌廷堪全集》第1册，黄山书社2009年点校本，第176页。
④ （清）永瑢等：《四库全书总目》卷二十，中华书局1965年版，第161页。

之说。凌氏重视敖继公的《仪礼》解义,对于胡培翚撰《仪礼正义》的影响是很大的。胡氏之书于敖氏解义多有征引,与凌氏不无关系。①

对于汉以后学人之解义,凌廷堪或从或驳,不一而足。如《聘礼》:"使者受圭,同面,垂缫以受命。"郑《注》:"同面者,宰就使者北面并授之。既授之,而君出命矣。凡授受者,授由其右,受由其左。"贾《疏》:"据《乡饮酒》《乡射》《燕礼》,献、酢、酬皆授由其右,受由其左,故云'凡'以广之。"凌氏曰:"详疏意,盖以献、酢、酬之授受者,并受也。考《乡饮酒礼》,主人'西南面献介','介进,北面受爵',则是讶受,非并受明矣。"②按:贾《疏》认为,《乡饮酒礼》《乡射礼》《燕礼》中的献、酢、酬皆是并授受,而《乡饮酒礼》中主人与介之授受为讶授受,而非并授受。又如《士丧礼》小敛以前奠于尸者,贾《疏》云:"以其始死,未忍异于生。"凌氏认为贾氏此说是。柩还以后,奠于室者,贾《疏》云:"此奠不设于室者,室中神所在,非奠死者之处也。"凌氏驳贾《疏》曰:"柩还以后,奠于室者,盖柩既离殡宫,则奠宜从柩,不能复设于殡宫之室也。"③凌氏认为,奠宜从柩,故柩还以后,奠不能设于殡宫之室,而非如贾《疏》所云殡宫之室非奠死者之处。授受之礼,同面为并授受,相向为讶授受。《聘礼》:"既述命,同面授上介。"敖氏曰:"此授受皆同面,别于聘时宾主之仪也。其不见者,以此求之。"凌氏驳敖氏曰:"敖氏盖谓聘时庙门外贾人、上介及宾之授受,非庙中宾主之仪,是相礼者之事,皆并受。不知非经义也。受命时,君尊,不与其臣行礼,故使宰授书、授圭,又皆北面于君,故并受。聘时,庙门外宾立,接西塾,东面。上介北面受圭,进西面授宾。宾东面,上介西面,明是讶受,不得以受命时并受例之也。"④按:凌氏认为,庙门外行聘礼时,贾人、上介和宾是以宾主之礼

---

① 程克雅曰:"敖氏着重器数典制,已是众所认同,然而敖氏驳议《郑注》的论学旨趣仍是回归汉学。至于朱子及其后学编纂之《通解》体例,敖氏率而不取,立场不言而喻。敖继公的礼学成果不但象征着宋元经学中仍具有笃守考据实学的方法学,同时也为后世兴盛的清代乾嘉时期考据学所宗。礼学与理学,汉学与宋学,实非截然不同的学术典范;而清人倡导考据,亦非不同典范的取代或骤然的改变。"(程克雅:《敖继公〈仪礼集说〉驳议郑注〈仪礼〉》,《东华人文学报》2000年第2期)

② (清)凌廷堪:《礼经释礼》卷二,《凌廷堪全集》第1册,黄山书社2009年点校本,第62页。

③ (清)凌廷堪:《礼经释礼》卷八,《凌廷堪全集》第1册,黄山书社2009年点校本,第273页。

④ (清)凌廷堪:《礼经释礼》卷二,《凌廷堪全集》第1册,黄山书社2009年点校本,第61页。

待之，故是讶授受，而非并授受。

三、《礼经释例》的学术价值和影响

凌廷堪《礼经释例》在《仪礼》学史上和中国礼学史上有着重要的学术价值和深远的学术影响，此可从以下四个方面来看：

第一，该书是《仪礼》学史上里程碑式的著作。

凌廷堪之前，中国《仪礼》学史上有四部里程碑式的著作，即汉代郑玄的《仪礼注》，唐代贾公彦的《仪礼疏》，宋代聂崇义的《三礼图集注》和朱熹的《仪礼经传通解》。汉代郑玄融合今古文以注《仪礼》，集汉代《仪礼》学之大成；唐代贾公彦以郑玄《注》为基础，采南北之义疏，集汉唐《仪礼》学之大成；宋代聂崇义撰《三礼图集注》，使以图解《仪礼》成为风尚。宋代朱熹以《仪礼》为经、《礼记》为传，经传相分又相参通，并旁及传记杂文以补经阙。此所列四部著作在治《仪礼》的方法上皆开风气之先，是《仪礼》学史上的标志性成果。

清代乾嘉时期朴学大兴，《仪礼》学之盛可谓空前。凌廷堪《礼经释例》是乾嘉时期朴学的代表作，受到当时和后世学人的高度肯定。如钱大昕曰："《礼经》十七篇，以朴学人不能读，故郑君之学独尊。然自敖继公以来，异说渐滋。尊制一出，学者得指南车矣。"[①] 阮常生曰："《礼经释例》……凡经中同异详略之文，多抒特见，务使条理秩然，非乡壁虚造，凭臆断以争胜于前人，其功不在后苍、大小戴、庆普诸人之下，海内学人当不苦其难读矣。"[②] 梁启超曰："凌次仲的《礼经释例》……将全部《仪礼》拆散了重新比较整理贯通一番，发现出若干原则。其方法最为科学的，实经学界一大创作也。"[③] 钱氏、阮氏和梁氏认为凌氏《礼经释例》于《仪礼》的研究方法具有开创性，为后人治《仪礼》也提供了方便。晚清学人刘师培将凌氏《礼经释例》与乾嘉时期其他礼学大家的《仪礼》学著作加以比较之后说："及江永作《礼经纲目》，于'三礼'咸有撰著。戴震、金榜承其学，同学之士，有胡匡衷、程瑶田，后有凌廷

---

① （清）钱大昕：《与凌次仲书》，《凌廷堪全集》第4册附录，黄山书社2009年点校本，第290页。

② （清）阮常生：《礼经释例序》，《凌廷堪全集》第4册附录，黄山书社2009年点校本，第307页。

③ （清）梁启超：《中国近三百年学术史》，上海三联书店2006年版，第174页。

堪、胡培翚，以廷堪《礼经释例》为最精。"① 刘师培认为凌氏《礼经释例》"最精"，实非虚言也。凌廷堪生活于乾嘉学派的活跃期，《仪礼》学早已成为这一时期学术研究的重要课题。清初以来，张尔岐、张惠言、惠栋、江永、戴震、卢文弨等人于《仪礼》皆有精深的研究，《仪礼》研究在乾嘉时期已蔚然成风。凌廷堪在《仪礼》之例的研究上前后共有二十二年，其所投入的精力和时间之多，研究之专精，是少有人可企及的。张惠言、惠栋、江永、戴震等人在《仪礼》研究上不乏创见，不过由于他们的学术研究领域颇为广泛，以至于在《仪礼》研究方面的规模和精深程度上与凌氏相比是有差距的。曾师事凌廷堪的胡培翚撰《仪礼正义》，该书在清代《仪礼》学史上也有很高的地位，该书文献征引虽丰富，然于礼书、例之辨析的力度却不及凌氏。凌氏之所以被奉为"一代礼宗"，是因为他在《仪礼》学方面着力是最多的。② 凌氏虽然不是探讨《仪礼》之例的第一人，但是他探讨《仪礼》之例的规模、深度以及影响是其他人皆无法企及的。可以想见，若没有对《仪礼》全书有全面而精深的研究，凌氏于《仪礼》之例的准确归纳和深刻辨析是不可能实现的。

第二，该书在《仪礼》之例的探讨方面有集大成意义。

《仪礼》所记冠、婚、丧、祭、乡、射、朝、聘的名物仪节十分繁杂，鉴于此，有人在从事《仪礼》研究时，较为注意归纳其所记名物仪节的规律。唐代杜佑《通典》于礼采用了《周礼·春官·大宗伯》所言吉、凶、军、宾、嘉五礼划分法。③ 宋代朱熹《仪礼经传通解》则按家、乡、邦国、王朝、丧、祭进行分类。清代徐乾学《读礼通考》的重点在探讨丧礼，其以历代先后为次第，说取类从，义贵条贯。秦蕙田《五礼通考》在徐氏之基础上将纂修内容扩展到"五礼"。由此可见，对礼进行分类编排和探讨是中国古代礼学研究的重要传统。

与杜佑、朱熹、徐乾学、秦蕙田等人不同的是，清人江永重视《仪礼》所记诸礼规律之探讨，其所撰《仪礼释例》就试图对《仪礼》所记之例进行归纳，然仅有"释服"一类，为未成之书。与江永一样，凌廷堪亦试图在《仪

---

① （清）刘师培：《经学教科书》，《刘申叔遗书》下册，凤凰出版社 1997 年版，第 2086 页。

② 卢文弨曾说凌廷堪"于《礼经》用功最深"。（见卢文弨：《校礼堂初稿序》，《凌廷堪全集》第四册，第 318 页）阮元亦说凌廷堪"贯通群经，而尤深于《礼经》"。（阮元：《次仲凌君传》，《凌廷堪全集》第 4 册，黄山书社 2009 年点校本，第 273 页）

③ 唐代贾公彦的《仪礼疏》中有对礼例所作之归纳，只不过贾氏所作的归纳仅是零星的，不成系统。

礼》所记诸礼中找出规律，而不是简单地对礼仪进行分类排比。杜佑、朱熹、徐乾学、秦蕙田通过对礼进行分类，将涉及相关礼仪的材料加以罗列，并略作辨析。而凌氏打破诸礼之藩篱，将诸礼中的相关内容集合到一起加以归纳和辨析。比如《士昏礼》和《乡饮酒礼》皆涉及宾客、饮食、器服，杜佑、朱熹、秦蕙田等人是将此两篇分开进行探讨，对于二礼中的宾客、饮食、器服等内容亦是分别陈述。凌氏则不然，其将《士昏礼》和《乡饮酒礼》皆涉及的宾客、饮食、器服的内容加以归纳，从而找出一些规律性的认识，这些规律性的认识既适用于《士昏礼》，亦适用于《乡饮酒礼》。凌廷堪所分通例、饮食之例、宾客之例、射例、变例、祭例、器服之例、杂例八类，几乎涵盖了《仪礼》所有的名物仪节。因此，凌廷堪虽然不是探讨《仪礼》之例的第一人，但是其所撰《仪礼释例》于例的归纳之全面、辨析之准确却是空前的。

凌廷堪之后，探讨《仪礼》之例者不乏人在，如晚清曹元弼和吴之英在从事《仪礼》研究时皆重视《仪礼》之例的归纳。如凌廷堪持"封建尊尊服制"之解经原则，此为曹元弼所承袭。曹氏认为，《仪礼》一书条理秩然，可以"尊尊亲亲"统之。他说："礼之大体，曰亲亲，曰尊尊，曰长长，曰贤贤，曰男女有别，此五者，五伦之道。而统之以三纲，曰君为臣纲，父为子纲，夫为妻纲。长统于亲亲，贤统于尊尊。三者以为之经，五者以为之纬。五者以为之经，冠、昏、丧、祭、聘、觐、射、乡以为之纬。冠、昏、丧、祭、聘、觐、射、乡以为之经，服物、采章、节文、等杀以为之纬。本末终始，同条共贯，须臾不可离也，一物不可缪也。"① 曹氏认为《仪礼》有经有纬，本末终始，同条共贯，乃体例谨严之书。曹氏以"亲亲尊尊"之义统摄《仪礼》全书，皆是对凌氏《礼经释例》思想的继承和发挥。晚清吴之英在《仪礼奭固》中亦有《仪礼》之例的归纳，这些例涉及饮食、宾客、祭祀、器服等方面。不过吴氏所归纳的例并不多，且不成体系。由此可见，虽然凌氏之后仍有学人继续探讨《仪礼》之例，但是他们所取得的成就是远不及凌氏的。

第三，该书对《仪礼》之例的归纳以及对《仪礼》的校勘有助于来学。

《仪礼》所记名物仪节十分繁杂，不同的礼仪，使用的名物和仪节有同中之异，亦有异中之同，纠纷难辨。自古以来，不少人苦《仪礼》难读，如唐代韩愈叹曰："余尝苦《仪礼》难读，又且行于今者盖寡，沿袭不同，复之无由，

---

① （清）曹元弼：《礼经学》卷一，《续修四库全书》第 94 册，第 545 页。

考于今诚无所用云,然文王、周公之法制粗在于是。"① 因此,清代以前的《仪礼》学远不及《礼记》学之盛。凌廷堪重视《仪礼》之例的归纳,他在林林总总的名物仪节中找出了一些规律性的认识,并以这些规律性的认识统贯诸礼仪,从而起到提纲挈领、以线串珠的作用。由于凌氏将复杂的问题简单化,所以《仪礼》的阅读者凭借这些规律性的认识可以较为容易地掌握该书的内容和特点。正如卢文弨所说:"君此书(指《礼经释例》)出,而天下始无有畏其难读者矣。"② 李慈铭说:"此书(指《礼经释例》)条综贯穿,已无遗谊。……注疏以下诸说,反复推明,觉繁重之仪,实本简易,尤有益于来学。"③"凌氏此书,综江氏《礼书纲目》之要,而加精密,条分缕析,诚学者之津梁也。"④ 吴廷燮亦说:"《仪礼》自韩昌黎已苦其难读,而缛节繁文,又多依当时之制,为后代所未习,故往往解释虽多,难得要领。且转滋疑误,于经旨有愈晦者。凌氏独能荟萃仪节一切,条分缕析,理其端绪,考其同异,审其差别,观其会通,皆以例释之,使若网在纲,如衣挈领,分类附丽,可谓治经专家。清儒于《仪礼》撰述綦多,实无堪与匹敌者。"⑤ 诸家皆认为凌氏《礼经释例》将《仪礼》化繁为简,颇有功于来学。

凌廷堪在从事《仪礼》之例的归纳和辨析过程中,对《仪礼》的文本也有校勘。如《士昏礼》《聘礼》皆云"建柶",《士冠礼》却作"捷柶",凌廷堪曰:"《士昏》《聘礼》皆云'建柶',唯《士冠》作'捷柶',开成石经亦作'建柶',盖后人因《释文》而误改,当从石经也。"⑥ 戴震云:"《释文》云'捷柶,初洽反',本又作'插',亦作'扱'。张淳《仪礼识误》以为注之'扱柶',《释文》作'捷柶'。李如圭以为经之'建柶',《释文》作'捷柶',今注疏本此处经文作'捷

① (唐)韩愈:《读仪礼》,《韩愈文集江校笺注》卷一,中华书局 2010 年标点本,第 124 页。

② (清)卢文弨:《校礼堂初稿序》,《凌廷堪全集》第 4 册附录,黄山书社 2009 年点校本,第 318—319 页。

③ (清)李慈铭:《越缦堂读书记》,《凌廷堪全集》第 4 册附录,黄山书社 2009 年点校本,第 296 页。

④ (清)李慈铭:《题礼经释例》,《凌廷堪全集》第 4 册附录,黄山书社 2009 年点校本,第 308 页。

⑤ 中国科学院图书馆整理:《续修四库全书总目提要》经部上册,中华书局 1993 年版,第 505 页。

⑥ (清)凌廷堪:《礼经释礼》卷五,《凌廷堪全集》第 1 册,黄山书社 2009 年点校本,第 159 页。

栖兴'，乃误据《释文》改经。考之他篇经文仍作'建栖'，不得此处独异。唐石经亦作'建栖'，则《释文》指注非指经，明矣。"①凌氏此说虽是承自戴震，但作了申论。又如《礼记·丧大记》："寝东首于北牖下。"郑玄《注》："谓君来视之时也，病者恒居北牖下。或为'北墉下'。"凌氏云："宫室之制，室在堂后，南有牖，北惟墙，无牖也。士大夫以上皆同。《诗·豳风·七月》'塞向墐户'，毛氏《传》：'向，北出牖也。……庶人筚户。'然则北牖盖庶人之室，士大夫不尔也。……考《既夕·记》'寝东首于北墉下'，陆氏德明《释文》：'墉，音庸。'《丧大记》此语本引《既夕·记》，当作'北墉下'，郑《注》正之，是也。《论语集注》'礼，病者居北牖下'，盖承《丧大记》之误矣。"②凌氏据郑玄《注》、毛氏《传》以及《既夕·记》，认为《丧大记》此"牖"当作"墉"。任启运、段玉裁、胡培翚皆持凌氏此说。凌氏的《仪礼》校勘成果多为胡培翚《仪礼正义》所采纳，亦是阮元《仪礼校勘记》的重要参考材料。

第四，此书澄清了一些《仪礼》名物仪节上的纠纷难辨之处。

凌廷堪在从事《仪礼》之例的探讨时，对于与常例不同的变例作了很多探讨，对于不可归入通例、饮食之例、宾客之例、射例、变例、祭例、器服之例的，则归入杂例。这些变例是《仪礼》对不同境况下的名物仪节的不同安排，在这些细微的差别中，隐含着制礼者对道德人伦和社会秩序的深刻认知。比如《聘礼》享毕，有宾觌之礼，而《觐礼》享后无宾觌，凌氏曰："《觐礼》享后无觌者，诸侯亲见于天子，享时已申其敬，无缘复有私觌也。《聘礼》享后有觌者，享是聘宾致其君之命，至觌时聘宾始得自申其敬。盖聘宾代君行礼，故享后另有私觌，与觐不同也。"③凌氏认为，《聘礼》之享是聘宾致其君之命，到觌之时聘宾才能自申其敬；觌是诸侯亲见天子，享时已申其敬，故不再有私觌之礼。又如射例，凌氏辨析大射与乡射之别曰："《乡射》告于宾者，尊宾也。《大射》告于公者，尊公也。《乡射》初射，告宾复告主人者，宾、主人敌也。《大射》再射，告于公，遂命宾者，尊宾以耦公也。告宾于西阶者，宾在西阶也。告公于阼阶上者，公在阼阶也。《大射》再射，升自西阶，请射于公者，便于

---

① （宋）李如圭：《仪礼集释》卷一，文渊阁《四库全书》第103册，第47页（戴震校语）。
② （清）凌廷堪：《礼经释礼》卷八，《凌廷堪全集》第1册，黄山书社2009年点校本，第266页。
③ （清）凌廷堪：《礼经释礼》卷六，《凌廷堪全集》第1册，黄山书社2009年点校本，第211页。

命宾也。告宾于阶上，告公于阶下者，君臣之义也。"① 凌氏于此对《大射》《乡射》不同仪节的内涵作了说明，如《大射》告于公，意在尊公，而《乡射》初射时告宾又告主人，是因为宾与主人的地位相当。凌氏对这些变例的归纳和辨析，对于深入认识《仪礼》的仪节有着重要的参加价值。

凌廷堪通过对《仪礼》之例的考察，从而考见《仪礼》行文中的省略部分。在凌氏看来，既然《仪礼》所记诸礼的名物仪节有规律可循，那么反过来，根据规律就可看出《仪礼》行文时的省略部分。比如在通例部分的"凡入门，宾入自左，主人入自右"条，凌氏引《公食大夫礼》"及庙门，公揖入，宾入"，曰："经不云左右者，文不具也。其实皆宾入门左，主人入门右也。"② 凌氏据宾、主人入门之例，认为《公食大夫礼》于此省略了"入门左""入门右"之内容。在饮食之例部分，凌氏据《士昏礼》女父醴使者，"西阶上北面坐，啐醴，建柶，兴，坐奠觯，遂拜"，曰："主君醴聘宾，但云'北面坐，啐醴'，不云'西阶上'。皆文不具也。"③ 凌氏据《士昏礼》女父醴使者有"西阶上北面坐"，从而判定《聘礼》主君醴聘宾时所云"北面坐，啐醴"之前省略了"西阶上"三字。通过《仪礼》之例，该书作者在行文中的省略部分就很容易看出。

凌廷堪《礼经释例》并非完美无缺，比如其重视礼之名物仪节之例的归纳，而于《仪礼》经文本身缺乏考察和反思，以至于《礼经释例》于《仪礼》经文无例。正如晚清《仪礼》学家曹元弼所说："凌氏《礼经释例》而未及经例，然经例不明，则圣人正名、顺言、决嫌、明微，精义所存不著不察，而经文详略异同若有与礼例不符者，其何以解？害辞害志之惑而深塞，离经叛道之源欤。《传》曰：'属事比辞，《春秋》教也。'周公制礼，犹孔子作《春秋》，《春秋》一字一句皆褒贬所寓，《礼经》一字一句亦皆名义所关。凌氏释礼例，属事也；今释经例，比辞也。言不顺则事不成，古之圣者作经，莫不有立言之法，古之明者解经，莫不精究其立言之法。"④ 曹氏认为，凌氏能明礼例，而未能明经文例。鉴于此，曹氏说："夫治礼如治《春秋》，亦如治律，《春秋》与律一字不

① （清）凌廷堪：《礼经释礼》卷七，《凌廷堪全集》第 1 册，黄山书社 2009 年点校本，第 234 页。

② （清）凌廷堪：《礼经释礼》卷一，《凌廷堪全集》第 1 册，黄山书社 2009 年点校本，第 25 页。

③ （清）凌廷堪：《礼经释礼》卷五，《凌廷堪全集》第 1 册，黄山书社 2009 年点校本，第 159 页。

④ （清）曹元弼：《礼经学》卷一，《续修四库全书》第 94 册，第 568 页。

可忽也，故治礼者必以全经互求，以各类各篇互求，以各章各句互求，而后辞达义明，万贯千条，较若画一，人伦天秩，斯为真知。"① 曹氏归纳《仪礼》经文例数十条，大凡经文所可推见之内容、经文之条理、经文之叙事风格、经文之分节、经文之叙文、经文之省略互见、经文之同辞异辞、经文之法度、经文仪节之前后编排等皆有涉及。

此外，凌廷堪于仪节之考证亦有值得商榷之处。如《周礼》所言"九拜"之"振动"，杜子春曰："'振'读为振铎之'振'，'动'读为哀恸之'恸'。"凌氏认为杜氏此说最得经义。凌氏还指出，踊与稽头皆非拜，拜而成踊谓之振动，犹之拜而后稽头谓之吉拜也。方苞则认为，振动未尝拜，如《聘礼》宾入门，公再拜，宾辟；宾致命，公当楣再拜，宾三退，负序。辟与三退时，必振动以示不敢答拜，而震慑不宁，更甚于答拜，故列于五拜之前。凌氏驳方氏曰："《聘礼》'公当楣再拜'者，拜聘宾之君之命，非拜聘宾也。故聘宾三退负序，不敢答拜，厌于其君，盛礼不在己也。前此入大门时，公再拜，宾辟不答拜，亦然。主国之君非为己拜，何震慑不宁之有？方氏所云，不独陋妄穿凿，且不明礼意也。为人使者不答拜，是礼之通例，《聘礼》之外，如《昏礼》《公食大夫礼》《觐礼》之使者皆然。《礼经》具在，可考而知也。方氏之不知，而曲为之说，真方隅之见也。"② 凌氏申杜子春于"振动"之解释，影响十分深远。对于凌氏此说，后世礼学家的观点分为两派：一是申凌氏之说者，如夏炘亦谓踊者振也，哭者恸也；一是驳凌氏之说者，如孙诒让曰："拜必跪，而踊则立，丧礼之拜而成踊者，必拜毕兴乃踊，是踊与拜二事迥别。然则以踊为拜，杜说如是，究不甚通，恐非经义。"③ 黄以周曰："凌次仲、夏弢甫皆从杜注，以为即《士丧礼》之拜稽头成踊，踊者振，哭者恸。但拜稽头为凶拜，且哭踊于拜义无关，故不取。"④ 凌氏驳方氏之说固然有理，然凌氏于"振动"未必是确解也。

不过白璧微瑕，凌廷堪的《礼经释例》是乾嘉时期《仪礼》研究方面最具代表性的作品，也是清代实学史上的巅峰之作，具有重要的学术价值和深远的学术影响。

① （清）曹元弼：《礼经学》卷一，《续修四库全书》第 94 册，第 568 页。
② （清）凌廷堪：《礼经释礼》卷八，《凌廷堪全集》第 1 册，黄山书社 2009 年点校本，第 285—286 页。
③ （清）孙诒让：《周礼正义》卷四十九，中华书局 1987 年点校本，第 2014 页。
④ （清）黄以周：《礼书通故》卷二十一，中华书局 2007 年点校本，第 974 页。

第十一节 胡培翚的《仪礼》诠释

胡培翚（1782—1849）字载屏，一字竹村，号紫蒙，清代安徽绩溪（今安徽绩溪县）人。嘉庆十五年（1810）举于乡，二十四年（1819）成进士，殿试二甲，授内阁中书，充实录馆详校官。书成，擢户部广东司主事，后改云南司主事。道光八年（1828）充捐纳房差，揭露前任假照流弊。道光十年（1830）吏部追查审稿假照案，培翚又附和乞情者奏请免议，同被降二级调用。十三年（1833）后以亲老而不复出。历主钟山、惜阴、云间、娄东、庐州、泾川诸书院凡十余年，后得疾归里，卒于家。所著除《仪礼正义》外，还有《燕寝考》《禘祫问答》《研六室文钞》等。传见《清史列传》卷六九、《清史稿》卷四八二。胡培翚是清代《仪礼》学大家，他所撰《仪礼正义》四十卷，是其四十余年呕心沥血之作。① 今结合相关材料，对《仪礼正义》的撰作缘由、内容及学术价值加以探讨。

一、《仪礼正义》的撰作缘由及体例

胡培翚《仪礼正义》的撰作缘由，可从以下三个方面来看：

第一，胡培翚撰《仪礼正义》，受徽州文化的影响甚深。

胡培翚能在《仪礼》学方面取得丰硕的成就，与其家乡徽州的文化有密切的关联。徽州古称歙州、新安，是程、朱的祖籍或故乡，是宋明理学的发祥地，有着十分深厚的历史文化积淀。自南宋以来，徽州籍的经学家、诗人、忠

① 关于《仪礼正义》之成书，胡培翚侄子胡肇智云："道光乙巳，智奉讳南归，见《丧服经传》《士丧礼》《既夕礼》《士虞礼》四篇已成。《特牲馈食礼》《少牢馈食礼》《有司彻》诸篇草稿粗具，其余各篇皆经考订，尚未排比。先叔父初意专解《丧服》，故从丧祭诸礼起手也。是年四月患风痹，犹力疾从事，左手作书。以族侄肇昕留心经学，命助校写。己酉夏，尝寄智书曰：'假我数月，全书可成。'讵意背疽复发，遽于七月弃世。尚有《士昏礼》《乡饮酒礼》《乡射礼》《燕礼》《大射仪》五篇未卒业。江宁杨明经大堉，昔从先叔父学礼，因为补缀成篇。书中有'堉案'及'肇昕云'者，即二君之说，余皆先叔父原稿。"（胡肇智：《〈仪礼正义〉后跋》，《仪礼正义》卷末，北京大学出版社 2016 年点校本，第 1782 页）《清儒学案》云："（胡培翚）尝病《仪礼》贾《疏》多舛，乃有重疏之志。……书中惟《士昏礼》《乡饮酒礼》《乡射礼》《燕礼》《大射仪》五篇未卒业，弟子杨大堉续成之。"[（清）徐世昌：《清儒学案》卷九十四，人民出版社 2010 年点校本，第 2556 页] 由此可知，胡培翚生前，《仪礼正义》尚有五篇未成，胡培翚去世以后，胡肇昕、杨大堉在胡培翚原稿基础上补缀成篇。

臣、良相层出不穷，程朱理学、徽州朴学、徽州戏曲、徽州画派、徽州篆刻、徽州建筑皆闻名遐迩，是中国最有名的地域文化之一。清初以来，徽州朴学格外引人注目，徽州籍的姚际恒、江永、戴震、程瑶田、金榜、胡匡衷、胡秉虔、凌廷堪、胡承珙等都是声名赫赫的经学大家。

朱子的祖籍是徽州府婺源县，朱子所撰《仪礼经传通解》是礼学史上划时代的重要著作。受朱子重礼学风的影响，清代徽州经学家亦特别重视礼学。刘师培指出，清代徽州学人于礼学皆多有研究，他说："如江永作《礼经纲目》《周礼疑义举要》《礼记训义择言》《释宫补》，戴震作《考工记图》，而金、胡、程、凌于《礼经》咸有著述，此徽州学者通'三礼'之证也。"① 今人洪湛侯亦说："徽派朴学作为乾嘉时期学术上的一个重要学派，本质上属于经学学派。其对《诗经》、'三礼'及《论语》和《孟子》诸经皆有撰述，于《诗经》、'三礼'两门造诣尤深。"② 钱穆追溯徽州学人礼学之渊源曰："盖徽歙乃朱子故里，流风未歇，学者固多守朱子圭臬也。"③ 又曰："徽学原于述朱而为格物，其精在'三礼'。"④

胡培翚出生并长期生活在徽州这片土地上，受徽州文化的影响至为深远，"培翚治学……于徽派朴学渊源最深"⑤。徽州学人于礼学的研究，也为胡培翚的《仪礼》研究提供了深厚的文化土壤。正如有的学人所说："徽州人守朱子《家礼》，宗法结构十分严密，因此徽儒治学重点之一即在'三礼'，当时的学者如姚际恒、蔡廷治、江永、戴震、金榜、程瑶田、胡清㻲、胡匡衷、胡秉虔、凌廷堪、胡承珙等，都留下了礼学研究著作。特别是徽派朴学的奠基者——江永，留下了六部礼学研究著作。……胡培翚生活在徽州这样的环境中，于礼学研究当有得天独厚的条件，他自觉地接受徽州文化的浸染，专攻《仪礼》，取得了辉煌的成就。"⑥

胡培翚受徽州文化影响最直接的体现，是其《仪礼》学与其家学和凌廷堪的密切联系。

---

① （清）刘师培：《南北学派不同论·南北考证学不同论》，《国粹学报》第一年乙巳第七号，《学篇》。

② 洪湛侯：《徽派朴学》，安徽人民出版社 2005 年版，第 161 页。

③ 钱穆：《中国近三百年学术史》，商务印书馆 1997 年版，第 340 页。

④ 钱穆：《中国近三百年学术史》，商务印书馆 1997 年版，第 357 页。

⑤ 洪湛侯：《徽派朴学》，安徽人民出版社 2005 年版，第 242 页。

⑥ 陈功文：《胡培翚〈仪礼正义〉研究》，扬州大学 2011 年，博士学位论文。

培翚的始祖可推至唐代的胡宓，胡宓的七世孙胡舜陟官至金光紫禄大夫，此支胡氏遂称"金紫胡氏"。培翚的先人多治经学，为世所称道。培翚曾梳理家学渊源曰："吾胡氏，自宋诚甫公，邃于六经、三史，游太学，为诸生领袖。厥后三山公、苕溪公继之，理学、词章，为世宗仰。"① 此所谓"诚甫公"即胡宓，"三山公"即胡舜陟，"苕溪公"即胡仔。此三人或邃于经史，或长于词章。比如胡舜陟为北宋大观三年（1109）进士，历官监察御史、御史、集英殿修撰，著有《奏议文集》《论语义》《咏古诗》等。培翚的祖父胡匡衷笃学好古，治学严谨，不苟与先人同异。著述除《仪礼释官》而外，尚有《三礼札记》《周礼井田图考》《井田出赋考》《畿内授田考》《郑氏仪礼目录校证》《礼记官职考》《侯国官职考》等礼学专著。其所撰《仪礼释官》详考《仪礼》各篇所见诸侯之官，并分列为六大类，据郑《注》和贾《疏》，参以他经，次第解释，考证精详，用心良苦。培翚的叔祖胡匡宪、叔父胡秉虔皆刻志励学、兼通诸经。受家学的影响，培翚决意以重疏《仪礼》为己任。他在 32 岁时说："今夏，因校先祖《仪礼释官》，取《仪礼》全经覆读之，而贾氏之疏疏略、失经注意者，视《诗》孔疏更甚焉，遂有重疏《仪礼》之志。"② 由此可见，培翚在校《仪礼释官》时，已立下了重疏《仪礼》之志。

胡培翚撰《仪礼正义》还受其师凌廷堪的影响。歙县人凌廷堪精于礼学，被奉为"一代礼宗"。其所撰《礼经释例》在《仪礼》之例的探讨方面有集大成意义，是乾嘉时期《仪礼》研究方面最具代表性的作品。培翚于嘉庆十二年（1807）受学于凌廷堪。凌氏当时主讲城南紫阳书院，"自开课以后，始则大哗，继则信疑各半焉。而先生教思之诚，终不稍懈。尝语及门胡进士培翚曰：'仆既抗颜居此席，当思有益于后进，岂忍曲学阿世，取悦流俗，以误英俊之士乎？'"③ 培翚师从凌氏两载，获益颇多。培翚校《仪礼释官》时立下重疏《仪礼》之志，然信心并不足，坚固其志向的则是凌廷堪。培翚曰："然此事甚大，非浅学所能任，而以昔日犊闻于先祖，及丁卯、戊辰间从次仲师游，窃窥涂

---

① （清）胡培翚：《赠奉直大夫叔祖绳轩公行状》，《胡培翚集》卷九，台湾"中央研究院"中国文哲研究所 2005 年点校本，第 276 页。

② （清）胡培翚：《复夏朗斋先生书》，《胡培翚集》卷四，台湾"中央研究院"中国文哲研究所 2005 年点校本，第 116 页。

③ 张其锦编辑：《凌次仲先生年谱》，《凌廷堪全集》第 4 册，黄山书社 2009 年点校本，第 366 页。

径，又有未敢自诿者。伏惟先生教之，俾知从事，幸甚!"① 在《仪礼正义》中，培翚征引凌氏之说随处可见，胡氏受凌氏之影响由此亦可得见。

对胡培翚《仪礼》学产生影响的并非仅以上所列诸家。培翚交游甚广，如嘉庆二十四年（1819），培翚恩科会试，王引之是培翚的座师，此后胡培翚便以师礼事之。在《仪礼正义》中，培翚广泛征引王引之的《经义述闻》，可见王氏对胡氏影响之深。此外，培翚还与胡承珙、金鹗、郝懿行、陈奂等人有交谊。培翚既有深厚的家学渊源，又有一心向学之志，加之其勤于与同时代学人的砥砺切磋，所以他为《仪礼》作新疏可谓水到渠成了。梁启超说："竹村为胡朴斋（匡衷）之孙。朴斋著有《仪礼释官》，甚精洽，故《仪礼》实其家学。竹村又受业凌次仲，尽传其礼学，所以著《仪礼》新疏的资格，他总算最适当了。"② 梁氏此说看到了胡氏为《仪礼》作新疏的必然性。

第二，胡培翚撰《仪礼正义》，与他对《仪礼》文本的认知有关。

胡培翚认为，《仪礼》经文"非周公莫能作"③，他又说："《礼记·明堂位》曰'周公摄政六年，制礼作乐'，故崔氏灵恩、陆氏德明、孔氏颖达及贾氏皆云《仪礼》周公所作。韩氏愈云'文王、周公之法制粗在于是'，盖亦以为周公作也。孔子、孟子所云'学《礼》'，即谓此书。"④ 胡氏还认为《仪礼》经文的内容能体现圣人之意，"'三礼'惟《仪礼》最古，亦惟《仪礼》最醇矣"⑤。

在胡培翚看来，《仪礼》虽然出自周公，但是在流传的过程中出现了很多问题。他说："《仪礼》一经，自汉注、唐疏外，解者甚希。自宋王安石废罢，不立学官，而习者益希。沿及明季，版本传写，讹文脱字，往往而是。"⑥"是经由唐迄明，其颠倒错乱于冥心空腹者之手，视他经尤酷也。"⑦ 在胡氏看来，以前从事《仪礼》之诠释者并不多，此外，由于北宋王安石变法废罢《仪礼》，

---

① （清）胡培翚：《复夏朗斋先生书》，《胡培翚集》卷四，台湾"中央研究院"中国文哲研究所 2005 年点校本，第 116 页。

② （清）梁启超：《中国近三百年学术史》，上海三联书店 2006 年版，第 182 页。

③ （清）胡培翚、胡肇昕：《仪礼正义》卷一，北京大学出版社 2016 年点校本，第 4 页。

④ （清）胡培翚、胡肇昕：《仪礼正义》卷一，北京大学出版社 2016 年点校本，第 3 页。

⑤ （清）胡培翚、胡肇昕：《仪礼正义》卷一，北京大学出版社 2016 年点校本，第 4 页。

⑥ （清）胡培翚：《〈仪礼经注校本〉书后》，《胡培翚集》卷七，台湾"中央研究院"中国文哲研究所 2005 年点校本，第 201 页。

⑦ （清）胡培翚：《〈仪礼经注校本〉书后》，《胡培翚集》卷七，台湾"中央研究院"中国文哲研究所 2005 年点校本，第 204 页。

不立学官，以至于研习《仪礼》者更少；由于《仪礼》受到的关注不够，故在流传时讹文脱字、颠倒错乱现象严重，以至于圣人之意难显、礼教晦而不彰。培翚认为，为《仪礼》作新疏可为解决这一现实问题提供帮助。他说："念《仪礼》实为周公所作，有残阙而无伪托，其中冠、昏、丧、祭，切于民用，进退揖让，昭明礼意，若乡邑中得一二讲习之士，使众略知礼让之风，即可消兵刑于未萌。此翚所以急欲成书也。"① 胡氏认为，《仪礼》新疏之撰作有益教化，对于社会风气的醇化有积极意义。

第三，胡培翚撰《仪礼正义》，与他的学术经历有关。

胡培翚治《仪礼》，以《丧服》为切入点，"初意专解《丧服》"。培翚在完成《丧服》新疏之后，并不打算立即疏解《仪礼》全经，而是转治《毛诗》。不过在治《毛诗》的过程中，培翚生发回归治《仪礼》之念。胡氏在《复夏朗斋先生书》中说："前岁专力《毛诗》，以孔《疏》较他经特详，然失之繁冗，且有毛、郑大指本自不异，而《疏》强生分别者；有申《传》申《笺》，而不得其意者，读之颇多不安于心。比入都来，见为《毛诗》学者，尚不乏人，独'三礼'之书，讲求者少。"② 嘉庆十六年（1811），培翚赴京师游学，在京城期间，他与胡承珙、陈奂等人皆有交往。胡承珙、陈奂皆是治《毛诗》的大家。胡承珙的《毛诗后笺》和徐奂的《毛诗传疏》《毛诗说》皆为《诗》学方面的精到之作。从以上所引培翚之言，可知其在京师期间看到治《毛诗》者人众，且水平很高，遂又萌生治《仪礼》之念。

日本学者山本正一所撰《陈硕甫年谱》的"嘉庆二十四年己卯三十四岁"下的按语云："此年胡培翚入都应省试（成进士）。胡氏初治《诗》疏，病其粗陋，欲改订之，专攻《毛诗》。此时京中治此经者颇不乏人，遂改初志而专攻《仪礼》。在当时训诂学的全盛时期，被认定为最古最精的《毛传》，是多数学者必然研究的对象。此年在公祭郑君的诸人中，如果没有胡承珙、朱琦、徐璈及陈先生这样的治《诗》专家，胡氏可能未必改学。"③ 山本据胡氏《复夏朗斋先生

---

① （清）胡培翚：《上罗椒生学使书》，《胡培翚集》卷五，台湾"中央研究院"中国文哲研究所 2005 年点校本，第 168 页。

② （清）胡培翚：《复夏朗斋先生书》，《胡培翚集》卷四，台湾"中央研究院"中国文哲研究所 2005 年点校本，第 116 页。

③ ［日］山本正一：《陈硕甫年谱》，李寅生译，林庆彰、杨晋龙主编，陈淑谊编辑：《陈奂研究论集》，台湾"中央研究院"文哲所筹备处 2000 年版，第 130 页。

书》，认为培翚是在京城游学期间由治《毛诗》而转攻《仪礼》的。山本还推测，若不是在京师看到胡承珙、陈奂等人的《毛诗》学成就，培翚未必改学。山本此之表述虽不尽严谨，然而他对培翚治经转变的推测，是符合胡氏学术经历的。①

胡培翚《仪礼正义》的体例可从以下三个方面来看：

第一，胡培翚《仪礼正义》于《仪礼》句读之划分，多以张尔岐《仪礼郑注句读》为据，而时有更易。培翚曰："旧本经不分章，朱子作《经传通解》，始分节以便读者。至张尔岐《句读》本，分析尤详。此书分节多依张本，而亦时有更易云。"②据今人研究，《仪礼正义》"更易"情况主要表现在四个方面：一是对《仪礼郑注句读》未分节的部分加以分节，并概括节义；二是即使两书的分节一样，对节义的概括有时也不一样；三是将《仪礼郑注句读》中的一节拆分成几节；四是将《仪礼郑注句读》中的几节合并为一节。③

第二，胡培翚于《仪礼》十七篇的每一篇皆先列篇题，再录郑玄《三礼目录》的内容，接着征引历代学人之解义以疏解郑说。在正文部分，先录《仪礼》经文，再全录郑玄于该段经文之解义。接着以"疏"字起头，征引众家之说以释经文和郑《注》。在"疏"的部分，培翚往往先对不同版本如毛本、严本、徐本、石经本的文字加以辨析，再征引陆德明、张淳、李如圭、阮元、卢文弨的校语，并对这些校语作比较分析。在校勘之后，胡氏才疏郑玄《注》。在征引各家解义后，胡氏或不下按语，或下按语。其所下按语或按而有断，或按而不断。

第三，胡培翚以"补注""申注""附注"和"订注"疏郑玄《仪礼注》。何谓"补注"？培翚曰："郑君康成生于汉世，去古未远，其视经文，多有谓无须注解而明者。然至今日，非注不明，故于经之无注者，一一疏之，疏经即以补注也。"④何谓"申注"？培翚曰："郑君之注，通贯全经，囊括众典，文辞简

---

① 陈功文认为，山本此之按语中存在两处瑕疵：一是山本忽视了胡氏有"重疏《仪礼》之志"，不仅仅是因为与陈奂等人的交往所致，他校先祖《仪礼释官》时发现《仪礼疏》失经义者较孔氏《毛诗疏》更甚；二是山本将胡氏改志重疏《仪礼》后移至嘉庆二十四年（1819）公祭郑玄时，也与史实不合。（参见陈功文：《胡培翚〈仪礼正义〉研究》，扬州大学 2011 年博士学位论文，第 46—47 页）

② （清）胡培翚、胡肇昕：《仪礼正义》卷一，北京大学出版社 2016 年点校本，第 5 页。

③ 陈功文：《胡培翚〈仪礼正义〉研究》，扬州大学 2011 年，博士学位论文。

④ （清）胡培翚：《上罗椒生学使书》，《胡培翚集》卷五，台湾"中央研究院"中国文哲研究所 2005 年点校本，第 165 页。

奥，必疏通而证明之，其义乃显。"① 何谓"附注"？培翚曰："昔人谓读经凭注，读注凭疏，是故疏以申注，乃疏家之正则也。然六朝、唐人之作疏，往往株守注义，不参众说，故有'宁道周、孔误，莫道郑、服非'之谣。又孔冲远作《五经正义》，于《礼》则是郑而非杜，于《左传》则由又是杜而非郑。今人靡所适从，此岂非疏家之过乎？今惟求之于经，是非得失，一以经为断，勿拘'疏不破注'之例，凡注后各家及近儒之说，虽与注异，而可并存者，则附录之，以待后人之参考，谓之附注。"② 何谓"订注"？培翚曰："其注义有未尽确者，则或采他说，或下己意以辨正之，必求其是而后已，谓之订注。"③ 与贾公彦一样，胡培翚对郑玄《仪礼注》颇为重视，也特别推崇。不过与贾氏不同的是，培翚不唯郑是从，他在肯定郑玄《注》的同时，也偶持异议。

二、于《仪礼》之校勘

《仪礼》在流传的过程中，经文讹脱衍倒现象严重。正如阮元所云："《仪礼》最为难读，昔顾炎武以唐石刻九经校明监本，惟《仪礼》讹脱尤甚。"④ 培翚也说："沿及明季，版本传梓，讹文脱字，往往而是。"⑤"是经由唐迄明，其颠倒错乱于冥心空腹者之手，视他经尤酷也。"⑥ 因此，经文校勘是《仪礼》新疏的必要内容。培翚《仪礼正义》于《仪礼》经文所作之校勘及所取得的成就，可从以下两个方面来看：

第一，培翚所选《仪礼》经、注的底本和参校本颇为精到。

在文献的校勘中，底本的好坏直接关系到校勘质量的高低。此外，对文献

① （清）胡培翚：《上罗椒生学使书》，《胡培翚集》卷五，台湾"中央研究院"中国文哲研究所 2005 年点校本，第 165—166 页。

② （清）胡培翚：《上罗椒生学使书》，《胡培翚集》卷五，台湾"中央研究院"中国文哲研究所 2005 年点校本，第 166 页。

③ （清）胡培翚：《上罗椒生学使书》，《胡培翚集》卷五，台湾"中央研究院"中国文哲研究所 2005 年点校本，第 166 页。

④ （清）阮元：《仪礼注疏校勘记序》，《仪礼校勘记》卷首，《续修四库全书》第 181 册，第 287 页。

⑤ （清）胡培翚：《〈仪礼经注校本〉书后》，《胡培翚集》卷七，台湾"中央研究院"中国文哲研究所 2005 年点校本，第 201 页。

⑥ （清）胡培翚：《〈仪礼经注校本〉书后》，《胡培翚集》卷七，台湾"中央研究院"中国文哲研究所 2005 年点校本，第 201 页。

不同版本的占有程度也关系到校勘水平的高低。培翚《仪礼正义》所选《仪礼》经文的底本是唐石经，即"经从石经"①，"兹撰《正义》，经文俱从唐石经"②。培翚于经文底本的选择是颇有卓识的。唐石经始刻于唐文宗太和七年（833），刻成于开成二年(837)，是保存最古而且比较完整的石刻儒家经典。清初以来，学者们普遍重视金石材料的搜集和整理，比如清初顾炎武就十分重视金石学，在他的《求古录》《金石文字记》《石经考》等著作中，皆自觉地利用金石文字以校正古籍，他所搜集利用的金石中就包括唐石经。顾氏用唐石经校《仪礼》经文，发现了唐以后《仪礼》版本中的很多错误。此后，张尔岐、严可均、阮元等人皆用唐石经校勘《仪礼》。胡培翚继承顾炎武、张尔岐、阮元等人以唐石经校勘《仪礼》的传统，在《仪礼》的校勘方面取得了令人瞩目的成就。

胡培翚《仪礼正义》所选郑玄《注》文的底本是嘉庆年间黄丕烈士礼居重刻宋严州单注本，即"注从严本"③，"兹撰《正义》……注文俱从严本"④。嘉庆年间，藏书家黄丕烈从嘉庆状元王敬铭处访得一《仪礼》单注本，经黄丕烈、顾千里的判定，此书为宋刻《仪礼》严州单注本。该注本在嘉庆年间经黄丕烈重刻后行于世。由于宋版书无论是官刻本还是坊刻本皆非常重视校勘，所以宋刻本在内容上非常接近古本，选择宋本《仪礼》注文作为底本，是胡培翚的卓识。如《士冠礼》："主人玄冠，朝服，缁带，素韠，即位于门东，西面。"郑玄《注》："筮必朝服，尊著龟之道。缁带，黑缯带。……肩革带博二寸。"胡培翚曰："注'筮必朝服，尊著龟之道也'，毛氏汲古阁本如是，严、徐《集释》、杨氏'服'下俱有'者'字，'道'下无'也'字。又'黑缯带也'，严本、《集释》俱无'也'字。'白韦韠也'，严、徐、《集释》俱无'也'字。'肩革带博三寸'，严本、《集释》《通解》、杨氏'三'俱作'二'。《校勘记》云：'作"二"与《玉藻》合。'今俱从严本。"⑤胡氏于此以严本为据，并将严本与毛本、徐本、《通解》本、《集释》本、杨氏本作了比较，认为郑玄《注》"朝服"下无"者"字，"道""带""韠"字下无"也"字，"三寸"当为"二寸"。

胡培翚并不盲从底本。他说："兹撰《正义》……其或石经、严本有误，

① （清）胡培翚、胡肇昕：《仪礼正义》卷一，北京大学出版社 2016 年点校本，第 9 页。
② （清）胡培翚、胡肇昕：《仪礼正义》卷一，北京大学出版社 2016 年点校本，第 5 页。
③ （清）胡培翚、胡肇昕：《仪礼正义》卷一，北京大学出版社 2016 年点校本，第 9 页。
④ （清）胡培翚、胡肇昕：《仪礼正义》卷一，北京大学出版社 2016 年点校本，第 5 页。
⑤ （清）胡培翚、胡肇昕：《仪礼正义》卷一，北京大学出版社 2016 年点校本，第 7 页。

则改从他本，并注明于下。"① 比如《士冠礼》"有篚实勺"，郑玄《注》："勺，尊斗。"此"斗"字，严本作"升"。金日追据贾《疏》，认为此"升"当为"斗"。黄丕烈亦认为此"升"字当作"斗"。胡氏在征引金氏、黄氏之说，且曰："今从之。"② 又如《士冠礼》："有篚实勺、觯、角柶。"郑玄《注》："勺，尊斗，所以斞酒也。"严本作"斞"，而李如圭《集释》、魏了翁《要义》、毛本俱作"斞"。胡氏从《集释》《要义》和毛本，认为"斞"当作"斞"。此皆反映了胡氏实事求是的为学态度。

据今人统计，胡培翚《仪礼正义》所选参校本有涵芬楼影印徐氏仿宋《仪礼》单注本（徐氏真本），汪世钟重刻单疏本，陈凤梧篆书本，明国子监刊注疏本（监本），汲古阁毛氏刊注疏本（毛本，实为翻刻明北监本），李元阳注疏本（闽本），葛氏刊本，清国子监重修注疏本，张敦仁刊注疏本，汉石经残字（张国淦藏本），欧阳修《集古录》，谢子祥《三礼图》，张参《五经文字》，唐玄度《九经字样》，《石经考文提要》，张淳《仪礼识误》，张尔岐《仪礼监本正误》，卢文弨《仪礼注疏详校》，金日追《仪礼经注疏正讹》，浦镗《仪礼正字》，胡承珙《仪礼古今文疏义》，阮元《仪礼注疏校勘记》，杨复《仪礼图》，魏了翁《仪礼要义》，敖继公《仪礼集说》，郑玄《仪礼目录》，臧庸《仪礼目录》，胡匡衷《仪礼目录校证》。③ 培翚校勘《仪礼》经、注时能广泛参阅前贤时人的刻本，使其在从事《仪礼》校勘时能对不同的版本进行比较分析，从而在部分经、注的校勘上能超越前贤。

第二，胡培翚于前贤时人的校勘意见择善而从。

胡培翚对前贤时人的《仪礼》校勘情况了然于胸，他说："国朝张若稷为《仪礼郑注句读》，始考正石本、监本误字。厥后若吴东壁之《仪礼疑义》、沈冠云之《仪礼小疏》、盛庸三之《仪礼集编》、戴东原之辑《仪礼集释》，皆纠正误字。而其专以校雠名篇者，则有金璞园之《正讹》，浦声之之《正字》、卢抱经之《详校》，至制府阮公《校勘记》出，益详且备。"④ 在对前贤时人的校勘意见全面掌握的基础上，培翚对《仪礼》经、注作了新的校勘。

---

① （清）胡培翚、胡肇昕：《仪礼正义》卷一，北京大学出版社 2016 年点校本，第 5 页。

② （清）胡培翚、胡肇昕：《仪礼正义》卷一，北京大学出版社 2016 年点校本，第 38 页。

③ 陈功文：《胡培翚〈仪礼正义〉研究》，扬州大学 2011 年博士学位论文，第 107—108 页。

④ （清）胡培翚：《〈仪礼经注校本〉书后》，《胡培翚集》卷七，台湾"中央研究院"中国文哲研究所 2005 年点校本，第 201 页。

在诸家校勘记中，培翚最重视的是阮元的《仪礼校勘记》。培翚对阮元之校记颇为推崇，他说："仪征大学士阮公撰《十三经注疏校勘记》，于《仪礼》尤详。……培翚撰《正义》，一遵其说，详载各本经注异同。"①《仪礼正义》对阮元校记多有征引。不过胡氏并非"一遵其说"，而是灵活地加以处理。今以培翚所校《士冠礼》为例，以窥胡氏于阮元校记的处理方式。

一是全录阮元校记。如《士冠礼》篇首有"郑玄注"三字，阮元校记云："注，作'注'误。《要义》作'著'。卢文弨云：'郑氏注旧作注，通部皆然。按：疏云：言注者，注义于经下，若水之注物。作注是也。'"培翚于阮氏此之校记全部予以征引，且申之曰："唐石经及严本俱作'注'，从之。"②胡氏于此以唐石经和严本为据，以申阮校。

二是节取阮元校记。如《士冠礼》："士冠礼。筮于庙门。"阮元校记云："'礼'下今本俱有一圈。案分段用圈，非古也。石经、徐本皆无之，施于此处，尤非所宜。盖'士冠礼'三字乃发首之句，犹言'文王之为世子也'。子赣见师乙而问焉，与《尚书》篇题不同。葛本别为一行，亦谬。"胡氏征引阮元校记曰："分段用圈，非古也。施之此处，尤非所宜。葛本别为一行，亦谬。"③通过比较，可知胡氏于此是节取阮元校记。

三是校正阮元校记。如《士冠礼》："前期三日，筮宾，如求日之仪。"郑玄《注》："《冠义》曰：'古者冠礼筮日、筮宾，所以敬冠事。'"阮元曰："'者'，严、徐、钟本俱作'日'，误。"④培翚曰："严本作'者'不误，盖作《校勘记》时未见原书，系据顾广圻校录于钟本简端者采入，故有此讹。"⑤胡氏于此据严本，以正阮校之误。

四是补阮元未出校记者。如《士冠礼》："主人玄冠朝服。"郑玄《注》："筮必朝服者，尊蓍龟之道。"阮元于此未出校记。培翚曰："注'筮必朝服，尊蓍龟之道也'，毛氏汲古阁本如是，严、徐、《集释》、杨氏'服'下俱有'者'字，'道'下无'也'字。"⑥胡氏以毛本、严本、徐本、《集释》和杨氏本为据，以

①　（清）胡培翚、胡肇昕：《仪礼正义》卷一，北京大学出版社 2016 年点校本，第 1 页。
②　（清）胡培翚、胡肇昕：《仪礼正义》卷一，北京大学出版社 2016 年点校本，第 5 页。
③　（清）胡培翚、胡肇昕：《仪礼正义》卷一，北京大学出版社 2016 年点校本，第 5 页。
④　（清）阮元：《仪礼校勘记》卷一，《续修四库全书》第 181 册，第 294 页。
⑤　（清）胡培翚、胡肇昕：《仪礼正义》卷一，北京大学出版社 2016 年点校本，第 20 页。
⑥　（清）胡培翚、胡肇昕：《仪礼正义》卷一，北京大学出版社 2016 年点校本，第 7 页。

补阮氏之校记。

以上对胡培翚于阮元校勘记的处理方式做了归纳，实际上，对于阮元之外的其他各家之校记，胡氏的处理方式亦大体如此。胡氏《仪礼正义》之要务在解经，而校勘是解经之前提，亦不得不重视。不过与阮元校记相比较，可知胡氏之校记多是因袭和辨析前人之说，而创新之处不甚多。阮元的《仪礼》校本，"大约经注则以唐石经及严州单注本为主，疏则以宋单行本为主，参以《释文》《识误》诸书"①。胡氏于经、注底本的选择与阮校本如出一辙，在校记方面亦多有承袭阮元校记之处，因此胡氏《仪礼》校记的影响力不及阮元校记。不过，由于胡氏能广泛参阅包括阮元校记在内的众家之说，所以培翚的校记对于后人了解清代中期以前《仪礼》的校勘情况还是有着积极意义。此外，胡氏《仪礼正义》对于包括阮元在内的诸家校记提出的异议，也可以弥补阮元等人校记之不足。尽管胡氏的异议并不一定可从，但是其为后人在从事《仪礼》经、注的校勘时提供了参考意见，也是其校记的价值所在。

三、于《仪礼》名物制度之考证

《仪礼》所记名物制度繁多，然而由于时过境迁，这些名物制度不少已不为后人所熟悉。郑玄为《仪礼》作注，往往以汉代的名物制度比况之。然而汉代以后，郑玄的解义又渐渐让人感到难解。魏晋南北朝义疏之学兴起，诸家对郑玄所释名物再诠释，以至于歧见迭出，令后人不知所措。然名物制度的考证对于深入理解《仪礼》有至关重要的意义，因此名物制度的考证可谓治《仪礼》之要务。清代考据学大兴，张尔岐、李光坡、盛世佐、秦蕙田、江永、惠栋、程瑶田、凌廷堪、胡培翚等人皆精于《仪礼》名物制度之考证，他们所作的研究，对于今人理解《仪礼》颇有参考价值。胡培翚《仪礼正义》于《仪礼》所记名物制度所作的考证，可从以下几个方面来看：

一是所征引者仅郑玄解义，然后自出解义。兹举数例以见之：

《士昏礼》："凡行事必用昏昕，受诸祢庙，辞无不腆，无辱。"培翚在征引郑玄解义之后，云："昕，阳始也。昏，阴终也。受，读如受命文考之受，谓命于祢庙，然后行事也，盖据壻家言之。"②此"昕""昏""受"字以及整句经文，

---

① （清）阮元：《仪礼注疏校勘记序》，《仪礼校勘记》卷首，《续修四库全书》第 181 册，第 287 页。

② （清）胡培翚、胡肇昕：《仪礼正义》卷二，北京大学出版社 2016 年点校本，第 156 页。

皆是胡氏自出解义。

《士丧礼》"复者一人"，培翚在征引郑玄解义之后，云："复者，人子不忍死其亲，冀精气之反而重生，故云'复'。《檀弓》所谓'复，尽爱之道'是也。"①此"复"字，除征引《礼记·檀弓》外，乃胡氏自为之说。

二是征引汉唐各家解义以释名物，略有案断。兹举数例以见之：

《丧服》"朋友，麻"，除征引郑玄解义外，培翚还征引贾公彦、孔颖达、程子、朱熹、敖继公、沈大成、褚寅亮、江筠、沈彤等人之说。在各家解义之后，胡氏有诸如"敖说非也""沈说是也"等简单的案语。②

《丧服》"衣二尺有二寸，袪尺二寸"，除征引郑玄解义外，培翚还征引马融、贾公彦、李如圭、敖继公、王廷相、万斯同、褚寅亮、阮元之说。在贾氏、李氏和褚氏之后，胡氏无按语；其余诸家解义后，胡氏有简略的案语。比如在敖氏、万氏解义之后，胡氏曰："《通典》非，万说亦非，当以圜杀之说为是。"③

《丧服》："传曰：'君至尊也。'"郑玄认为，天子、诸侯及卿大夫有地者皆曰君；马融认为，此传所云之君是专据诸侯言，指一国所尊也；贾公彦认为，士无臣，故此所言君不包括士在内；敖继公又兼士言之，谓有臣者皆曰君；吴绂据《特牲馈食礼》以驳贾氏，认为士自有臣，敖氏兼士言之，于义为合；盛世佐据《特牲馈食礼》，认为士亦有私臣，但职分卑，不足以君之；褚寅亮认为，士无地，虽为其臣，不得服斩。胡培翚云："盛氏、褚氏之说是也。吴氏驳贾士无臣之说亦是，但以敖义为合，则非耳。"④《丧服传》此"君"字，贾氏、盛氏、褚氏等人认为不包括士在内，而其中的原因，贾氏等人认为是士无臣，而盛氏、褚氏等人则认为是士无地。敖氏认为此之"君"包括士在内，吴氏以敖氏为是。胡培翚征引诸家之说，以盛氏、褚氏之说为是，以贾氏之说为非，以敖氏、吴氏之说是与非兼有之。

---

① （清）胡培翚、胡肇昕：《仪礼正义》卷二十六，北京大学出版社 2016 年点校本，第1210 页。

② （清）胡培翚、胡肇昕：《仪礼正义》卷二十五，北京大学出版社 2016 年点校本，第1172—1175 页。

③ （清）胡培翚、胡肇昕：《仪礼正义》卷二十五，北京大学出版社 2016 年点校本，第1190 页。

④ （清）胡培翚、胡肇昕：《仪礼正义》卷二十一，北京大学出版社 2016 年点校本，第1009—1010 页。

　　三是征引前人之说，且详加辨析。兹举数例以见之：

　　《丧服》："苴绖者，麻之有蕡者也。"《尔雅》曰："蕡，枲实，麻之有子者，其色恶，以实言之谓之蕡，以色言之谓之苴。"马融曰："蕡者，枲实，枲麻之有子者。其色麤恶，故用之。苴者，麻之色。"胡培翚曰："马氏以蕡为枲实，本《尔雅·释草》。孙氏注云：'蕡，麻子也。'案此传云'苴绖者，麻之有蕡者也'，下传云'牡麻者，枲麻也'，则苴麻有子，枲麻为雄麻无子。而《尔雅》云'枲实'者，对文异，散则通，枲实犹言麻实耳。"①胡氏又补充曰："《尔雅》又云：'荸，麻母。'郭注：'苴麻盛子者。'则苴麻名荸，不名枲也。《诗》'九月叔苴'，《毛传》：'苴，麻子也。'是因苴麻有子，又谓麻子为苴。《御览》引《本草》云：'麻子，一名麻蕴。'《齐民要术》引崔寔曰：'苴麻，麻之有蕴者，荸麻是也，一名蕡。'敖氏云：'麻有蕡，则老而麤恶矣，故以为斩衰之绖。'"②《丧服传》云："牡麻者，枲麻也。"枲麻为牡麻，当不得有子，然《尔雅》、马融认为蕡为枲麻子，故于枲麻之说，《尔雅》、马融与《丧服传》之说似有矛盾。培翚则认为，《尔雅》所言"枲实"是指"麻实"。此外，培翚还征引郭璞《尔雅注》《毛诗传》《太平御览》《齐民要术》，对苴麻与枲麻加以辨析。培翚所作考证之细密，征引文献之丰富，于此可见一斑。

　　《丧服》："童子何以不杖？不能病也。妇人何以不杖？亦不能病也。"《礼记·丧大祭》云："三日，子、夫人杖。五日，大夫、世妇杖。"贾氏据此，认为诸经皆有妇人杖文，故知成人妇人正杖也，因此《丧服传》此所谓妇人为童子妇人；《丧服四制》："妇人、童子不杖，不能病也。"孔《疏》认为，此妇人谓未成人之妇人，童子谓幼少之男子；雷次宗认为，此《丧服》妻为夫、妾为君、女子子在室为父、女子嫁反在父之室为父三年，如《传》所云妇人者皆不杖；贺循认为，妇人不杖，谓出嫁之妇人不为主则不杖，其不为主而杖者，唯姑在为夫；沈彤认为，非长女不杖，且有男昆弟主丧者，则女子子皆不杖矣，妇人则成人，谓异姓来嫁之妇人。金榜认为，此之妇人为成人。培翚曰："此《传》妇人，郑无注。贾、孔以为童子妇人，雷氏、贺氏、沈氏、金氏以为成人妇人。细绎《传》意，自以成人妇人为是，而沈氏、金氏之说尤详。盖传层

①　（清）胡培翚、胡肇昕：《仪礼正义》卷二十一，北京大学出版社2016年点校本，第995页。
②　（清）胡培翚、胡肇昕：《仪礼正义》卷二十一，北京大学出版社2016年点校本，第995页。

递问下，其问童子者，以男子非主皆杖，童子何以不杖？其问妇人者，以童子未成人非主不杖，妇人已成人，非主何以不杖？此两问，俱跟'非主而杖'说下。若童子当室而杖，妇人为主而杖，则其义已该于担主中矣。童子自包女子子在内，若以上句为问童男，下句为问童女，则童男既以稚弱不能病，岂童女又能病乎？此问所不必问者也。贾、孔之说失之。"① 关于《丧服传》此之"妇人"，贾氏、孔氏认为是童子妇人，而雷氏、贺氏、沈氏、金氏认为是成人妇人。胡氏支持雷氏等人的成人妇人之说，依据主要是《传》文中的"童子"已包括妇人之未成人者。胡氏于此对于有争议的解义皆予以征引，并在此基础上加以辨析，最终得出允当之见。

根据以上所作的归纳，可知胡培翚征引各家解义是经过认真考察的。其所征引之解义的作者所处时代跨度很大，既有两汉的经学，亦有清代的经学家。所征引者于名物制度考证的角度也不尽相同，结论也不尽一致。胡氏在排比罗列诸家解义之基础上择善而从。不过，胡氏所作之考证也有值得商榷处，如《士丧礼》："楔齿用角柶。"贾公彦云："此角柶其形与扱醴角柶制别，故屈之如轭，中央入口，两末向上，取事便也。以其两末向上出入易故也。"胡氏在征引贾氏之说后，曰："柶状如匕，本有两末之形，非屈之使然。下缀足用燕几，是平日常用之几，则角柶亦是平日常用之物。缘始死不能猝办丧器，故皆以生人之器为用。贾谓于扱醴角柶制别，恐非。"② 贾公彦认为，《士丧礼》所言之角柶与扱醴之角柶形制有别；胡培翚则认为二者形制是相同的，原因是人始死时来不及办丧器，故用平时的器具以充当。胡氏于丧礼角柶形制之说，是出于主观判断，并无文献佐证。

四、于前贤时人解义之征引

胡培翚《仪礼正义》广泛征引历代学人之解义，是典型的集解体文献。对于前贤时人之解义，胡培翚作了全面的考察，对于相关情况了然于胸。在历代《仪礼》解义中，培翚对郑玄《仪礼注》最为重视。陆建瀛说："绩溪胡农部撰《正义》，以郑注为宗，而萃辑群言，辨析精密，洵足辅翼郑氏，嘉惠来学。"③

① （清）胡培翚、胡肇昕：《仪礼正义》卷二十一，北京大学出版社 2016 年点校本，第 998 页。

② （清）胡培翚、胡肇昕：《仪礼正义》卷二十六，北京大学出版社 2016 年点校本，第 1214 页。

③ （清）陆建瀛：《校勘仪礼正义序》，《仪礼正义》卷首，北京大学出版社 2016 年点校本，第 11 页。

除郑《注》外，培翚于唐人贾公彦、宋人李如圭、元人敖继公，以及清代张尔岐、胡匡衷、凌廷堪等人的解义亦颇为重视。胡氏认为贾氏《仪礼疏》"解经而违经旨，或申注而失注意"①，然在《仪礼正义》中，他不仅大量征引贾《疏》，还对贾《疏》多有肯定之辞。对于李如圭《仪礼集释》一书，胡氏亦称赞有加，他说："《集释》一书全录郑《注》，而博采经传为释，以相证明。其异于前人者，多有根据，不为臆断。盖注、疏以后，释《仪礼》全经者，此为第一书矣。"②今通过统计《仪礼正义》的《士冠礼》《丧服》部分征引各家解义之情况，以窥《仪礼正义》的学术取向。③

以下是《士冠礼》部分征引各家解义的情况：

序号	被征引者	被征引次数	被征引者的时代	备注
1	《孔子家语》	1		此书的作者和成书时代存疑，有人认为此书是王肃伪作
2	《淮南子》	1	西汉	署名刘安，实际上是刘安门客所作
3	卢植	1	东汉	
4	高诱	1	东汉	出自《吕氏春秋注》
5	刘熙	3	东汉	此之解义出自《释名》
6	班固	9	东汉	此之解义4处出自《白虎通义》，5处出自《汉书》
7	许慎	16	东汉	此之解义皆出自《说文解字》
8	孙炎	1	三国（魏）	
9	郭璞	1	西晋	此之解义皆出自《尔雅注》

---

① （清）胡培翚：《上罗椒生学使书》，《胡培翚集》卷五，台湾"中央研究院"中国文哲研究所 2005 年点校本，第 166 页。

② （清）胡培翚：《〈仪礼经注校本〉书后》，《胡培翚集》卷七，台湾"中央研究院"中国文哲研究所 2005 年点校本，第 200 页。

③ 之所以于此选择统计《士冠礼》和《丧服》征引之情况，是因为《士冠礼》是《仪礼》的第一篇，而《丧服》是胡氏用力最多者。胡氏《仪礼正义》于郑玄《仪礼注》悉数征引，故郑玄解义不在本书的统计之列；此外，《仪礼正义》于"十三经"亦多有征引，此亦不在统计之列。

续表

序号	被征引者	被征引次数	被征引者的时代	备注
10	裴骃	1	南朝（宋）	
11	范晔	1	南朝（宋）	
12	皇侃	1	南朝（梁）	
13	《隋书》	1	唐	作者多人，故列书名而不言作者
14	陆德明	9	唐	此之解义皆出自《经典释文》
15	孔颖达	11	唐	
16	贾公彦	21	唐	
17	韩愈	1	唐	
18	聂崇义	6	北宋	此之解义皆出自《新定三礼图》
19	陈祥道	4	北宋	此之解义皆出自《礼书》
20	朱熹	25	南宋	
21	杨复	6	南宋	《仪礼正义》或称"杨复"，或称"杨氏"
22	张淳	8	南宋	此之解义皆出自《仪礼识误》
23	李如圭	32	南宋	《仪礼正义》称"李氏"
24	王应麟	4	南宋	
25	魏了翁	4	南宋	
26	辅广	1	南宋	
27	戴侗	1	南宋	
28	陈澔	1	元	
29	敖继公	35	元	《仪礼正义》称"敖氏"
30	熊朋来	3	元	
31	高愈	1	明	
32	朱大韶	1	明	

续表

序号	被征引者	被征引次数	被征引者的时代	备注
33	万斯大	4	清	
34	张尔岐	25	清	此之解义出自《仪礼郑注句读》
35	顾炎武	1	清	
36	沈彤	16	清	此之解义出自《仪礼小疏》
37	蔡德晋	7	清	
38	姜兆锡	1	清	
39	方苞	6	清	
40	江永	10	清	
41	江筠	9	清	
42	吴廷华	15	清	此之解义出自《仪礼章句》
43	王士让	11	清	
44	惠栋	8	清	
45	吴绂	2	清	此之解义出自《仪礼考证》和《仪礼臆拟》
46	秦蕙田	2	清	此之解义出自《五礼通考》
47	盛世佐	15	清	此之解义出自《仪礼集编》
48	褚寅亮	22	清	此之解义出自《仪礼管见》
49	金日追	2	清	此之解义出自《仪礼经注疏正讹》
50	卢文弨	12	清	此之解义出自《仪礼注疏详校》
51	戴震	4	清	
52	程瑶田	5	清	
53	胡匡衷	8	清	此之解义或出自胡匡衷《三礼札记》,或出自《仪礼释官》
54	胡匡宪	1	清	
55	金榜	2	清	

续表

序号	被征引者	被征引次数	被征引者的时代	备注
56	段玉裁	23	清	
57	孔广森	1	清	
58	孙星衍	1	清	
59	凌廷堪	41	清	此之解义出自《礼经释例》。《仪礼正义》称"《礼经释例》"或"《释例》"
60	张惠言	7	清	此之解义出自《仪礼图》
61	阮元	20	清	《仪礼正义》称"《十三经注疏校勘记》"或"《校勘记》"
62	王念孙	2	清	此之解义出自《广雅疏证》
63	王引之	4	清	
64	臧庸	2	清	
65	胡承珙	15	清	此之解义出自《仪礼古今文疏义》

以下是《丧服》部分征引各家解义的情况：

序号	被征引者	被征引次数	被征引者的时代	备注
1	《孔子家语》	3		
2	《孔丛子》	2		《孔丛子》的作者和成书时代存疑，有人认为其出自秦朝
3	戴德	4	西汉	
4	戴圣	2	西汉	
5	扬雄	1	西汉	此之解义出自《方言》
6	张衡	1	东汉	此之解义出自《南都赋》
7	马融	68	东汉	

序号	被征引者	被征引次数	被征引者的时代	备注
8	卢植	1	东汉	
9	高诱	1	东汉	
10	应邵	1	东汉	
11	刘熙	12	东汉	此之解义出自《释名》
12	班固	14	东汉	此之解义出自《白虎通义》
13	许慎	19	东汉	此之解义出自《说文解字》
14	谯周	1	三国（蜀）	
15	张揖	4	三国（魏）	
16	袁准	1	三国（魏）	
17	孙炎	1	三国（魏）	
18	王肃	14	三国（魏）	
19	韦昭	1	三国（吴）	
20	射慈	4	三国（吴）	
21	徐整	4	三国（吴）	
22	杜预	2	西晋	
23	臣瓒	2	西晋	
24	陈铨	17	西晋	
25	贺循	3	西晋	
26	郭璞	6	西晋	此之解义出自《尔雅注》
27	孔伦	4	东晋	
28	雷次宗	26	南朝（宋）	
29	裴骃	2	南朝（宋）	
30	庾蔚之	4	南朝（宋）	
31	皇侃	3	南朝（梁）	
32	萧衍	1	南朝（梁）	

续表

序号	被征引者	被征引次数	被征引者的时代	备注
33	顾野王	5	南朝（梁）	
34	贾思勰	1	北朝（北魏）	
35	陆德明	6	唐	此之解义出自《经典释文》
36	孔颖达	35	唐	
37	颜师古	1	唐	
38	李善	1	唐	此之解义出自《文选注》
39	贾公彦	92	唐	
40	杜佑	32	唐	此之解义出自《通典》
41	成伯玙	1	唐	
42	释玄应	1	唐	此之解义出自《一切经音义》
43	韩愈	2	唐	
44	李涪	1	唐	
45	杨倞	1	唐	此之解义出自《荀子注》
46	《旧唐书》	2	北宋	作者多人，故列书名而不言作者
47	邢昺	1	北宋	
48	聂崇义	3	北宋	此之解义皆出自《新定三礼图》
49	陈彭年	1	北宋	此之解义出自《广韵》
50	张载	1	北宋	
51	沈括	1	北宋	
52	二程	5	北宋	《仪礼正义》称"程子"
53	方悫	1	北宋	
54	范祖禹	1	北宋	
55	朱熹	18	南宋	

续表

序号	被征引者	被征引次数	被征引者的时代	备注
56	黄榦	9	南宋	
57	杨复	7	南宋	此之解义出自《仪礼图》
58	李心传	1	南宋	
59	张淳	2	南宋	此之解义出自《仪礼识误》
60	车垓	2	南宋	
61	李如圭	80	南宋	《仪礼正义》称"李氏"
62	王应麟	1	南宋	
63	张晏	1	元	
64	敖继公	97	元	此之解义出自《仪礼集说》
65	湛若水	1	明	
66	徐师曾	1	明	
67	郝敬	18	明	
68	黄榦行	1	明	
69	刘绩	1	明	
70	高愈	2	明	
71	邵宝	1	明	
72	王志长	2	明	
73	吕坤	1	明	
74	万斯同	4	清	
75	万斯大	7	清	
76	张尔岐	18	清	此之解义出自《仪礼郑注句读》
77	顾炎武	16	清	
78	汪琬	11	清	
79	王锡阐	1	清	

续表

序号	被征引者	被征引次数	被征引者的时代	备注
80	徐乾学	29	清	此之解义出自《读礼通考》
81	阎若璩	2	清	
82	沈彤	39	清	此之解义出自《仪礼小疏》
83	华学泉	7	清	
84	蔡德晋	15	清	
85	姜兆锡	6	清	
86	方苞	20	清	
87	江永	4	清	
88	江筠	21	清	
89	吴廷华	25	清	此之解义出自《仪礼章句》
90	王士让	5	清	
91	惠栋	5	清	
92	方承观	1	清	此之解义出自《五礼通考》
93	吴绂	31	清	此之解义出自《仪礼考证》和《仪礼臆拟》
94	沈大成	3	清	
95	秦蕙田	5	清	此之解义出自《五礼通考》
96	官献瑶	1	清	
97	盛世佐	47	清	此之解义出自《仪礼集编》
98	褚寅亮	29	清	此之解义出自《仪礼管见》
99	卢文弨	5	清	此之解义出自《仪礼注疏详校》
100	戴震	11	清	
101	程瑶田	34	清	
102	胡匡衷	4	清	此之解义或出自《三礼札记》，或出自《仪礼释官》。

序号	被征引者	被征引次数	被征引者的时代	备注
103	钱大昕	1	清	
104	金榜	7	清	
105	段玉裁	11	清	
106	孔广森	5	清	
107	凌廷堪	9	清	此之解义出自《礼经释例》。《仪礼正义》称"《礼经释例》"或"《释例》"
108	郝懿行	1	清	
109	张惠言	2	清	此之解义出自《仪礼图》
110	阮元	16	清	此之解义出自《仪礼注疏校勘记》
111	王引之	3	清	
112	臧庸	2	清	
113	瞿中溶	2	清	
114	胡承珙	5	清	此之解义出自《仪礼古今文疏义》
115	张履	6	清	
116	汪士铎	2	清	

胡培翚《仪礼正义》于《士冠礼》和《丧服》征引历代各家解义透显出的学术取向可从以下三个方面来看：

第一，《仪礼正义》征引广博，其征引学者解义之多，征引文献之广，可谓空前。

据以上之统计，可知在《士冠礼》部分，《仪礼正义》征引历代解义共六十余家，其中征引汉唐时期的解义有十七家，征引宋、元、明时期的解义有十五家，征引清代的解义有三十三家；在《丧服》部分，《仪礼正义》征引历代解义共百余家，其中征引汉唐时期的解义有四十五家，征引宋、元、明时期的解义有二十八家，征引清代的解义有四十三家。胡氏《仪礼正义》征引之广博，数量之大，可谓空前。在胡氏《仪礼正义》之前，集汉唐《仪礼》学之大成的是贾公彦的《仪礼疏》。贾氏《疏》对于理解郑玄《仪礼注》颇有帮助，然贾氏所据者主要是南朝齐黄庆、隋李孟悊之章疏，其因征引不足而被后人诟病。作为集解体文献，胡氏《仪礼正义》征引文献之广博远超贾《疏》。胡氏所征引者除历代经学家的《仪礼》学文献外，还有史部文献如《汉书》《后汉书》《隋书》《旧唐书》《通典》等，子部文献如《孔子家语》《淮南子》《风俗通义》等，由此可见胡氏之书征引之广博。

第二，《仪礼正义》无汉宋门户之见，于历代解义之有助于解经者皆予以征引。

据以上统计，可知《士冠礼》部分，《仪礼正义》引用较多的分别是汉代许慎的《说文解字》，唐代陆德明的《经典释文》、孔颖达的《礼记正义》和贾公彦的《仪礼疏》，宋代朱熹的《仪礼经传通解》、李如圭的《仪礼集释》，元代敖继公的《仪礼集说》，清代张尔岐的《仪礼郑注句读》、沈彤的《仪礼小疏》、吴廷华的《仪礼章句》、褚寅亮的《仪礼管见》、凌廷堪的《礼经释例》、段玉裁的《仪礼汉读考》、胡承珙的《仪礼古今文疏义》、阮元的《仪礼注疏校勘记》。在《丧服》部分，《仪礼正义》引用较多的是汉代马融解义、许慎的《说文解字》，唐代陆德明的《经典释文》、孔颖达的《礼记正义》和贾公彦的《仪礼疏》，宋代朱熹的《仪礼经传通解》、李如圭的《仪礼集释》，元代敖继公的《仪礼集说》，清代张尔岐的《仪礼郑注句读》、吴绂的《仪礼考证》和《仪礼臆拟》、徐乾学的《读礼通考》、盛世佐的《仪礼集编》、沈彤的《仪礼小疏》、吴廷华的《仪礼章句》、褚寅亮的《仪礼管见》、凌廷堪的《礼经释例》、段玉裁的《仪礼汉读考》、阮元的《仪礼注疏校勘记》。由此可见，胡培翚在从事《仪礼》诠释时无汉宋门户之见，只要有助于解经的解义，胡氏皆予以征引，而不论解义所出之时代。胡氏实事求是的学风，由此得见。

第三，《仪礼正义》特别重视清代经学家的学术成果。

据以上统计，可知在《士冠礼》部分，《仪礼征引》征引清代以前的解义为三十二家，清代的解义为三十四家；在《丧服》部分，《仪礼征引》征引清代以前的解义为七十三家，清代以后的解义为四十三家。胡氏征引清代诸家解义的比例很大，透显出其对于清代考据学的重视。培翚生活于嘉道年间，在他之前，张尔岐、盛世佐、徐乾学、秦蕙田、褚寅亮、沈彤、蔡德晋、吴廷华、江永、惠栋等人于《仪礼》皆有精深造诣，并有大量经解，这就使得培翚可以广泛参考清初以来的《仪礼》学成果。相对于以前的学者，培翚治《仪礼》可谓得天独厚，这也是他能集清代《仪礼》学之大成的前提条件。

五、《仪礼正义》的价值和影响

胡培翚《仪礼正义》是中国古代《仪礼》学的集大成之作，其学术价值和影响可从以下三个方面来看：

第一，从《仪礼》学史来看，《仪礼正义》为中国古典《仪礼》学的巅峰之作。

东汉末年，郑玄广泛参考两汉学人之《仪礼》解义，或采今文，或采古文，取其义长者，成《仪礼注》一书。经过郑玄兼采今古文并为之作注的《仪礼》，就是后世流传的《仪礼》。郑玄《仪礼注》成为后世治《仪礼》者的不祧之祖，影响极大。然而时过境迁，简奥的郑《注》逐渐为后人所费解。唐高宗永徽年间，太学博士贾公彦以郑《注》为宗，撰《仪礼义疏》四十卷，集汉唐《仪礼》学之大成。然而该书除征引不足之外，在行文上亦有弊病。阮元曰："贾《疏》文笔冗蔓，词意郁轖，不若孔氏《五经正义》之条畅，传写者不得其意，脱文误句，往往有之。"① 阮氏之说，非虚言也。

宋代治《仪礼》可称道者，一是南宋李如圭的《仪礼集释》，该书继承实学传统，重视经文之校勘、名物礼制之考证，能发前人所未发，对后世的《仪礼》学有深远影响。在考据学大兴的清代，李氏《仪礼集释》受到高度重视。四库馆臣云："宋自熙宁中废罢《仪礼》，学者鲜治是经，如圭乃全录郑康成注，而旁征博引，以为之释，多发贾公彦《疏》所未备。"② 二是南宋朱子编纂的《仪礼经传通解》，该书的成就主要在于体例的创新，即以《仪礼》为经，而取《礼记》及诸经史杂书所记有及于礼者皆附于本经之下。该书之失亦在体例，皮锡瑞曰："其（《通解》）失在厘析《仪礼》诸篇，多非旧次。……未免宋儒割裂经文之习。"③

清代考据学大兴，治《仪礼》者众多，著述宏富。其中具有代表性的，除胡培翚《仪礼正义》外，当数清初张尔岐的《仪礼郑注句读》和清中期凌廷堪的《礼经释例》。《仪礼郑注句读》重在《仪礼》经、注之校勘、句读之划

---

① （清）阮元：《仪礼注疏校勘记序》，《仪礼校勘记》卷首，《续修四库全书》第 181 册，第 287 页。

② （清）永瑢等：《四库全书总目》卷二十，中华书局 1965 年版，第 159 页。

③ （清）皮锡瑞：《经学通论·三礼》，《皮锡瑞全集》，中华书局 2015 年点校本，第 403 页。

分，而于经文之释义、体例之探究则鲜及之。凌廷堪《礼经释例》依据《仪礼》经文和注疏，间引《周礼》《礼记》经文和注疏以及其他经籍子书，释例二百四十六则，极富创见。然该书之重点在归纳《仪礼》之例，而于《仪礼》经、注之校勘、名物之考证则着力不多。

胡培翚生活于清代嘉道年间，乾嘉时期考据精深的著述多已面世。培翚作从事《仪礼》新疏之撰著，能广泛地参考和吸纳前代和当代经学家的成果，可谓有得天独厚的优势。比如受阮元等人的影响，胡氏在《仪礼》的校勘方面既能科学地选择底本和参校本，又能吸收历代的校勘成果，特别是吸收清代金日追、卢文弨、阮元等人的校勘成果，使得其在《仪礼》经、注的校勘方面能有所超越。又如在《仪礼》名物制度及礼例的考证或归纳方面，胡培翚也可谓荟萃前人之精华于一书。在《仪礼》之例的归纳方面，培翚几乎全部吸纳了凌廷堪《礼经释例》的成果；在《仪礼》所记职官的考证方面，培翚全部吸纳了胡匡衷《仪礼释官》的成果。除此之外，培翚还对盛世佐、徐乾学、秦蕙田、褚寅亮、沈彤、江永、惠栋、吴廷华、戴震、程瑶田等人的解义多有征引。因此，不管是在征引《仪礼》解义的规模上，还是在诠释《仪礼》的角度上，抑或在诠释《仪礼》的精深程度上，培翚《仪礼正义》都超越了前人，而成为中国古典《仪礼》学的集大成之作。

第二，从清代经学史来看，《仪礼正义》是清代新疏的代表作之一。

清代经学家在从事经典诠释时所采用的体裁各异，研究的内容也有不同。其中的部分著作，如李道平的《周易集解纂疏》、孙星衍的《尚书今古文注疏》、陈奂的《诗毛氏传疏》、孙诒让的《周礼正义》、孙希旦的《礼记集解》、洪亮吉的《春秋左传诂》、陈立的《公羊义疏》、廖平的《穀梁古义疏》、刘宝楠的《论语正义》、皮锡瑞的《孝经郑注疏》、焦循的《孟子正义》、郝懿行的《尔雅义疏》等，皆是总结、吸收前人研究成果的疏体之作。清代学人为群经作新疏并非偶然，正如孙诒让所说："群经义疏之学，莫盛于六朝，皇、熊、沈、刘之伦，著录繁多，至唐孔冲远修订《五经正义》，贾、元、徐、杨诸家，庚续有作，遂遍群经。百川洄注，潴为渊海，信经学之极轨也。南宋以后，说经者好逞臆说，以夺旧诂，义疏之学，旷然中绝者，逾五百年。及圣清御宇，经术大昌，于是鸿达之儒，复理兹学，诸经新疏，更迭而出。"① 今人张舜徽亦指

---

① 　（清）孙诒让：《刘恭甫墓表》，《籀顾述林》卷九，中华书局 2010 年点校本，第 295 页。

出:"清代乾嘉学者们,感到旧的《十三经注疏》不满人意,有重新改作的必要,于是纷纷奋起,撰述新疏。"①在孙诒让、张舜徽看来,清代学人从事群经新疏之撰作,既是出于对旧疏缺陷的不满,亦是对宋元明时期经学空疏流弊的反动。清人的《仪礼》新疏各有特色,然亦各有不足,如惠栋《禘说》"皆信纬书",沈彤《仪礼小疏》、褚寅亮《仪礼管见》"咸择言短促"②。而胡培翚《仪礼正义》规模宏大,征引广博,择义精审,是清代《仪礼》新疏中的代表作。梁启超说:"其集大成者则有道光间胡竹村(培翚)之《仪礼正义》,为极佳新疏之一。"③中华书局编辑部于1982年所提出的"十三经清人注疏出版计划"中,在《仪礼》学方面所选择的就是胡培翚的《仪礼正义》。

第三,《仪礼正义》为当代治《仪礼》者提供了很大方便。

因为《仪礼》难读,所以历代学人对该书的关注程度远不及《易》《诗》《礼记》《春秋》等经典。不过《仪礼》毕竟是"礼经",一些有远见卓识的经学家对《仪礼》还是相当重视的。特别是到了考据学大兴的清代,治《仪礼》者急剧涌现出来。因此,清代的《仪礼》学著述总量是很大的。今人治《仪礼》需要参考前人之解义,然而要在短时间内遍览前人的《仪礼》解义是非常不易的。胡培翚《仪礼正义》所征引的解义时间跨度很大,从汉代到清代皆有。此外,《仪礼正义》所征引的解义释经角度各异,观点亦有不同。今之治《仪礼》者,若要比较便捷地知道中国古代经学家治《仪礼》之概况,通过阅读胡氏《仪礼正义》即可实现。因此,胡氏此书为今之学习和研究《仪礼》者提供了很大的方便。

第十二节　曹元弼的《仪礼》诠释

曹元弼(1867—1953)字谷孙,又字师郑、懿斋,号叔彦,晚号复礼老人,又号新罗仙吏。江苏苏州人。专精"三礼",奄贯五经。礼学方面的著作有《礼经学》七卷、《礼经校释》二十二卷。

---

① 张舜徽:《清儒学记》,华中师范大学出版社2005年版,第310页。
② (清)刘师培:《南北学派不同论·南北考证学不同论》,《国粹学报》第一年乙巳第七号,《学篇》。
③ (清)梁启超:《中国近三百年学术史》,上海三联书店2006年版,第182页。

一、于《仪礼》体例之研究

清人重视《仪礼》经文之例的归纳。节文、等杀、器服之例莫详于凌廷堪《礼经释例》,职官之例莫详于胡匡衷《仪礼释官》,经注疏立文之例莫详于陈澧《东塾读书记》。其中以凌氏《礼经释例》最负盛名。受凌氏等人之影响,曹元弼也十分重视对《仪礼》之礼例的探讨。《礼经学》卷一即为"明例",在此卷中,曹氏将凌氏所列礼例之要点悉数摘抄,并对《仪礼》之例作了进一步的探讨。

(一)尊尊、亲亲之例

凌廷堪、胡培翚等人在释《仪礼》时,归纳出"封建尊尊服制"原则。此说为曹元弼所承。曹氏认为,《仪礼》一书条理秩然,可以尊尊、亲亲统之。他说:"先儒以所因为三纲五常。然则礼之大体,曰亲亲,曰尊尊,曰长长,曰贤贤,曰男女有别,此五者,五伦之道。而统之以三纲,曰君为臣纲,父为子纲,夫为妻纲。长长统于亲亲,贤贤统于尊尊。三者以为之经,五者以为之纬。五者以为之经,冠、昏、丧、祭、聘、觐、射、乡以为之纬。冠、昏、丧、祭、聘、觐、射、乡以为之经,服物、采章、节文、等杀以为之纬。本末终始,同条共贯,须臾不可离也,一物不可缪也。"①曹氏认为,《仪礼》有经有纬,本末终始,同条共贯,乃体例谨严之书。故其欲顺考经文,明揭要领,使学者知礼尊尊之义。

曹氏持尊尊、亲亲观念,将《仪礼》十七篇作了划分。他说:"凡经十七篇,亲亲之礼八:嘉礼二,曰士冠礼、曰士昏礼;凶礼三,曰士丧礼、曰既夕礼、曰士虞礼;吉礼三,曰特牲馈食礼、曰少牢馈食礼、曰有司彻。尊尊之礼五:嘉礼三,曰燕礼、曰大射仪、曰公食大夫礼;宾礼二,曰聘礼,曰觐礼。长长之礼二:皆嘉礼,曰乡饮酒礼、曰乡射礼。贤贤之礼三:宾礼一,曰士相见礼;嘉礼二,曰乡饮酒礼、曰乡射礼。男女有别之礼一,曰士昏礼。亲亲、尊尊、长长、贤贤、男女有别五者皆备之礼一,曰凶礼丧服。"②曹氏认为,由于贤贤、长长皆可纳入尊尊、亲亲,故十七篇皆可由亲亲、尊尊概之。

如于"亲亲"本制,曹氏归纳为以下诸例:

---

① (清)曹元弼:《礼经学》卷一,《续修四库全书》第94册,第545页。
② (清)曹元弼:《礼经学》卷一,《续修四库全书》第94册,第546页。

凡丧服有五：曰斩衰，曰齐衰，曰大功，曰小功，曰缌麻。别有繐衰，不在五服中；

凡丧期斩衰三年，齐衰有三年、期、三月，大功殇服有九月、七月，成人皆九月，小功五月，缌麻三月，繐衰既葬除之；

凡服术有六：曰亲亲，曰尊尊，曰名，曰出入，曰长幼，曰从服。亲亲、尊尊，二者以为之经，其下四者以为之纬；

凡亲亲、尊尊之服，又以三纲为经，余服为纬；

凡亲亲本服，父子、夫妻一体，皆期。由父上杀至高祖，由子下杀至玄孙，由昆弟旁杀至族昆弟，皆四世而缌；

凡旁亲，父之族，服如父祖之族，服如祖曾之族，服如曾高之族，服如高；

凡外亲之服皆缌。①

凌廷堪撰《封建尊尊服制考》，取经传言尊尊之义者别辑为一篇。曹元弼评价曰："凌氏之例善矣。惟《丧服》一篇，大义虽举，微言未析，述略抵牾亦时有之。今更定义例，改其参错，掇其精要著于篇。"②在凌廷堪、胡培翚等人之基础上，曹氏对《丧服》之例作了补充。如于"尊尊"之义，曹氏归纳为以下诸例：

凡为父后者为长子三年；

凡父卒为祖后者服斩谓之嫡孙，凡祖为嫡孙期；

凡舅姑为妇大功，庶妇降小功，嫡妇不降；

凡庶子为父后者为其母缌；

凡为人后者后大宗，受重者必以尊服服之；

凡持重于大宗者降其小宗；

凡族人为大宗子齐衰三月；

凡妇人必有归宗曰小宗，为昆弟之为父后者期。③

---

① （清）曹元弼：《礼经学》卷一，《续修四库全书》第 94 册，第 558 页。
② （清）曹元弼：《礼经学》卷一，《续修四库全书》第 94 册，第 557—558 页。
③ （清）曹元弼：《礼经学》卷一，《续修四库全书》第 94 册，第 559 页。

　　曹氏总结曰:"以上诸服,皆尊祖、严父、贵嫡、重正以立宗收族之事,尊尊之义也。经言为后,传称受重,郑曰为宗庙主也。凌氏以为受重者,受宗庙、土地、人民、禄位之重,惟封建始有之,诸为后之服及宗法皆封建之制。愚谓先王所以统一海内、整齐万民累数千年,而蛮夷不能逞志于中国,一人不能横行于天下者,惟封建是赖,而宗法实与之相维持。宗法之善,上之禄位、祭祀有永保之祚,次之子姓兄弟有敦睦之好,下之鳏寡孤独无死亡之忧。正伦理以笃恩谊,所谓天之生物使之一本,本立而道生,故礼以义起,其服特隆。后世封建虽废,而服制变革未尽,宗法遗意犹有存者,好礼君子因是以建宗嗣,立义田,而孝弟亲睦之行不绝于道微民散之时,告朔饩羊,议者慎,勿以旧礼为无用而欲去之也。"①

　　(二) 经文例

　　古之治"三礼"者,重视经文之释义,而疏于经文本身之反思。曹元弼认为《仪礼》经文有例,他说:"礼之大义,尊尊、亲亲、长长、贤贤、男女有别,圣人既本之以为大经大法,详节备文而笔之为经,垂天下后世法,一字一句,又皆准此以辨言正辞,故礼有礼之例,经有经之例,相须而成。"②鉴于前人于《仪礼》经文反思之不足,曹氏曰:"凌氏《礼经释例》而未及经例,然经例不明,则圣人正名、顺言、决嫌、明微,精义所存不著不察,而经文详略异同若有与礼例不符者,其何以解?害辞害志之惑而深塞,离经叛道之源与。《传》曰:'属事比辞,《春秋》教也。'周公制礼,犹孔子作《春秋》,《春秋》一字一句皆褒贬所寓,《礼经》一字一句亦皆名义所关。凌氏释礼例,属事也;今释经例,比辞也。言不顺则事不成,古之圣者作经,莫不有立言之法,古之明者解经,莫不精究其立言之法。"③曹氏认为,凌廷堪能明礼例,而未能明经文例。曹氏遂对《仪礼》经文例作了探讨,他说:"夫治礼如治《春秋》,亦如治律,《春秋》与律一字不可忽也,故治礼者必以全经互求,以各类各篇互求,以各章各句互求,而后辞达义明,万贯千条,较若画一,人伦天秩,斯为真知。"④曹氏归纳《仪礼》经文例数十条,兹列于下:

---

①　(清) 曹元弼:《礼经学》卷一,《续修四库全书》第 94 册, 第 559 页。

②　(清) 曹元弼:《礼经学》卷一,《续修四库全书》第 94 册, 第 567—568 页。

③　(清) 曹元弼:《礼经学》卷一,《续修四库全书》第 94 册, 第 568 页。

④　(清) 曹元弼:《礼经学》卷一,《续修四库全书》第 94 册, 第 568 页。

凡周公损益二代之迹，据经文略可推见；

凡经文条理精密，首尾贯串；

凡经文各节钩连环抱，错综成文；

凡经文叙事至纤至悉；

凡经文仪节极繁密处礼意尤精；

凡经文仪节并行者叙事不相夺伦；

凡经文或自著节；

凡经文器数尤繁者总叙在上；

凡经文多省文互见，有前后诸篇互见者，有数节中互见者，有一节中互见者，有数语中互见者，有一句中互见者，有即后明前者，有空其文者，有举一事见例者，有合两事成文者；

凡互见之法丧服尤多，有错举见例者，有以一文关二事者；

凡经文别嫌明微、正名顺言，不外同辞、异辞两端；

凡尊卑异辞，贵贱异辞，轻重异辞，文质异辞，发端因事异辞；

凡经文览文自明者，异义不嫌同辞，同义不嫌异辞；

凡经文立文有从辞之便者；

凡君与臣行礼，或空其文以尊君，或不行其辞以优君；

凡经文立言皆有法度；

凡经文法度之言特谓之侧，全谓之纯，移近曰尔，正立曰疑，立北上曰南顺，西上曰东肆，射所立处曰物，射中曰获，胜曰贤，肤之精理者曰伦，胳之仪度尊卑可用者曰仪。

凡经文用乐歌三篇者，必备举三篇，歌一篇者，乃独举一篇；

凡经文单言庙者皆谓祢庙，单言户者皆谓室户；

凡经文正礼在前，变礼在后；

凡经文仪节后与前同，变礼与正礼同者皆言如初，其不如初者别出之；

凡经文辞与仪节相间，惟冠礼辞总在后；

凡丧服以缕之精粗为序；

凡丧服上言其服，下言其人；

凡服有异者，别文在下。①

---

① （清）曹元弼：《礼经学》卷一，《续修四库全书》第 94 册，第 568—573 页。

曹氏所列《仪礼》经文例,大凡经文所可推见之内容、经文之条理、经文之叙事风格、经文之分节、经文之叙文、经文之省略互见、经文之同辞异辞、经文之法度、经文仪节之前后编排等皆有涉及。曹氏所列经文之例,可补凌廷堪、胡匡衷仅从经文内容归纳礼例或职官例之不足。

(三) 礼通例

凌廷堪《礼经释例》卷一、卷二均言通例,涉及迎送、授受、器物置放、行礼方位等各个方面。曹氏对凌氏作了补充,归纳出十余条通例,兹列其所归纳之例如下:

> 凡制礼自士始,等而上之,以至于天子;
> 凡礼多就侯国言;
> 凡礼大夫避君、士避大夫;
> 凡大夫所避者,士卑或不嫌;
> 凡礼有曲而杀,有经而等,有放而文,有放而不致,有顺而摭;
> 凡礼不三;
> 凡礼不必事;
> 凡礼以相人偶为敬,以相变为敬,以异为敬,凡敬不能并;
> 凡礼卑者先即事,尊者后;
> 凡乡射咸仪省,大射咸仪多;
> 凡射礼别尊卑;
> 凡丧礼略于咸仪;
> 凡礼以事名官。①

从以上所列诸例,可见曹氏所谓礼通例多涉及制礼、礼数等宏观问题。实际上,通例并非曹氏之创见,正如他所说:"郑君先通《春秋》,又精汉律,故其说经例至密。今辑郑义,蹉凌书,得例五十事,为学者举隅。其礼通例见郑《注》。"② 郑玄乃礼通例之首倡者,曹氏承之,并作了更加全面的研究。

① (清)曹元弼:《礼经学》卷一,《续修四库全书》第94册,第573页。
② (清)曹元弼:《礼经学》卷一,《续修四库全书》第94册,第568页。

(四) 注疏例

凌廷堪未归纳《仪礼》注疏之例, 曹氏补之。兹列曹氏所补数例如下:

> 凡郑《注》说制度、职官必据《周礼》, 说义理必本《礼记》;
>
> 凡郑《注》说制度至详, 时以汉制况周制;
>
> 凡制度无正文者, 以群经推约之;
>
> 凡郑《注》引《礼记》多约文;
>
> 凡郑《注》发一义必贯通全经, 且贯通群经;
>
> 凡郑《注》熟于经例, 能于经文无字句处得经意;
>
> 凡郑《注》善引伸触类、据彼定此;
>
> 凡经文疑似之处, 注必别白言之;
>
> 凡经略举大概者, 注细别之;
>
> 凡经文仪节略者, 注弥缝之; 字误者, 注变易之;
>
> 凡《丧服注》引传解经, 注在传下者题某, 谓以别之, 在传上者不题某;
>
> 凡郑《注》大义足以正人伦, 扶名教;
>
> 凡郑《注》今古文各本择善而从;

贾《疏》大例有二: 一据旧疏为本, 一易旧疏之失。①

古之治"三礼"者, 重视以郑《注》、贾《疏》释经文, 而少于注疏之反思。曹氏对郑《注》、贾《疏》作了反思, 其所列注疏之例, 对于推动注疏之研究有一定的参考价值。

二、《仪礼》与诸经关系之辨析

《仪礼》多言仪节, 《礼记》多言礼意, 《周礼》多言官制。治"三礼"者, 多主张"三礼"互通, 然少有人主张"三礼"与群经会通。曹元弼精于《仪礼》, 并主张《仪礼》与诸经相会通, 他说: "'六经'同归, 其指在礼。《易》之象, 《书》之政, 皆礼也。《诗》之美刺, 《春秋》之褒贬, 于礼得失之迹也。《周官》礼之纲领, 而《礼记》则其义疏也。《孝经》礼之始, 而《论语》则其微言大

---

① (清) 曹元弼:《礼经学》卷一,《续修四库全书》第 94 册, 第 574—576 页。

义也。故《易》之言曰：'圣人有以见天下之动而观其会通，以行其典礼。'《书》之言曰：'天叙有典，天秩有礼。'《诗序》之言曰：'发乎情，止乎礼义。'《春秋》宪章文武，约以周礼，所讥所善，按礼以正之。《孝经·开宗明义》言至德要道，要道谓礼乐。《论语》言礼者四十余章，自视听言动，与凡事亲、教子、事君、使臣、使民、为国，莫不以礼。"① 兹以曹氏论《仪礼》与《周易》《周礼》《礼记》之关系为例，以见曹氏会通诸经之说的内涵和特点。

一是《仪礼》与《易》之关系。

曹元弼认为，《仪礼》与《周易》可互证，他说："《易》，礼象也。法象莫大乎天地，伏羲定乾坤，索六子，立三纲，叙五伦，别人类于禽兽，而礼之大本，立八卦，重为六十四。《屯》建侯以作之君，《蒙》养正以作之师，开物成务，崇德广业，变草昧为文明，而礼之大用行，《易》说具之矣。"② 兹举数例如下：

曹氏曰："《士虞礼》：'剂茅。'《易》曰：'藉用白茅，无咎。'"③

曹氏认为，《士虞礼》"剂茅"与《易》之"藉用白茅，无咎"可互证。

曹氏又曰："《士冠礼》：'筮于庙门。'《注》曰：'以著问日吉凶于《易》也。'《疏》曰：'不于寝门筮者，取鬼神之谋。'《系辞》云'人谋鬼谋'，郑《注》云：'鬼谋，谓谋卜筮于庙门是也。'按：冠礼、丧礼、祭礼、聘礼皆有筮，筮仪在《礼》，筮法在《易·系辞》，郑《注》说《礼》多引《易》为证。"④

《士冠礼》所云"筮"，郑《注》皆引《易》证之。曹氏认为，此即《仪礼》与《周易》会通之证。

曹氏又曰："《乡射礼·记》：'楅，龙首，其中蛇交。'《注》曰：'蛇，龙，君子之类。'与《坤·上六》注'圣人喻龙，君子喻蛇'同义。"⑤

《乡射礼·记》云"楅，龙首，其中蛇交"，郑玄以其与《坤·上六》同义。曹氏认为，此亦《仪礼》与《周易》会通之证。

又曰："《燕礼》'两方壶'，《注》说以《易》义，曰'臣道置方'。"⑥

郑玄以《燕礼》"两方壶"与《易》义合。曹氏认为，此乃《仪礼》与《易》

① （清）曹元弼：《礼经学》卷四，《续修四库全书》第 94 册，第 713 页。
② （清）曹元弼：《礼经学》卷四，《续修四库全书》第 94 册，第 713 页。
③ （清）曹元弼：《礼经学》卷四，《续修四库全书》第 94 册，第 714 页。
④ （清）曹元弼：《礼经学》卷四，《续修四库全书》第 94 册，第 713 页。
⑤ （清）曹元弼：《礼经学》卷四，《续修四库全书》第 94 册，第 714 页。
⑥ （清）曹元弼：《礼经学》卷四，《续修四库全书》第 94 册，第 714 页。

会通之又一证据。

二是《仪礼》与《周礼》之关系。

曹元弼认为《周礼》《仪礼》发源是一,他说:"《周礼》者,圣人本人伦以立王道之实事,度礼全经,时事别为篇,周官之事,当无不备,而今不可考矣。幸其犹有存者,可以立孝弟、忠顺、仁义之则,而起天下合敬同爱之心,以为立功立事之本,所谓有"关雎"麟趾之德意,而后可行周官之大法。《周礼》《仪礼》发源是一者,学者可比类合谊,以见指撝焉。"① 兹举数例如下:

曹氏曰:"《礼》十七篇目,郑君以分属《大宗伯》五礼。"②

郑玄以十七篇分属《大宗伯》之五礼;曹氏认为,此乃《仪礼》与《周礼》相通之证。

曹氏又曰:"《乡饮酒》《乡射》《周礼》乡大夫、州长所职,郑《目录》及《注》于《乡饮》备引《大司徒》乡大夫、党正职,于《乡射》引乡大夫、州长职为说。凡《礼经》纲领皆在《周官》,经、曲相表里,于此明矣。"③

郑玄以《周礼》与《仪礼》之职官互证。曹氏认为,此乃《仪礼》纲领皆在《周官》之证。

曹氏又曰:"两豆:葵菹、蠃醢;两笾:栗、脯。按:笾豆之实,皆见《笾人》《醢人》。"④

曹氏认为,《仪礼》所记笾豆之实见于《周礼·笾人》《醢人》,此乃《仪礼》与《周礼》相通之证。

曹氏又曰:"黍、稷四敦皆盖,太羹湆在爨。《注》:'《周礼》曰:食斋视春时,羹斋视夏时。'"⑤

《仪礼》"黍、稷四敦皆盖,太羹湆在爨"一语,郑玄引《周礼》"食斋视春时,羹斋视夏时"释之。曹氏认为,此乃《仪礼》与《周礼》相通之证。

曹氏又曰:"《乡射礼》射法、射仪与《周礼·射人》合。"⑥

曹氏认为,《乡射礼》所记射法、射仪与《周礼·射人》合,此乃《仪礼》

① (清)曹元弼:《礼经学》卷四,《续修四库全书》第94册,第716页。
② (清)曹元弼:《礼经学》卷四,《续修四库全书》第94册,第716页。
③ (清)曹元弼:《礼经学》卷四,《续修四库全书》第94册,第716页。
④ (清)曹元弼:《礼经学》卷四,《续修四库全书》第94册,第716页。
⑤ (清)曹元弼:《礼经学》卷四,《续修四库全书》第94册,第716页。
⑥ (清)曹元弼:《礼经学》卷四,《续修四库全书》第94册,第717页。

与《周礼》相通之又一证。

三是《仪礼》与《礼记》之关系。

曹元弼认为《仪礼》与《礼记》可互通，他说："二戴《记》之说礼，大类有三：曰礼，曰学，曰政。《曲礼》《檀弓》《迁庙》《衅庙》《冠义》《昏义》《朝事义》等篇，礼类也。《学记》《中庸》《儒行》《大学》《曾子》十篇之等，学类也。《王制》《月令》《夏小正》《文王》《官人》之等，政类也。夫礼者，先王正人伦以达天下爱敬之心，圣人先得人心之所同。然先知觉后知，先觉觉后觉，使天下相与讲明其义，而身体之心存之，是之谓学。由是以不忍人之心，行不忍人之政，同天下之爱敬，合天下之智力，以养欲给求，御灾捍患，而仁覆天下，利济万世。故学所以明礼也，政所以行礼也，冠、昏、丧、祭、聘、觐、射、乡，人伦所由定，克己复礼，为国以礼，皆不外此。"① 曹氏认为，大、小戴《礼记》各篇可分为礼、学、政，皆是为了明礼、行礼，而《仪礼》各篇亦是为了定人伦、复礼、以礼为国，由此可知《仪礼》与《礼记》互通。兹举数例：

曹氏曰："《士冠礼》：'主人玄冠、朝服、缁带、素韠。'郑说天子、诸侯朝服及带、韠之制，皆约《玉藻》义，下爵韠、采衣同。凡《礼经》衣服之制，《玉藻》其通诂。"②

《士冠礼》"主人玄冠、朝服、缁带、素韠"一语，郑《注》约《玉藻》释之。曹氏认为，凡《仪礼》所言服制，皆与《玉藻》相通。

曹氏又曰："'宰自右少退，赞命'。《注》：'《少仪》曰：赞币自左，诏辞自右。'凡《礼经》佐礼仪位、辞命，《玉藻》《少仪》其通诂。"③

《仪礼》"宰自右少退赞命"一语，郑注引《少仪》证之。曹氏认为，凡《仪礼》佐礼仪位、辞命，与《玉藻》《少仪》相通。

曹氏又曰："'北面坐取粱与酱以降。'《玉藻》曰：'若赐之食而君客之，君既彻，执饭与酱乃出，授从者。'又曰：'主人自置其酱，则客自撤之。'《曲礼》曰：'卒食，客自前跪撤饭，斋以授相者。'"④

曹氏认为，《仪礼》所言"北面坐取粱与酱以降"，可与《玉藻》《曲礼》之记载相印证。

---

① （清）曹元弼：《礼经学》卷四，《续修四库全书》第 94 册，第 718—719 页。

② （清）曹元弼：《礼经学》卷四，《续修四库全书》第 94 册，第 719 页。

③ （清）曹元弼：《礼经学》卷四，《续修四库全书》第 94 册，第 719 页。

④ （清）曹元弼：《礼经学》卷四，《续修四库全书》第 94 册，第 721 页。

又曰:"'三日成服'。《注》曰:'既殡之明日。全三日。'《曲礼》曰:'生与来日。'"①

《仪礼》"三日成服"一语,郑玄引《曲礼》"生与来日"证之。曹氏认为,此乃《仪礼》可与《曲礼》相通之又一证。

曹氏又曰:"《少牢馈食礼》'日用丁巳'。《注》据《曲礼》说之曰'内事用柔日'。"②

《仪礼》"日用丁巳"一语,郑玄以《曲礼》"内事用柔日"证之。曹氏认为,此乃《仪礼》与《少牢馈食礼》相通之又一证。

曹元弼认为,《仪礼》与《周易》《周礼》《礼记》等儒家经典皆可互通。其所举证据,多是源自郑《注》,故以《仪礼》与诸经相通并非曹氏之创见。曹氏之功劳,是排比罗列相关资料,使《仪礼》与诸经相会通之问题被凸显出来,这对于认识"三礼"与诸经之关系,有着一定的参考意义。

三、《仪礼》经说之辨析

曹元弼对礼学上一些有争议的问题作了探讨,这些问题既有文字训诂方面的,也有仪节制度方面的;既有经文经注之解释,亦有前贤时人经说之评论。兹举数例,以见曹氏释疑解纷之特点。

对于郑《注》贾《疏》,曹氏或申之,或驳之。申郑《注》者,如《仪礼·士冠礼》:"始加元服,兄弟具来。孝友时格,永乃保之。"郑《注》:"格,至也。永,长也。保,安也。行此乃能保之。今文'格'为'假'。"曹氏曰:"《注》训'格'为'至',极是。'永乃保之','之'字即指上元服,有是德则称是服也。下字辞'永受保之','之'字亦指字,字以表德,有德则称此字也。后人从假,未达郑旨。"③曹氏认为,郑玄训"格"为"至"甚确,后人以"格"从"假",未达郑旨。

又如《仪礼·士冠礼》:"宾降,直西序,东面,主人降,复初位。"郑《注》:"初位,初至阶让升之位。"曹氏曰:"此注程氏瑶田、张氏惠言皆疑之,谓经无以当阶言位者。不知此文即经以当阶为位之明文,不必援他经为例也。上

---

① (清)曹元弼:《礼经学》卷四,《续修四库全书》第 94 册,第 723 页。
② (清)曹元弼:《礼经学》卷四,《续修四库全书》第 94 册,第 724 页。
③ (清)曹元弼:《礼经校释》卷一,《续修四库全书》第 94 册,第 128 页。

'赞者盥'注'盥于洗西,',与他处盥位异。此经复让升位,与他时降位异。皆特起之制,各有精意,不得以常例论者。古人治礼皆有图,且为容升降位次无少舛错,注盖本先师旧义,非从臆测,不可易也。贾氏以相近且欲闻宾字为说,深合礼情。"①程瑶田、张惠言认为经文无以当阶言位,曹氏认为《士冠礼》此即当阶为位之明文,是皆特起之制,不必援他经为例。

驳贾《疏》者,如《仪礼·士冠礼》:"卒筮,书卦,执以示主人。"郑《注》:"书卦者,筮人以方写所得之卦。"贾《疏》:"云'书卦者筮人'者,下文云'筮人还东面旅占',明此书卦是筮人也。不使他人书卦者,筮人尊卦,亦是尊蓍龟之道也。案《特牲》云:'卒筮,写卦,筮者执以示主人。'《注》云:'卦者主画地识爻,六爻备,乃以方版写之。'则彼写卦亦是卦者。故郑云卦者画爻者。彼为祭礼,吉事尚提提,故卦者写卦,筮人执卦以示主人。《士丧礼注》云:'卦者写卦示主人。'经无写卦之文,是卦者自画示主人。以其丧礼遽于事,故卦者自画自示主人也。此冠礼,筮者自为自示主人,冠礼异于祭礼、丧礼故也。"曹氏曰:"书卦之事,筮人、卦者皆可为之,故经于《士冠》《特牲》互见其文,注各依文解之,二人职相将此事,彼此为之无异,非若筮占画地受命执示告吉之必分其司也。《丧礼》与《特牲》同,疏似未确。"②贾氏认为,冠礼与丧祭礼于书卦、示卦之事有异:冠礼是筮者自为自示主人,而《特牲馈食礼》《士丧礼》是卦者自画示主人。曹氏认为,《士冠礼》《特牲馈食礼》互见其文,书卦之事,筮人、卦者皆可为之,卦者和筮者所司无异。

疏通郑《注》、贾《疏》者,如《仪礼·士昏礼》:"姑飨妇人送者,酬以束锦。"郑《注》曰:"妇人送者,隶子弟之妻妾。"贾《疏》:"士卑无臣,自以其子弟为仆隶,并己之子弟之妻妾。"曹氏曰:"此句难明,意盖谓士自以子弟为仆隶,则并己之子弟之妻妾亦若仆隶之妻妾。然窃意隶子弟者,《内则》所谓庶子庶孙,《檀弓》所谓庶弟也,非嫡妻所生第二以下,庶人无妾,故无隶子弟。"③贾《疏》认为,士自以子弟为仆隶,士之子弟之妻妾亦若仆隶之妻妾。曹氏据《内则》《檀弓》,认为庶人无妾,故无隶子弟。

对于前人《仪礼》之说解,曹氏多有辨析。如《仪礼·士冠礼》:"赞者皆

---

① （清）曹元弼:《礼经校释》卷一,《续修四库全书》第94册,第125页。

② （清）曹元弼:《礼经校释》卷一,《续修四库全书》第94册,第118—119页。

③ （清）曹元弼:《礼经校释》卷二,《续修四库全书》第94册,第142页。

与，赞冠者为介。”郑《注》：“赞者，众宾也。皆与，亦饮酒为众宾也。”曹氏曰：“沈氏彤云：‘《乡饮酒记》云主人之赞者不与，无算爵然后与，此亦当然。’沈说是也。主人之赞者不与，礼之通例，故《注》以此赞者皆与为众宾，即上《注》所云其不宿者为众宾，虽不宿，犹来者多，所谓乐与贤者叹成之也。主人赞者，或别日劳之耳。朱文公以《注》为有讹字，说可通。胡氏以《注》首句未分晓，则误矣。”①郑玄认为，赞者乃众宾，皆参与饮酒；朱熹认为郑《注》有讹字；沈彤认为主人之赞者不与；胡培翚认为郑《注》首句未分晓。曹氏以沈说为是，并认为主人之赞者不与乃礼之通例，朱熹之说可通，而胡氏之说有误。

又如《仪礼·士冠礼》：“筮人还，东面旅占，卒，进告吉。”郑《注》：“旅，众也。还与其属共占之。古文‘旅’作‘胪’也。”曹氏曰：“王氏引之以‘旅’为‘序’。按：‘序’义已该在‘众’义中，众占必以序也，不得议《注》。”②王引之以“旅”为“序”，曹氏以王说为非，因为“众”字已包括“序”义。

又如《仪礼·士昏礼》：“勖帅以敬先妣之嗣，若则有常。”曹氏曰：“继公分为二句，于下句殊觉不安。王氏引之为之说曰：‘之，是也，言当勉帅以敬，惟先妣是嗣也。’引《诗》‘召公是似’为比例。弼按：‘之’，训‘是’可也。然《诗》中‘召公是似’‘文武是宪’‘君子是则是效’等句法甚多，皆作‘是’，不作‘之’，‘之’字间在句中者皆不训‘是’，此古人文例也。《注》八字连读，谊诚不可易矣。《诗》亦有八字为句者。”③此“之”字，王引之训为“是”，曹氏依古文例，认为“之”在句中不应训“是”。

又如《仪礼·士昏礼》：“使者玄端至。”郑《注》：“使者，夫家之属，若群吏使往来者。”曹氏曰：“吴氏以使者为媒氏谬甚。媒氏，君之官也，与主人同僚，安得亟使之？若一国中行昏礼者皆惟媒氏，是使恐日不暇给矣。使者固属吏之称，以称同僚则妄矣，莫夕之说，详《士冠礼》。”④郑玄认为，此之“使者”指夫家之属吏；吴廷华认为，此所云“使者”指媒氏。曹氏认为，媒氏乃君之官，与主人同僚，不得亟使之。

又如《仪礼·士昏礼》：“妇疑立于席西。”郑《注》：“疑，正立自定之貌。”

---

①　（清）曹元弼：《礼经校释》卷一，《续修四库全书》第 94 册，第 126 页。

②　（清）曹元弼：《礼经校释》卷一，《续修四库全书》第 94 册，第 119 页。

③　（清）曹元弼：《礼经校释》卷二，《续修四库全书》第 94 册，第 146—147 页。

④　（清）曹元弼：《礼经校释》卷二，《续修四库全书》第 94 册，第 133 页。

曹氏曰："孔氏广森谓疑立为斜向立。按：疑立不系于面位，而系于身度，上《注》云主人西北面疑立，此斜向而疑立也，疑立者自修正，慎其位也。经有西北面、东南面，皆明著其位，不但云疑立，明疑立非斜向之谓也。《周礼》不正其主面，亦不背其客言，摈者之仪固不云疑立也，孔氏失之。"①《仪礼》"疑立"，郑玄认为乃正立自定之貌；孔广森认为乃斜向立。曹氏认为，"疑立"不系于面位，而系于身度。

又如《仪礼·丧服》："苴杖，竹也。削杖，桐也。"曹氏曰："《疏》云：'父者子之天，竹圆亦象天。'又引《丧服变除》云：'削之使下方者，取母象于地故也。'徐氏乾学云：'敖引杜元凯说证削杖为圆，愚谓《小记》言杖大如绖，绖之形既圆，则杖形亦圆可知，况桐之言同，谓其制同之于父也，何必取天圆地方之说乎？'弼按：《小记》言杖大如绖，不言杖圆如绖，桐之言同，谓杖者之心同，非谓杖制同也。且木干本圆，若取其圆则不必削矣，《变除》义不可易。"②贾氏认为，《丧服》"苴杖，竹也"一语有象征意义，即父者子之天，竹圆亦象天；"削杖，桐也"，《丧服变除》以之取母象于地；徐乾学认为经之形既圆，则杖形亦圆。曹氏驳徐说而申《变除》，理由有二：一是《丧服小记》言杖大如绖，不言杖圆如绖；二是木干本圆，若取圆则不必削。

---

① （清）曹元弼：《礼经校释》卷二，《续修四库全书》第 94 册，第 141 页。
② （清）曹元弼：《礼经校释》卷十二，《续修四库全书》第 94 册，第 332 页。

第三章　清代《礼记》名家名著研究

第一节　王夫之的《礼记》诠释

王夫之(1619—1692)字而农，号姜斋，又号夕堂，湖广衡州府衡阳县(今湖南衡阳)人。自幼随父兄读书，青年时参加反清复明斗争，晚年隐居石船山著书立说。其著作浩富，《周易内传》《周易外传》《尚书引义》《礼记章句》《春秋世论》《黄书》《噩梦》《读通鉴论》《宋论》皆是影响深远之作。其在文学、历史、哲学、艺术等方面都作出了别开生面的理论贡献，成为矗立在中国思想史上一座不朽的丰碑。

王夫之承北宋张载之学术取向，既重视形上哲学思想体系之建构，又重视形下世道人心之维护。与张载一样，王夫之认为维护世道人心之最紧要者莫过于礼学。王夫之十分重视礼学研究，其所撰《礼记章句》八十余万言，既重视辨正名物训诂，又重视礼意之阐发。① 王夫之《礼记章句》遵从《礼记》原书的篇章次序，一篇为一卷，共四十九卷。据刘毓崧《王船山先生年谱》，可知《礼记章句》成于1677年，是年王夫之五十九岁。是书对于认识王夫之的学术思想和人生理念，以及探究明清之际的学术轨迹，皆有着极为重要的价值。然而夫之此书并没有受到当今学界的足够重视，相关研究成果

---

① 王夫之《礼记章句》采用章句体从事《礼记》之诠释。《汉书·桓谭传》注云："章句，谓离章辨句，委曲枝派也。"由此可知，章句这种诠释体式，首先是对文本进行分章，继而概括章节大义、阐述义理。章句体既有文字训诂、名物制度考证，又有义理阐发，被历代经学家广泛采用。如在《汉书·艺文志》中，《书》类有欧阳、大小夏侯《章句》，《春秋》类有《公羊章句》和《穀梁章句》。东汉赵岐有《孟子章句》，王逸有《楚辞章句》。南宋朱熹有《大学章句》和《中庸章句》。

寥寥无几。① 鉴于此，本文拟在探讨王夫之境遇与其《礼记章句》撰作关系之基础上，进而考察其《礼记》诠释的方法、特色及对后世的影响，以期更加清楚地认识王夫之的礼学及明清之际思想家的学术旨趣。

一、时代学风与《礼记章句》的撰作

一个人的学术思想必然受其所处社会及时代学风的影响，王夫之亦不例外。在"天崩地解""海徙山移"的明清之际，社会变革、文化转轨的时代议题是当时思想家们所必须直接面对并需要作出响应的。他们或著书立说以阐发自己的社会理想，或直接投身于社会变革之激流。从青年时代开始，王夫之就立志匡时救国，其既以实际行动反抗满清，亦通过著书立说以传承文化、启蒙大众。王夫之《礼记章句》一书之撰作，与时代学风和个人境遇有极为密切的关系，此可从以下三个方面来看：

第一，王夫之撰《礼记章句》，与其对明清之际社会矛盾的深刻洞察有关。

王夫之生活于明清鼎革之际，社会矛盾、民族危机十分严重。从明中期开始，皇帝不过问政事，导致宦官专权，朝臣各树门户，争权夺利。这种情况在晚明更为严重。政治腐败导致民不聊生，以至于各地农民揭竿而起。在农民起义的浪潮中，崇祯皇帝自缢万岁山，明政权土崩瓦解。

王夫之青年时代曾流浪湘南一带，对明中期以来的政治腐败、社会失序、人心浮躁、礼仪崩坏的社会现状有清醒认识。其曾对晚明社会有过这样一段描述："自万历间沈一贯、顾天埈、汤宾尹一流，结宫禁宦寺，呼党招摇，士大夫贪昧者十九从之，内有张彝宪、曹化淳辈为之主持，诸君子才一运肘，即为所掣，唯一死谢国而已。"② 王夫之青年时代所撰《黄书》，对明代尖锐的社会矛盾亦有深刻揭示。王夫之认为，社会问题之根源在于文化之不兴，因此，民族文化之复兴对于解决时代积弊有极为重要的意义。在《黄书》后序，王夫之对民族文化之复兴抱有极大的信心，他说："延首圣明，中邦作辟，行其教，

---

① 今人林存阳在其《清初三礼学》（社会科学文献出版社 2002 年版）第三章对王夫之《礼记章句》略有介绍，可能是由于篇幅所限，作者对王夫之《礼记》诠释的思想文化背景、方法及影响未能有深入之论述。此外，张学智所撰《王夫之对礼的本质的阐释》（《北京大学学报（哲学社会科学版）》2006 年第 6 期）藉王夫之《礼记章句》中的部分内容，对王夫之的礼学诠释方法有所探讨。

② （清）王夫之：《搔首问》，《船山全书》第 12 册，岳麓书社 2011 年点校本，第 626 页。

制其辟，以藩扞中区，而终远夷狄。……岁德在丙，火运宣也。斗建维辰，春气全也。文明以应，窃承天也。太原之系，世胄绵也。"① 面对人心不古、世风日下、社会失序之现状，中年的王夫之归隐衡阳，以"六经责我开生面"为自己的文化期许，投身于复兴传统文化的事业中。

在《礼记章句》一书中，王夫之常借解经以抒发自己对教化陵夷、世风败坏之深层忧虑，同时也提出振兴民族文化之措施。如《曲礼上》云"鹦鹉能言，不离飞鸟。……是故圣人作，为礼以教人，使人以有礼，知自别于禽兽"，此言礼乃人与禽兽之别的标志。王夫之曰："仁义智信之心，人得其全，而物亦得其一曲。其为人所独有而鸟兽之所必无者，礼而已矣。故'礼'者，人道也。礼隐于心而不能著之于外，则仁义智信之心虽或偶发，亦因天机之乍动，与虎狼之父子、蜂蚁之君臣无别，而人道毁矣。君子遭时之不造，礼教堕，文物圮，人将胥沦于禽兽，如之何其不惧邪？"② 王夫之认为，礼乃人所独有而鸟兽所无，若作为人道的礼不能施之于教化，则将致社会失序；对于有志之君子，面对礼教不兴、社会混乱之现状，理当警惧而有所作为。

王夫之在《礼记章句序》曰："夫之生际晦冥，遘闵幽怨，悼大礼之已斩，惧人道之不立，欲乘未死之暇，上溯'三礼'，下迄汉、晋、五季、唐、宋以及昭代之典礼，折衷得失，立之定断，以存先王之精意，征诸实用，远俟后哲。"③ 鉴于礼仪崩坏之现状，王夫之希望通过折衷先前典礼及前人治礼之得失，从而存先王之精意，以达经世致用之效用。王夫之认为，礼与仁互为体用，对于维护世道人心有十分重要的意义，他说："《易》曰：'显诸仁，藏诸用。'缘仁制礼，则仁体也，礼用也；仁以行礼，则礼体也，仁用也。体用之错行而仁义之互藏，其宅固矣。人之所以异于禽兽，仁而已矣；中国之所以异于夷狄，仁而已矣；君子之所以异于小人，仁而已矣。而禽狄之微明，小人之夜气，仁未尝不存焉；唯其无礼也，故虽有存焉者而不能显，虽有显焉者而无所藏。故子曰'复礼为仁'，大哉礼乎！天道之所藏而人道之所显也。"④ 礼与

---

① （清）王夫之：《黄书后序》，《船山全书》第 12 册，岳麓书社 2011 年点校本，第 539 页。

② （清）王夫之：《礼记章句》卷一，《船山全书》第 4 册，岳麓书社 2011 年点校本，第 18 页。

③ （清）王夫之：《礼记章句序》，《礼记章句》卷首，《船山全书》第 4 册，岳麓书社 2011 年点校本，第 10 页。

④ （清）王夫之：《礼记章句序》，《礼记章句》卷首，《船山全书》第 4 册，岳麓书社 2011 年点校本，第 9 页。

仁互为体用，缘仁以制礼，行礼可显仁。"天下万世之为君子，修己治人，皆以是为藏身之固，而非是则仁道不显，而生人之理息矣。"①礼为君子修己治人之道，若没有礼，则仁道不得彰显而生人之理止息。

王夫之认为，通过《礼记》之诠释，从而可使先王之道得以彰显，以济时用。其曰："《礼记》者，汉戴氏圣述所传于师，备五礼之节文而为之记也。……孔子反鲁，定礼乐，引伸先王之道而论定其义，辑礼经之所未备而发其大义，导其微言。……小戴承众论之后，为纂叙而会归之，以为此书，显微同异之虽若不一，而于以体先圣复性以立人极之意，其不合者鲜矣。善学者通其意以会其同，辨其显以达其微，其于先王穷理尽性、修己治人之道，明而行之，亦庶乎其不远矣。"②王夫之认为，《礼记》虽为西汉戴圣所辑，然该书之所述，乃孔子引述先王之道而阐发大义、导其微言者。故通过《礼记》之研究，可窥先王穷理尽性、修己治人之道；通过《礼记》之诠释，还可实现"人禽之辨、夷夏之分、君子小人之别"③。

第二，王夫之撰《礼记章句》，还与其维护民族尊严、坚守民族气节有关。

早在明代中叶，我国东北建州卫的女真族趁明王朝腐朽之机，悄然兴起于白山黑水之间。万历四十四年（1616），努尔哈赤建立后金政权，建元"天命"，对明王朝虎视眈眈。万历四十六年（1618）四月，努尔哈赤以其所提出的"七大恨"攻明，夺取辽宁大片土地。虽然明朝名将熊廷弼、袁崇焕抗击努尔哈赤取得多次胜利，但是没有能阻挡清军南下的步伐。清军入主汉地以后，实行武力及民族奴役政策，陆续颁布了圈地令、严禁逃人令、剃发令和易服令，汉地自古以来重视衣冠服饰，满清此举是希望弱化汉族的民族意识，因此招致各族人民，尤其是汉民族的强烈反对，加剧了清初的民族矛盾。

青年王夫之曾迷恋科举，四次赴武昌应乡试，最后于崇祯十五年（1642）考中举人。然而晚明社会矛盾和民族矛盾的激化，最终导致明清易代，王夫之的"进士梦"破灭了。最让王夫之难以接受的，是满清统治者

---

① （清）王夫之：《礼记章句序》，《礼记章句》卷首，《船山全书》第 4 册，岳麓书社 2011 年点校本，第 10 页。

② （清）王夫之：《礼记章句》卷一，《船山全书》第 4 册，岳麓书社 2011 年点校本，第 11 页。

③ （清）王夫之：《礼记章句序》，《礼记章句》卷首，《船山全书》第 4 册，岳麓书社 2011 年点校本，第 10 页。

对汉地文化和汉民族意识的弱化政策。王夫之有着强烈的民族意识，他认为夷狄与华夏有本质之区别，夷狄过着"射生饮血"的生活，"彼自安其逐水草，习射猎，忘君臣，略昏宦，驰突无恒之素"①，而华夏族则"有城郭之可守，墟市之可利，田土之可耕，赋税之可纳，婚姻仕进之可荣"②。对于满清颁布的剃发令，王夫之坚决反对。他说："铁网罩空飞不得，修罗一丝蟠泥藕。呜呼七歌兮孤身孤，父母生我此发肤。"③青年时代的王夫之积极参加抗清斗争，曾只身赴湘阴，上书湖北巡抚章旷，力陈联合各种力量抗清之必要性，亦曾与夏汝弼、管嗣裘等人在南岳方广寺举兵抗清。然而这一切皆以失败而告终。

抗清胜利无望，以及长期的颠沛流离生活，使王夫之决心归隐衡阳，投身于民族文化复兴工作中。其《礼记章句》就是在归隐衡阳期间写成的。在此书中，王夫之于"人禽之辨、夷夏之分、君子小人之别，未尝不三致意焉"④。其中的"夷夏之辨"是个古老的话题，即以礼仪区别华夏和蛮夷，其宗旨在《春秋》，而具体规则在"三礼"。明清之际，以明朝故臣自居的部分思想家将"夷夏之辨"再一次凸显出来，他们希望通过此话题表达他们的文化诉求、彰显他们的民族气节。王夫之亦是如此，他希望通过"夷夏之辨"，可以明"中国之所以为中国"。其选择《礼记》而为之作章句，是因为《礼记》所言精意更能致力于"夷夏之辨"。在王夫之看来，《周礼》《仪礼》与《礼记》是互为体用的关系，《周礼》《仪礼》言仪制，而《礼记》是孔子及其弟子精意之所在。王夫之曰："《周礼》六官、《仪礼》五礼，秩然穆然，使人由之而不知。夫子欲与天下明之而发挥于不容已，精意所宣，七十子之徒与知之，施及于七国、西汉之初，仅有传者，斯戴氏之《记》所为兴也。"⑤王夫之希望借《礼记》之诠

---

① （清）王夫之：《读通鉴论》卷二十八，《船山全书》第 10 册，岳麓书社 2011 年点校本，第 1095—1096 页。

② （清）王夫之：《读通鉴论》卷二十八，《船山全书》第 10 册，岳麓书社 2011 年点校本，第 1096 页。

③ （清）王夫之：《放杜少陵文文山作七歌》，《船山全书》第 15 册，岳麓书社 2011 年点校本，第 706 页。

④ （清）王夫之：《礼记章句序》，《礼记章句》卷首，《船山全书》第 4 册，岳麓书社 2011 年点校本，第 10 页。

⑤ （清）王夫之：《礼记章句序》，《礼记章句》卷首，《船山全书》第 4 册，岳麓书社 2011 年点校本，第 9 页。

释，从而以明"中国之所以为中国，君子之所以为君子"①。其于此所言"中国"与"华夏"不殊，而与"夷狄"相对。

王夫之在《礼记章句》中常藉《礼记》以言夷夏之辨。如《礼记·乐记》，王夫之曰："自汉以降，古乐愈失。……女直躏宋，仅存之器，熸焉无余，虽有圣人，亦无所凭借以修复，而胡部之奸声，北里之淫曲，导人心以化禽狄者，充斥乎朝野。"②此所谓"女直"，即女真。王夫之认为，宋代女真族入主中原，导致古乐销声匿迹，朝野上下充斥胡部之奸声、北里之淫曲。宋代的女真人是满人的祖先，王夫之对女真音乐的批判，实际上是对明清之际满清入主汉地的不满和愤慨。王夫之还藉《礼记·中庸》所云"素夷狄，行乎夷狄"，认为"夷狄而无羞恶之志，小有补救，贪生持禄，忻然自得，则逐流丧己，小人而无忌惮矣"③。王夫之认为夷狄"无羞恶之志""贪生持禄""逐流丧己"，意在扬华夏而贬满清，其民族文化本位主义可得而见之。

第三，王夫之撰《礼记章句》，还与其批判陆王心学有关。

明代王阳明承南宋陆九渊的心学思想，高扬"致良知""知行合一"，将心学发扬光大。王阳明去世以后，心学很快出现了分化，比如聂豹等人强调主静工夫，主张通过"静定工夫"还原"寂然不动"的本体，王艮及泰州学派则突出人人具足良知，"百姓日用即道"，主张纵横任我。陆王心学对于破除程序化的程朱理学有积极意义，然而阳明后学中的不少人束书不观、空言心性，流于狂禅而不自知，经学之荒陋，臻于极致。清末皮锡瑞认为"经学至明为极衰时代"④，非虚言也。

清初不少学人已意识到王学末流之弊，如陈确说："凡儒先之言，一以孔、孟之学正之。"⑤以孔、孟之说为断之前提，就是回归原典，在经书中寻得孔、孟之真义。在此问题意识下，检讨经书文本的真实性和可靠性问题又

① （清）王夫之：《礼记章句序》，《礼记章句》卷首，《船山全书》第 4 册，岳麓书社 2011 年点校本，第 9 页。
② （清）王夫之：《礼记章句》卷十九，《船山全书》第 4 册，岳麓书社 2011 年点校本，第 887—888 页。
③ （清）王夫之：《礼记章句》卷三十一，《船山全书》第 4 册，岳麓书社 2011 年点校本，第 1268 页。
④ （清）皮锡瑞：《经学历史·经学积衰时代》，《皮锡瑞全集》，中华书局 2015 年点校本，第 86 页。
⑤ （清）陈确：《复张考夫书》，《陈确集》卷三，中华书局 1979 年点校本，第 132 页。

一次被提出来。清初考据学风由此兴起,阎若璩、胡渭、毛奇龄、朱彝尊、姚际恒等一大批学人起来,对包括《易》《书》《诗》《礼》在内的经书做了正本清源的工作。

与同时代的思想家一样,王夫之"攻阳明之学甚力"①。其在从事《礼记》诠释时,批判阳明心学者随处可见。于《礼记·内则》之解题,王夫之曰:"学者能于此致慎以自勉,而治天下者修明之以立治教,则至道之行不出于此矣。世教衰,民不兴行,其所谓贤知者又为卤莽灭裂之教以倡天下于苟简,如近世王氏'良知'之说,导淫邪,堕名义,举世狂和之而莫之能止。学者勿以此篇为事迹之末,慎思明辨而笃行之,则经正而庶民兴,邪说之作,尚其有惩乎!"②王夫之认为,《内则》所记门内事之法则,对于人的修养和风俗教化皆有积极意义,不能因为所记之事琐碎而忽略其意义;然而阳明"良知"说倡天下苟简,以至于"导淫邪""堕名义",士人流于狂禅而不能止。

于《学记》之解题,王夫之曰:"先王以礼齐民,学为之首,则系学于礼,道莫重焉。……此篇所论亲师敬业为入学之事,故或以为末而未及其本,然玩其旨趣,一皆格物致知之实功,为大学始教之切务,则抑未可以为末而忽之也。此之不讲,则有凌躐卤莽以谈性命而诡于佛、老者,为正学之大蠹,故君子所深惧也已。"③夫之认为,《学记》所讲为学之事,对于深化《大学》所讲为学之道有补充作用;王学空谈性命而不讲为学之事,故流于佛老之说。

于《大学》之解题,王夫之曰:"是篇之序,万世为学不易之道也。自姚江王氏者出而《大学》复乱,盖其学所从入,以释氏不立文字之宗为虚妄悟入之本,故以《章句》八条目归重格物为非,而不知以格物为本始者经也,非独传也,尤非独朱子之意。……夫道之必有序,学之必有渐,古今之不能违也。特所谓先后者,初非终一事而后及其次,则经、传、章句本末相生之旨亦无往而不著,王氏之徒特未之察耳。若废实学,崇空疏,蔑规矩,恣狂荡,以无善无恶尽心意知之用,而趋入于无忌惮之域,则释氏之诞者故优为之,奚必假圣

① 　支伟成:《清代朴学大师列传》,上海人民出版社 2014 年版,第 19 页。
② 　(清)王夫之:《礼记章句》卷十二,《船山全书》第 4 册,岳麓书社 2011 年点校本,第 669 页。
③ 　(清)王夫之:《礼记章句》卷十八,《船山全书》第 4 册,岳麓书社 2011 年点校本,第 869 页。

贤之经传以为盗竽乎?"① 王夫之认为，王阳明以朱熹《大学》"八条目"重归格物为非，是未解朱子之意；此外，阳明后学不知道必有序、学必有渐，又废实学，师心自说，不遵礼法，怪诞恣肆，皆是受佛教之影响。

二、汉宋兼采的诠释方法 ②

清初学人治经大都是汉宋兼采，直到乾隆年间《钦定三礼义疏》时，《仪礼义疏》仍是多从敖继公之说，而兼采郑《注》。受时代学风之影响，王夫之的《礼记》诠释亦是汉宋兼采。其解经的汉学方法可从以下两个方面来看。

第一，王夫之重视《礼记》文本和名物之考证。

《礼记》文本在传抄过程中难免有讹脱衍倒，汉唐时期郑玄、孔颖达等人对《礼记》文本做了大量的校勘工作。在《礼记章句》中，王夫之对《礼记》文本亦有校勘。如《曲礼上》"若夫坐如尸"，郑玄以"若夫"为句，且释之曰："言若欲为丈夫也。" 王夫之驳曰："此盖有阙文，详见《大戴记》。"③《大戴礼记·事父母》："若夫坐如尸，立如斋，弗讯不言，言必斋色，此成人之善者也，未得为人子之道也。"《大戴礼记》此"若夫"二字为发语词。④ 王夫之以

---

① （清）王夫之：《礼记章句》卷四十二，《船山全书》第 4 册，岳麓书社 2011 年点校本，第 1467—1468 页。

② 广义的"宋学"指宋代的学术，如明人《宋学商求》的"宋学"即从广义角度而言。狭义的"宋学"即包括程朱理学和陆王心学的理学，如《四库全书总目》认为，自汉至清，"要其归宿，则不过汉学、宋学两家，互为胜负。夫汉学具有根柢，讲学者以浅陋轻之，不足服汉儒也。宋学具有精微，读书者以空疏薄之，亦不足服宋儒也。"此所言"汉学""宋学"，主要是从经典诠释方法的角度而言。汉学专事训诂考证，宋学则重义理阐发。笔者于本文所言"汉学""宋学"，亦主要是从解经方法的角度而言，所谓"汉宋兼采"，即在解经时考据与义理相结合。"汉宋兼采"一说并非笔者首创，江藩在《国朝汉学师承记》认为顺、康时期的经学是"兼采汉宋"，皮锡瑞《经学历史》认为清初"为汉学兼采之学"。

③ （清）王夫之：《礼记章句》卷一，《船山全书》第 4 册，岳麓书社 2011 年点校本，第 14 页。

④ 古今学人认识有相通者，如今人王梦鸥曰："疑此处‘若夫坐如尸，立如斋’之下，本有‘弗讯不言，言必斋色，此成人之善，未得为人子之道也’二十一字，故下文复申之曰：‘礼从宜，使从俗，夫礼者所以定亲疏……’云云。盖礼从‘宜’者，有‘亲’之宜，‘疏’之宜，为人子而对于父党，果亦如尸如斋，弗讯不言，言必斋色，则非所宜矣。是故盱衡上下文义，稽以大戴本文，此处似脱去二十一字。唯有此二十一字，然后前后语意衔接，用以解释‘俨若思’之义，庶几圆满无所偏。"（王梦鸥：《〈曲礼〉校释》，《台湾政治大学学报》第 11 期）王氏据《大戴礼记》，认为《曲礼》"若夫坐如尸，立如斋"之下脱"弗讯不言，言必斋色，此成人之善，未得为人子之道也"二十余字。

《大戴礼记》为对校之资，认为《曲礼上》此"若夫"二字之后有阙文。

王夫之还于《礼记》所记名物有考证。如《内则》所言"蜩""范"，王夫之释之曰："'蜩'，蝉也。'范'，蜂也。二者皆今人所不食。按《庄子》称丈人承蜩，则古人盖采而食之矣。《尔雅》'大蜂'，郭璞曰：'似土蜂而小，在树上，江东人食其子。'则古今异味，犹今人食虾蟹而古人未之闻尔。"① 夫之于此征引《尔雅》及郭璞注，以释"蜩""范"。

第二，王夫之将《大学》《中庸》还原为《礼记》中的单篇。

《大学》《中庸》分别是《礼记》的第四十二、三十二篇。唐以前，《大学》《中庸》并没有单独刊行，学者们也只是将其看作《礼记》的单篇而加以研究。中唐韩愈、李翱以及宋代二程、朱熹表彰和推崇《大学》《中庸》。特别是朱熹将《大学》《中庸》从《礼记》中抽离出来，并为之作章句，自此以后，《大学》《中庸》之学大兴。元仁宗延佑年间恢复科举，《大学》《中庸》被列为举业必修书以后，二者作为《四书》中的两部，已成为经中之经，受到格外的重视。

然而在《礼记章句》中，王夫之视《大学》《中庸》为《礼记》之单篇，并没有强调二者优于其他篇目。王夫之认为，《大学》《中庸》二篇，"今既专行，为学者之通习，而必归之《记》中者，盖欲使'五经'之各为全书，以见圣道之大，抑以知凡戴氏所集四十九篇，皆《大学》《中庸》大用之所流行，而不可以精粗异视也"②。在夫之看来，若将《大学》《中庸》从《礼记》中抽离出来，"五经"则非完书，圣道之大亦难见。

宋元明以来，"四书"取代"五经"，经典范式的转移，是宋学取代汉学的重要标志。明中期以后，延续几百年的宋学积弊逐渐显现出来，批评宋学的声音亦越来越大。明清之际，学界于宋学之反动表现各异，黄宗羲、顾炎武强调从经学角度看理学，姚际恒、阎若璩等人疑经辨伪，张尔岐则倡清人治《仪礼》之新风。汉学之风渐盛，借此可得窥见。受时代学风之影响，王夫之亦重视以汉学的方法解经。其将《大学》《中庸》还原为《礼记》的单篇而加以诠释，实际上是对宋儒割裂和移易经典文本之重新考虑，亦是其有意识地从经学的角度研究《大学》《中庸》。值得注意的是，王夫之还有《四书稗疏》《四书

---

① （清）王夫之：《礼记章句》卷十二，《船山全书》第4册，岳麓书社2011年点校本，第694页。

② （清）王夫之：《礼记章句》卷三十一，《船山全书》第4册，岳麓书社2011年点校本，第1246页。

考异》《四书笺解》《读四书大全说》等著述，在这四部著述中，王氏仍从"四书"学的视域来看待《大学》《中庸》。从王夫之对待《大学》《中庸》之态度，可知其试图在经学与理学之间开新路，体现了清人徘徊在理学和经学之间的复杂心态。王夫之于《大学》《中庸》之诠释路径和态度影响深远，清人李光坡、朱彬、郭嵩焘等人皆以《大学》《中庸》为《礼记》之普通篇目。如郭嵩焘曰："读船山《礼记章句》，寻其意恉，将合《大学》《中庸》章句为一书，以还戴《记》之旧，所得经义为多。"① 然而郭嵩焘亦有从理学的角度对《大学》《中庸》予以诠释之著述，其所撰《大学章句质疑》和《中庸章句质疑》即如此。在此二书中，郭氏对朱子解义提出异议，借驳朱子"以尊朱子也"②。郭嵩焘于《大学》《中庸》之诠释路径，可谓与王夫之如出一辙也。

王夫之的《礼记》诠释亦有着强烈的宋学特色，这可从以下三个方面来看：

第一，王夫之对《礼记》文本有疑义。

宋人疑经改经成风，皮锡瑞曰："宋人不信注疏，驯至疑经；疑经不已，遂至改经、删经、移易经文以就己说，此不可为训者也。……他如俞廷椿《复古编》，割裂五官，以补《冬官》；吴澄《礼记纂言》，将四十九篇颠倒割裂，私窜古籍，使无完肤。宋、元、明人说经之书，若此者多。"③ 如于《儒行》，吕大临、李觏、程颐、吕大临、朱熹、杨简皆疑之。如李觏认为"《儒行》非孔子言也，盖战国时豪士所以高世之节耳"④。程颐认为"《儒行》之篇……如后世游说之士所为夸大之说"⑤。朱熹认为"《儒行》《乐记》非圣人之书，乃战国贤士为之"⑥。

王夫之治经，亦凭理性断经书内容之是非。其于《礼记》亦多有疑之者。如于宋儒普遍怀疑的《儒行》，王夫之曰："《儒行》一篇，词旨夸诞，略与东

① （清）郭嵩焘：《礼记质疑自序》，《礼记质疑》卷首，岳麓书社1992年点校本，第1页。
② （清）郭嵩焘：《大学章句质疑序》，《大学章句质疑》卷首，《续修四库全书》第159册，第240页。
③ （清）皮锡瑞：《经学历史·经学变古时代》，《皮锡瑞全集》，中华书局2015年点校本，第32—33页。
④ （宋）李觏：《读儒行》，《李觏集》卷二十九，中华书局2011年点校本，第343页。
⑤ （宋）程颐、程颢：《河南程氏遗书》卷十七，《二程集》，中华书局2004年点校本，第177页。
⑥ （宋）黎靖德辑：《朱子语类》卷八十七，《朱子全书》第17册，上海古籍出版社、安徽教育出版社2002年点校本，第2941页。

方朔、扬雄俳谐之言相似。蓝田吕氏以谓'有矜大胜人之气，无从容深厚之风，与不知者力争于一旦，盖末世儒者将以自尊其教而托为圣人之言，有道者不为也'。其说是已。顾抑曰，'其言儒者之行，不合于义理者殊寡，学者果践其言，亦不愧于儒'，则亦不知其博而寡要，有枝叶而不知根本，使循是以为之而求之合，亦必不可得之道也。且其文句复乱险涩，似多脱误，有不可得而通者，益以知言由德立，非知德者，则欲其词之安定必不可得，而况其深焉者乎？盖深于戴《记》四十九篇之中独为疵戾，而不足与五经之教相为并列。"① 王夫之认为，《儒行》篇语言风格与东方朔、扬雄近似，内容与圣人之言不合；此外，《儒行》文本有脱误、文义有不通者。在王夫之看来，《儒行》乃末世儒者托为圣人之言。王夫之认为《儒行》并非出自圣人的观点，与宋儒之说如出一辙也。

第二，王夫之从事《礼记》诠释时多承张载和朱熹之说。

宋人张载从事学术思想体系之建构，《礼记》为其重要的思想资源。② 王夫之对张载的《礼记》解义颇为重视。如在《礼运》篇的解题中，王夫之征引张载《正蒙·至当篇》于《礼运》之解义。又如《礼运》"鬼神之会五行之秀气也"中的"鬼神"二字，王夫之亦是直接征引张载之解义。

此外，王夫之对朱子的《大学章句》和《中庸章句》亦较重视。如关于《中庸》，王夫之曰："朱子《章句》之作，一出于心得，而深切著明，俾异端之徒无可假借，为至严矣。"③ 在《礼记章句》中，王夫之先列《中庸》经文，再征引朱子《中庸章句》，最后才予以疏解。王夫之曰："夫之不敏，深悼其所为而不屑一与之辨也，故僭承朱子之正宗为之衍，以附诸《章句》之下，庶读者知圣经之制作，朱子之述，皆圣功深造体验之实，俾学者反求自得，而不屑从事于文词之末，则亦不待深为之辨，而驳儒淫邪之说亦尚息乎！"④ 对于朱子所作《大学章句序》，王夫之亦极尽赞誉，他说："是篇之序，万世为学不易之道

① （清）王夫之：《礼记章句》卷四十一，《船山全书》第 4 册，岳麓书社 2011 年点校本，第 1457 页。

② 据朱彝尊《经义考》卷一四一所引魏了翁语，可知张载曾撰《礼记说》一书。张载此书已佚，幸有南宋卫湜《礼记集说》征引部分内容，今借卫氏书，可窥张载《礼记》诠释之梗概。

③ （清）王夫之：《礼记章句》卷三十一，《船山全书》第 4 册，岳麓书社 2011 年点校本，第 1245 页。

④ （清）王夫之：《礼记章句》卷三十一，《船山全书》第 4 册，岳麓书社 2011 年点校本，第 1246 页。

也。"①王夫之还全部征引朱子《大学章句》的内容，并作了疏解。

第三，王夫之从哲学的角度对《礼记》作了诠释。

礼学是征实之学，文字训诂、名物制度考证乃治礼学之要务，东汉郑玄《三礼注》和唐代孔颖达《礼记正义》、贾公彦《仪礼义疏》等集大成的礼学著作皆是如此。

王夫之的学术思想体系博大精深，其学长于思辨，与一般的考据家有很大的不同。王夫之治经崇尚词有根据，然其治经之要务并非在于典制考证。在《礼记章句》中，王夫之哲学诠释的特色非常明显。兹择王夫之《礼记》哲学诠释的要点以明其诠释之特色。

一是借《礼记》对礼之依据和本质作了哲学诠释。

王夫之认为礼具有高于一般伦理规范的本体意义。借《礼运》言先王制礼，王夫之曰："先王制礼，既承天道，抑顺人情……明人之有情，率原于天道之自然，故王者必通其理以治情，而情无不得，则礼之所自设，深远普遍而为生人之急者，其愈明矣。"②王夫之认为，先王顺天道、合人情而制礼，可知礼具有不以人的意志为转移的普遍意义。

王夫之认为，礼的本体意义还可从其存在的方式表现出来。其在《礼运》之解题中曰："'运'者，载而行之之意。此篇言礼所以运天下而使之各得其宜，而其所自运行者，为二气五行三才之德所发挥以见诸事业，故洋溢周流于人情事理之间而莫不顺也。盖唯礼有所自运，故可以运天下而无不行焉。本之大，故用之广，其理一也。"③王夫之认为，礼可自运于天下，通过阴阳二气、五行及三才之德亦可显诸事物；且礼与"人情事理"乃本末之关系。夫之将礼的存在方式提升到本体地位，从而为"人情事理"寻求根据。王夫之此说，乃受张载之影响也。张载曰："《礼运》云者，语其达也；《礼器》云者，语其成也。达与成，体与用之道。合体与用，大人之事备矣。"④夫之所言，与张载从体用角度言《礼运》与《礼器》之关系如出一辙也。

王夫之认为，礼的本体意义还体现在其与其他本体概念有不可分的关系。

---

① （清）王夫之：《礼记章句》卷四十二，《船山全书》第4册，岳麓书社2011年点校本，第1467页。

② （清）王夫之：《礼记章句》卷九，《船山全书》第4册，岳麓书社2011年点校本，第569页。

③ （清）王夫之：《礼记章句》卷九，《船山全书》第4册，岳麓书社2011年点校本，第535页。

④ （宋）张载：《正蒙·至当篇》，《张载集》，中华书局1978年点校本，第33页。

《礼运》云："是故夫礼必本于大一，分而为天地，转而为阴阳，变而为四时，列而为鬼神。"王夫之曰："'大'，至也。至一者，理无不函、富有万殊而极乎纯者也。语其实则谓之诚；无所感而固存、四应而不倚，则谓之中；其存于人而为万善之所自生，则谓之仁；其行焉皆得而不相悖害，则谓之顺。……天地、阴阳、四时，鬼神，皆大一之所函，函则必动，体有阖辟而天地定矣，气有嘘吸而阴阳运矣，变通相禅而四时成矣，由是而生化之几出焉。伸以肇天下之有则神也，屈以归固有之藏则鬼也，莫不橐合于大一之中以听自然之推荡，而高卑之位，刚柔之德，生杀之序，幽明之效，皆于是而立，则礼之所本也。"①王夫之吸收《易传》《孟子》《中庸》和周敦颐《通书》、张载《正蒙》中的思想，认为礼本于"大一"，而"大一"乃"道""理""诚""中""仁"等本体概念之别称，由此可知礼已超越现象而具有本体意义。②

　　二是借《礼记》阐发理欲观。

　　北宋张载、二程和南宋朱熹、陆九渊等人皆热衷于"天理人欲之辨"。他们普遍主张存天理而灭人欲，如张载曰："古人安分，至一箪食，一豆羹，易衣而出，只如此其分也；后人则多欲，故难能。"③二程亦曰："昏于天理者，嗜欲乱之耳。"④ 理学家所言"人欲"是指人的贪欲，而非人的基本欲求。

　　王夫之亦以宋明理学的理欲说释《礼记》。《曲礼上》云"毋不敬，俨若思，安定辞，安民哉"，又云"敖不可长……若夫坐如尸，立如斋，礼从宜，使从俗"，贾《疏》认为此意在明人君立治之本当先肃心、谨身、慎口。王夫之则认为"此章言节情去私为礼之本……上章言存理之学，而此章乃遏欲之事。先存理而次遏欲者，圣学所以异于异端而有本也"⑤。王夫之于此突破贾《疏》，而以宋明理学中常用的"理""欲"概念释经文之关系。在王夫之看来，前后

① （清）王夫之：《礼记章句》卷九，《船山全书》第4册，岳麓书社2011年点校本，第569—570页。

② 关于这一点，王夫之自己亦有陈述，其曰："推明人生受命之原，以显人道之所自立，盖言命而性在其中，与《中庸》《孟子》意相发明，而周子《通书》、张子《西铭》皆自此出，学者不可不详玩焉。"[（清）王夫之：《礼记章句》卷九，《船山全书》第4册，岳麓书社2011年点校本，第569页]

③ （宋）张载：《经学理窟·气质》，《张载集》，中华书局1978年点校本，第266页。

④ （宋）程颢、程颐：《河南程氏粹言》卷一，《二程集》，中华书局2004年点校本，第1194页。

⑤ （清）王夫之：《礼记章句》卷一，《船山全书》第4册，岳麓书社2011年点校本，第14页。

两段经文乃存理与遏欲之关系，前段言存理，后段言遏欲。

《曲礼上》有关于饮食礼仪之记载，关于此，王夫之又以理欲说以释之。其曰："《记》曰：'礼始于饮食。'又曰：'饮食男女，人之大欲存焉。'天理之节文，不舍人欲而别自为体；尽其宜、中其节则理也，弗之觉察而任之焉则欲也，亦存乎心之敬肆而已矣。"①王夫之认为，天理并非舍人欲而别自为体，饮食男女乃人之大欲，若能尽其宜、中其节，则与天理无二致，若放任自流，则流于人欲。夫之此说，与宋儒天理人欲说若合符节。

三是借《礼记》阐发动静观。

理学家从哲学的角度对动静关系作了辨析。如理学开山周敦颐曰："圣人定之以中正仁义，而主静，立人极焉。"②朱熹继承周敦颐的主静说，曰："静者为主，而动者为客，此天地阴阳自然之理，不可以寂灭之嫌而废也。"③王夫之不承认宋明理学的主静说，他认为动是绝对的、根本的，而静是相对的、表面的。夫之曰："天地之气恒生于动而不生于静。"④"太极动而生阳，动之动也；静而生阴，动之静也。"⑤夫之认为，静由动得，而动不藉于静，运动变化的根本原因在于事物的内部，在于生生不息的气化流行中。王夫之将运动变化的根本原因称作"缊缊"，缊缊既具有本体意味，同时也存在于气化流行之中。

王夫之亦借《礼记》阐发其动静观。如《乐记》云："凡音之起，由人心生也。人心之动，物使之然也。感于物而动，故形于声。"《乐记》认为音由人心所生，而人心之动是感于万物所致。王夫之认为《乐记》不知静含动理、情为性绪，喜怒哀乐之正者，皆因天机之固有而时出以与物相应"以寂然不动者为心之本体，而不识感而遂通之实，举其动者悉归外物之引触，则与圣人之言不合，而流为佛、老之滥觞，学者不可不辨也"⑥。王夫之认为静本含动，动因不可全归诸外物，若依《乐记》此说，则易流为释老之说。

---

① （清）王夫之：《礼记章句》卷一，《船山全书》第 4 册，岳麓书社 2011 年点校本，第 50 页。

② （宋）周敦颐：《太极图说》，《周敦颐集》卷一，中华书局 2009 年点校本，第 6 页。

③ （宋）朱熹：《晦庵先生朱文公文集》卷五十四《答徐彦章》，《朱子全书》第 23 册，上海古籍出版社、安徽教育出版社 2002 年点校本，第 2581 页。

④ （清）王夫之：《读四书大全说》卷十，《船山全书》第 6 册，岳麓书社 2011 年点校本，第 1076 页。

⑤ （清）王夫之：《思问录内篇》，《船山全书》第 12 册，岳麓书社 2011 年点校本，第 402 页。

⑥ （清）王夫之：《礼记章句》卷十九，《船山全书》第 4 册，岳麓书社 2011 年点校本，第 889 页。

清末皮锡瑞曰："国初诸儒治经，取汉唐注疏及宋、元、明人之说，择善而从。由后人论之，为汉、宋兼采一派。"① 王夫之于《礼记》之诠释，既有文本和名物之考证，又有哲理之阐发，可谓汉宋兼采。与只事考据或空言义理者不同，王夫之的学术视野宏阔，他既有宋明理学的深厚学养，又强调治经"以汉儒为门户"②，因此其《礼记》诠释既有考据派的专业和扎实，又有义理派的思辨和灵性。梁启超曾说："船山虽喜言哲理，然而对于纯主观的玄谈，则大反对。"③ 梁氏此说，由王夫之的《礼记》诠释可得到印证。

三、王夫之《礼记》诠释的特色及影响

王夫之《礼记章句》的特色及影响可从以下三个方面来看：

第一，王夫之《礼记章句》是明清之际学风转变中不可忽视的经学巨著。

钱穆先生论王夫之与明清之际学术转变之关系曰："余观船山平生踪迹所及，止于湘、桂之间。其师友往还极少，声光甚阒。著书亦至晚清始显。然考其议论，同时如浙东梨洲、乾初，河北颜、李，稍后如休宁戴氏，所以砭切宋明理学走入玄虚之弊者，大略皆相一致。可见学术思想，到必变之时，其所以为变者，固自有豪杰大智为之提倡，而风气转动，亦自有不知其然而然者存其间。故得闭门造车，出门合辙，有如是之巧。而船山之博大精深，其思路之邃密，论点之警策，则又掩诸家而上之。其用意之广，不仅仅于社会人事，而广推之于自然之大化，举凡心物、人天，种种现象，皆欲格通归纳，冶之一炉，良与横渠《正蒙》之学风为近。而流风余韵，视夫颜、李尤促，则信夫近三百年之学风，与甚深义理为无缘也。"④ 钱先生指出，王夫之参与明清学术风气转变之过程，并产生了重要影响。钱先生认为，王夫之与明清之际诸大儒有一共同的学术旨趣，即"砭切宋明理学走入玄虚之弊者"。夫之择《礼记》而通过章句体加以诠释，既有义理之阐发，又有考据为前提；既涉及哲学概念之辨析、哲学命题之演绎，又关乎世道人心之维护、良善美俗之形成。其《礼记章句》对于纠正晚明以来理学空言心性、心学流于狂禅之弊有积极意义。

---

① （清）皮锡瑞：《经学历史·经学复盛时代》，《皮锡瑞全集》，中华书局 2015 年点校本，第 36 页。

② 支伟成：《清代朴学大师列传》，上海人民出版社 2014 年版，第 19 页。

③ （清）梁启超：《中国近三百年学术史》，上海三联书店 2006 年版，第 73 页。

④ 钱穆：《中国近三百年学术史》，商务印书馆 1997 年版，第 128 页。

　　需要指出的是，王夫之对于陆王心学的批判亦有过犹不及之问题。如前所引《大学》《中庸》之解题，涉及王夫之对陆王心学之批判。关于此，嵇文甫曰："这是何等偏激的说法！他认定陆王是诞妄，无忌惮，避难就易，判圣学而趋于佛老，所以拿出孟子辟邪说正人心的态度，猛烈攻击。这是明末'狂禅派'所引起的反动，有激而发，并不能算持平之论。"① 从思想史的角度看，陆王心学自有其精义所在，且有积极正面之影响。夫之批陆王心学，是对晚明以来心学不良学风之反动，其用语过激值得商榷，其用心之切却可体谅。

　　第二，王夫之《礼记章句》超越专门之学，将博与精很好地结合了起来。

　　从汉代开始，经学研究变得越来越专门化。汉代设五经博士，各经博士守一经，而于他经并不一定有深入之研究。"三礼"亦如此，除了汉末马融、郑玄以及宋代朱熹这样博通群经的大儒外，汉代以后的经学家更多地是以"三礼"中的某一经名闻于世，如贾公彦、王与之、孙诒让的《周礼》研究，张淳、李如圭、张尔岐、胡培翚的《仪礼》研究，孔颖达、卫湜、孙希旦、朱彬的《礼记》研究，皆属于专经之学。然各家皆致力于"三礼"的某一经，而于他经着力较少。

　　王夫之于礼学研究之重点在《礼记》，不过其《礼记》研究与上所述专门名家之学有很大的不同。王夫之学术思想极为广博，上下古今，宏识孤怀，极深研几，从其《礼记》诠释所涉及的哲学概念、提出的命题以及对礼意之阐发，可窥其学术思想之精深博大。清代中期，乾嘉学派兴起，诸儒汲汲于考据之学，其中于《礼记》之研究不乏专精者。然从诠释主体的知识广博、思想邃密程度来看，各家皆难以与王夫之匹敌，因此乾嘉考据派的《礼记》诠释，亦难达到夫之《礼记章句》立意的高度。曾国藩曾精研王夫之《礼记章句》②，曾氏曰："船山说经高于论史，卓见极是。而说经又以《礼记章句》为最。"③"先生说礼

---

①　嵇文甫：《船山哲学》上篇《性理哲学》，见《船山全书》第 16 册，岳麓书社 2011 年点校本，第 1029 页。

②　据曾国藩《日记》，可知曾氏于同治五年五月初三日至该年六月二十日曾认真研读王夫之的《礼记章句》。如同治五年五月初四日，曾氏《日记》曰："早饭后……阅《礼记章句》十页。……中饭后阅《礼记》十五页。"同治五年五月初五日，曾氏《日记》曰："早间……阅《礼记章句》五十页。……中饭……再阅《礼记》十页，微加批识。"同治五年六月初七日，曾氏《日记》曰："傍夕……再阅王氏《礼记章句》，温近日所已看者。"[（清）《曾国藩全集·日记二》，岳麓书社 1988 年版，第 1261、1261、1271 页]

③　（清）曾国藩：《致欧阳兆熊》，《曾国藩全集·书信》，岳麓书社 1988 年版，第 6686 页。

多通于性命之原。"① 晚清学人郭嵩焘批点王夫之《礼记章句》时，由衷感叹道："治《易》与《礼》，发明先圣微旨，多诸儒所不逮。"②

王夫之学术虽以思辨见长，然于考据亦颇精审，这在《礼记》诠释上亦得以体现。曾国藩曰："余以《礼记章句》为先生说经之最精者。"③ 曾国藩《读书录》中，曾记载曾氏的关于读《仪礼》的一则笔记，其曰："'冒：缁，质长与手齐。䞓杀掩足。'按：王夫之《丧大记章句》云：'冒、杀之制，皆如囊，缝合一头，与一旁，其一旁则缀带以维结之，所谓缀旁也。'张尔岐谓：缀，质与杀相接之处。是质则缀下，杀则缀上，不得名曰'缀旁'矣。恐当从王说。"④ 曾国藩认为，此于《仪礼》冒的形制之考证，当以王夫之解义为是。郭嵩焘撰《礼记质疑》时大量征引夫之的《礼记》解义。如《礼记》"远之于成均"，郭嵩焘曰："王氏《章句》引《燕礼》：'尊两方壶于东楹之西以酌卿大夫士，尊两圆壶于门西以酌士旅食者。东楹之方壶对门西之圆壶，为上尊，取爵上尊，则升而为士矣。''远之于成均'，盖'达之于成均'之误。王氏之说是也。"⑤ 又如《礼记·郊特牲》："朝市之于西方。"郑玄曰："朝市宜于市之东偏。《周礼》市有三期：大市日昃而市，百族为主；朝市朝时而市，商贾为主；夕市夕时而市，贩夫贩妇为主。"郭嵩焘曰："此经并言祭礼，郑据《周礼·司市》为言，于文为不类。王氏《章句》：'"朝市"，盖"朝事"之讹。'所见甚允。"⑥ 从曾国藩、郭嵩等人对夫之所作考证之肯定，可窥夫之考据之深远影响。

第三，王夫之《礼记》诠释深受张载礼学之影响，然与张载的礼学旨趣有所不同。

北宋思想家张载擅长思辨，其提出的诸多哲学概念、命题，对于宋明理学有深远影响。张载不但重视理学体系之建构，还对礼学给予了特别的关照。《宋史》曰："其（张载）学尊礼贵德，乐天安命。……其家昏丧葬祭，率用先王之意，而传以今礼。又论定井田、宅里、发敛、学校之法，皆欲条理成书，使

---

① （清）曾国藩：《曾国藩全集·日记二》，岳麓书社 1988 年版，第 1264 页。

② （清）郭嵩焘：《养知书屋文集》卷二十五《船山祠碑记》，《续修四库全书》第 1547 册，第 469 页。

③ （清）曾国藩：《曾国藩全集·日记二》，岳麓书社 1988 年版，第 1260 页。

④ （清）曾国藩：《读书录》，《曾国藩全集·读书录》，岳麓书社 1988 年版，第 33 页。

⑤ （清）郭嵩焘：《礼记质疑》卷八，《续修四库全书》第 106 册，第 334 页。

⑥ （清）郭嵩焘：《礼记质疑》卷十一，《续修四库全书》第 106 册，第 371 页。

可举而措诸事业。"①张载生当北宋中前期，当时的北宋外有异族入侵，边患不断，内则是学风混乱、民风凋敝。其重视礼学，希望通过研究和推广古礼从而化民成俗、除去社会积弊。张载的礼学，是其"为天地立心，为生民立命，为往圣继绝学，为万世开太平"的人生抱负和社会理想之外化。

王夫之"希张横渠之正学"②，在哲学体系的建构方面大量借鉴并重新诠释张载提出的哲学概念、命题，此外还将张载重礼学的学术取向发扬光大。钱穆先生说："船山论学，始终不脱人文进化之观点，遂以综会乎性天修为以为说，其旨断可见矣。……曰'养其生理自然之文而修饰之以成乎用者，礼也'，推极于礼以为教，则横渠关学之遗意也。"③钱先生所言，深刻揭示了王夫之礼学与张载礼学之关系。夫之所处明清鼎革之际，社会转型，文化转轨，与张载所处时代有很大的相似性。王夫之借诠释《礼记》之机严厉批判佛、老和阳明学，在他看来，世道人心之坏乱，佛、老和阳明学难脱干系。此外，夫之终身有着强烈的"遗民"意识，有着"亡国孤臣"的哀愤和无奈，对于满清南下的屠杀和弱化汉地文化的政策，夫之表示极大的反感，也由此滋生了对于传统文化的特殊眷恋。王夫之通过《礼记》诠释伸张民族大义，凡《礼记》经文有"夷狄"字样者，夫之必有华夷之辨，这正体现了夫之捍卫传统文化的立场和信念。

需要指出的是，王夫之的礼学与张载的礼学又有不同。张载晚年曾将自己的礼学思想付诸实践，其在家乡陕西眉县"与学者议古之法，共买田一方，画为数井，上不失公家之赋役，退以其私正经界，分宅里，立敛法，广储蓄，兴学校，成礼俗，救灾恤患，敦本抑末"④。张载在关中地区所做的努力，使当地逐渐形成了重礼尚礼之风气。与张载不同的是，中年以后的王夫之僻处山泽，肥遁自甘，其重视并继承张载的礼学思想，更多的是体现在《礼记章句》的诠释内容和方法上，至于古礼在社会上的推广和应用，夫之则限于现实之境遇而无着力也。

第二节　万斯大的《礼记》诠释

万斯大有《礼记偶笺》三卷，此书就《礼记》诸篇，节其句为条，共

① （元）脱脱：《宋史》，中华书局1985年点校本，第12724页。
② （清）王夫之：《自题墓石》，《船山全书》第15册，岳麓书社2011年点校本，第229页。
③ 钱穆：《中国近三百年学术史》，商务印书馆1997年版，第128页。
④ （宋）吕大临：《横渠先生行状》，《张载集》附录，中华书局1978年点校本，第384页。

一百五十三。今据《礼记偶笺》,对万氏《礼记》诠释之方法和特色加以考察。

一、辨经文或讹或伪

万斯大治经务在自出新义,其治《礼记》亦是如此。他认为《礼记》经文有不可信者。如《礼记·檀弓下》:"季武子寝疾……及其丧也,曾点倚其门而歌。"万氏曰:"按《春秋》书季武子之卒在鲁昭公七年,孔子生于襄公二十二年,至此方十七岁。曾点之年,《史记》不著,《论语》四子侍坐,以齿为序,点居子路下,子路少孔子九岁,时方八岁,点当益幼矣。倚门而歌,必无此事。即有之,亦是儿戏。乃欲据以言狂,何邪?"①万氏据《春秋》《论语》,认为季武子卒年,曾点尚幼,不可倚门而歌,即便有此事,亦是儿戏。孙希旦《礼记集解》对斯大此解义颇为重视,并予以征引。

《礼记·王制》:"道路,男子由右,妇人由左,车从中央。"万斯大曰:"《注》云'道中三途',是已。然必左右皆一定,往来悉由之,男女方不杂。窃意途之从者,以西为右,以东为左;途之横者,以南为右,以北为左。如旧说,则往之男与来之妇遇,来之男与往之妇遇,不病杂乎?"②据《王制》,男子靠道路之右行,妇人靠道路之左行,此有男女分别之义。斯大则认为,道路有东西,亦有南北,南北与东西相会,则有男女相杂,男女分别,并无体现。言下之意,《王制》此说并不合理。

万斯大认为《礼记》经文有脱误。如《礼记·檀弓下》:"人喜则斯陶,陶斯咏,咏斯犹,犹斯舞,舞斯愠,愠斯戚,戚斯叹,叹斯辟,辟斯踊矣。"万斯大曰:"据本文,是哀乐相生之序,但此章是论丧礼之踊。上文云'辟踊,哀之至也',哀亲之死,岂因乐极而生乎?诸家纷纷,其说未悟斯旨。孔《疏》云郑康成诸本亦有无'舞斯愠'一句者,而刘氏欲于'犹斯舞'之下增'矣'字,而删'舞斯愠'三字,即孔《疏》意,此为可从。盖上文固言愠、哀之变也,此言辟、踊始于愠,方与哀死意合。"③刘敞曰:"人舞宜乐,不宜更愠,又不当渐至辟踊,此中间有遗文矣。盖本曰:'人喜则斯陶,陶斯咏,咏斯犹,犹斯舞,舞斯蹈矣;人悲则斯愠,愠斯戚,戚斯叹,叹斯辟,辟斯踊矣。'自

---

① (清)万斯大:《礼记偶笺》卷一,《续修四库全书》第98册,第613页。
② (清)万斯大:《礼记偶笺》卷二,《续修四库全书》第98册,第619—620页。
③ (清)万斯大:《礼记偶笺》卷一,《续修四库全书》第98册,第616页。

喜而下，五变而至蹈；自悲而下，亦五变而至踊。"①刘敞认为，"舞斯"与"愠"之间脱"蹈矣人悲则斯"六字。斯大认为，刘敞增字，使辟踊始于愠之义得以呈现。

万斯大认为《礼记·月令》乃吕不韦所作。在此观念之下，其对《月令》所记名物制度作了辨析。如《月令》："春居青阳，夏居明堂，中央居太庙太室，秋居总章，冬居玄堂。"斯大曰："此等名号，唯明堂自古有之，其余不见于他经，必吕不韦以意定之，欲施之平一天下之后者也。然自古唯天子之始祖庙得称太庙，今以生人所居于其中堂俱称太庙，此何义乎？不韦自成不韦之书，吾还其为不韦之制而已，必欲多为之说，奚为乎？"②斯大认为，太庙仅用于始祖庙，不得称生人所居者为太庙；《月令》以生人所居者为太庙，乃吕不韦自创之说，与古制不合。

《礼记·月令》："上丁，命乐正习舞释菜。"万斯大曰："《吕氏春秋》作'入舞，舍菜'，《注》云：'入学宫也。舍，置也，置采帛于先师之前，以赟神也。'按：《夏小正》云：'二月，万用入学。丁亥者，吉日也。万也者，干戚之舞也。入学也者，太学也。谓今时大舍采也。'据此相参，益知当从吕《纪》原文。"③斯大据《吕氏春秋》，认为《王制》此文是据《吕氏春秋·十二纪》改编而来。

《礼记·月令》："天子乃祈来年于天宗，大割祠于公社，及门闾。"万斯大曰："此秦国所行之礼，不韦即著之以为天子之礼耳。孔《疏》谓天宗、公社、门闾谓之蜡。按：《郊特牲》言天子大蜡八，不及此数者，岂数者之祀反小而不得谓之大蜡乎？必不然也。所以于此月祈来年者，秦初奉周正朔，此月之次月即是来年，故祈于此月。此改建寅，尚因之而未变耳。"④斯大据《礼记·郊特牲》，认为孔《疏》以天宗、公社、门闾谓之蜡之说不能成立；此外，于此月祈来年者，为秦初所行之礼，吕不韦著之，以之为天子之礼。

二、论前人解义之非

在《礼记偶笺》一书中，万斯大对郑《注》、贾《疏》等皆有辨析。其所论者，多是前人解义之"非"。兹举数例以见之：

---

① （宋）刘敞：《七经小传》卷中，文渊阁《四库全书》第183册，第26页。
② （清）万斯大：《礼记偶笺》卷二，《续修四库全书》第98册，第621页。
③ （清）万斯大：《礼记偶笺》卷二，《续修四库全书》第98册，第622页。
④ （清）万斯大：《礼记偶笺》卷二，《续修四库全书》第98册，第623页。

《礼记·檀弓上》:"宋襄公葬其夫人,醯醢百瓮。曾子曰:'既曰明器,而又实之。'"郑《注》:"言之为明器,而与祭器皆实之,是乱鬼器与人器。"万斯大曰:"夏侯氏用明器,殷人用祭器。明器,鬼器也,当虚。祭器,人器也,当实。宋殷之后,当用祭器。此醯醢百瓮,曾子谓为明器,要知宋襄公非不用祭器,必其侈张过制,于祭器常数之外又用明器,而实以醯醢,是不知明器、祭器之有别也。故曾子讥之,其侈不合礼,即此可见。"①郑玄认为,此是曾子讥宋襄公失礼之事;曾子不是讥器多,而是讥明器实以醯醢。斯大认为,宋襄公并非不用祭器,而是在祭器外还用明器,并将明器实以醯醢;明器实以醯醢为非,故曾子讥之。

《礼记·曲礼下》:"大飨不问卜,不饶富。"郑《注》:"祭五帝于明堂,莫适卜也。"孔《疏》:"此大飨总祭五帝,其神非一,若卜其牲日,五帝总卜而已,不得每帝问卜。……不饶富者,富之言备也。虽曰大飨诸帝,配以文武,然礼有常,取备而已。"郑玄认为,此所谓"大飨"乃祭五帝之事。孔颖达承郑氏之说,认为五帝其神非一,不得每帝卜问。万斯大驳曰:"方氏谓礼言大飨有别,《月令》季秋大飨帝、《礼器》《郊特牲》大飨腥祀帝也。《礼器》又言'大飨其王事',大飨之礼不足以大旅,祫祭先王也。《郊特牲》又言'大飨君三重席而酢',《仲尼燕居》言'大飨有四',《坊记》言'大飨废夫人之礼',两君相见之礼也。《杂记》言'大飨卷三牲之俎',凡飨,宾客之礼也。先儒以此大飨为冬至祀天,夏至祭地。愚考《礼经》祀帝祀先,牲日皆卜,此言不问卜,乃指两君相见,及凡宾客之礼也。宾客既行朝聘,当飨即飨,牲日皆不卜。"②大飨之礼,前人论之者多,如宋人陈祥道认为大飨礼包括飨帝、先王、诸侯以及两君相见。斯大认为,大飨有祭帝礼和两君相见礼,此言大飨不问卜乃两军相见之礼。万氏驳郑《注》、孔《疏》,其说与陈祥道解义的渊源依稀可见也。

《礼记·冠义》:"见于母,母拜之。"孔《疏》:"庙中冠子,以酒脯奠庙讫,子持所奠酒脯以见于母,母拜其酒脯,重从尊者处来,故拜之,非拜子也。"万斯大曰:"考《礼》,妇人之拜有二:一肃拜,一手拜。肃拜者,端肃,立,微俯躬,非跪拜也。手拜者,手至地,首至于手,跪拜也。《少仪》云:'妇人

---

① (清)万斯大:《礼记偶笺》卷一,《续修四库全书》第 98 册,第 612 页。

② (清)万斯大:《礼记偶笺》卷一,《续修四库全书》第 98 册,第 610 页。

吉事，虽有君赐，肃拜。'则此之拜受，肃拜也。母拜子，亦何嫌？"①《冠义》
于此所云母拜子之原因，前人意见纷纭。孔颖达认为，子所持酒脯来自庙中，
即从尊者处来，故母须拜之；吕大临认为，母虽尊，然有从子之道，加冠以
后，子已成人，故母须以成人之礼拜之。万斯大认为，妇人之拜分肃拜和手拜
两类，妇人拜子是肃拜，即仅弯腰而不跪地。

当然，万斯大并非全然否定前人之解义。其对郑《注》、贾《疏》之不明
晰者有申说。如《礼记·檀弓上》："复、楔齿、缀足、饭、设饰、帷堂并作。"
孔《疏》："'并作'者，作，起为也。自'复'以下，诸事并起以帷堂，故云
'并作'。"斯大曰："《士丧礼》，复与楔齿、缀足，绝气即行之。设饰指沐浴后
设明衣裳一事。设饰后乃饭。以士丧礼序言之，复、楔齿、缀足最先，帷堂
次之，设饰次之，饭又次之。言'并作'者，谓并作于一日也。"②孔《疏》认
为诸事一时并起，即所谓"并作"。斯大认为，复、楔齿、缀足、帷堂、设饰、
饭诸事虽有先后之分，然皆在一日完成，即所谓"并作"。斯大此之解义，意
在使孔《疏》更明晰。

又如《礼记·檀弓上》："经也者，实也。"郑《注》："所以表哀戚。"万斯大曰：
"此明经之义。实者，诚信之谓也。人子于亲丧附身附棺必诚必信，故因经著
义，欲人之顾名而自尽也。"③陈澔释"经"为"忠实"之义，斯大释为"诚信"
之义。斯大此说与陈澔之说如出一辙，然义更明晰。

三、《礼记》诠释之方法

黄宗羲曰："充宗生逢丧乱，不为科举之学，湛思诸经。以为非通诸经，
不能通一经；非悟传、注之失，则不能通经；非以经释经，则亦无由悟传、注
之失。"④又曰："何谓悟传、注之失？学者入传注之重围，其于经也毋庸致思，
经既不思，则传、注无失矣，若之何而悟之？"⑤黄氏认为，万斯大重视会通诸

① （清）万斯大：《礼记偶笺》卷三，《续修四库全书》第 98 册，第 638—639 页。
② （清）万斯大：《礼记偶笺》卷一，《续修四库全书》第 98 册，第 612 页。
③ （清）万斯大：《礼记偶笺》卷一，《续修四库全书》第 98 册，第 611 页。
④ （清）黄宗羲：《万充宗墓志铭》，《黄宗羲全集》第 10 册，浙江古籍出版社 2012 年点校本，
　　第 417 页。
⑤ （清）黄宗羲：《万充宗墓志铭》，《黄宗羲全集》第 10 册，浙江古籍出版社 2012 年点校本，
　　第 417 页。

经，所以能明经传之失。斯大以经解经的经典诠释法，在《礼记偶笺》中得到充分的应用。兹举数例以见之：

《礼记·檀弓下》："葬于北方，北首，三代之达礼也，之幽之故也。"郑《注》："北方，国北也。"孔《疏》："言葬于国北及北首者，鬼神尚幽暗，往诣幽冥故也。"万斯大驳曰："古者井田制行，民皆族葬，故《孟子》云'死徙无出乡'，《王制》云'墓地不请'。所谓'北方''北首'，亦就其乡之北耳。下文赵文子观于九京，岂九京亦在晋国之北，诸大夫皆于此葬乎？"①郑玄、孔颖达认为此所谓"北方"，乃国之北。斯大据《孟子》《王制》，认为经文所谓"北方"指乡之北，而非国之北。

又如《礼记·曲礼下》："诸侯未及期相见曰遇。"郑《注》训"及"为"至"。孔《疏》："今若未至前所期之日，及非所期之地，而忽相见，则并用遇礼相接，故曰遇也。"孔氏之说，此"未及期"，即不到相见的日期。万斯大驳孔《疏》，曰："此文即《左传》所云'不期而会曰遇也'，言两君未及相期，忽然道途相见，故曰遇。非谓有期日而先期相见也。旧说非。"②斯大据《左传》"不期而会曰遇"，认为此"未及期"即未能确定相见日期之义，而非不到相见日期之义。斯大此说，前人已言及，如吕大临曰："会、遇、聘、问、誓、盟，皆诸侯之礼也。……期而相见曰会，日有期，地有所也。……不期而相见曰遇，日有期，地无所也。"③吕氏以"未及期"为不期而遇之义。万氏驳孔《疏》之理由，吕大临已言及。

万斯大还从情理的角度对前人解义提出质疑。如《礼记·檀弓上》："子思之母死于卫。"郑《注》："子思，孔子孙，伯鱼之子。伯鱼卒，其妻嫁于卫。"万斯大驳曰："旧说伯鱼死，其妻改适于卫，此妄说也。伯鱼之死，年几五十，其妻亦既衰，况上有圣舅，下有贤子，岂比穷民无告者而至有改适之事乎？故知妄也。谓孔子、子思皆出妻亦然。"④斯大认为，伯鱼死时，其妻年老，故不可能再嫁；况且上有圣舅，下有贤子，称说孔子、子思都有休妻之事，也是谬妄之论。

又如《礼记·曲礼下》："问士之富，以车数对。"孔《疏》："'问士之富，

---

① （清）万斯大：《礼记偶笺》卷一，《续修四库全书》第98册，第615页。
② （清）万斯大：《礼记偶笺》卷一，《续修四库全书》第98册，第610页。
③ 陈俊民辑：《蓝田吕氏遗著辑校》，中华书局1993年版，第240页。
④ （清）万斯大：《礼记偶笺》卷一，《续修四库全书》第98册，第612页。

以车数对'者，士有地不多，亦无邑宰，故其属吏但以其车数对也。上士三命，则得赐车马也，副车随命。中士乘栈车，无副车也。"孔氏认为，此上士得赐车马有定数。万斯大驳曰："士已食禄公朝，不与齐民伍，纵未有命车，亦得自为之，故问其富则以车数对。见其家富者得多为车，数未有定也。若如旧说，上士三命，得赐车马，则命车唯一而已，数岂无定？且又何以见其富乎？"①斯大认为，士之车可得自为之，家富者则车多，数未有定。若依孔氏之说，上士所得车马之数一定，人皆知之，何需询问。万氏于此驳孔《疏》，是从情理的角度立论。

万斯大《礼记偶笺》全书皆欲独出新义，或辨经文有讹，或以前人解义为非。其所作论辩不乏真知灼见，受到后世治《礼记》者的重视。孙希旦等人对《礼记偶笺》部分内容的征引，即可见一斑。然该书亦有疑经传之不当者。四库馆臣指出："是书与所为《学礼质疑》相表里，皆独欲出新义，而多不能自通。如谓《士丧礼》所云乘车、道车、藁车即是遣车，则士亦有遣车，郑《注》谓士无遣车，误。……至谓祭天之圜丘即觐礼之方明坛，则尤骇见闻，不足深诘已。"②从馆臣的严厉批评，足见万氏疑经传过勇之弊。

第三节　李光坡的《礼记》诠释

李光坡《礼记述注》依《礼记》四十九篇而为之序，按《礼记》各篇的篇幅大小，或一篇一卷，或多篇合为一卷，共二十八卷。关于此书之撰作缘由，光坡在《礼记述注序》中有所交代。光坡认为，元人陈澔及明人胡广对注疏的评价"不诚"③。陈澔"抵冒前人""欺负后生"④，胡广全袭《集说》而无新义，二书未能尽释经义。鉴于此，光坡决定撰《礼记述注》以补前人之未备。《礼记述注》的经典诠释方法及特色可从以下几个方面来看。

一、汉宋兼采，扫门户私见

前已述及，李光坡治《周礼》《仪礼》皆是汉宋兼采。光坡治《礼记》亦

---

① （清）万斯大：《礼记偶笺》卷一，《续修四库全书》第98册，第610页。
② （清）永瑢等：《四库全书总目》卷二十四，中华书局1965年版，第196—197页。
③ （清）李光坡：《礼记述注序》，《礼记述注》卷首，文渊阁《四库全书》第127册，第280页。
④ （清）李光坡：《礼记述注序》，《礼记述注》卷首，文渊阁《四库全书》第127册，第280页。

是如此。《礼记述注序》曰："今也不量其力，本述《注》《疏》、朱子之教也。"①"陈氏杂合《注》《疏》诸儒为文，或仍之，或以《注》《疏》增其未备，损其枝辞，标'集说曰'从其实也"②。光坡既重视郑《注》、孔《疏》，又不废朱熹、陈澔等人的解义。兹举数例以见之：

《礼记·檀弓上》："子上之母死而不丧。"郑《注》："曰子上，子思子名白其母出。"光坡于此引郑《注》以释经文。③

《礼记·王制》："天子之三公之田视公侯，天子之卿视伯，天子之大夫视子男，天子之元士视附庸。"方悫曰："三公而下食采邑于畿内禄之多少，以外诸侯为差。元士，上士也，与元子、元侯称元同。不言中士、下士，则视附庸惟上士也。"陈氏《集说》："此言王朝有位者之田。"光坡于此引宋人方悫、元人陈澔解义以释经文。④

《礼记·曲礼上》："礼从宜，使从俗。"郑《注》："事不可常也。"吕氏曰："敬者，礼之常。礼，时为大，时者，礼之变，体常尽变，则达之天下，周旋无穷。"应氏曰："大而百王百世质文损益之时，小而一事一物泛应酬酢之节。"又曰："五方皆有性，千里不同风，所以入国而必问俗也。"光坡于此既引汉郑《注》，又引宋人吕大临、应镛解义。⑤

笔者随机对《礼记述注》卷一、卷二、卷二十征引诸家解义的情况作了统计，数据如下：

《礼记述注》卷一征引郑《注》六十二次，熊安生解义七次，陆德明解义二次，孔《疏》九十八次，马希孟解义二次，刘氏解义二次，方悫解义四次，应氏解义十四次，朱熹解义十一次，陈澔《礼记集说》一百零六次。

《礼记述注》卷二征引郑《注》二十三次，孔《疏》三十四次，吕大临解义十七次，马希孟解义一次，方悫解义三次，陈澔《礼记集说》六十八次。

《礼记述注》卷二十征引郑《注》二十五次，熊安生解义十九次，孔《疏》二十六次，马希孟解义十三次，程子解义一次，方悫解义一次，朱熹解义二次，刘氏解义一次，石梁王氏解义一次，陈澔《礼记集说》三十八次。

①　（清）李光坡：《礼记述注序》，《礼记述注》卷首，文渊阁《四库全书》第127册，第281页。
②　（清）李光坡：《礼记述注序》，《礼记述注》卷首，文渊阁《四库全书》第127册，第281页。
③　（清）李光坡：《礼记述注》卷三，文渊阁《四库全书》第127册，第341页。
④　（清）李光坡：《礼记述注》卷五，文渊阁《四库全书》第127册，第410页。
⑤　（清）李光坡：《礼记述注》卷一，文渊阁《四库全书》第127册，第284页。

据以上的统计，可知李光坡治《礼记》特别重视郑玄《礼记注》、孔颖达《礼记疏》以及陈澔《礼记集说》，此外，于朱熹、二程、陆佃等人之解义偶有采择。

宋人疑经惑传，对于郑《注》、孔《疏》时有异议。如郑玄、孔颖达皆认为《礼记·中庸》为子思所作，宋人陈善、叶适、王十朋等人则认为《中庸》非子思作。又如郑玄、孔颖达认为《儒行》出自孔子，宋儒则普遍认为《儒行》语言有矜大自夸的特点，与圣人气象不合。与宋儒不同，李光坡对于郑《注》、孔《疏》持信任态度。宋人对于《礼记》作者、成书的传统观点持怀疑态度，对《礼记》经文亦多有异议。在《礼记述注》一书中，光坡大量征引郑《注》、孔《疏》，有些地方甚至仅从郑、孔之说而不及其他，由此可窥光坡对郑《注》、孔《疏》之重视和信服程度。对于宋人解义，以及沿袭宋人治经风格的元人陈澔解义，光坡亦持开放态度。与后来乾嘉时期不少汉学家鄙弃宋人解义不同，光坡认为合理的宋人解义可以采纳。在《礼记述注》中，二程、吕大临、方悫、马希孟、朱熹等人的解义时有呈现。汉宋兼采乃清初学界治经之普遍方法，光坡生于清初，其于汉唐与宋代解义同等看待，正是时代学风之体现。四库馆臣认为，光坡治《礼记》，"其论可谓持是非之公心，扫门户之私见"①。正是由于光坡等人孜孜以求，宋末以来式微之《礼记》学才逐渐复兴，经过清代诸儒的潜心研究，《礼记》学取得了超越前代的成就。

二、补前人解义之未备

李光坡认为，郑玄、孔颖达及其他各家之解义并不完备。在《礼记述注》一书中，其并非简单地征引前人解义，而是对前人解义未备之处加以补充。

一是补郑《注》、孔《疏》之未备。兹举数例以明之：

《礼记·曲礼上》："贤者狎而敬之，畏而爱之。"郑《注》："狎，习也，近也。"光坡曰："言人之贤者，虽素相近习，必敬之，不可亵，虽畏服之，必爱其德，义不可疏。此亲仁之道也。"②郑玄于此仅释"狎"字，解义过简。光坡在释郑《注》之基础上，认为"狎而敬之""畏而爱之"皆"亲仁之道"。

《礼记·曲礼上》："积而能散，安安而能迁。"郑《注》："谓已今安此之安，图后有害，则当能迁。晋咎犯与姜氏醉重耳而行，近之。"光坡曰："积，蓄财

---

① （清）永瑢等：《四库全书总目》卷二十一，中华书局 1965 年版，第 173 页。
② （清）李光坡：《礼记述注》卷一，文渊阁《四库全书》第 127 册，第 283 页。

也。散，施也。上'安'据心，下'安'据处，安安，即怀居也。能迁，所谓见怀思威也。此自治之道也。"① 经文"积""散"二字，郑《注》无解义，光坡则对此二字作了解释。此外，光坡对"安安而能迁"亦有更直观的解释。

《礼记·曲礼上》："疑事毋质，直而勿有。"孔《疏》："质，成也。已之所疑，则毋得成言之，故孔子戒子路云'不知为不知也'。直，正也，所不疑者，仍须谦退，当称师友所说以正之，勿谓已有此义也。"李光坡曰："如县子讥子游之汰正，所谓有之也。疑事毋质，阙疑也。直而勿有，慎言也。"② 光坡于此以县子讥子游之汰正为例，以明经文及孔《疏》；此外，光坡还以"阙疑""慎言"以明"疑事毋质""直而勿有"之义，从而补孔《疏》之不备。

二是补陈澔《礼记集说》之未备。兹举数例以明之：

《礼记·檀弓上》："曰：'仲子舍其孙，而立其子，何也？'伯子曰：'仲子亦犹行古之道也。昔者文王舍伯邑考而立武王，微子舍其孙腯而立衍也。夫仲子亦犹行古之道也。'子游问诸孔子，孔子曰：'否，立孙。'"对于此段经文，陈澔《礼记集说》云："曰，弓之问也。犹，尚也，亦犹拟议未定之辞。伯邑考、文王长子。微子舍孙立衍，或是殷礼。文王之立武王，先儒以为权，或亦以为遵殷制，皆未可知，否则以德不以长，亦如大王传位季历之意欤。"应氏曰："《檀弓》默而不复言，子游疑而复求正，非夫子明辨以示之，孰知舍孙立子之为非乎？"李光坡先引陈澔《集说》以释之，又引应氏解义以补陈氏《集说》之未备。③

《礼记·曾子问》："曾子问曰：'女未庙见而死，则如之何？'孔子曰：'不迁于祖，不祔于皇姑，婿不杖、不菲、不次，归葬于女氏之党，示未成妇也。'"对于此段经文，陈澔《礼记集说》云："曰不迁于祖，不迁柩而朝于婿之祖庙也。不祔于皇姑，以未庙见，故主不得祔姑之庙也。婿齐衰，期，但不杖、不草屦、不别处哀次耳。女之父母自降服大功。"光坡先引陈澔《集说》，又曰："归葬于女氏之党，仍祔其女家之王母，夫家不祀之也。详见《杂记上》。"④ 光坡出己说，以补陈氏《集说》之未备。

《礼记·曾子问》："曾子问曰：'取女有吉日而女死，如之何？'孔子曰：'婿

---

① （清）李光坡：《礼记述注》卷一，文渊阁《四库全书》第 127 册，第 283 页。

② （清）李光坡：《礼记述注》卷一，文渊阁《四库全书》第 127 册，第 284 页。

③ （清）李光坡：《礼记述注》卷三，文渊阁《四库全书》第 127 册，第 340 页。

④ （清）李光坡：《礼记述注》卷七，文渊阁《四库全书》第 127 册，第 491—492 页。

齐衰而吊，既葬而除之。夫死亦如之。'"陈澔《礼记集说》曰："若夫死，女以斩衰往吊，既葬而除也。"光坡曰："此礼可谓仁至，虽有义夫贞女，有本服以寄其哀，有数月以尽其礼，则自知循礼之为是，且曰既葬除之，盖恩未深而礼有终，则自知轻死之为过情矣。"① 光坡出己说，以补陈氏《集说》之未备。

《礼记·文王世子》："文王谓武王曰：'女何梦矣？'武王对曰：'梦帝与我九龄。'文王曰：'女以为何也？'武王曰：'西方有九国焉，君王其终抚诸？'"陈澔《礼记集说》云："文王疾瘳之后，武王乃得安寝，故问其何梦，武王对云'梦天帝言与我九龄'。'龄'字从齿，齿之异名也，故言年龄，又言年齿，其义一也。《大戴礼》云男八月生齿，八岁而龀，齿是人寿之数也。"② 光坡曰："《金縢》求代之请与龄，皆非常理，学者何信彼而斥此也。若以寿得于有生之初，不可减益，则《中庸》必得其寿之言何称乎？盖大德非性，生而成则必得，断非有生而定也。理有明见者，有不可测者，未能精义，阙之可也。"③ 光坡出己说，以补陈氏《集说》之未备。

三、受陈澔《礼记集说》影响尤深

宋末元初，陈澔荟萃经说，参以己意，成《礼记集说》。明永乐年间，胡广等人奉旨修《五经四书大全》，其中《礼记大全》即以陈氏此书为蓝本。清乾隆时期颁布《礼记义疏》之前，陈氏《集说》一直为科举考试官方指定的教材，在士人中的影响长达三百余年。④ 李光坡撰《礼记述注》时，对陈澔《礼记集说》给予了充分的重视。尽管光坡认为陈书征引郑《注》、孔《疏》有不可信者，然从整体上来看，对陈氏之书的肯定远远大于否定。光坡《礼记述注》受陈氏之书之影响，主要表现在以下三个方面：

一是继承了陈澔《礼记集说》简明扼要的风格。陈澔《集说》的最大特色是简明扼要。陈书《序》云："不肖孤僭，不自量，会萃衍绎，而附以臆见之

---

① （清）李光坡：《礼记述注》卷七，文渊阁《四库全书》第 127 册，第 492 页。

② （元）陈澔：《礼记集说》卷四，文渊阁《四库全书》第 121 册，第 790 页。

③ （清）李光坡：《礼记述注》卷八，文渊阁《四库全书》第 127 册，第 508—509 页。

④ 陈氏此书亦饱受后人诟病，如朱彝尊云："按自汉以来，治小戴之《记》者不为不多矣，以公论揆之，自当用卫氏《集说》取士，而学者厌其文繁，全不寓目，若云庄《集说》，直兔园册子耳。"[（清）朱彝尊：《经义考》卷一百四十三，中华书局 1998 年影印本，第 753 页]

言，名曰《礼记集说》。盖欲以坦明之说，使初学读之，即了其义，庶几章句通，则蕴奥自见，正不必高为议论而卑视训诂之辞也。"①陈氏之书，意在方便初学。由于陈氏以简明扼要的文字释《礼记》经文和《注》《疏》，所以该书一出，即受到官方和民间的普遍欢迎。光坡对陈氏《集说》精简之风颇为赞赏，并将这种注经风格应用到《礼记述注》一书中。《礼记述注》虽征引郑《注》、孔《疏》及宋元学人之说，然而其并非大段征引，而是仅引前人解义的关键部分。对于名物考证的大篇幅文字，或释经之引申文字，光坡删之。光坡此举，意在使《礼记》之初学者能抓住要点，而不惑于繁琐之考证。

二是于陈澔《礼记集说》所征引的他家解义，不做变动地加以转引。如《曲礼上》"敖不可长，欲不可从，志不可满，乐不可极"，陈澔征引朱熹、应氏之说以释之。光坡《述注》于此征引的内容与陈澔之书如出一辙。又如《曲礼上》"若夫坐如尸，立如齐"，陈澔征引孔《疏》和朱熹之说以释之。光坡《述注》于此征引的内容与陈澔之书完全相同。

三是直接征引陈澔之解义。据笔者统计，光坡于《檀弓上》直接征引陈澔解义有八十一则，于《檀弓下》直接征引陈澔解义达一百零七则。如《檀弓上》："公仪仲子之丧，檀弓免焉，仲子舍其孙而立其子。檀弓曰：'何居？我未之前闻也。'趋而就子服伯子于门右。"陈澔《集说》于此未征引他家解义，而是独自为说。光坡《礼记述注》则征引陈氏解义而无案语。又如《檀弓上》："孔子既得合葬于防，曰：'吾闻之，古也墓而不坟，今邱也东西南北之人也，不可以弗识也。'于是封之，崇四尺。"陈氏于此独自为说，而不引他家解义。光坡征引陈氏解义，而不附案语。

李光坡的《礼记述注》虽然没有精深的考证和太多独到的见解，但是在清初《礼记》学史上，自有其独特的意义。章太炎曾说："'三礼'郑《注》之后，孔、贾之《疏》已为尽善，清人以贾《疏》尚有未尽，胡培翚作《仪礼正义》、孙诒让作《周礼正义》。由今观之，新疏自比贾《疏》更精。《礼记》孔《疏》理晰而词富，清儒无以复加。"②由于孔《疏》有"无以复加"之成就，故清代没有出现像孙诒让《周礼征引》和胡培翚《仪礼正义》那样的《礼记》新疏。这

---

① （元）陈澔《礼记集说序》，《礼记集说》卷首，文渊阁《四库全书》第 121 册，第 680 页。
② （清）章太炎：《经学略说》（下册），《章太炎全集》第 2 辑，上海人民出版社 2015 年点校本，第 926 页。

并非说清代的《礼记》研究没有超越郑《注》、孔《疏》之处，比如孙希旦的《礼记集解》、朱彬的《礼记训纂》不乏精到之解义，部分解义还可正郑《注》、孔《疏》之失。清代《礼记》学著作的数量也大大超过以前任何时代。受时代学风的影响，宋代以后的《礼记》研究较为空疏，可谓一代不如一代。褒贬不一的陈澔《礼记集说》和靠官方推行的胡广《礼记大全》垄断学界数百年，到了明清之际，《礼记》学已跌入低谷。清初学人王夫之、李光坡等人对陈氏《集说》和胡氏《大全》加以反思，将《礼记》学重新纳入研究的视野。他们以实事求是为学术之理念，对于郑《注》、孔《疏》，没有宋人之偏见。光坡等人的《礼记》研究，对于纠正宋、元、明以来的空疏学风有积极意义，对于清代《礼记》学的复兴也有先导作用。

第四节　《日讲礼记解义》

《日讲礼记解义》（本节以下简称《解义》）原为康熙皇帝经筵旧稿，为朝臣鄂尔泰所撰，张廷玉（1672—1755）等人整理。兹就《解义》之编撰缘由、过程和解经成就分述如下。

一、撰作缘由和过程

满洲贵族入主中原以后，对社会秩序的重新整合成为要务。而消除满汉文化的对立和隔阂是社会秩序整合的重要内容。清世祖于顺治十五年（1655）谕礼部称："帝王敷治，文教是先，臣子致君，经术为本。……今天下渐定，朕将兴文教，崇经术，以开太平。"① 宣谕礼部："尔部即传谕直省学臣训督士子，凡六经诸史，有关于道德经济者，必务研求通贯，明体达用，处则为真儒，出则为循吏。果有此等实学，朕当不次简拔，重加任用。"② 此后，"文教是先"成为满清统治者的治平方略。

康熙当政以后，将世祖倡导的"文教是先"的治国理念作了进一步推广，其中的一项重要举措便是设博学鸿儒制科。康熙称："自古一代之兴，必有博

---

① （清）康熙二十六年敕编：《世祖章皇帝圣训》卷五，文渊阁《四库全书》第 411 册，第 134 页。
② （清）康熙二十六年敕编：《世祖章皇帝圣训》卷五，文渊阁《四库全书》第 411 册，第 134 页。

学鸿儒振起文运，阐发经史，润色词章，以备顾问著作之选。朕万几余暇，游心文翰，思得博学之士，用资典学。我朝定鼎以来，崇儒重道，培养人才，四海之广，岂无奇才硕彦、学问渊通、文藻瑰丽可以追踪前哲者？凡有学行兼优、文词卓越之人，不论已仕未仕，令在京三品以上及科道官员，在外督抚布按，各举所知，朕将亲试录用。"①通过设博学鸿儒制科，康熙帝将使不少饱学之士吸引到官方的文化建设中。此举对于笼络人心、消除满汉对立起到了很大作用。

康熙重视儒学，他在经筵和日讲中对儒家经典颇为看重。所谓经筵，即古代帝王讲求文治的大典，意在向皇帝提供治国平天下的经典依据。经筵萌芽于西汉，东汉以后渐有发展，宋代经筵讲官常设、讲期固定，趋于成熟。清代的经筵始于顺治十四年（1657），到康熙朝更为盛行。据方浚师记载："浚师在内阁，恭阅《圣祖仁皇帝实录》，自康熙十年辛亥御经筵始，至六十一年壬寅，共御经筵五十八次。迨后列圣嗣统，监于成宪，缉熙典学，日有孜孜，实从来史册中所未有者矣。"②康熙朝经筵之盛，由此可得见。据曾国藩记载，康熙时期经筵之进讲内容，"先《四书》，次《尚书》，次《周易》，次《诗经》，次《通鉴》，讲《通鉴》之时仍兼讲《四书》"③，由此可窥康熙对儒经的重视程度。

《解义》是康熙时期日讲经筵之作。关于该书编纂之原委，乾隆皇帝在《御制日讲礼记解义序》曰："皇祖圣祖仁皇帝稽古右文，命儒臣日值讲筵五经、'通鉴'，以次进讲，荟萃群言，发明旨要，胪为解义。积有成，编译以国书颁示中外，各制序弁其端，而授诸梓。《易》《书》《诗》三经先竣，《春秋》若干卷刻于雍正年间，惟《礼记》卷帙浩繁，稿本存缮书房，久之未竟厥业。朕御极之初，允儒臣请，纂修《三礼义疏》，因取《日讲礼记解义》原本，参校异同，归于一是。并命翻译、授梓，以备五经之全。"④由此可见，《解义》卷帙太繁，虽在康熙时已有御定之事，但并未成书。直到乾隆元年（1736），乾隆命儒臣

①　（清）雍正九年敕编：《圣祖仁皇帝圣训》卷十二，文渊阁《四库全书》第411册，第272页。

②　（清）方濬师：《蕉轩随录》卷十二，中华书局1995年点校本，第482页。

③　（清）曾国藩：《条陈日讲事宜疏》，《曾文正公全集·奏稿》卷一，大达图书供应社1936年版，第6页。

④　（清）高宗：《御制日讲礼记解义序》，《日讲礼记解义》卷首，文渊阁《四库全书》第123册，第1页。

取缮书房所存《解义》稿本，参校订论，排纂成编，授梓颁行。

《解义》共六十四卷。有《礼记》一篇而分为数卷者，如《曲礼上》分为三卷，《曲礼下》分为二卷，《檀弓上》分为四卷，《檀弓下》分为三卷，《王制》分为四卷，《月令》分为四卷，《曾子问》分为二卷，《礼运》分为二卷；有《礼记》数篇合为一卷者，如《经解》《哀公问》合为一卷，《仲尼燕居》《孔子闲居》合为一卷，《奔丧》《问丧》合为一卷，《三年问》《深衣》《投壶》合为一卷，《燕义》《聘义》《丧服四制》合为一卷。《大学》《中庸》下仅言"朱子章句"，而无解义，即以朱熹《大学章句》和《中庸章句》为准。

二、对经文和前人解义之辨析

在中国古代儒者的眼里，《礼记》可信与否，与该书的作者和成书时代问题密切相关。关于《礼记》之成书，《解义》曰："惟《仪礼》则传于汉初，高堂生以授萧奋，萧奋授孟卿，孟卿授后苍，后苍授戴德、戴圣，二戴因习《仪礼》而录《礼记》，大戴氏以所得先儒所记礼书百余篇，删存八十五；小戴氏又增损为四十三，以《曲礼》《檀弓》《杂记》分上、下。后马融传小戴之学，增以《月令》《明堂位》《乐记》，总四十九篇，则今之《礼记》是也。"① 由此可见，《解义》相信"大戴删小戴""马融足三篇"之说，认为《礼记》成于西汉，而完善于东汉。《解义》认为，尽管《礼记》成书于汉代，但书中蕴含微言大义，其曰："今考本文，自《大学》《中庸》既经程朱表章，列于《四书》，其四十七篇虽容有汉儒附会，宜于精择者，而其为圣贤之格言，先王之遗制，则无一而不本于人性之固有，因天秩之自然返而求之。自学者以至圣人，自一身以及天下胥受治，焉可以其为形器之粗而略之哉？"②《解义》认为，《礼记》有"圣贤格言""先王遗制"，且书中内容本于固有之人性、天秩之自然，不可因该书成自汉儒而遗其精义。

对于《礼记》经文，《解义》并不盲从。如于《礼运》，郑《注》："名曰'礼运'者，以其记五帝三王相变易、阴阳转旋之道。"张载说："《礼运》本是一片段文字，混混然一。大意须是据大体而观之乃能见。"胡宏曰："《礼运》是子游作。"《解义》征引张载和胡宏解义，而不及郑玄，表明《解义》对于《礼

---

① （清）康熙年间敕编：《日讲礼记解义》卷一，文渊阁《四库全书》第123册，第10—11页。
② （清）康熙年间敕编：《日讲礼记解义》卷一，文渊阁《四库全书》第123册，第11页。

运》整篇之记载持怀疑态度。①

对于《礼记》记载的具体内容,《解义》亦有怀疑者。如《文王世子》:"成王幼,不能莅阼。周公相,践阼而治。"《解义》曰:"《书》但言周公位冢宰,正百官,不言践阼而治也。时成王已弁,其非不能莅阼无疑。此与明堂位之云,皆妄说矣。"②《解义》于此据《书》,认为周公无践阼而治之事,《文王世子》此之记载为妄说。

《解义》对于《礼记》旧注也多有考证和辨析。汉代以来,从事《礼记》之诠释者代不乏人。《解义》对于前人《礼记》解义所作考证和辨析,可从以下几个方面来看:

第一,约前人之解义以成己说。兹举一例以明之:

《礼记·乐记》之解题,郑玄曰:"名《乐记》者,以其记乐之义。"《解义》:"《乐记》者,记乐之义也。古有乐经,疑多是声音、乐舞之节,少有辞句可读、诵、记、识,是以秦火之后无传焉。"③通过比较,可知《解义》于此乃约郑《注》,并有所发挥而成。

第二,对于前人之解义,《解义》并不迷信,而是多有驳议。兹举两例以明之:

《礼记·礼运》:"昔者仲尼与于蜡宾,事毕,出游于观之上,喟然而叹。仲尼之叹,盖叹鲁也。言偃在侧,曰:'君子何叹?'孔子曰:'大道之行也,与三代之英,丘未之逮也,而有志焉。'"郑《注》:"志,谓识古文。"孔《疏》:"孔子自序,虽不及见前代而有记志之书,披览可知。"《解义》:"有志,如云'吾其为东周乎'。郑氏谓识古文,未是。"《解义》驳郑《注》、孔《疏》,认为此"志"并非"识古文",而是心之所向之义。《钦定礼记义疏》袭此说,曰:"志者,心之所之。有志,乃吾其为东周之意。郑谓识古文,孔谓记志之书,非也。"④

《礼记·檀弓上》:"叔孙武叔之母死,既小敛,举者出户,出户袒,且投其冠,括发。"陈澔《礼记集说》于此改前一"户"字为"尸"。《解义》曰:"上出户谓举尸者,下出户谓武叔也。陈氏澔改上'户'字为'尸',非是。"⑤

---

① (清)康熙年间敕编:《日讲礼记解义》卷二十四,文渊阁《四库全书》第123册,第284页。

② (清)康熙年间敕编:《日讲礼记解义》卷二十三,文渊阁《四库全书》第123册,第269页。

③ (清)康熙年间敕编:《日讲礼记解义》卷四十一,文渊阁《四库全书》第123册,第469页。

④ (清)乾隆十三年敕撰:《钦定礼记义疏》卷三十,文渊阁《四库全书》第125册,第48页。

⑤ (清)康熙年间敕编:《日讲礼记解义》卷八,文渊阁《四库全书》第123册,第99页。

《钦定礼记义疏》云："上出户谓举尸者，下出户谓武叔。"①孙希旦《礼记集解》亦云："愚谓上云'出户'者，举尸者出户也；下云'出户'者，武叔出户也。"②通过比较，可知《礼记义疏》、孙氏袭《解义》之说也。

《礼记·檀弓上》："曾子之丧，浴于爨室。"郑《注》："见曾元之辞易箦，矫之以谦俭也。礼，死浴于适室。"陈澔驳郑氏云："《士丧礼》浴于适室，无浴爨室之文，旧说曾子以曾元辞易箦矫之以谦俭，然反席未安而没，未必有言及此。使果曾子之命，为人子者亦岂忍从非礼而贱其亲乎？"③《解义》曰："此言曾子初丧之事也。《士丧礼》'甸人掘坎于阶间，为垼于西墙下，新盆槃瓶废于西阶下'，乃浴于适室。曾子之丧，浴于爨室，是礼之变也。或曰此盖不为垼，故浴水自爨来耳。若迁尸于爨室而浴之，恐无此理。郑《注》谓曾子见曾元之辞易箦，矫之以谦俭，殆非也。"④《解义》认为曾子浴于爨室之说不可信，是申陈澔之说而驳郑《注》。

第三，对于前人解义有分歧者，《解义》往往采取阙疑态度以待之。兹举一例以见之：

《礼记·曲礼上》："夫为人子者，三赐不及车马。"郑《注》："三赐，三命也。凡仕者，一命而受爵，再命而受衣服，三命而受车马。受车马而身所以尊者备矣。"《解义》："郑氏训'不及'为'不受'。朱子曰：'《左氏传》鲁叔孙豹聘于王，王赐之路，豹以上卿无路而不敢乘。疑此"不及车马"，亦谓受之而不敢用耳。若尊者之赐，又爵秩所当得，岂容独辞而不受邪？'吴氏澄则曰：'赐，与也。三赐不及车马，与《坊记》"馈献不及车马"同意，亦可备一解。'"⑤郑玄训"及"为"受"，而朱熹认为此"不及"乃"受之而不敢用"义。吴澄以《坊记》相似之文作为参证。《解义》认为诸家解义皆可通，故存而录之。《解义》此举影响颇深远，如孙希旦《礼记集解》除了征引郑《注》和朱子解义外，还将吕大临之说纳入，并下案语："愚谓车马衣服，所以赐有功也。三赐不及车马者，赐物车马为重，虽有三命之尊，犹不敢及此也。不及，以心言，非以事言。注疏之说已得之，而吕氏得其比例之确，朱子尽其事情之详，三说参观之，其义

① （清）乾隆十三年敕撰：《钦定礼记义疏》卷十，文渊阁《四库全书》第124册，第319页。
② （清）孙希旦：《礼记集解》卷八，中华书局1989年点校本，第210页。
③ （元）陈澔：《礼记集说》卷二，文渊阁《四库全书》第121册，第713页。
④ （清）康熙年间敕编：《日讲礼记解义》卷七，文渊阁《四库全书》第123册，第84页。
⑤ （清）康熙年间敕编：《日讲礼记解义》卷一，文渊阁《四库全书》第123册，第18页。

乃备。"① 孙氏对诸家解义亦持开放态度,与《解义》正相合也。

三、汉宋兼采的经典诠释路径

通过爬梳《解义》,可知该书对于汉唐至明代学者之解义皆多有征引。此以《曲礼上》《礼运》《乐记》三篇征引前人解义之情况为例,以见该书征引前人解义的一般原则。

《曲礼上》征引诸家之解义:

被征引者之姓名	被征引者之时代	被征引之次数
郑玄	东汉	5
崔灵恩	南朝(梁)	1
孔颖达	唐	2
韩愈	唐	1
陈祥道	北宋	1
张载	北宋	5
二程	北宋	2
马希孟	北宋	2
方悫	北宋	1
吕大临	北宋	3
朱熹	南宋	15
真德秀	南宋	1
应镛	南宋	1
吕祖谦	南宋	1
戴溪	南宋	1
胡铨	南宋	1
吴澄	元	3

① (清)孙希旦:《礼记集解》卷一,中华书局 1989 年点校本,第 18 页。

《礼运》征引诸家之解义：

被征引者之姓名	被征引者之时代	被征引之次数
郑玄	东汉	4
孔颖达	唐	2
陈祥道	北宋	1
张载	北宋	3
二程	北宋	2
方悫	北宋	1
周谞	北宋	1
朱熹	南宋	1
胡宏	南宋	1
真德秀	南宋	1
汪克宽	元	1
吴澄	元	2

《乐记》征引诸家之解义：

被征引者之姓名	被征引者之时代	被征引之次数
郑玄	东汉	1
孔颖达	唐	2
陈祥道	北宋	2
刘敞	北宋	1
周敦颐	北宋	1
张载	北宋	1
二程	北宋	2
陆佃	北宋	1
方悫	北宋	5

被征引者之姓名	被征引者之时代	被征引之次数
朱熹	南宋	6
真德秀	南宋	1
吴澄	元	2
陈澔	元	3

根据以上统计,可知《解义》于郑玄、孔颖达、贾公彦等汉唐时期学人之解义多有征引,于张载、程子、朱熹、方悫、陆佃、马希孟等人之解义亦多有采择。由此可见,《解义》没有汉宋门户之见,而是汉宋兼采。

从解经的方法来看,《解义》既重视考据,又重视义理。比如《礼记·内则》有不少名物之记载,《解义》在从事《内则》诠释时格外重视名物之考证和辨析。兹举两例以见之:

《礼记·内则》:"子事父母,鸡初鸣,咸盥、漱;栉、縰、笄、总,拂髦、冠、緌、缨、端、韠、绅,搢笏。"《解义》曰:"此言子事父母,当夙兴而具冠服也。盥,洗手。漱,涤口。栉,梳也。縰,以黑缯韬发作髻也。笄,横插之以固髻也。总,亦以缯束发本,而垂余于髻后为饰也。髦,用发为之,象幼时翦发为鬌形也。拂,振尘也。缨者,结于项下以固冠。緌者,其余之下垂者也。端,玄端服。韠,蔽膝也,以韦为之。绅,大带之垂者。搢,插也。"①《解义》于此对"盥""漱""栉""縰""笄""总""髦""緌""缨""端""韠""绅""搢"等分别作了考释。

《礼记·内则》:"饘、酏、酒、醴、芼、羹、菽、麦、蕡、稻、黍、粱、秫唯所欲。枣、栗、饴、蜜以甘之,堇、荁、枌、榆、免、薨、滫、瀡以滑之,脂、膏以膏之。"《解义》曰:"饘,厚粥。酏,薄粥。芼、羹,以菜杂肉为羹。蕡,大麻子。秫,黏稷也。饴,饧也。堇,菜名。荁,似堇而叶大。枌,似榆而色白。免,新鲜者。薨,干陈者。堇、荁、枌、榆四物,或用新,或用旧也。米泔曰滫,滫滑曰瀡,凝者为脂,释者为膏。甘之,滑之,膏之,

---

① (清)康熙年间敕编:《日讲礼记解义》卷三十,文渊阁《四库全书》第123册,第349—350页。

皆谓调和饮食之味也。"①《解义》于此对"馔""酏""芼""羹""黄""稻""黍""粱""秫""饴""堇""苣""枌""免""薧""瀹""瀄""脂""膏"分别作了考释。

《礼记》重"义",书中有不少内容是关于礼之意义的阐发。《解义》在从事《礼记》诠释时重视《礼记》义理之阐发。兹举两例以明之:

《礼记·礼运》:"是故礼者,君之大柄也,所以别嫌明微、傧鬼神、考制度、别仁义,所以治政安君也。故政不正,则君位危;君位危,则大臣倍,小臣窃。刑肃而俗敝,则法无常;法无常而礼无列,礼无列则士不事也。刑肃而俗敝,则民弗归也。是谓疵国。"《解义》曰:"礼也者,君所操持之大柄也,所以别近似之嫌,明几兆之微,傧接鬼神,考正制度,辨别仁义,此政所由治,而君所恃以安其位也。若失此礼,则政不正,而君位危;君位危,则大臣倍而不法,小臣窃而不廉。为君者峻法以绳下,为民者轻犯而无耻,斯刑肃俗敝,而法失其常;法失其常,则礼失其列;礼失其列,此士职所以不事也。刑肃而俗敝,此民心所以不归也,是谓疵病之国。盖礼者政之本,政者礼之用,而刑以辅之,其得失未有不相因者也。"②《解义》在《礼运》之基础上,对礼于君、臣、民之重要意义作了阐发。《解义》于此重视义理,而无文字训诂、名物考证。

《礼记·曲礼上》:"父之仇弗与共戴天,兄弟之仇不反兵,交游之仇不同国。"《解义》曰:"《周礼·士师》之职'凡杀而不义则杀者当死,宜告于有司而杀之',又《调人》之职'杀之而义则无罪,令勿仇'。而《曲礼》复有是说,何哉?盖古之治天下也,求以禁天下之暴乱,使人常得以相安,故公法既行于上,私义复伸于下。苟制以公法而不足,则私义亦足以制之,是以暴乱者无所逃罪,而人始安其生也。但仇有不同,故复之亦异。昔《公羊》于报九世之仇,则大之礼既失于太过,汉之时孝子见仇而不敢复,法又失于太严,皆非《曲礼》意也。"③《解义》于此从公法和私义的角度对《周礼·士师》《调人》与《公羊传》《曲礼上》所记复仇之原则作了比较分析,其所重视者,乃是复仇中蕴含的治理天下的原则。

作为康熙时期的经筵之作,《解义》与一般的私人经典注释重视观点创新

① (清)康熙年间敕编:《日讲礼记解义》卷三十,文渊阁《四库全书》第123册,第351页。
② (清)康熙年间敕编:《日讲礼记解义》卷二十四,文渊阁《四库全书》第123册,第292页。
③ (清)康熙年间敕编:《日讲礼记解义》卷三,文渊阁《四库全书》第123册,第41页。

的学术取向有所不同。出于经筵的需要,《解义》的语言平实易晓,对于前人解义的态度亦比较平允。经筵之目的,是为最高统治者提供治国理政的思想资源,其旨非文献考证和学术思想体系之建构。平实易晓的语言,对于君臣之间展开讨论是十分必要的。此外,对于前人解义持平允或阙疑的态度,有利于避免偏信之弊。《解义》是一部经筵之作,不过儒臣对于《礼记》还是作了深入的研究,所以书中还是有不少颇为精到的解义。四库馆臣曰:"是编(指《解义》)推绎经文,发挥畅达,而大旨归于谨小慎微,皇自敬德,以纳民于轨物。卫湜所集一百四十四家之说,镕铸剪裁,一一荟其精要。"① 乾隆时期修纂的《礼记义疏》采纳了《解义》的不少内容。后世治《礼记》者亦从《解义》中获得很多启发,比如孙希旦《礼记集解》中的不少解义就是源自《解义》。

第五节　方苞的《礼记》诠释

康熙五十年(1712)至五十一年(1713),方苞因戴名世《南山集》案入狱。《礼记析疑》四十八卷,是方苞在狱中思索所得。方苞在《礼记析疑序》曰:"自明以来,传注列于学官者,于《礼》则陈氏《集说》,学者弗心餍也。壬辰、癸巳间,余始悉心焉。视之若皆可通,及切究其义,则多未审者,因就所疑而辨析焉。……既而复校以卫正叔《集解》,去其同于旧说者,而他书则未暇遍检。"② 方苞认为陈澔《礼记集说》多有未审,遂就所疑者辨而析之,于《礼记》四十九篇皆摘句为解,融汇郑玄、孔颖达、陈澔、朱轼等人经解,断以己意。③ 方苞于《礼记》诠释的方法及特色可从以下三个方面来看。

一、于《礼记》成书问题之辨析

在《礼记析疑》一书中,方苞对《礼记》的成书问题作了探讨。

《礼记》四十九篇,各篇内容不一,关联甚少,因此关于各篇的作者和成

---

① (清) 永瑢:《四库全书总目》卷二十一,中华书局 1965 年版,第 172 页。

② (清) 方苞:《礼记析疑原序》,《礼记析疑》卷首,文渊阁《四库全书》第 128 册,第 3 页。

③ 据《年谱》记载,方苞"在狱中切究陈氏《礼记集说》,著《礼记析疑》。其序曰:'方爱书上时,同系者皆惶惧,先生阅《礼经》自若。'同系者厌之,投其书于地,曰:'命在须臾矣!'先生曰:'朝闻道,夕死可也。'"[(清) 苏惇元:《方苞年谱》,见《方苞集》附录一,上海古籍出版社 2008 年点校本,第 875 页]

篇时代，历代学人皆有争议，莫衷一是。方苞从整体上对《礼记》的成书有所论述，他说："盖礼经之散亡久矣，群儒各记所闻，记者非一时之人，所记非一代之制。"①方苞认为，礼经在流传过程中散佚太多，后儒记录自己于礼之见闻，遂成《礼记》各篇；《礼记》各篇作者的时代不同，所记载的亦非一代之制。方氏关于《礼记》成书的总体判断，符合《礼记》成书之实际情况。

方苞还对《礼记》不少单篇的作者和成篇年代做了辨析。在《礼记》四十九篇中，方苞考订《文王世子》和《明堂位》的作者和成篇问题所花费的笔墨最多，辨析也最翔实。

方苞认为，《文王世子》有刘歆增窜之文，刘歆意在媚新莽之篡汉。关于《文王世子》开篇所记武王梦帝与九龄之事，方苞曰："九龄梦锡，先儒皆识其妄，而未知谁实为之。以王莽事及当日所伪乱经语证之，盖亦刘歆所增窜也。盖莽称宰衡，受九锡，居摄践阼，南面朝群臣，称假皇帝，皆托于周公。唯即真于公无可托，故特起符命，而兴昌亭长首言梦天公使者，告以摄皇帝当为真，哀、章继称汉高帝降金策书，传位于莽。故歆增窜此记，以示周之兴文武尝见此异征，以为莽事之证验。"②在方苞看来，刘歆增窜此文，意在矫天命以证王莽篡汉之事的合法性。

方苞还认为《文王世子》开篇所记武王为世子之礼、下之事上之法亦属刘歆增窜之文，他说："其称武王养疾，亦为莽而设也。莽侍王凤疾，不解衣带连月，其孤贫时，以孝母著闻，则一饭亦一饭，再饭亦再饭，必莽之饰行（莽革汉命亦三夜不御寝、三日不御食）。故增窜此记，以见莽天性合道，凡事皆与古圣同符。以义裁之，武王必无是也。父母有疾，当时已之饥饱，而饭每减焉，或偶辍一饭，亦顺其自然。必以父母之一饭、再饭为准，是伪也。设旬月不入勺饮，子亦如之，可乎？"③方苞认为，《文王世子》所记武王事文王之礼，王莽曾有相似之经历，由此可证武王事文王之礼乃刘歆伪窜，意在证明王莽之作为与古圣相合。

关于《文王世子》开篇所记武王梦帝与九龄之事以及武王为世子之礼，宋人已有疑义。如叶梦得认为，人的精神是与天地阴阳相通，梦即如此；文王将

---

① （清）方苞：《礼记析疑原序》，《礼记析疑》卷首，文渊阁《四库全书》第 128 册，第 3 页。
② （清）方苞：《礼记析疑》卷九，文渊阁《四库全书》第 128 册，第 86 页。
③ （清）方苞：《礼记析疑》卷九，文渊阁《四库全书》第 128 册，第 86 页。

自己三年寿命加给武王，本来能活一百岁的文王只活了九十七岁，本来只能活九十岁的武王却活了九十三岁，"文王九十七而终，武王九十三而终，果以为梦邪？是寿命不属之天，而损益者人也。由是观之，我百尔九十，非梦也，其传之妄欤！"① 叶氏认为，人为地损益寿命，并非与天地阴阳相通，故《文王世子》乃妄记。叶氏诉诸于经验，凭借理性，从而断定《文王世子》所记为伪；与叶氏不同的是，方苞将《文王世子》直接归于刘歆之增窜，而其论证的方法是史实之比附。关于此，四库馆臣评价曰："其最不可训者，莫如别为考定《文王世子》一篇，删'文王有疾'至'武王九十三而终'一段。……夫《礼记》糅杂，先儒言之者不一，然删定六经，惟圣人能之。孟子疑《武成》不可信，然未闻奋笔删削也。朱子改《大学》，刊《孝经》，后儒且有异同，王柏、吴澄篡乱古今，则至今为世诟厉矣。苞在近时号为学者，此书亦颇有可采，惟此一节，则不师宋儒之所长，而效其所短，殊病乖方。"②

方苞认为《明堂位》亦为刘歆所作。在方氏看来，王莽之篡，无事不托于周公，其居摄时，群臣上奏，称《明堂位》以定其仪，故《记》所称，莫不与王莽之事相应。如《明堂位》云："周公践天子之位以治天下，朝诸侯于明堂。"方苞云："以莽践阼，背斧依南面朝群臣也。贼臣受九锡以为篡征自莽始，故备举鲁所受服、器、官，以为是犹行古之道耳。其称鲁君臣未尝相弑，又以示传闻不可尽信，若将为平帝之弑设疑也。"③《明堂位》又曰："昔者周公朝诸侯于明堂之位，天子负斧依南乡而立。"方苞云："易周公以天子，与当日群臣所奏'周公始摄，则居天子之位，非乃六年然后践阼'，隐相证也。莽赞称假皇帝，则奏称《书》逸《嘉禾》篇'周公奉鬯立于阼阶，延登，赞曰：假王莅政，勤和天下，《书》既逸矣云云者，谁实为之？又况漫无所稽之杂记哉？"④ 方苞将《汉书》所记王莽篡弑行为与《明堂位》相比较，从而认为《明堂位》之记载乃"莽之意"，而"为之者，刘歆之徒耳"⑤。

有人以《史记》鲁、燕世家，以及《荀子·儒效篇》所载"周公践阼，倍依以朝诸侯"，从而认为《明堂位》或有所授。关于此，方苞驳曰："古用简册，

---

① （宋）卫湜：《礼记集说》卷五十，文渊阁《四库全书》第118册，第53页。
② （清）永瑢：《四库全书总目》卷二十一，中华书局1965年，第174页。
③ （清）方苞：《辨明堂位》，《方苞集》卷一，上海古籍出版社2008年点校本，第26页。
④ （清）方苞：《辨明堂位》，《方苞集》卷一，上海古籍出版社2008年点校本，第26—27页。
⑤ （清）方苞：《辨明堂位》，《方苞集》卷一，上海古籍出版社2008年点校本，第26页。

秘府而外，藏书甚希。太史公书，宣、成间始少出。自向校遗书，歆卒父业，以序《七略》，东汉宗之；凡后世子史之传，皆歆所校录也。歆既伪作《明堂记》，独不能增窜太史公、荀子之文哉？《诗》《书》而外，周人之书成体而不杂者，莫如《左氏春秋传》，史克之颂、祝鮀之言，于鲁先世事详矣，无一语及此，而悖乱之说，皆见于歆以后始显之书，则歆实伪乱增窜以文莽之奸也决矣。"①方苞认为，《史记》《荀子》关于"周公践阼"之记载，乃刘歆校书时增窜之文，故不可据之以证《明堂位》或有所授。

除了《文王世子》和《明堂位》以外，方苞还对《礼记》的《月令》《杂记》等篇的作者和成篇问题略有探讨。

方苞认为《月令》有刘歆增窜之文。如《月令》："以太牢祠于高禖，天子亲往。"方苞云："此秦人妄举之慝礼，或吕不韦欲立而未立之祀也。《周官》宗伯之属，凡国之典祀，细大毕具，参以《仪礼》《春秋三传》《国语》，无一语及禖祀者。内宰专掌王后之礼事，以下五职，无一及焉。……则三代以前，绝无此典礼，断可识矣。且先王制礼，养廉远耻，莫严于男女，故妻将生子，夫出居侧室，使人日一问之，乃于稠人广众中别其孰为天子所已御，使带弓韣受弓矢于高禖之前，渎乱不经甚矣。王莽篡汉，娶史氏女为后，依古备嫔御之数，同日入宫，皆使带弓韣，正与此记相合，或亦莽歆所增窜也。"②方苞考之《周礼》《春秋》《国语》，发现皆无《月令》所记太牢祠于高禖礼。其由此推测此礼可能是吕不韦欲立而未能立之祀，亦可能是新莽增窜之文。

方苞认为《杂记》亦有刘歆增窜之文。如《杂记》："大夫为其父母、兄弟之未为大夫者之丧服如士服，士为其父母、兄弟之为大夫者之丧服如士服。……士之子为大夫，则其父母弗能主也，使其子主之；无子则为之置后。"方苞云："此数条，自宋以后，儒者莫不知其悖，而未有悟其为莽歆所增窜者。盖莽以居摄，为其母功显君服天子吊诸侯之服，不主其丧。故歆窜此说，以示士大夫相去一间耳。而子为大夫，于父母之为士者服，即有降。子为大夫，其父母之为士者，即不敢主其丧。况居摄践阼，与尊者为体，尚可重服为母丧主乎？"③《杂记》认为，身为大夫，遭遇身为士的父母或兄弟之丧，就依士礼为

---

①　（清）方苞：《辨明堂位》，《方苞集》卷一，上海古籍出版社2008年点校本，第27页。
②　（清）方苞：《礼记析疑》卷六，文渊阁《四库全书》第128册，第56页。
③　（清）方苞：《礼记析疑》卷二十一，文渊阁《四库全书》第128册，第173页。

之服衰。而王莽依刘歆等人的建议,采用天子吊诸侯服。方苞据此认为,《杂记》此之记载与刘歆的建议相合,故《杂记》此说出自刘歆之增窜。平心而论,方氏此说实属无据。考《汉书·王莽传》,刘歆等人建议王莽采用天子吊诸侯服,依据是《仪礼》"庶子为后,为其母缌",《传》曰:"与尊者为体,不敢服其私亲也",以及《周礼》"王为诸侯缌衰"。既然已有《仪礼》和《周礼》为据,那么刘歆何必增窜此文?

方苞于《礼记》成书问题之探讨,受先儒的影响有迹可循。如方苞之前的姚际恒认为《明堂位》出自王莽时,作《明堂位》之目的是借周公诡莽,助莽篡汉。在姚际恒之基础上,方苞将《明堂位》的作者归为刘歆。方苞的《礼记》成书观点影响颇为深远,如晚清康有为亦认为《明堂位》乃刘歆伪作,与方苞之说一脉相承。

方苞于《礼记》成书问题的辨析,所采用的方法主要是义理推衍,而非文献考证。方苞在先入为主的观念下,将《礼记》与王莽篡汉的史实相比附,从而将《礼记》不少篇目的内容归诸于刘歆增窜。即使《礼记》的内容与王莽篡汉之史实有出入,方苞亦尽量附会调和。平心而论,方苞于《礼记》成书的部分观点明显有误。如其以《文王世子》乃刘歆伪窜之说就值得商榷。上博简《容成氏》第四十五简云"于是乎九邦畔之"、此所谓"九邦",李零认为即《文王世子》所言"九国"。[①] 由此可知,《文王世子》很可能出自战国中期前后,而非方苞所云出自新莽时期。此外,方苞认为《明堂位》为刘歆伪窜也并非确论。钱穆说:"歆校秘书,必归狱焉,乃可谓其遍伪群书也。然就如方说,太史公书宣、成间已少出,歆伪在后,未尝效秦之收书,歆、莽未终其业而死,汉祚中兴,天下之大,何无一人出而雠校,以明伪迹?刘向校书,远在河平时,《荀子》亦向所校。汉儒传经,大率推本荀子,《荀子》于汉世,显学也。岂无他本流传人间,而歆得恣其伪窜?光武中兴,去此不廿年,遂无一人识其伪耶?方氏谓《记》所称莫不与莽事相应,莽本据此自文饰,安得不相应?今转据以定《记》之伪,不尤可笑之甚耶?夫《明堂记》不必为信史,亦不必出于莽、歆之伪造,姚、方混并为说,宜无当也。"[②]

---

① 李零:《容成氏》,载《上海博物馆藏战国楚竹书》(二),上海古籍出版社 2002 年版,第 285 页。

② 钱穆:《刘向歆父子年谱》,《两汉经学今古文平议》,商务印书馆 2001 年版,第 114 页。

二、于经文和前人解义之辨析

由于经书在传抄过程中难免产生讹误，所以经文校勘是治经者不得不首先面对的问题。在《礼记析疑》一书中，方苞对《礼记》的部分经文做了校勘。兹举数例以见之：

《礼记·哀公问》："亲之也者，亲之也。"方苞云："《家语》作'亲迎者，敬之至也'，下'亲之'宜作'敬之'。"① 方苞据《孔子家语》，认为此第二个"亲之"宜作"敬之"。

《礼记·孔子闲居》："耆欲将至，有开必先。"方苞曰："《家语》作'有物将至，其兆必先'。'有'与'耆'，'其'与'有'，形近而讹也。'物'与'欲'，音近而讹也。'兆'与'开'，疑亦剥蚀形近而讹。"② 方苞将《孔子家语》与《孔子闲居》加以比较，认为《家语》有音近而讹者、形近而讹者、剥蚀形近而讹者。

《礼记·祭法》："七代之所更立者，禘、郊、祖、宗，其余不变也。"方苞曰："'七代'宜作'四代'。《本记》自有虞氏始，《国语》亦然。旧语俱不可通。"③ 方苞认为经文"七代"当为"四代"。

以上所列三例，皆方苞对《礼记》所做之校勘。其所采用校勘的方法是对校，即将《礼记》与《孔子家语》《史记》《国语》之记载相比较，从而指出《礼记》经文所存在的问题。不过方氏所做之校勘有欠精审者。如上述《祭法》"七代"二字，孙希旦曰："上文言禘、郊、宗、祖之所及，自黄帝以至于周，黄帝为立法之祖，历颛顼、帝喾、唐、虞、三代为七代，专数唐、虞、三代则为五代。于所不变言'五代'，于所变特言'七代'者，以明禘、郊、宗之法起于黄帝以来，而不始于虞也。"④ 孙氏所言甚是，方氏疑所不当疑也。

除了《礼记》经文之校勘，方苞还对前人的《礼记》解义多有辨析。在汉唐《礼记》诠释史上，最重要的著作莫过于郑玄的《礼记注》和孔颖达的《礼记正义》。方苞在从事《礼记》诠释时，颇为重视郑玄、孔颖达之解义。他说："注疏之学，莫善于'三礼'，其参伍伦类，彼此互证，用心与力可谓艰矣。宋元诸儒因其说而绅绎焉，其于辞义之显然者亦既无可疑矣，而隐深者则多未及

① （清）方苞：《礼记析疑》卷二十八，文渊阁《四库全书》第 128 册，第 218 页。
② （清）方苞：《礼记析疑》卷二十，文渊阁第 128 册，第 227 页。
③ （清）方苞：《礼记析疑》卷二十四，文渊阁《四库全书》第 128 册，第 198 页。
④ （清）孙希旦：《礼记集解》卷四十五，中华书局 1989 年点校本，第 1197 页。

焉。用此知古书之蕴，非一士之智、一代之学所能尽也。然惟前之人既辟其径涂而言有端绪，然后继事者得由其间而入焉。乃或以己所得，瑕疵前人，而忘其用力之艰，过矣！"①方苞认为，汉唐及宋元诸儒于《礼记》所倾心力颇多，功不可没。不过方苞更多关注的是其所认为前人解义之未备或有错误者。此可从以下两个方面来看：

第一，方苞对郑玄、孔颖达的部分《礼记》解义有疑义。兹举数例如下：

《礼记·曲礼上》："烛不见跋。"郑《注》："跋，本也。烛尽则去之，嫌若烬多有厌倦。"孔《疏》："'烛不见跋'者，《小尔雅》云：'跋，本也。'本，把处也。……火炬照夜易尽，尽则藏所然残本。所以尔者，若积聚残本，客见之，则知夜深，虑主人厌倦，或欲辞退也。故不见残本，恒如然未尽也。"方苞云："旧说炬将尽则藏，其余恐客见以夜久辞，非也。易炬不愈见夜久而速客之退乎？此承上'烛至起'而言，即主人固留亦不见跋而必退也。《诗》曰'厌厌夜饮'，燕礼无算乐后，有'执烛''为烛'之文，故以不见跋为之节。"②郑氏、孔氏认为，"烛不见跋"，意为不待烛火烧到烛根部就要易烛，以免客人担心主人厌倦而有辞退之心。方苞则认为，"烛不见跋"，意为客人不待烛火烧到根部就该起身告辞。联系上下文，可知方苞此说较合经义。

《礼记·杂记下》："在垩室之中，非时见乎母也不入门。"郑《注》："在垩室之中，以时事见乎母，乃入门，则居庐时不入门。"方苞云："《注》谓居庐不入门，非也。设父母有疾，可不入视乎？母有父母之丧，能不从母而往哭乎？"③郑氏认为，孝子在服丧期间，居守丧的倚庐中，不入内宅。方苞则认为，若父母有疾病，孝子不可能不入内宅看望；若母有父母之丧，孝子不可能不随母前往哭吊。

《礼记·王制》："天子之县内诸侯，禄也；外诸侯，嗣也。"孔《疏》："此言县内，则夏法也。"方苞曰："《注》《疏》以称县内，决此为夏制，非也。县之名肇自《周官》六遂中，大邑也，畿内与侯国皆有之。吕不韦作《月令》始云'合诸侯、制百县'，以百县与诸侯相对，则秦以百县为畿内，明矣。"④孔《疏》认为此言"县内"乃夏法。方苞则认为县名出自《周礼》，而非出自夏代。

---

①　（清）方苞：《礼记析疑原序》，《礼记析疑》卷首，文渊阁《四库全书》第128册，第3页。

②　（清）方苞：《礼记析疑》卷一，文渊阁《四库全书》第128册，第8页。

③　（清）方苞：《礼记析疑》卷二十二，文渊阁《四库全书》第128册，第180页。

④　（清）方苞：《礼记析疑》卷五，文渊阁《四库全书》第128册，第41—42页。

《礼记·礼器》："羔豚而祭，百官皆足。"孔《疏》："案《仪礼》：'士祭用特牲，大夫祭用少牢，皆以成牲，不用羔豚。'此得有羔豚祭者，案《王制》云：'大夫士有田则祭，无田则荐。'则无地大夫士荐羔豚也。无地则无臣助祭，故云百官喻众也。"方苞云："《疏》谓士特牲，大夫少牢，此用羔豚，乃《王制》所云大夫、士无田则荐者。又曰无田则无臣助祭，而云百官喻众也。俱不可通。牲礼之隆杀，视祀事之大小，天子献羔开冰，乃谓士大夫有田者即不用羔豚，可乎？且如五祀井灶之类，岂能备具牲俎？《记》云百官皆足，正谓王公之群小祀耳。"①孔颖达据《仪礼》和《王制》，认为此以"羔豚而祭"是无地的大夫士之祭，由于无地，故无臣助祭。方苞则据《吕氏春秋》所记"天子乃献羔开冰"，认为羔豚乃士大夫通用之牲，而不是有田与无田之别。

第二，方苞对陈澔《礼记》解义有疑义。兹举数例如下：

宋末元初著名礼学家陈澔的《礼记集说》，解义简易，适合初学者。又因陈澔标榜自己为朱子学统，所以该书在明初被列为学官。方苞认为，虽然陈澔《礼记集说》列于学官，然而"学者弗心餍也"；当方氏切究其义时，发现该书"多未审者"②，遂就所疑而辨析。兹举数例如下：

《礼记·王制》："天子诸侯无事，则岁三田：一为乾豆，二为宾客，三为充君之庖。"陈澔《集说》曰："岁三田者，谓每岁田猎皆是为此三者之用也。"③方苞云："《周官》四时皆田，此或夏殷之制。陈氏《集说》似指下乾豆、宾客、君庖为三田，于辞事皆不可通。《注》《疏》夏不田，亦无以见其然。"④方苞认为，此所谓"岁三田"，并非乾豆、宾客和君庖。孙希旦云："愚谓《周礼·大司马》及《左传》臧僖伯谏隐公，皆言'春搜、夏苗、秋狝、冬狩'，是天子诸侯皆岁四田。……此言天子诸侯岁三田，与《周礼》《左传》不合，惟《公羊传》云：'春曰苗，秋曰搜，冬曰狩。''诸侯曷为必狩？一曰乾豆，二曰宾客，三曰充君之庖。'则此《记》之言之所自出也。盖汉初《周礼》未出，而《左传》者尚少，作是篇者本为《公羊》之学，故其为说如此。"⑤孙氏认为经文于"三田"之记载不合《周礼》《左传》。此可以看作是对方氏之说的深化。

---

① （清）方苞：《礼记析疑》卷十一，文渊阁《四库全书》第128册，第105页。
② （清）方苞：《礼记析疑原序》，《礼记析疑》卷首，文渊阁《四库全书》第128册，第3页。
③ （元）陈澔：《礼记集说》卷三，文渊阁《四库全书》第121册，第750页。
④ （清）方苞：《礼记析疑》卷五，文渊阁《四库全书》第128册，第44页。
⑤ （清）孙希旦：《礼记集解》卷十二，中华书局1989年点校本，第334页。

《礼记·王制》:"司会以岁之成质于天子,冢宰斋戒受质。"陈澔云:"司会,冢宰之属。……岁之将终也,质平其一岁之计,要于天子,而先之冢宰,冢宰重其事,而斋戒以受其质。"①方苞曰:"陈氏《集说》'司会质一岁之计要于天子,而先之冢宰',非也。观下文司徒、司马、司空以百官之成质于天子,则司会所质,乃径达于天子明矣。冢宰斋戒受质者,天子省之,而复下于冢宰,使听决也。三官以其成从质于天子者,继司会而质,非因司会而达也。"②陈澔认为司会先之冢宰,再质一岁之计要于天子。方苞则认为司会所质乃是直接达于天子。

方苞于《礼记》经文和前人解义之辨析,可谓得失兼有。四库馆臣曰:"如《文王世子》以大司成即大司乐,辨《注》《疏》以《周官》大乐正为大司乐、师氏为大司成之非。于《郊特牲》'郊血大飨腥',序荐璧、用乐、荐血、实柴之次一条,谓凡经传中言郊礼而有献荐者皆为荐稷之事,其论至为明晰。于'禘祫有乐而食尝无乐'一条,取荆南冯氏之言,引《楚茨》之诗,以为尝当有乐。于《内则》'天子之阁'一条,谓《疏》以阁为庖厨非是,盖阁所以置果蔬饴饵也。……皆具有所见,足备礼家之一解。"③馆臣又曰:"谓执雁奠雁皆为舒雁,而非雁鸿之雁,不知礼用雁贽,取其不失时、能守节也。若舒雁,则何守节之有?又谓深衣纯袂缘、纯边,纯即缘也,'缘'字疑衍,其意盖谓当作纯袂、纯边。按郑《注》曰'缘,緆也',孔《疏》云:'《既夕》谓郑《注》在幅曰裨、在下曰緆。'方氏悫曰:'袤口谓之袂、裳下谓之缘,衣侧谓之边,其纯皆半寸。''缘'字自有典,则非衍字也。凡斯之类,未免武断。"④馆臣所言,的确是方氏考证不精者。

三、于经义之阐发

方苞治经重在"三礼",其于《周礼》《仪礼》所记官制、礼制及名物之考证,皆能融会贯通,不同于一般琐碎的考据。胡宗绪云:"望溪说经文,宋五子之意皆在其中。"⑤《礼记》不少篇目重在阐释《仪礼》所记仪节之意义,故《礼

---

① (元)陈澔:《礼记集说》卷三,文渊阁《四库全书》第121册,第757页。
② (清)方苞:《礼记析疑》卷五,文渊阁《四库全书》第128册,第51页。
③ (清)永瑢:《四库全书总目》卷二十一,中华书局1965年版,第173页。
④ (清)永瑢:《四库全书总目》卷二十一,中华书局1965年版,第173—174页。
⑤ (清)方苞:《方苞集》附录卷二,上海古籍出版社2008年点校本,第902页。

记》重在礼意，而非礼制。由于《礼记》具有较强的思想性，使本来就重视经义的方苞在从事《礼记》诠释时，将释义放在了第一位。兹举数例以见之：

《礼记·祭义》："霜露既降，君子履之，必有凄怆之心，非其寒之谓也。春，雨露既濡，君子履之，必有怵惕之心，如将见之。"郑《注》："非其寒之谓，谓凄怆及怵惕，皆为感时念亲也。"方苞曰："举雨露则秋可知。雨露通春夏，故必举首时。霜露与凄怆实相感召，故曰'非其寒之谓也'。春日载阳，雨露华滋，万物欣欣，恒情多为之舒畅。惟君子感时而思亲，则怵焉惕焉，哀亲之不得见。而如将见之，所以怵惕也。荀卿子曰：'人之欢欣和合之时，则夫忠臣孝子亦惝诡而有所至矣。'即此义也。"①经文于此记载孝子感时念亲之事。方苞认为，秋天霜露与孝子相感召，故霜露相对于孝子非从寒冷的角度言；春天雨露华滋，万物复苏，欣欣向荣，君子感时而思念亲人，故有震惊之心，想念亲人而见之不得。方苞还征引荀子之说与《祭义》相印证。

《礼记·经解》："以旧礼为无所用而去之者，必有乱患。"方苞曰："春秋之末，列国君臣皆以旧礼为无所用而去之。战国益甚。及秦遂尽废先王之礼，故大败天下之民俗未有如秦，而君臣身受乱亡之祸亦未有如秦者。盖礼既亡，则纵横权变奸诈百出而不可穷，而一时君臣皆不知有礼，故无从而辨之也。"②《经解》于此所言乃守旧礼之重要性。方苞从历史的角度，对《经解》所言礼的重要性作了进一步的阐释。方氏所言，涉及春秋、战国、秦代君臣对旧礼之态度，并重点对秦代尽废先王之礼的负面影响作了阐述。

《礼记·学记》："君子如欲化民成俗，其必由学乎。"郑《注》："所学者，圣人之道在方策。"方苞曰："教学之法，莫备于周，凡有地治者，皆兼教事，不独师儒也。虽农、工、商、贾，少时皆受小学于里塾，不独秀民也。是以无人不明于伦理，而仁让之心易生，无事不为之制防，而邪恶之涂自闭。故化民成俗，其本由于圣人之德化，而谓专由于学者，文武周公之德化，至昭穆而不能承矣。而赖其礼教以相维持者且数百年，东汉及前明之衰政乱于上，而义明于下，以其开国之初，君臣上下皆知教学为治本，而积为礼俗也。"③郑《注》简奥，方苞解义则颇为充分。方氏解义不仅涉及教学者、受教者，还对化民成

①　（清）方苞：《礼记析疑》卷二十五，文渊阁《四库全书》第 128 册，第 199 页。
②　（清）方苞：《礼记析疑》卷二十七，文渊阁《四库全书》第 128 册，第 217 页。
③　（清）方苞：《礼记析疑》卷十九，文渊阁《四库全书》第 128 册，第 152 页。

俗必由学的原因作了揭示。其甚至还据东汉和明代社会的政教来强化自己的观点。

《礼记·冠义》《昏义》《乡饮酒义》《射义》《燕义》《聘义》等皆意在阐释《仪礼》所记诸礼的意义。方苞从事此数篇之诠释时重在释义。如《冠义》："凡人之所以为人者,礼义也。……君臣正,父子亲,长幼和,而后礼义立。"方苞曰："自十年学幼仪,容体、颜色、辞令已无日不使之习矣。然幼所习,手容、足容、行容、立容之常而已。至成人则事君事长、接宾承祭、躬身俯仰、步武疾徐,各当其品节,而后谓之正。幼所学事亲事兄、承师承长之色而已,至成人则在庙在朝、治军临下、有丧有忧、吊死问疾之色咸得其分际,而后谓之齐。幼所学将命传言之辞而已,至成人则聘俯享觐、会盟征伐之辞无一不合其机宜,而后谓之顺。盖始学其仪,即求其所以正、所以齐、所以顺之礼义,然必至于能正、能齐、能顺,而后礼义始备也。故制冠礼至是而后责其备,则自十五入大学以后必尽志于此,时自警惕,而惟恐其不备矣。"① 方苞指出,幼年所习容体、颜色、辞令乃日常基本礼仪;而成人之容体、颜色、辞令较幼年涉的范围更广、要求更高。方氏于此没有繁琐的考据,而仅是冠礼意义之阐发。

方苞对《礼记》的义理阐释,与宋儒和晚清部分重义理的经学家是有区别的。宋儒解经重义理,他们的《礼记》诠释虽然不乏一般意义上的礼意阐发,但是最有代表性的却是他们以《礼记·大学》《中庸》《乐记》为思想资源从事理学思想体系之建构。因此,宋儒的《礼记》诠释往往具有较强的思辨性和较浓的哲学意味。而方苞对《礼记》的义理阐释,意非礼学体系、哲学体系之建构。其《礼记》诠释新见屡出,属于一般性的经典注释,而不是假注经典之事而抒发自己固有之见。此外,方苞对《礼记》的义理诠释与晚清廖平、康有为等人亦有所不同。廖氏的《礼记》诠释重在今古之辨,康氏的《礼记》诠释重在抒发社会理想和经世致用,而方苞的《礼记》诠释依然属于礼经学的范畴,与政治哲学有本质上的区别。

作为清代桐城派散文的创始人,方苞在文学方面有着巨大的影响和卓越的贡献,因此人们在从事方苞学术研究时,往往将焦点聚集在他的文学造诣上。实际上,方苞的经学造诣亦颇高。通过爬梳方苞的"三礼"学文献,可知其"三

---

① (清)方苞:《礼记析疑》卷四十二,文渊阁《四库全书》第128册,第258页。

礼"学之精深程度，远非一般的经学家所可望其项背。方苞于"三礼"学的成就和贡献，与其文学一样辉煌卓越。清人全祖望曾曰："古今宿儒有经术者，或未必兼文章；有文章者，或未必本经术；所以申、毛、服、郑之于迁、固，各有沟浍。唯是经术、文章之兼固难，而其用之足为斯世斯民之重，则难之尤难者。前侍郎桐城方公，庶几不愧于此。然世称公之文章，万口无异辞，而于经术已不过皮相之；若其惓惓为斯世斯民之故而不得一遂其志者，则非惟不足以知之，且从而掊击之，其亦恔矣！"① 全氏此说，乃是对方苞学术思想之全面概括。方苞于"三礼"之精湛造诣，可为全氏此说之注脚也。

第六节　《钦定礼记义疏》

乾隆时期的《钦定礼记义疏》（以下简称《礼记义疏》）共八十二卷，其中释义七十七卷、图五卷。该书的内容及解经成就可从以下三个方面来看。

一、于《礼记》文本之考订

《礼记义疏》对《礼记》的成书时代和各篇的成篇年代皆有论述，对于《礼记》的文本有所考订。此外，《礼记义疏》还对《礼记》经文作了训释。

第一，《礼记义疏》对《礼记》各篇的成篇问题做了辨析。兹举数例以见之：

关于《礼记·月令》，贾逵、马融、蔡邕、王肃等人认为乃周公所作；高诱、卢植、郑玄、陆德明、孔颖达等人认为出自《吕氏春秋》，晋代束皙认为成于夏代，隋代牛弘认为杂有虞、夏、殷、周之法，众说纷纭，莫衷一是。《礼记义疏》曰："帝王因时布政之大略，昉于唐尧之命羲和，故曰'月者，天之运；令者，君之政'。王者之政，其道莫大于因天嗣后，夏有《小正》，商有《王居明堂礼》，周有《时训》，有《月令》，至秦而有《吕氏春秋》，汉有《淮南·时则训》，唐亦有《唐月令》，递相祖述，而损益更变之。今惟《王居明堂礼》不存，而诸书具在。取以相质，则《小正》《时训》文字与此迥异，而《吕氏春秋》与此大同，则此取之《吕氏春秋》无可疑者。《淮南·时训》则取此而稍变之，《唐月令》则取此而并参以郑说更其前后。"② 《礼记义疏》于此将《礼记·月令》

---

① （清）方苞：《方苞集》附录二，上海古籍出版社 2008 年点校本，第 902 页。

② （清）乾隆十三年敕撰：《礼记义疏》卷二十，文渊阁《四库全书》第 124 册，第 567 页。

与其他相似的文献加以比较,从而认为《礼记·月令》出自《吕氏春秋》,《淮南子·时则训》《唐月令》出自《礼记·月令》之后。此说受到清人王引之、今人任铭善和徐复观的认同。①

关于《礼记·礼运》,朱熹认为其内容有似老庄之言,不是圣人之书。黄震亦认为《礼运》之义与道家相近,不过《礼运》又极多精语,为千万世名言。《礼记义疏》曰:"通篇极言礼之重,独篇首小康之说乃老氏'礼起于忠信之衰、道德之薄'之意,与通篇殊不相应。考之《家语》皆无之,惟有'礼之所生与天地并,不由礼而在位则以为殃'句,与下言偃'如此乎礼之急'紧相接。则此为小戴所搀入窃老庄之说以为高,而不知其缪也。"②《礼记义疏》承朱子、黄震之说,认为《礼运》杂有道家学说。

第二,《礼记义疏》不轻易改动《礼记》文本。

《礼记》各篇体例不一,内容博杂,往往一篇之内有各不相干的内容。因此,对于《礼记》文本,经学家往往认为其中有错简。《礼记义疏》亦认为《礼记》有错简,其曰:"《玉藻》《王制》诸篇有先后错简,宜更正者,止于注内表明之。诸家或未详究,则以案语发之,而文仍旧本,无专辄改易,用昭遵古之义。惟《月令》《乐记》章句稍有并合分析,为便于训释也。"③《礼记义疏》认为《玉藻》《王制》有错简,不过,为保持文本原貌,仍遵从旧本,不轻改易。《礼记义疏》对《月令》《乐记》章句有合并分析,意在训释之便,然仍在一定限度内,并非随意为之。

对于《礼记·大学》《中庸》,《礼记义疏》作了折中处理。中唐韩愈、李翱以及宋代二程表彰和推崇《大学》《中庸》,朱熹将《大学》《中庸》与《论语》《孟子》合为"四书"。元仁宗延祐年间,《大学》《中庸》被列为举业必修必考之书。《大学》《中庸》遂成为经中之经。元明以及清初以来的《礼记》学文献,如陈澔《礼记集说》、胡广《礼记大全》仅列《大学》《中庸》篇题,而无解义。从文本的角度来看,将《大学》《中庸》从《礼记》中抽离出来,《礼记》的文本就被割裂了。《礼记义疏》曰:"戴《记》四十九篇,其四十七篇并用'正义'等六条编纂之例,独《大学》《中庸》二篇不拘诸例,但全录《注》

---

① 任铭善:《礼记目录后案》,齐鲁书社 1982 年版,第 15 页;徐复观:《〈吕氏春秋〉及其对汉代学术与政治的影响》,《两汉思想史》第二卷,华东师范大学出版社 2001 年版。

② (清)乾隆十三年敕撰:《礼记义疏》卷三十,文渊阁《四库全书》第 125 册,第 47 页。

③ (清)乾隆十三年敕撰:《礼记义疏》卷首《凡例》,文渊阁《四库全书》第 124 册,第 3 页。

《疏》于前，编次朱《注》于后者，一以示不遗古本之源，一以示特尊朱子之义。全录注疏，古本，方识郑、孔羽翼圣籍之功，方见朱子之精心邃密，而《注》《疏》之是非得失，读者自一目了然，故不拘诸例。"①《礼记义疏》虽不用"正义"等六条编纂义例，然其既全列经文，又列郑玄、孔颖达及朱熹解义，与陈澔、胡广从《礼记》中抽离《大学》《中庸》之举已判然有别。《礼记义疏》此之编纂方案，既可以"示不遗古本之源"，又可以"示特尊朱子之义"。清代官方推崇程朱理学的价值取向与学术研究之间的张力，由此得以窥见。

第三，《礼记义疏》以图释《礼记》。

《礼记义疏》第七十八卷至八十二卷是《礼器图》，即以图解体对《礼记》所记礼器加以诠释。《义疏》曰："古六经皆有图，盖左图右史，所以按验而便稽考也。兹编既成，复因《礼器》、'三礼'诸图之旧，损益为图，并加图说，俾穷经者了如指掌。"②《礼记义疏》所绘图共计二百四十余幅。所绘的皆是立体图，颇为形象，并配以文字。兹举两例以见之：

如于童子所着缁衣锦缘，《礼记义疏》所绘之图如下（图一）：

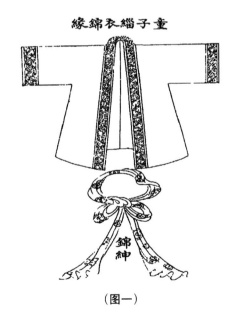

（图一）

---

① （清）乾隆十三年敕撰：《礼记义疏》卷六十六，文渊阁《四库全书》第 126 册，第 164—165 页。

② （清）乾隆十三年敕撰：《礼记义疏》卷首《凡例》，文渊阁《四库全书》第 124 册，第 4—5 页。

在此图之后,《礼记义疏》附按语曰:"童子不衣裘及裳,则其衣制如袍、锦缘,虽以示文,亦冠衣不纯素之义。居士锦带,童子缟带,此云锦绅,则带缟而绅锦也。《士冠礼》言'采衣纰',《玉藻》言'缁布衣锦缘锦绅并纽锦束发,皆朱锦'文,有详略,其制一而已。"①《义疏》于此结合《礼记·士冠礼》《玉藻》之记载,绘出童子缁衣锦缘图。

又如《礼记·郊特牲》所记鸾刀,《礼记义疏》所绘图如下(图二):

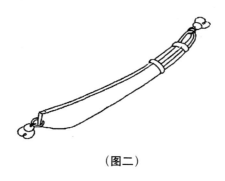

(图二)

在此图之后,《礼记义疏》附案语曰:"《郊特牲》:'割刀之用,鸾刀之贵,贵其义也。声和而后断也。'《诗》曰:'执其鸾刀,以启其毛。'《说文》曰:'鸾鸣中五音。'孔《疏》曰:'鸾即铃也,谓刀环有铃,其声中节也。'毛氏曰:'鸾刀,刀有鸾者,割中节也。'何休曰:'宗庙割切之刀,环有和,锋有鸾,夫和非断则牵断,非和则剒。先王以义制物,而以仁和之,此贵鸾刀之意也。'"②《礼记义疏》征引《礼记》《诗》《说文》以及毛《传》、何休解义,以释鸾刀形制及其象征意义。

第四,《礼记义疏》于《礼记》所记制度与他书不合者,必详求义训,不附会,亦不武断。

如《王制》所记制度一直备受争议:郑玄认为其为殷制;郑樵认为其多采自《孟子》《春秋》《尚书》《左传》《公羊传》《穀梁传》之说,并附以己意,内容未必尽是杜撰,然抵牾处多;孙景南认为《王制》并非汉儒向壁虚造,而是老师宿儒得于载籍之记、传闻之旧。《礼记义疏》曰:"作此书者必《仪礼》

---

① (清)乾隆十三年敕撰:《礼记义疏》卷七十九,文渊阁《四库全书》第126册,第532页。
② (清)乾隆十三年敕撰:《礼记义疏》卷八十,文渊阁《四库全书》第126册,第556页。

已行、《周礼》未出，故以乡、相见列诸七教，六官无宗伯，而司马亦不言掌兵。要其大旨，言公田藉而不税、关市讥而不征、山泽入而不禁，言圭田，言养老恤穷民无告者，言省刑罚，言设学校，多根柢《孟子》。而言班爵，则取《孟子》全文。其不言天子一位，则以汉承秦后，天子甚尊，不敢复与公、侯、伯、子、男并列为五等。其质成之法，独归重大司徒、大司马、大司空，则因汉法以此为三公，欲稍变古以宜今也。虽于古圣人制作之精意未必尽当，而规模亦整饬可观。且文帝本以新垣平言议巡守封禅，而本篇言巡守绝无一言及封禅，其学识过叔孙通、司马相如辈远甚。厥后文帝谦让，卒莫之行，而此书亦成虚说矣。辑礼者取入《记》中，以其去古未远也。而后人徒以其与《周礼》《孟子》不合，铢铢而称，寸寸而度，曾不察其本末，岂通儒之论哉！"①《礼记义疏》认为，《王制》所记制度多袭自《孟子》，且经作者的损益变通；要对《王制》所记制度的时代有认识，需对其源流加以辨析；若简单地将《王制》与《周礼》《孟子》所记制度相比较，则非"通儒之论"。由此可见，《礼记义疏》对《王制》所记制度的认识，是建立在综合考察前人解义的基础上得出的。晚清今文家认为《王制》乃今文之祖，《周礼》为古文之祖，遂将二者所记制度完全对立。这是处于经学今古文之争下的观点，与《周礼》《王制》所记制度本身已有差异。

二、于前人解义之征引

孔颖达《礼记正义》全录郑玄《礼记注》，并博采汉唐以来如皇侃、熊安生等的《礼记》解义数十家，是汉唐《礼记》学集大成之作。卫湜《礼记集说》取郑玄《礼记注》和孔颖达《礼记正义》，还博采除郑玄、孔颖达之外的《礼记》解义一百四十二家，成为汉唐到宋代《礼记》学集大成之作。《礼记义疏》亦采用集解体以从事《礼记》之诠释。《凡例》云："'三礼'同为圣典，而戴《记》旨非一端，必博征群籍以求精解确证，故自竹书、汲冢、周秦诸子、《帝王世纪》及《史》《汉》等，皆在采录。其诸儒由郑氏而下至本朝儒家专训戴经外，或注他经，或在别说，义有当引，咸采择以入案中，不另标姓氏。其宋元以来，或传说雷同，芜蔓冗陋，无足发明者，皆屏汰不录。"②《礼记义疏》所征引者共计二百三十六家：

---

①　（清）乾隆十三年敕撰：《礼记义疏》卷十五，文渊阁《四库全书》第124册，第431—432页。
②　（清）乾隆十三年敕撰：《礼记义疏》卷首《凡例》，文渊阁《四库全书》第124册，第3页。

汉代以前一家，即荀况。

汉代三十一家，分别是董仲舒、毛苌、司马迁、孔安国、戴德、刘向、刘歆、杜子春、班固、贾逵、仲长统、郑兴、郑众、马融、许慎、服虔、卢植、何休、郑玄、赵岐、高诱、应劭、刘熙、李巡、田琼、王肃、孔炎、苏林、谯周、韦昭、谢慈。

三国到晋代九家，分别是杜预、孙毓、郭璞、范宁、傅咸、贺循、徐邈、刘智、何晏。

南朝宋二家，分别是虞蔚之、范晔。

南朝梁四家，分别是贺玚、崔灵恩、何胤、皇侃。

北魏三家，分别是徐遵明、李谧、袁翻。

北齐一家，即熊安生。

隋代一家，即王通。

唐代十二家，分别是陆元朗、魏徵、孔颖达、贾公彦、颜师古、张守节、杜佑、赵匡、邱光庭、韩愈、柳宗元、成伯玙。

宋代一百十一家，分别是聂崇义、孙奭、邢昺、欧阳修、曾巩、刘敞、司马光、王安石、何洵直、王昭禹、方悫、马希孟、刘彝、李格非、陆佃、刘安世、周敦颐、程颢、程颐、张载、范祖禹、苏轼、顾临、刘恕、黄敏求、黄裳、周谞、吕大临、周行己、吕希哲、彭汝砺、李觏、晁说之、沈括、杨时、陈祥道、陈旸、胡安国、范成大、叶梦得、慕容彦逢、胡铨、应镛、高闶、程迥、程大昌、郑樵、洪适、王莘、林之奇、高文彪、胡寅、胡宏、林光朝、张栻、吕祖谦、朱熹、薛季宣、史浩、陆九渊、陈傅良、王炎、唐仲友、叶适、项安世、黄度、郑锷、李舜臣、黄榦、辅广、蔡沈、杨复、杨简、沈清臣、游桂、陈骙、易祓、叶时、顾元常、陈淳、林椅、沈焕、邵困、徐自明、戴溪、祝穆、潘植、张逸、庄夏、晁公武、赵汝腾、真德秀、魏了翁、王与之、范钟、严粲、黄仲炎、李冶、卫湜、张虑、陈埴、刘孟冶、饶鲁、王应麟、熊禾、马廷鸾、朱申、黄震、林希逸、陈振孙、家铉翁。

元代十四家，分别是马端临、敖继公、吴澄、金履祥、熊朋来、陈澔、程复心、陈栎、彭应龙、戴侗、彭廉夫、虞集、李廉、彭丝。

明代五十一家，分别是刘基、王祎、汪克宽、方孝孺、贺宝、邱浚、罗钦顺、吕柟、何孟春、魏校、姚舜牧、徐师曾、季本、王应电、邓元锡、郝敬、吕坤、余心纯、王圻、黄榦行、张怡、杨鼎熙、芮城、秦继宗、何兆清、汤三才、卢翰、孙佖、晏光、李开、王石梁、吴华、张燧、史駉孙、毛信卿、蒋君实、胡迥、王子墨、董玮、王乔桂、董师让、詹道传、董应旸、孙景南、徐氏、李氏、虑氏、张氏、彭氏、王氏、许氏。

据以上统计，可知《礼记义疏》于汉宋以来学人之解义皆有征引，可谓汉宋兼采。若抛开汉宋学来看，《礼记义疏》是以"求是"为其治经原则。《凡例》云："说礼诸家或专尚郑、孔，或喜自立说，而好排注疏，纷纷聚讼，兹各虚心体究，无所专适，惟说之是者从之。"① 由此可见，《礼记义疏》征引前人解义"惟说之是者从之"，也就是说，不管是汉唐还是宋人解义，只要有益于理解经者则采之，无益于理解经文者则弃之。在求实的思想指导下，《礼记义疏》能广泛采纳历代经学家之解义，并对各家解义有较公允的评论。

三、于前人解义之辨析

《礼记义疏》不仅广泛征引前人解义，还对前人解义做了辨析。

第一，《礼记义疏》将前人之经义分为"正义""通论""余论""存疑""存异""辨正""总论"七类。

《凡例》云："每经文下，释诂辨析，互引旁连，说或兼存，义有总括。先正义，次通论、余论，次存疑、存异，次辨正，次案，次总论。如案系辨正，则列在存疑、存异后，若但发明经义，则列在存疑、存异前。七十七卷，统归画一。"②《礼记义疏》于前人经义之分类，皆出自编纂者的主观判断。其对前人解义所作的分别，体现的是对前人解义可信度的认识。

如《礼记·曲礼上》："曲礼曰：毋不敬，俨若思，安定辞，安民哉！"《礼记义疏》对诸家解义之分别和辨析情况如下：

"正义"部分所征者有引郑玄、孔颖达、二程、真德秀、朱熹、徐师曾。各家解义的侧重点不同：郑玄主要是释"毋不敬""俨若思""安定辞""安民"的词义，认为"毋不敬"是因为礼主于敬，"俨若思"指人的外貌而言，"安定辞"指人的言辞而言，"安民哉"是就前三句的意义和作用而言；孔颖达通过征引《孝经》等记载，对郑玄解义作了阐释；二程则重在释"敬在于主一"；真德秀重在释"俨若思"的具体表现；朱熹重在释四者之间的关系，即"毋不敬"

---

① （清）乾隆十三年敕撰：《礼记义疏》卷首《凡例》，文渊阁《四库全书》第124册，第3页。
② （清）乾隆十三年敕撰：《礼记义疏》卷首《凡例》，文渊阁《四库全书》第124册，第4页。

乃主宰处，“俨若思”乃敬之貌，“安定辞”乃敬者之言，“安民哉”乃敬者之效；徐师曾主要是辨析“毋不敬”与下文的关系，其认为“毋不敬”无所不该，而又对以下所言貌者尤为关切。

“通论”部分所征引者有范祖禹。范氏从宏观上论述了“毋不敬”之义。

“存疑”部分所征引者有孔颖达、刘彝、二程和吕大临。孔颖达认为此段经文是明人君立治之本；二程认为此乃言君德；刘彝认为此乃修身为政之要；吕大临则以正心修身以释“毋不敬”“俨若思”。

《礼记义疏》于此附案语曰：“‘敬’字是彻上彻下之道，帝王然，士君子亦然。首句本包得下二句，又必著下二句者，以入德言，则存养浑沦，难于著手，且于貌、言上用力，所谓制于外，所以养其中也。以成德言，则至德渊涵，无可形容，于貌、言，上流露处易见，所谓有诸中，自然形诸外也。”① 《礼记义疏》认为，敬乃上下皆有之道，帝王、士君子皆然。此实际上是对孔颖达、二程和刘彝之说的辨正；经文首句“毋不敬”包括“俨若思”“安定辞”之义，然为了避免入德“存养浑沦，难于著手”，以及“至德渊涵无可形容”，遂于貌、言有专门的说明。

又如《礼记·曲礼上》：“敖不可长，欲不可从，志不可满，乐不可极。”《礼记义疏》对诸家解义之分别和辨析情况如下：

“正义”部分所征引者有孔颖达、马希孟、方悫、徐师曾四家。孔氏、马氏、方氏主要是训释“敖”“欲”“志”“乐”之字义；徐氏则是对“长敖”“从欲”“志满”“乐极”的后果加以说明。

“余论”部分征引了应镛和黄震两家解义。应氏和黄氏不释字义，而重在阐明“敖长”的根源及影响。

“存疑”部分征引了毛信卿一家之说。毛氏认为，“敖”“欲”不可能尽无，因此可行者是即其情而为之制。由于毛氏此说在“敖”“欲”的认识上与他人不同，故被《义疏》列入“存疑”。

“存异”部分征引郑玄一家之说。郑氏认为，“长敖”“从欲”“志满”“乐极”，四者乃桀纣所以自祸。

“辨正”部分征引胡铨、杨鼎熙两家之说。胡氏认为郑玄之说为非；杨氏认为一念之矜便是敖，一意之贪便是欲。

---

① （清）乾隆十三年敕撰：《礼记义疏》卷一，文渊阁《四库全书》第124册，第45页。

《礼记义疏》于此附案语曰："四者人情所易溺，故亟言不可以见，克之必力，除之务尽，检身之君子，亦惟敬以胜之而已。"①《礼记义疏》于此所言"克之必力""除之务尽"，实际上是驳"存疑"部分毛信卿的解义，而申"辨正"部分胡铨、杨鼎熙的解义。

据以上所举两例，可知《礼记义疏》对于前人解义皆有分类，且有细致的辨析。其中"正义"部分所征引的是《礼记义疏》所认为的可信解义。"存疑"部分所征引的是《礼记义疏》所认为的偏颇解义。至于这些内容是确论还是偏颇，其实还值得商榷。

第二，《礼记义疏》对郑玄、孔颖达等前人解义做了辨析。

在《礼记》学史上，郑玄解义无疑具有最重要的地位。《礼记义疏》多处直接征引郑《注》，并将其列入"正义"部分。比如《曲礼上》，《礼记义疏》"正义"部分征引郑玄《礼记注》达二百一十七次，由此可见《义疏》对郑玄解义的重视程度。《礼记义疏》对郑玄解义之信靠还体现在评论上。如《文王世子》"文王之为世子也"一句，郑玄曰："题上事。"《礼记义疏》曰："古文每篇之末必有篇题，郑氏所注是也。"②《礼记义疏》于此不仅征引郑玄解义，还强调郑玄解义可信。

《礼记义疏》认为郑玄解义也有不可信者。如《礼记·文王世子》："大乐正学舞干、戚，语说，命乞言，皆大乐正授数，大司成论说在东序。"郑《注》："数，篇数。论说，课其义之深浅、才能优劣。……大司成，司徒之属师氏也。"《礼记义疏》驳曰："礼有仪，有数，有义。仪者，进退登降之仪；数则其高下疾徐之节。小乐正既诏告其威仪，大乐正又授之以节度，于业习矣。然此当然之，则皆有所以然之故焉，知其然而不知其所以然，可乎？故又必加之以论说也。郑以数为篇数，以论说为考课其才能之优劣，似皆未当。"③郑玄认为此"数"乃所习篇数，"论说"乃考课才能优劣。《礼记义疏》则认为此"数"乃"高下疾徐之节"，"论说"即解释之义。

又如于《礼记·檀弓》之解题，郑《注》："名曰《檀弓》者，以其善于礼，故著名显之。……今山阳有檀氏。"孔《疏》："此檀弓在六国之时，知者，

①　（清）乾隆十三年敕撰：《礼记义疏》卷一，文渊阁《四库全书》第124册，第46页。
②　（清）乾隆十三年敕撰：《礼记义疏》卷二十八，文渊阁《四库全书》第125册，第6页。
③　（清）乾隆十三年敕撰：《礼记义疏》卷二十八，文渊阁《四库全书》第125册，第12页。

以仲梁子是六国时人，此篇载仲梁子，故知也。"《礼记义疏》曰："此篇杂出传闻，多不可信。'檀弓'名篇者，因其在简端耳。篇中'檀弓'不再见，未必因其善礼著之也。"①《礼记义疏》此说得到孙希旦的赞同。孙氏曰："愚谓此篇盖七十子之弟子所作，篇首记檀弓事，故以'檀弓'名篇，非因其善礼著之也。"②孙氏亦认为以"檀弓"名篇，是因为篇首记檀弓之事，而非如郑氏所言檀弓善于礼而著姓名以显之。孙氏此说与《礼记义疏》之说如出一辙。

《礼记义疏》不仅于郑《注》有辨析，还于其他多家解义有评议。如《礼记·曲礼下》："执天子之器则上衡，国君则平衡，大夫则绥之，士则提之。"郑《注》："上衡谓高于心，弥敬也。衡谓与心平。绥读曰妥，妥之谓下于心。"孔《疏》："凡常提物，尚得当带。今为士提物，更在带下者，士卑，故厌降在下也。"陆佃认为衡高七尺七寸，中人八尺，则所谓平衡与眉齐矣；上衡又少高焉，若当时奉御食器上眉。《礼记义疏》征引郑氏、孔氏和陆氏之说，并附按语："衡，平也，心与手齐之谓。朱子以'上如揖、下如授'为平衡，则衡之以心为准，明矣。陆以眉言，未确。郑谓绥下于心，则提下于绥，当带也。孔谓更下于当带，亦未确。"③郑玄认为，此"衡"乃与心平之义，而陆佃认为其乃与眉齐之义。《礼记义疏》据朱熹解义，申郑说而驳陆说。此外，郑玄认为"士则提之"谓当带，孔氏则认为更下于当带。《礼记义疏》于此申郑氏而驳孔说。《义疏》此说对后世有启发，如孙希旦曰："愚谓执犹奉也。上谓寻常物，故不分尊卑，皆与心齐；此谓行礼之时，为其君执物，故分别尊卑以为高下也。《论语》孔子执圭，'上如揖，下如授'，此国君平衡之法，当心者也。由是推之，则上衡高于心，绥之下于心，可见矣。士则提之者，谓当带，与提物同也。"④孙氏所言，与《礼记义疏》同也。

又如《礼记·檀弓上》："曾子之丧，浴于爨室。"郑《注》："见曾元之辞易箦，矫之以谦俭也。礼，死浴于适室。"孔《疏》："此一节论曾子故为非礼以正其子也。……曾子达礼之人，应须浴于正寝，今乃浴于爨室，明知意有所为。"王安石驳曰："此自元申失礼于记，曾子无遗言，郑何以知其矫之以谦俭

---

① （清）乾隆十三年敕撰：《礼记义疏》卷九，文渊阁《四库全书》第124册，第260页。
② （清）孙希旦：《礼记集解》卷七，中华书局1989年点校本，第163页。
③ （清）乾隆十三年敕撰：《礼记义疏》卷六，文渊阁《四库全书》第124册，第180页。
④ （清）孙希旦：《礼记集解》卷五，中华书局1989年点校本，第105页。

也?"①王安石认为，此失礼之举是曾子之子曾元所为，并非曾子故意为之。元代陈澔曰："《士丧礼》'浴于适室'，无浴爨室之文。旧说曾子以曾元辞易簀，矫之以谦俭，然反席未安而没，未必有言及此。使果曾子之命，为人子者亦岂忍从非礼而贱其亲乎？此难以臆说断之，当阙之。"②《礼记义疏》于"辨正"部分征引王安石、陈澔之说，乃是申王氏、陈氏而驳郑氏、孔氏也。

宋儒认为汉唐经解难明大义，故在从事经典诠释时视汉儒之学如土埂。清代乾嘉考据派则认为宋学空疏，故在从事经典诠释时不会轻易采择宋人经解。然《礼记义疏》实事求是，对待汉宋学人经解并无成见。四库馆臣认为《礼记义疏》"言各有当，义各有取，不拘守于一端，而后见衡鉴之至精"③。馆臣还将《礼记义疏》与清代其他御纂诸经加以比较，曰："《易》不全用程《传》《本义》，而仍以程《传》《本义》居先；《书》不全用蔡《传》，而仍以蔡《传》居先；《诗》不全用朱《传》，而仍以朱《传》居先；《春秋》于胡《传》尤多所驳正刊除，而尚以胡《传》标题，列三传之次。惟《礼记》一经于陈澔《集说》仅弃瑕录瑜，杂列诸儒之中，不以冠首，仰见睿裁精审，务协是非之公，尤足正胡广等《礼记大全》依附门墙、随声标榜之谬矣。"④馆臣认为，《易》《书》《诗》《春秋》方面的御撰著述在对待前人解义时皆为门户之见所限，《礼记义疏》则不然，其于各家解义，瑕则弃之，瑜则录之。这使其解经成就不仅远超《礼记集说大全》，还胜过其他御撰诸经。

第七节 杭世骏的《礼记》诠释

杭世骏（1695—1773）字大宗，号堇浦，别号智光居士、秦亭老民、春水老人。清代浙江仁和（今浙江杭州）人。雍正二年（1724）举人，乾隆元年（1736）举鸿博，授翰林院编修之职，校勘武英殿《十三经》《二十四史》，纂修《三礼义疏》。乾隆八年（1743）因上疏言事，遭帝诘问，革职后以奉养老母和攻读著述为事。乾隆十六年（1751）得以平反，官复原职。晚年主讲广东粤秀和江苏扬州两书院。平生勤于学术，虽以诗名，实精于史。著述颇丰，有

① （宋）卫湜：《礼记集说》卷十六，文渊阁《四库全书》第117册，第339页。
② （元）陈澔：《礼记集说》卷二，文渊阁《四库全书》第121册，第713页。
③ （清）永瑢：《四库全书总目》卷二十一，中华书局1965年版，第172页。
④ （清）永瑢：《四库全书总目》卷二十一，中华书局1965年版，第172页。

《续礼记集说》《诸史然疑》《史记考证》《两汉书疏证》《三国志补注》《晋书补传赞》《两浙经籍志》《道古堂文集》《道古堂诗集》《榕城诗话》《榕桂堂集》等流传于世。

一、《续礼记集说》的撰作缘由

南宋卫湜所撰《礼记集说》一百六十卷，在中国礼学史上占有重要的地位。宝庆二年（1226）七月，卫湜云："《礼记》四十九篇，自二戴分门，王、郑异注，历晋迄陈，虽南北殊隔，家传师授，代不乏人。唐贞观中，孔颖达等详定疏义，稍异郑说，罔不芟落，诸家全书自是不可复见。由贞观至五代，逾三百年，世儒竞攻专门之陋学，《礼》者几无传矣。本朝列圣相承，崇显经学，师友渊源，跨越前代。故经各有解，或自名家，或辑众说，逮今日为尤详。《礼记》并列六籍，乃独阙焉，率散见杂出，而又穷性理者略度数，推度数者遗性理，欲其参考并究，秩然成书，未之有也。予晚学孤陋，滥承绪业，首取郑《注》、孔《义》，翦除芜蔓，采摭枢要，继遂博求诸家之说，零篇碎简，收拾略遍。至若说异而理俱通，言详而意有本，抵排孔、郑，援据明白，则亦并录，以俟观者之折衷。"①卫湜认为，唐代《礼记正义》使经学归于一统，《正义》之外的汉唐《礼记》著述皆已散佚；宋人虽然重视《礼记》，但各家偏重有所不同，有人重视名物制度的考证而忽略礼意之阐发，有人重视性理之学却忽略名物制度之考证。鉴于此，卫湜取郑《注》、孔《疏》的枢要部分，并博求汉唐及宋代各家之说以成一书。至于各家观点有抵牾处，其亦予以援引，以俟读者折衷。卫湜说："予之《集说》，窃取斯义，是则此书之博也，非所以为学者造约之地邪。犹愧寡闻，访论未尽。然《六经》之典，敷畅发明，至是粗备，或于圣代阙文小有补云。"②卫湜认为，通过博采诸家解义，从而方便学者观览，于"圣代阙文"亦有所补益。

杭世骏《续礼记集说》受卫湜《礼记集说》影响甚大。在《续礼记集说序》中，杭氏云："余成童后，始从先师沈似裴先生受《礼经》，知有陈澔，不知有卫湜也。又十年，始得交郑太史筼谷。筼谷赠以卫氏《集说》，穷日夜观之，采茸虽广，大约章句训诂之学为多，卓然敢与古人抗论者，惟陆农师一

---

① （宋）卫湜：《礼记集说序》，《礼记集说》卷首，文渊阁《四库全书》第117册，第3页。
② （宋）卫湜：《礼记集说序》，《礼记集说》卷首，文渊阁《四库全书》第117册，第4页。

人而已。"① 杭氏认为，卫氏《礼记集说》采择前人解义虽繁富，然所采者多是"章句训诂之学"，至于所采的驳前人解义者仅宋人陆佃而已。② 杭氏之意，是要在卫湜的基础上扩大征引解义的范围，甚至连一些相抵牾的解义亦兼而采之。

杭世骏《续礼记集说》的编撰，还与其参与朝廷《礼记义疏》纂修的经历分不开。乾隆元年（1736），清高宗颁布上谕，命总理事务王大臣等筹措开馆纂修"三礼"。一大批学者应诏到三礼馆，参与乾隆时期这项文化工程建设。杭世骏承担了《礼记》中的《学记》《乐记》《丧大记》《玉藻》等篇的义疏纂修工作。乾隆八年（1743），杭氏得罪乾隆，遂遭罢官。杭氏在三礼馆工作期间对历代《礼记》学文献有透彻之掌握，故其在离职以后有条件对《礼记》作更全面、深入的研究。《续礼记集说》征引文献浩富，其所征引的文献大多是杭氏在纂修《礼记义疏》的过程中积累的，可以说，《续礼记集说》是杭氏纂修《礼记义疏》的副产品。杭氏曰："通籍后，与修'三礼'馆吏以《礼记》中《学记》《乐记》《丧大祭》《玉藻》诸篇相属。条例既定，所取资者则卫氏之书也。京师经学之书绝少，从《永乐大典》中有关于'三礼'者悉皆录出，二礼吾不得寓目，《礼记》则肄业及之。……卫氏后者……元儒莫如吴草庐《纂言》，变乱篇次，罔分名目，乃经学之骈枝，非郑、孔之正嫡也。广陵宋氏有意驳经，京山郝氏居心难郑，姑存其说，为迂儒化拘墟之见，而不能除文吏深刻之习。宋元以后，千喙雷同，得一岸然自露头角者如空谷之足音，蛩然喜矣。国朝文教覃敷，安溪、高安两元老潜心'三礼'，高安尤为杰出。《纂言》中所附解者，非草庐所能颉颃。馆中同事编协者，丹阳姜孝廉上均、宜兴任宗丞启运和吴通守廷华，皆有撰述，悉取而备录之，贤于胜国诸儒远矣。"③ 由此可见，杭氏在从事《礼记义疏》的编撰过程中，不仅对卫氏《礼记集说》有深切之体认，对于元明以来诸儒《礼记》学亦有全面之掌握。其希望通过文献之梳理编排，以扩大卫氏征引解义之范围，进而推动《礼记》学研究之开展。

---

① （清）杭世骏：《续礼记集说》，《续礼记集说序》卷首，《续修四库全书》第 101 册，第 1 页。

② 汉唐时期，非议郑玄《礼记》解义者大有人在，除了学界熟知的王肃以外，梁人皇侃的《礼记讲疏》《礼记义疏》亦有不少解义与郑《注》相左。杭氏认为仅陆佃有驳前人解义之举，此说未免武断。

③ （清）杭世骏：《续礼记集说序》，《续礼记集说》卷首，《续修四库全书》第 101 册，第 1—2 页。

二、《续礼记集说》的体例

《续礼记集说》书名中的"续"字之义有二：一是接续卫氏《礼记集说》征引元、明、清诸家之解义；二是继承卫氏《礼记集说》集解体的经典诠释体式。杭氏此书对卫氏《礼记集说》体例之继承和发展，可从以下三个方面来看：

第一，《续礼记集说》卷帙编排灵活。

卫氏《礼记集说》在卷帙编排上，有经文一篇而《集说》分为数卷者，有经文数篇而《集说》合为一卷者。杭氏《续礼记集说》共一百卷，卷帙分合亦很灵活。《曲礼》《檀弓》以解说文繁，竟至十卷、九卷，《王制》《月令》亦至六卷。一篇为五卷者，则《曾子问》《杂记》；为四卷者，则《礼运》《郊特牲》《杂记》《中庸》《内则》《玉藻》；为三卷者，则《文王世子》《礼器》《丧服小记》《丧大祭》等。此外还有多篇合为一卷者，如卷九十六合《深衣》《投壶》为一卷，卷一百则合《燕义》等三篇为一卷。

第二，《续礼记集说》采用集解体的诠释体式，广征博引。

卫湜《礼记集说》采用集解体的诠释体式，博采汉唐经学家的解义达一百四十四家。该书在罗列《礼记》经文之后，另起一行征引诸家解义。每段经文下所列解义至少有两家，最多达二十家。卫氏不附案语，他说："他人著书，惟恐不出于己，予之此编，惟恐不出于人。因不敢谓此编能尽经旨，后有达者，何嫌论著，谨无袭此编所已言，没前人之善可也。"①

《续礼记集说》沿袭卫氏《礼记集说》之集解体，采择汉代郑玄至宋人魏了翁之解义凡四十一家，皆卫氏《礼记集说》已列而采之未备者。其中汉代有郑玄，魏有王肃，晋有贺循，梁有崔灵恩、皇侃，北齐有熊安生，唐代有陆德明、孔颖达、贾公彦、张守节、赵匡、成伯玙，宋代有刘敞、李觏、司马光、程颐、张载、何胤、方悫、马希孟、刘彝、陆佃、周谞、吕大临、周行己、陈祥道、陈旸、胡安国、叶梦得、应镛、程迥、林光朝、吕祖谦、朱熹、项安世、辅广、杨复、游桂、顾元常、沈焕、魏了翁。杭氏曰："已上诸儒，卫氏已列其名氏，而其说有采之未备者。今取其有与后儒之说互相发明，重加辑录，间多节取，以广卫氏所遗。"②

---

① （清）朱彝尊：《经义考》卷一百四十二，中华书局 1998 年影印本，第 749 页。

② （清）杭世骏：《续礼记集说》卷首《姓氏》，《续修四库全书》第 101 册，第 3 页。

《续礼记集说》采择汉代司马迁至宋黄仲炎凡四十五家，皆在卫氏以前而《礼记集说》未采者。包括汉代司马迁、孔安国、戴德、班固、郑众、马融、许慎、卢植、何休、赵岐、蔡邕、高诱、李巡、孙炎、谯周、韦昭，晋代杜预、傅咸、徐邈、刘智，南朝梁的贺玚、何子季，北魏李谧、袁翻，唐代韩愈、柳宗元，宋代聂崇义、孙奭、欧阳修、苏轼、顾临、刘恕、吕希哲、彭汝砺、程大昌、郑樵、林之奇、王炎、郑锷、蔡沈、叶时、祝穆、真德秀、严粲、黄仲炎。杭氏曰："已上诸儒，并在卫氏以前，而《集说》俱未经采及。盖缘其说多散见他书，本非言礼专家。今取其与礼经发明者，间为节录，以广卫氏所未备。此后诸儒皆卫氏所不及见，悉采而录之，所以续卫书也。"①

《续礼记集说》采择宋张虑至明冯氏凡五十五家，皆在卫氏以后。包括宋代张虑、陈埴、饶鲁、王应麟、朱申、黄震、谢枋德，元代马端临、敖继公、吴澄、金履祥、熊朋来、陈澔、陈栎、戴侗、彭廉夫、李廉、彭丝，明代刘基、汪克宽、方孝孺、邱浚、何孟春、姚舜牧、徐师曾、邓元锡、郝敬、余心纯、王圻、黄榦行、张怡、杨鼎熙、芮城、秦继宗、何兆清、汤三才、卢翰、王石渠、张燧、史駉孙、胡迥、王子墨、董玮、王乔桂、董师让、董应旸、张鹤门、杨秀、汤道衡、徐氏、张氏、彭氏、王氏、许氏、冯氏。杭氏曰："元儒吴氏（澄）、陈氏（澔）言礼有专书，家弦户诵，其他诸儒之说或散见别部，或为诸书所引用，或有专书而未盛行于世，仅可得之掇拾者，删其重复，节其冗蔓，务取其说，不袭卫氏陈言，而别具新义者，辑录于编。故征引虽五十余家，而著录者无多焉。"②

《续礼记集说》采择清人解义四十六家，包括万斯大、万斯同、顾炎武、毛奇龄、来燕雯、徐柬、章大来、盛唐、李日煜、毛文晖、毛远宗、钱彦隽、王锡、朱襄、胡绍安、胡绍简、何瑾栗、陈佑、李庚星、汪熷、柴世堂、凌绍颐、罗肇桢、姚炳、张于康、洪潮、王洪、陆邦烈、邵国麟、姚之骃、冯氏、姚际恒、陆陇其、汪琬、李光坡、徐乾学、朱轼、陆奎勋、张永祚、姜兆锡、周发、方苞、全祖望、任启运、齐召南、吴颖芳。杭氏曰："已上诸家，有全书备录者，犹卫氏之于严陵方氏、庐陵胡氏之例也。其余多从节取，有与先儒复者，概从删削，有别出新义者，虽稍未醇，亦存备一解。又尝备员词馆与修

———————————

① （清）杭世骏：《续礼记集说》卷首《姓氏》，《续修四库全书》第101册，第4页。
② （清）杭世骏：《续礼记集说》卷首《姓氏》，《续修四库全书》第101册，第6页。

三礼日与同馆诸公往复商榷，存其说于箧。衍及主讲粤秀，诸生亦有执经问难者，录为质疑一编，不忍弃置，悉附于各条之末。"①

《续礼记集说》采择汉代至清代《礼记》解义达一百八十七家，所采解义分为四类，皆以不雷同旧说及发明新义者为主。所采清儒解义，以姚际恒、姜兆锡、方苞、任启运为多。兹列数例，以明杭氏《续礼记集说》征引历代解义之概况：

《礼记·曲礼上》："曲礼曰：毋不敬，俨若思，安定辞，安民哉。"卫氏《礼记集说》所征引者有郑玄、陆德明、程颐、程颢、张载、胡铨、真德秀、朱熹、叶梦得、吕大临、周谞、马希孟、沈清臣、戴溪、家颐，共十五家。杭氏《续礼记集说》所征引者有程颐、范祖禹、朱熹、徐师曾、刘彝、姚际恒、朱轼、陆奎勋、姜兆锡、方苞。② 通过比较，可知卫氏与杭氏征引各家解义之异同如下：

一是卫氏所征引者，杭氏尽量避免征引。如卫氏所征引的郑玄、陆德明、胡铨、真德秀、张载、叶梦得、吕大临、周谞、马希孟、沈清臣、戴溪、家颐等十余家，杭氏皆不征引。

二是出自卫氏前之解义，卫氏未及者，杭氏有征引。如刘彝、范祖禹之解义，杭氏征引之，而卫氏却无也。

三是杭氏与卫氏之书皆征引者，在具体内容上有同有异。卫氏、杭氏皆征引程颐、朱熹之解义，然杭氏所征引程颐、朱熹解义与卫氏所征引者有同有异。程颐云："主一之谓敬，无适之谓一，但整齐严肃，则心自一，一则自无非辟之干矣。"卫氏和杭氏之书皆征引之。程子又曰："心定者其言安以舒，不定者其辞轻以疾。"杭氏征引之，卫氏不予征引。朱熹曰："毋不敬，是统言主宰处。俨若思，敬者之貌也。安定辞，敬者之言也。安民哉，敬者之效也。若只以事无过举可以安民为说，则气象浅迫，无含蓄也。"卫氏之书征引之，而杭氏不予征引。朱熹又曰："此君子修身之要，乃礼之本也。"杭氏征引之，而卫氏不予征引。卫氏所引朱子之说是释经之字义，而杭氏所引者乃明此段经文之大要。由此可见，在同一段经文之下，即使杭氏与卫氏所征引的是同一家解义，所征引的具体内容也并非相同。

---

① （清）杭世骏：《续礼记集说》卷首《姓氏》，《续修四库全书》第101册，第8页。

② （清）杭世骏：《续礼记集说》卷一，《续修四库全书》第101册，第15—16页。

　　四是杭氏在卫氏之基础上，征引宋代以后学人解义以续卫氏之书。杭氏之书所征引而卫氏未征引者共六家，分别是明人徐师曾和清人姚际恒、朱轼、陆奎勋、姜兆锡、方苞。

　　《礼记·王制》："天子之田方千里，公侯田方百里，伯七十里，子、男五十里。不能五十里者，不合于天子，附于诸侯曰附庸。"卫氏所征引者有郑玄、孔颖达、陈祥道、马希孟、叶梦得、胡铨、王安石、徐自明、胡宏、朱熹、刘孟治、李氏、项安世。杭氏所征引者有郑玄、熊安生、成伯玙、陈澔、汪克宽、彭丝、姚际恒、陆奎勋、姜兆锡、方苞、任启运、齐召南。① 通过比较，可知卫氏与杭氏征引各家解义之异同如下：

　　一是杭氏尽量避免卫氏已征引者。卫氏所征引者如孔颖达、陈祥道、马希孟、叶梦得、胡铨、王安石、徐自明、胡宏、朱熹、刘孟治、李氏、项安世，杭氏皆无征引。

　　二是卫氏于熊安生、成伯玙之解义无征引，杭氏征引之。

　　三是杭氏在卫氏之基础上，征引了宋代以后学人之解义，这些人包括元代陈澔、汪克宽、彭丝，清代姚际恒、陆奎勋、姜兆锡、方苞、任启运、齐召南。

　　《礼记·文王世子》："立大傅、少傅以养之，欲其知父子君臣之道也。大傅审父子君臣之道以示之。……入则有保，出则有师，是以教喻而德成也。"卫氏所征引者有郑玄、孔颖达、方悫、马希孟、胡铨、叶梦得、陈祥道、陆佃、真德秀等人。杭氏为了避免与卫氏重复，故于汉唐各家中仅征引熊安生之解义，其他各家皆出自宋以后，分别是郝敬、黄启蒙、姚际恒、朱轼、姜兆锡、方苞、全祖望、齐召南。

　　通过以上所列诸例，可知杭氏《续礼记集说》在征引历代学人解义方面所秉承的原则是尽量避免与卫氏《礼记集说》相重复。即使杭氏与卫氏所征引者为同一人，也在解义的内容方面有差异。杭氏之书所关注的，或是出自卫氏之前而卫氏不曾征引者，或是出自卫氏之后而卫氏不能征引者，或是同一学人解义而卫氏征引仅一偏者。此外，杭氏格外重视清初学人姜兆锡、方苞、任启运等人之解义。

　　第三，《续礼记集说》所采解义不限于《礼记》学文献。

---

① （清）杭世骏：《续礼记集说》卷十九，《续修四库全书》第 101 册，第 278—282 页。

卫湜《礼记集说》在援引某一家解义时，若有成书则多从书中援引。如孔颖达《礼记正义》、陆德明《礼记释文》、刘敞《七经小传》、张载《礼记说》、吕大临《礼记解》皆是《礼记》学专著，卫湜多从这些专著中采择解义。不过，卫氏所采解义并不限于专著。朱彝尊云："卫湜《集说》援引解义凡一百四十四家，不专采成书也，如文集、语录、杂说及群经讲论有涉于《礼记》者，皆裒取焉。"① 不少宋代理学家没有专门的《礼记》学著述，如二程的部分《礼记》解义散见于《二程遗书》中，卫湜遂从《二程遗书》中将二程的《礼记》解义析离出来，附于《礼记》的相关经文之下。又如朱熹有不少《礼记》解义散见于文集或语录，卫湜遂从朱熹的文集和语录中采择解义。

与卫湜《礼记集说》一样，《续礼记集说》所采择的解义不限于专著。比如卫氏以前，有非礼学专家而言礼者，杭氏亦有采录。杭氏曰："其说多散见他书，本非言礼专家，今取其与礼经发明者，间为节录，以广卫氏所未备。"② 从杭氏所征引各家解义的情况来看，有些被引者既无礼学著述，在礼学史上也无大的影响，然杭氏博览群籍，择其解义而著录之，以广礼学研究者之见闻。杭氏的良苦用心，由此得见。

三、《续礼记集说》的经典诠释风格及学术价值

卫湜《礼记集说》既大量采择宋人之说，又不废汉唐诸儒之解义。该书采择汉唐经学家解义共二十家，宋人解义达一百二十余家。卫湜一般是先将属于汉学系统的郑《注》、孔《疏》罗列于某一段经文之下，再罗列其他诸家解义。郑《注》、孔《疏》在卫氏《集说》中的显眼位置，说明卫氏对汉学颇为重视。宋代雕版印刷术的发展，使宋代《礼记》学文献得以大量流传，加之卫湜生活于南宋后期，因此他能较多地采择两宋时期的《礼记》解义。

《续礼记集说》既大量征引汉唐学人解义，又大量征引宋、元、明、清诸儒之说。因此，杭氏此书乃汉宋兼采之作。实际上，清代的《礼记》学著述，并非如后世学人所想象的那样有严格的汉宋之分。皮锡瑞说："雍、乾以后，古书渐出，经义大明。惠、戴诸儒，为汉学大宗，已尽弃宋诠，独标汉帜矣。惠周惕子士奇，孙栋，三世传经。栋所造尤邃，著《周易述》《古文尚书考》《春

① （清）朱彝尊：《经义考》卷一百四十二，中华书局 1998 年影印本，第 749 页。
② （清）杭世骏：《续礼记集说》卷首《姓氏》，《续修四库全书》第 101 册，第 4 页。

秋补注》《九经古义》等书。论者拟之汉儒，在何邵公、服子慎之间。而惠氏红豆山斋楹帖云：'六经宗孔孟，百行法程朱。'是惠氏之学未尝薄宋儒也。戴震著《毛郑诗考正》《考工记图》《孟子字义疏证》《仪礼正误》《尔雅文字考》，兼通历算声韵，其学本出江永，称永学'自汉经师康成后，罕其俦匹'。永尝注朱子《近思录》，所著《礼经纲目》，亦本朱子《仪礼经传通解》。戴震作《原善》《孟子字义疏证》，虽与朱子说经抵牾，亦只是争辨一'理'字。《毛郑诗考正》尝采朱子说。段玉裁受学于震，议以震配享朱子祠。……段以极精小学之人，而不以汉人小学薄朱子《小学》。是江、戴、段之学未尝薄宋儒也。宋儒之经说虽不合于古义，而宋儒之学行实不愧于古人。且其析理之精，多有独得之处。故惠、江、戴、段为汉学帜志，皆不敢将宋儒抹杀。"[1] 皮氏认为，清代雍、乾以后的经学家并无严格意义上的汉宋门户，相反，他们在重视考据的同时，对于宋人义理之学也多有继承和发扬。杭氏《续礼记集说》的经典诠释风格，正是皮氏此论断之注脚。

杭世骏继承卫湜《礼记集说》的编撰体例，对宋代以来的《礼记》解义做了通盘的研究，并择其精要者录而成书。该书受到梁启超等人的赞赏，梁氏曰："清儒于《礼记》，局部解释之小书单篇不少，但全部笺注，尚未有人从事。其可述者，仅杭大宗（世骏）之《续礼记集说》。其书仿卫湜例，为录前人说，自己不下一字。所录自宋元人迄于清初，别择颇精审，遗佚之说多赖以存。例如姚立方的《礼记通论》，我们恐怕没有法子再得见，幸而要点都采撷在这书里头，才能知道立方的奇论和特识，这便是杭书的功德。"[2] 梁氏认为，杭氏采择精审，有保存文献之功。[3] 除了梁氏于此所说的姚际恒之外，

---

① （清）皮锡瑞：《经学历史·经学复盛时代》，《皮锡瑞全集》，中华书局2015年点校本，第90页。

② （清）梁启超：《中国近三百年学术史》，上海三联书店2006年版，第174页。

③ 对于梁氏此说，《续修四库全书总目提要》有不同的看法，吴廷燮曰："是书引姚氏际恒所说，则谓多近禅学，且有诋为禅学下乘者，并斥《中庸》'致中和'诸经文为好说大话，'至诚无息'诸文为近于长生久视之缪。即于《礼运》，亦肆诋毁。殊不知程朱升《大学》《孟子》为经，实以提倡民权，厌薄汉唐之治。《中庸》则更广大精深，所谓尽物性赞化育者，如今声光电化诸学，及轮船、铁路、飞机、潜艇等，皆在其中，岂当得谓近于释老之虚诞！即《礼运》之'大道为公''选贤与能'诸义，今如美、法诸邦，亦为近之。姚氏轻为诋议，实为识度狭浅之证。杭氏好奇，载之连篇累牍，不免有寡识之概。"（胡玉缙等编：《续修四库全书总目提要》，中华书局1993年版，第553页）

该书还保存了来燕雯、徐束、章大来、盛唐、李日焜、毛文晖、毛远宗、钱彦隽、王锡、朱襄、胡绍安、胡绍简、何瑾栗、陈佑、李庚星、汪熷、柴世堂、凌绍颐、罗肇桢、姚炳、张于康、洪潮、王洪、陆邦烈、邵国麟、姚之驷、冯氏、张永祚、周发、吴颖芳等人的部分解义。这些学人不为治经学者所熟悉，他们的著作亦难为今人所知。通过杭氏此书，可使我们对于清代中前期的《礼记》诠释状况多一些了解。需要指出的是，由于杭氏所处时代的印刷术已很发达，刻书印书比较容易，故经学著作的流传和保存较卫氏所处时代要容易得多。今人欲研究宋代《礼记》学，卫氏的《礼记集说》可谓最重要的参考书，因为该书所收解义之原书绝大多数已亡佚。然而今人从事清代中前期的《礼记》学研究，所倚靠的《礼记》学著作大多可以找到，比如《续礼记集说》所存姜兆锡、任启运、方苞等人解义之原书，今仍可见。从这个角度来说，杭氏之书的文献价值当在卫氏之书之下。正如《续修四库全书总目提要》云："是书全体，搜辑颇广，自宋季至清乾隆以前，于说《礼记》者亦见荟萃。若云足绍卫氏，则似不及也。"①在名物礼制的辨析方面，杭氏除了征引解义外可谓不著一辞，从这个角度来看，杭氏此书与江永、孙希旦等人的《礼记》诠释也有差距。

第八节　孙希旦的《礼记》诠释

孙希旦（1736—1784）字绍周，号敬轩，浙江瑞安（今浙江瑞安市）碧山桐田人。乾隆四十三年（1778）中一甲探花，成为清朝温州三十五位进士中唯一进入一甲之人，声名大震。授翰林院编修，曾参加《四库全书》的编纂工作。一生博览群书，尤精"三礼"，后专治《礼记》。所著除《礼记集解》外，另有《尚书顾命解》一卷，《求放心斋诗文集》若干卷。

孙希旦于乾隆三十六年（1771）年开始研治《礼记》。据《孙敬轩先生年谱》记载："其于诸经，尤深于'三礼'，辛卯以后，始专治小戴，《注》说有未当，辄以己意为之诂释，谓之《注疏驳误》。己亥居忧，主中山书院，乃益取宋、元以来诸家之书，推广其说，为《集解》五十卷。"②由此可见，孙氏起初仅

---

① 胡玉缙等编：《续修四库全书总目提要》，中华书局1993年版，第553页。

② （清）孙衣言：《敬轩先生行状》，《礼记集解》卷首，中华书局1989年点校本，第5—6页。

意在正郑氏、孔氏之误，故起初所起之书名为《注疏驳误》；后来随着所披览材料的丰富，以及诠释范围的扩大，方有《礼记集解》六十一卷。此书除《大学》《中庸》两篇仅著篇名、下标"朱子章句"、不录记文外，其余四十七篇每篇皆以记文分隶于其下，并有解题。该书的成就及特色可从以下几个方面来看。

一、于《礼记》篇目之解题

《礼记》四十九篇，东汉郑玄皆有解题，涉及篇目之作者、篇名、内容等。然郑玄解题简奥，后世学人孔颖达等人续有阐释或增益。在郑玄、孔颖达等人之基础上，孙希旦于《礼记》各篇亦皆有新的解题。兹举数例，以见孙氏在《礼记》解题方面的贡献。

孙希旦对郑玄、孔颖达等人的解题内容做了阐释。如于《月令》，郑玄曰："本《吕氏春秋·十二月纪》之首章也，礼家好事抄合之。后人因言周公所作，然其官名时事多不合周法。"孔颖达列举数例，以明郑玄所云《月令》"不合周法"，又言《月令》之作者曰："郑必谓不韦作者，以《吕氏春秋·十二月纪》正与此同，不过三五字别。且不韦集诸儒所作，为一代大典，亦采择善言之事，遵立旧章，但秦自不能依行，何怪不韦所作也？"陈祥道曰："天人之道虽殊，而象类之理则一。圣人将有为也，将有行也，仰观日月、星辰、霜露之变，俯察虫鱼、草木、鸟兽之化，不先时而起，不后时而缩，以之授民时而无不顺，以之因物性而无不适。"[1]孙希旦征引郑氏、孔氏和陈氏之说，曰："愚谓是篇虽祖述先王之遗，其中多杂秦制，又博采战国杂家之说，不可尽以三代之制通之。然其上察天时，下授民事，有唐、虞钦若之遗意。马融辈以为周公所作者固非，而柳子厚以为瞽史之语者亦过也。"[2]孙氏认为《月令》既有先王之意，亦有战国杂家之说、秦代之制，此乃郑氏、孔氏之说之翻版。孙氏认为《月令》有"唐虞钦若之遗意"，乃是受陈氏之说的启发。

孙希旦对郑玄、孔颖达之解题内容有从有驳。如于《礼记·王制》，郑玄曰："名曰《王制》者，以其记先王班爵、授禄、祭祀、养老之法度。"孔颖达曰："《王制》之作，盖在秦汉之际。"孔氏还征引卢植之说以为据。卢植云："汉

---

① （清）卫湜：《礼记集说》卷三十七，文渊阁《四库全书》第117册，第748页。
② （清）孙希旦：《礼记集解》卷十五，中华书局1989年点校本，第399—400页。

孝文皇帝令博士诸生作此《王制》之书。"孙希旦征引郑氏、孔氏之说，并补充曰："愚谓《史记》言汉文帝'令博士刺六经作《王制》，谋议封禅巡守事'，则此篇作于汉时明矣。其中言封建、授田、巡守、朝觐、丧祭、田猎、学校、刑政，皆王者之大经大法，然独封禅不见于篇中，岂二戴之所删去与？汉人采辑古制，盖将自为一代之典，其所采以周制为主，而亦或杂有前代之法，又有其所自为损益，不纯用古法者。郑氏见其与《周礼》不尽合，悉目为夏、殷之制，误矣。"① 孙氏据《史记》之记载，认为《王制》成于汉代，其中无汉代封禅制度之记载，可能为二戴所删；《王制》乃汉儒杂采前代之制而成，故所记不独周制，与《周礼》所记制度不尽相合；郑玄以《王制》所记制度与《周礼》不合，遂误认为《王制》所记为夏、殷之制。

孙希旦对郑玄、孔颖达解题之不备者作了补充。如于《礼记·乐记》，郑玄曰："名曰《乐记》者，以其记乐之义。"在郑玄之基础上，孔颖达指出《乐记》主要是由十一篇合为一篇，这十一篇是《乐本》《乐论》《乐施》《乐言》《乐礼》《乐情》《乐化》《乐象》《宾牟贾》《师乙》《魏文侯》。孔氏还征引《汉书·艺文志》，认为今之《乐记》之外的十二篇仅有篇名，而无内容。孙希旦曰："愚谓此篇郑、孔皆不言作者之人，惟《史记正义》以为公孙尼子所作，未知何据。乐以义理为本，以器数为用。古者乐为六艺之一，小学、大学莫不以此为教，其器数，人人之所习也，独其义理之精有未易知者，故此篇专言义理而不及器数。自古乐散亡，器数失传，而其言义理者，虽赖有是篇之存，而不可见之施用，遂为简上之空言矣。然而乐之理终未尝亡，苟能本其和乐敬者以治一身，而推其同和、同节者以治一世，则孟子所谓'今乐犹古乐'者，而其用或亦可以渐复也。"② 孙氏首先对《乐记》之作者问题做了辨析，其于《乐记》为公孙尼子所作说不置可否。此外，孙氏对乐之义理与器数的关系做了辨析，其认为《乐记》所言者乃乐之义理，虽为简上空言，不可见之施用，然本乐之理、推乐之节既可治一身，亦可治一世。郑玄重在明《乐记》之内容，且十分简略。孔氏重在明《乐记》内容之分合，而于作者无考证。孙氏于《乐记》的作者问题作了探索，其虽于公孙尼子作《乐记》说不置可否，然其再次提出，以示重视，以供后世继续探讨。孙氏于乐之义理与器数之辨充满辩证色彩，对于深入

---

① （清）孙希旦：《礼记集解》卷十二，中华书局 1989 年点校本，第 309 页。
② （清）孙希旦：《礼记集解》卷三十七，中华书局 1989 年点校本，第 975—976 页。

认识《乐记》有参考价值。

孙希旦之解题可正郑玄、孔颖达解题之"误"。如于《礼记·檀弓上》，郑玄曰："名曰《檀弓》者，以其记人善于礼，故著名姓以显之。"孔颖达曰："此檀弓在六国之时，知者，以仲梁子是六国时人，此篇载仲梁子，故知也。……檀弓非是门徒，而能达礼，故善之，以为篇目。"郑氏、孔氏皆认为檀弓善于礼，故此篇名曰《檀弓》，以示嘉奖。孙希旦曰："愚谓此篇盖七十子之弟子所作，篇首记檀弓事，故以《檀弓》名篇，非因其善礼著之也。篇中多言丧事，可以证《士丧礼》之所未备，而天子诸侯之礼，亦略有考焉。然其中多传闻失实之言，亦不可以不知。"① 孙氏认为，篇首所记者乃檀弓之事，故此篇名《檀弓》，非因檀弓善于礼而著其姓名。孙氏对该篇之内容亦有说明，其认为该篇重在言丧事，可补《仪礼·士丧礼》之未备；该篇虽于礼之记载内容颇丰，天子、诸侯之礼亦可考见，然内容不尽可信。

二、于前人解义之征引

清末经师皮锡瑞曰："国初诸儒治经，取汉、唐注疏及宋、元、明人之说，择善而从。由后人论之，为汉、宋兼采一派；而在诸公当日，不过实事求是，非必欲自成一家也。"② 在皮氏看来，顾炎武、黄宗羲等人皆深入宋儒之室，但以汉学为不可废，多骑墙之见、依违之言，故江藩《汉学师承记》并不以梨洲、亭林两家之学列于卷首，而以二者附于册后。直到雍、乾以后，"古书渐出，经义大明。惠、戴诸儒，为汉学大宗，已尽弃宋诠，独标汉帜矣"③。在清代学术史上，如果说惠周惕、惠士奇乃复兴汉学之导引，那么惠栋则是复兴汉学之标志。以至于"乾隆中叶以后，惠氏之学大行"④。在惠氏之学大行于天下之时，孙希旦却走了一条与"汉学"不同的治学路径。兹以孙氏《礼记集解》于《曲礼上》《檀弓上》《王制》征引历代解义之情况为例，以见孙氏之学术观念。

---

① （清）孙希旦：《礼记集解》卷七，中华书局 1989 年点校本，第 163 页。
② （清）皮锡瑞：《经学历史·经学复盛时代》，《皮锡瑞全集》第 6 册，中华书局 2015 年点校本，第 89 页。
③ （清）皮锡瑞：《经学历史·经学复盛时代》，《皮锡瑞全集》第 6 册，中华书局 2015 年点校本，第 89 页。
④ （清）江藩：《易大义跋》，载惠栋：《易大义》卷末，《续修四库全书》第 159 册，第 439 页。

《礼记·曲礼上》征引解义统计表

被征引者之姓名	被征引者之时代	征引次数
扬雄	西汉	1
郑玄	东汉	221
许慎	东汉	1
王肃	魏	2
杜预	西晋	2
臣瓒	西晋	1
陆德明	唐	113
孔颖达	唐	160
贾公彦	唐	4
颜师古	唐	2
张载	北宋	3
二程	北宋	2
刘敞	北宋	1
陈祥道	北宋	2
范祖禹	北宋	1
黄炎	北宋	1
刘彝	北宋	2
吕大临	北宋	20
王安石	北宋	2
陆佃	北宋	3
方悫	北宋	7
马希孟	北宋	2
戴溪	南宋	2
朱熹	南宋	24
吕祖谦	南宋	1

续表

被征引者之姓名	被征引者之时代	征引次数
胡铨	南宋	3
黄榦	南宋	2
陈澔	元	6
吴澄	元	6
顾炎武	清	2
戴震	清	1

《礼记·檀弓上》征引解义统计表

被征引者之姓名	被征引者之时代	征引次数
郑玄	东汉	105
王肃	魏	1
杜预	西晋	1
皇侃	南朝	2
陆德明	唐	94
孔颖达	唐	67
贾公彦	唐	4
陈祥道	北宋	2
刘彝	北宋	1
张载	北宋	3
二程	北宋	1
王安石	北宋	1
方悫	北宋	1
朱熹	南宋	7
辅广	南宋	1

续表

被征引者之姓名	被征引者之时代	征引次数
应镛	南宋	2
谢枋得	南宋	1
陈澔	元	12
吴澄	元	3
敖继公	元	4
顾炎武	清	2

《礼记·王制》征引解义统计表

被征引者之姓名	被征引者之时代	征引次数
刘歆	西汉	1
郑玄	东汉	91
许慎	东汉	1
卢植	东汉	1
赵岐	东汉	1
班固	东汉	1
陆德明	唐	65
孔颖达	唐	55
贾公彦	唐	2
陈祥道	北宋	5
吕大临	北宋	1
王安石	北宋	2
陆佃	北宋	1
方悫	北宋	3
马希孟	北宋	2

续表

被征引者之姓名	被征引者之时代	征引次数
刘敞	北宋	1
叶梦得	北宋	1
李格非	北宋	1
周谞	北宋	2
项安世	南宋	1
朱熹	南宋	3
杨复	南宋	1
吕祖谦	南宋	1
应镛	南宋	2
林之奇	南宋	1
陈澔	元	3
吴澄	元	1
徐师曾	明	2
万斯大	清	1
胡渭	清	2
顾炎武	清	1

　　据以上统计，可知孙希旦于《曲礼上》征引之解义，其中汉唐 10 家，宋代 17 家，元代 2 家，清代 2 家；于《檀弓上》征引之解义，其中汉唐 7 家，宋代 10 家，元代 3 家，清代 1 家；于《王制》征引之解义，其中汉唐 9 家，宋代 16 家，元代 2 家，明代 1 家，清代 3 家。孙希旦所征引者，汉唐少于宋代，而元、明、清又次之。孙氏《集解》征引汉代最多者为郑玄，其次为孔颖达和陆德明。征引宋代最多者为朱熹，其次为吕大临。此外，孙氏对宋人王安石、方悫、马希孟，元人陈澔、吴澄之解义亦颇为重视。由此可见，孙希旦解经，于前人之解义皆是择善而从，而无汉学、宋学门户之见。

　　孙希旦在从事《礼记》诠释时，皆是以求实之眼光看待历代之解义。兹举数例以见之：

　　《礼记·曲礼上》："夫为人子者，三赐不及车马。"郑玄曰："三赐，三命也。凡仕者，一命而受爵，再命而受衣服，三命而受车马。车马而身所以尊者备矣。卿大夫士之子不受，不敢以成尊比踰于父；天子诸侯之子不受，自卑远于君。"孔颖达曰："不云'不受'，而云'不及'者，受是已到之日，明人子非唯外迹不受，抑亦心所不及于此赐也。"吕大临云："事宗子者，不以富贵入宗子之家，虽众车徒，舍于外，以寡约入，事宗子犹舍众车徒于外，则事亲者，车马之盛，宜在所不受也。"朱子曰："按《左氏传》，鲁叔孙豹聘于王，王赐之路，豹以上卿无路而不敢乘。疑此不及车马，亦谓受之而不敢用耳。若尊者之赐，又爵秩所当得，岂容独辞而不受之邪？"郑氏言赐车马乃重礼，天子卿大夫之子不受所赐车马，是不敢在天子诸侯前显己之尊。孔颖达认为此"不受"，是行为上不受，亦认为自己不配受。吕大临以事宗子之事比拟之，认为事亲者有车马之盛，而不可全受。朱子据《左传》，认为此"不及车马"，并非行为上不受，而是受之却不敢用。孙希旦曰："愚谓车马衣服，所以赐有功也。三赐不及车马者，赐物车马为重，虽有三命之尊，犹不敢及于此也。不及，以心言，非以事言。注疏之说已得之，而吕氏得其比例之确，朱子尽其情事之详，三说参观之，其义乃备。"①孙氏吸收郑氏、孔氏、吕氏及朱子之说，认为诸家之说皆有其合理处，解此经文当需观注疏及吕氏、朱子之说，才会得到全面之解义。

　　《礼记·王制》："凡养老：有虞氏以燕礼。"皇侃云："人君养老有四种：一是养三老五更，二是子孙为国难而死，王养死者父祖，三是养致仕之老，四是引户校年，养庶人之老。"熊安生云："天子视学之年养老，一岁有七。"陈祥道驳皇氏、熊氏云："天子之于老也，其所养也三：国老也，庶老也，死政者之老也。岁养之也三：仲春也，季春也，仲秋也。……三老、五更乃群老之尤者，而致仕之老固在其间。皇氏离而二之，亦误矣。《月令》无冬夏养老之文，《周礼》《礼记》特言春养秋食而已，熊氏谓养老岁有七，亦误矣。"孙希旦云："愚谓陈氏驳皇氏、熊氏之说是也。而其言入学必养老，则本孔《疏》之说，其实《文王世子》止言'大合乐，必遂养老'，无视学必养老之文。大合乐必养老，

———————————
① （清）孙希旦：《礼记集解》卷一，中华书局 1989 年点校本，第 18 页。

则非大合乐，虽视学，固未必养老矣。又《周礼·大胥》止言'春合舞，秋合声'，若季春'大合乐'，惟见于《月令》，则周法未必有此。然则先王养老惟仲春仲秋二时而已。"①孙氏据《周礼》《礼记》之记载，认为熊氏言入学必养老为臆说，此是驳熊氏而申陈氏。陈氏认为天子养老有三，而非皇侃所云有四，孙氏以陈氏之说为是，以皇氏之说为非。

以上所举二例，孙希旦所征引者既有汉唐学人郑玄、皇侃、熊安生、孔颖达，亦有宋人陈祥道、吕大临、朱熹。孙希旦并不因郑玄、皇侃、熊安生、孔颖达是汉唐学人而一味从之，亦不因陈祥道、吕大临、朱熹为宋人而一味非之。孙氏判断各家解义之是非标准，乃是这些解义是否与经义相合。孙氏的《礼记》诠释透显出的经学观念是不分汉宋的，与同时代惠栋等人唯以汉人经说为是而非宋人解义之经学观相去甚远。相比之下，孙希旦的《礼记》诠释无门户之见，更有包容精神，亦更能接近经典原义；而惠栋的《礼记》诠释拘于所谓"汉学""宋学"之门户，于经义之辨析虽不乏真知灼见，然却显得拘谨褊狭。

三、辨析音义和划分句读

郑玄于《礼记》经文多有释义，陆德明《经典释文》亦于《礼记》的文字音义多有考释。孙希旦《礼记集解》于《礼记》之文字、音义，多吸纳郑玄和陆德明之解义，并偶增己见。如《少仪》："不疑在躬，不度民械。不愿于大家，不訾重器"孙希旦云："《释文》：度，大洛反。訾，子斯反。今按：'訾'当读为'不苟訾'之'訾'，音紫。"②又如《学记》："大学之教也，时教必有正业，退息必有居学。不学操缦，不能安弦；不学博依，不能安诗；不学杂服，不能安礼；不兴其艺，不能乐学。故君子之于学也，藏焉，修焉，息焉，游焉。夫然，故安其学而亲其师，乐其友而信其道，是以虽离师辅而不反也。"孙希旦云："《释文》：'操，七刀反。缦，末怛反。依，于岂反。兴，虚应反。乐其，音岳，又音洛，又五教反。离，力智反。'郑《注》：'依或为衣。杂或为雅。'旧读'时'字、'居'字句绝，'学'字自为一句，陆氏、朱子读'时教必有正业'为句，'退息必有居学'为句，今从之。'依'字当从张子读为'声依永'之'依'，

---

① （清）孙希旦：《礼记集解》卷十四，中华书局 1989 年点校本，第 379 页。

② （清）孙希旦：《礼记集解》卷三十五，中华书局 1989 年点校本，第 925 页。

如字。”① 此二例,孙希旦皆先征引陆德明、郑玄于《礼记》文字、音义之说,再提出自己的见解。

孙希旦从训诂学的角度对《礼记》经文有所考证。如《礼记·曲礼上》:“若夫坐如尸,立如齐。”郑玄曰:“言若欲为丈夫也。《春秋传》曰:‘是谓我非夫。’”孔颖达曰:“‘若夫’者,凡人若为丈夫之法,必当如下所陈,故目丈夫于上,下乃论其行以结之。”孙希旦云:“今按‘夫’当音扶,发语辞。旧读为‘丈夫’之‘夫’,非是。”② 此“若夫”二字,刘敞已疑之,其云:“若夫,说者以为若丈夫。……予按:曾子曰:‘若子惟巧变,故父母安之。若夫坐如尸,立如齐,弗信不言,言必齐色,此成人之善者也,未得为人子之道也。’此两‘若夫’之文同。疑《曲礼》本取曾子之言,而误留‘若夫’。”吕大临曰:“若夫者,发语之端。盖举礼之大旨而言之也。”朱子征引刘敞之说以为据。清代《日讲礼记解义》《钦定礼记义疏》《礼记述注》皆袭刘敞此说。孙希旦从吕大临之说,训“若夫”二字为发语辞。平心而论,刘敞、朱子通过疑经改经使经义贯通,不乏参考价值,然吕大临、孙希旦不疑改经文,而以发语辞释“若夫”,经义亦可通。据慎改古文献之通例,吕氏、孙氏之解义更可取也。

《礼记》部分经文之断句,历代学人颇有争议。孙希旦在前人之基础上,对《礼记》经文之断句提出了自己的见解。兹举数例以明之:

《礼记·王制》:“庶人悬封,葬不为雨止,不封不树。丧不二事,自天子达于庶人。丧从死者,祭从生者。”郑玄、孔颖达于此之句读为;“庶人悬封,葬不为雨止,不封不树,丧不二事。自天子达于庶人,丧从死者,祭从生者。”王安石曰:“‘丧不贰事’当连‘自天子至于庶人’为句。三年不从政,所谓不贰事,使一于丧事也。金革无辟,上使之,非也,或权制也。”孙希旦云:“愚谓旧以‘丧不贰事’属上‘庶人’一节,非也。君薨,百官总己以听冢宰三年,则天子诸侯固不贰事矣。父母之丧,三年不从政,则大夫士亦不贰事矣,非独庶人也。其人君既卒哭而从王事,大夫士既练而从君事者,乃权制也。”③ 受王安石之启发,孙希旦亦以三年之丧为例,以证自天子达于庶人皆丧不贰事。在

---

① （清）孙希旦:《礼记集解》卷三十六,中华书局1989年点校本,第962页。

② （清）孙希旦:《礼记集解》卷一,中华书局1989年点校本,第5页。

③ （清）孙希旦:《礼记集解》卷十三,中华书局1989年点校本,第342页。

此基础上，孙氏以经文"丧不贰事"连"自天子达于庶人"为句。孙氏此说有
理有据，符合"三年之丧"之精义，多为后世学人所从。①

《礼记·王制》："司空执度，度地居民山川沮泽，时四时。"陆德明曰："度
度，上如字，下大洛反。"上之"度"字为名词，下之"度"字为动词。郑玄、
孔颖达于此之句读为："司空执度度地，居民山川沮泽，时四时。"孙希旦曰：
"旧以'司空执度度地'为句，'居民'下属，今以'司空执度'为句，'度地居民'
为句。"② 郑氏、孙氏于此之句读，经文之义皆可通。

《礼记·大传》："君有合族之道，族人不得以其戚戚君，位也。"郑玄、孔
颖达读"族人"以下十一字为句，石梁王氏读"君"字为句。孙希旦从王氏之
句读，并释义云："愚谓此言君虽有缀姓合食之道，以笃亲族之恩，而族人则
不敢以其戚戚君，以尊卑之位不同也。"③ 郑玄释此"位"为"齿列"，极允当，
然其以"族人不得以其戚戚君位也"，则经义晦涩难通。孙氏从王氏，以"君"
字为句，"位"字之义遂显明。

四、名物制度之考证

《礼记》虽重在阐发礼意，但是其亦于古之名物制度多有记载。准确认识
《礼记》所记之名物制度，是释读《礼记》之关键。孙希旦《礼记集解》对《礼
记》所记名物颇为重视，考证颇为精详，兹举数例以见之：

《礼记·檀弓上》："君复于小寝、大寝、小祖、大祖、库门、四郊。"孙氏
曰："愚谓小寝，燕寝也。大寝，正寝也。天子小寝五，正寝一；诸侯小寝二，
正寝一。小祖，四亲庙。大祖，大庙也。库门，诸侯之外门也。始于小寝，而
终于四郊，自内以及外也。"④ 孙氏于此随文对《檀弓上》所记"小寝""大寝""小

---

① 如郭嵩焘《礼记质疑》曰："郑意以此专属庶人，谓大夫、士之丧有二事。而经两言'自
　天子达'，语自分深浅：上言葬殡之期有迟速，而致哀则同；下言礼数之等差，极之庶人，
　不封不树，亦云简矣，而专心一志于亲之丧以尽其哀，则自天子至庶人同也。天子、诸
　侯听于冢宰；大夫、士公事致于君，私事废。自始丧至卒哭以至祥禫，自有国有家以至庶
　人，事各不同，而居丧一主于哀。而'不贰事'者，治丧礼不以他事间也。如郑说，则'自
　天子达于庶人'句为无着矣。"[（清）郭嵩焘：《礼记质疑》卷五，岳麓书社 1992 年点校本，
　第 156 页]
② （清）孙希旦：《礼记集解》卷十三，中华书局 1989 年点校本，第 358 页。
③ （清）孙希旦：《礼记集解》卷三十四，中华书局 1989 年点校本，第 913 页。
④ （清）孙希旦：《礼记集解》卷九，中华书局 1989 年点校本，第 231 页。

祖""大祖""库门"做了解释。

《礼记·王制》:"中国戎夷,五方之民,皆有性也,不可推移。"孙希旦云:"愚谓中国,谓绥服以内方三千里之地也。戎,七戎。夷,九夷也。《尔雅》曰:'九夷八蛮,七戎六狄,谓之四海。'五方,谓中国与夷、蛮、戎、狄也。不言蛮狄者,文略也。内举中国,外举四海,不及要荒者,举其俗之尤异者言之也。"①孙氏于此对《王制》所记"中国""戎夷""五方"做了解释。

《礼记·王制》:"南方曰蛮,雕题交趾,有不火食者矣。"郑玄曰:"交趾,足相乡然,浴则同川,卧则僷。不火食,地气暖,不为病。不粒食,地气寒,少五谷。其事虽异,各自足。"孔颖达曰:"趾,足也。言蛮卧时头向外,而足在内而相交,故云交趾。"孙希旦云:"愚谓交趾之说,注疏殊不明。范氏以为其形必有异,是也。然交趾地甚广,而欲以一山当之,可乎?盖古时交趾之人,其足趾必与华不同,故以此为名。气候渐染华风,与中国通婚嫁,故形体遂变。"②《王制》"交趾"一词,郑玄释为"足相向",孔氏释为卧时足在内而相交。孙氏认为郑氏、孔氏之说难明经义,其承范氏之说,认为"交趾"乃蛮之足趾与华夏之人有异。孙氏此说更合经义,较郑氏、孔氏之说为优。

孙希旦《礼记集解》对《礼记》所记制度亦颇为重视,考证亦见工夫。兹举数例以明之:

《礼记·曲礼上》:"并坐不横肱,授立不跪,授坐不立。"孙希旦云:"愚谓跪即《大祝》'九拜'之振动也。跪或谓之长跪,亦曰长跽。《史记》'秦王跽而请',《索引》曰:'跽者,长跽。'古诗'长跪问故夫。'盖坐以尻就跖而稍短,跪则竦身直股而稍长矣。《弟子职》云:'亦有据膝,毋有隐肘。'此坐之节也。坐必先脱屦,盖坐以尻就跖,著屦则妨于坐故也;跪则不必脱屦,故拜不脱屦也。然跪亦或谓之坐,而坐不可谓之跪,故孔《疏》云:'坐名通跪,跪名不通坐。'"③孙氏认为,《曲礼上》此所言"跪"乃《周礼·大祝》所言"九拜"之振动,或谓之"长跪"。并将古之"跪"与"坐"作了比较。孙氏释"跪""坐"时征引《周礼》《史记》以及古诗之记载,有据有理。

《礼记·曲礼上》:"馂余不祭,父不祭子,夫不祭妻。"朱子曰:"便是此一

---

① (清)孙希旦:《礼记集解》卷十三,中华书局1989年点校本,第359页。

② (清)孙希旦:《礼记集解》卷十三,中华书局1989年点校本,第360页。

③ (清)孙希旦:《礼记集解》卷二,中华书局1989年点校本,第33—34页。

说，被人解得都无理会了。据某所见，此二句承上面'馂余不祭'说。盖谓馂余之物，虽父不可将去祭子，夫不可将去祭妻。且如孔子'君赐食，必正席先尝之；君赐腥，必熟而荐之'。君赐腥，则非馂余矣，虽熟之以荐先祖可也。赐食，则或为馂余，但可正席先尝而已；固是不可祭先祖，虽妻子至卑，亦不可祭也。"① 又云："'馂余不祭，父不祭子，夫不祭妻'，先儒自为一说，横渠又自为一说。看来只是祭祀之'祭'，此因'馂余'起文。谓父不以是祭其子，夫不以是祭其妻，举其轻者言，则他可知矣。"② 又云："'馂余不祭，父不祭子，夫不祭妻'，古注说不是。今思之，只是不敢以馂余又将去祭神。虽以父之尊，亦不可以祭其子之卑；夫之尊，亦不可以祭其妻之卑，盖不敢以鬼神之余复以祭也。祭，非'饮食必有祭'之'祭'。"③ 郑玄、孔颖达、熊安生等人皆认为，父吃子女剩下的饭菜或夫吃妻剩下的饭菜时无须祭先人，因为子、妻为卑。朱熹则认为此之"祭"当为"祭祀"之义，而非"饮食必有祭"之"祭"，即吃剩下之饭菜不可以祭，父不可用以祭子，夫不可用以祭妻。孙希旦承朱熹此说，云："戴氏溪曰：'父不祭子，夫不祭妻，各使其子主之，明有尊也'。此与馂余不祭，义不相属。顾氏炎武曰：'父不祭子，夫不祭妻，不但名分有所不当，而以尊临卑，则死者之神亦必不安，故其当祭则有代之者'。此谓平日四时之祭，若在丧，则祥禫之祭未尝不行。此节诸家之说不同。注疏解'祭'字为'祭食'之祭，谓'食尊者之余则祭之'，'若父得子余，夫得妻余，不须祭，以其卑故也'。愚谓食之有祭，所以报先代始为饮食之人，若用食余以祭，则非所以为敬。故《玉藻》'特牲三俎，祭肺，夕深衣，祭牢肉'，若日中而馂，则不祭也。虽尊者之余，亦不可用以祭矣。且礼惟有卑馂尊者之余，若父馂子余，夫馂妻余，尤礼之所未尝有也。……朱子与戴氏、顾氏之说皆可通，但上言'御食于君'，下言'御同于长者'，故因而及于馂余不祭之事，忽于其间言吉祭，未免不伦，又似朱子之说为长也。"④ 孙希旦以朱子之新解为是，而驳郑

① （宋）黎靖德辑：《朱子语类》卷八十七，《朱子全书》第 17 册，上海古籍出版社、安徽教育出版社 2010 年点校本，第 2946 页。
② （宋）黎靖德辑：《朱子语类》卷八十七，《朱子全书》第 17 册，上海古籍出版社、安徽教育出版社 2010 年点校本，第 2946 页。
③ （宋）黎靖德辑：《朱子语类》卷八十七，《朱子全书》第 17 册，上海古籍出版社、安徽教育出版社 2010 年点校本，第 2946 页。
④ （清）孙希旦：《礼记集解》卷三，中华书局 1989 年点校本，第 61—62 页。

玄、孔颖达之说；其认为戴溪、顾炎武之说可通，然不及朱子之说显豁。由此可见，孙氏于此乃是通过细心甄别前贤之说，从而实现对馂余之礼的诠释。

《礼记·曲礼下》："执主器，操币、圭、璧，则尚左手。"郑玄曰："尚左手，尊左也。"孔颖达曰："尚，上也。谓执持君器及币玉，则右手在下，左手在上。左尊，故云'尚左手'。"孙希旦云："愚谓尚左者，谓以左手为尊也。《少仪》云：'笏、书、脩、苞苴、弓、茵、席、枕、几、颖、杖、琴、瑟、戈有刃者椟、策、钥，其执之皆尚左手。'上篇言执弓遗人之法，右手执箫，左手承弣，此执弓尚左手之法也，则其余可推矣。盖凡物之有上下者，则以左手执其上端，右手执其下端，如弓之左执弣，右执箫；冠之右执项，左执前；衣之左执领，右执要，是也。其无上下者，则但以左手所执之处为尊。其以之授人，则亦以左手之所执授之。……凡执物皆然。若币、圭、璧，则圭有上下，币与璧无上下，而执之皆以左手为尊也。"① 经文"尚左手"，郑玄以"尊左"释之，孔颖达以"左手在上"释之。孙希旦以《少仪》为据，认为"尚左手"之义乃执物以左手为尊。

《礼记·檀弓上》："妇人不葛带。"郑玄曰："妇人质，不变重者，至期除之，卒哭变经而已。"孙希旦曰："愚谓带，要经也。凡经，男子重首，妇人重要。丧至卒哭，而变麻服葛，男子首经、要经皆变之，妇人则变首经而要经不变。盖妇人质，于所重者有除无变也。五服皆然。注疏惟据齐斩妇人言之，非也。此言'妇人不葛带'，《少仪》云'葛经而麻带'，《士虞记》妇人说首经，不说带，皆非专为齐斩妇人言也。"② 郑玄、孔颖达皆认为，妇人于齐斩，丧至卒哭变首经而不变要经。孙氏据《少仪》《士虞记》，认为变首经而不变要经并非齐斩妇人言之，五服皆然也。

《礼记·王制》："天子诸侯无事，则岁三田：一为乾豆，二为宾客，三为充君之庖。"孙希旦云："愚谓《周礼·大司马》及《左传》臧僖伯谏隐公，皆言'春搜、夏苗、秋狝、冬狩'，是天子诸侯皆岁四田。杜氏曰：'搜，择取不孕者。苗，为苗除害也。狝，杀。以杀为名，顺秋气也。狩，围守也。冬物毕成，获则取之，无所择也。'此则四时之田之所以名也。此言天子诸侯岁三田，与《周礼》《左传》不合，惟《公羊传》云'春曰苗，秋曰搜，冬曰狩'，'诸侯曷

① （清）孙希旦：《礼记集解》卷五，中华书局 1989 年点校本，第 106 页。
② （清）孙希旦：《礼记集解》卷九，中华书局 1989 年点校本，第 229 页。

为必狩？一曰乾豆，二曰宾客，三曰充君之庖'。则此《记》之言之所自出也。盖汉初《周礼》未出，而《左传》传者尚少，作是篇者本为《公羊》之学，故其为说如此。"①《王制》认为天子岁三田，《周礼》《左传》则认为天子岁四田。孙希旦认为，之所以有此歧义，是因为汉初《公羊》家天子岁三田之说已流行，而此时《周礼》未出，《左传》流传尚少，《王制》的作者依《公羊》家，遂有天子岁三田之说。

从以上所举诸例可见，孙希旦于《礼记》名物制度，并非连篇累牍之考证，其往往随文释义，征引文献而不流于繁琐。乾嘉学人惠栋、王念孙、王引之等人于《礼记》一字一词往往下笔千言，礼制考证更是连篇累牍。惠栋《九经古义》、王引之《经义述闻》之《礼记》部分，无不如此。四库馆臣认为清初以来诸家"其学征实不诬，及其弊也琐"②，皮锡瑞认为馆臣《提要》之作，"当惠、戴讲汉学专宗许、郑之时，其繁称博引，间有如汉人三万言说'若稽古'者"③。惠栋、王氏父子治经崇尚所谓"汉学"，可谓"征实不诬"，然却失之于"琐"，即漫衍而难得要领。孙希旦生活于惠氏所倡"汉学"考据学大行天下之时，然其《礼记》所记名物制度之考证十分精详，一扫当时经典考证繁琐之弊，实乃乾嘉经典诠释之卓尔不群者也。

五、礼意之阐发

孙希旦《礼记集解》重视礼意之阐发。此可从以下几个方面来看：

一是重视经义之阐发。

与《仪礼》不同，《礼记》既有名物、礼制之记载，又有礼意、哲理之阐发，且礼意、哲理阐发之比重更大。从一定程度上说，《礼记》一书的价值恰恰是其所阐发之礼意和哲理。《礼记》阐发礼意、哲理之文字看似简明，然其所含之义则十分丰富。从事《礼记》之诠释者，若仅从文字训诂之角度切入，则往往难得《礼记》之精义。在《礼记集解》一书中，孙希旦对《礼记》所记之礼意和哲理颇为重视，其诠释之角度往往是义理之推衍，正好切中《礼记》诠释之机要。兹举两例以见之：

① （清）孙希旦：《礼记集解》卷十二，中华书局 1989 年点校本，第 334 页。

② （清）永瑢等：《四库全书总目》卷一，中华书局 1965 年版，第 1 页。

③ （清）皮锡瑞：《经学历史·经学复盛时代》，《皮锡瑞全集》第 6 册，中华书局 2015 年点校本，第 95 页。

《礼记·月令》:"孟春之月……不可以称兵,称兵必天殃。兵戎不起,不可从我始。毋变天之道,毋绝地之理,毋乱人之纪。"郑玄曰:"以阴政犯阳,易刚柔之宜,仁之时而举义事。"孙希旦曰:"愚谓立天之道曰阴与阳,立地之道曰柔与刚,立人之道曰仁与义。春之德为阳、为柔、为仁,兵之事为阴、为刚,为义。以正月而称兵,则以阴而干阳,是变天之道也;以刚而逆柔,是绝地之理也;以义而反仁,是乱人之纪也。故唯不得已而应敌则可,若兵自我起,则反《易》三才之道,而天殃必及之矣。"①《月令》所记孟春之月不可称兵,郑玄以《周易》"三才之道"释之。在郑氏之基础上,孙氏对孟春不可称兵与"三才之道"的关系做了进一步的阐述。孙氏所言者,皆侧重于义理推衍,而非文字训诂和名物制度之考证。

《礼记·乐记》:"乐由中出,礼自外作。乐由中出,故静;礼自外作,故文。大乐必易,大礼必简。"郑玄云:"乐由中出,和在心。礼自外作,敬在貌。……易、简,若于《清庙》大飨然。"孙希旦云:"愚谓礼乐之本,皆在于心。然乐以统同,举其心之和顺者达之而已,故曰'由中出'。礼以辨异,其亲疏贵贱之品级,必因其在外者而制之,故曰'自外作'。乐由中出,故无事乎品节之烦,而其意静;礼由外作,故必极乎度数之详,而其事文。乐之大者必易,一唱三叹而有遗音,而不在乎油眇之音也。礼之大者必简,玄酒、腥鱼而有遗味,而不在乎仪物之繁也。然则由中出者,固非求之于外,而由外作者,正当反而求之于中矣。乐至则无怨者,神人治而上下和也。礼至则不争者,上下辨而民志定也。"②《乐记》于此虽无冷僻字词,但是所含义理甚深,殊难理解。郑氏解义亦颇简奥,令人费解。孙氏于"乐由中出""礼自外作""乐由中出故静""礼自外作故文""大乐必易""大礼必简"一一释义。其所言者,皆义理之推衍,而无艰深之考据。

二是重视程朱之说。

程子、朱子乃宋代理学的代表人物,他们格外重视《礼记》之《大学》《中庸》篇。通过程子和朱子的阐释,《大学》《中庸》成为经中之经,与《论语》《孟子》合称为"四书"。朱熹的"四书"注本成为程朱理学的核心载籍,元代即被悬为功令,为士子必读之书。程朱于《大学》《中庸》之诠释,最显著的特点是

---

① (清)孙希旦:《礼记集解》卷十五,中华书局 1989 年点校本,第 419 页。
② (清)孙希旦:《礼记集解》卷三十七,中华书局 1989 年点校本,第 988 页。

以义理解经，从而构建思想理论体系。宋、元以来的《礼记》学著作，如元人陈澔所撰《礼记集说》、明人胡广所编《礼记大全》、清人张廷玉所编《日讲礼记解义》，于《大学》《中庸》皆于篇题下云"朱子章句"，而不附己见。明清之际，王夫之、顾炎武等人对宋元以来之学风做了反思，对重义理而轻考据之学风提出了批评。王夫之《礼记章句》、李光坡《礼记述注》将《大学》《中庸》看成与《礼记》其他篇目平等之两篇，并做疏解，从而跳出"四书"学之束缚，使《礼记》之诠释翻开了新的篇章。

孙希旦推崇程朱理学，其于程朱语录无不服膺诵法，深知笃信。孙锵鸣曰："是书（指《礼记集解》）……阐明礼意，往复曲畅，必求即乎天理人心之安，则尤笃实正大，粹然程、朱之言也。"① 孙希旦《礼记集解》从宋、元学人，仅以"朱子章句"缀《大学》《中庸》篇题之下，而于经文无释义。孙氏此举，乃是基于其对朱子学术之崇尚。孙希旦生活之时代，清代考据学蓬勃兴起，江永、惠栋等经学家推崇汉代之经说，汲汲于文字训诂和音声考证。江氏、惠氏等人对于程朱之《礼记》解义并无特殊看待，对于《大学》《中庸》等篇亦与《礼记》他篇等而视之。孙氏不释《大学》《中庸》，与其崇尚程朱之学术理念相符合，然从文献学的角度看，不能不说是一大缺失。

孙希旦从事《礼记》诠释时，于《大学》《中庸》以外其他诸篇多采程子、朱子、张载等人之经说。如《曲礼上》："毋不敬，俨若思，安定辞，安民哉！"郑玄曰："俨，矜庄貌。人之坐思，貌必俨然。安定辞，审言语也。"孔颖达曰："此一节明人君立治之本，先当肃心谨身慎口之事。"程子曰："主一之谓敬，无适之谓一。"朱熹曰："毋不敬，是统言主宰处。俨若思，敬者之貌也；安定辞，敬者之言也；安民哉，敬者之效也。"孙希旦曰："愚谓人之治其身心，莫切乎敬，自不睹不闻以至于应事接物，无一时一事之可以不主乎此也。俨若思，谓容貌端严，俨然若有所思也。安者气之和，定者理之确，人能事无不敬，而谨于言貌如此，则其效至于安民也。《论语》言'修己以敬'，而能安人、安百姓，即此意也。"② 郑玄于此重在释"俨若思""安定辞"之义；程子和朱熹则重在释"敬"与"俨若思""安定辞""安民哉"之关系，强调"敬"之重要意义。孙希旦继承程子、朱熹之说，认为人治身心无一时一世不主乎敬，而

① （清）孙锵鸣：《礼记集解序》，《礼记集解》卷首，中华书局 1989 年点校本，第 1—2 页。
② （清）孙希旦：《礼记集解》卷一，中华书局 1989 年点校本，第 3—4 页。

"俨若思""安定辞"乃敬之容貌、言辞,"安民哉"则是敬之效。

六、孙希旦《礼记》诠释的特色和影响

孙希旦《礼记集解》采用集解体,重视经义之阐发,无汉宋门户之见,于名物制度之考证、礼意之阐发皆取得了新的成就,在清代《礼记》诠释史上占有重要的地位。

第一,重视发明经义,多有识断。

从经典诠释之体式来看,所谓"集解""集说",乃集众说以作解也。这类诠释体式通过纂集资料,从而发明经义。卫湜《礼记集说》征引前人《礼记》解义达一百四十四家,除了继续收录《礼记正义》所辑汉唐诸家解义外,还大量征引宋人之说。因此四库馆臣认为卫氏此书"采摭群言最为赅博""可云《礼》家之渊海矣"①。然而在所征引解义之后,卫氏并无识断。卫氏所征引《礼记》之解义,有的观点完全相反,而卫氏无按语。因此,卫氏《礼记集说》的价值在于保存古义,其不足在于缺乏识断。孙希旦《礼记集解》重视前人之说,征引先秦至清代部分学人之《礼记》解义以为据。与卫氏《集说》相比较,孙氏所征引者皆经过细心甄别,虽然没有卫氏所征引各家数量大,亦不像卫氏那样长篇累牍,然所征引者往往角度各异,可以互相发明。在征引各家解义之后,孙氏往往有识断。因此,孙氏《集解》之价值并非前人解义之荟萃,而在于经义之发明。相对于卫氏《集说》,孙氏《集解》更有独立论著之特点。

第二,孙希旦《礼记集解》受到当时和后世学人的高度赞扬,在清代《礼记》学史上占有重要地位。

孙诒让认为,"先生(指孙希旦)独辟涂径,研经'三礼'。博考精思,于礼经制度,参互研核,致多心得"②。孙诒让甚至认为孙希旦之礼学"当与张若稷、江慎修相颉颃"③。孙锵鸣曰:"是书(指《礼记集解》)首取郑《注》、孔《义》,芟其繁芜,掇其枢要,下及宋元以来诸儒之说,靡不博观约取。苟有未当,裁以己意。其于名物制度之详,必求确有根据,而大旨在以经注经,非苟

---

①　(清)永瑢:《四库全书总目》卷二十一,中华书局1965年版,第169页。

②　(清)孙诒让:《温州经籍志》卷四,《续修四库全书》第918册,第196页。

③　(清)孙诒让:《温州经籍志》卷四,《续修四库全书》第918册,第196页。

为异同者也。至其阐明礼意，往复曲畅，必求即乎天理人心之安，则尤笃实正大，粹然程朱之言也。"①《行状》曰："其大指在博参众说，以明古义，而不为诡词曲论。故论者谓先生之言礼，其于名物制度，考索精详，可以补汉儒所未及；而深明先王制作之意，以即乎人心之所安，则又汉儒所不逮也。"② 以上诸家所言虽不乏溢美之词，然孙氏《礼记集解》取得的卓越成就，确实是不争之事实。

在中国《礼记》诠释史上，五部著作具有划时代意义，即汉代郑玄的《礼记注》、唐代孔颖达的《礼记正义》、宋代卫湜的《礼记集说》、元代陈澔的《礼记集说》，以及清代孙希旦的《礼记集解》。郑玄集汉代《礼记》学之大成，其所撰《礼记注》成为历代研治《礼记》者之最重要的参考书。孔颖达集汉唐《礼记》学之大成，其所编撰《礼记正义》既于郑《注》有疏通之劳，又于魏晋南北朝解义有保存之功。卫湜所修《礼记集说》集宋代《礼记》学之大成，保存宋代《礼记》解义百余家，成为后人了解宋代《礼记》学之文献渊薮。元人陈澔所撰《礼记集说》虽无太大学术价值，然其语言平实，简要不繁，甚便初学，故被悬为功令，成为元以来士子习《礼记》之重要读本。清人孙希旦之《礼记集解》无门户之见，博观约取，发明经义，识断精审，成为清代《礼记》诠释史上最重要的著作。

在清代经典诠释史上，新疏层出不穷，体现了清人对前人经典注疏之不满，遂希望以新疏以代旧疏。"三礼"之新疏，《仪礼》有胡培翚的《仪礼正义》，《周礼》有孙诒让的《周礼正义》，《礼记》却没有新疏。梁启超曰："清代礼学之成绩，就专经解释的著作论，《仪礼》算是最大的成功。凌、张、胡、邵四部大著，各走各的路，各做到登峰造极，合起来又能互相为用，这部经总算被他们把所有的工作都做尽了。《周礼》一向很寂寞，最后有孙仲容一部名著，忽然万丈光芒。剩下的就是《礼记》，我们很不满意。"③《礼记》无新疏，可能是由于孔颖达《礼记正义》采择资料宏富、释义详备，清人认为已难有超越。不过，清代还是有一些颇有影响之《礼记》学著作。如王夫之的《礼记章句》、杭世骏的《续礼记集说》、朱彬的《礼记训纂》、孙希旦的《礼记

①　（清）孙锵鸣：《礼记集解序》，《礼记集解》卷首，中华书局 1989 年点校本，第 1—2 页。

②　（清）孙衣言：《敬轩先生行状》，《礼记集解》卷首，中华书局 1989 年点校本，第 5—6 页。

③　（清）梁启超：《中国近三年百年学术史》，上海三联书店 2006 年版，第 176 页。

集解》。① 王夫之《礼记章句》无门户之见，其采择历代解义而出己见，乃清初《礼记》学之名著。然王氏以哲理释经，已游离于礼学征实特点之外。杭世骏承卫氏《礼记集说》之体例，所撰《续礼记集说》博采汉唐至清初之解义，乃清代中前期《礼记》学之名著。然其重在材料之汇集，而鲜个人之识断。朱彬《礼记训纂》重在征引而少经义阐发，且所征引者主要是郑玄和孔颖达，故其学术价值不高。诸家之中，孙希旦《礼记集解》最好地克服了诸家之弊，其有经学宗旨而无门户之见，重视材料而有识断，发明经义而不事虚玄，重视名物制度考证而不陷于饾饤之学，故学术价值最高，是清代《礼记》学史上最有学术价值的著作。今人将孙氏《礼记集解》纳入"十三经清人注疏"，正是对孙氏此书学术价值之肯定。

第九节　朱彬的《礼记》诠释

朱彬（1753—1834）字武曹，号郁甫，清扬州府宝应县（今江苏扬州宝应县）人。乾隆六十年（1795）举人。彬幼有至行，年十一丧母，哀戚如成人。长丁父忧，殓葬尽礼，三年蔬食居外。自少至老，好学不厌。承其乡王懋竑经法，与外兄刘台拱互相切磋。每有所得，辄以书札往来辩难，必求其是而后已。于训诂、声音、文字之学用力尤深。有《经传考证》《礼记训纂》《游道堂诗文集》等传世。

一、朱彬《礼记》诠释之历程

《清史稿》于朱彬生平有述，然于朱彬治经历程言之甚少，因此，朱彬《礼记》诠释之历程晦而不明。不过通过考察朱彬与王念孙等人之信札往来，以及林则徐所撰之序言，可对朱彬《礼记》诠释之历程有一大致了解。

朱彬在《礼记训纂自序》中曰："本朝经学昌明，诏天下诸生习《礼记》者兼用古注疏，于是洪哲俊彦之伦，钻研经义，遐稽博考，盖彬彬矣。不揣梼昧，年逾知命，始取《尔雅》《说文》《玉篇》《广雅》诸书之故训，又刺取《北

---

① 梁启超认为，清代有成就和影响的《礼记》学著作，一是杭世骏的《续礼记集说》，二是姚际恒的《礼记通论》，三是郭嵩焘的《礼记质疑》。梁氏于孙希旦的《礼记集解》、王夫之的《礼记章句》皆不曾言及。梁氏虽言及朱彬《礼记训纂》，然其未见该书，故"不敢批评"。[见（清）梁启超：《中国近三年百年学术史》，上海三联书店 2006 年版，第 174 页]

堂书钞》《通典》《太平御览》诸书之涉是《记》者，虎观诸儒所论议，《郑志》师弟子之问答，以及魏晋以降诸儒之训释，撮其菁英，以为辑略。管窥蠡测，时有一得，亦附于编。"① 据此所言"年逾知命"，可知朱彬五十岁（即 1803 年）以后始治《礼记》。朱彬此时所撰者并非《礼记训纂》，而是《经传考证》之《礼记》部分。王念孙于《〈经传考证〉序》言自己于道光二年（1822）曾见到朱彬《经传考证》八卷。由此可知《经传考证》之成书不会晚于 1822 年，其中的《礼记》部分当完成于 1822 年之前。

道光十年（1830），朱彬寄王念孙手简，提及《礼记训纂》的纂修，请王氏为之校正，朱氏曰："志学时，见《礼记》陈氏《集说》太疏陋，不洽于心，慨焉，欲有所撰述。年逾耳顺，始克见前儒所言并当世通人硕彦之著作，乃以注疏为主，附以后儒之说，精力专注十年于兹，所恨见闻孤陋，不能广搜博取，然大醇而不收，甚驳而妄取者亦少矣。"② 据此"年逾耳顺"，可知朱彬在六十岁（即 1813 年）以后才开始从事《礼记训纂》之撰写。道光七年（1827），朱彬与王念孙书信中提及《礼记训纂》书稿，曰："彬近辑《礼记训纂》四十九篇，以其书乃亚于经也者，自来注家多则繁而无统，少则简陋不文。草创甫就，俟一二年后便可写定，呈上教削。"③ 由此可见，直到 1827 年，《礼记训纂》尚未完成，此时朱彬年已七十四。直到道光十年（1830）该书初稿完成，方有请王念孙校正之事。道光十二年（1832）七月，朱彬为《礼记训纂》写序，标志着此书的最终完成。而此前两年，朱彬一直在对该书加以补充和完善。

朱彬《经传考证》考证《周易》《尚书》《毛诗》《礼记》及《春秋》三传，总计三百九十六条，其中《礼记》七十五条。《礼记训纂》四十九卷，除《大学》《中庸》两篇没有另作注释而仅采经文外，其他四十七篇皆先列经文，再纂录郑《注》、孔《疏》或其他经学家之解义，并偶附己说。将《礼记训纂》与《经传考证》加以比较，可知朱彬晚年对《礼记》之诠释有不断更新之过程。这主要体现在以下几个方面：

一是损益先前之解义。如《礼记·曲礼上》："将上堂，声必扬。"朱彬曰：

① （清）朱彬：《礼记训纂序》，《礼记训纂》卷首，中华书局 1996 年点校本，第 2 页。
② （清）罗振玉编：《昭代经师手简》前编，《罗雪堂先生全集》第五编，台湾大通书局 1973 年版，第 13 册，第 5492 页。
③ （清）罗振玉编：《昭代经师手简》前编，《罗雪堂先生全集》第五编，台湾大通书局 1973 年版，第 13 册，第 5489 页。

"彬谓：刘向《列女传》邹孟母曰：'将入门，问孰存，所以致敬也。将上堂，声必扬，所以戒人也。将入户，视必下，恐见人过也。'此必七十子之微言，记礼者各识所闻，遂与向言有详略也。"① 与《经传考证》相比较，《礼记训纂》增郑玄《注》，并删"此必七十子之微言，记礼者各识所闻，遂与向言有详略也"二十余字。

二是改变过去的观点。如《礼记·曲礼上》："视瞻毋回。"孔《疏》："初将入时，视必下，不得回转。"朱彬驳曰："彬谓：回，邪也。毋回，犹言毋淫视，非不谓回转之谓。"② 与《经传考证》相比较，《礼记训纂》征引孔《疏》，而放弃过去的观点。又如《礼记·曾子问》："反葬奠，而后辞于殡，遂修葬事。"郑《注》："'殡'当为'宾'，声之误也。辞于宾，谓告将葬启期也。"孔《疏》："《既夕礼》主人请启期，告于宾之后，即陈葬事。"朱彬曰："反葬既奠，无暇告宾。若告殡以将葬，自是应行之礼。《正义》援《既夕礼》为言，恐非其义。"③ 朱彬驳郑《注》、孔《疏》训"殡"为"宾"。而《礼记训纂》仅征引郑《注》、孔《疏》，即以郑氏、孔氏训"殡"为"宾"为是，一改《经传考证》之旧说。

三是增益新解义，并于不同的解义皆征引之，以求阙疑。如《礼记·曲礼下》："问大夫之子，长，曰：'能御矣。'"郑《注》："御，犹主也。《书》曰'越乃御事'，谓主事者。"陈用之曰："御，才也。"陈可大曰："御，谓御车也。"朱彬曰："彬谓：此应从陈氏说。御即为人御，郑《注》'御犹主也'，意太迂曲，且与下典谒复。"④ 与《经传考证》相比较，《礼记训纂》于郑玄、陈可大之解义皆征引之。又如《礼记·月令》："毋肆掠。"郑《注》："肆，谓死刑暴尸也。《周礼》曰：'肆之三日。'掠，谓捶治人。"《吕氏春秋》高诱《注》："肆，极。掠，笞也。"《仓颉篇》："掠，问也。谓搒捶治人也。"朱彬曰："彬谓：《淮南·时则训》作'毋笞掠'，高诱注《吕氏春秋》曰：'肆，极。掠，笞也。'合上下文观之，高《注》为允。"⑤《经传考证》于此驳郑《注》而申高《注》。而《礼记训纂》于此既征引郑玄《注》，又征引高诱《注》，并附《仓颉篇》。

———————

① （清）朱彬：《经传考证》卷六，《清经解》第 7 册，上海书店出版社 1988 年版，第 708—709 页。

② （清）朱彬：《经传考证》卷六，《清经解》第 7 册，上海书店出版社 1988 年版，第 709 页。

③ （清）朱彬：《经传考证》卷六，《清经解》第 7 册，上海书店出版社 1988 年版，第 710 页。

④ （清）朱彬：《经传考证》卷六，《清经解》第 7 册，上海书店出版社 1988 年版，第 709 页。

⑤ （清）朱彬：《经传考证》卷六，《清经解》第 7 册，上海书店出版社 1988 年版，第 709 页。

朱彬晚年对《礼记》倾注了不少心血，从《经传考证》之《礼记》部分到《礼记训纂》，可见朱彬之治学态度越来愈严谨，过去驳郑《注》、孔《疏》者，后来或仍依郑《注》、孔《疏》，或以阙疑态度处之。林则徐《礼记训纂序》曰："先生旧有《经传考证》八卷，刊入《皇清经解》中。兹编成于晚年，复有改定。……盖年益高，学益邃，心亦益虚，不专以一说而矜创解。"①"矜创解"乃《经传考证》之特点，此在《礼记训纂》一书中得以改变。林则徐曰："《训纂》之与《考证》，正如朱子《集注》之与《或问》，可以参观互证也。"②通过《礼记训纂》与《经传考证》之比较，可知朱彬在经典诠释过程中"学益邃"而"心益虚"也。

二、于经文之辨析和释义

朱彬《礼记训纂》于经文所记名物制度之考证，基本上是通过征引郑玄《注》、孔颖达《疏》及其他诸家解义来实现的，而其自己之观点则少之又少。而朱彬于《礼记》字词之辨析，则既征引郑玄《注》、孔颖达《疏》及时彦之说，又不时以"彬谓"附自己之见解。朱彬于《礼记》名物制度之考证及字词之辨析的方法和取得的成就可从以下三个方面来看：

第一，通过征引郑玄《注》、孔颖达《疏》以考证《礼记》所记名物制度。

朱彬于《礼记》所记名物制度之考证，基本上是以郑《注》、孔《疏》为据，而偶及他家之说。兹举数例以见之：

《礼记·明堂位》："鲁公之庙，文世室也。武公之庙，武世室也。"朱彬于此征引郑《注》、孔《疏》以释"鲁公""武公""鲁公之庙""武公之庙"，此外还征引王晦叔之说作为参证。

《礼记·丧服小记》："斩衰：括发以麻，为母括发以麻，免而以布。"此言斩衰为母服之礼。朱彬于此仅征引郑《注》、孔《疏》以明"为母括发以麻""免而以布"。

《礼记·丧大记》："君葬用辁，四绰，二碑，御棺用羽葆。大夫葬用辁，二绰，二碑。御棺用茅，士葬用国车，二绰，无碑，比出宫，御棺用功布。"此"辁""绰""碑"之名物，"御棺"之礼制，朱彬皆征引郑《注》、孔《疏》以释之。

① （清）林则徐：《礼记训纂序》，《礼记训纂》卷首，中华书局1996年点校本，第2页。
② （清）林则徐：《礼记训纂序》，《礼记训纂》卷首，中华书局1996年点校本，第2页。

《礼记·丧服四制》:"礼斩衰之丧,唯而不对;齐衰之丧,对而不言;大功之丧,言而不议;缌小功之丧,议而不及乐。"此"唯而不对""对而不言""言而不议""议而不及乐"之原因,朱彬皆征引郑《注》、孔《疏》以释之。

第二,通过对郑玄解义或申或驳以释《礼记》之字词或阐发经义。

东汉以后,郑玄《礼记注》被历代治《礼记》者奉为圭臬,孔颖达等人对于郑《注》之是者申之,非者则曲为回护。朱彬对郑玄《礼记注》或引申之,或驳之。兹举例如下:

《礼记·檀弓上》:"孔子哭子路于中庭,有人吊者,而夫子拜之。既哭,进使者而问故。曰:'醢之矣'。"郑《注》:"时卫世子蒯聩篡辄而立,子路死之。醢之者,示欲啖食以怖众。覆,弃之不忍食。"关于孔子不忍食之直接原因,郑《注》并无说明。朱彬曰:"彬谓古者食必有酱,皆兼酰醢言之。《仪礼》正馔有菹醢,则每食有醢,明矣。孔子闻子路之故,适食坐设醢,故不忍食也。"① 朱彬指出,古人每食必有醢,孔子闻子路遇害之故,正逢设醢进食时,故孔子不忍食。

《礼记·曲礼上》:"夫礼者,自卑而尊人,虽负贩者,必有尊也,而况富贵乎!"郑《注》:"负贩者尤轻佻志利,宜若无礼然。"朱彬曰:"彬谓负贩,当如《乡党》式负版者之'版',虽至贱者亦不可忽。郑《注》'负贩者,尤轻佻志利,宜若无礼',非也。"② 此"贩"字,历代经学家皆以行商或小商人释之。朱彬据《论语》,认为此"贩"当为"版","负版"者,即体力劳动者。负版者至贱,而"必有尊也"③。朱彬此说有据,义可通。

《礼记·檀弓上》:"鲁庄公及宋人战于乘丘,县贲父御,卜国为右。马惊败绩,公队,佐车授绥,公曰:'末之卜也。'"郑《注》:"县、卜,皆氏也。右谓车右,勇力者为之。马惊奔失列,佐车授绥乘公。戎车之贰曰佐。末之犹微哉。"郑玄认为,"末之卜"之"卜"为卜国,"末之卜",即作为车右之卜国并非为有勇力者。朱彬驳曰:"彬谓古者师行卜右,僖十五年《左传》:'卜右,庆

① （清）朱彬:《礼记训纂》卷三,中华书局 1996 年点校本,第 80 页。

② （清）朱彬:《礼记训纂》卷一,中华书局 1996 年点校本,第 7—8 页。

③ 郑玄认为负贩者"尤轻佻志利",宋代以来即有质疑之声,如宋人游桂曰:"郑说负贩者轻佻志利,宜若无礼,此说非也。尧舜三代之世,斑白者不负戴于道路,则夫负贩者亦皆孝弟之人,非若后世负贩者之鄙暴也。所谓负贩之人,当劳役之际,宜若简于礼,而从其所安。"[（宋）卫湜:《礼记集说》卷二,文渊阁《四库全书》第 117 册,第 53 页]

郑吉。'此言卜之不吉，非谓卜国之无勇也。"① 朱彬认为，"末之卜"，即结果为不吉之卜。朱彬此说颇有参考价值。孙希旦曰："愚谓末之卜，言未尝卜也。凡战，于御、右必卜之。《左传》'晋卜右，庆郑吉'，'郑卜御，宛射犬吉'，是也。"② 孙氏认为"末之卜"之义为未尝卜，与朱彬解义有异；然孙氏、朱氏皆视"卜"乃占卜之义，非如郑玄所云姓氏。

第三，通过征引郑玄、孔颖达以外各家解义以释《礼记》。这又可从以下几个方面来看：

一是于前贤时彦申郑玄《注》者引而不断。兹举一例以见之：

《礼记·少仪》："为人臣下者……息则张而相之，废则扫而更之，谓之社稷之役。"郑《注》："役，为也。"郑玄训"役"为"为"，简奥难懂。王念孙曰："《正义》：'为，谓助为也。'为，读如'夫子为卫君乎'之'为'。《牧誓》'以役西土'，马融曰：'役，为也。'《大雅·凫鹥》笺云：'为，犹助也。'《广雅》：'役，助也。役，为也。'此言为人臣若此，则可为社稷之助也。"③ 王氏于此征引《诗》《书》之笺注以申郑氏解义，郑氏之义遂显明。朱彬征引王氏此说而无按断。

二是于前贤时彦驳郑玄《注》者引而申之。兹举一例以见之：

《礼记·曲礼上》："夫为人子者，三赐不及车马。"郑《注》："三赐，三命也。凡仕者，一命而受爵，再命而受衣服，三命而受车马。车马而身所以尊者备矣。卿大夫士之子不受，不敢以成尊比踰于父；天子诸侯之子不受，自卑远于君。"王引之驳郑玄曰："郑谓三命不受车马之赐，非。长者赐，少者贱者不敢辞，况君赐乎？今案，赐犹予也，谓为人子者不敢以车马予人也。《尔雅》曰：'予，赐也。'是赐与予同义。言三赐者，多予之辞，约言之为三耳，犹《论语》言三仕三已、三以天下让也。赐予虽多，不及车马，不敢自专也。《坊记》曰：'父母在，馈献不及车马，示民不敢专也。'是其明证矣。《逸周书·大子晋》篇：师旷请归，王子赐之乘车四马。孔晁注曰：《礼》，为人子三赐不及车马，此赐则白至然后行可知也。此解三赐不及车马，是谓人子不敢以车马予人，盖《礼记》旧注有如此解者，故晁本之为说。"④ 王氏认为此"赐"乃"予"之义，"三"乃约为之言，而非实数；"三赐不及车马"，义即作为人子，予人之物不能有车

① （清）朱彬：《礼记训纂》卷三，中华书局 1996 年点校本，第 85 页。
② （清）孙希旦：《礼记集解》卷七，中华书局 1989 年点校本，第 177 页。
③ 转引自（清）朱彬：《礼记训纂》卷十七，中华书局 1996 年点校本，第 533 页。
④ （清）王引之：《经义述闻》卷十四，上海书店出版社 2012 年点校本，第 325 页。

马。朱彬以王引之此说为是，并引而申之曰："《坊记》曰：'父母在，馈献不及车马。'是其明证。"① 朱彬征引《礼记·坊记》，作为王氏此说之又一证据。

三是于郑玄《注》或前贤时彦申驳郑《注》者皆引而不断。这方面较为普遍。兹举六例以见之：

《礼记·曲礼上》："生与来日，死与往日。"郑《注》："与，犹数也。生数来日，谓成服杖以死明日数也。死数往日，谓殡敛以死日数也。"郑玄训此"与"为"数"。王念孙则曰："古无谓数为与者，与犹以也（以、与一声之转，故'以'可训'与'，'与'，亦可训'以'，说见《释词》'与'字下）。三日成服杖，生者之事也，此三日以死之明日为始，是'生以来日'也。三日而殡，死者之事也，此三日以死之日为始，是'死以往日'也。"② 王念孙训"与"为"以"。郑氏与王氏之说有异，而朱彬皆征引之。

《礼记·曲礼上》："大夫七十而致事，若不得谢，则必赐之几杖。"惠栋曰："谢，犹去位也。《说文》：'谢，辞去也。'"③ 王念孙曰："今案，谢，请也，告也。成十六年《左传》：'使子叔声伯请季孙于晋。'《鲁语》作'子叔'声伯如晋谢季文子（说见后谢季文子下）。是谢即请也。襄三年《左传》祁奚请老是也，请之而见许，则得所请而去，故曰得谢（得谢即得请，僖十年《左传》曰：'余得请于帝矣。'）请老即告老，故谢又训为告。襄二十六年《左传》：'使夏谢不敏。'即告不敏也（成二年《左传》曰：'敢告不敏'）。《汉书·高帝纪》：'高祖尝告归之田。'颜师古曰：告者，请谒之言，谓论休耳。或谓之谢，谢亦告也。《左氏传》曰：'韩献子告老。'《礼记》曰：'若不得谢。'《汉书》诸云'谢病'，皆同义。《张耳陈馀传》：'有厮养卒谢其舍。'晋灼曰：以辞相告曰谢。"④ 此"谢"字，惠栋释为"去位"，王念孙释为"请""告"。二者释义不同，然文义皆可通。朱彬于惠氏、王氏之说皆征引之。⑤

《礼记·曲礼下》："君子行礼，不求变俗。祭祀之礼，居丧之服，哭泣之位，皆如其国之故，谨修其法而审行之。"郑《注》："求，犹务也。不务变其故俗，重本也。谓去先祖之国，居他国。其法，谓其先祖之制度，若夏殷。"

---

① （清）朱彬：《礼记训纂》卷一，中华书局 1996 年点校本，第 10 页。
② （清）王引之：《经义述闻》卷十四，上海书店出版社 2012 年点校本，第 326 页。
③ （清）惠栋：《九经古义》卷十一，文渊阁《四库全书》第 191 册，第 453 页。
④ （清）王引之：《经义述闻》卷十四，上海书店出版社 2012 年点校本，第 325 页。
⑤ （清）孙希旦：《礼记集解》卷一，中华书局 1989 年点校本，第 9 页。

郑玄于此乃是释"求"字并概括本段经文之大义。王念孙补充曰："'修'当为'循'，字之误也。谨循其法，正承'如其国之故'而言，谓君子谨遵故法，非谓于故法有所损益，亦非谓故法已废，而君子修之也。"王氏认为此段经文之"修"乃"循"字之讹，'修'有损益之义，而'循'乃谨遵之义，字不同，义有异。王氏此说可补郑《注》之不备。朱彬于郑玄、王念孙之说皆征引之。①

《礼记·曾子问》："若宗子死，告于墓，而后祭于家。"郑《注》："言祭于家，容无庙也。"江永曰："家者，对墓言之，祭于家，即是祭于庙，非谓容无庙也。盖宗子若无罪，去他国，宜以庙从，宗子死，自有子祭之，庶子不得祭。惟其有罪居他国，庙犹在本国，宗子虽有子，不能归而祭，故庶子代祭之。若其无庙，则是庶人。庶人以时荐于寝，无牲无尸，不成其为祭，夫子亦不必言之矣。"②郑玄认为，此"祭于家"是无庙之故；江永认为"祭于家"即祭于庙，非若郑玄所谓无庙。郑氏与江氏的观点相反。朱彬皆引之，以俟存疑。③

《礼记·郊特牲》："为人臣者无外交，不敢贰君也。"郑《注》："私觌是外交也。"孔《疏》："无外交者，为人之臣专一事君，不敢贰心于他君。"王引之曰："如《正义》说，则经文但云不敢贰，足矣。何须言贰君邪？今君、谓己之君。贰者，并也，耦也。《玉篇》：'贰，并也。'（哀七年《左传》杜注曰：'贰，敌也。''敌'与'并'同义）。闵二年《左传》：'内宠并后，外宠二政，嬖子配適，大都耦国。'二政，《韩子·说疑》篇作'贰政'。贰政，谓并于正卿（说见《左传》两政下）。贰君，亦谓与君并也。其君与诸侯交而臣亦与之交，则并于己之君，故曰贰君。"④孔颖达以"贰君"为"贰心于他君"，王引之则认为"贰"乃"并"之义，"贰君"即国君、臣子与诸侯皆有外交，臣子与国君并也。朱彬于孔、王之说皆引之，以俟存疑。⑤

《礼记·曾子问》："宗子死，称名不言'孝'，身没而已。"郑《注》："至子可以称孝。"孔《疏》："庶子身死，其子则是庶子嫡子，祭庶子之时，可以称孝。"江永曰："此论正统之祭，未论祭庶子。庶子无爵，则是庶人，庶人荐而不祭，亦不必言之。或是孙祭祖，得称孝孙与？抑或谓庶子摄祭，止于其身，

---

① （清）朱彬：《礼记训纂》卷二，中华书局1996年点校本，第53页。
② （清）江永：《礼记训义择言》卷四，文渊阁《四库全书》第128册，第334页。
③ （清）朱彬：《礼记训纂》卷七，中华书局1996年点校本，第307页。
④ （清）王引之：《经义述闻》卷十五，上海书店出版社2012年点校本，第364页。
⑤ （清）朱彬：《礼记训纂》卷十一，中华书局1996年点校本，第387页。

庶子之子贱为庶人，则当鬼其祖，不复更祭与?"①郑玄认为，宗子死后称其名不言孝，而庶子之嫡子祭庶子时则可称孝。江永认为此仅言正统之祭，庶子无爵，故不祭，亦不必言。郑氏、江氏之说不合。朱彬皆引之，以俟存疑。

三、于历代解义之征引

朱彬《礼记训纂》采用纂集体的训诂体式，征引汉唐至清代百余家《礼记》解义。兹以朱彬于《礼记》中的《曲礼上》《檀弓上》《王制》征引诸家解义情况为据，对其经学观念和治学方法加以探讨。

《曲礼上》征引诸家解义表

被征引者之姓名	被征引者之时代	征引次数
《尔雅》	战国至西汉	2
刘向	西汉	1
扬雄	西汉	1
班固	东汉	1
许慎	东汉	24
郑玄	东汉	297
何休	东汉	1
卢植	东汉	2
刘熙	东汉	1
张揖	(三国)魏	2
王肃	(三国)魏	1
郭璞	东晋	1
何胤	(南朝)梁	2
顾野王	(南朝)梁	1
卢辩	北周	1
陆德明	唐	31

---

① （清）江永：《礼记训义择言》卷四，文渊阁《四库全书》第128册，第334页。

续表

被征引者之姓名	被征引者之时代	征引次数
孔颖达	唐	208
刘敞	北宋	1
王安石	北宋	2
吕大临	北宋	7
陈祥道	北宋	1
方悫	北宋	2
马希孟	北宋	2
胡铨	南宋	1
朱熹	南宋	6
戴溪	南宋	1
应镛	南宋	1
吴澄	元	1
陈澔	元	2
郝敬	明	1
顾炎武	清	1
臧琳	清	1
朱轼	清	3
王懋竑	清	2
江永	清	17
惠栋	清	1
程瑶田	清	1
钱大昕	清	1
段玉裁	清	4
金榜	清	1
邵晋涵	清	2

被征引者之姓名	被征引者之时代	征引次数
王念孙	清	7
刘台拱	清	8
王引之	清	4

《檀弓上》征引诸家解义表

被征引者之姓名	被征引者之时代	征引次数
《尔雅》	战国至西汉	6
司马迁	西汉	1
扬雄	西汉	1
班固	东汉	1
许慎	东汉	11
郑玄	东汉	325
卢植	东汉	4
射慈	三国吴	1
贺循	三国吴	1
刘昌宗	东晋	1
崔灵恩	南朝梁	1
陆德明	唐	22
孔颖达	唐	110
贾公彦	唐	1
刘敞	北宋	1
张载	北宋	1
陈祥道	北宋	2
陆佃	北宋	1
方悫	北宋	1

被征引者之姓名	被征引者之时代	征引次数
马希孟	北宋	1
胡铨	南宋	1
吕祖谦	南宋	1
应镛	南宋	1
吴澄	元	6
陈澔	元	5
顾炎武	清	1
臧琳	清	1
朱轼	清	4
王懋竑	清	3
江永	清	10
段玉裁	清	2
王念孙	清	5
刘台拱	清	2
王引之	清	5
李惇	清	1
刘沅	清	1

《王制》征引诸家解义表

被征引者之姓名	被征引者之时代	征引次数
《尔雅》	战国至西汉	2
司马迁	西汉	1
刘向	西汉	2
班固	东汉	4
许慎	东汉	11
郑玄	东汉	194

被征引者之姓名	被征引者之时代	征引次数
何休	东汉	1
卢植	东汉	1
应劭	东汉	1
张揖	三国魏	1
范宁	东晋	1
崔灵恩	（南朝）梁	1
陆德明	唐	3
孔颖达	唐	102
贾公彦	唐	2
杨倞	唐	1
刘彝	北宋	1
张载	北宋	1
陈祥道	北宋	7
方悫	北宋	8
马希孟	北宋	3
陆佃	北宋	1
叶梦得	北宋	1
胡铨	南宋	2
朱熹	南宋	1
黄震	南宋	1
吴澄	元	1
徐师曾	明	1
王懋竑	清	2
金榜	清	2
孙志祖	清	1
王念孙	清	3
王引之	清	4

据以上统计，可知朱彬《礼记训纂》征引前贤时人解义有以下两大特征：

第一，征引解义无门户之见。

朱彬于《曲礼上》征引之解义，其中汉唐 17 家，宋代 10 家，元代 2 家，明代 1 家，清代 14 家；于《檀弓上》征引之解义，其中汉唐 14 家，宋代 9 家，元代 2 家，清代 11 家；于《王制》征引之解义，其中汉唐 16 家，宋代 10 家，元代 1 家，明代 1 家，清代 5 家。朱彬《礼记训纂》征引汉唐解义最多者为郑玄，其次为孔颖达，再次是许慎和陆德明。此外，汉代的扬雄、刘向、班固、卢植、应劭；三国时期的王肃、张揖、射慈、贺循；晋代的范宁、刘昌宗、郭璞，南北朝时期的崔灵恩、何胤、庾蔚之、贺场、皇侃、熊安生；唐代的贾公彦；宋代的张载、陈祥道、陆佃、方悫、马希孟、吕祖谦、朱熹；元代的陈澔、吴澄；明代的徐师曾、郝敬，清代的顾炎武、江永、戴震、朱轼、金榜、惠栋、郑元庆、藏琳、邵晋涵、王念孙、王引之、程瑶田、钱大昕、段玉裁等皆在征引之列。由此可见，朱彬从事《礼记》诠释时参考材料众多，且无所谓"汉学""宋学"门户之见。

第二，对于清代学人解义颇为看重。

朱彬《礼记训纂》于清代王懋竑、王念孙、王引之、刘台拱等人之解义尤为看重。林则徐曰："先生承其乡先进王氏懋竑经法，又与刘端临台拱、王石臞念孙、伯申引之父子切劘有年，析疑辨难，奥窔日辟。故编中采此四家之说最多。"[①] 王懋竑、王念孙、王引之、刘台拱是清代著名的考据家，他们究心《尔雅》《说文》，多从文字、音韵、训诂之学的角度从事经典诠释，对清代以前学者的经解提出了颇多新见。朱彬生活于乾嘉之际，与乾嘉诸大儒如王念孙、刘台拱等问学辩难，并遍览各家经说，故其从事《礼记》诠释时能吸收乾嘉时期各家之解义。而此等学术条件，是同为从事《礼记》诠释的孙希旦所不曾具有的。尽管孙希旦《礼记集解》亦曾征引清人之说，然仅限于清初顾炎武、万斯大、胡渭以及乾嘉时期戴震、江永之说，而于高邮王氏父子、段玉裁等人之精深考证未能及之，甚至连其前藏琳等人解义亦不曾征引。与孙希旦《礼记集解》相比，朱彬《礼记训纂》在征引前人解义方面更胜一筹，这也是朱彬此书拥有较高学术价值的重要原因之一。

---

① （清）林则徐：《礼记训纂序》，《礼记训纂》卷首，中华书局 1996 年点校本，第 1 页。

四、朱彬《礼记》诠释之特色和影响

朱彬与考据学家刘台拱是表兄弟关系。《清史稿》载："朱彬……承其乡王懋竑经法,与外兄刘台拱互相切磋。每有所得,辄以书札往来辨难,必求其是而后已。于训诂、声音、文字之学,用力尤深。"①此外,朱彬与高邮王念孙交游甚密。乾隆六十年(1795),朱彬与王念孙相聚于京城,王氏与刘台拱书信曰:"武曹兄曩曾一晤于清江,再晤于应宝,今为三聚矣。省事前方为举子业,故未及纵谈。而约略数语,已知其博闻强志而有卓见。"②嘉庆年间,朱彬与王氏父子同寓京城杨梅竹斜街,比邻而居,切磋学问。从朱彬与王念孙的信札往来中,可知朱彬曾以《经传考证》《礼记训纂》请王念孙教正。此外,朱彬还与汪中、邵晋涵、李惇等人过从甚密。

以上所言朱彬相与为友者,皆清代扬州府人。张舜徽曾云:"余尝考论清代学术,以为吴学最专,徽学最精,扬州之学最通。无吴、皖之专精,则清学不能盛;无扬州之通学,则清学不能大。然吴学专宗汉师遗说,屏弃其他不足数,其失也固。徽学实事求是,视夫固泥者有间矣,而但致详于名物度数,不及称举大义,其失也褊。扬州诸儒,承二派以起,始由专精汇为通学,中正无弊,最为近之。"③由于高邮王氏父子、邵晋涵、汪中、朱彬等人皆扬州府人,又有求"通"的共同学术旨趣,因此这些人被后人称为"扬州学派"。扬州学派的治学方法源自徽、吴两派,而又有新的发展。朱彬乃扬州学派代表人物之一,其继承并发展了皖派代表人物江永和吴派代表人物惠栋的《礼记》学。

第一,朱彬《礼记训纂》继承徽、吴两派之长,并有发展。

江永辨析前人《礼记》解义实事求是,一切以文献为依据,以义理为审核,与笃守汉宋门户之见者判然有别。惠栋《礼记》诠释的视域主要在于汉代经说之辨析,而鄙薄宋人之解义,恪守所谓"汉学"之学术旨趣。

与江永治经的取向相近,朱彬治《礼记》亦无门户之见,这首先体现在他对历代解义的征引上,前面对《礼记训纂》征引历代解义之分析已证明了这一点。朱彬治《礼记》与惠氏恪守汉人"古义"不同,其既重汉代许、郑之说,

<hr />

① (民国)赵尔巽主编:《清史稿》卷四百八十一,中华书局 1977 年点校本,第 13207 页。
② (清)王念孙:《与刘宝楠书》第 4 通,《高邮王氏遗书》,江苏古籍出版社 2000 年版,第 154 页。
③ 张舜徽:《清儒学记》,华中师范大学出版社 2005 年版,第 255 页。

亦不废宋代张载、朱熹等人之解义。此外，朱彬对于江永、惠栋、段玉裁等人的音韵、训诂之学颇为重视，以至于其被人认为是循汉学家的治经途轨。罗振玉曰："朱彬《礼记训纂》，焦循《礼记补疏》，于训诂名物，考证尤详，足以羽翼郑学。"①此"训诂名物""考证尤详"，皆乾嘉考据学应有之义。朱彬治《礼记》广征博引、无门户之见，正是扬州学派"通学"的体现。

第二，朱彬在《礼记》文本的处理上，力求矫前人之弊，亦关照时代学术取向。

由于朱熹《大学章句》和《中庸章句》被列入《四书》，悬为功令，所以元代以来的《礼记》学著作如陈澔《礼记集说》、胡广《礼记大全》、张廷玉《日讲礼记解义》、孙希旦《礼记集解》于《大学》《中庸》既不列经文，亦不置解义。清初以来，部分学人如王夫之、李光坡等将《大学》《中庸》看成是与《礼记》其他篇并行的两篇，从而跳出了《四书》学的范畴。

朱彬则走了一条中间道路，他说："唯《大学》《中庸》不加训释，仍依郑《注》，列经文于次，以还四十九篇之旧焉。"②一方面，朱彬考虑到《礼记》文本的完整性，遂在《礼记训纂》中列《大学》《中庸》之经文。此举体现了乾嘉时期部分学人试图恢复古典文献面貌的学术旨趣；另一方面，清廷以程朱理学为宗，朱熹的《大学》《中庸》章句有很高的地位和广泛的影响，朱彬舍《大学》《中庸》而不注，既可能是从心底对朱熹章句之肯定，亦可能是对官方学术之敬畏性回应。

朱彬《礼记训纂》受到时人和后人的好评。如在林则徐看来，《礼记训纂》之前的清代《礼记》学著作皆有缺陷。乾隆时期的《钦定礼记义疏》虽嘉惠士林，古义始旷然复明于世，而"第卷帙繁巨，寒畯或不能尽购"③；纳喇性德《陈氏集说补正》、李光坡《礼记述注》、方苞《礼记析疑》亦足以发郑、孔遗义，订陈澔讹漏，"然《补正》一书意主纠驳，李则专采注疏，方每断以己意"④。在林则徐看来，"求其博而精，简而赅，足以荟众说而持其平，牖占毕而扩其识者，则郁甫朱先生所著《礼记训纂》一书是已"⑤，"先生……撷其精要，纬以

①　（清）罗振玉：《本朝学术源流概略》，见《民国丛书》第一编·6·哲学宗教类，《辽居杂著》乙编本。

②　（清）朱彬：《礼记训纂序》，《礼记训纂》卷首，中华书局1996年点校本，第2页。

③　（清）林则徐：《礼记训纂序》，《礼记训纂》卷首，中华书局1996年点校本，第1页。

④　（清）林则徐：《礼记训纂序》，《礼记训纂》卷首，中华书局1996年点校本，第1页。

⑤　（清）林则徐：《礼记训纂序》，《礼记训纂》卷首，中华书局1996年点校本，第1页。

古今诸说，如肉贯串。其间附以己意者，皆援据精确，发前人所未发，不薄今而爱古，不别户而分门，引掖来学之功，岂浅鲜哉！"①林氏所褒者，既有朱彬的学术旨趣、解经方法，亦有《礼记训纂》的文本特征。

不过，也有人对朱彬《礼记训纂》颇有微词。如清人章太炎认为《礼记》之孔《疏》理析而词富，清儒无以复加，至于朱彬所撰《礼记训纂》，"不过比于补注而已"②。近人蒋伯潜曰："朱彬之《礼记训纂》，江永之《礼记训义择言》，亦不能谓为精博。"③梁启超在《中国近三百年学术史》中，于《礼记》部分言及姚际恒、杭世骏、郭嵩焘，而于朱彬《礼记训纂》则以小字云"未见，不敢批评"④，由此可窥梁氏对朱彬此书或不甚重视。

朱彬《礼记训纂》重征引而鲜按断，与其所持纂集体的诠释体式有关。大量角度各异的解义之征引，或意思完全相反的解义之采择，朱彬往往没有按断。从阙疑的角度看，朱彬此举值得肯定，以至于林则徐认为"足以荟众说而持其平"。纳喇性德"主纠驳"、方苞"断以己意"，虽然个人见解随处可见，然这些见解本身的是非又需甄别，否则很可能是徒增学术公案。《礼记训纂》大量征引而无按断，重文献汇集而乏深度解读，与卫湜《礼记集说》、杭世骏《续礼记集说》又无二致。况且卫氏、杭氏之书本就是立足于文献汇集，二书于文献征引之浩博，《礼记训纂》远逊之矣。与孙希旦的《礼记集解》相比，朱彬《礼记训纂》的长处是其关注到乾嘉考据诸家之经解，其不足则是缺乏像孙希旦那样的个人见解。从这个角度来说，朱彬《礼记训纂》博则有之，精则不足也。

第十节　郭嵩焘的《礼记》诠释

郭嵩焘（1818—1891）字筠仙，号云仙、筠轩，别号玉池山农、玉池老人，湖南湘阴（今湖南湘阴县）人。道光二十七年（1847）中进士，曾任翰林院编修、南书房行走、广东巡抚、福建按察使、清政府驻英法公使。光绪四年（1878）8月被清政府召回，从此闲居。十七年（1891）病逝。郭嵩焘是近代

---

① （清）林则徐：《礼记训纂序》，《礼记训纂》卷首，中华书局1996年点校本，第1页。

② （清）章太炎：《经学略说》（下），《章太炎全集》（演讲集下），上海人民出版社2015年点校本，第927页。

③ 蒋伯潜：《十三经概论》，上海古籍出版社1983年版，第345页。

④ （清）梁启超：《中国近三百年学术史》，上海三联书店2006年版，第174页。

洋务思想家，也是中国职业外交家的先驱。其一生著述甚丰，有《礼记质疑》《大学章句质疑》《中庸章句质疑》《史记札记》《使西记程》《郭侍郎奏疏》《养知书屋遗集》《养知书屋文集》《郭嵩焘日记》《玉池老人自叙》等传世。

《礼记质疑》四十九卷是郭嵩焘的经学代表作。郭氏在该书序中言其撰作缘由曰："咸丰壬子，避乱山中，有终焉之志。读船山《礼记章句》，寻其意恉，将合《大学中庸章句》为一书，以还戴《记》之旧，所得经义为多，鄙心窃独好之。有疑辄标识简端，乃益求之注疏，讨论其源流得失。"① 由此可知，郭嵩焘萌发从事《礼记》诠释之念头当在咸丰壬子（1852），产生此念头之直接原因是受王夫之《礼记章句》之启发。此后郭氏花费心力从事《礼记》之诠释，二十余年方成书。郭嵩焘曰："成书二十余年，夺于仕宦，老病乞休，又迫人事；既乖夙昔求进之心，又自忖年衰学俭，志意销落，无由增益其所不能，束置高阁久矣。"②《礼记质疑》写成以后并没有立即刊印，直到光绪庚寅（1890）方由思贤讲舍排版印行。在清代礼学史和湖湘文化史上，郭氏《礼记质疑》颇为引人注目，褒贬之声皆有。③此书之内容及特色可从以下几个方面来看。

一、郭嵩焘的《礼记》观

《礼记》为儒家"十三经"之一，其四十九篇之作者和纂集成书的时代等问题皆饱受争议。此外，汉代郑玄的《礼记注》虽然被历代治《礼记》者奉为圭臬，但是其部分解义仍然受到历代学人之诟病。对《礼记》文本和郑玄《礼记注》的省思，是历代学人治《礼记》之前提，郭嵩焘亦不例外。

郭嵩焘对《礼记》文本作了省思，其观点如下：

一是《礼记》是阐发《周礼》《仪礼》意义之书。郭嵩焘曰："凡戴《记》所录，皆发明二经之义趣者也。"④ 至于《礼记》之记载，"其文或参差互见，或繁复

①　（清）郭嵩焘：《礼记质疑自序》，《礼记质疑》卷首，岳麓书社 1992 年点校本，第 1 页。

②　（清）郭嵩焘：《礼记质疑自序》，《礼记质疑》卷首，岳麓书社 1992 年点校本，第 3 页。

③　今人孙致文《郭嵩焘〈礼记质疑〉解经方法及态度初探》、田汉云《中国近代经学史》第四章、陈玫琪《郭嵩焘〈礼记质疑〉驳议郑〈注〉、孔〈疏〉之研究》、周忠《〈礼记质疑〉研究》、吴保森《郭嵩焘三〈质疑〉研究》、陈冠伟《〈礼记质疑〉研究》等，已从多个角度对郭嵩焘《礼记质疑》进行研究，并取得可喜的成绩。不过各家缺乏对郭嵩焘质疑《礼记》旧注内容的详细分析，亦缺乏从清代经学史、文化史的角度对《礼记质疑》进行评价。

④　（清）郭嵩焘：《礼记质疑自序》，《礼记质疑》卷首，岳麓书社 1992 年点校本，第 1 页。

相抵，或引其一端而辞有偏胜，或殊其旨要而义实兼通。"① 在此观念下，郭氏强调治《礼记》当"求之《仪礼》《周官》经，推测其立言之旨。……二经所未具，亦常推广而补明之"②。

二是《礼记》所记史实可发明《春秋》义理。郭嵩焘曰："其言列国时事，多与《左氏》异同，要以发明《春秋》之义例，以著礼之大经。"③ 故在治《礼记》时，郭氏强调，"诚欲上考古礼，必此之为涂径也"④。

三是《礼记》部分篇目不可全信。郭嵩焘曰："戴《记》一书发明《礼经》之意，周秦间儒者为之，其言非尽纯也。"⑤ 如于《檀弓》，郭嵩焘曰："《檀弓》一书，多假借春秋时事以为之辞，不必言之果信而有征也。"⑥ 又曰："《檀弓》之文，多非事实，注家又更以意拟之以重其诬，证之《礼经》，而固知其不然矣。"⑦ 如《丧服四制》："资于事父以事母，而爱同。天无二日，土无二王，国无二君，家无二尊，以一治之也。故父在为母齐衰期者，见无二尊也。"郭嵩焘曰："郑《注》以此一段四十五字属之上节'以节制者也'之下。孔《疏》云：自'资于事父'以下，'申明节制，欲尊归于一'。大戴本此四十五字在'三日而食'上，先言丧服之有制，次言丧期之有制，于文为顺。此当为错简耳。"⑧《丧服四制》此段文字言丧制，而其前段和后段文字皆言丧期，郭氏据此，认为此段言丧制之文字为错简，此段文字的本来位置当在"三日而食"之上。又如《礼运》："达于丧、祭、射、御、冠、昏、朝、聘。"清人邵晋涵认为此段经文以及后之"饮食、冠昏、丧祭、射御、朝聘"中的"御"皆当作"乡"，理由是《乐记》"乡射食飨所以正交接也"，《仲尼燕居》"射乡之礼所以仁乡党也"，皆是"射乡"连文；《昏义》"和于射乡"，《乡饮酒义》"合诸射乡"，并指乡饮酒言之。郭氏亦认为此段经文中的"御"当为"乡"，其征引邵氏此说，并补充道："邵氏此论极允。丧、祭、射、乡、冠、昏、朝、聘八者，《仪礼》备详其文，不当与

---

① （清）郭嵩焘：《礼记质疑自序》，《礼记质疑》卷首，岳麓书社 1992 年点校本，第 1 页。
② （清）郭嵩焘：《礼记质疑自序》，《礼记质疑》卷首，岳麓书社 1992 年点校本，第 1 页。
③ （清）郭嵩焘：《礼记质疑自序》，《礼记质疑》卷首，岳麓书社 1992 年点校本，第 1 页。
④ （清）郭嵩焘：《礼记质疑自序》，《礼记质疑》卷首，岳麓书社 1992 年点校本，第 1 页。
⑤ （清）郭嵩焘：《礼记质疑自序》，《礼记质疑》卷首，岳麓书社 1992 年点校本，第 3 页。
⑥ （清）郭嵩焘：《礼记质疑》卷三，岳麓书社 1992 年点校本，第 78 页。
⑦ （清）郭嵩焘：《礼记质疑》卷三，岳麓书社 1992 年点校本，第 82 页。
⑧ （清）郭嵩焘：《礼记质疑》卷四十九，岳麓书社 1992 年点校本，第 732 页。

六艺之射御为类。"① 郭氏认为，《仪礼》于冠、昏、丧、祭、乡、射、朝、聘之记载皆详备，故《礼运》此之"御"应为"乡"。

四是将《大学》《中庸》归为《礼记》之一般篇目。中唐以前，学人视《大学》《中庸》为《礼记》中的两篇，并无特殊看待。中唐韩愈讲道统、李翱说心性，皆重视《大学》《中庸》，开后世表彰《大学》《中庸》之先。后经程子之推崇，以及朱熹撰《大学章句》《中庸章句》，《大学》《中庸》便成为经中之经，朱熹将《大学章句》《中庸章句》与《论语集注》《孟子集注》合为"四书"，成为元、明、清科举考试之依据。明清之际，王夫之撰《礼记章句》，始将《大学》《中庸》与《礼记》其他篇同等看待，并为之笺释。王氏此举受到清人李光坡、朱彬等人的效法，王氏、李氏和朱氏等人有意识地使《大学》《中庸》研究逐渐从理学回归经学。值得注意的是，王夫之还有《四书稗疏》《四书考异》《四书笺解》《读四书大全说》等著述，在这四部著述中，王氏仍从"四书"学的视域来看待《大学》《中庸》。在《礼记质疑》中，郭嵩焘视《大学》《中庸》为《礼记》之一般篇目，而无特殊之对待。其曰："读船山《礼记章句》，寻其意恉，将合《大学中庸章句》为一书，以还戴《记》之旧，所得经义为多。"② 郭氏还结合朱熹《章句》，对郑玄《注》、孔颖达《疏》提出了不少异议，其内容则重在文字训诂、名物制度之考证。与王夫之相似，郭嵩焘亦有从理学的角度对《大学》《中庸》予以诠释之著述，即《大学章句质疑》和《中庸章句质疑》。在此二书中，郭氏对朱子解义提出异议，借驳朱子以"尊经也"，"亦即所以尊朱子也"③。郭氏此举，实际上亦是在经学与理学之间开新路，体现了清人徘徊在理学和经学之间的复杂心态。

郭嵩焘对郑玄《礼记注》亦作了省思，其观点如下：

一是认为郑玄《礼记注》有崇高的学术地位和深远的学术影响。郭嵩焘曰："史称郑氏'囊括大典，网罗众家，删裁繁诬，刊改漏失，学者以知所归'。自汉至唐数百年，言经者归郑氏。……故知郑氏之邃于礼，二千年未有能易者也。"④ 又曰："郑君于三家之书会通抉择，始注而传之，于礼为专门之学而用

① （清）郭嵩焘：《礼记质疑》卷九，岳麓书社 1992 年点校本，第 250 页。
② （清）郭嵩焘：《礼记质疑自序》，《礼记质疑》卷首，岳麓书社 1992 年点校本，第 1 页。
③ （清）郭嵩焘：《大学章句质疑序》，《大学章句质疑》卷首，《续修四库全书》第 159 册，第 240 页。
④ （清）郭嵩焘：《礼记质疑后序》，《礼记质疑》卷末，岳麓书社 1992 年点校本，第 735 页。

心尤勤。其考论典章制度及古今文声音训诂，流传至今，学者得知所归。"① 郭氏指出，郑氏乃是对前人解义"会通抉择"，故其为"专门之学"；此外，郑氏的声音训诂之学以及于典章制度之考证，使后之学者"得知所归"。

二是认为郑玄《礼记注》有不可信者。郭嵩焘认为，郑玄《礼记注》"包罗群籍，兼综并揽，折中于礼，时有出入"，然其"或拘于一义而无由会其通，或淆于众说而时未免决以臆"②。

三是历代学人于郑玄《礼记注》多有肯定、回护而少持异议。郭嵩焘曰："孔子后千有余年而郑君出，由宋以前有言礼者受范焉。又千余年而朱子出，由元以至于今，言礼者受范焉。政教所趋，人心所向，凡所著书与其行礼之实，确守而尊事之，莫敢违越。而独《礼经》之传授持之有本，其异于郑说者终无几也。"③ 郭嵩焘指出，历代学者言礼宗郑玄，即使对宋以后学界有巨大影响的朱子，亦对郑玄礼学尊崇有加，而罕有与郑《注》为异者。郭氏还指出，即使在考据学大兴之清代，仍有不少人曲经以从郑，他说："国朝诸儒创立'汉学''宋学'之名，援其说以诋程朱，而郑学乃大显。讨论研习之深，精义之发于人心，亦足上掩前贤矣。而援引傅会，曲经以从其说者，盖亦多也。"④ 郭氏认为，清人盲从郑《注》，故多附会之辞。正是基于对郑玄《礼记注》的不信任，才有郭氏在《礼记质疑》中对郑《注》、孔《疏》不遗余力的批评。

二、于郑《注》、孔《疏》之辨疑

郭嵩焘《礼记质疑》以"质疑"名，可知郭氏此书的学术取向。⑤ 其所疑者，主要是郑玄《礼记注》和孔颖达《礼记正义》的部分解义，偶及其他诸家之说。在《礼记质疑》之序言，郭氏言治《礼记》之方法曰："其言之蕃变交午，通诸'三礼'之文，可以辨而析之。其言之微举见义，证诸《礼经》之以类相从，

① （清）郭嵩焘：《礼记质疑自序》，《礼记质疑》卷首，岳麓书社 1992 年点校本，第 2 页。
② （清）郭嵩焘：《礼记质疑后序》，《礼记质疑》卷末，岳麓书社 1992 年点校本，第 735 页。
③ （清）郭嵩焘：《礼记质疑自序》，《礼记质疑》卷首，岳麓书社 1992 年点校本，第 2 页。
④ （清）郭嵩焘：《礼记质疑自序》，《礼记质疑》卷首，岳麓书社 1992 年点校本，第 2 页。
⑤ 郭嵩焘早年并不轻议郑玄《注》，他说："子威治《礼》，确守康成，自述少时读郑《注》多疑义，其父命之曰：'且将郑《注》反复玩味，先求通知郑义，推究其所征据本末，取信于心，乃可发疑。'嗣是于郑《注》不敢轻议。"[（清）郭嵩焘：《郭嵩焘日记》第四卷，湖南人民出版社 1981—1983 年版，第 508 页]

可以疏而明之。如是，郑义即有抵牾，旁推交通，曲折融贯，焕然无有疑难，其庶以为读郑《注》者之津梁乎？"①又曰："嵩焘区区，时有疑义，一准之经，以校注之有合与否，不敢意为从违。"②郭氏认为，郑玄解义之抵牾处，可通过"三礼"互证，从而实现融会贯通。在郭氏看来，《周礼》《仪礼》乃"经"，而《礼记》是"记"，故当"记"与"经"相抵牾时，当以"经"为是。然在证郑《注》、孔《疏》之非时，郭氏所据者并非《周礼》《仪礼》，所采用之方法，并非仅以"经"驳"注"。郭氏在质疑前人解义时，所采用的方法可从以下三个方面来看：

一是以文献为依据驳前人之解义。兹举四例以见之：

《曲礼上》："曲礼曰：'毋不敬。'"郑玄《注》："礼主于敬。"孔《疏》："案郑《目录》云'曲礼之中，体含五礼'……然五礼皆以拜为敬礼。"郑氏认为五礼皆以敬为本，此段经文"俨若思""安定辞""安民哉"等皆言"毋不敬"之具体内容。郭嵩焘驳曰："《疏》以拜为敬，又引熊氏以'兵车不式'为不敬而辨其不然，以释'毋不敬'之义，极为迂曲。《论语》：'君子所贵乎道者三，曰动容貌，曰正颜色，曰出辞气。'皆礼之行于其身者，故曰'修己以安百姓'。戴氏记礼引此以冠全经之首，所以为行礼之本也。……郑《注》'礼主于敬'，亦略尽之。疏家创为'以拜为敬'之文，稍失郑意矣。"③郭氏据《论语》所言君子行礼之内容与《曲礼上》所言"毋不敬"相印证，进而指出孔氏仅以五礼之拜以释"毋不敬"，未及容貌、辞气，未得郑《注》之精义。④

《月令》："乃命大酉。"郑玄《注》："酒熟曰酉。大酉，酒官之长；于周为酒人。"《周礼·酒正》言酒正"以式法授酒材""辨五齐之名"；郑玄释《酒正》，引《月令》"乃命大酉"与酒正职掌互证。郭嵩焘驳曰："《说文》：'酉，绎酒也。从酉，水半见于上。《礼》有大酉，掌酒官也。'《周礼·酒正》：'辨三酒之物：一曰事酒，二曰昔酒，三曰清酒。'郑《注》：'事酒，今之醳酒。昔酒，今之

---

① （清）郭嵩焘：《礼记质疑后序》，《礼记质疑》卷末，岳麓书社 1992 年点校本，第 735—736 页。

② （清）郭嵩焘：《礼记质疑自序》，《礼记质疑》卷首，岳麓书社 1992 年点校本，第 2 页。

③ （清）郭嵩焘：《礼记质疑》卷一，岳麓书社 1992 年点校本，第 1 页。

④ 考《曲礼上》经文和郑《注》，可知此"毋不敬"乃总括语，后之"俨若思""安定辞"皆是敬之具体内容，涉及容貌和辞气。孔颖达《礼记正义》以"五礼皆以拜为敬礼"以释《曲礼上》此"敬"字，仅及人之行为，而于容貌、辞气无涉也。卫湜《礼记集说》、陈澔《礼记集说》、孙希旦《礼记集解》、朱彬《礼记训纂》皆弃孔氏此说而不引，亦可窥孔氏此说之谬。

酋久白酒，所谓旧醳者也。'酋酒以久酿为良，故以名官。高注《吕览》：'大酋，于《周礼》为酒正。掌酒之政令，以式法授酒材。'正与此合。郑偶误为酒人耳。"①《周礼·酒人》言酒人为酒之供给者，而无监督之权。郭氏据《周礼》和《说文》，认为郑氏误以"大酋"为"酒人"。

《月令》："盲风至。"郑玄《注》："盲风，疾风也。"郑氏以"疾风"释"盲风"，郭嵩焘驳曰："荀卿《佹诗》：'列星陨坠，旦暮晦盲。'秋后日色暗闭，不雨而风，尘沙上扬，有若晦盲，故曰盲风。孔《疏》云：'秦人谓疾风为盲风。'恐未然。"②郭氏于此据荀子《佹诗》以驳郑氏和孔氏，并以"有若晦盲"释"盲风"之"盲"字。

《乐记》："乐有相步。"郑玄《注》："相步，扶工也。"郑氏以"扶工"释"相步"，意即"相步"是乐工行路之辅佐者。郭嵩焘驳曰："《周礼·视瞭》：'凡乐事相瞽。'郑《注》：'相，谓扶工。'其注《乡饮酒礼》'工四人、相者二人'云：'相，扶工也。乐工用瞽蒙，故有扶之者。'陈氏《集说》因谓'扶相其行步'，非也。相，拊也；乐之将终，以相节之。步，缀兆也；舞之方始，以步准之。《义疏》引《乐记》曰'治乱以相'，又曰'三步以见方'，正如礼之有摈以相道其步趋之节也。"③郭氏据郑玄《周礼注》和《钦定礼记义疏》，以"拊"释"相"，"相步"并非乐工行路之辅佐者，而是演奏的参与者。

二是以义理为审核以驳前人之解义。兹举五例以见之：

《月令》："鹰乃祭鸟，用始行戮。"郑玄《注》："鹰祭鸟者，将食之，示有先也。既祭之后不必尽食，若人君行刑，戮之而已。"郑玄认为鹰"祭鸟"后不必尽食，如人君行刑，戮之而已。郭嵩焘驳曰："獭祭鱼、鹰祭鸟、豺祭兽，皆谓猎取陈之如祭然，戮则杀而食之。于鹰、豺言戮者，鹰亦鸟类，豺亦兽类，鹰、豺应秋气而始鸷，以类相戕，如行戮也，文义本自相足。郑《注》析分二义，则鹰固知礼且廉于食矣，似非经旨。"④郭氏认为，此"行戮"是指鹰杀鸟而食之，不类人君行刑之义。

《礼运》："今大道既隐，天下为家。……以设制度，以立田里，以贤勇知，以功为己。故谋用是作，而兵由此起，禹、汤、文、武、成王、周公，由此其

---

① （清）郭嵩焘：《礼记质疑》卷六，岳麓书社 1992 年点校本，第 206 页。
② （清）郭嵩焘：《礼记质疑》卷六，岳麓书社 1992 年点校本，第 198 页。
③ （清）郭嵩焘：《礼记质疑》卷十，岳麓书社 1992 年点校本，第 287 页。
④ （清）郭嵩焘：《礼记质疑》卷六，岳麓书社 1992 年点校本，第 196—197 页。

选也。"郑玄《注》曰："谋用是作，兵由此起，以其违大道敦朴之本也。教令
之稠，其弊则然。《老子》曰：'法令滋章，盗贼多有。'"孔颖达《疏》："田，
种谷稼之所；里，居宅之地。贵贱异品也。贤犹崇重也，盗贼并作故须勇，更
相欺妄故须知，所以崇重勇知之士，立功起事不为他人。"郑氏、孔氏认为经
文所言，乃各私其亲、大道已去的三代之末。郭嵩焘驳曰："三代步法，各有
不同，田亩随步变更，一代有一代之田制，故曰'以立田里'。其云'以贤勇知，
以功为己'，与'以设制度，以立田里'文法并同；勇知则贤之，为己则以功
归之。四者皆三代所以创制，显庸以立国家之基。汤武征诛，所谓谋也兵也。
谋者，制治保邦之深机；兵者，戡乱定暴之大用。禹、汤、文、武、成王、周
公所以用谋与兵，圣人之权也，时为之也。郑《注》似以谋作兵起由教令致然，
孔《疏》因据为'奸诈之谋''战争之兵'，大失经旨。"① 郭氏认为，经文所言
兵谋之起乃是"圣人之权也"，有"制治保邦之深机""戡乱定暴之大用"，并
非如郑氏、孔氏所云乃衰乱之世。②

　　《礼器》："礼，时为大，顺次之，体次之，宜次之，称次之。"郑玄《注》：
"言圣人制礼所先后也。"孔颖达《疏》："揖让干戈之时于礼中最大，故云'时
为大'。"关于礼之时、顺、体、宜、称，郑氏以时间先后释之，孔氏以程度轻
重释之。郭嵩焘驳曰："时者，一代之典章互有因革，不相袭也。生乎今之世，
反古之道，则与时违矣，故'时为大'。顺与宜为近，顺者天理自然之秩叙，
宜则品章节目裁之之义而各当于心。体与称为近，体者人心自然之别异，称则
度数仪文制之为经而不过乎物。此就行礼之实以推求制礼之原有是五者之次，
不当以轻重先后论之。"③ 郭氏认为，时、顺、体、宜、称乃是据行礼之实际而
推求制礼之原，不应以"先后""轻重"释之。

　　《经解》："孔子曰：'入其国，其教可知也。'其为人也，温柔敦厚，《诗》
教也。……属辞比事，《春秋》教也。"孔颖达曰："《经解》一篇，总是孔子之言。"

---

①　（清）郭嵩焘：《礼记质疑》卷九，岳麓书社 1992 年点校本，第 248—249 页。

②　宋人陆佃曰："盖礼义虽可以息兵，亦可以起兵，以著己之义，以考己之信。著人之有过，
　　若'丘也幸。苟有过，人必知之'，周公之过不亦宜乎？以有礼著焉故也。仁以有礼，故
　　刑让以有礼，故讲若'虞芮质厥成'是也。虞芮讲让，而文王之仁刑矣，礼示民有常，易
　　示人有变。"[（宋）卫湜《礼记集说》卷五十四，文渊阁《四库全书》第 118 册，第 124 页]
　　郭氏此说与陆氏解义相近。

③　（清）郭嵩焘：《礼记质疑》卷十，岳麓书社 1992 年点校本，第 272 页。

孔氏认为《经解》言"六经"之教出自孔子。郭嵩焘驳曰："《疏》意以下六经之教并为孔子之言，非也。'六经'皆圣人手定，《春秋》则圣人笔削之书也。记礼者广明六经之教，而引孔子'入其国其教可知'之言，以证人之成德必原本教化，而六经之教之感人，其旨趣亦各有所极也。"① 郭氏认为，《经解》所记"六经"之教并非孔子之言，而是出自记礼之人。郭氏此说并无文献依据，乃是以义理为审核也。②

三是以文献和义理驳前人之解义。兹举一例以见之：

《礼器》："是故昔先王之制礼也，因其财物而致其义焉尔。……是故天时雨泽，君子达亹亹焉。"郑玄《注》："君子爱物，见天雨泽，皆勉勉劝乐。"孔颖达《疏》："君子谓天子也。天以高圆为质，地以下方为体，天子爱物为用，故天地感祭而降雨泽，天子皆爱物生，而勉勉劝乐，所以与天地合德也。"郑玄于此所言义晦不明。孔颖达认为先有天子之祭，后有天降雨泽，天子见此而开心奋勉。郭嵩焘驳曰："《祭义》：'霜露既降，君子履之，必有凄怆之心。''雨露既濡，君子履之，必有怵惕之心、，'即此二语之义。雨泽者，天时之见端也。因天时自然之运油然而沛为雨泽，君子以知春秋之时之变，而亹亹焉自达其心之诚而不容已，此祭享所由兴也。"③ 郭氏以《祭义》为据，认为《礼器》此段文字之义是先有天降雨泽，君子见此而有感动，遂有祭享之兴。④

从以上所举诸例可见，郭嵩焘驳郑氏和孔氏之解义，所征引者既有《周礼》《礼记》《论语》，亦有《说文》等字书，还有《荀子》等子书。除此以外郭氏《礼记质疑》所引以为据者还包括《尚书》《仪礼》《诗》《左传》《公羊传》《穀梁传》《孟子》《大戴礼记》《孔子家语》《孔丛子》《逸周书》《国语》《尔雅》《方言》《经典释文》《白虎通义》《春秋繁露》《吕氏春秋》《史记》《汉书》《九章算术》《集韵》《本草纲目》等经史子书，此外还征引前人之《礼记》解义，如宋代方悫、陆佃、朱熹、胡铨、应镛，元代陈澔，清代王夫之、万斯大、陈启源、邵晋涵、王引

---

① （清）郭嵩焘：《礼记质疑》卷二十六，岳麓书社 1992 年点校本，第 601 页。

② 宋人石梁王氏曰："孔子时，《春秋》之笔削者未出，又曰'加我数年，卒以学易'，'性与天道不可得闻'，岂遽以此教人哉？所以教者多言《诗》《书》《礼》《乐》，且有愚诬奢贼烦乱之失，岂《诗》《书》《乐》《易》《礼》《春秋》使之然哉？此决非孔子之言。"王氏据《论文》等文献，认为此"六经"之教并非出自孔子。郭氏此说与王氏解义如出一辙。

③ （清）郭嵩焘：《礼记质疑》卷十，岳麓书社 1992 年点校本，第 288 页。

④ 《礼记》此前言"是故昔先王之制礼也"，可知此段文字是针对先王制礼而言，故郭氏之说较合经义也。

之、林乔荫等人之解义皆在征引之列。郭氏驳郑氏和孔氏并非仅依文献，还以义理为审核，其结论有得有失。

三、于前人解义之因袭

郭嵩焘《礼记质疑》所"疑"者主要是郑玄《注》和孔颖达《疏》，而于郑氏、孔氏以外的历代各家解义则多有承袭。郭氏所承袭者，大部分有交代。如于《乐记》"合乐三终"，郭氏以"万氏充宗云"引出万斯大之说，以"近林乔荫云"引出林乔荫之说；又如《乐记》"笙入三终""间歌三终"，郭氏交代所引之解义分别出自郑玄、刘敞、朱熹、郝敬、陈启源。郭氏《礼记质疑》还于不少地方阴袭前人之说，这让郭氏此书之学术价值大打折扣。

郭嵩焘对宋人的《礼记》解义颇为重视，除了直接征引外，还往往阴袭之。宋人中，郭氏阴袭较多的是应镛，兹举两例以见之：

《曲礼上》："虚坐尽后，食坐尽前。"郑玄《注》："尽后，谦也；尽前，为污席。"郭嵩焘云："此云'尽后''尽前'，前后皆当虚席一尺，所谓虚坐即徒坐也。盖平居即席之常礼，凡席升降皆自旁，其升席就坐当以中为准，虚坐则当膝处宜中而虚其前以待事，食坐尽前以就食。豆去席尺，足以相及。曰虚坐者，正言不与宾客为礼也。尽后不当为谦，郑《注》似泥。"①郑玄认为此"尽后"是为表谦让。郭氏则认为"近前""尽后"是即席之常礼，亦是为行礼之方便。郭氏此说，宋人应镛早已言及之。应氏曰："虚坐则书策琴瑟设张于前，且以待他人之周旋往来，故尽后而欲其宽广焉。食坐则俎豆尊爵前列于地，且欲便宾主之酬酢授受，故尽前而欲其亲近焉。"应氏认为"尽前""尽后"是为行礼者周旋往来提供方便，而无他意。通过比较，可知郭氏阴袭应氏之说也。

《乐记》："君子以好善，小人以听过。"孔颖达《疏》："君子谓在位尊者，小人谓士庶之等。"郭嵩焘曰："此君子、小人以德言之。情见义立，则中和之道著而文武之用殊。君子由之以见圣人之情，故'好善'。小人由之而缀兆有位，进退有节，俯仰疾徐有容；一有不齐以正焉，则失伦矣，故曰'小人以听过'。"应镛驳孔《疏》曰："君子乐得其道，今乃好善而进于道；小人乐得其欲，今乃听过而抑其欲。听者退听而自省也。"应氏、郭氏皆以德分别《乐记》所言之"君子"与"小人"，可见郭氏此说源自应氏也。

① （清）郭嵩焘：《礼记质疑》卷一，岳麓书社1992年点校本，第12页。

除应铺以外，郭嵩焘对宋人方悫、胡铨等人之解义亦颇为重视，往往袭之而不言出处。兹各举一例以见之：

《乐记》："及优侏儒，獶杂子女。"郑玄《注》："獶，猕猴也，言舞者如猕猴戏也，乱男女之尊卑。'獶'或为'优'。"孔颖达《疏》："俳优杂戏，侏儒短小之人，獶杂谓猕猴也，言舞戏之时状如猕猴，间杂男子妇人，言似猕猴，男女无别也。"郭嵩焘曰："侏儒、子女二事。侏儒为俳优，以悦人耳；子女相獶杂，以眩人目。獶犹乱也。《疏》混合言之，恐误。齐人归女乐，郑人略晋以女乐二八，所谓'獶杂子女'也。俳优、子女之兴，皆在春秋之世。"① 孔氏训"优侏儒""獶杂子女"为一事，郭氏则以二事释之。其实郭氏此说，宋人方悫早已言及之。方氏曰："倡优侏儒，皆淫乐以之为戏也。獶即猿也，戏若猿獶之无辨，故言獶杂子女。"郭氏以"优侏儒""獶杂子女"为二事，得之于方氏也。

《月令》："躬耕地藉。"郑玄《注》："帝藉，为天神借民力所治之田也。"郭嵩焘曰："郑注《周礼》及《诗》笺并云：'藉之言借也。'《说文》：'帝耤千亩，古者使民如借，故谓之耤。'韦昭注《国语》：'藉，借也。借民力以为之。'皆本《孟子》'助者藉也'之说。据《周礼·甸师》'帅其属耕耨王藉'，郑《注》：'其属，府史胥徒也。庶人终于千亩，谓徒三百人。'是郑意终亩之庶人亦庶人在官者，甸师之属下及徒三百皆天子之主伯亚旅也。《国语》：'王治农于藉，耨获亦于藉。'天子之藉田，耕耨及获者皆有事焉，而领之甸师，何尝借助民力哉？《汉书》文帝后二年'开藉田'，应劭曰：'藉者，帝王典籍之常也。'臣瓒曰：'藉，谓蹈藉也。'段注《说文》斥其刺谬，证之经义，瓒说固为近之。"② 郭氏于此以臣瓒之说为是，宋人胡铨早已言及之。胡氏曰："藉之为义，应劭则云天子耕藉，田千亩为天下先藉……推其至当，瓒说为优。"由此可见郭氏此说乃袭自胡氏也。

郭嵩焘对清人之说亦颇为重视，而清人之中，王引之的《礼记》解义受到格外的看重。郭氏往往阴袭王氏之说，兹举两例以见之：

《乐记》："克顺克俾。"郑玄《注》："慈和遍服曰顺，'俾'当为'比'，声之误也。择善从之曰比。"郭嵩焘曰："郑所引昭公二十八年《左传》文。杜《注》：

---

① （清）郭嵩焘：《礼记质疑》卷十九，岳麓书社1992年点校本，第481—482页。

② （清）郭嵩焘：《礼记质疑》卷六，岳麓书社1992年点校本，第186页。

'比方善事，使相从也。'《尔雅·释诂》：'俾，从也。'字异而义同。顺，谓德晋普于人而人服之。俾，谓善备于身而人从之。克顺克俾，则化民成俗之道著矣。'比''俾'同训，不必改字。"①王引之于《经义述闻·尚书》曰："《尔雅》：'俾，从也。''罔不率俾'，犹《文侯之命》言'罔不率从'也。'海隅出日，罔不率俾'，犹《鲁颂》言'至于海邦，莫不率从'也。此言'海隅出日，罔不率俾'，《大戴礼·少闲篇》曰：'出入日月，莫不率俾。'《五帝德篇》曰：'日月所照，莫不从顺。'义并同也。俾之言比也，比，《象传》曰：'比，下顺从也。''比'与'俾'古字通，故《大雅》'克顺可比'，《乐记》作'克责克俾'。……余谓俾者，从也，受责从如流者，受人责而即改其过，从之如流水也。"王引之据《周易》《尚书》《大戴礼记》《尔雅》，认为"俾"有"从"义，不必训"比"。郭氏阴袭王氏，认为"俾"不必训"比"。

《儒行》："虽分国，如锱铢。"郑玄《注》："八两曰锱。"郭嵩焘曰："《说文》：'锱，六铢也。'《风俗通》：'六铢为锤，倍锤则锱，倍锱则两。'《韵会》：'八铢曰锱。''锱''铢'二字相连，言轻微也。杨倞注《荀子》'八两曰锱'，高诱注《淮南子》'六两曰锱'，《玉篇》亦云'八两为锱'，皆沿郑说。似当以从《说文》为正。"②王引之曰："二十四铢为两，八两为锱，锱与铢轻重相远，不得并称矣。古人言锱者，其数或多或少，《淮南·诠言篇》'割国之锱，锤以事人'，高《注》曰：'六两曰锱，倍锱曰锤。'《说文》亦曰'锱，六铢也'，'锤，八铢也'。《众经音义》卷二十引《风俗通》曰：'铢六，则锤二。'锤则锱，又以十二铢为锱，此数之少者也。《记》以'锱铢'并称，轻重必不相远，则当以'六铢曰锱'为正解。《荀子·富国篇》'割国之锱铢以赂之'，亦当训锱为六铢，而杨倞《注》曰'八两为锱'，失之。"王引之据《说文》和《淮南子》高诱《注》《荀子》杨倞《注》《风俗通义》于"锱""铢"之记载，认为《儒行》所言"锱""铢"当据《说文》以释之，"锱""铢"不得轻重相远。郭嵩焘阴袭王引之此说，亦以《说文》于"锱""铢"之释义为是。

四、《礼记质疑》的特色和影响

郭嵩焘《礼记质疑》一书的特色和影响，可从以下几个方面来看：

---

① （清）郭嵩焘：《礼记质疑》卷十九，岳麓书社 1992 年点校本，第 482 页。

② （清）郭嵩焘：《礼记质疑》卷四十一，岳麓书社 1992 年点校本，第 692 页。

第一，《礼记质疑》并非就《礼记》全书展开诠释，而是释旧注之有疑义者。

在清代《礼记》学史上，王夫之的《礼记章句》、李光坡的《礼记述注》、方苞的《礼记析疑》、杭世骏的《续礼记集说》、吴廷华的《礼记章句》、孙希旦的《礼记集解》、朱彬的《礼记训纂》等，皆是《礼记》全经笺释之作。而万斯大的《礼记偶笺》、江永的《礼记训义择言》则是《礼记》部分文句笺释之作。臧琳的《经义杂记》、惠栋的《九经古义》、王引之的《经义述闻》等亦有《礼记》部分文句之笺释。全经与部分文句笺释之作各有其优劣，全经笺释者的视野在"全经"，故于《礼记》之体认比较全面，于文句之考释则往往不够细致；部分文句之笺释者的视野在"部分文句"，故于《礼记》部分文句之笺释往往较深入，于《礼记》之全体则乏体认。

郭嵩焘《礼记质疑》乃《礼记》部分文句笺释之作，其择《礼记》四十九篇之有疑义者分条而释之。如郭氏于《曲礼上》之笺释共四十六则，于《月令》之笺释共四十则。每则笺释文字多则上千，少则百余。从郭氏所作笺释之内容来看，其所关注的或为前人争论不休者，或为前人不曾关注而自得之者。相对于臧琳《经义杂记》和王引之《经义述闻》，郭氏于《礼记》旧注所提出之异议要多得多，故郭氏此书较为全面地展现了《礼记》旧注之学术公案。

梁启超曾说："清儒于《礼记》，局部解释之小书单篇不少，但全部笺注，尚未有人从事。其可述者，仅杭大宗之《续礼记集说》。……次则郭筠仙的《礼记质疑》，对于郑注所匡正不少。将来有著《礼记》新疏的人，这两部书总算最好的资料了。"[1] 梁氏认为清代无人从事《礼记》全经之笺释纯属臆说。不过梁氏在清代《礼记》学之背景下指出郭氏《礼记质疑》对于将来经学研究所具有的资料价值，则是高明之见。

第二，《礼记质疑》征引前人解义无门户之见，却失之严谨。

郭嵩焘《礼记质疑》力驳郑玄《礼记注》、孔颖达《疏》，于《尔雅》《说文》以及宋代、清代学人之解义则多有征引，可见郭氏在解经时无汉、宋门户之见。清代学人潘祖荫对郭氏《礼记质疑》多有褒扬，潘氏曰："兹读郭伯琛丈所著《礼记质疑》，条举其说，栉疏帚祀，务融会于六艺，贯通于诸子，兼采宋以后诸家之义；平心衡量，无门户骑墙之见，无攻击争胜之心。国朝经儒林立，于郑学之卓然者阐扬申绎，几无复遗，而拾其阙失以归至是，诚亦高密

之功臣也。是编也出，吾知读之者益知钻研于郑《注》，亦求其得失之所在，而至以陈汇泽之《集说》为足尽戴经之蕴，且以见尚博通而无墨守，正亦郑氏家法也。"①潘氏认为郭氏治《礼记》无"门户骑墙之见"，"无攻击争胜之心"，此外，郭氏驳正、阐扬郑玄解义亦颇有功绩。潘氏之评论有溢美之词，然其以郭氏《礼记质疑》无门户之见，实属的当之见。

不过郭氏《礼记质疑》阴袭化用前人解义而无说明，则有掠美之嫌。宋人卫湜所编《礼记集说》征引汉代至宋代学人解义百余家，为宋以后《礼记》学文献之渊薮。从《礼记质疑》来看，郭氏对卫湜《礼记集说》所存宋人解义多有征引。清代学人之《礼记》解义十分丰富，由于郭氏与诸家年代相去不远，故得亲睹诸家之文字，并屡有承袭。对于各家解义，郭氏有时交代出自何人，有时则化用阴袭。故郭氏所谓"质疑"之内容，不少地方并非其自得之也。

第三，郭嵩焘治《礼记》重考据，然于艰深之篇则乏精深考证。

清代学人在前人研究之基础上，对《礼记》文本及郑《注》又作了省思，特别是乾嘉时期诸大儒如江永、惠栋、王引之等人，将《礼记》文本及郑《注》之考订水平提升到前所未有的高度。郭嵩焘治学亦重考据，其曰："读书必自经始，读经书必自训诂始，学问本原，必由于此。要之，训诂考订，著书名家，学中之一艺耳。"②又曰："自乾隆盛时表彰六籍，老师大儒，承风兴起，为实事求是之学，其间专门名家考据者又约有三途：曰训诂，研审文字，辨析毫芒；曰考证，循求典籍，穷极流别；曰雠校，搜罗古籍，参差离合。三者同源异用，而各极其能。"③郭氏认为，若能将此训诂、考证、雠校三者相结合，则是著述之幸。

在《礼记质疑》一书中，郭氏大量吸收历代学人的考据学成果，又广泛征引字书从而考订《礼记》经文注疏。清代学术大家陈澧对郭氏此书赞美有加，其曰："国朝经学极盛，诸经师林立，而兼治'三礼'者盖寡。湘阴郭公兼治'三礼'，著书满家。……公之读书，一句一字，注目研思，绅绎乎礼文，反复乎注疏，必求心之所安而后已，其有不安则援据群经，稽核六书而为之说，故

---

① （清）潘祖荫：《礼记质疑序》，载郭嵩焘：《礼记质疑》卷首，岳麓书社 1992 年点校本，第 5 页。

② （清）郭嵩焘：《郭嵩焘日记》第四卷，湖南人民出版社 1981—1983 年版，第 204 页。

③ （清）郭嵩焘：《王氏校定衢本〈郡斋读书志〉序》，《郭嵩焘诗文集》，岳麓书社 1984 年版，第 28 页。

有易注者，有易疏者，有与注疏兼存者，于国朝经师中卓然为一家。"①陈氏指出，郭氏治礼，于不安处"援据群经""稽核六书"，对于注疏之或疑或从，在清代经师中"卓然为一家"。陈澧还推崇郭氏之治学态度曰："近者经学衰矣，求治经者于韦布中，犹不可多得也。有大吏为经师，庶可以振而兴之。儒者读书，出则办天下之事，处则兴天下之学。办事必藉权位，兴学则得自为之。礼学虽难，然《记》有之曰：'难者不避人。'人皆避难就易，经学安得不衰与？且公之书多与《注》《疏》异义，而题曰'质疑'，又示学者谦慎之意。为其难，复存其慎，尤可以持风气于不敝。"②陈氏认为，礼学难治，然郭氏不因礼学之难治而避之，可知其有挽经学走向衰微之功，此外，郭氏多与郑《注》、孔《疏》为异，然却以"质疑"名书，可知其有"谦谨之意"。在陈澧看来，郭氏不避艰难，且态度谦谨，故于世道学风有引领作用。③

不过当代礼学家沈文倬对郭氏《礼记质疑》的评价并不高，其曰："郭氏之学，植根未深，研习未熟，早岁勇于求仕，向学之日殊少；晚年显宦退处，读书论学为娱老计，未中肯綮，率尔评骘，遂有得亦有失焉。大判言之，宏纲巨目，放言高论，时或得其一二。……然于稍涉艰深之篇，既少搜讨之勤，又乏剖析之功，举其'游牝''书数'二释而足以概见之矣。"④沈先生认为，郭氏撰《礼记质疑》乃是"为娱老计"；此外，郭氏治《礼记》"率尔评骘""放言高论"，故有得有失，且失多于得。沈先生对郭氏《礼记质疑》的批评虽甚严厉，然据郭氏《礼记质疑》之考证内容来看，其考证水平与江永、惠栋、王引之等人还是有很大差距的。

---

① （清）陈澧：《礼记质疑序》，载郭嵩焘：《礼记质疑》卷首，岳麓书社1992年点校本，第4页。
② （清）陈澧：《礼记质疑序》，载郭嵩焘：《礼记质疑》卷首，岳麓书社1992年点校本，第4页。
③ 民国时期所编《续修四库全书总目提要》于郭氏《礼记质疑》多有褒扬，其曰："是其学兼存汉宋，无所依阿。是书虽以郑朱之说为主，而一字一句皆沈潜反复，紬绎乎礼文，以求乎心之所安。其有注疏未当者，则援据群经，稽核六书，而为之说，故全书中有以朱说易注者，有以朱说易疏者，有兼存注疏而不取宋儒之说者，亦有独抒所见者。于郑学之卓然者，阐扬申绎，几无复遗。以至宋人之精义，亦多采取。是其平心衡量，无门户骑墙之见，无攻击争胜之心，治学态度尤为难得也。"（柯劭忞、胡玉缙等编：《续修四库全书总目提要·经部》上册，中华书局1993年版，第565页）通过比较，可知此处评价基本上是袭自陈澧和潘祖荫，而于原书并无深考也。
④ 沈文倬：《清代礼书提要三种》，《中国经学》第七辑，广西师范大学出版社2010年版，第32—33页。

今人陈戍国对郭氏《礼记质疑》褒贬皆有之。陈氏认为，"此书之所以值得一读，主要是因为著者不一味迷信前人"，该书"确有真知灼见，足以表明著者在传统经学、史学、小学各领域都有比较深厚的功底"①。陈氏指出，从郭氏之生平来看，《礼记质疑》有其独特的意义。陈氏曰："书名'质疑'，其重点当然是数说注疏之失及其可疑。作为翰林而著述如此，似有欠精当。以封疆大吏而治礼而成一家之言，却是难能可贵了。"②陈氏还在湖湘学术的大背景下评价郭氏《礼记质疑》曰："两千年来，吾湘人治礼而著述流布者无虑数十家，有清以来为数陡增，而可观者十数家而已。郭筠仙不但以礼律己，施礼于异邦，不辱国民，而且勤于著述，不迷信前贤，他对礼学要算是有贡献的。"③陈氏还指出郭氏《礼记质疑》之不足，其曰："读完《质疑》一书，人们大概都会感觉到：作者攻击《注》《疏》太过，形同敖继公一类，有时未免令人失笑。……《质疑》洋洋数十万言，肯定《注》《疏》者太少而非难者太多，所作批评不尽符合实际，亦有背于郭氏《自序》和《后序》对郑君的颂扬。"④陈氏认为，郭氏此书的主要问题是驳《注》《疏》太过，有与实际不尽合者。陈氏之评论比较中肯。郭氏《礼记质疑》存在考据不精深、引书不严谨等问题，但是在晚清经学史上，郭氏此书无疑具有继往开来的意义。

第十一节 廖平的《礼记》诠释

廖平对《礼记》有深入研究。其所撰《礼记识》一书随文作注，内容包括篇目之解题、旧注之新审视，以及孔经天学人学、大统小统思想。此外，廖平还重点对《礼记·王制》作了考察，并将其作为构建思想体系的资源。

一、《礼记》篇目之解题

郑玄《礼记目录》是迄今所能见到最早的《礼记》解题之作。然郑玄解题的疏漏处，有待后人补足。廖平在《礼记识》中，对《礼记》诸多篇目有解题，可补郑玄解题之不足。

---

① 陈戍国：《礼记质疑前言》，载《礼记质疑》卷首，岳麓书社 1992 年点校本，第 1 页。
② 陈戍国：《礼记质疑前言》，载《礼记质疑》卷首，岳麓书社 1992 年点校本，第 7 页。
③ 陈戍国：《礼记质疑前言》，载《礼记质疑》卷首，岳麓书社 1992 年点校本，第 7 页。
④ 陈戍国：《礼记质疑前言》，载《礼记质疑》卷首，岳麓书社 1992 年点校本，第 5—6 页。

如《礼记·檀弓》，郑玄曰：“名曰《檀弓》者，以其记人善于礼，故著姓名以显之。姓檀名弓，此于《别录》属通论。”廖平曰：“此篇大抵为微言派。孔子制礼垂法，弟子润色，可谓详矣。欲知圣作，所宜研究。”①

郑玄从字义角度释“檀弓”，并划分了该篇之类别；廖平则言《檀弓》之派别，以及该篇之蕴意。

又如《礼记·杂记上》，郑玄曰：“名曰《杂记》者，以其杂记诸侯以下至士之丧事。此于《别录》属丧服，分为上、下，义与《曲礼》《檀弓》分别不殊也。”廖平曰：“《礼经》十七篇，经本一篇可推至数篇者，如《士丧礼》但言士，若十等遍立，经则冗矣，故余皆见于《记》。天子、诸侯、公、卿、大夫，大国、次国、小国、士，又分庶人，则有十等，大同小异，但《记》异节，从同则省，此《记》附经，一《记》可推为数篇经文。”②

郑玄言《杂记》之内容，及该篇于《别录》所属之类别；廖平则将该篇之“记”与《仪礼》之“记”加以比较，进而探讨《杂记》之“记”与经之关系。

又如《礼记·大传》，郑玄曰：“名曰《大传》者，以其记祖宗人亲之大义。此于《别录》属通论。”廖平曰：“各经皆有大传，如《易大传》《尚书大传》，此为《丧服》大传，统说纲领，与经别行。后师授徒，据传以答问，《服问》与《礼经·丧服》所引‘传曰’，即大传也。文有不在此篇，当时《大传》尚不止一篇，抑或有佚文与?”③

郑玄言《大传》之内容，及该篇于《别录》所属之类别；廖平据群经之体例，认为该篇乃《丧服》之大传。

又如《礼记·奔丧》，郑玄曰：“名曰《奔丧》者，以其居他国，闻丧奔归之礼，此于《别录》属丧服之礼矣，实《逸礼》之正篇也。汉兴后得古文，而礼家又得其说，因合于《礼记》耳。奔丧礼属凶礼也。”廖平曰：“此篇如在《丧大祭》《杂记》中正合，以文繁，故别出。邵氏《礼经通论》以十七为全经，经无佚篇，其说精确。此为丧礼，变一节当为记，附《士丧礼》。丧礼中如此

---

① （清）廖平：《礼记识》卷上，《廖平全集》第 4 册，上海古籍出版社 2015 年点校本，第 162 页。

② （清）廖平：《礼记识》卷下，《廖平全集》第 4 册，上海古籍出版社 2015 年点校本，第 207 页。

③ （清）廖平：《礼记识》卷下，《廖平全集》第 4 册，上海古籍出版社 2015 年点校本，第 192 页。

变节亦多矣。本篇题名无《记》，文不备耳。吴以遂为礼之佚篇，谓为《礼经》之文佚在《戴记》者。夫《记》之不可以为经，固不待烦言而解者矣。"①

郑玄言"奔丧"之义，及该篇于《别录》所属之类别；廖平则据《礼经》，认为该篇为丧礼之变礼，当附于《士丧礼》。

综上所述，可知郑玄之解题平实而具体，廖平之解题则多是从"三礼"乃至群经之大体着眼。廖平之解题，如以《大传》为《丧服》之传、以《奔丧》附《士丧礼》等观点皆值得商榷，然其所言并非毫无道理，相关论证仍值得重视。此外，廖平对《檀弓》《大传》《杂记》诸篇与《仪礼》关系之探讨，对于深入认识《礼记》之成书及礼义皆有参考价值。

二、于郑《注》之重新审视

郑玄《礼记注》影响深远，被后世不少学者奉为圭臬。廖平在书中采纳了部郑《注》之说，但是不迷信郑《注》，对其重新审视，并提出了不少新见。兹举数例以见之：

如《礼记·曲礼上》："君命召，虽贱人，大夫、士必自御之。"廖平曰："郑《注》：'御'当为'讶'。讶，迎也。君虽使贱人来，必自出迎之，尊君命也。《春秋传》曰跛者御跛者，眇者，御眇者，皆讶也，世人乱之。'"②

郑玄训"御"为"讶"，迎之义，并引《春秋榖梁传》为作证，廖平表示完全赞同。

《礼记·曲礼下》："先六大，曰大宰、大宗、大史、大祝、大士、大卜，典司六典。"廖平曰："郑《注》：'此盖殷制也。周则大宰为天官，大宗曰宗伯，宗伯为春官，大史以下属焉。大士，以神仕者。'按：此天学皇帝制度，非殷。"③

郑玄认为该段经文所记为殷制；廖平据自己所构建的天学人学理论，认为此段经文所记非殷制，而是天学皇帝制度。

---

① （清）廖平：《礼记识》卷下，《廖平全集》第4册，上海古籍出版社2015年点校本，第215页。
② （清）廖平：《礼记识》卷上，《廖平全集》第4册，上海古籍出版社2015年点校本，第159页。
③ （清）廖平：《礼记识》卷上，《廖平全集》第4册，上海古籍出版社2015年点校本，第160页。

《礼记·曲礼下》:"其在东夷、北狄、西戎、南蛮,虽大曰子。"廖平曰:"郑《注》:'谓九州之外长也。天子亦选其诸侯之贤者以为之子。子犹牧也。入天子之国曰子,天子亦谓之子,虽有侯伯之地,本爵亦无过子,是以同名曰子。'按:《春秋》吴、楚称子,大也,莒、滕称子,小也,皆夷之称子。郑说非。"①

郑玄认为,天子可选诸侯之贤者以为之子,非仅称夷为子;廖平以《春秋》吴楚、莒滕为例,认为经文本义是夷之称子。

《礼记·曲礼下》:"天子视不上于袷,不下于带。……士视五步。"廖平曰:"郑《注》以为视天子、国君、大夫、士。据文,当指天子、国君、大夫、士自视,非谓视者。公侯于天子,亦如卿于国君,尊者重严,卑者敏给。郑《注》非是。"②

郑玄认为,经文所言乃视天子、国君、大夫、士;廖平认为,经文之义为天子、国君、大夫、士自视,非谓视者。

《礼记·檀弓上》:"舜葬于苍梧之野,盖三妃未之从也。"廖平曰:"天子一娶十二女,此举三,亦谓指之数不过三。舜孤葬无附,故云尔。一说'三'为'后'字脱文,如《曲礼》'三赐不及车马'之'三'。郑注非是。"③

郑玄认为,此经所言"三",乃"三夫人"之义;廖平驳之,认为此所谓"三"乃"数不过三"之义,亦可能是"后"字脱文。

《礼记·王制》:"诸侯之于天子也,比年一小聘,三年一大聘,五年一朝。"廖平曰:"《周礼》与《王制》宜疏数不同。郑《注》以虞夏之制诸侯岁朝,周之制各以服数来朝者,非是。"④

郑玄认为,虞夏与周制各异,故朝礼不同;廖平认为,《周礼》与《王制》记载有异,遂致朝礼不同。

《礼记·表记》:"子曰:'先王谥以尊名,节以壹惠,耻名之浮于行

---

① (清)廖平:《礼记识》卷上,《廖平全集》第 4 册,上海古籍出版社 2015 年点校本,第160 页。

② (清)廖平:《礼记识》卷上,《廖平全集》第 4 册,上海古籍出版社 2015 年点校本,第162 页。

③ (清)廖平:《礼记识》卷上,《廖平全集》第 4 册,上海古籍出版社 2015 年点校本,第164 页。

④ (清)廖平:《礼记识》卷上,《廖平全集》第 4 册,上海古籍出版社 2015 年点校本,第175 页。

也。'"廖平曰："郑《注》：'谥者，行之迹也。名者，谓声誉也。言先王论行以为谥。以尊名者，使声誉可得而尊信（言）也。'按：上'名'，名字之'名'，下'名'，声誉之'名'。谥以尊名，谓以谥易其名，名终将讳之。《注》误。"①

郑玄认为，此段经文两"名"字，皆声誉之义；廖平认为，前一"名"指名字，后一"名"指声誉。

《礼记·玉藻》："大夫私事使，私人摈则称名。"廖平曰："私事，如《春秋传》曰'臧孙之私行'，'私人'与'公士'对文。郑《注》：'私事使，谓以君命私行，非聘也。若鲁成公时晋侯使韩穿来言汶阳之田，归之于齐之类。'按：私事称名，乃辞令应对。《注》引经典策文之文为说，非也。"②

廖平认为，私事称名为辞令应对，并非郑玄引经典策文为说。

从以上所举诸例，可见廖平对郑《注》有肯定，有反驳。其反驳不乏真知灼见，如对《表记》"先王谥以尊名，节以壹惠，耻名之浮于行也"中"名"之解释，对于解经者有一定的参考价值。然廖平利用"天学"理论驳郑玄，则与求实精神相去甚远。

三、以《礼记》为据阐发思想

廖平多以《礼记》为构建思想体系的资源。兹举数例以见之：

如《礼记·檀弓上》："道隆则从而隆。"廖平曰："用王后礼，以为殷后，即素王说。"③

《礼记·曲礼下》："天子祭天地……士祭其先。"廖平曰："诸侯无天地四方，大夫无山川。礼由孔子新定前，则上下名器不分，亦如今西人。礼以辨尊卑、正名分为主，故《论语》所讥，皆为新制。"④

《礼记·檀弓上》："褚幕丹质。……"廖平曰："'殷士'即素臣之说。孔子

① （清）廖平：《礼记识》卷下，《廖平全集》第4册，上海古籍出版社2015年点校本，第212页。
② （清）廖平：《礼记识》卷上，《廖平全集》第4册，上海古籍出版社2015年点校本，第187页。
③ （清）廖平：《礼记识》卷上，《廖平全集》第4册，上海古籍出版社2015年点校本，第163页。
④ （清）廖平：《礼记识》卷上，《廖平全集》第4册，上海古籍出版社2015年点校本，第162页。

素王,曰殷人;弟子素臣,曰殷士。"①

廖平经学第二变有"素王改制"说,所谓素王即孔子。廖平认为素王改制说见诸六经,他说:"孔子受命制作,为生知,为素王,此经学微言,传授大义。帝王见诸事实,孔子徒托空言,六艺即其典章制度。"②廖平认为,孔子改制是立万世之法。

又如《礼记·祭统》:"其德盛者,其志厚。"廖平曰:"天学。"③

《礼记·祭统》:"其德薄者,其志轻。"廖平曰:"人学。"④

廖平后来将小统、大统说合称为"人学"。在其经学第四变中,他认为相对于人学,天学当是更高级的制度,是孔子为宇宙所创造的法则;人学适用于六合以内,天学则适用于无限空间。

又如《礼记·曲礼上》:"凡卜筮日……日而行事必践之。"廖平曰:"卜筮为天学,文明之至,通于鬼神,然后能尽其义,非寻常之巫史。"⑤

《礼记·祭统》:"夫祭者,非物自外至者也……是故唯贤者能尽祭之义。"廖平曰:"祭属天学,人行祭不能尽其义,所谓无其德,用其事。"⑥

廖平认为,人学要进入天学,须人神交通,卜筮、祭祀则是沟通天人之手段。

又如《礼记·乐记》:"乐著大始,而礼居成物。"廖平曰:"乐为天学,故详《诗》《易》。《诗》阴阳五行。"⑦

《礼记·乐记》:"久则天,天则神。"廖平曰:"《诗》为天学,属中庸,非

---

① (清)廖平:《礼记识》卷上,《廖平全集》第4册,上海古籍出版社2015年点校本,第166页。

② (清)廖平:《知圣篇》,《廖平全集》第1册,上海古籍出版社2015年点校本,第198页。

③ (清)廖平:《礼记识》卷下,《廖平全集》第4册,上海古籍出版社2015年点校本,第209页。

④ (清)廖平:《礼记识》卷下,《廖平全集》第4册,上海古籍出版社2015年点校本,第209页。

⑤ (清)廖平:《礼记识》卷上,《廖平全集》第4册,上海古籍出版社2015年点校本,第158页。

⑥ (清)廖平:《礼记识》卷下,《廖平全集》第4册,上海古籍出版社2015年点校本,第209页。

⑦ (清)廖平:《礼记识》卷下,《廖平全集》第4册,上海古籍出版社2015年点校本,第199页。

人帝所能，在神化之域。道家所谓天人、神人，统为至诚、至圣。"①

廖平认为，天学的经典是《乐》《诗》《易》，所谓"《乐》为天学""《诗》为天学"，即据此为说。

又如《礼记·明堂位》："是以封周公于曲阜。"廖平曰："大、小当同有之。"②

《礼记·明堂位》："昔殷纣乱天下，脯鬼侯以飨诸侯。"廖平曰："大、小二统均有之，抑《春秋》止言一代。"③

《礼记·明堂位》："纳夷蛮之乐于大庙，言广鲁于天下也。"廖平曰："此大统说。"④

继提出"孔经为中国万世法"后，廖平在经学第三变中提出"孔子为全球立万世法"，并撰《地球新义》《周礼新义》加以阐发。廖平以孔子改制为孔经小统说，孔子为全球立法乃孔经大统说。廖氏于《明堂位》之诠释，融汇了他的"孔经天学人学""大统小统"说。

又如《礼记·曲礼上》："太上贵德。"廖平曰："皇帝道德。"⑤

《礼记·曲礼上》："其次勿施报。"廖平曰："王伯。"⑥

《礼记·檀弓下》："殷人作誓而民始畔，周人作会而民始疑。"廖平曰："王伯学。"⑦

廖平在《地球新义》言小统说称"王伯"，大统说称"皇帝"；此所云"皇帝道德"即大统，所云"王伯"即小统。

---

① （清）廖平：《礼记识》卷下，《廖平全集》第 4 册，上海古籍出版社 2015 年点校本，第205 页。

② （清）廖平：《礼记识》卷上，《廖平全集》第 4 册，上海古籍出版社 2015 年点校本，第188 页。

③ （清）廖平：《礼记识》卷上，《廖平全集》第 4 册，上海古籍出版社 2015 年点校本，第188 页。

④ （清）廖平：《礼记识》卷上，《廖平全集》第 4 册，上海古籍出版社 2015 年点校本，第189 页。

⑤ （清）廖平：《礼记识》卷上，《廖平全集》第 4 册，上海古籍出版社 2015 年点校本，第157 页。

⑥ （清）廖平：《礼记识》卷上，《廖平全集》第 4 册，上海古籍出版社 2015 年点校本，第157 页。

⑦ （清）廖平：《礼记识》卷上，《廖平全集》第 4 册，上海古籍出版社 2015 年点校本，第172 页。

又如《礼记·乐记》："小大相成，终始相生。"廖平曰："小、大二统也，终始相生，循环无端。"①

廖平认为，小统、大统皆统于六经，实质相同；此所谓大、小统"终始相生，循环无端"，即其小统、大统说之体现。

又如《礼记·曲礼上》："往而不来。"廖平曰："专言法古。"②

《礼记·曲礼上》："非礼也。"廖平曰："专言退化。"③

《礼记·曲礼上》："亦非礼也。"廖平曰："专主进化。"④

《礼记·檀弓上》："故骚骚尔则野，鼎鼎尔则小人，君子盖犹犹尔。"廖平曰："野人近于禽兽，小人则众庶，君子乃进化之归。"⑤

廖平在《知圣篇》持"今胜于古""先蛮野、后文明"之说，认为社会是由野蛮向文明发展；然其对孔子孔经又有着真诚的迷信。此所言"法古""进化"，乃其古今观之体现。

与乾嘉学派精于考据不同，廖平经学的特色是有体系。他对《礼记》所作之考证，是为了构建经学理论体系。从以上所举诸例，可知廖平的《礼记》释义融进了其天学人学、今学古学思想。他多是在先入为主的观念下对经书文本进行考证，虽不乏真知灼见，然更多的是附会。廖平一生学凡六变，其思想的每一变都是围绕经典而发的。廖平的经学研究不是追求经文字义之实，而是在崇经尊孔的前提下，探索宇宙人生之意义。

四、以《王制》为今文之祖

近人蒙文通从今古文之辨的角度梳理清代今文学时曰："庄存与、惠栋之流，皆是一经之义明，而各经相互间之关系尚未窥其全，是则所知者各家一隅

---

① （清）廖平：《礼记识》卷下，《廖平全集》第4册，上海古籍出版社2015年点校本，第201页。

② （清）廖平：《礼记识》卷上，《廖平全集》第4册，上海古籍出版社2015年点校本，第157页。

③ （清）廖平：《礼记识》卷上，《廖平全集》第4册，上海古籍出版社2015年点校本，第157页。

④ （清）廖平：《礼记识》卷上，《廖平全集》第4册，上海古籍出版社2015年点校本，第157页。

⑤ （清）廖平：《礼记识》卷上，《廖平全集》第4册，上海古籍出版社2015年点校本，第167页。

之今文说，尚无综合各家整个之今文说。刘逢禄之流，信《公羊》则并驳《左》《榖》，而《周官》亦为疑书，党伐之争以起。宋于庭以十四博士为一家，至是而后有联合派，与古文为仇，较为整个之今文学。然于今古两派立说异同，其中心所在，实未之知，徒以立学官与否为断，是则知表而仍不知里。……刘、宋不足以言成熟之今文，然其区分今古对垒抗行，自此以后遂有整个之今文学。功实亦未可没。"① 蒙文通认为，庄存与、惠栋等人皆明一经之义，而于各经之关系尚未窥其全，即所谓"一隅之今文说"；刘逢禄、宋翔凤等人以今文立场驳古文，遂致今文家法粲然，然他们对今古文之分的探讨却流于表面。

　　清代经学家如陈寿祺父子、廖平、皮锡瑞等人崇尚经学之家法，他们由郑玄上溯东汉之古文学，再由东汉之古文学上溯西汉之今文学，并对延续两千余年的今古之学作了反思。庄存与、刘逢禄强调微言大义，魏源、龚自珍将经学研究与社会现实联系起来，陈寿祺父子、廖平、皮锡瑞等人则更重视辨析经之今古属性。

　　陈寿祺、陈乔枞搜辑今文《尚书》《三家诗》遗说而作《五经异义疏证》，陈立治《公羊春秋》而作《白虎通义疏证》，皆能明于师法，而以礼制为大要。三陈之经学有以礼制区分今古文之观念，然这种观念尚模糊。系统地以礼制区分今古者是廖平。梁启超曰："盖自今古之讼既兴，于是朱右曾有《尚书欧阳夏侯遗说考》，陈乔枞有《今文尚书经说考》《三家诗遗说考》《齐诗翼氏学疏证》，陈立有《公羊义疏》，专凭西汉博士说以释经义者间出。逮廖氏而波澜壮阔极矣。"②

　　廖平称陈氏父子能"以今古分别礼说"③，然陈氏仅略知本源，未能滢徹。廖氏遂以礼制为根荄，对今古文之分别作了透彻的阐述。廖氏对《五经异义》之经说作了辨析，发现今古学虽分多派，然在封国、爵禄、官制、丧葬制度方面却是"今与今同，古与古同，二者不相出入"④。廖氏认为，今古文所言礼制

---

① 蒙文通：《井研廖季平师与近代今文学》，四川大学古籍所编：《儒藏》"史部"第100册，四川大学出版社2007年版，第102页。

② （清）梁启超：《论中国学术思想变迁之大势》，上海世纪出版集团2006年版，第104—105页。

③ （清）廖平：《今古学考》卷下，《廖平全集》第1册，上海古籍出版社2015年点校本，第39页。

④ （清）廖平：《今古学考》卷上，《廖平全集》第1册，上海古籍出版社2015年点校本，第15页。

分别主《王制》和《周礼》，他遂以《王制》主今学，《周礼》主古学，先立两旗帜，然后招集流亡，各归部属。

廖平认为《礼记·王制》乃今学之祖，这主要体现在两方面：

第一，《王制》乃一王之大纲大法。廖平曰："《王制》一篇，以后来书志推之：其言爵禄，则职官志也；其言封建九州岛，则地理志也；其言命官、兴学，则选举志也；其言巡狩、吉凶、军宾，则礼乐志也；其言国用，则食货志也；其言司马所掌，则兵志也；其言司寇，则刑法志也；其言四夷，则外夷诸传也。大约宏纲巨领，皆已具此，宜其为一王大法欤！"① 又曰："孔子以《王制》为后世法，秦汉与《王制》不同，世遂不明此意，以《王制》为无用之书。不知后人阴被其福而不知。如《王制》开选举，后王全祖此法，而众建诸侯，即郡县之遗意；广开学校，亦治化之根本。《中庸》之'百世以俟圣人而不惑'，今用《王制》之事多为益，倍于《王制》者多为害，习焉不察耳。"② 廖氏认为，《王制》从法的层面对国家的政治、经济、宗教、礼仪等作了设计，从而成为王者之大经大法。

第二，《王制》乃孔子晚年之定论。孔子有"从周"之文，廖平认为"从周"仅是孔子早年之说，改制才是孔子晚年之定论，廖氏曰："孔子初年问礼，有'从周'之言，是尊王命、畏大人之意也。至于晚年，哀道不行，不得假手自行其意，以挽弊补偏；于是以心所欲为者，书之《王制》，寓之《春秋》，当时名流莫不同此议论，所谓因革继周之事也。后来传经弟子因为孔子手订之文，专学此派，同祖《王制》。其实孔子一人之言，前后不同。予谓从周为孔子少壮之学，因革为孔子晚年之意者，此也。"③ 廖氏认为，此所谓"因革"，乃素王之改制，《王制》记载的便是孔子改制之言。廖平曰："孔子以匹夫制作，其行事具于《春秋》，复推其意于五经。孔子已殁，弟子纪其制度，以为《王制》。《论语谶》：'子夏六十四人撰仲尼微言，以事素王。'即《王制》也。此篇皆改制事，不敢讼言，所谓微言。王即素王

---

① （清）廖平：《今古学考》卷下，《廖平全集》第 1 册，上海古籍出版社 2015 年点校本，第 58 页。

② （清）廖平：《王制集说凡例》，《廖平全集》第 4 册，上海古籍出版社 2015 年点校本，第 93 页。

③ （清）廖平：《今古学考》卷下，《廖平全集》第 1 册，上海古籍出版社 2015 年点校本，第 34 页。

也。"① 廖平与《公羊》家皆以孔子为改制者。然廖平与《公羊》家所言之改制又有不同，廖氏所言"改制"之义，是改周之文以从质。廖氏曰："《王制》即所谓继周之王也。因于《周礼》即今学所不改而古今同者也。其损益可知，《王制》改周制，皆以救文胜之弊，因其偏胜，知其救药也。年岁不同，议论遂异。春秋时诸君子皆欲改周文以相救，孔子《王制》即用此意，为今学之本旨。何君解今礼，以为《春秋》有改制之文，即此意也。特不知所改之文，全在《王制》耳。"② 廖平所言改制之义，是孔子改文以从质。与《公羊》家骇怪之论相比，廖氏所言改制之义较为平实。

古书今古属性，自古以来便是歧见纷纭，莫衷一是。在《王制》为今文之祖的观念下，廖平对古书之今古属性作了判定。其《今古学专门书目表》以《王制》为旗帜统诸书，所统者有《穀梁春秋》《公羊春秋》《尚书大传》《春秋繁露》《韩诗外传》《子夏易传》《蔡氏易说》《丁氏易传》《韩氏易传》《施氏章句》《孟氏章句》《今文尚书》《欧阳章句》《大夏侯章句》《小夏侯章句》《鲁诗故》《齐诗故》《韩诗故》《公羊颜氏春秋》《公羊文谥例》等。此外，廖氏还对经书单篇之今古属性作了判定，如他说："群经之中，古多于今，然所以能定其为今学派者，全据《王制》为断。《三朝记》知其为今学者，以与《王制》合也。《礼记·冠、昏、乡饮、射义》所以知为今学者，以与《王制》同也。同者从同，异者自应从异，故旧说渊源，皆不足据。"③ 由此可见，廖平判定经籍今古属性之标准，是看经籍之经说与《王制》是否相符，若经说与《王制》相符则属今文，不符则属古文。

廖平认为，以《王制》为今学之祖可提纲挈领。廖氏曾设想撰《王制义证》一书，其曰："予约集同人，撰《王制义证》。以《王制》为经，取《戴记》九篇，外《公》《穀》传、《孟》《荀》《墨》《韩》《司马》，及《尚书大传》《春秋繁露》《韩诗外传》、纬、候今学各经旧注，并及两汉今学先师旧说，务使详备，足以统帅今学诸经。"④ 又云："《王制》统六经，故今学皆主之立义：《春秋》《易》

① （清）廖平:《王制集说凡例》，《廖平全集》第 4 册，上海古籍出版社 2015 年点校本，第 91 页。
② （清）廖平:《今古学考》卷下，《廖平全集》第 1 册，上海古籍出版社 2015 年点校本，第 35 页。
③ （清）廖平:《今古学考》卷下，《廖平全集》第 1 册，上海古籍出版社 2015 年点校本，第 35 页。
④ （清）廖平:《今古学考》卷下，《廖平全集》第 1 册，上海古籍出版社 2015 年点校本，第 46 页。

《礼》《乐》无足疑，《诗》《书》经孔子翻定，已为孔子之书，首尾相合，大非
四代本制矣，故今学家皆主之。今凡六经传注师说，依次分纂，以证《王制》，
明诸经皆统于《王制》也。"①此外，廖平认为《礼记》的一些篇目可为《王制》
之注脚，他说："予以《王制》为今学之祖，取《祭统》《千乘》《虞戴德》《冠义》
《昏义》《射义》《聘义》《乡饮酒义》《燕义》等篇注之，附于今派。"②

廖平认为，要判断一部经典之今古属性，只需将该书所记之制度与《王制》
加以比较便可知晓。廖平之说，将今古文分别之依据从文字转移到礼制上。尽
管有学人先于廖平认识到礼制对于分别古今之意义，然却没有像廖平那样特别
关注《王制》，更没有将《王制》从群经中独立出来上升到今学之祖的地位。
湖湘学者皮锡瑞撰《经学通论》，在"三礼"部分亦以《王制》为今学之大宗，
并言其说源自陈寿祺和俞樾，而于廖平只字未提。通过比较廖平与皮锡瑞之
《王制》观，可知皮氏以《王制》为今文大宗的观点袭自廖平。

五、以《王制》解《穀梁传》

廖平认为《王制》为《春秋》之传，他说："《王制》为《春秋》大传，千
古沉翳，不得其解。以《穀梁》证之，无有不合。"③"《王制》本专为《春秋》
而作，故全与《春秋》名物制度相合也。"④"予以《王制》解《春秋》，无一字
不合。"⑤廖平撰《重订穀梁春秋经传古义疏》一书，在"凡例"中，廖平言该
书"注以《王制》为主，参以西汉先师旧说，从班氏为断"⑥。兹举十余例，以
见廖平以《王制》解《穀梁传》之概况。

①　(清) 廖平:《王制集说凡例》,《廖平全集》第 4 册, 上海古籍出版社 2015 年点校本, 第
91 页。
②　(清) 廖平:《今古学考》卷下,《廖平全集》第 1 册, 上海古籍出版社 2015 年点校本, 第
38 页。
③　(清) 廖平:《重订穀梁春秋经传古义疏凡例》,《廖平全集》第 5 册, 上海古籍出版社
2015 年点校本, 第 15 页。
④　(清) 廖平:《王制集说凡例》,《廖平全集》第 4 册, 上海古籍出版社 2015 年点校本, 第
91 页。
⑤　(清) 廖平:《今古学考》卷下,《廖平全集》第 1 册, 上海古籍出版社 2015 年点校本, 第
38 页。
⑥　(清) 廖平:《重订穀梁春秋经传古义疏凡例》,《廖平全集》第 5 册, 上海古籍出版社
2015 年点校本, 第 15 页。

《春秋》："冬十有二月，祭伯来。"《穀梁传》："来者，来朝也。其弗谓朝何也？寰内诸侯，非有天子之命，不得出会诸侯。不正其外交，故弗与朝也。"廖平曰："《王制》'天子之大夫视子、男'，其爵位正与鲁属小国相等。天子无事，小国朝于方伯，《春秋》所许。今弗与朝，则与夷狄不能朝言来同。"①

祭伯为天子大夫，方伯为天子卿，故得以"朝"言之。寰内诸侯无天子之命不得出会诸侯，故《穀梁传》不言"朝"。廖平于"来朝"之注云："据聘书奔，初当谨，不言使，故以朝言之。"②廖氏引《王制》，认为祭伯寰内诸侯，不请王命，则与夷狄不能朝言来同。

《春秋》："秋，武氏子来求赙。"《穀梁传》："武氏子者，何也？天子之大夫也。天子之大夫其称武氏子，何也？未毕丧。"廖平曰："《王制》云'父母之丧，三年不从政。齐衰大功之丧，三月不从政'，据仍叔之子系其父，不言'之'，知父已卒。"③

未丧毕，故《穀梁传》以天子之大夫称武氏子。廖平引《王制》，以明《穀梁传》未丧毕而称武氏子之原因。

《春秋》："九月，考仲子之宫。"《穀梁传》："考者何也？考者成之也，成之为夫人也。礼：庶子为君，为其母筑宫，使公子主其祭也。"廖平曰："《王制》'支子不祭'，据定弋氏书葬，葬则有庙。公子、支子、君之弟及别妾子为君为父后，于妾母不得顾；而礼缘情制，当有恩礼，故别筑宫以祭之。支子不为父后，故可主之。妾子不为君，则妾不为庙也。"④

《穀梁传》庶子为君，为其母筑宫，使公子主祭，庶母遂为夫人。廖平认为，《王制》有"支子不祭"之说，然君为父后，妾子为君，于母不得顾，而礼缘情制，当有恩礼，故别筑宫以祭之。

《春秋》："十有一年，春，滕侯、薛侯来朝。"《穀梁传》："天子无事，诸侯相朝，正也。考礼修德，所以尊天子也。诸侯来朝，时，正也。"廖平曰："《王

---

① （清）廖平：《穀梁春秋经传古义疏》卷一，《廖平全集》第 5 册，上海古籍出版社 2015 年点校本，第 27 页。

② （清）廖平：《穀梁春秋经传古义疏》卷一，《廖平全集》第 5 册，上海古籍出版社 2015 年点校本，第 27 页。

③ （清）廖平：《穀梁春秋经传古义疏》卷一，《廖平全集》第 5 册，上海古籍出版社 2015 年点校本，第 34 页。

④ （清）廖平：《穀梁春秋经传古义疏》卷一，《廖平全集》第 5 册，上海古籍出版社 2015 年点校本，第 39 页。

制》曰:'天子无事,与诸侯相见曰朝。考礼、正刑、一德,以尊天子。'"①

《王制》《穀梁传》所记诸侯相朝之事基本吻合,廖平遂引《王制》以释《穀梁传》。

《春秋》:"八年春,正月,己卯,烝。"《穀梁传》:"烝,冬事也。"廖平曰:"《王制》:'天子、诸侯宗庙之祭,春曰礿,夏曰禘,秋曰尝,冬曰烝。'"②

《王制》以"冬曰烝",即天子诸侯之冬祭曰烝。《穀梁传》认为烝乃冬事也,与《王制》之记载一致。廖平遂引《王制》解《穀梁传》。

《春秋》:"夏,五月,丁丑,烝。"《穀梁传》:"烝,冬事也。春夏兴之,黩祀也,志不敬也。"廖平曰:"《王制》:'诸侯礿则不禘,禘则不尝,尝则不烝,烝则不礿。'既已烝矣,不应再举礿祭,烝而后礿,以诸侯僭天子之礼,僭天子不可言,故言烝,以明烝则无礿也。"③

《穀梁传》解《春秋》,认为烝本冬事而夏行之,乃黩祀。廖平引《王制》之祭祀制度以释《穀梁传》,虽显牵强,然作为引申之语亦通。

《穀梁传》:"秋七月,禘于太庙。"廖平曰:"《王制》曰:'天子诸侯宗庙之祭,春曰礿,夏曰禘,秋曰尝,冬曰烝。'按:七月而行夏时祭,不时也。春秋以禘为时祭,以祫为时祭,合享。天子四时祭,唯春犆,余皆祫。'诸侯礿、犆、禘,一犆一祫。尝祫,烝祫。'此盖祫禘也。经不见礿者、犆者,文略不见。说禘祫与古文学异也。"④

《穀梁传》云秋七月二禘于太庙,廖平引《王制》天子诸侯宗庙之祭中"夏曰禘"以释《穀梁传》。

《春秋》:"己卯晦,震夷伯之庙。"《穀梁传》:"晦,冥也。震,雷也。夷伯,鲁大夫也。因此以见天子至于士皆有庙。"廖平曰:"《王制》:'天子之卿授地视伯,元士授地视附庸。'按:此天子、公、卿、大夫、元士,凡五等;君、卿大夫、上士、中士、下士,凡五等,合十等。然则此士兼就天子、诸侯言之,公

① (清)廖平:《穀梁春秋经传古义疏》卷一,《廖平全集》第5册,上海古籍出版社2015年点校本,第53页。

② (清)廖平:《穀梁春秋经传古义疏》卷二,《廖平全集》第5册,上海古籍出版社2015年点校本,第68页。

③ (清)廖平:《穀梁春秋经传古义疏》卷二,《廖平全集》第5册,上海古籍出版社2015年点校本,第68页。

④ (清)廖平:《穀梁春秋经传古义疏》卷四,《廖平全集》第5册,上海古籍出版社2015年点校本,第144页。

九锡起，士一命止，共十八等也。"①

廖平引《王制》所记之班爵授受制度，与《穀梁传》相互发明。

《春秋》："初税亩。"《穀梁传》："初税亩者，非公之去公田而履亩。"廖平曰："《王制》云：'凡四海之内，绝长补短，方三千里，为田八十万亿一万亿亩，方百里为田九十亿亩，山陵、林麓、川泽、沟渎、城郭、宫室、涂巷三分去一，其余六十亿亩。'又云：'古者以周尺八尺为步，今以周尺六尺四寸为步。古者百亩，当今东田百四十六亩三十步；古者百里，当今百二十一里六十步四尺二寸二分。'"②

廖平于此引《王制》所记古之田制以释《春秋》所记鲁国初税亩。

《春秋》："夏，成周宣榭灾。"《穀梁传》："其曰宣榭，何也？以乐器之所藏目之也。"廖平曰："《王制》：'乐正崇四术，立四教，顺先王诗、书、礼、乐以造士，春秋教以礼、乐，冬夏教以诗、书。'"③

《穀梁传》以宣榭为乐器所藏之地，廖平遂引《王制》乐正所立四教以释之。

《穀梁传》："古者立国家，百官具，农工皆有职以事上。古者有四民：有士民，有商民，有农民，有工民。"廖平释"商民"曰："《王制》有：'圭、璧、金、璋不粥于市；命服命车，不粥于市；宗庙之器，不粥于市；牺牲不粥于市；戎器不粥于市。用器不中度，不粥于市。兵车不中度，不粥于市。布帛精粗不中数，幅广狭不中量，不粥于市；奸色乱正色，不粥于市。锦文珠玉成器，不粥于市。衣服饮食，不粥于市。五谷不时，果实未孰，不粥于市。木不中伐，不粥于市。禽兽鱼鳖不中杀，不粥于市。'"④又释"工民"曰："《王制》：'凡执技论力，适四方，裸股肱，决射御。凡执技以事上者，祝、史、射、御、医、卜及百工。凡执技以事上者，不贰事，不移官，出乡不与士齿。'"⑤

---

①（清）廖平：《穀梁春秋经传古义疏》卷四，《廖平全集》第 5 册，上海古籍出版社 2015 年点校本，第 152—153 页。

②（清）廖平：《穀梁春秋经传古义疏》卷六，《廖平全集》第 5 册，上海古籍出版社 2015 年点校本，第 232 页。

③（清）廖平：《穀梁春秋经传古义疏》卷六，《廖平全集》第 5 册，上海古籍出版社 2015 年点校本，第 233 页。

④（清）廖平：《穀梁春秋经传古义疏》卷七，《廖平全集》第 5 册，上海古籍出版社 2015 年点校本，第 238 页。

⑤（清）廖平：《穀梁春秋经传古义疏》卷七，《廖平全集》第 5 册，上海古籍出版社 2015 年点校本，第 238 页。

《穀梁传》所言"四民",乃士民、商民、农民、工民。廖平引《王制》所记市场之禁忌、执技者之禁忌以释"商民"和"工民"。

《穀梁传》:"晋君召伯尊而问焉。伯尊来,遇辇者,辇者不辟,使车右下而鞭之。"廖平曰:"《王制》云:'道路,男子由右,妇人由左,车从中央。父之齿随行,兄之齿雁行,朋友不相逾,轻任并,重任分,斑白者不提挈。君子耆老不徒行,庶人耆老不徒食。'"①

《穀梁传》记尊伯受君之召,途中遇辇者,辇者不辟,遂有问答之事。廖平引《王制》所记男子、夫人及车行之制以释《穀梁传》。

从以上诸例可知,廖平引《王制》以释《穀梁传》,有些地方确能彰显《穀梁》之义。然《王制》一书所记制度并非全与《春秋》合,更非全与《穀梁》合,廖平只看到其合,而未见其异,故其结论未免偏颇。实际上,《王制》与《穀梁》关联甚少,而廖氏为了凸显《王制》所记制度之普遍性,遂强引《王制》以为注疏之资,未免牵强附会。

六、重订《王制》文本

《王制》主要记录了周代的爵禄、封国、官职、巡守、朝聘、教学、养老等制度。《王制》之作者和成篇年代,司马迁、卢植、郑玄、孔颖达、郑樵、叶适、孙景南、项安世、徐自明、孙希旦、朱彬等人皆作过探讨,然诸家于《王制》之文本却关注甚少。廖平质疑《王制》文本编排之合理性,并据己意加以调整。

廖平认为,《王制》虽为今学之大宗,然其文本并不完善,他说:"《王制》三公九卿,而《千乘》言四辅,《昏义》言六官,《曲礼》言五官,此类固多异名同实,而实为《王制》佚义者亦不少。"②又曰:"《王制》似有佚文在别篇,疑《文王世子》其一也。今观《千乘篇》,其说四辅全与《王制》文同,此孔子晚年告哀公用《春秋》说也。"③廖平认为《王制》有佚文和佚义存于他书。

① (清)廖平:《穀梁春秋经传古义疏》卷七,《廖平全集》第 5 册,上海古籍出版社 2015 年点校本,第 246 页。

② (清)廖平:《王制集说凡例》,《廖平全集》第 4 册,上海古籍出版社 2015 年点校本,第 93 页。

③ (清)廖平:《今古学考》卷下,《廖平全集》第 1 册,上海古籍出版社 2015 年点校本,第 57 页。

此外，廖平疑《王制》编排失序，他说："《王制》有经传记注之文，旧本殽乱失序。"① 此所谓"旧本"，即通行本《礼记·王制》。

廖平撰《王制订》，不损益《王制》通行本，而是将其分为王臣、侯国、服制、畿内封、八州封国、方伯、巡守、田猎、冢宰、司空、司马、司寇、司徒等多个部分，并依经、传、记、注等标准进行重新组合。廖平将分章的题目冠于某章的内容之后，经、传、记、注是以文字错落分布的方式来区别的。如于"司寇"一章，《王制订》曰：

> 司寇正刑明辟。
> 凡制五刑，必即天伦，邮罚丽于事。
> 以听讼狱，必三刺。
> 凡听五刑之讼，必原父子之亲，立君臣之义以权之；意论轻重之序，慎测浅深之量以别之；悉其聪明，致其忠爱以尽之。疑狱，泛与众共之；众疑，赦之。必察小大之比以成之。
> 有旨无简不听。
> 成狱辞，史以狱成告于正，正听之。正以狱成告于大司寇，大司寇听之棘木之下。大司寇以狱之成造于王，王命三公参听之。三公以狱之成告于王，王三宥，然后制刑。
> 附从轻，赦从重。
> 凡作刑罚，轻无赦。
> 刑者，侀也。侀者，成也。一成而不可变，故君子尽心焉。
> 右司寇 ②

廖平据《王制》，对司寇之职掌作了重新排列，经、传、记、注，条理秩然。据廖平《王制》之新编本，读者于司寇之职掌可一目了然。由此亦可见廖平对《王制》所下的工夫之深。

---

① （清）廖平：《王制集说凡例》，《廖平全集》第 4 册，上海古籍出版社 2015 年点校本，第 91 页。
② （清）廖平：《王制订》，《廖平全集》第 4 册，上海古籍出版社 2015 年点校本，第 81 页。

第十二节 康有为的《礼记》诠释

康有为（1858—1927）又名祖诒，字广厦，号长素，又号明夷、更甡、西樵山人、游存叟、天游化人。广东南海（今广东佛山市南海区）人，人称"康南海"。康有为曾拜崇奉宋明理学的朱次琦为师，受朱氏之影响，康氏鄙弃汉学家的烦琐考据，力图开辟新的治学道路。后来他发现理学仅言孔子修己之道，而不明孔子救世之学。当时西蜀廖平讲今文学，对公羊学之"通三统""张三世"多有论说。受廖平的影响，康有为逐渐转为尊孔子、崇《公羊》"三统"说。康有为对儒家经典有较深入的研究，并多借助经典以阐发政治思想。

康有为非常重视《礼记》，除于《礼记》之成书有论说外，还在研究《礼运》之基础上写出了《礼运注》《大同书》，在研究《中庸》之基础上写出了《中庸注》。今结合诸书的内容，以见康氏《礼记》研究之特色。

一、《礼运注》的思想和特点

康有为有《礼运注》一书，作者自署作于光绪十年（1884），姜义华等人则认为作于1901年至1902年作者避居新加坡、印度期间。该书内容最先刊载于康氏自办的《不忍》杂志，1916年由上海广智书局以《演孔丛书》名出版铅字排印本。

康有为认为《礼记·礼运》乃赅大道之书，他说："予小子六岁而受经，十二岁而尽读周世孔氏之遗文。乃受经说及宋儒先之言。二十七岁而尽读汉、魏、六朝、唐、宋、明及国朝人传注考据义理之说。……始循宋人之途辙……既悟孔子不如是之拘且隘也。继遵汉人之门径……既悟其不如是之碎且乱也……既乃离经之繁而求之史……既乃去古学之伪，而求之今文学。"[1]然康氏认为，"孔子之道大，虽不可尽见，而庶几窥其藩矣。惜其弥深太漫，不得数言而赅大道之要也，乃尽舍传说，而求之经文"[2]。康氏认为，饱读考据义理之书，追循汉宋治学之途，皆难得孔子大道之要，及读《礼运》，才豁然开朗。

---

[1] （清）康有为：《礼运注》，《康有为全集》第5集，中国人民大学出版社2007年点校本，第553页。

[2] （清）康有为：《礼运注》，《康有为全集》第5集，中国人民大学出版社2007年点校本，第553页。

他说："读至《礼运》，乃浩然而叹曰：孔子三世之变，大道之真，在是矣。大同、小康之道，发之明而别之精，古今进化之故，神圣悯世之深，在是矣。相时而推施，并行而不悖。是书也，孔氏之微言真传，万国之无尚宝典，而天下群生之起死神方也！天爱群生，赖以不泯，列圣呵护，幸以流传。二千五百年至予小子而鸿宝发见，辟新地以殖人民，揭明月以照修夜，以仁济天下，将纳大地生人于大同之域，令孔子之道大放光明，岂不异哉！"①康氏认为，《礼运》乃孔子之微言真传、万国之无上宝典，三世之变、大道之真、古今进化之故、神圣悯世之深，皆在是书。由此可见康氏对《礼运》评价之高。总的来看，《礼运注》有以下几大特点：

第一，以《公羊》"三世三统"说解《礼记·礼运》。

康有为非常重视公羊学，其多将《公羊》所云"三世""三统"说与《礼运》的"大同""小康"说相杂糅。如郑玄云："名《礼运》者，以其记五帝、三王相变易，阴阳旋转之道。"康有为曰："孔子之道有三世，有三统，有五德之运。仁智义信，各应时而行运。仁运者，大同之道。礼运者，小康之道。拨乱世以礼为治，故可以礼括之。"②康氏认为，孔子之道有三世、三统及五德，各随世运而转化；礼即五德之一，"礼运"即小康之道，拨乱世以礼为治。

第二，借《礼记·礼运》阐发社会政治理想。

康有为利用《礼运》的大同思想以构建自己的政治思想体系，成《大同书》一书。该书有着强烈的经世倾向。康氏认为，汉、唐、宋、明不别其治乱兴衰，皆小康之世，两千年来儒先所言，不别其真伪、精粗、美恶，皆小康之道；而中国正处于小康之世。他说："今者中国已小康矣，而不求进化，泥守旧方，是失孔子之意，而大悖其道也，甚非所以安天下乐群生也，甚非所以崇孔子同大地也。"③康氏认为其所处的是超越小康而追求大同之时，要实现这种超越，就得托古改制、变法维新。

《礼记·礼运》描述大同之世曰："大道之行也，天下为公，选贤与能，

---

① （清）康有为：《礼运注》，《康有为全集》第5集，中国人民大学出版社2007年点校本，第553页。

② （清）康有为：《礼运注》，《康有为全集》第5集，中国人民大学出版社2007年点校本，第554页。

③ （清）康有为：《礼运注》，《康有为全集》第5集，中国人民大学出版社2007年点校本，第553—554页。

讲信修睦。"康有为对"天下为公"作了很多阐述,如他说:"天下国家身,此古昔之小道也。夫有国、有家、有己,则各有其界而自私之。其害公理而阻进化,甚矣。惟天为生人之本,人人皆天所生而直隶焉。凡隶天之下者皆公之,故不独不得立国界,以至强弱相争。并不得有家界,以至亲爱不广。且不得有身界,以至货力自为。故只有天下为公,一切皆本公理而已。公者,人人如一之谓,无贵贱之分,无贫富之等,无人种之殊,无男女之异。分等殊异,此狭隘之小道也,平等公同,此广大之道也。无所谓君,无所谓国,人人皆教育于公产,而不恃私产。人人即多私产,亦当分之于公产焉。则人物所用其私,何必为权术诈谋以害信义?更何肯为盗窃乱贼以损身名?非徒无此人,亦无复此思。内外为一,无所防虞。故外户不闭,不知兵革。此大同之道,太平之世行之。惟人人皆公,人人皆平,故能与人大同也。"①康氏认为,天下为公,无所谓国,无所谓家,平等公同,乃大同之道、大同之世。

第三,以《礼记·礼运》与现实社会相比附。

戊戌变法失败以后,康有为流亡海外,游览欧美多国,还去过新加坡和印度。康氏突破了传统的经学考证法,将《礼运》与世界各国风俗相比附。如《礼运》:"夫礼之初,始诸饮食。其燔黍捭豚,污尊而抔饮,蒉桴而土鼓,犹若可以致其敬于鬼神。"康氏曰:"礼因人道而设,故亦以饮食之礼为始。今非洲之人,以猎为事,归而分之。此亦礼也。太古民愚,故尤尚鬼。今考埃及、叙利亚、印度、波斯及各野番之先,皆以事鬼神为至重。印度、波斯、犹太之经,半为祭礼。……土鼓,筑土为鼓也。此盖述太古石期之先,未能制器,先已有礼也。今滕越野人、台湾生番,及南洋、婆罗洲各岛之生番,非洲之野番,尚有。"②非洲人狩猎归而分之,康氏以《礼运》"始诸饮食"释之;埃及、叙利亚、印度、波斯及野番重事鬼神,康氏以《礼运》"致其敬于鬼神"释之;滕越野人、台湾、南洋、婆罗洲各岛之生番、非洲之野番未能制器而能行礼,康氏以《礼运》"蒉桴而土鼓"释之。

又如《礼记·礼运》:"昔者先王未有宫室,冬则居营窟,夏则居橧巢。未

---

① (清)康有为:《礼运注》,《康有为全集》第5集,中国人民大学出版社2007年点校本,第555页。

② (清)康有为:《礼运注》,《康有为全集》第5集,中国人民大学出版社2007年点校本,第558页。

有火化，食草木之实、鸟兽之肉，饮其血，茹其毛。未有麻丝，衣其羽皮。"康氏曰："营窟者，穴山作室，《诗》称'陶夏''陶穴'，今山西尚有之。台湾之生番、非洲之野蛮，乃至欧洲、西班牙之气他那土人皆然。橧，陆德明曰：'本或作增，或作曾，即今层字。'盖为巢于木上，而累数层也。今婆罗洲生番亦然。腾越野人，非洲黑人，尚专食草木之实、鸟兽之肉。"①台湾之生番、非洲之野蛮、欧洲和西班牙土人之居住方式，康氏以《礼运》"营窟"释之；腾越野人、非洲黑人之食物，康氏以《礼运》"未有火化，食草木之实、鸟兽之肉，饮其血，茹其毛"释之。

康有为据见闻释经典，是为了证明孔学是适应万国之大纲大法。康氏突破了传统的经学考据法以注《礼运》，体现了在新的历史条件下具有世界眼光的学人在面对经典时的开放心态。

二、《中庸注》的思想和特点

康有为有《中庸注》一书，叙文曾载于《不忍》杂志。上海广智书局于1916年以《演孔丛书》为名出版了该书的铅字排印本。

康氏曰："孔子生二千四百五十一年，康有为避地于槟榔屿英总督署之明夷阁。蒙难艰贞，俯地仰天，乃以其暇绎思，故记。瞤然念孔子之教论，莫精于子思《中庸》一篇。……此篇系孔子之大道，关生民之大泽，而晦冥不发，遂虑掩先圣之隐光，而失后学之正路。不敢自隐，因润色凤昔所论思，写付于世。"②戊戌变法失败之后，康有为在避难期间撰《中庸注》。其认为《中庸》系孔子之大道，关生民之大泽，义理精微，值得发掘。总的来看，《中庸注》有以下几大特点：

第一，以《礼记·中庸》与公羊学相会通。

在《中庸注》中，康有为试图会通《中庸》与公羊学，以阐发他的社会政治思想。如《中庸》："君子之中庸也，君子而时中。小人之中庸也，小人而无忌惮也。"康氏曰："孔子之道，有三统三世焉。其统异，其世异，则其道亦异。

---

① （清）康有为：《礼运注》，《康有为全集》第 5 集，中国人民大学出版社 2007 年点校本，第 559 页。

② （清）康有为：《中庸注》，《康有为全集》第 5 集，中国人民大学出版社 2007 年点校本，第 369 页。

故君子当因其所处之时，观其会通，以行其典礼。上下无常，惟变所适。"①康氏以公羊学"三统三世"说释《中庸》所言之"时中"。

又如《中庸》："是故居上不骄，为下不倍。国有道，其言足以兴。国无道，其默足以容。"康氏曰："此言孔子改制著作，既待有道之国行其言，以拨乱反正，而身当无道，又能明哲保身也。……何氏休曰：孔子改周之制，畏时远害，不敢笔之于竹帛，而口授弟子。盖孔子改制，有三世之殊异。据乱诛大夫，升平退诸侯，太平贬天子。推行各有其时，言于当世亦必不行，故不必冒险犯难，而令身亡而道不传也。"②康氏于此以公羊学的"三统三世"说释《中庸》。

又如《中庸》："故君子尊德性而道问学……温故而知新，敦厚以崇礼。"康氏曰："夫故者，大地千万年之陈迹，不温寻之，则不知进化之由，虽欲维新而恐误。新者，万物无穷无尽之至理，不考知之，无以为进化之法，虽能胜古而亦愚。孔子甚爱古迹，尤好新法。法者，其义相关，故戒守旧之愚害，而亦不可为灭古之卤莽也。"③康氏释孔子之言，表达了他的维新思想。

又如《中庸》："非天子不议礼，不制度，不考文。"康氏曰："天子，孔子也。孔子为苍帝之精，作新王受命。董子《繁露·三代改制篇》曰：'《春秋》应天，作新王之事。'又曰：'《春秋》作新王之事，变周之制。'又曰：'《春秋》上黜下，下存周，以《春秋》当新王。'何氏休《公羊》宣十六年注：'孔子以《春秋》当新王，上黜杞，下新周，而故宋。'议礼、制度、考文，皆孔子改制之事也。"④康氏于此以公羊学"三科九旨"说释《中庸》。

又如《中庸》："王天下有三重焉。"康氏曰："三重者，三世之统也。有拨乱世，有升平世，有太平世。拨乱世，内其国而外诸夏。升平世，内诸夏而外夷狄。太平世，内外远近大小若一。每世之中，又有三世焉。则据乱亦有乱世之升平、太平焉，太平世之始，亦有其据乱、升平之别。每小三世中，又有三

① （清）康有为：《中庸注》，《康有为全集》第5集，中国人民大学出版社2007年点校本，第371页。

② （清）康有为：《中庸注》，《康有为全集》第5集，中国人民大学出版社2007年点校本，第386页。

③ （清）康有为：《中庸注》，《康有为全集》第5集，中国人民大学出版社2007年点校本，第386页。

④ （清）康有为：《中庸注》，《康有为全集》第5集，中国人民大学出版社2007年点校本，第386页。

世焉。于大三世中，又有三世焉。故三世而三重之，为九世。九世而三重之，为八十一世。辗转三重，可至无数量，以待世运之变，而为进化之法。"①康氏于此以公羊学"三统三世"说释《中庸》所言"三重"之义。

第二，会通儒佛以表白心境。

中国古代的知识分子多兼通儒释道。当仕途通达、一帆风顺时便以儒修身齐家、兼济天下；当仕途不畅、贬谪流放时，则多以释道修养身心、独善其身。戊戌变法失败，对康有为的内心世界造成很大的冲击。其《中庸注》中调和佛儒，既是为了安顿自己的身心，也是为了寄予希望。

如《礼记·中庸》曰："在上位不陵下，在下位不援上，正己而不求于人，则无怨。"康氏曰："知正己，则不尤人，易免于祸矣。庄子曰'知其无可奈何而安之若命'，释氏之坚忍证阿那含者也。孟子曰'顺受其正'，罗汉之随喜顺受也。子思之无入不自得，菩萨之地狱天宫皆成佛土也。释氏舍弃一切，弃家学道，以出烦恼，而生天成佛者。然孔子于明伦教物，实倡此义，令天下人人乐其境遇，不复苦恼。"②《中庸》："知、仁、勇三者，天下之大德也，所以行之者一也。"康氏曰："佛氏亦贵智慧、慈悲、勇猛三者，具天下之达德也。"③康氏于此据佛学以释《中庸》，以表达自己在挫折中应该持有的人生态度。

又如《礼记·中庸》："素富贵，行乎富贵。素贫贱，行乎贫贱。素夷狄，行乎夷狄。素患难，行乎患难。君子无入而不自得焉。"康氏曰："一切境界事物，可欣可慕者，泊然不能动之。非惟不动，且不愿焉。其安而行之，顺受自乐如此。故入于富贵，不离衮衣玉食。入于贫贱，不避监门赁春。入于夷狄，不妨断发文身以讲周礼。入于患难，可以幽囚著作，行乞清歌。其神明超胜，故无所入而不自得焉。"④此段文字体现了康氏在变法失败后的无奈心境。

---

① （清）康有为:《中庸注》,《康有为全集》第5集，中国人民大学出版社2007年点校本，第387页。

② （清）康有为:《中庸注》,《康有为全集》第5集，中国人民大学出版社2007年点校本，第375页。

③ （清）康有为:《中庸注》,《康有为全集》第5集，中国人民大学出版社2007年点校本，第380页。

④ （清）康有为:《中庸注》,《康有为全集》第5集，中国人民大学出版社2007年点校本，第375页。

又如《礼记·中庸》曰:"国有道,其言足以兴;国无道,其默足以容。"康氏曰:"后人若无改制之大事,而托于明哲默容,则为怯懦偷生之小人耳。"[1]康氏不甘于失败,他一方面鞭挞偷生之小人,另一方面继续寄希望于改制。

---

[1]　(清)康有为:《中庸注》,《康有为全集》第 5 集,中国人民大学出版社 2007 年点校本,第 386 页。

第四章 清代"三礼"综论类
名家名著研究

第一节 毛奇龄于《仪礼》《礼记》所记婚丧礼之诠释

毛奇龄所撰《昏礼辨正》和《丧礼吾说篇》,对《仪礼》《礼记》所记婚礼和丧礼作了考辨。毛氏撰此二篇,意在让世人明礼。比如他言撰《昏礼辨正》的动机曰:"惜予本无学,而仲氏又逝,全礼不明,将以俟后之有学者。因先录昏礼一节,记其所闻于仲氏之所言者,以就正有道,名曰《辨正》。嗟乎!世岂无知礼者矣。"①

一、于婚礼之考辨

《昏礼辨正》的内容及特色可从以下三个方面来看:

第一,该书援引他经及相关经说,力诋《仪礼》《礼记》于婚礼之记载。如于"行媒"之仪,《仪礼·昏礼》仅有"下达"与此相关。而先秦典籍言媒妁者多,如《诗》"娶妻如之何?匪媒不得",《礼记·曲礼》"男女非有行媒不相知名",《礼记·坊记》"男女无媒不交",《周礼·地官》"媒氏掌男女之判合",《离骚》"吾令鸩为媒兮",《孟子》"不待父母之命,媒妁之言"。毛奇龄好友徐仲善说:"《士昏礼》以纳采为第一礼,无行媒文,则世无謇修未通,而可以行采择礼者,此后世王者采宫婢法也。故曰昏礼多阙略,此其一也。"②毛奇龄征引上述典籍于行媒之记载,并佐之以徐仲善之说,以明《仪礼》阙行媒之仪。

第二,该书质疑《仪礼》《礼记》的部分内容颇具参考价值。兹举数例以见之:

---

① (清)毛奇龄:《昏礼辨正》,《续修四库全书》第 95 册,第 4 页。
② (清)毛奇龄:《昏礼辨正》,《续修四库全书》第 95 册,第 4 页。

《仪礼·士昏礼》卷首"下达"二字，郑玄、朱熹、敖继公、毛奇龄、秦蕙田、沈彤、郑珍等人皆有讨论，观点不一。郑玄认为是"使媒氏下通其言"之义，用雁是"取不再偶""顺阴阳往来"之义。朱熹认为，"下达"乃自天子达于庶人纳采皆用雁，余礼用雁皆当下达，惟纳徵有所不同。敖继公承朱子之说。毛奇龄认为纳徵不用雁，他说："《孝经·钩命决》曰'五礼用雁'，故自纳采至亲迎皆奠雁。惟此礼无者，以雁本贽物，非礼物也。古主宾相见，皆有贽物，雁者，大夫所执之贽也。昏礼有摄盛之例，凡所用礼皆可越一等行之，故士礼用雁，得借大夫礼，谓之摄盛，亦谓之'下达'。《士昏礼》于纳采仪明云'下达用雁'，则意可知矣。今人不解雁是贽物，又不解'下达'字，竟认为纳昏礼物，以为昏礼必用雁，或云'取不再偶'之义，或云'取顺阴阳往来'之义，可笑甚矣。古相见有贽，今无贽矣。且《士昏礼》每行礼，必用一士人为之宾使。今但用媒氏，而以家隶子弟将命以往，宾且无有，贽将安用？且下达者，士贽也，越级行事，不过一等，假使庶人皆用雁，则士可执圭璧，用诸侯礼乎？何荒诞如此？"[1]毛氏认为，《士昏礼》奠雁并非礼物，而是贽物，人们误以贽物为礼物；此外，《士昏礼》卷首"下达"乃摄盛之义，并非自天子达于庶人之义。毛氏于"下达"颇有创见，值得参考。

关于婚礼是否用乐，《仪礼·士昏礼》无明确记载。《仪礼·郊特牲》曰："昏礼不用乐，幽阴之义也。乐，阳气也。"毛奇龄曰："妇至不用乐，然古有之。《关雎》'琴瑟友之，钟鼓乐之'，《车牵》'式歌且舞'，皆是也。古有房中乐，工歌之次，间以箫钥，故懿氏卜婚，筮辞有'凤凰于飞，和鸣锵锵'，象箫钥之声。而《郊特牲》反曰'昏礼不用乐，幽阴之义'，夫昏仪用两，阴阳备也。《易》阴阳咸感为娶女之卦，故蔡邕《协和昏赋》曰'乾坤和其刚柔'，虞翻曰'《归妹》宴阴阳之仪'，未闻昏礼阴礼也。"[2]毛氏认为，《郊特牲》误以婚礼为阴礼，他据《易》《诗》，认为婚礼用乐。毛氏于婚礼是否用乐之考证，也颇具参考价值。

第三，该书务出新义，有疑所不当疑者。兹举数例以见之：

《仪礼·士昏礼》："请期，用雁。主人辞，宾许，告期，如纳徵礼。"郑《注》："主人辞者，阳倡阴和，期日宜由夫家来也。夫家必先卜之，得吉日，

---

① （清）毛奇龄：《昏礼辨正》，《续修四库全书》第 95 册，第 6 页。

② （清）毛奇龄：《昏礼辨正》，《续修四库全书》第 95 册，第 9 页。

乃使使者往，辞即告之。"贾《疏》："婿之父使使纳徵讫，乃卜婚日，得吉日，又使使往女家告日，是期由男家来。今以男家执谦，故遣使者请女家，若云期由女氏，故云请期。女氏知阳倡阴和，当由男家出，故主人辞之。使者既见主人辞，遂告主人期日也。"毛奇龄曰："士昏礼，宾入，先请期，而后告期，则期自定自婿家，岂当向女氏请也。告则可该请矣。若《白虎通义》曰：'昏礼请期，不敢必也。'则直女氏为政矣，可乎？"①毛氏认为，男方请期，又有告期，有矛盾之嫌，且有女氏为政之义。实际上，凭郑《注》、贾《疏》，可释毛氏所疑。郑氏和贾氏于此既有文献依据，又有合情理之解释。而毛氏则疑经惑注，务求新义，故不可从。

《仪礼·士昏礼》所记婚礼有问名仪节。毛奇龄曰："昏礼问名，必先问年月日，而后及于名，《周官》所谓媒氏先书年月日名是也。盖年较名为尤重。男女伉俪，须先计时，以辨长幼。其但称问名，而不及年月日者，举一以该二也。"②《士昏礼》无问女方出生年月日之记载。毛氏认为问名即包括问年月日，并认为年月日比问名更重要。毛氏之说无文献依据，属于臆测。

婚礼"六礼"之说，即纳采、问名、纳吉、纳徵、请期、亲迎，这在《仪礼·士昏礼》和《礼记·昏义》中皆有记载。而《穀梁传》言婚礼则是"四礼"，分别是纳采、问名、纳徵、告期。《公羊传》注言婚礼成于五，先纳采、问名、纳吉、纳徵、请期，然后亲迎。毛奇龄曰："昏礼五、六，原无成数，《公羊》称五礼，《穀梁》凿定称四者，以亲迎非通接之礼，而纳采、问名后不当又纳吉也。婚姻卜吉，自当在行媒之后、纳采之前。假使采择既讫，女名已通，《曲礼》所谓相知名者，而然后命卜，则万一不吉，其可以吾子觊命加卜不良致辞也乎？且卜亦何必告也？《穀梁》说是也。"③毛氏据《穀梁传》，认为《士昏礼》所记"纳吉"不合情理，是多余仪节。其理由，一是卜吉之仪节当在行媒、纳采之前；二是问名后再卜，若结果不吉，将难以处理。《仪礼》《礼记》所记婚礼"六礼"，人们皆沿用而不疑，即便后世有所损益，亦不疑"六礼"之记载。毛氏虽晓之以情理，然由于其疑古过勇，所得结论自然也难以服人。

毛奇龄《昏礼辨正》一书务求新义，其考证既有精到之处，亦有臆说之嫌。

---

① （清）毛奇龄：《昏礼辨正》，《续修四库全书》第95册，第7页。
② （清）毛奇龄：《昏礼辨正》，《续修四库全书》第95册，第5页。
③ （清）毛奇龄：《昏礼辨正》，《续修四库全书》第95册，第4页。

四库馆臣曰:"是书……引《曲礼》男女非有行媒不相知名,而《士昏礼》乃不言行媒。……引《穀梁传》纳采、问名、纳徵、告期,谓止当有四礼,而《士昏礼》乃误增纳吉一礼,又误入亲迎于六礼之内。引《诗·关雎》琴瑟钟鼓,谓嫁娶亦当用乐,而《郊特牲》乃谓昏礼不用乐,其说颇为辨博。其中论告庙朝至之仪,虽颇有根据,而核其大致,穿凿者多,未足据为定论也。"①馆臣认为该书"颇为辨博",然"穿凿者多",可谓中肯之评价。

二、于丧礼之考辨

《丧礼吾说篇》的内容及特色可从以下几个方面来看:

第一,毛奇龄认为《仪礼》出自孔、孟、荀之后,故《仪礼》关于丧礼之记载不尽可信。

关于《仪礼·丧服》的成篇时代,毛奇龄曰:"《丧服》冒子夏以为传,则明属战国后起,然且较后于《戴记》,以《荀子》与《丧小记》《杂记》为之蓝本。夫《荀子》在《孟子》后,与吕秦相近,而戴《记》取《荀子》以成篇,《士礼》又取《荀子》、戴《记》以为之蓝本,则后之又后。然而汉晋儒说皆不能脱其羁络。汉戴德作《丧服变除》,魏蒋济、王肃作《万机》《圣证》诸论,而晋刘智作《释疑》,贺循作《丧服要记》,止据《士礼》为论辨,虽其书不传,然已杂见于诸书之中。至宋人无学,反编《士礼》为礼经,《周官》《戴记》为礼传,谬乱踳驳,予尝欲正之,而不可得也。今所论说,率以孔子《春秋》与《论语》《孟子》诸书为之据,而不得已,而无所据者,则据'三礼'。"②此段文字所包含的信息有以下三点:一是认为《仪礼》所记丧礼的篇目出自战国,在孔、孟、荀以及《礼记》之后,《仪礼》所记丧礼是以《荀子》《礼记》等为思想资源而成;二是认为汉晋儒者对丧礼、丧服所作之探讨乃误据《仪礼》,宋儒以《仪礼》为经,而以《周礼》《礼记》为传,乃颠倒是非、混淆黑白之举;三是认为研治丧礼所可信据的文献主要是《春秋》《论语》和《孟子》,不得已才据"三礼";言下之意,经典于丧礼记载之可信度,"三礼"要低于《春秋》《论语》和《孟子》。

在《五服古今异制说》中,毛奇龄曰:"父母之丧,在春秋战国以前并无分别作等杀者。自马、戴诸记始有等杀诸仪节杂见礼文而作士礼者,著《士丧

---

① (清)永瑢等:《四库全书总目》卷二十五,中华书局 1965 年版,第 203—204 页。

② (清)毛奇龄:《丧礼吾说》,《续修四库全书》第 95 册,第 16 页。

礼》《丧服传》二篇，遂公然扬父抑母，截然分父母丧服为二等，父为斩衰，母为齐衰，然且父在则为母期。按《杂记》恤由之丧，哀公使孺悲学士丧礼于孔子，于是乎有《士丧礼》书。此固战国后人借孔子以为名者。至《丧服》一篇，直称为子夏之传，而注者又疑主客问答有似《公羊》。公羊，子夏弟子也，是不知何时何人遥援七十子之徒以为依附，显然非东周以前之礼，而乃《丧服记》《杂记》彼此窃比，相倚成说，其不可问抑多矣。幸而《论语》《孟子》《左传》三书皆春秋战国间文，先于'三礼'，而又皆孔、孟二人亲为之事与亲定之语。"① 毛氏认为，《左传》所记哀公使孺悲学士丧礼于孔子之事，是战国时人托孔子为说，并非真有其事；《丧服》篇并非子夏所传，所记亦非东周以前之礼，而是有人以《礼记》为据而成篇。

《礼记·曾子问》和《檀弓》多据春秋事迹言丧礼和丧服。毛奇龄说："《丧礼》无言事者，惟《曾子问》《檀弓》二篇多据春秋事迹为言，以诸记礼者皆战国以后儒也，但其所引事一往多误。夫以战国后儒引春秋时事相距不远，且事又显白，即其所引亦止此一十余条，乃无一不误，况欲以此言春秋以前之礼，可乎？予尝昌言礼备于《春秋》，韩简子所云周礼尽在鲁者，真非虚言。故予传《春秋》，特创为《礼例》一目，舍此则《论语》《孟子》犹为可信，而'三礼'反不与焉。必不得已，在《春秋》《论语》《孟子》三书所无有者，则然后遍考'三礼'而酌取其近理者以为据。"② 毛氏认为，《春秋》《论语》《孟子》所记丧礼或丧服尤为可信，而《礼记·曾子问》《檀弓》等篇所记丧礼和丧服出自战国以后之儒，所记春秋事迹不可信。在此观念下，毛氏对《曾子问》和《檀弓》所记事迹涉及丧礼和丧服者作了辨析。毛氏认为这些记载"所引事则非与传忤，而皆与经忤"③，"相传有误文"④。如《檀弓》公仪仲子之丧，檀弓免焉，仲子舍孙而立子为丧主。后子游问孔子，孔子曰"立孙"。毛氏曰："按《春秋》无公仪氏，惟鲁穆公时有公仪休为鲁相。孟子所云鲁穆公之时，公孙仪子为政者，是时始有公仪之族见于史传，然其距孔子卒时已七十余年矣，此必相传有误文耳。"⑤ 毛氏认为，孟子时才有公仪氏见于史传，故《檀弓》于孔子时有公

---

① （清）毛奇龄：《丧礼吾说》，《续修四库全书》第95册，第75页。

② （清）毛奇龄：《丧礼吾说》，《续修四库全书》第95册，第97页。

③ （清）毛奇龄：《丧礼吾说》，《续修四库全书》第95册，第97页。

④ （清）毛奇龄：《丧礼吾说》，《续修四库全书》第95册，第98页。

⑤ （清）毛奇龄：《丧礼吾说》，《续修四库全书》第95册，第98页。

仪仲子之记载不可信据。

第二,毛奇龄凭经验推断《仪礼》之记载不可信据。

毛奇龄认为,从经验的角度来看,《仪礼》所记礼仪有不可信者。如于《士丧礼》楔齿饭含,毛氏曰:"此为饭含设也。古有饭含礼,《周礼·典瑞》共饭玉、含玉,将以饭与玉含之口中,恐死者齿噤,故预以角柶楔其齿,此固礼或有之,但其制不典。据《士礼》云楔貌如轭,上两末,谓楔以角为之,而形如曲轭,以中曲处入口,而撑其两端于口角,故曰上两末,谓楔之两头在口角上也。然已不忍观矣。后以视朱氏《家礼》,则竟以一箸横口中。按角柶即角匕,礼原设之以为铏羹之用,匕箸一类。则或以角箸楔齿间,如《荀子》所谓'啥以槁骨'者,亦无不可。但不可横楔,横即衔枚也,而可乎?予尝谓楔齿缀足,此礼总不必行者。《春秋·哀十九年》晋荀偃病卒,口不可含,以志在伐齐也。栾怀子祝之曰:'所不嗣事于齐者,有如河。'遂受含。是当时未尝楔齿也。启即含,不启即否,何必楔齿?'三礼'出战国之后,其在春秋间便多不合,此亦其一耳。"①毛氏认为,《士丧礼》所云楔齿之事,《周礼》亦有相关记载,然"其制不典";从经验的角度来看,楔之两末在死者的口角,"不忍观矣",朱子《家礼》以一箸横口间,与衔枚无异,亦不可也。

《士丧礼》有缀足之记载。毛奇龄曰:"士礼楔齿用角柶,缀足用燕几。缀足者,恐死者足缪戾,难著屦也。至其自作《记》又曰:'用燕几校其足,使御者坐持之。'谓以几之两足横竖之,而夹死者之足于其间,如校胫。然则死者何罪,而口衔枚、足荷校也?乃观《檀弓》又曰:'毁灶以缀足。'谓毁其饮食之灶,取其甓以柙两足,使相联缀,则或校以几,或柙以甓,虐辱极矣。"②毛氏认为,以几缀足,是以死者之足夹于几之两足间,与校胫之状无异,"校几""柙甓"对于死者来说是"虐辱极矣"。

《士丧礼》有小敛奠之仪节。毛奇龄曰:"小敛陈所敛之衣而奠之,设于室内,在尸东,而无席,以此时尚在牖下,未出堂也。《士礼》乃谓奠于东堂下,误矣。《檀弓》子游谓小敛之奠当在东方,以曾子言西方为非,要皆在室内。《丧大祭》曰'小敛于户',是也。其奠不过陈一鼎或醴酒脯醢,而《士礼》有鼎俎笾豆,升降两阶,公然在堂行大事,已不可解。且据其立说,此

---

① (清)毛奇龄:《丧礼吾说》,《续修四库全书》第 95 册,第 19—20 页。

② (清)毛奇龄:《丧礼吾说》,《续修四库全书》第 95 册,第 20 页。

时尚未重置，乃曰奠者由重南而东，则直是狂言瞎语，毫与行事不相顾。而汉晋儒者尚引以为据，何耶？"① 毛氏认为，《士丧礼》所记小敛奠在东堂下有误；其据《檀弓》和《丧大祭》，认为小敛当在户内行事。《丧大祭》云："小敛于户内。"又云："小敛，主人即位于户内，主妇东面，乃敛。"孔《疏》："初时尸在牖下，主人在尸东，今小敛在户内，故主人在户内稍东，西面。"此确实言小敛在室内。《丧大祭》又云："彻帷，男女奉尸夷于堂，降拜。"此言小敛毕，相者举尸将出户，陈于堂。由此可见，毛氏所言有据。然其据《礼记》以驳《仪礼》，则似有不妥，因为《礼记》乃《仪礼》之记，故当疑者为《礼记》，而非《仪礼》也。

毛奇龄《丧礼吾说》旨在驳《仪礼》《礼记》所记载的丧礼、丧服之内容。其所秉承的一个重要观点，即《仪礼》《礼记》后出于《春秋》《论语》《孟子》《荀子》，因此其认为《仪礼》《礼记》于丧礼、丧服之记载不尽可信。然而关于《仪礼》《礼记》的成书年代，古今学者争议很大，并没有统一的结论。不过《礼记》的成书年代大致在战国乃至战国以后，《仪礼》的成书年代大致在春秋甚至春秋之前，则没有太大的争议。毛奇龄一反前儒之说，认为《仪礼》的成书年代是战国，甚至在《孟子》和《荀子》之后，则显属武断之说。因此，在此观念之下对《仪礼》所记丧礼提出的疑义，则有臆断之嫌。

毛奇龄《丧礼吾说》对《仪礼》《礼记》所记丧礼、丧服之考证，确实多有穿凿。比如在该书卷十，毛氏认为《檀弓》和《曾子问》所记丧礼之事不可信据。从毛氏所做的辨析，可知其推断多，而真凭实据少。如前所述，其认为孔子时有公仪仲子之说不可信，此即是推断，并无实据。事实上，《檀弓》《曾子问》是战国以来儒者根据口耳相传的故事写成的，这些故事是为彰显意义，而非记述历史，故不可当作史实看待。毛氏之误，是将彰显意义之书与信史相比较，故得出《檀弓》《曾子问》全然不可据之结论。四库馆臣评价毛氏此书曰："奇龄说经，好立异议，而颠舛乖谬，则莫过于是书。"②"夫稍可穿凿之处，即改易其训诂句读，以就已说。至必不可掩之处，则遁而谓之妄改。持是以往，天下复有可据之书乎？"③ 馆臣所言，切中毛氏论丧礼丧服之弊也。

---

① （清）毛奇龄：《丧礼吾说》，《续修四库全书》第 95 册，第 46 页。
② （清）永瑢等：《四库全书总目》卷二十三，中华书局 1965 年版，第 190 页。
③ （清）永瑢等：《四库全书总目》卷二十三，中华书局 1965 年版，第 190 页。

第二节　徐乾学于《仪礼》《礼记》所记丧礼之诠释

徐乾学（1631—1694）字原一，号健庵。江苏昆山（今江苏昆山市）人。康熙九年（1670）进士第三，授翰林院编修，先后担任日讲起居注官、《明史》总裁官、侍讲学士、内阁学士。康熙二十六年(1687)升左都御史、刑部尚书。曾主持编修《明史》《大清一统志》。徐氏《读礼通考》乃其丁忧家居读《礼》时所辑。其曰："是编之作始于康熙十六年之春，时居先太夫人之丧，因有事，于此书苦次先为搜辑，又数年而辍简。以为读《礼》时所定也，遂名之为《读礼通考》云。"①徐氏归田以后又加订定，积十余年，三易稿而后成。②《读礼通考》的学术成就及特色，可从以下几个方面来看。

一、《读礼通考》的体例

徐乾学《读礼通考》是一部礼学通论类著作。此类礼书是在广泛征引礼学经典、诸史杂记之基础上，分门别类地对与古礼相关的名物、制度等加以诠释，进而阐发古礼之意义。这类著作出现较早，比如汉代景鸾有《礼略》二卷，曹褒有《礼通义》十二篇；南朝何承天有《礼论》三百卷；宋代陈祥道有《礼书》一百五十卷，朱熹及其弟子有《仪礼经传通解》三十七卷、《续通解》二十九卷。其中陈祥道《礼书》和朱熹《仪礼经传通解》皆被《四库全书》收录，流传至

---

① （清）徐乾学：《读礼通考》卷首《凡例》，文渊阁《四库全书》第112册，第4—5页。

② 《读礼通考》一书，《四库全书》署名为徐乾学，《清儒学案·健庵学案》亦认为是徐乾学所纂修。不过四库馆臣留下一段耐人寻味的话。馆臣云："乾学传是楼藏书甲于当代，而一时通经学古之士，如阎若璩等亦多集其门，合众力以为之。"言下之意，《读礼通考》并非成于徐乾学一人。全祖望《万贞文先生传》："先生之初至京也，时议其专长在史。及昆山徐侍郎乾学居忧，先生与之语丧礼。侍郎因请先生纂《读礼通考》一书，上至国恤，以讫亲礼，十四经之笺疏，廿一史之志传，汉唐宋诸儒之文集说部，无或疑者，乃知先生之深于经。"（全祖望：《鲒埼亭集》卷二十八，《续修四库全书》第1429册，第218页）梁启超说："徐乾学《读礼通考》，全部由季野捉刀。"[（清）梁启超：《中国近三百年学术史》，上海三联书店2006年版，第83页] 梁启超甚至据《读礼通考》，以论万斯同的学问和判断力。《读礼通考》一书究竟有多大比例成于徐乾学，看来已难确知。笔者推测，徐乾学合众人之力成一部丧礼通论之作乃是事实，只不过其在纂修过程中得到了阎若璩、万斯同等人的大力协助。书成以后，鉴于徐乾学位高权重及有发凡起例之功，遂署其名，而参与者之名皆隐。本书主要探讨《读礼通考》的学术价值，笔者在论述中仍视该书的纂修者为徐乾学。

今。徐乾学《读礼通考》在参考以前礼书体例的基础上，制定了新的编纂体例。

第一，《读礼通考》汲取历代通论类礼书编纂的经验教训，制定大纲以统领全书。

清代以前的通论类礼书中，朱熹及其弟子所编《仪礼经传通解》最具有代表性。《通解》以《仪礼》为经、《礼记》以及诸经史杂书所及于礼者附于本经之下。该书的丧礼部分由朱熹的门人黄榦编纂而成。《通解》丧礼部分之大纲，分别是《丧服》《士丧礼上》《士丧礼下》《士虞礼》《丧大祭上》《丧大祭下》《卒哭祔练祥禫记》《补服》《丧服变除》《丧服制度》《丧服义》《丧通礼》《丧变礼》《吊礼》《丧礼义》《仪礼丧服图式》。《通解》于丧礼纲领订定之依据，或是《仪礼》《礼记》之篇名，如《丧服》《士丧礼》《士虞礼》《丧大祭》；或是丧礼之性质，如《丧通礼》《丧变礼》；或是丧礼之具体内容，如《补服》《丧服变除》《丧服制度》《丧服义》《吊礼》《丧礼义》；或是诠释之体式，如《仪礼丧服图式》。由此可见，《通解》于丧礼大纲定订之标准不一，故于丧礼文献排比有重复混乱之嫌。

徐乾学《读礼通考》的大纲有八，分别是丧期、丧服、丧仪节、葬考、丧具、变礼、丧制、庙制。所谓"丧期"，即服丧的时间长短。该部分"以《仪礼·丧服篇》为主，而凡古今之论服制者皆附见焉。先仿国史之例，撰表三篇，自斩衰三年至缌麻三月，以及殇服，而国恤亦备载。为卷者二十有九"[1]。所谓"丧服"，即根据亲疏而定的服丧等级。该篇涉及"古今五服制度及变除次第，有图有表。为卷者八"[2]。所谓"丧仪节"，即丧礼的仪节。该篇"以《仪礼》之《士丧礼》《既夕》《士虞礼》三篇为主，而唐之《开元礼》、宋之《政和礼》、司马氏之《书仪》、朱子之《家礼》明之。会典五书，自疾病以至挽歌，凡言丧之仪节者，皆附见焉。其历代国恤之仪，以类而从。为卷者四十有四"[3]。所谓"葬考"，即"葬次葬法，以及祭墓。而历代山陵之制，亦以类而从。为卷者十有三"[4]。所谓"丧具"，即"凡附于身，附于棺周于椁者皆具载焉。参考历代品式，一之以本朝制度。为卷者六"[5]。所谓"变礼"，即在特殊情况下所行之丧礼。该篇"本黄勉斋旧说六篇，今并闻丧、奔丧为一篇，又有缓葬、渴葬、

① （清）徐乾学：《读礼通考》卷首《凡例》，文渊阁《四库全书》第112册，第3页。
② （清）徐乾学：《读礼通考》卷首《凡例》，文渊阁《四库全书》第112册，第3页。
③ （清）徐乾学：《读礼通考》卷首《凡例》，文渊阁《四库全书》第112册，第3页。
④ （清）徐乾学：《读礼通考》卷首《凡例》，文渊阁《四库全书》第112册，第3页。
⑤ （清）徐乾学：《读礼通考》卷首《凡例》，文渊阁《四库全书》第112册，第3页。

改葬,暨后世父母乖离不知存亡、亲柩被焚、墓毁制服诸事,各自为类,亦附于末。为卷者七"①。所谓"丧制",即丧礼古制及今制。该篇"有变古、复古、守礼、过于礼、不及礼、违礼者,并为论次。而二氏礼异俗礼亦及焉。为卷者十有一"②。所谓"庙制",即宗庙之制。该篇"自王侯以迨士庶,有图有说,悉为详考其制度。为卷者二"③。徐氏认为,借此八大纲领,"古今之丧礼略备矣"④。此八大纲领,避免了《通解》分类之混乱,可以真正起到提纲挈领的作用。借此八大纲领,丧礼的方方面面,读者可依类检索。

需要指出的是,《仪礼经传通解》与《读礼通考》皆有变礼,后者在前者之基础上有所修改和完善。徐乾学曰:"黄勉斋《变礼》六篇,一曰奔丧,二曰闻丧,三曰并有丧,四曰道有丧,五曰因吉而凶,六曰因凶而吉。闻丧、奔丧本一事,勉斋厘为二篇,反以闻丧次于奔丧,又取《杂记》诸文入于篇中,未免割裂。今仍用《奔丧》原文,合为一篇,重改作也。"⑤徐氏依《奔丧》原文,将闻丧和奔丧合为一篇。从体例上来看,《通考》更合理,更能将丧礼之变礼清楚地展现出来。

第二,《读礼通考》广泛征引经文和前人解义,并做了合理的编排。

《仪礼经传通解》的《丧礼》部分所征引的解义,主要是陆德明《音义》、郑《注》、贾《疏》、孔《疏》,偶及史书和杂记。而《读礼通考》所征引之解义不仅有围绕礼书的《音义》《注》《疏》,还大量涉及子、史和文集中的相关内容。《通考》所征引文献达六百三十一种,文献征引之丰富程度远超《通解》。

徐乾学对经、传、注、疏以及各家解义之地位轻重做了权衡,他说:"议礼之家,古称聚讼,宜一以经为断。然作者谓圣而有经,述者谓明而有传。厥后师传曹习,注疏论辨各家杂然并兴,所闻异辞,所传闻又异辞。经可信,不敢舍经而从传。传可信,不敢舍传而从各家。然亦有经不足而不得不取之于传,传不足而取之注疏。论辨者辑书之法,宜补偏救弊者,此也。经传而下,家是一说,言人人殊,其间质之理之所是,反之于心之所安,权之于时势之升降迭变,必有可行者焉,有不可行者焉。则剂量其曲直轻重,从其可而不从

---

① (清)徐乾学:《读礼通考》卷首《凡例》,文渊阁《四库全书》第112册,第4页。
② (清)徐乾学:《读礼通考》卷首《凡例》,文渊阁《四库全书》第112册,第4页。
③ (清)徐乾学:《读礼通考》卷首《凡例》,文渊阁《四库全书》第112册,第4页。
④ (清)徐乾学:《读礼通考》卷首《凡例》,文渊阁《四库全书》第112册,第4页。
⑤ (清)徐乾学:《读礼通考》卷一百一,文渊阁《四库全书》第114册,第395页。

其所不可。辑书之法，宜财成断制者，此也。"①徐氏认为，经、传、注、疏的可信度依次递减，然并非绝对如此，经有不及传、传亦有不及疏者，甚至后人之解义亦可补经、传、注、疏之不足。《读礼通考》征引解义之大体情况，可从以下几个方面来看：

一是广泛征引《仪礼》和《礼记》之记载。徐乾学曰："《仪礼》十七篇，其全言丧礼者凡四篇，《丧服》《士丧礼》《既夕》《士虞礼》。其不言丧礼而可为丧、祭之用者一篇，《特牲馈食礼》。其言它礼而间有及于丧礼者一篇，《聘礼》也。《礼记》四十九篇，其全言丧礼者十三篇，《檀弓》上下、《曾子问》《丧服小记》《杂记》上下、《丧大记》《奔丧》《问丧》《服问》《间传》《三年问》《丧服四制》也。其他《曲礼》《王制》《礼器》《玉藻》《大传》《少仪》诸篇有言及丧礼者，复采之，得数十百条。大要《仪礼》一书，载丧礼者十之三。《礼记》一书，载丧礼者十之四，今于二礼之传注，凡诸家说有可采者，莫不搜入，非但有资于丧礼，并于二书之精义颇有所发挥，亦可为经学之一助云。"②《读礼通考》于《仪礼》《礼记》之关乎丧礼者，可谓悉数征引。

二是广泛征引丧礼之典故或前人之解义。徐乾学曰："是编之中，上自王朝，下迄民俗，前自三古，后迄于今，凡简籍中所载有及于丧礼者，无不采入。"③《通考》征引解义之丰富程度可谓空前。兹以其中的两卷为例，以见该书征引之繁富。比如该书卷四《丧期》部分，所征引者除《仪礼》《礼记》经文和注疏外，还有《周礼》《公羊传》《左传》《论语》《孝经》《孟子》《尔雅》《荀子》《白虎通义》《说苑》《晏子春秋》《吴越春秋》《通典》《晋书》，以及马融、熊安生、陆德明、孙复、范祖禹、方悫、马希孟、陆佃、易袚、沈焕、王志长、王昭禹、吕大临、朱熹、叶梦得、王葆、胡安国、薛季宣、黄榦、胡铨、辅广、汪克宽、敖继公、董鼎、崔铣、朱彝尊、顾湄、缪协等人之解义。又如该书卷三十一《丧服》部分，所征引者除《仪礼》《礼记》经文和注疏外，还有《周礼》《左传》《书仪》《家礼》《朱子语类》《政和礼》，以及马融、杜佑、张载、方悫、陆佃、马希孟、黄榦、文天祥、黄震、杨复、敖继公、王廷相、郝敬、黄宗羲、万斯同、丘浚、吕柟、金贲亨、吕坤、汪琬、胡翰等人之解义。由此

---

① （清）徐乾学：《读礼通考》卷首《凡例》，文渊阁《四库全书》第112册，第6页。
② （清）徐乾学：《读礼通考》卷首《凡例》，文渊阁《四库全书》第112册，第4页。
③ （清）徐乾学：《读礼通考》卷首《凡例》，文渊阁《四库全书》第112册，第4页。

可见,《读礼通考》所征引之书,经、史、子皆有,所征引之解义,汉宋学人皆有。值得一提的是,由于《读礼通考》成书于清代中前期,所以徐乾学能在新的历史条件下广泛征引前人解义。较之陈祥道的《礼书》和朱熹的《仪礼经传通解》,《读礼通考》的优势在于其能征引元、明和清初学人解义。

三是于经文和各家解义相抵牾者亦兼而采之。徐乾学曰:"古儒先之论说,亦于丧礼颇详。盖送死人之大事,为人子者自有同心也。今是编之中,不论礼之沿革,说之同异,莫不尽载。盖礼非一家之礼,则说当备诸家之说。若必专主其一,而概弃其余,何以折衷至理,厌服群心?故匪独先王之巨典不敢少遗,即末俗之陋习亦不敢或漏,凡以资人之采择,庶几送死之礼得以考镜焉。"① 如于《礼记·丧服小记》"为殇后者以其服服之",郑玄、孔颖达皆认为殇者无作父亲之理,故后嗣为宗子只服原服,而不得服斩衰。吴澄则认为,此殇年虽十九以下,若其已冠,则为成人,有为人父之道,此为后者当服之如父也。陈澔认为,此章举不为殇者言之,则此当立后者乃是已冠之子,不可以殇礼处之,其族人为之后者,即为之子也;以其服服之者,子为父之服也。吴澄、陈澔的观点与郑玄、孔颖达有异,然《读礼通考》于各家解义皆予以征引。由此可见,《读礼通考》在对待前人解义方面所持的是开放态度。借此一书,读者于丧礼之各种观点皆可了然于胸。

四是对所征引之说有合理之编排。《读礼通考》采择诸家之说,"本以历代前后为次第,而说取类从,义贵条贯,不无前后错置者"②。至于二程、张载、朱熹之说,例用大字以别之。至于其说有未尽合者,或义止训诂者用小字,诸家之说例用小字。间有事关典制者,亦用大字。至于其所判定为"肤见臆说"者,则用大字,"意取标显,极知僭妄,故低四格,以示贬抑"③。

五是重视征引国恤之内容,以补以前通论类礼书之不足。《读礼通考》有关于国恤仪注者共十五卷,可见其对关乎帝后之丧的国恤是相当重视的。徐乾学曰:"国恤仪注,隋以前皆有之,而书轶不传,唯《后汉书》颇载其说。至许敬宗辈修《显庆礼》,惑于孔《志》,约萧楚材之言,削去国恤不载。而萧嵩辈修《开元礼》因之,故唐之国恤无可考。犹幸杜氏《通典》载大唐《元陵仪注》,

---

① (清)徐乾学:《读礼通考》卷首《凡例》,文渊阁《四库全书》第 112 册,第 4 页。
② (清)徐乾学:《读礼通考》卷首《凡例》,文渊阁《四库全书》第 112 册,第 5 页。
③ (清)徐乾学:《读礼通考》卷首《凡例》,文渊阁《四库全书》第 112 册,第 5 页。

其间始末颇备，于今可考节目之详者，唯此而已。迨宋之《政和礼》、明之《集礼》，亦复不载国恤。今于宋则采《宋史》及《文献通考》，于明则采会典及历朝实录。虽礼文未备，其规模次第，亦约略可观矣。"①《读礼通考》自国恤外，还有山陵考，及即位、奠、殡、丧毕，吉祭、大丧、废乐、国忌、上陵、神御等，亦皆国恤之类；其它若神主、庙制、名讳之属，亦皆有天子丧制。通过徐氏之编排，"古今国恤之礼，亦尽萃于斯矣"②。

二、于前人解义之辨析

与集解类礼学著作有所不同，通论类礼学著作不仅征引经史和前人解义，且有对经史记载和前人解义之辨析。如南宋卫湜的《礼记集说》、王与之的《周礼订义》等集解体著作，皆重在征引排比前人之解义，而疏于前人解义之辨析。徐乾学《读礼通考》的学术价值，不仅在于其汇集各种丧礼材料，还在于其对于文献记载、经学家解义的考证和辨析。兹举数例，以见徐氏辨析前人解义的成就及特点。

《春秋·隐公三年》："天子七月而葬，同轨毕至。"孔《疏》："万国之数至众，封疆之守至重，故天王之丧，诸侯不得越境而奔，修服于其国，卿共吊葬之礼。"徐乾学曰："当天子丧而行郊礼，当天子丧而受与国之朝聘，当天子丧而修礼于他国，《春秋》皆特书以志贬。诸儒论之甚严，此诸侯为天子奔丧制服之旧制也。孔氏独云诸侯可以修服于国，必不然矣。《左传》昭公三十年，郑游吉对士景伯曰：'灵王之丧，吾先君简公在楚，我先大夫印段实往敝邑之少卿也。王吏不讨，恤所无也。'由是观之，简公若非在楚，而遣卿往，则王吏必致讨矣。此亦一证也。"③孔《疏》认为，天子之丧，诸侯修其服于国，而不得出境吊丧。徐乾学据《春秋》《左传》，认为天子丧，诸侯有奔丧制服之礼，并非如孔氏所云不得出境吊丧。

《礼记·丧服小记》："为殇后者，以其服服之。"郑《注》："言'为后'者，据承之也。殇无为人父之道，以本亲之服服之。"孔《疏》："'为殇后'者，谓大宗子在殇中而死，族人为后大宗，而不得后此殇者为子也，以其父无殇义故

---

① （清）徐乾学：《读礼通考》卷首《凡例》，文渊阁《四库全书》第112册，第5—6页。

② （清）徐乾学：《读礼通考》卷首《凡例》，文渊阁《四库全书》第112册，第6页。

③ （清）徐乾学：《读礼通考》卷四，文渊阁《四库全书》第112册，第116—117页。

也。既不后殇,而宗不可绝。今来为后殇者之人,不以殇者为父,而依兄弟之服服此殇也。"徐乾学驳曰:"郑、孔之说皆非也。若从其说,则是后殇者之父,非后殇也,经何以云为殇后乎?况年十六至十九为长殇,世多有年在殇中而娶妻生子者,岂不可以立后乎?既立后,岂得不以父服服之乎?上文固曰男子冠而不为殇,此所谓殇,盖指既冠婚者,本不得名之为殇,特以年在殇中,恐人疑其不得立后,故记礼者特发明之,以见殇有为人父之道也,岂有实后殇者之父,而文可云为殇后乎?《通典》刘系之所问是也,荀讷所答非也。当以陈氏可大之解为正。"① 徐氏认为,长殇之中,娶妻生子者可立后,既然立后,那么就可以以父服服之;此"殇"指本不得名为殇之已婚者,然其年龄尚在殇中,故记礼之人于此特发明之,以明殇者亦有为人父之道。

关于《仪礼》所言衰、裳,徐乾学曰:"《仪礼·丧服经》大功、小功皆言布衰裳,又言大功衰、小功衰者,不一而足。即缌麻三月下,《注》《疏》亦言布衰裳。则五服未有不用衰者。且郑《注》言五服之衰一斩四缉,贾《疏》言凡衰者总五服而言,而《开元礼》《政和礼》大功以下亦俱言衰裳,则古人未尝谓功缌不用衰也。乃温公《书仪》则齐衰不用衰,而易以宽袖襕衫,朱子《家礼》则自大功以下俱不用衰。后之言礼者,率以二先生之言为准,于是轻丧皆不知有衰矣。余往年过松江上海县,见有功缌之丧者皆准古礼制衰服,叹其风俗淳厚,今世士大夫宜共讨论而修明之,所谓以礼为服制,以兴太平者也。"② 徐氏以郑《注》、贾《疏》《开元礼》《政和礼》以及松江上海县之民俗为据,认为"大功以下亦俱言衰裳";《书仪》《家礼》自大功以下不用衰,与古制不合。

关于墨衰,《左传·僖公三十三年》:"遂发命,遽兴姜戎,子墨衰绖。"张载、朱熹、姚翼认为,在一定条件下服墨衰,可合古之礼、全今之制。而王廷相和冯善不主张墨其衰。徐乾学曰:"墨衰之制,本后世失礼之事,乃秉礼如张子欲服于母丧期年之外,而朱子亦谓出入治事可以服之,岂墨衰竟可为礼服乎?愚谓母丧三年,朝廷既定之为制,有何所嫌而必欲墨其衰?若夫出入治事难服齐斩,则易以白布之衣,如《书仪》所载葬后常服可也。如曰衰不可废,而加之以墨,则是欲守古而反大戾乎古,欲尽礼而实大背乎礼矣,不亦作伪之至哉!姚翼所言,亦末俗之陋习,不可为训。揆时度理,王、冯二子之说得其

---

① （清）徐乾学:《读礼通考》卷五,文渊阁《四库全书》第112册,第132页。

② （清）徐乾学:《读礼通考》卷三十一,文渊阁《四库全书》第112册,第649页。

衷矣。"① 徐氏认为，墨其衰与古制不合，乃后世失礼之事；王廷相、冯善之说为是，而张载、朱熹、姚翼之说为非。

关于斩衰者笄纚，徐乾学曰："人子始遭父丧，郑《注》谓将斩衰者笄纚，盖去冠而但存笄纚也。陈用之非之，谓始死有易冠，无去冠。而敖继公用其说，谓当易之以素冠。若是，则郑氏之说非乎？愚以为，亲始死，徒跣扱衽，无容，哀之至也。岂有下则徒跣扱衽，而上仍著冠者乎？夫冠所以为饰，此何时也，而尚存其饰也？孝子之心，固谓遭祸之深，以罪人自处也。傥犹然加冠以为饰，是视亲死无异于平日矣，岂人情之所忍哉？此郑氏笄纚之说，诚有所据而不可非也。"② 徐氏认为，人子遭父丧，当用郑玄去冠而存笄纚之说，以表达哀伤之情；陈用之、敖继公所持人子有易冠而无去冠之说有误。

《礼记·檀弓》："君即位而为椑，岁一漆之，藏焉。"孔《疏》认为，藏焉者，谓藏物于中，棺中不欲空虚如急有待也。方悫认为，椑即所谓椟也，君尊，虽凶礼之具亦豫备藏焉，则恶人之见也。陆佃认为，言岁一出而漆之，于是又藏焉，岁一出者，若将有用也，示使其君不敢有恃以惰。徐乾学曰："豫凶事，非得已也，故漆而藏焉。椑欲坚，故岁一漆之，漆之斯出之矣。《疏》谓中不欲空虚，而训藏为藏物于中，其说赘。陆氏至谓岁一出者，示君将有用，夫豫凶事犹不可，况可以此警其君为尽礼欤？后儒说礼，往往傅会若此，所以礼家多成聚讼也。"③ 徐氏认为，不得已才有椑；岁一漆之，意在使椑坚，漆后则出之；孔《疏》训藏为藏物于中，说显累赘；陆佃以漆之意在使君不敢懈惰，意不可通。

从以上所列诸例，可见徐乾学于前人之解义或申或驳，然皆持论有据，而非师心自说。徐氏辨析之根据，乃是"理""心""时势"。他说："经传而下，家是一说，言人人殊，其间质之于理之所是，反之于心之所安，权之于时势之升降迭变，必有可行者焉，有不可行者焉。则剂量其曲直轻重，从其可，而不从其所不可。"④ 此所谓"心""理"，实乃徐氏的主观判断。不过据徐氏辨析之内容，可知其对于文献仍多有倚重。如论诸侯是否有为天子奔丧制服之制，徐氏以《春秋》《左传》为据以驳孔《疏》。徐氏于前人解义之辨析，义理推衍者多而考证少，其义理推衍所表现出的深刻洞察力，是建立在对礼学经典和注疏

---

① （清）徐乾学：《读礼通考》卷三十一，文渊阁《四库全书》第112册，第655页。
② （清）徐乾学：《读礼通考》卷三十二，文渊阁《四库全书》第112册，第668页。
③ （清）徐乾学：《读礼通考》卷九十五，文渊阁《四库全书》第114册，第312—313页。
④ （清）徐乾学：《读礼通考》卷首《凡例》，文渊阁《四库全书》第112册，第6页。

深入研究基础之上的。

三、名物制度之考证和礼意之阐发

徐乾学《读礼通考》不仅分门别类征引与丧礼丧服相关的经文及前人解义，还对丧礼和丧服的渊源及意义有所阐释。

一是对丧礼中的名物做了考证。比如礼书将习礼而任祭祀的人称祝，《仪礼·士丧礼》："祝淅米于堂，南面，用盆。"郑玄因《记》有"夏祝淅米"，遂以此祝为夏祝。"祝取铭置于重"，郑玄认为此祝为习周礼者，是周祝。《士丧礼》袭祭服、执巾、掩瑱、设幎目、小敛，则布绞衾、散衣、祭服，大敛则布绞紟、衾衣，《既夕》免袒、执功布、拂柩、饰柩、御柩，皆是商祝为之。关于夏祝、商祝、周祝之关系，徐乾学曰："《疏》谓同是周祝，而习夏礼则曰夏祝，习殷礼则曰商祝。夏人教忠，从小敛奠、大敛奠及朔半、荐新、祖奠、大遣奠，皆是夏祝为之。其间虽不言祝名，亦夏祝可知也。其彻之者，皆不言祝名，则周祝彻之也。殷人教以敬神，但是接神皆商祝为之。其间行事，祝取铭之类，不言祝名，亦周祝可知。惟《既夕》启殡时以周祝彻馈，而堂下二事不可并使周祝，故夏祝取铭置于重，贾氏之论详矣。余以为夏祝如淅米、鬻饭皆共养之事，商祝主袭敛衣衾、拂柩、御柩交于神明之事。夏祝事简，商祝事繁，周祝文饰，实兼二者。周制博采夏、商，周人讲习夏、商之礼，所谓监于二代、郁郁乎文者。以此即如启殡时商祝方执功布入，周祝彻宿奠降，降之时，夏祝自下升，取铭置于重，曰祝，曰夏祝，曰商祝，各司其事，屡趾相接，是丧事纵纵之时，而不至凌节。《仪礼》所以为万世经也，尝读《士冠礼》'委貌，周道也；章甫，殷道也；毋追，夏后氏之道也'，孔子便冠章甫，当时盖兼用殷道矣。《檀弓》载孔子之丧，公西赤为志，饰棺墙，置翣，设披，周也；设崇，殷也；绸练，设旐，夏也。子张之丧，公明仪为志，褚幕丹，质蚁，结于四隅，殷士也；夏后氏用明器，殷人用祭器，周人兼用之。经也者，实也。掘中溜而浴，毁灶以缀足，及葬毁宗躐行，出于大门，殷道也，学者行之。《礼器》云'三代之礼一也，民共由之'。可见武王、周公盛时，既因前代典章以著为《周礼》，而又令学士大夫采掇遗闻，参用旧时仪节。故虽周之挽季本朝之礼，与夏殷并著，学者择而行之，不以为嫌。盖即夏祝、商祝之名，可以知公天下之至意，而礼非虚器矣。"[1]在这段文字中，徐氏首

---

① （清）徐乾学：《读礼通考》卷四十，文渊阁《四库全书》第113册，第39—40页。

先征引《仪礼》贾《疏》，认为诸礼书所记之祝皆是周祝；由于习礼不同，故有夏祝、商祝和周祝的称谓。徐氏还对夏祝、商祝和周祝的关系作了辨析，其认为夏祝事简，商祝事繁，周祝博采夏殷、尚文饰，三者各有所司，不至混淆。

二是对丧礼制度做了考证。比如关于童子居丧之制，《仪礼·记》："童子唯当室缌。"《传》曰："不当室，则无缌服也。"《礼记·杂记》："童子哭，不哀，不踊，不杖，不菲，不庐。"戴德《丧服变除》："童子当室，谓十五至十九，为父后持宗庙之重者。"徐乾学曰："《丧大记》言子幼则以衰抱之人为之拜，则知童子能胜衣者，未有不服衰者矣。《玉藻》言童子无缌服，则知小功以至斩衰，童子皆有服矣。乃戴德释童子当室，谓自十五至十九，天下岂有十五以上之人而尚名之为童子哉？又岂有十五以上之人而不服亲戚之丧者哉？然则童子以何时为限？刘智八岁之说最为确当。盖八岁以上之殇，成人皆为之制服，则成人之丧，彼岂得不为之制服？特不责以备礼斯已尔。宁可拘于三殇之年数，而谓在长殇之年者，亦不责以居丧之礼乎？盖自八岁以至十五斯为童子之限，其异于成人者止不踊、不杖、不菲、不庐，而其他居丧之节固无不同也。不然，天下固有幼而执礼之人，可概视为无所知识，而不教之以礼哉！"①徐氏据《礼记·丧大记》《玉藻》，认为童子无缌服，然而小功以至斩衰皆有服。徐氏还对童子之年限作了辨析，其认为戴德以十五至十九谓之童子之说有误；童子服丧当从刘智之说，即八岁制服。

三是对丧礼仪节之义做了阐发。如古代老师去世，弟子守丧曰心丧。《檀弓》曰："事师无犯无隐，左右就养无方，服勤至死，心丧三年。"心丧之说，始见于此。徐乾学追溯"心丧"之说的渊源，并阐发其意义曰："圣人制丧服，所以序伦纪也。在昔司徒，敬敷五教，一曰父子有亲，故父母为斩衰、齐衰之首。二曰君臣有义，故君服次之。三曰夫妇有别，故夫妻之服又次之。四曰长幼有序，故世父母、叔父母、昆弟、昆弟之子又次之。五曰朋友有信，宜亦有服而不著也。独见于《记》中曰'朋友麻'，《注》云'吊服加麻也'。其服素弁环绖，疑衰布裳，既葬除之。至于师弟则尤重矣。栾贞子曰：'民生于三，事之如一。'盖亚于君亲矣。乃并不列于五伦，何欤？说者以为盖统于朋友之中矣。然则师弟与朋友若是班乎？曰：非也。友之名与义，皆非可轻也。有父事之友，有兄事之友，若父所交友，则固非吾所得友也，然其名不过曰执友。

---

① （清）徐乾学：《读礼通考》卷五十七，文渊阁《四库全书》第 113 册，第 389—390 页。

曾子曰：‘君子以文会友，以友辅仁。’师以传道，尤必待友之相成，友顾不重欤？且夫朋友可以该师弟，师弟不可以该朋友，犹夫长幼可以该尊卑，尊卑不可以该长幼也，此立文之体也。孔子之丧，二三子绖而出，绖必素弁矣，必疑衰矣，此师弟之服见于朋友之说也。圣人又以为师之恩重，未足以报也，于是乎有心丧。为师心丧三年，如事父，为朋友心丧期年，如事兄，用示差等焉。然则何为不明著其服，而谓之心丧也？曰：是有征权焉。乡塾岁更师，学校无常师，医巫百工亦曰师。若友之族，则益众矣，尽人而心丧之，不滋伪乎？心丧者，生乎心者也，苟其心有不得已焉，则丧之可也。由是门生为举主，故吏为旧君，治民为守令，以及亲属之厌于所尊而不得遂者，皆可与于心丧之数也。”① 在此段文字中，徐氏首先对师弟子与五伦的关系作了辨析，其认为师弟子与朋友并非同等关系。此外，徐氏认为为师心丧三年，而为友心丧期年，意在示等差；心丧不著服，是考虑到心丧的范围广，有不得已就可有心丧，若皆著服，则易使丧服制度陷于混乱。对于弟子心丧之制，徐乾学还做了进一步阐释。他说：“盖以师恩深重，不可以制服，而又不可竟以无服处之，故虽外无衰绖之制，内实存哀痛之心，如子之所以戚父者。此实专为无服而恩重者设，非概施于有服之人。盖以外既有服，则内之哀戚所不必言。故凡有服者，皆无心丧之制也。后世服期，服而不得，遂其三年者，率行心丧。此虽非古人制礼之本意，然礼以义起，亦先王之所许也。”② 徐氏认为，师恩深重，不可制服，又不可无服，故可通过心丧表达哀痛和感恩；心丧之制是为无服有恩者所设，对于有服者来说皆无心丧。

《读礼通考》成书以后，在朱彝尊的建议下，徐乾学欲修吉、军、宾、嘉四礼，然当分授诸子，方事排纂，而徐氏殁。虽然《读礼通考》所修仅丧礼，但是其仍以严谨的体例、翔实的材料以及精密的考证，得到了当时和后世学人的称许。比如与徐氏同时代的学人朱彝尊认为《读礼通考》“摭采之博而择之也精，考据之详而执之有要，此天壤间必不可少之书也”③。四库馆臣认为《读礼通考》“缕析条分，颇为详备”④，“博而有要，独过诸儒”⑤，“古今言丧礼者，

① （清）徐乾学：《读礼通考》卷二十五，文渊阁《四库全书》第 112 册，第 547—548 页。

② （清）徐乾学：《读礼通考》卷二十五，文渊阁《四库全书》第 112 册，第 548 页。

③ （清）朱彝尊：《读礼通考序》，《读礼通考》卷首，文渊阁《四库全书》第 112 册，第 2 页。

④ （清）永瑢等：《四库全书总目》卷二十一，中华书局 1965 年版，第 168 页。

⑤ （清）永瑢等：《四库全书总目》卷二十一，中华书局 1965 年版，第 168 页。

盖莫备于是焉"①。徐氏《读礼通考》的编纂体例对后人编修礼书产生了深远影响。如秦蕙田修纂《五礼通考》，即因《读礼通考》之体例而成。

第三节 江永于诸礼的分类纂修

江永《礼书纲目》一书共分八门：《嘉礼》十九篇，计十二卷；《宾礼》十篇，计五卷；《凶礼》十七篇，计十六卷；《吉礼》十五篇，计十四卷；《军礼》五篇，计五卷；《通礼》二十八篇，计二十三卷；《曲礼》六篇，计五卷；《乐》六篇，计五卷。共一百零六篇、八十五卷。本节将对《礼书纲目》的纂修缘由及体例加以探讨。

一、《礼书纲目》纂修缘由

江永《礼书纲目》的纂修缘由，可从以下几个方面来看：

第一，江永认为，礼乐之全虽不可复见，然其纲目仍存。

江氏认为"三礼"皆有纲目。比如《仪礼》，江永曰："礼乐全经废缺久矣，今其存者，惟《仪礼》十七篇乃礼之本经，所谓周监二代，郁郁乎文者，此其仪法度数之略也。"② 又如《周礼》，其"为诸司职掌，非经曲正篇，又逸其《冬官》，盖周公草创未就之书"③。至于《礼记》，"《礼记》四十九篇，则群儒所记录，或杂以秦汉儒之言，纯驳不一，其冠、昏等义，则《仪礼》之义疏耳"④。江永认为，"三礼"而外，礼乐之残编逸义或见于他经。他说："《论语》《孟子》《尔雅》《春秋内外传》《大戴》《家语》《孔丛》等书，诸子则管子、荀况，汉儒则伏生、贾谊、刘向、班固之徒，亦能记其一二。然皆纷纶散出无统纪。至于声律器数，则又绝无完篇。《乐记》但能言其义，已失其数矣。"⑤ 江氏认为，尽管礼乐之全不可复见，然以《周礼·大宗伯》考之，礼之大纲有五，吉、凶、军、宾、嘉皆有其目，其他通论制度之事，与夫杂记威仪之细者，尚不在此。江永曰："窃意制作之初，当如《仪礼》之例，事别为篇，纲以统目，首尾伦

① （清）永瑢等：《四库全书总目》卷二十一，中华书局1965年版，第168页。
② （清）江永：《礼书纲目序》，《礼书纲目》卷首，文渊阁《四库全书》第133册，第43页。
③ （清）江永：《礼书纲目序》，《礼书纲目》卷首，文渊阁《四库全书》第133册，第43页。
④ （清）江永：《礼书纲目序》，《礼书纲目》卷首，文渊阁《四库全书》第133册，第43页。
⑤ （清）江永：《礼书纲目序》，《礼书纲目》卷首，文渊阁《四库全书》第133册，第43页。

贯，条理秩然，所谓经礼三百、曲礼三千者此也。散逸之余，《仪礼》正篇犹存。二戴之《记》者，如《投壶》《奔丧》《迁庙》《衅庙》之类，已不可多觏。其他一篇之中杂录吉、凶一事之文，散见彼此。又或殷周异制，传闻互殊，学者末由观其聚，则亦不能会其通。"①江氏认为，古礼制作之初是以纲统目，后世礼乐散逸者多，纲目没有条理，更无会通。

第二，江永纂修《礼书纲目》意在"卒朱子晚年惓惓之志"。

朱熹《仪礼经传通解》所立门类有家礼、乡礼、学礼、邦国礼、王朝礼，书未成而朱子殁。黄榦承朱熹之意，续成丧礼部分，祭礼部分尚未订定，而榦又殁。朱子门人杨复修祭礼部分，至是而书成。江永认为，礼乐之全已阙略，而存者又纷繁，遂有《仪礼经传通解》之纂修。江氏对《仪礼经传通解》的评价甚高，他说："朱子之书，以《仪礼》为经，以《周官》《戴记》及诸经史杂书补之。其所自编者，曰家礼，曰乡礼，曰学礼，曰邦国礼，曰王朝礼，而丧、祭二礼属之勉斋黄氏。其编类之法，因事而立篇目，分章以附传记，宏纲细目，于是粲然，秦汉而下，未有此书也。"②又曰："永窃谓是书规模极大，条理极密，别立门目以统之，更为凡例以定之。盖裒集经传，欲其该备而无遗，厘析篇章，欲其有条而不紊。尊经之意，当以朱子为宗，排纂之法，当以黄氏丧礼为式。"③江永认为《通解》有其优长，亦有不足。他说："顾朱子之书修于晚岁，前后体例亦颇不一。《王朝礼》编自众手，节目阔疏，且未入疏义。黄氏之书，丧礼固详密，亦间有漏落。祭礼未及精专修改，较丧礼疏密不伦。信斋杨氏有《祭礼通解》，议论详赡，而编类亦有未精者。"④鉴于《通解》在体例和内容上皆有问题，江永遂增损隐括，以成《礼书纲目》一书。

二、《礼书纲目》纂修体例及影响

江永《礼书纲目》所立门类凡八，即嘉、宾、凶、吉、军、通、曲、乐。

按吉、凶、军、宾、嘉的门类纂修礼书者并不始于江永。唐代杜佑《通典》的礼部按吉、嘉、宾、军、凶排列，其中诸礼之内容十分丰富。如嘉礼，包括

① （清）江永：《礼书纲目序》，《礼书纲目》卷首，文渊阁《四库全书》第 133 册，第 43 页。
② （清）江永：《礼书纲目序》，《礼书纲目》卷首，文渊阁《四库全书》第 133 册，第 43 页。
③ （清）江永：《礼书纲目序》，《礼书纲目》卷首，文渊阁《四库全书》第 133 册，第 43—44 页。
④ （清）江永：《礼书纲目序》，《礼书纲目》卷首，文渊阁《四库全书》第 133 册，第 43 页。

天子加元服、皇太子冠、诸侯大夫士冠，大功小功末冠义，女笄；君臣冠冕巾帻等制度、天子纳后、天子册妃嫔夫人、皇太子纳妃、公侯大夫士昏礼；舅姑俱殁妇庙见，公主出降，不亲迎婿见外舅姑，婚礼不贺议，婚不举乐议，男女婚嫁年龄议，婚嫁时月议，已拜时而后各有周丧迎妇遣女议，已拜时婚遭小功丧或妇遭大功丧可迎议；周丧不可嫁女娶妇议，周服降在小功可嫁女娶妻议，大功末可为子娶妇议，祖无服父有服可娶妇嫁女议，降服大功末可嫁姊妹及女议，同姓婚议，内表不可婚议，外属无服尊卑不通婚议。杜佑以经、史之内容为据，如于女笄，其所征引者有《公羊传》《礼记·杂记》。又如冠礼中的缁布冠，其除了征引《士冠礼》之相关记载外，还征引史书于历代缁布冠制演变的内容。

江永《礼书纲目》所列门类，其中嘉、宾、凶、吉诸礼"皆因《仪礼》所有者而附益之"；军、通、曲礼"皆补《仪礼》之所不备"[①]。比如《礼书纲目》卷一、二、三皆是嘉礼之冠礼、昏礼，其中卷一是士冠礼，卷二是士昏礼，卷三是冠昏记。其中卷一前半部分列《仪礼·士冠礼》经文，后半部分列《礼记·冠义》。卷二前半部分列《仪礼·士昏礼》经文，后半部分列《礼记·昏义》。卷三是冠昏记，其中征引《周礼·春官·宗伯》于冠婚之记载以通论冠婚礼；征引《礼记·玉藻》《孔子家语》以论天子、诸侯冠礼；征引《礼记·曾子问》《礼记·杂记》以明冠变礼；征引《仪礼·士昏礼·记》《礼记·曲礼》《礼记·杂记》以明女子笄礼；征引《礼记·内则》《公羊传》以明嫁娶；征引《礼记·大传》《礼记·曲礼》以明不娶同姓；征引《礼记·曲礼》《礼记·祭统》《礼记·昏义》《国语·周语》《周礼·春官》《周礼·考工记》以明天子、诸侯、大夫婚礼；征引《周礼·地官》以明庶人婚礼；征引《礼记·曾子问》以明婚变礼；征引《诗·柏舟》《诗·鄘风》《左传》以明归宁；征引《礼记·昏义》《礼记·杂记》《礼记·内则》《公羊传》以明出妻。

朱熹《仪礼经传通解》虽不按嘉、宾、凶、吉、军排纂，但是其所列门类皆涉及五礼之内容。如其所立家礼就包括士冠礼、冠义、士昏礼、昏义四部分。其于士冠礼部分主要征引《仪礼·士冠礼》和《礼记·冠义》经文，以及陆德明《经典释文》、贾公彦《仪礼疏》、孔颖达《礼记正义》；于女子笄礼部分征引《礼记·杂记》、郑玄《礼记注》，以及孔颖达《礼记正义》、陆德明《经

---

① （清）江永：《礼书纲目序》，《礼书纲目》卷首，文渊阁《四库全书》第133册，第443页。

文释文）。其于婚礼部分首先征引《仪礼·士昏礼》《礼记·昏义》，并佐之以《礼记·坊记》《礼记·郊特牲》《礼记·祭统》《左传》《公羊传》、贾公彦《仪礼疏》、孔颖达《礼记正义》《白虎通义》《孔子家语》《列女传》《国语》。

通过比较，可知江永《礼书纲目》与杜佑《通典》、朱熹《仪礼经传通解》在礼书编纂思想上是相通的。① 杜佑、朱熹和江永皆继承唐人魏徵《类礼》的编纂思想，即把礼经与传、记、史书关于礼的记载分门别类加以组合，从而使诸礼"以类相从"②。不过从礼的分类来看，各家有差异。杜佑采用了《周礼·春官·大宗伯》所言吉、凶、军、宾、嘉"五礼"分类法。朱熹没有承袭《大宗伯》和杜佑的分类法，而是将诸礼分为家、乡、邦国、王朝、丧、祭六大类。江永继在五礼分类法之基础上，补通礼、曲礼两类。由此可见，在礼的分类方面，江永《礼书纲目》与杜佑《通典》接近，而与朱子《仪礼经传通解》差异较大。即便皆是按吉、凶、军、宾、嘉五礼来分类，《礼书纲目》与《通典》亦有不同。比如同为冠婚礼之纂修，《通典》重视征引一些特殊状况下、富有争议的内容，而《礼书纲目》则更重视正常情况下的礼仪规范；此外，《通典》对于汉代以后的历代礼仪之变迁颇为看重，而《礼书纲目》则更重视先秦两汉文献所记载的礼仪。

《礼书纲目》所征引的内容不限于礼书，经史杂书皆在采录之列。其采辑正经十三部：《仪礼》郑玄《注》、贾公彦《疏》，《周礼》郑玄《注》、贾公彦《疏》，《礼记》郑玄《注》、孔颖达《疏》，《易》程子《传》、朱子《本义》，《书》孔安国《传》、孔颖达《疏》、蔡沈《集传》，《诗》毛苌《传》、郑玄《笺》、朱子《集传》，《左传》杜预《注》、孔颖达《疏》，《公羊传》何休《注》、长孙无忌《疏》，《穀梁传》范宁《注》、杨士勋《疏》，《论语》何晏《集解》、邢昺《疏》、朱子《集注》，《孝经》唐明皇《注》、邢昺《疏》、朱子《刊误》，《孟子》赵岐《注》、孙奭《疏》、朱子《集注》，《尔雅》郭璞《注》、邢昺《疏》。附经四种：《大戴礼》郑玄《注》，《国语》韦昭《注》，《孔子家语》王肃《注》，《尚书大传》郑玄《注》。杂书八种：《汲家周书》孔晁《注》，《吕氏春秋》高诱《注》，贾谊《新书》，刘向《说苑》，刘向《新序》，刘向《列女传》，刘向《世本》，班固《白虎通》。子书五种：《管

① 杜佑《通典》并非专为礼而作，其涉及选举、职官、礼、乐、兵、刑、州郡、边防等多个门类。礼仪是《通典》众多门类中之一类。

② （后晋）刘昫等：《旧唐书》卷七十一，中华书局 1975 年点校本，第 2559 页。

子》房玄龄《注》,《庄子》郭象《注》,《荀子》杨倞《注》,《淮南子》高诱《注》,《孔丛子》。兵书五种:《握机经》,《三略》,《六韬》,《司马法》,《李靖对》。史书五种:《史记》司马贞《索隐》,《汉书》颜师古《注》,《后汉书》,《资治通鉴》,《通典》。字书、算书各一种:许慎《说文解字》,《九章算术》。宋儒集六种:《仪礼经传通解》,《朱子文集》,《朱子语类》,朱子《易学启蒙》,陈祥道《礼书》,蔡氏《律吕新书》。

在清代礼书编纂史上,江永的《礼书纲目》具有承上启下的意义。戴震曰:"先生以朱子晚年治《礼》,为《仪礼经传通解》,书未就,虽黄氏、杨氏,相继纂续,犹多阙漏,其书非完。乃为之广摅博讨,一从《周官经》大宗伯吉、凶、宾、军、嘉五礼旧次,使三代礼仪之盛,大纲细目,井然可观。于今题曰《礼经纲目》,凡数易稿而后定。"① 戴震指出,江永是书之体例乃承袭《周礼》"五礼旧次",从而使诸礼"大纲细目,井然可观"。戴氏受学于永,其对江永之书难免有溢美之辞。通过前面之论述,可知江氏之前早已有《通典》等据五礼之序排纂古礼。江永所承袭者,既有《周礼》的五礼分类之理论,亦有《通典》于五礼纂修之实践经验。江永《礼书纲目》对其后礼书编纂产生了深远的影响。如徐乾学撰《读礼通考》,于所征引材料之编排,"本以历代前后为次第,而说取类从,义贵条贯,不无前后错置者"② 。然徐氏所撰者,仅丧礼也。后来秦蕙田在徐氏《读礼通考》之基础上,将纂修内容扩展到"五礼",成《五礼通考》。此所谓"五礼",即吉、凶、军、宾和嘉诸礼。秦蕙田曰:"是书……依《通典》五礼次第,编辑吉礼如干卷,嘉礼如干卷,宾礼如干卷,军礼及凶礼之未备者如干卷。"③ 秦氏"依《通典》五礼次第",与江氏《礼书纲目》的编纂思想如出一辙。晚清梁启超曰:"礼学重要著作……江慎修(永)的《礼书纲目》,算是这门学问中筚路蓝缕的书。《礼书纲目》的体例,为后来秦、黄两家所本,虽后起者胜,而前人之功万不容没。"④ 梁氏对秦蕙田《五礼通考》、黄以周《礼书通故》体例渊源之勾勒,符合诸家礼书纂修之实际。

① (清)戴震:《江慎修先生事略状》,《戴震文集》卷第十二,中华书局 1980 年点校本,第178 页。

② (清)徐乾学:《读礼通考》卷首《凡例》,文渊阁《四库全书》第 112 册,第 5 页。

③ (清)秦蕙田:《五礼通考凡例》,《五礼通考》卷首,文渊阁《四库全书》第 135 册,第 62 页。

④ (清)梁启超:《中国近三百年学术史》,上海三联书店 2006 年版,第 175—176 页。

第四节　惠栋的"三礼"诠释

惠栋（1697—1758）字定宇，号松崖，学者称小红豆先生。江苏元和（今江苏苏州市）人。早年随父至广东提督学政任所，父卒归里，课徒著述，终身不仕。其对于经史、诸子、稗官、野乘等无所不览，尤深于易学。其学以汉儒为宗，以昌明汉学为己任。一生著述甚丰，有《九经古义》《易汉学》《周易述》《明堂大道录》《禘说》《古文尚书考》《后汉书补注》《松崖笔记》《松崖文钞》等传世。兹据《九经古义》《明堂大道录》《禘说》，对惠栋"三礼"诠释之内容和特色加以考察。

一、于"三礼"之校勘

惠栋《九经古义》于"三礼"经文皆有校勘。兹举两例以见之：

《周礼·天官·疡医》："以五气养之。"郑《注》："五气当为五谷，字之误也。"惠栋曰："何焯云：'气，《订义》音饩，则字不必改，而义得矣。'栋按：《说文》：馈客刍米曰气，'气'本'饩'字。经传无'五气'之文。《内经》云：'五谷为养，五果为助，五菜为充。'故郑据此，'五气'当为'五谷'，《订义》非也。"①《疡医》"以五气养之"，此"气"字，郑玄认为乃"谷"字之讹。王与之认为此"气"乃"饩"音，不必改字。惠士奇亦驳郑玄："《疡医》疗疡'以五气养之'，《注》云'五气当作五谷'，非也。《史记》'轩辕治五气'，说本《内经》。岐伯曰：'天食人以五气，地食人以五味。五气入鼻，藏于心肺。五味入口，藏于肠胃。味有所藏，以养五气，气和而生，津液相成，神乃自生。'"②士奇所据者，乃《黄帝内经》五气之说。孙诒让曰："惠说足申郑读。惠士奇……谓五气即五行之气，不必改为五谷，亦足备一义。"③惠栋亦据《黄帝内经》申郑氏而驳王氏，其说虽与其父有异，然亦可据。

《周礼·秋官·大行人》："凡诸侯之王事，辨其位，正其等，协其礼，宾而见之。"郑《注》："《孟子》曰'诸侯有王'。"毛居正曰："诸本皆同。按：《孟子》无此句。《左传》曰：'诸侯有王，王有巡守。'传写误作'孟子'也。《小行人》

---

① （清）惠栋：《九经古义》卷七，文渊阁《四库全书》第191册，第426页。

② （清）惠栋：《九经古义》卷七，文渊阁《四库全书》第191册，第426页。

③ （清）孙诒让：《周礼正义》卷九，中华书局1987年点校本，第337页。

注引《春秋传》曰'宋公不王',又曰'诸侯有王,王有巡守'。此注是也。"①惠栋曰:"《艺文志》,《孟子》十一篇,赵台卿《题辞》云著书七篇,又有《外书》四篇,《性善辩》《文说》《孝经》《为正》,其文不能宏深,不与内篇相似。外篇今亡,秦汉诸人引《孟子》者,今《孟子》皆无之。郑氏所引,安知不在外篇乎?毛说未是。"②《周礼·大行人》郑《注》所云"《孟子》曰'诸侯有王'",毛居正认为《孟子》无此句,当出自《左传》。惠栋认为郑《注》所言者当出自《孟子外书》。阮元曰:"此见《左氏传》庄二十三年。"③孙诒让云:"毛校是也。孔继汾、黄丕烈说同。今所传《孟子外书》四篇,其《孝经篇》有此语,盖即采此注,伪作不足据。"④由此可见,惠氏此说值得商榷。

二、于"三礼"文字之释义

惠栋《九经古义》重点是从声音训诂的角度,以明九经之"古义"。其中"三礼"部分亦如此。此可从以下三个方面来看:

一是从古今文的角度以释"三礼"经文。兹举数例以见之:

《周礼·地官·土训》,郑《注》:"郑司农云:'训读为驯。'……玄谓能训说土地善恶之势。"惠栋曰:"'训'与'驯',古今字。《史记·五帝纪》云:'帝尧能明驯德。'徐广曰:'驯,古训字。'又《殷本纪》:'帝舜命契曰:百姓不亲,五品不驯。'《后汉书》又作'训'。《万石君传》'驯行孝谨',亦作'训'。《易·坤》初六《象》曰'驯致其道',郑《注》云:'驯,从也。'徐爰《音训》依郑义。《汉书·韦玄成传》玄成诗云:'惟我节侯,显德假闻。左右昭宣,五品以训。''训'与'闻'协,则知'训'读为'驯',先郑之说信矣。"⑤惠栋征引《易》和郑《注》《史记》《汉书》及徐广、徐爰之说以释郑众"训读为驯"。惠氏认为"训"为古字,而"驯"为今字。

《仪礼·士丧礼》:"决用正王棘。"郑《注》:"世俗谓王棘砥鼠,言王棘可以砥鼠也。"惠栋曰:"砥,古'磔'字。《史记·李斯列传》云:'十公主砥死于杜。'张守节云:'砥音贮格反。'司马贞曰:'砥音宅,与磔同。古今字异耳。'

---

① (宋)毛居正:《六经正误》卷五,文渊阁《四库全书》第183册,第521页。
② (清)惠栋:《九经古义》卷八,文渊阁《四库全书》第191册,第439页。
③ (清)阮元校刻:《十三经注疏(附校勘记)》,中华书局1980年版,第896页。
④ (清)孙诒让:《周礼正义》卷七十一,中华书局1987年点校本,第2988页。
⑤ (清)惠栋:《九经古义》卷七,文渊阁《四库全书》第191册,第427页。

司马公《类篇》云:'王棘,一名砥鼠。'刘昌宗音'砥'为'托',皆失之。"①
惠栋据张守节《史记注》和司马贞《史记索引》,认为"砥"与"磔"义同,
乃古今字。惠氏此说为胡培翚《仪礼正义》所采。

二是从声音训诂的角度以释"三礼"经文。兹举数例以见之:

《周礼·天官·腊人》:"腊人,下士四人,府二人,史二人,徒二十人。"
郑《注》:"腊之言夕也。"惠栋曰:"《说文》:'昝,干肉也。从残肉,日以晞之,
与'俎'同意。籀文作脀,从肉。''昝'、'夕'古字通。《穀梁传》云'日入
至于星出谓之昔',《管子》云'旦昔从事',王逸《楚辞章句》引《诗》云'乐
酒今昔',是皆以'昔'为'夕'。昔之为物,经夕乃干,故言夕。或作久,久
犹昔也。《国语》云'厚味实腊毒',韦昭曰'腊读若庙昔酒',汉之酎久白酒
亦云昔酒。"②贾《疏》:"干曰腊,朝曝,于夕乃干,故云腊之言夕。或作久字,
久乃干成,义亦通也。"郑氏以"腊之言夕",不言依据。贾《疏》言"朝曝""于
夕乃干",乃是释其义。惠栋据《说文》,认为"昝""昔"古字通;据《穀梁传》
《管子》《楚辞章句》《国语》,认为"昔"与"夕"通;又据《国语》韦《注》,
认为"腊"犹"昔"也。惠栋还以"昔之为物,经夕乃干",推测"昔"作"久"。
孙诒让征引惠栋此说,并补充曰:"《毛诗·陈风·墓门》传云:'昔,久也。'《文
选·七命》李善《注》引贾逵《国语注》云:'腊,久也。'是'腊'亦得训久。
但'腊'夕声类相近,凡注例云言者,多依声以通其义,若前注云'膳之言
善''庖之言苞'是也。或本作久,义虽可通,而非郑之旧。"③

《周礼·天官·大宰》:"大宰之职,掌建邦之六典……二曰教典……以扰
万民。"郑《注》:"扰,犹驯也。"惠栋曰:"《春秋传》云'乃扰畜龙',应劭曰:
'扰音柔,扰,驯也。'《尚书》'扰而毅',徐广曰:'扰,一作柔字。'本作'㲞',
见《玉篇》。'㲞'有柔音,故《史记》或作'柔'。又有驯音,故李轨、徐邈
皆音寻伦反。或音而小反,失之。"④惠栋据《尚书》及应劭、徐广之说,认为
"扰"一作"柔","柔"本为"㲞";又据李轨、徐邈之说,认为"㲞"有"驯"
音。孙诒让以惠栋之说为是,并申之曰:"'扰'即'㲞'之借字。《广雅·释诂》
云:'㲞、驯,善也。'又《释言》云:'驯,㲞也。''㲞''柔'亦声近义通,《国

① (清)惠栋:《九经古义》卷十,文渊阁《四库全书》第191册,第450页。

② (清)惠栋:《九经古义》卷七,文渊阁《四库全书》第191册,第425页。

③ (清)孙诒让:《周礼正义》卷一,中华书局1987年点校本,第31页。

④ (清)惠栋:《九经古义》卷七,文渊阁《四库全书》第191册,第425页。

语·齐语》云'宽惠柔民',柔民犹言扰民也。《地官·叙官》注云'扰亦安也','安'与'驯'义亦相成。"①

《周礼·天官·内饔》:"马黑脊而般臂,蝼。"郑《注》:"般臂,臂毛有文。"贾《疏》:"郑答泠刚:童牛之梏,牛在手曰梏,牛无手,以前足当之。此马亦然,故言般臂。"惠栋曰:"《北山经》曰:'诸毗之水,其中多水马,其状如马,文臂牛尾。'郭璞云:'臂,前脚也。《周礼》曰:马黑脊而斑臂,腰。'"②惠氏据郭璞《山海经注》,与郑《注》、贾《疏》所言"般臂"相比较。惠氏虽无结论,然从其所征引,可知其以"般"与"斑"同。阮元承惠氏之说曰:"《释文》'般音班',《注》云'臂毛有文',是亦读'般'为'斑'也。古'般''斑'通。郭氏以今字读之,故引作'斑'。"③孙诒让曰:"阮说是也。"④

《周礼·秋官·小司寇》:"以八辟丽邦法。"郑《注》:"杜子春读'丽'为'罗'。玄谓丽,附也。《易》曰:'日月丽乎天。'"惠栋曰:"丽者,离也,'离'犹'罹'也。'罗'当作'罹'。《洪范》云'不罹于咎',《史记》引作'离',《尚书大传》引作'丽'。古字并通。"⑤《小司寇》此"丽"字,杜子春读为"罗",而郑玄以"附"释之。惠栋据《尚书》《尚书大传》《史记》,认为"丽""离""罹""罗"相通。

《仪礼·聘礼》:"及庙门,公揖入,立于中庭。"惠栋曰:"'立'读为'位'。《周礼·小宗伯》之职掌'建国之神位',《注》云:'故书位作立。郑司农云:立读为位。'古者'立''位'同字。古文《春秋经》'公即位'为'公即立'。《史记·周本纪》云:'武王既入,立于社南。'……古钟鼎文如《周毛父敦铭》及《盠和钟》'立'字,释者皆训为'位'。又《周郘敦铭》云'毛伯内门,立中庭',《周敔敦铭》云:'苏公入右敔,立中庭,北乡。'韦弘嗣、许叔重皆云'列中庭之左右曰位',明'立'字亦当作'位'。释者仍训为本字,非也。"⑥惠氏据《周礼注》《春秋》《史记》、钟鼎铭文及韦昭、许慎之说,认为此"立"字与"位"字同,训"立"为本字者为非。实际上,以本字释"立"者代不乏人,且义可通。惠氏解义聊备一说耳。

---

① (清)孙诒让:《周礼正义》卷二,中华书局1987年点校本,第61页。
② (清)惠栋:《九经古义》卷七,文渊阁《四库全书》第191册,第426页。
③ (清)阮元:《十三经注疏(附校勘记)》,中华书局1980年版,第665页。
④ (清)孙诒让:《周礼正义》卷八,中华书局1987年点校本,第273页。
⑤ (清)惠栋:《九经古义》卷八,文渊阁《四库全书》第191册,第435页。
⑥ (清)惠栋:《九经古义》卷十,文渊阁《四库全书》第191册,第448页。

《仪礼·聘礼》:"宾进,讶受几于筵前,东面俟。"郑《注》:"今文'讶'为'梧'。"惠栋曰:"'宾进,讶',《注》云:'今文讶为梧。'《公食大夫礼》云:'上介受宾币,从者讶受皮。'《注》云:'今文曰梧受。'《既夕》:'若无器,则梧受之。'《注》云:'谓对相授。'《疏》云:'梧即逆也,对面相逢受。'按:'梧'本作'悟',训为'逆','讶'亦'逆'也。"① 惠氏据《聘礼》《公食大夫礼》《既夕》经文注疏,认为郑玄以"梧"释"讶",与"讶"义合。胡承珙曰:"《释名·释宫室》又云'梧在梁上,两头相触悟也'。'悟'之为'梧',亦由声近假借。"② 胡氏训"梧"与"悟"乃声近假借。

《礼记·内则》:"祗见孺子。"郑《注》:"祗,敬也。或作'振'。"惠栋曰:"古'祗''振'字通。《史记·夏本纪》:'皋陶述其谋曰:日严振敬六德。'今《尚书》'振'作'祗'。'振'又与'震'通。《鲁世家》周公作《无逸》:云'治民震惧',今《无逸》作'祗惧'。蔡邕石经《般庚》云'今尔惠朕曷祗动万民以迁',今《盘庚》云'尔谓朕曷震动万民以迁'。'祗'与'振'义同而音异。"③ 惠氏征引《史记》《尚书》及蔡邕石经《尚书·般庚》之记载,认为《内则》此"祗"字与"振"相通,两字义同而音异。

《礼记·曲礼上》:"礼不讳嫌名。"郑《注》:"嫌名,谓声相近,若'禹'与'雨'、'丘'与'区'也。"贾《疏》:"今谓'禹'与'雨'音同而义异,'丘'与'区'音异而义同,此二者各有嫌疑。"惠栋曰:"古'丘'字皆读为'区',故郑云声相近。《毛·诗》'丘'与'诗'协,《左传》'丘'与'旗'协,《战国策》:'齐婴儿谣曰:大冠若箕,修剑拄颐,攻狄不能,下垒枯丘',荀卿子曰'言之信者,在乎区盖之间',《汉·儒林传》作'丘盖'。颜籀《匡谬正俗》曰:'今江淮田野之人,犹谓区为丘,亦古之遗音也。'"④ 郑玄认为"丘"与"区"声相近。贾《疏》认为"丘"与"区"音异而义同。惠栋征引《毛诗》《左传》《荀子》《匡谬正俗》,认为"丘"与"区"之古音相近。清人孙希旦曰:"愚谓'丘''区'二字并音去求反……《疏》说非是。"⑤

三是对"三礼"字义加以诠释。兹举数例以见之:

---

① (清)惠栋:《九经古义》卷十,文渊阁《四库全书》第 191 册,第 449 页。

② (清)胡承珙:《仪礼古今文疏义》卷八,《续修四库全书》第 91 册,第 538 页。

③ (清)惠栋:《九经古义》卷十二,文渊阁《四库全书》第 191 册,第 463 页。

④ (清)惠栋:《九经古义》卷十一,文渊阁《四库全书》第 191 册,第 454 页。

⑤ (清)孙希旦:《礼记集解》卷四,中华书局 1989 年点校本,第 89 页。

《周礼·地官·师氏》："掌国中失之事，以教国子弟。"郑《注》："中，中礼者也；失，失礼者也。故书'中'为'得'，杜子春云：'当为得，记君得失，若《春秋》是也。'"惠栋曰："《三仓》曰：'中，得也。'《封禅书》云：'康后与王不相中。'《周勃传》：'勃子胜之尚公主，不相中。'皆训为'得'。《吕览》云：'禹为司空，以通水潦，颜色黧黑，步不相过，窍气不通，以中帝心。'高诱曰：'中犹得。'然则'中失'犹'得失'，故郑用杜说而不改字。"①《师氏》此"中"字，郑玄据杜子春之说而释为"得"。惠栋据《三仓》《史记》《吕氏春秋》高《注》而申郑《注》，以"中"为"得"义。王念孙申惠氏曰："《管子·国蓄》篇曰：'大国之君不相中，举兵而相攻。'谓不相得也。《齐策》：'是秦之计中，而齐燕之计过矣。'高注亦曰：'中，得也。'中得义相同，故二字可以互用。宋玉《风赋》曰：'中唇为胗，得目为蔑。'《韩诗外传》曰：'动作中道，从容得礼。'《汉书·京房传》曰：'历中甲庚，律得参阳。性中仁义，情得公正贞廉。'是也。中、得声相近，故二字可以通用。"②

《礼记·曲礼上》："大夫七十而致事，若不得谢，则必赐之几杖。"郑《注》："谢犹听也。君必有命，劳苦辞谢之。"惠栋曰："谢，犹去位也。《说文》：'谢，辞去也。'《楚辞·大招》云'青春受谢'，王逸云：'谢，去也。'谢，一作谢。《史记》蔡泽谓范雎云：'夫四时之序，成功者去。'今时有代谢之语，盖本于《楚辞》。顾炎武训'谢'为'序'。按：《招魂》云：'若必筮予之，恐后之谢不能复用巫阳焉。'《注》亦云：'谢，去也。'谢，去也，若训为'序'，不合事理。"③《曲礼上》此"谢"字，郑玄训为"听"，贾《疏》承之。顾炎武训此"谢"字为"序"。惠氏据《史记》《说文》及王逸《楚辞注》训"谢"为"去"。

三、于"三礼"所记制度之考证

惠栋在研究《周易》之基础上，将易学与礼学相结合，成《明堂大道录》八卷、《禘说》二卷。《明堂大道录》主要据先秦两汉以及部分汉代以后的文献，对明堂的历史、建置、功能及意义做了细致入微的辨析。惠栋言该书撰作之由曰："明堂为天子大庙，禘祭、宗祀、朝觐、耕籍、养老、尊贤、飨射、献俘、

① （清）惠栋：《九经古义》卷七，文渊阁《四库全书》第 191 册，第 428 页。
② （清）王引之：《经义述闻》卷八，上海书店出版社 2012 年点校本，第 216—217 页。
③ （清）惠栋：《九经古义》卷十一，文渊阁《四库全书》第 191 册，第 453 页。

治历、望气、告朔、行政皆行于其中,故为大教之宫。语本蔡中郎。其中有五寝、五庙、左右个、前堂、后室。刱始于神农之制,自黄帝、尧、舜、夏、商、周皆遵而行之。三代以前,其法大备,详于《周礼》之《冬官》。《冬官》亡,而明堂之法遂不可考,略见于六经,而不得闻其详。说经者异同间出,惟前汉之戴德、戴圣、韩婴、孔牢、马宫、刘歆,后汉之贾逵、许慎、服虔、卢植、颍容、蔡邕、高诱诸儒,犹能识其制度,惜为孔安国、郑康成、王肃、袁准四人所乱。安国以禘止为审谛昭穆,故汉四百年无禘礼;康成以文王庙如明堂制,谓国外别有明堂;王肃又以禘喾为后稷之所自出,非配天之祭;及袁准作《正论》,谓明堂、太庙、太学各有所为,排诋先儒,并及六经,于是明堂之法后人无有述而明之者矣。"①惠氏遂"纂集六经之文,辅以诸儒之说,以表明列圣治天下之大耑"②。此外,惠氏认为禘与明堂的关系密切,他说:"明堂天法也,嗣天子奉新陟之王祭于明堂,由考而及祖,由祖而及高、曾,由高、曾而及毁祖,由毁祖而及始祖,由始祖而及远祖,且上及于祖之所自出。严父配天,天人祖宗聚于一堂,聊为一气,此禘说之所以难知也。"③惠氏遂广征博引以释禘礼。他的《明堂大道录》《禘礼》于礼制考证的内容和特色可从以下两个方面来看:

一是将易学与礼学结合起来加以考察,开礼学研究之新局面。

惠栋遍考儒家经籍,建立了以考据训诂为基本方法、以易汉学为中心的汉学系统。其所撰《周易述》《易汉学》《易例》皆是清代易学史上的名著。惠栋将易学与礼学相会通,开创礼学研究之新局面。明堂之研究,就是其易学与礼学会通之一证。其所撰《明堂大道录》,"大道"二字,取诸《礼运》"大道之行也"一语。在惠栋看来,《礼运》所言之大道,盖本乎《易》,而制寓于明堂。其所撰《禘说》,亦是"因学《易》而得明堂之法,因明堂而知禘之说,于是刺六经为《禘说》"④。兹举数例,以见惠氏以易学释明堂之概况。

《易·系辞上》云:"大衍之数五十有五,其用四十有九,分而为二以象两,挂一以象三,揲之以四以象四时,归奇于扐以象闰。"惠栋曰:"大衍之数有三才,乾道成男,坤道成女,故挂一以象三。……明堂者,王者贯三才之道以施

---

① (清)惠栋:《明堂大道录》卷一,《续修四库全书》第 108 册,第 545—546 页。
② (清)惠栋:《明堂大道录》卷一,《续修四库全书》第 108 册,第 546 页。
③ (清)惠栋:《禘说》卷下,《续修四库全书》第 108 册,第 541 页。
④ (清)惠栋:《禘说》卷上,《续修四库全书》第 108 册,第 529 页。

于春秋冬夏，即大衍之数也。孟子曰：'夫明堂者，王者之堂也。'一贯三为王，王者顺时行令，故兼三王之道以施于春秋冬夏，所以赞化育也。明堂以听朔为先，本大衍归奇再扐之法。"①惠氏于此是论明堂与《易》"三才之道"的关系。其认为《系辞上》所云"挂一以象三"与"王"的意义相通，明堂听朔之法本于大衍归奇再扐之法。

《易·说卦》："万物出乎震，震东方也。齐乎巽，巽东南也。齐也者，言万物之絜齐也。离也者，明也，万物皆相见南方之卦也。圣人南面而听天下，向明而治，盖取诸此也。……艮，东北之卦也，万物之所成终，而所成始也，故曰成言乎艮。"惠栋曰："震，东方也者，青阳太庙也。巽，东南也者，东青阳个，南明堂个也。离，南方之卦也者，明堂太庙也。负斧依南面而立，故南面而听天下。听，听朔也。天子当阳，故乡明而治。盖取诸此也者，言明堂之法取诸此也。……坤也者，地也者，坤位未而王四季，故用事于西南，而居中央，西总章个，南明堂个，中央大庙，大室也。兑主西，故正秋总章太庙也。乾，西北之卦也者，西总章个，北玄堂个也。坎，正北方之卦也者，玄堂之大庙也。艮，东北之卦也，万物之所成终而所成始也者。东青阳个，故曰成始，北玄堂个，故曰成终。"②惠氏将《说卦》所言卦之方位分布与明堂建置相类比，以明明堂建置之象征意义。如《说卦》以离为明，乃万物相见南方之卦，惠栋据此，认为离卦与明堂太庙相应。此外，惠氏据《说卦》"盖取诸此"一语，认为此乃言明堂之法取诸离卦。

二是广泛征引先秦两汉以及部分汉代以后的文献，对明堂的历史、制度以及禘礼做了细致的辨析。

惠栋对各个时代的明堂制度做了梳理。其所列者，有神农、黄帝、唐、虞、夏、殷、周之明堂制度。而于各时代之明堂制度，惠栋皆对相关的文献记载加以排比罗列。如于"神农明堂"，惠氏所列者有《大戴礼·盛德篇》《淮南子·主术训》以及桓谭《新论》于神农明堂之记载。于"黄帝明堂"，惠氏所列者有《黄帝内经·素问》《管子·桓公问篇》《尸子》《汉书·郊祀志》《礼记外传》《汉书·晁错传》于黄帝明堂之记载。又如于"四大祭皆配天"，惠氏所列者有《礼记·祭法》郑《注》、孔《疏》，《国语·周语》《国语·楚语》《诗·周

①　（清）惠栋：《明堂大道录》卷二，《续修四库全书》第108册，第554—555页。
②　（清）惠栋：《明堂大道录》卷二，《续修四库全书》第108册，第555页。

颂》《易·豫卦》《孝经》《尚书大传》。在所列文献之后,惠栋时有考证或阐释。
兹举两例以见之:

《汉书·郊祀志》曰:"上欲治明堂奉高旁,未晓其制度。济南人公玉带上
黄帝时《明堂图》,《明堂图》中有一殿,四面无壁,以茅盖,通水,水圜宫
垣,为复道,上有楼,从西南入,命曰昆仑,天子从之入,以拜祠上帝焉。"
惠栋曰:"四面无壁,《淮南》所云有盖而无四方也。大道既隐,天下为家,夏
后氏称世室,始有室及户牖矣。殷人重屋,始有重檐四阿矣。明堂四门外有辟
雍,故云水圜。宫垣上有灵台,故云有楼从西南入。名曰昆仑,带谓昆仑以祀
上帝,于是唐贞观五年礼部尚书刘伯庄误依带说,议以为从昆仑道上层祭天,
为左右阁道,登楼设祭。时太子中允孔颖达上言驳诘,而侍中魏徵不加契勘,
谬从伯庄之议,由不信汉儒明堂、灵台同处之证,以有是误尔。"① 惠氏据《汉
书·郊祀志》之记载,对明堂之建置做了探讨,且驳刘伯庄之说,正魏徵之谬。
惠氏进一步指出,孔氏、魏氏之谬在于不信汉儒之说。

成伯与《礼记外传》云:"明堂古者天子布政之宫,黄帝享百神于明廷是
也。"惠栋曰:"《周礼·大司乐》二至以乐降神,一变而致羽物及川泽之示;再
变而致嬴物及山林之示;三变而致鳞物及丘陵之示;四变而致毛物及坟衍之示;
五变而致介物及土示;六变而致象物及天神。又云乐六变则天神皆降,八变则
地示皆出,九变则人鬼可得而礼。此皆禘礼行于明堂,故云接万灵于明廷。"②
惠氏据《周礼·大司乐》以乐降神之记载,以释成伯与所云"黄帝享百神于
明廷"。

惠栋对礼制之探讨,并不限于《明堂大道录》和《禘说》。其所撰《九经
古义》的"三礼"部分亦有对礼制所做之考释。比如《周礼·天官·亨人》:"外
饔飨士庶子。"郑《注》:"士庶子,卫王宫者,若今时之饔卫士矣。"惠栋曰:"《续
汉书·礼仪志》云:'飨遣故卫士仪:百官会,位定,谒者持节,引故卫士入自
端门。卫司马执幡钲护行,行定,侍御史持节慰劳,以诏恩问所疾苦,受其章
奏所欲言。毕飨,赐作乐,观以角抵。乐阕罢遣,劝以农桑。'按:前汉飨卫
士于曲台,后汉于平乐观。"③ 关于《周礼》所言外饔飨士庶子之礼,郑玄以汉

① （清）惠栋:《明堂大道录》卷二,《续修四库全书》第 108 册,第 557 页。
② （清）惠栋:《明堂大道录》卷二,《续修四库全书》第 108 册,第 557 页。
③ （清）惠栋:《九经古义》卷七,文渊阁《四库全书》第 191 册,第 426 页。

代缮卫士之礼况之。惠栋将《后汉书·礼仪志》于"缮遣故卫士仪"之记载与前汉、后汉缮卫士制度作了比较，并指出前汉与后汉的缮卫士制度有差异。

四、惠栋"三礼"诠释的特色

惠栋"三礼"诠释的特色可从以下两个方面来看：

第一，惠栋的"三礼"诠释主要是汉代经说之辨析。

皮锡瑞曰："国初诸儒治经，取汉、唐注疏及宋、元、明人之说，择善而从。由后人论之，为汉、宋兼采一派；而在诸公当日，不过实事求是，非必欲自成一家也。"①在皮氏看来，顾炎武、黄宗羲等人皆深入宋儒之室，而以汉学为不可废，多骑墙之见、依违之言，故江藩《汉学师承记》不以梨洲、亭林两家之学列于卷首，而是以二者附于册后。直到雍乾以后，"古书渐出，经义大明。惠、戴诸儒为汉学大宗，已尽弃宋诠，独标汉帜矣"②。

惠氏四世传经，其曾祖父惠有声曾撰书为汉《易》立传，其祖父惠周惕于《易》《诗》《礼》《春秋》皆颇有造诣，其父惠士奇从考据的角度对汉代经说及先秦诸子加以搜集排比，专宗汉学的立场颇为明显。惠栋受父祖治学的影响甚深，他说："余家四世传经，咸通古义，守专室，呻稿简，日有省也，月有得也，岁有记也。"③在清代学术史上，如果说惠周惕、惠士奇乃汉学复兴之导引，那么惠栋则是汉学复兴之标志。以至于乾隆中叶以后，惠氏之学大行。惠栋复兴汉学之动因，乃是基于其对于经学之认识。他说："六经定于孔子，毁于秦，传于汉。"④惠栋认为，孔子所定六经毁于秦火，然由于经师所传，经学在汉代得以重光；"汉犹近古，去圣未远"⑤，汉代经师说解、治经方法离经学的本来面貌最近，故最值得珍视。惠栋曰："汉人通经有家法，故有五经师训诂之学，皆师所口授。其后乃著竹帛，所以汉经师之说立于学官，与经并行。五经出于屋壁，多古字古言，非经师不能辨。经之义存乎训，识字审音，乃知

---

① （清）皮锡瑞：《经学历史·经学复盛时代》，《皮锡瑞全集》第6册，中华书局2015年点校本，第89页。

② （清）皮锡瑞：《经学历史·经学复盛时代》，《皮锡瑞全集》第6册，中华书局2015年点校本，第89页。

③ （清）惠栋：《九经古义原序》，《九经古义》卷首，文渊阁《四库全书》第191册，第362页。

④ （清）惠栋：《易汉学序》，《易汉学》卷首，中华书局2007年点校本，第513页。

⑤ （清）惠栋：《上制军尹元长先生书》，《松崖文钞》卷一，《续修四库全书》第1427册，第275页。

其义，是故古训不可改也，经师不可废也。"① 惠栋认为，屋壁山岩重出之经，汉代经师可识辨其字其音，通过搜集辨析汉代经师之经说，最能接近孔子所定五经之本貌。

惠栋从事"三礼"之诠释时，最为看重的是汉代经学家之解义。兹以《九经古义·周礼古义》为例，以见惠栋征引各家解义之概况：

被征引者	被征引者之时代	征引次数
卢植《周礼注》	东汉	1
郑众《周礼注》	东汉	27
郑玄《周礼注》	东汉	70
杜子春《周礼注》	东汉	7
贾公彦《周礼疏》	唐	7
孔颖达《礼记正义》	唐	2
何休《公羊传注》	东汉	1
杜预《左传注》	西晋	1
郑玄《孝经注》	东汉	1
郭璞《尔雅注》	东晋	1
《春秋元命苞》	西汉	1
刘敞《七经小传》	北宋	1
毛居正《六经正误》	南宋	4
许慎《说文解字》	东汉	20
陆德明《经典释文》	唐	6
《国语》	春秋或战国	1
司马迁《史记》	西汉	4
班固《汉书》	东汉	9
范晔《后汉书》	南朝	8
《战国策》	西汉	1

---

① （清）惠栋：《九经古义原序》，《九经古义》卷首，文渊阁《四库全书》第191册，第362页。

被征引者	被征引者之时代	征引次数
高诱《战国策注》	东汉	1
《东观汉记》	东汉	2
《管子》	战国或秦汉	4
《庄子》	战国	1
《荀子》	战国	2
《韩非子》	战国	2
《吕氏春秋》	战国	1
《黄帝内经》	先秦至汉	1
《尉缭子》	战国	1
《司马法》	战国	1
应劭《风俗通义》	东汉	2
班固《白虎通义》	东汉	1
蔡邕《独断》	东汉	1
王逸《楚辞章句》	东汉	1
欧阳修（不详何书）	北宋	1
王应麟（不详何书）	南宋	1
顾炎武（不详何书）	清	1

　　据以上统计，可知惠栋《周礼古义》对于汉代经说最为重视。首先，《周礼古义》共征引三十七家，其中十九家出自汉代，已经超过半数。其次，《周礼古义》征引最多者是汉代司马迁、郑玄、郑众、许慎、杜子春、班固、范晔等人的著述。其中征引郑玄经说达七十次。除了大量征引汉代经说外，惠栋对先秦诸子之说亦较为重视。惠氏征引汉代以后之经说寥寥无几，其中宋代仅欧阳修和王应麟两家。由此可见，惠栋是以先秦两汉文献之记载为主，从而开展其《周礼》之诠释。惠氏的《周礼》诠释如此，其《仪礼》《礼记》诠释亦大致相同，由此可见惠氏"三礼"诠释的汉学立场。

当然，惠栋对于宋代经师之说并非全然不取。比如《周礼·职方氏》，惠栋曰："樊毅《修华岳碑》云'周礼识方氏'，欧阳永叔云:'识字，字画分明，非讹阙，疑当时《周礼》之学自如此。'栋案，《周礼》多古字，如'樴'字作'职'，'职'字作'识'，'识'字作'志'，汉时已不能尽考，况后世乎?"① 惠氏于此认为"职"字与"识"字可通，是以宋人欧阳修之说为论据。

第二，惠栋主要是以文献之排比和文字训诂从事"三礼"之诠释

汉代经学家解经重视文字训诂和名物制度考证，而乏义理之阐发。惠栋从事"三礼"之诠释亦是如此。此可从以下两个方面来看:

一是特别重视今字、古字之辨析。从《九经古义》中的"三礼"部分可以看出，惠氏热衷于辨析古字、今字，并试图通过识辨今字、古字，从而明经之古义。在识辨今字、古字时，惠氏大量采用《说文解字》《经典释文》等字书。值得注意的是，惠氏在从事文字辨析时常采用声音训诂法，从而将"三礼"的声音训诂之学推到了一个新的高度。以声音通训诂是乾嘉学派重要的考据方法，这种方法的采用与惠栋有着直接关系。

二是重视资料的搜集和排比。《九经古义》的"三礼"部分，仅是对"三礼"的部分经文加以诠释。对于所诠释的经文，惠栋皆广泛搜集资料，并对搜集到的资料加以排比，进而加以辨析。在《明堂大道录》和《禘说》中，惠氏亦是旁征博引，与明堂直接相关的文献引之，与明堂不直接相关而可为佐证材料者亦引之。可以说，先秦两汉关于明堂和禘礼之记载，惠氏的这两本著作已悉数收录。惠栋所作的实证研究，对乾嘉学派影响颇为深远。洪榜曰:"东吴惠定宇先生栋，自其家三世传经，其学信而好古，于汉经师以来，贾、马、服、郑诸儒，散失遗落，几不传于今者，旁搜广摭，裒集成书，谓之古义，从学之士甚众。"② 洪氏此说已言及惠氏征引古文献之初衷，即求经之"古义"。

第五节　秦蕙田的"三礼"诠释

秦蕙田（1702—1764）字树峰，号味经，江苏金匮（今江苏无锡市）人。

---

① （清）惠栋:《九经古义》卷八，文渊阁《四库全书》第 191 册，第 434 页。

② （清）洪榜:《戴先生行状》，《戴震文集》附录，中华书局 1980 年点校本，第 255 页。

乾隆元年（1736）进士第三，授翰林院编修，入直南书房。累官至礼部侍郎，工部、刑部尚书。乾隆二十九年（1764）给假南旋就医，卒于途。赐葬如例，予谥文恭。时年六十有三。秦氏治经深于礼，曾修纂《五礼通考》二百六十二卷。此外，还有《周易象日笺》《味经窝类稿》传世。

在《五礼通考序》中，秦蕙田对纂修该书之缘由有说明。其曰："'三礼'自秦汉诸儒抱残守阙，注疏杂入谶纬，轇輵纷纭。《宋史》载子朱子当日尝欲取《仪礼》《周官》《二戴记》为本，编次朝廷、公卿、大夫、士民之礼，尽取汉唐以下诸儒之说，考订辨正，以为当代之典。今观所著《经传通解》，继以黄勉斋、杨信斋两先生修述，究未足为完书。是以'三礼'疑义至今犹蔀，乃于《礼经》之文，如郊祀、明堂、宗庙、禘尝、飨宴、朝会、冠昏、宾祭、宫室、衣服、器用等，先之以经文之互见错出足相印证者，继之以注疏诸儒之抵牾訾议者，又益以唐宋以来专门名家之考论发明者，每一事一义，辄集百氏之说而谛审之。审之久，思之深，往往如入山得迳，榛芜豁然。又如掘井逢源，溢然自出，然犹未敢自信也。"① 在《凡例》中，秦氏又曰："五礼之名，肇自《虞书》，五礼之目，著于《周官》。《大宗伯》曰吉、凶、军、宾、嘉，《小宗伯》掌五礼之禁令与其用等。孔子曰：'周监于二代，郁郁乎文哉，吾从周。'所以经纬天地，宰制万物，大矣，至矣。自古礼散轶，汉儒掇拾于煨烬之余，其传于今者惟《仪礼》十七篇、《周官》五篇、《考工记》一篇，文多残阙。《礼记》四十九篇，删自《小戴》，及所存《大戴礼》，间有制度可考，而纯驳互见，附以注疏。及魏晋诸家，人自为说，益用纷歧。唐宋以来，惟杜氏佑《通典》、陈氏祥道《礼书》、朱子《仪礼经传通解》、马氏端临《文献通考》言礼颇详。今案《通解》所纂王朝、邦国诸礼，合'三礼'诸经传记，荟萃补辑，规模精密，第专录注疏，亦未及史乘，且属未成之书。《礼书》详于名物，略于传注。《通典》《通考》虽网罗载籍，兼收令典，第五礼仅二书门类之一，未克穷端竟委，详说反约。《宋史·礼志》载朱子尝欲取《仪礼》《周官》《二戴记》为本，编次朝廷、公卿、大夫、士民之礼，尽取汉晋而下及唐诸儒之说，考订辨正，以为当代之典，未及成书。至近代昆山徐氏乾学著《读礼通考》一百二十卷，古礼则仿《经传通解》，兼采众说，详加折中，历代则一本正史，参以《通典》《通考》，广为搜集，庶几朱子遗意，所关经国善俗，厥功甚巨。惜乎吉、嘉、

---

① （清）秦蕙田：《五礼通考自序》，《五礼通考》卷首，文渊阁《四库全书》第135册，第60页。

宾、军四礼，属草未就。"① 秦氏认为，"三礼"所记载的名物、礼制纷乱淆杂，秦汉诸儒以及历代注疏未能廓清疑云。鉴于此，秦氏在考察经文记载以及历代解义、论说之基础上，希望将礼学疑难问题做进一步的梳理，遂有《五礼通考》之纂修。

《五礼通考》一书二百六十二卷，卷首以礼经作述源流及历代礼制沿革二篇，又有《总目》二卷不入卷数。该书非秦蕙田一力所成，今可考见者还有戴震、王兰泉、方观承等。是书之体例前后如一，风格亦前后一致。由于出自众手，各卷水平参差不齐。《五礼通考》的成就及特色可从以下几个方面来看。

一、《五礼通考》的编纂体例

徐乾学《读礼通考》专注于丧礼，其通过广泛征引礼学经典、诸史杂记，从丧期、丧服、丧仪节、葬考、丧具、变礼、丧制、庙制等八个方面，分门别类地对与丧礼相关的名物、制度等加以诠释。徐氏晚年拟在丧礼之基础上，将纂修规模扩展到吉、宾、军、嘉诸礼，然书未成而人已殁。因此，《读礼通考》之"礼"，特指丧礼，而非五礼也。

秦蕙田《五礼通考》乃通贯群经之作，其发凡起例直接受徐乾学《读礼通考》的启发。秦氏曰："丁卯戊辰，治丧在籍，杜门读礼，见昆山徐健庵先生《通考》规模义例具得朱子本意，惟吉、嘉、宾、军四礼尚属阙如。惜宸锡大年相继徂谢，乃与学士吴君尊彝陈旧箧，置抄胥，发凡起例，一依徐氏之本。并取向所考定者分类排辑，补所未及。服阕后再任容台，遍览典章，日以增广。"② 《五礼通考》之体例源自《读礼通考》，然在纂修时，秦蕙田结合实际有所调整。

《五礼通考》在《读礼通考》之基础上，将纂修内容扩展到"五礼"。所谓"五礼"，即吉、凶、军、宾、嘉诸礼，称谓最早见于《周礼》。吉礼是祭祀典礼，凶礼是哀悯吊唁忧患之礼，军礼是师旅操练、征伐之礼，宾礼是接待宾客之礼，嘉礼是合和人际关系、沟通联络感情之礼。徐乾学《读礼通考》所纂修者，丧礼也，尽管其所搜集丧礼名物制度之资料颇为详备，体例也完善，然而丧礼仅为五礼之一。秦蕙田曰："近代昆山徐氏乾学著《读礼通考》一百二十卷……惜乎吉、嘉、宾、军四礼，属草未就。是书因其体例，依《通典》五礼次第，

---

① （清）秦蕙田：《五礼通考凡例》，《五礼通考》卷首，文渊阁《四库全书》第135册，第62页。
② （清）秦蕙田：《五礼通考自序》，《五礼通考》卷首，文渊阁《四库全书》第135册，第61页。

编辑吉礼如干卷，嘉礼如干卷，宾礼如干卷，军礼及凶礼之未备者如干卷。"①
《五礼通考》二百六十二卷，吉礼一百二十七卷，宾礼十三卷，嘉礼九十二卷，
军礼共十三卷，凶礼共十七卷。

《五礼通考》特别重视吉礼。秦氏于《凡例》曰："吉礼为五礼之冠，《记》
曰：'礼有五经，莫重于祭。'唐虞伯夷典三礼，《周官》大宗伯掌天神、地祇、
人鬼之礼，第两郊七庙，遗文缺微，《仪礼》所传特牲、少牢皆大夫士之祭，
故《汉志》有推士礼而致于天子之讥。矧谶纬繁兴，康成杂入经注，辨难滋起，
如天帝有六，地祇为二，明堂之五室九室，祈榖之建子建寅，禘郊不分，地社
莫别，宗庙六祭淆于禘祫分年，昭穆祧迁紊于兄弟继序。他如服冕、牲牢、乐
舞、器数，歧说益纷，几千年间废兴创革，往往莫之适从。兹编于经传搜集无
遗，冀以补缀万一，至先儒论说，及累朝奏议，亦广为采取，较之《通典》《通
考》，详略悬殊，卷帙亦独多于他礼。"② 由此可见，秦氏重视祭礼，一是因为
祭礼于五礼中最重；二是因为吉礼之辩难，于五礼中亦最多。

至于其他诸礼，《五礼通考》亦在前人之基础上做了调整。如于宾礼，秦
蕙田曰："《大宗伯》以宾礼亲邦国，是时天下封建，故诸侯于天子有朝、宗、
觐、遇、会同、问视之礼，诸侯邻国亦相朝聘，自罢侯置守，无复古仪。杜氏
《通典》采摭古今，分为四条，《通志》但存三恪二王后一则，《通考》竟全删
去，以藩国朝贡附见于朝仪。今辑经文天子诸侯觐聘之礼以存古仪，录史传藩
国朝贡及遣使迎劳诸仪以昭近制，而士庶人相见礼终焉。"③ 秦氏在《通典》《通
志》之基础上，对宾礼纂修体例做了重新安排。又如大射、乡射二礼，郑玄认
为属于嘉礼，而《通典》《开元礼》认为属于军礼。秦氏曰："《仪礼》十七篇，
依郑《注》，嘉礼居其七。《通典》从《开元礼》以大射、乡射属军礼，《宋史》
仍属嘉礼。夫古者射以观德，贯革非所尚也。今从郑氏。"④ 秦氏以郑玄之说为
是，将大射、乡射二礼归诸嘉礼。

需要特别指出的是，由于徐乾学《读礼通考》于丧礼部分的体例和修纂已
较为完善，所以《五礼通考》于凶礼部分仅补以赈檜。秦氏曰："《大宗伯》以

---

① （清）秦蕙田：《五礼通考凡例》，《五礼通考》卷首，文渊阁《四库全书》第 135 册，第 62 页。
② （清）秦蕙田：《五礼通考凡例》，《五礼通考》卷首，文渊阁《四库全书》第 135 册，第
　　63—64 页。
③ （清）秦蕙田：《五礼通考凡例》，《五礼通考》卷首，文渊阁《四库全书》第 135 册，第 64 页。
④ （清）秦蕙田：《五礼通考凡例》，《五礼通考》卷首，文渊阁《四库全书》第 135 册，第 64 页。

凶礼哀邦国之忧，其礼之别有五。《论语》曰所重民食丧祭，丧固凶礼一大端也，已详徐氏《读礼通考》。兹特以赈襘补其缺云。"① 由此可见秦蕙田对徐乾学于丧礼纂修之信任，亦可见《五礼通考》与《读礼通考》之渊源关系。

二、《五礼通考》征引经文和解义之原则

《五礼通考》对所征引的经文和历代解义，均按一定的规则进行排列。此可从以下几个方面来看：

一是征引解义宏富，经、传、说、记以及历代史书记载无不涉及。

与徐乾学《读礼通考》一样，秦蕙田《五礼通考》亦大量征引经、传、说、记以及史书之记载。秦氏曰："五礼各门，经文之后，二十二史纪、志、列传，搜择颇广。……全文概从摘略。""徐书上自王朝，下逮民俗，古礼今制，靡弗该载。是编六籍而外，后世典章始于秦汉，讫于前明。"② 如吉礼的《圜丘祀天》部分共二十卷。其中前五卷皆是关于圜丘祀天的场地、仪节，包括郊名义、四代郊正祭、四代告祭、郊坛、配帝、日月从祀、朝践王三献宗伯四献、祝号、享牲，荐熟、馈献王三献宗伯四献、荐黍稷、馈食王五献宗伯六献诸臣七献、祀神之乐、送尸、彻、告事毕、代祭、丧不废祭；后十五卷是秦代到明代的圜丘祀天制度。在每一小类，秦氏皆大量征引历代文献之相关内容。如于"郊名义"，秦氏所征引之文献，经部有《易》之《益卦》《涣卦》《鼎卦》，《书》之《召诰》，《周礼》之《春官》，《礼记》之《曲礼》《王制》《礼运》《礼器》《郊特牲》《祭义》《中庸》，《诗》之《周颂》，叶时之《礼经会元》，陈祥道之《礼书》。史部有《汉书》之《郊祀志》，罗泌之《路史》。又如吉礼之"社稷"，秦氏所征引者，经部有《书》之《禹贡》《召诰》，《诗》之《大雅》《周颂》，《韩诗外传》，《周礼》之《地官》《春官》《夏官》《秋官》《考工记》，《礼记》之《月令》《郊特牲》《礼运》《祭法》《王制》，《左传》《穀梁传》《孟子》《孝经》，以及《白虎通义》、郑玄之《礼记注》、孔颖达之《礼记正义》、贾公彦之《周礼疏》《仪礼疏》，陈祥道之《礼书》，王与之的《周礼订义》。史部有《汉书》《后汉书》《晋书》《宋书》《南齐书》《隋书》《魏书》《周书》《旧唐书》《新唐书》《宋史》《金史》《元史》《明史》《通典》

---

① （清）秦蕙田：《五礼通考凡例》，《五礼通考》卷首，文渊阁《四库全书》第135册，第64页。

② （清）秦蕙田：《五礼通考凡例》，《五礼通考》卷首，文渊阁《四库全书》第135册，第64—65页。

《文献通考》。此外还有郑兴、郑众、郑玄、赵岐、马希孟、方悫、刘彝、陈傅良、郑锷、易祓、薛季宣、应镛、项安世、王昭禹、林之奇、朱熹、丘濬、蔡德晋等人的解义。由此可见《五礼通考》文献征引之宏富。

二是在解义的排比方面，经传优先于史籍和文集。

秦蕙田曰："作者谓圣，述者谓明，圣则经，而贤则传。《汉·艺文志》言礼者十三家，洎及魏晋，师传弟受，抱残守阙，厥功伟焉。至宋元诸大儒出，粹义微言，元宗统会，而议礼始有归宿。兹编考订，专以经传为权衡。"①秦氏认为，从可信度来看，经优于传，传优于汉代以后说礼诸家解义。故《五礼通考》在"五礼"的小类之下，皆先征引经传说记，再征引史书和子书。

如于吉礼《圜丘祀天》部分，秦蕙田曰："礼莫重于祭，祭莫大于天。天为百神之君，天子为百姓之主，故惟天子岁一祭天。《周礼》冬日至，祀昊天上帝于圜丘。冬至，取阳生。南郊，取阳位。圜丘，取象天。燔柴，取达气。其玉币、牲牢、尊俎、乐舞、车旗之属，各以象类，虽一名一物之微，莫不有精意存于其间。故曰'郊所以明天道'，又曰'明乎其义，治国其如示诸掌乎'。自《礼经》不明，章句之儒群言淆乱，朝堂之上议论纷拏。六天始于康成，合祭起于新莽，排击者不遗余力，然行之数千百载而未已。大都沿注疏者失之愚，因前代者失之陋，乐简便者失之怠，皆非所以交于旦明之义也。兹辑祀天门，以经为断，以史为案，经传为之纲领，疏解为之条贯，正其纰缪，一其异同，而历代典礼之得失，廷臣建议之是非，洞若观火，议礼家可考览焉。"②秦氏于此对圜丘祀天的名义、渊源等做了陈述，对历代于圜丘祀天礼的问题亦做了揭示。对于所征引的文献，秦氏"以经为断"，"以史为案"，"经传为之纲领"，"疏解为之条贯"。由此可见秦氏将经的地位抬得很高，经为判断是非得失之标准，经传之记载统领全部之材料；经传之外，史书和各家解义仅为佐证。

三是于有争议之解义兼收并蓄。

由于时代湮远，书缺有间，历代学人于名物礼制之认识产生了很多分歧，因此礼学史上的公案多不胜举。与徐乾学《读礼通考》一样，《五礼通考》对于有分歧的解义兼收并蓄。秦氏曰："考制必从其朔，法古贵知其意，而议礼之家，古称聚讼，权衡审度，非可臆决。徐本于经文缺略、传注纠纷之处，必

---

① （清）秦蕙田：《五礼通考凡例》，《五礼通考》卷首，文渊阁《四库全书》第 135 册，第 63 页。
② （清）秦蕙田：《五礼通考》卷一，文渊阁《四库全书》第 135 册，第 131—132 页。

详悉考订，定厥指归。兹特兼收异说，并先儒辨论，附于各条之后，以备参稽。或并存阙疑，于治经之学，不无补裨。"①"兼收异说""并存阙疑"皆是从文献征引之态度来说的，前者体现了秦氏征引之全面，后者体现了秦氏治学之严谨。如于"朝践王一献、宗伯二献"部分，秦氏征引《通典》之记载，并附案语曰："祀天献酒之礼，经无明文。《通典》据注疏补之。今仍其说，以俟考。"②经无祀天献酒礼之记载，而《通典》有之，秦氏征引《通典》以俟考。又如堂室屋宇之制中的宇、荣、溜，秦氏征引《诗》《仪礼》《礼记》《春秋》，以及陈祥道的《礼书》、李如圭的《仪礼释宫》，以及吴绂的解义。并附案语曰："以上宇、荣、溜，吴氏解'荣'，与旧不同，存参。"③此所谓"以俟考""存参"者，透显出秦氏对于前人解义之谨慎态度。

四是在杜佑《通典》、马端临《文献通考》之基础上遍采纪传、参校志书。

杜佑《通典》和马端临《文献通考》所载历代史事专据志书，而本纪、列传不加搜采。秦蕙田曰："史家记事，彼此互见，且二十二史体例各殊，有详于志而不登纪传者，亦有散见纪传而不登于志者，举一废一，不无挂漏。又其采辑之法，有时全载议论一事而辨析千言，有时专提纲，领千言而括成一语。详略不均，指归无据。"④秦氏认为，由于正史记事有见于纪传而不见于志，故仅据正史之志，于史料肯定有遗漏；此外，《通典》《文献通考》采辑时"详略不均"，以至于"指归无据"。鉴于此，秦氏"特遍采纪传，参校志书，分次时代，详加考核。凡诸议礼之文，务使异同并载，曲直具存，庶几后之考者，得以详其本末"⑤。由于秦氏遍采史书纪传之内容，故《五礼通考》之材料远较《通典》《文献通考》丰富。

秦蕙田《五礼通考》在杜佑《通典》、陈祥道《礼书》及马端临《文献通考》之基础上，对吉、凶、军、宾、嘉五礼做了进一步的调整和细化。此外，其广泛征引先秦至明代的各类文献，编排在诸仪礼类别之下。《五礼通考》征引文献之多，令人叹为观止。可以说，极尽可能征引各类文献，是《五礼通考》的

---

① （清）秦蕙田：《五礼通考凡例》，《五礼通考》卷首，文渊阁《四库全书》第135册，第62—63页。

② （清）秦蕙田：《五礼通考》卷五，文渊阁《四库全书》第135册，第216页。

③ （清）秦蕙田：《五礼通考》卷六十一，文渊阁《四库全书》第136册，第412页。

④ （清）秦蕙田：《五礼通考凡例》，《五礼通考》卷首，文渊阁《四库全书》第135册，第63页。

⑤ （清）秦蕙田：《五礼通考凡例》，《五礼通考》卷首，文渊阁《四库全书》第135册，第63页。

学术价值之重要体现。梁启超曾说:"依我看,这书是一部很好的类书,价值在《文献通考》上。或者也可以说是中国礼制史的长编。"① 借助于《五礼通考》,经传所记名物礼制,各家解义之损益,以及历代王朝对于古礼之改造和应用,皆可尽收眼底,这大大方便了后人对于历代礼制之研究。

三、《五礼通考》于前人解义之辨析

《五礼通考》中有纂修者精到的案语,故其并非完全意义上的类书。该书在征引一段或数段文献记载之后,往往就会以"蕙田案""观承案"的形式附一段案语。如在吉礼的《圜丘祀天》部分,纂修者所下案语多达一百七十余条。这些案语或对所征引内容大意进行概括,或对所征引内容中的名物制度加以解释,或对前人有分歧的解义加以评析。《五礼通考》的解义体现了秦蕙田等人对于古礼之认知水平,是我们认识该书学术价值的重要参考资料。下面将从三个方面对秦氏案语加以分析,以见纂修者对于前人解义之态度,以及对于古代名物礼制认识之水平。

第一,《五礼通考》的纂修者力图化解郑、王之分歧,或驳郑而申王。

东汉末年,郑玄遍注群经,在汉代经学走向衰微之时,郑学却大行于世。"于是经生皆从郑氏,不必更求各家。郑学之盛在此,汉学之衰亦在此"②。魏代王肃攀附司马氏,其亦遍注群经,然不好郑学,处处与郑学为异。在清人马国翰所辑《玉函山房辑佚书》中的《礼记王氏注》等文献中,可知郑、王之分歧主要在礼制。对于郑、王之分歧,后人颇多讨论,不少人从动机的角度对郑王之争加以探讨,往往申郑而抑王,清代的皮锡瑞即此方面之代表。亦有人认为王肃之说未必非,郑玄之说未必是,宋代陈祥道《礼书》即持此论。

在《礼书通考》中,纂修者力图化解郑氏和王氏之分歧。如《周礼·春官·大宗伯》:"以禋祀祀昊天上帝。"郑玄认为天有六,即至上帝名曰天皇大帝耀魄宝,其下有五天帝,分别是灵威仰、赤熛怒、含枢纽、白招拒、汁光纪。郑玄认为,此五帝乃王者之先祖感太微五帝之精以生,故五帝又称感生帝。王肃否认郑玄的"六天说"和"感生说",其认为天唯一而已,不得有六,

---

① (清)梁启超:《中国近三百年学术史》,上海三联书店 2006 年版,第 175 页。

② (清)皮锡瑞:《经学历史·经学中衰时代》,《皮锡瑞全集》第 6 册,中华书局 2015 年点校本,第 48 页。

五帝乃五行之神，其乃天地之佐，而不得称天。方观承曰："天即帝也，帝即天也。天一而已，何得有六？然帝既有五，天亦何尝不可有六？此如心君然，心一而已，本无两心，然分而言之，有恻隐、羞恶、辞让、是非之不同，岂可以恻隐、羞恶、辞让、是非之心不为心哉！康成天神之解所以不可据者，以其溺于纬书，既附会星垣，又强立耀魄宝及灵威仰、赤熛怒、含枢纽、白招拒、汁光纪等名目，其大病尤在混禘于郊，渎祖宗于明堂，所以王肃诸儒力辨其非耳。若谓五帝不为帝，六天不为天，则分为四时，何不可曰春天、夏天、秋天、冬天？列于五方，何不可曰东天、西天、南天、北天也哉？然是就一时一方言之，虽同曰帝，同曰天，而不得谓之统体之天也。即如程子谓乾坤外其的是六子，诚哉！六子即统于乾坤也，然须知八卦成列，乾坤外原有六子，但既同体而异形，则不得仍谓之乾坤矣。故统观诸儒之说，自当以冬至、元日、孟夏、季秋四祭为祀天之正，而五帝之祀第为四时迎气，而不混于祭天之中，斯可廓清历来之聚讼也已。"① 方氏认为，天与帝本为一，然从另外的角度来看，既然帝可为五，天亦未尝不可为六；郑玄解义的问题在于信奉谶纬，故荒诞缪悠，不可信据。方氏指出，若以一年四祭为祭天之正，而以五帝之祭为四时迎气，则可化解祭天与祭五帝之矛盾。方氏此说，实际上是走了一条中间路线，其既部分承认郑玄以天有六、帝有五之说，又认为天、帝本质上为一，祭天与祭五帝相分别，乃形式上之异，而本质却为一。

　　郑玄还认为，圜丘祀天与郊天不同，前者祭天皇大帝（即昊天上帝），后者祭五天帝。而王肃认为"天体无二"，郊即圜丘，圜丘即郊，犹王城之内与京师，异名而同处。在王肃看来，郊天与圜丘祀天的关系，不过是于郊筑泰坛象丘之形以祀天。秦蕙田曰："郊丘非二，地无二祭。王肃谓郊即圜丘，圜丘即郊。马氏谓郊者圜丘之地，圜丘者郊之坛，盖王者于国之南郊，因吉土以筑坛。郭璞曰'地有吉气，土随而起'，《礼器》云'因吉土以享帝于郊'是也。《尔雅》'非人为谓之丘'，吉土必高，故曰丘。筑坛象天之圜，故曰圜丘，亦曰泰坛。泰坛即圜丘，圜丘即吉土，故曰'至敬不坛'，盖以自然之丘为坛，为高必因丘陵，而非谓祭天无坛也。《记》曰于郊故谓之郊，则举一郊而圜丘、泰坛统之，是无二地矣。《周礼》冬日至祭天于圜丘，《郊特牲》周之始郊日以至，则非二祭矣。乃《注》《疏》于《大宗伯》《大传》《祭法》《郊特牲》《大

_____

① （清）秦蕙田：《五礼通考》卷一，文渊阁《四库全书》第 135 册，第 142—143 页。

司乐》误以郊丘为二地、二祭，于是所祀之帝则有天皇大帝及感生帝之异。岂知天一而已，无二天，安有二帝？至感生帝之说，尤属不经，王肃已非之。所配之帝遂有帝喾、后稷分配之异。夫《大传》所云禘也，宗庙之大祭，非祭天也，乃郑氏误以禘为郊天，于是遂有帝喾配天之说，不知郊是祭天，配者稷也，非喾也。然郑氏所以分郊丘为二地、二祭者，孔《疏》：《大宗伯》云苍璧礼天，《典瑞》云四圭有邸以祀天，是玉不同。考苍璧、四圭，非两玉也，苍言其色，璧言其质，四圭言其制。四圭，四面各一圭。苍以象天之色，璧以象天之圆，四圭以象天之四时，尺有二寸以象天之十有二月。圭之本著于一璧，亦以象乾元统天也。本不必分为二玉，又何缘为两祭之证耶？又徐邈曰璧以礼神，圭以自执，故曰植璧秉圭，非圜丘与郊各有所执。杨信斋曰于苍璧言礼，于四圭有邸言祀，说者谓礼神在求神之初，祀神在荐献之初，盖一祭而两用。即如是说，则亦足以破郑氏两祀之谬矣。孔《疏》又云《大宗伯》牲币各放其器之色，则牲用苍，《祭法》云用骍犊，是牲不同。杨信斋曰天道浑全，阴阳五行具备，不比五方遍主一色，远望则其色苍，纯阳则其色赤，故《说卦》曰乾为大赤，周为赤色，用骍犊，又何以苍璧为疑？夫玉以礼天，至敬也，故取象天之色。牲则各从所尚，如玄牡、白牡之类。若玉必用赤，则且混于赤璋之色矣，何玉与牲必同色耶？孔《疏》又云冬日至圜钟为宫，祀天神乃奏黄钟、歌大吕，是乐不同。陆佃曰圜钟降神之乐也，故曰凡乐圜钟为宫。冬日至，于圜丘奏之，天神皆降。黄钟，祀神之乐也，故曰乃奏黄钟以祀天神。所用之乐虽不同，不害其为同祭，斯亦理之可信者。据此，则郑《注》之所拘泥者可以尽破，而帝天之殊号，配祭之异帝，尤为惑于谶纬而不足辨者矣。"①秦氏于此驳郑申王。秦氏据《尔雅》《礼记·礼器》，认为郊、丘为一地也；又据《周礼》《礼记》，认为郊祀、圜丘之祀非二祭。此外，秦氏驳孔《疏》，认为《周礼·大宗伯》和《典瑞》所记苍璧、四圭并非两玉，此亦是郊祀、圜丘之祀非二祭之证。孔《疏》以郊祭、圜丘之祭用牲不同以回护郑《注》二祭之说，秦氏则据杨复之说，认为牲与玉不同，玉取法天之色，而牲则各从其尚。孔《疏》又以冬日至圜钟为宫，祀天神乃奏黄钟、歌大吕，遂认为乐不同，秦氏则借陆佃之说，认为奏圜钟乃降神之乐，奏黄钟以祀天神，圜钟、黄钟各有用处，并不妨碍郊祀、圜丘之祀为一。

---

① （清）秦蕙田：《五礼通考》卷二，文渊阁《四库全书》第 135 册，第 153—155 页。

第二，《五礼通考》的纂修者对郑玄和王肃以外其他各家解义亦多有辨析。

《五礼通考》征引历代经学家的解义十分丰富，然其并非停留于文献征引层面，而是以案语的方式对各家解义进行辨析。兹举一例以见之：

> 如宋人胡宏乃合祭地、祭社二者而一之，杨复、章如愚驳胡氏，认为社乃地示之属而非地，祭地与祭社并非为一。秦蕙田曰："祭地不同于祭社，经有明文。《曲礼》：'天子祭天地，诸侯祭社稷。'今考其礼之不同者十有三：《周礼·大司乐》'夏日至，于泽中之方丘奏之'，又凡以神仕者，以夏日至致地示，此祭非诸侯所得与，其不同一也。《诗·周颂·载芟》序'春藉田而祈社稷'，《良耜》序'秋报社稷'，《丰年》序'秋冬报'，《月令》'孟冬之月大割，祠于公社'，或以春，或以秋冬，从未有以夏至者，是祭之时不同，二也。《月令》'仲春之月，择元日命民社'，《郊特牲》'日用甲，用日之始也。夏日至阴生，日之甲阳始'，是祭之日不同，三也。方丘在泽中，社稷在库门内，是祭之地不同，四也。《仪礼》'祭地瘗'，《周礼》'以血祭祭社稷'，是祭之名不同，五也。《礼器》'瘗埋于泰折，用骍犊'，《郊特牲》'社稷太牢'，是牲不同，六也。《郊特牲》'器用陶匏，象天地之性，牺尊疏布幂'，《周礼·邑人》'社壝用大罍'，是祭器不同，七也。祭地用衮衣，祭社稷希冕，是祭服不同，八也。祭地七献，祭社三献，是献不同，九也。祭地以后稷配，祭社以句龙配，是配不同，十也。地为大祀，社为次祀，是秩不同，十一也。《周礼》或言大示，或言地示，或言土示，大示则地之大者，地示则凡地之示与焉，土示则五土之示而已，是祭之称示不同，十二也。《周礼·大司乐》五变而致土示，八变而致地示，是乐之致示不同，十三也。经传所载，祭地、祭社之不同如此。乃胡五峰谓祭地即祭社，杨氏、章氏非之，极是。夫天子一岁祭天有四，而地则唯夏至一祭者。《诗·载芟》《良耜》《丰年》，《月令》割祠公社，凡军旅会同、田猎灾眚皆有事焉。祭社稷皆所以祭地，而夏至方丘之正祭，不嫌于一举矣。正祭不嫌于一举，而社又无乎不祭，此社之祭所由与郊并称。《书》之郊社不修，《中庸》郊社之礼，《礼记》郊社之义，皆对举以言，而地之正祭反有时不及。胡氏之误所由自来。若明乎天子所祭者，地唯方泽一祭，则社之祭土不得混于祭地矣。胡氏之云，岂足以紊先王之大典哉？"① 秦氏旁征博引，将祭地与祭社之十三大不同点一一列举。此外，秦氏认为胡宏之误乃渊源有自，即《礼记》等文献言郊社对举，而

---

① （清）秦蕙田：《五礼通考》卷三十七，文渊阁《四库全书》第 135 册，第 953—954 页。

于地之正祭反而有时不及。秦氏于此对祭社与祭地关系之探讨，皆持之有据，而非向壁虚造。

第三，《五礼通考》的纂修者对于史书之记载有申有驳。

历代正史对于王朝礼制皆有记载，《五礼通考》对于这些记载有申有驳。兹列数例以见之：

《史记·封禅书》曰："今上初至雍，郊见五畤。后常三岁一郊。……亳人薄谬忌奏祠泰一方，曰'天神贵者泰一，泰一佑曰五帝……'于是天子令太祝立其祠长安东南郊，常奉祠如忌方。其后人上书言'古者天子三年一用太牢祠三一：天一，地一，泰一'。天子许之，令太祝领祠之于忌泰一坛上，如其方。"秦蕙田曰："《高帝纪》祠天地、四方、上帝、山川，则祭天与祭上帝有别也。《封禅书》文帝郊见五畤，《索隐》注祭天、祭五畤亦各不同。是祭天之坛场、时日、仪文、珪币虽无可考，不足以为郊祀之典要。然祭天之礼，固未尝竟废。自谬忌创为泰一之说，立祠于长安东南郊，则俨然仿佛圜丘之意矣。复增三一之祠，又别泰一于天一、地一之上，后遂专郊拜泰一，立泰畤坛，不经甚矣。"①《高帝纪》将祭天与祭上帝相分别，《封禅书》祭天、祭五畤各不同，秦氏则认为天、帝为一，《高帝纪》和《封禅书》所记祭天之礼不合古制，不可作为祭天之常法。秦氏还指出，谬忌创为泰一之说，立祠于长安东南郊，后遂演变为专郊拜泰一和立泰畤坛，更与古制相去甚远。

《史记·封禅书》曰："初，天子封泰山。泰山东北趾古时有明堂处，处险不敞。上欲治明堂奉高旁，未晓其制度。济南人公玉带上黄帝时《明堂图》。《明堂图》中有一殿，四面无壁，以茅盖，通水，圜宫垣，为复道，上有楼，从西南入，命曰昆仑，天子从之入，以拜祀上帝焉。"秦蕙田曰："明堂制度见于经传者，明矣。从未有如公玉带所图四面无壁，通水，圜宫垣，上有楼，而命曰昆仑者也。明堂之室，皆有户牖夹窗，无壁则安所施？宫垣之外有诸侯朝位，通水圜之，则朝于何所？明堂四阿重檐，乃室与堂之栋宇分为两层，上圆下方，以合崇效卑法之义，非楼也。方士者流以黄帝有登仙之说，又有仙人好楼居之说，遂附会穿凿，造为此图，荒诞极矣。后世异议纷纭，违戾经典，皆作俑于此。"②秦氏认为，明堂制度，当遵经传之记载；《封禅书》所记公玉带图

---

① （清）秦蕙田：《五礼通考》卷六，文渊阁《四库全书》第135册，第230—231页。
② （清）秦蕙田：《五礼通考》卷十五，文渊阁《四库全书》第135册，第666页。

之事，经传无明文，故不可信。此外，秦氏还从经验的角度对《封禅书》所记明堂建置一一质疑。秦氏认为，若明堂无壁，则不能施户牖宫垣之外既然有诸侯朝位，若通水、圜之，则诸侯无朝之处；明堂分为两层，上圆下方，有崇效卑法之义，然明堂并非一般之楼宇。在秦氏看来，《封禅书》此记载乃是受方士之影响，故荒诞缪悠，不可信据。

《汉书·郊祀志》曰："后四岁，天下已定，诏御史令长安置祠祀，官女巫，其梁巫祀天地，晋巫祀五帝，九天巫祀九天。"秦蕙田曰："梁巫祀天地，晋巫祀五帝，则天与五帝明有不同矣。乃复有九天之祀，何其谬耶？"① 秦蕙田认为，天与五帝为一，故《汉书》分祀天地与五帝不合古之礼制；此外，《汉书》还有九天之祀，更与古制不符。

《新唐书·礼乐志》曰："自周衰，礼乐坏于战国，而废绝于秦。汉兴，六经在者皆错乱、散亡、杂伪，而诸儒方共补缉，以意解诂，未得其真。而谶纬之书出，以乱经矣。自郑玄之徒号称大儒，皆主其说，学者由此牵惑没溺，而时君不能断决。……玄以为天皇大帝者北辰耀魄宝也，又曰兆五帝于四郊，此五行精气之神也。玄以为青帝灵威仰、赤帝赤熛怒、黄帝含枢纽、白帝白招拒、黑帝汁光纪者，五天也。由是有六天之说，后世莫能废焉。"秦蕙田征引此段文字，并附案语曰："郊丘之论，自汉以后纷然矣。此《志》叙述原委，简括详明，至是人始知六天之谬。而《贞观礼》所定冬至圜丘、孟春祈谷、孟夏雩祀、季秋明堂，卓然与经典合。儒者之效，遂开有唐一代制作。厥后《开元礼》成，而五典灿然明备矣。后代礼乐之得，其正实赖《贞观礼》为之权舆。"②《新唐书·礼乐志》认为郑玄六天之说乃是惑于谶纬，不可信据。秦氏认为，《新唐书·礼乐志》于郑玄六天说的判断简括详明，甚合经义；此外，唐代《贞观礼》《开元礼》所定四时之祭，亦与经典相符。

《宋史·高宗本纪》曰："建炎二年（1128）冬十一月壬寅，冬至祀昊天上帝于圜丘，以太祖配，大赦。"《宋史·礼志》曰："建炎二年，高宗至扬州，庶事草创，筑坛于州南门内江都县之东南，诏东京所属官吏奉祭器、大乐、仪仗、法物赴行在所。……是岁冬至祀昊天上帝，以太祖配。"而《文献通考·郊社考五》曰："高宗建炎二年，诏行郊祀之礼。……冬至日，合祭天地，上自

---

① （清）秦蕙田：《五礼通考》卷六，文渊阁《四库全书》第 135 册，第 230 页。
② （清）秦蕙田：《五礼通考》卷九，文渊阁《四库全书》第 135 册，第 298 页。

常朝殿，用细仗千三百有五人，诣坛行礼。"秦蕙田曰："《建炎以来朝野杂记》明云是年独祭上帝，《通考》既采之于后，而此处反言合祭，盖徒见十三年以后俱合祭，而不知是年实不合也。当以《宋史》纪、志为正。"① 秦氏于此是驳《文献通考》而申《宋史》。秦氏据《宋史》之《高宗本纪》和《礼志》，认为建炎二年冬至乃独祭昊天上帝，而非天地合祭，《文献通考》以绍兴十三年（1143）以后皆合祭，遂误以建炎二年亦合祭。

四、《五礼通考》的学术价值及影响

《五礼通考》全书一书共二百六十二卷，在通论类礼书中，其部帙之巨和征引材料之丰富可谓空前。该书面世以后，即受到学界的高度重视。前人于《五礼通考》之评价，可以从以下三个方面来看。

第一，蒋汾功、顾栋高等人对《五礼通考》极尽褒奖。

阳湖人蒋汾功认为徐乾学《读礼通考》于诸礼犹阙而未备，秦蕙田奋然继起，"合五礼而编次之，荟萃该洽，受心所是，而非以立异，于古有稽，而不敢苟同。其不可强释者，则阙疑焉"②。蒋氏还说："予谓是惟能宿其业耳，积数十年博观闳览之资，用以搜择融洽，折诸儒之异同，而求其是，将使后之考礼者恍然如日再中，不至若扣盘扪烛也。"③ 顾栋高对《五礼通考》的评价亦颇高。顾氏曰："少宗伯秦公味经辑《五礼通考》一书……皇哉！唐哉！此数千百年来所绝无而仅有之书也。"④ 又曰："今读秦公书，恍然如其意所欲出，纲举而目张，州次而部居，折衷百氏，剖析同异，复举两汉以来至前明，凡郊祀、礼乐、舆服诸志及纪传之关于五礼者，悉以类相附，详历代之因革，存古今之同然，盖举二十二史，悉贯以《周官》《仪礼》之书，细大不遗，体要备举。余谓是书如女娲之补天，视王通之续经，束晳之补亡，其大小纯杂，殆不可以里道计，至是而成周之礼始灿然大明于世。"⑤ 蒋氏、顾氏所褒奖者，包括秦氏此书深远的立意，于前人解义广征博引，以及对于前人解义精到的辨析。

虽然"千百年来所绝无而仅有之书""是书如女娲之补天"有溢美之嫌，

① （清）秦蕙田：《五礼通考》卷十五，文渊阁《四库全书》第 135 册，第 402—403 页。
② （清）蒋汾功：《五礼通考序》，《五礼通考》卷首，文渊阁《四库全书》第 135 册，第 58 页。
③ （清）蒋汾功：《五礼通考序》，《五礼通考》卷首，文渊阁《四库全书》第 135 册，第 58 页。
④ （清）顾栋高：《五礼通考序》，《五礼通考》卷首，文渊阁《四库全书》第 135 册，第 59 页。
⑤ （清）顾栋高：《五礼通考序》，《五礼通考》卷首，文渊阁《四库全书》第 135 册，第 60 页。

但是《五礼通考》在通论类礼书中占有十分重要地位，却不可否认。通论类礼书在汉代已有之，然大多已亡佚。可见者，如唐代杜佑的《通典》之礼制部分，宋人陈祥道的《礼书》、朱子的《仪礼经传通解》，清人徐乾学的《读礼通考》等，然各家皆各有局限。《通典》非专门礼书，故门类并不齐全，材料的收集有限；《礼书》则重在会通“三礼”，而于史籍记载绝少涉及；《仪礼经传通解》征引材料丰富，然分类有淆乱之嫌；《读礼通考》体例虽善，然仅载丧礼。在新的历史条件下，秦蕙田通过参考前人通论类礼书纂修之经验，从而扬前人之长，而避前人之短。总的来看，不管是在体例上，还是在征引文献的丰富程度上，抑或礼制之考证，《五礼通考》皆取得了超越前代礼书的卓越成就，可谓通论类礼书集大成之作。

第二，毛鸿宾、俞正燮、皮锡瑞等人对《五礼通考》持批评态度。

由于《五礼通考》部帙巨大，故体例及案语难免有欠精审者。俞正燮、皮锡瑞等人对《五礼通考》多有批评。其批评的内容主要有以下三点：

一是认为《五礼通考》大量征引汉魏以后之经义，有舍本逐末之嫌。

毛鸿宾云：“《五礼通考》……所据者，皆宋、元、明以下之说，多向壁虚造，而汉魏六朝经师之遗言大义鲜及之。”① 毛氏认为，《五礼通考》多征引宋元明人之说，而宋元明人之说不及汉魏六朝经师之解义可信。

俞正燮《癸巳存稿》云：“《五礼通考》所采汉以后事皆是，惟周时书籍，广搜魏晋以后议论附于后，本康庄也，而荆棘榛芒之，可谓宋元人平话经义，与帖括经义日课陋稿，令人憎恶，不可谓之礼书也。据魏晋以后礼制多本王肃、皇甫谧，其说不可不采，然宜附所引史志后，不宜附经后。引经止存汉传注本义，魏晋以后野文皆削之。宋元平话帖括两体文，尤不当载，而制度则案年次之。《通考》之体应如此，此书体例非也。”② 俞氏认为，宋朝人平话经义及帖括经义日课陋稿不应收入《五礼通考》；此外，王肃、皇甫谧等人所言礼制不应放入正文，而应置于史志之后。

二是认为《五礼通考》有舍郑从王之失。

郑玄和王肃于礼制之认识上多有不同，对于郑王之争，《五礼通考》力求

---

① （清）毛鸿宾：《三礼通释序》，《三礼通释》卷首，北京图书馆出版社 2006 年影印本，第 4 页。
② （清）俞正燮：《书五礼通考后》，《癸巳存稿》卷十二，《续修四库全书》第 1160 册，第 136 页。

疏通，并往往舍郑而从王。此举受到晚清皮锡瑞等人的批评。如皮氏曰："国朝昌明郑学，于王肃之伪撰《家语》，伪撰《古文尚书》经传，攻之不遗余力。肃之私窜《毛诗》以难郑者，亦深窥其症结。《圣证论》中所说郊庙大典，惠栋、孙星衍辨正尤详，惟秦蕙田《五礼通考》多蹈陈祥道《礼书》舍郑从王之失，似即以《礼书》为蓝本。"① 又曰："《五礼通考》网罗浩博，自属一大著作。而其大书旁注，低格附载，体例诚多未善，有如俞氏所讥。舍郑从王，是宋非汉，尤为颠倒之见，恐误后学，不得不辨。"② 皮氏认为，《五礼通考》舍郑从王乃"颠倒之见"。

三是认为《五礼通考》的纂修体例多有未善。

皮锡瑞认为《五礼通考》的纂修体例存在问题，他说："秦氏之作《通考》，以徐乾学《读礼通考》惟详丧葬，而推广为五礼。徐氏专讲丧礼，条理不繁，故详审，无可议。秦氏兼及五礼，过于繁博，故体例有未善，足见'三礼'非一人之力所能及。……惟江永《礼书纲目》本于朱子，足以补正朱子之书，治'三礼'者，可由此入门，而《五礼通考》姑置之可也。"③ 在皮氏看来，《五礼通考》"过于繁博"，其体例不及《读礼通考》完善。

第三，俞樾、梁启超等人对《五礼通考》褒贬皆有之。

俞樾认为，"汇萃成书，集礼家之大成者，则莫如秦味经氏之《五礼通考》"④。其借用曾国藩的说法曰："曾文正公尝与余言，此书体大物博，历代典章，具在于此，'三通'之外，得此而四，为学者不可不读之书。余读之诚然。"⑤ 俞氏认为，《五礼通考》的价值在于其"体大物博"，乃"集礼家之大成者"。

俞樾又指出，"唯秦氏之书，按而不断，无所折衷，可谓礼学之渊薮，而未足为治礼者之艺极。"⑥ 俞氏认为，《五礼通考》的问题在于纂修者"按而不

① （清）皮锡瑞：《经学通论·三礼》，《皮锡瑞全集》第 6 册，中华书局 2015 年点校本，第 419 页。
② （清）皮锡瑞：《经学通论·三礼》，《皮锡瑞全集》第 6 册，中华书局 2015 年点校本，第 419 页。
③ （清）皮锡瑞：《经学通论·三礼》，《皮锡瑞全集》第 6 册，中华书局 2015 年点校本，第 419 页。
④ （清）俞樾：《礼书通故序》，《礼书通故》卷首，中华书局 2007 年点校本，第 1 页。
⑤ （清）俞樾：《礼书通故序》，《礼书通故》卷首，中华书局 2007 年点校本，第 1 页。
⑥ （清）俞樾：《礼书通故序》，《礼书通故》卷首，中华书局 2007 年点校本，第 1 页。

断""无所折衷"。言下之意,该书虽然搜罗宏富,却缺乏个人精到之见解。

梁启超认为万斯同是《五礼通考》的主要纂修者,此外,梁启超对该书之体例亦有微词。他说:"秦味经的《五礼通考》二百六十二卷,这书为续补《读礼通考》而作,我很疑心有一大部分也出万季野手,但未得确证,不敢断言。……此书成于众手,非味经自著。分纂的人确实可考者有戴东原、王兰泉,也许钱竹汀、王西庄都在里头,其余二三等学者当更不少。所以全书各篇价值不同,有很好的,有较次的,不如《读礼通考》之画一谨严。"① 梁氏认为《五礼通考》主要由万斯同所修,然其没有确证。此外,梁氏认为《五礼通考》出自众人之手,故部分篇目很好,部分篇目较次,体例上亦不及《读礼通考》严谨。

梁启超认为《五礼通考》亦有其价值。他说:"秦味经的《五礼通考》二百六十二卷……曾涤生大佩服此书,说他'体大物博,历代典章具在;三礼之外,得此而四'。……依我看,这书是一部很好的类书,价值在《文献通考》上。或者也可以说是中国礼制史的长编。'按而不断','无所折衷',固然是它的毛病,但我总觉得'折衷'这句话是空的,自己以为折衷,别人看来不过多一重聚讼的公案。所以按而不断,或者也是此书的最好处理。"② 在梁启超看来,《五礼通考》的最大价值,是分门别类地著录了礼之名物制度。对于俞樾所言"按而不断""无所折衷"之评语,梁启超则有另一番理解。梁氏认为,"折衷"是相对的、主观性很强,自己以为是折衷,而别人却很可能认为是一家之言,故所谓"折衷",很可能是徒增一桩学术公案。因此,梁氏认为《五礼通考》"按而不断"的做法是处理前人争议最理想的办法。

笔者认为,前人对《五礼通考》之评价,有切中肯綮之见,亦有偏颇之说。如皮锡瑞驳秦蕙田"舍郑从王",此是皮锡瑞囿于郑学情结而得出的论断,故算不得公允之见。平心而论,王肃的"三礼"解义并非一无是处。从今天所能见到的王肃解义,可知其对于郑玄解义实有补益之功。由于皮氏囿于对郑学之好感,故其对王肃解义的看法未免偏颇。③ 秦蕙田疏通郑、王解义,并适时舍

① (清)梁启超:《中国近三百年学术史》,上海三联书店 2006 年版,第 175 页。
② (清)梁启超:《中国近三百年学术史》,上海三联书店 2006 年版,第 175 页。
③ 皮锡瑞服膺郑学,他说:"郑君生当汉末,未杂玄虚之习、伪撰之书,笺注流传,完全无缺。欲治汉学,舍郑莫由。"[(清)皮锡瑞:《经学历史·经学分立时代》,《皮锡瑞全集》第 6 册,中华书局 2015 年点校本,第 55 页]

郑从王,从今日之角度来看,此并非"失",而是秦氏独到之见也。此外,俞樾认为《五礼通考》"按而不断""无所折衷",很可能是俞氏对该书未能深究。实际上,《五礼通考》所附案语,多有于名物制度之判断,态度明朗,是非分明,并非"按而不断""无所折衷"。

第六节　戴震的"三礼"诠释

戴震(1724—1777)字东原,安徽休宁隆阜(今安徽省黄山市屯溪)人,清代著名的经学家、思想家。乾隆二十七年(1762)举人,乾隆三十八年(1773)被召为《四库全书》纂修官。戴震学术格局大,于文字、音韵、训诂、历算、地理无不精通。其著有《筹算》《勾股割圆记》《考工记图注》《六书论》《尔雅文字考》《原善》《尚书今文古文考》《春秋改元即位考》《诗经补注》《声类表》《方言疏证》《声韵考》《孟子字义疏证》等传世。

戴震二十岁时师从经学大师江永。据段玉裁记载:"婺源江慎修先生永治经数十年,精于三礼及步算、钟律、声韵、地名沿革,博综淹贯,卓然大师。先生一见倾心,取平日所学就正焉。"[1]受江永的影响,戴震亦重视礼学。除了从义理的角度对"礼"以及《礼记·乐记》"理欲之辨"进行阐释外,戴震还校勘礼书和考证礼书所记名物,取得了卓越成就,影响颇为深远。

一、释"礼"

戴震对礼的产生、功能等皆作了说明。

戴震论礼的来源,可从以下三个方面来看:

第一,礼是天地之条理。他说:"由其生生,有自然之条理,观于条理之秩然有序,可以知礼矣。"[2]"何谓礼?条理之秩然有序,其著也。"[3]"礼者,天地之条理也。"[4]生乃天地之大德,由生生而得自然万物,而自然万物的存在当有其条理,否则自然万物将会紊乱失序;自然万物的条理就是秩序,礼就是与自然万物之条理相似的人间秩序;通过观察自然之条理,就可理解人间秩序

---

① (清)段玉裁:《戴东原先生年谱》,《戴震文集》附录,中华书局1982年点校本,第217页。
② (清)戴震:《仁义礼智》,《孟子字义疏证》,中华书局1982年点校本,第48页。
③ (清)戴震:《原善》卷上,《孟子字义疏证》,中华书局1982年点校本,第62页。
④ (清)戴震:《绪言》卷中,《孟子字义疏证》,中华书局1982年点校本,第109页。

的礼。

第二，礼的产生与人的基本情感有关。《中庸》曰："修身以道，修道以仁。仁者，人也，亲亲为大；义者，宜也，尊贤为大；亲亲之杀，尊贤之等，礼所生也。"戴震认为，仁以亲亲为大，而义以尊贤为大，爱亲人是有差别的，尊敬贤才是分等级的；这种差别和等级是现实社会中的人天然就拥有的，是不需要后天的强调就有本能去做的；礼是社会秩序，其所强调的是爱有差等、敬有等级，因此人的"亲亲"和"尊贤"是礼的又一来源。

第三，礼的仪文度数源自圣人之制作。戴震曰："仪文度数，亦圣人见于天地之条理，定之以为天下万世法。"① 戴震认为，圣人通过观察天地之条理，从而制定了礼，并以礼作为天下万世的法则。戴震又曰："周道衰，尧、舜、禹、汤、文、武、周公致治之法，焕乎有文章者，弃为陈迹。孔子既不得位，不能垂诸制度礼乐，是以为之正本溯源，使人于千百世治乱之故，制度礼乐因革之宜，如持权衡以御轻重，如规矩准绳之于方圆平直，言似高远而不得不言。自孔子言之，实言前圣所未言；微孔子，孰从而闻之！"② 戴氏认为，礼乐制度，与孔子之制作有很大关系；孔子制礼乐的原因，是让后世有治世行事之标准。

戴震论礼的功能，可从以下几个方面来看：

第一，礼可以辨亲疏上下。戴震曰："言仁可以赅礼，使无亲疏上下之辨，则礼失而仁亦未为得。"③ 仁是儒家最重要的伦理观念之一。戴震认为，礼与仁有密切的关系，若没有礼，人与人之间便无亲疏上下之辨，与佛家和墨子的学说就没有区别了，仁也因此而失去。戴震曰："礼得，则亲疏上下之分尽。"④ "礼至，则于有杀有等，各止其分而靡不得。"⑤ 通过礼，则可有亲疏上下之别，社会才趋于有序。戴震还曰："礼者，天则之所止，行之乎人伦庶物而天下共安，于分无不尽，是故恕其属也。"⑥ 天有其序，礼乃效法天之序，从而对人类社会的安定和谐起到整合作用。

---

① （清）戴震：《仁义礼智》，《孟子字义疏证》，中华书局 1982 年点校本，第 49 页。
② （清）戴震：《孟子字义疏证》，中华书局 1982 年点校本，"序言"第 1 页。
③ （清）戴震：《仁义礼智》，《孟子字义疏证》，中华书局 1982 年点校本，第 48 页。
④ （清）戴震：《原善》卷上，《孟子字义疏证》，中华书局 1982 年点校本，第 62 页。
⑤ （清）戴震：《原善》卷上，《孟子字义疏证》，中华书局 1982 年点校本，第 66 页。
⑥ （清）戴震：《原善》卷下，《孟子字义疏证》，中华书局 1982 年点校本，第 72 页。

第二，礼可以使"人情"和社会趋于"中"。何谓人情？《礼记》说："喜、怒、哀、惧、爱、恶、欲，七者谓之情也。"在儒家看来，七情皆为人所有。然而人的这些基本情感需要得以适当的控制，否则会纵情而带来不好的后果。戴震曰："礼之设所以治天下之情，或裁其过，或勉其不及，示之中而已矣。至于人情之漓，徒饰于貌，非因饰貌而情漓也，其人情自漓而以饰貌为礼也，非恶其饰貌，恶其情离耳。"①戴震认为，过与不及皆人情之可能者，礼的作用是矫正人情，使之合乎中道。若仪节度数过于简陋，不合人情，就是失礼。

戴震认为，人类社会要通过礼从而实现中和之美。道家的老子反对礼仪教化，"礼者，忠信之薄而乱之首"。戴震则认为："俗失而欲并礼去之，意在还淳反朴，究之不能必天下之尽归淳朴，其生而淳朴者，直情径行，薄恶者，肆行无忌，是同人于禽兽，率天下而乱者也。"②老子反礼，意在回归淳朴，然而老子的主张走到了极端，人不讲礼，与肆无忌惮之禽兽无甚差别。在戴震看来，礼的作用是使社会合乎"中"，而不至于走向一偏，"礼以治其俭陋，使之协于中；丧以治其哀戚，使之远于径情直行"③。"中"即中庸，无过无不及也，这既是儒家处理社会问题的方法，也是儒家的社会理想。

戴震还认为，是否合乎礼是区别君子与小人的标准。他说："若夫君子行礼，其为忠信之人固不待言；而不知礼，则事事爽其条理，不足以为君子。故礼可以该忠信，忠信不可以该礼。"④戴震指出，不知礼，事事无条理，故不足以为君子。

二、名物制度之考证

戴震在文字、音韵、训诂方面成就卓著，其于礼书所记名物制度之考证方面，亦有丰硕的成果。此可从以下几个方面来看：

一是于《考工记》所记名物制度之考证。

《考工记图》是戴震早年的作品。据戴震在《考工记图跋》所言"柔兆摄提格日在南北河之间，东原氏书于游艺塾"⑤，可知该书脱稿的时间是乾隆十一

---

① （清）戴震：《绪言》卷中，《孟子字义疏证》，中华书局 1982 年点校本，第 109 页。
② （清）戴震：《绪言》卷中，《孟子字义疏证》，中华书局 1982 年点校本，第 109 页。
③ （清）戴震：《绪言》卷中，《孟子字义疏证》，中华书局 1982 年点校本，第 109 页。
④ （清）戴震：《绪言》卷中，《孟子字义疏证》，中华书局 1982 年点校本，第 109 页。
⑤ （清）段玉裁：《戴东原先生年谱》，《戴震文集》附录，中华书局 1982 年点校本，第 219 页。

年（“柔兆摄提格”为丙寅，即1746年），是年戴震二十四岁。今所见《考工记图》非初稿，而是经戴震多次修改而成。《考工记图》的初稿是先绘图，图后附文字。乾隆二十年（1755），纪昀初识戴震，得《考工记图》手稿，“奇其书，欲付之梓”①。根据纪昀的建议，戴震先节略郑玄、郑众等人的注释，又将己见以“补注”的形式列于各条之后。又过半载，书成，仍名曰《考工记图》。戴震初稿是以图为主、以文字为辅，而最终刊刻者是以文字为主、以图为辅。在《考工记图》中，戴震对《考工记》所记名物作了辨析，兹举数例以见之：

《考工记总叙》："加轸与轐焉四尺也。"郑众曰："轐……谓伏兔也。"戴震云："《易·小畜》九三'舆脱辐'，《大畜》九二'舆脱輹'。《大壮》九四'壮于大舆之輹'。《说文》：'轐，车伏兔也。輹，车轴缚也。'《释名》：'屐，似人屐也。又曰伏兔，在轴上，似之也。又曰輹，輹，伏也，伏于轴上也。'按轐下有革以缚于轴，今《易·小畜》作'辐'，盖传写者误。"② 戴震引经据典，从词源的角度对"伏兔"一词作了辨析。此后，关于"伏兔"的探讨渐多。如阮元云："轐在舆底，而衔于轴上。其居轴上之高，当与辀圜径同。至其两旁，则作半规形，与轴相合，而更有二长足，少锲其轴而夹钩之，使轴不转，钩轴后又有革以固之。舆底有轐，则不至与轴脱离矣。"③ 除了言伏兔之形制外，阮氏还对伏兔的功能作了辨析。孙诒让对"伏兔"作了进一步考证，孙氏曰："伏兔承舆下而加轴上，其正中与辀当兔围径同。其前后作半规形下衔轴者，郑珍谓亦径二寸二分，其说甚塙。盖其所衔者，正切轴半径而止，则伏兔中方径虽止三寸六分，其衔轴处则椭方径五寸八分，兼得轴半径之度。故此经亦止以轸轐加轵下半径，而不必再计轵上半径之度也。轐与輹略同。《易·小畜》孔《疏》引子夏传云：'輹，车屐也。'《易·释文》引郑《易注》云'伏菟'。《左》僖十五年传云：'车脱其輹。'孔《疏》引'子夏《易传》云：輹，车下伏兔也。今人谓之车屐，形如伏兔，以绳缚于轴，因名缚也。'《广雅·释器》云：'轐、輹，伏兔也。'是轐、輹同为伏兔之名。然以《易》言大舆之輹考之，盖輹为大车之伏兔，轐为驷马车之伏兔，其用不同也。"④ 孙氏所言既涉及伏兔之形

① （民国）徐世昌编纂：《清儒学案》第4册《献县学案》，人民出版社2010年点校本，第2086页。

② （清）戴震：《考工记图》卷上，《续修四库全书》第85册，第74页。

③ （清）阮元：《考工记车制图解》卷一，《续修四库全书》第85册，第410页。

④ （清）孙诒让：《周礼正义》卷七十四，中华书局1987年点校本，第3138页。

制，又涉及伏兔之功能。此外，孙氏还对輠与轐之差异作了辨析，即輠为大车之伏兔，而轐为驷马车之伏兔。

《考工记·轮人》："故规之以视其圜也，萭之以视其匡也。"郑《注》："等为萭蒌，以运轮上，轮中萭蒌，则不匡刺也。故书'萭'作'禹'。郑司农云：'读为萭，书或作矩。'"戴震云："正轮之器名萭，亦谓之萭蒌。盖与轮等大，平可取准。萭之县之，犹《瓶人》之器中膊豆中县也。《方言》：'秦晋之间，谓车弓曰枸蒌。'二者其状仿佛，故方俗同称。"① 郑珍于"萭蒌"的辨析与戴震之说相近。孙诒让云："注'萭蒌'之义，当如戴、郑、江三家说。"②

戴震还对《考工记》所记制度作了辨析。如《考工记》冶氏"重三锊"，郑玄认为锊、镮乃同一度量衡制，他说："玄谓许叔重《说文解字》云：'锊，镮也。'今东莱称或以大半两为钧，十钧为环，环重六两大半两。镮、锊似同矣，则三锊为一斤四两。"戴震驳曰："'镮'、'锊'篆体易讹，说者合为一，恐未然也。'镮'读如丸，十一铢二十五分铢之十三，'垸'其假借字也。'锊'读如刷，六两太半两，'率'、'选'、'馔'，其假借字也。二十五镮而成十二两，三锊而成二十两。《吕刑》之'镮'当为'锊'，故《史记》作'率'，《汉书》作'选'，伏生《大传》作'馔'。《弓人》'胶三锊'，当为'镮'。一弓之胶三十四铢二十五分铢之十四。贾逵说俗儒以镮重六两。此俗儒相传讹失，不能核实，脱去太半两言之。"③戴震认为锊、镮比值悬殊，不可合二为一。此说为孔广森所取。

戴震的《考工记图》影响深远。洪榜、钱大昕、余廷灿、纪昀在介绍戴震的经学成就时皆列举了《考工记图》。纪昀曰："戴君深明古人小学，故其考证制度字义为汉已降儒者所不能及，以是求之圣人遗经，发明独多。"④晚清皮锡瑞在《经学历史》"经学复盛时代"部分两次提到戴震的《考工记图》。梁启超说："《考工记》本另为一部书，后人附入《周礼》。清儒对这部书很有几种精深的著作。最著者为戴东原之《考工记图注》。"⑤ 今人云："戴震《考工记图》的刊印，对清代《考工记》研究和注释所产生的示范效应是巨大的。戴震作为乾嘉学派

① （清）戴震：《考工记图》卷上，《续修四库全书》第 85 册，第 66 页。
② （清）孙诒让：《周礼正义》卷七十五，中华书局 1987 年点校本，第 3177 页。
③ （清）戴震：《考工记图》卷上，《续修四库全书》第 85 册，第 77 页。
④ （清）纪昀：《考工记图序》，见戴震：《考工记图》卷首，《续修四库全书》第 85 册，第 59 页。
⑤ （清）梁启超：《中国近三百年学术史》，上海三联书店 2006 年版，第 173—174 页。

的大师，他的治学兴趣和方法对当时的学术界有着强大的感召力。戴氏《考工记图》一书兼有了名家作注、图文并茂、单独刊行这三样长处，自然会带给人们耳目一新的感觉，也为自己赢得了一片赞誉之声。"①

二是于明堂制度之考证。

戴震有《明堂考》一篇。其言撰作原因曰："世之言明堂者，有室无堂，不分个夹，失其传久矣。"②在戴震看来，前人于明堂之认识有误，以至于明堂制度失传。鉴于此，戴震对明堂的渊源、建置、称谓、功能等作了考辨。

首先对明堂的渊源作了说明。戴震曰："王者而后有明堂，其制盖起于古远。夏曰世室，殷曰重屋，周曰明堂，三代相因，异名同实与？"③在戴震看来，世室、重屋、明堂名异而实同，各个称谓在不同的时代有特定的意涵。戴震曰："夏曰世室，世世弗坏，或以意命之也。殷曰重屋，阿阁四注，或以其制命之也。周人取天时方位以命之：东青阳，南明堂，西总章，北玄堂，而通曰明堂，举南以该其三也。"④戴震还补充曰："世室犹太室也。夏曰世室，举中以该四方，犹周曰明堂，举南以该三面也。"⑤戴震于明堂制度之考证明显吸收了前人的观点，如宋人陈用之曰："夏谓之世室，殷谓之重屋，周谓之明堂，其名虽殊，其实一也。"⑥戴震认为世室、重屋、明堂名异而实同之说，与陈用之之说如出一辙。

其次对明堂的建置作了说明。关于明堂之建置，《大戴礼记》认为是九室十二堂，朱熹证之曰："《记》用九室谓法龟文，故取此数以明其制也。"⑦秦蕙田曰："五室并左右个四室，则亦九室矣。其四面太庙左右个各有一堂，合之则十二堂矣，正与大戴九室十二堂之制相符。"⑧戴震指出，明堂是"法天之宫"⑨，

① 张言梦：《汉至清代〈考工记〉研究和注释史述论稿》，南京师范大学 2005 年，博士学位论文。

② （清）戴震：《明堂考》，《戴震文集》卷二，中华书局 1980 年点校本，第 25 页。

③ （清）戴震：《明堂考》，《戴震文集》卷二，中华书局 1980 年点校本，第 24 页。

④ （清）戴震：《明堂考》，《戴震文集》卷二，中华书局 1980 年点校本，第 25 页。

⑤ （清）戴震：《明堂考》，《戴震文集》卷二，中华书局 1980 年点校本，第 25 页。

⑥ （宋）王与之：《周礼订义》卷七十八，文渊阁《四库全书》第 94 册，第 524 页。

⑦ （宋）朱熹：《仪礼集传集注》卷二十九，《朱子全书》第 2 册，上海古籍出版社、安徽教育出版社 2002 年点校本，第 1019 页。

⑧ （清）秦蕙田：《五礼通考》卷二十四，文渊阁《四库全书》第 135 册，第 646 页。

⑨ （清）戴震：《明堂考》，《戴震文集》卷二，中华书局 1980 年点校本，第 25 页。

共五室十二堂：中央是大室，也称正室，大室有东、南、西、北四堂：东堂是青阳大庙，南堂是明堂大庙，西堂是总章大庙，北堂是玄堂大庙。明堂的四角也有四室，称夹室。四室有八堂：东北隅之室，其北堂曰玄堂右个，东堂曰青阳左个；东南隅之室，其东堂曰青阳右个，南堂曰明堂左个；西南隅之室，其南堂曰明堂右个，西堂曰总章左个；西北隅之室，其西堂曰总章右个，北堂曰玄堂左个。戴震还指出，凡夹室前堂或谓之箱，或谓之个，古者宫室恒制，前堂、后室、有夹、有个、有房。明堂四通八达，与古代宫室制度有同有异。戴震虽云明堂五室，然其仍以明堂的四角有四夹室，实际上是九室，与《大戴礼记》和秦蕙田的观点并无二致。

值得一提的是，戴震对明堂与古代宫室制度的异同作了说明。他认为明堂与古代宫室的相同之处在于皆有前堂、后室，有夹、有个，不同之处在于无房。之所以有如此差别，是因为"房者，行礼之际别男女，妇人在房。明堂非妇人所得至"①。

三是于服制之考证。

戴震撰有《记冕服》《记皮弁服》《记爵弁服》《记朝服》《记玄端》《记深衣》《记中衣褗衣襦褶之属》《记冕弁冠》《记冠衰》《括发免髺》《记经带》《记捍决极》《记缫藉》，对"三礼"所记部分服制和名物作了考证。

如关于天子祭祀所穿的冕服，一直是争议不断的话题。《尚书大传》谓天子服只五章，日、月、星辰、粉米、黼、黻皆不为章。《尚书孔传》谓天子服十有三章，分华虫、粉米为二，去宗彝不在章数。戴震认为，作为天子祭服的冕服有九章。《周礼》郑玄《注》："王者相变，至周而以日月星辰画于旌旗，所谓三辰旒旗，昭其明也。而冕服九章：登龙于山，登火于宗彝，尊其神明也。九章初一曰龙，次二曰山，次三曰华虫，次四曰火，次五曰宗彝，皆画以为缋。次六曰藻，次七曰粉米，次八曰黼，次九曰黻，皆希以为绣。则衮之衣五章、裳四章，凡九也。鷩画以雉，谓华虫也，其衣三章，裳四章，凡七也。毳画虎蜼，谓宗彝也，其衣三章，裳二章，凡五也。希刺粉米，无画也。其衣一章，裳二章，凡三也。"戴震认为郑氏是"合校《尚书》《周官》《左氏春秋》而为是说"②。在此基础上，戴震说："余以谓周之祭服，宗庙所用，九章

① （清）戴震：《明堂考》，《戴震文集》卷二，中华书局1980年点校本，第24页。
② （清）戴震：《记冕服》，《戴震文集》卷二，中华书局1980年点校本，第30页。

而止耳。"①

　　戴震还认为天子冕服有十二章。其依据，一是《虞夏书》所云："予欲观古人之象：日、月、星辰、山、龙、华虫，作会；宗彝、藻、火、粉米、黼、黻、絺绣；以五采彰施于五色，作服。"二是《礼记·玉藻》云："天子玉藻十有二旒，前后邃延，龙卷以祭。"三是《特牲馈食礼·记》云："祭之日，王被衮以象天，戴冕璪十有二旒，则天数也。"戴震曰："礼文虽阙，天子郊祀衮冕，见于此矣。"戴震认为通过冕冠十二旒，可推知冕服有日、月、龙。至于冕服中的大裘，戴震推测说："大裘不言衮，其余冕服不言裘，互文错见也。"②因此，大裘与衮冕一样，也是有日、月、龙。戴震得出结论曰："余以周之祭服……至于郊祀，何必废古十二章不用也？"③

　　戴震此说影响深远，如金鹗曰："盖惟天子有十二章之衮衣，有九章之衮衣。享先王衮冕，九章之衮也；祭昊天服大裘而冕，十二章之衮也。……王与公、侯、伯、子、男差等，王皆十二，公皆九，侯、伯皆七，子、男皆五。……公服九章，天子必服十二章，以为尊卑之别。若同服九章，是尊卑无别也。……周礼尚文，夫子称其郁郁，则监二代而损益者，大抵损质而益文也。况冕服尤重文章，夏禹不尚文，犹且致美，而以尚文之周王，乃反损十二章而为九章，此必无之事也。"④孙诒让曰："戴震、金鹗同谓天子有十二章及九章之衮，说尤精核矣。"⑤

　　又如缲藉，《周礼·典瑞》《大行人》和《礼记·曲礼》皆有记载，郑玄、贾公彦等人亦有说解。《礼记·曲礼》："执玉，其有藉者则裼，无藉者则袭。"郑玄曰："藉，藻也。"藻即缲也。《聘礼·记》郑玄《注》亦以缲释藉。贾公彦、孔颖达皆以"曲缲""垂缲"以释"有藉""无藉"。戴震曰："缲藉之说，郑《注》及诸家义疏皆未明。以其施采谓之缲，以其承玉，故曰缲藉。而不可名之为藉，盖藉玉者有不必缲也。束帛加璧，束帛加琮，则束帛谓之藉矣。故《觐礼·记》云'奠圭于缲上'，不云于藉上。《聘礼·记》云：'凡执玉无藉者

①　（清）戴震：《记冕服》，《戴震文集》卷二，中华书局 1980 年点校本，第 30 页。

②　（清）戴震：《记冕服》，《戴震文集》卷二，中华书局 1980 年点校本，第 30 页。

③　（清）戴震：《记冕服》，《戴震文集》卷二，中华书局 1980 年点校本，第 30 页。

④　（清）金鹗：《求古录礼说》卷八，《清经解续编》第 3 册，上海书店 1988 年影印本，第 295—296 页。

⑤　（清）孙诒让：《周礼正义》卷四十，中华书局 1987 年点校本，第 1631 页。

袭.'不云无缫。"① 又曰:"然缫与棜为类,聘享皆不以缫进,故致聘及还玉时皆无垂屈之节。然则聘之袭也,其时去缫,而又无锦帛等藉之。享之裼也,虽去缫而有锦帛等为之藉。是以《曲礼》曰:'执玉,其有藉者则裼,无藉者则袭。'郑氏兼缫与束帛以解《记》所谓藉,本非两说。其注《聘礼》,因经特著'宾袭''上介不袭'之文,故于上介云:'不袭者,以盛礼不在于己也。'又缫虽不垂,亦非无藉之谓,故引《曲礼》以证不当袭。于贾人云'不言裼袭者,贱不裼也'。……后人误会《聘礼注》,而以垂缫为有藉,屈缫为无藉,殆失之欤?"② 戴震认为,缫与藉非一物,二者有同有异。孙诒让认为戴震此说"足证贾、孔之误。"③ 孙氏申之,认为据画采言谓之缫,据荐玉言谓之藉,其实一也;然据《聘礼·记》,可知礼别有系玉之缫及布帛之藉,二者用处不同。因此,"贾氏二《礼》疏及《王制》孔疏并以'屈缫''垂缫'释'有藉''无藉',是误谓系组亦通称藉。"④

三、礼书之校勘

皮锡瑞认为清代经学复盛的表征之一是学人"精校勘",其中"戴震、卢文弨、丁杰、顾广圻尤精此学"⑤。戴震晚年入四库馆校勘《水经注》和天文历算类文献,成就斐然。戴震还校勘《大戴礼记》《仪礼识误》《仪礼集释》《仪礼释宫》等文献。其于"三礼"学文献校勘的成就可从以下几个方面来看:

一是据唐石经、宋本和其他经著以校经文注疏。兹举数例以见之:

《仪礼·士冠礼》:"彻皮弁、冠、栉、筵。入于房。……建柶,兴。""建",唐石经、《集释》、敖氏同,然《通解》、毛本俱作"捷"。戴震曰:"《释文》云'捷柶,初洽反',本又作'插',亦作'扱'。张淳《仪礼识误》以为注之'扱柶',《释文》作'捷柶'。李如圭以为经之'建柶',《释文》作'捷柶',今注疏本此处经文作'捷柶兴',乃误据《释文》改经。考之他篇经文仍作'建柶',不

---

① (清)戴震:《记缫藉》,《戴震文集》卷二,中华书局1980年点校本,第42页。

② (清)戴震:《记缫藉》,《戴震文集》卷二,中华书局1980年点校本,第42页。

③ (清)孙诒让:《周礼正义》卷三十九,中华书局1987年点校本,第1575页。

④ (清)孙诒让:《周礼正义》卷三十九,中华书局1987年点校本,第1575页。

⑤ (清)皮锡瑞:《经学历史·经学复盛时代》,《皮锡瑞全集》第6册,中华书局2015年点校本,第92页。

得此处独异。唐石经亦作'建柶',则《释文》指注,非指经,明矣。"① 戴震于此据唐石经,认为注疏本经文当作"建柶",而非"捷柶";注疏本经文之讹,是误据《释文》。戴震此说得到卢文弨、钱大昕、凌廷堪的赞同。如卢文弨曰:"'捷'误,当从石经,疏同。"② 钱大昕曰:"《士昏礼》妇受醴亦有坐啐醴,'建柶'之文则作'建'为是。"③

《仪礼·士昏礼》:"对曰:'某得以为昏姻之故,不敢固辞,敢不从。'""得以",唐石经、《通解》、杨氏《仪礼图》、敖氏《集解》同。戴震曰:"'得以',今注疏本作'以得'。今考上言'某以得为外昏姻之数','以'者自以也,对称某以非他,故此乃云'某得以为昏姻之故','以'者,指壻以之也。唐石经亦作'某得以为'。敖继公疑上言'之数',此言'之故',必有一误,因云'得以'宜作'以得',不知'以'字在下,正与'故'字语气相贯,又与上'故'字相应。今注疏本从敖氏说改经耳。"④ 戴震于此以唐石经、上下文以及原文语气为据,认为原文是"得以",而非"以得"。

《仪礼·大射仪》:"司射先反位。三耦拾取矢如初,小射正作取矢如初。"戴震云:"'二',今注疏本讹作'三',据宋本订正。"⑤ 经文"三"字,毛本作"二"。戴震据宋本,认为当作"二"。卢文弨云:"石经'三',金依诸本皆作'三'。戴云:宋作'二'。"⑥ 卢氏罗列诸家观点,而不置可否。

《仪礼·乡射礼》:"司射既袒、决、遂而升,司马阶前命张侯,遂命倚旌。"郑《注》:"著并行也。""也",《仪礼集释》作"事"。戴震曰:"'事',今注疏本讹作'也',据宋本改正。疏内举注文,亦作'事'。"⑦ 戴震据宋本和贾《疏》所列经文,认为郑《注》此"也"字应为"事"字。

《仪礼·大射》:"司射适次,袒、决、遂,执弓,挟乘矢于弓外,见镞于弣,右巨指钩弦。"郑《注》:"司射,射人也。次,若今时更衣处,张帷席为

① (宋)李如圭《仪礼集释》卷一校语,文渊阁《四库全书》第103册,第46—47页。
② (清)卢文弨:《仪礼注疏详校》,台湾"中央研究院"中国文哲研究所2012年点校本,第27页。
③ 转引自(清)阮元:《十三经注疏(附校勘记)》,中华书局1980年版,第955页。
④ (宋)李如圭《仪礼集释》卷二校语,文渊阁《四库全书》第103册,第78页。
⑤ (宋)李如圭《仪礼集释》卷十校语,文渊阁《四库全书》第103册,第202页。
⑥ (清)卢文弨:《仪礼注疏详校》,台湾"中央研究院"中国文哲研究所2012年点校本,第156页。
⑦ (宋)李如圭《仪礼集释》卷六校语,文渊阁《四库全书》第103册,第141页。

之。""张",《通解》《集释》、杨氏、敖氏同。毛本作"帐"。戴震曰:"'张',今注疏本讹作'帐',据宋本改正。"①戴震据宋本,认为注疏本误"张"为"账"。阮元曰:"按'张'是也。"②

《仪礼·大射》:"退者与进者相左,相揖。""相揖",唐石经、《通解》、杨氏、敖氏同,毛本在"揖"后有"还"字。戴震曰:"此下今注疏本衍'还'字,据唐石经及宋本删。"③戴震据唐石经和宋本,认为经文此处衍"还"字。卢文弨亦云:"下'还'字,石经、宋本皆无。"④

二是据经注疏上下文以校经注疏。兹举数例以见之:

《仪礼·乡射礼》:"主人坐取爵于上篚,以降。……主人坐取爵,实之宾席之前,西北面献宾。""宾之席前",唐石经作"宾席之前",敖氏认为"席之"当作"之席"。戴震曰:"据《乡饮酒礼》亦言'实之宾之席前',其余经文称'某之席前'者甚多,绝不云'席之前',当是石经误倒。"⑤戴震据《仪礼·乡饮酒礼》,以明《乡射礼》此"席之"应为"之席"。卢文弨赞同戴震之说,曰:"石经作'宾席之前',误,各本同。据《乡饮酒礼》,是'实之宾之席前'。其余经文称某之席前者甚多,绝不云席之前。"⑥

《仪礼·士冠礼》:"宾如主人服,赞者玄端从之,立于外门之外。……赞者盥于洗西,升,立于房中,西面,南上。""于洗西"三字,不少学人认为是衍文。戴震云:"案此下各本有'于洗西'三字,因《注》云'盥于洗西';后人妄增加经文耳。据《疏》云'赞者盥于洗西无正文',可证唐初本犹无此三字。"⑦戴震据贾《疏》,认为此"于洗西"三字为衍文。戴震此说为浦镗、卢文弨等人所赞同。如卢文弨曰:"'于洗西'三字,浦云'因注衍'。汪云:'注云"盥于洗西,由宾阶升也",本以二句释经盥、升,相足成文。若谓以"由宾阶升"释"盥于洗西",则方位不相当矣。'按:自唐石经以来,诸本皆衍此三字,近官校《集释》亦以疏明云'赞者盥于洗西无正文',益可证唐初本犹

---

① （宋）李如圭《仪礼集释》卷九校语,文渊阁《四库全书》第103册,第188页。
② （清）阮元:《十三经注疏（附校勘记）》,中华书局1980年版,第1037页。
③ （宋）李如圭《仪礼集释》卷十校语,文渊阁《四库全书》第103册,第194页。
④ （宋）李如圭《仪礼集释》卷十校语,文渊阁《四库全书》第103册,第194页。
⑤ （宋）李如圭《仪礼集释》卷五校语,文渊阁《四库全书》第103册,第114页。
⑥ （清）卢文弨:《仪礼注疏详校》,台湾"中央研究院"中国文哲研究所2012年点校本,第84页。
⑦ （宋）李如圭:《仪礼集释》卷一校语,文渊阁《四库全书》第103册,第44页。

无此三字。"①

三是辨字之正体和俗体。兹举两例以见之：

《仪礼·士冠礼》："若不吉，则筮远日，如初仪。彻筮席，宗人告事毕。""彻"字，唐石经、严本经注皆同。张淳《仪礼释误》作"撤"，曰："经曰'彻筮席'，注曰：'彻，去也。'按：《释文》写注作'撤'，注举经以释之，注字必与经同，宜皆作'撤'，从《释文》。"戴震驳曰："案《说文》无'撤'字，'彻'通'彻去'，古皆用'彻'，'撤'乃后代俗书，张氏不能订正其非，转改'彻'以从'撤'，疏矣。"②戴震认为，"彻"为古字，而"撤"乃后代俗字，张淳误以俗字代古字。

《仪礼·聘礼》："问大夫之币，俟于郊，为肆，又赍皮马。""赍"，张淳云："《释文》云'赍，子兮反'，注同。《九经字样》云：'齎，持遗也，作'赍'者讹，见《周礼》。'窃意作字样者见《周礼》而忘《仪礼》。今考《聘礼》一篇，经注言齎凡二，一曰使众官具币及所宜齎，二曰遂见问几月之资，注曰'资，行用也，古文资作齎'，二'齎'文义皆资也，无持遗意，故其字从'齎'。至于'赍'也，郑氏皆为'付'，不与'齎'同义，训既别，岂得通用？况《释文》'齎''赍'两出，必非一义，从《释文》。"③戴震驳曰："《说文》'齎，持遗也，从贝，齐声'，俗体作'赍'，又讹而为'赍'，古字'资'亦通用'齎'，此注'齎'犹'付'，即持遗意，乃'齎'字本义。张氏于六书之学未尝讲求，故往往不辨俗体，而改是从非，专就《释文》字画用为据证，其亦昧于本矣。"④戴震认为，"齎"为古字，而"赍"为俗字，张淳以"赍"代"齎"，乃是误以俗字代古字。卢文弨赞同戴震之说，云："陆作'赍'，俗字。张乃以'赍'为正，误。"⑤

四是综合运用各种方法以校经注疏。兹举一例以见之：

《仪礼·乡饮酒礼》："主人俎，脊、胁、臂、肺。介俎，脊、胁、肫、胳、

---

① （清）卢文弨：《仪礼注疏详校》，台湾"中央研究院"中国文哲研究所 2012 年点校本，第 26 页。

② （宋）张淳《仪礼识误》卷一校语，文渊阁《四库全书》第 103 册，第 5—6 页。

③ （宋）张淳《仪礼识误》卷一校语，文渊阁《四库全书》第 103 册，第 14 页。

④ （宋）张淳《仪礼识误》卷一校语，文渊阁《四库全书》第 103 册，第 14 页。

⑤ （清）卢文弨：《仪礼注疏详校》，台湾"中央研究院"中国文哲研究所 2012 年点校本，第 189 页。

肺。""肫胳",朱子曰:"印本'胳'上有'肫'字,然《释文》无。《音疏》又云有臑肫而介不用,明本无此字也。成都石经亦误。今据《音疏》删去。"①敖氏支持朱子之说曰:"云'或有肫胳两言者',又《释文》此处无'肫'音,至下乃音之。今据《释文》与《疏》之前说,则'胳'上固无'肫'字。又考《疏》之后说,则是作《疏》之时,或本已有两言'肫胳'二字者矣,是盖后人妄增之,而当时无有是正之者,故二本并行。其后石经与印本但以或本为据,所以皆误。今从《通解》删之。"②戴震曰:"今注疏本无'肫'字,唐石经有。据《疏》云'宾用肩,主人用臂,介用胳,其间有臑肫在而介不用者,盖以大夫俎,故此阙焉',是贾《疏》之本无'肫'字也。《疏》又云'或有介俎肫胳并言'者,是贾氏所见别本有'肫'字也。然《注》内作'膞',《释文》云'刘音纯'而绝不涉于'肫',是《注》及《释文》皆不知经有'肫'字,使'肫胳'两见,康成必解释其意,古本无'肫'字明矣。"③戴震从朱子和敖氏之说,认为贾氏所见既有有"肫"字本,又有无"肫"字本;此外,郑玄于"肫"字无解释,说明经文无"肫"字。戴震于此所采用的校勘方法,既有本校法,又有理校法。④

戴震于《周礼·考工记》亦有校勘。这可从以下两个方面来看:

一是戴震的部分校勘意见为当时和后世学人所肯定。兹举两例以见之:

《周礼·考工记总叙》"搏埴之工二",郑玄云:"搏之言拍也。"戴震曰:"搏,《释文》有团、博二音,团音当手旁专,博音手旁专,绝然二字,讹溷莫辨。郑《注》'搏之言拍',取音声相迩为训,拍,古音滂各反。《释名》云:

---

① (宋)朱熹:《仪礼经传通解》卷七,《朱子全书》第2册,上海古籍出版社、安徽教育出版社2002年点校本,第273页。

② (元)敖继公:《仪礼集说》卷四,文渊阁《四库全书》第105册,第74页。

③ (宋)李如圭《仪礼集释》卷四校语,文渊阁《四库全书》第103册,第138页。

④ 卢文弨认为不当删"肫"字,其曰:"石经有,朱删。以《疏》云'有臑肫而介不用,明本无此字也。'疏又云:'或有介俎肫胳两言者,欲见用体无常,若有一大夫,即介用肫,若有二大夫,则介用胳,故肫胳两见亦是也。'又案前经'乃设折俎'下,《疏》引此《记》亦有'肫'字,则贾《疏》所据之本明有'肫'字。'今官本亦删之,非是。"[(清)卢文弨:《仪礼注疏详校》,台湾"中央"研究院中国文哲研究所2012年点校本,第77—78页]阮元持折中之说曰:"按贾云'肫胳两见亦是也',又前疏'云'下有'介俎脊胁肫胳',仍有'肫'字,则贾氏所据之本虽无'肫'字,亦不以有'肫'为非。"[(清)阮元校刻:《十三经注疏(附校勘记)》,中华书局1980年版,第992页]

'拍,搏也。手搏其上也。'又云:'搏,博也,四指广博,亦似击之也。'据此,定从博音。"① 戴震于"搏"字之训释,受到阮元、段玉裁、孙诒让等人的赞同。阮元曰:"余本、嘉靖本、闽、监、毛本'抟'作'搏',下同。《释文》曰:'李音团,刘音博。'按《注》云'搏之言拍也',则当从刘昌宗音博。李轨音团,《释文》、唐石经作'抟',误也。戴震《考工记图》言之详矣。"② 段玉裁据《说文·手部》所言"搏,索持也","拍,拊也",认为搏不训拍。孙诒让曰:"戴、阮、段说是也。凡注云某之言某者,多依声为训,若《天官·叙官》注云'膳之言善''庖之言苞',并其例也。此注'搏''拍'声相近,若作'抟',则与拍声义俱远,足证其非。"③

《周礼·考工记总叙》:"六尺有六寸之轮,轵崇三尺有三寸也,加轸与轐焉。"郑众曰:"轵,唐也。"郑玄曰:"玄谓轵,毂末也。"戴震曰:"毂末之轵,故书本作'軎',读如簪笄之笄,毂末出轮外,似笄出发外也。軎、轵、𨍭、轨四字,经传中往往讹溷,先儒以其所知,改所不知,于是经书、字书不复有軎字矣。"④ 戴震又辨析曰:"今并作'轵',与辀内之职溷淆,非也。《大驭》'右祭两轵,祭𨍭',注:'故书轵为軎'。杜子春云:'軎当作轵。轵谓两辖也。'或读軎为簪笄之笄。《少仪》'祭左右轨范',注:'《周礼·大驭》祭两轵,祭𨍭,乃饮轨,与轵于车同谓辖头也。'按《少仪》之左右轨,即《大驭》之两轵。'轵'本作'軎',讹而为'轨'。'𨍭'、'軎'二字少见,非改为'轵',即讹为'轨',学者粗涉古经,未能综贯,宜其不辨。陆德明、孔颖达诸儒亦时时杂出谬解,则未有定识故也。'軎'从车,开声,读如笄,毂末也。'𨍭'从车,凡声,读如范,式前也。'轨'从车,九声,古音居酉反,今音居洧反,车彻也。'轵'从车,只声,读如只,辀内也。轵间六尺六寸,轨八尺,軎相去丈一尺六寸。两辖又在軎外,毂末为軎,轴末为辖。祭𨍭则兼辀,祭左右軎则兼轴。不可以轴末之辖为軎,名之宜辨者也。"⑤ 戴震认为,前人于"轵"与"軎""𨍭""轨""辖"字往往混淆,《考工记》此"轵"字应为"軎"字。其释字时引经据典,审音辨义,颇具有说服力。纪昀、钱大昕、余廷灿甚至将戴

---

① (清)戴震:《考工记图》卷上,《续修四库全书》第85册,第62页。

② (清)阮元:《周礼注疏勘记》卷十一,《续修四库全书》第181册,第252页。

③ (清)孙诒让:《周礼正义》卷七十四,中华书局1987年点校本,第3123页。

④ (清)戴震:《考工记图》卷上,《续修四库全书》第85册,第62页。

⑤ (清)戴震:《考工记图》卷上,《续修四库全书》第85册,第74页。

震此训释当作文字训诂之典范看待。如纪昀云："毂末之轵，明其当作軹，不得与舆人之轵轛二名混淆，今字书并軹字无之。……此皆《记》文之误，汉儒已莫之是正者。"① 余廷灿曰："其（指戴震）正'崇三尺'之'轵'当为'軹'……皆经文传误，汉儒已莫能是正者。"②

二是后世学人对戴震的校勘意见有异议者。兹举两例以见之：

《仪礼·士冠礼》："爵弁服：纁裳、纯衣、缁带、韎韐。"郑玄云："韎韐，缊袚也。士缊袚而幽衡，合韦为之。士染以茅搜，因以名焉。今齐人名蒨为韎韐。""蒨为韎韐"，戴震曰："《疏》云：'周公时名蒨为韎草，以此韎染韦合之为韐，因名袚为韎韐。'是蒨一名韎，而袚名韎韐，蒨不得名韎韐也。'韐'字乃衍文。"③ 戴震认为此"韐"字是衍文。阮元驳曰："按'韎'者，茅蒐之别名也。'韐'者，所以代韠也。自后人误读毛《传》，妄改郑《笺》，遂并此注而亦误矣。戴侗《六书故》卷十八'韎'字下引郑氏曰'齐人谓蒨为韎'，又'韐'字下引郑康成曰'韐袚之制似韠'，以'韐'字属下句与疏不合，其读上句却正与疏合。录此，以见宋儒亦有觉其误而改其读者。"④ 胡培翚曰："'今齐人名蒨为韎韐'，戴氏震校《集释》，谓'韐'衍文，非也。宜从戴氏侗《六书故》，以'韐'字属下句读。"⑤ 阮元、胡培翚据宋人戴侗的《六书故》，认为戴震误以"韐"字为衍文。

《仪礼·乡射礼》："遂命三耦拾取矢，司射反位。三耦拾取矢，皆袒、决、遂，执弓，进立于司马之西南。""拾取矢"三字，朱熹疑衍。戴震云："案下乃云'司射作上耦取矢'，因序上射、下射取矢之仪，继云'三耦拾取矢，亦如之'，则此惟袒、决、遂，未拾取矢明矣。此句'拾取矢'三字，当是因上文'遂命三耦拾取矢'衍此三字耳。"⑥ 戴震据上下文，认为此"拾取矢"三字为衍文。王引之驳曰："上文既云'命三耦拾取矢'，则自皆袒决遂以下，皆言三耦拾取矢之事。故承上文以起下文曰：'三耦拾取矢'，言三耦之拾取矢也，始而袒决遂执弓，以待拾取矢，既而上耦拾取矢，既而中下二耦相继拾取矢，

① （清）纪昀：《考工记图序》，见戴震：《考工记图》卷首，《续修四库全书》第85册，第59页。
② （清）余廷灿：《戴东原先生事略》，《戴震文集》附录，中华书局1980年点校本，第271页。
③ （宋）李如圭：《仪礼集释》卷一校语，文渊阁《四库全书》第103册，第41页。
④ （清）阮元：《十三经注疏（附校勘记）》，中华书局1980年版，第954—955页。
⑤ （清）胡培翚、胡肇昕：《仪礼正义》卷一，北京大学出版社2016年点校本，第42页。
⑥ （宋）李如圭：《仪礼集释》卷五校语，文渊阁《四库全书》第103册，第126页。

是之谓三耦拾取矢矣。'三耦拾取矢'五字之意，直贯至下文'三耦拾取矢亦如'之句，非特为皆袒决遂三句而设也。皆袒决遂之时，尚未拾取矢也，而其事归于拾取矢，则统谓之三耦拾取矢。犹主人戒宾之时，尚未射也，而其事归于射，则统谓之乡射之礼耳。且下文众宾未拾取矢，皆袒决遂执弓，与此三耦拾取矢皆袒决遂执弓，相对为文，不得以为衍字。"① 王氏认为，此"拾取矢"三字与上下文义相合，故不得以为衍文。

清人凌廷堪说："《仪礼》一经，明监本及汲古阁本舛误特甚。昆山顾氏、济阳张氏既据开成石本校正其经文矣；校郑《注》者则有休宁戴氏；并校贾《疏》者则有嘉定金氏。戴氏所据者，小字宋本、嘉靖重刻相台本。"② 又云："毛氏汲古阁本诸经皆有脱误，惟《仪礼》为最多。……近世休宁戴氏始据宋本及嘉靖本刊定其误，虽有厘正，亦不能尽也。"③ 凌氏认为，在《仪礼》校勘史上，戴震卓然一大家。当然，戴震的校勘成就不局限于《仪礼》郑《注》方面，其于《考工记》的校勘也颇为精核。卢文弨、阮元、孙诒让等人吸取了戴震的很多校记，将《考工记》和《仪礼》的校勘推向了新的高度。

四、理欲之辨④

戴震是清代杰出的思想家，其治学堂庑广大，通贯古今，于经学、天文、地理、数学、水利等皆有精深造诣，影响至为深远。戴震在宋儒之基础上，对《礼记·乐记》所言"理欲之辨"作了新的阐释，受到学界的普遍重视，亦对中国近代社会思想有着启蒙意义。钱穆曾说："今考东原思想最要者，一曰自然与必然之辨，一曰理欲之辨。"⑤ 钱穆将"理欲之辨"归为戴震思想之"最要者"可谓卓识。关于戴震重新诠释"理欲"关系的原因，章太炎、胡适、李开、张立文等人已有颇多论述。然而综观各家之研究，可知从社会文化背景和人生经历的角度揭示戴震重新诠释"理欲"关系的原因较多，而通过比较戴震与宋

---

① （清）王引之：《经义述闻》卷十，上海书店出版社 2012 年点校本，第 254 页。

② （清）凌廷堪：《仪礼注疏详校序》，《校礼堂文集》卷二十六，中华书局 1998 年点校本，第 239 页。

③ （清）凌廷堪：《书校正汲古阁本仪礼注疏后》，《校礼堂文集》卷三十，中华书局 1998 年点校本，第 270 页。

④ 本部分是笔者与汪楠博士共同完成。相关论述见汪楠、潘斌：《论戴震"理欲之辨"的观念嬗革及形成动因》，《社会科学战线》2020 年第 8 期。

⑤ 钱穆：《中国近三百年学术史》，商务印书馆 1997 年版，第 392 页。

儒的"理欲之辨",以及考察戴震"理欲之辨"与戴震学术之间关系,进而揭示戴震重新诠释"理欲"关系的原因则着力较少。① 要认识戴震重新诠释"理欲"关系的原因,必须将戴氏的"理欲"观放在其学术的整体框架和思想发展历程中来考察,否则就不能看到戴震重新诠释"理欲"关系的深层动机。鉴于此,本部分将在前人研究之基础上,结合戴震思想发展的历程,通过比较戴震与宋儒"理欲之辨"之异同,以期揭示戴震重新诠释"理欲"关系的原因,并廓清戴震晚年反宋儒之实质。②

(一)戴震以前的"理欲之辨"

"理"是中国古代哲学中一个十分重要的概念。许慎《说文解字》云:"理,治玉也,从玉里声。"可见"理"的最初含义是指玉石上的条纹。攻治璞玉对百玉上的条纹。后来,"理"逐渐带有伦理色彩,如孟子云:"心之所同然者,何也?谓理也,义也。"(《孟子·告子上》)《礼记》云:"礼也者,理之不可易者也。"(《礼记·乐记》)孟子和《礼记》将"理"与礼、义相关联,"理"已经具有伦理化的倾向。据现存文献,"天理"最早见于《庄子·养生主》,其云:"依乎天理,批大郤,道大窾。"庄子此所言"天理",乃牛的身体构造之分理,

---

① 胡适、章太炎、李开等人从社会文化背景和人生经历的角度揭示戴震提出"理欲之辨"的原因。如胡适曰:"戴震生于满清全盛之时,亲见雍正朝许多惨酷的大狱,常见皇帝长篇大论地用'理'来责人;受责的人,虽有理,而无处可申诉,只好屈伏受死,死时还要说死得有理。"(胡适:《戴东原的哲学》,北京师范大学出版社2014年版,第41页)章太炎曰:"戴震生雍正末,见其诏令谪人不以法律,顾摭取洛、闽儒言以相稽,觇司隐微,罪及燕语。"(章太炎:《释戴》,《太炎文录初编》,《章太炎全集》第一辑,上海人民出版社2014年版,第122页)此是从社会的角度所作之追寻。章氏又曰:"震自幼为贾贩,转运千里,复具知民生隐曲,而上无一言之惠,故发愤著《原善》《孟子字义疏证》,专务平恕。"[(清)章太炎:《释戴》,《章太炎全集》第1辑(太炎文录初编),上海人民出版社2014年点校本,第122页]此是从人生经历的角度所作之追寻。胡适、钱穆等人还从思想渊源的角度对戴震"理欲之辨"作了探讨,如胡适认为:"戴氏注重'养生之道',主张'无私而非无欲',与颜李学派似有渊源的关系。"(胡适:《戴东原的哲学》,北京师范大学出版社2014年版,第53页)钱穆则认为:"东原思想……虽足与颜、李之说相通,而未必为承袭。"(钱穆:《中国近三百年学术史》,商务印书馆1997年版,第392页)此外,胡适、李开、张立文等人对戴震所言"天理"与"人欲"的关系作了辨析,认为戴震的"理欲之辨"是对宋儒的驳正。如胡适曰:"戴震亲见理学之末流竟致如此,所以他的反动最激烈,他的抗议最悲愤。"(胡适:《戴东原的哲学》,北京师范大学出版社2014年版,第42页)

② 戴震排诋宋儒,不仅有"理欲之辨",还有"理气之辨",以及其于"性""道"方面异于宋儒的见解。此不在本文的探讨范围之内。

无伦理意义。汉代董仲舒丰富了"天理"的内涵,其云:"人之形体,化天数而成。人之血气,化天志而仁。人之德行,化天理而义。人之好恶,化天之暖清。"(《春秋繁露·天人三策》)董仲舒认为天是万物之主宰,是有意志的,所谓"天理"就是有意志的天之义理;天包含世间万物,亦包含伦理道德。

"欲"字表示有所不足,故生欲望。《说文解字》曰:"贪欲也。"欲与人息息相关,是一个重大的人生问题,受到历代思想家的高度重视。先秦时期的儒家持"节欲"说,如孔子认为人要"欲而不贪"(《论语·尧曰》),孟子认为"养心莫善于寡欲"(《孟子·尽心下》),荀子说"君子乐得其道,小人乐得其欲。以道制欲,则乐而不乱;以欲忘道,则惑而不乐"(《荀子·乐论》)。先秦儒家认为,欲望要有限度,过度的欲望就是贪欲。先秦道家则持"无欲"说,如老子曰"不见可欲,使心不乱"(《老子》第三章),"罪莫大于可欲"(《老子》第四十六章),庄子曰"同乎无欲,是为素朴"(《庄子·马蹄》)。老庄认为,人的欲望伤性害德,应当摒除。此外,先秦还有魏牟的"纵欲"说、墨子的"苦行"说等。

最早将"天理""人欲"相对提出的是《礼记·乐记》。其云:"人生而静,天之性也。感于物而动,性之欲也。物至知知,然后好恶形焉。好恶无节于内,知诱于外,不能反躬,天理灭矣。夫物之感人无穷,而人之好恶无节,则是物至而人化物也。人化物也者,灭天理而穷人欲者也。"[①]《乐记》的作者对其前所讨论的"理""天理""欲"等概念作了一次新的整合,其于"天理""人欲"的并提以及对二者关系的初步梳理,启发了宋儒的"理欲之辨"。南宋黄震云:"此书(指《乐记》)间多精语……如曰'好恶无节于内,知诱于外,不能反躬,天理灭矣',皆近世理学所据以为渊源。"[②]宋儒对《乐记》"理欲之辨"的新诠释,是宋明理学的重要内容,并产生了极为深远的影响。

张载是北宋最先谈"理欲之辨"的思想家,其论"天理"曰:"所谓天理也者,能悦诸心,能通天下之志之理也。"[③]张载对人欲无明确的界定,不过他说:"口腹于饮食,鼻舌于臭味,皆攻取之性也。"[④]此"攻取之性"即其所谓"气

---

① (清)阮元校刻:《十三经注疏(附校勘记)》,中华书局 1980 年版,第 1529 页。

② (宋)黄震:《黄氏日抄》卷二十一,文渊阁《四库全书》第 707 册,第 622 页。

③ (宋)张载著,张锡琛点校:《正蒙·诚明篇第六》,《张载集》,中华书局 1978 年点校本,第 23 页。

④ (宋)张载著,张锡琛点校:《正蒙·诚明篇第六》,《张载集》,中华书局 1978 年点校本,第 22 页。

质之性",亦即"人欲"。二程和朱熹亦多言"天理""人欲",其所言天理指的是自然的普遍的规律或规则,所言人欲指的是人的肉体和精神方面的各种欲望。在朱熹的著作中,天理与人欲对举之处甚多,如朱熹云"天理人欲,不容并立"①,"天理人欲之间,每相反而已矣"②,"天理人欲常相对"③。朱熹认为天理与人欲不仅是对立的,且是此消彼长的。他说:"人只有个天理人欲,此胜则彼退,彼胜则此退,无中立进退之理。凡人不进便退也。"④"天理人欲相胜之地。自家这里胜得一分;他那个便退一分,自家这里退一分,他那个便进一分。"⑤在朱熹看来,天理、人欲是一方战胜另一方的关系,如果人能寡欲,则天理多而人欲少,反之则天理少而人欲多。

不过,张载、二程和朱熹等人并不认为天理与人欲是绝对对立的,而是认为二者有着内在的关联。如张载认为欲有其合理成分,他说:"'子之不欲,虽赏之不窃。'欲生于不足则民盗,能使无欲则民不为盗。……故为政者在乎足民,使无所不足,不见可欲而盗可息矣。"⑥人欲是由于不足而生,故正当的欲望应该得到满足。二程曰:"天下之害,无不由末之胜也。峻宇雕墙,本于宫室;酒池肉林,本于饮食;淫酷残忍,本于刑罚;穷兵黩武,本于征讨。凡人欲之过者,皆本于奉养,其流之远,则为害矣。先王制其本者,天理也;后人流于末者,人欲也。"⑦二程认为,人正当的欲望是与天理相符合的,如果超过了人的正当欲望而想拥有峻宇雕墙、酒池肉林,则是与天理相悖的人欲。二程又说:"道心天理,故精微。灭私欲则天理明矣。"⑧

---

① (宋)朱熹:《孟子集注》卷五,《朱子全书》(修订本)第 6 册,上海古籍出版社、安徽教育出版社 2010 年点校本,第 310 页。

② (宋)朱熹:《论语集注》卷七,《朱子全书》(修订本)第 6 册,上海古籍出版社、安徽教育出版社 2010 年点校本,第 186 页。

③ (宋)黎靖德辑:《朱子语类》卷十三,《朱子全书》(修订本)第 14 册,上海古籍出版社、安徽教育出版社 2010 年点校本,第 389 页。

④ (宋)黎靖德辑:《朱子语类》卷十三,《朱子全书》(修订本)第 14 册,上海古籍出版社、安徽教育出版社 2010 年点校本,第 389 页。

⑤ (宋)黎靖德辑:《朱子语类》卷五十九,《朱子全书》(修订本)第 16 册,上海古籍出版社、安徽教育出版社 2010 年点校本,第 1924 页。

⑥ (宋)张载:《正蒙·有司篇第十三》,《张载集》,中华书局 1978 年点校本,第 47 页。

⑦ (宋)程颐:《周易程氏粹言》卷一,《二程集》,中华书局 2004 年点校本,第 1194 页。

⑧ (宋)程颢、程颐:《河南程氏遗书》卷二十四,《二程集》,中华书局 2004 年点校本,第 312 页。

二程所说的天理实际上是指公欲，而人欲则是私欲。二程又云："夫民，合而听之则圣，散而听之则愚。合而听之，则大同之中，有个秉彝在前，是是非非，无不当理，故圣。散而听之，则各任私意，是非颠倒，故愚。盖公义在，私欲必不能胜也。"①由此可见，二程所说的天理与人欲之间的关系，既是道德理性与情感欲求之间的关系，也是公与私的关系。二程认为人欲就是私欲，是完全应当除灭的。朱熹则认为人欲与天理密切相关，人欲包含天理，他说："天理人欲，几微之间。"②"有个天理，便有个人欲。盖缘这个天理须有个安顿处，才安顿得不恰好，便有人欲出来。"③"天理本多，人欲便也是天理里面做出来。"④在朱熹看来，有天理便有人欲，如果属于天理之事处理不当，那么人欲就从天理生出。反过来，朱熹认为"人欲中自有天理"⑤，意即天理有出自人欲者。张岱年先生将朱熹所说的人欲分为"公共之欲"和"私意之欲"，认为朱熹所反对的仅是人欲中的"私意之欲"，而人欲中的"公共之欲"则是天理。⑥张先生不仅指出了朱熹所云人欲的层次，同时还彰显了程朱对于人欲认识上的分歧。二程对天理、人欲是以公私来界定，天理为公，而人欲为私。而朱熹则将人欲分为公和私两个层面：从公欲的层面来说，人欲就是天理，因此人欲是值得提倡的；从私欲的层面来说，人欲是恶，因应遏止。朱熹在将天理与人欲对举时，没有明确区分"公共之欲"与"私意之欲"，而实际上其所言人欲是"私意之欲"，而不是包括"公共之欲"在内的人欲。

（二）戴震对宋儒"理欲之辨"的批判与继承

戴震是一个具有强烈批判意识的思想家，他的思想历程可以分为前期、中

---

① （宋）程颢、程颐：《河南程氏遗书》卷二十三，《二程集》，中华书局 2004 年点校本，第 310 页。

② （宋）黎靖德辑：《朱子语类》卷十三，《朱子全书》（修订本）第 14 册，上海古籍出版社、安徽教育出版社 2010 年点校本，第 389 页。

③ （宋）黎靖德辑：《朱子语类》卷十三，《朱子全书》（修订本）第 14 册，上海古籍出版社、安徽教育出版社 2010 年点校本，第 388 页。

④ （宋）黎靖德辑：《朱子语类》卷十三，《朱子全书》（修订本）第 14 册，上海古籍出版社、安徽教育出版社 2010 年点校本，第 388 页。

⑤ （宋）黎靖德辑：《朱子语类》卷十三，《朱子全书》（修订本）第 14 册，上海古籍出版社、安徽教育出版社 2010 年点校本，第 388 页。

⑥ 张岱年：《中国哲学大纲》，中国社会科学出版社 1982 年版，第 458 页。

期和后期三个阶段。① 在戴震思想历程的前期,其对宋儒持肯定的态度,在其中后期则对宋儒持批判的态度。戴震对宋儒的批判,是以宋代理学的核心思想——"理欲之辨"为焦点。他对宋儒"理欲之辨"的批判可从以下两个方面来看:

第一,戴震认为天理并非形上之本体,而是存在于人和事物之中。

戴震首先从字义的角度对"理"作了解释,他说:"理者,察之而几微必区以别之名也,是故谓之分理;在物之资,曰肌理,曰腠理,曰文理。得其分则有条而不紊,谓之条理。……圣智至孔子而极其盛,不过举条理以言之而已矣。"② 又曰:"天理,即其所谓'彼节者有间,而刀刃者无厚,以无厚入有间,适如天然之分理也,古人所谓天理,未有后儒之所谓天理者矣'。"③ 在戴震看来,天理最初意义是"天然之分理",即自然而然的条理,并没有后世所说的伦理意义。作为"自然之分理"的天理,其表现之一就是"情之不爽失"。戴震说:"天理云者,言乎自然之分理也;自然之分理,以我之情絜人之情,而无不得其平是也。"④"在己与人皆谓之情,无过情不及情之谓理。"⑤"情得其平,是为好恶之节,是为依乎天理。"⑥"性之欲之不可无节也。节而不过,则依乎天理。"⑦戴震认为,与情相合者就是理,过与不及皆不能谓之天理。戴震将天理从天上拉到人间,以是否符合事物情理的角度去界定天理,与宋儒从宇宙和道德本体的角度去界定天理截然不同。

---

① 关于戴震思想发展的阶段,学者们的观点不尽一致。如钱穆将戴震论学分为两期:第一期是指戴震早岁从学于江永之时;第二期是指戴震三十五岁识惠栋于扬州之后。(参见钱穆:《中国近三百年学术史》,商务印书馆 1997 年版,第 339—368 页)余英时则将戴震一生的思想发展分为三个阶段:第一阶段的下限是 1757 年,此年戴震晤惠栋于扬州。此前戴震从江永游,持平汉宋;第二期的下限是 1766 年,此前十年戴震受当时考证运动的激荡最甚,观点最接近惠栋,批判宋儒义理;第三阶段即戴震人生的最后十年,此阶段戴震重新确定儒学的价值系统。(参见余英时:《论戴震与章学诚》,生活·读书·新知三联书店 2012 年版,第 135—136 页)笔者认为余英时所作之划分更加清楚,更能展现戴震思想发展之脉络。

② (清)戴震:《理》,《孟子字义疏证》,中华书局 1982 年点校本,第 1 页。
③ (清)戴震:《理》,《孟子字义疏证》,中华书局 1982 年点校本,第 2 页。
④ (清)戴震:《理》,《孟子字义疏证》,中华书局 1982 年点校本,第 2 页。
⑤ (清)戴震:《理》,《孟子字义疏证》,中华书局 1982 年点校本,第 2 页。
⑥ (清)戴震:《理》,《孟子字义疏证》,中华书局 1982 年点校本,第 2 页。
⑦ (清)戴震:《理》,《孟子字义疏证》,中华书局 1982 年点校本,第 11 页。

　　此外，戴震认为天理就是大多数人所认同的事理。他说："心之所同然始谓之理，谓之义；则未至于同然，存乎其人之意见，非理也，非义也。凡一人以为然，天下万世皆曰'是不可易也'，此之谓同然。"① 一般来说，大多人所认同的观点和观念是经得起检验的，是具有普遍意义的。戴震以此为前提，认为个人的观点和观念合于大众者就是理，不合于大众者就不是理。戴震于此是将天理限定在人的世界，而不是将天理从人的世界抽离出来作为人和事物存在的依据。

　　戴震强调天理并非宇宙本体和道德本体，他说："理在事情。"② 具体地说，理是存在于事物和人伦之中。他说："宋以来之言理欲也，徒以为正邪之辨而已矣，不出于邪而出于正，则谓以理应事矣。理与事分为二而与意见合为一，是以害事。"③ 戴震认为人们日常生活中情欲的规则就与理相关。他说："语其事，不出乎日用饮食而已矣；舍是而言理，非古贤圣所谓理也。"④ 日用饮食是人的基本需要，然而在高扬道德理想主义的程朱理学看来，这些是不值得多加关注的。戴震却认为理并非高悬于人世之上的终极存在，而是存在于包括情欲、日用饮食在内的人事之中。戴震还指出，从人的日用饮食看天理是古贤圣的初衷。言下之意，宋儒将"天理"从人事中抽离出来作为宇宙本体和伦理道德本体的做法是错误的。

　　第二，天理与人欲并非截然对立，而是天理不离人欲。

　　戴震对人的欲望之根源作了追溯，他说："欲出于性，一人之欲，天下人之所同欲也，故曰'性之欲'。"⑤ 人的天性是欲望的来源，而这种天性是每个人都具有的，故欲是每个人都有的。戴震又说："'欲'根于血气，故曰性也。……孟子之所谓性，即口之于味、目之于色、耳之于声、鼻之于臭、四肢于安佚之为性。"⑥ 戴震将"欲""性"与"血气"相关联，可见其所谓"欲"，主要是指人的情欲。戴震还说："喜怒哀乐之情，声色臭味之欲，是非美恶之知，皆根于性而原于天。"⑦ 人的耳目声色之欲源自人之本性，而这种本性是天

---

① （清）戴震：《理》，《孟子字义疏证》，中华书局 1982 年点校本，第 3 页。

② （清）戴震：《理》，《孟子字义疏证》，中华书局 1982 年点校本，第 5 页。

③ （清）戴震：《理》，《孟子字义疏证》，中华书局 1982 年点校本，第 8—9 页。

④ （清）戴震：《理》，《孟子字义疏证》，中华书局 1982 年点校本，第 3 页。

⑤ （清）戴震：《理》，《孟子字义疏证》，中华书局 1982 年点校本，第 2 页。

⑥ （清）戴震：《性》，《孟子字义疏证》，中华书局 1982 年点校本，第 37—38 页。

⑦ （清）戴震：《绪言》卷上，《孟子字义疏证》，中华书局 1982 年点校本，第 97 页。

生的、自然而然的。

戴震认为人的情欲是合理的，他说："声色臭味之欲，资以养其生。"①人的耳目声色之欲的作用是"养生"，拥有此欲，人才能更好地生活。戴震还指出："饮食男女，生养之道也，天地之所以生生也。"②在戴震看来，饮食男女在自然和社会发展过程中有着重要作用，是天地生生不息和人类繁衍的基本前提。

戴震认为"天理"与"人欲"并非对立，他说："理者，存乎欲者也。"③理就在欲中，谈理不可离欲。戴震又说："孟子对齐王好货、好色，曰'与百姓同之'，非权辞也。好货、好色，欲也；'百姓同之'，即理也。后儒以理欲相对，实杂老氏无欲之说。"④戴震借孟子之口，认为上至统治者，下至普通的百姓，皆有耳目声色之欲，而这种共同的欲就是理；"后儒"受道家无欲之说的影响，将理与欲相对立。戴氏于此所言"后儒"，就是指宋儒。

戴震对宋明理学家将"天理"与"人欲"对立起来的做法作了批判，他说："今既截然分理欲为二，治己以不出于欲为理，治人亦必以不出于欲为理，举凡民之饥寒愁怨，饮食男女，常情隐曲之感，咸视为人欲之甚轻者矣。轻其所轻，乃'吾重天理也，公义也'，言虽美，而用之治人，则祸其人。"⑤戴震认为，当统治者将"天理"与"人欲"相对立的观念应用到社会治理中之后，言论看起来很美，实际上却是祸害人。在戴震看来，宋儒将"天理"与"人欲"对立起来的做法造成严重的后果，他说："尊者以理责卑，长者以理责幼，贵者以理责贱，虽失，谓之顺；卑者、幼者、贱者以理争之，虽得，谓之逆。于是下之人不能以天下之同情、天下所同欲达之于上；上以理责其下，而在下之罪，人人不胜指数。"⑥戴震指出，将"天理"与"人欲"截然分离，并以"天理"为是，以"人欲"为非，那么尊卑、长者、贵者就把持"天理"的解释权，从而对卑者、幼者、贱者形成欺压之势，即使卑者、幼者、贱者据理力争，也会落得大逆不道的恶名。后儒及统治者的这种做法，是因为他们对理的"自信"，

① （清）戴震：《孟子私淑录》卷中，《孟子字义疏证》，中华书局1982年点校本，第144页。
② （清）戴震：《原善》卷下，《孟子字义疏证》，中华书局1982年点校本，第75页。
③ （清）戴震：《理》，《孟子字义疏证》，中华书局1982年点校本，第8页。
④ （清）戴震：《与段若膺论理书》，《戴震全集》第1册，清华大学出版社1991年点校本，第214页。
⑤ （清）戴震：《权》，《孟子字义疏证》，中华书局1982年点校本，第58—59页。
⑥ （清）戴震：《理》，《孟子字义疏证》，中华书局1982年点校本，第10页。

而这种"自信"导致他们将主观意见当作"理",因而"以理杀人"就是"以意见杀人"。戴震说:"由是以意见杀人,咸自信为理矣。"①在戴震看来,宋明理学家将与"欲"对立的"理"应用于社会时,"理"便具有了杀人的功能和作用。戴震说:"所谓理者,同于酷吏之所谓法。酷吏以法杀人,后儒以理杀人,浸浸乎舍法而论理,死矣,更无可救矣。"②戴震将后儒"以理杀人"与酷吏"以法杀人"相等同,可见其对于后儒存理灭欲观念的极度不满。他控诉道:"人死于法,犹有怜之者;死于理,其谁怜之!"③

虽然戴震极力批判宋儒的"理欲之辨",但是细究二者之论述,可知戴震与宋儒的观点并非水火不容,而是有相通甚至相同之处。

与程朱一样,戴震也比较注意从"公""私"的角度去看待天理与人欲的关系。戴震曰:"遂己之欲,亦思遂人之欲,而仁不可胜用矣;快己之欲,忘人之欲,则私而不仁。"④尽管人人皆有欲,然只是关注个体欲望的满足,而不照顾别人的欲望的满足,此即为"私",与仁爱相去甚远。戴震又说:"老、庄、释氏主于无欲无为,故不言理;圣人务在有欲有为之咸得理。是故君子亦无私而已矣,不贵无欲。"⑤戴震认为,圣人并不排斥人的正当欲望,而只是反对仅满足一己之私的欲望。此外,戴震还强调人的欲望要有度,不能流于纵欲。他说:"孟子曰'性也',继之曰'有命焉'。命者,限制之名,如命之东则不得而西,言性之欲之不可无节也。节而不过,则依乎天理;非以天理为正,人欲为邪也。天理者,节其欲而不穷人欲也。是故欲不可穷,非不可有;有而节之,使无过情,无不及情,可谓之非天理乎!"⑥戴震认为,节欲与天理相合,过度的欲望和无欲则非天理。这一点也是与程朱的观点相吻合的。通过以上所作之比较,可知戴震与程朱关于理欲关系的认知在很大程度上是相通甚至是相同的。

(三)"理欲之辨"与戴震学术

戴震为何要声称自己与宋儒的理欲观是不同的呢?这就需要从戴震的学术

---

① (清)戴震:《与段若膺论理书》,《戴震全集》第 1 册,清华大学出版社 1991 年点校本,第 214 页。

② (清)戴震:《与某书》,《孟子字义疏证》,中华书局 1982 年点校本,第 174 页。

③ (清)戴震:《理》,《孟子字义疏证》,中华书局 1982 年点校本,第 10 页。

④ (清)戴震:《原善》卷下,《孟子字义疏证》,中华书局 1982 年点校本,第 75 页。

⑤ (清)戴震:《权》,《孟子字义疏证》,中华书局 1982 年点校本,第 58 页。

⑥ (清)戴震:《理》,《孟子字义疏证》,中华书局 1982 年点校本,第 10—11 页。

观和学术经历去找答案。

戴震的哲学以"明道""闻道"为目的，他说："经之至者道也，所以明道者其词也，所以成词者字也。由字以通其词，由词以通其道，必有渐。"①"君子务在闻道也。"②章学诚指出："凡戴君所学，深通训诂，究于名物制度而得其所以然，将以明道也。"③此所谓"道"，就是《六经》和孔、孟之道，是儒家的伦理和价值观。然而戴震在不同的阶段，对于"明道"和"闻道"的路径和方法的认识是不同的，这集中反映在他对汉儒和宋儒治学方法的认识上。

戴震早年受江永的影响，对汉学和程朱理学皆有推崇之意。婺源人江永（1681—1762）深于考据学，并推崇朱子之义理。受江永之影响，戴震在治学方法上考据义理兼备，而在学术取向上既尊宋儒义理，又不废汉人制数。戴震一生所持的由考据以通义理的治学路径，实际上就是朱子"道问学"主张的翻版。朱子曾说："学者观书，先须读得正文，记得注解，成诵精熟。注中训释文意、事物、名义，发明经指，相穿纽处，一一认得，如自己做出来底一般，方能玩味反复，向上有透处。若不如此，只是虚设议论，如举业一般，非为己之学也。"④朱熹于此是强调读书对于明道的重要性。戴震在《与是仲明论学书》中认为得"道"必须以"识字""通词"为途径，与朱子所言为学次第如出一辙。章学诚认为"戴君学术，实自朱子道问学而得之"⑤，钱穆也说"戴学从尊宋述朱起脚"⑥，实非虚言。需要指出的是，戴震早岁推崇宋儒，对汉学亦有好感。他在《与姚姬传书》中云："诵法康成、程、朱，不必无人，而皆失康成、程、朱于诵法中。"⑦此时的戴震汉宋并举，其构建"新理学"的雄心尚未显露。⑧

自乾隆二十二年（1757）戴震结识吴派学人惠栋之后，对于宋儒义理之学

---

① （清）戴震：《与是仲明论学书》，《戴震文集》卷九，中华书局1980年点校本，第140页。

② （清）戴震：《答郑丈用牧书》，《戴震文集》卷九，中华书局1980年点校本，第143页。

③ （清）章学诚：《书朱陆篇后》，《章学诚遗书》卷二，文物出版社1985年版，第16页。

④ （宋）黎靖德辑：《朱子语类》卷十一，《朱子全书》（修订本）第14册，上海古籍出版社、安徽教育出版社2010年点校本，第349页。

⑤ （清）章学诚：《书朱陆篇后》，《章学诚遗书》卷二，文物出版社1985年版，第16页。

⑥ 钱穆：《中国近三百年学术史》，商务印书馆1997年版，第353页。

⑦ （清）戴震：《与孝廉姚姬传书》，中华书局1980年点校本，第142页。

⑧ 胡适称戴震所建立的是"新哲学"。（参见胡适：《戴东原的哲学》，北京师范大学出版社2014年版，第59页）李开在《戴震评传》第八章中称戴震所建立的是"新理学道德哲学"。张立文在《戴震哲学研究》一书中不时称戴震所建立的是"新理学"。

的态度开始发生变化。惠栋治学唯汉是从,认为专事汉学才是学问之正途。戴震言惠栋之学曰:"松涯先生(指惠栋)之为经也,欲学者事于汉经师之故训,以博稽三古典章制度,由是推求理义,确有据依。彼歧故训、理义二之,是故训非以明理义,而故训胡为?理义不存乎典章制度,势必流入异学曲说而不自知,其亦远乎先生之教矣。"①戴震于此褒奖惠栋的汉学,虽然他仍持以训诂明义理之主张,但是开始对宋儒义理之学提出批评。戴震五十五岁时与段玉裁的书信中说:"仆自十七岁时,有志闻道,谓非求之《六经》、孔、孟不得,非从事于字义、制度、名物,无由以通其语言。宋儒讥训诂之学,轻语言文字,是犹渡江河而弃舟楫,欲登高而无阶梯也。为之三十余年,灼然知古今治乱之源在是。"②戴震认为宋儒轻训诂之学、所言义理不能得"道",此时的他已明确地站到了宋儒的对立面。戴震思想发展的中晚期,与宋儒展开了争夺经典诠释话语权的斗争。

宋儒鄙薄汉唐经学,认为汉唐经学家仅事考据,故难明孔、孟之道。如二程曰:"圣人作经,本欲明道。今人若不先明义理,不可治经。"③宋儒希望摆脱汉唐章句训诂,从而回归孔孟之真义。戴震对张载、程颢、朱熹的为学经历作了考察,认为宋儒并不真正懂得《六经》、孔、孟之义。④戴震说:"宋以来儒者皆力破老、释,不自知杂袭其言而一一傅合于经,遂曰《六经》、孔、孟之言;其惑人也易而破之也难,数百年于兹矣。人心所知,皆彼之言,不复知其异于《六经》、孔、孟之言矣;世又以躬行实践之儒,信焉不疑。"⑤戴震指出,宋以来的儒者认为自己是在力破释老,殊不知是杂袭释老之言而误解《六经》和孔、孟;以至于《六经》、孔、孟而下有荀子,有老、庄、释氏,然《六经》、孔、孟之道犹在,"自宋儒杂荀子及老、庄、释氏以入《六经》、孔、孟之书,学者莫知其非,而《六经》、孔、孟之道亡矣"⑥。在戴震看来,宋儒最大的问题就是杂荀子、老、庄和释氏以惑乱《六经》和孔、孟。晚年的戴震在思想领

---

① (清)戴震:《题惠定宇先生授经图》,中华书局 1980 年点校本,第 168 页。

② (清)段玉裁:《戴东原先生年谱》,《戴震文集》附录,中华书局 1980 年点校本,第 217 页。

③ (宋)程颢、程颐:《河南程氏遗书》卷二上,《二程集》,中华书局 2004 年点校本,第 13 页。

④ (清)戴震:《理》,《孟子字义疏证》卷上,中华书局 1980 年点校本,第 9 页。

⑤ (清)戴震:《权》,《孟子字义疏证》卷下,中华书局 1980 年点校本,第 59 页。

⑥ (清)戴震:《理》,《孟子字义疏证》卷上,中华书局 1980 年点校本,第 19—20 页。

域卓然有以自立，他一扫中年的依违调停之态，开始为构建自己的哲学体系作考虑。他批判宋儒的"理欲之辨"，意在为构建自己的"新理学"找到话语权。宋儒最核心的义理之一就是"理欲之辨"，对宋儒"理欲之辨"的批判，就抓住了批判宋儒的要害，也就为自己建构新的理学体系提供了前提。这就是晚年的戴震在《孟子字义疏证》中猛烈批判宋儒"理欲之辨"的一个重要原因。

方东树曾云："程、朱所严辨理欲，指人主及学人心术邪正言之，乃最吃紧本务，与民情同然好恶之欲迥别。今移此混彼，妄援立说，谓当通遂其欲，不当绳之以理，言理则为以意见杀人，此亘古未有之异端邪说。"①方东树于此所言"今移此混彼""妄援立说"者，就指的是戴震的"理欲之辨"。钱穆认为方氏"此虽诋毁逾分，然辨理欲字义……得其义之一面。……植之则谓宋儒辨理欲，本亦为立言从政者之心术言之也"②。从构建"新理学"体系的角度来看，戴震对宋儒"理欲之辨"的批判是无可厚非的。不过，据以上之论述，可知戴震对宋儒"理欲之辨"的诠释却未必符合宋儒的本义。

在《中国近三百年学术史》一书中，钱穆还将戴震与朱子所释《孟子·尽心》"口之于味"一章进行比较，认为"东原辨理欲，虽语多精到，而陈义稍偏，颇有未圆"③。由此可见，戴震于宋儒"理欲之辨"之批判，虽然有其创新之一面，但是其所释义是否与其所期许的合于《六经》、孔、孟，则应当打上一个大问号。其实戴震于晚年作《孟子字义疏证》，其以"疏证"名书，意在示人其于《孟子》之诠释是由字、词以通其道，不过其并非意在疏解《孟子》，而是借《孟子》和其他经典以阐发自己的思想，从而构建自己的"新理学"体系。因此该书虽有"疏证"之名，而无"疏证"之实，其于《乐记》和宋儒"理欲之辨"的"陈义稍偏"之原因，由此也就明晰了。

第七节　林昌彝的"三礼"诠释

林昌彝（1803—1876）字蕙常，号芗溪，晚年又号荼叟、五虎山人。福州侯官（今福州市）人。近代经学家、诗人。林氏早年受学于经学大家陈寿祺，故于经学有深厚的功底。其于道光十九年（1839）中举，然八次会试皆落第。林氏因献《三礼通释》，于咸丰八年（1858）得建宁福学教职，然仅一年即被排挤去官。辞官归乡后，林氏授徒自给，闭门著述。林氏著述甚多，代表作有《三礼通释》《射鹰楼诗话》《砚桂绪录》《说文二徐校本》《燕翼日钞》《敦旧集》等。

林昌彝所撰《三礼通释》一书二百八十卷，子目分列一千二百门，前后费时三十年。该书写成以后，进呈咸丰皇帝御览，上谕曰："福建举人林昌彝《三礼通释》一书……尚能旁征博引，留心载籍，不为浮靡之学。"① 此书于"三礼"诠释的内容及特色可从以下几个方面来看。

一、林昌彝的礼学观

林昌彝强调礼的重要性，且认为礼有层次。他说："礼本于天，殽于地，达于人伦日用，行于君臣、父子、兄弟、夫妇、朋友，斯须不可去者，礼之本也。其制度、品节、服物、采章随时损益，屡变以适其宜者，礼之文也。三代去今已远，先王制作之旧，得什一于千百，所当郑重爱惜，由制度损益推之人伦日用，以究夫道之源也。"② 林氏认为，礼有本有文，本即礼之功用，文即体现礼之功用的外在器物、仪节。

林昌彝还强调礼要随时代的变化而有变通。他说："《周官》《仪礼》一代之书也。《礼记》曰：'礼以时为大。'此一言也以蔽万世制礼之法可矣。夫《周官》《仪礼》固作于圣人，乃亦惟周之时用之。设令周公生宇文周，断不为苏绰、卢辩之建官。设令周公生赵宋，断不为王安石之理财。何也？时为大也。且夫所谓时者，岂一代为一时哉？开国之君，审其时之所宜而损之益之，以成一代之典章度数，而所以维持此典章度数者，犹必时时变化之，以被民之偏，而息民之诈。"③ 林氏以《礼记》"礼时为大"为据，认为礼当与时俱进。在他看来，《周礼》《仪礼》所记的礼仪制度适用于周代，后世不可亦步亦趋地恪守古礼仪节，而要有所变通。

关于"三礼"之关系，林昌彝也作了辨析。他说："'六经'之道同归，而

---

① 《三礼通释》卷首《奏折、上谕》，北京图书馆出版社 2006 年影印本，第 3 页。

② （清）林昌彝：《三礼通释略论》，《三礼通释》卷首，北京图书馆出版社 2006 年影印本，第 7 页。

③ （清）林昌彝：《三礼通释略论》，《三礼通释》卷首，北京图书馆出版社 2006 年影印本，第 8 页。

皆以明礼。《周官》一书，礼之纲领，至其仪法度数，则《仪礼》乃其本经，而《礼记·郊特牲》《冠义》等篇乃其义疏耳。朱子谓《仪礼》是经，《礼记》是解《仪礼》。今按：《仪礼》有《冠礼》，《礼记》便有《冠义》以释之；《仪礼》有《昏礼》，《礼记》便有《昏义》以释之；《仪礼》有《乡饮酒礼》，《礼记》则有《乡饮酒义》以释之；《仪礼》有《聘礼》，《礼记》则有《聘义》以释之。以至《燕礼》之类，莫不皆然。《仪礼》为礼之纲本，而《礼记》乃其枝叶也。"①《周礼》言官制，与礼的关系并不密切。宋代朱熹指出，《仪礼》言与礼相关的名物仪节，《礼记》言礼之意义，因此"三礼"之中，《仪礼》是经，而《礼记》是传或记。林氏认同朱熹对《仪礼》与《礼记》关系所做之辨析。不过与朱熹不同的是，林氏将《周礼》与《仪礼》皆当作经来看待，此或是受郑康成的影响。康成称《周官》为《周礼》，并为《周礼》《仪礼》《礼记》作注。康成之后，《周官》与《仪礼》《礼记》合称"三礼"。林氏于《周礼》与《仪礼》《礼记》关系之论述，是对传统观念之继承。

二、"三礼"诠释的内容及特色

林昌彝《三礼通释》于"三礼"诠释的内容及特色，可从以下几个方面来看：

第一，该书分类详尽，凭此一书，礼之名物仪节皆可得见，可谓礼学的百科全书。

《三礼通释》分类极细，子目分列一千二百门，涉及衣服、宫室、冠昏、丧祭、军赋、官禄、天文、地理。即便是同一类名物，也要分成很多小目。比如关于冠服之类，林氏此书总共有二十七卷的篇幅。此外，关于每一类冠服，林氏所作分类极细，几乎将经书中的记载搜罗殆尽。比如冠，林氏所列共十五种，分别是毋追冠、章甫冠、委貌冠、缁布冠、后世缁布冠、天子始冠之冠、诸侯始冠之冠、诸侯齐冠、士齐冠、子齐冠、既祥冠、惰游冠、不齿冠、大白冠、黄冠。又如冕，有衮冕、鷩冕、毳冕、希冕、玄冕、裨冕等。又如关于车，林氏所列共三十七种，分别是玉路、金路、象路、革路、木路、缀路、大路、次路、先路、广车、阙车、轻车、驿车、鸾和、苹车、临车、冲车、重翟、厌翟、安车、辇车、夏篆、夏缦、墨车、栈车、役车、大车、柏车、羊车、辎车、辒车、坊纺车、将车、卒车、轙车、乘车、戎路等。此外，车之

---

① （清）林昌彝：《三礼通释论略》，《三礼通释》卷首，北京图书馆出版社 2006 年影印本，第 7—8 页。

部件,林氏也详加罗列,分别是轮、牙、渠、薮、轵、辐、菑、蚤、股、骹、绠、与、轸、收、式、轵、轐、軓等。

第二,该书征引宏富,经、史、子、集皆在征引之列。

《三礼通释》征引"三礼"最多,不过其并不局限于征引"三礼"。林昌彝说:"书中如《周礼》《仪礼》《礼记》以外,凡十四经有涉于礼制者,皆列其目而详考之,不必拘于《周礼》《仪礼》、大小《戴记》也。"① 对于"三礼"之注、疏,林氏也多加征引,他说:"'六经'惟'三礼'最为奥博,唐儒贾公彦、孔颖达'三礼'疏颇称该洽,其于礼之节文制度,不无错讹。书中多所辨正,不惮穷年累月,竭虑殚思,以备刍荛之一得耳。"② 此外,林氏对历代经解或史书及于礼者皆有征引,他说:"自汉而后,叔孙通、曹褒以下,无虑数十百人,所论各有得失。江左五礼,梁氏为备。唐宋以来,若《开元》《政和》等书及《通典》《会要》,皆资考证矣。"③"子注、史注、《文选》注有涉经义者,书中并采以资证明所训释文义多为易晓,亦兼采焉。"④ 由此可见,汉唐以来的文献凡是与礼相关者皆在林氏的征引范围之内。

林昌彝生活于十九世纪,所以他能广泛吸收从清初到乾嘉时期重要经学家的研究成果。他说:"国朝经学昌明……精于'三礼'者,则四明万氏斯同、济南张氏尔岐、婺源江氏永、歙凌氏廷堪、程氏瑶田、金氏榜、吴江沈氏彤、宜兴任氏启运、兴化任氏大椿、闽县陈氏寿祺、侯官林氏一桂、德清许氏宗彦。诸家或专解《周官》,或专解《仪礼》,或专解《礼记》,或发明异义,或阐明经文,皆博而能精。书中于诸家说多所折衷,旁通互证。"⑤ 清初以来,"三礼"学名家辈出,特别是乾嘉时期,"三礼"学达到鼎盛,江永、凌廷堪、程瑶田、沈彤、胡培翚等人皆汲汲于"三礼"学,且有极高之造诣。林氏生活

① (清)林昌彝:《三礼通释论略》,《三礼通释》卷首,北京图书馆出版社 2006 年影印本,第 9 页。

② (清)林昌彝:《三礼通释略论》,《三礼通释》卷首,北京图书馆出版社 2006 年影印本,第 7 页。

③ (清)林昌彝:《三礼通释论略》,《三礼通释》卷首,北京图书馆出版社 2006 年影印本,第 8 页。

④ (清)林昌彝:《三礼通释论略》,《三礼通释》卷首,北京图书馆出版社 2006 年影印本,第 11 页。

⑤ (清)林昌彝:《三礼通释论略》,《三礼通释》卷首,北京图书馆出版社 2006 年影印本,第 11 页。

的时代，乾嘉学术已近尾声，故其有机会尽览乾嘉学人之成果，而熔铸于己书之中。因此，从文献征引的丰富程度来看，林氏《三礼通释》已超过其前所有通论类礼书。

需要指出的是，林昌彝在《三礼通释》对陈祥道《礼书》的征引颇多，然林氏在征引陈氏之说时或明言之，或不言之。经比较，可知林氏此书的不少内容皆是袭自陈氏之书，甚至书后的礼图也多是参考陈氏《礼书》而成。若不将《三礼通释》与《礼书》进行比较，很容易将陈氏《礼书》的内容误为林氏之说。

第三，林昌彝于礼制之辨析，间有可采者。

林昌彝不回避礼学史上有争议的问题。其在征引前人之说的基础上，对相关问题作了辨析。如"合乐"，贾《疏》认为是堂上堂下笙歌并作。《乡饮酒义》"合乐三终"者，盖堂上瑟歌《关雎》《葛覃》《卷耳》，则堂下亦笙奏《关雎》《葛覃》《卷耳》，是为《周南》三终；堂上瑟歌《鹊巢》《采薇》《采苹》，则堂下亦笙奏《鹊巢》《采薇》《采苹》，是为《召南》三终。故曰"合乐三终"。孔颖达《正义》则谓工歌《关雎》，则笙吹《鹊巢》合之；工歌《葛覃》，则笙吹《采蘩》合之；工歌《卷耳》，则笙吹《采苹》合之。林氏曰："不知孔氏所谓'合之'者，工歌《关雎》后，始笙《鹊巢》以合之乎？抑工歌《关雎》时，即笙《鹊巢》以合之乎？如工歌《关雎》时，即笙《鹊巢》以合之，则堂上歌者此篇，堂下笙者彼篇，万无可合之理。如工歌《关雎》后，始笙《鹊巢》以合之，则是间歌，非合乐矣。且果歌者为《周南》，笙者为《召南》，则经文何不直云歌《关雎》《葛覃》《卷耳》，笙《鹊巢》《采薇》《采苹》，而云合乐乎？孔氏之解，盖不若贾《疏》为得矣。陈澔《集说》亦承孔氏之误。"① 林氏此说，得到黄以周的赞同。黄氏在征引孔颖达、贾公彦之说后，曰："从贾《疏》。合乐六诗，与间歌同。间歌以一歌一笙为一终，合乐以同奏间歌之一为一终。如孔《疏》，堂上歌《关雎》，堂下笙《鹊巢》，文辞既有多寡，音节自有短长，何能合一？如谓工歌《关雎》后乃笙《鹊巢》以合之，则是间歌，非合乐矣。"② 黄氏与林氏之说如出一辙。

三、《三礼通释》之评价

林昌彝《三礼通释》受到清人毛鸿宾和郭嵩焘等人的高度赞赏。如毛氏曰：

---

① （清）林昌彝：《三礼通释》卷十四，北京图书馆出版社 2006 年影印本，第 201 页。
② （清）黄以周：《礼书通故》卷四十四，中华书局 2007 年点校本，第 1801 页。

"近代儒生长于'三礼'之学者，如张尔岐、江永、蔡德晋、任启运、任大椿、金榜、凌廷堪诸人皆深于礼。江永有《礼经纲目》，以《仪礼》为主，即以《周官》《礼记》为目，本于朱子《仪礼经传通解》。其书举纲目而未详制度。凌廷堪有《礼经释例》，本于陈祥道《礼例详解》，袛释《仪礼》而未及《周官》《礼记》。至秦蕙田之《五礼通考》，则因徐氏之《读礼通考》而续成五礼者也。其书援引历代典章，似《通考》《通志》而非解经之体例，且所据者，皆宋、元、明以下之说，多乡壁虚造，而汉魏六朝经师之遗言大义尠及之。侯官林芗溪孝廉所著《三礼通释》，淹通该洽，广大精深，是能窥三代制礼之源而观其通，综六朝义理之蕴而提其要，发明高密之说者十之四五，而辨析高密之误者十之二三，诚礼家之功臣，为高密之诤友也。"① 郭嵩焘曰："'三礼'之学，至国朝而极盛，教授研精郑学，以所心得辨析诸家同异，以汇成'三礼'之全，斯可谓宏达精揽者也。"② 毛鸿宾、郭嵩焘所言多溢美之辞。比如毛氏为褒林氏而贬陈氏、秦氏等人，实属偏颇之见。秦氏《五礼通考》所征引宋、元、明以下之书，恰恰是此前通礼文献所不曾有的，汉、唐经说未必尽是，而宋、元、明经说未必尽非。毛氏之评价是站在清代汉学立场之上的，而非公允之见。而郭氏之评价极为笼统，于林书之不足不着一词。要对林氏《三礼通释》的体例和价值作公允之评价，当需将其与礼学史上重要的通礼类著作相比较。

在林昌彝《三礼通释》之前，通论类礼书已有多部，比如北宋陈祥道、南宋朱熹、清代徐乾学、秦蕙田、江永等皆有通论类礼书。

陈祥道《礼书》一百五十卷，于衣服宫室之度、冠昏丧祭之仪、军赋官禄之制、天文地理之说，皆能一一辨析，考求古义。比如冕，陈氏《礼书》所列有大裘而冕、衮冕、鷩冕、毳冕、玄冕、希冕、裨冕、侯裨冕、伯裨冕、子毳冕、男毳冕、王之孤毳冕、王之三公鷩冕、王之大夫希冕、王之卿毳冕、诸侯之卿玄冕、诸侯之孤希冕、诸侯之大夫玄冕等。林氏《三礼通释》与陈氏《礼书》所列之冕几乎相同。又如冠，陈氏《礼书》所列有毋追冠、委貌冠、缁布冠、后世缁布冠、天子始冠之冠、诸侯始冠之冠、诸侯齐冠、士齐冠、子姓冠、既祥冠、惰游冠、不齿冠、大白冠、黄冠；林昌彝《三礼通释》与陈氏《礼书》所列之冠基本相同。而于各类冠冕之下之考证，林氏几乎全

① （清）毛鸿宾：《三礼通释序》，《三礼通释》卷首，北京图书馆 2006 年影印本，第 4—5 页。

② （清）郭嵩焘：《三礼通释序》，《三礼通释》卷首，北京图书馆 2006 年影印本，第 6 页。

录陈氏之说，而无发明。

朱子《仪礼经传通解》、江永《礼书纲目》以及姜兆锡《仪礼经传内外编》也是会通"三礼"之作，诸书皆以《仪礼》所记礼仪为纲，而以《礼记》及其他经史记载为补充，至于礼之名物、仪节和制度，皆在诸礼之下，而不单独列出。与朱子、江氏和姜氏之书不同的是，林昌彝《三礼通释》以《周礼》和《仪礼》为纲，而以《礼记》及其他经史记载为补充。此外，朱子等人是将"三礼"之礼仪进行重新整合，而林氏则是将"三礼"所记礼仪、名物和制度进行重新整合。因此，朱子等人之书是从礼书编纂的角度来考虑的，而林氏之书则是多从礼的名物制度会通和释义的角度来考虑的。

徐乾学《读礼通考》、秦蕙田《五礼通考》是清代最重要的礼学通论类著作。徐氏、秦氏之书的共同点是以吉、凶、军、宾、嘉五礼为纲，而以经史记载为具体内容，从而开展礼书之编纂。徐氏、秦氏之书于史籍往往是大篇幅征引，故其书部头较大，而于名物、仪节考释不精。与徐氏、秦氏之书不同的是，林昌彝《三礼通释》虽有史籍之征引，然采用的诠释方法主要还是以经证经。此外，林书详于名物仪节之考证，而疏于礼制之辨析。

林昌彝《三礼通释》成书之后，清代还出现了一部重要的通论类礼书——黄以周的《礼书通故》。如果说陈祥道、林昌彝等人将主要精力放在礼的名物仪节的考证上，朱熹、江永、姜兆锡、徐乾学、秦蕙田等人将主要精力放在礼制的辨析上，那么黄以周既重视礼的名物仪节之考证，又重视礼制之辨析。其书既有"冠礼""昏礼""丧礼""祭礼""射礼"等礼制方面的条目，又有"衣服""宫室""职官"等名物方面的条目，甚至还单列"名物"条目。从体例上看，黄氏之书所列条目比较全面，涵盖了礼学各方面的内容。

林昌彝《三礼通释》继承前人礼书编纂体例，积极吸取晚近成果，在清代礼学史上有一定的地位。不过由于林氏之书征引太过而裁断不多，故其书的学术价值不是太高。《清经解》《清经解续编》皆不收林氏此书，甚至《续修四库全书》也阙如，个中原因不言而喻。

第八节　俞樾的"三礼"诠释

俞樾（1821—1907）字荫甫，自号曲园居士，浙江德清人。清道光三十年（1850）进士，曾任翰林院编修。治学以经学为主，旁及诸子学、史学、训诂学，乃至戏曲、诗词、小说等。一生著述丰富，所著《群经平议》《诸子平议》《古书疑义举例》等为乾嘉学派后期的代表作；《春在堂随笔》《茶春室丛钞》等笔记搜罗甚广，保存了丰富的学术史和文学史资料。俞樾在"三礼"研究方面成就斐然，其所撰《群经平议》包括《周礼平议》《仪礼平议》《礼记平议》《大戴礼记平议》《考工记世室重屋明堂考》。其还有《九族考》《士昏礼对席图》《玉佩考》《礼记异文笺》《礼记郑读考》等礼学著作。俞樾"三礼"诠释的成就及特色主要体现在以下几个方面。①

一、"三礼"文字之释义

俞樾精于文字训诂。缪荃孙称赞道："曲园之学以高邮王氏为宗，发明故训，是正文字而务为广博，旁及百家，著述闳富，同、光之间，蔚然为东南大师。"②俞氏在"三礼"文字训诂方面精见颇多。兹举数例以之：

《礼记·檀弓上》："为尔哭也来者，拜之；知伯高而来者，勿拜也。"孔《疏》："若与伯高相知而来哭者，女则勿拜也。"俞樾云："'知'犹'为'也，《国语·周语》'若是而知晋国之政，楚越必朝'，韦《注》曰：'知政，谓为政也。'《吕氏春秋·长见篇》'三年而知郑国之政'，高《注》曰：'知，犹为也。'然则知伯高而来，即是为伯高而来，与上句'为尔哭也来者'文义一律。上句言'为'，下句言'知'，文异而义同。古书多有此例，《正义》以'相知'解之，失其旨矣。"③俞氏据韦昭《国语注》、高诱《吕氏春秋注》，认为《檀弓》此"知"字为"为"义。

《礼记·王制》："三十国以为卒。"郑《注》："属、连、卒、州犹聚也。"孔《疏》："属是系属，连是连接，卒是卒伍，州是聚居，故云'属连卒，州犹聚'也。"俞樾云："'卒'当读为'萃'，《周易·序卦传》曰'萃者，聚也'，'萃'从'卒'声，故即以'卒'为之耳。《正义》谓取'卒伍'之意，失之。"④郑玄认为"属"乃"系属"之义，"连"为"连接"之义，"系属""连接"皆为动词，故与"属""连"并列的"卒"字亦应是动词。俞氏据《周易·序卦传》，认为"卒"读"萃",有"聚"之义。

《礼记·曲礼下》:"大夫不名世臣侄娣。"郑《注》:"世臣,父时老臣。"俞樾曰:"上句'国君不名卿老世妇',世妇非父时老妇,则世臣亦非父时老臣矣。古字'世'与'大'通,桓九年《左传正义》曰'诸经称世子及卫世叔申',经作'世'字,传皆为'大',是其证也。世臣者,大臣也,亦犹世子者,大子也。盖家臣中之最贵者,非父时老臣之谓。至世妇之称,义亦犹此,以其即次夫人之下,故从尊大之名。"① 郑玄认为此所谓"世臣"即父时之老臣。俞樾据上之经文,认为"世"与"大"同义,"世臣"即"大臣"。

俞樾释"三礼"文字,有些观点与前人迥异,然能持之有据,令人耳目一新。兹举两例以见之:

《周礼·地官》:"以时舍其守。"郑《注》:"曰舍其守者,时案视守者,于其舍申戒之。"俞樾曰:"如《注》意,则当云'以时戒其守',不当云'以时舍其守'。《注》义非也。舍犹置也。《广雅·释诂》:'捨,置也。''舍'、'捨'古通用。襄十四年《左传》曰:'秦人窃与郑盟,而舍戍焉。'此经'舍'字,与彼同义。'舍戍'即置戍,以时舍其守,犹以时置其守也。"② 孙诒让曰:"俞说亦通。"③ 郑玄认为"舍"即守者止宿之处。俞樾驳之,认为此之"舍""捨"古通用,"舍"即"置"之义。

《礼记·曲礼上》:"夫人之讳,虽质君之前,臣不讳也。"郑《注》:"质犹对也。"俞樾云:"'质'有致音。襄三十年《左传》'用两珪质于河',《释文》'质如字,又音致'。昭十六年传'与蛮子之无质也',《释文》'质,之实反,或音致'。并其证也。故古字'质'与'至'通用。《史记·苏秦传》'赵得讲于魏,至公子延',《索引》曰'至当为质,谓以公子延为质也',此'质''至'通用之证。虽质君之前者,虽至君之前也。郑训为'对',则但云'虽质君'足矣,何必加'之前'二字乎?"④ 郑玄训"质"为"对",有"对质""对话"义,"质君之前",意即夫人的名讳不出家门,在国君前对话可以不讳夫人之名。俞氏训"质"为"至",义可通,故可备一说。

俞樾于"三礼"文字之考释有明显失误者。兹举两例以见之:

---

① (清)俞樾:《群经平议》十九,《续修四库全书》第 178 册,第 305 页。
② (清)俞樾:《群经平议》十二,《续修四库全书》第 178 册,第 206 页。
③ (清)孙诒让:《周礼正义》卷三十一,中华书局 1987 年点校本,第 1206 页。
④ (清)俞樾:《群经平议》十九,《续修四库全书》第 178 册,第 305 页。

《周礼·天官》："六曰以叙听其情。"郑《注》："情，争讼之辞。"俞樾云："《大司寇》职曰：'凡卿大夫之狱讼，以邦法断之。'然则听讼自是司寇之事，此经言小宰以官府之六叙正群吏，则所谓听其情者，非谓争讼也。'情'当读为'请'，古字通用。《荀子·成相篇》'听之经，明其请'，杨《注》曰'请当为情'，是其例也。'以叙听其请'者，谓群吏有所陈请，则小宰以叙听之也。"① 郑玄训"情"为"争讼之辞"。俞樾则认为"情"当读"请"，"请"乃小宰以叙听之。孙诒让曰："凡群吏之争讼及以事来咨问请求，亦通谓之情。下文云'听其治讼'，即是听其情。《内史》云'掌叙事之法，受纳访以诏王听治'，《注》亦引此经'以叙听其情'，明不止听争讼也。郑、惠各举一偏为释，当兼二义乃备。"② 此"情"，包括群吏争讼及以事来咨问请求。孙氏之说为优。

《礼记·王制》："夫圭田无征。"郑《注》："'夫'犹'治'也，征税也。孟子曰'卿以下必有圭田'，治圭田者不税，所以厚贤也。"俞樾云："'夫'之训'治'，他无所征，殆曲说也。此'夫'字疑当读为'大夫'二字。古人书'大夫'字，或止于'夫'下积二画，如峄山碑'御史夫（二），臣德是也'，故或讹作'夫夫'。《庄子·田子方篇》'于是旦而属之夫夫'，《释文》曰'夫夫，古读为大夫'是也。又或传写夺去'二'画，而仅存一'夫'字。《晏子春秋·问篇》晏子聘于鲁，鲁昭公问曰'夫俨然辱临'是也。'夫圭田无征'，即大夫圭田无征。圭田，卿大夫士皆有之，独言大夫者，举中以包上下耳。"③ 俞氏认为，此"夫"之义是"大夫"，此独言"大夫"，包括"卿""士"在内。俞氏此说未达经义。夫，地积名，古以百亩为夫。孙希旦云："《士虞记》云：'孝子某圭为而哀荐之。'圭田在田禄之外，所以奉祭祀也。《孟子》曰：'卿以下必有圭田，圭田五十亩。'井田之法，九夫为井，以中一夫为公田，八家耕之，而君取其一夫之入。若圭田，则九夫之中，其一夫为圭田者，入于有圭田者之家，而国家不复征之也。"④ 证以孙说，可知俞说之误也。

二、"三礼"所记名物礼制之考证

礼学素称难治。近代学者黄侃曾说："礼学所以难治，其故可约说也。一

① （清）俞樾：《群经平议》十二，《续修四库全书》第 178 册，第 194 页。

② （清）孙诒让：《周礼正义》卷一，中华书局 1987 年点校本，第 160—161 页。

③ （清）俞樾：《群经平议》十九，《续修四库全书》第 178 册，第 314—315 页。

④ （清）孙希旦：《礼记集解》卷十三，中华书局 1989 年点校本，第 356 页。

曰古书残缺，一曰古制茫昧，一曰古文简奥，一曰异说纷纭。"①古书残缺、古制茫昧、异说纷纭，以至于学者们对"三礼"所记名物制度十分费解。治"三礼"之学者，明名物制度可谓要务。俞樾在"三礼"名物制度的考证方面多有创获。

俞樾所撰《考工记世室重屋明堂考》专事《考工记》所记世室、重屋、明堂制度之考证。《周礼·考工记》云："夏后氏世室，堂修二七，广四修一。"俞樾云："'二'字衍文也。《隋书·宇文恺传》，恺奏《明堂议》曰'《记》云堂修七'，山东《礼》本辄加'二七'之字，何得殷无加寻之文，周阙增筵之义？研核其趣，或是不然。雠校古书，并无'二'字，此乃桑间俗儒信情加减，然则隋时古本并作'堂修七'，郑君所据之本亦当如是。……《注》云'令堂修十四步'，此乃郑君以意说之，谓设以二七，推算则是十四步也。下《注》又云'令堂如上制'，可见十四步之数是郑君假设。若《记》文本作'堂修二七'，则是实数如此，何言'令'乎？学者从郑义作十四步，遂增《记》文作'二七'，改经从注，贻误千古矣。……当据宇文恺议订正。大室之外，四面有堂，其南明堂，其北玄堂，其东青阳之堂，其西总章之堂。凡堂皆修七步。"②孙诒让引俞樾、黄式三之说，曰："黄、俞两家据宇文恺议，考定经文最塙。此经广修之说，亦当以俞氏为允。依其说，则夏世室全基正方一百六十八尺，与周明堂为亚字形者异也。"③由此一例，可见俞氏于夏世室考证之精。祁春圃相国致信俞樾："示读《群经平议》，第十四卷专论《考工记》世室重屋明堂制度，根底渊深，词义简要，紬绎旬月，顿豁鄙怀。历代明堂之制，见于秦氏《五礼通考》，其中辨正旧注者不为无功，要亦互有出入，未足以难郑。陈氏《五经异义疏证》，采辑近儒新说，又案而不断，鲜所折衷。至五帝之说，莫详于《家语》，马氏、林氏皆祖其说，无事深辨，大箸据《隋·宇文恺传》订正《考工》一字之衍，遂使记文八十一字略无龃龉，且于郑注之讹逐层驳正，并附以图，三代世室重屋明堂相因之制，璨然在目，而秦汉以来规模，亦略具于斯。此诚覃思精义，有功于经传者也。"④由此可见，时人对俞樾于《考工记》名物礼制考证的评价之高。曾国藩也说："荫甫所著《群

① 黄侃：《礼学略说》，《二十世纪中国礼学研究论集》，学苑出版社1998年版，第13页。

② （清）俞樾：《群经平议》十四，《续修四库全书》第178册，第228页。

③ （清）孙诒让：《周礼正义》卷八十三，中华书局1987年点校本，第3431页。

④ （清）祁寯藻：《致俞樾书》，《祁寯藻集》，三晋出版社2015年版，第421页。

经平议》论《考工记》世室、重屋、明堂之制，驳正郑《注》，思通鬼神，有超乎戴氏《考工记图》者。"①

俞樾还对《仪礼》所记名物做了考证。如《仪礼·乡射礼》："倍中以为躬。"郑《注》："躬，身也。谓中之上下幅也，用布各二丈。"俞樾云："侯以中为主，故《记》文先言中，后言躬。其实有躬而后有中也。中者，躬之中也，中方十尺，则其躬方二十尺，所谓'倍中以为躬'也。于是其上有左右舌，舌出于躬各十尺，并其属于躬者而计之，则四十尺，所谓'倍躬以为左右舌'也。其下亦有左右舌，舌出于躬各五尺，所谓'下舌半上舌'也。郑君未得'倍中为躬'之义，故所说侯制非是。若依郑说，幅广二尺二寸，两畔各削一寸为缝，则每幅止二尺，而其长至二丈，无乃大狭而长乎？中方十尺，而其身狭长如此不相称矣，且如此则躬之广出中外者即可以为左右舌，何必更倍躬以为舌乎？"②郑玄认为，中之上下所接之布称躬，中的长度是一丈，故躬的长度是两丈。俞氏认为，若依郑《注》，则中过于狭长而不相称，所谓"倍中以为躬"，并非指躬的长度是中的两倍，而是指躬的面积是中的两倍。俞说虽然无文献依据，然合乎情理。

俞樾于"三礼"名物制度之考证亦有值得商榷处。如《士冠礼》："赞者盥于洗西，升，立于房中，西面南上。"郑《注》："盥于洗西，由宾阶升也。立于房中，近其事也。南上，尊于主人之赞者。"贾《疏》："知与主人赞并立者，以赞冠一人而已，而云南上，明与主人赞为序。"俞樾云："自此文以前所言赞者，皆宾之赞也。下文主人之赞者筵于东序，始别言主人之赞者，则此文止言宾赞明矣。郑以经言南上，明非一人，故兼主人赞言之，其实非也。赞冠者虽止一人，而赞者则非止一人，下文赞者皆与赞冠者为介别而言之，是其证也。西面南上，乃赞冠者与赞者并立之序，非与主人赞为序也。盖赞者执劳役之事，一人或不暇给，故必有余人助之，如缁布冠缺项以下凡六物，栉又一物，皆须赞者奠之，一人往反不太劳乎？故有赞冠者一人，必有赞者一二人也。然则经何以不明言其数也？曰赞者即众宾也，其多寡有无不可定也。若竟无之，则亦缺之矣。此经文所以不言其数，而但以南上之文见之也。"③郑《注》、贾

---

① （民国）徐世昌编纂：《清儒学案》第9册《曲园学案》，人民出版社2010年点校本，第4811页。

② （清）俞樾：《群经平议》十五，《续修四库全书》第178册，第253页。

③ （清）俞樾：《群经平议》十五，《续修四库全书》第178册，第243页。

《疏》认为，此所言赞者乃宾之赞者，宾之赞冠者在洗西盥手后从西阶升堂进入房中，与主人之赞者并立；宾之赞者尊于主人之赞者，故宾之赞者位于主人赞者的南边。俞樾认为，经文于此所言赞者不包括主人之赞者，而皆宾之赞者；赞冠者仅一人，然助赞冠者还有一二人，经文不明言赞者之人数，是因为赞者乃众宾，其人数不定也。俞樾于此所作辨析多为推论。实际上，从经之上下文，可知此所谓"赞者"实兼主人之赞者。盛世佐云："此篇起宿宾节，止醴宾节，言赞者十有三，中间明言主人之赞者一，余皆不言其为谁之赞者，而于始、末二节特书曰'赞冠者'，则凡不言者可知此书法也。然其中有兼主赞言者，此节是也。兼，故下言主人之赞者以别之。有兼主赞众宾言者，醴宾节是也。兼，故下言赞冠者以别之。知书法则知经矣。"① 胡培翚云："盛说颇有分晓。"② 俞氏以此"赞者"仅为宾赞，说不可从。

三、"三礼"郑《注》之辨析

尊郑好古是乾嘉学者治经特色之所在。俞樾承其流，他说："唐宋以后儒者，于训诂名物虽亦有所发明，终不若两汉经师之足据也。"③ 在诂经精舍期间，俞氏"特奉许郑两先师栗主于精舍之堂"④，告诫学生要以汉学为宗。

俞樾对郑玄"三礼"的部分注文做了疏解。如《礼记·士冠礼》："主人戒宾。"郑《注》："宾，主人之僚友。古者有吉事则乐与贤者欢成之，有凶事则欲与贤者哀戚之。今将冠子，故就告僚友使来。"贾《疏》："论主人筮日讫三日之前，广戒僚友，使来观礼之事也。"王引之曰："《少牢馈食礼》：先宿戒尸，后筮尸，筮吉，乃宿尸。与此先戒宾、后筮宾、最后宿宾正相似。郑注宿戒尸曰：'重所用为尸者。'是《少牢》未筮尸之时。已有将以为尸之人，主人先戒之以明慎重之意。则冠礼未筮宾之时，亦得有将以为宾之人，主人先戒之以重冠事明矣。主人所戒之宾，即所筮之宾，犹《少牢》所戒之尸，即所筮之尸，不得以筮宾为筮冠子者，而以戒宾为戒众人也。且乡饮酒、乡射之主人戒宾，

① （清）盛世佐：《仪礼集编》卷一，文渊阁《四库全书》第110册，第94页。

② （清）胡培翚、胡肇昕：《仪礼正义》卷一，北京大学出版社2016年点校本，第65页。

③ （清）俞樾：《重建诂经精舍记》，《春在堂杂文》卷一，《续修四库全书》第1550册，第162页。

④ （清）张鉴：《诂经精舍志初稿》，赵所生、薛正具主编：《中国历代书院志》第8册，江苏教育出版社1995年版，第318页。

皆指正宾言之，而冠礼之主人戒宾，则又兼指众宾，无是理也。下文自夙兴以下，曰冠者、曰主人、曰宾、曰赞冠者、曰主人之赞者、曰摈者、曰兄弟，为类凡七，绝无所谓众宾者，主人又安得而戒之乎？下文戒宾曰：'某有子某，将加布于其首，愿吾子之教之也。'教之，谓若始加祝曰：'弃尔幼志，顺尔成德'，再加曰'敬尔威仪，淑慎尔德'也。惟冠子者乃有教之之语。宾对曰：'某不敏，恐不能其事，以病吾子。'其谓若三加与醴与字之也，惟冠子者始执其事。主人戒宾与宾对之词，皆指冠子而言，而无一语及于观礼，岂得谓广戒僚友使来观礼乎？郑君徒以筮宾之前，不当先知有宾而戒之，而以为广戒僚友，则何以解于《少牢》筮尸之前，先有尸而戒之乎？曰：宾已戒矣，筮而不吉，则如之何？曰：改筮他人为宾，吉而宿之，而前所戒之宾不宿。知者《少牢》先宿戒尸，后筮尸，而云吉则乃遂宿尸；若不吉，则遂改筮尸。冠礼之筮宾，当亦如之。改筮，则所宿之宾非其所戒；不改，则所宿即所戒之宾。经但言其不改者耳。"① 王引之认为，《士冠礼》"主人戒宾"之"宾"，并非如郑《注》、贾《疏》所言为主人之僚友，其理由有三：一是《少牢馈食礼》戒尸后筮尸，筮吉乃宿尸，冠礼亦先戒宾后筮宾，与《少牢》类似。《少牢》筮尸前，为尸之人已定，故冠礼未筮宾之前为宾之人已定，不得以戒宾为戒众人；二是《乡饮酒礼》《乡射礼》主人戒宾皆指戒正宾而非众宾；三是《士冠礼》下文并无"众宾"之记载。俞樾曰："王氏之说非也。礼本人情，古今不异。凡所以为尸者，于祭者子行也，先戒之，而后筮之，不吉改筮，于事无嫌。若宾则异姓之人，于主人为僚友，先已戒之，不吉，而又改之，狐埋狐撢，无乃非人情乎？使古礼果如此，无怪乎冠礼之行，不非郑尹而笑孙子矣。王氏又引《乡饮酒》《乡射》之主人戒宾皆戒正宾为证，此不然也。《乡饮酒》《乡射》皆不筮宾，则戒宾之时宾已定矣，故所戒者专在正宾。冠礼筮宾，则戒宾之时宾犹未定也，故所戒者溥及众宾，安得混而一之乎？是故主人戒宾，当从旧说，为广戒僚友。……王氏读书致为精审，乃有此千虑之失，故详辨之，勿使后人因此病古礼之不近人情也。"② 俞樾认为，礼本人情，《少牢》中的尸乃祭者子行，不吉则可改，于事无嫌《乡饮酒》《乡射》戒宾之时宾已定，故所戒者专在正宾；《士冠礼》戒宾之时宾犹未定，故所戒者溥及众宾，不可与乡饮酒礼混而一之。王引之于

---

① （清）王引之：《经义述闻》卷十，上海书店出版社 2012 年点校本，第 243 页。
② （清）俞樾：《群经平议》十五，《续修四库全书》第 178 册，第 242—243 页。

此征引《少牢馈食礼》《乡饮酒礼》《乡射礼》，诸篇之记载虽与《士冠礼》有类似之处，然并非等同，故不可尽以《少牢》诸篇名物仪节作为解《士冠礼》之依据。俞樾此说，既有汉唐学人解义为依据，又于情理可通。

又如《仪礼·乡饮酒礼》："公如大夫入。"郑《注》："'如'读'若今'之'若'。"贾《疏》："谓大夫之于公，更无异礼矣。"俞樾云："如《疏》义，则作'公若大夫'可也，作'公如大夫'亦可也。郑君何为不以本字读之，而必读之为'若'乎？然则《疏》义非《注》义矣。今按'若'犹'或'也，古人之辞，凡不定者以'若'言之，《士昏礼》'若衣若笄'是也。急言之，则曰'某若某'，《燕礼》'幕用绤若锡'是也。'公若大夫'，谓若公若大夫，不定之辞。经文作'如'字者，'如'与'若'同义。《论语·先进篇》'方六七十如五六十'，又曰'宗庙之事如会同'，'如'亦犹'或'也。郑必读'如'为'若'者，取其义益显耳，不谓疏家之犹未达也。"① 郑玄认为，经文此之"如"可读"若"，贾《疏》认为"若"乃"像"之义。俞樾认为，郑《注》"若"作不定之辞"或"言。俞说是也。如、若，或也。张尔岐曰："公若大夫入，言或公入，或大夫入，其降迎皆如下文所云也。"② 韦协梦亦云："如、若，同不定之辞也。公与大夫或来，或不来，或皆来，或不皆来，未可定也。"③ 张、韦之说可证俞说之是也。

俞樾还撰《礼记异文笺》，对《礼记》异文做了考辨。他说："《仪礼》之有古文、今文也，胡氏承珙为作《仪礼古今文疏义》，《周礼》之有故书也，徐氏养原为作《周礼故书考》，辨别异同，有功经学。然郑康成注《礼记》亦间存异文，前人未有考究者，辄作此笺以补其阙。"④ 俞氏从字的形、音、义着眼考辨郑玄所从字与异文的关系。从俞氏之考辨，可知郑玄不从或本的原因。如《礼记·杂记上》："上介赗……客使自下由路西。"郑《注》："'使'或为'史'。"俞樾云："《汉书·霍光传》'使乐成'，《注》：'使字或作史。'《杜延年传》'史乐成'，《注》曰：'据如此传，乐成姓史，而《霍光传》云使乐成小家子，则又似姓使。《功臣侯表》乃云便乐成。三者不同。寻史、使一也，故当姓史，或作使字，《表》遂误为便耳。'"⑤ 通过俞氏之考证，可知"使""史"相通，"使"

<hr />

① （清）俞樾：《群经平议》十五，《续修四库全书》第 178 册，第 248 页。
② （清）张尔岐：《仪礼郑注句读》卷四，文渊阁《四库全书》第 108 册，第 43 页。
③ （清）韦协梦：《仪礼蠡测》卷四，《续修四库全书》第 89 册，第 575 页。
④ （清）俞樾：《礼记异文笺》，《清经解续编》第 5 册，上海书店 1988 年影印本，第 988 页。
⑤ （清）俞樾：《礼记异文笺》，《清经解续编》第 5 册，上海书店 1988 年影印本，第 993 页。

为本字,"史"为通假字;郑玄于此从本字,而不从通假字。

又如《礼记·礼器》:"故礼有摈诏,乐有相步,温之至也。"郑《注》:"摈诏,告道宾主者也。……'诏'或为'绍'。"俞樾云:"犹上文诏或为韶也。《乐记》篇《注》曰:'韶之言绍也。''诏'通'韶',故亦通'绍'也。"①通过俞氏之考证,可知"绍"与"诏"通,"诏"为本字,"绍"为假借字;郑玄于此从本字而不从假借字。

俞樾不盲从郑玄"三礼"注文。如《仪礼·士冠礼》:"宾盥卒,壹揖,壹让,升。"郑《注》:"揖、让皆壹者,将于初。"俞樾云:"按上文'三揖至于阶','三让',《注》曰:'入门将右曲揖,将北曲揖,当碑揖。'此三揖之节也。此所言者,宾盥之事。据上文'设洗直于东荣,南北以堂深',又据《聘礼注》曰'设碑近如堂深',是设洗之处正与碑东西相直。盥卒之一揖,即当碑之一揖也,其余二揖无所施矣。然则壹揖壹让乃是事所宜然,非故为降杀也。"②郑玄认为,宾盥卒之壹揖壹让皆壹者,是因为此乃行礼之初当降等。俞樾驳郑玄,认为盥卒壹揖乃礼之所宜然,并非降等之义。

俞樾对郑玄所从之不当者作了辨析。如《礼记·聘义》:"故勇敢强有力者,天下无事则用之于礼义,天下有事则用之于战胜,用之于战胜则无敌。"郑《注》:"胜,克敌也。或为'陈'。"俞樾云:"据与礼义为对文,则从或本作'战陈'为长。"③杨天宇曰:"据此记文意,当以从或本作'陈'为是。勇敢而有强力者,当天下有事时用之于战陈(阵),亦即用之于战争,下文接以'用之于战阵则无敌',无敌而后能取胜。若谓'用之于战胜',则是已胜矣,敌人已败而无对手矣,勇敢而强有力者则无用武之地矣,又何谓'用之于战胜则无敌'?"④由此可见,郑氏以作"胜"者为是,是未了文义。俞氏以作"陈"者为优。

又如《礼记·礼运》:"故先王秉蓍龟,列祭祀,瘗缯。"郑《注》:"币帛曰缯……'缯'或作'赠'。"俞樾云:"缯,帛也。然此'缯'字则非谓帛,乃是埋币帛之名。郑《注》云:'埋牲曰瘗,币帛曰缯。''币帛'上亦当有'埋'字,蒙上句而省耳。孔氏《正义》曰:'币帛曰缯,缯之言赠也,谓埋告又赠神也。'"⑤陈乔枞曰:"'缯'或作'赠'者,考《周礼·男巫》'冬堂赠',《注》

① (清)俞樾:《礼记异文笺》,《清经解续编》第5册,上海书店1988年影印本,第990页。
② (清)俞樾:《群经平议》十五,《续修四库全书》第178册,第243—244页。
③ (清)俞樾:《礼记异文笺》,《清经解续编》第5册,上海书店1988年影印本,第996页。
④ 杨天宇:《郑玄三礼注研究》,中国社会科学出版社2008年版,第514页。
⑤ (清)俞樾:《礼记异文笺》,《清经解续编》第5册,上海书店1988年影印本,第990页。

云:'故书赠为䚰。杜子春云䚰当为赠,堂赠谓逐疫也。''䚰''赠'古音同部,故《周礼》假'䚰'为'赠'字。《礼记》又假'䋁'为'赠'字。"① 俞樾认为此当从或本作"赠"。陈乔枞申俞驳郑,亦以或本作"赠"为正字;"赠""䋁"同音,皆属从母蒸部,故"赠"可通"䋁";郑玄误从通假字。

在清代经学史上,张尔岐、江永、程瑶田、秦蕙田、凌廷堪、胡培翚、吴之英、曹元弼等皆以礼学而扬名学界。俞樾不专事礼学研究,其于易学、文学、语言等也颇有造诣。缪荃孙曰:"(俞樾)所著《易穷通变化论》,以虞氏之旁通行荀氏之升降,力辟焦循先以本卦相易之谬,其说最为精确。又著《卦气直日考》《卦气续考》《邵易补原》《互体方位说》,皆得先儒说《易》之要。若《艮宦易说》则不离乎训诂之学,《易贯》则发明圣人观象系辞之义,《玩易》五篇则自出新意,不专主先儒之说。"② 俞樾的"三礼"研究,只是其经学研究的一部分。然而由于俞樾有着精深的考据工夫,故其"三礼"学并不逊于一些礼学名家。

高邮二王精于训诂,他们运用古音以求古义、从假借以求本字的训诂方法从事古书研究,取得了令人瞩目的成就。俞樾的经学研究"以高邮王氏为宗,发明故训,是正文字而务为广博"③。高邮王氏还精于校勘,创见颇多。俞樾"三礼"研究的重心亦在文字训诂方面。其所撰《群经平议》《礼记郑读考》等皆是关于"三礼"文字之校勘和释义,以及对郑玄所列异文之辨析。俞樾继承高邮王氏的训诂方法,"以声音通训诂""由训诂通义理",其于"三礼"文字之校释,对于理解"三礼"名物制度有重要的参考价值。

俞樾的"三礼"研究对当时和后世学人的影响颇大。如被誉为"有清三百年朴学之殿"的孙诒让撰《周礼正义》时,对俞樾的《周礼》学成果格外重视,且多有肯定。如《周礼·地官》:"使之相保相受,刑罚庆赏相及相共。"郑《注》:"相共,犹相救相赒。"俞樾云:"相受犹相保也,说见《大司徒》职矣。'相共'亦犹相及也,盖既使之互相保受,故有罪而刑罚,有善而庆赏,亦相及相共也。郑君误以'相共'为相救相赒,贾《疏》遂断'刑罚庆赏相及'为句,皆

---

① (清)陈乔枞:《礼记郑读考》卷二,《续修四库全书》第 106 册,第 113 页。
② (民国)徐世昌编纂:《清儒学案》第 9 册《曲园学案》,人民出版社 2010 年点校本,第 4773—4774 页。
③ (民国)徐世昌编纂:《清儒学案》第 9 册《曲园学案》,人民出版社 2010 年点校本,第 4773 页。

非经旨。"①孙诒让引俞氏此说，且曰："俞说于义为长。"②又如《周礼·冬官》："眡其里而易，则材更也。"郑《注》："郑司农云：更，善也。"俞樾云："'更'之为善，犹'易'之为善也。《周易·系辞传》'辞有险易'，《释文》引京房曰：'险，恶也。易，善也。''易'与'更'同义。变谓之更，亦谓之易，善谓之易，亦谓之更，正古训之辗转相通，疏家未得其义。"③孙诒让引俞氏此说，且曰："俞说是也。"④《周礼·春官》："五曰闇。"郑《注》："郑司农云：'闇，日月食也。'"俞樾云："《周礼》所谓'闇'，即《春秋》所谓'晦'也。僖十五年'己卯晦'，成十六年'甲午晦'，《公羊传》并曰'晦者何，冥也'，是其事也'。先郑竟以日月食释之，未得其旨。"⑤孙诒让云："俞说是也。日月食为大异，大当在十辉之数，先郑说未允。《吕氏春秋·明理篇》云：'其日有不光，有昼盲。'高注云：'盲，冥也。'此'闇'即所谓'昼盲'，与下'瞢'为不光异。……此'瞢'谓日见而无光，与上'闇'为全不见日小异。"⑥此"闇"，郑司农认为是日月食之义，俞氏则认为是昏暗不明之义。孙诒让驳郑申俞。今人王梦鸥等人从事《礼记》研究时，亦多受俞樾的启发。如《礼记·檀弓上》："狐死正丘首。"郑《注》："正丘首，正首丘也。"俞樾云："'正'之言'当'也，《广韵》曰：'正，正当也。'正丘首者，当丘也。狐之死也，首必当丘，于文应云'狐死首正丘'，其义方明。乃云'正丘首'者，古人属文之曲也。郑《注》不云'首正丘'，而云'正首丘'，似于'正'字之义未得矣。"⑦俞氏释此"正"为"当"，甚合经义。

第九节　黄以周的"三礼"诠释

黄以周（1828—1899）字符同，号儆季，浙江定海厅紫微乡（今浙江舟山市定海区）人。同治九年（1870）举人。初任浙江分水县（今浙江桐庐）训导。

① （清）俞樾：《群经平议》十二，《续修四库全书》第178册，第201页。
② （清）孙诒让：《周礼正义》卷二十二，中华书局1987年点校本，第883页。
③ （清）俞樾：《群经平议》十三，《续修四库全书》第178册，第224页。
④ （清）孙诒让：《周礼正义》卷二十二，中华书局1987年点校本，第883页。
⑤ （清）俞樾：《群经平议》十三，《续修四库全书》第178册，第212页。
⑥ （清）孙诒让：《周礼正义》卷四十八，中华书局1987年点校本，第1981—1982页。
⑦ （清）俞樾：《群经平议》十九，《续修四库全书》第178册，第308页。

光绪十四年（1888）赐内阁中书衔，十六年（1890）升教授。其父黄式三是嘉庆、道光时期博通群经的学者。以周传其家学，专力治经，尤精"三礼"。著有《礼书通故》《子思子辑解》《军礼司马法》《经训比义》《儆季杂著》等。《礼书通故》是黄以周的代表作，全书共分五十目、一百零二卷。该书草创于咸丰十年（1860），成书于光绪四年（1878），前后历十九年。《礼书通故》的成就及特色可从以下几个方面来看。

一、《礼书通故》的体例

通论类礼书早在汉代就已出现，戴圣所撰《石渠礼论》、景鸾的《礼略》、曹褒的《礼通义》，皆是汉代通论类礼书的代表作。汉代以后，通论类礼书层出不穷，据史籍记载，晋代范宣的《礼论难》、孙毓的《五礼驳》，南朝何承天的《礼论》、虞蔚之的《礼答问》、徐广的《礼论答问》、王俭的《礼论要抄》《礼义答问》、丘季彬的《礼论》、萧衍的《五礼》，皆是部头较大的通论类礼书。由于各种原因，这些礼书皆已亡佚，今借清人辑佚书，仅能窥这些礼书内容之一鳞半爪。然通过审视这些礼书之书名，可知各家或是辨析礼之类别，或是阐释礼之意义，或是就礼学问题互相辩难。宋代以来出现了好几部重要的通论类礼书，如聂崇义《新定三礼图》、陈祥道《礼书》、朱熹《仪礼经传通解》、徐乾学《读礼通考》以及秦蕙田《五礼通考》。这些礼书将"三礼"与群经相贯通，从而推动了礼学的新发展。清代同治、光绪年间，黄以周集前人通论类礼书编纂之大成，成《礼书通故》百余卷，该书编纂体例的特点主要有以下几点：

第一，《礼书通故》所涉及的内容广泛，然主要还是限于"三礼"。

黄以周以前，徐乾学有《读礼通考》，秦蕙田有《五礼通考》，二者是清代通论类礼书的代表作。徐氏《读礼通考》以吉、凶、军、宾、嘉为编纂原则，然由于诸种原因，该书仅完成属于凶礼的丧礼。受徐氏之影响，秦氏《五礼通考》袭《读礼通考》，亦以吉、凶、军、宾、嘉为编纂原则，完成了徐氏礼书编纂的未竟事业。徐氏、秦氏礼书所及，不仅有"三礼"所记之名物礼制，还有历代正史、杂史、文集、笔记之相关记载。二书不仅属于经学范畴，亦与史学相关。

黄以周《礼书通故》的内容易相当广泛，此从该书之门类即可窥一二。该书除了书后之表、图外，所分门类如下：礼书通故、宫室通故、衣服通故、卜筮通故、冠礼通故、昏礼通故、见子礼通故、宗法通故、丧服通故、丧礼通故、丧祭通故、郊礼通故、社礼通故、群祀礼通故、明堂礼通故、宗庙礼通故、肆献祼馈食礼通故、时享礼通故、改正颁朔礼通故、耤田躬桑礼通故、相见礼通故、食礼通故、饮礼通故、燕飨礼通故、射礼通故、投壶礼通故、朝礼通故、聘礼通故、觐礼通故、会盟礼通故、即位改元礼通故、学校礼通故、选举礼通故、职官礼通故、井田通故、田赋通故、职役通故、钱币通故、封国通故、军礼通故、田礼通故、御礼通故、六书通故、乐律通故、刑法通故、车制通故、名物通故。由此可见，《礼书通故》并非按"五礼"分篇卷，而是将五礼打乱，重新分类，如礼书乃礼学文献范畴，宫室、衣服乃礼仪名物范畴，冠礼、昏礼、丧礼、郊礼乃礼之类别。部分礼仪分类有重叠交叉之嫌，比如冠礼、昏礼、丧礼、射礼诸礼皆涉及宫室、衣服、卜筮，而宫室、衣服、卜筮分列之；又如诸礼多涉及乐律、名物，而乐律、名物又分列之。由此可见，《礼书通故》于诸礼之分类比较混乱，究其原因，乃是黄氏并非以陈述诸礼、求全求大为要务，其所在意者，乃是礼学中的具体问题之辨析。《礼书通故》所涉及的内容虽然广泛，但并非如《读礼通考》《五礼通考》那样广征经传、杂史乃至诸子之所记载，于诸礼之考证面面俱到，其所论者，主要还是限于"三礼"。从这个意义上来说，黄以周以"礼书通故"命书名，与该书之具体内容大致吻合。

第二，《礼书通故》重在对礼书及前人解义加以辨析，而非泛言古今之礼。

朱熹《仪礼经传通解》、徐乾学《读礼通考》和秦蕙田《五礼通考》主要是排比经史杂记于礼之名物仪节之记载。其排比之秩序，一般是先列经史之记载，再列历代诸家之解义。各家解义从各个方面对经史记载加以解释，所占这些礼书的比重很大，读者拥有一书，即可知历代经史学家之观点。这些礼书还往往在所征引文献之后附案语，或是对前人解义加以评析，或是对经文所记名物礼制加以考证，或是对所征引解义之内容加以概括。不过与所征引各家解义相比，案语在这些礼书中的比重很小。也就是说，这些礼书之价值重在材料之罗列排比，而非礼学精义之阐发。以至于梁启超说秦氏《五礼通考》不过是一部类书。

黄以周《礼书通故》亦广泛征引经史杂记于诸礼之记载，然该书纂修之宗旨并非通过征引前人解义以实现对诸礼之诠释，而是重在辨前人解义之是非，廓清礼学中聚讼不已之公案。对于礼书中的平文大义，黄以周置而不论。《礼书通故》在每一门之下，通过"以周案"的形式，以短小精悍的文字将前人争论不休的问题提出来加以辨析。也就是说，《礼书通故》重在"论"，而非"叙"，这是该书的最大特点，也是该书的重要价值之所在。

二、于前人解义之辨析

黄以周《礼书通故》对前人解义颇为重视，并多有辨析。此可从以下几个方面来看：

第一，黄以周《礼书通故》立论有借鉴前人之解义者。

黄以周有借鉴前人之说者，如《尚书》伏《传》认为，天子、诸侯有左右房，士有室无房。而陈祥道、李如圭、万斯大、孔广森等人则认为大夫、士既有室，又有房。如李如圭云："《聘礼》宾馆于大夫士，君使卿还玉于馆，宾亦退负右房，则大夫亦有右房矣。"孔广森云："《馈食礼》每言东房，又言左房。东以对西，左以对右，知以庙为无两房者非。《士昏》及《丧》《虞礼》言房、言房中者累见，皆不指东西左右，知以寝有两房者亦非。是则大夫、士之庙乃有两房，其寝固东房西室以降于君，而饮射在学，与庙制同。"黄以周曰："《特牲馈食》，士礼，有东房之文。《聘礼》'卿馆于大夫，大夫馆于士'。郑《注》云'馆于庙'。经亦有右房之文。右房者，西房也。是大夫、士之庙有两房之证。"①通过比较，可知黄以周之说以及立论之依据，前人李如圭、孔广森等皆曾言及也。

第二，黄以周对前人解义有申有驳。

黄以周对于前人解义，或申之，或驳之，皆断之以己意。如"宫室"一门，黄以周所撰短文共八十八则，其中对前人于宫室之解义皆有辨析。据笔者统计，黄氏于"宫室"部分申诸家解义情况如下：申虞翻一次，申郑玄六次，申郑众一次，申郭璞一次，申伪孔《传》一次，申孔颖达三次，申贾公彦三次，申陈祥道一次，申李如圭四次，申孔广森一次，申胡培翚一次，申金鹗四次，申焦循三次，申洪颐煊二次，申邵晋涵一次，申段玉裁一次，申王引之一次。在申前人解义时，黄以周对礼书所记名物、制度等做了详尽的考证。兹举数例如下：

《仪礼·士昏礼》："妇人三月，然后祭行。"郑玄云："谓助祭也。"贾公

---

① （清）黄以周：《礼书通故》卷二，中华书局 2007 年点校本，第 35 页。

彦认为，舅在无姑，厥明即见其存者。至三月不须庙见，则助祭，此谓嫡妇，庶妇则无此事。敖继公认为，若舅姑之存若没，其礼皆然。盛世佐认为，《特牲馈食礼》《少牢馈食礼》妇人助祭者，内宾宗妇皆与，此不专指嫡妇。黄以周曰："三月祭行之礼，统舅姑存没、妇之嫡庶。敖、盛说是。"①贾公彦认为若舅在而姑没，则第二天即见舅；且此助祭特指嫡妇，而与庶妇无关。敖继公认为助祭与舅姑存没无关，盛世佐认为此助祭与嫡庶无关。黄以周申敖氏和盛氏之说，认为三月祭行之礼，与舅姑之存没、妇之嫡庶皆无关。

　　《仪礼·士丧礼》："死于适室，幠用敛衾。"郑玄曰："将有疾，乃寝于适室。齐，正情性也。适寝者，不齐不居其室。"方苞云："齐室即适寝也。凡有疾即居焉，所以教疾者持生之道尽矣。养者皆齐，所以教子孙妻妾忠养之道尽矣。及至大病，亦不待迁移而终于正寝，圣人制礼所以尽人之性也。"黄以周云："郑《注》'不齐不居其室'，《大戴·盛德篇》文。有疾齐于正寝，所以正其性情也。不必为死，而死自正其终焉。然则居适寝者，以养生为始义，正终为余义。斯义不明，而寝适寝之礼有难行于人子矣。方氏此说可以翼郑。"②郑玄认为，将有疾，需寝于适室，意在正性情。方苞对郑《注》做了进一步的发挥，在方氏看来，有疾而居于适室有深意存焉，即教疾者持生之道，教子孙妻妾尽忠养之道；若最终病亡，也正好终于正寝。黄以周征引郑玄和方苞解义，认为有疾而居适室，基本之义并非为死，而是为生，死乃其余义。黄氏于此通过义理诠释，将郑玄、方苞的解义做了进一步深化。

　　黄以周于"宫室"部分驳诸家解义情况如下：驳伏生一次，驳伪孔《传》一次，驳郑玄九次，驳刘熙一次，驳郭璞一次，驳孔颖达三次，驳贾公彦二次，驳聂崇义一次，驳李如圭一次，驳陈祥道一次，驳刘敞一次，驳敖继公三次，驳郝敬二次，驳孔广森二次，驳金鹗八次，驳崔凯一次，驳洪颐煊一次，驳焦循八次，驳胡培翚二次，驳张惠言四次，驳沈彤一次，驳凌廷堪一次，驳徐乾学一次，驳江永三次，驳吴廷华一次，驳程瑶田一次，驳段玉裁一次，驳洪筠轩一次，驳戴震二次，驳陈奂一次。在驳前人解义时，黄以周对礼书所记名物、制度等做了详尽考证。兹举数例如下：

---

① （清）黄以周：《礼书通故》卷六，中华书局2007年点校本，第264页。
② （清）黄以周：《礼书通故》卷十，中华书局2007年点校本，第436页。

《仪礼·士冠礼》所云玄端服，郑玄曰："杂裳，前玄后黄。《易》曰：夫玄黄者，天地之杂色，天玄而地黄。"敖继公认为亦可前黄而后玄。金鹗认为杂者，玄黄相兼之色。黄以周曰："人前阳而后阴，裳前三而后四，故玄必在前，黄必在后。玄之幅必三，黄之幅必四，所以象天地阴阳之数。敖氏反之无理，金说亦似凿。"①郑玄认为杂裳为前玄后黄，敖继公、金鹗等人则认为杂裳可前黄后玄，或玄黄相兼。黄以周申郑氏而驳敖氏、金氏，理由是"前阳而后阴""裳前三而后四"。

《仪礼·士冠礼》："冠者奠觯于荐东，降筵，北面坐取脯，降自西阶，适东壁，北面见于母。"郑玄曰："适东壁者，出闱门也。时母在闱门之外，妇人入庙由闱门。"郝敬、万斯大皆驳郑玄，认为此所谓东壁乃东堂下。张惠言、胡培翚则申郑玄，认为此所谓东壁即堂下东墙也。黄以周云："《特牲·记》'馈爨在西壁'，《乡射·记》'俎由东壁'，皆谓东西堂之下墙也，庙与寝皆有之。冠礼无与妇人之事，其母不入庙，则冠者适东壁见母，为寝之东壁明矣。《注》云'适东壁出闱门'，明东壁为寝之东壁，非庙之东壁也。郑意冠礼子见母，昏礼妇见姑，皆见之于寝。下云'入见姑姊如见母'，入谓入寝。时适东壁北面见母，则母在庙西之闱门外，正寝之北堂下也。郝氏、万氏误驳郑《注》，张皋文、胡竹村之申郑，亦不得其说。"②黄以周认为，此所谓东壁即寝之东壁，而非郝氏、万氏所云东堂下，亦非张氏、胡氏所云堂下东墙。黄氏之依据，一是《仪礼·特牲馈食礼》"馈爨在西壁"和《仪礼·乡射礼》"俎由东壁"，二是郑玄所云"适东壁出闱门"。

《仪礼·士昏礼》云"下达，用雁"，关于此"下达"二字，郑玄曰："先使媒氏下通其言。"朱熹驳郑氏云："下达二字，本为用雁一事而发。言士庶皆得用雁，亦摄盛之意也。"黄以周曰："昏礼者，纳采、问名、纳吉、纳徵、请期、亲迎之六礼也。六礼之行，自天子达于士，故首不举士而曰'昏礼下达'，非若冠礼自士始也。郑、朱并非。③黄以周认为，此"下达"乃婚礼六礼之行，从天子达于士，故篇首曰"昏礼下达"。黄氏还指出，此与冠礼从士始有不同。

① （清）黄以周：《礼书通故》卷三，中华书局2007年点校本，第112页。
② （清）黄以周：《礼书通故》卷五，中华书局2007年点校本，第228页。
③ （清）黄以周：《礼书通故》卷六，中华书局2007年点校本，第247页。

《礼记·丧大记》:"君设大盘造冰焉,大夫设夷盘造冰焉,士并瓦盘无冰,设床,禩笫,有枕。"郑玄曰:"此事皆沐浴之后,宜承'濡濯弃于坎'下,札烂脱在此耳。"黄以周曰:"《士丧礼》'有冰用夷盘可也',其文亦在沐浴之前,是丧礼用冰者皆于沐浴前先设之,《注》非。"① 郑玄认为,设大盘造冰之事在沐浴前,而黄以周据《士丧礼》,认为造冰之事在沐浴后。

三、以图表释礼

《礼书通故》有《礼节图表》《礼节图》《名物图》,通过图表的形式将礼书所记宫室、衣服、玉瑞符节、尊彝鼎俎、乐器、射器、兵器、车制、丧服丧器等予以诠释。黄以周曰:"礼器制度,昉于汉叔孙通。郑、阮《礼图》,多本其说。后之学者,迭相增改,古意滋失。《博古》《集古》诸书,大半赝器,又无足凭。今据经记之文,参注疏之言,疑以传疑,信以传信,虽曰髣髴,思过半矣。"② 黄氏据《注》《疏》,凭己意,对前人之礼图有所增改。兹举数例以见之:

《礼记·明堂位》云:"周以房俎。"郑玄云:"房,谓足下跗,上下两间,有似于房。"聂崇义据《明堂位》,并参照《诗·鲁颂》笺,绘房俎图如下:

聂崇义《房俎图》③

黄以周认为聂氏此图有误,他说:"聂图足不施嶡之横木,一误;两足同跗,二误。"④ 黄氏所绘图如下:

---

① (清)黄以周:《礼书通故》卷十,中华书局 2007 年点校本,第 442 页。

② (清)黄以周:《礼书通故》卷四十九,中华书局 2007 年点校本,第 2257 页。

③ (宋)聂崇义纂辑:《新定三礼图》卷十三,清华大学出版社 2006 年点校本,第 438 页。

④ (清)黄以周:《礼书通故》卷四十九,中华书局 2007 年点校本,第 2471 页。

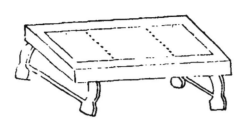

黄以周《房俎图》①

通过比较，可知黄氏所绘房俎之两足不同跗，且足施巅之横木，与聂氏所绘房俎图不同。

伏生《尚书大传》云："天子堂广九雉，三分其广，以其二为内；五分其内，以其一为高。东房、西房、北堂各三雉。公侯七雉，东房、西房、北堂各二雉。子男五雉，东房、西房、北堂各一雉。"郑玄云："内，堂东西序之内也。"《明堂位》孔《疏》引伏《传》云："天子堂广九雉，三分其广，以其二为内；五分其内，以其一为高。两房北堂各三雉。"《周礼·匠人》贾《疏》引《书传》云："周人路寝，南北七雉，东西九雉，室居二雉。"张惠言《仪礼图》以伏说证郑玄之说。张氏所绘图如下：

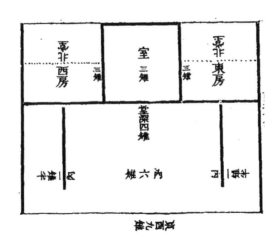

张惠言《东房西房北堂图》②

① （清）黄以周：《礼书通故》卷四十九，中华书局 2007 年点校本，第 2467 页。
② （清）张惠言：《仪礼图》卷一，《续修四库全书》第 90 册，第 440 页。

黄以周认为"内"指"室"言，而非如郑玄所言两序内。黄氏所绘《伏生〈书传〉路寝图》如下：

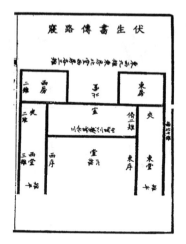

黄以周《伏生〈书传〉路寝图》①

通过比较，可知张氏以"内"为东西序，而黄氏以"内"为室。黄氏此说乃一家之言，可备治礼者参考。

《士冠礼》郑《注》："绥，缨之饰也。"张惠言、戴震等人认为绥既结缨后，又别以绥著于缨之两端，则绥为无用之物。张氏所绘图如下：

张惠言《绥缨图》②

---

① （清）黄以周：《礼书通故》卷四十九，中华书局 2007 年点校本，第 2262 页。

② （清）张惠言：《仪礼图》卷一，《续修四库全书》第 90 册，第 448 页。

黄以周认为,古冠、武不同,故施緌以属武,緌并非缨之垂余也。玄、缟二冠,为有事之冠,其冠与委武不属,以免有事而冠、武散失,故用緌以固之。黄氏所绘图如下:

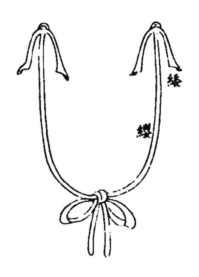

黄以周《緌缨图》①

通过比较,可知张氏囿于郑《注》,以"緌"为缨之装饰,而黄氏以"緌"为固冠、武之物。

除了绘制名物图,黄以周还绘制了不少礼节图。黄以周曰:"礼节有图,昉于赵彦肃、杨信斋,堂阶麤具,枃篗全非。近张皋文图,较有度数。然室居堂五之一,其地狭隘,何以行礼。西房有北堂,既乖经典之文;堂墉连两房,亦昧序内之位。碑如洗深,射时何以设楅;闱在庙东,冠时何以见母。门只一闑,既沿旧误;塾复有堂,更逞肊见。以宫室之大判言,违失若尔,况小节之出入乎,此礼节图之所以作也。"②由此可见,黄以周对张惠言等人所绘礼节图深不以为然。

如《士冠礼》"始加"仪节,张惠言所绘图如下:

---

① (清)黄以周:《礼书通故》卷四十九,中华书局 2007 年点校本,第 2310 页。
② (清)黄以周:《礼书通故》卷四十八,中华书局 2007 年点校本,第 2088 页。

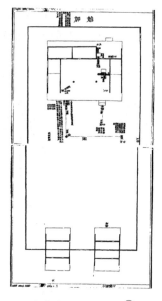

张惠言《始加图》①

黄以周曰："嫡子冠于阼,庶子冠于房外,张氏隘其室,大其房,房外即当阼,则嫡庶子之冠无别,于此可悟其全书图房室之失。"②又曰:"凡盥,主人南面,其余宾尸皆北面,不独乡饮、乡射为然也。张氏云:'尊者南面,卑者北面。乡饮主人尊,此宾尊,皆南面。'杜撰。"③黄氏所绘图如下:

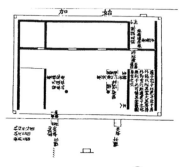

黄以周《始加图》④

———————

① (清)张惠言:《仪礼图》卷二,《续修四库全书》第90册,第490—491页。

② (清)黄以周:《礼书通故》卷四十八,中华书局2007年点校本,第2093页。

③ (清)黄以周:《礼书通故》卷四十八,中华书局2007年点校本,第2093页。

④ (清)黄以周:《礼书通故》卷四十八,中华书局2007年点校本,第2093页。

　　通过比较,可知张惠言所绘东房较大,东房外即当阼阶。而黄以周所绘东房较小,室较大,东房外不当阼阶。黄氏认为,此乃古之房室之正,其义在别嫡庶。

　　黄以周《礼书通故》所绘礼图于名物、礼节等皆有涉及,然其绘图的初衷和内容皆与前人有颇大的差异。黄以周所绘礼图的初衷不在于全面展示名物和仪节,而在于驳前人礼图之缪。故在《礼书通故》中,黄氏对聂崇义、张惠言等人所绘礼图皆多有批评,并据己意重新绘图。黄氏所绘礼图虽不尽合经义,然其对前人礼图之批评,对于辨析前人礼图之是非颇具参考价值。黄氏所绘礼图对于认识礼书所记名物礼制,以及对于推动礼学的发展皆有积极意义。

四、《礼书通故》之评价

　　黄以周《礼书通故》受到当时和后世学者的高度评价,如俞樾为《礼书通故》所撰序言曰:"礼家聚讼,自古难之。君为此书,不墨守一家之学,综贯群经,博采众论,实事求是,惟善是从。故有驳正郑义者……有申明郑义者。……至其宏纲巨目,凡四十有九,洵足究天人之奥,通古今之宜,视秦氏《五礼通考》博或不及,精则过之。向使文正得见此书,必大嗟叹,谓秦氏之后又有此作,可益'三通'而五矣。"①又曰:"汇萃成书,集礼家之大成者,则莫如秦味经氏之《五礼通考》。曾文正公尝与余言,此书体大物博,历代典章,具在于此,'三通'之外,得此而四,为学者不可不读之书。余读之诚然。惟秦氏之书,按而不断,无所折衷,可谓礼学之渊薮,而未足为治礼者之艺极。求其博学详说,去非求是,得以窥见先王制作之潭奥者,其在定海黄氏之书乎。"②俞樾在此将黄以周《礼书通故》与秦蕙田《五礼通考》相比较,认为秦氏之书"按而不断""无所折衷",言下之意,秦氏之书汇集众说,重点在于排比资料,缺乏对于各家学说之辨析。亦即是说,秦氏之书"叙"之成分重,而"论"之成分轻。在俞樾看来,秦氏此书于礼学有功,然没有达到治礼学之最高境界。而黄氏之书"博学详说""去非求是",从而"得以窥见先王制作之潭奥"。也就是说,黄氏之书并非如一般的集解体著作那样从事资料之排比,而是重在辨析前人礼学观点之是非。在俞樾看来,这种有观点、有见解的治礼方式,乃治礼学之最高境界。

---

① (清)俞樾:《礼书通故序》,《礼书通故》卷首,中华书局 2007 年点校本,第 2 页。
② (清)俞樾:《礼书通故序》,《礼书通故》卷首,中华书局 2007 年点校本,第 1 页。

梁启超对于黄以周《礼书通故》的评价亦颇高，他说："通贯群经的礼学著作有几部书应该论列者……最后的一部是黄敬季的《礼书通故》一百卷。敬季为薇香之子，传其家学，博而能精；又成书最晚，先辈所搜辑所考证，供给他以较丰富的资料。所以这部书可谓为清代礼学之大成。他对于每项礼制都博征古说而下以判断，正和《五礼通考》的性质相反，他的判断总算极矜慎极通明，但能否件件都算为定论，我却不敢说了。"①从内容上看，梁氏认为黄氏此书"博而能精""极矜慎极通明"；从学术地位上来看，梁氏认为黄氏此书"为清代礼学之大成"。

民国学人胡玉缙曰："是编发摅礼学，上自汉唐，下逮当世，经注史说，诸子杂家，义有旁涉，率皆甄录，去非求是，务折其中，足当'体大思精'四字。"②胡氏认为，黄氏此书内容丰富，"去非求是""务折其中"。胡氏更多的是从内容的角度对《礼书通故》予以评价。今人王文锦亦云："黄以周基础厚，读书精，功力深，钻研透。他的这部《礼书通故》考辨详明，断制准确，澄清了许多问题，解决了不少纠纷，有很高的学术价值。"③又云："值得称道的是，作者研讨问题，坚持实事求是，不存门户之见。比如'三礼'之学，向以郑玄注为宗，而此书驳郑处不下百条，其申郑处亦复不少。对待历代数十百家的经师、学者也莫不如此，皆是采择其精言，发挥其胜解，匡补其不逮，纠正其误说，或申或驳，大都有根有据。黄氏通过这部巨著，将两千年来的古代礼制研究成果，做了出色的总结。"④

对于黄以周的《礼书通故》，也不乏批评或质疑之声。如俞樾所称许的"去非求是"，梁启超则有另外一番看法，他说："我总觉得'折衷'这句话是空的，自己以为折衷，别人看来不过多一重聚讼的公案。"⑤在梁氏看来，礼书研究中，对于各家争议的"折衷"，只不过是一厢情愿罢了。近人李源澄亦云："近世黄以周撰《礼书通故》，综贯群经，下以己意，用力最勤，而于学者用功，反不及江书之便。"⑥李氏认为，黄氏《礼书通故》的特色在于融贯群经，然对

① （清）梁启超：《中国近三百年学术史》，上海三联书店 2006 年版，第 175 页。
② 胡玉缙：《礼书通故跋》，《礼书通故》卷末，中华书局 2007 年点校本，第 2723 页。
③ 王文锦：《礼书通故校点前言》，《礼书通故》卷首，中华书局 2007 年点校本，第 3 页。
④ 王文锦：《礼书通故校点前言》，《礼书通故》卷首，中华书局 2007 年点校本，第 3 页。
⑤ （清）梁启超：《中国近三百年学术史》，上海三联书店 2006 年版，第 175 页。
⑥ 李源澄：《经学通论》，华东师范大学出版社 2010 年版，第 75 页。

于学人习礼反不及江永《礼书纲目》之可取。

前人从不同的角度对黄以周《礼书通故》之评价可谓中肯，特别是对于《礼书通故》"下以己意""去非求是"的治礼方法之肯定，深得该书作者之意。在中国礼学史上，通论类礼书历代皆有，然清代是此类礼书纂修的高峰时期。黄以周之前，徐乾学《读礼通考》、秦惠田《五礼通考》、江永《礼书纲目》等通论类礼书，不管是在礼书纂修体例，抑或名物制度之考证方面，皆已取得令人瞩目的成就。然徐乾学《读礼通考》的体例源自朱熹《仪礼经传通解》，秦惠田《五礼通考》的体例又步徐乾学之后尘，江永《礼书纲目》亦因朱熹《仪礼经传通解》之体例而作。黄以周独辟蹊径，在礼书纂修体例上不袭朱子，而是以自己深厚的礼学修养对郑玄、孔颖达、贾公彦、敖继公、张惠言、焦循等经学家的观点重新予以审视，新见迭出。其礼学研究不是重材料之排比，而是重观点之阐发。

《礼书通故》亦有不足。黄以周对前人解义之辨析并非处处令人满意，其可议者，今人胡玉缙和王文锦皆已指出数条。胡玉缙指出，《内则》"水"注"清新"，乃引作"水清醴"，以为水醴不分。《坊记》疏"此大判言之，其间委曲细别不同"，乃引为许氏《异义》；《郊特牲》疏引皇侃云"《诗》圭璧既卒，谓燔玉也"，乃引作崔灵恩说：皆系舛误。《说文叙》"三曰形声，四曰会意"，乃引作"三曰会意，四曰形声"，当是笔误。《时享礼》只一卷，乃两称说详卷二，当作说详《馈食门》。《衣服》《宗法门》并引家南山说，而其讳润玉，乃不注于前，注于后，亦属可议。余如灵威仰诸名，既以为非尽无本，又以为可黜；重屋四阿，既以为四下，又以为用四曲梁；圆壶腹方，方壶腹圆，既引陈祥道说，以见何说名实之不称，又申何斥陈，前后违异。① 王文锦亦指出，《燕飨通故》第一八条、《射礼通故》二第六三条误会郑《注》"往来以右为上"之意，因而误驳张惠言相左之说。郑意上射下射二人并行，"往来皆以右为上"，本与二人迎面往来者无涉。相左者，谓二人对面行来，往者于来者之左，来者于往者之左，交臂而过也。黄以周的观点正与此相反，恐非。《社礼通故》一第二六条将《礼记·郊特牲》"君南乡于北墉下"读为"君南，乡于北墉下"，难信，"三礼"恐无此句法。《宗庙通故》二第三三条言昭穆之位，与郑玄《禘祫志》不合，非是。《职官礼通故》四第一三五条"定四年传"至"作宗伯字误也"九十九字，

① 胡玉缙：《礼书通故跋》，《礼书通故》卷末，中华书局 2007 年点校本，第 2725 页。

乃胡匡衷《仪礼释官》中语，不应冠以"以周案"，据为己说。① 胡玉缙和王文锦所言，确为《礼书通故》之疏失。

《礼书通故》有诸多可议之处，兹举两例以见之：

林孝存认为《周礼》乃末世渎乱不验之书，何休认为《周礼》乃六国阴谋之书，郑玄认为《周礼》乃周公致太平之迹。黄以周曰："《汉志》'《周官经》六篇，《传》四篇'，古人经传分行，后人多比附之。如《仪礼》，《传》附节下，《记》附篇末。幸有标题，其违失经意，犹易识别。《周官传》不见，其羼入经中亦必不少，故《周官》间有可疑，特不可如后人之掊击耳。"② 黄氏据《汉志》所记《周官》经传之说，以及《仪礼》经、《传》《记》的排比方式，认为《周礼》羼传入经，以致该书内容不尽可信。黄氏此说无文献依据，纯属主观推论，故并非确论。

《礼书通故》于衣服之制作，黄以周云："礼家旧说，《礼运》'昔者衣羽皮，后圣治其麻丝以为布帛'，后圣谓神农，一说黄帝。以周案：《白帖》云：'伏羲作布，是以神农有不织之令。'《路史》引《皇图要览》云：'伏羲化蚕桑为繐布。'则治麻丝为布帛，自伏羲始也。《易·系辞传》：'黄帝、尧、舜垂衣裳而天下治，盖取诸乾坤。'谓法乾坤之象而治上衣下裳耳。"③ 黄氏于此所征引的《皇图要览》《易》于远古历史之记载，皆带有神话色彩，不可以为信史；《白帖》出自白居易之手，与上古已远，更不可作为史实。此外，伏羲、神农是华夏上古智慧的符号，将其具体化，并以之为信史，亦可议也。

尽管《礼书通故》美中有不足，但并不妨碍其为清代通论类礼书集大成之作。黄以周治学"实事求是""不侈空言"④，其《礼书通故》辨析前人观点之是非，多持之有据，而非向壁虚造、师心自说。今人治礼或重礼学思想而不重礼制，或重材料排比而不重礼意。黄以周研治礼学的方法和视角，对于克服今日礼学研究之不足，有着重要的启发意义。

第十节　皮锡瑞的"三礼"诠释

皮锡瑞（1850—1908）字鹿门，一字麓云，湖南善化（今长沙市）人。因

---

① 王文锦：《礼书通故校点前言》，《礼书通故》卷首，中华书局 2007 年点校本，第 4 页。

② （清）黄以周：《礼书通故》卷一，中华书局 2007 年点校本，第 13 页。

③ （清）黄以周：《礼书通故》卷三，中华书局 2007 年点校本，第 75 页。

④ （清）刘师培：《清儒得失论》，中国人民大学出版社 2004 年版，第 267 页。

其服膺西汉伏生之学，署所居名"师伏堂"，学者因称之"师伏先生"。幼承家训，六岁始读书，十二岁补县学生员。清光绪八年（1882）赴顺天乡试中举人，与余尧衢、文廷式、陈三立为同科。后多次参加会试，皆落第，遂潜心经学。皮锡瑞的经学研究有根柢，有体系，既是中国古典经学的总结，也是中国近代经学的开端，对近代儒学和近代思想文化具有重要影响。皮氏《经学通论》"三礼"部分的篇幅最多。皮氏云："'六经'之义，礼为尤重，其所关系为尤切要。"①"六经之文，皆有礼在其中，六经之义，亦以礼为尤重。"② 由此可见其于"三礼"学之重视。皮锡瑞的"三礼"诠释成就可从以下几个方面来看。③

一、"三礼"关系之辨析

皮锡瑞认为，汉初无"三礼"之名。他说："其后'礼记'之名为四十九篇之《记》所夺，乃以十七篇之《礼经》别称《仪礼》。又以《周官经》为《周礼》，合称'三礼'。盖以郑君并注三书，后世盛行郑《注》，于是三书有'三礼'之名，非汉初之所有也。"④"《礼》分为三，实自郑君始。《周官》古别为一书，故《艺文志》附列于后，贾《疏》谓'其书既出于山岩屋壁，复入秘府，五家之儒，莫得见焉'，五家即高堂、萧、孟、后、二戴。是西汉礼家无传《周官》者。二戴所传《礼记》亦附经，不别行。自郑兼注三书，通为'三礼'，于是《周官》之分经别出者，与《礼》合为一途；《礼记》之附经不别出者，与经歧为二轨。郑君'三礼'之学，其闳通在此，其杂糅亦在此。自此以后，阮谌之《三礼图》，王肃之《三礼音》，崔灵恩之《三礼义宗》，莫不以'三礼'为定名矣。"⑤ 皮氏认为，《礼经》中的《记》之名为四十九篇之《记》所夺，《记》文遂称《礼记》，《礼经》则称《仪礼》，《周礼》《仪礼》《礼记》合称"三礼"。

汉代出现的一些通论礼的文献，如戴圣《石渠礼论》、荀爽《礼传》等，

① （清）皮锡瑞：《经学通论·三礼》，《皮锡瑞全集》第6册，中华书局2015年点校本，第481页。
② （清）皮锡瑞：《经学通论·三礼》，《皮锡瑞全集》第6册，中华书局2015年点校本，第481页。
③ 皮锡瑞于"三礼"作者和成书的认识，见本书专题"清人于'三礼'作者及成书的认识"部分。
④ （清）皮锡瑞：《经学通论·三礼》，《皮锡瑞全集》第6册，中华书局2015年点校本，第369页。
⑤ （清）皮锡瑞：《经学通论·三礼》，《皮锡瑞全集》第6册，中华书局2015年点校本，第374页。

皆与《仪礼》《礼记》相关。这些通论礼学文献尚未明言"三礼"。东汉中后期，经学今古文的界限被打破，一批兼通今古文的经师应时而生，马融、卢植、郑玄等人于《周礼》《仪礼》《礼记》兼而习之。① 郑玄遍注群经，而尤精礼学，其将这三部书融会贯通并为之注。郑玄关注"三礼"中"礼"的制度和观念，借助于"礼"，《周礼》《仪礼》和《礼记》三部文献得以会通。郑玄以后，"三礼"的称谓逐渐为学界通用。由此可见，皮氏将"三礼"之名追溯到郑玄是有依据的。

皮锡瑞十分重视《仪礼》。《仪礼》十七篇，是否是古礼完全之呈现，古今学人见解不一。有人据《逸礼》认为《仪礼》不全，如刘歆云："鲁恭王坏孔子宅……得古文于坏壁之中，《逸礼》有三十九。"②《汉书·艺文志》云："《礼古经》五十六卷。"③ 此说认为，有《逸礼》三十九篇，由于无师说，遂致亡佚。王应麟曰："《逸礼》三十九，其篇名颇见于他书。……《天子巡狩礼》见《周官·内宰注》，《朝贡礼》见《聘礼注》，《朝事仪》见《觐礼注》，《禘尝礼》见《射人疏》，《中溜礼》见《月令注》及《诗·泉水疏》，《王居明堂礼》见《月令》《礼器注》，《古大明堂礼昭穆篇》见《蔡邕论》。"④ 刘歆等人据《逸礼》，认为今十七篇仅是流传下来的古礼篇目而已。清人邵懿辰曰："先儒三百三千之语，惜古礼散亡，而因惜三十九篇《逸礼》之亡，因三十九篇之亡，遂视十七篇为残阙不完之书，而失圣人定《礼》之本意。……夫即后人所引《禘于太庙礼》《王居明堂礼》《烝尝礼》《中溜礼》《天子巡狩礼》《朝贡礼》，及吴氏所辑《奔丧》《投壶》《迁庙》《衅庙》《公冠》之类，厕于十七篇之间，不相比附而连合也，何也？皆非当世通行之礼，常与变不相入，偏与正不相袭也。况其逸文之存，如《太平御览》引《巡狩礼》，文辞不古，及'三皇禅云云，五帝禅亭亭'，既诞而不

---

① 《后汉书·马融传》云："融才高博洽，为世通融。……（融）尝欲训《左氏春秋》，及见贾逵、郑众注，乃曰：'贾君精而不博，郑君博而不精。既精既博，吾何加焉！'但著《三传异同说》。注《孝经》《论语》《诗》《易》、三《礼》《尚书》《列女传》《老子》《淮南子》《离骚》，所著赋、颂、碑、诔、书、记、表、奏、七言、琴歌、对策、遗令，凡二十一篇。"[（南朝·宋）范晔：《后汉书》卷六十上，中华书局1965年点校本，第1972页] 又据《后汉书》本传，卢植"作《尚书章句》《三礼解诂》"。[（南朝·宋）范晔：《后汉书》卷六十四，中华书局1965年点校本，第2116页]

② （汉）班固：《汉书》卷三十六《楚元王传》，中华书局1962年点校本，第1969页。

③ （汉）班固：《汉书》卷三十《艺文志》，中华书局1962年点校本，第1709页。

④ （清）朱彝尊：《经义考》卷一百三十，中华书局1998年影印本，第691页。

足信矣。……亦犹十六篇《逸书》，即伪《武成》之剽《世俘解》，见其他皆作伪也。……就令非伪，亦孔子定十七篇时删弃之余。康成不为之注，与十六篇伪古文《书》同，大抵秃屑丛残，无关理要。"① 皮氏曰："《逸礼》即非歆贾作，亦不得与十七篇并列。邵氏云'就令非伪，亦孔子定十七篇时删弃之余'，'大抵秃屑丛残，无关理要'，其说最为确当。《逸礼》三十九篇，犹《逸书》十六篇也，皆传授不明，又无师说，其真其赝，可以勿论。学者于二十九篇《书》、十七篇《礼》未能发明，而偏好于《逸书》《逸礼》，拾其残剩，岂可谓知所先务乎？"② 皮氏认为，《逸礼》三十九篇与《逸书》十六篇，皆"秃屑丛残""无关理要"；《逸礼》传授不明，因此不甚重要；若偏好《逸书》《逸礼》而忽略二十九篇《书》、十七篇《礼》，则是舍本逐末之举。

邵懿辰又云："汉初，鲁高堂生传《礼经》十七篇，五传至戴德、戴圣，分为大戴、小戴之学，皆不言其有阙也。言仅存十七篇者，后人据《汉·艺文志》及刘歆《七略》，因多《逸礼》三十九而言耳。夫高堂、后苍、二戴、庆普，不以十七篇为不全者，非专己而守残也。彼有所取证，证之所附之记焉耳。"③ 皮锡瑞评议曰："邵氏此说，犁然有当于人心。以十七篇为孔子所定，足正后世疑《仪礼》为阙略不全之误。以《仪礼》为经礼，足正后世以《周礼》为经礼、《仪礼》为曲礼之误。"④ 皮氏认为，《仪礼》十七篇并非阙略不全，邵氏之说可为参证。

郑玄以《周礼》为经礼，以《仪礼》所记诸礼为曲礼。孔颖达引《孝经说》《中庸》《汉书·艺文志》等证明"经礼"是《周礼》；引《孝经说》《春秋》及《中庸》《礼器》《礼说》《汉书·艺文志》等证明"曲礼"是《仪礼》。西晋臣瓒认为"礼经"是《仪礼》而非《周官》，不主郑说。皮锡瑞曰："十七篇为周公之遗、孔子所定，或本成周之遗制，或参阙里之绪言，久远难明，而汉称为《礼经》，则已定为孔子之书矣。"⑤ 在皮氏看来，《仪礼》有周公之制作，且经孔子手定，

① （清）邵懿辰：《礼经通论》，《清经解续编》第 5 册，上海书店 1988 年影印本，第 585 页。
② （清）皮锡瑞：《经学通论·三礼》，《皮锡瑞全集》第 6 册，中华书局 2015 年点校本，第 392 页。
③ （清）邵懿辰：《礼经通论》，《清经解续编》第 5 册，上海书店 1988 年影印本，第 588 页。
④ （清）皮锡瑞：《经学通论·三礼》，《皮锡瑞全集》第 6 册，中华书局 2015 年点校本，第 390 页。
⑤ （清）皮锡瑞：《经学通论·三礼》，《皮锡瑞全集》第 6 册，中华书局 2015 年点校本，第 409 页。

因此《仪礼》是"经"。

皮锡瑞认为,经礼、曲礼乃礼之纲与目的关系,《周礼》记官制而非礼制,因此《周礼》不得为《仪礼》之纲,《仪礼》不得为《周官》之目。皮氏曰:"经礼乃礼之纲,曲礼乃礼之目。《周官》言官制,不专言礼,不得为《仪礼》之纲。《仪礼》专言礼,古称《礼经》,不当为《周官》之目。"① 皮氏驳"《周礼》为经礼""《仪礼》为曲礼"之说,曰:"《礼器》《中庸》诸书所言三百、三千,当时必能实指其数,后世则无以实指之。郑君以《周官》三百六十与三百之数偶合,遂断以《周官》为经礼,而强坐《仪礼》为曲礼。此由郑君尊崇《周官》太过,而后人尊崇郑义又太过,一轩一轾,竟成铁案。如孔《疏》所列《周官》七名、《仪礼》五名,除所引《汉·艺文志》外,皆不可据。"② 皮氏认为,郑氏尊崇《周礼》太过,误将"三百"与《周礼》"三百六十官职"相配;孔氏尊信郑氏太过,误以《周礼》为经礼、《仪礼》为曲礼。

皮锡瑞还从经验的角度驳郑氏和孔氏,曰:"以《周官》为'经礼三百',不过仍以其数偶合。以《仪礼》为'曲礼三千',则以所引在'经礼三百'下,而强坐为曲礼。据其说,三千条止存十七篇,即篇有数条,亦比十七篇几增加百倍。十七篇计五万余言,加百倍当有数百万言,当时如何通行?学者如何诵习?且古书用简策,必不能如此繁多。此不待辨而知其不然者。《汉志》明以今之《仪礼》为经,而《周官经》附后,乃强夺经名归之《周官》。而十七篇不为经而为曲,与《汉志》尤不合。"③ 皮氏认为,《仪礼》十七篇不可能含纳曲礼三千,倘若真有如此繁多的礼仪,那么礼不但在社会难行,学者们也难诵习。

皮锡瑞还对《仪礼》和《礼记》的关系作了探讨。他首先辨西汉所言之"礼"和"礼记",曰:"汉所谓《礼》,即今十七篇之《仪礼》,而汉不名《仪礼》,专主经言,则曰'礼经';合记而言,则曰'礼记'。许慎、卢植所称'礼记',皆即《仪礼》与篇中之《记》,非今四十九篇之《礼记》也。"④ 皮氏认为,汉

---

① (清)皮锡瑞:《经学通论·三礼》,《皮锡瑞全集》第6册,中华书局2015年点校本,第377页。

② (清)皮锡瑞:《经学通论·三礼》,《皮锡瑞全集》第6册,中华书局2015年点校本,第376—377页。

③ (清)皮锡瑞:《经学通论·三礼》,《皮锡瑞全集》第6册,中华书局2015年点校本,第377页。

④ (清)皮锡瑞:《经学通论·三礼》,《皮锡瑞全集》第6册,中华书局2015年点校本,第369页。

初所言《礼》即《仪礼》，所称《礼经》亦是《仪礼》；汉代所称《礼记》，特指《仪礼》之《记》，而非四十九篇之《礼记》。皮氏此说甚确。先秦时期，《仪礼》只称《礼》，如《庄子·天运》："孔子谓老聃曰：'丘治《诗》《书》《礼》《乐》《易》《春秋》六经。'"汉代《仪礼》或名《礼》，或名《士礼》《礼记》。《史记·儒林传》："言《礼》自鲁高堂生。"①"诸学者多言《礼》，而鲁高堂生最本。《礼》固自孔子时而经不具，及至秦焚书，书散亡益多，于今独有《士礼》，高堂生能言之。"②此"《礼》"均指《仪礼》。汉代尚无《仪礼》之名，黄以周曰："郑氏师弟子并无'仪礼'之名也。《礼》注大题'仪礼'，当是东晋人所加，东晋人盛称《仪礼》。"③东晋元帝司马睿时，尚书仆射荀崧上疏请求增立博士，其中有"郑《仪礼》博士一人"④。由此可推知，《仪礼》之名为东晋人所加。

朱熹认为《仪礼》为经、《礼记》为记，《礼记》依附于《仪礼》。其晚年所修《仪礼经传通解》以《仪礼》为经，以《礼记》为传，经传相分，又相参通，并旁及传记杂文。皮锡瑞认为，以《仪礼》为经、《礼记》为记的观点滥觞于孔颖达，而非朱熹。他说："《郊特牲》'冠义'一节，孔《疏》云：'以《仪礼》有《士冠礼》正篇，此说其义。下篇有《燕义》《昏义》，与此同。'《乡饮酒义》孔《疏》云：'《仪礼》有其事，此《记》释其义。'《聘礼》孔《疏》云：'此篇总明聘义，各显《聘礼》之经于上，以义释之于下。'据此，则孔颖达已明言诸义是解《仪礼》，非始于朱子矣。"⑤皮氏据《郊特牲》《乡饮酒义》孔《疏》，认为孔颖达已以《礼记》为《仪礼》之记。

皮锡瑞认为，虽然《礼记》是"记"，然其重要性并不亚于《仪礼》。他说："治《礼经》者，虽重礼之节文，而义理亦不可少。圣人所定之礼，非有《记》者发明其义，则精意闳旨，未必人人能解。且节文时有变通，而义理古今不易。十七篇虽圣人所定，后世不尽可行。得其义而通之，酌古准今，期不失乎礼意，则古礼犹可以稍复。"⑥皮氏认为，治礼者既要重视名物制度之考证，还

---

① （汉）司马迁：《史记》卷一百二十一，中华书局 1959 年点校本，第 3118 页。
② （汉）司马迁：《史记》卷一百二十一，中华书局 1959 年点校本，第 3126 页。
③ （清）黄以周：《礼书通故》卷 1 册，中华书局 2007 年点校本，第 4 页。
④ （唐）房玄龄等：《晋书》卷七十五，中华书局 1974 年点校本，第 1978 页。
⑤ （清）皮锡瑞：《经学通论·三礼》，《皮锡瑞全集》第 6 册，中华书局 2015 年点校本，第 466—467 页。
⑥ （清）皮锡瑞：《经学通论·三礼》，《皮锡瑞全集》第 6 册，中华书局 2015 年点校本，第 467 页。

要重视礼意之阐发；《仪礼》所记仪节不尽可行于后世，《礼记》之义却古今不易。

二、"三礼"名家之评论

在中国古代，"三礼"学名家辈出，"三礼"学文献汗牛充栋。皮锡瑞生当晚清，故其能从历史的高度对历代"三礼"学名家名著加以评论。

（一）论郑玄的"三礼"学

皮锡瑞从以下几方面对郑玄"三礼"学进行评论：

第一，皮锡瑞认为，郑玄注"三礼"，使"三礼"之学传诸后世。

皮锡瑞曰："汉《礼经》通行，有师授而无注释。马融但注《丧服》经传，郑君始全注十七篇。郑于《礼》学最精，而有功于《礼经》最大。向微郑君之注，则高堂传《礼》十七篇将若存若亡，而索解不得矣。《周官》晚出，有杜子春之注，郑兴、郑众、贾逵之解诂，马融之传。郑注《周礼》，多引杜子春、郑大夫、郑司农，前有所承，尚易为力。而十七篇前无所承，比注《周礼》六篇为更难矣。大小戴《记》亦无注释。郑注《小戴礼记》四十九篇，前无所承，亦独为其难者。向微郑君之注，则小戴传《记》四十九篇亦若存若亡，而索解不得矣。"在皮氏看来，郑玄注"三礼"为后世学人从事"三礼"诠释提供了方便。

第二，皮锡瑞认为郑玄《三礼注》文简义明。

皮锡瑞曰："郑注《书》笺《诗》，间有过繁之处，而注《礼》文简义明，实不见其过繁。即如《少牢馈食礼》经二千九百七十九字，注二千七百八十七字；《有司彻》经四千七百九十字，注三千四百五十六字；《学记》《乐记》二篇经六千四百九十五字，注五千五百三十二字；《祭法》《祭义》《祭统》三篇经七千四百六十字，注五千五百二十三字。皆注少于经。"[①]据皮氏之统计，可知郑氏"三礼"之注文少于经文。

皮锡瑞还对郑《注》的具体内容作了考察。其曰："又《檀弓》：'司寇惠子之丧，子游为之麻衰、牡麻绖。'《注》云：'惠子废嫡立庶，为之重服以讥之。'文子辞曰：'子辱与弥牟之弟游，又辱为之服，敢辞。'子游曰：'礼也。'文子退反哭。《注》云：'子游名习礼，文子亦以为当然，未觉其所讥。''子游趋而就诸臣之位'，《注》云：'深讥之，大夫之家臣，位在宾后。''文子退，扶

---

① （清）皮锡瑞：《经学通论·三礼》，《皮锡瑞全集》第6册，中华书局2015年点校本，第379页。

嫡子南面而立曰：子辱与弥牟之弟游，又辱为之服，又辱临其丧，虎也敢不复位。'《注》：'觉所讥也。虎，嫡子名。文子亲扶而辞，敬子游也。''子游趋而就客位'，《注》云：'所讥行。'此一节《记》文，若无郑君之注，读者必不解所谓。郑《注》止数十字，而连用五'讥'字，使当时情事历历如绘，其文法如此简妙，岂后人所能及哉？"①皮氏认为，郑《注》文法简妙、后人难及。

第三，皮锡瑞认为郑玄会通今古文有得有失。

皮锡瑞曰："郑君兼注'三礼'，调和古今文两家说，即万不能合者，亦必勉强求通，论家法固不相宜，而苦心要不可没也。《周官》'公五百里，侯四百里'，《王制》'公、侯田方百里'，言封国大小迥异，此万不能合者，惟郑君能疏通证明之。"②皮氏认为，郑玄《三礼注》会通今古文虽不言经学之家法，然其苦心不可没。

在皮锡瑞看来，郑玄会通今古破坏了经学家法。其举例曰："郑亦有偶不照者。注《王制》'三年一大聘，五年一朝'曰：'此大聘与朝，晋文霸时所制也。虞夏之制，诸侯岁朝。周之制，侯、甸、男、采、卫、要服六者，各以其服数来朝。'《疏》引郑《驳异义》云：'《公羊》说比年一小聘，三年一大聘，五年一朝，以为文、襄之制。录《王制》者，记文、襄之制者，非虞、夏及殷法也。'又引《异义》云：'《公羊》说：诸侯比年一小聘，三年一大聘，五年一朝天子。《左氏》说：十二年之间，八聘、四朝、再会、一盟。许慎谨案：《公羊》说，虞、夏制；《左氏》说，周礼。《传》曰'三代不同物'，明古今异说。'郑驳之云：'三年聘，五年朝，文襄之霸制。《周礼·大行人》，诸侯各以服数来朝。其诸侯岁聘、间朝之属，说无所出。晋文公强盛诸侯耳，非所谓三代异物也。'郑《注》据《周官》而疑《王制》，以为文、襄霸制，盖据《左氏》昭三年传郑子太叔之言。然《公羊》必不用《左氏》传文。《王制》之作，郑以为在赧王之后，其时《左氏》未出，非必引以为证。"③皮氏认为，郑玄以"三年一大聘，五年一朝"是晋文霸时之制，依据是《左传》，而以《左传》解《王

---

①　（清）皮锡瑞：《经学通论·三礼》，《皮锡瑞全集》第 6 册，中华书局 2015 年点校本，第 379—380 页。

②　（清）皮锡瑞：《经学通论·三礼》，《皮锡瑞全集》第 6 册，中华书局 2015 年点校本，第 444 页。

③　（清）皮锡瑞：《经学通论·三礼》，《皮锡瑞全集》第 6 册，中华书局 2015 年点校本，第 445—446 页。

制》,是不守经学之家法。

郑玄笃信《周礼》为周公所作,《周礼》所载为周制。皮锡瑞认为,郑玄"尊信《周礼》太过,一经明而各经皆乱,则诸儒亦不能无过矣"①,后世诸儒治《周礼》时遂将错就错。皮氏举例说:"《王制》:'天子杀则下大绥,诸侯杀则下小绥。'《注》云:'绥当为緌,緌,有虞氏之旌旗也。'《明堂位》:'有虞氏之旗,夏后氏之绥。'《注》云:'有虞氏当言緌。緌,谓注旄牛尾于杠首,所谓大麾。《周礼》建大麾以田也。'郑于此数处之文互相证明,自圆其说,以《礼记》之'绥'即《周官》之'麾'。郑云《王制》多杂夏、殷,故于解《周官》亦谓大麾是用夏制。如此,则《周官》《王制》古、今文两不相背,而《周官》两处之矛盾,仍未能泯其迹也。"②皮氏认为,郑玄以《周礼》与《礼记》互证仅是自圆其说,《周礼》记载中的矛盾仍未能解决。

第四,皮锡瑞认为郑玄以《周礼》为经、《礼记》为记符合实际。

皮锡瑞曰:"郑以《周礼》对《礼记》言之,则《周礼》为经,《礼记》为记;以《礼记》对《左传》言之,则《礼记》为经,《左传》为传。经可以正传、记,传、记不得难经。而以《礼记·祭法》对《王制》言之,则《祭法》为周礼,《王制》为夏、殷礼。礼家之纠纷难明者,据郑所分析,已略有明据矣。"③郑玄分别经传,并以经正传。皮氏认为,郑氏此举使礼学纠纷难辨的问题变得清楚明晰。

第五,皮锡瑞对郑玄以谶纬注"三礼"表示理解。

汉代经学发展的同时,谶纬之学也随之兴起。东汉光武帝提倡谶纬之学,直接促进了谶纬的官学化。受时代学风的影响,郑玄注"三礼"时也多称引纬说。皮锡瑞认为,郑玄以谶纬注"三礼"是不得不然之举。他说:"褒本习《庆氏礼》,乃高堂生、后仓所授,其引谶纬,东汉风气实然。纬书多先儒说经之文,观《礼纬·含文嘉》可见。郑注《礼》间引谶纬,如耀魄宝、灵威仰之类,或亦本之于褒。古礼失亡,通定礼采秦仪,郑注《礼》用汉事,褒与郑又引及谶纬,皆不得不然者。后人惯用郑说,而于通杂秦仪、褒杂谶纬则议之,是知二五而不

---

① (清)皮锡瑞:《经学通论·三礼》,《皮锡瑞全集》第6册,中华书局2015年点校本,第449页。

② (清)皮锡瑞:《经学通论·三礼》,《皮锡瑞全集》第6册,中华书局2015年点校本,第448页。

③ (清)皮锡瑞:《经学通论·三礼》,《皮锡瑞全集》第6册,中华书局2015年点校本,第447页。

知十也。"① 皮氏认为，郑玄引谶纬是东汉学风使然，后人讥短郑玄，是未能看到当时的学风。皮氏认为，若删郑《注》中的谶纬文字，则会带来损失。他说："欧阳修请删《注》《疏》中所引谶纬，张璁且以引谶纬为郑君罪案而罢其从祀。如其说，则汉以后之说《礼》者，不亡于秦火，而亡于宋、明诸人矣。"②

（二）论王肃的"三礼"学

三国时期，魏国王肃遍注群经，不喜郑学。凭借与司马氏的亲姻关系，王肃所注诸经被立于学官，以至于"郑学出而汉学衰，王肃出而郑学亦衰"③。王肃与郑为异，在"三礼"学方面体现得尤为明显。皮锡瑞对王肃"三礼"学之评论，要点如下：

第一，皮锡瑞认为王肃别有用心，解礼制多牵合。

皮锡瑞认为，王肃伪造《家语》《孔丛》，自发其作伪之覆。他说："王肃所据之书，郑君无缘不知，其所以不用者，当时去取必自有说。肃乃取郑所不用者，转以难郑。"④ 皮氏又曰："古人作注，发明大义而已。肃注《家语》，如五帝、七庙、郊丘之类，处处牵引攻郑之语，殊乖注书之体，而自发其作伪之覆。肃又作《圣证论》以讥短郑……肃之所谓圣证，即取证于《家语》《孔丛》，以为郑君名高，非托于圣言，不足以夺其席。而郑学之徒马昭，已灼知《家语》为王肃伪作，斯可谓心劳日拙矣。"⑤"王肃有意攻郑，正当返求家法，分别今、古，方可制胜。乃肃不惟不知分别，反将今、古文说别异不同之处任意牵合。如《王制》庙制，今说，《祭法》庙制，古说，此万不能合者。而肃伪撰《家语》《孔丛子》，所言庙制，合二书为一说。"⑥"郑据今文，则以古文驳之，如

---

① （清）皮锡瑞：《经学通论·三礼》，《皮锡瑞全集》第 6 册，中华书局 2015 年点校本，第 472 页。

② （清）皮锡瑞：《经学通论·三礼》，《皮锡瑞全集》第 6 册，中华书局 2015 年点校本，第 472 页。

③ （清）皮锡瑞：《经学历史·经学中衰时代》，《皮锡瑞全集》第 6 册，中华书局 2015 年点校本，第 50 页。

④ （清）皮锡瑞：《经学通论·三礼》，《皮锡瑞全集》第 6 册，中华书局 2015 年点校本，第 416 页。

⑤ （清）皮锡瑞：《经学通论·三礼》，《皮锡瑞全集》第 6 册，中华书局 2015 年点校本，第 417 页。

⑥ （清）皮锡瑞：《经学通论·三礼》，《皮锡瑞全集》第 6 册，中华书局 2015 年点校本，第 417 页。

据《逸礼》以驳《公羊》是也;郑据古文,则以今文驳之,如据董、刘以驳《周官》是也。其时马昭、张融,下至孔颖达《疏》,已为细加分别。"① 皮氏指出,郑玄认为属于今文者,王肃则以古文驳之,郑玄认为属于古文者,王肃则以今文驳之。在皮氏看来,王肃驳郑乃是出于一己之私,而非出于学术之探讨。

第二,在皮锡瑞看来,王氏于古礼多有不通。

皮锡瑞举例曰:"说庙制以为天子五庙,周合文武二祧为七,本《丧服小记》'王者立四庙'、《礼纬稽命征》'唐虞五庙,夏四庙,至子孙五,殷五庙,至子孙六,周尊后稷文武则七'。王肃乃数高祖之父、高祖之祖,与文、武而九。"② 皮氏认为,王肃不知古无天子九庙之说。

皮锡瑞又曰:"郑说圜丘是禘喾配天,圜丘本《周官》,周人禘喾本《国语》《祭法》。王肃乃谓郊、丘是一,引董仲舒、刘向为据。"③ 皮氏认为,董、刘皆未见《周礼》,故王肃只言郊而不言禘,不足以难郑。

第三,皮锡瑞认为王肃难郑混乱家法。

皮锡瑞曰:"郑君以为《祭法》,周礼,《王制》,夏、殷礼,尚有踪迹可寻。至肃,乃尽抉其藩篱,荡然无复门户,使学者愈以迷乱,不复能知古礼之异。"④ 皮氏认为,王肃与郑玄为异,混淆家法,迷乱学者。

第四,皮锡瑞认为,宋儒回护王肃、讥短郑玄不可取。

宋人陈祥道《礼书》多引王肃说而排拒郑《注》。皮锡瑞对《礼书》多有批评,他说:"祥道之书,博则有之,精则未也。其自矜为新义,实多原本王肃。"⑤"宋人寡学,不尽知二家之说所自出,取王说之浅近,疑郑义之博深;又以其时好立新说,郑《注》立学已久,人多知之,王说时所不行,乃袭取之以为己说。陈氏《礼书》大率如是,皆上诬前贤,下误后学。后人不当承其误,

① (清)皮锡瑞:《经学通论·三礼》,《皮锡瑞全集》第6册,中华书局2015年点校本,第416页。
② (清)皮锡瑞:《经学通论·三礼》,《皮锡瑞全集》第6册,中华书局2015年点校本,第418页。
③ (清)皮锡瑞:《经学通论·三礼》,《皮锡瑞全集》第6册,中华书局2015年点校本,第415页。
④ (清)皮锡瑞:《经学通论·三礼》,《皮锡瑞全集》第6册,中华书局2015年点校本,第417页。
⑤ (清)皮锡瑞:《经学通论·三礼》,《皮锡瑞全集》第6册,中华书局2015年点校本,第415页。

凡此等书可屏勿观。"①皮氏认为，宋人喜标新立异，实是眩人耳目；《礼书》多本王肃，上诬前贤，下误后学，当摒弃勿观。

平心而论，皮锡瑞对王肃"三礼"学所作的批评不尽允当。撇开治学之动机不谈，王氏在经学上的造诣不可小视。王氏对"三礼"所做之探讨，对于郑《注》实有补益之用。如《丧服》齐衰杖期："父卒，继母嫁。从，为之服，报。传曰：何以期也？贵终也。"王肃认为，从乎继母而寄育则为服，不从则不服。王氏此说，清人多有认同，如胡培翚曰："庾蔚之谓'王顺经文，郑附传说。王即情易安，于传亦无碍。'……盛氏云：贾《疏》以"从为之服"为句，从郑义也。后儒以'从'字绝句，用王说也。以义断之，当以王说为正。"②又如《月令》："以定晏阴之所成。"王肃认为，晏为以安定阴阳之所成。清人王引之《经义述闻》引王氏以晏训阴阳之说。今人李振兴云："王氏注经，以简明切要入理见称，其说虽好斥郑氏，不免有遗失之处，然其入理之言，亦不可废也。是以历代说经者，亦择其善者而传述之。"③由此可见，皮氏对王氏"三礼"之学太过苛责。

（三）论秦蕙田的《五礼通考》

因徐乾学《读礼通考》惟详"丧葬"一门，而《周官·大宗伯》所列五礼之目，古经散亡，鲜能寻端竟委。秦蕙田因徐氏体例，网罗众说，成《五礼通考》一书。皮锡瑞于秦蕙田《五礼通考》之评论，要点如下：

第一，《五礼通考》体例欠妥。

皮锡瑞曰："《五礼通考》网罗浩博，自属一大著作。而其大书旁注，低格附载，体例诚多未善。……秦氏之作《通考》，以徐乾学《读礼通考》惟详丧葬，而推广为五礼。徐氏专讲丧礼，条理不繁，故详审，无可议。秦氏兼及五礼，过于繁博，故体例有未善。"④皮氏认为，《五礼通考》网罗浩博，兼及五礼，体例未善，不如徐氏《读礼通考》条理不繁。

第二，《五礼通考》有舍郑从王之失。

---

① （清）皮锡瑞：《经学通论·三礼》，《皮锡瑞全集》第 6 册，中华书局 2015 年点校本，第 416 页。

② （清）胡培翚、胡肇昕：《仪礼正义》卷二十二，北京大学出版社 2016 年点校本，第 1053 页。

③ 李振兴：《王肃之经学》，台湾政治大学中文研究所 1976 年，博士学位论文。

④ （清）皮锡瑞：《经学通论·三礼》，《皮锡瑞全集》第 6 册，中华书局 2015 年点校本，第 419 页。

皮锡瑞曰:"惟秦蕙田《五礼通考》多蹈陈祥道《礼书》舍郑从王之失,似即以《礼书》为蓝本。《四库提要》曰:'较陈祥道等所作,有过之无不及。'仅以为过祥道,似亦有微辞焉。"① 皮氏认为,秦蕙田《五礼通考》似以陈祥道《礼书》为蓝本,有舍郑从王之失。

皮锡瑞于秦蕙田《五礼通考》之评论有失偏颇。事实上,秦氏此书是继朱子《仪礼经传通解》和徐乾学《读礼通考》之后的又一部重要的礼学著作,该书"上自朝廷之制作,下逮儒者之议论,靡不搜抉仄隐,州次部居,令读者一览易晓"②。在清代礼学史上,秦氏此书乃集大成之作。皮氏尽数《五礼通考》之失,却未能见此书之得。

三、"三礼"研究方法之探讨

皮锡瑞对历代"三礼"学作了考察,他说:"自郑君并注'三礼'后,孔氏止疏《礼记》,且原本于皇、熊。贾氏疏《仪礼》,本黄庆、李孟悊。《周礼》不著所出,亦必前有所承。朱子《仪礼经传通解》,至殁尚未卒业。若陈氏《礼书》、秦氏《通考》,未免举鼎绝膑之弊。近人林昌彝《三礼通释》有编次而少折衷,林乔荫《三礼陈数求义》有折衷而欠精确。惟江永《礼书纲目》本于朱子,足以补正朱子之书。治'三礼'者,可由此入门,而《五礼通考》姑置之可也。"③ 皮氏认为,历代"三礼"学著作瑕瑜互见。在此基础上,他对"三礼"研究的方法作了说明。

(一)论《仪礼》的研究方法

不少学人视《仪礼》之学若畏途,鉴于此,皮锡瑞对《仪礼》的研究方法作了说明。

其一,治《仪礼》需释例。清人凌廷堪《礼经释例》将《仪礼》中的一切仪节进行汇集,条分缕析,考其同异,审其差别,然后融会贯通,以例释之。此外,江永《礼经释例》、廖平《礼经凡例》也多言《仪礼》之体例。皮锡瑞说:"《春秋》有凡例,《礼经》亦有凡例。读《春秋》而不明凡例则乱,读《礼经》

---

① (清)皮锡瑞:《经学通论·三礼》,《皮锡瑞全集》第6册,中华书局2015年点校本,第418页。

② (清)卢见曾:《五礼通考序》,《雅雨堂文集》卷一,《续修四库全书》第1423册,第454页。

③ (清)皮锡瑞:《经学通论·三礼》,《皮锡瑞全集》第6册,中华书局2015年点校本,第419页。

而不明凡例则苦其纷繁。"①"郑、贾熟于《礼经》之例，乃能作注作疏。注精而简，疏则详而密。分析常例、变例，究其因由，且经有不具者，亦可以例补之。……按：陈氏引《注》《疏》甚明，初学犹苦其分散难考，先观《礼经释例》，则一目了然矣。"②皮氏认为，治《仪礼》者应先明其例，只有将分散难考的诸礼以类相贯，于礼才可一目了然。

其二，治《仪礼》需绘图。《仪礼》名物礼制繁多，行礼方位各异，所以要读懂《仪礼》，不能仅靠文字记载。一些研究者将《仪礼》的名物、宫室以及行礼之方位绘成图，使复杂难明的名物制度变得形象直观。皮锡瑞曰："聂氏《三礼图》，朱子讥其丑怪不经，非古制。今观其冠制多怪诞，必非三代法物。而据窦俨序，称其'博采旧图，凡得六本'，则实原于郑君及阮谌、梁正、夏侯伏明、张镒诸家，特非尽出郑君。而郑注《仪礼》、贾疏《仪礼》有图，则自陈氏始发之。杨复图世罕传，惟张惠言《仪礼图》通行，比杨氏更精密。"③皮氏认为，张惠言的图比杨复的图更精，更能方便学人。

其三，研治《仪礼》要分节。皮锡瑞曰："分节，可先观张尔岐、吴廷华之书。……若胡培翚《仪礼正义》，虽详而太繁，杨大堉所补，多违古义，与原书不合，不便学者诵习，姑置之。"④皮氏认为，《仪礼》分节可观张尔岐、吴延华之书。

其四，古代之宫室、衣冠、饮食与今不同，习《仪礼》者宜先考其大略。皮锡瑞曰："古之宫室，不与今同也。古之衣服、饮食，不与今同也。惟其不与今同，故俗儒多疑古礼不近人情，即有志于古者，亦苦其扞格不相入。考古礼者，宜先于古之宫室、衣服、饮食等类，考其大略，乃有从入之处。"⑤在皮氏看来，《仪礼》所记服制、饮食制度多与今不同，因此《仪礼》之研习者首

---

① （清）皮锡瑞：《经学通论·三礼》，《皮锡瑞全集》第 6 册，中华书局 2015 年点校本，第 412 页。

② （清）皮锡瑞：《经学通论·三礼》，《皮锡瑞全集》第 6 册，中华书局 2015 年点校本，第 413 页。

③ （清）皮锡瑞：《经学通论·三礼》，《皮锡瑞全集》第 6 册，中华书局 2015 年点校本，第 414 页。

④ （清）皮锡瑞：《经学通论·三礼》，《皮锡瑞全集》第 6 册，中华书局 2015 年点校本，第 414 页。

⑤ （清）皮锡瑞：《经学通论·三礼》，《皮锡瑞全集》第 6 册，中华书局 2015 年点校本，第 477 页。

先要考古之宫室、衣服、饮食之大略,才能得其门而入。皮氏举例曰:"古宫室皆南向,外为大门,门侧左右皆有堂室,谓之塾。内为寝门,中为庭,再上为阶,有东阶(即阼阶)、西阶。升堂为东西堂,有东西荣(即檐),有东西序(即墙),有两楹(即柱),有栋,有楣。上为户牖间,其后为室,两旁为东西房(古之室即今之房,有壁;古之房,今过路屋,无壁),东房后有北堂。宫室之左为庙,有闱门相通。庙制与宫室略同。观李如圭《仪礼释宫》、江永《释宫注》、张惠言《仪礼图》,得大略矣。"① 皮氏认为,欲知古代宫室之制,当先观李如圭《仪礼释宫》、江永《释宫注》、张惠言《仪礼图》,以明宫室之大略。

(二)论《礼记》的研究方法

关于《礼记》的研究方法,皮锡瑞亦作了说明。

其一,研治《礼记》要条理经文,以类相从。皮锡瑞曰:"《礼记》四十九篇,众手撰集,本非出自一人;一篇之中,杂采成书,亦非专言一事。"② "平心而论,《礼记》非圣人手定,与《易》《书》《诗》《春秋》不同,且《礼经》十七篇已有附记,《礼记》文多不次,初学苦其难通,《曲礼》一篇即其明证。若加分别部居,自可事半功倍。"③ 皮氏认为,对于初学者来说,分别《礼记》之内容,以类相从,可达事半功倍的效果。皮氏赞同孙炎、魏徵分类抄辑的方法,他说:"据《隋志》,'《礼记》三十卷,魏孙炎注',则其书唐初尚存。炎学出郑门,必有依据.魏徵因之,更加整比,若书尚在,当远胜于《经传通解》《礼记纂言》,而大有益于初学矣。"④ 在皮氏看来,孙、魏之书若存,其价值将远胜朱熹《仪礼经传通解》和吴澄《礼记纂言》。

其二,研治《礼记》须重视郑《注》、孔《疏》。历代《礼记》学著作,皮锡瑞最推崇的是郑《注》和孔《疏》。皮氏曰:"若卫湜《礼记集说》一百六十卷,空衍义理者多。杭世骏《续礼记集说》一百卷,亦未免于炫博。陆元辅《陈氏集说补正》,足匡陈澔之失。王夫之《礼记章句》、朱彬《礼记训纂》、孙希旦

---

① (清)皮锡瑞:《经学通论·三礼》,《皮锡瑞全集》第 6 册,中华书局 2015 年点校本,第477 页。

② (清)皮锡瑞:《经学通论·三礼》,《皮锡瑞全集》第 6 册,中华书局 2015 年点校本,第469 页。

③ (清)皮锡瑞:《经学通论·三礼》,《皮锡瑞全集》第 6 册,中华书局 2015 年点校本,第470 页。

④ (清)皮锡瑞:《经学通论·三礼》,《皮锡瑞全集》第 6 册,中华书局 2015 年点校本,第470—471 页。

《礼记集解》虽有可采，皆不及孔《疏》之详博，亦不尽合古义，此等书皆可缓。郑注《礼记》，因卢马之本而加校正，其所改字，必有精意。宋陆佃、方悫、马希孟等以郑改读为非，而强如本字读之，解多迂曲。又或以后世之见疑古礼之不近人情，不但疑《注》《疏》，而并至疑经，足以迷误后学。陈澔《集说》尤陋，学者仍求之《注》《疏》可也。"①皮氏认为卫湜《礼记集说》空衍义理者多，杭世骏《续礼记集说》未免于炫博，新学学者的《礼记》学多迂曲，可谓切中肯綮之见。在评价诸家著作之后，皮氏曰："学者熟玩《礼记注疏》，非止能通《礼记》，且可兼通群经。"②皮氏认为，后世《礼记》学皆由《注》《疏》衍生，故《礼记》初学者当需熟玩《注》《疏》。

皮锡瑞生当晚清，重视考据的乾嘉学术已式微，而尚经世致用的今文经学如日中天。在此学术背景下，皮氏的"三礼"学与乾嘉汉学有很大的差异。皮氏之"三礼"学集中体现于他晚年所撰的《经学通论》中。在此书中，皮氏于"三礼"学之演变、名家名著之评价、仪节意义之发掘，皆有宏论，而鲜文字训诂和名物制度的考证。皮氏并非以"三礼"学名家，其"三礼"学仅是其经学的一部分。皮氏的一些观点还值得商榷，如其认为《礼记》始撰于叔孙通，此观点虽新，却难以服人。

皮锡瑞的"三礼"学对后世产生了一定的影响，其在《经学通论》中提出的一些观点至今仍有参考价值。比如皮氏对"三礼"研究方法之说明，对于今天从事"三礼"研究的学者仍具有启发意义。

皮锡瑞的"三礼"学虽然没有精深之考据，然其从学术史的角度对"三礼"学所做的宏观论述却能超越前人，而启来者。

---

① （清）皮锡瑞:《经学通论·三礼》,《皮锡瑞全集》第 6 册，中华书局 2015 年点校本，第 473 页。

② （清）皮锡瑞:《经学通论·三礼》,《皮锡瑞全集》第 6 册，中华书局 2015 年点校本，第 473 页。

下　篇

专题研究

第五章　清人于"三礼"作者和成书的认识

由于经籍史书的记载不一，加之历代学人的看法不同，所以"三礼"的成书问题变得十分复杂。清代经学家在参考和借鉴前人观点的基础上，对"三礼"的作者和成书问题做了新的探讨。他们的观点对于今人从事有关"三礼"作者和成书问题的研究颇具参考价值。

第一节　清人于《周礼》作者及成书的认识

清儒于《周礼》的作者和成书问题有颇多探讨，归纳起来，主要观点有四种，即西周成书说、战国成书说、汉儒掇拾缀缉说和刘歆伪造说。

一、西周成书说

西汉刘歆认为《周礼》成书于西周之初。他说："其周公致太平之迹，迹具在斯。"[1] 东汉郑玄承其说云："周公居摄而作'六典'之职，谓之《周礼》，营邑于土中，七年致政成王，此以《礼》授之，使居洛邑治天下。"[2] 汉代以后，王肃、伊说、干宝、贾公彦、李觏、王安石、司马光、叶时、郑伯谦等人亦皆持此说。如贾公彦云："《周礼》后出者，以其始皇特恶之故也。……时众儒并出共排，以为非是。唯歆独识，其年尚幼，务在广览博观，又多锐精于《春秋》。末年，乃知其周公致太平之迹，迹具在斯。"[3]

以《周礼》为周公所作是大部分清代学人的观点。陈世倌、黄宜中、庄有可、刘沅、龚元玠、王聘珍、胡培翚、龚自珍、丁晏、孙诒让、刘师培等

---

① （清）阮元校刻：《十三经注疏（附校勘记）》，中华书局 1980 年版，第 636 页。

② （清）阮元校刻：《十三经注疏（附校勘记）》，中华书局 1980 年版，第 639 页。

③ （清）阮元校刻：《十三经注疏（附校勘记）》，中华书局 1980 年版，第 635—636 页。

皆持是说。如陈世倌曰：“盖道统开自尧、舜、禹、汤，文、武，递传而至周公。周公道德有于身，运用之以辅成王，而作《周礼》，吾儒诚正修齐治平之学皆备。”①

黄宜中曰：“《周礼》为周公致太平之书，所载皆体国经野、安内柔外、厘官造士、爱民足兵之政，节目繁多。读者如游嚣市，耳目震炫，如治棼丝，端绪纠结，不特要旨难窥也。”②

左辅曰：“《周官》为成周致治之书，自大经大法以及一名一物之微，莫不有精义贯彻于其际。立一代之典章，示万世之法守，语大莫载，语小莫破。是元公兼三王，施四事，夜以继日，坐以待旦，殚精竭虑以成之者也。”③

胡培翚曰：“周家一代，文治之盛，自周公开之。周公作《周礼》，设官分职，立大卜以掌《三易》，立大师以教六诗，立大史、小史、内史、外史以掌邦国四方之志、三皇五帝之书，于是六艺灿然具陈。”④

孙诒让曰：“粤昔周公，缵文武之志，光辅成王，宅中作雒，爰述官政，以垂成宪，有周一代之典，炳然大备。”⑤“(《周礼》) 非徒周一代之典也，盖自黄帝、颛顼以来，纪于民事以命官，更历八代，斟汋损益，犹约略可考。……此经上承百王，集其善而革其弊，盖尤其精详之至者，故其治跻于纯太平之域。作者之圣，述者之明，蟠际天地，经纬万端，究其条绪，咸有原本，是岂皆周公所肊定而手刱之哉。”⑥孙氏认为，《周礼》是周公参考历代之制度而成，内容“不越政教二科”⑦。

有些清人还对《周礼》出自周公之说做了论证。比如丁晏将《周礼》与其他儒家经典加以比较，进而指出周公是《周礼》的作者。丁氏将《周礼》与《仪礼》所记官制加以比较，曰：“《仪礼》所称官制，若《士冠礼》‘筮人执筴’，《燕礼》‘射人告具’，‘献内小臣’，‘阍人为大烛于门外’，‘又以授弓人’，《大射仪》‘量人量侯道’，‘巾车张三侯’，‘献服不’，《聘礼》‘乃谒关人’，《士丧礼》

---

① （清）陈世倌：《周官析疑序》，《周官析疑》卷首，《续修四库全书》第79册，第3页。

② （清）黄宜中：《周礼撮要序》，《周礼撮要》卷首，《续修四库全书》第80册，第4页。

③ （清）左辅：《周官指掌序》，《周官指掌》卷首，《续修四库全书》第81册，第15页。

④ （清）胡培翚：《六经作自周公论》，《胡培翚集》，台湾“中央研究院”中国文哲研究所2005年点校本，第51—52页。

⑤ （清）孙诒让：《周礼正义序》，《周礼正义》卷首，中华书局1987年点校本，第1页。

⑥ （清）孙诒让：《周礼正义序》，《周礼正义》卷首，中华书局1987年点校本，第1页。

⑦ （清）孙诒让：《周礼正义序》，《周礼正义》卷首，中华书局1987年点校本，第1页。

'冢人营之'，'卜人抱龟燋'，《少牢礼》'司士击豕'，《廪人》'概甑甗七，小祝设槃匜'，《乡饮酒》《燕礼》《大射仪》俱有大师，《燕礼》《公食》《士丧礼》俱有甸人，《大射》《公食礼》俱有宰夫，《大射仪》胥荐主人，胥即胥徒。……雍人即内饔、外饔之属，并与《周官》合。《仪礼》为周公所作，则此《周官》亦元公之旧典也。"① 丁氏认为，《周礼》与《仪礼》所记官制相吻合；既然《仪礼》为周公所作，那么《周礼》亦是周公之书。

坚持以《周礼》系周公所作的学者中，刘师培可谓代表。在《汉代古文学辨诬》一文中，刘师培对《周礼》乃晚出之书的观点作了评论，他说："自东汉何休治《公羊》，虑《周官》之说与之相异也，遂以《周官》为六国阴谋之书。及于宋代，道学之儒以王荆公行《周礼》而流弊也，遂并集矢于《周礼》。至于近代，方苞以《周礼》多刘歆所窜，毛西河亦以《周礼》为周末之书，谓孔子引经，与春秋诸大夫及诸子百家引经并无一字及此书。顾栋高亦曰：'《周礼》六官所掌，春秋博学多能之彦无一语及其书，孔子亦然。'夫方、毛、顾诸子均不学之流，故考据空疏，集矢《周官》，固无足怪。"② 刘师培认为，由于考据空疏，遂有《周礼》晚出之说。

针对龚自珍《周礼》晚出之说，刘师培曰："若龚氏则不然，少承段氏之绪，段固笃信《周官》而作《周礼汉读考》者也；继从刘氏问故，刘氏之学出于常州庄氏，庄固信《周官》为太平之迹而作《周官记》《周官指掌》者也。乃龚氏所言，转与彼殊。"③ 又曰："《汉书·艺文志》多出于刘向，《志》言'《礼古经》五十六，《周官经》六篇'，以《周官经》和《礼古经》并言，称之为经。又有《周礼传》四篇，不知撰者名氏。若在武、宣之后，其名氏必传，则此为秦汉先师说《周官》之书矣。又《汉书·河间献王传》云：'献王所得书均古文先秦旧书，《周官》《尚书》《礼记》《孟子》《老子》之属。'班列《周官》于《尚书》之前，则班以《周官》为至古之书，此刘、班不以《周官》为晚出之证。"④ 刘师培据《汉

---

① （清）丁晏：《周礼释注序》，《周礼释注》卷首，《续修四库全书》第 81 册，第 581—582 页。
② （清）刘师培：《汉代古文学辨诬》，《刘申叔遗书》下册，凤凰出版社 1997 年版，第 1389 页。
③ （清）刘师培：《汉代古文学辨诬》，《刘申叔遗书》下册，凤凰出版社 1997 年版，第 1389 页。
④ （清）刘师培：《汉代古文学辨诬》，《刘申叔遗书》下册，凤凰出版社 1997 年版，第 1389 页。

书·艺文志》有"《周官经》"、《河间献王传》有"《周官》"之记载，认为刘歆、班固等人不以《周礼》为晚出之书。

刘师培据《孟子》《荀子》以证《周礼》出于先秦，他说："孟子言'卿以下必有圭田'，即《载师》士田之制也；又言'请野九一而助，国中什一'，此即《遂人》《匠人》异制之说也。"① 又说："荀卿亦然，《正论篇》言：'曼而馈，代翠而食，雍而彻乎五祀，执荐者百人侍西房。''曼'当作'鼎'，'代翠'当作'伐皋'，'荐'当作'羞'，即《膳夫》所谓'王日一举，鼎十有二，以乐侑食，卒食，以乐彻于造，羞用百有二十品'也。又言'庶士坐而夹道'，即《夏官》旅贲、《秋官》涤狼之职掌也。又《正名篇》言'远方异俗则因之以为通'，即《大行人》所谓'属象胥谕言语'，《外史》所谓'达书名于四方'也。《王制篇》言：'庶人之子孙，积文学，正身行，能属于礼义，则归之卿相士大夫。'即《州长》《党正》所谓'兴贤兴能'也。《大略篇》：'六贰之博，则天府也。''博'当作'簿'，即《小宰》所谓'六典之贰'，当冠，所谓'开中于天府'也。且《王霸篇》言'人失要则死'，即本于《司约》。《正论篇》'斩断枯砾'，即本于《掌戮》。此皆荀子用《周官》之征。"② 通过将《周官》与《孟子》《荀子》加以比较，刘师培得出结论："夫孟、荀皆为儒家，生战国之时，均引《周官》，则《周官经》不行于周之说不击打自破矣。"③

以《周礼》非周公所作的理由之一，是历史上一些人应用《周礼》从而导致败亡的事件。对此，清儒龚元玠驳曰："以较《周礼》，自《左传》所载'则以观德'四语，《曲礼》'君子抱孙不抱子'，《孟子》景子所引外，别无一字见于传记者。犹幸有五官之存，乃其存者如新莽、介甫之用而坏之，临孝存、何休、胡氏父子、苏次公辈之不能用而妄议之，无论矣。即唐太宗、宋诸大儒无不尊信者，亦不能不惑于注疏之踳驳。至我朝圣圣相承，无不本《周官》为治法，而圣制十条，尤能发挥经文外之微旨，惟圣人能知圣人，不其然乎？"④ 在

---

① （清）刘师培：《汉代古文学辨诬》，《刘申叔遗书》下册，凤凰出版社 1997 年版，第 1389 页。

② （清）刘师培：《汉代古文学辨诬》，《刘申叔遗书》下册，凤凰出版社 1997 年版，第 1389—1390 页。

③ （清）刘师培：《汉代古文学辨诬》，《刘申叔遗书》下册，凤凰出版社 1997 年版，第 1390 页。

④ （清）龚元玠：《周官客难序》，《周官客难》卷首，《续修四库全书》第 79 册，第 507 页。

龚氏看来，《周礼》的作者是周公，且是已成之书；后世导致败亡的案例，是应用者不明《周礼》微旨所致。

刘沅亦认为《周礼》出自周公，他说："周公成文武之德，制礼作乐，折衷前代，适合乎中。因恐圣王之法，久而渐敝，后人无所折衷，故命史臣辑为此书，其名曰《周官》，明其为周之官制也。"① 刘氏认为《周礼》并非周公亲作，而是召集史臣辑而成之。至于后世应用《周礼》导致败亡的案例以及非议之言，刘沅曰："《周官》晚出，刘歆、王安石以匪人而仿用之，至于败坏。于是人多指摘其书，程子、张子亦谓有汉儒增入者。然考其文义，殊不然也。因意义之未通，遂并其书而斥之，愚不敢然。"②"非《周礼》者，自临孝存、何休以来不下数十家。然皆未知圣人之心皆天地之心，其立法之意悉准天理，非天理烂熟，固无以知之也。"③"《周官》最为晚出，疑之者颇多，然皆未得乎圣人之德。"④ 刘氏认为，历史上应用《周礼》导致败亡，以及非议《周礼》之言，皆是因为应用或非议之人不明"圣人之心""圣人之德"所致。

至于名《周礼》还是《周官》，经学史上也是争论不休。清代王聘珍认为："《天官》'惟王建国'，《注》云：'周公居摄，而作六典之职，谓之《周礼》。'据此，则周公著此书，本名《周礼》，故孔颖达枚举《周礼》之见于经籍者七处，而自汉以前，从未有以《周官》称之者。至汉复出之时，师承久绝，人见其所载，皆是官职。又因《尚书序》有《周官》篇目，世儒未见其书，或欲以此当之。自刘歆以来，乃复其本名曰《周礼》，郑康成主之，尝曰刘子骏等识古，有此制焉。"⑤ 王氏相信周公作《周礼》之说，认为周公之时就有《周礼》之称谓。王氏还指出，汉人因《周礼》所记内容多为官制，遂称之为《周官》。

孙诒让亦对《周礼》的书名作了考证。他说："此经，《史记·封禅书》《汉书·礼乐志》及《河间献王传》，并称《周官》。《艺文志》本于《七略》，则称《周官经》。斯盖西汉旧题。《隋书·经籍志》云'《周官》，盖周公所建官政之法'是也。若郑众以为即《尚书·周官》，则贾《疏》引马融及郑序，已辨其失矣。其曰'周礼'者，荀悦《汉纪·成帝篇》云：'刘歆以《周官经》六篇为周礼，

① （清）刘沅：《周官恒解凡例》，《周官恒解》卷首，巴蜀书社 2016 年点校本，第 5 页。
② （清）刘沅：《周官恒解凡例》，《周官恒解》卷首，巴蜀书社 2016 年点校本，第 6 页。
③ （清）刘沅：《周官恒解凡例》，《周官恒解》卷首，巴蜀书社 2016 年点校本，第 6 页。
④ （清）刘沅：《周官恒解序》，《周官恒解》卷首，巴蜀书社 2016 年点校本，第 3 页。
⑤ （清）王聘珍：《周礼学》卷一，《续修四库全书》第 81 册，第 79 页。

王莽时，歆奏以为礼经，置博士。'《释文叙录》亦云：'王莽时，刘歆为国师，始建立《周官经》为《周礼》。'《汉书·王莽传》，歆为国师，在始建国元年；而居摄三年九月，歆为羲和，与博士诸儒议莽母功显君服，已云发得《周礼》，以明殷鉴。又引《司服》职文，亦称《周礼》。然则歆建《周官》以为《周礼》，疑在莽居摄、歆为羲和以前。陆谓在为国师以后，未得其实。通核诸文，盖歆在汉奏《七略》时，犹仍《周官》故名，至王莽时，奏立博士，始更其名为《周礼》，殆无疑义。《左》文十八年传，季文子曰：'先君周公制周礼曰：则以观德，德以处事，事以度功，功以食民。'又闵元年传，齐仲孙湫曰：'鲁犹秉周礼。'昭二年传，晋韩起见《易象》与《鲁春秋》，曰：'周礼尽在鲁矣。'歆盖以《周官》故名与《尚书》混淆，而此经为周公遗典，与士礼同为正经，因采左氏之文，以为题署，义实允当。东汉之初，杜、马诸儒，咸传歆学。郑序谓郑少赣、郑仲师、卫敬仲、贾景伯、马季长，皆作《周礼》解诂，而马氏自序则称《周官传》，郑仲师诸子、慌氏两注亦称《周官》。诸家解诂久佚，其题《周礼》与否，今无可质证。若郑君作注，则正题《周礼》，故《冢宰》注云：'周公居摄，而作六典之职，谓之《周礼》。又《冬官》目录云：'古《周礼》六篇毕矣。'其二礼之注，援举此经，咸不云《周官》。《隋·经籍志》载汉晋诸家注，并题《周官礼》，盖唐人兼采二名，用以著录，非其旧题。要《周礼》之目，始于刘歆，而定于东汉经师，其踪迹固可寻也。"① 孙氏据《汉纪》和《经典释文叙录》，认为"《周礼》"之称始于刘歆为羲和、王莽居摄以前。孙氏还推断，《周官》为周公之遗典，与礼相关，刘歆遂改《周官》为《周礼》，到东汉郑玄注《周礼》时，《周礼》之名才最终确定下来。

王聘珍、孙诒让虽皆以《周礼》出自周公，然二者在《周礼》书名的认识上还是有差异。孙诒让认为周公之时名《周官》，刘歆时才改称《周礼》。而王聘珍认为周公时就称《周礼》，汉初以来改称《周官》；至于后来又称《周礼》，也仅是为了恢复周公时代的书名而已。

自西汉刘歆认为《周礼》出自周公以后，郑玄、贾公彦、孙诒让、刘师培等皆信主此说。审此一系，可知以《周礼》为周公所作者多持古文经学立场。郑玄治经会通今古文，然以古文为主；孙诒让治经崇尚古文，而鲜及今文；刘师培受其父祖治《左传》传统的影响，所持亦是古文学立场。诸家推尊《周礼》

---

① （清）孙诒让：《周礼正义》卷一，中华书局 1987 年点校本，第 2—3 页。

乃周公之作，正是他们古文经学立场的反映。

二、战国成书说

在中国古代，并不是所有人都认为《周礼》出自周公。比如东汉何休认为《周礼》乃"六国阴谋之书"①，临硕认为《周礼》是"末世渎乱不验之书"②。此外，汉代张禹、包咸，清人万斯大、毛奇龄、崔述、皮锡瑞等皆认为《周礼》出自战国。

万斯大《周官辨非》一书论辩《周礼》不可信者四十七条，涉及职官六十九种。其将《周礼》与其他经典之记载加以比较，曰："此书（《周礼》）所载，止详诸官职掌，其法制典章取校于《五经》《论》《孟》，殊多不合。夫不合于《五经》《论》《孟》，则是非有在矣。天下是非有一定，无两可，以《周礼》为是，将以《五经》《论》《孟》为非乎？"③在万斯大看来，《五经》《论》《孟》虽非西周之书，内容却出自西周，《周礼》所记制度不同于《五经》《论》《孟》，因此《周礼》与周制不合，不是周公之书。万氏还将《周礼》与《五经》《论》《孟》所记载的祭祀制度、赋役制度进行比较，以证《周礼》非周公之书。他甚至主张将"《周礼》"改称"《周官》"，以明该书乃官制之书，而非周公制礼作乐之书。④

虽然万斯大认为《周礼》非周公之书，但是其并未直言该书出自何人、何时代。不过，从其零言碎语，还是可以窥其于《周礼》成书时代之认识。比如于《大司徒》，万氏曰："先儒以《周礼》为战国阴谋之书，有以也。"⑤又如《廛人》，万斯大曰："有征自战国始。"⑥林庆章推测曰："他（指万斯大）大概认定《周礼》作成于战国末年。"⑦

毛奇龄在《周礼问》一书中重点批驳刘歆伪造《周礼》一说。以《周礼》为刘歆伪作，最早可追溯到南宋的胡宏。毛氏从史书记载、宋代学风等角度，

① （清）阮元校刻：《十三经注疏（附校勘记）》，中华书局1980年版，第636页。
② （清）阮元校刻：《十三经注疏（附校勘记）》，中华书局1980年版，第636页。
③ （清）万斯大：《周官辨非》，《续修四库全书》第78册，第402页。
④ 关于万斯大考辨《周礼》之非的具体内容，可参见本书"万斯大的《周礼》诠释"部分。
⑤ （清）万斯大：《周官辨非》，《续修四库全书》第78册，第405页。
⑥ （清）万斯大：《周官辨非》，《续修四库全书》第78册，第402页。
⑦ 林庆彰：《清初的群经辨伪学》，文津出版社1990年版，第350页。

以驳宋人及姚氏之说不可据。比如《汉书·艺文志·乐类》载:"六国之君,魏文侯最为好古,孝文时,得其乐人窦公,献其书,乃《周官·大宗伯》之《大司乐》章也。"① 毛奇龄据此曰:"在六国魏文侯时已有此书,其为春秋战国间人所作无疑。而谓是歆作,可乎?"② 毛氏认为,六国时乐人窦公所献书即有《周礼》之《大司乐》章,可证《周礼》成书于刘歆之前。关于《周礼》成书的具体时代,毛氏曰:"《周礼》自非圣经,不特非周公所作,且并非孔、孟以前之书,此与《仪礼》《礼记》皆同时杂出于周秦之间。此在稍有识者,皆能言之。"③ 又曰:"若夫《周礼》一书,出自战国,断断非周公所作。予岂不晓,然周制全亡,所赖以略见大意,祇此《周礼》《仪礼》《礼记》三经,以其所记者虽不无参臆,而其为周制,则尚居十七。此在有心古学者方护卫不暇,而欲并绝之,则伈羊尽亡矣。"④ 毛氏认为,《周礼》虽出自战国末年,但书中所载者多为周制。

崔述认为《周礼》一书非周公所作,他说:"余按此书条理详备,诚有可观,然遂以为周公所作周一代之制,则非也。"⑤ 通过考察,崔氏认为《周礼》"撰于战国之时"⑥。

崔述从《周礼》所记封地、祭祀、历法等多方面举例,以证《周礼》非周公之书。如崔氏曰:"九州之内约方三千余里,外尽四海不过五千里,故《孟子》曰:'海内之地方千里者九。'《记》曰:'四海之内九州,州方千里。'《书》曰:'弼成五服,至于五千,州十有二师,外薄四海,咸建五长。'今《周官》封国之制,诸公方五百里,侯方四百里,伯三百里,子二百里,男百里。天子邦畿之外九畿,畿每面五百里,通计为方万里。四海之内,安所得如计地而封之,而畿之?今自洛阳,东际海,西踰积石而西,亦不过五千余里,经传之文,较然可征。《周官》之诬,亦已明矣。"⑦ 崔氏以《周礼》所载公、侯、伯、子、男之封地与《尚书》《孟子》之记载以及地理知识相比较,认为《周礼》所记

---

① (汉)班固:《汉书》卷三十,中华书局1962年点校本,第1712页。
② (清)毛奇龄:《周礼问》卷一,《续修四库全书》第78册,第384页。
③ (清)毛奇龄:《周礼问》卷一,《续修四库全书》第78册,第383页。
④ (清)毛奇龄:《周礼问》卷一,《续修四库全书》第78册,第388页。
⑤ (清)崔述:《丰镐考信录》卷五,《续修四库全书》第455册,第554页。
⑥ (清)崔述:《丰镐考信录》卷五,《续修四库全书》第455册,第555页。
⑦ (清)崔述:《丰镐考信录》卷五,《续修四库全书》第455册,第554页。

内容与其他经传不合，亦与地理知识不合。

崔述还对《周礼》中的祭祀制度作了考察，他说："《书》云：'越三日丁巳，用牲于郊，牛二；越翼日戊午，乃社于新邑，牛一，羊一，豕一。'《记》云：'郊特牲而社稷太牢。'又云：'帝牛不吉，以为稷牛。'又云：'郊社之礼，所以事上帝也。'是古者止有一郊，祭天乃于郊，而祭地则于社也。今《周官》乃云冬至祭天于南郊，夏至祭地于北郊。果尔，则周公于洛，何以止一郊，即兼祭天地，亦不当同日而郊……未有书南北郊者。果有两郊，不应混而同之，则其说之出于后人所臆度，明矣。"① 崔氏认为，《周礼》记南北二郊，与《尚书》《礼记》所记郊祭不同。崔氏由此推断《周礼》所记郊祭为后人所臆度。

至于历史上有人应用《周礼》而招致败亡的事实，崔氏有另外一番看法，他说："嗟夫！自《周官》一书出，汉人据之以释经，其有不合则穿凿附会，以致离经而畔道者不少矣。至宋王安石后，遂据《泉府》之注以行青苗，蔡京复据'王及后世子不会'之文，以启徽宗之奢侈，而宋卒以此之亡。虽二子之意但假此以济其私，然不可谓非《周官》之有以启之也，可不为世之大监戒与！"② 在崔氏看来，王安石利用《周礼》推行变法从而导致北宋败亡，正可说明《周礼》离经叛道，不可能是周公之书。

持《周礼》出自战国之说的代表人物还有皮锡瑞。皮氏对何休、毛奇龄的观点推崇有加，他说："《周官》当从何休之说，出于六国时人，非必出于周公，亦非刘歆伪作。"③"毛氏以《周官》为战国时书，不信为周公所作，又力辨非刘歆之伪，而谓周制全亡，赖有《周礼》《仪礼》《礼记》三经，有心古学，宜加护卫，最为持平之论。"④ 皮氏认为《周礼》非周公作的理由有三点：

第一，周公制礼极慎重，而《周礼》与周代制度多不相符。皮锡瑞曰："既已优游三年，乃敢制作；又待营洛之后，乃始班行。所以不能不慎重者，观后世如汉贾谊、董仲舒、王吉、刘向皆请制礼而未能定，曹褒定礼而未能行，唐《显庆》《开元礼》，宋《政和礼》，其书具在，迄未行用，周公盖虑及此，

① （清）崔述：《丰镐考信录》卷五，《续修四库全书》第 455 册，第 555 页。
② （清）崔述：《丰镐考信录》卷五，《续修四库全书》第 455 册，第 556 页。
③ （清）皮锡瑞：《经学通论·三礼》，《皮锡瑞全集》第 6 册，中华书局 2015 年点校本，第437 页。
④ （清）皮锡瑞：《经学通论·三礼》，《皮锡瑞全集》第 6 册，中华书局 2015 年点校本，第439 页。

故必慎之于始。其始既如此慎重，其后必实见施行。今之《周官》与周时制度多不符，则是当时并未实行，其非周公之书可知。"① 皮氏认为，周公制礼作乐谨慎有加，然《周礼》所记礼制官制多与周制不符，故可推知《周礼》非周公所作。

第二，《周礼》若为周公所作，孔、孟不会不知。皮锡瑞曰："孔子所谓吾学周礼，亦非《周官》之书。北宫锜问周室班爵禄，《周官》言班爵禄极详，孟子乃云其详不可得闻，而所谓尝闻其略者，又不同《周官》而同《王制》。若《周官》为周公手定，必无孔孟皆未见之理，其书盖出孔孟后也。"② 皮氏认为，周公在孟子前，《周礼》若为周公作，《孟子》当引之；《孟子》所言制度与《王制》同，与《周礼》异，可知《周礼》非周公所作。

第三，驳《周礼》为周公未成或未行之书的观点。③ 皮锡瑞曰："欲以《周官》强归周公，乃以后世苟简之法例周公。伏《传》云'制礼方致政'，正是制礼必行之证，何得反据伏《传》以为不能遂行？显庆、开元作礼书饰太平，而不能实行，后世苟简之法则然，岂有周公制礼亦如是者？虽欲强为傅会，要无解于孔、孟未见也。"④ 皮氏认为，以《周礼》归周公作，乃后世以苟简之法比拟周公之制作。

皮锡瑞认为《周礼》出自战国，他说："《周礼》体大物博，即非周公手笔，而能作此书者，自是大才，亦必掇拾成周典礼之遗，非尽凭空撰造。其中即或

① （清）皮锡瑞：《经学通论·三礼》，《皮锡瑞全集》第 6 册，中华书局 2015 年点校本，第 457 页。

② 皮氏此说受毛奇龄的影响甚深，毛氏《经问》曰："《书》《诗》《易》三经，则《礼记》多引之。《周礼》《仪礼》《礼记》三经，则《诗》《书》《易》三经并未道及。即孔、孟二书，其论经多矣，然未有论及'三礼'只字者。何也？曰：此予之所以疑此书为战国人书也。"皮氏评论曰："毛氏说经多武断，惟解《周官》心极细，论亦极平。"毛氏以《周礼》作者非周公，皮锡瑞表示赞同。[参见（清）皮锡瑞：《经学通论·三礼》，《皮锡瑞全集》，中华书局 2015 年点校本，第 442 页]

③ 《困学纪闻》引九峰蔡氏云："周公方条治事之官，而未及师保之职，《冬官》亦阙，首尾未备，周公未成之书也。"《黄氏日钞》引孙处之说曰："《周礼》之作，周公居摄之后，书成归丰，而实未尝行。惟其未行，故建都之制不与《召诰》《洛诰》合，封国之制不与《武成》《孟子》合，设官之制不与《周官》合（《武成》《周官》皆伪书，可不引），九畿之制不与《禹贡》合，凡此皆豫为之也，而未尝行也。"[（清）皮锡瑞：《经学通论·三礼》，《皮锡瑞全集》，中华书局 2015 年点校本，第 457 页]

④ （清）皮锡瑞：《经学通论·三礼》，《皮锡瑞全集》，中华书局 2015 年点校本，第 458 页。

有刘歆增窜，亦非歆所能独办也。惟其书是一家之学，似是战国时有志之士据周旧典，参以己意，定为一代之制，以俟后王举行之者，盖即《春秋》素王改制之旨。"① 皮氏认为，《周礼》体大物博，是战国时期有志之士据周之旧典参以己意而成。

皮锡瑞对《周礼》成书时代的看法是其今文经学立场的反映。其否定《周礼》为周公所作说，而肯定《周礼》出于战国，皆是为了抑古文而扬今文。

三、汉儒掇拾缀缉说

顾栋高早年相信《周礼》为周公所作，不过当其撰《春秋大事表》时认为《周礼》"为汉之儒者掇拾缀缉无疑"②。其理由如下：

第一，《周礼》所记制度在先秦时期未曾实行。顾栋高曰："《周礼》六官所掌，凡朝觐、宗遇、会同、聘享、燕食，其期会之疏数、币赋之轻重、牢醴之薄厚，各准五等之爵为之杀，而适子誓于天子，则下其君之礼一等，未誓则以皮帛继子男。……而春秋二百四十年，若子产之争承，子服景伯之却百牢，未闻据《周礼》大行人之职以折服强敌也。……他如郑成公如宋，宋公问礼于皇武子，楚子干奔晋，晋叔向使与秦公子同食，皆百人之饩。而楚灵大会诸侯，问礼于左师与子产，左师献公合诸侯之礼六，子产献伯子男会公之礼六，皆不言其所考据，各以当时大小强弱为之等，是皆春秋博学多闻之士，而于周公所制会盟聘享之礼，若目未之见，耳未之闻，是独何与？若周公束之高阁，未尝班行列国，则当日无为制此礼。若既行之列国矣，而周公之子孙先未有称述之者，岂果弁髦王制、不遵法守欤？"③ 顾氏认为，《周礼》所记朝觐、聘享之礼在春秋时并未实行，由此推断《周礼》为晚出之书。

第二，《周礼》为其他经典所未曾征引。顾栋高曰："孔子尝言吾学《周礼》矣，而孔子一生所称引无及今《周官》一字者。孟子言班爵禄之制与《周官》互异。……夫书为孔、孟所未尝道，《诗》《书》、三传所未经见，而忽然出于

---

① （清）皮锡瑞：《经学通论·三礼》，《皮锡瑞全集》，中华书局 2015 年点校本，第 448—449 页。

② （清）顾栋高：《左氏引经不及〈周官〉〈仪礼〉论》，《春秋大事表》卷四十七，中华书局 1993 年点校本，第 2566 页。

③ （清）顾栋高：《左氏引经不及〈周官〉〈仪礼〉论》，《春秋大事表》卷四十七，中华书局 1993 年点校本，第 2565 页。

汉武帝之世……虽其宏纲巨典，未尝不稍存一二，而必过信之为周公所作，则过矣。"① 顾氏认为，孔子、孟子不曾言《周礼》，《诗》《书》和《春秋》三传亦不曾引《周礼》，由此推知《周礼》为晚出之书。

四、刘歆伪造说

有人认为《周礼》成书于西汉末年，系刘歆伪造。此说之首倡者是南宋的胡安国、胡宏父子，清人姚际恒、崔适、廖平、康有为等皆持此说。

清代持《周礼》刘歆伪造之说者，目前所知最早的当是姚际恒。由于姚氏《周礼通论》一书已佚，所以今已难知书中具体之论证。不过从与姚氏同时代的毛奇龄的著述中，可窥姚氏于《周礼》成书的观点。毛氏曰："近姚立方作《伪周礼论注》四本，桐乡钱君馆于其家多日，及来谒，言语疏率，瞠目者久之，嗫嗫嚅嚅而退。然立方所著亦不示我，但索其卷首《总论》观之，直绍述宋儒所言，以为刘歆作。予稍就其卷首及宋儒所言者略辨之，惜其书不全见，不能全辨，然亦见大概矣。"② 据毛氏所言，可知姚氏以《周礼》为刘歆作。

廖平认为《周礼》乃刘歆本《逸礼》屬臆说糅合而成。③ 廖氏曰："自春秋至哀、平之际，其间诸贤诸子、经师博士，尊经法古，道一风同，皆今学也。虽其仁知异见，乡土殊派，然谭六艺必主孔子，论制度必守《王制》，无有不同。刘歆报复博士，创为邪说，颠倒五经。改《周礼》而《王制》毁。"④"六经传于孔子，实与周公无干。哀、平以前，博士全祖孔子，不祖周公。刘歆《移书》亦全归孔子，后来欲攻博士，故牵引周公以敌孔子。"⑤ 廖氏认为，自春秋至汉代哀、平之际，有今学而无古学，刘歆为了报复博士，创为邪说，颠倒五经，并以周公敌孔子。

与廖平同时代的康有为也认为《周礼》属于刘歆伪作。受廖平影响，康有

---

① （清）顾栋高：《左氏引经不及〈周官〉〈仪礼〉论》，《春秋大事表》卷四十七，中华书局1993 年点校本，第 2566 页。

② （民国）徐世昌编纂：《清儒学案》第 2 册《西河学案下》，人民出版社 2010 年点校本，第678 页。

③ 关于廖平于《周礼》成书问题的认识，可参见本书上编"廖平的《周礼》诠释"部分。

④ （清）廖平：《古学考》，《廖平全集》第 1 册，上海古籍出版社 2015 年点校本，第 77 页。

⑤ （清）廖平：《古学考》，《廖平全集》第 1 册，上海古籍出版社 2015 年点校本，第 77 页。

为一改过去尊周公、崇《周礼》之倾向。在《新学伪经考》一书中，康氏认为《周礼》乃伪造之书。其根据有二：

一是《周礼》出现较晚。康氏曰："至《周官经》六篇，则自西汉前未之见，《史记·儒林传》《河间献王世家》无之。"①康氏认为，《史记》无《周礼》六篇之记载，故知《汉书》于《周礼》之记载为伪。

二是《周礼》的内容多出自《管子》和《戴记》。康氏曰："其本原出于《管子》及《戴记》。"②"蚩尤为当时，大常为廪者，奢龙为土师，祝融为司徒，大封为司马，后土为李。春者，土师也；夏者，司徒也；秋者，司马也；冬者，李也。为六官所自出。"③康氏认为，《周礼》六官布局出自《管子》。康氏又曰："《千乘》篇云：'司徒典春，司马司夏，司寇司秋，司空司冬。'《文王官人篇》：'国则任贵、乡则任贞、官则任长、学则任师、族则任宗、家则任主、先则任贤。'《朝事篇》则几于全袭之。歆之所为，大率类是。歆既多见故书雅记，以故规模弥密，证据深通。后儒生长其下，安得不为所惑溺也！"④康氏认为，《大戴礼记·千乘篇》《文王官人篇》《朝事篇》皆是刘歆伪造《周礼》的资源。

康有为认为，《周礼》乃古文经典，与今文相反，他说："其说与《公》《穀》《孟子》《王制》、今文博士皆相反。"⑤康氏认为，刘歆伪造《周礼》，意在助新莽改制。康氏曰："盖歆为伪经，无事不力与今学相反，总集其成，则存《周官》。今学全出于孔子，古学皆托于周公，盖阳以周公居摄佐莽之篡，而阴以周公抑孔子之学，此歆之罪不容诛者也。"⑥"《莽传》所谓'发得

---

①　（清）康有为：《新学伪经考·汉书艺文志辨伪第三上》，《康有为全集》第1集，中国人民大学出版社2007年点校本，第393页。

②　（清）康有为：《新学伪经考·汉书艺文志辨伪第三上》，《康有为全集》第1集，中国人民大学出版社2007年点校本，第394页。

③　（清）康有为：《新学伪经考·汉书艺文志辨伪第三上》，《康有为全集》第1集，中国人民大学出版社2007年点校本，第394页。

④　（清）康有为：《新学伪经考·汉书艺文志辨伪第三上》，《康有为全集》第1集，中国人民大学出版社2007年点校本，第394页。

⑤　（清）康有为：《新学伪经考·汉书艺文志辨伪第三上》，《康有为全集》第1集，中国人民大学出版社2007年版，第393页。

⑥　（清）康有为：《新学伪经考·汉书艺文志辨伪第三上》，《康有为全集》第1集，中国人民大学出版社2007年点校本，第394页。

《周礼》，以明因监'，故与莽所更法立制略同，盖刘歆所伪撰也。歆欲附成莽业而为此书，其伪群经，乃以证《周官》者。故歆之伪学，此书为首。"① 康氏认为，刘歆伪造《周礼》，意在以周公抑孔子，且以《周礼》为王莽改制的理论资源。

　　康有为认为，刘歆作伪造成了严重的后果。他说："自马、郑尊之，康成以为'三礼'之首，自是盛行。苏绰、王安石施之为治，以毒天下，至乃大儒朱子亦称为'盛水不漏，非周公不能作'，为歆所谩甚矣。"② 康有为认为，刘歆伪造《周礼》，致使马融、郑玄并推《周礼》为"三礼"之首；王安石以《周礼》施政，从而导致北宋的败亡。

第二节　清人于《仪礼》作者及成书的认识

　　清儒于《仪礼》作者和成书问题之认识，主要有周公成书说、孔子成书说、春秋战国间学者成书说和汉代儒者成书说。

一、周公成书说

　　《礼记·明堂位》云："周公摄政六年，制礼作乐。"崔灵恩、陆德明、孔颖达、贾公彦等人据此，认为《仪礼》是周公所作。如贾公彦云："至于《周礼》《仪礼》，发源是一。理有终始，分为二部，并是周公摄政太平之书。"③ 此说在中国古代影响颇为深远。也有人认为《仪礼》出自圣人，此所谓"圣人"并不一定是周公。如南宋张淳认为《仪礼》制度必出于圣人，然周公作之则非。南宋朱熹对《仪礼》总体上持尊崇态度，且多次明确指出《仪礼》出自圣人。朱熹认为，在漫长的历史发展过程中，人际交往之情文得以积累，圣人将这些约定俗成的内容加以整理，遂成《仪礼》一书。

　　清代不少学人持《仪礼》出自周公之说。比如张尔岐曰："在昔周公制礼，用致太平，据当时施于朝廷乡国者，勒为典籍，与天下共守之，其大体为《周

---

① （清）康有为：《新学伪经考·汉书艺文志辨伪第三上》，《康有为全集》第 1 集，中国人民大学出版社 2007 年点校本，第 393 页。

② （清）康有为：《新学伪经考·汉书艺文志辨伪第三上》，《康有为全集》第 1 集，中国人民大学出版社 2007 年点校本，第 393 页。

③ （清）阮元校刻：《十三经注疏（附校勘记）》，中华书局 1980 年版，第 945 页。

官》，其详节备文则为《仪礼》。"①"《仪礼》则周公之所定，孔子之所述，当时圣君贤相士君子之所遵行，可断然不疑者。"② 王士让曰："古经作自周公，中有记传，则读礼者所附。……学者每先入于韩子苦其难读之说，不知昌黎尝叹文王、周公之法度具在于是。"③ 蔡德晋曰："此书亦周公所作，载行礼仪文节次之详，乃礼之条目也。"④ 马骕曰："后世陋儒疑是经为周末人作，固属庸妄之见，若竟以为周公手笔，似又不然。其大纲非圣人不能定，若其细微曲折处，谅由史臣润色以成之。而道揆法守，皆于是乎在。或訾其中多重复，但欲备其制，不得不多其文，亦典册之体裁宜尔也。朱子论《周官》云：《周礼》规模皆是周公做，但其言语是他人做，如今时宰相提举敕令，岂是宰相一一下笔？有不是处，周公须与改，至小可处，或不及改。"⑤ 马氏认为，《仪礼》之大纲非圣人不能定，然并非一定出自周公。

清代学人持《仪礼》出自周公之说的学者，胡培翚可谓代表。胡氏肯定《仪礼》是圣人周公之作，并从以下几个方面作了论证：

一是《仪礼》内容虽繁，却有条不紊，且有圣人精意存焉。他说："夫'三礼'之书，惟《仪礼》最精。自诸侯去籍，而后礼文散逸，五家之传，不绝如线。以为残缺不全，固有之矣，若以为出后人撰辑，则未有也，且其书亦非后人所能撰辑也。昔朱子尝云：'《仪礼》为礼之根本。'又云：'极细密，极周缜，其间曲折难行处，都有个措置得恰好。'敖继公云：'以其书考之，辞意简严，品节详备，非圣人莫能为。'忆培翚初治是经，每于静夜无人时，取各篇熟读之，觉其中器物陈设之多、行礼节次之密、升降揖让裼袭之繁，无不条理秩然，每篇循首至尾，一气贯注，有欲增减一字不得者。呜呼！此岂后儒所能缀辑也哉！至各篇之记与《礼记》相出入，传与《公》《穀》相似，亦非七十子之徒莫能为，而谓汉儒能为之耶？"⑥ 在胡氏看来，《仪礼》内容之严密，以至于"欲

---

① （清）张尔岐：《仪礼郑注句读序》，《仪礼郑注句读》卷首，文渊阁《四库全书》第108册，第3页。
② （清）张尔岐：《仪礼郑注句读序》，《仪礼郑注句读》卷首，文渊阁《四库全书》第108册，第3页。
③ （清）王士让：《仪礼训解》卷一，《续修四库全书》第88册，第11页。
④ （清）蔡德晋：《礼经本义》卷一，文渊阁《四库全书》第109册，第500页。
⑤ （清）马骕：《仪礼易读凡例》，《仪礼易读》卷首，《四库全书存目丛书》第88册，第8页。
⑥ （清）胡培翚：《仪礼非后人伪撰辨》，《胡培翚集》，台湾"中央研究院"中国文哲研究所2005年点校本，第87—88页。

增减一字不得",而文字之间所蕴含的是圣人之精意。

二是据《礼记·明堂位》和先儒之说,认为《仪礼》出自周公。胡培翚曰:"《礼记·明堂位》曰:'周公摄政六年,制礼作乐。'故崔氏灵恩、陆氏德明、孔氏颖达及贾氏,皆云《仪礼》周公所作。韩氏愈云'文王、周公之法制粗具于是',盖亦以为周公作也。孔子、孟子所云'学礼',即谓此书。……今据此诸说,'三礼'惟《仪礼》最古,亦惟《仪礼》最醇矣。《仪礼》有经、有记、有传,记、传乃孔门七十子之徒之所为,而经非周公莫能作。"①胡氏指出,《仪礼》经文出自周公,而传、记之文则出自"孔门七十子之徒"。

三是《仪礼》为先秦文献所征引者不在少数。清人顾栋高认为《仪礼》为孔、孟所未尝道,《诗》《书》《三传》所未经见,所以《仪礼》为晚出之书。胡培翚认为顾氏之说"不察之甚"②,并论证曰:"夫《仪礼》之书,叙次繁重,有必详其原委而义始见者,非若他经之可以断章取义也,故各书引其辞颇少,然其仪文节次,为诸经所称引者多矣。《仪礼》昏礼,有纳采、问名、纳吉、纳徵、请期、亲迎六者,而《穀梁传》云:'《礼》有纳采,有问名,有纳徵,有告期。'此所谓《礼》,非即《仪礼》乎?《聘礼》:'宾至近郊,君使卿劳。及聘毕,宾行,君使卿赠。'是主国接宾之事,以郊劳始,以赠贿终,而《左传》云:'齐国庄子来聘,自郊劳至于赠贿,礼成而加之以敏。'又云:'入有郊劳,出有赠贿。'此非本《礼经》为言乎?"③胡氏指出,《仪礼》中的内容为他书所引者不在少数,比如《士昏礼》为《穀梁传》所引、《聘礼》为《左传》所引即是其证。

二、孔子成书说

持《仪礼》出自孔子之说者,清代以邵懿辰、皮锡瑞和梁启超为代表。

邵懿辰认为孔子"本周公之意"④,而"定《礼》十七篇"⑤,也就是说,《仪礼》一书的编定者是孔子,而《仪礼》所蕴含的义理则出自周公。邵氏曰:"夫

① (清)胡培翚、胡肇昕:《仪礼正义》卷一,北京大学出版社 2016 年点校本,第 17—18 页。
② (清)胡培翚:《仪礼非后人伪撰辨》,《胡培翚集》,台湾"中央研究院"中国文哲研究所 2005 年点校本,第 85 页。
③ (清)胡培翚:《仪礼非后人伪撰辨》,《胡培翚集》,台湾"中央研究院"中国文哲研究所 2005 年点校本,第 85—86 页。
④ (清)邵懿辰:《礼经通论》,《清经解续编》第 5 册,上海书店 1988 年影印本,第 586 页。
⑤ (清)邵懿辰:《礼经通论》,《清经解续编》第 5 册,上海书店 1988 年影印本,第 586 页。

'经礼三百,曲礼三千',《仪礼》所谓经礼也,周公所制本有三百之多,至孔子时即礼文废阙,必不止此十七篇,亦必不止如《汉志》所云五十六篇而已也。而孔子所为定礼乐者,独取此十七篇以为教,配六艺而垂万世,则正以冠、昏、丧、祭、射、乡、朝、聘为天下之达礼耳。"①邵氏认为,礼之文本在周公制礼时颇多,即便在孔子之时,礼之文本亦不少;孔子从众多的文本中择取十七篇,以"配六艺而垂万世"。邵氏又曰:"人之心量无穷,而记诵限于其气质,约而易操,则著心尤固。是故《春秋》万七千言,《易》二万四千余言,《书》二万五千余言,《诗》三万九千余言,十七篇之《礼经》五万六千余言,合十六万余言,势不可以再多,多则不能常存而不灭也。故礼在当时,道器尚不相离,至于后世,文字存焉耳,然则独其道存焉耳,有所以为冠、昏、丧、祭、射、乡、朝、聘,而道岂有遗焉者乎?而尚存乎?见少乎?此圣人定十七篇为《礼经》之意也。若夫《周官》太宰、宗伯之所掌,太史、小史之所执所读,小行人之所籍,方策之多,可想而知,虽秉礼之宗国,有不能备。司铎火,子服景伯命出礼书;而哀公使孺子悲学士丧礼于孔子,则鲁初无《士丧礼》;执羔执雁,尚不能知,则鲁无《士相见礼》。孔子周流列国,就老聃、苌弘识大识小之徒,而访求焉者,但得其大者而已,势不能传而致之,尽以教及门之士。与其失之繁多,而终归于废坠,不如择其简要,而可垂诸永久也。此《礼经》在孔子时,不止十七篇,亦不止五十六篇,而定为十七篇,举要推类而尽其余者,非至当不易之理欤。"②在邵氏看来,孔子择取的十七篇蕴含圣人之道,并非随意为之。

前人据《汉书》所云《逸礼》三十九篇,认为《仪礼》本不止十七篇。邵懿辰认为《仪礼》十七篇本无阙佚,其理由有二:一是汉人不以《仪礼》有阙佚。邵氏曰:"夫高堂、后苍、二戴、庆普不以十七篇为不全者。"③二是《礼记》的篇目可反证《仪礼》不阙。邵氏曰:"《冠义》《昏义》诸记本以释经,为《仪礼》之传,先儒无异说。……而无一篇之义出乎十七篇之外者,是冠、昏、丧、祭、朝、聘、乡、射八者约十七篇而言之也。"④邵氏认为,《礼记》中的内容并无出自《仪礼》之外者,说明《仪礼》十七篇不阙。

① (清)邵懿辰:《礼经通论》,《清经解续编》第 5 册,上海书店 1988 年影印本,第 585 页。
② (清)邵懿辰:《礼经通论》,《清经解续编》第 5 册,上海书店 1988 年影印本,第 586 页。
③ (清)邵懿辰:《礼经通论》,《清经解续编》第 5 册,上海书店 1988 年影印本,第 585 页。
④ (清)邵懿辰:《礼经通论》,《清经解续编》第 5 册,上海书店 1988 年影印本,第 585 页。

　　邵氏认为,《逸礼》三十九篇或是刘歆之伪作,或是孔子删经之余。他说:"三十九篇,即《王居明堂礼》一篇,断知其伪。余或有河间献王之得自淹中者,真伪殆莫可定,就令非伪,亦孔子定十七篇时删弃之余。康成不为之注,与十六篇伪古文《书》同,大抵秃屑丛残,无关理要。"① 邵氏认为,《逸礼》与《仪礼》十七篇的价值不可相提并论,《逸礼》即便不伪,亦是孔子所弃之书,无关圣人要义。

　　皮锡瑞亦认为"《礼》十七篇为孔子所定"②。其所作论证如下:

　　一是据《檀弓》以证《仪礼》为孔子所定。皮氏云:《礼》十七篇,盖孔子所定。《檀弓》云:'恤由之丧,哀公使孺悲学士丧礼于孔子,士丧礼于是乎书。'据此,则《士丧》出于孔子,其余篇亦出于孔子可知。"③ 皮氏据《檀弓》"哀公使孺悲学士丧礼于孔子,士丧礼于是乎书",认为《仪礼·士丧礼》为孔子所定,并由此推定《仪礼》其他篇目亦出自孔子。

　　二是据《仪礼·聘礼》《论语·乡党》以证《仪礼》为孔子所作。元人熊朋来认为,《聘礼》篇末的"执圭如重""入门鞠躬""私觌愉愉"等语,与《论语·乡党》用语接近。熊氏据此认为《仪礼》出于七十子之徒所传。皮锡瑞评议曰:"此正可证《仪礼》为孔子作。《乡党》之文与《仪礼》多合,盖有孔子所尝行者,有孔子未尝行而尝言之者。熊氏谓'未知《乡党》用《聘礼》语,抑《聘礼》用《乡党》语',盖未知《乡党》《聘礼》皆孔子之书。而谓'《礼经》多出于七十子之徒所传',则已明知《礼经》出自孔子,而非出自周公矣。"④ 皮氏认为,《仪礼》《论语》均出自孔子,故《聘礼》与《乡党》的部分内容相合,熊氏以《仪礼》出自七十子之徒,正可说明《仪礼》出自孔子,而与周公无关。皮氏一方面云"《仪礼》为孔子作",另一方面云"《礼》十七篇盖孔子所定",实际上,"定"与"作"是有差异的,"定"是选择已有的文献汇编成书,而"作"是撰写成书。不过,皮氏用"定""作"两个词,皆强调《仪礼》与孔子有着密切关系。

　　三是认为《仪礼》在汉代为经。皮氏曰:"汉以十七篇立学,尊为经,以

---

①　(清)邵懿辰:《礼经通论》,《清经解续编》第 5 册,上海书店 1988 年影印本,第 588 页。

②　(清)皮锡瑞:《经学通论·三礼》,《皮锡瑞全集》,中华书局 2015 年点校本,第 387 页。

③　(清)皮锡瑞:《经学通论·三礼》,《皮锡瑞全集》,中华书局 2015 年点校本,第 388 页。

④　(清)皮锡瑞:《经学通论·三礼》,《皮锡瑞全集》,中华书局 2015 年点校本,第 411 页。

其为孔子所定也。"① 皮氏认为，经为孔子所定，《仪礼》在汉代为经，由此可知《仪礼》为孔子所定。

《史记·儒林传》对《仪礼》的流传过程作了说明，其曰："诸学者多言《礼》，而鲁高堂生最本。"② 皮氏云："据《史记》，高堂生所传《士礼》，即今十七篇之《仪礼》。是史公所云《礼》止数《仪礼》，不及《周礼》与《礼记》也。……据《汉书》，'《经》十七篇'，即今十七篇之《仪礼》。"③《汉书·艺文志》："《礼古经》五十六卷，《经》七十篇。"④ 皮氏云："汉所谓《礼》，即今十七篇之《仪礼》，而汉不名《仪礼》，专主经言，则曰'礼经'；合记而言，则曰'礼记'。许慎、卢植所称'礼记'，皆即《仪礼》与篇中之《记》，非今四十九篇之《礼记》也。"⑤ 皮氏据《史记》《汉书》，认为汉初所言"《礼》""《士礼》"即《仪礼》；汉初所言"《礼》"不包括《周礼》和《礼记》；汉代所言"《礼记》"特指《仪礼》及篇中之《记》，而非四十九篇的《礼记》。

《汉书·艺文志》曰："汉兴，鲁高堂生传《士礼》十七篇。迄孝宣世，后仓最明。戴德、戴圣、庆普皆其弟子，三家立于学官。《礼古经》者，出于鲁淹中及孔氏，与十七篇文相似，多三十九篇。及《明堂阴阳》《王史氏记》，多天子、诸侯、卿大夫之制，虽不能备，犹逾仓等推《士礼》而致于天子之说。"⑥ 刘敞曰："'学'，当作'与'，'七十'当作'十七'。五十六卷除十七，正多三十九。"⑦ 班固认为，鲁淹中及孔壁所出《礼古经》五十六篇，包括汉代高堂生所传《礼》十七篇。皮氏补充曰："《礼记·奔丧·正义》曰：郑云《逸礼》者，《汉书·艺文志》云：'汉兴，始于鲁淹中得古《礼》五十七篇，其十七篇与今《仪礼》正同，其余四十篇藏在秘府，谓之《逸礼》。其《投壶礼》，亦此类也。'又《六艺论》云：'汉兴，高堂生得《礼》十七篇。后孔子壁中得古文《礼》五十七篇，其十七篇与前同而字多异。'孔《疏》引《汉志》云：'十七篇可证今本之误。'与刘氏说正合。而云古文《礼》五十七篇，其余四十篇，则又误

---

① （清）皮锡瑞：《经学通论·三礼》，《皮锡瑞全集》，中华书局 2015 年点校本，第 388 页。

② （汉）司马迁：《史记》卷一百二十一，中华书局 1959 年点校本，第 3126 页。

③ （清）皮锡瑞：《经学通论·三礼》，《皮锡瑞全集》，中华书局 2015 年点校本，第 369—370 页。

④ （汉）班固：《汉书》卷三十，中华书局 1962 年点校本，第 1709 页。

⑤ （清）皮锡瑞：《经学通论·三礼》，《皮锡瑞全集》，中华书局 2015 年点校本，第 369 页。

⑥ （汉）班固：《汉书》卷三十《艺文志》，中华书局 1962 年点校本，第 1710 页。

⑦ （宋）王应麟：《汉艺文志考证》卷二，中华书局 2011 年版，第 164 页。

多一篇,与《汉志》云五十六卷、多三十九篇之数不合。古云篇、卷有同有异,此则五十六卷即五十六篇,盖篇、卷相同者。《礼记正义序》引《六艺论》,作'古文《礼》凡五十六篇',不误。下云'其十七篇与高堂生所传同而字多异,其十七篇外,则《逸礼》是也',说尤详明。"① 皮氏据《礼记正义》及刘敞之说,认为郑玄《六艺论》作"古文《礼》凡五十六篇"不误,此五十六篇包括高堂生所传《仪礼》十七篇,余下的三十九篇为《逸礼》。

对于邵懿辰以《仪礼》十七篇为孔子所定之说,皮锡瑞表示推崇。皮氏曰:"邵氏不尊《周官》,不信《逸礼》,专据十七篇为孔子手定,故谓繁多不如简要。此《礼经》之定论,实亦诸经之通论也。孔子定六经以教万世,必使万世可以通行。上智少而中材多,古今之所同然。若书过于繁多,则惟上智之人能通,而中材之人不能通,不受教者多,而受教者少矣。古无纸墨枣印,漆书竹简尤不能繁。即如邵氏所推合六经十六万余言,传诵已苦不易。"② 皮氏认为,孔子以"六经"为万世之教科书,符合多数人为中材而非上智之现实;孔子定"六经"务在简明扼要,不务繁杂无用。

刘歆校理古籍时,发现《礼古经》五十六篇之内容远不止士礼,还有天子、诸侯之礼。皮锡瑞认为,《仪礼》内容广泛,他说:"有王朝之礼,有民间通行之礼。论定礼之制,则民间通行之礼小,而王朝之礼大;论行礼之处,则民间通行之礼广,而王朝之礼狭。十七篇古称《士礼》,其实不皆士礼。纯乎士礼者,惟《冠》《昏》《丧》《相见》。若祭礼,则《少牢馈食》《有司彻》为大夫礼;《乡饮》《射》,士、大夫所通行;《燕礼》《大射》《聘礼》《公食大夫》,为诸侯礼;《觐礼》,为诸侯见天子礼,并非专为士设。其通称《士礼》者,盖以《士冠》列首,遂并其下通称为士而不复分别耳。若士以上冠、昏、丧、祭之礼,与士或同或异,不见于十七篇,而见于《记》与他书者,亦略可以考见。"③ 皮氏认为,《仪礼》中有士礼、大夫礼、诸侯礼,有士和大夫通行之礼;十七篇通称士礼,是因为士冠礼列于十七篇之首,其下遂通称士礼而不复分别;大夫礼、诸侯礼还

① （清）皮锡瑞:《经学通论·三礼》,《皮锡瑞全集》,中华书局 2015 年点校本,第 370—371 页。

② （清）皮锡瑞:《经学通论·三礼》,《皮锡瑞全集》,中华书局 2015 年点校本,第 489—490 页。

③ （清）皮锡瑞:《经学通论·三礼》,《皮锡瑞全集》,中华书局 2015 年点校本,第 396—397 页。

见于《仪礼》之《记》文，或见于他书。

皮锡瑞认为《仪礼》为孔子所定，孔子既不得位，又生当礼坏乐崩之后，虽适周而问老聃、苌弘，入太庙而每事问，委曲详细，必不尽知。皮氏认为，后仓推士礼以致于天子乃礼家之通例，他说："礼由义起，在好学深思、心知其意者，即无明文可据，皆可以意推补。古者'五刑之属三千'，见于《尚书·吕刑》，'威仪三千''曲礼三千'，见于《中庸》《礼器》，其数皆三千者，出乎礼者入于刑，故取其数相准。数至三千，不为不多，然而事理之变无穷，法制之文有限，必欲事事而为之制，虽三千有所不能尽。"① 皮氏认为，礼有仪节和礼意，据礼意可推补仪节；时代不同，礼仪亦有异，以既有之礼仪一劳永逸地满足各个时代的需求是不可能的，因此礼之推补尤为重要。皮氏认为《大清律》《大清通礼》《礼部则例》皆是礼之推补的典型。他说："如今之《大清律》远本汉、唐，繁简得中，纤悉备具，而律不能尽者，必求之例，甚至例亦不能尽，更须临时酌议。《大清通礼》《礼部则例》虽极明备，而承袭之异、服制之殊，亦有不能全载，上烦部议，取决临时者。以今准古，何独不然？是即周时三千之礼具在，其不能尽具者，亦须临时推补，况在诸侯去籍，始皇焚书之后哉！"② 皮氏认为，《大清律》虽然纤细必备，然亦有不能尽者，故必以例补充；周代三千礼具在，亦难满足后世之需，故临时推补实属必要；孔子定《仪礼》十七篇，足以明君臣、父子、兄弟、夫妇、朋友之伦，然"后仓等推士礼以致于天子，乃不得不然之势。其实是礼家之通例，莫不皆然者也"③。

梁启超亦对《仪礼》的成书问题做了探讨。其认为西周有《仪礼》所记之仪节，他说："《仪礼》的一部分，许是西周已有。因为礼是由社会习惯积成的，不是平空由圣人想出来。西周习惯的礼，写成文字，成为固定的仪节，许是比较的很晚。"④ 不过，《仪礼》之仪节是由孔子整理才成为文本的。梁氏曰："今十七篇许是出于孔子之手。相传孔子删《诗》《书》，定《礼》《乐》。我不信孔子曾删《诗》《书》，而倒有点相信孔子曾定《礼》《乐》。……大概周代尚文，礼节是很繁缛的。孔子向来认礼为自己教人的要课，那么，把礼节厘定一

① （清）皮锡瑞：《经学通论·三礼》，《皮锡瑞全集》，中华书局 2015 年点校本，第 399 页。
② （清）皮锡瑞：《经学通论·三礼》，《皮锡瑞全集》，中华书局 2015 年点校本，第 399 页。
③ （清）皮锡瑞：《经学通论·三礼》，《皮锡瑞全集》，中华书局 2015 年点校本，第 399 页。
④ （清）梁启超：《古书真伪及其年代》，《饮冰室合集·专集》之一百四，中华书局 1989 年版，第 105 页。

番，使其适宜，也并不稀奇。所以我说《仪礼》许是孔子编的。……固然《仪礼》全部非都由孔子创造。如《乡饮酒礼》《乡射礼》，依《论语》《礼记》所记，孔子时已有。不过编定成文，也许全部出自孔子。因《士丧礼》决是孔子手定，其余也可推定是孔子审定过的。"[1]梁氏认为，西周时期的仪节经过孔子的整理，成为育人之教材，此教材就是《仪礼》。梁氏此说，与邵懿辰的观点颇为接近。

三、春秋战国间学者成书说

持《仪礼》出自春秋战国间学者之说者，就目前所知，清代仅姚际恒和崔述。

姚际恒认为《仪礼》是"周末儒者所撰"[2]，原因是"此书者，《孟子》不举其义，汉世稍出其传，推之春秋侯国，往往而合"[3]。姚氏还认为，《仪礼》所记载的内容与春秋侯国相合，然《孟子》一书于《仪礼》无所征引，可知《仪礼》出自孟子之后；汉代有《仪礼》传于世，由此推断《仪礼》成书于孟子之后的"衰周之世"。

姚际恒认为《汉书·艺文志》于《仪礼》之记载"多未明晓"[4]。其依据如下：

一是《汉书·艺文志》所记《仪礼》篇、卷不一。姚氏曰："云'《礼古经》五十六卷'，以三十九合十七，正得五十六。岂篇数即卷数耶？"[5]姚氏认为，《汉书·艺文志》所记《礼古经》或为卷，或为篇，数目巧合，不可引以为据。

二是《仪礼》所记礼仪全面，并无所谓"逸礼"。《仪礼》十七篇，《士冠礼》《士昏礼》《士相见礼》《乡饮酒礼》《士丧礼》《士虞礼》《特牲馈食礼》皆是士礼，而《燕礼》《聘礼》《觐礼》《大射礼》《公食大夫礼》《少牢馈食礼》为天子、

---

① （清）梁启超：《古书真伪及其年代》，《饮冰室合集·专集》之一百四，中华书局 1989 年版，第 106—107 页。

② （清）姚际恒：《仪礼通论序》，《仪礼通论》卷首，中国社会科学出版社 1998 年点校本，第 2 页。

③ （清）姚际恒：《仪礼通论序》，《仪礼通论》卷首，中国社会科学出版社 1998 年点校本，第 2 页。

④ （清）姚际恒：《仪礼通论序》，《仪礼通论》卷首，中国社会科学出版社 1998 年点校本，第 1 页。

⑤ （清）姚际恒：《仪礼通论序》，《仪礼通论》卷首，中国社会科学出版社 1998 年点校本，第 1 页。

诸侯、大夫礼。因此，"《汉志》谓十七篇皆言士礼，非也"①，"世儒不察，耳食孟坚之言，谓天子、诸侯礼亡，岂非日读其书而不知耶？"②姚际恒认为《仪礼》所记礼仪颇为全面，并无所谓《逸礼》。他说："《仪礼》以冠、昏、丧、祭、乡、相见六礼为士礼，其中有可通大夫、诸侯、天子者，任人推致，而别以燕、聘、觐、大射、公食大夫、少牢馈食为大夫、诸侯、天子。如是，则天子至士，约略可全。"③姚氏认为，《仪礼》所记"六礼"皆是士礼，天子、诸侯、大夫之"六礼"皆可据士礼推导而来，因此《仪礼》为完书。姚际恒说："即如一冠礼，使有士，又有大夫，有诸侯，有天子，篇目累重，事义复叠，有此经书体制乎？且人祇见冠、昏、丧、祭，谓诸侯、天子亦宜有耳，若乡、相见，诸侯、天子固无之也。乡、相见既无，在冠、昏、丧、祭亦无可知，安得独谓之亡乎？是十七篇固为完书。"④至于后人或为之惜其亡，或为之补其亡，是"徒自分挐耳"⑤。姚氏此观点，被邵懿辰、皮锡瑞等人所继承和发展。

崔述认为《仪礼》"乃春秋战国间学者所记"⑥。他从义理和制度方面做了论证。

崔述从义理方面以证《仪礼》非周公之书。他说："周公曰：'享多仪，仪不及物曰不享，惟不役志于享。'孔子曰：'先进于礼乐，野人也；后进于礼乐，君子也。如用之，则吾从先进。'然则圣人所贵在诚意，不在备物。周初之制，犹存忠质之遗，不尚繁缛之节，明矣。今《礼经》所记者，其文繁，其物奢，与周公、孔子之意叛然相背而驰。盖即所谓后进之礼乐者，非周公所制也。"⑦崔氏认为，《仪礼》所记之繁文缛节，与周公和孔子的礼学思想是相悖的。崔

---

① （清）姚际恒：《仪礼论旨》，《仪礼通论》卷首，中国社会科学出版社 1998 年点校本，第 9 页。
② （清）姚际恒：《仪礼论旨》，《仪礼通论》卷首，中国社会科学出版社 1998 年点校本，第 9 页。
③ （清）姚际恒：《仪礼论旨》，《仪礼通论》卷首，中国社会科学出版社 1998 年点校本，第 9—10 页。
④ （清）姚际恒：《仪礼论旨》，《仪礼通论》卷首，中国社会科学出版社 1998 年点校本，第 9 页。
⑤ （清）姚际恒：《仪礼论旨》，《仪礼通论》卷首，中国社会科学出版社 1998 年点校本，第 9 页。
⑥ （清）崔述：《丰镐考信录》卷五，《续修四库全书》第 455 册，第 552 页。
⑦ （清）崔述：《丰镐考信录》卷五，《续修四库全书》第 455 册，第 550 页。

氏由此推断《仪礼》既不出自周公，亦不出自孔子，当是春秋战国间人所撰。

崔述还从制度方面以证《仪礼》为春秋战国间书。其举例曰："古者公侯仅方百里，伯七十里，子、男五十里。而今聘食之礼，牲牢笾豆之属多而无用，费而无当。度其礼，每岁不下十余举，竭一国之民力犹恐不胜。至于上士之禄仅倍中士，中士仅倍下士，下士仅足以代其耕。而今士礼执事之人，实繁有徒，陈设之物灿然毕具，又岂分卑禄薄者所能给乎？此必春秋以降，诸侯吞并之余，地广国富，而大夫、士邑亦多，禄亦厚，是以如此其备，非先王之制也。"①崔氏认为，西周公、侯、伯、子、男的封地并不大，而《仪礼》所记聘食之礼规模大、费用多，非一国之力所能承担。崔氏由此推断《仪礼》所记聘食之礼是春秋时期诸侯兼并之余才有的。又如跪拜之礼，崔述曰："古礼臣拜君于堂下，虽君有命，仍俟拜毕乃升，未有升而成拜者也。齐桓为诸侯盟主，权过于天子，然犹如是，则寻常之卿大夫可知矣。……今《礼经》臣初拜于堂下，君辞之，遂升而成拜，是孔子所谓拜上矣，齐桓、晋文所不敢出，而此书乃如是。然则其为春秋以降沿袭之礼，而非周公之制，明矣。"②崔氏认为，春秋时期没有《仪礼》所记"升而成拜"之例。崔氏由此推断《仪礼》为春秋以降才有之书。

不过，崔述对于经史所记周公制礼之说是表示认可的。在崔述看来，周公制礼重在纲目，他说："盖凡传记所称周公制礼云者，亦止制其大纲而已。古者风尚简质，周初虽视夏商为文，然较之春秋时已有野人之目。而圣人创制显庸，以范围天下，欲其欣然乐就，亦必不过为繁赜难知之学。"③言下之意，《仪礼》繁文缛节，与周公制礼重纲目不同，此是进一步论证《仪礼》与周公无关系。

四、汉儒成书说

持《仪礼》出自汉儒之说者，清代以顾栋高为代表。

顾栋高早年曾相信《仪礼》为周公所作，不过后来撰《春秋大事表》时，改变了以前的观点，其认为《仪礼》并非为周公所作，而是出自汉儒之手。他

---

① （清）崔述：《丰镐考信录》卷五，《续修四库全书》第 455 册，第 550—551 页。
② （清）崔述：《丰镐考信录》卷五，《续修四库全书》第 455 册，第 551 页。
③ （清）崔述：《丰镐考信录》卷五，《续修四库全书》第 455 册，第 552 页。

说："余年十八岁执经，高先生即令读《周礼》。二十一先府君见背，从授《丧服》及《士丧礼》三篇，已而渐及通经。当时深信笃好，见有人斥《周礼》为伪者，心辄恶之。五十以后辑《春秋大事表》，凡十四年而卒业，乃始恍然有疑，非特《周礼》为汉儒傅会，即《仪礼》亦未敢信为周公之本文也。何则？……《仪礼》有《燕礼》以享四方之宾客，《聘礼》以亲邦国之诸侯，《公食大夫礼》以食小聘之大夫，而《觐》为诸侯秋见天子之礼，其米禾薪刍有定数，牢鼎几筵笾豆脯醢有常等，靡不厘然具载。是宜天下诸侯卿大夫帅以从事，若今会典之罔敢踰尺寸。而春秋二百四十年，若子产之争承，子服景伯之却百牢……未闻述《仪礼》燕食之礼以固辞好惠也。"① 顾氏认为，《仪礼》所记聘觐食礼，在春秋时期并不曾实行。顾氏据此，认为《仪礼》与《周礼》一样，"其为汉之儒者掇拾缀缉无疑"②。

第三节　清人于《礼记》作者及成书的认识

《礼记》四十九篇，各篇的作者，以及整本书的纂集过程，学术界历来都存在争议。清儒在前人研究之基础上，对《礼记》中的《王制》《月令》《礼运》《儒行》等篇的作者以及《礼记》的纂集过程皆提出了看法。

一、于《礼记》纂集成书的认识

汉唐以来，关于《礼记》之纂集，存在两种不同的观点：

一种观点认为戴德和戴圣分别传《大戴礼记》八十五篇和《礼记》四十九篇，持这种观点的代表人物是郑玄。孔颖达《礼记正义序》引郑玄《六艺论》曰："今礼行于世者，戴德、戴圣之学也。……戴德传《记》八十五篇，则《大戴礼》是也；戴圣传《礼》四十九篇，则此《礼记》是也。"③

另一种观点认为"小戴删大戴"而成《礼记》，持此种观点的代表人物是晋代的陈邵。陈邵云："戴德删古《礼》二百四篇为八十五篇，谓之《大戴礼》；

① （清）顾栋高：《左氏引经不及〈周官〉〈仪礼〉论》，《春秋大事表》卷四十七，中华书局1993年版，第2565页。
② （清）顾栋高：《左氏引经不及〈周官〉〈仪礼〉论》，《春秋大事表》卷四十七，中华书局1993年版，第2566页。
③ （清）阮元校刻：《十三经注疏（附校勘记）》，中华书局1980年版，第1226页。

戴圣删《大戴礼》为四十九篇，是为《小戴礼》。后汉马融、卢植考诸家同异，附戴圣篇章，去其繁重及所叙略而行于世，即今之《礼记》是也。郑玄亦依卢、马之本而注焉。"① 陈邵偏离郑玄，首次提出戴德删古《礼》二百四篇为八十五篇，戴圣又删八十五篇为四十九篇。《隋书·经籍志》云："汉末马融，遂传小戴之学。融又定《月令》一篇、《明堂位》一篇、《乐记》一篇，合四十九篇；而郑玄受业于融，又为之注。"② 此即"马融足三篇"说。

清代学人皆认为《礼记》成书于西汉戴圣，不过也受陈邵和《隋书·经籍志》的影响甚深。清代学人的观点大致如下：

王夫之曰："《礼记》者，汉戴氏圣述所传于师，备五礼之节文而为之记也。《周礼》《仪礼》，古礼经也。戴氏述其所传，不敢自附于经，而为之记，若《仪礼》之记，列于经后以发明之焉。孔子反鲁，定礼乐，引伸先王之道而论定其义，辑礼经之所未备而发其大义，导其微言。七十子之徒，传者异闻而皆有所折衷，以至周末洎汉之儒者，习先师之训，皆有纪述。小戴承众论之后，为纂叙而会归之，以为此书，显微同异之辞虽若不一，而于以体先圣复性以立人极之意，其不合者鲜矣。"③ 王夫之认为《周礼》《仪礼》是经，而《礼记》是记，记是发明经义的；戴圣纂辑先秦至汉代众人论礼之言而成《礼记》。王氏此说较为笼统，然无破绽。

《日讲礼记解义序》曰："《礼记》出自汉儒，然多本于七十子之所传习。"④ 又曰："周公辅成王致太平，述文武之德，监夏商之尚，以制为礼，郁郁乎文。故孔子曰'吾从周'，今所传《周礼》《仪礼》，盖其遗也。迨周末文胜，正礼浸失，于是孔门七十二子之徒或录旧礼之义，或录变礼所由，以为之记。继遭秦火，礼益散亡。……二戴因习《仪礼》，而录《礼记》。大戴氏以所得先儒所记礼书百余篇，删存八十五。小戴氏又增损为四十三，以《曲礼》《檀弓》《杂记》分上、下。后马融传小戴之学，增以《月令》《明堂位》《乐记》，总四十九篇，则今之《礼记》是也。"⑤ 此段文字透显出的信息如下：《礼记》是孔门之徒录"旧

① （唐）陆德明著，吴承仕疏证：《经典释文序录疏证》，中华书局 2008 年版，第 91 页。
② （唐）魏徵：《隋书》卷三十二，中华书局 1973 年点校本，第 925—926 页。
③ （清）王夫之：《礼记章句》卷一，《船山全书》第 4 册，岳麓书社 2011 年点校本，第 11 页。
④ （清）高宗：《御制日讲礼记解义序》，《日讲礼记解义》卷首，文渊阁《四库全书》第 123 册，第 1 页。
⑤ （清）康熙年间敕编：《日讲礼记解义》卷一，文渊阁《四库全书》第 123 册，第 10—11 页。

礼之义""变礼所由"之文字，最后由汉儒编纂成书；采纳陈邵和《隋志》的观点，即戴德删古《礼》为八十五篇，戴圣删八十五篇为四十九篇，马融又增以《月令》《明堂位》《乐记》。

方苞曰："盖礼经之散亡久矣，群儒各记所闻，记者非一时之人，所记非一代之制。"① 方氏认为《礼记》各篇的作者"非一时之人"，内容"非一代之制"。此说比较笼统。

姜兆锡曰："考《汉书·艺文志》载《曲台》九篇为后仓记，而《记》百三十一篇、《王史氏》二十一篇，说者多以为七十子后学者所记。又《明堂阴阳》三十三篇、《明堂阴阳说》五篇，说者以为古明堂之遗事也。则其非皆汉儒作，明矣。又考《乐记》乃河间献王集诸生采《周官》及诸子所作，又如《王制》，文帝令博士诸生作，《月令》，吕不韦令诸生作，则诸《记》盖多在秦汉之际。此所以采自经传者，粹然非汉儒所及。而其出自汉儒附会者，或不无稍杂与！"② 姜氏认为，《礼记》诸篇的作者或是七十子后学，或是汉儒。

王澍曰："夫以荀卿、《吕览》、公孙尼子之书杂然并陈，益以汉儒之补缀，分之为二百一十四，合之为八十五，又增之损之为四十九。其间纯杂互见，非若《周礼》《仪礼》尽为三代制作之遗，而成于圣人之手也。先王之大经大法，摧残剥蚀，存十一于千百，更历久远，群言淆乱，则夫割瑕存瑜，汇众说而究其归。"③ 王氏认为，《礼记》内容驳杂，既有先秦诸子之说，亦有汉儒补缀之文；先有八十五篇，后有四十九篇。王氏之说，实际上是源自陈邵"小戴删大戴"之说。

江永曰："《礼记》一书，裁自小戴，马融附益之，凡四十九篇。虽精粗兼载，纯驳不一，先王遗制，圣贤格言，往往赖之而存。"④ 江永相信戴圣是《礼记》的纂集者，也相信《隋书·经籍志》"马融足三篇"之说。

惠栋曰："《礼记》七十子之徒所撰，其间杂有后世之礼。即以周言之，有周公之制，有晚周之制。如《丧服小记》所述四庙之说，此周公之制也；《王制》《祭法》所述七庙之说，晚周之制也。"⑤ 惠氏认为《礼记》的作者是七十子，

---

① （清）方苞：《礼记析疑序》，《礼记析疑》卷首，文渊阁《四库全书》第128册，第3页。
② （清）姜兆锡：《礼记序论六则》，《礼记章义》卷首，《四库全书存目丛书》第101册，第2页。
③ （清）王澍：《礼记章义序》，《礼记章义》卷首，《四库全书存目丛书》第101册，第2页。
④ （清）江永：《礼记训义择言引》，《礼记训义择言》卷首，文渊阁《四库全书》第128册，第289页。
⑤ （清）惠栋：《禘说》卷下，《续修四库全书》第108册，第539页。

然未明言《礼记》的纂集者为何人。其还认为《礼记》虽然后出，然书中所记制度的时代比较早。

　　清代学人还对《礼记》与《周礼》《仪礼》的关系作了辨析，这对于理解《礼记》的作者和成书问题有助益。

　　部分学人沿着朱熹的思路，以《仪礼》为经、《礼记》为传。如清初万斯大曰："《仪礼》一经，与《礼记》相表里。考仪文，则《仪礼》为备；言义理，则《礼记》为精。在圣人即吾心之义礼而渐著之为仪文，在后人必通达其仪文而后得明其义理。故读《礼记》而不知《仪礼》，是无根之木，无源之水也，悬空无据，岂能贯通？"①万氏指出，《礼记》与《仪礼》是"表里"关系，二者各有所长。万氏于此强调《仪礼》对于理解《礼记》的重要意义。

　　江永曰："《礼记》四十九篇，则群儒所记录，或杂以秦汉儒之言，纯驳不一。其《冠》《昏》等义，则《仪礼》之义疏耳。"②江永认为，《礼记》内容"纯驳不一"，且不少篇是《仪礼》之义疏。

　　《日讲礼记解义序》曰："新安朱子谓《周官》一书固为礼之纲领，至其仪法度数，则《仪礼》乃其本经，而《礼记·郊特牲》《冠义》等篇乃其义疏。然则《礼记》之与《周礼》《仪礼》相为表里，辅翼而行也久矣。"③《日讲礼记解义序》借朱熹的观点，认为《礼记》与《周礼》《仪礼》"相为表里""辅翼而行"。

　　王澍曰："郑氏曰《周礼》为本，圣人体之，《仪礼》为末，圣人履之。朱子曰《仪礼》为经，《礼记》为解冠、昏、燕、射之义，《礼记》与《仪礼》相表里。而《周礼》六典，大之朝廷郊庙，小之车旃罇俎，一名一物，往往错见于《礼记》，使后之学者参互考订，以知其说。故为《礼记》之学者，其于《周礼》《仪礼》探源以穷流，则顺以达，而沿流以测源，则逆以阻也。"④王氏认为，朱熹更多的是强调《仪礼》与《礼记》关系之密切，而实际上，《礼记》与《周礼》《仪礼》皆有密切的关系《周礼》《仪礼》是源，《礼记》是流，据《周礼》《仪礼》可"探源以穷流"，据《礼记》则"沿流以测源"。

　　部分清代学者不认可朱熹以《仪礼》为经、《礼记》为传的思想，他们更

---

① （清）万斯大：《与陈令升书》，《仪礼商》附录，文渊阁《四库全书》第108册，第285页。
② （清）江永：《礼记纲目序》，《礼记纲目》卷首，文渊阁《四库全书》第133册，第43页。
③ （清）康熙年间敕编：《日讲礼记解义》卷一，文渊阁《四库全书》第123册，第11页。
④ （清）王澍：《礼记章义序》，《礼记章义》卷首，《四库全书存目丛书》第101册，第2页。

强调《礼记》的重要性。如李绂曰:"《礼记》列在五经,数百年来,用以取士。而近世儒者,因虑氏有'《仪礼》为经,《礼记》为传'之说,乃尊《仪礼》《周礼》,而轻《礼记》。不知《礼记》中惟《祭义》及《冠》《昏》《饮》《射》《聘》《燕》等篇有'义'字者,乃可目之以传,其余若《曲礼》《内则》《玉藻》《明堂位》《丧服小记》《大传》《少仪》《杂记》《丧大祭》《祭法》《奔丧》《深衣》《投壶》皆礼制在焉,安得概谓之传?以《周礼》《仪礼》为经,《礼记》为传,遂有谓经为圣人所作,传为汉儒所编,宜以传从经,不可屈经从传者,此语亦未尽然。《朱子语类》谓:'《周礼》未必周公自作,恐如今日编修官之类为之。又官名与他书所见多不同,恐是作此书成,见设官太多,遂不用,亦如《唐六典》今存,唐时不曾用。'……由此观之,则《周礼》未必遂胜于《礼记》也。至于《仪礼》,则朱子以为不备。其于'冠者见母与兄弟,母与兄弟皆先拜',则直以为差异。而李方子录朱子语,有许顺之问语云:'人谓《礼记》是汉儒说,恐不然。汉儒最纯者莫如董仲舒,仲舒之文最纯者莫如《三策》,何尝有《礼记》?有语如《乐记》所谓'天高地下,万物殊散,而礼制行矣。流而不息,合同而化,而乐兴焉',仲舒如何说得到?'朱子答云:'以是知《礼记》亦出于孔孟之徒无疑,顺之此言极是。'由此观之,则谓《礼记》尽出于汉儒所编,固未确也。况朱子作《大学章句》,谓'经一章为孔子之言,而传十章为曾子之言';程子论《中庸》,直以为子思笔之于书以授孟子。此二书,现颁学官,用以训士,家弦而户诵,固亦《礼记》之编,何不以汉儒所编疑之?即《礼记疏》中,惟《王制》一篇引卢植语,有汉文帝命博士诸生作《王制》之说。然《汉书·郊祀志》谓文帝令博士刺取六经之言作《王制》,则亦皆经辞也,岂可目以为传而薄之哉!愚意三经并修,不必低昂,异同是非,悉断以理而已。若先存成见,则意必固我,反足为说经之累矣。"[1] 李氏认为"《仪礼》为经""《礼记》为传"之说不可取,其理由如下:《礼记》的部分篇目如《祭义》《冠义》等可以传视之,其他篇目如《曲礼》《内则》等则不可以传视之;《礼记》篇目并非尽出自汉儒,其中《大学》《中庸》《乐记》等篇皆出自孔门后学,不可以传而薄之。

焦循曰:"以余论之,《周官》《仪礼》,一代之书也;《礼记》,万世之书也。

① (清)李绂:《穆堂别稿》卷三十四《与同馆论纂修三礼事宜书》,《续修四库全书》第1422册,第517—518页。

必先明乎《礼记》，而后可学《周官》《仪礼》。《记》之言曰'礼以时为大'，此一言也以蔽千万世制礼之法可矣。《周官》《仪礼》固作于圣人，乃亦惟周之时用之。"① 与朱熹不同的是，焦循认为《礼记》更为重要，《礼记》所涵之义理适用于各代，而《周礼》《仪礼》所记之名物制度"惟周之时用之"，因此，《周礼》《仪礼》是"一代之书"，《礼记》是"万世之书"。

二、于《礼记》部分篇目作者和成篇之认识

（一）《礼记·王制》的作者及成篇

《王制》是《礼记》的第五篇，主要记录了周代的爵禄、封国、官职、巡守、朝聘、教学、养老等制度。关于《王制》的作者和成篇年代，宋代以前主要有三种观点：一是认为《王制》为汉文帝时博士所作，持此观点的代表人物是司马迁和卢植。② 二是认为《王制》作于战国，持此观点的代表人物是郑玄。③ 三是认为《王制》作于秦汉之际，持此观点的代表人物是孔颖达。④ 宋儒郑樵、叶适、孙景南、项安世、徐自明等人皆承司马迁和卢植的观点，认为《王制》出自汉代博士。

清代学人于《王制》的作者和成篇的观点，大致有以下几类：

一是认为《王制》出自孔子或孔门弟子。

清人陈寿祺曰："《封禅书》曰：'文帝召鲁人公孙臣，拜为博士，与诸生草改历、服、色事。明年，使博士诸生刺六经作《王制》，谋议巡守封禅事。'然今《王制》无一语及封禅，言巡守者，特一端耳。司马贞《史记索隐》引刘向《别录》云：'文帝所造书，有《本制》《兵制》《服制》篇。'以今《王制》参检，绝不相合。此则博士所作《王制》，或在《艺文志》礼家《古封禅群祀》

---

① （清）焦循：《礼记补疏叙》，《礼记补疏》卷首，《续修四库全书》第 105 册，第 1 页。

② 司马迁云："（前 164 年）夏四月，文帝……而使博士诸生刺六经中作《王制》，谋议巡狩封禅事。"[（汉）司马迁：《史记》卷二十八，中华书局 1959 年点校本，第 1382 页] 卢植云："汉孝文皇帝令博士诸生作此《王制》之书。"[（清）阮元校刻：《十三经注疏（附校勘记）》，中华书局 1980 年版，第 1231 页]

③ 郑玄云："孟子当赧王之际，《王制》之作，复在其后。"[（清）阮元校刻：《十三经注疏（附校勘记）》，中华书局 1980 年版，第 1231 页]

④ 孔氏云："《王制》之作，盖在秦汉之际。"[（清）阮元校刻：《十三经注疏（附校勘记）》，中华书局 1980 年版，第 1231 页]

二十二篇中，非《礼记》之《王制》也。"① 陈氏认为，文帝时博士诸生所作之《王制》必涉及封禅之事，然今《礼记·王制》无一语关涉封禅之事，故《礼记·王制》非汉文帝时博士诸生所作之《王制》；由司马贞《史记索隐》引刘向《别录》之记载，可知文帝时博士所作之《王制》有关于本制、兵制、服制，与《礼记·王制》不合，此亦《礼记·王制》非汉文帝时博士诸生所作之证据。

廖平认为《王制》为今学之祖，乃孔子晚年定论。廖氏认为，今古文所言礼制分别主《王制》和《周礼》，《王制》主今学，《周礼》主古学，先立两旗帜，然后招集流亡，各归部属。廖平认为，"从周"是孔子早年之说，改制才是孔子晚年定论。廖氏曰："孔子初年问礼，有'从周'之言，是尊王命、畏大人之意也。至于晚年，哀道不行，不得假手自行其意，以挽弊补偏；于是以心所欲为者，书之《王制》，寓之《春秋》，当时名流莫不同此议论，所谓因革继周之事也。后来传经弟子因为孔子手订之文，专学此派，同祖《王制》。其实孔子一人之言，前后不同。予谓从周为孔子少壮之学，因革为孔子晚年之意者，此也。"② 廖氏认为，此所谓"因革"，乃素王之改制，《王制》便是孔子改制之言。

皮锡瑞亦力斥《王制》为汉文帝时博士所作之说。皮氏曰："后儒多信卢植之言，以为汉博士所定一代之制，不知《王制》体大物博，用其书可以治天下，非汉博士所能作也。"③ 皮氏认为，《王制》体大物博，用其书可以治天下，非汉博士所定一代之制也。郑玄认为《王制》成书于孟子以后、秦朝建立以前。皮氏驳曰："郑君以为在孟子后，盖以其与《孟子》多合，似出孟子之徒。考《王制》一书与《孟子》大同小异，当是作此书者与孟子各记所闻，未见其必出于孟子后也。"④ 皮氏认为，虽然《王制》与《孟子》在内容上大同小异，然不能由此认为《王制》据《孟子》而成。在皮氏看来，《王制》的作者与孟子各记所闻，以至于《王制》与《孟子》的内容相近，然而《王制》并非一定出于《孟子》之后。

---

① 转引自（清）皮锡瑞：《经学通论·三礼》，《皮锡瑞全集》，中华书局 2015 年点校本，第461 页。

② （清）廖平：《今古学考》卷下，《廖平全集》第 1 册，上海古籍出版社 2015 年点校本，第34 页。

③ （清）皮锡瑞：《王制笺》，《皮锡瑞全集》第 4 册，中华书局 2015 年点校本，第 561—562 页。

④ （清）皮锡瑞：《王制笺》，《皮锡瑞全集》第 4 册，中华书局 2015 年点校本，第 562 页。

俞樾认为《王制》为孔门弟子所成，他说："《王制》者，孔氏之遗书，七十子后学者所记也。王者孰谓？谓素王也。孔子将作《春秋》，先修王法，斟酌损益，具有规条，门弟子与闻绪论，私相纂辑而成此篇。"① 俞氏认为，《春秋》为孔子所作，是孔子所立之王法，门弟子记录孔子之思想，私相纂辑而成《王制》。

皮锡瑞肯定俞氏之说，曰："锡瑞案：俞说近是。郑《驳异义》曰：'《王制》是孔子之后大贤所记先王之事。'则已知《王制》之出于孔门。"② 在俞氏之说的基础上，皮锡瑞对《王制》的作者问题作了探讨。皮氏曰："《王制》一书，体大物博，非汉博士所能作，必出孔门无疑。……俞氏以《王制》为素王之制，发前人所未发，虽无汉儒明文可据，证以《公羊》《穀梁》二传及《尚书大传》《春秋繁露》《说苑》《白虎通》，诸书所说制度多相符合，似是圣门学者原本圣人之说，定为一代之制。其制损益殷、周，而不尽同殷、周，故与《春秋》说颇相同，而于《周礼》反不相合。必知此为素王改制，《礼》与《春秋》二经始有可通之机。"③ 皮氏认为，俞樾以《王制》所记内容为素王之制是发前人之所未发；《王制》与《公羊传》《穀梁传》《尚书大传》《春秋繁露》《说苑》《白虎通》诸书所记制度相近，是圣门学者本圣人之说而成，内容为素王改制。

从陈寿祺到廖平、皮锡瑞、康有为，今文家均驳《王制》出自汉儒之说，其观点稍显平允者，如陈寿祺、皮锡瑞则将《王制》的作者归为孔门弟子，其观点较激进者，如廖平、康有为则直接将《王制》归为孔子所作。今文家将《王制》的作者归为孔子或孔子后学，意在赋予《王制》以经典意义，提升其神圣性。而反过来，通过对《王制》微言大义之发掘，可以达到崇经尊孔之目的。这种做法的本质，与今文家将"六经"归为孔子所作，并以"六经"为孔子致治之术大致相同。④

二是认为《王制》为汉文帝时博士所作。

清初姚际恒曰："说者多以《周礼》《王制》《孟子》三书并言，为之较量异同，

① 转引自（清）皮锡瑞：《王制笺》，《皮锡瑞全集》第 4 册，中华书局 2015 年点校本，第 559 页。

② （清）皮锡瑞：《王制笺》，《皮锡瑞全集》第 4 册，中华书局 2015 年点校本，第 559—560 页。

③ （清）皮锡瑞：《经学通论·三礼》，《皮锡瑞全集》，中华书局 2015 年点校本，第 465—466 页。

④ 周予同：《中国经学史讲义》，上海文艺出版社 1999 年版，第 36 页。

此无识之士也。……《王制》非《周礼》可比，《孟子》又非《王制》可比，出于王莽、刘歆之书，宁足敌汉文令博士所集之书，汉文令博士所集之书，又宁足敌孟子之书耶？"① 姚氏信司马迁、卢植之说，以《王制》为汉文帝时博士所作。

王夫之亦同意卢植之说，并论证曰："今按篇内'狱成告于正'，'正'者，汉官也；又云'今以周尺六尺四寸为步'，'今'者，汉制也。则卢氏之言信矣。当汉之初，秦禁初弛，六籍未出，《尚书》《周礼》《孟子》之书，学者或仅有闻者而不能尽举其全。文帝闵古王者经世之典湮没无考，故令博士诸生以所忆习辑而成篇，其于虞、夏、商、周宰制天下之大法，亦略具矣。其间参差不齐，异同互出，盖不纯乎一代之制，又不专乎一家之言，则时有出入，亦其所不免也。自今观之，有若驳而未纯，而当文献不足之时，节取以记四代之良法，传先圣之精意，功亦伟焉。至其孰为周制，孰为夏、殷之礼，固有难于缕析者，读者达其意而阙之，不亦可乎！"② 王氏列《王制》所记官名和制度以证此篇出自汉初。此外，王氏认为《王制》所记内容"参差不齐""异同互出"，是因为文帝时博士辑而成篇时"不纯乎一代之制""不专乎一家之言"所致。

《日讲礼记解义》曰："《王制》者，记先王班爵、授禄、祭祀、养老之法制。汉文帝令博士诸生作其书，采集秦以前古书所载，而又杂取传记之说，故与《周官》《孟子》不尽合。"③

《钦定礼记义疏》曰："作此书（指《王制》）者，必《仪礼》已行，《周礼》未出，故以乡、相见列诸七教。六官无宗伯，而司马亦不言掌兵，要其大旨，言公田藉而不税，关市讥而不征，山泽入而不禁，言圭田，言养老恤穷、民无告者，言省刑罚，言设学校，多根柢《孟子》。而言班爵，则取《孟子》全文。其不言天子一位，则以汉承秦后，天子甚尊，不敢复与公、侯、伯、子、男并列为五等，其质成之法独归重大司徒、大司马、大司空，则因汉法，以此为三公，欲稍变古以宜今也。虽于古圣人制作之精意未必尽当，而规模亦整饬可观。且文帝本以新垣平言议巡守封禅，而本篇言巡守，绝无一言及封禅，其学识过叔孙通、司马相如辈远甚。厥后文帝谦让，卒莫之行，而此书亦成虚说

① （清）杭世骏：《续礼记集说》卷十九，《续修四库全书》第 101 册，第 273—274 页。
② （清）王夫之：《礼记章句》卷五，《船山全书》第四册，岳麓书社 2011 年点校本，第 299 页。
③ （清）康熙年间敕编：《日讲礼记解义》卷十三，文渊阁《四库全书》第 123 册，第 155 页。

矣。辑礼者取入《记》中，以其去古未远也。而后人徒以其与《周礼》《孟子》不合，铢铢而称，寸寸而度，曾不察其本末，岂通儒之论哉?"①《礼记义疏》认为《王制》为文帝时所成，内容多有袭自《孟子》者，且受汉法影响甚深。

汪绂征引卢植和孔颖达之说后曰："按此篇前后串贯，记事有序，是盖一人所作，乃西汉典制文字。"②

姜兆锡曰："盖文帝合汉初今文博士之传，斟酌损益，共为一书，其说自应与古文诸书不合。"③

任启运云："此必贾谊辈为博士时所作，欲以为汉一代之制，而文帝谦让未遑，与吕不韦作《月令》，欲以为秦一代之制，而后实不行，一也。知此，则与《周官》《孟子》不同。"④

诸家皆以《王制》出自文帝时博士诸生。至于文中制度与《周礼》《孟子》不合者，是由于作《王制》者"杂取传记之书"所致。

孙希旦亦以《王制》为文帝时博士所作。孙氏云："愚谓《史记》言汉文帝'令博士刺六经作《王制》，谋议封禅巡守事'，则此篇作于汉时明矣。其中言封建、授田、巡守、朝觐、丧祭、田猎、学校、刑政，皆王者之大经大法，然独封禅不见于篇中，岂二戴之所删去与? 汉人采辑古制，盖将自为一代之典，其所采以周制为主，而亦或杂有前代之法，又有其所自为损益，不纯用古法者。郑氏见其与《周礼》不尽合，悉目为夏、殷之制，误矣。"⑤孙氏据司马迁之说，认为《王制》作于汉代文帝时;《王制》中不见司马迁所云"封禅事"，可能是二戴辑《礼记》时删去;至于《王制》所记制度与《周礼》不合者，乃汉人杂取各代之法而成。

朱彬《礼记训纂》引卢植、郑玄、王懋竑于《王制》作者和成篇年代之观点，可知朱彬亦以《王制》出自汉博士之手。⑥

三是认为《王制》出自汉儒。

方苞认为《王制》出自汉儒，然而不一定出自文帝时之博士。他说："汉

---

① （清）乾隆十三年敕撰:《钦定礼记义疏》卷十五，文渊阁《四库全书》第124册，第431页。
② （清）汪绂:《礼记章句》卷三，《续修四库全书》第100册，第401页。
③ （清）姜兆锡:《礼记章义》卷三，《四库全书存目丛书》第101册，第50页。
④ （清）杭世骏:《续礼记集说》卷十九，《续修四库全书》第101册，第274—275页。
⑤ （清）孙希旦:《礼记集解》卷十二，中华书局1989年点校本，第309页。
⑥ （清）朱彬:《礼记训纂》卷五，中华书局1996年点校本，第163页。

儒作《王制》者各述所闻，或参以己意。注疏必以《周官》之法求之，其不合者则推而属之夏殷，皆无益之辩也。但学者宜知先儒于经传内一字一句，必遍考群书以求尽其义类，亦可以破学而不思之习。"① 方苞认为《王制》为汉儒"各述所闻""参以己意"而成，故不必以其与《周礼》所记名物制度相印证。

（二）《礼记·月令》的作者及成篇

《月令》是《礼记》的第六篇，此篇记载了一年十二个月中，王者根据每月天文、气候的变化，发布合适的政令，从而达到治国安民之目的。关于《月令》的作者和成篇年代，宋代以前主要有六种观点：

一是认为《月令》为周公作，持此种观点的有贾逵、马融、蔡邕、王肃等人；

二是认为《月令》出自《吕氏春秋》，持此种观点的有高诱、卢植、郑玄、陆德明、孔颖达、郑樵、黄震等人；

三是认为《月令》作于夏代，持此种观点的为晋代的束皙；

四是认为《月令》杂有虞、夏、殷、周之法，持此种观点的为隋代的牛弘。

五是认为《月令》非一人一时之作，吕氏宾客、淮南幕僚以及汉代礼家均是其作者。持此种观点的是宋人范浚。

六是认为《月令》与《洪范》为一体。持此种观点的是宋人高闶。

清人于《月令》作者和成篇的认识，可从以下几个方面来看：

第一，王夫之、万斯大、汪绂、姜兆锡等人以《月令》出自《吕氏春秋》。

王夫之曰："《月令》一篇，旧云吕不韦所作。"② 汪绂曰："吕不韦聚群儒著十二月纪，名曰《吕氏春秋》，篇首皆有《月令》，言十二月政令所行也。月用夏政，令则杂举三代及秦法。礼家记事者钞合为此篇。"③ 姜兆锡曰："秦吕不韦集诸儒著十二月纪，名曰《吕氏春秋》，凡十余万言，礼家删定为此篇。"④ 清代学人以《月令》出自《吕氏春秋》，他们所作的论证主要有以下几点：

一是根据文字异同推断《月令》出自《吕氏春秋·十二月纪》。

如王夫之曰："今《吕氏春秋》十二纪之首具有此文，而《管子》《淮南子》亦皆有之，特其文小异，唯《吕氏春秋》与此异者不过数字，是以知其所传自

---

① （清）方苞：《礼记析疑》卷五，文渊阁《四库全书》第 128 册，第 42 页。

② （清）王夫之：《礼记章句》卷六，《船山全书》第 4 册，岳麓书社 2011 年点校本，第 371 页。

③ （清）汪绂：《礼记章句》卷三，《续修四库全书》第 100 册，第 415 页。

④ （清）姜兆锡：《礼记章义》卷三，《四库全书存目丛书》第 101 册，第 62 页。

吕氏出也。"① 王夫之认为,《月令》与《管子》《淮南子》《吕氏春秋》十二纪的文字多有雷同处,其中与《吕氏春秋》十二纪雷同度尤其高。王氏由此推断《月令》出自《吕氏春秋》。不过王夫之曰:"先王奉天出治,敬授民时,盖亦有斯义焉,而《夏小正》及《素问》所记时物亦参差略同。不韦本以贾人由嬖倖为秦相,非能自造一家言者,且其驵侩奸诡,亦不能依附正道,而此篇所纪亦略髣髴先王之政教,盖战国之时教散说殊,九家之儒与杂流之士,依傍先王之礼法,杂纂而附会之,作为此书,而不韦以权力袭取,撝为己有。戴氏知其所自来,非吕氏之独造,而往往与礼相近,故采之于《记》,以备三代之遗法焉。"② 王氏认为,由于《吕氏春秋》并非吕不韦亲撰,因此《月令》非吕不韦一家之言,其是吕氏集"九家之儒""杂流之士"之说而成;戴圣纂集《礼记》时,已知《月令》非吕不韦独造之书,其采而纳之,意在"备三代之遗法"。

《钦定礼记义疏》亦以《月令》出自《吕氏春秋》。《义疏》曰:"帝王因时布政之大略,昉于唐尧之命羲和,故曰'月者天之运,令者君之政'。王者之政,其道莫大于因天,嗣后夏有《小正》,商有《王居明礼堂》,周有《时训》,有《月令》,至秦而有《吕氏春秋》,汉有《淮南·时则训》,唐亦有《唐月令》,递相祖述,而损益更变之。今惟《王居明堂礼》不存,而诸书具在,取以相质,则《小正》《时训》文字与此迥异,而《吕氏春秋》与此大同,则此取之《吕氏春秋》无可疑者。《淮南·时训》则取此而稍变之,《唐月令》则取此而并参以郑说,更其前后。"③《义疏》将《月令》与《吕氏春秋》作了比较,认为二者文字相同度高,由此推断《月令》出自《吕氏春秋》。

二是根据《月令》所记名物制度推断其出自秦人。

有人认为《月令》所记制度出自秦人。如《月令》:"天子乃祈来年于天宗。大割,祠于公社及门闾。"万氏曰:"此秦国所行之礼,不韦即著之以为天子之礼耳。"④《月令》:"以太牢祠于高禖,天子亲往。"方苞曰:"此秦人妄举之愍礼,或吕不韦欲立而未立之祀也。"⑤ 方氏于此以《月令》所记礼制出自秦人;《月令》:"命农计耦耕事。"方苞曰:"此秦所未尽变之周制也。《周官》'里宰以

---

① (清)王夫之:《礼记章句》卷六,《船山全书》第 4 册,岳麓书社 2011 年点校本,第 371 页。
② (清)王夫之:《礼记章句》卷六,《船山全书》第 4 册,岳麓书社 2011 年点校本,第 371 页。
③ (清)乾隆十三年敕撰:《钦定礼记义疏》卷二十,文渊阁《四库全书》第 124 册,第 567 页。
④ (清)万斯大:《礼记偶笺》卷二,《续修四库全书》第 98 册,第 623 页。
⑤ (清)万斯大:《礼记偶笺》卷二,《续修四库全书》第 98 册,第 621 页。

岁时合耦于锄',盖以共井之家或有疾病死亡,耦非更合力不可齐,故岁合之,又以时合之。秦法惟于岁终一命农民,而无官司以董之,则是时乡遂之法已久变矣。"① 方氏认为,《月令》记有耦耕之制,此制出自秦人。任启运云:"此篇(指《月令》)本王者奉天出治语,以春生、夏长、秋敛、冬藏而杂取时政条附之。盖秦处西陲,多未见成周大经大法,故时政最大如冬至南郊、夏至北郊、大采朝日、少采夕月、春朝、夏宗、秋觐、冬遇、春祠、夏禴、秋尝、冬烝……皆弗之及。特不韦将以为秦礼,而后亦不行也。"② 任氏认为《月令》所记礼制未能反映成周的大经大法,而是出自西秦僻地。

还有人据《月令》所记名物推断其出自秦国。如方苞曰:"六国僭王,秦欲称帝,而众不从。至不韦时,并兼之势已成,故篇中皆称天子,而王后亦称后妃,盖以称王及王后则侪于六国也。"③ 方氏认为《月令》中所言"天子""后妃",出自兼并之势已成之秦国。

又如《月令》:"春居青阳,夏居明堂,中央居太庙太室,秋居总章,冬居玄堂。"万斯大曰:"此等名号,唯明堂自古有之,其余不见于他经,必吕不韦以意定之,欲施之平一天下之后者也。"④ 万氏认为《月令》所称"青阳""太庙""玄堂"出自秦人吕不韦。

清人齐召南认为,《月令》所记制度驳杂,并非全为秦制。齐氏曰:"按十月岁首,《疏》已解明,而诸侯及布德施惠云云,《疏》未解释。盖不韦奸人之雄,既为秦相,招集宾客著书,亦欲取法前古,立法定制,以致太平,其志非不壮也。至始皇既并天下,用李斯计,尽去前古之制,岂不韦所及预料者哉!故《月令》中有古制,有秦制,相杂而成也。"⑤ 齐氏认为,《月令》中既有吕不韦招揽门客著书所保留的古制,亦有秦制,相杂而成。

第二,崔适、康有为等人认为《月令》出于刘歆之作伪。

崔适对《月令》的成书问题作了探讨,他说:"刘歆欲明新之代汉,迫于皇天威命,非人力能所辞让,乃造为'终始五德'之说,托始于邹衍,说详《孟荀列传》。又增《吕氏春秋·十二纪》,于春曰'其帝太皞,其神句芒';于

---

① (清)方苞:《礼记析疑》六,文渊阁《四库全书》第128册,第66页。
② (清)杭世骏:《续礼记集说》卷二十五,《续修四库全书》第101册,第389页。
③ (清)方苞:《礼记析疑》卷六,文渊阁《四库全书》第128册,第56页。
④ (清)万斯大:《礼记偶笺》卷二,《续修四库全书》第98册,第621页。
⑤ (清)杭世骏:《序礼记集》卷二十五,《续修四库全书》第101册,第390页。

夏曰'其帝炎帝,其神祝融';于中央曰'其帝黄帝,其神后土';于秋曰'其帝少皞,其神蓐收';于冬曰'其帝颛顼,其神玄冥'。凡十句。《月令》因之。适《淮南·时则训》录自《十二纪》,无此十句。《天文训》有之,当是后人窜入。不然,何以此篇与之异?可证吕氏本亦无之,今有者,歆所窜入也。"①崔适认为,《淮南子·时则训》无春、夏、秋、冬之记载,而《吕氏春秋》有之,由此证明《吕氏春秋》于四季之记载为刘歆所窜入;《月令》袭自《吕氏春秋》,保留了刘歆窜入之文。

康有为亦对《月令》的成书问题作了探讨,他说:"唯此志独称'戴圣又删大戴之书为四十六篇,汉末,马融遂传小戴之学。融又足《月令》一篇,《明堂位》一篇,《乐记》一篇,合四十九篇',是二戴相传经师之学,皆无《月令》《明堂位》《乐记》可见。盖《月令》《明堂位》伪作于刘歆,《乐记》亦歆所窜者,《汉书·魏相传》言'相数表采《易阴阳》及《明堂》《月令》',亦歆所窜入者。《礼记·乐记·正义》引《别录》作'四十九篇',《别录》为歆所作,则四十九篇之名定于歆无疑。特密传至马融注《小戴记》,始大显。郑康成受业于融,为之作注。千余年来,郑《注》立于学,学者自少习《郑氏》,忘《月令》《明堂位》《乐记》之所出,赖此志述其源流,犹能见窜伪之迹耳。"②《隋书·经籍志》认为《礼记》本是四十六篇,汉代马融增益《月令》等三篇,遂有四十九篇。康有为据此,认为《月令》并非二戴相传经师之学,其应出自刘歆伪作。

康有为认为刘歆作《月令》,然未提出明确的证据。不过,在康氏对《王莽传》"三皇象春,五帝象夏"所作的评论中,可窥其对刘歆作伪原因的探讨。康氏曰:"今学无'三皇'名。唯《春秋繁露·三代改制质文篇》云:'故圣王生则称天子,崩迁则存为三王,绌灭则为五帝,下至附庸,绌为九皇,下极其为民。'……《史记·五帝本纪》以黄帝、颛顼、帝喾、唐尧、虞舜为五帝,实依《大戴礼·五帝德》《帝系姓》及《世本》,盖孔门相传之说。……歆缘《易·系辞》有伏羲、神农事,伪《周官》造'外史掌三皇五帝之书',《左传》文十八年、昭十七年、二十九年、定四年入少皞,《汉书·律历志》载歆《世经》以太皋帝、炎帝、少昊帝、颛顼帝、帝喾、唐帝、虞帝为次,暗寓三皇五帝之叙。而

---

① (清)崔适:《史记探源》卷一,中华书局 1986 年版,第 3—4 页。
② (清)康有为:《新学伪经考·隋书经籍志纠谬第十一》,《康有为全集》第 1 集,中国人民大学出版社 2007 年点校本,第 478 页。

《月令》'孟春盛德在木，其帝太皞，孟夏盛德在火，其帝炎帝，中央土，其帝黄帝，孟秋盛德在金，其帝少皞，孟冬盛德在水，其帝颛顼'，与《世经》相应。《左传》《月令》《律历志》大行，于是三皇之说兴，少昊之事出，五帝之号变。……自是伪孔安国《书序》、皇甫谧《帝王世纪》、孙氏注《世本》，并以伏羲、神农、黄帝为三皇。少昊、高阳、高辛、唐、虞为五帝，实本之《世经》也。"① 康氏认为，《汉书·律历志》载刘歆《世经》以太皞帝、炎帝、少昊帝、颛顼帝、帝喾、唐帝、虞帝为次，暗寓三皇五帝之叙，而《月令》与刘歆的《世经》相应，可证《月令》源自《世经》，出自刘歆伪作。

第三，孙希旦认为《月令》多杂秦制，而又有战国杂家之说。

孙希旦曰："愚谓是篇虽祖述先王之遗，其中多杂秦制，又博采战国杂家之说，不可尽以三代之制通之。然其上察天时，下授民时，有唐、虞钦若之遗意。马融辈以谓周公所作者固非，而柳子厚以为瞽史之语者亦过也。"② 孙氏认为，《月令》既有秦制，又有战国杂家之说，虽不出自圣人，但也不是瞽史之言。

第四，张沐认为《月令》为孔子定礼时所编之书。

张沐认为《月令》旧已有之，他说："旧说吕不韦集诸儒著《十二月纪》，名曰《吕氏春秋》。篇首皆有《月令》，言十二月政令所行也。月用夏正，令则杂举三代及秦事。今按先王旧有《月令》之书，吕氏祖之，而为是编。然何以附之《礼记》？亦必孔子定礼，取行夏之时，原有此篇目，故汉儒采而附之。"③ 张沐认为，《月令》为孔子定礼时所编之书，而非吕不韦召集诸儒所撰；吕不韦将《月令》纳入《吕氏春秋》，汉儒将《月令》纳入《礼记》，因此《月令》与《吕氏春秋·十二月纪》的文字相近。

第五，陆奎勋认为《月令》是参考《吕氏春秋》《淮南子》而成。

陆奎勋曰："《月令》者，马融所作，非作也，集《吕氏春秋》《淮南时则训》以成书，而托名周公，以高自位置也。"④ 陆氏认为，《月令》不是马融所作，而是参考《吕氏春秋》和《淮南子·时则训》而成。

---

① （清）康有为：《新学伪经考·刘歆王莽传辨伪第六》，《康有为全集》第1集，中国人民大学出版社2007年点校本，第436页。
② （清）孙希旦：《礼记集解》卷十五，中华书局1989年点校本，第399—400页。
③ （清）张沐：《礼记疏略》卷四，《四库全书存目丛书》第95册，第568页。
④ （清）杭世骏：《续礼记集说》卷二十五，《续修四库全书》第101册，第389页。

综上所述，可知清代学人于《月令》作者和成篇之认识，既有承袭前人之说者，亦有自创新说者。大部分人继承汉代高诱、郑玄等人的观点，以《月令》出自《吕氏春秋·十二月纪》。他们通过文本和文本所记名物制度的辨析，从而判断《月令》与诸书之关系。不过，在晚清特殊的社会环境下，康有为等人出于为变法寻求理论依据之目的，从而将《月令》归诸刘歆之伪造，此是前所未有之说。二十世纪以来，关于《月令》的作者和成篇的讨论更加热烈。《月令》出自战国晋人说、出自阴阳家说、出自《夏小正》说，皆涌现出来。由此可见，清人于《月令》作者和成篇之认识，有着承上启下之功用。

（三）《礼记·礼运》的作者及成篇

《礼运》是《礼记》的第九篇，记载的是子游问孔子礼之运转之事。宋朱熹认为《礼运》出自子游，而黄震认为《礼运》之义与道家近似。[1]

清代王夫之认为《礼运》所记为孔子之言。王氏曰："第一章皆夫子之言。第二章记者引夫子之言而推论之。……至于石梁王氏疑篇内'大同''大一'之说，与老、庄之言相似，则抑不知其词同而理异，而其言礼也亦褊矣。"[2]在王夫之看来，《礼运》中的"大同""大一"虽与老庄所用之词近似，而其所言义理是儒家而非道家。康有为对《礼运》大加褒奖，并将《礼运》的思想归之于孔子。康氏曰："读至《礼运》，乃浩然而叹曰：孔子三世之变，大道之真，在是矣。……二千五百年至予小子而鸿宝发见，辟新地以殖人民，揭明月以照修夜，以仁济天下，将纳大地生人于大同之域，令孔子之道大放光明，岂不异哉！"[3]康有为以《礼运》乃孔子之微言真传、万国之无上宝典，正是今文经学家崇经尊孔的立场之体现。虽然王夫之、康有为认为《礼运》体现的是孔子思想，但是二人却不明言《礼运》的作者。

清代孙希旦等人认为《礼运》出自子游门人。孙氏曰："周衰礼坏，孔子

---

[1]　《朱子语类》记载："'《礼运》言三王，不及上古事。人皆谓其说似庄老。'先生曰：'《礼运》之说有理，三王自是不及上古。胡明仲言，恐是子游撰。'"[（宋）黎靖德辑：《朱子语类》卷八十七，《朱子全书》（修订本）第17册，上海古籍出版社、安徽教育出版社2010年版，第2958页] 黄震曰："《礼运》记五帝三王相变易阴阳转移之道，故以'运'名。虽思太古而悲后世，其主意微近于老子，而终篇混混为一，极多精语。"[（宋）黄震：《黄氏日抄》卷十八，文渊阁《四库全书》第707册，第512页]

[2]　（清）王夫之：《礼记章句》卷九，《船山全书》第4册，岳麓书社2011年点校本，第535页。

[3]　（清）康有为：《礼运注》，《康有为全集》第5集，中国人民大学出版社2007年点校本，第553页。

感之而叹，因子游之问，而为极言礼之运行，圣人所恃以治天下国家者以告之。"① 孙氏认为《礼运》所记内容是子游与孔子的真实对话。至于该篇的作者和成篇年代，孙氏并未直言。不过其征引陈澔所云"疑子游门人所记"。由此可知，孙氏对陈澔之说持肯定态度。

清代不少学人受宋人的影响，认为《礼运》蕴含道家之意。如姚际恒曰："此周秦间子书，老、庄之徒所撰，《礼运》乃其书中之篇名也。后儒寡识，第以篇名言礼，故采之。后来二氏多窃其旨，而号为吾儒者亦与焉，诚恐惑世乱道之书也。"②《钦定礼记义疏》曰："通篇极言礼之重，独篇首小康之说乃老氏'礼起于忠信之衰、道德之薄'之意，与通篇殊不相应。考之《家语》，皆无之，惟有'礼之所生与天地并'，'不由礼而在位则以为殃'句，与下言偃'如此乎礼之急'紧相接。则此为小戴所挻入、窃老庄之说以为高，而不知其缪也。辨此一节之缪，则通篇粹然无疵。"③ 汪绂曰："其中固多粹语，而每杂以老氏之谈，大约汉初儒者所述也。"④ 陆奎勋曰："旧谓子游之徒记录孔子语。余观首章以五帝为大同，三王为小康，盖缘汉初崇尚黄老故。戴氏撮五子之大旨，而附会为圣言，不可信也。"⑤ 各家皆以《礼运》含有道家之说，只不过有人认为《礼运》出自周秦老庄之徒，有人认为《礼运》出自受黄老之学影响的汉儒。

清人纳兰性德对《礼运》出自道家的观点提出异议，他说："愚谓风会迁流，江河日下，五帝之世，有异三皇，三王之世，不同五帝，五伯之世，更不及三王，世变使然。圣人制礼，不过因势会所趋，而为之沿革耳，程子所谓'不先天以开人，每因时而立政'是也。古时治多乱少，后世治少乱多，故有大同、小康之别，赖禹、汤、文、武、成王、周公六君子，居小康之时，成郅隆之治，当大道之隐，俾大道之行，则是帝王异世而同道也。故夫子于大道之行，及三代之英，皆云有志未逮，何尝薄视三五以下乎？石梁王氏以为有老氏意，非儒者语，黄氏遂欲削去记文，过矣。"⑥ 石梁王氏、黄震认为《礼运》有老庄之意，纳兰性德则从历史的角度对《礼运》"大同""小康"之说作了辨析，认

---

① （清）孙希旦：《礼记集解》卷二十一，中华书局 1989 年点校本，第 581 页。

② （清）杭世骏：《续礼记集说》卷三十九，《续修四库全书》第 101 册，第 614 页。

③ （清）乾隆十三年敕撰：《钦定礼记义疏》卷三十，文渊阁《四库全书》第 125 册，第 47 页。

④ （清）汪绂：《礼记章句》卷四，《续修四库全书》第 100 册，第 446 页。

⑤ （清）杭世骏：《续礼记集说》卷三十九，《续修四库全书》第 101 册，第 614—615 页。

⑥ （清）纳兰性德：《陈氏礼记集说补正》卷十三，文渊阁《四库全书》第 127 册，第 116 页。

为《礼运》并非出自道家。

关于《礼运》的文本,清代有人怀疑其完整性。如邵懿辰曰:"《礼运》一篇,先儒每叹其言之精,而不甚表章者,以不知首章有错简,而疑其发端近乎老氏之意也。今以'禹、汤、文、武、成王、周公,此由其选也,此六君子者,未有不谨于礼者也'二十六字,移置'不必为己'之下,'是故谋闭而不兴'之上,则文顺而意亦无病矣。"① 邵懿辰认为《礼运》首章有错简,并将"禹汤文武周公由此其选也此六君子者未有不谨于礼者也"二十六字移置"不必为己"之下、"是故谋闭而不兴"之上。此外,邵氏还认为《礼运》之"射御"当为"射乡"。皮锡瑞推崇邵氏此说,曰:"邵氏……订正《礼运》两处'射御'当为'射乡',尤为一字千金,真乃二千年儒先未发之覆。"②

(四)《礼记·乐记》的作者及成篇

《乐记》是《礼记》的第十九篇,主要论述乐的产生、乐与礼的关系、礼乐的作用等。《乐记》的作者和成篇年代,自古以来众说纷纭,莫衷一是。如《汉书·艺文志》曰:"武帝时,河间献王好儒,与毛生等共采《周官》及诸子言乐事者,以作《乐记》。……其内史丞王定传之,以授常山王禹。禹,成帝时为谒者,数言其义,献二十四卷记。刘向校书,得《乐记》二十三篇,与禹不同,其道浸以益微。"③ 张守节《史记正义》曰:"其《乐记》者,公孙尼子次撰也。"④

清代学人于《乐记》作者和成篇的认识,有以下几种观点:

一是姚际恒、方苞和姜兆锡等人认为《乐记》是汉代河间献王与诸生凑集而成。

姚际恒认为《乐记》"乃汉武帝时河间献王与诸生取《文子》《荀子》《吕览》诸书凑集而成"⑤。姚氏指出《乐记》有"言多驳杂不纯""扬之过高"⑥处,"皆非礼乐之义""与圣人之言恰相反"⑦。他举例曰:"孔子答礼之本曰'宁

---

① (清)邵懿辰:《礼经通论》,《清经解续编》第 5 册,上海书店 1988 年影印本,第 588 页。
② (清)皮锡瑞:《经学通论·三礼》,《皮锡瑞全集》第 6 册,中华书局 2015 年点校本,第 390 页。
③ (清)班固:《汉书》卷三十,中华书局 1962 年点校本,第 1712 页。
④ (汉)司马迁:《史记》卷二十四,中华书局 1982 年点校本,第 1234 页。
⑤ (清)杭世骏:《续礼记集说》卷六十八,《续修四库全书》第 102 册,第 225 页。
⑥ (清)杭世骏:《续礼记集说》卷六十八,《续修四库全书》第 102 册,第 225 页。
⑦ (清)杭世骏:《续礼记集说》卷六十八,《续修四库全书》第 102 册,第 226 页。

俭',语大师曰'乐可知',孟子以'事亲''从兄'言礼乐之实,曰'节文斯二者''乐斯二者'。圣贤之言礼乐,不过如此,无非从生民日用伦常上见,所以皆切实可行。秦汉诸儒不悟圣人礼云乐云之意,乃疑别有隐而未发者,于是推论及于极天蟠地,贯四时,同日月,理星辰,象风雨,行阴阳,通鬼神,穷高远,测深厚,以至草木茂羽、毛胎卵育,靡不竭尽形容,思以示其广大深微神奇要眇,而孰知迂阔,鲜质义,离圣贤之中道大远哉!"①姚氏认为,《乐记》言礼乐"广大深微神奇要眇""迂阔",是秦汉诸儒言礼乐之特征的反映。姚氏还举例说:"礼乐固皆由中而出,然自有先后本末重轻之分。圣人之言,如云'礼云乐云''如礼何,如乐何'之类,此先后也。如'立于礼,成于乐'之类,此本末也。如言治道为国以礼、道之以礼,言学问约之以礼、过庭问礼之类,而皆不及乐,此重轻也。自夫诸子繁兴,异端并起,老子毁礼,丧乎礼者也,墨子非乐,丧乐者也。而荀卿诸人则又祖老子之毁礼,辟墨子之非乐焉。故凡此篇之言,如知乐则几乐中出而礼外作,乐合情而礼饰貌,乐应天而礼配地,乐率神而礼居鬼,乐动内而礼动外等语,皆是先乐后礼,本乐末礼,重乐轻礼,故曰与圣人之言恰相反也。"②姚氏认为,孔子言礼乐,是先礼而后乐,礼为本而乐为末礼为重而乐为轻;《乐记》所言则与圣人之说相悖。

方苞亦对《乐记》的作者作了探讨,他说:"先儒以为公孙尼子所论撰,然于《荀子·乐论篇》所取过半,颇有删易,且不循其节次,而分剟以他从,则为汉初所采集审矣。"③方氏认为,《乐记》多采《荀子·乐论篇》,且"颇有删易","不循其节次",因此,其作者不是公孙尼子,而是汉初之人。

姜兆锡认为《乐记》出自河间献王之后、刘向之前,他说:"汉河间献王集诸生采《周官》及诸子,以作《乐记》凡二十四卷。后刘向校书得二十三篇,篇目具见《别录》。今《乐记》断取其中十一篇,合为一篇,事在刘向之前。"④姜氏认为,河间献王集诸生所作《乐记》二十四卷,有人合其中数篇而成《礼记·乐记》。

二是汪绂认为《乐记》是一篇完整的文字,与郑玄所云《乐本》《乐论》等无关。

---

① (清)杭世骏:《续礼记集说》卷六十八,《续修四库全书》第 102 册,第 226 页。
② (清)杭世骏:《续礼记集说》卷六十八,《续修四库全书》第 102 册,第 226 页。
③ (清)方苞:《礼记析疑》卷二十,文渊阁《四库全书》第 128 册,第 157 页。
④ (清)姜兆锡:《礼记章义》卷七,《四库全书存目丛书》第 101 册,第 148 页。

郑玄认为,《乐记》是完整的一篇文字,内容连贯,不是多篇合为一篇。郑氏曰:"名曰《乐记》者,以其记乐之义。此于《别录》属乐记。盖十一篇合为一篇,谓有《乐本》,有《乐论》,有《乐施》,有《乐言》,有《乐礼》,有《乐情》,有《乐化》,有《乐象》,有《宾牟贾》,有《师乙》,有《魏文侯》。"① 汪绂曰:"郑本十一篇目次既与今本不同,而《史记·乐书》次序又与郑本不同,吴草庐复有更定次序,亦未见其必然。窃谓《乐记》一篇,前后文虽不属,而脉络通贯,止是一篇文字,至若《乐本》《乐论》等篇名,大概乃汉儒所题章目,如《孝经·开宗明义》等章名之类耳。"② 汪氏认为,郑玄所云诸篇名可能是汉儒所题,而与《乐记》无关。

三是陆奎勋驳马融以《乐记》增入《礼记》之说。

陆奎勋曰:"《隋志》以《乐记》为马融所补。按刘向《别录》,《乐记》在《礼记》第十九篇,其非作自马融明甚。朱子云战国贤士为之。愚谓《记》非成于一手,《乐本》《乐情》《乐象》中有精语,当出孔门弟子。若《宾牟贾》一篇,虽记载有讹,而其来亦久矣。当刘向校书时尚存《乐记》二十三篇,其名一一可考。《乐器》《说律》之属,最切于乐,小戴决不冒昧芟之。度必王莽之乱,典册销亡,而马融第据史迁《乐书》以补阙。《隋志》所云非属无稽,不必信晁氏之说,谓融所补第《月令》《明堂位》二篇也。"③ 陆氏认为,刘向《别录》以《乐记》是《礼记》的第十九篇,因此《隋志》所云"马融足三篇"之说不可信;郑玄所云与《乐记》相关诸篇,多是出自孔门弟子,而非马融。

四是孙希旦对公孙尼子作《乐记》之说持阙疑态度。

孙希旦云:"愚谓此篇郑、孔皆不言作者之人,惟《史记正义》以为公孙尼子所作,未知何据。"④ 孙氏对于公孙尼子作《乐记》之说不置可否。

(五)《礼记·儒行》的作者及成篇

《儒行》是《礼记》的第四十一篇。在此篇中,鲁哀公问孔子儒者应该具有哪些德行,孔子一一作答,并阐述了儒者所应具有的十六种德行。郑玄认为《儒行》是孔子的著作,他说:"《儒行》之作,盖孔子自卫初反鲁时也。孔子归至其舍,哀公就而礼馆之,问儒服而遂问儒行,乃始觉焉。言'没世不

---

① (清)阮元校刻:《十三经注疏(附校勘记)》,中华书局1980年版,第2527页。
② (清)汪绂:《礼记章句》卷七,《续修四库全书》第100册,第511页。
③ (清)杭世骏:《续礼记集说》卷六十八,《续修四库全书》第102册,第227页。
④ (清)孙希旦:《礼记集解》卷三十七,中华书局1989年点校本,第975页。

敢以儒为戏'，当时服。"① 宋人李觏、吕大临、朱熹等普遍怀疑《儒行》，认为其非孔子所作。如李觏曰："《儒行》非孔子言也，盖战国时豪士所以高世之节耳。"② 又如吕大临曰："《儒行》……有矜大胜人之气，少雍容深厚之风，似与不知者力争于一旦。"③

清代学人于《儒行》篇作者之认识，有推崇郑玄之说者。如张沐曰："此篇乃孔子自卫反鲁初与哀公问答之言。宋儒多疑此篇有矜大胜人之气，孔子不为。又谓称说多过，非孔子之言。公以诚问，孔子以实对，言所宜言，虽大，岂夸乎？孔子自卫反鲁，哀公设馆以待，删定修赞之业借以相成，此孔子终世一大节目，学者字字详求，可以得之，宋儒未免过求圣人也。观首言'丘闻之君子'云云领下，何常自矜？"④ 张氏认为，《儒行》乃哀公与孔子问答之言，并无宋人所言"矜大胜人之气"。陆奎勋亦驳吕氏而申郑氏曰："吕氏、李氏皆谓非孔子言。细按之，亦无疵语。惟'大让如慢、小让如伪'，'其过失可微辨而不可面数'，'宽裕者仁之作，孙接者仁之能'，不似圣言之浑成曲当。然戴《记》中《表记》《缁衣》之属，孰非汉儒所推衍者，何独于《儒行》而疑之？"⑤ 陆氏驳宋儒，认为《儒行》无疵语。

清代姚际恒、王夫之、孙希旦等人对《儒行》质疑。如姚氏曰："战国之时，墨子常非儒，故后之儒士作为此篇以尊儒，而名《儒行》。然依仿《庄子·田子方》篇鲁哀公与庄子论儒服之说为发端，实原本于老、庄之意。宜其篇中所言轻世肆志迂阔陂僻，鲜有合于圣人之道也。夫庄子非哀公之世所言寓言十九，此亦甚明，安可本之为说？"⑥ 姚氏认为《儒行》是战国儒士仿《庄子·田子方》而成，故篇中有老庄之意。王夫之认为："《儒行》一篇，词旨夸诞，略与东方朔、扬雄俳谐之言相似。"⑦ 对于吕大临等人以《儒行》"言儒者之行不合于义理者殊寡"，王夫之驳曰："不知其博而寡要，有枝叶而不知根本，使循

① （清）阮元校刻：《十三经注疏（附校勘记）》，中华书局1980年版，第1671页。
② （宋）李觏：《读儒行》，《李觏集》卷二十九，中华书局2011年点校本，第343页。
③ （宋）吕大临：《礼记解》，陈俊民辑校：《蓝田吕氏遗著辑校》，中华书局1993年版，第360页。
④ （清）张沐：《礼记疏略》卷二十八，《四库全书存目丛书》第95册，第756页。
⑤ （清）杭世骏：《续礼记集说》卷九十六，《续修四库全书》第102册，第690页。
⑥ （清）杭世骏：《续礼记集说》卷九十六，《续修四库全书》第102册，第690页。
⑦ （清）王夫之：《礼记章句》卷四十一，《船山全书》第4册，岳麓书社2011年点校本，第1457页。

是以为之而求其合，亦必不可得之道也。且其文句复乱险涩，似多脱误，有不可得而通者，益以知言由德立，非知德者，则欲其词之安定，必不可得，而况其深焉者乎？盖于戴《记》四十九篇之中独为疵疠，而不足与五经之教相为并列。"① 王夫之认为，从《儒行》的内容到文句来看，其难与五经相提并论。孙希旦云："此篇（指《儒行》）不类圣人气象，先儒多疑之。而哀公为人多妄，卒为三桓所逐。其于孔子，则生不能用，没而诔之，所谓'言加信，行加义，终没吾世，不敢以儒为戏'者，亦夸大之辞尔。盖战国时儒者见轻于世，故为孔子之学者托为此言，以重其道。"② 孙氏认为《儒行》的内容不合圣人之意，盖出自战国时之儒者。

---

① （清）王夫之：《礼记章句》卷四十一，《船山全书》第 4 册，岳麓书社 2011 年点校本，第 1457 页。

② （清）孙希旦：《礼记集解》卷五十七，中华书局 1989 年点校本，第 1410 页。

第六章　清人于"三礼"学文献之校勘

清代考据学大盛,群经校勘就是其体现之一。皮锡瑞认为,清代经师有功于后学者有三事:一曰辑佚书,二曰精校勘,三曰通小学①。清人的经典校勘范围之广、力度之深可谓前所未有。本部分将对清代"三礼"的校勘情况加以探讨,以见清人在"三礼"经、注、疏的文本考订方面的成就及特色。

第一节　清前期的"三礼"校勘

一、顾炎武于"三礼"之校勘

顾炎武是明清之际的考据学大家,其重视经典文本的校勘,特别是其对于石经的校勘价值之发掘,影响了整个清代的校勘学。顾炎武曰:"今天下《九经》之本,以国子监所刻者为据,而其中讹脱寔多。又《周礼》《仪礼》、《公羊》《穀梁》二传既不列于学官,其学殆废;而《仪礼》则更无他本可雠,其讹脱尤甚于诸经。若士子各专一经,而下邑穷儒不能皆得监本,止习书肆流传之本,则又往往异于监本。无怪乎经术之不通,人材之日下也已。余至关中,见唐石壁九经,复得旧时摹本读之,虽不无蹢驳,而有足以正今监本之误者。列之以告后学,亦庶乎离经之一助云。"②顾炎武撰《石经考》一卷,该书罗列汉、魏、晋、唐、蜀、宋石经,意在考证明监本之得失。

顾炎武《九经误字》于"三礼"之校勘的情况,下面通过表格的形式予以呈现。

---

① (清)皮锡瑞:《经学历史·经学复盛时代》,《皮锡瑞全集》第6册,中华书局2015年点校本,第91—92页。
② (清)顾炎武:《九经误字·自序》,《顾炎武全集》第1册,上海古籍出版社2011年点校本,第317页。

（1）校《周礼》诸条如下：

出处	经文	校语
《考工记》	非弓之利也。	监本脱"也"字。
《考工记》	角不胜翰，翰不胜筋，谓之不参均。	监本脱"不"字。
《考工记》	其次角有瀀而疏。	监本脱"角"字。

（2）校《仪礼》诸条如下：

出处	经文	校语
《士昏礼》	妇说服于室，御受。	监本"受"作"授"。
《士昏礼》	婿之绥姆，辞曰：未教，不足与为礼也。	十四字，监本脱。
《乡饮酒礼》	司正升立于序端。	监本"序"作"席"。
《乡饮酒礼》	则使人授俎如宾礼。	监本"授"作"受"。
《乡饮酒礼》	介俎脊、胁、肫、胳、肺。	监本脱"肫"字。
《乡射礼》	改取一个挟之。	监本"取"作"作"。
《乡射礼》	大夫虽众，皆与士为耦。	下有"以耦"二字，监本脱。
《乡射礼》	与进者相左，相揖退反位。	监本脱"退"字。
《乡射礼》	宾与大夫反坐奠于其所兴。	监本脱"坐"字。
《乡射礼》	士鹿中，翿旌以获。	七字，监本脱。
《燕礼》	太师告于乐正曰。	监本脱"于"字。
《燕礼》	主人拜送觯。	监本"送"作"受"。
《燕礼》	其牲狗也。	四字，监本脱。
《大射仪》	《大射仪》第七。	监本脱"仪"字。
《大射仪》	主人洗觚，升。	监本"觚"作"酬"。
《大射仪》	上射降三等。	监本"三"作"二"。
《大射仪》	上射于左。	监本"于"作"与"。
《大射仪》	司射东面于大夫之西比耦。	监本"比"作"北"。
《大射仪》	司射作射如初。	监本"作射"作"作揖"。

续表

出处	经文	校语
《大射仪》	北面告于公。	监本脱"告"字。
《大射仪》	司射遂袒。	监本脱"遂"字。
《大射仪》	仆人师洗，升实觯。	监本"实"作"宾"。
《大射仪》	司马师受虚爵。	监本脱"师"字。
《大射仪》	公答拜，宾反位。	监本脱"宾"字。
《聘礼》	宾避，不答拜。	监本"宾"作"客"。
《聘礼》	尚擪，坐啐醴。	监本"醴"作"酒"。
《觐礼》	坐奠圭。	监本"圭"作"主"。
《觐礼》	天子乘龙，载大旗。	监本"旗"作"旃"。
《丧服》	异居则服齐衰三月也。	监本脱"也"字。
《丧服》	不满八岁以下皆为无服之殇。	监本脱"皆"字。
《丧服》	壻。《传》曰："何以缌，报之也。"	监本"缌"下多一"也"字。
《士丧礼》	即位于西阶下，东面。	监本"于"作"如"。
《士丧礼》	哀子某，来日某，卜葬其父某父。	监本"来日"下脱"某"字。
《士丧礼》	若不从，卜宅如初仪。	监本"宅"作"择"。
《既夕礼》	众主人东即位。	监本脱"主"字。
《士虞礼》	箪巾在其东。	监本"巾"作"布"。
《士虞礼》	卒彻，祝佐食降，复位。	监本脱"复"字。
《士虞礼》	尸即席坐，唯主人不哭。	监本"唯"作"惟"。
《士虞礼》	尸受振祭。	监本"受"作"授"。
《特牲馈食礼》	立于门外东方，南面。	监本"方"作"房"。
《特牲馈食礼》	佐食启会，却于敦南，出，立于户西，南面。	监本脱"户"字。
《特牲馈食礼》	洗，献众兄弟，如众宾仪。	监本脱上"众"字。
《特牲馈食礼》	众宾长自左受旅，如初。	监本脱"自"字。
《特牲馈食礼》	举觯者祭，卒觯，拜，长皆答拜。	十一字，监本脱。
《特牲馈食礼》	举觯者洗，各酌于其尊。	监本"尊"作"奠"。

出处	经文	校语
《特牲馈食礼》	主人出，立于户外，西面。	监本"外"作"内"。
《少牢馈食礼》	用荐岁事于皇祖伯某。	监本"荐"作"为"。
《少牢馈食礼》	以授尸，坐取箪，兴。	七字，监本脱。
《少牢馈食礼》	尸受，同祭于豆祭。	监本"同祭"作"同受"。
《少牢馈食礼》	宾户西北面拜送爵。	监本"户"作"尸"。
《有司彻》	匕皆加于鼎，东枋。	监本"枋"作"枋"。下"西枋"同。
《有司彻》	宾亦覆手以受。	监本"受"作"授"。
《有司彻》	立于主人席北，西面。	监本作"面西"。
《有司彻》	遂饮，卒爵，执爵以兴。	监本脱下"爵"字。
《有司彻》	宰夫执荐以从。	监本"荐"作"爵"。
《有司彻》	受，三献爵酌以醋之。	监本脱"爵"字。
《有司彻》	宾户西北面答拜，爵上。	监本"户"作"尸"。

（3）校《礼记》诸条如下：

出处	经文	校语
《檀弓下》	使子贡问之。	监本注疏作"子路"。
《王制》	用地小大。	监本作"大小"。
《曾子问》	女氏许诺而弗敢嫁。	监本"弗"作"不"。
《礼运》	所以讲信修睦，而固人之肌肤之会、筋骸之束也。	监本"人"下脱"之"字。
《玉藻》	入太庙说笏，非古也。	监本"古"作"礼"。
《玉藻》	参分带下，绅居二焉。	监本"二"作"一"。
《丧服小记》	麻同，皆兼服之。	六字，监本脱。
《杂记下》	视君之母与妻。	监本"妻"上复出"君之"二字。
《杂记下》	雍人拭羊，宗人视之。	监本"视"作"祝"。
《祭法》	禘郊宗祖。	监本作"祖宗"。
《孔子闲居》	敢问何如斯可谓参天地矣？	监本"参"下多一"于"字。

顾炎武以唐石经为据，所校明监本《周礼》有三处脱文；校明监本《仪礼》五十七条，涉及《仪礼》十七篇，其中校得脱文二十五条，衍文一条，异文三十一条；校明监本《礼记》十二条，涉及《礼记》九篇，其中校得监本脱文两条，衍文两条，异文八条。顾炎武于"三礼"中的《仪礼》校勘所得最多，四库馆臣曰："惟《仪礼》脱误比诸经尤甚，如《士昏礼》'视诸衿鞶'下脱'壻之绥姆辞曰未教不足与为礼也'十四字，《乡射礼》'各以其物获'下脱'士鹿中翿旌以获'七字，《燕礼》'享于门外东方'下脱'其牲狗也'四字，《特牲馈食礼》'长皆答拜'下脱'举觯者祭卒觯拜长皆答拜'十一字，'振之三'下脱'以授尸坐取箪兴'七字。其一两字之脱尚十九处，皆赖炎武此书校明今本得以补正，则于典籍不为无功矣。"① 顾炎武以石经为依据从事"三礼"之校勘，在清代"三礼"校勘史上有着重要影响。其同时代的经学家张尔岐，以及其后的经学家卢文弨、金日追、胡陪翚、阮元等从事"三礼"校勘时无不重视石经，皆是受顾炎武以石经校经书的方法之影响。

二、张尔岐的《仪礼》校勘

张尔岐重视《仪礼》之校勘，其所撰《仪礼监本正误》和《仪礼石本误字》对监本、石经本《仪礼》作了校勘。

在《仪礼监本正误》序中，张尔岐曰："《十三经》监本，读书者所考据，当时校勘非一手，疏密各殊。至《仪礼》一经，脱误特甚，岂以罕习故忽不加意耶？《易》《书》《诗》《春秋》《论语》《孟子》《礼记》充满天下，固不容或误，《周礼》《孝经》《尔雅》《三传》，人间犹多善本，即有误，亦易见。《仪礼》既不显用于世，所赖以不至坠地者，独此本尚在学宫耳，顾不免脱误至此。坊间所刻，如《三礼解诂》之类，皆踵袭其讹，无所是正。而补石经阙字者，不知以彼正此，反以此本为据，窃恐疑误方来，大为此经累者，未必非监本也。予既僭定《仪礼》郑注句读，乃取石本、吴澄本与监本较，摘其脱者、误者、羡者、倒置者、经注互淆者录之，以质同志如左。"② 兹列其部分校语如下：

《士昏礼》："妇说服于室，御受。"张尔岐曰："受，误作授。"③

---

① （清）永瑢等：《四库全书总目》卷三十三，中华书局 1965 年版，第 276 页。
② （清）张尔岐：《仪礼监本正误》，文渊阁《四库全书》第 108 册，第 244 页。
③ （清）张尔岐：《仪礼监本正误》，文渊阁《四库全书》第 108 册，第 244 页。

《士昏礼》：“毋违命。”张尔岐曰：“毋，误作母。”①

《士昏礼》：“某得以为昏姻之故。”张尔岐曰：“作‘某以得为昏姻之故’。”②

《士昏礼》：“视诸衿鞶。”张尔岐曰：“下脱‘壻授绥，姆辞曰：未教，不足与为礼也’十四字。”③

《乡饮酒礼》：“尊两壶于房户之间，加二勺于两壶。”张尔岐曰：“‘壶’，并误作‘壼’。”④

《乡饮酒礼》：“介俎脊胁肫胳肺。”张尔岐曰：“脱‘肺’字。”⑤

《乡射礼》：“乐正告于宾，乃降。”张尔岐曰：“‘乐’字误。细书混疏文内。”⑥

《乡射礼》：“与进者相左，相揖，退，反位。”张尔岐曰：“脱‘退’字。”⑦

《燕礼》：“降奠于篚，易觯，洗。”张尔岐曰：“‘篚’‘易’二字之间误用圈隔。”⑧

《大射仪》：“司射遂，袒，执弓。”张尔岐曰：“脱‘遂’字。”⑨

《大射仪》：“退者与进者相左，相揖，退。”张尔岐曰：“‘揖’‘退’二字之间羡一‘还’字。”⑩

《有司彻》：“受爵，酌献侑，侑拜受，三献，北面答拜。”张尔岐曰：“重出此十四字。”⑪

《聘礼》：“君贶寡君，延及二三老，拜，又拜送。”张尔岐曰：“误以‘又拜送’句倒置‘君贶’句之上。”⑫

《少牢馈食礼》：“尸受，同祭于豆祭。”张尔岐曰：“误倒作‘同受’。”⑬

---

① （清）张尔岐：《仪礼监本正误》，文渊阁《四库全书》第 108 册，第 244 页。
② （清）张尔岐：《仪礼监本正误》，文渊阁《四库全书》第 108 册，第 244 页。
③ （清）张尔岐：《仪礼监本正误》，文渊阁《四库全书》第 108 册，第 244 页。
④ （清）张尔岐：《仪礼监本正误》，文渊阁《四库全书》第 108 册，第 244 页。
⑤ （清）张尔岐：《仪礼监本正误》，文渊阁《四库全书》第 108 册，第 244 页。
⑥ （清）张尔岐：《仪礼监本正误》，文渊阁《四库全书》第 108 册，第 244 页。
⑦ （清）张尔岐：《仪礼监本正误》，文渊阁《四库全书》第 108 册，第 245 页。
⑧ （清）张尔岐：《仪礼监本正误》，文渊阁《四库全书》第 108 册，第 245 页。
⑨ （清）张尔岐：《仪礼监本正误》，文渊阁《四库全书》第 108 册，第 246 页。
⑩ （清）张尔岐：《仪礼监本正误》，文渊阁《四库全书》第 108 册，第 245 页。
⑪ （清）张尔岐：《仪礼监本正误》，文渊阁《四库全书》第 108 册，第 249 页。
⑫ （清）张尔岐：《仪礼监本正误》，文渊阁《四库全书》第 108 册，第 246 页。
⑬ （清）张尔岐：《仪礼监本正误》，文渊阁《四库全书》第 108 册，第 248 页。

据以上所列张尔岐之校语，可知其校《仪礼》监本的讹、脱、衍、倒时，并没有陈述造成讹、脱、衍、倒的原因。在《仪礼监本正误》之序中，可知张尔岐校勘所依据的有《仪礼》石经本、吴澄本，在校勘的具体过程中，张尔岐也偶有提及，比如《丧服》："墥。《传》曰：何以缌也?"张尔岐曰："唐石经无'也'字。"①《既夕礼》："亦可张也。"张尔岐曰："唐石经、吴氏本俱'亦张可也'。"②不过在绝大部分校语中，张氏并不言其所依据的版本，而是直接得出结论。

张尔岐还撰《仪礼石本误字》，其序曰："唐石经，当时学者以为芜累，至于今日已为老成典型矣。乃《仪礼》亦不免多误，逮补字承讹，则又鲁鱼莫辨。兹因校正监本误字，遂并及之。"③兹举数例以见之：

《士冠礼》："啐醴，捷栖，兴。"张尔岐曰："作'建栖'。"④

《士昏礼》："某得以为昏姻之故。"张尔岐曰："监本作'某以得为昏姻之故'。监本似长。"⑤

《乡饮酒礼》："若有诸公大夫，则使人受俎如宾礼。"张尔岐曰："'受'，误作'授'。"⑥

《乡射礼》："司射适堂西，袒、决、遂。"张尔岐曰："'袒'，误作'祖'。"⑦

《燕礼》："小臣又请媵爵者二大夫，大夫媵爵如初。"张尔岐曰："监本、吴本俱不再出'大夫'二字。"⑧

《大射仪》："主人卒洗，宾揖，升。"张尔岐曰："监本、吴氏本俱'宾揖乃升'。"⑨

《聘礼》："夫人使下大夫，劳以二竹簠方。"张尔岐曰："'簠'作'簋'。"⑩

《聘礼》："缫三采六等，朱白苍。"张尔岐曰："'苍'误作'仓'。"⑪

---

① （清）张尔岐：《仪礼监本正误》，文渊阁《四库全书》第108册，第247页。
② （清）张尔岐：《仪礼监本正误》，文渊阁《四库全书》第108册，第247页。
③ （清）张尔岐：《仪礼石本误字》，文渊阁《四库全书》第108册，第249页。
④ （清）张尔岐：《仪礼石本误字》，文渊阁《四库全书》第108册，第249页。
⑤ （清）张尔岐：《仪礼石本误字》，文渊阁《四库全书》第108册，第249页。
⑥ （清）张尔岐：《仪礼石本误字》，文渊阁《四库全书》第108册，第249页。
⑦ （清）张尔岐：《仪礼石本误字》，文渊阁《四库全书》第108册，第250页。
⑧ （清）张尔岐：《仪礼石本误字》，文渊阁《四库全书》第108册，第250页。
⑨ （清）张尔岐：《仪礼石本误字》，文渊阁《四库全书》第108册，第250页。
⑩ （清）张尔岐：《仪礼石本误字》，文渊阁《四库全书》第108册，第250页。
⑪ （清）张尔岐：《仪礼石本误字》，文渊阁《四库全书》第108册，第250页。

《士丧礼》:"祭服不倒。"张尔岐曰:"'倒'误作'到'。"①

《觐礼》:"天子曰:非他,伯父实来。"张尔岐曰:"脱'曰'字。"②

《既夕》:"御者四人皆坐持体之。"张尔岐曰:"下脱'男女改服'四字。"③

《特牲馈食礼》:"主妇设两敦黍稷于俎南,西上,及两铏,铏芼设于豆南。"张尔岐曰:"监本、吴氏本止一'铏'字。"④

张尔岐认为监本《仪礼》有讹、脱、衍、倒等各种问题,其虽然于大多数情况下不言出现问题的原因,但是据其在序言中的交代,可知其采用的主要是对校法,即以监本《仪礼》与唐石经、吴本等进行对校。顾炎武在《九经误字》中皆以唐石经的记载为是,当监本与唐石经不合,则以监本为非;张尔岐则以辩证的眼光看待唐石经,唐石经的记载未必全是,监本的记载未必全非。

第二节　清中期的"三礼"校勘

一、沈廷芳的"三礼"校勘

沈廷芳(1702—1772)是乾隆时期的经学家,少从方苞学古文,亦究心经学。沈氏所撰《十三经注疏正字》八十一卷,是清代较早从事《十三经》全经校勘类著作。该书"三礼"部分,《周礼》凡十卷,《仪礼》凡十一卷,《礼记》凡十五卷。

兹列沈氏于《周礼》的部分校语如下:

《天官·冢宰》贾《疏》:"天地合,万物生。"沈廷芳曰:"《记》作'天地合而后万物兴焉'。"⑤

《天官·冢宰》贾《疏》:"'四时交'者,则《尚书》云'宅南交'。"沈廷芳曰:"上'交'字,毛本误'郊'。"⑥

《天官·冢宰》贾《疏》:"腊人、食医之等府、史俱无者。"沈廷芳曰:"'腊

---

① (清)张尔岐:《仪礼石本误字》,文渊阁《四库全书》第108册,第251页。

② (清)张尔岐:《仪礼石本误字》,文渊阁《四库全书》第108册,第251页。

③ (清)张尔岐:《仪礼石本误字》,文渊阁《四库全书》第108册,第251页。

④ (清)张尔岐:《仪礼石本误字》,文渊阁《四库全书》第108册,第251页。

⑤ (清)沈廷芳:《十三经注疏正字》卷二十三,文渊阁《四库全书》第192册,第296页。

⑥ (清)沈廷芳:《十三经注疏正字》卷二十三,文渊阁《四库全书》第192册,第296页。

人、食医',当'食医、疾医'之误。"①

《天官·冢宰》贾《疏》:"郑答志以夏十二月取冰。"沈廷芳曰:"'郑答志以',当'《郑志》答孙皓云'六字之误。"②

《天官·冢宰》贾《疏》:"舜葬苍梧,盖三妃未之从。"沈廷芳曰:"《记》作'舜葬于苍梧之野。'"③

《天官·大宰》贾《疏》:"食用六谷。"沈廷芳曰:"'谷',毛本误'国'。"④

《天官·兽人》陆氏《音义》:"祊,音方。"沈廷芳曰:"案毛氏居正云:当云'依注音方',盖'枋'本音补彭切,无方音也。"⑤

《天官·疾医》贾《疏》:"扁鹊,《史记》云姓秦,名少齐,越人。"沈廷芳曰:"《史记》云:扁鹊勃海郡郑人,姓秦氏,名越人。徐广曰:'郑'当为'鄚'。"⑥

《天官·酒正》贾《疏》:"谓日日有秩膳。"沈廷芳曰:"'日日',监本误'日月'。"⑦

《玉府》贾《疏》:"名正法,上于下曰馈。"沈廷芳曰:"'名',疑'明'字误。"⑧

兹列沈氏于《仪礼》的部分校语如下:

《士冠礼》郑《注》:"冠朝服,则是仕于天子、诸侯之士,朝服皮弁素积。"沈廷芳曰:"'天子诸侯'四字误倒,从《释文》校。"⑨

《士冠礼》贾《疏》:"此所布之席,疑卜筮之事。"沈廷芳曰:"'疑'当'为'字或'拟'字之误。"⑩

《士冠礼》贾《疏》:"故郑以僚友言之是也。"沈廷芳曰:"'是',疑衍文。"⑪

《士冠礼》郑《注》:"三入谓之纁。"沈廷芳曰:"'三'监本误'二'。"

---

① (清)沈廷芳:《十三经注疏正字》卷二十三,文渊阁《四库全书》第 192 册,第 296 页。
② (清)沈廷芳:《十三经注疏正字》卷二十三,文渊阁《四库全书》第 192 册,第 297 页。
③ (清)沈廷芳:《十三经注疏正字》卷二十三,文渊阁《四库全书》第 192 册,第 297 页。
④ (清)沈廷芳:《十三经注疏正字》卷二十三,文渊阁《四库全书》第 192 册,第 299 页。
⑤ (清)沈廷芳:《十三经注疏正字》卷二十三,文渊阁《四库全书》第 192 册,第 305 页。
⑥ (清)沈廷芳:《十三经注疏正字》卷二十三,文渊阁《四库全书》第 192 册,第 307 页。
⑦ (清)沈廷芳:《十三经注疏正字》卷二十四,文渊阁《四库全书》第 192 册,第 309 页。
⑧ (清)沈廷芳:《十三经注疏正字》卷二十四,文渊阁《四库全书》第 192 册,第 313 页。
⑨ (清)沈廷芳:《十三经注疏正字》卷三十三,文渊阁《四库全书》第 192 册,第 441 页。
⑩ (清)沈廷芳:《十三经注疏正字》卷三十三,文渊阁《四库全书》第 192 册,第 442 页。
⑪ (清)沈廷芳:《十三经注疏正字》卷三十三,文渊阁《四库全书》第 192 册,第 442 页。

《士冠礼》贾《疏》:"肩与革带广同。"沈廷芳曰:"'革',毛本误'韦'。"①

《士冠礼》贾《疏》:"不同一命不命,皆分为三等。"沈廷芳曰:"'同'当'问'字误。"②

《士相见礼》贾《疏》:"已见君不言还贽。"沈廷芳曰:"下当脱故云'唯君子臣耳'五字。"③

《士相见礼》郑《注》:"某也,盖主人之名。"沈廷芳曰:"九字系朱子释义,此误入。"④

《士相见礼》郑《注》:"膳夫授祭品尝食。"沈廷芳曰:"'授祭'二字衍。从《仪礼图》《集说》校。"⑤

《乡饮酒礼》贾《疏》:"酒礼宾之于君,其简讫。"沈廷芳曰:"'君其'字误倒,从《通解》校。"⑥

《乡饮酒礼》贾《疏》:"明始降时位在此。"沈廷芳曰:"'位',监本误'代'。"⑦

兹列沈氏于《礼记》的部分校语如下:

《檀弓上》孔《疏》:"宾位之位,随主人而变。"沈廷芳曰:"上'位'字当衍文。"⑧

《檀弓上》孔《疏》:"若其良史直笔。"沈廷芳曰:"'直',监本误'有'。"⑨

《檀弓上》陆氏《音义》:"涕音体。"沈廷芳曰:"案毛氏居正云:'后垂涕洟,音他计切,合通用。"⑩

《檀弓上》孔《疏》:"疏草经一年,陈根陈也。"沈廷芳曰:"上'陈'字当'则'字误。"⑪

---

① （清）沈廷芳:《十三经注疏正字》卷三十三,文渊阁《四库全书》第 192 册,第 442 页。
② （清）沈廷芳:《十三经注疏正字》卷三十三,文渊阁《四库全书》第 192 册,第 443 页。
③ （清）沈廷芳:《十三经注疏正字》卷三十四,文渊阁《四库全书》第 192 册,第 442 页。
④ （清）沈廷芳:《十三经注疏正字》卷三十四,文渊阁《四库全书》第 192 册,第 454 页。
⑤ （清）沈廷芳:《十三经注疏正字》卷三十四,文渊阁《四库全书》第 192 册,第 455 页。
⑥ （清）沈廷芳:《十三经注疏正字》卷三十四,文渊阁《四库全书》第 192 册,第 456 页。
⑦ （清）沈廷芳:《十三经注疏正字》卷三十四,文渊阁《四库全书》第 192 册,第 457 页。
⑧ （清）沈廷芳:《十三经注疏正字》卷四十五,文渊阁《四库全书》第 192 册,第 593 页。
⑨ （清）沈廷芳:《十三经注疏正字》卷四十五,文渊阁《四库全书》第 192 册,第 593 页。
⑩ （清）沈廷芳:《十三经注疏正字》卷四十五,文渊阁《四库全书》第 192 册,第 594 页。
⑪ （清）沈廷芳:《十三经注疏正字》卷四十五,文渊阁《四库全书》第 192 册,第 594 页。

《王制》孔《疏》:"晦闇于礼义。"沈廷芳曰:"'闇',毛本误'闻'。"①

《王制》郑《注》:"如今诏书除吏是矣。"沈廷芳曰:"'是',衍字。《集说》校。"②

《王制》郑《注》:"四之日其早。"沈廷芳曰:"'早',当依《集说》本,从经作'蚤'。"③

《月令》孔《疏》:"是郑以《月令》不韦所作。"沈廷芳曰:"下疑脱'也'字。《月令》下疑脱'为'字。"④

《月令》孔《疏》:"蕚布于午。"沈廷芳曰:"'蕚',《汉书》作'咢'。"⑤

根据沈廷芳之校语,可知其校勘涉及"三礼"的经、注、疏、《释文》等各方面内容。其所校者,包括经、注、疏的讹、脱、衍、倒、错乱等,所采用较多的校勘方法有对校、本校、他校。沈氏对校的版本,主要是监本、重修监本、陆氏闽本、毛氏汲古阁本,而《释文》则以徐氏通志堂本为准。沈氏还以"三礼"经、注、疏的前后内容对校。此外,其广泛参考其他经典记载对"三礼"经、注、疏实行他校。

沈廷芳在《十三经注疏正字》之"例言"中曰:"字,一本误者曰'某本误',并误者曰'某字误',某误而无可考曰'当某字误',可商曰'疑某字误',不可知曰'某字疑',或脱或衍或误而不能定则概曰'疑'。"⑥ 由此可见沈氏的校勘态度是十分严谨的。在清代经典校勘史上,沈廷芳是较早从事《十三经》全经校勘的学人,故其对于后来阮元等人的《十三经》校勘无疑有借鉴和启发意义。比如《周礼·天官·大宰》贾《疏》:"谓之挟日通也。"沈廷芳曰:"'通',疑衍字。"⑦ 阮元校语:"'通'字当衍。"⑧《周礼·天官·大宰》贾《疏》:"宰夫已下并是五官之长。"沈廷芳曰:"'长'当'考'字误。"⑨ 阮元曰:"'长'当

① (清)沈廷芳:《十三经注疏正字》卷四十六,文渊阁《四库全书》第192册,第610页。
② (清)沈廷芳:《十三经注疏正字》卷四十六,文渊阁《四库全书》第192册,第610页。
③ (清)沈廷芳:《十三经注疏正字》卷四十六,文渊阁《四库全书》第192册,第614页。
④ (清)沈廷芳:《十三经注疏正字》卷四十七,文渊阁《四库全书》第192册,第620页。
⑤ (清)沈廷芳:《十三经注疏正字》卷四十七,文渊阁《四库全书》第192册,第620页。
⑥ (清)沈廷芳:《十三经正字例言》,《十三经正字》卷首,文渊阁《四库全书》第192册,第3页。
⑦ (清)沈廷芳:《十三经注疏正字》卷二十三,文渊阁《四库全书》第192册,第299页。
⑧ (清)阮元:《十三经注疏校勘记·周礼》卷一,《续修四库全书》第181册,第107页。
⑨ (清)沈廷芳:《十三经注疏正字》卷二十三,文渊阁《四库全书》第192册,第299页。

'考'字之误。"① 此皆袭沈氏之说也。四库馆臣评价沈氏此书曰:"是书所举或漏或拘,尚未能毫发无憾。至于参稽众本,考验六书,订刊版之舛讹,祛经生之疑似,注疏有功于圣经,此书更有功于注疏,较诸训诂未明而自谓能穷理义者,固有虚谈实际之分矣。"② 不过,在清初学人顾炎武、张尔岐等人已经发掘唐石经的校勘价值,并已经将石经应用于经典的校勘时,沈廷芳不但没有参考石经,而且于清初学人的校勘成果也较少提及,这不能不说是沈氏校勘方面的一大缺失。③ 后来,卢文弨、阮元等人在校勘实践中对于石经及清初的校勘成果多有重视,可谓避沈氏之短而扬沈氏之长。

二、金日追的《仪礼》校勘

金日追有《十三经注疏正讹》一书,而《仪礼经注疏正讹》十七卷是其中的一部分。《仪礼经注疏正讹》于群经校勘之中最为详备,也最能体现金氏的校勘成就。该书于《仪礼》的校勘成就可从以下几个方面来看:

第一,金日追对《仪礼》校勘的底本和参校本做了细致的考察。关于《仪礼》经、注、疏校勘的底本和参校本,金日追在《例言》中做了交代。他说:"注疏本之流传于世者有五:一宋刻,一元刻附注释文本,一万历北监重刻本,一毛氏汲古阁本,一建本。"④ 对于宋刻本,金氏曾求之数年而未尝得见,即使元本亦未见焉。金氏遂"先考之万历监本,然后更订建本、毛本之讹"⑤。其他的参校本以朱熹《仪礼经传通解》本为主,辅以杨复《仪礼图》、敖继公《仪礼集说》、元陈凤梧、明钟人杰两郑注本,以及清代沈彤《仪礼小疏》、马炯《仪礼易读》。

第二,金日追采用多种校勘方法,涉及《仪礼》经、注、疏的很多内容。金氏常采用的是对校法,兹举数例以见之:

---

① (清)阮元:《十三经注疏校勘记·周礼》卷一,《续修四库全书》第181册,第108页。

② (清)永瑢等:《四库全书总目》卷三十三,中华书局1965年版,第278页。

③ 邓声国说:"沈廷芳在对待前人随文注释体文献之校勘成果方面,涉及面较窄。……对于清初学者之随文校勘成果缺乏足够的重视。"(邓声国:《清代〈仪礼〉文献研究》,上海古籍出版社2006年版,第354—355页)

④ (清)金日追:《仪礼经注疏正讹例言》,《仪礼经注疏正讹》卷首,《续修四库全书》第89册,第423—424页。

⑤ (清)金日追:《仪礼经注疏正讹例言》,《仪礼经注疏正讹》卷首,《续修四库全书》第89册,第424页。

《士昏礼》："席于北墉下。"金氏曰："'墉',今误'牖'。依《唐石经》及《通解》、钟本校正。"① 金氏于此据《唐石经》《通解》和钟本,认为经文于此作"墉",而非"牖。"

《士昏礼》："主人拂几,授校。"金氏曰："'校',《石经》《释文》及旧本并从'木'作'校'。今从'扌'作'挍',误。'校'为几足。当从'木',不当从'扌'也。"② 金氏据《石经》《释文》及旧本,认为此当为"校",而非"挍"。其于此采用的是对校法。

《燕礼》："主人盥洗,升,媵觚于宾,酌散,西阶上坐奠爵,拜宾。宾降筵,北面答拜。"金氏认为此"坐奠爵,拜宾。宾降筵",当作"坐奠爵,拜宾,降筵"。他说："唐石经如此。今新旧诸本于'奠爵拜'下连叠两'宾'字,作'奠爵拜宾'句,'宾降筵'又句。但按《大射礼》当此节只曰'西阶上坐奠爵,拜,宾西阶上北面答拜',并无叠两'宾'字。则当从石经删一'宾'字为是,诸本非也。"③ 彭元瑞曰："《大射礼》当此节曰'西阶上坐奠爵,拜,宾西阶上北面答拜',不叠'宾'字,例同。"④ 金氏所言可备一家之说。

金日追还采用理校法,兹举数例以见之:

《士冠礼》郑玄《注》："天子与其臣玄冕以视朔,皮弁以日视朝。"贾《疏》:"云'天子与其臣玄冕以视朔,皮弁以日视朝'者。"金日追曰："'朝'下'者'上,脱'诸侯'以下十七字,今据上下文义补之。"⑤ 若按金氏所补,贾《疏》的原文应当如下:"云'天子与其臣玄冕以视朔,皮弁以日视朝,诸侯与其臣,皮弁以视朔,朝服以日视朝'者。"由此可见,金氏于此采用的是理校法。

《士冠礼》贾《疏》:"《昏礼》宾皆云'面叶'者。"又云:"《昏礼》宾亦主人尊,不入房。"金日追曰："两'昏礼'下皆当叠出一'礼'字。言昏礼之礼宾也,补之方足。"⑥ 金氏以意补之,采用的仍然是理校法。金氏此说得到卢文弨的赞同。

金日追有时还综合采用各种校勘方法,比如《士昏礼》:"出房南面,待主

---

① （清）金日追:《仪礼经注疏正讹》卷二,《续修四库全书》第89册,第439页。

② （清）金日追:《仪礼经注疏正讹》卷二,《续修四库全书》第89册,第436页。

③ （清）金日追:《仪礼经注疏正讹》卷六,《续修四库全书》第89册,第458页。

④ （清）彭元瑞:《石经考文提要》卷五,《丛书集成续编》第6册,第436页。

⑤ （清）金日追:《仪礼经注疏正讹》卷一,《续修四库全书》第89册,第428页。

⑥ （清）金日追:《仪礼经注疏正讹》卷一,《续修四库全书》第89册,第431页。

人迎受。"金氏曰:"'梧授',今本作'迎受',此依陆德明《释文》校:'按:《聘礼》'宾进,讶授几于筵前,'注:'古文讶为梧'。《公食大夫礼》'从者讶受皮,'注:今文曰梧受。'《既夕礼》:'若无器则梧受之。'盖'梧'与'讶'古本同音,而古今文又无适从,故郑叠出其文以广异耳。疑此注本作'梧',传写作'讶',后人又以'迎''讶'同义,遂更转而为'迎'也。"① 金氏所见今本文字作"迎受",其据陆德明《经典释文》校作"梧受",复据《仪礼》其余篇注文考定"讶"记作"梧",又作"迎",关据古音"讶""梧"同音,从而推断"迎受"与"梧受"是字异而义同。

第三,金日追于《仪礼》校勘的成就,突出地表现在他对顾炎武《仪礼》校勘的纠谬。兹举两例以见之:

《乡射礼》:"宾与大夫坐,反奠于其所。"顾炎武曰:"监本脱'坐'字。"② 顾氏认为"反"下脱"坐"字。金日追曰:"按石经'坐'在'反'上,又《注》曰'古文曰反坐',则经文为'坐反'更明。且'坐'字诸本并脱,则其误亦不自监本始。唯钱塘钟氏本'坐'在'反'上,正同石经。今据校补。"③ 金氏认为,此"反"上脱"坐"字,而非顾氏所云"反"下脱"坐"字。金氏之依据,一是石经"坐"在"反"上,二是郑玄《注》所云"古文曰反坐"。金氏还指出,此"坐"字,诸本皆脱,并非如顾氏所云自监本始。

《乡射礼》:"楅,髤,横而拳之。"顾炎武曰:"楅,髤,横而奉之,'奉',误作'拳'。"④ 金日追曰:"按石经及旧本正作'拳',《释文》亦作'拳',音权。今本皆作'奉',盖因《通解》改也。顾氏《石经考》曰:'奉,石经误作拳。'未遍考《释文》《通解》耳。《通解》引《疏》仍曰'楅,横而拳之'。"⑤ 金氏则认为,石经、《释文》皆作"拳",今本作"奉",是因《通解》而误改。彭元瑞云:"'拳'训'曲',言制楅之法,漆而横曲之,其蛇交之处著地,龙有首尾,拳曲向上,更设韦当于其背,与上蛇交韦,其文义相属,非设楅时两手

① (清)金日追:《仪礼经注疏正讹》卷二,《续修四库全书》第89册,第436页。
② (清)顾炎武:《九经误字》,《顾炎武全集》第1册,上海古籍出版社2011年点校本,第321页。
③ (清)金日追:《仪礼经注疏正讹》卷五,《续修四库全书》第89册,第453页。
④ (清)顾炎武:《金石文字记》卷五,《顾炎武全集》第5册,上海古籍出版社2011年点校本,第365页。
⑤ (清)金日追:《仪礼经注疏正讹》卷五,《续修四库全书》第89册,第455页。

奉之也。《释文》明注，拳音'权'，《仪礼经传通解》但云'拳当作奉'，而注仍作'拳'，不改字。"① 此可为金氏之说的佐证。

《丧服》："不满八岁以下，皆为无服之殇。"顾炎武曰："监本脱'皆'字。"②金氏曰："按元陈凤梧本已无此字，则其脱不自监本始也。"③ 顾氏认为此脱"皆"字，且自监本始。金氏指出，此脱字，至少从元代陈凤梧本始。

第四，金日追对朱熹、沈彤等人的校勘成果颇为重视，并时有征引。《士冠礼》郑《注》："今时卒吏及假吏皆是也。"朱熹《通解》引《疏》作"卒史"。沈彤曰："'卒吏'，朱子《通解》引《疏》作'卒史'。按《汉书·倪宽传》'补廷尉文学卒史'，《黄霸传》'补左冯翊二百石卒史'，《儒林传》'置五经百石卒史'，皆作'史'，当改正。"④ 金氏以朱子和沈氏之说为据，认为郑《注》"假吏"应为"假史"。⑤

金日追于《仪礼》之校勘有颇多可取者，特别是其纠顾炎武等人之谬，对于后世的《仪礼》校勘影响颇大。金氏的校勘也有值得商榷或有明显失误者。比如《聘礼》贾《疏》："米不依大夫饩宾，与上介米八筐而依卿致饔饩者。"此"卿"，毛本作"者"。金氏曰："'卿'误'者'，今据上下文义校正。"⑥ 阮元曰："'君'是也。"⑦ 金氏于此运用了理校法，缺乏文献依据，其说未必是。金氏全书到处是"依《通解》改""依《通解》校正""依《通解》校补"字样，可见其对于《通解》信赖之深。朱熹《仪礼经传通解》之讹、脱、衍、倒者不在少数，对于《通解》，应辩证待之，不能唯《通解》是从。由于金氏过度依赖《通解》，所以有颇多妄改之处。比如《丧服》贾《疏》："大小与小功初死同。"此"大小"，金氏认为应是"大功"，他说："上'功'，今误'小'，依《通解》改。"⑧此《疏》的上半段文字如下："引《间传》者，证大功既葬，其麻绖受以小功葛者，以其大功既葬，变麻为葛，五分去一。"贾《疏》于此言大功葛之粗细，故此

---

① （清）彭元瑞：《石经考文提要》卷五，《丛书集成续编》第 6 册，第 436 页。
② （清）顾炎武：《九经误字》，《顾炎武全集》第 1 册，上海古籍出版社 2011 年点校本，第 321 页。
③ （清）金日追：《仪礼经注疏正讹》卷十一，《续修四库全书》第 89 册，第 493 页。
④ （清）沈彤：《仪礼小疏》卷一，文渊阁《四库全书》第 109 册，第 908 页。
⑤ （清）金日追：《仪礼经注疏正讹》卷一，《续修四库全书》第 89 册，第 428 页。
⑥ （清）金日追：《仪礼经注疏正讹》卷八，《续修四库全书》第 89 册，第 473 页。
⑦ （清）阮元：《十三经注疏校勘记·仪礼》卷八，《续修四库全书》第 81 册，第 386 页。
⑧ （清）金日追：《仪礼经注疏正讹》卷十一，《续修四库全书》第 89 册，第 494 页。

"大功"应为"大小"。金氏据《通解》误改。又如《丧服》贾《疏》："若不进正大功，冠与降同，则冠宜十一升。"金氏曰："今本'正大功'下衍'冠'字，并依《通解》校正。"① 此《疏》前已有"冠与降"，此言"冠与降"，是对前文之呼应。金氏据《通解》误改。此外，金氏的《仪礼》参校本不多，"未能依据各种宋元旧本进行校勘，颇有根据薄弱之嫌，有时甚至有武断之嫌，比之其后的卢文弨《仪礼注疏详校》远有未逮"。②

三、卢文弨的《仪礼》校勘

卢文弨是清代乾嘉时期著名的校勘学家，一生著作甚丰，其校勘成就多汇集在《抱经堂丛书》中。《仪礼注疏详校》一书，是卢氏《仪礼》校勘的成果。在该书序言中，卢氏言其治《仪礼》是受盛世佐之影响。不过直到六十四岁时，方"稍得见诸家之本，往往有因传写之讹误，而遂以訾郑、贾之失者，于是发愤，先为注疏校一善本，已录成书矣"③。卢文弨《仪礼》校勘的成就及特色体现在以下几个方面：

第一，卢文弨在《仪礼》校勘的底本和参校本方面有较周全的考虑。

卢文弨选择《仪礼》毛氏汲古阁本为底本。他在《凡例》中说："外间常行之本，惟汲古阁所刻。家有其书，今所摘误字皆就此本而言。"④

《仪礼注疏详校》所征引者，清代以前有陆德明《经典释文》、唐《开成石经》、张淳《仪礼识误》、李如圭《仪礼集释》、朱熹《仪礼经传通解》、黄榦《仪礼经传通解续》、张尔岐《仪礼郑注句读》、方苞《仪礼析疑》、吴廷华《仪礼疑义》、惠栋《仪礼古义》、盛世佐《仪礼集编》、浦镗《仪礼正字》、金日追《仪礼经注疏正讹》，以及戴震、金榜等人之校语。

第二，在《仪礼》校勘的态度上，卢文弨不轻易改字或移易文句。

古籍校勘，最忌随意改字。卢文弨校书，主张"相形而不相掩"⑤，意即校

---

① （清）金日追：《仪礼经注疏正讹》卷十一，《续修四库全书》第89册，第498页。

② 邓声国：《清代〈仪礼〉文献研究》，上海古籍出版社2006年版，第359页。

③ （清）卢文弨：《仪礼注疏详校自序》，《仪礼注疏详校》卷首，台湾"中央研究院"中国文哲研究所2012年点校本，第3页。

④ （清）卢文弨：《仪礼注疏详校凡例》，《仪礼注疏详校》卷首，台湾"中央研究院"中国文哲研究所2012年点校本，第14页。

⑤ （清）卢文弨：《与王怀祖庶常论校正〈大戴礼记〉书》，《抱经堂文集》卷二十，《续修四库全书》第1432册，第712页。

书时尽量不改动底本的文字，只是在校记中将参校本的异文列出即可。比如《仪礼·士冠礼》："厥明夕，为期于庙门之外。"此"庙"字，卢文弨曰："石经并作'庿'，而此书多不画一，姑仍之。"①又如《聘礼》："缫三采六等，朱、白、苍。"卢文弨曰："'苍'，石经作'仓'。"②又如《士虞礼》，郑玄《目录》云："虞，犹安也。日中而祭之于殡宫以安之。"卢文弨曰："陆有'之礼'二字。"③卢氏于此存异文，而不断之以己意。

卢文弨校书并非仅存异文，校是非亦为其所看重。他说："向之订讹正误，在于字句之间，其益犹浅，今之纠谬释疑，尤为天地间不可少之议论，则余书亦庶几不仅为张淳、毛居正之流亚乎？"④邓声国曰："所谓'订讹正误'即定立说之是非，而'纠谬释疑'即校底本之是非。"⑤在《仪礼注疏详校》中，卢氏对经、注、疏文字文句之是非多有判断。这在后面将详细论述，此不赘言。

第三，卢文弨广泛采用对校、本校、他校、理校等各种校勘方法。兹举数例以见之：

《仪礼·士冠礼》郑《注》："礼宾者，谢其自勤劳也。""礼宾"至"劳也"九字，《集释》《通解》、敖氏《集解》同，毛本无。《仪礼集释》四库本校语："今注疏本脱此九字。"卢文弨曰："此句注下有'礼宾者，谢其自勤劳也'九字，《通解》《集释》皆有之，然《疏》无释，则所见本或无此文耳。"⑥卢氏推测，贾《疏》于此九字无解义，可能是贾《疏》所见本的郑《注》根本无此九字。卢氏的结论，是基于他对《仪礼》经、注、疏版本的认知。其于此所采用的校勘方法，既有对校法，亦有理校法。

《仪礼·士冠礼》郑《注》："次，门外更衣处也，以帷幕簟席为之。""以"，

---

① （清）卢文弨：《仪礼注疏详校》，台湾"中央研究院"中国文哲研究所2012年点校本，第22页。

② （清）卢文弨：《仪礼注疏详校》，台湾"中央研究院"中国文哲研究所2012年点校本，第188页。

③ （清）卢文弨：《仪礼注疏详校》，台湾"中央研究院"中国文哲研究所2012年点校本，第294页。

④ （清）卢文弨：《仪礼注疏详校自序》，《仪礼注疏详校》卷首，台湾"中央研究院"中国文哲研究所2012年点校本，第5页。

⑤ 邓声国：《清代〈仪礼〉文献研究》，上海古籍出版社2006年版，第362页。

⑥ （清）卢文弨：《仪礼注疏详校》，台湾"中央研究院"中国文哲研究所2012年点校本，第28页。

《仪礼集释》《仪礼经传通解》、敖氏同,毛本作"必"。《仪礼集释》四库本校语曰:"'以',今注疏本讹作'必'。"卢文弨曰:"《通解》《集释》俱作'以',宋本作'必'。文弨案:'必'字胜,乃意度之辞。"① 此"以"字,卢氏认为当依宋本作"必",理由是"必"为意度之辞。其于此所采用校勘方法既有对校法,亦有理校法。

《仪礼·士冠礼》郑《注》:"入谓之赪。""入",《经典释文》作"染",下二"入"字同。张淳从《释文》。卢文弨曰:"《释文》'再入'作'再染',下二字同。张据此欲尽改'再入''三入''四入','入'字皆作'染',不知注疏所见之本,与《释文》所见本不同,不必据彼以改此。"② 卢氏认为注疏本与《经典释文》所见《仪礼》注的版本不同,遂有异文,因此此"入"字不当如张淳改作"染"。其于此所采用校勘方法既有对校法,亦有理校法。

第四,卢文弨批评金曰追唯朱子《仪礼经传通解》是从的做法,并作了勘正。

在卢文弨之前,金曰追校《仪礼》时,贾《疏》部分全依朱子《仪礼经传通解》为标准以断是非。对于《通解》,卢氏曰:"贾《疏》本多謇涩,传写弥复滋讹。朱子《通解》一书,细为爬梳,或润色其辞,或增成其义,读者易以通晓,致为有功。今凡改订不多处,即连于贾《疏》中,但注某字为朱子所增、所改、所删,可以一览了然。"③ 与金氏不同,卢氏认识到朱子《通解》有删改移易之处。为谨慎起见,卢氏注明朱子删改移易的内容,而不改贾《疏》原文。至于"贾语微滞,而义不甚违"者,"则宁仍其本文,或以朱子所改注其下,不至全失本文"④。卢氏还批评金氏曰:"《通解》于贾《疏》,往往有移易其前后者,后之所见,乃前之所删。嘉定金氏作《正讹》,专依朱子为正,忘贾《疏》前文之所有,而遽以后文为脱去,辄以《通解》补之。"⑤ 鉴于此,对于金氏依《通

---

① (清)卢文弨:《仪礼注疏详校》,台湾"中央研究院"中国文哲研究所2012年点校本,第28页。

② (清)卢文弨:《仪礼注疏详校》,台湾"中央研究院"中国文哲研究所2012年点校本,第23页。

③ (清)卢文弨:《仪礼注疏详校凡例》,《仪礼注疏详校》卷首,台湾"中央研究院"中国文哲研究所2012年点校本,第13页。

④ (清)卢文弨:《仪礼注疏详校凡例》,《仪礼注疏详校》卷首,台湾"中央研究院"中国文哲研究所2012年点校本,第13—14页。

⑤ (清)卢文弨:《仪礼注疏详校凡例》,《仪礼注疏详校》卷首,台湾"中央研究院"中国文哲研究所2012年点校本,第14页。

解》校贾《疏》之内容，卢氏"今既灼知其误，不以录入"①。

卢文弨对于朱熹《仪礼经传通解》并不盲目信从。比如《仪礼·士冠礼》贾《疏》："乃释韇，立筮。但筮法不殊。"金曰追据《通解》，在"但"字下增"彼卿大夫礼，有述命，此士礼，略，故不述命耳"十七字。卢文弨曰："此段《通解》在'筮人许诺'之下。此处《疏》云：'但筮法不殊，此亦应不异。《少牢》具陈，此不言者，文不具，当与彼同。'今金横于'但'字之下添此一段，文义殊格碍。且述命者，述主人之命以告神，岂因士而遂不述？理不可信。此处与下文俱不必增。"②卢氏据上下文义，认为金曰追据《通解》增字有误。又如《燕礼》贾《疏》："更整理乐县之法，为新之也。"卢文弨曰："金据《通解》作'案燕在路寝，有常县之乐，今更整理之，故云为燕新之也'。'燕在路寝'二句，已见上疏，金欲于此增之，不当从。"③卢氏据上文，认为金曰追据《通解》增字有误。

第五，卢文弨此书不仅校书，还于《仪礼》的名物有所考证。

如《士昏礼》郑《注》："古者嫁女，必侄娣从，谓之媵。"郑氏认为此"媵"为侄娣，"侄"乃妻兄弟之女，"娣"乃妻之妹，皆为随嫁者。卢文弨曰："《白虎通义》云：'卿大夫一妻二妾，不备侄娣何？臣贱，势不足尽人骨肉之亲。士一妻一妾何？下卿大夫也。'然则士安得有侄娣？东壁以媵是女从者，士虽无娣媵，亦必先于御。说是也。"④关于"媵"，盛世佐、秦蕙田、崔述等人皆有考述，诸家皆不同意郑玄以媵为侄娣之说。卢氏据《白虎通义》和崔述之说，认为此"媵"为女从者。

又如《聘礼》："夫人使下大夫劳以二竹簠方。"石经"簠"作"簋"。戴震校《仪礼集释》从石经。卢文弨曰："此从《释文》作'簠'，是也。簠者外圆，今云'竹簠方'，故注云'状如簋而方'。簋者外方，知此虽名竹簠，而实不圆，状如簋之方也。若本是簋，则何必更言方？至云'状如簋而方'，更不辞

① （清）卢文弨：《仪礼注疏详校凡例》，《仪礼注疏详校》卷首，台湾"中央研究院"中国文哲研究所 2012 年点校本，第 14 页。

② （清）卢文弨：《仪礼注疏详校》，台湾"中央研究院"中国文哲研究所 2012 年点校本，第 20 页。

③ （清）卢文弨：《仪礼注疏详校》，台湾"中央研究院"中国文哲研究所 2012 年点校本，第 115 页。

④ （清）卢文弨：《仪礼注疏详校》，台湾"中央研究院"中国文哲研究所 2012 年点校本，第 48 页。

矣。是知'簠'字为是。"① 此簠、簋皆古盛物之器，形制虽近，而实非一物。卢氏认为此应作"簠"，而非"簋"。卢氏得出此结论，与其所拥有的古器物知识是分不开的。

作为被臧庸誉为"天下第一读书人"② 的卢文弨在学术上的最大贡献是其对古书所作之校勘。《仪礼注疏详校》成于卢氏晚年，颇能代表其校勘水平。古今学人对卢氏此书的评价颇高。礼学大家凌廷堪曰："先生此书，则自宋李氏《集释》而下，所引证者数十家。凡经注及疏，一字一句之异同，必博加考定，归于至当。以云'详校'，诚不虚也。"③ 今人曰："此书……实事求是，不惟郑、贾等前贤是从，其以为郑《注》并非至臻至善，贾《疏》证之他经亦有歧义之处，朱熹《通解》于贾《疏》所增移皆不见于宋本等，故于各家之注解择善而取，论说持平。此书校勘精审、称引广博，堪称《仪礼注疏》之善本。"④"《仪礼注疏详校》不同于卢氏的一般校勘之作，而是既有校勘内容，也有研究心得，在一定程度上业已具备著作之性质。该书繁征博引，创获迭见，学术价值甚高。"⑤ 卢氏《仪礼注疏详校》征引之宏富，校勘之精审，使其成为清代《仪礼》学史上里程碑式的著作，影响十分深远。

四、阮元的"三礼"校勘

阮元是乾嘉时期的著名学者，其一生以整理、刊刻、校勘、收藏图书、振兴学术为己任。阮元在出任浙江学政、巡抚期间，召集江浙朴学之士编纂《经籍籑诂》，创建诂经精舍，并组织汇校《十三经注疏》。阮元所主持编撰的《十三经注疏校勘记》二百余卷，被皮锡瑞誉为"经学之渊海"⑥。今以《周礼注疏校勘记》《仪礼注疏校勘记》《礼记注疏校勘记》为研究对象，以见阮元所主持的

---

① （清）卢文弨：《仪礼注疏详校》，台湾"中央研究院"中国文哲研究所 2012 年点校本，第 167—168 页。
② （清）臧庸：《与顾子明书》，《拜经堂文集》卷三，《续修四库全书》第 1491 册，第 575 页。
③ （清）凌廷堪：《仪礼注疏详校序》，《仪礼注疏详校》卷首，台湾"中央研究院"中国文哲研究所 2012 年点校本，第 3 页。
④ 傅璇琮等主编：《续修四库全书总目提要·经部》，上海古籍出版社 2015 年版，第 186 页。
⑤ 陈东辉、彭喜双：《仪礼注疏详校前言》，《仪礼注疏详校》卷首，台湾"中央研究院"中国文哲研究所 2012 年点校本，第 5 页。
⑥ （清）皮锡瑞：《经学历史·经学复盛时代》，《皮锡瑞全集》第 6 册，中华书局 2015 年点校本，第 92 页。

经典校勘的成就及特色。①

阮元在从事"三礼"校勘时，重视底本和参校本之选择。

校勘底本的选择，直接关系到校勘质量之高低。阮元之前，部分学人在从事"三礼"的校勘时，由于未能找到宋本作为底本，所以校勘质量不高。阮元在从事校勘时，特别重视底本和参校本的选择，对于前贤时人的校勘记也多加重视。

《周礼》部分，所据底本是阮元家藏的十行宋本；校本的单经本有唐石经本、《石经考文提要》本；经注本有《经典释文》本、钱孙保所藏宋本、嘉靖本；注疏本有惠校本、附《释音》本、闽本、监本、毛本；参考的校记有浦镗《周礼注疏正误》、惠士奇《礼说》以及段玉裁《周礼汉读考》等。

《仪礼》部分，所据底本是北宋苏州所刻单疏本，此为贾公彦、邢昺的原书，比宋十行本还早；校本有唐石经本、宋严州单注本、翻刻宋单注本、明钟人杰单注本、明永怀堂单注本、闽本、明监本、毛本、《经典释文》本、《仪礼集释》本、《仪礼经传通解》本、《仪礼要义》抄本、《仪礼图》本、《仪礼集说》本；参考的校记有浦镗《十三经正字》、卢文弨《仪礼注疏详校》、顾炎武《九经误字》、张尔岐《仪礼误字》、彭元瑞《石经考文提要》等。

《礼记》部分，底本是阮元家藏的十行宋本；参校经本有唐开成石经本、南宋石经本；参考的经注本有岳本、嘉靖本、附释音本、闽本、监本、毛本、卫湜《礼记集说》本；参考的校本校记主要是惠栋校宋本、卢文弨校本、孙志祖校本、段玉裁校本、《考文》宋板、浦镗校本。

阮元在从事"三礼"校勘时不轻易改字，而是以校勘记的形式予以说明。他说："刻书者最患以臆见改古书，今重刻宋板，凡有明知宋板之误字，亦不使轻改，但加圈于误字之旁，而别据校勘记择其说，附载于每卷之末，俾后之学者不疑于古籍之不可据，慎之至也。"②"其经文、注文有与明本不同，恐后人习读明本，而反臆疑宋本之误，故卢氏亦引校勘记载于卷后，慎之至也。"③

---

① 阮元主编的《十三经注疏校勘记》，《周礼》部分由臧庸负责校勘，《仪礼》部分由徐养原负责校勘，《礼记》部分由洪震煊负责校勘。在诸家校勘基础上，阮元复定其是非。为方便起见，本书在称"三礼"注疏校勘记的作者时，皆以阮元统之。

② （清）阮元：《江西校刻宋本十三经注疏书后》，《揅经室集》三集卷二，中华书局 1993 年点校本，第 620 页。

③ （清）阮元：《江西校刻宋本十三经注疏书后》，《揅经室集》三集卷二，中华书局 1993 年点校本，第 620 页。

在阮元看来，即便底本有明显的讹误，也不可轻改，正确的做法是施以校记，这样才能最大限度地再现古籍原貌，减少主观臆断导致的错误。

对于"三礼"参校本，阮元并不盲从一家，而是胪列诸本异同，增广异闻。兹举数例以见之：

《周礼·天官·大宰》郑《注》："常者，其上下通名。"阮校："《疏》曰'云常者上下通名者'，又'故云常者上下通名也'，两引此注皆无'其'字。"① 阮氏将《疏》与《注》之异文列出，而无案断。

《周礼·地官·调人》郑《注》："辨，本也。"阮校："余本、闽本同。宋本、监、毛本、嘉靖本'辨'皆作'辩'。"② 余本、闽本作"辨"，宋本、监、毛本、嘉靖本"辨"皆作"辩"，阮氏皆予以胪列。

阮元所据《礼记正义》孔颖达之序后有"礼记正义"四字。阮校："此本于《礼记正义序》之后别出此篇目，闽本脱，监、毛本无。"③ 孔颖达之序后是否有"礼记正义"四字，各个版本情况不同，阮氏胪列诸家意见而无案断。

阮元从事"三礼"校勘时，采用了多种校勘方法。其采用最多的是对校法，兹举数例以见之：

《周礼·地官·小司徒》贾《疏》："施舍者，贵与老幼废疾不科役。"阮校："监本'舍'误'合'。"④ 此采用对校法，认为监本有误。

《周礼·地官·司徒》贾《疏》："故云积百同。"沈廷芳云："'云'，毛本误'五'。"⑤ 阮校："毛本'云'误'五'。"⑥ 此采用对校法，认为毛本有误。

《周礼·夏官·弁师》"诸侯之缫斿九就。"阮校："诸本同。唐石经原刻作'诸侯之缫九就'，后刮磨重刻，'缫'下增'斿'。案：贾《疏》引经云'诸公之缫九就'，无'斿'字，与石经原刻合。此犹上言'王缫十有二就'，'缫'下不当有'斿'也。"⑦ 阮氏于此采用对校法，认为"斿"为衍文。

《曲礼下》郑《注》："车轮，谓行不绝地也。"阮校："岳本'也'作'地'，

①　（清）阮元：《十三经注疏校勘记·周礼》卷一，《续修四库全书》第181册，第104页。
②　（清）阮元：《十三经注疏校勘记·周礼》卷四，《续修四库全书》第181册，第157页。
③　（清）阮元：《十三经注疏校勘记·礼记》卷一，《续修四库全书》第181册，第560页。
④　（清）阮元：《十三经注疏校勘记·周礼》卷三，《续修四库全书》第181册，第145页。
⑤　（清）沈廷芳：《十三经注疏正字》卷二十六，文渊阁《四库全书》第192册，第333页。
⑥　（清）阮元：《十三经注疏校勘记·周礼》卷四，《续修四库全书》第181册，第153页。
⑦　（清）阮元：《十三经注疏校勘记·周礼》卷八，《续修四库全书》第181册，第222页。

嘉靖本同，宋监本同。案：《经传通解》亦作'地'。《考文》引古本，'也'上有'地'字。《正义》云：'如车轮曳地而行'，《注》有'地'字为是。"①郑《注》"不绝地也"四字，有的版本同，有的版本则是"不绝也"。阮氏将各个版本进行比较，以"不绝地也"为是。

《既夕礼》孔《疏》："柩车至圹，祝说载除饰，乃敛乘道槁车服载之，不空之以归。"此"空"字，《仪礼要义》作"窀"，下"柩车既空""示不空之"皆同。《仪礼经传通解》、毛本俱作"空"。阮校："《要义》盖误合'空''之'两字为'窀'耳。下两'空'字遂亦作'窀'。浦镗校谓：'柩车既空'，'空'字应作'窀'。"②阮氏认为《仪礼要义》误合"空""之"二字为"窀"，并胪列浦镗之说以供参考。

阮元有时还据古书体例从事校勘，兹举数例如下：

《周礼注疏》卷首"郑氏注、贾公彦疏"，阮校："此非旧式。依例，止当署贾氏名衔。"③阮氏据古书体例，认为此《周礼注疏》卷首"贾公彦"三字并非古书原貌。

《士冠礼》："筮于庙门。""庙"，唐石经、《经典释文》《仪礼集释》、严本、曹氏俱作"廟"。阮校："《仪礼》'廟''庙'错出，张淳论之详矣。经、注既然，疏文更甚，今当画一从'廟'。'廟'乃古文，郑不叠今文者，郑叠今古有三例：辞有详略则叠之，宾对曰'某敢不夙兴'，今文无对是也；义有乖互则叠之，'礼于阼'，今文'礼'作'醴'是也；字有通借则叠之，'闑西阈外'，古文'闑'为'槷''阈'为'蹙'是也。若'廟''庙'则同字，故不叠。然《仪礼》字多参差，如《士冠》《特牲》俱有'主人受视'之语，《士冠》作'眂'，《特牲》作'视'；《士冠》'嘉荐亶时'，刘作'嘗'，陆作'时'，皆后人任眂意为之，非郑氏之旧。"④阮氏通过对《仪礼》郑《注》中的今古文规律之归纳，认为文中"庙"当统一作"廟"字。

《乡饮酒礼》："主人就先生而谋宾、介。"郑《注》："先生，乡中致仕者。宾、介，处士贤者。""者"字后，《通典》有"也"字，《仪礼集释》《仪礼经传通解》及诸本皆无。阮校："《通典》引诸经、传、注，往往增入'也'字。就此篇论之，如'明其德各特也'，'拜宾至此堂尊之也'，'进酒于宾也'，'复西阶上位也'，

① （清）阮元：《十三经注疏校勘记·礼记》卷四，《续修四库全书》第 181 册，第 582 页。
② （清）阮元：《十三经注疏校勘记·仪礼》卷十三，《续修四库全书》第 181 册，第 496 页。
③ （清）阮元：《十三经注疏校勘记·周礼》卷一，《续修四库全书》第 181 册，第 104 页。
④ （清）阮元：《十三经注疏校勘记·仪礼》卷一，《续修四库全书》第 181 册，第 290 页。

'坐于席也'。……此类甚多，岂古本俱有'也'字，而今本尽删之欤？凡类书征引群籍，有删无增，此或原本如是，今不能一一细校，聊志其概于此。"①阮氏于此据《通典》引书体例，以明郑《注》此"也"字之有无。

阮元还综合运用各种校勘方法以校"三礼"，兹举数例以见之：

《周礼·天官·大宰》："以官成待万民之治。"阮校："唐石经诸本同。案经当本作'以成待万民之治'，与上下文'以典''以则''以法''以礼'句法正同。贾《疏》释'成'为'官成'，因误窜入经矣。《注》云'成，八成'，此经作'成'、不作'官成'之证。'八成'在《小宰》，'官成'在《大宰》'八法'。"②阮氏认为"以官成待万民之治"中的"官"为衍文。其依据有二：一是据经之前后文的"以典""以则""以灋""以礼"，可推断此应为"以成"；二是郑《注》云"成，八成"，可断此应为"成"，而非"官成"。阮氏还指出，经文讹误的原因，是贾《疏》"官成"二字误窜入经。阮氏于此主要采用的是本校法。不过，阮氏后来推翻了自己的结论，他说："前说非也。《大宰》'八法'中之'官成'，郑以《小宰》'官府之八成'释之，是本无二事，故此注亦曰'成，八成'，此经必言'官成'者，谓以治官府之八成待万民之治也。又欲见此'官成'，即从'八法'中别出也。圣人文字精严如此，安得去'官'字，取整齐哉？贾《疏》不误。"③阮氏于此采用理校法，以明前说之非。

《周礼·天官·腊人》："腊人掌干肉，凡田兽之脯腊膴胖之事。"唐石经，诸本同。阮校："'膴胖之事'四字，疑衍文。下经'荐脯膴胖'，'膴'字、'胖'字始有注，若于此先言'膴胖'，二郑、杜氏、康成当于此下注矣。《释文》出'胖'字音于'豆脯'之下，则陆本尚未误衍。《仪礼·士冠礼》疏引《腊人》云'掌干肉，凡田兽之脯腊，郑《注》云大物解肆干之'云云，无'膴胖之事'四字。此为误衍之明证。"④阮氏于此采用对校、他校、理校等多种校勘方法，以明此"膴胖之事"四字为衍文。⑤

---

① （清）阮元：《十三经注疏校勘记·仪礼》卷四，《续修四库全书》第181册，第325页。
② （清）阮元：《十三经注疏校勘记·周礼》卷一，《续修四库全书》第181册，第108页。
③ （清）阮元：《十三经注疏校勘记·周礼》卷一，《续修四库全书》第181册，第108页。
④ （清）阮元：《十三经注疏校勘记·周礼》卷一，《续修四库全书》第181册，第117页。
⑤ 孙诒让曰："阮据《释文》校，于义近是。《甸祝》疏亦引此经'掌凡田兽之脯腊'，而此疏标起止，则有'之事'二字，或是后人窜改，非贾氏之旧。但有此四字，于义亦尚可通，未敢专辄删定也。"[（清）孙诒让：《周礼正义》卷八，中华书局1987年版，第308页]孙氏对阮氏此说表示谨慎地同意。

乾嘉时期的文字、音韵、训诂之学对于经籍校勘有着重要作用，"三礼"校勘亦然。阮元所邀请的从事"三礼"校勘的学者如臧庸、徐养原、洪震煊等皆是当时精于校勘的学者，他们有着深厚的考据工夫。这些人在从事"三礼"校勘时，皆能从训诂学的角度对经文、注、疏进行考订。比如《曲礼下》贾《疏》："厌帖无耆强，为五服丧所著也。""耆"，原作"者"，阮校："惠栋校宋本'强'字同，'者'作'耆'。监、毛本'者强'作'梁纆'，卫氏《集说》同。案当作'耆强'，宋本是也。古训'耆'为'强'。《逸周书·谥法》云：'耆，强也。'《左氏》昭廿三年传'不懦不耆'，杜预注亦云：'耆，强也。'《疏》意盖谓无'耆强'之谓，厌帖而已，'耆'作'者'，形近之误也。"① 阮氏于此对贾《疏》"耆"字之辨析，除了版本比较外，还有文字训诂的推论。

阮元于"三礼"之校勘颇为精审，受到当时和后世学人的高度重视。如《周礼·天官·内宰》："大祭祀，后祼献，则赞，瑶爵亦如之。"唐石经于"祼"下叠一"赞"字。阮校："'亦如之'者，谓亦赞也。正下文所谓'皆赞'也。若'瑶'上复有'赞'字，则不可通。唐石经非。"② 阮氏于此采用本校和理校法，认为唐石经衍一"赞"字。孙诒让曰："阮说是也。严可均亦据《疏》云'瑶爵亦如之者，亦赞之也'，谓少一'赞'字为是。"③ 又如《士冠礼》："玄端：玄裳、黄裳、杂裳可也，缁带，爵韠。"郑《注》："《易》曰：'夫玄黄者，天地之杂色，天玄而地黄。'""色"，严本同，毛本作"也"。张淳认为，郑氏引《易》文，不必改"也"为"色"，"也"字近"色"，传写者误。阮氏驳曰："按汉时六经异文甚多，张说未确，《通解》亦从张氏。"④ 胡培翚申《注》曰："黄氏丕烈亦以严本为不误。"⑤ 胡氏于此当是参考了阮氏之说。

阮元位高权重，又有很高的学术地位，故能聚集学界精英从事群经之校勘。其又能博采汉唐石经、宋元善本以及当代通行本，详加比堪，从而判断经注疏文本的是非曲直。在"三礼"校勘方面，由于阮元及其所邀者能广采善本，又能广泛吸纳清代朴学家的成果，故其校勘水平能够超越前贤。直到今天，阮元校刻的"三礼"经、注、疏仍是公认的精校本，也是"三礼"研究者广泛采用的文本。

---

① （清）阮元：《十三经注疏校勘记·礼记》卷四，《续修四库全书》第181册，第584—585页。
② （清）阮元：《十三经注疏校勘记·周礼》卷二，《续修四库全书》第181册，第130页。
③ （清）孙诒让：《周礼正义》卷十三，中华书局1987年点校本，第517页。
④ （清）阮元：《十三经注疏校勘记·仪礼》卷一，《续修四库全书》第181册，第295页。
⑤ （清）胡培翚、胡肇昕：《仪礼正义》卷一，北京大学出版社2016年点校本，第46页。

第三节　清晚期的"三礼"校勘

一、孙诒让的"三礼"校勘

孙诒让是晚清的经学大家,其所著《周礼正义》是清代《周礼》学的集大成之作。除了在《周礼》研究方面成就斐然之外,孙氏还精研群经,特别是重视群经之校勘。在雪克所辑孙诒让《十三经注疏校记》一书中,可知孙氏对儒家经典的经、注、疏皆有校勘。由于孙诒让的学术研究主要集中在《周礼》,所以《十三经注疏校记》于《周礼》校勘的篇幅占了近一半。孙诒让于"三礼"的校勘成就和特点,可从以下几个方面来看:

第一,综合应用各种方法从事校勘,且时有创见。

孙诒让据别本或经例以校经、注、疏。兹举数例以见之:

《周礼·天官·职岁》:"凡官府都鄙群吏之出财用,受式灋于职岁。"郑《注》:"百官之公用式灋多少。"孙校:"'法',依汪道昆本正。经例作'灋',注例作'法'也。"①孙氏据汪道昆本和经例,认为郑《注》中的"灋"当为"法"。其所采用的既有他校法,又有理校法。

《周礼·地官·遗人》:"掌邦之委积……以待凶荒。"郑《注》:"委积至为羁。"贾《疏》:"注'止年谷,余法用',谓道路之委积,所以丰优宾客之属。"孙校:"'止年谷',依《仓人》注当作'止犹杀'。"②孙氏于此据郑玄于他处之注释,以证贾《疏》所引郑《注》有误。

在《周礼正义序》,贾公彦云:"是以《易·通卦验》云:天地成位,君臣道生,君有五期,辅有三名。"孙校:"今本《通卦验》,'君''辅'下并无'有'字。"③孙氏据今本《通卦验》,以证贾《疏》所引纬书内容有误。贾公彦又云:"故《艺文志》云:'昔仲尼没,微言绝。'"孙校:"'没'下《汉志》有'而'字。"④孙氏据《汉书·艺文志》,认为贾《疏》征引《汉书·艺文志》有误。

《周礼·天官·小宗伯》:"及执事莅,大敛、小敛,帅异族而佐。"郑《注》:"执事至相助。"贾《疏》:"《丧大记》注:'小敛十九称,法天地之成数。'"孙校:

---

① (清)孙诒让:《十三经注疏校记》上册,中华书局2009年点校本,第111页。
② (清)孙诒让:《十三经注疏校记》上册,中华书局2009年点校本,第138页。
③ (清)孙诒让:《十三经注疏校记》上册,中华书局2009年点校本,第79页。
④ (清)孙诒让:《十三经注疏校记》上册,中华书局2009年点校本,第80页。

"'成',《丧大记》注作'终'。"① 孙氏据《丧大记》注,以明贾《疏》所引《丧大记》有误。

第二,孙诒让利用蜀石经,使其《周礼》校勘能超越前人。兹举数例以见之:

《周礼·秋官·遂士》:"协日就郊而刑杀,各于其遂,肆之三日。"孙校:"'肆'误'肄',闽本同。蜀石经不误。"②

《周礼·秋官·朝士》:"掌建邦外朝之法……面三槐。"孙校:"'面',蜀石经误'而'。"③

《周礼·秋官·司圜》:"掌收教罢民……虽出,三年不齿。"郑《注》:"凡害人者,不使冠饰。"孙校:"'人者'二字,蜀石经夺。"④

《周礼·秋官·貉隶》:"掌役服不氏而养兽,而教扰之,掌与兽言。"郑《注》:"不言阜藩者,猛兽不可服。"孙校:"'藩',蜀石经作'蕃',汪道昆本同,是也。《释文》亦作'蕃',闽本与此本同误'藩'。"⑤

《周礼·秋官·司烜氏》:"掌以夫遂取明火于日,以鉴取明水于月,以共祭祀之明斋、明烛,共明水。"郑《注》:"取日之火、月之水,欲得阴阳之洁气也。"孙校:"蜀石经'絜',不误。"⑥

《周礼·秋官·条狼氏》:"凡誓,执鞭以趋于前……誓小史曰墨。"郑《注》:"《郊特牲》说祭祀之誓曰:'卜之日,王立于泽,亲听誓命,受教谏之义也。'车辕,谓车裂也。师,乐也。大史、小史,主礼事者。"孙校:"'于',蜀石经作'於','泽'下有'宫'字,'之义'下无'也'字,'乐'下有'师'字,'礼事'上有'书记'二字,'於君','於'作'于'。"⑦

《周礼·秋官·柞氏》:"若欲其化也,则春秋变其水火。"郑《注》:"化,犹生也,谓时以种谷也。"孙校曰:"'时',蜀石经作'将'。"⑧

蜀石经,又称"广政石经"。后蜀广政元年(938)始刻,宋徽宗宣和六年

① (清)孙诒让:《十三经注疏校记》上册,中华书局 2009 年点校本,第 161 页。
② (清)孙诒让:《十三经注疏校记》上册,中华书局 2009 年点校本,第 266 页。
③ (清)孙诒让:《十三经注疏校记》上册,中华书局 2009 年点校本,第 270 页。
④ (清)孙诒让:《十三经注疏校记》上册,中华书局 2009 年点校本,第 284 页。
⑤ (清)孙诒让:《十三经注疏校记》上册,中华书局 2009 年点校本,第 290 页。
⑥ (清)孙诒让:《十三经注疏校记》上册,中华书局 2009 年点校本,第 297 页。
⑦ (清)孙诒让:《十三经注疏校记》上册,中华书局 2009 年点校本,第 300 页。
⑧ (清)孙诒让:《十三经注疏校记》上册,中华书局 2009 年点校本,第 303 页。

（1124）完成。南宋以后，蜀石经佚失。阮元校勘《十三经注疏》时，未能见蜀石经。孙诒让有机会看到蜀石经，并据蜀石经从事《周礼》等经典之校勘。由于其拥有新材料，所以其在校勘方面能超越前人。

第三，孙诒让在校勘时，或对前人校记提出异议，或补前人校记之不备。兹举数例以见之：

贾公彦《周礼正义序》所征引《易·通卦验》的原文如下："燧皇始出，握机矩，表计寘，其刻曰：苍牙通灵，昌之成，孔演命，明道经。"阮校："浦镗云：'曰'误'日'。案：纬书古奥，'其刻曰'三字未得其注解，未必为王伐切之字也。今本《易纬·通卦验》'曰'作'白'。"①孙诒让驳曰："赵在翰本《通卦验》作'曰'，据郑《注》亦当作'曰'，浦说不可非。"②又曰："汪文台曰：'按：《书》疏作"曰"。'；又引郑君《注》云：'刻，谓刻石而记识之。'则浦校是也。今《易纬》作'白'，盖误。"③浦镗认为此"日"为"曰"字之误，阮元则认为此"日"为"白"字之误。孙氏据赵本翰本《易纬·通卦验》和汪文台校语，认为当从浦镗之说，即此"日"为"曰"字之误。

贾公彦有《序周礼废兴》，阮校："所见闽本阙此篇。"④孙校："诒让所收闽本有此篇，今补校一过，无异文。"⑤阮元所见闽本无贾氏序，而孙诒让所见闽本有之。

《周礼·天官·九嫔》，郑玄曰："不列夫人于此官者。"孙诒让曰："'于'当作'於'。《注》皆用'於'字，毛本并下夫人之'於'后亦改为'于'矣。黄刻嘉靖本正作'於'，阮失校。"⑥阮元于此无校语，孙氏补之。

《周礼·地官·牛人》："凡祭祀，共其享牛、求牛，以授职人而刍之。"郑《注》："求牛……祈求福之牛也。"阮校："宋本'祈'作'所'，案上文'求牛祷于鬼神'，此复云'祈求福'，词意烦复，宋本作'所'是也。"孙校："宋本非。"⑦阮校以宋本"祈"作"所"为是；孙氏以宋本"祈"作"所"为非。

① （清）阮元：《十三经注疏校勘记·周礼》卷一，《续修四库全书》第 181 册，第 99 页。
② （清）孙诒让：《十三经注疏校记》上册，中华书局 2009 年点校本，第 81 页。
③ （清）孙诒让：《十三经注疏校记》上册，中华书局 2009 年点校本，第 81 页。
④ （清）阮元：《十三经注疏校勘记·周礼》卷一，《续修四库全书》第 181 册，第 100 页。
⑤ （清）孙诒让：《十三经注疏校记》上册，中华书局 2009 年点校本，第 81 页。
⑥ （清）孙诒让：《十三经注疏校记》上册，中华书局 2009 年点校本，第 84 页。
⑦ （清）孙诒让：《十三经注疏校记》上册，中华书局 2009 年点校本，第 138 页。

《周礼·天官·大宰》郑注"既卜,又戒百官",浦镗认为"遂"误为"又"。孙校:"'又'字不误,浦校误。"① 浦镗以"遂"误"又",孙氏则认为"又"字不误。

《周礼·天官·宰夫》贾《疏》云"何休云云尔者",浦镗认为衍一"云"字。孙校:"何注本'云云尔者'非衍文,浦误。"② 浦镗认为此衍"云"字,孙氏认为"云"字不衍。

《周礼·天官·外饔》贾《疏》云"夫人已下谓其殷奠及虞祔之祭",浦镗认为"其"字衍。孙氏驳浦镗曰:"非衍。"③ 浦镗认为"其"字衍,孙氏认为"其"字不衍。

《周礼·天官·医师》贾《疏》云"惟土渗水",卢文弨云:"'土'当作'火'。"孙校:"贾云'以土壅水',则当作'土渗水'明矣。卢校亦非。"④ 卢文弨认为"土"乃"火"字之讹,孙氏认为"土"字不误。

在清代经典校勘史上,阮元成就斐然。然而经典的校勘是一项非常复杂的工作,尽管阮校本堪称精校本,但是也难免百密一疏。与阮元不同的是,孙诒让生活在晚清,他能看到蜀石经等新材料。今人雪克说:"阮元之后,这部校记可称是清代学者通校《十三经》的又一份重要的学术成果了。"⑤ 群经之中,孙氏在《周礼》校勘方面所花费的心力最多,成就亦最显著。孙氏的《周礼》校勘记是后人从事经典校勘的宝贵资料,比如李学勤主编的《十三经注疏》整理本,《周礼注疏》的整理者对孙氏校记即多有采择。

二、曹元弼的《仪礼》校勘

《礼经校释》一书是曹元弼整理历年读礼之条记而成,光绪十七年(1891)刊成行世。曹氏自叙撰作之由曰:"先师郑君本习小戴之学,后以古经校之,取其义长者,依经立注,述先圣元意,天秩人纲,不坠于地。齐黄氏庆、隋李氏孟悊作为章疏,由绎其旨。唐贾氏公彦据二家为本,兼增己义,为《疏》五十卷,沈实精博,多得经注本意,学者舍是无以窥圣作明述之原。惜唐中叶

---

① (清)孙诒让:《十三经注疏校记》上册,中华书局2009年点校本,第89页。
② (清)孙诒让:《十三经注疏校记》上册,中华书局2009年点校本,第93页。
③ (清)孙诒让:《十三经注疏校记》上册,中华书局2009年点校本,第98页。
④ (清)孙诒让:《十三经注疏校记》上册,中华书局2009年点校本,第104页。
⑤ 雪克:《辑校说明》,《十三经注疏校记》卷首,中华书局2009年点校本,第3页。

后，治此经者鲜，疏文讹舛日滋。宋景德间，邢昺等校定贾《疏》，其书见于今最称古本，然错误衍脱，已非一端，至明监本更不可读矣。"① 又曰："张尔岐创通《礼经》大义，依郑《注》作《句读》，据唐石经校监本。其后名儒接踵而出，考正疑讹，阐发谊理，专门名家之学，粲然可观。而阮氏元《仪礼校勘记》、胡氏培翚《仪礼正义》集其大成。但阮氏校各本异同，而众本并讹，则未及读正，学者于疏文仍不免隔阂难通。胡氏依注解经，而于注之曲寻道意、迥异俗说者，或反以为违失而易之；又多采元敖继公、明郝敬两妄人说，而引贾《疏》特少，时议其非，皆其千虑之失也。"② 曹元弼认为，中唐以后鲜有治《仪礼》者，遂致疏文讹舛日滋，宋邢昺、清张尔岐、阮元、胡培翚等人虽有校勘，然讹误仍多。基于此，其认为校勘《仪礼》可纠前人之误、成前人之美。

《礼经校释》名曰"校释"，校者，校正经、注、疏之讹，释者，阐释经、注、疏之隐义。是书于前贤时人之说多有征引，但均标明所自出，曹氏曰："是书除《丧服》外，皆积历年条记而成，间有与前人暗合者，写定时辄删去之。或得于友朋启示讨论，所及一字一句，必标其姓名。郭象辈所为穿窬之类，十年前已耻之也。"③ 江苏巡抚陈启泰认为曹元弼通晓经学，品德端正，遂以其所著《礼经校释》进呈御览。后奉旨赏给曹元弼翰林院编修，原书发交礼学馆。南书房翰林覆奏曰："体例较为明析，其治经壹以郑、贾为宗，而兼采唐宋诸儒及国朝诸家之说折衷以求其是，略无门户之见。间有于义难明者，一一疏通证明，持论颇多可采。"④ 由此可见时人对该书评价之高。

据《礼经校释》，可知曹元弼采用了本校、对校、他校、旁证、理校等多种校勘方法。

曹元弼使用了对校法。如《仪礼·丧服》："传曰：何以期也？妾不得体君，得为其父母遂也。"贾《疏》："是王后犹不待降父母，是子尊不加父母。"曹校："'待'字讹，单疏作'得'。"⑤ 曹氏据单疏本，认为疏中之"待"字讹，当为"得"。

---

① （清）曹元弼：《礼经校释叙》，《礼经校释》卷末，《续修四库全书》第 94 册，第 528 页。
② （清）曹元弼：《礼经校释叙》，《礼经校释》卷末，《续修四库全书》第 94 册，第 528 页。
③ （清）曹元弼：《礼经校释条例》，《礼经校释》卷末，《续修四库全书》第 94 册，第 530 页。
④ （清）南书房翰林：《礼经校释覆奏》，《礼经校释》卷首，《续修四库全书》第 94 册，第 113 页。
⑤ （清）曹元弼：《礼经校释》卷十五，《续修四库全书》第 94 册，第 425 页。

又如《仪礼·丧服》:"公子为其母,练冠、麻,麻衣縓缘。"贾《疏》:"为母自与世子同,故知为妾子也。"曹校:"'世',阮云《要义》作'出'。'出'乃'世'之讹耳。《内则》曰'国君世子生',是初生即为世子,立嫡以长,周之制也。"① 贾《疏》云"为母自与世子同",阮元认为"世"字误;曹氏据《内则》,认为贾《疏》"世"字不误。

又如《仪礼·丧服》:"公妾以及士妾为其父母。"贾《疏》:"士谓一妻一妾,中间犹有孤,犹有卿大夫妻。"曹校:"'妻'字讹,单疏作'妾'。"② 曹氏据单疏本,认为贾《疏》"妻"字讹,当为"妾"字。

曹元弼还使用了本校法。如《仪礼·丧服》:"传曰:为妻何以期也?妻至亲也。"郑《注》:"嫡子父在则为妻不杖。"曹校:"'杖'下脱'即位'二字。下云'父在,子为妻以杖即位,谓庶子','杖'下有'即位'字可证。不以杖即位,则仍有杖,故在杖期章,此士嫡子之礼也。大夫嫡子则并不杖,故下不杖章别出大夫之嫡子为妻。"③ 曹氏据郑《注》下文,认为"嫡子父在则为妻不杖"一语中,"不杖"下脱"即位"二字。

曹元弼使用了理校法。如《仪礼·士冠礼》:"主人玄冠,朝服,缁带,素韠,即位于门东,西面。"贾《疏》:"若云天子用玄冕,诸侯用皮弁,其臣不得上同于君,君下就臣同朝服也。"曹校:"'若云',疑当为'若然'。'君下就臣'四字疑衍,详《疏》。上文意盖谓在朝,既君臣同服,则筮日时亦当君臣同服。天子筮日当与其臣之执事者同玄冕,诸侯筮日当与其臣之执事者同皮弁矣。若然,天子诸侯筮日用玄冕、皮弁,其臣筮日之服不当上同乎君,当与其有司同。"④ 曹氏认为,贾《疏》"若云"当为"若然";曹氏还通过上下文义之分析,阐明"若云"当为"若然"的原因。

又如《仪礼·士冠礼》:"乃醴宾以壹献之礼。"郑《注》:"特牲、少牢馈食之礼献尸,此其类也。"曹氏校曰:"'此'当为'非'字之误。此一献,彼三献,故云'非其类'。又云士礼一献、卿大夫三献者,此明非其类之事。盖饮酒,士礼一献,卿大夫三献,祭礼则士与大夫同三献,是事类异也。玩《注》意,谓主人献宾,即燕无亚献,特牲、少牢礼则非其类也。此饮酒礼,士惟一

---

① (清)曹元弼:《礼经校释》卷十六,《续修四库全书》第94册,第448页。
② (清)曹元弼:《礼经校释》卷十五,《续修四库全书》第94册,第425页。
③ (清)曹元弼:《礼经校释》卷十四,《续修四库全书》第94册,第387页。
④ (清)曹元弼:《礼经校释》卷一,《续修四库全书》第94册,第117页。

献,卿大夫乃三献耳。是为全经士饮酒礼释例,且明祭礼之与饮酒别也。"①曹氏认为郑《注》"此其类也"当为"非其类也",其还结合上下文义阐明了理由。

又如《仪礼·丧服》:"衣带下尺。"贾《疏》:"云'带'者,此谓带衣之带,非大带、革带者也。"曹校:"'非'当为'即',言此带谓平常衣之带,即大带、革带。'衣带下尺'者,衣至当带处,以布接之,垂下长尺耳。衣带下尺,不独丧服然也。"②曹氏认为贾《疏》"非"应为"即",并从服制的角度作了说明。

又如《仪礼·士丧礼》:"设决,丽于掔,自饭持之。设握,乃连掔"贾《疏》:"裹手一端,绕于手表,必重宜于上掩者。"曹校:"'表'下似脱'里'字。握手之制,如裹一端,至掔一端,包手指絭绕于手之表里必重,一为覆,一为藉也。"③曹氏认为贾《疏》"表"下脱一"里"字,并以古代握手礼为据阐述了理由。

曹元弼在校勘时注意吸纳他人的成果。如《仪礼·士昏礼》:"婿御妇车,授绥,姆辞不受。"曹氏所据底本为"婿以几,姆加景,乃驱,不受"。曹校:"严本及各本皆作'婿御妇车,授绥,姆辞不受',此本独误,张氏文虎已言之。"④曹氏据严本,证其底本经文之误,并以张文虎之说作为参证。

又如《仪礼·丧服》:"传曰:公卿大夫室老、士,贵臣,其余皆众臣也。"贾《疏》:"是皆近君之小臣,又与众臣不同,无所降其服,又得与贵臣等不嫌相逼通也。"曹校:"阮云:陈、闽、《通解》俱无'通'字。无者是。"⑤曹氏据阮元之说,认为贾《疏》无"通"字。

又如《仪礼·丧服》:"禽兽知母而不知父。"贾《疏》:"云'禽兽'以下者,因上尊宗子,遂广申尊祖,宗子之事也。"曹校:"阮云:'祖'下,陈、闽、《通解》俱有'以及'二字。有者是。"⑥曹氏据阮元之说,认为贾《疏》当有"以及"二字。

又如《仪礼·丧服》:"小功布衰裳、牡麻绖、即葛五月者。"贾《疏》:"但以日月为足。故不变衰也。"曹校:"阮云:'足'聂氏作'促',聂氏是也。"⑦

① (清)曹元弼:《礼经校释》卷一,《续修四库全书》第94册,第125—126页。
② (清)曹元弼:《礼经校释》卷十六,《续修四库全书》第94册,第463页。
③ (清)曹元弼:《礼经校释》卷十七,《续修四库全书》第94册,第473页。
④ (清)曹元弼:《礼经校释》卷二,《续修四库全书》第94册,第139页。
⑤ (清)曹元弼:《礼经校释》卷十四,《续修四库全书》第94册,第382页。
⑥ (清)曹元弼:《礼经校释》卷十五,《续修四库全书》第94册,第416页。
⑦ (清)曹元弼:《礼经校释》卷十六,《续修四库全书》第94册,第436页。

曹氏据阮元之说，认为贾《疏》"足"当为"促"字。

　　曹元弼在从事《仪礼》校勘时颇为谨慎，其对于有争议的问题，若无确切的证据，多以阙疑待之。如《仪礼·丧服》："传曰：何以缌也？以名服也。"贾《疏》："答云'以名服'者，因从母有母名，而服其子，故云以名服也。"曹校："'云'，阮云《要义》作'曰'。"①《仪礼·丧服》："朋友皆在他邦，袒免，归则已。"贾《疏》："主若幼少，不能为主，则朋友犹为之主，未止。"曹氏校曰："阮云《要义》无'少'字。"②《仪礼·士丧礼》："入，坐于床东，众主人在其后，西面。"贾《疏》："是其众主人直言在其后。"曹校："阮云《要义》无'是其'二字。"③此三处，曹氏皆列阮校之语而不作评论。

　　又如《仪礼·聘礼》："君使卿韦弁，归饔饩五牢。"贾《疏》："郑注《司服》云：韦弁，以韎韦为弁，又以为衣裳。"此所谓"又以为衣裳"，曹校："贾所据《周礼注》有'裳'字。孔氏《诗·六月》正义引无。阮氏《毛诗校勘记》曰：此不误，兵事素裳，下文引《郑志》可证，今《周礼注》衍'裳'字耳。"④曹氏以《诗·六月》正义作为他校之资，并以阮氏《毛诗校勘记》作为参证。又如《聘礼》："宾奉束帛入，三揖，皆行，至于阶，让。"郑注："古文曰'三让'。"曹校："'三'，阮云徐本作'二'，误。严作'三'。"⑤曹氏据严本对校，并以阮说作为参证。曹氏列举诸家校语，然皆无评论。

　　若无充分证据，曹元弼在校语中多用"似""疑"等词。如《仪礼·士冠礼》："筮于庙门。"贾《疏》："故以庙决堂。"曹校："'庙'，疑当为'门'。"⑥《仪礼·士昏礼》："问名，主人受雁，还，西面对。"贾《疏》："于彼唯不云'西面'。"曹校："'面'下疑脱'对'字。"⑦《仪礼·丧服》："衣带，下尺。"贾《疏》："此谓带衣之带。"曹校："'谓带'二字疑倒。"⑧《仪礼·丧服》："传曰：何以期也？从服也。父母、长子，君服斩。妻，则小君也。父卒，然后为祖后者服斩。"

① （清）曹元弼：《礼经校释》卷十六，《续修四库全书》第94册，第447页。
② （清）曹元弼：《礼经校释》卷十六，《续修四库全书》第94册，第455页。
③ （清）曹元弼：《礼经校释》卷十七，《续修四库全书》第94册，第466页。
④ （清）曹元弼：《礼经校释》卷九，《续修四库全书》第94册，第281页。
⑤ （清）曹元弼：《礼经校释》卷九，《续修四库全书》第94册，第284页。
⑥ （清）曹元弼：《礼经校释》卷一，《续修四库全书》第94册，第117页。
⑦ （清）曹元弼：《礼经校释》卷二，《续修四库全书》第94册，第143页。
⑧ （清）曹元弼：《礼经校释》卷十六，《续修四库全书》第94册，第463页。

贾《疏》:"则君之祖亦是废疾,或早死不立。"曹校:"'或早死'三字疑衍。"①
以上诸例,曹氏校语皆有"疑"字。

又如《仪礼·士昏礼》:"妇入寝门,赞者彻尊幂,酌玄酒,三属于尊。"
贾《疏》:"今昏礼,事至乃取之,故云贵新也。"曹校:"'云'下似脱'又'字。"②
《仪礼·士昏礼》:"父西面戒之。"贾《疏》:"故戒使不忘也。"曹校:"'戒'上
似脱'讬'字。"③《仪礼·士昏礼》:"父醮子。"贾《疏》:"男子直取妇入室,
无不反之。"曹校:"'之'下似脱'道'字。"④《仪礼·士昏礼》:"父醮子。"贾《疏》:
"若在庙以礼,筵于户西。"曹氏校曰:"'以'上似脱'当'字。"⑤《仪礼·丧服》:
"衣带,下尺。"贾《疏》:"今云此据在上曰衣,举其实称。"曹校:"'云'下似
脱'衣'字。"⑥ 以上诸例,曹氏校语皆有"似"字。

三、俞樾的"三礼"校勘

俞樾"三礼"校勘的成果主要收录在《群经平议》一书中。该书有"三礼"
经文之释义、名物礼制之考证,故该书不专事"三礼"之校勘。然观俞氏之语,
可知其在"三礼"校勘方面有很多真知灼见。如《仪礼·士冠礼》:"筮人执筴,
抽上韇,兼执之。"此"筴"字,前人多有争议,如严本、《通解》俱作"筮",
敖氏《仪礼集说》从之。阮校认为《通解》偶误,敖氏改"筴"为"筮"字为
臆说。俞樾云:"敖继公《集说》曰'执筴当作执筮',上云'筮与席',下云'彻
筮席',以上下文征之,则此'筴'字乃传写误也。又《特牲》《少牢礼》皆云
'执筮',益可见矣。阮氏《校勘记》斥为臆说。今按敖说固多不足据,然此文
'执筴'之当作'执筮',则《特牲》《少牢》两篇确有明证,《礼记·月令篇》《少
仪篇》郑《注》并曰'筮,蓍也',若此文是'筴'字,则亦必有注,以其无
注,知其所据本作'执筮',不作'执筴'也。'筮''筴'形似,又涉注文云
'韇藏筴之器',因而致误。宜从敖说订正。至注文'藏筴之器',乃郑君自释
'韇'字之义,不必因经文言'筮',亦顺之曰'藏筮之器'也。朱子《经传通解》

---

① (清)曹元弼:《礼经校释》卷十五,《续修四库全书》第94册,第424页。
② (清)曹元弼:《礼经校释》卷二,《续修四库全书》第94册,第144页。
③ (清)曹元弼:《礼经校释》卷二,《续修四库全书》第94册,第144页。
④ (清)曹元弼:《礼经校释》卷二,《续修四库全书》第94册,第146页。
⑤ (清)曹元弼:《礼经校释》卷二,《续修四库全书》第94册,第146页。
⑥ (清)曹元弼:《礼经校释》卷十六,《续修四库全书》第94册,第463页。

改'笾'为'籩',则又非郑君之旧矣。"① 俞氏在广泛参考前贤之说的基础上,征诸《特牲》《少牢》《月令》《少仪》郑《注》,并联系上下文,认为"笾"乃"籩"字之误。

又如《礼记·曲礼下》:"天子同姓谓之伯父。"《经典释文》云:"本或有'同姓'二字,衍文。"俞樾云:"《正义》本亦无'同姓'二字,今《正义》云'天子同姓谓之伯父'者,此'同姓'二字后人所加也。何以知之?下文'天子同姓谓之叔父',《正义》曰'一本云天子同姓',则所据本无'同姓'二字明矣。盖下既别言异姓,其为同姓自见,乃古人属辞之省也。唐石经误衍'同姓'二字,而各本从之,非郑、孔所据之旧矣。"② 俞氏以《释文》为据,认为《曲礼下》"同姓"二字为衍文,其观点可备一说。

又如《礼记·月令》:"土润溽暑,大雨时行。"郑《注》:"润溽,谓涂湿也。"孔《疏》认为此当为"土既润溽,又大雨应时行也"。俞樾云:"郑所据本疑无'暑'字,故但释'润溽'之义而不及'暑'字。下文注曰'土润溽,膏泽易行也',是郑本无'暑'字之明证也。《正义》言'土既润溽,又大雨应时行',是孔氏所据本亦无'暑'字矣。《周书·时训篇》有'暑'字,且曰'土润不溽,暑,罚不应物',则'润''溽'二字不连读,与郑义异。然'土润不溽暑',文义殊为不安,疑《周书》原文亦作'土润溽',其下则曰'土不润溽,罚不应物',今本乃传写之误,不足据也。"③ 俞氏认为经文"暑"字为衍文。孙希旦云:"按注疏皆不解'暑'字,疑本无此字,后人据《吕氏春秋》增之耳。"④,

又如《礼记·月令》:"文绣有恒。"俞樾云:"'恒'当作'常',此由学者不知'常'是本字,误以为汉人避文帝讳,所改如'恒山'作'常山'之例,遂改正之,而转失其本字矣。'文绣有常',与上文'裳'字、下文'长'字'量'字'常'字为韵,今'常'误作'恒',而下文'度有短长'句又误作'长短',则皆失其韵矣。《吕氏春秋·仲春纪》皆不误,可据以订正。"⑤ 俞氏据《吕氏春秋》,认为经文此之"恒"当为"常",其观点可备一说。

———————————

① （清）俞樾:《群经平议》卷十五,《续修四库全书》第 178 册,第 242 页。
② （清）俞樾:《群经平议》卷十九,《续修四库全书》第 178 册,第 305—306 页。
③ （清）俞樾:《群经平议》卷二十,《续修四库全书》第 178 册,第 319 页。
④ （清）孙希旦:《礼记集解》卷十六,中华书局 1981 年点校本,第 459 页。
⑤ （清）俞樾:《群经平议》卷二十,《续修四库全书》第 178 册,第 320 页。

又如《礼记·月令》:"量小大。"惠栋校宋本同,宋监本、岳本、嘉靖本同,石经同。闽、监、毛本则是"量大小"。阮元认为闽、监、毛本"小""大"二字倒。俞樾云:"卫湜本是也。上文云'制有小大,度有短长',则'小'字当在'大'字之前,以下句'短'字在'长'字之前,小大、短长各自相当也。此文云'量大小,视长短',则'大'字当在'小'字之前,以下句'长'字在'短'字之前,大小、长短亦各相当也。乃自唐石经以下,各本皆作'小大',则涉上文'制有小大'而误,犹上文'度有短长',涉此文'视长短'而误作'长短'也。'度有短长'句,有《吕氏春秋》可据以订正,至此文则《吕氏春秋》亦作'量小大'矣。然孔氏正义曰'量小大'者,大谓牛羊豕成牲者,小谓羔豚之属也。先释'大'字,后释'小'字,是孔所据本正作'大小',不作'小大',而所述经文云'量小大',此必后人据已误之经文改之也。闽、监、毛本固不可据,然此句实当从之,阮氏反以为倒,误矣。"① 阮元据宋本,认为"小大"之文为是。俞氏则据上下文以及孔氏《正义》,认为此"小大"当为"大小","大小"与下文"长短"相对。其还认为,孔氏《正义》先释"大"字,后释"小"字,说明"小大"当为"大小"。

《礼记·月令》:"以固而闭地气沮泄。"郑《注》:"而,犹女也。"俞樾云:"此本作'以固天闭地,阳气且泄',《吕氏春秋·音律篇》曰:'黄钟之月,土事无作,慎无发盖,以固天闭地,阳气且泄。'是其证也。师古注《汉书·扬雄传》曰:'固,闭也。'然则'固天闭地'文义正一律,因'天'字、'而'字篆文相似,故'天'误作'而',传写又夺'阳'字,遂以'地'字属下读,而文义不可通矣。《吕氏春秋》仲冬纪作'无发盖藏,无起大众,以固而闭。发盖藏,起大众,地气且泄',此必后人据已误之《月令》改之也。《吕氏》原文当作'无发盖藏,无起大众,以固天闭地,发盖藏,起大众,阳气且泄',如此乃与《音律篇》合,幸后人所改者止《仲冬篇》,而于《音律篇》固未及改,尚得考见其旧耳。至'沮泄'之为'且泄',则古本《月令》皆然,《释文》不为'沮'字作音,可见也。"② 孙希旦曾据《吕氏春秋》以校《月令》。俞氏之说更详,对于理解《月令》文义有一定的参考价值。

俞樾所作之校勘有可商榷处,有些甚至有明显错误。如《礼记·礼运》:

① (清)俞樾:《群经平议》卷二十,《续修四库全书》第178册,第320页。
② (清)俞樾:《群经平议》卷二十,《续修四库全书》第178册,第321页。

"细行而不失。"孔《疏》："'细行而不失'者，谓大夫、士出聘者也，天子不遗小国之臣，是不失也。"俞樾云："'行'字，衍文也，本作'细而不失'，涉上句'并行而不缪'，误衍'行'字，则文不可通矣。《正义》以'不遗小国之臣'解之，是其所据本正作'细而不失'，故以'小国之臣'解'细'字也。乃其述经文，亦作'细行而不失'，疑后人据已误之经文增益之，非其旧矣。"① 孙希旦引陈澔之说曰："以大顺之道治天下，则虽事之大者积叠在前，亦不至于胶滞；虽事之不同者一时并行，亦不至舛谬；虽小事，所行亦不以微细而有失也。"② 通过比较，可知陈澔之说平实，甚得经义。孔氏释"细"为小国之臣，有穿凿之嫌。俞樾据孔说以"行"为衍文，说不可从。

第四节 清代"三礼"校勘的特点

清代的"三礼"校勘有两大特点。

第一，清人的"三礼"校勘与清代训诂学的发展有密切的关系。

校勘与文字学、训诂学有极为密切的关系。校勘学是训诂学的基础，要读懂古代典籍，就必须先对古籍誊写中的文字讹误进行清理。反过来，文字学、训诂学也对校勘学的发展起到了推动作用。只有具备了训诂学的知识，同时又博闻强识，才可能纠正古籍中所存在的各种问题。

清代"三礼"校勘的兴起与取得的巨大成就，与清人在考据学方面取得的成就是密不可分的。清人王鸣盛说："读书之道当求其实，欲求其实必自精校始，不校者必不能读，不校不读，而动辄驾浮词，骋诡辨，坐长虚伪，甚无谓也。《周礼·外史》'掌达书名于四方'，郑《注》云：'古曰名，今曰字，使四方知书之文字，得能读之。'贾《疏》云：'正其名字，使四方知而读之也。'可见古人读书必先校正文字。圣人特率专官以董之，故《论语》夫子与子路论政必也正名。皇侃《疏》引郑《注》云：'正名，谓正书字也。古者曰名，今世曰字。《礼记》曰：百名以上，则书之于策。孔子见时教不行，故欲正其文字之误。'《礼记·学记》云：'比年入学，中年考校，一年视离经。'郑《注》云：'离经，断句绝也。'由此观之，校书册，正文字，析章句，乃事之最急者，可

---

① （清）俞樾：《群经平议》卷二十，《续修四库全书》第 178 册，第 327 页。
② （清）孙希旦：《礼记集解》卷二十二，中华书局 1981 年点校本，第 621 页。

不务乎？"①

　　若将清代与宋代经典校勘相比较，可以更清楚地看到清人校勘成就。总体上来说，宋人重义理而轻考据，因此宋代的天道性命之学隆盛，"三礼"文献的校勘之学不兴。即便张淳、李如圭、朱熹等人于《仪礼》有所校勘，也不成气候。与宋代不同，清代学术以考据见长，校勘名家辈出。皮锡瑞曰："国朝多以此名家，戴震、卢文弨、丁杰、顾广圻尤精此学。阮元《十三经校勘记》为经学之渊海。余亦见诸家丛书，刊误订讹，具析疑滞，有功后学者。"②皮氏指出，清代以校勘名家者多，经典校勘的著述形式不拘一格，既可是校勘专著，亦可是经学杂考之作。清代的校勘学大家，往往又是文字学、音韵学和训诂学家。"三礼"方面，顾炎武、张尔岐、沈廷芳、卢文弨、阮元、俞樾、孙诒让、曹元弼等人对于"三礼"有精深的研究，这是他们在"三礼"校勘方面能取得巨大成就的根本原因。

　　第二，清人特别重视《仪礼》之校勘。

　　清人于"三礼"之中，最重视的是《仪礼》之校勘。其中的原因，清人已有交代。比如王鸣盛说："自唐贞观而降，学者率尚词章，于《仪礼》一经，每苦难读。至宋熙宁中，王安石始议罢之，不立学官，而道学诸公又喜谈德性，于制度文为一切置之不论，遂使十七篇传写镂刻之本误文脱字较他经尤甚。虽张氏淳、杨氏复、敖氏继公类能究心于此，而亦殊多踳驳不纯，沿至明神宗时监本误脱，益不可问矣。"③张式慎说："《仪礼》自初唐人作疏之后，遂为孤学。玄宗开元中命卫包以改字，尽趋于俗谬。文宗开成间命郑覃以刻石，转益其淆舛。迨至宋元明汇刻十三经，俗谬淆舛弥甚，《仪礼》则并经之正文且多脱误，而注文疏文不待言矣。"④阮元说："《仪礼》最为难读。昔顾炎武以唐石刻九经校明监本，惜《仪礼》讹脱尤甚，经文且然，况注疏乎？贾《疏》文笔冗蔓，词义郁轖，不若孔氏《五经正义》之条畅，传写者不得其意，脱文

① （清）王鸣盛：《仪礼经注疏正讹序》，《仪礼经注疏正讹》卷首，《续修四库全书》第89册，第420页。
② （清）皮锡瑞：《经学历史·经学复盛时代》，《皮锡瑞全集》第6册，中华书局2015年点校本，第92页。
③ （清）王鸣盛：《仪礼经注疏正讹序》，《仪礼经注疏正讹》卷首，《续修四库全书》第89册，第419—420页。
④ （清）张式慎：《仪礼经注疏正讹后序》，《仪礼经注疏正讹》卷首，《续修四库全书》第89册，第422页。

误句，往往有之。宋世注、疏各为一书，疏自咸平校勘之后，更无别本，误谬相沿，迄今已无从一一厘正。朱子作《通解》，于疏之文义未安者多为删润，在朱子自成一家之书未为不可，而明之刻注疏者一切惟《通解》之从，遂尽失贾氏之旧。"① 归纳起来，清人重视《仪礼》之校勘，主要原因有四：一是宋人喜性命之学，考据色彩甚浓的《仪礼》研究被忽略；二是王安石变法于《仪礼》不立学官，士人遂不重视；三是《仪礼》贾《疏》"文笔冗蔓，词义郁辖"，后世传抄易致误；四是明人以朱子《仪礼经传通解》为据从事《仪礼》之校勘，而朱子此书多删润贾《疏》，遂失贾《疏》原貌。《周礼》《礼记》的命运则不同。宋儒利用《周礼》论政，利用《礼记》构建性理之学，故学界于《周礼》《礼记》文本的重视程度远甚于《仪礼》。

在清初由虚转实的学风大背景下，具有考据色彩的《仪礼》研究被学人们重新提起，《仪礼》学遂大昌。而在此过程中，文本的整理是《仪礼》研究者们的先务。顾炎武、张尔岐等人倡之于前，金日追、卢文弨等人赓续于后。通过诸大家的努力，《仪礼》文本传抄的讹误得到了有效的清理，《仪礼》研究也取得了辉煌成就。《周礼》《礼记》方面，虽然有沈廷芳、阮元等人所作之校勘，然相对于《仪礼》校勘来说，就颇为逊色了。

---

① （清）阮元：《仪礼注疏校勘记序》，《续修四库全书》第 181 册，第 287 页。

第七章　清代的"三礼"图

　　"三礼"所记礼器、礼仪、礼制繁多，正如宋人杨复所云："学者多苦《仪礼》难读，虽韩昌黎亦云何为其难也。圣人之文，化工也，化工所生，人物品汇，至易至简，神化天成，极天下之至巧莫能为焉。圣人写胸中制作之妙，尽天理节文之详，经纬弥纶，混成全体，竭天下之心思莫能至焉。是故其义密，其辞严，骤读其书者，如登太华，临沧溟，望其峻深，既前且却，此所以苦其难也。"① 鉴于此，不少礼学家绘制图、表以释"三礼"，从而使复杂难明的礼器、礼仪和礼制变得形象直观、易于为人所识。据目录之记载，可知汉代郑玄有《仪礼》图，三国谯周、射慈等亦有礼图。不过，宋代以前经学家所绘"三礼"图皆佚，今可见最早的是宋人聂崇义的《新定三礼图》。聂氏此书参考郑玄、阮谌、夏侯伏朗、张镒、梁正及隋开皇时礼图凡六部。此后，陈祥道《礼书》亦绘礼图，其图之分类、绘制以及释图之文字多取自聂书。南宋杨复撰《仪礼图》，先录《仪礼》经文，又节录郑《注》、贾《疏》，再绘图以释礼之名物和仪节。此外可称道者有明代刘绩的《三礼图》，该书增旧图所未备者又七十余幅。

　　清代经学大盛，一些经学家在前人研究之基础上绘制出新的礼图。②《周礼》方面有王文清《周官图》、汪宜耀《考工记图释》、戴震《考工记图注》、陈兆熊《周礼指掌图考》、阮元《考工记车制图解》、李锡书《周官图说》、胡匡衷《周礼井田图考》、徐宣《周官义疏及井田宫室图制》、郑珍《凫氏图说》、齐世南《周礼图说》；《仪礼》方面有陈天佑《丧服图》、王绍兰《仪礼图》、任启运《朝庙宫室图》、庄有可《仪礼丧服经传分释图表》、张校均《仪礼图说》、张惠言《仪礼图》、洪颐煊《礼经宫室答问》、曾家模《仪礼图考》、俞樾《士

---

① （清）朱彝尊：《经义考》卷一百三十二，中华书局 1998 年影印本，第 702—703 页。

② 此所谓"礼图"，包括图和表在内。

昏礼对席图》、吴之英《仪礼奭固礼事图》《仪礼奭固礼器图》、万斯同《庙制图考》;《礼记》方面有李调元《月令气候图说》、王皓《礼记制度示掌图》、熊罗宿《明堂图考》等。此外,徐乾学《读礼通考》、朱轼《仪礼节略》《钦定三礼义疏》、黄以周《礼书通故》等书中也有大量的"三礼"图。下面将对清代前期、中期和后期三个阶段的"三礼"图进行考察,以见清人图释"三礼"的造诣和特点。①

第一节 清前期的"三礼"图

清代前期,在顾炎武等人的号召下,晚明虚浮的学风得以纠偏,经世致用成为当时学术的重要价值取向。在这样的学风之下,与社会伦理密切相关的礼学开始兴起,以张尔岐、毛奇龄、李光坡、徐乾学、朱轼等为代表的礼学家纷纷出现。在诸大家中,经学家徐乾学《读礼通考》、朱轼《仪礼节略》皆重视以图释礼,兹就两家的礼图成就陈述于下。

一、徐乾学《读礼通考》中的礼图

徐乾学《读礼通考》本来是一部荟萃历代丧礼经史材料的通礼类著作。不过该书不满足于征引文字材料,还采纳历代礼图凡八十余幅。该书所绘制礼图的情况如下:

第一,《读礼通考》遍览聂崇义《新定三礼图》、陈祥道《礼书》、杨复《仪礼图》、刘绩《三礼图》《书仪》《家礼》等礼书,以及《唐律》《政和礼》《明会典》官方典章制度之书,并于诸书之图多有征引。比如徐乾学所绘《始卒礼图》《君使人吊襚图》《陈具沐浴图》《饭含袭图》《陈小敛衣服图》《小敛图》《小敛奠图》《陈大敛图》《彻小敛奠图》《大敛殡图》《大敛奠图》《君视士大敛图》《朝夕哭位图》《朝夕奠图》《朔月奠图》《启殡朝祖之图》《载柩陈器图》《迁柩祖奠图》《公赗图》《宾赗奠赗赠图》《遣奠图》《反哭于祖庙遂适殡宫图》诸图及图中的文字,皆是直接袭自杨复《仪礼图》。杨复《仪礼图》所不具者,徐乾学则

---

① 清代经学家重视《周礼·考工记》和《仪礼·丧服》,且绘制了不少图以释之。清人于此两篇的图,本书在"清代的《考工记》诠释"和"清代的《丧服》诠释"部分已有探讨,兹不赘述。

征引聂崇义《新定三礼图》和陈祥道《礼书》。比如徐氏书中的"桁""瓮""甒""苇
苞""筲""苞""熬筐"等礼图则出自聂氏《新定三礼图》。"碑"等名物图则
出自陈祥道《礼书》。

　　徐乾学对前人所绘礼图往往是兼收并蓄。比如礼器苇苞，徐氏所绘图
如下：

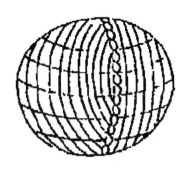

聂氏本

刘氏本

徐乾学苇苞图 ①

　　聂崇义与刘绩所绘"苇苞"图有异，徐氏《读礼通考》则皆征引之。

　　又如《读礼通考》将《仪礼》《唐律》《政和礼》《明会典》《书仪》《家礼》
中所记丧服制度通过表格的形式予以呈现。兹录其所绘斩衰三年表如下：

---

① （清）徐乾学：《读礼通考》卷九十七，文渊阁《四库全书》第 114 册，第 345 页。

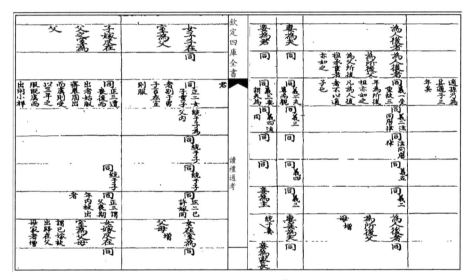

徐乾学斩衰三年表 ①

　　此两幅图是徐乾学为丧服斩衰三年所绘表。其将《仪礼》《唐律》《开元礼》《政和礼》《书仪》《朱子家礼》关于丧服斩衰三年之内容进行罗列，让人开卷即可知斩衰三年服在历代的情况。正如徐氏所云："服图之作，盖出于议礼之

家，集当时现行之律文而缀辑之，期以便于观览也。"①

第二，徐乾学在征引前人礼图的同时，也有所考证。比如《檀弓》："君即位而为椑，岁一漆之，藏焉。"此"椑"，徐氏绘图如下：

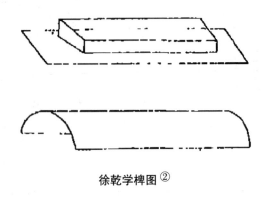

徐乾学椑图②

此图最初为聂崇义所绘，徐乾学征引之。在征引此图后，徐氏对前人之说作了辨析。贾《疏》："人君无论少长，体尊备物，故即位而造为此棺也。……岁一漆之者，虽为尊得造，未供用，故不欲即成。但每年一漆，示如未成也。藏焉者，谓藏物于中，棺中不欲空虚，如急有待也。"方悫曰："椑即所谓椟也，君尊，虽凶礼之具，亦豫备藏焉，则恶人之见也。"③陆佃曰："言岁一出而漆之，于是又藏焉。岁一出者，若将有用也，示使其君不敢有恃以惰。"④徐乾学曰："豫凶事，非得已也，故漆而藏焉。椑欲坚，故岁一漆之，漆之斯出之矣。《疏》谓中不欲空虚，而训'藏'为藏物于中，其说赘。陆氏至谓岁一出者，示君将有用。夫豫凶事犹不可，况可以此警其君为尽礼欤？后儒说礼，往往傅会若此，所以礼家多成聚讼也。"⑤徐氏认为，贾氏、方氏和陆氏之说皆有附会之嫌；要使椑变得坚硬，需岁一漆之，漆之斯出之。徐氏之说平允，可从。

---

① （清）徐乾学：《读礼通考》卷三，文渊阁《四库全书》第 112 册，第 99 页。
② （清）徐乾学：《读礼通考》卷九十五，文渊阁《四库全书》第 114 册，第 312 页。
③ （清）徐乾学：《读礼通考》卷九十五，文渊阁《四库全书》第 114 册，第 312 页。
④ （清）徐乾学：《读礼通考》卷九十五，文渊阁《四库全书》第 114 册，第 312 页。
⑤ （清）徐乾学：《读礼通考》卷九十五，文渊阁《四库全书》第 114 册，第 312—313 页。

二、朱轼《仪礼节略》中的礼图

朱轼辑录晋唐宋明及近儒说礼之言，成《仪礼节略》二十卷。该书后三卷皆是礼图，由朱轼门人王叶滋所绘，朱轼所定。据王叶滋所言，朱轼完成《仪礼节略》后，以书示王，并表达未绘礼图之遗憾。王氏阅读《仪礼节略》后，向朱氏表达了绘图之意愿，朱氏许之。王氏遂以聂崇义《新定三礼图》、陈祥道《礼书》为主，以《仪礼》《家礼》参订互考，绘图若干帙。朱轼又删重复、可疑者若干图，最后存图一百余幅。

《仪礼节略》特别重视《家礼》，其所绘的不少图就在于解释《家礼》。比如《家礼》根据群经所设计的祠堂，朱熹并没有绘图，①《仪礼节略》则根据《家礼》的内容绘图，兹录于下：

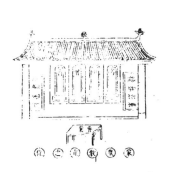 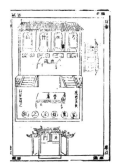 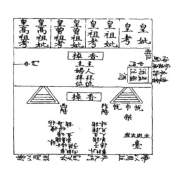

《仪礼节略》祠堂一间图 ②　　《仪礼节略》祠堂三间图 ③　　《家山图书》祠堂图 ④

《家礼》无图，然后世学人为《家礼》绘图者有之，比如元代出现了插图本《纂图集注文公家礼》，清以前出现了《家山图书》。通过比较，可知《仪礼节略》中的祠堂图与《家礼》所言一间、三间祠堂的建置相合⑤。此外，《仪礼节略》所绘制的祠堂图比《家山图书》更加直观和形象。

①　（宋）朱熹：《家礼》卷一，《朱子全书》第 7 册，上海古籍出版社、安徽教育出版社 2010 年点校本，第 875—876 页。

②　（清）朱轼：《仪礼节略》卷二十，《四库全书存目丛书》经部第 111 册，第 263 页。

③　（清）朱轼：《仪礼节略》卷二十，《四库全书存目丛书》经部第 111 册，第 263 页。

④　佚名：《家山图书》，文渊阁《四库全书》第 709 册，第 435 页。

⑤　《家礼》云："祠堂之制，三间。……若家贫地狭，则止为一间。"[（宋）朱熹：《家礼》卷一，《朱子全书》第 7 册，上海古籍出版社、安徽教育出版社 2010 年点校本，第 875 页]

又如《家礼》于灵座灵床仅有文字叙述而无图,《仪礼节略》则绘图,兹录于下:

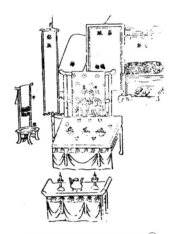

《仪礼节略》灵堂灵床图 ①

《仪礼节略》主人扶柩送葬图 ②

《仪礼节略》所绘灵堂灵床图、主人扶柩送葬图形象生动,不仅可释《家礼》,亦有助于阅读《仪礼》所记丧礼。

对于前人有争议处,《仪礼节略》亦有所辨析。比如大夫士庙制,《仪礼节略》所绘图如下:

---

① （清）朱轼:《仪礼节略》卷十九,《四库全书存目丛书》经部第 111 册,第 239 页。
② （清）朱轼:《仪礼节略》卷十九,《四库全书存目丛书》经部第 111 册,第 246 页。

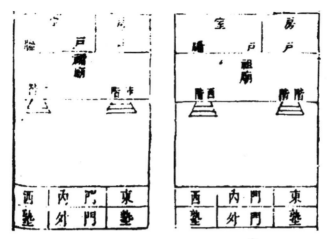

《仪礼节略》大夫士祢庙、祖庙图①

《仪礼》所记大夫士庙制，历代学人争议颇大。郑玄等人认为大夫士庙有东房，无西房；陈祥道等人则认为大夫士庙不但有东房，还有西房。《仪礼节略》曰："陈氏《礼书》图，谓大夫士庙制同于天子、诸侯，亦有西房，郑氏则云但有东房，未详孰是。然汉代近古，必有所据，故图从郑氏。"②由于缺乏文献依据，《仪礼节略》以近古者是为判断之标准，遂弃陈氏而从郑氏。

第二节 清中期的"三礼"图

清中期的经学臻于鼎盛，作为经学重要组成部分的礼学也非常发达。该时期礼学大家辈出，方苞、杭世骏、沈彤、江永、惠栋、戴震、程瑶田、凌廷堪、胡培翚、张惠言、卢文弨等人在礼学方面皆有精深造诣。诸家之中，《钦定三礼义疏》、戴震、程瑶田、张惠言在礼图方面颇有造诣。③

一、《钦定三礼义疏》中的"三礼"图

清高宗即位以后，设三礼馆，诏修《三礼》义疏。方苞、李绂、任启运、

---

① （清）朱轼：《仪礼节略》卷二十，《四库全书存目丛书》经部第 111 册，第 261 页。
② （清）朱轼：《仪礼节略》卷二十，《四库全书存目丛书》经部第 111 册，第 261 页。
③ 戴震、程瑶田所绘者主要是《丧服》或《考工记》图，见本书的"清代的《考工记》诠释"和"清代的《丧服》诠释"部分。

蔡德晋、吴廷华、姜兆锡、惠士奇等人经过前后近二十年的努力，修成《三礼义疏》（《周礼义疏》《仪礼义疏》《礼记义疏》）。《三礼义疏》广摭群言，曲证旁通，以经注疏之内容为主。《三礼义疏》还重视礼图之绘制，其所绘制的"三礼"图可从以下几个方面来看：

第一，《三礼义疏》中的礼图是在广泛参考前人成果的基础上绘制而成。《仪礼义疏凡例》云："聂氏崇义《三礼图》专图名物器用，杨氏复《仪礼图》则图行礼之节次，而名物器用不与焉，二图不可偏废，故卷帙差多。又朱子尝斥聂氏礼图丑怪不经、非复古制，而杨氏图成于朱子之后，未经朱子点勘，不能无所讹谬。兹按据经文，并参陈祥道《礼书》图，逐条论说，以附全经之末云。"①《礼记义疏凡例》云："古六经皆有图，盖左图右史，所以按验，而便征稽考也。兹编既成，复因礼器'三礼'诸图之旧，损益为图，并加图说，俾穷经者了如指掌。"②其所"损益"者，乃前人所作礼图。《三礼义疏》所绘的礼图中，聂崇义《新定三礼图》、陈祥道《礼书》、杨复《仪礼图》之痕迹皆可见也。比如《礼记·王制》："天子曰辟雍，诸侯曰頖宫。"此所谓"辟雍""頖宫"，聂崇义无图，陈祥道《礼书》有图。③陈氏和《礼记义疏》所绘礼图如下：

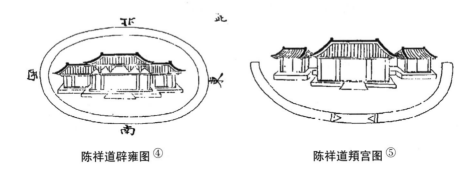

陈祥道辟雍图④　　　　　　　　　陈祥道頖宫图⑤

---

① （清）乾隆十三年敕撰：《仪礼义疏凡例》，《仪礼义疏》卷首，文渊阁《四库全书》第106册，第3页。

② （清）乾隆十三年敕撰：《礼记义疏凡例》，《礼记义疏》卷首，文渊阁《四库全书》第124册，第4—5页。

③ 清代以前的《家山图书》中有《天子五学图》《诸侯頖宫图》，此二图较陈氏图为优，很可能是《礼记义疏》中的《辟雍图》和《頖宫图》的来源。

④ （宋）陈祥道：《礼书》卷四十八，文渊阁《四库全书》第130册，第292页。

⑤ （宋）陈祥道：《礼书》卷四十八，文渊阁《四库全书》第130册，第292页。

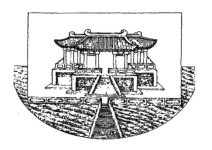

《礼记义疏》辟雍图①　　　　　　　《礼记义疏》頖宫图②

通过比较，可知《礼记义疏》与陈祥道所绘辟雍、頖宫十分接近，只不过《礼记义疏》所绘图更富有立体感而已。

第二，《三礼义疏》于前人有争议者"一一刊其讹谬，拾其疏脱"③。比如《礼记·明堂位》所云"献尊"，聂氏《新定三礼图》分郑氏和阮氏两类。郑氏认为"献""沙"二字与婆娑之"娑"义同，谓刻凤凰之象于尊，其形婆娑然。阮氏《图》的献尊则饰以牛。兹录二图如下：

郑氏献尊图④　　　　　　阮氏献尊图⑤

《礼记义疏》曰："牺，《周礼》作'献'，《诗·颂》毛《传》谓牺尊有莎饰，阮氏则谓牺尊饰以牛，诸侯饰口以象骨，天子饰以玉，其图之制，亦于尊上画牛为饰。今从阮氏。"⑥又云："象尊，后郑云以象骨饰尊；阮氏则云以画象

---

①　（清）乾隆十三年敕撰：《礼记义疏》卷七十八，文渊阁《四库全书》第126册，第511页。

②　（清）乾隆十三年敕撰：《礼记义疏》卷七十八，文渊阁《四库全书》第126册，第511页。

③　（清）永瑢等：《四库全书总目》卷二十，中华书局1965年版，第162页。

④　（宋）聂崇义纂辑：《新定三礼图》卷十四，清华大学出版社2006年点校本，第457页。

⑤　（宋）聂崇义纂辑：《新定三礼图》卷十四，清华大学出版社2006年点校本，第457页。

⑥　（清）乾隆十三年敕撰：《礼记义疏》卷八十，文渊阁《四库全书》第126册，第565—566页。

饰尊。今亦从阮氏。"①《礼记义疏》从阮氏图，而弃郑氏图。

第三，《三礼义疏》于前人之礼图并非完全照搬，而是有所增补、合并或重绘。比如《仪礼义疏》"礼节图"对杨复《仪礼图》有增补。杨复《仪礼图》于《士冠礼》所绘图共六幅，分别是《筮于庙门之图》《陈服器及即位图》《迎宾加冠受醴见母送宾之图》《若不醴则醮用酒图》《孤子冠图》《庶子冠图》。《仪礼义疏》在此基础上增补《宿宾图》《为期图》《主人献宾图》。《仪礼义疏》有合杨复多幅图为一图者。如杨复所绘《孤子冠图》《庶子冠图》，《仪礼义疏》合二者为《孤子冠图》。《三礼义疏》亦有弃前人礼图而重新绘制者。比如童子服，聂氏《新定三礼图》、陈祥道《礼书》皆有，且可见陈氏图袭自聂书。与聂氏图和陈氏图不同，《仪礼义疏》所绘《童子缁衣锦缘图》不绘人像，而是仅绘缁衣和锦缘。此外，《仪礼义疏》所绘缁衣边缘的纹饰，亦与聂氏和陈氏图有所不同。

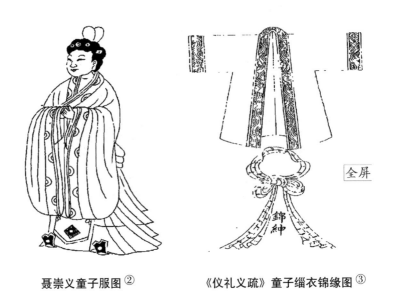

聂崇义童子服图②　　　　　《仪礼义疏》童子缁衣锦缘图③

第四，《三礼义疏》不轻易否定前人礼图，有阙疑之意。比如《礼记义疏》所绘冠图如下：

---

① （清）乾隆十三年敕撰：《礼记义疏》卷八十，文渊阁《四库全书》第126册，第566页。
② （宋）聂崇义纂辑：《新定三礼图》卷三，清华大学出版社2006年点校本，第71页。
③ （清）乾隆十三年敕撰：《仪礼义疏》卷四十一，文渊阁《四库全书》第107册，第432页。

《礼记义疏》冠图

　　《礼记义疏》曰："今姑取其适人情而于经传不悖者绘为此图。"[1] 由此可见，《礼记义疏》绘此图之标准，一是"适人情"，二是"于经传不悖"。聂崇义《新定三礼图》保留了宋代以前学者所绘的不少冠图，《礼记义疏》录聂氏书中的冠图如下：

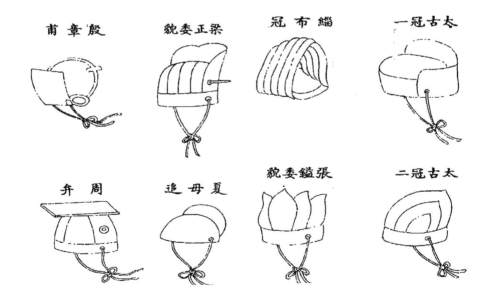

---

① （清）乾隆十三年敕撰：《礼记义疏》卷七十九，文渊阁《四库全书》第126册，第526页。

《礼记义疏》云:"案古之冠制不可及见已,言礼者各自为图,少所可据。……并存诸图于左,俾后之学者有所考云。"① 由此可见,《礼记义疏》重视绘制冠图,且保留了前人所绘的冠图,其阙疑精神由此得见。

二、张惠言的《仪礼图》

清代张惠言认为杨复《仪礼图》经文完具,然而地位或淆,于是兼采唐、宋、元及近儒之义,断以经注,成《仪礼图》六卷。该书首述宫室图和衣服图,又随事逐篇立图,或纵或横,或左或右,揖让进退之节,东房西房之位,豆笾尊鼎之陈,均得以呈现。张氏《仪礼图》的成就及特色可从以下几个方面来看:

第一,该书所绘的宫室图和仪节图可补杨复《仪礼图》之不足。

宫室之制,"三礼"及郑《注》皆言及。专门从事"三礼"中的宫室之研究,今所见最早的文献是宋代李如圭的《仪礼释宫》。李氏曰:"周之礼文盛矣,今仅见于《仪礼》。然去古既远,礼经残阙,读礼者苟不先明乎宫室之制,则无以考其登降之节、进退之序,虽欲追想其盛,而以其身揖让周旋乎其间,且不可得,况欲求之义乎?"② 李如圭遂"本之于经,稽之于注释,取宫室名制之可考者,汇而次之"③,成《仪礼释宫》。李氏此书虽"考证明晰,深得经义,发先儒之所未发",然皆诉诸文字而无图。杨复《仪礼图》虽绘宫室,然所绘宫室皆属于冠、昏、丧、祭诸礼的空间背景,而非宫室之专门绘制。此外,杨复重在呈现仪节之展开,故其所绘宫室图比较简单。

清代学人治礼重视宫室之考证,比如胡培翚《仪礼宫室定制考》、洪颐煊《礼经宫室答问》、焦循《群经宫室图》、柳兴恩《仪礼释宫考辨》,皆是礼书宫室的专门论著。张惠言通过绘图以明《仪礼》之宫室,在清代礼书宫室研究方面有突出贡献。张氏认为,言礼需先明宫室,故《仪礼图》开卷就绘宫室图凡七,分别是《郑氏大夫士堂室图》《天子路寝图》《大夫士房室》《天子诸侯左右室图》《州学为榭制图》《东房西房北堂》《士有室无房图》。兹举以张氏所绘《郑氏大夫士堂室图》为例,以见其图之特色。此图如下:

① (清)乾隆十三年敕撰:《礼记义疏》卷七十九,文渊阁《四库全书》第126册,第526页。
② (宋)李如圭:《仪礼释宫》,文渊阁《四库全书》第103册,第523页。
③ (宋)李如圭:《仪礼释宫》,文渊阁《四库全书》第103册,第523页。

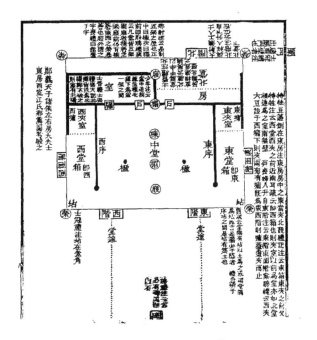

张惠言郑氏大夫士堂室图 ①

张惠言所绘的是平面宫室图，宫室的堂、室、房、墉、序、阶、碑的位置皆清晰可见。张氏不仅绘图，还以文字对宫室加以说明。如在《大夫士堂室图》中，张氏征引郑《注》九次、贾《疏》五次、江永之说一次。关于此图的"东房"部分，张氏所配文字如下：

《特牲》："豆笾铏在东房。"《注》："东房，房中之东，当夹北。"《觐礼记注》云："东箱，东夹之前。"又《特牲注》云："西堂，西夹之前，近南耳。"《疏》云："即西箱也。"则夹室以前为堂，亦如北堂楣连为之室南，无壁。②

又如"墉"，张氏图中所配的文字如下：

"奔丧，妇人升自东阶"，《注》云："东阶，东面阶。"案《聘礼》云："西夹，大豆设于西墉下。"则夹两旁有墉，既为东西阶，则墉盖尽夹而止。③

又如"西塾"，张氏图中所配的文字如下：

<hr />

① （清）张惠言：《仪礼图》卷一，《续修四库全书》第 90 册，第 430—431 页。
② （清）张惠言：《仪礼图》卷一，《续修四库全书》第 90 册，第 403 页。
③ （清）张惠言：《仪礼图》卷一，《续修四库全书》第 90 册，第 403 页。

《冠礼注》："西塾，门外西堂。"《士虞礼》："匕俎在西塾之西。"《注》云："塾有西者，此南向。"①

张惠言释《仪礼》"东房""墉""西塾"，既征引《仪礼》经文，又征引郑《注》、贾《疏》。这些文字于"东房""东箱""西堂""墉""西塾"的位置皆有说明，与宫室图相得益彰。

张惠言还绘图以释《仪礼》所记的仪节。如《仪礼·士冠礼》部分，杨复所绘的图是《筮于庙门之图》《陈服器及即位图》《迎宾加冠受醴见母送宾之图》《若不醴则醮用酒图》《孤子冠图》《庶子冠图》；张惠言所绘的图是《筮日》《戒宾宿宾》《为期》《陈服》《迎宾》《宾至设筵》《始加》《礼》《见母宾出见兄弟见赞者》《不醴始加醮用酒》。又如《士昏礼》部分，杨复所绘的图是《纳采及问名图》《醴宾图》《纳徵礼图》《婿家陈鼎及器图》《亲迎礼图》《夫妇即席图》《彻馔成礼图》《妇见舅姑及醴妇图》《妇馈舅姑图》《舅姑飨妇一献图》《舅姑没三月乃奠菜图》《不亲迎三月婿见妻之父母图》；张惠言所绘的图是《纳采纳吉纳徵》《礼宾》《亲迎》《妇入室士匕载》《同牢》《见妇》《礼妇》《盥馈》《妇馂》《飨妇》《三月奠菜》《婿见外舅姑》。兹列杨氏和张氏所绘冠礼筮日以及婚礼纳采、纳吉、纳徵诸仪节图，以见张氏所绘仪节图之特点。

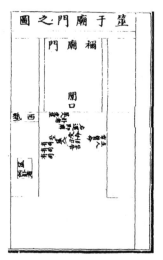

杨复《筮于庙门之图》②

---

① （清）张惠言：《仪礼图》卷一，《续修四库全书》第90册，第403页。
② （宋）杨复：《仪礼图》卷一，文渊阁《四库全书》第104册，第13页。

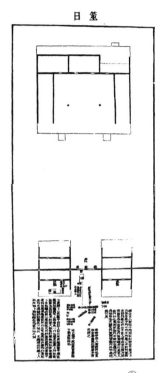

张惠言《筮日》图①

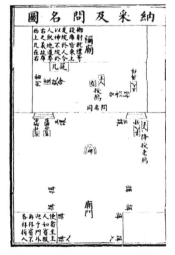

杨复《纳采及问名图》②

---

① (清)张惠言:《仪礼图》卷二,《续修四库全书》第 90 册,第 478—479 页。

② (宋)杨复:《仪礼图》卷二,文渊阁《四库全书》第 104 册,第 23 页。

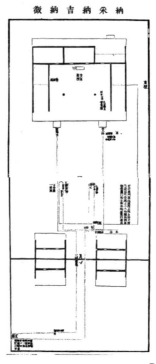

张惠言《纳采纳吉纳徵》图①

通过比较，可知张氏和杨氏所绘制的皆是平面图，二者所绘宫室的布局、行礼者的向位也基本相同。不过，相对于杨氏图来说，张氏宫室图更加完整。杨氏所绘的图仅是祢庙门、闑口、西塾，而缺庙之堂、房、室；张氏图则将庙的房、室、堂、庙门、闑、东塾、西塾等皆呈现出来，行礼者之向位也更加清楚。此外，杨氏所绘图比较少，其于诸礼的重要仪节往往以一图而概之，比如冠礼的迎宾、三加、受醴、见母、送宾是多个仪节，行礼者又多不相同，杨氏却仅绘一图。张氏于冠礼的重要仪节如筮日、戒宾宿宾、为期、陈服、迎宾、宾至设筵、始加、礼（醴）、见母、宾出见兄弟、见赞者等，皆分别绘图，从而避免混淆之弊。此外，杨氏首先列《士冠礼》《士昏礼》的经文、注文和部分疏文，再征引《礼记·冠义》《昏义》的部分内容，接着绘图。可以说，杨氏《仪礼图》的图与释义文字的篇幅各占一半。张氏《仪礼图》则不然，其主要的篇幅是图，图中配以文字。这些文字既有经文，也有注疏，还有宋代、清代学人的经说。

_____

① （清）张惠言：《仪礼图》卷二，《续修四库全书》第 90 册，第 498—499 页。

第二，张惠言是在对前人经说详加辨析的基础上绘制《仪礼图》。

后世解礼经者，由于水平所限，或臆揣附会，使得礼学史上出现了不少学术公案。对于《仪礼》名物制度有争议处，张惠言善于参考前人经说，并做细致辨析，在此基础上绘制礼图。比如郑玄认为大夫、士是东房西室，到了宋代，此说为李如圭所驳。李氏认为大夫、士既有东房，又有西房。张惠言所绘之图沿用郑玄旧说，即东房西室，然在所绘西室之外的空白处，张惠言曰："郑义天子诸侯左右房，大夫、士东房西室。江氏《乡党图考》驳之。"[1] 张氏于此绘图的根据是郑玄之说，不过他也将驳郑玄的解义列出来，可见其有阙疑之义。[2]

又如聂崇义、张惠言所绘天子之冕如下：

聂崇义《衮冕图》[3]　　　　　　　　张惠言《冕图》[4]

聂氏所绘天子之冕的旒各十二玉，旒垂于冕之前后，共二十四旒。而张氏所绘天子之冕，仅冕前有十二旒，后无旒。《礼记·玉藻》："天子玉藻，十有二旒，前后邃延。"郑《注》："天子以五彩藻为旒，旒十有二。前后邃延者，言皆出冕前后而垂也。"郑玄认为冕前后皆有旒，此说受到清人江永、金榜等人的质疑，比如金榜云："《后汉书·舆服制》：孝明皇帝永平二年初诏有司采《周官》《礼记》《尚书·皋陶》篇，乘舆服从欧阳氏说，公卿以下从大小夏侯氏说。冕前圆后方，前垂四寸，后垂三寸，三公诸侯及卿大夫皆有前无后。榜

---

① （清）张惠言：《仪礼图》卷一，《续修四库全书》第 90 册，第 430 页。

② 江永《乡党图考》承袭李如圭此说。

③ （宋）聂崇义纂辑：《新定三礼图》卷一，清华大学出版社 2006 年点校本，第 11 页。

④ （清）张惠言：《仪礼图》卷一，《续修四库全书》第 90 册，第 444 页。

案:《玉藻》'天子玉藻十有二旒,前后邃延',则欧阳氏说所本也。《大戴礼·子
张问入官》篇:'古者冕而前旒,所以蔽明也。'《礼纬》:'旒垂目,纩塞耳,王
者示不听谗,不视非也。'则大小夏侯氏说所本也。郑君释《周官》《礼记》用
欧阳氏说。榜闻之师曰:前旒义取蔽明,则无后旒可知。《记》言十二旒,未
尝谓前后皆有也。《玉藻》所云'前后邃延'者,谓延之前后出于武者,皆深
邃耳。"① 金榜于此所言"闻之师"的"师",指的是江永。金榜承江氏之说,
认为冕仅前有旒。至于《玉藻》所云"前后邃延",金榜认为此并不是说冕后
有旒,而是指延之前后出于武者。张惠言引用金榜之说,并以江永之说为是,
以郑玄之说为非。② 张氏所绘天子之冕图,正是将江氏、金氏对冕的认识形之
于图。

　　第三,除了绘图之外,张惠言还通过绘制表格以明《仪礼》所记名物制度。

　　张惠言《仪礼图》所绘的表格有《冕弁冠服表》《妇人服表》《亲亲上杀下
杀旁杀表》《丧服表》《丧服变除表》《麻同变葛表》。兹以《冕弁冠服表》和《妇
人服表》为例,以明张氏所绘表格的特点及意义。

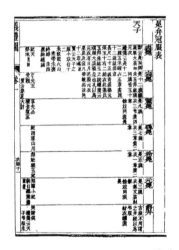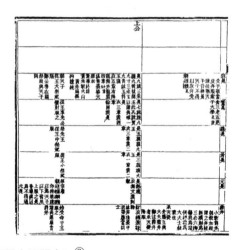

张惠言《冕弁冠服表》③

　　关于冕,聂氏《新定三礼图》、陈氏《礼书》皆有图,并辅以文字加以

---

①　(清)金榜:《礼笺》卷一,《清经解》第3册,上海书店出版社1988年版,第825页。

②　(清)张惠言:《仪礼图》卷一,《续修四库全书》第90册,第443—444页。

③　(清)张惠言:《仪礼图》卷一,《续修四库全书》第90册,第463—464页。

说明。张惠言则通过图表的形式予以呈现。在图表中的空白部分，张氏既采纳"三礼"于天子、上公冕制之记载，又征引郑玄、贾公彦、金榜等人之经说。张氏所列的表格，涉及天子、上公、侯伯、子男、王之孤、王之卿大夫、公之孤、公之卿大夫、士的冕制。我们于此所列的仅天子、上公两部分表格。此表格横向所列的是天子、上公等不同等级的人，纵向所列的是衮冕、衮冕、希冕、玄冕、爵弁等不同的冕。根据此表，不同等级的人与不同的冕之形制可一目了然。

张惠言所绘《妇人服表》如下：

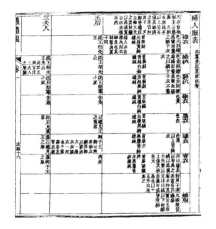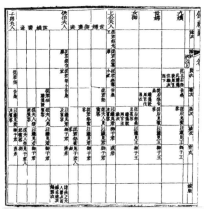

张惠言《妇人服表》①

张惠言所绘的表格，涉及王后、三夫人、九嫔、世妇、女御、上公夫人、侯伯夫人、子男夫人、三公夫人、王之孤（公之孤）之妻、次国（小国）之卿之妻、王之卿大夫（公之卿大夫、侯伯子男之大夫）之妻、士之妻、庶人之妻之服。我们于此所列仅王后、三夫人、九嫔、世妇、女御、上公夫人、侯伯夫人、子男夫人之服。张氏所绘表，横向是不同等级的妇人，纵向是袆衣、揄狄、阙狄、鞠衣、展衣、褖衣、宵衣、嫁服等各种服饰。通过此表格，可知不同等级的妇人服制之异同。

张惠言既精于礼学，又能参考乾嘉学派的成果，故其所绘《仪礼图》为当时和后世学人所称道。阮元将张氏图与杨氏图加以比较，认为张氏图"步武朗

① （清）张惠言：《仪礼图》卷一，《续修四库全书》第90册，第474页。

然"①，"尤为明著"②，且"于治经之道事半而功倍"③。皮锡瑞曰："惟张惠言《仪礼图》通行，比杨氏更精密。"④梁启超曰："张皋文的《仪礼图》，先为宫室衣服之图；次则十七篇，每篇各为之图；其不能为图者则代以表，每图每表皆缀以极简单之说明。用图表方法说经，亦可谓一大创作。"⑤也有学人指出，张惠言《仪礼图》之所以如此精密，是因为其广泛吸纳了前人的成果。如陈澧曰："张皋文所绘图，更加详密，盛行于世。然信斋创始之功，不可没也。"⑥陈氏甚至认为张氏图有讹误，他说："张皋文《深衣图》，肩上两幅缝合，此必不然也。"⑦不过瑕不掩瑜，张氏《仪礼图》独创之处不少，在中国《仪礼》学史上有着重要地位。晚清蜀地学人吴之英所撰《仪礼奭固礼器图》十七篇，"首列《宫室三图》"⑧，就是受张惠言《仪礼图》之影响。

第三节　清晚期的"三礼"图

晚清时期，中国社会发生了剧烈变化，学术方面，乾嘉考据之学向经世致用的今文学转向。然受乾嘉遗风之影响，晚清经学界出现了黄以周、俞樾、孙诒让、皮锡瑞、廖平、吴之英等经学大家。诸家之中，黄以周、俞樾、吴之英皆绘图以释礼，且有著作流传至今。

一、黄以周《礼书通故》中的礼图

黄以周《礼书通故》并非礼图专书，不过在该书的最后几卷，黄氏在参考历代礼家礼图的基础上，绘制图表以释礼。黄以周以图释礼的内容和特点可从以下几个方面来看：

第一，黄以周继承并修正前人所绘的表格。

---

① （清）阮元：《仪礼图序》，《仪礼图》卷首，《续修四库全书》第 90 册，第 428 页。
② （清）阮元：《仪礼图序》，《仪礼图》卷首，《续修四库全书》第 90 册，第 428 页。
③ （清）阮元：《仪礼图序》，《仪礼图》卷首，《续修四库全书》第 90 册，第 428 页。
④ （清）皮锡瑞：《经学通论·三礼》，《皮锡瑞全集》第 6 册，中华书局 2015 年点校本，第 414 页。
⑤ （清）梁启超：《清代学术概论》，上海三联书店 2006 年版，第 174 页。
⑥ （清）陈澧：《东塾读书记》卷八，《陈澧集》第 2 册，上海古籍出版社 2008 年点校本，第 142 页。
⑦ （清）陈澧：《东塾读书记》卷八，《陈澧集》第 2 册，上海古籍出版社 2008 年点校本，第 143 页。
⑧ （清）吴之英：《仪礼器图跋》，潘斌编：《吴之英儒学论集》，四川大学出版社 2011 年版，第 449 页。

　　杨复、张惠言皆绘制表格以释礼，黄以周承之，并有修正。比如黄氏《礼书通故》卷四十八绘制表格以释冠服。通过比较，可知黄氏与张惠言所绘表格十分接近，如黄以周与张惠言皆绘制《冕服表》《弁冠服表》《妇人服表》《妇服表》，表格的内容非常相似。兹列二人所绘《妇人服表》《妇服表》的部分内容如下：

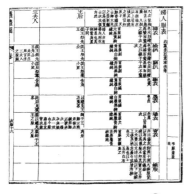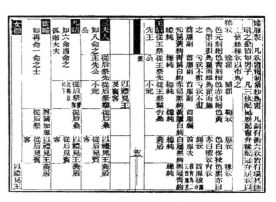

张惠言《妇人服表》①   黄以周《妇服表》②

　　以上两个表格的内容有同有异。首先，在服之种类上，张惠言将其分为袆衣、揄狄、阙狄、鞠衣、展衣、褖衣、宵衣、嫁服，而黄以周将其分为袆衣、揄翟、阙翟、鞠衣、展衣、褖衣，少了宵衣、嫁服。其次，在人物等级上，张惠言分为王后、三夫人、九嫔、世妇、女御、上公夫人、侯伯夫人、子男夫人、三公夫人、王之孤（公之孤）之妻、次国（小国）之卿之妻、王之卿大夫（公之卿大夫、侯伯子男之大夫）之妻、庶人之妻，黄以周分为王后、三夫人、九嫔、世妇、女御、三公夫人、卿大夫妻、士妇、旅下士只妇、八命上公夫人、七命侯伯五命子男之夫人、侯国（四三）命孤卿之妻、侯国（再一）命大夫之妻、侯国不命士之妻。黄氏与张氏所列的夫人等级皆有王后、三夫人、九嫔、世妇、女御、三公夫人，其他则有异。从整体上看，黄氏与张氏所绘表格的相似性很大，二者的因袭关系一目了然。

　　黄以周在参考前贤礼图之基础上，绘制出《丧服表》。兹以该表的部分内容为例，以见黄氏对前人丧服表的因袭和修正。比如"诸侯为天子服"，是义服还是正服，张惠言和黄以周所绘表格如下：

<hr>

① （清）张惠言：《仪礼图》卷一，《续修四库全书》第 90 册，第 473 页。

② （清）黄以周：《礼书通故》卷四十八，中华书局 2007 年点校本，第 2026 页。

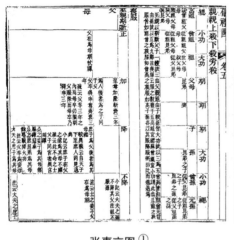

张惠言图 ①

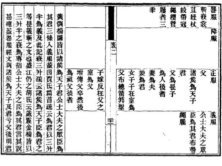

黄以周图 ②

　　黄以周曰："黄《例》、杨《图》皆以诸侯为天子、君、公士大夫之众臣为其君三条入义服，盖因贾氏篇首疏云'为君以三升半为义'及此《记》'衰三升'疏云'诸侯为天子、臣为君之等，是义斩'之文也。盛、江仍之。胡氏云：'戴震、金榜皆以三升半之衰为专指公士大夫之臣为其君言。其说甚确。盖《丧服》经文列诸侯为天子及君于父后，明君父同尊，衰冠不得有异也。今顺经文之次，列二者于父为长子之前，而旧说之误自见。'③杨复所绘丧服表，将诸侯为天子归为义服之列，张惠言承之；胡培翚认为诸侯为天子为正服，而非义服。黄以周据胡培翚之说，将诸侯为天子服移至正服之列。

　　又如关于"无主者，姑姊妹报"，"女子子为祖父母"，"大夫之子为世父母"，"叔父母、子、昆弟、昆弟之子、姑姊妹女子子无主者、为大夫命妇者惟子不报"，"大夫为祖父母、嫡孙为士者"，黄以周皆列入正服，且曰："惟不降之服，黄《例》俱入之正服中，而注明'不降'字于其下；杨《图》则别为'不降正'之目，曰降则为大功，唯不降故在正服。今从杨《图》。又嫡孙一条，杨《图》入之不降正。江氏移于正服内，其说曰：'信斋列嫡孙于不降正，盖因《传》"不敢降其嫡"之云也。然《传》所云不敢降，有不可得而泥者。盖必有降之者而后可名为

---

①　（清）张惠言：《仪礼图》卷五，《续修四库全书》第 91 册，第 101 页。

②　（清）黄以周：《礼书通故》卷四十八，中华书局 2007 年点校本，第 2035—2036 页。

③　（清）黄以周：《礼书通故》卷四十八，中华书局 2007 年点校本，第 2036—2037 页。

不降。"大夫之嫡子为妻"传，郑《注》云："降有四品，君大夫以尊降，公子、大夫之子以厌降，公之昆弟以旁尊降，为人后者、女子子嫁者以出降。"则不降之服唯此四者内有之耳。……'胡氏云：'黄《例》嫡孙下无不降二字，江说是。今从之。'"① 杨复于不降之服别为"不降正"之目，黄以周从之；而关于"嫡孙为士者"一条，杨复列入"不降正"之目，江永则移于正服，黄以周从江氏。

第二，黄以周对前人礼图多有异议，并据经文注疏重新绘图。

黄以周对张惠言《仪礼图》多有异议，他说："礼节有图，昉于赵彦肃、杨信斋，堂阶粗具，桀槔全非。近张皋文图，较有度数。然室居堂五之一，其地狭隘，何以行礼。西房有北堂，既乖经典之文；堂墉连两房，亦昧序内之位。碑如洗深，射时何以设楅；闱在庙东，冠时何以见母。门只一阓，既沿旧误；塾复有堂，更逞臆见。以宫室之大判言，违失若尔，况小节之出入乎。此《礼节图》之所以作也。"② 兹举数例以见之：

比如对《士冠礼》"筮日"，张惠言和黄以周所绘图如下：

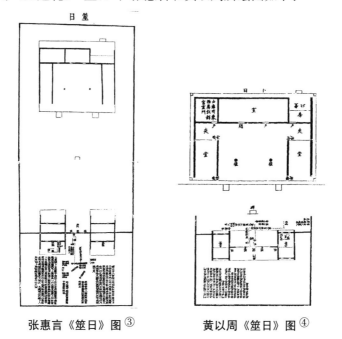

张惠言《筮日》图③ 　　　 黄以周《筮日》图④

---

① （清）黄以周：《礼书通故》卷四十八，中华书局 2007 年点校本，第 2040—2041 页。
② （清）黄以周：《礼书通故》卷四十八，中华书局 2007 年点校本，第 2088 页。
③ （清）张惠言：《仪礼图》卷二，《续修四库全书》第 90 册，第 478—479 页。
④ （清）黄以周：《礼书通故》卷四十八，中华书局 2007 年点校本，第 2089 页。

以上两幅图中的宫室布局有差异。张惠言所绘宫室,室所占宫室的面积比例甚小,而黄以周所绘宫室,室的面积比例较大;张氏所绘宫室,序内无夹,而黄氏所绘宫室,序内有夹;张氏所绘宫室大门仅一闑,而黄氏所绘宫室有两闑。二者所绘筵席之位置有差异。张氏图之筵席在闑外偏西,而黄氏图之筵席在门中近东。黄氏曰:"门有二闑,依贾《疏》。经'布席于门中,闑西',是筵席在门中少近东也。张依孔《疏》门一闑,布席西近塾,于'门中'二字未合。《士丧礼》布席闑西,不言门中者,以左扉阖,卜席宜近西。兹不阖左扉,自在门中,礼各有当也。"① 黄氏认为,宫室有两闑,此筵席在"门中,闑西",即在门中稍近东的位置。此外,二者所绘旅占的位置有差异。黄氏曰:"还,东面旅占,不言席,是旅占在前所布席上也。旧图旅占在席西东面,不误。张《图》旅占在门外西方,无据。"② 黄氏认为旅占在前所布席处,而非如张氏图中旅占在门外西方。

黄以周还绘《名物图》对聂崇义等人的礼图加以驳正。兹举数例以见之:

比如铏,聂崇义、黄以周所绘图如下:

聂崇义铏图 ③　　　　黄以周铏图 ④

黄以周云:"聂氏谓铏即陪鼎,自羹言之曰铏羹,自器言之曰铏鼎,以其在正鼎之后曰陪鼎,以其入庶羞言之曰羞鼎。其实非也。……聂《图》铏三足,误。近礼图两耳如鼎,尤误。"⑤ 黄氏驳聂氏之说,认为聂氏绘铏为三足有误。

又如雷鼓、灵鼓和路鼓,聂崇义和黄以周所绘图如下:

① (清) 黄以周:《礼书通故》卷四十八,中华书局 2007 年点校本,第 2089 页。
② (清) 黄以周:《礼书通故》卷四十八,中华书局 2007 年点校本,第 2089 页。
③ (宋) 聂崇义纂辑:《新定三礼图》卷十三,清华大学出版社 2006 年点校本,第 410 页。
④ (清) 黄以周:《礼书通故》卷四十九,中华书局 2007 年点校本,第 2482 页。
⑤ (清) 黄以周:《礼书通故》卷四十九,中华书局 2007 年点校本,第 2482 页。

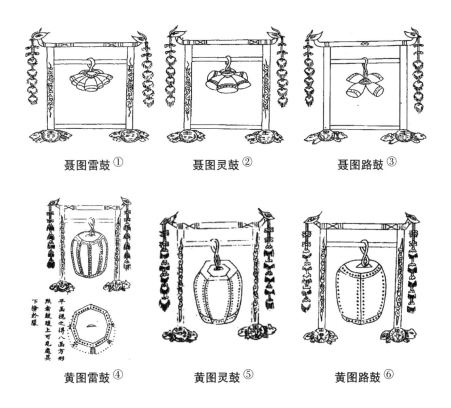

聂图雷鼓 ①　　　　聂图灵鼓 ②　　　　聂图路鼓 ③

黄图雷鼓 ④　　　　黄图灵鼓 ⑤　　　　黄图路鼓 ⑥

　　黄以周云:"《鼓人职》:'雷鼓鼓神祀,灵鼓鼓社祭,路鼓鼓鬼享。'郑《注》云:'雷鼓八面鼓,灵鼓六面鼓,路鼓四面鼓。'自《唐开元议礼》泥于鼓横县之法,遂失其制。《宋太常集礼》聚八小鼓于一县,谓之雷鼓,灵鼓、路鼓亦如之。聂氏《礼图》、陈氏《礼书》悉同。议者讥其类于编鼓,不足为训。考两面鼓有宜南北面、宜东西面之别。其面在两端,故鼓横县。八面六面四面鼓者,其鼓上下设版,旁设柱,直而县之,自西自东自南自北四方八面咸宜,何至若开元时如法置鼓而不可击邪? 盖时失其制尔。"⑦ 聂氏据郑玄所云"八面

① (宋) 聂崇义纂辑:《新定三礼图》卷七,清华大学出版社 2006 年点校本,第 200 页。
② (宋) 聂崇义纂辑:《新定三礼图》卷七,清华大学出版社 2006 年点校本,第 201 页。
③ (宋) 聂崇义纂辑:《新定三礼图》卷七,清华大学出版社 2006 年点校本,第 202 页。
④ (清) 黄以周:《礼书通故》卷四十九,中华书局 2007 年点校本,第 2592 页。
⑤ (清) 黄以周:《礼书通故》卷四十九,中华书局 2007 年点校本,第 2593 页。
⑥ (清) 黄以周:《礼书通故》卷四十九,中华书局 2007 年点校本,第 2594 页。
⑦ (清) 黄以周:《礼书通故》卷四十九,中华书局 2007 年点校本,第 2595 页。

鼓""六面鼓""四面鼓",认为将八个、六个、四个小鼓系在一起,就是雷鼓、灵鼓、路鼓;黄以周则认为雷鼓、灵鼓、路鼓实际上各是一鼓,各鼓分别是八面、六面、四面。黄氏此图、此说影响深远,如孙诒让曰:"雷鼓、灵鼓、路鼓,二郑并以为一鼓而有数面。《大仆》贾《疏》谓军事王执路鼓,王与大仆、戎右各击一面,是多面皆可击矣。然其造作之度,与考击之法无见文。聂崇义《三礼图》则以雷鼓为八小面,僻而共柎;灵鼓六面、路鼓四面亦然。其制甚不经。《文献通考》载宋祁议,谓此三鼓虽击之皆不成声,则前制必不如是。"①孙氏于此虽不言其说出自黄氏,然其渊源历历可见。

又如柳车,聂崇义、张惠言和黄以周所绘图如下:

聂崇义柳车图②

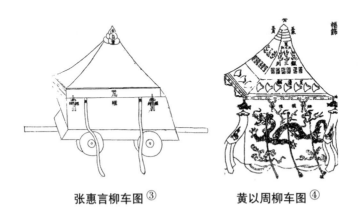

张惠言柳车图③　　　　　黄以周柳车图④

①　(清)孙诒让:《周礼正义》卷二十三,中华书局1987年点校本,第899—900页。

②　(宋)聂崇义纂辑:《新定三礼图》卷十九,清华大学出版社2006年点校本,第600页。

③　(清)张惠言:《仪礼图》卷五,《续修四库全书》第91册,第146页。

④　(清)黄以周:《礼书通故》卷四十九,中华书局2007年点校本,第2707页。

黄以周云："云'君大夫加文章'者，《记》所谓君龙帷，黼荒，火三列，黼三列，大夫画帷，画荒，火三列，黻三列是也。云'黼荒画荒缘边火黻列其中'者，明黼若云气为荒边缘之文，其中之列火黻者亦荒也，中对上齐下帷言。聂氏旧《图》甚违经典。张皋文以缘边当荒，其中之列火黻处又何名耶？"① 聂氏所绘柳车，火、黼（黻）之位置不论荒帷；张惠言所绘柳车，荒为帷之边缘，且无火、黼（黻）之图；黄氏所绘柳车，下部像墙的全是帷，上部除了齐之外皆为荒，火、黼（黻）皆在荒之上。

二、俞樾的《士昏礼》对席图

据《仪礼·士昏礼》之记载，可知妇至夫家成婚，有夫妇同牢共馔的仪节。而此仪节中的对席之设置，历代学人争议不断。俞樾云："以经注观之，对席对馔一一如绘，而贾公彦《疏》亦复明白。自宋以来，好为异说，于是有敖继公《集说》之说，有杨复《仪礼图》之说。至本朝有沈彤《仪礼小疏》之说，有张惠言《仪礼图》之说，有郑珍《仪礼私笺》之说，言人人殊。"② 俞樾遂征引经、注、疏以及前人所绘的图，并士昏礼对席作了辨析。

《士昏礼》："赞者设酱于席前，菹醢在其北。俎入，设于豆东，鱼次。腊特于俎北（郑《注》：豆东，菹醢之东）（贾《疏》：酱与菹醢俱在豆，知不在酱东者，下文酱东有黍稷，故知在菹醢东也）。赞设黍于酱东，稷在其东，设湆于酱南（郑《注》：馔要方也）（贾《疏》：豆东，两俎酱东，黍稷是其要方也）。设对酱于东（郑《注》：对酱，妇酱也，设之当特俎）（贾《疏》：婿东面设酱，在南为右，妇西面，则酱在北为右，皆以右手取之为便，故知设之当特俎东也），菹醢在其南，北上。设黍于腊北，其西稷。设湆于酱北。御布对席，赞启会，却于敦南，对敦于北（郑《注》：启，发也）（贾《疏》：云'设湆于酱北'者，案上设婿湆于酱南，在酱黍之南，特俎出于馔北，此设妇湆于酱北，在特俎东，馔内则不得要方。上《注》云'要方'者，据大判而言耳。云'启会却于敦南，对敦于北'者，取婿东面，以南为右，妇西面，以北为右，各取便也）。"

俞樾曰："贾《疏》皆依经注为说，无大乖错。惟经明言'设湆于酱南'，

---

①　（清）黄以周：《礼书通故》卷四十九，中华书局 2007 年点校本，第 2708 页。

②　（清）俞樾：《士昏礼对席图》，《清经解续编》第 5 册，第 986 页。

而《疏》言在'酱黍之南',增出'黍'字,不知何据。疑本作'在酱豆之南',传写误作'黍',非贾意也。"①

元人敖继公于《士昏礼》有注而无图。其释"赞者设酱于席前……腊特于俎北"曰:"菹醢在酱北,南上也。别见鱼腊,则此俎云者,指豚俎也。经盖因文以见特俎之位也。当豚俎北端而云特者,明不与豚俎为列,亦横设之。凡俎数奇,故于其下者特设之。"②俞樾曰:"'俎入设于豆东',此'俎'字自指豚鱼二俎而言;云'鱼次',则豚在前可知矣;又云'腊特于俎北',此'俎'字亦指豚鱼二俎。敖谓专指豚俎,则腊俎专当豚俎北端,腊俎、豚俎直于席前为一列矣,何以言特乎?"③经文"腊特于俎北",此"俎"指鱼俎和豚俎。敖氏认为此"俎"为豚俎,腊特设豚俎之北,鱼俎次豚而东,则豚、鱼之并可见。敖氏之说易使人误以为腊在豚北为一列,俞氏之说则较明确。

宋人杨复《仪礼图》所绘《士昏礼》对席图如下:

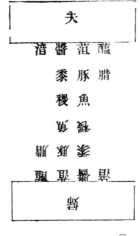

杨复士昏礼对席图④

关于杨复《士昏礼》对席图,俞樾曰:"下文妇馈舅姑之礼云:'特豚合升,

---

① (清)俞樾:《士昏礼对席图》,《清经解续编》第5册,第986页。
② (元)敖继公:《仪礼集说》卷二,文渊阁《四库全书》第105册,第74页。
③ (清)俞樾:《士昏礼对席图》,《清经解续编》第5册,第986页。
④ (清)俞樾:《士昏礼对席图》,《清经解续编》第5册,第987页。

侧载。'《注》云：'侧载者，右胖载之。舅姐，左胖载之姑姐异尊卑。'而此经上文陈三鼎，其实特豚合升，止言合升，不言侧载，明夫妇同姐矣。而李氏如圭乃云妇亦有姐，以姐设豆西，鱼次，腊特于姐南，则是增益经文，自我作古也。杨氏此图承袭其误，于经注无一合，不可从也。"[1] 俞樾之前，胡培翚曰："以下言妇馔，不言姐者，同牢者亦同姐。"[2] 俞樾此说，乃受胡氏之启发。不过俞氏结合上下文，对"同姐"之义作了阐发。

沈彤所绘《士昏礼》对席图如下：

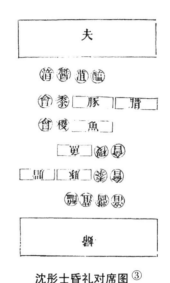

沈彤士昏礼对席图 [3]

关于沈彤所绘此图，俞樾云："沈氏以夫妇异姐，亦如杨图。惟其据聂氏《三礼图》，考姐豆之长短广狭，以为姐之长，适当二豆之径，敦之径当豆径，姐广之半有奇，参差配合，馔乃得方，其说殊巧，然大体既失，小巧固不足言矣。经于妇馔云'设黍于腊北'，今如其图，则在豚北矣，岂非谬误之甚乎？"[4] 俞氏认为，沈氏通过计算姐之长与豆之径以释郑玄所谓"馔要方"，乃别出心裁之说；不过沈氏以夫妇异姐，非经文之义。

张惠言所绘《士昏礼》对席图如下：

①　（清）俞樾：《士昏礼对席图》，《清经解续编》第 5 册，第 987 页。
②　（清）胡培翚、胡肇昕：《仪礼正义》卷三，北京大学出版社 2016 年点校本，第 153 页。
③　（清）俞樾：《士昏礼对席图》，《清经解续编》第 5 册，第 987 页。
④　（清）俞樾：《士昏礼对席图》，《清经解续编》第 5 册，第 987 页。

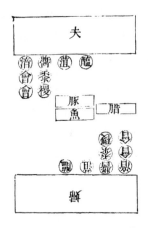

张惠言士昏礼对席图 ①

关于张惠言所绘此图，俞樾云："张氏此图，夫妇同俎得之矣。然其位置则犹未得，经于妇馔，云'设黍于腊北'，如其图，则在腊东矣。张氏知其不可通，乃为之说曰：'盖当腊少北，略言之。'斯已不免强古人而就我矣。又欲改'字'为'末'字，其谬尤甚。" ②俞氏认为，张氏之得是以夫妇同俎，张氏之失是以腊为横设，且凭己意改经，设黍于腊东。

郑珍所绘《士昏礼》对席图如下：

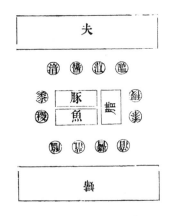

郑珍士昏礼对席图 ③

①　（清）俞樾：《士昏礼对席图》，《清经解续编》第5册，第987页。
②　（清）俞樾：《士昏礼对席图》，《清经解续编》第5册，第987页。
③　（清）俞樾：《士昏礼对席图》，《清经解续编》第5册，第987页。

关于郑珍所绘此图,俞樾云:"郑氏此图,其功在明特俎之纵设。……《注》云:'豆东,俎醢之东。'如此图,则豚鱼二俎当酱之东,不当俎醢之东,不合一也。经云'赞设黍于酱东,稷在其东',如此图,则黍稷在湆东,不在酱东,不合二也。"① 俞氏认为,郑氏将豚、鱼二俎置于酱东,与经文"设于豆东"不合;黍稷在湆东,与经文"设黍于酱东"亦不合。

俞樾在考察前人礼图之基础上,绘制出新的《士昏礼》对席图,兹录于下:

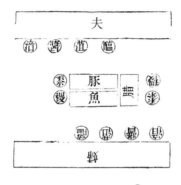

俞樾士昏礼对席图 ②

俞樾绘此图后,又征引经文和郑《注》,且自信地认为:"今以此图求之,无一字不密合。"③ 有人认为郑珍图中的俎豆排列为方形,可能更合经义。俞樾驳曰:"三俎两横一纵,其南北两头各置两敦,此所谓方也。若俎醢,则各置席前,而酱湆则在其右,从人右手之便,不必方也。贾《疏》曰:'《注》云要方者,据大判言之。'此深得古人之意者也。郑图正方,而以经注求之不合,即可知其非也。"④ 俞氏认为,郑玄所谓"馔要方",指俎和敦的排列为方形,而非席之整体;贾公彦所谓"据大判言之",即大体上为方形。

俞樾生当晚清,有条件遍览前人的礼图和经说,故其所绘《士昏礼》对席图能扬前人之长而避前人之短。俞氏对杨复、敖继公、沈彤、张惠言、郑珍等人的经说或礼图的评议,确有部分言及前人之失。比如杨复、沈彤、张惠言认为腊皆横设,俞樾认为腊当纵设。俞氏此说为晚清礼学大家黄以周所认同。黄

① (清)俞樾:《士昏礼对席图》,《清经解续编》第 5 册,第 986 页。

② (清)俞樾:《士昏礼对席图》,《清经解续编》第 5 册,第 987 页。

③ (清)俞樾:《士昏礼对席图》,《清经解续编》第 5 册,第 988 页。

④ (清)俞樾:《士昏礼对席图》,《清经解续编》第 5 册,第 988 页。

氏曰:"三俎当席中,先设豚,次设鱼,二俎皆横。腊特于俎北,则纵设也。三俎皆广尺二寸,长二尺四寸。二俎横设,悉当特俎之纵,三俎合而成方。旧说三俎皆横设,不正。"① 不过,俞樾对于《士昏礼》对席图的认识并非定论,比如于郑玄所谓"馔要方",黄以周力排众议曰:"黍稷用敦,敦径六寸八分,北当豚鱼二俎,会在其南。湆与酱同类而不与酱同设者,酱当席端而湆在席外,故最后设之。妇馔亦同。'设馔要方',《弟子职》文。中三俎二横一直,成方。夫席豆东两俎,酱东黍稷,又合三俎以成方,湆虽当席外,而与黍稷二会并列,亦合三俎以成方。对席亦然。贾《疏》馔要方不及湆,其疏'设湆于酱北',又以为湆不得要方。此谬说,不可从。近之作图者,歪斜不正,皆为贾《疏》所误。"② 黄氏认为,郑玄所谓"要方",《士昏礼》对席图中有三处可见,湆与会、俎皆包括在内,此可备一说。兹将黄氏所定对席图列于下,以资参考:

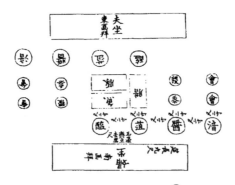

黄以周士昏礼对席图③

三、吴之英的《仪礼》图

晚清蜀地学人吴之英所绘《仪礼奭固礼事图》(以下简称《礼事图》)和《仪礼奭固礼器图》(以下简称《礼器图》),是清代礼图方面的重要著作。吴氏曰:"读经宜图,三礼器事多,图尤宜。《仪礼》,礼之干也。汉图久佚,唯郑玄《注》存。帅据《注》图,所以读经歧谊咫歧,《图》未决一也。英旧撰《仪礼奭固》篇,

① (清)黄以周:《礼书通故》卷六,中华书局 2007 年点校本,第 258 页。
② (清)黄以周:《礼书通故》卷六,中华书局 2007 年点校本,第 259 页。
③ (清)黄以周:《礼书通故》卷四十八,中华书局 2007 年点校本,第 2103 页。

弟仍刘向《录》。据谊时午注，由为《礼器图》正它图，是为《仪礼奭固》之图。"① 吴氏先释《仪礼》而成《仪礼奭固》，在此基础之上而成《礼器图》和《礼事图》。他说："往者奭《仪礼》有《器图》，今撰《事图》证器，亦用启《奭固》。"② 吴之英《礼器图》首篇绘宫室图，再依《仪礼》篇第绘制各篇所涉及之礼器。其《礼事图》依《仪礼》十七篇之旧，为图四百六十二。吴之英在礼图方面的造诣可从以下几个方面来看：

第一，吴之英所绘礼图的数量和所涉礼事、礼器之广泛性较前人有突破。

清代学人张惠言于《士昏礼》绘图十二幅，分别是纳采纳吉纳徵、礼宾、亲迎、妇入室士匕载、同宰、见妇、礼妇、盥馈、妇馂、飨妇、三月奠菜、婿见舅姑。吴之英于《礼器图》为《士昏礼》所绘图有三十三幅，分别是几、玄纁束帛、豆巾、敦、爨、绤幂、合卺、纁裳缁袘、墨车、烛、裧、次、纯衣纁袡、緆、宵衣、袗玄、颖韠、绥、景、席、匕、对席、衽、良席、枕、缨、笄、束锦、缁被纁里、桥、袗、帨、鬈；《礼事图》为《士昏礼》绘图二十一幅，分别是纳采、醴宾、期昏陈、亲迎、妇至、举鼎、共牢、酳、交衽、媵御馂、妇见舅姑、赞礼妇、妇盥馈、妇馂、房中再馂、飨妇、奠菜、老醴妇、婿见主人、婿见主妇、醴婿。又如《士丧礼》，张惠言《仪礼图》所绘图共九幅，分别为始死陈袭事、浴尸含袭、小敛、小敛奠、陈大敛衣撤奠、大敛殡、君视大敛、朝夕哭、卜日。吴之英《礼事图》所绘图有复、奠、赴君、君使吊、君使襚、置杠掘坎为垼濯新、陈袭衣事、馔沐浴器含器、沐浴、含、袭、置重、陈小敛衣、馔小敛奠、馔东服西器、陈鼎、小敛、小敛奠、襚大敛、陈大敛衣、大敛东西馔、陈三鼎、陈小敛奠、大敛、主人视肂、大敛奠、哭殡就次、君视大殓、朝夕哭、撤大殓奠、朝夕奠、朔月奠、撤朔奠、筮宅、卜椁、献材、卜葬日，共三十七幅。《礼器图》为《士丧礼》所绘图有敛衾、角柶契、燕几、帷、床、铭、坎、垼、新盆、瓶、废敦、重鬲、明衣裳、鬠笄、布巾、搣、瑱、幎目、握手、决、纩极、沐巾、浴巾、浴衣、繈、夷盘、重、绞、缁衾、幂奠巾、盆盥巾、要绖、妇人带、笫、夷衾、素俎、莞、簟、鼎巾、褶、燎、绞、紟、衾、瓦甒、角觯、木桁、骼豆、无縢箧、布巾、奠席、敛席、

① （清）吴之英：《仪礼奭固礼器图序》，潘斌编：《吴之英儒学论集》，四川大学出版社 2010年版，第 448 页。

② （清）吴之英：《仪礼奭固礼事图序》，潘斌编：《吴之英儒学论集》，四川大学出版社 2010年版，第 450 页。

殡、衽、棺、轴、盖、熬筐、次、戈、贰车、瓦敦、巾、宅、椁、龟、楚焞、燋、筵席、琴、纩、髻、中带、厕、杅、素勺、髦、缨、恶车、白狗币、蒲敝、蒲菆、犬服、木錧、约绥、约辔、木镳、疏布裧、贰车、白狗摄服、帚，共九十一幅。吴氏为《仪礼》所绘图数量之大、所涉及礼事礼器之广泛，皆是张氏《仪礼图》所不能相比的。

第二，吴之英十分重视宫室图，其所绘宫室的形象程度也超越前人。

关于礼经中所记宫室之重要性，清人有清楚的认识。张惠言《仪礼图》开卷就绘宫室图，以明天子、诸侯、大夫、士宫室之制，而各卷礼事均随宫室布局而展开。吴之英《礼器图》之篇首亦以图和文字明宫室之制，比如其所绘庙、寝、朝图如下：

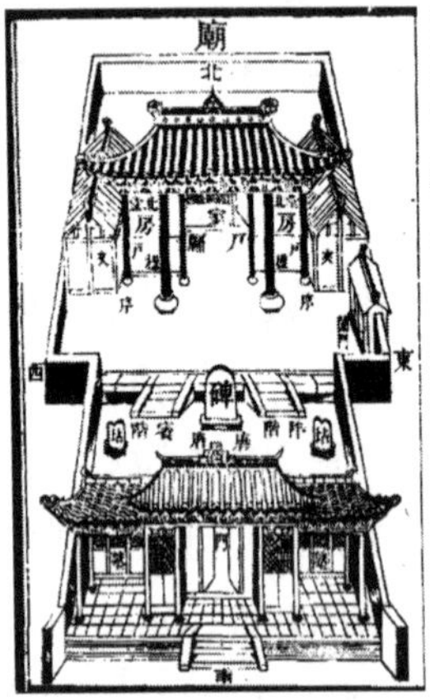

庙①

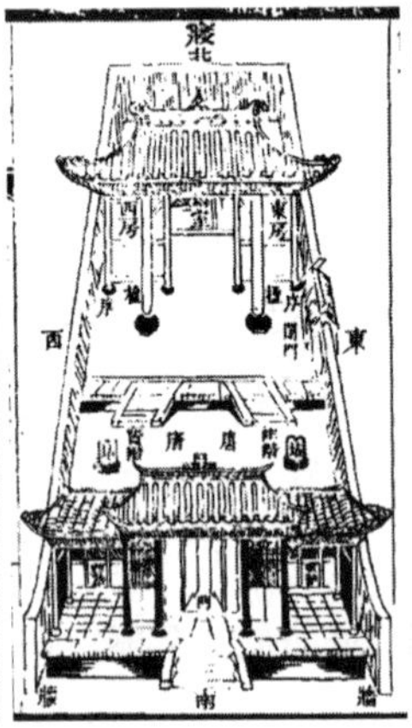

寝②

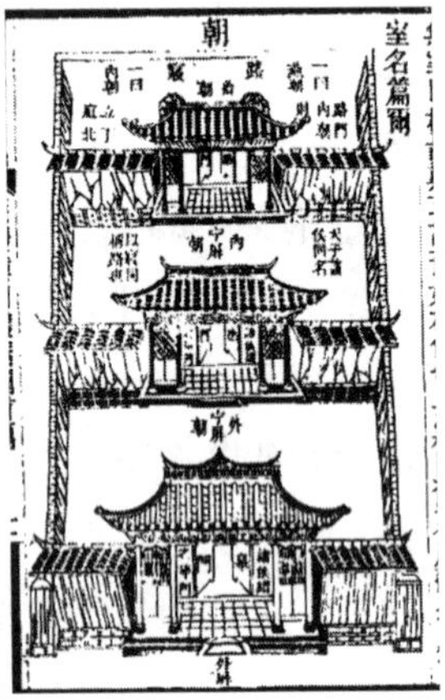

朝③

考聂崇义《新定三礼图》、杨复《仪礼图》、张惠言《仪礼图》、黄以周《礼书通故》，可见诸书中的图于庙、寝、朝之区别并无着力。即使有辨析，也是散见于“三礼”诠释之文字。吴之英曰：“《尔雅·释宫》云：‘宫谓之室，室谓之宫。’宫、室一名，即大名。礼于宫室无专篇，散出各篇，不当散图。会其散者图之，标三名焉，曰庙，曰寝，曰朝。”④ 吴之英还对《仪礼》诸篇于庙、

① （清）吴之英：《仪礼奭固礼器图》卷首，《续修四库全书》第 93 册，第 596 页。

② （清）吴之英：《仪礼奭固礼器图》卷首，《续修四库全书》第 93 册，第 600 页。

③ （清）吴之英：《仪礼奭固礼器图》卷首，《续修四库全书》第 93 册，第 601 页。

④ （清）吴之英：《仪礼奭固礼器图》卷首，《续修四库全书》第 93 册，第 596 页。

寝、朝之记载略作辨析，他说："《士冠》《士昏》之女主，《聘礼》《公食大夫》
《士虞》《特牲馈食》《少牢馈食》《有司彻》，在庙者也。《士虞》不得在庙，经
称庙，因殡宫为名，必寝名之，违经。姑因经假名而庙之，庙说亦取证焉，兼
见庙与寝无多别也。《士昏》之男主，《士相见》《燕礼》《丧服》《士丧》《既夕》，
在寝者也。《乡饮》《乡射》《大射》犹在寝，附说焉，不更图。聘礼之始，受命，
暨反命，见朝事焉，觐礼见朝位焉。"[①] 鉴于庙、寝、朝易为人所混淆，吴之英
遂绘三者之图，并广征博引以释之。

　　杨复、张惠言等人所绘宫室图皆是平面图，而吴之英所绘宫室图皆是三维
立体图，因此吴氏之图更加形象和直观。吴氏充分运用绘图的技巧，比如运用
明暗、虚实、光影来绘制宫室，从而使读者能看到宫室各部分上下、左右、前
后的三维关系。比如吴氏所绘庙图，庙的大门、塾、阼阶、坫、碑、堂、楹、
序、夹、房、室、牖、户，孰先孰后，孰左孰右，皆能立体呈现，层次感极
强。观览此图，庙之布局便一目了然。吴氏所绘之图十分精美，房室顶上瓦之
鱼鳞形，檐角之曲挠形，以及户牖上之格子形，皆能十分清晰地展现。

　　吴之英在绘图的同时，还以文字以释图。比如庙，吴氏所释者有碑、阶、
堂、室、序、夹等，其还征引《周礼》《仪礼》《礼记》《尔雅》《楚辞》等记载
与图相配合。比如其释庙之序曰："房侧之墙曰序。《尔雅·释宫》云：'东西墙
谓之序。'《士冠》迎宾入，主人升，立于序端，西面。宾西序，东面。序端可
立，则序南端不尽堂廉，南不尽廉，北当如之。盖东序之北为房北牖，由西房
达室。阙东房，北堂室之缩，塘东为东房西，塘西为西房东，塘共之也。室房
间曰塘，堂端曰序，皆墙耳。塘之西亦不得尽廉，以南北序知之也。"[②] 郑玄、
贾公彦、杨复、江永、黄以周等人皆曾释"序"，然吴氏将图与文字结合起来
以释"序"，使"序"之位置以及与宫室其他部分的关系得以清晰地呈现。

　　第三，吴之英绘制《礼事图》以明仪节之开展。

　　在《礼事图》中，吴之英不绘制宫室，而是以文字标明宫室之方位、礼器
之置放、行礼者之仪节。如《乡饮酒礼》，吴之英以"戒宾""先设""迎宾""主
人献宾""宾酢主人""主人酬宾""主人献介""介酢主人""主人献众宾""一
人举觯""工人""献工""献笙""主人作司正""宾取奠行酬""二人举觯宾

---

① （清）吴之英：《仪礼奭固礼器图》卷首，《续修四库全书》第 93 册，第 596 页。
② （清）吴之英：《仪礼奭固礼器图》卷首，《续修四库全书》第 93 册，第 599 页。

介""撤俎""遵者诸公大夫席""息司正"等文字对行礼的动态过程作了说明。此外，吴氏还在每一图的下方以文字对图所未能明确者作补充说明。如"戒宾"图下有文字"乡可饮士，而选士之端始此"，此是对选士起于乡的原因之说明；"戒宾当于门外。谓寝门，则通已仕之士。谓外门，则方待举之宾"，以及"他饮事假之，故题寝门"，是对图中言"寝门"之原因的说明；"据主人就先生谋，则礼为兴贤"，是对经文"主人就先生而谋介、宾"之说明；"戒介如宾，介知副宾者，闻先生命也"，是对经文"介亦如之"之说明。

第四，吴之英所绘礼器图，也有不少值得商榷或与古制不合者。

吴之英所绘的部分礼图是聂崇义《新定三礼图》、陈祥道《礼书》、杨复《仪礼图》、张惠言《仪礼图》不曾有的，而这些带有创新意味的礼图，有的还值得商榷。兹举数例以见之：

吴之英所绘《俪皮图》如下：

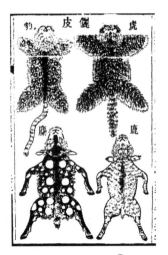

吴之英俪皮图 [①]

郑玄、贾公彦、惠栋、胡培翚皆以"鹿皮"释"俪皮"。吴之英说："俪，比也，耦合之名。郑玄但谓两鹿皮，非也。管子之令曰：'齐以虎豹皮往'者，诸侯以麇鹿，故可为币，而虎豹则通币也。《郊特牲·记》曰：'虎豹之皮，示服猛也。'《左氏·襄四年传》曰：'无终，子嘉父使孟乐入晋，因魏献子纳虎

---

① （清）吴之英：《仪礼奭固礼器图》卷一，《续修四库全书》第 93 册，第 614 页。

豹之皮以请和诸戎。'是春秋犹以用虎豹为正,麋鹿皮易得,礼简者宜耳。"①
吴氏认为鹿皮仅是礼简者所用之物,礼贵者则用虎豹之皮。在这样的认识下,
吴氏所绘制出的俪皮图有两种,即虎豹皮和麋鹿皮。

又如《士昏礼》所云"合卺",《礼记·昏义》孔《疏》曰:"卺,谓半瓢,
以一瓠分为两瓢,谓之卺。壻之与妇各执一片酳,故云'合卺而酳'。"聂崇
义引旧《图》曰:"合卺,破匏为之,以线连柄端,其制一同匏爵。"②根据孔
氏及旧《图》之说,可知卺即匏瓜一剖为二,象征夫妇原为二体,而又以线相
连为一体。吴之英所绘《合卺图》如下:

吴之英合卺图③

吴之英曰:"今云合卺,知卺为一物,合乃嘉名,标卺固以合为两也,意
卺制亦略如爵,口撮受酳,下有三足,面有文,以别左右,左右有流,主人酳
饮左,妇酳饮右,故经云'三酳用卺亦如之',亦如初酳再酳用爵之仪,终酳
乃用卺者,以合卺成礼事。"④吴氏认为,合卺本为一器物而有两出水处,即所
谓的左右"流"。吴氏此说皆推论,而无文献依据,亦为前人所未道及,故其
是否与古制相符尚值得商榷。

又如盥洗器皿洗,吴之英与聂崇义、黄以周等人所绘图有很大的差异。兹
将三者所绘图列于下:

---

① (清)吴之英:《仪礼奭固礼器图》卷一,《续修四库全书》第 93 册,第 613—614 页。
② (宋)聂崇义纂辑:《新定三礼图》卷二,清华大学出版社 2006 年点校本,第 65 页。
③ (清)吴之英:《仪礼奭固礼器图》卷一,《续修四库全书》第 93 册,第 620 页。
④ (清)吴之英:《仪礼奭固礼器图》卷一,《续修四库全书》第 93 册,第 620 页。

聂崇义洗图① 　　黄以周洗图② 　　吴之英洗图③

聂崇义所引旧《图》云:"洗高三尺,口径一尺五寸,足径三尺,中身小,疏中。"④聂氏、黄氏皆据旧《图》绘制洗。吴之英亦征引旧《图》于洗之说,然所绘洗与旧《图》之说相去甚远,亦与聂氏、黄氏所绘之洗有很大差异。据旧图,洗的口径显然不及足径宽,聂氏和黄氏所绘洗图皆如此,吴氏所绘洗图则是口径比足径宽。因此,若以旧《图》为据,那么吴氏所绘之洗与旧制不合。

又如爵,兹择宋代至清代数家所绘之图如下:

聂崇义爵图⑤ 　　刘绩爵图⑥ 　　《钦定礼记义疏》爵图⑦

---

① (宋)聂崇义纂辑:《新定三礼图》卷十三,清华大学出版社 2006 年点校本,第 414 页。
② (清)黄以周:《礼书通故》卷四十九,中华书局 2007 年点校本,第 2508 页。
③ (清)吴之英:《仪礼奭固礼器图》卷一,《续修四库全书》第 93 册,第 607 页。
④ (宋)聂崇义纂辑:《新定三礼图》卷十三,清华大学出版社 2006 年点校本,第 414 页。
⑤ (宋)聂崇义纂辑:《新定三礼图》卷十二,清华大学出版社 2006 年点校本,第 370 页。
⑥ (明)刘绩:《三礼图》,文渊阁《四库全书》第 129 册,第 378 页。
⑦ (清)乾隆十三年敕撰:《钦定礼记义疏》卷八十,文渊阁《四库全书》第 126 册,第 567 页。

黄以周爵图 ①　　　　　　　吴之英爵图 ②

关于爵制，聂崇义云："刻木为之，漆赤中。爵，尽也，足也。旧《图》亦云：'画赤云气，余同玉爵之制。'"③ 黄以周驳聂氏曰："阮氏《图》说爵尾长六寸，博二寸，傅翼方足，漆赤中，画赤云气，未得典据，聂《图》更非。近之考古者，又取侈口两柱三足之铜器当之。"④ 吴之英在参考前人之说的基础上曰："窃意爵，雀也，与鸟彝、鸡彝、牺尊、象尊同意。古人制器，就形立名者，皆于形取别，爵者为雀形，横于上，见首尾，首为流，尾如耳，背受酌，中为腹以受酒。"⑤ 吴氏此图受聂氏影响甚大，而与其他诸家皆不同。证诸今国家博物馆所藏御正良爵、母癸爵、玉饕餮纹爵以及其他一些铜爵，可知清代学人据考古发掘所绘之爵更为近古，而吴之英据聂氏图所绘的爵图虽新，却可能与古制不合。

晚清民国时期的学人刘师培认为，吴之英所绘《礼器图》和《礼事图》"较张（惠言）为优"⑥，谢兴尧评价吴之英《礼器图》云："是编虽取袭前人之图，而分门别类，条分缕析，颇称宏博，且能以《说文》、古史证明古制，发前人所未发，致力之深，洵足钦矣。"⑦ 吴之英《礼器图》能用精美的立体图呈现宫

① （清）黄以周：《礼书通故》卷四十九，中华书局 2007 年点校本，第 2448—2449 页。

② （清）吴之英：《仪礼奭固礼器图》卷一，《续修四库全书》第 93 册，第 615 页。

③ （宋）聂崇义纂辑：《新定三礼图》卷十二，清华大学出版社 2006 年点校本，第 370 页。

④ （清）黄以周：《礼书通故》卷四十九，中华书局 2007 年点校本，第 2450 页。

⑤ （清）吴之英：《仪礼奭固礼器图》卷一，《续修四库全书》第 93 册，第 615 页。

⑥ 吴虞：《吴虞日记》（上），四川人民出版社 1984 年版，第 45 页。

⑦ 柯劭忞等：《续修四库全书总目提要》上册，中华书局 1993 年版，第 525 页。

室和礼器,这是历代的礼器图所不及的。除了绘图精美之外,吴氏礼图还能矫前人之弊、纠前人之误。不过,吴氏部分礼图有标新炫奇之嫌,甚至有值得商榷和错误之处。吴之英所绘制的《仪礼》礼图,是蜀地学人经学研究求新尚奇学风之反映。

清代的经学研究有集成特点,故在各个方面都是大放异彩,礼图研究亦是如此。根据以上之研究,可知清代的"三礼"图有以下几大特色。

第一,清人于"三礼"图研究的角度多样。张惠言《仪礼图》、俞樾《士昏礼对席图》、吴之英《仪礼奭固礼事图》《礼器图》是专门的礼图著作,朱轼《仪礼节略》、徐乾学《读礼通考》《钦定三礼义疏》则是将礼图作为礼书的一部分。俞樾《士昏礼对席图》是对"三礼"单篇中的仪节绘图,而张惠言《仪礼图》《钦定三礼义疏》等是对"三礼"中一部或多部著作绘图。清代学人于前人之"三礼"图有从有违,徐乾学、朱轼等人多录前人之图,而黄以周、俞樾、吴之英在继承前人之图的同时多绘新图。由此可见,清代学人于"三礼"图研究的角度不拘一格,对前人学说的态度也呈多元。

第二,清人于"三礼"图研究的规模空前,有集成意义。从目录之著录情况看,清代"三礼"图的著作有数十部,而宋、元、明各朝的"三礼"图著作屈指可数。此外,由于清人能遍览以前经学家的经说,所以对"三礼"的诠释更趋准确,这就使得他们所绘制的"三礼"图更加接近经义。比如张惠言的《仪礼图》是在参考宋人杨复《仪礼图》等著作的基础上而成,故其能扬长避短。黄以周《礼书通故》参考了乾嘉学派的考证成果,故其所绘礼图更加精密。

从今天来看,清人所绘"三礼"图并非尽善。由于清代的考古发掘还不多,所以将"三礼"与出土文物结合起来的研究还不深入。20世纪以来的考古发掘,可证清人所绘礼图还有不少臆断者。俞樾在《士昏礼对席图》的卷末曾说:"乌乎!《士昏礼》特《仪礼》之一篇,而夫妇对席又止昏礼之一事,然考定之难如此,是故《仪礼》难也。"①"三礼"名物制度有争议者多,清人在缺乏出土文物的情况下能做到那么精密的研究,已实属不易。

---

① (清)俞樾:《士昏礼对席图》,《清经解续编》第5册,第988页。

第八章 清代的《周礼·考工记》诠释

《周礼》由《天官》《地官》《春官》《夏官》《秋官》《冬官》六篇组成。今所见《周礼》的《冬官》部分是《考工记》，所以《考工记》又称《周礼·考工记》或《周礼·冬官考工记》。《考工记》记载了我国先秦时期的制车、兵器、礼器、钟磬、练染、建筑、水利等手工业生产部门的技术规范、工艺流程和管理制度，包含有丰富的科学技术信息，还涉及天文、数学、物理、化学、生物等自然科学知识。汉代郑众、郑玄，唐代贾公彦，宋代林希逸、俞庭椿、王与之等人皆是《考工记》研究的名家。然而在清代以前，学者们的《考工记》研究主要是《周礼》学的附属品。也就是说，清代以前，大多数学人是在从事《周礼》研究时，顺便从事《考工记》之研究。即便有专门的《考工记》研究，也多是停留在其成书问题的探讨上，至于其所记名物制度等则甚少涉及。清代考据学大兴，顺应时代之学风，清代的《考工记》研究可谓大盛，相关著作层出不穷，研究水平之高可谓空前。下面将从五个方面对清代的《考工记》研究情况加以评介。①

第一节 清人重视《考工记》的原因

据目录著录或史书称引，今可知清人的《考工记》专著多达二十余部，具体情况如下：

---

① 学界于清代《考工记》研究之评介，当以彭林的《论清人的〈考工记〉研究——以〈轮人〉为例》（《台大中文学报》2004 年第 20 期）为代表。不过该文研究的范围仅是《考工记·轮人》，所以清代《考工记》研究之全貌并未得以呈现。此外，张言梦的《汉至清代〈考工记〉研究和注释史述论稿》（南京师范大学 2005 年，博士学位论文）于清代《考工记》研究有述评，然而于清代《考工记》名家名著之探讨失之于过简。

序号	作者	书名	著录或称引	备注
1	吴治	考工记集说	经义考	存佚不详
2	汪宜耀	考工记图释	郑堂读书记	存佚不详
3	方苞	考工记析疑	续修四库全书	存
4	戴震	考工记图注	皇清经解、戴氏遗书	存
5	程瑶田	考工记创物小记	皇清经解、安徽丛书	存
6	程瑶田	磬折古义	皇清经解、安徽丛书	存
7	钱坫	车制考	皇清经解续编、木犀轩丛书	存
8	张象津	考工释车	续修四库全书总目提要	存
9	李惇	考工车制考	江苏艺文志	佚
10	庄可有	考工记集说	江苏艺文志	存
11	阮元	考工记车制图解	皇清经解、揅经室集	存
12	王宗涑	考工记考辨	皇清经解续编	存
13	徐养原	考工杂记	两浙著述考	存佚不详
14	牛运震	考工记论文	台北故宫博物院善本旧籍总目	存
15	江藩	考工戴氏车制翼	江苏艺文志	存佚不详
16	丁晏	考工记评注	西谛书目	存
17	陈宗起	考工记鸟兽虫鱼释	养志居仅存稿	存
18	陈宗起	考工记异字训正	养志居仅存稿	存
19	徐兴霖	井田图解	贩书偶记	存佚不详
20	郑珍	考工轮舆私笺	皇清经解续编	存
21	郑珍	凫氏为钟	贩书偶记	存佚不详
22	吕调阳	考工记考	观象庐丛书	存

除《考工记》专著外，清代部分学人在从事《周礼》或群经诠释时亦于《考工记》有研究。今所能见到的涉及《考工记》的经学著作大致情况如下：

序号	作者	书名	刻本或所存丛书	备注
1	臧琳	经义杂记	皇清经解、续修四库全书	存
2	李光坡	周礼述注	四库全书	存
3	方苞	周官集注	四库全书	存
4	李钟伦	周礼纂训	四库全书	存
5	惠士奇	礼说	四库全书	存
6	鄂尔泰	钦定周官义疏	四库全书	存
7	姜兆锡	周礼辑义	续修四库全书	存
8	江永	周礼疑义举要	皇清经解、续修四库全书	存
9	惠栋	周礼古义	续修四库全书	存
10	刘青芝	周礼质疑	续修四库全书	存
11	官献瑶	石溪读周官	续修四库全书	存
12	潘相	周礼撮要	续修四库全书	存
13	庄存与	周官记	续修四库全书	存
14	李调元	周礼摘笺	续修四库全书	存
15	段玉裁	周礼汉读考	皇清经解、续修四库全书	存
16	孔广森	周官肊测	续修四库全书	存
17	蒋载康	周官心解	续修四库全书	存
18	王聘珍	周礼学	续修四库全书	存
19	程际盛	周礼故书考	续修四库全书	存
20	徐养原	周官故书考	续修四库全书	存
21	宋世荦	周礼故书疏证	续修四库全书	存
22	沈梦兰	周礼学	续修四库全书	存
23	王引之	经义述闻	皇清经解、续修四库全书	存
24	刘沅	周官恒解	续修四库全书	存
25	吕飞鹏	周礼补注	续修四库全书	存
26	丁晏	周礼释注	续修四库全书	存

序号	作者	书名	刻本或所存丛书	备注
27	俞樾	群经平义	皇清经解续编、续修四库全书	存
28	黄以周	礼书通故	续修四库全书	存
29	孙诒让	周礼正义	续修四库全书	存

根据以上的统计,可知清代的《考工记》专著达二十二部,涉及《考工记》的经学著作达二十九部。清代《考工记》研究之盛,于此得见。清人重视《考工记》研究,并在此领域取得了超越前人的卓越成就,其中的原因如下:

第一,清人继承汉代以来的传统,对《考工记》做了更加全面深入的研究,从而集《考工记》研究之大成。

清代以前,学人们的《考工记》研究多是《周礼》学的副产品,比如郑玄《周礼注》、贾公彦《周礼疏》皆于《考工记》有精深之研究,然而郑氏和贾氏的《考工记》研究皆是在《周礼》学的大背景下展开的。宋代以前,将《考工记》从《周礼》中独立出来进行研究者不见于经史记载,直到宋代这种情况才得以改变。宋人林希逸、俞廷椿皆以《考工记》研究而闻名于学界。林希逸撰《考工记解》,于"三礼"中有关制度器物者采摭附入,甚便省览。宋人胡宏、俞廷椿提出"《冬官》不亡"说,将中国古代的《考工记》研究推向了一个小高潮。胡宏说:"按《周官》司徒掌邦教,敷五典者也。司空掌邦土,居四民者也。世传《周礼》阙《冬官》,愚考其书而质其事,则《冬官》未尝阙也,乃刘歆颠迷,妄以《冬官》事属之地官,其大纲已失乱如是,又可信以为经,与《易》《诗》《书》《春秋》配乎!"① 胡宏认为,《周礼·地官》中的不少职官之职掌属于《冬官》,由此可知《冬官》未亡;刘歆将《冬官》之职官归入《地官》,遂致《冬官》的职官隐而不见。程大昌、俞庭椿、王与之、黄震、叶时等人皆认为《冬官》不亡。在此背景下,《考工记》研究逐渐受到学人们的关注,相关文献也多起来,比如明代徐光启的《考工记解》、徐与郊的《考工记辑注》、焦竑的《考工记解》,皆是《考工记》研究的专门之作。然而从总体上来看,清代以前的《考工记》研究还是个别的,并未形成气候。

---

① （宋）胡宏:《极论周礼》,《胡宏集》,中华书局 1987 年点校本,第 258 页。

中国古代《考工记》研究的高潮出现在清代，精通音韵训诂之学的江永在其所撰《周礼疑义举要》中对《考工记》提出了很多新见，从而开启了乾嘉时期《考工记》研究之端绪。继江永之后，戴震的《考工记图》和程瑶田的《考工记创物小记》将清代的《考工记》研究带入了一个全新的时代。戴震、程瑶田将图与文字相结合以释《考工记》，并将古器物以及器物拓片作为《考工记》研究之佐证，将《考工记》的名物研究推到了新的高度。继江、戴、程之后，段玉裁、王宗涑、王引之、黄以周、孙诒让、俞樾等人继续从事《考工记》之研究，取得了辉煌的成就。特别是孙诒让的《周礼正义》的《考工记》部分，将汉至清代的《考工记》研究成果集结荟萃，成为中国古代《考工记》研究的集大成之作。

第二，清代的文化政策和学风使清人热衷于《考工记》之研究。

作为少数民族入主中原的清朝统治者，很清楚汉地士人深受华夏正统观念的影响，从而对异族的统治抱有极大的抵触情绪。事实上也是如此。清初的一些士人先是投身于反清复明的武装斗争，斗争失败以后隐遁山林，通过著书立说的方式与清廷划清界限。对于清廷来说，这些士人的著作无疑是潜在的威胁，所以清廷试图通过文化高压政策，从而打压那些具有民族意识和反清思想的汉族士人。康、雍、乾时代屡屡禁书和大兴文字狱，就是清廷文化高压政策的集中反映。清廷罗织的文字狱案，康熙年间有三起，雍正年间有八起，乾隆年间则达百余起。乾隆帝修《四库全书》本为文化盛举，然而与之关联的则是禁书和文字狱。乾隆帝在修《四库全书》期间禁毁的书籍和书版数不胜数。据学者的研究，当时"共禁毁书籍三千一百多种，十五万一千多部，销毁书版八万块以上"①，民间惧祸而自毁者则更多。在清廷的文化高压政策之下，文人学士处于动辄得咎的恐怖阴影之下，举手投足谨小慎微，唯恐触犯禁忌。为了避遭杀身之祸，不少士人将注意力转向了注释古典，吴、皖、浙东等地的不少学人汲汲于经书之笺释、史料之搜补、鉴别、辑佚、辨伪、文字训诂、音韵、算学、地理、金石等，考据遂成一代学风。

清人重视《考工记》研究，与清代的文化政策和学风密切相关。《考工记》所记载的不仅有我国古代的实用知识，还涉及自然科学。清儒从事《考工记》研究，求得真解则可止，而不必担心意识形态方面的麻烦。比如戴震认为《考

---

① 黄爱平：《四库全书纂修研究》，中国人民大学出版社 1989 年版，第 78 页。

工记》是"亚于经也者",故"考证虽难,要得其详则止矣"①。在戴震的意识里,《考工记》并不是正经,其研究仅关乎知识和技术,而与现实和意识形态没有关系,因此,《考工记》研究可避政治风险。戴震如此考量,其他清人未尝不如此也。

清代康、雍、乾以来的文化政策,使学者们埋头于古代典籍之整理和研究,从而在新的历史条件下催生出古典主义学术思潮,甚至清代统治者也乐此不疲。② 当时人津津乐道的"乾嘉诸儒",在古典学研究方面取得了超越前人的卓越成就,而"乾嘉诸儒"的学术,除了政治影响的因素之外,还得益于他们兴灭继绝的学术使命。清代学人继承并发展以前的学术传统,对于一些几成绝学的学术领域倾注了大量心血。比如他们对音韵学的掌握和利用的能力远超其他朝代,对天文、历法、金石、地理等领域的研究也达到极高的水平。清人重视《考工记》研究,与清人的学术使命是密切相关的。由于《考工记》专记造器程工之事,术语专业,文本艰深,虽有汉唐经师之训释,然疑惑难解者随处可见。作为与儒家经典若即若离而又包含丰富的自然科学知识和应用技术的《考工记》之研究,受到清人的青睐,正与清人不畏艰难、兴灭继绝的学术热情相合。也正是清人的努力,才使得《考工记》研究取得了卓越成就,成为清代学术史上不可忽视的重要内容。

第二节　清人于《考工记》作者和成书的认识

宋代以前,人们普遍认为《周礼·冬官》亡佚,后人以《考工记》补之。如陆德明曰:"河间献王开献书之路,时有李氏上《周官》五篇,失《事官》一篇,乃购千金不得,取《考工记》以补之。"③《隋书·经籍志》亦持此说。还有人认为《冬官》亡佚,刘歆以《考工记》补之。贾公彦引马融序曰:"刘向子歆校理秘书,始得列序著于《录》《略》,然亡其《冬官》一篇,以《考工记》足之。"④ 南宋胡宏认为《冬官》不亡,程大昌、俞庭椿、王与之承袭此说,南宋

---

① （清）纪昀:《考工记图序》,戴震:《考工记图》卷首,《续修四库全书》第85册,第59页。
② 比如乾隆帝对经学考据学表现出极大的热情,他通过科举将一大批经学之士收揽到政权体系中,奖掖有加,还通过频繁地修书促进经学考据学的发展。
③ （唐）陆德明著,黄焯断句:《经典释文》卷一,中华书局1983年版,第11页。
④ （清）阮元校刻:《十三经注疏（附校勘记）》,中华书局1980年版,第635—636页。

以来遂有“《冬官》不亡”一派。

有些清人相信汉人以《考工记》补《冬官》之说。如李光坡曰：“景帝子河间献王好古学，得《周官》五篇，失其《冬官》一篇，乃购千金不得，取《考工记》以补其缺。”① 李氏与陆德明之说如出一辙。此所谓“失”，意即《冬官》本来是有的，在流传的过程中亡佚。

有些清人认为《周礼》乃未成之书，《冬官》阙就是《周礼》未成之证。如江永曰：“《周礼》本是未成之书，阙《冬官》。汉人求之不得，以《考工记》补之。恐是当时原阙也。”② 江永相信汉人以《考工记》补《冬官》之说，然却认为《冬官》从一开始就是有名无实。江永驳“《冬官》不亡”之说曰：“《冬官》虽缺，以诸经传证之，当有大司空、小司空、匠师……车人、刍人等官。此皆《冬官》篇亡之证。”③ 又曰：“后人读书粗疏，果于妄作，如俞庭椿之徒纷纷割裂牵补，致五官无一完善，《周礼》之罪人也。”④ 江永还以经传记载为据，考证出《冬官》的部分职官，分别是大司空、小司空、匠师、梓师、豕人、啬夫、司里、水师、玉人、雕氏、漆氏、陶正、圬人、舟牧、轮人、车人、刍人。如“豕人”，江永曰：“先郑云：‘司徒奉牛，司马奉羊，宗伯奉鸡，司寇奉犬，司空其奉豕与。’然则《冬官》当有豕人。”⑤ 又如“玉人”，江永曰：“《天官》有追师专掌宫内追琢之事，则凡用玉府之玉，追琢成器，以其典瑞之藏者，当有玉人在《冬官》。”⑥ 江氏据郑兴之注，认为《冬官》有“豕人”，据《周礼·天官·追师》之职掌，认为《冬官》有“玉人”。

清代还有学人认为以《考工记》补《冬官》是先秦人所为。如王聘珍认为“取《考工记》合之者，先秦旧书已然矣”⑦。其理由，一是《汉书·艺文志》云“《周官经》六篇”，不云阙也；二是郑众、郑玄的《注》中每云“故书某作某”，“故书”者，先秦古文旧书也。王聘珍据此推测：“若是汉时所作，何云故书？”⑧ 在王氏看来，《隋书·经籍志》谓阙《冬官》一篇，河间献王取《考工记》以补其阙，

① （清）李光坡：《周礼述注》卷一，文渊阁《四库全书》第100册，第2页。
② （清）江永：《周礼疑义举要》卷六，文渊阁《四库全书》第101册，第765页。
③ （清）江永：《周礼疑义举要》卷六，文渊阁《四库全书》第101册，第765—766页。
④ （清）江永：《周礼疑义举要》卷六，文渊阁《四库全书》第101册，第766页。
⑤ （清）江永：《周礼疑义举要》卷六，文渊阁《四库全书》第101册，第766页。
⑥ （清）江永：《周礼疑义举要》卷六，文渊阁《四库全书》第101册，第766页。
⑦ （清）王聘珍：《周礼学》卷二，《续修四库全书》第81册，第91页。
⑧ （清）王聘珍：《周礼学》卷二，《续修四库全书》第81册，第91页。

孔氏《礼记正义》谓孝文时求得《周官》，不见《冬官》一篇，乃使博士作《考工记》补之，"凡此皆后世臆说，非汉经师所传也"①。

郑玄认为，汉人以《考工记》补《冬官》，"此前世识其事者记录以备大数耳"；此外，《考工记》所记百工之事，"于天地四时之职亦处其一也"。言下之意，《考工记》虽然不可与《冬官》相提并论，然而在《冬官》已亡的情况下，借助于《考工记》还是可以反映《冬官》司空职掌的部分内容。方苞、姜兆锡、孔广森、刘沅、刘清芝等人皆认为郑玄此说是将《考工记》与《冬官》混为一谈。如姜兆锡认为"《冬官》本阙，而俞氏苟为掇裂藏者，固议其妄"②，至于"《考工记》虽附于汉，然考其所记者三十工耳，与《周礼》五官官职亦不相类也"③。因此，姜氏在《周礼补》一书中遵《周礼》五官例，采冢宰职及《书·周官》篇，补"惟王建国"以下四十字，冠于篇首，意在"见《冬官》设官分职之本义"④；其次仍列"冬官司空序官"及"冬官司空序职"等字于前，意在"知官职之阙未可率补"⑤。姜氏还取《考工记》"粤无镈"以下至抟埴之工、陶瓬凡三十工，题曰《考工记序官》，列于左方之前，略如他官之序官；又其次乃取"有虞氏"以下至篇终凡三十工之职，题曰《考工记序职》，列于左方之后，略如他官之序职。姜氏此举，意在"存先圣一线未亡之遗，而亦以示后人不敢汏焉以传僭经之意，则后有圣明作述，得寻十一于千百者，或犹有望云"⑥。姜氏所在意者，乃是《考工记》与《冬官》之分别也。

与姜兆锡相似，方苞亦强调《考工记》与《冬官》之区别。方苞认为，《冬官》为司空，其职掌是居四民、时地利，然而"今其大经大法，无一存者，盖诸侯恶其害己，而皆去其籍"⑦。方苞指出，《考工记》的贡献在于"百工造作之法，自古相沿，意者故府亦有其籍，以其为民生所习用，工师所世守，故犹可传述"⑧。此外，《考工记》所记工师之传述已游离于《冬官》之外，方苞说："观匠人营国，为沟洫仅具高阔广袤之度，而所以建立城邑，分处四民，因山

---

① （清）王聘珍：《周礼学》卷二，《续修四库全书》第81册，第91页。

② （清）姜兆锡：《周礼辑义》卷十一，《续修四库全书》第78册，第616页。

③ （清）姜兆锡：《周礼辑义》卷十一，《续修四库全书》第78册，第616页。

④ （清）姜兆锡：《周礼辑义》卷十一，《续修四库全书》第78册，第616页。

⑤ （清）姜兆锡：《周礼辑义》卷十一，《续修四库全书》第78册，第616页。

⑥ （清）姜兆锡：《周礼辑义》卷十一，《续修四库全书》第78册，第616页。

⑦ （清）方苞：《考工记析疑》卷一，《续修四库全书》第79册，第380页。

⑧ （清）方苞：《考工记析疑》卷一，《续修四库全书》第79册，第380页。

川形势以辨井牧，别疆潦，规偃潴町原防者，无一及焉，则工事中有关于大经大法者亦不存矣。盖记者仅得之工师之传述，而未见故府之典籍故也。"①因此，《考工记》与《周礼》其他五官的内容不可相提并论，《考工记》仅是"工师之传述"，而与"大经大法"相去甚远。

孔广森认为，"《冬官》曰事典，篇亡，以五官例之，正为大司空，贰为小司空"②。孔氏还强调《考工记》并非《冬官》，"事典亡，汉人以《考工记》补之，未尝直以《考工记》为《冬官》也。唐石经及注疏并题'冬官考工记第六'，大谬"③。

刘沅虽相信河间献王以《考工记》补《冬官》，然其强调《考工记》与《冬官》是两回事。刘氏曰："秦火以后，其籍不传，汉河间献王得《考工记》附于五官之末，盖谓工亦冬时为宜，非即以为《冬官》也。"④

刘清芝曰："六职下尽然六项，六项之中，百工居一，下文已明言之矣，故此云与居也。郑谓于天地四时之职处其一，百工一技艺耳，安得当司空之职，而与六官并列乎？"⑤郑玄以"百工司空事官之属""于天地四时之职亦处其一也"，刘氏则认为，《考工记》所记百工之一技不可当司空之职，更不可与六官并列。

不过也有清人强调《考工记》与《冬官》的关联性，如潘相在肯定《考工记》是汉人所补的基础上，认为过分强调《考工记》与《冬官》的区别的做法不妥，他说："详味《记》文，犹及见周家事典之形似，而词旨古奥，亦出周秦，固不得而遽废也。"⑥在潘氏看来，《考工记》中含有周秦时期事典的丰富信息，不可随便废除。

孙诒让亦认为《周礼·冬官》虽佚，然而后人以《考工记》补之，在一定程度上可以弥补《冬官》已亡之缺陷。在孙氏看来，"此篇（指《考工记》）故与《周官经》别行，以其取补事典之阙，故冡五官而冠以冬官之目"⑦。孙氏还

①　（清）方苞：《考工记析疑》卷一，《续修四库全书》第 79 册，第 380 页。
②　（清）孔广森：《周官肊测叙录》，《续修四库全书》第 80 册，第 421 页。
③　（清）孔广森：《周官肊测叙录》，《续修四库全书》第 80 册，第 421 页。
④　（清）刘沅：《周官恒解》卷六，《续修四库全书》第 81 册，第 390 页。
⑤　（清）刘青芝：《周礼质疑》卷五，《续修四库全书》第 79 册，第 488 页。
⑥　（清）潘相：《周礼撮要》卷三，《续修四库全书》第 80 册，第 20 页。
⑦　（清）孙诒让：《周礼正义》卷七十四，中华书局 1987 年点校本，第 3101 页。

据《国语·齐语》工云"相语以事，相事以巧，相陈以工"，《少仪》云"工依于法，游于说"，郑《注》云"法谓规矩尺寸之数，说谓鸿杀之意"，认为《考工记》"于事功法说特详，而工别为职，实与五官文例略相类"①，"至旗章瑞玉之度，明堂沟洫之制，则尤《礼经》之枝别也。备遗事典；于义允矣"②。在孙氏看来，尽管《考工记》并非《周礼》之正经，然其所记内容"于事功法说特详""而工别为职"，与《周礼》其他五官的体例大体相合；此外，《考工记》所记名物制度可与《仪礼》的内容互相发明。

关于《考工记》的作者和成篇年代，学界的看法不一。宋人林希逸曰："看来《考工记》须是齐人为之，盖言语似《穀梁》。"③ 受林氏此说之影响，江永亦认为"《考工记》东周后齐人所作也"④。江氏之依据有三点：一是《考工记》所言国名反映其出于东周。江永曰："《考工记》……言'秦无庐''郑之刀'。厉王封其子友，始有郑；东迁后，以西周故地与秦，始有秦，故知为东周时书。"⑤ 二是《考工记》所记河流之地理分布反映其出于齐。江永曰："其言'橘逾淮而北为枳，鸲鹆不逾济，貉逾汶则死'，皆齐、鲁间水。"⑥ 三是《考工记》所记方言反映其出于齐。江永曰："而终古、戚速、椑、茭之类，郑《注》皆以为齐人语，故知齐人所作也。"⑦ 江永进一步指出，《考工记》"盖齐鲁间精物理、善工事而工文辞者为之"⑧。江氏此说对后世影响颇大，如孙诒让认为"江说近是"⑨。江氏的论点和论据对近人郭沫若、陈直等人亦有影响。如郭沫若认为《考工记》的作者为东周以后的齐人。郭氏据《考工记》所云"周人上舆"，"郑之刀，宋之斤，鲁之削，吴越之剑"，"越无镈，燕无函，秦无庐，胡无弓车"，"荆之干，妢胡之笴"，认为《考工记》作者之国别"非晋即齐"。郭沫若还据《考工记》所云"橘逾淮而北为枳，鸲鹆不逾济，貉逾汶则死"，认为《考工记》出于齐地。郭沫若在江永之基础上，以"戚速""椑""茭""笛""章""终葵"

① （清）孙诒让：《周礼正义》卷七十四，中华书局 1987 年点校本，第 3101 页。
② （清）孙诒让：《周礼正义》卷七十四，中华书局 1987 年点校本，第 3101 页。
③ （宋）林希逸：《考工记解》卷上，文渊阁《四库全书》第 95 册，第 12 页。
④ （清）江永：《周礼疑义举要》卷六，文渊阁《四库全书》第 101 册，第 765 页。
⑤ （清）江永：《周礼疑义举要》卷六，文渊阁《四库全书》第 101 册，第 765 页。
⑥ （清）江永：《周礼疑义举要》卷六，文渊阁《四库全书》第 101 册，第 765 页。
⑦ （清）江永：《周礼疑义举要》卷六，文渊阁《四库全书》第 101 册，第 765 页。
⑧ （清）江永：《周礼疑义举要》卷六，文渊阁《四库全书》第 101 册，第 765 页。
⑨ （清）孙诒让：《周礼正义》卷七十四，中华书局 1987 年点校本，第 3103 页。

皆为齐地方言。郭氏还认为《考工记》有蜀地方言，然与齐地方言相比，仅是"六与一之比而已"。郭氏认为《考工记》的作者不是齐人便是晋人；又据"妢胡"，进而认为《考工记》的作者只能是齐人。陈直列《考工记》方言十一条，其中属于齐方言者九条，楚方言者两条，由此推知《考工记》为齐人所作而楚人附益之。由此可见，《考工记》为齐人所作说，源于林希逸，而为江永发扬光大，并为近现代学人继承和发展。

清人张自超认为《考工记》是战国时期齐鲁间人为之。他说："《记》言秦、郑，是东周语。淮北、济、汶，皆齐鲁间地。终古、戚速、椑、茭，《注》以为齐语，其周末齐鲁间晓工事而工文辞者为之与。"① 张氏据《考工记》所记方言，推测其为齐鲁间人之书。张氏此说与林希逸、江永之说颇相近。

唐人孔颖达曰："文帝得《周官》，不见《冬官》，使博士作《考工记》补之。"由此而有汉博士作《考工记》之说。孙诒让认为此说乃"不经之论，不足凭信"②，《考工记》是"成于晚周"③。孙氏之证据有三：一是王应麟之言。王应麟据《齐书》，知文惠太子镇雍州，有盗发楚王冢，获竹简书十余简，以示王僧虔，僧虔曰是科斗书《考工记》。王应麟认为科斗书汉时已废，则《考工记》非博士所作。孙氏认为"王说是也"④。二是由河间献王的生平可证《考工记》非成于文帝时。孙诒让据《汉书》，认为"河间献王以孝景前二年立，武帝元光五年薨，故马传谓《周官》之出在武帝时"⑤，"若文帝时，献王尚未受封，何云已得《周官》"⑥？三是《汉书》所记汉代博士的设置情况可证《考工记》并非汉代博士所作。《汉书·艺文志》云"《周官经》，王莽时，刘歆置博士"，孙氏据此，认为"孝文时，此经亦尚无博士，故赵岐《孟子题辞》载孝文所立博士，有《论语》《孝经》《孟子》而无《周官》，安得有博士作记补经之事，足证其妄矣"⑦。

《考工记》的作者和成书问题，困扰着历代学人。汉唐时期部分学人认为

① 转引自（清）方苞：《考工记析疑》卷一，《续修四库全书》第 79 册，第 380 页。
② （清）孙诒让：《周礼正义》卷七十四，中华书局 1987 年点校本，第 3102 页。
③ （清）孙诒让：《周礼正义》卷七十四，中华书局 1987 年点校本，第 3103 页。
④ （清）孙诒让：《周礼正义》卷七十四，中华书局 1987 年点校本，第 3102—3103 页。
⑤ （清）孙诒让：《周礼正义》卷七十四，中华书局 1987 年点校本，第 3103 页。
⑥ （清）孙诒让：《周礼正义》卷七十四，中华书局 1987 年点校本，第 3103 页。
⑦ （清）孙诒让：《周礼正义》卷七十四，中华书局 1987 年点校本，第 3103 页。

《冬官》已佚，汉人以《考工记》补之。宋人治经标新立异，务反汉唐诸儒之说，以胡宏、俞廷椿为代表的一批学人提出"《冬官》不亡"说，谓司空之属分寄于五官。南宋以来，"《冬官》不亡"说影响极大，信守此说的儒者不在少数。宋、元、明时期的《周礼》学，从一定程度上来说就是关于《周礼·冬官》存亡与否的讨论史。如元人吴澄曰："《冬官》司空掌邦土，而杂于《地官》司徒掌邦教之中，今取其掌邦教之官列于司空之后，庶乎《冬官》不亡。"① 本来题为《冬官考工记》的部分则附于经后，而别为一卷。清人李光坡、江永、姜兆锡、刘沅、孔广森等认为《冬官》已亡或根本不存在，皆后人以《考工记》补之；他们反对宋人的"《冬官》不亡"论。清人皮锡瑞更是批评宋儒割裂《周礼》其他五官以补《冬官》之说，"皆宋、元人窜易经文之陋习，不足辨"②。清儒的关注点不是《冬官》存亡与否，而是《考工记》与《冬官》的关系问题，他们通过考察《周礼》，从而推测《冬官》职官、职掌之具体内容，在此基础上以明《考工记》与《冬官》的区别或联系。此外，清人江永、张自超等继承宋人林希逸的观点，以《考工记》所记地名和方言为据，从而推测该书的作者和成书年代，将《考工记》的作者和成书问题的探讨向前推进一大步。

第三节   清人于《考工记》之校勘

古典文献在流传的过程中难免会出现讹、脱、衍、倒、错乱等各种问题，因此后人对古典文献进行校勘是非常必要的。清人在这方面做了大量的工作，取得了卓越的成就。清代的《考工记》校勘，从一个侧面反映出清人在古典文献校勘方面的水平。③

一是《考工记》文字之校勘。

清人对《考工记》的文字作了校勘。如《考工记·匠人》："夏后氏世室，

---

① （清）黄宗羲撰，（清）全祖望补：《宋元学案》卷九十二《草庐学案》，中华书局 1986 年版，第 3058 页。

② （清）皮锡瑞：《经学通论·三礼》，《皮锡瑞全集》第 6 册，中华书局 2015 年点校本，第 458 页。

③ 本书的专题部分有"清人于'三礼'之校勘"。清人于《考工记》之校勘，属于清人"三礼"校勘的一部分。不过，为了完整地展现清人在《考工记》研究方面的成就，本书将《考工记》的校勘情况置于此处讨论。

堂修二七，广四修一。"黄式三云："殷度以寻，堂修七寻；周度以筵，堂修七筵；则夏度以步，堂修七步。郑君以堂修七步为隘，《注》有'令堂修十四步'之文，假令之辞也。而后人乃依此作'二七'字，宇文恺所规固得其实也。"①俞樾曰："'二'字衍文也。《隋书·宇文恺传》：'恺奏《明堂议》曰：《记》云"堂修七"，山东礼本辄加"二七"之字，何得殷无加寻之文，周阙增筵之义，研覈其趣，或是不然，雠校古书，并无"二"字，此乃桑间俗儒信情加减。然则隋时古本并作'堂修七'，郑君所据之本亦当如是。郑意五室皆在一堂之上，疑堂修七步，不足容之，以为是记人假设之数，使人以七步推算，非是止修七步，故下《注》云'令堂修十四步'，此乃郑君以意说之，谓设以'二七'，推算则是'十四步'也。下《注》又云'令堂上制可见十四步之数'，是郑君假设。若《记》文本作'堂修二七'，则是实数如此，何言'令'乎？学者从郑义作'十四步'，遂增《记》文作'二七'，改经从注，贻误千古矣。"②孙诒让曰："黄、俞两家据宇文恺议，考订经文，最确。"③

二是《考工记》注、疏之校勘。

清人于《考工记》的郑《注》、贾《疏》作了校勘。兹举数例以见之：

《考工记·凫氏》："钟带谓之篆，篆间谓之枚，枚谓之景。"郑《注》："玄谓今时钟乳侠鼓与舞，每处有九面三十六。"此"面"字，王引之曰："'面'当为'而'字之误也。此承上文'凡四'言之。钟之两面，带凡四处，每带一处而有九钟乳，四九而得三十六，故云'每处有九而三十六'。《博古图》所图周汉古钟，凡百一十四钟，每一面篆各两处，分列左右。两面凡四处，《注》所谓带介在于鼓钲舞甬衡之间，凡四也。每篆一处，钟乳上、中、下三列，列三钟乳，三三而九，面有篆两处，而得十八，两面四处，而得三十六。《注》所谓每处有九，而三十六也。程氏《通艺录》所图周公𬭚钟，及余所见纪侯钟，无不皆然，与郑《注》正合。其为'而'字无疑。"④孙诒让曰："王说是也。"⑤

《考工记·慌氏》："湅帛，以栏为灰，渥淳其帛，实诸泽器，淫之以蜃。"郑玄云："杜子春云：'淫，当为涅，书亦或为湛。'……玄谓淫，薄粉之，令帛

---

①　转引自（清）孙诒让：《周礼正义》卷八十三，中华书局 1987 年点校本，第 3430—3431 页。

②　（清）俞樾：《群经平议》卷十四，《续修四库全书》第 178 册，第 228 页。

③　（清）孙诒让撰：《周礼正义》卷八十三，中华书局 1987 年点校本，第 3431 页。

④　（清）王引之：《经义述闻》卷九，上海书店出版社 2012 年点校本，第 238 页。

⑤　（清）孙诒让：《周礼正义》卷七十八，中华书局 1987 年点校本，第 3263 页。

白。"王引之曰:"家大人曰:'涅'与'淫',形声俱不相近,必无读'淫'为'涅'之理。'涅',即'湛'字之讹也(湛音沈)。'湛''淫'古字通。故子春读'淫'为'湛'(《尔雅》曰:'久雨谓之淫。'《论衡·明雩》篇曰:'久雨为湛。'湛',即'淫'字也。亦通作'沈'。《大戴礼·劝学》篇:'昔者瓠巴鼓瑟而沈鱼出听。'《淮南·说山》篇'沈'作'淫'。《齐语》:'择其淫乱者而先征之。'《管子·小匡》篇'淫'作'沈')。下云'书亦或为湛','亦'者,承上之辞(《大宗伯》'五祀',故书'祀'作'禩'。郑司农云:'禩,当为祀。书亦或作祀。'《肆师》'为位',故书'位'为'涖'。杜子春云:'涖当为位,书亦或为位。'《乐师》'趋以采齐',故书'趋'作'跢'。郑司农云:'跢当为趋,书亦或为趋。'是凡言书亦或为某者,皆承上之辞)。'湛'字从水甚声,隶书甚字或作是,故'湛'字或作.'涅'字从水从土日声,隶书土字或作主,故'涅'字或作湜。湜与形相似,故'湛'讹为'涅'耳。《释文》有'湛'无'涅',以是明之。"① 孙诒让赞同王引之此说,并申之曰:"淫帛以蠡,欲其白。涅以染缁,于义无取,足知其非。"②

《考工记·慌氏》:"湅丝,以说水沤其丝七日,去地尺,暴之。"郑《注》:"故书'说'作'湄'。郑司农云:'湄水,温水也。'玄谓涚水,以灰所沸水也。"段玉裁曰:"'湄'当作'澳',《释文》曰'湄一音奴短反'可证也。《士丧礼》'澳濯弃于坎'。古文'澳'作'涤','涤''说'同字,犹'褖''税'同字。"③ 段玉裁此说影响了阮元,阮氏曰:"按《释文》当云'一作澳,音奴短反',今本夺'作澳'二字,'湄'无反奴短之理也。"④ 孙诒让亦曰:"'湄',段谓当作'澳',近是。"⑤

《考工记·陶人》:"鬲,实五觳。"郑众曰:"觳读为斛,觳受三斗,《聘礼·记》有斛。"段玉裁曰:"'读为斛'当本是'或为斛'。司农因正之云'觳受三豆',《旊人》之文也,《聘礼》有斛谓十斗曰斛也。此分别'觳''斛'之解,正经'觳'或为'斛'之误转写,或误读。豆误'斗',似郑君时已作'觳受三斗'而正之。《梓人》'斗'误为'豆',此'豆'误为'斗',皆是声误。"⑥

① (清)王引之:《经义述闻》卷九,上海书店出版社 2012 年点校本,第 239 页。

② (清)孙诒让:《周礼正义》卷七十九,中华书局 1987 年点校本,第 3319 页。

③ (清)段玉裁:《周礼汉读考》卷六,《续修四库全书》第 80 册,第 355 页。

④ (清)阮元:《周礼注疏勘记》卷十一,《续修四库全书》第 181 册,第 261 页。

⑤ (清)孙诒让:《周礼正义》卷七十九,中华书局 1987 年点校本,第 3317 页。

⑥ (清)段玉裁:《周礼汉读考》卷六,《续修四库全书》第 80 册,第 358 页。

孙诒让曰："段校是也。此叠异文，非改读其字也。"①

三是经注合校。

有些清人既校《考工记》的经文，又校注疏。如《考工记·鲍人》："欲其柔滑而腥脂之，则需。"郑《注》："故书'需'作'劃'。郑司农云：'腥'读如'沾渥'之'渥'，'劃'读为'柔需'之'需'。谓厚脂之韦革柔需。"段玉裁曰："《释文》：'㑀，人充反。劋，而髓反，又人充反。'盖作音义时，字未误也。古音'㑀'声必在弟十四元寒桓部，'需'声必在弟四侯部。陆氏在唐初，尚未误，自后乃'㑀''需'互讹，延及经传，《大祝》'擩祭'、《鞄人》'契㑀'及此皆是也。唐初'契㑀'已误为'需'，故陆有'须'音。'擩祭'及此经未误，故反以而泉、人充。"② 徐养原认为，《说文》从"㑀"从"需"在同部者，如"臑腝""儒偄""濡㬉""㛫㑀""繻緛"，皆截然两字，"其从'㑀'从'需'而为一字者，如'碝'之作'瑌'，'𩦠'之作'蠕'，皆不见于《说文》，其误明矣。《五经文字》刀部：'劃，柔㑀之㑀，见《考工记》注。''劃'字误而'㑀'字不误。《集韵》二十八獮：'劋或作劃。'则'劃'之本当从'㑀'，信而有征。但'劋'字《说文》亦不载。'㑀'字注云：'稍前大也，读若畏偄。'疑故书本借用'偄'字，后讹为'劋'耳。《易·需卦》，《释文》云：'从两重而者非。'是当时'需'字或作'需'，与'㑀'字形相似。二字之溷，职此之由。《隶释·鲁峻碑》'学为偄宗'，以'偄'为'儒'，则汉时已误矣。所可疑者，《说文》'需''㑀'俱从而声，似二字声类相近，或有可通之道。"③ 段氏和徐氏校改经、注、《释文》，以"需"为"㑀""劃"为"劋"。孙诒让赞同段玉裁、徐养原之说，并申之曰："《说文·敻部》云：'敻，柔韦也，读若㑀。'《尸部》云：'㞑，柔皮也。'此'㑀'与'敻㞑'声义并同。据《释文》，则陆时经注字已误，而音读相传未误，当据校正。"④

第四节　清人于《考工记》名物制度之考证

清人于《考工记》所记名物制度之考证，可从以下几个方面来看：

① （清）孙诒让：《周礼正义》卷八十一，中华书局 1987 年点校本，第 3368 页。

② （清）段玉裁：《周礼汉读考》卷六，《续修四库全书》第 80 册，第 354 页。

③ （清）徐养原：《周官故书考》卷四，《续修四库全书》第 81 册，第 162 页。

④ （清）孙诒让：《周礼正义》卷七十九，中华书局 1987 年点校本，第 3293 页。

一、互相借鉴与辩难

清人在从事《考工记》名物制度考证时往往互相借鉴或辩难。王宗涑曰:"自近儒东原戴吉士之《考工记图说》始,厥后易畴程征君、伯元阮相国继有撰述,并祖吉士,精益求精,而不必尽同也。及考之于《记》,得失互见,因玩轮、舆、辀、车四职之文,兼综郑、戴、程、阮之说,佐以经典,别成《考辨》八卷,务期实事求是,以存古制于放失之余。故凡征引诸家是者存之,误者订之,亦犹戴之不尽同于郑,程之不尽同于郑、戴,阮之不尽同于郑、戴、程也,岂好与前贤驳难哉!"①王宗涑指出,戴震、程瑶田、阮元皆于《考工记》有精深之研究,而他们之间又有借鉴、因袭、辩难之关系。

在清代《考工记》研究史上,如果说江永以前《考工记》的研究重点还停留在对郑《注》、贾《疏》的辨析上,那么江永之后的《考工记》研究则逐渐摆脱郑《注》、贾《疏》的限制,而关注《考工记》的文字、音韵和训诂,从而取得许多突破。清代《考工记》研究的这种转变,江永起到了关键作用。

江永于《考工记》没有专门的著述,然其所撰《周礼疑义举要》一书于《考工记》所记名物制度多有考证,于郑玄、贾公彦等人之解义多有辨析。江永开启了乾嘉时期《考工记》研究之先河,其后的戴震、程瑶田、阮元等人皆是《考工记》研究的名家。通过比较,可知戴震的《考工记图》正是在江永的启发下完成的一部力作。②戴震于《考工记》名物制度考证,今列举数例如下:

《考工记总叙》:"以饬五材,以辨民器。"郑众云:"审曲面勃,审察五材曲直方面形执之宜以治之,及阴阳之面皆是也。《春秋传》曰:'天生五材,民并用之。'谓金、木、水、火、土也。"郑玄云:"此五材,金、木、皮、玉、土。"江永曰:"五材,先郑引《左传》,后郑谓金、木、皮、玉、土,后郑为长。水、火可制器,不可为器。金虽可兼玉,而皮革不可遗。《曲礼》六工:土、金、石、木、兽、草。兽即皮也。玉可兼石,木可兼草。"③关于"五材",江永以郑众之说为是,而以郑玄之说为非。孙诒让支持江永之说,并申之曰:"《大宰》'百

---

① (清)王宗涑:《考工记考辨》卷一,《续修四库全书》第 85 册,第 261 页。

② 据《江慎修先生年谱》,可知江永的《周礼疑义举要》成于乾隆二十五年(1760);据段玉裁《戴东原先生年谱》,可知戴震的《考工记图》成于乾隆十一年(1746)。然江永的第一部《周礼》学著作《周礼约编》成于康熙五十九年(1720),远早于戴震的《考工记图》。

③ (清)江永:《周礼疑义举要》卷六,文渊阁《四库全书》第 101 册,第 766 页。

工饬化八材'，'八材'亦即'五材'，文有详略。先郑以'八材'为珠、象、玉、石、木、金、革、羽。后郑此注以'五材'为金、木、皮、玉、土，盖玉可关珠，革可关象、羽，土可关石也。"①

《考工记·辀人》："今夫大车之辕挚，其登又难；既克其登，其覆车也必易。此无故，惟辕直且无桡也。"此言大车直辕的各种弊端。江永对《辀人》所记大车直辕的功能作了探究，他说："辀人不为大车之辕，而言之者，借彼喻此也。大车辕本直无桡，其桡夹牛，辕端鬲压牛领，高下相当，更不可作桡曲。非作车者不善为辕，致有覆车之患，亦不因其登下之难而欲改从桡曲也，但借大车之辕难于登下，以明马车之辀宜曲桡耳。"②江永认为，大车直辕并非辀人所造，《辀人》于此所言，是以大车直辕之不利以明马车为曲辀之必要性。戴震说："此假大车之辕，以明揉辀使挠曲之故。"③戴震认为，此言大车直辕，意在明揉辀使挠曲的原因。戴氏与江氏之说如出一辙。

《考工记·辀人》："辀注则利准，利准则久，和则安。"郑玄云："故书'准'作'水'。郑司农云：'注则利水，谓辕脊上雨注，令水去利也。'玄谓'利水'重读，似非也。注则利，谓辀之揉者形如注星，则利也。准则久，谓辀之在舆下者平如准，则能久也。和则安，注与准者和，人乘之则安。"郑众所据本，"利准"为"利水"；郑玄认为"利准"二字重复，遂删其中一处，并断句为"辀注则利，准则久，和则安"。江永曰："注者，不深不浅，行如水注。利准者，便利而安耳。"④江永不删字，且以"便利而安"以释"利准"二字。戴震曰："辀注，谓深浅适中也。辀之曲执隤然下注，则车行有利准之善。利，疾速也。准犹定也，平也。"⑤戴震亦不删字，且以"疾速""定""平"以释"利准"。戴氏于"利准"之认识，与江氏之说近似。

江永之说不但对戴震产生了影响，而且对程瑶田、孙诒让、王宗涑等人皆有影响。如关于磬之形制，《考工记·磬氏》："磬氏为磬，倨句一矩有半。"郑玄云："必先度一矩为句，一矩为股，而求其弦。既而以一矩有半触其弦，则磬之倨句也。磬之制有大小，此假矩以定倨句，非用其度耳。"江永释郑氏之

---

① （清）孙诒让：《周礼正义》卷七十四，中华书局 1987 年点校本，第 3110 页。

② （清）江永：《周礼疑义举要》卷六，文渊阁《四库全书》第 101 册，第 773 页。

③ （清）戴震：《考工记图》卷上，《续修四库全书》第 85 册，第 71 页。

④ （清）江永：《周礼疑义举要》卷六，文渊阁《四库全书》第 101 册，第 773 页。

⑤ （清）戴震：《考工记图》卷上，《续修四库全书》第 85 册，第 71 页。

说曰："倨犹直也，句犹曲也。磬须作折旋形，然不可正方如矩而失于太句，又不可使两股间过开而失于太倨，故先度一矩为句，一矩为股，句股间之弦，比正方之弦稍长，得一矩有半，以为作磬之法，则得倨句之宜也。凡正方形方十者，斜弦十四一四有奇，此正方矩也。今以一矩有半为弦，是为十有五，不止十四一四有奇，而两股稍开也。后世作磬，不知此率，作正方如矩形矣。"①江氏认为，一矩有半为弦之长。戴震承江永之说曰："取句股相等，各自乘，并之为弦实，开方除之，得弦一矩有半，大于所求之弦，张句股就之。"②戴震也以一矩有半为弦长。而程瑶田释郑氏之说曰："度一矩为句者，磬股矩也；一矩为股者，磬鼓矩也。二矩均长，而求其弦，得弦数是正方角之倨句，非磬之句倨也。于是推而求之，以句一矩应磬股二，二为一矩也。以股一矩应磬鼓三，三则一矩有半，侵出弦外半矩，不能触弦。今乃推开一矩有半而渐张之，令其侵出者反而归乎弦位，而不出乎弦，其弦亦自然引而伸之以来相就。是之谓'以一矩有半触其弦'，而向之正方角倨句，变为钝角之倨句，则磬之倨句得矣。"③程氏指出，郑玄所谓"一矩有半"乃为股之长。程氏还指出，郑氏此说义为烦碎，且与经文矛盾。程氏另出新说，以矩为角度，而非股长。其说得到了孙诒让的赞同，孙氏曰："盖经凡云倨句者，止论角度之侈弇，与弦径无涉。今叚割圆四象限之度数求之，盖一矩为九十度，益以半矩，则百三十五度，即此磬之倨句也。若依郑《注》，李锐以三角法算之，止得一百六度五十二分二十八秒，是不及一矩有半，于形为太句矣。"④

关于车舆之制，《考工记总叙》曰："兵车之轮六尺有六寸，田车之轮六尺有三寸，乘车之轮六尺有六寸。六尺有六寸之轮，轵崇三尺有三寸也，加轸与轐焉四尺也。"郑玄曰："此以马大小为节也。兵车、革路也。田车，木路也。乘车，玉路、金路、象路也。兵车、乘车驾国马，田车驾田马。"又曰："此车之高者也。轸，舆也。郑司农云：'轵，軎也。轐读为旙仆之仆，谓伏兔也。'玄谓轵，毂末也。此轸与轐并七寸，田车又宜减焉。乘车之轨广，取数于此。轨广八尺，旁出舆亦七寸也。"郑玄重在释兵车、田车、乘车、轵，而于轮的尺寸无交代。江永曰："自轴心上至轸面，总高七寸。毂入舆下，左右轨在毂

---

① （清）江永：《周礼疑义举要》卷七，文渊阁《四库全书》第 101 册，第 781 页。

② （清）戴震：《考工记图》卷下，《续修四库全书》第 85 册，第 94 页。

③ （清）程瑶田：《考工记创物小记》卷八，《续修四库全书》第 85 册，第 256 页。

④ （清）孙诒让：《周礼正义》卷八十，中华书局 1987 年点校本，第 3352 页。

上须稍高，容毂转，故毂上必有軬庪之，軬之围径无正文。《辀人》当兔之围居辀十之一，方径三寸六分。辀亦在舆下庪舆者，则兔围与当兔等可知。轴半径三寸二分，加軬方径三寸六分，共高五寸八分。以密率算，毂半径五寸一分弱，中间距轨七分强，可容毂转。以五寸八分加后轸出軬上者约一寸二分，总高七寸也。舆板之厚，上与轸平，亦以一寸二分为率。后轸在舆下者，除一寸五分半，辀踵为缺曲以承之。算加轸与軬之七寸，当从辀算起。盖辀在轴上必当舆底相切，而两旁伏兔亦必与辀齐平。"①王宗涑驳江永曰："江氏精于算术，而此节细细斟量，祇借算术以附合郑旁出舆之一说，即与郑前后注祇牾，亦不稍顾，请得一一指其失焉：郑云轸、軬并七寸，据《记》轵崇三尺三寸，加轸与軬四尺言。江云軬方径三寸六分，则并轸方径二寸七分半，其得六寸三分五，不足六分五，一失也。轵崇三尺三寸，以轵半径言加轴半径二寸二分，轴半径低于轵半径二分，则轴上面崇于地三尺五寸，并轸方径得三尺七寸七分五厘，余二寸二分五厘，为軬中凿深处之立径，是依郑说推之，軬出轴上仅二寸二分半尔。江云轴半径二寸二分加軬方径三寸六分，共高五寸八分，是軬无衔轴之凿，背《记》与《注》，二失也。以密率算轴半径二寸一分，当减轵半径二分，以除毂半径，则毂出轴上三寸二分，强以除方径三寸六分之軬，毂轵相距曾不足五分，江谓中间距轨七分强，三失也。《记》云加轸与軬，郑云轸軬并皆谓軬，上承轸也。江云加后轸出軬上约一寸二分，以方径二寸七分半之轸，止有一寸二分出軬上，是軬不承轸，背《记》与《注》，四失也。左右前三轸，别名曰轵，上下二面皆与后轸齐平，若轸出軬上仅一寸二分，则轸已冒軬一寸五分五厘，而軬出于轸之下轴之上者仅二寸零五厘，是即轸轴中间相距之数也，岂能容五寸一分强之毂？五失也。轸上铺荐版是曰舆底，所以载人也。辀軬皆上承轸，轸方径二寸七分半，则舆底距辀亦二寸七分半，江云辀必当舆底相切，六失也。然江岂不自知哉？但误以为车广即舆广，欲强通旁出舆之说而不得，于是曰左右轵在毂上，曰加后轸，曰当从辀算起，使若轵非即轸，而车别有在毂上之轵者，不知轸軬并七寸，当从轵半径算起，本自明晰，而牵辀以混之，皆属遁词，要不若郑云旁出舆，而不明言毂入舆下，尤工于遁也。"②王氏所驳江永者，义皆可通，对于认识车舆之制有参考价值。

①　（清）江永：《周礼疑义举要》卷六，文渊阁《四库全书》第101册，第767页。

②　（清）王宗涑：《考工记考辨》卷一，《续修四库全书》第85册，第265—266页。

　　戴震《考工记图》虽深受江永之影响，然戴氏于《考工记》所记名物之考证也有颇多新见，且影响十分深远。兹举数例以见之：

　　《考工记·舆人》："舆人为车，轮崇、车广、衡长，参如一，谓之参称。参分车广，去一以为隧。参分其隧，一在前，二在后，以揉其式。"戴震云："记不言式、较之长，一在前，其上三面周以式，则式长九尺五寸三分寸之一也。二在后，其上为较，则左右较各长二尺九寸三分寸之一也。"① 孙诒让曰："戴并舆式深广之和数，大略计之，亦不甚相远也。"②《考工记》及郑《注》不言式、较的尺寸，戴震通过推算，认为式、较的长度分别是九尺五寸三分寸之一和二尺九寸三分寸之一。戴震此说得到孙诒让的肯定。

　　《考工记·舆人》："参分轵围去一以为轛围。"郑玄云："兵车之轛围，二寸八十一分寸之十四。轛，式之植者衡者也。郑司农云：'轛读如缀缀之缀，谓车舆轛立者也。立者为轛，横者为轵。书轛或作軓。'"戴震在郑玄的基础上，对軓、轵、轛作了辨析，他说："《曲礼》：'仆展軓效驾。'《释文》：'軓，卢云"车辖头靶也"。旧云车阑也。'《说文》：'軓，车轛间横木。轛，车籍交错也。'《楚辞·九辨》：'倚结軨兮长太息，涕潺湲兮下霑轼。'《集注》：'軨，轼下从横木。'按：軨者，轼较下从横木统名，即《考工记》之轵轛也。结軨谓軨之衡纵交结，倚軨而涕霑轼，则是倚于轛版内之軨，故其涕得下霑轼。卢植'辖头靶'之说，乃因汉时路车之辖施小旛，谓之飞軨，遂以解经尔，古无是名也。"③ 孙诒让认为"戴说甚覈"，并申之曰："周时轩车之軨，亦称飞軨。《文选·七发》李《注》引《尚书大传》云'未命为士，车不得有飞軨'，注云：'如今窗车也。'依郑彼注说，则飞軨即结軨如窗，但加饰飞扬，与重较相类，与汉飞軨制不相涉也。"④

　　在《考工记图》中，戴震对《考工记》所记制度亦作了辨析，影响颇为深远。如《考工记·轮人》："十分寸之一谓之枚。……弓凿广四枚，凿上二枚，凿下四枚，凿深二寸有半，下直二枚，凿端一枚。"戴震云："弓凿外大内小，外纵横皆四分，内纵二分，下直二枚是也；横一分，凿端一枚是也。下直者，对上迆为言。凿下外内同四分，凿上外二分，内四分，加部尊

---

① （清）戴震：《考工记图》卷上，《续修四库全书》第85册，第68页。

② （清）孙诒让：《周礼正义》卷七十六，中华书局1987年点校本，第3194页。

③ （清）戴震：《考工记图》卷上，《续修四库全书》第85册，第73—74页。

④ （清）孙诒让：《周礼正义》卷七十六，中华书局1987年点校本，第3201页。

焉。"① 又云:"二枚一枚,皆凿端弓杪所至,欲见凿空下正,故云'下直二枚,凿端一枚',便文协句尔。"② 戴震于此所言乃轮之形制,为孙诒让《周礼正义》所取。

戴震的《考工记》研究,是在与程瑶田等人的相互切磋中得以深化的。如《凫氏》:"十分其铣,去二以为钲,以其钲为之铣间,去二分以为之鼓间;以其鼓间为之舞修,去二分以为舞广。"戴震云:"古钟体羡而不圜,故有修有广。椭圆大径为修,小径为广。"③ 程瑶田曰:"其鼓间六为舞修六,是为钟顶大径;去其二分以为舞广四,是为钟顶小径;如是则钟顶纵横之度得矣。"④ 徐养原云:"此记钟体也。铣间鼓间一横一纵于下,而钟口之大小见矣。舞修舞广一横一纵于上,而钟顶之大小见矣。上下定而全体皆定,故特记此四者。鼓间之度同乎舞修,铣间之度倍于舞广,此又度数之上下相准者也。"⑤ 程氏、戴氏、徐氏皆以舞之广修为钟顶平体纵横之度。孙诒让认为诸家之说"是也"⑥。程氏、戴氏皆问学于江永,且皆有《考工记》著作,他们的观点是在互相切磋中得出的。而徐氏、金氏皆晚于戴震,他们的观点皆受到程氏、戴氏之影响。

除江永、戴震外,程瑶田也是清代《考工记》研究的名家。程氏在《考工记创物小记》中,用了两卷的篇幅集中讨论戈戟的形制。《考工记》:"戈广二寸,内倍之,胡三之,援四之。"郑玄《注》:"戈,今句子戟也,或谓之鸡鸣,或谓之拥颈。内谓胡以内接秘者也,长四寸。胡六寸,援八寸。郑司农云:'援,直刃也。胡,其孑。'"郑众认为胡乃戈之子,而援为戈之直刃。宋人黄伯思认为,胡指援之下若牛颈之垂胡者,也就是说,胡并非特指一物,而是援之下的特定形状。黄氏还指出,援并非直刃,其形是横向的。在前人之基础上,程瑶田对戈之形制做了更加细致的探讨。程氏曰:"戈之制有援,援其刃之正者,衡出以啄人。其本即内也。内衡贯于秘之凿而出之,如量凿正枘之枘,读如'出内朕命'之'内',故谓之内。援接内处折而下垂者,谓之胡。……戈胡贴

① (清)戴震:《考工记图》卷上,《续修四库全书》第85册,第67页。
② (清)戴震:《考工记图》卷上,《续修四库全书》第85册,第67页。
③ (清)戴震:《考工记图》卷上,《续修四库全书》第85册,第80页。
④ (清)程瑶田:《考工记创物小记》卷八,《续修四库全书》第85册,第242页。
⑤ (清)徐养原:《顽石庐经书》卷七,《续修四库全书》第173册,第376页。
⑥ (清)孙诒让:《周礼正义》卷七十八,中华书局1987年点校本,第3266页。

秘处，有阑以限之。阑之外复有物，上当内而垂下，广一二分，如胡之修而加长焉。盖恐内广二寸，仅足以持援，而或不足以持胡，致有摇动之患，为此物于秘凿之下，亦刻其凿以含之，则胡有所制矣。又于胡上位三空，内上为一空，殆于既内之后，复以物穿空处，约之以为固与。”① 又曰：“戈戟谓之句兵，又谓之击兵。其用主于横击，故其著秘处，不用直戴，而用横内。戈戟之有内也，其名盖出于此。内者，于秘端却少许为凿，戈戟之内，以薄金一片，横内于其凿（内与‘凿柄’之‘柄’同义）非若矛之著秘者为圆骰，空其中，而以秘贯之，如人足之胫，故名之为骹也。戈之著秘，横内于后，则其正锋必横出于前，如人伸手援物，故谓之援。援体如剑锋，既横出，则上下皆有刃，如剑之锷锋以啄，上刃以捧，下刃以句，而未已也。下刃之本曲而下垂为刃，辅其下刃以决人，所谓胡也。胡之言喉也，援曲而有胡，如人之喉在首下，曲而下垂。然则胡之名，因援而有者也。”② 程氏于此对戈之援、内、胡、阑诸名之由来作了说明。程氏还指出，戈之援横出于前，援之上下皆有刃。此与郑众“直刃”之说相异。

关于戈戟之形制，黄伯思、程瑶田之说与二郑、孔颖达之说不同。在孙诒让看来，宋代以后说戈戟之形制者多不得其解，只有黄氏和程氏所传为古戈，因为黄氏和程氏“就其形度，别为考定，其说特为精确”③，“校以经文，亦无不密合，信为定论矣”④。关于《考工记》所记戈与戟之异同，郑玄、郑众并无解释。程瑶田曰：“戈、戟并有内，有胡，有援，二者之体，大略同矣。其不同者，戟独有刺耳，是故《说文》曰‘戈，平头戟也’，然则戟为戈之不平头者矣。又曰‘戟，有枝兵也’，然则戈为戟之无枝者矣。《说文》言枝，《考工记》言刺，枝、刺一物也。”⑤ 程氏指出，戈、戟近似，然二者之异主要在于戟有刺，而戈无刺。《考工记》于戈、戟的宽度以及二者的内、胡、援的长度皆有记载，而于戟刺的长度无记载。程瑶田据《考工记》所记戈、戟皆重三锊，推测戟刺的长度，他说：“戈戟广之数，援之数，胡之数，内之数，并有纪，惟戟之刺无度。然二者并重三锊，而戈形或丰于戟。两相较焉，取其戈之

① （清）程瑶田：《考工记创物小记》卷三，《续修四库全书》第 85 册，第 155—157 页。
② （清）程瑶田：《考工记创物小记》卷四，《续修四库全书》第 85 册，第 190 页。
③ （清）孙诒让：《周礼正义》卷七十八，中华书局 1987 年点校本，第 3246 页。
④ （清）孙诒让：《周礼正义》卷七十八，中华书局 1987 年点校本，第 3246 页。
⑤ （清）程瑶田：《考工记创物小记》卷三，《续修四库全书》第 85 册，第 155 页。

所有余者，以与戟之刺，刺亦如戟之广，则其长当六寸与？司马相如《上林赋》有'雄戟'，张揖注云：'胡中有鉅者，盖言有刺如鸡距。'《增韵》云：'凡刀锋倒刺皆曰距。'然《说文》解'刺'为'直伤'，且以有枝对平头，其非倒刺明矣。有刺谓之雄戟，其名甚正。而曰鉅在胡中，是为倒刺，《记》曰'已句则不决'，戟中矩，视戈为句矣，胡中设又加刺，岂能决乎？盖所传闻异辞矣。又云：'戟广寸有半寸，内三之，胡四之，援五之。'三事并之，长十八寸，与戈三事并数，同其长而杀于戈之广者四分之一，则轻于戈者亦四分之一矣。取所杀之长，截之为三，而并之成广寸半者，长六寸，以之为刺，加于胡之上，适与戈同其重，故《记》云'与刺重三锊'也。"[1]程氏推测，既然戈戟皆重三锊，那么戈之形当丰于戟，戈之有余者就成戟之刺，戟之刺长六寸。阮元所据的歙程敦所拓古戟，其刺直上出于柲端，与旁出之援絜之，正中乎矩，刺与援长相同。孙诒让据程氏和阮氏考究之辞，而详加辨析曰："戟制，二郑说亦误，程、阮二说得之。阮所见古戟，胡内有文云'龙伯作奔戟'，铭度相应，尤为确证。惟程以戟与戈广杀而重同，推刺当长六寸，与胡等；而阮所见古戟，刺之度乃与援同，长于胡。此记'与刺'，冢上'援五之'为文，明刺度与援同，故不别出。阮图出自目譣，亦较程说尤确。"[2]阮氏采用拓片以证戟刺与援等长之说，得到孙诒让的赞同。

二、以实物与文献记载相印证

有些清人在从事《考工记》名物研究时以古器或古器的拓片作为佐证。如戈，程瑶田曰："是故戈之制，有援，援其刃之正者。……此据《记》文，又验古戈之流传于今者皆如此。"[3]程氏将文献记载与古戈相印证，以明戈之形制。又如戟，程氏曰："戟之制，初以未见古戟，惟据《记》文拟而图之，凡再易稿，付之开雕，于今十余年矣。复披览而疑焉，以古戈所见不下廿余事，而戟不应不一见，乃取所尝见诸戈之拓本观之，见内末有刃者数事中，有其援更昂于他戈者，恍然曰：'是乃所谓戟也。刺非别为一物，内末之刃即刺也。'既考定戟之真形，乃尽录前所逸之诸拓本，详为之说，以刻于卷后。"[4]由此可

---

[1]　（清）程瑶田：《考工记创物小记》卷三，《续修四库全书》第 85 册，第 158 页。
[2]　（清）孙诒让：《周礼正义》卷七十八，中华书局 1987 年点校本，第 3252 页。
[3]　（清）程瑶田：《考工记创物小记》卷三，《续修四库全书》第 85 册，第 155 页。
[4]　（清）程瑶田：《考工记创物小记》卷三，《续修四库全书》第 85 册，第 155 页。

见，程氏于戟的形制之认识，是十余年间通过反复观察拓片所得。关于戈戟的重量，程瑶田曰："余所见之戈戟，羊子戈重八两五钱，后戟长内有刃，倨句极大之戟亦重八两五分，二器之重略相符，可以证《记》文'并重三锊'之说。然其不相符者，戈有重五两外者，有六两外者。……轻重悬殊，大小不一，或有铭，或无铭，然皆真古物，无一伪者。故曰其重未可以执一求也。"①程氏据流传下来的羊子戈和倨句极大之戟，以明《考工记》所记戈戟皆重三锊并非空穴来风。程氏还指出，流传下来的戈、戟，有的重量大于三锊，以明戈戟之重不可以《考工记》所言三锊为唯一标准。将流传下来的古器物或器物的拓片与文献记载相印证，这种研究方法就是晚清民国以来学界所谓的"二重证据法"。程氏以这种方法从事古器物之考证，从而在《考工记》名物研究上取得了突破性进展。

王引之在从事《考工记》名物研究时，亦以现存古器物为佐证。如《考工记·凫氏》："钟县谓之旋，旋虫谓之干。"郑玄云："旋属钟柄，所以县之也。郑司农云：'旋虫者，旋以虫为饰也。'玄谓今时旋有蹲熊、盘龙、辟邪。"王引之云："窃谓'钟县谓之旋'者，县钟之环也。环形旋转，故谓之'旋'。'旋''环'古同声。'环'之为'旋'，犹'还'之为'旋'也。'旋虫谓之干'者，衔转之纽铸为兽形，居甬与旋之间而司管辖，故谓之'干'。'干'之为言犹'管'也。余尝见刘尚书家所藏周纪侯钟，甬之中央近下者，附半环焉，为牛首形，而以正圆之环贯之，始悟正圆之环，所以县钟，即所谓'钟县谓之旋'也；半环为牛首形者，乃钟之纽，所谓'旋虫谓之干'也。而旋之所居，正当甬之中央近下者。则下文所谓'叁分其甬长，二在上，一在下，以设其旋'也。干为衔旋而设，言'设其旋'，则干之所在可知矣。"②王氏将《楚辞》《后汉书》之记载与自己所见刘尚书家所藏周纪侯钟相印证，以明《考工记》所记钟的旋、干之形态和功能。

三、以图释名物

清人重视以图释《考工记》，并留下了不少著述。戴震认为，"立度辨方之文，图与传注相表里者也"，然而"自小学道湮，好古者靡所依据，凡'六经'

---

① （清）程瑶田：《考工记创物小记》卷三，《续修四库全书》第 85 册，第 156 页。
② （清）王引之：《经义述闻》卷九，上海书店出版社 2012 年点校本，第 238 页。

中制度、礼仪，覈之传注，既多违误"①，至于为图者，"又往往自成诘诎，异其本经，古制所以日即荒谬不闻也"②，"旧礼图有梁、郑、阮、张、夏侯诸家之学，失传已久，惟聂崇义《三礼图》二十卷见于世，于《考工》诸器物尤疏舛"③。鉴于此，戴震欲"为图翼赞郑学，择其正论，补其未逮，图传某工之下，俾学士显白观之"④。兹举数例以见之：

比如韗人制鼓，《考工记》曰："鼓长八尺，鼓四尺，中围加三之一，谓之鼖鼓。"郑《注》："中围加三之一者，加于面之围以三分之一也。面四尺，其围十二尺，加以三分一四尺，则中围十六尺，径五尺三寸三分寸之一也。今亦合二十版，则版穿六寸三分寸之二耳。大鼓谓之鼖，以鼖鼓鼓军事。"宋人林希逸曰："前言三正与六尺六寸者，不言鼓名，必鼓之大者。贾侍中以为晋鼓，亦意之也。此言鼖鼓之制长八尺者，鼓木也。又曰鼓四尺，革所鞔之，鼓面也。中围加三之一者，鼓木之穿处也。以四尺而加三之一，则围为丈六矣。"⑤林氏所绘图如下：

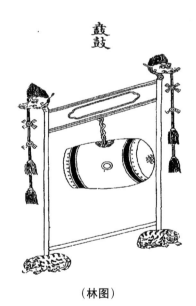

（林图）

①　（清）戴震：《考工记图序》，《戴震文集》，中华书局1980年点校本，第150页。
②　（清）戴震：《考工记图序》，《戴震文集》，中华书局1980年点校本，第150页。
③　（清）戴震：《考工记图序》，《戴震文集》，中华书局1980年点校本，第150页。
④　（清）戴震：《考工记图序》，《戴震文集》，中华书局1980年点校本，第150页。
⑤　（宋）林希逸：《考工记解》卷上，文渊阁《四库全书》第95册，第41页。

戴震于此并没有作辨析，而是直接征引郑《注》，并绘图如下：

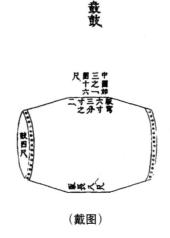

（戴图）

通过比较，可知戴震所绘鼖鼓图将鼓面、鼓腹形象地展现出来，而这在林氏图中则未见。戴震在绘图的同时，还通过文字对中围的长度、版穹的高度、版长等加以说明。此外，戴震还以小字对郑玄《注》加以补充。比如郑玄认为"中围加三之一者，加于面之围以三分之一也。面四尺，其围十二尺"，戴震补曰："密率径四尺者，围十二尺五寸三分寸之二弱。"① 直径与周长，郑玄是估算，而戴震则以圆周率为据进行精确的计算。戴震之计算可补郑《注》之不足。

又如舆人为车，《考工记·舆人》曰："轮崇、车广、衡长参如一谓之参称。参分车广，去一以为隧；参分其隧，一在前，二在后，以揉其式；以其广之半为之式崇；以其隧之半为之较崇。六分其广以一为之轵围，参分轵围去一以为式围，参分式围去一以为较围，参分较围去一以为轛围，参分轛围去一以为轵围。"《论语·乡党》皇侃《疏》："古人乘路车，如今龙旂车，皆于车中倚立。倚立难久，故于车箱上安一横木，以手隐凭之，谓之为较。《诗》云'倚重较'是也。又于较之下，未至车床半许，安一横木，名为轼。若在车上应为敬时，则落手凭轼。凭轼则身俯偻，故云式之。式，轼也。"《礼记·曲礼》孔《疏》与皇氏此说略同。林希逸据皇《疏》和孔《疏》，所绘舆图如下：

① （清）戴震：《考工记图》卷上，《续修四库全书》第85册，第85页。

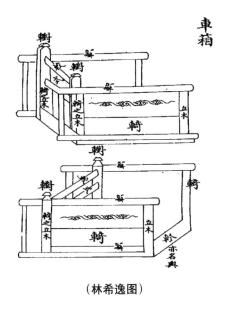

（林希逸图）

戴震征引郑玄解义，并补充曰："舆下四面材合而收舆谓之轸，亦谓之收。独以为舆后横者失其传也。辀人言轸间，则左右名轸之证也。如轸与轐弓长庇轸，轸方象地，则前后左右通名轸之证也。"[①] 又曰："郑用牧曰：'较小于式者，在两旁用力少也。' 轵在较下，軹在式下，长短不同，故軹小于轵。"戴震所绘图如下：

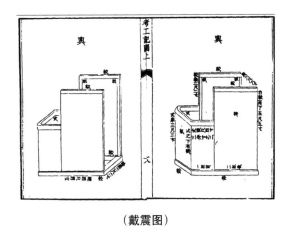

（戴震图）

---

① （清）戴震：《考工记图》卷上，《续修四库全书》第 85 册，第 68 页。

通过比较，可知戴氏与林氏所绘舆图有很大的差异：林氏完全采用皇氏和孔氏之说，即车厢前之横木谓式，式上有较；戴震所绘图，式不仅是车厢前之横木，还是车厢前半部分两旁之横木，较不是在式之上，而是在轵之上，轛不在式之上，而是在式之下。江永认为式不止横于车前，有曲而在两旁者，"左人可凭左手，右人可凭右手，皆通谓之式"[1]；江永还认为"式木……有轛木承之，甚固，故可履也"[2]。江永之说与皇氏、孔氏之说有异，而"江说甚精，足证皇、孔诸说之误"[3]。通过比较，可知戴震于此吸纳了江永之说。

程瑶田《考工记创物小记》亦绘制了大量的名物图。比如关于《考工记》中的戈、戟之形制，程氏绘有《拟郑注戈图》和《拟郑注戟图》，兹列于此：

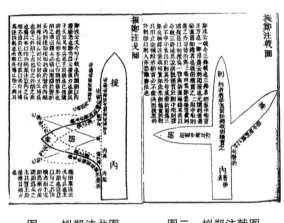

图一　拟郑注戈图　　　图二　拟郑注戟图

在这两幅图中，程瑶田所绘戈、戟图的根据是郑玄《注》。《考工记》言戈之胡有"已倨"和"已句"两种状况。郑玄认为，"已倨谓胡微直而邪多也，以啄人则不入"，"已句谓胡曲多也，以啄人则创不决"。程氏在所绘戈图中，用虚线将"已倨""已句"两种情况表现出来。郑众认为，《考工记》所言戟刺与援为一物。郑玄认为，刺与援并为一物，汉代的三锋戟可为佐证。程氏所绘戟，突出郑玄所云"胡直中矩正方""胡中矩则援之外句磬折""刺者著秘直前如鐏"。程氏还以文字说明郑《注》有不可信据者，如郑玄认为"戈，句并也，

① （清）江永：《周礼疑义举要》卷六，文渊阁《四库全书》第 101 册，第 770 页。
② （清）江永：《周礼疑义举要》卷六，文渊阁《四库全书》第 101 册，第 770 页。
③ （清）孙诒让：《周礼正义》卷七十六，中华书局 1987 年点校本，第 3193 页。

主于胡也"，程氏则认为戈主于援，因为"援，其横刃也"。

程瑶田还将自己亲眼所见的古器物绘制成图，作为考证的依据。比如于《考工记》中的"桃氏为剑"，程氏首先将自己亲眼所见之古剑绘成图，再以之为依据对《考工记》所记之剑进行考证。程氏所绘的剑图共有六幅，兹列于此：

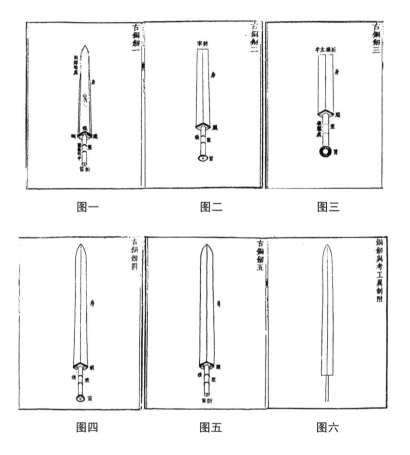

图一是程瑶田在扬州所得古铜剑，程氏曰："以同身寸度之长，中下制，而加赢焉。盖郑氏《注》所云今之匕首也。腊之广从倍半，及茎围之法，靡不应度。"[1] 图二是程氏从汪容甫那里所得古剑，程氏曰："重当今之十三两，腊茎法与前剑同，脊有棱，折其末，身长不可知，疑中中制者。然有剑首，形如覆盂，宛然而中空，可以证《考工》制度也。"[2] 图三是汪容甫从扬州寄给程氏

①　（清）程瑶田：《考工记创物小记》卷五，《续修四库全书》第 85 册，第 195 页。
②　（清）程瑶田：《考工记创物小记》卷五，《续修四库全书》第 85 册，第 195 页。

的古剑，程氏曰："其末折损太半矣，长虽不可知，然形较粗大，当为上士所服者。"① 图四为程氏所见的汉阳古剑，程氏曰："首末完善略无折损处，青绿鲜妍，有细裂如古琴之断纹，真周人物，亦真宋磨蜡物也。长中中制。"② 程氏认为，此四幅图所绘之剑与《考工记》中的剑之形制相同，他说："初余之说剑也，据《记》文定之，惧其与《注》异也。今四剑若一，首茎后腊身，无不与桃氏合。"③ 图五是乾隆四十八年（1783）七月二十九日程氏所见之剑，程氏曰："余考中为古铜剑五，用征周人桃氏之法，当时人所共遵，无违异也。"④ 如果前五幅图中的剑皆与《考工记》之记载相同，那么第六幅图中的剑之形制则与《考工记》之记载有异。程氏曰："安邑宋芝山在翁氏坐，言见一铜剑，索观之，则与《考工》异制。盖秦汉以后物也，剑身后但有茎一条，质方不中绳，盖如今世剑，将以纳诸木柄中，故不治之也。无腊，腊盖不与身同物，装时乃施腊及首，所谓剑具。《汉书》有玉具剑、櫑具剑是也，于是知汉时剑与《考工》异制矣。"⑤ 程氏认为，图六的剑出自秦汉以后，与先秦古制不合。

---

① （清）程瑶田：《考工记创物小记》卷五，《续修四库全书》第 85 册，第 195 页。
② （清）程瑶田：《考工记创物小记》卷五，《续修四库全书》第 85 册，第 196 页。
③ （清）程瑶田：《考工记创物小记》卷五，《续修四库全书》第 85 册，第 196 页。
④ （清）程瑶田：《考工记创物小记》卷五，《续修四库全书》第 85 册，第 197 页。
⑤ （清）程瑶田：《考工记创物小记》卷五，《续修四库全书》第 85 册，第 199 页。

第九章　清儒的《仪礼·丧服》诠释

　　《丧服》是《仪礼》的第十一篇。此篇根据与死者血缘亲疏的远近，从而制定出为死者服丧的各种服装样式规格和服丧期限，以及斩衰、齐衰、大功、小功、缌麻的"五服"制度。丧服制度是西周宗法制在服饰和期限上的集中反映，是中国古人社会秩序观念的集中体现。《丧服》所确立的制度，对周代以来历代的礼制建设和社会习俗皆有极为深远的影响。《丧服》实际上超越了《仪礼》单篇的影响力，成为经中之经，为历代学人所重视。

　　由于《丧服》具有重大而深远的影响，所以从事《丧服》诠释代不乏人，相关文献十分丰富。这些文献中，最早的是围绕《丧服》经文出现的《传》文和《记》文，这些《传》《记》与经一起保存在《丧服》中。此外，《礼记》保存了部分周秦之际以及汉代的论礼单篇，如《檀弓》《大传》《丧服小记》中有不少内容是关于丧服制度、义理和义例的讨论。汉代以来，不少儒者对《丧服》经、《传》《记》加以诠释，特别是魏晋南北朝时期，随着门阀士族的兴起，《丧服》受到极大重视，社会上掀起了汉代以来《丧服》研究的第一个高潮。清代是中国经学研究的兴盛时期，包括《丧服》在内的礼制礼学受到清儒的高度重视，社会上掀起了继魏晋南北朝以来《丧服》研究的第二个高潮。

　　清代的《丧服》学文献十分丰富，大致可以分以下四类①：

　　一是《丧服》学的专论性著作。毛奇龄《三年服制考》、程廷祚《丧服琐言》、姜兆锡《古今丧服考》、龚端礼《五服图解》、孔继汾《丧服表》《殇服表》、程瑶田《仪礼丧服文足征记》、崔述《五服异同会汇考》、吴嘉宾《丧服会通说》、夏燮《五服释例》、叶大庄《丧服经传补疏》、张锡恭《丧服郑氏学》等皆属于此类文献。

---

①　邓声国将清代"五服"文献分为两类，即"纯粹的'五服'研究专著"和"《仪礼》研究综论性文献"。（见邓声国：《清代五服文献概论》，北京大学出版社2005年版，第2页）

二是《仪礼》学文献中的《丧服》部分。张尔岐《仪礼郑注句读》、盛世佐《仪礼集编》、李光坡《仪礼述注》、敕撰《仪礼义疏》、沈彤《仪礼小疏》、郑珍《仪礼私笺》、胡培翚《仪礼正义》、刘沅《仪礼恒解》、曹元弼《礼经校释》等皆属于此类文献。

三是通礼类著作的丧服部分。徐乾学《读礼通考》、秦蕙田《五礼通考》等皆属于此类文献。

四是经学史著作、文集中的相关论述。段玉裁《经韵楼集》、皮锡瑞《经学通论》、陈澧《东塾读书记》于丧服之论述皆属于此类文献。

第一节　清儒于《丧服》文本之研究

清儒对《丧服》文本所作之研究，可从以下几个方面来看：

第一，强调《丧服》文本的重要性。

有些清儒将《丧服》的价值提升到"天理人情之至"的高度，如吴廷华云："古礼之行于今者，惟此篇（指《丧服》）。虽列朝因革不同，而古制尚未尽失。盖圣人折衷于天理人情之至，以为王者教孝之要法，生民惇典之大经，儒者最宜详审，不徒丹黄占毕而已。"① 王焕奎曰："《丧服》百有四十余条，失其义，陈其数，而先王制之精义不著，盖其数可知，其义难知也。夫古礼之行于今者，幸此篇犹存。圣人折衷于天理人情之至，王者教孝之要法，生民惇典之大经，胥于是乎在，虽列朝因革不同，而古制尚未湮没，不推而明之，不知正义、降杀中精义存焉，纤悉曲折中大义寓焉。"② 吴廷华、王焕奎认为《丧服》出自圣人之制作，其中蕴含的礼之精义具有超越时空的价值，朝代虽有因革，但是《丧服》之大义永存不灭。

有些清儒将《丧服》与其他经典进行比较，如曹元弼曰："天道至教，圣人至德，著在六经。六经同归，其指在礼。礼有五经，本在《丧服》。"③ 曹氏认为，《丧服》乃经中之经，是儒家思想文化最核心的内容。

还有清儒将《丧服》与《仪礼》的其他篇目进行比较，如盛世佐曰："此

---

① （清）吴廷华：《仪礼章句》卷十一，文渊阁《四库全书》第 109 册，第 399 页。

② （清）王焕奎：《三纲制服尊尊述义叙》，《三纲制服尊尊述义》卷首，《丛书集成三编》第 25 册，第 521 页。

③ （清）曹元弼：《丧服郑氏学序》，《丧服郑氏学》卷首，上海书店 2017 年版，第 1 页。

篇体例与他篇绝异。他篇止据一理而言，此则总论尊卑、贵贱、亲疏，男女之服制。若今之律令，自斩衰以至缌麻，服虽止于五，而其中有正、有降、有义，有从服，有报服，有名服，又有生服，有推而远之者，有引而进之者，或加服以伸恩，或抑情以伸义，委曲详尽，广大精微，为一经之冠。故先贤特为作传，而后之儒者如马融、王肃、孔伦、陈铨、裴松之、雷次宗、蔡超、田僧之、刘道拔、周续之辈，于《仪礼》并注是篇，而不及其余，则以其义为至精深也。"① 盛氏认为《丧服》体例多，所记服丧原则繁，所涵儒家义理丰富，这是《仪礼》其他篇目所不具备的。

第二，对《丧服》的成书情况加以探讨。

今本《丧服》分经、《传》《记》三部分，关于三者的关系，历来是仁者见仁、智者见智，迄今尚无定论。清儒在前人观点的基础上，对《丧服》经、传、记的作者及三者的关系做了探讨。

一是认为《丧服》经出自周公，《传》《记》出自孔门后学。孔颖达曰："武王没后，成王幼弱，周公代之摄政，六年，致太平，述文武之德，而制礼也。……但所制之礼，则《周官》《仪礼》也。"② 清儒胡培翚、曹元弼承孔氏之说，并做了补充。胡培翚云："《礼记·明堂位》曰：'周公摄政六年，制礼作乐。'故崔氏灵恩、陆氏德明、孔氏颖达及贾氏，皆云'《仪礼》周公所作'。……《仪礼》有经、有《记》、有《传》，《记》《传》乃孔门七十子之徒之所为，而经非周公莫能作。"③ 胡氏认为，《仪礼》经文出自周公，《传》《记》出自孔门后学。按胡氏之逻辑，《丧服》经作为《仪礼》的单篇出自周公，《丧服》之《传》《记》则出自孔门后学。胡培翚又曰："《记》《传》亦皆圣贤之徒为之。但此《传》为子夏所作与否，似当在阙疑之列。近儒乃谓《传》文有莽、歆增窜者。《礼经释例》云：'《周官》晚出，故宋人或疑莽、歆伪撰。若《仪礼》，自西汉立学以来，从无有疑及之者。为此论者，自非丧心病狂，不止于此。'盖深恶其说之足以害经也。"④ 胡氏既驳《丧服传》文为歆、莽增窜之说，又疑《丧服传》文为子夏所作之说。

① （清）盛世佐：《仪礼集编》卷二十二，文渊阁《四库全书》第 111 册，第 36 页。

② （清）阮元校刻：《十三经注疏（附校勘记）》，中华书局 1980 年版，第 1224 页。

③ （清）胡培翚、胡肇昕：《仪礼正义》卷一，北京大学出版社 2016 年点校本，第 17—18 页。

④ （清）胡培翚、胡肇昕：《仪礼正义》卷二十一，北京大学出版社 2016 年点校本，第 1003 页。

二是认为《丧服》出自孔子。清代有些学人认为《仪礼》出自孔子，如邵懿辰曰："孔子所为定礼乐者，独取此十七篇以为教，配六艺而垂万世，则正以冠、昏、丧、祭、射、乡、朝、聘八者为天下之达礼耳。"① 皮锡瑞曰："《周礼》《仪礼》，说者以为并出周公。案以《周礼》为周公作固非，以《仪礼》为周公作亦未是也。《礼》十七篇，盖孔子所定。"② 按邵氏、皮氏之逻辑，既然《仪礼》出自孔子，作为《仪礼》单篇的《丧服》当然也出自孔子。

三是认为《丧服》经、《记》出自周末习礼者。崔述曰："考经与《记》所载，丧礼之繁可谓极矣。说者以为周公所制，非也。此乃周末文胜之弊，当时习礼者载之册耳。孔子曰：'先进于礼乐，野人也；后进于礼乐，君子也。如用之，则吾从先进。'岂有于丧礼而多为是繁文末节者哉？且父母初丧，为人子者心肝崩裂，哀痛之不暇，何暇一一详辨其仪节而遵行之？而丧本凶礼，又非可尝试演习于平日者？故孔子曰：'丧，与其易也，宁戚。'子游曰：'丧致乎哀而止。'苟笃于哀，必不能致详于仪节。若此时尚能一一致详于仪节，吾恐其必减于哀也。"③ 崔氏认为《丧服》所记服制繁多，与孔子礼学思想相悖，亦不能使人尽哀。在此基础上，崔氏推断《丧服》出自周末习礼者。

四是认为《丧服传》的作者是子夏。《隋书·经籍志》曰："其《丧服》一篇，子夏先传之，诸儒多为注解，今又别行。"④ 今本《仪礼》篇题下有"子夏传"三字，贾《疏》："《传》曰者，不知是谁人所作，人皆云孔子弟子卜商字子夏所为。"⑤ 朱熹认为"《传》是子夏作，《记》是子夏以后人作"⑥。清代不少人相信《丧服传》是子夏所撰，如徐乾学云："子夏作《传》。"⑦ 郑珍曰："按敖氏谓《传》文违背经意者不少，未必皆知礼者所为，大谬。此《传》师师相传，为子夏作。……敖氏于十七篇多臆改郑说，此且斥及子夏，彼盖自信其说皆合

① （清）邵懿辰：《礼经通论》，《清经解续编》第 5 册，上海书店 1988 年影印本，第 585 页。
② （清）皮锡瑞：《经学通论·三礼》，《皮锡瑞全集》第 6 册，中华书局 2015 年点校本，第 387 页。
③ （清）崔述撰，顾颉刚编订：《五服余论》，见《崔东壁遗书》，上海古籍出版社 1983 年版，第 662 页。
④ （唐）魏徵：《隋书》卷三十二，中华书局 1973 年点校本，第 925 页。
⑤ （清）阮元校刻：《十三经注疏（附校勘记）》，中华书局 1980 年版，第 1096 页。
⑥ （宋）黎靖德辑：《朱子语类》卷八十四，《朱子全书》（修订本）第 17 册，上海古籍出版社、安徽教育出版社 2010 年点校本，第 2889 页。
⑦ （清）徐乾学：《读礼通考》卷六，文渊阁《四库全书》第 112 册，第 161 页。

礼意，固宜即文学大贤亦浅陋而多违背矣，多见其不知量也。"①徐氏、郑氏承《隋志》之说，以《丧服传》为子夏所作。②

五是认为《丧服》经、《传》有刘歆增窜者。清人方苞曰："余少读《仪礼·丧服传》，即疑非卜氏所手订，乃一再传后门人记述而间杂以己意者；而于经文，则未敢置疑焉。惟尊同者不降，时憪然不得于余心。乃试取《传》之云尔者剟而去之，而《传》之文无复舛复支离而不可通晓者；更取经之云尔者剟而去之，而经之义无不即乎人心：然后知是亦歆所增窜也。"③方氏认为经、《传》文中亦有"舛复支离""不即乎人心"者如谓"尊同者不缥"之类，出自刘歆之增窜。

六是认为《丧服传》出自《仪礼》后人。姚际恒曰："《丧服》正文甚简，多有以一二字为一章者，故不可无传以为之发明。但托名子夏，则不必耳。其文气条鬯，自属《仪礼》后人。"④姚氏认为，《丧服传》是托名子夏，实际上是出自"《仪礼》后人"。

七是认为《丧服》出自汉儒。刘沅曰："古丧礼多亡，此篇乃汉儒撮拾遗文而存之者，犹可以见一斑。旧传子夏所作《传》，非也。"⑤刘氏认为《丧服》是汉儒辑遗文而成，《丧服传》并非出自子夏。

清儒还对《丧服》经、《传》《记》的关系作了辨析。如郑珍云："（敖继公）又云'《传》之始，必自为一编，置《记》后，后儒欲从简便，故散移于经《记》每条之下，疑亦康成为之'，按《大功章》'公之庶昆弟，大夫之庶子为母'、'妻昆弟'条下注（注云：旧读昆弟在下，其于昆弟之义，宜蒙此《传》也。是以上而同之），及'大夫之妾为君之庶子'条下注（注云：下'《传》曰'云云，指谓此也），'女子子嫁者、未嫁者为世父母、叔父母、姑姊妹'《传》下注（注云：《传》所云'何以大功也'云云，文烂在下尔），足见经《记》每条系《传》，

---

① （清）郑珍：《仪礼私笺》卷四，《续修四库全书》第 93 册，第 286—287 页。

② 元代敖继公认为《丧服传》不为子夏所作，原因是"传文其发明礼意者固多，而其违悖经义者亦不少"[（元）敖继公：《仪礼集说》卷十一，文渊阁《四库全书》第 105 册，第 397 页]

③ （清）方苞：《书考定仪礼丧服后》，《方苞集》卷一，上海古籍出版社 2008 年点校本，第 24 页。

④ （清）姚际恒：《仪礼通论》卷十一，中国社会科学出版社 1998 年点校本，第 349 页。

⑤ （清）刘沅：《仪礼恒解》卷十一，巴蜀书社 2016 年点校本，第 179 页。

高堂生所传及孔壁所得已是如此,而云康成为之,亦诬甚矣。"①敖氏认为《丧服传》本自为一编,是郑玄将《传》文拆散而置于《记》文之下。郑珍则认为《传》文本就附于《记》文之下,而非单独为一篇。叶大庄的观点与郑珍相反,叶氏曰:"古经传本各自为书,孔子之传《易》,左氏、公羊氏、穀梁氏之传《春秋》,毛氏之传《诗》,其例类然。知子夏之传《丧服》亦必如此。段玉裁以《毛诗》自传与笺合并,遂失原书之旧,其意谓郑君为之,则敖氏疑郑君分散《传》文于经《记》各条之下,非凭空之论也。"②叶氏据孔子传《易》《三传》传《春秋》,推断《丧服传》也是独立于《丧服》之书。

元人敖继公认为《丧服传》不特释经,亦释《记》,因此作《传》者在作《记》者之后。刘沅认为:"《传》文发明礼意者固多,而违悖经意者亦不少。"③他对《丧服传》多有驳议,如《丧服》"妾为女君",《传》曰:"何以期也?妾之事女君,与妇之事舅姑等。"刘沅曰:"妾为君三年,则服女君当期。而此云与妇事舅姑等,夫舅姑至尊,故女子既嫁则降其父母之服,而重服舅姑。此言与妇事舅姑等,非也。"④《传》又曰:"何以期也?从服也。"刘沅曰:"据《礼》,妻既以夫为天,而舅姑乃夫之父母,妇人内夫家,以夫家为家,则舅姑即其父母,故己之父母降服期,而夫之父母则服三年。此为从服,今乃云为舅姑不杖期,轻夫之父母即轻夫矣。子事父母,子妇事舅姑,其礼不闻有二,而其服乃如此,必非圣人之制也。"⑤在刘氏看来,《丧服传》有不少违悖经文之意者,因此其不是出自圣贤。

第三,对《丧服》之本是否完整之探讨。

《丧服》经、《传》《记》是否完整,清儒亦多有讨论。从目前所见文献来看,清儒大多认为《丧服》的经、《传》《记》有逸文。

有人认为《丧服》经有缺文。如"大功"章,《丧服》曰:"公之庶昆弟,大夫之庶子为从父昆弟。"崔述曰:"'小功'章,大夫之子,公之昆弟有为从父昆弟庶孙降服,则此章之不降服,亦当有庶孙在内,盖经缺文。"⑥又如《丧

① (清)郑珍:《仪礼私笺》卷四,《续修四库全书》第 93 册,第 287 页。
② (清)叶大庄:《丧服经传补疏》卷一,《续修四库全书》第 95 册,第 603 页。
③ (清)刘沅:《仪礼恒解》卷十一,巴蜀书社 2016 年点校本,第 179 页。
④ (清)刘沅:《仪礼恒解》卷十一,巴蜀书社 2016 年点校本,第 191 页。
⑤ (清)刘沅:《仪礼恒解》卷十一,巴蜀书社 2016 年点校本,第 191 页。
⑥ (清)崔述:《五服异同汇考》卷三,《崔东壁遗书》,上海古籍出版社 1983 年版,第 659 页。

服》"小功"章"大夫、公之昆弟、大夫之子为其昆弟、庶子、姑姊妹、女子子之长殇"，又有"大夫之妾为庶子之长殇"，崔述认为："此章为此诸人亦当有中殇、下殇之文。今经皆不见者，岂以前章既言长殇，则中殇、下殇可推而得之，故省此文邪？抑经文有缺邪？"①

有人认为《丧服传》有缺文。如《丧服传》："女子子适人者为其父母期，故言不报也。"沈彤曰："此句上当脱'子为其父母三年'一句，盖不报，兼男女，其理易明。"②

有人认为《丧服·记》有缺文。如《丧服·记》："为所后者之祖父母妻妻之父母昆弟昆弟之子若子。"段玉裁曰："'祖父母'下，其诸夺'父母'二字欤？父母者，所后之父母，后之者之祖父母也。"③段氏认为此"祖父母"后脱"父母"二字。

第四，对《丧服》与旧注关系之辨析。

程瑶田《仪礼丧服文足征记》对丧服问题做了系统的考论。所谓"足征记"，程氏曰："孔子欲说夏殷之礼，而叹杞宋之无征，则文献不足之故。今《丧服》经文具在，足则能征。知其解者，旦暮遇之可也。作《仪礼丧服文足征记》。"④程氏认为，《丧服》之研究，重在从经文中获得真义，而不能迷信旧注。程氏又曰："治经不涵咏白文，而惟注之徇，虽汉之经师，一失其趣，即有毫厘千里之谬。"⑤程氏治《丧服》不迷信前人注疏，而是强调涵咏白文的重要性。他对历代奉为《丧服》学之圭臬的郑玄解义多有批判，对于明清以来人们普遍看重的敖继公解义也多有驳难。

程瑶田列举很多例证以明前人解义之不足据。如《丧服》无高祖玄孙制服之记载，而于高祖玄孙是否有服，经学家争议不断。郑玄据《丧服》经文，推断高祖玄孙有服。唐人贾公彦、宋人沈括、元人敖继公、明人郝敬在郑玄之说的基

① （清）崔述：《五服异同汇考》卷三，《崔东壁遗书》，上海古籍出版社 1983 年版，第 661 页。

② （清）沈彤：《仪礼小疏》卷四，文渊阁《四库全书》第 109 册，第 942 页。

③ （清）段玉裁：《经韵楼集》卷二《为人后者为其昆弟降一等报》，上海古籍出版社 2007 年版，第 37 页。

④ （清）程瑶田：《仪礼丧服文足征记序》，《仪礼丧服文足征记》卷首，《续修四库全书》第 95 册，第 141 页。

⑤ （清）程瑶田：《仪礼丧服文足征记序》，《仪礼丧服文足征记》卷首，《续修四库全书》第 95 册，第 141 页。

础上有所发挥。① 程瑶田驳郑玄，曰："曾祖既不可小功，高祖亦安可缌麻？然曾祖齐衰三月、高祖亦齐衰三月，又非上杀之义。曾孙得见曾祖者鲜，则得见高祖绝无矣。故经无宁空其文不制服也。万有一然，则玄孙承重者其且服斩衰三年矣。于庶玄孙恩益杀矣。当事则袒免行之，夫其不承重也，亦惟袒免而已矣。不然，玄孙之父曾孙也，曾孙齐衰三月矣。玄孙之服亦可同于其父乎？然则经之空文也，其旨深远矣。"② 程氏认为，《丧服》本无高祖、玄孙之服。基于曾祖父母在直系血亲中的尊崇地位，故隆其服而减其日月，遂为曾祖父母服齐衰三月；而高祖在直系血亲中同样有着尊崇的地位，然服不能加隆至斩衰，服丧期限亦不能减至三月以下，故高祖无服。程氏还指出，高祖与玄孙年龄差异过大，故玄孙为高祖服丧的情况几乎没有，此亦是《丧服》不制玄孙高祖服的原因。

第五，对《丧服》进行校勘。

清代学人在古典文献的校勘方面成就斐然。《丧服》是《仪礼》的单篇，清人在从事《仪礼》校勘时，自然会涉及《丧服》的校勘。其中金曰追《仪礼经注疏正讹》、卢文弨《仪礼注疏详校》、阮元《仪礼校勘记》等是专门的《仪礼》校勘著作；凌廷堪《礼经释例》、胡培翚《仪礼正义》也于《仪礼》经、注、疏皆有校勘。

卢文弨所撰《仪礼注疏详校》是清代《仪礼》校勘史上颇有影响力的著作。该书卷十一是《丧服》之校勘。从内容上来看，卢文弨于《丧服》的经、《传》《记》、郑《注》、贾《疏》皆有校勘。卢氏采用的校勘方法多样，对校、本校、他校、理校皆有。如《丧服》："慈母如母。"贾《疏》："此非身自尊，受父之厌屈以降，无尊之妻。"卢文弨曰："'以'，衍，官删。'无尊之妻'四字衍，官删。"③ 此是

---

① 金玲对郑玄、贾公彦、沈括、敖继公、郝敬之说作了通盘考察之后曰："对'高祖玄孙是否有服'这个问题，选取的有典型性的观点，仿佛形成了一个牢不可破的'局'：大家的讨论重心放在'玄孙为高祖应否有服'上；郑玄已经从五服制度的斩衰、缌麻两个端点出发，反复推求过，高祖服无论如何推，都要落在五服之内；贾公彦又帮助郑玄增加了一条族祖父有服、高祖不应无服的证据，虽然不免有循环论证之讥；沈括则将经文'曾孙''曾祖'的意思锁定了范围；一向辞锋锐利多攻破郑说的敖继公，在此也模棱两可不作裁断了；郝敬不但同意为高祖有服，还认为高祖服不止缌麻。"（金玲：《程瑶田〈仪礼丧服文足征记〉再研究——以服叙问题为中心》，中山大学出版社 2016 年版，第 98 页）
② （清）程瑶田：《仪礼丧服文足征记》卷四，《续修四库全书》第 95 册，第 179 页。
③ （清）卢文弨：《仪礼注疏详校》，台湾"中央研究院"中国文哲研究所 2012 年点校本，第 227 页。

据官校本校本书，是对校法。又如《丧服》"为众子"，郑《注》："女子子在室亦如之。"卢文弨曰："下'在室'二字，《疏》无，今删。"① 此是以疏文校注文，是本校法。又如《丧服》"曾祖父母"，郑《注》："高祖、曾祖，皆有小功之差。"此"高祖曾祖"四字，《通典》作"曾祖高祖"。卢文弨曰："《通典》先曾后高，与下言'曾孙玄孙'语相贯。"② 此以《通典》为校勘依据，是他校法。卢氏《仪礼注疏详校》一书除了校勘外，还对李如圭、杨复、敖继公、崔述等人的《丧服》解义皆有评价。因此，该书不仅是校勘著作，还是一本《仪礼》学专著。

　　阮元所撰《十三经注疏校勘记》是清代经典校勘史上最重要的著作。该书的《仪礼注疏校勘记》部分于《丧服》经、《传》《记》《注》《疏》皆有校勘。如《丧服传》："若是，则生养之，终其身如母。"此"如"字，葛本、闽本、《通解》作"慈"。阮校："按《传》文两言'如母'，《疏》俱属下读，于文义未顺，宜俱属上读，谓生养死丧皆如母也，如此则《通解》以'如'为'慈'之误，不辨自明。"③ 阮氏从文义的角度，推断朱子《通解》以"如"为"慈"为误。又如《丧服》："大夫之子为世父母、叔父母、子、昆弟、昆弟之子、姑姊妹女子子无主者为大夫命妇。"郑《注》："既以出降在大功。"此"在大功"三字，阮校："毛本'降'下有'大功'二字，徐本、《集释》俱无，与《述注》合，《通典》《通解》俱有，《通典》'大'上有'在'字。按以下句考之，则此句当依《通典》。"④ 阮氏通过各种版本之比较，认定《通解》本可从。由于阮元参考了多家《仪礼》文本，且能详细比勘，故其于《丧服》文本的校勘颇有参考价值。

　　此外，凌廷堪《仪礼正义》等《仪礼》学著作中也有校勘内容。如《丧服》："为人后者。"《记》："为人后者，于兄弟降一等，报；于所为后之兄弟之子，若子。"凌氏曰："考《记》本作'于所为后之兄弟之子若子'，与《传》文正同，注亦明晰。近休宁戴氏据《通典》所载贺循引《丧服制》曰'于所为后者之子兄弟若子'改之，好奇者多从其说。窃谓《仪礼》有开成石刻可凭，《通典》传刻易淆，似未可据以改经也。近来校书家喜援别书所引者以改本文，其风皆

---

① （清）卢文弨：《仪礼注疏详校》，台湾"中央研究院"中国文哲研究所 2012 年点校本，第 227 页。
② （清）卢文弨：《仪礼注疏详校》，台湾"中央研究院"中国文哲研究所 2012 年点校本，第 232 页。
③ （清）阮元校刻：《十三经注疏（附校勘记）》，中华书局 1980 年版，第 1107 页。
④ （清）阮元校刻：《十三经注疏（附校勘记）》，中华书局 1980 年版，第 1113 页。

戴氏开之，流弊恐未有艾也。"① 凌氏据《开成石经》，认为《丧服·记》当作"于所为后之兄弟之子若子"，而不能像戴震据《通典》改作"于所为后者之子兄弟若子"。

第二节　清儒于《丧服》名物制度之研究

《仪礼·丧服》所记名物制度繁多。对于重视考据的清儒来说，《丧服》名物制度之研究正合他们的心意。清儒对《丧服》中的名物做了考证。兹举数例以见之：

《丧服》为君斩衰三年，《传》："君至尊也。"郑《注》："天子、诸侯及卿大夫有地者皆曰君。"姚际恒驳郑《注》："君指诸侯及卿大夫有地者，郑氏复连天子言，非是。此谓贵臣为其君也。末章云公士大夫之众臣，为其君布带绳屦。"② 姚氏破郑氏，认为郑氏以"君"含天子不合经义。

《丧服》："为君之父母、长子、祖父母。"《传》曰："何以期也？从服也。父母、长子，君服斩。"郑玄曰："此为君矣，而有父若祖之丧者，谓始封之君也。"姚际恒驳郑玄曰："君该诸侯、卿大夫言，与斩衰章所言之君同，则诸侯亦其一尔。诸侯继体为君，不应有祖之丧，亦假借言之。郑氏谓此为'始封之君'，固可，但单从诸侯上解释，义既不备，且亦徒从自为支离之见耳。"③ 郑氏以《丧服》此"君"为"始封之君"，姚氏则认为此"君"应该包括诸侯、卿大夫在内。

《丧服》："公、士、大夫之众臣为其君，布带，绳屦。"《传》曰："公卿大夫，室老、士贵臣，其余皆众臣也。"郑《注》："士，邑宰也。"敖继公释《传》之"士"曰："凡士之为家臣者皆是也。"④ 张锡恭曰："此破《注》专指邑宰。然如敖说，凡士皆是，则经所谓'众臣'何指乎？考《少牢礼》，雍人有雍正、雍府之别。雍府为庶人，则雍正其士也。岂雍正亦贵臣乎？且既云'凡士'，'凡'者，总举之辞也，则室老亦在其中，《传》不当别出室老。既别出室老，则此士不得

---

① （清）凌廷堪：《封建尊尊服制考》，《凌廷堪全集》第 1 册，黄山书社 2009 年点校本，第295 页。

② （清）姚际恒：《仪礼通论》卷十一，中国社会科学出版社 1998 年点校本，第 353 页。

③ （清）姚际恒：《仪礼通论》卷十一，中国社会科学出版社 1998 年点校本，第 373 页。

④ （元）敖继公：《仪礼集说》卷十一，文渊阁《四库全书》第 105 册，第 388 页。

曰'凡士'，而必有所专指可知也。邑宰称士，又见于《曲礼》及《杂记》，敖氏易之，非是。"① 郑氏认为此"士"为邑宰，而敖氏认为此"士"乃士之为家臣者。张氏据《少牢馈食礼》"雍正""雍府"之别，以及《传》别出室老，认为此"士"是邑宰，而非家臣。

清儒对《丧服》中的制度作了考证。兹举数例以见之：

《丧服》："父卒，继母嫁，从为之服；报。"《传》曰："何以期也？贵终也。"郑《注》："尝为母子，贵终其恩。"王肃曰："从乎继而寄育则服，不从则不服。"明末清初的经学家多申王而驳郑，如顾炎武《日知录》："'父卒，继母嫁，从'，'从'字句，谓年幼不能自立，从母而嫁也。母之义已绝于父，故不得三年，而其恩犹在，于子不可以不为之服。报者，母报之也，两相为服也。"② 万斯大亦申王而非郑，他说："愚考上文'出妻之子为母，非为父后者，皆齐衰杖期'，此无论从嫁与非从如一，所以然者，《传》所谓亲者属，而《注》谓'母子无绝道也'，然岂可语于继母乎？继母不嫁则母子也，嫁则路人矣，奚服之有？奚为父后与非为父后之有？惟是父卒，子孤幼无依，不得已，从继母而往，继母亦不之弃，而保抱携持，则其母子之恩无间于亲母，如是而不为服，则于母子之情为不终而反之，于心亦未免过恝。彼继父同居者犹齐衰期，异居者犹齐衰三月，亦惟以恩之不可忘也，继母虽非亲母，其抚育之恩独可忘乎？纵身为父后，业从母往，已不能如常礼行为后事，其服自不容无。果能如礼为父后，则已克自立，不从继母往矣，不从，又奚服哉？"③ 顾氏、万氏认为经文此"从"字乃跟随之义，继母嫁，己从之，继母于己有养育之恩，故当为继母服齐衰期。张锡恭则申郑而驳王，他说："王肃此说，阴祖韦氏玄成而读'从'字绝句，傅合可云巧矣，后儒靡然从之，自崔氏凯、贾氏公彦外，无不以肃说为说者。虽以李氏如圭之学之正，未免为肃说所惑也。巧言洵可畏哉！"④ 又曰："方父之存也，继母以配父，而有如母之恩；及父卒而改嫁也，非父身自绝之也，父之所不绝，子亦不敢绝，故终其如母之恩而服之。所谓非父所绝，不敢殊之也，仍一严父之谊也。……自王肃读经'从'字绝句，以为从而寄育则服，

---

① （清）张锡恭：《丧服郑氏学》卷三，上海书店 2017 年点校本，第 240 页。

② （清）顾炎武：《日知录》卷五，《顾炎武全集》第 18 册，上海古籍出版社 2011 年点校本，第 251 页。

③ （清）万斯大：《仪礼商》卷二，文渊阁《四库全书》第 108 册，第 272 页。

④ （清）张锡恭：《丧服郑氏学》卷五，上海书店 2017 年点校本，第 348 页。

不从则不服。夫不服者，安在其如母也？则是父所未出，而子出之也；父所未绝，而子绝之也。显背传、注贵终之意，而阴贼夫曾子之言，离经害道之甚者也。"① 张氏认为，王肃此之句读应是"继母嫁从"，以从不从定服不服。张氏还认为，《丧服》于此应是"从为之服"，"'从'犹'续'也，续前如母之谊也"②。张氏此说，意在疏通郑《注》，而张氏重继母的养育之恩，与顾炎武、万斯大之说如出一辙。

《丧服》经和《传》有子为继母、慈母之服，而无妾子为其母之服。万斯大曰："齐衰三年，首言'父卒则为母'，下即及继母、慈母，因知妾子之为其母当与此同。经不言者，包于'父卒为母'之中也。观慈母之《传》曰：'妾之无子者，妾子之无母者，父命妾曰："女以为子。"命子曰："女以为母。"'若是，则生养之终身如母，死丧之三年如母。妾子子于他妾者且然，况生母乎？惟大夫之妾子从乎大夫而降，故为其母大功，公子于君之所不服者己亦不敢服，故为其母练冠、麻衣、縓缘，既葬除之。经表此二者之异，则士而下皆从同，不必言也。又庶子为父后，则与尊者为一体，不敢服其私亲，故为其母缌。经表此为后者之异，则不为后者皆从同，亦不必言也。推此，则齐衰杖期止言'父在为母'，则继母、慈母与庶子之为其母，皆父在齐衰杖期可知。"③ 万氏据《丧服》的《经》《传》，推断妾子为其母服，与子为继母、慈母之服同。

《丧服》："嫡孙。"《传》："何以期也，不敢降其嫡也。有子者无嫡孙，孙妇亦如也。"郑《注》："周之道，嫡子死则立嫡孙，是嫡孙将上为祖后者也。长子在则皆为庶孙耳，孙妇亦如也。嫡妇在亦为庶孙之妇，凡父于将为后者，非长子皆期也。"万斯大曰："嫡子在，既不立嫡孙，则嫡子之长子妇亦不得为嫡孙妇。盖夫庶亦庶，夫嫡亦嫡，妇人从夫之义也。郑氏乃谓'嫡妇在则亦为庶孙之妇'，是不夫之从，而以姑为主，岂礼意哉！"④ 万氏认为，郑氏"嫡妇在则为庶孙之妇"之说，与"从夫"之义不合。

《丧服传》："庶子不得为长子三年，不继祖也。"郑《注》："此言为父后者，然后为长子三年。"《丧服小记》："庶子不为长子斩，不继祖与祢也。"《大传》：

---

① （清）张锡恭：《丧服郑氏学》卷五，上海书店 2017 年点校本，第 350 页。

② （清）张锡恭：《丧服郑氏学》卷五，上海书店 2017 年点校本，第 349 页。

③ （清）万斯大：《仪礼商》卷二，文渊阁《四库全书》第 108 册，第 271 页。

④ （清）万斯大：《仪礼商》卷二，文渊阁《四库全书》第 108 册，第 273 页。

"庶子不得为长子三年，不继祖也。"戴圣、闻人通汉、马融等人主五世之嫡，五世之嫡是继高祖之宗。贺循、虞喜、庾蔚之、孔颖达、贾公彦等人主四世之嫡，四世之嫡是继曾祖之宗。谯周曰："不继祖与祢者，谓庶子身不继祢，故其长子为不继祖。"刘智《释疑》曰："《丧服传》与《小记》皆云'庶子不为长子三年'，不继祖与祢也。两举之者，明父之重，长子以其当为祢后也。其所继者，于父则祢，于子则祖也。"徐乾学曰："众说之中，无踰此二说者。"① 又曰："盖经云'不继祖'者，谓此长子不继祖也，非谓庶子也。不继祖与祢者，自长子言之为不继祖，自庶子言之为不继祢也。庶子非继祢之宗，故不敢以承己之重而为之极服。若夫庶子之嫡，则固后其父矣，彼何所嫌而忍降其子以薄其父乎？礼家妄移'不继祖'之文加之庶子，此其所以误也。"② 敖继公引"殇小功章"，而谓庶子不得为长子三年，并以《记》文为误。徐氏驳曰："是说者，不知何所见，而敢于违经，其缪妄又甚戴、贺诸君矣。"③ 在驳前人观点的基础上，徐氏曰："愚谓《礼经》此条专主庶子而为长子三年，惟当以继祢之宗为断，继祢而不遂服，是祢其祖而不知有父也。不继祢而遂服，是不忍其子而不知有父也。礼之设，岂以训无父者哉？然则五世、四世庶子之云者，非经义决矣。"④ 徐氏强调，为长子是否服三年，当以继祢之宗为断，否则就是祢其祖而不知有父。徐氏此说影响甚深远，程瑶田《仪礼丧服文足征记》一书在徐氏此说的基础上，做了更加深入的探讨。

《礼记·曾子问》⑤："宗子为殇而死，庶子弗为后也。"郑《注》："族人以其伦代之，明不序昭穆立之庙，其祭之就其祖而已。代之者，主其礼。"孔《疏》："以其未成人，庶子不得代为之后。庶子既不为后，宗子理不可阙，明族人以其伦代之。……与宗子昭穆同者则代之。"孔氏还指出，此为大宗族人，若宗子兄弟行，无限亲疏，皆得代之。徐乾学曰："此庶子即宗子之弟也。盖言宗子殇没，庶子即为父后，不必为宗子后，故云'庶子弗为后'也。若依注疏之言，则是父有亲子，反舍之不立，而别立他人之子，尽以己之世爵禄产授之，此岂近于人情邪？且有宗子，则宗子为后，宗子夭，则庶子为后，此理之必然

① （清）徐乾学：《读礼通考》卷四，文渊阁《四库全书》第 112 册，第 129 页。
② （清）徐乾学：《读礼通考》卷四，文渊阁《四库全书》第 112 册，第 129 页。
③ （清）徐乾学：《读礼通考》卷四，文渊阁《四库全书》第 112 册，第 129 页。
④ （清）徐乾学：《读礼通考》卷四，文渊阁《四库全书》第 112 册，第 129 页。
⑤ 《礼记·曾子问》所载丧服之说，源于《仪礼·丧服》，故此将其归为《丧服》诠释之范围。

也。岂有庶子不可为父后，而反以族人代宗子为父后乎？"① 徐氏认为，"庶子弗为后"，意即庶子不为宗子之后，而非如郑《注》、孔《疏》所谓庶子不可代宗子为父后。郑《注》、孔《疏》以庶子不可代殇而死之宗子为后，而以族人代之，徐氏晓之以理，认为郑氏、孔氏之说不近人情，不可信据。

　　程瑶田在《仪礼丧服文足征记》中，将丧服制度和宗法制度结合起来加以辨析。《丧服》"父为长子三年"，《传》曰："何以三年也？正体于上，又乃将所传重也。庶子不为长子三年，不继祖也。"郑《注》："此言为父后者，然后为长子三年，重其当先祖之正体，又以其将代己为宗庙主也。庶子者，为父后者之弟也，言庶者远别之也。"程氏撰《庶子不为长子三年述》，认为庶子不为长子三年，因为其没有来自祖父所传宗庙之重可以继承。程瑶田还撰《庶子不为父后长子不继祖表》《据疏不继祖者不为长子三年》，对是否为长子服丧三年的情况作了归纳：祖、父皆为嫡子，"此三世嫡嫡相承者，长子继祖与祢者也"，即为长子服三年斩衰。祖为庶子，分立小宗，父为小宗嫡子，"此父为祖庶之嫡，不得谓之不继祢，则长子安得谓之不继祖，其父亦安得不为长子三年乎？"② 即父为长子三年。祖为嫡子，父为庶子，"此父为庶子，长子虽为父嫡而继祢，而其父本不继祢，则长子亦非继祖，故曰庶子不为长子三年"③，即父不得为长子三年。祖为庶子，父为庶子，"此祖、父皆庶，长子虽以嫡继祢而不继祖，故其父不得为长子三年也。"即父不得为长子三年。程氏据此得出结论：长子是否服斩衰三年，是由长子父亲是嫡子还是庶子来决定的；长子的父亲若是嫡子，具有继承祖父的宗统，需为长子服丧三年；长子的父亲若是庶子，不具有承自祖父的宗统，故不需要为长子服丧三年。据程氏之辨析，可知宗法与丧服密切相关，没有宗法就无所谓丧服，丧服之服叙是宗法精神的集中体现。而据程氏之研究，可知丧服众多服叙之中，"庶子不为长子三年"是关键，理解了此服叙的内涵，丧服的意义就显豁了。程氏立论依据，既有《丧服》经、《传》，亦有《礼记》中的《丧服小记》和《大传》，可谓言之有据，分析透辟，见解深刻。

　　《丧服》服制皆以服分之，崔述《五服异同汇考》则以人分之，亲属同者则

---

① （清）徐乾学：《读礼通考》卷五，文渊阁《四库全书》第112册，第132页。
② （清）程瑶田：《仪礼丧服文足征记》卷四，《续修四库全书》第95册，第185页。
③ （清）程瑶田：《仪礼丧服文足征记》卷四，《续修四库全书》第95册，第185页。

为一篇，意在"阅者于轻重之差，沿革之故，可以一目了然"①。崔氏此书分为三卷：卷一是"至亲之服""同堂之服""同族之服""外姻之服"；卷二是"女子为其私亲之服""妇为夫党之服""臣为君及君党之服""妾为君及君党之服"；卷三是"为人后者之服""母出母嫁之服"。各条目之下，又细分为多个子条目。比如"至亲之服"下分"为父""父卒为母""父在为母""庶子为母""庶子为父""为继母""为慈母""为妻""为长子""妻为夫""母为长子"。该书既征引于《传》《记》、于经文有互相发明者，或补经文未备者，又征引《家礼》及《唐书》《明史》的礼志。对于所征引者，崔氏皆详加辨析，以明各家异同。比如"为父"部分，崔氏曰："《礼经·丧服篇》并斩衰三年。唐中书令萧嵩等修《开元礼》，宋朱子纂《家礼》，明翰林学士宋濂等著《孝慈录》并因之。"② 至于《孟子》所言"三年之丧，齐疏之服，飦粥之食"，崔氏亦引之，且曰："与此经似小异。"③ 又如"为曾孙"，崔述曰："经，缌。《开元礼》《家礼》、明并同。《家礼》增'为嫡曾孙，齐衰期'。"④

元人敖继公治经喜与郑玄为异。对于敖氏之说，张锡恭多有异议。如《丧服》："父。《传》曰：为父何以斩衰也？父至尊也。"郑玄于此无注。张锡恭于此广征博引，涉及陆德明《经典释文》、贾公彦《仪礼疏》、孔颖达《礼记正义》、杜佑《通典》、李如圭《仪礼集释》、敕撰《仪礼义疏》、胡培翚《仪礼正义》，以及刘德、田琼、徐宣瑜、蔡谟、高愈、胡匡衷等人的解义。其所征引者，或释经之音读，或释经义。郑玄为《丧服》所作解题云："天子以下，死而相丧，衣服、年月、亲疏、隆杀之礼。"郑玄认为，《丧服》总包天子以下服制之事。元人敖继公则曰："此经为父服，盖主于士礼，大夫以上亦存焉。"⑤ 张锡恭曰："敖氏继公以此为主于士礼，大夫以上亦存焉。盖以高堂生所传，称此经为士礼故也。然所以称士礼者，考《大戴》篇次，开卷七篇皆士礼，故因以名之，非谓全经皆士礼也。而愚即因《大戴》篇次，以见《丧服》非主于士。何也？大戴氏之意，先卑后尊，士礼最前，大夫礼次之，诸侯礼、天子礼又次之，而《丧服》乃居于末，是谓《丧服》统天子至于庶人也，何得

---

① （清）崔述：《五服异同汇考凡例》，《五服异同汇考》卷首，《崔东壁遗书》，上海古籍出版社 1983 年版，第 623 页。

② （清）崔述：《五服异同汇考》卷一，《崔东壁遗书》，上海古籍出版社 1983 年版，第 624 页。

③ （清）崔述：《五服异同汇考》卷一，《崔东壁遗书》，上海古籍出版社 1983 年版，第 624 页。

④ （清）崔述：《五服异同汇考》卷一，《崔东壁遗书》，上海古籍出版社 1983 年版，第 633 页。

⑤ （元）敖继公：《仪礼集说》卷十一，文渊阁《四库全书》第 105 册，第 384 页。

云'主于士礼'乎？敖氏之为此说，阴以破上注'天子以下死而相丧'之谊也。然已先无可据之地，适以形郑谊之不可攻而已。"① 敖氏认为此主于士礼，而张氏认为此乃天子至于庶人之礼。张氏所据者，是《大戴礼记》之篇次和内容。

《丧服小记》云："与诸侯为兄弟者服斩。"郑《注》："谓卿大夫以下也，言诸侯者，明虽在异国，犹未为三年也。"孔《疏》："既在异国仕于他君，得反为旧君服斩者，以其曾在本国作卿大夫，今来他国未仕，故得为旧君反服斩。"张锡恭曰："古者重宗国。陈公子完在齐，自称羁旅之臣；秦公子鍼在晋，称秦君曰'寡君'。服属之秦在异国，无不服宗国君之理。若服之以本服，则嫌尊同也，无不为宗国君服斩之理。且《注》云'来为三年'，'来'字非虚设。其仕者必当致仕奔丧，既致仕，则所仕异国之君成旧君矣，无嫌二君也。"② 孔《疏》认为"今来他国未仕"者才为本国之君服斩。张氏据在齐陈公子完、在晋秦公子鍼于所在之国的国君之称谓，以及郑《注》于"来为三年"之"来"字，认为孔《疏》的观点有误。

清儒对《丧服》所记制度之意义作了阐发。兹举数例以见之：

《丧服》："继父同居者。"《传》曰："夫死，妻稚，子幼，子无大功之亲，与之适人，而所适者亦无大功之亲，所适者以其货财为之筑宫庙，岁时使之祀焉。妻不敢与焉。若是，则继父之道也。同居则服齐衰期，异居则服齐衰三月。"在《传》之作者看来，为继父同居者服齐衰不杖期，原因是子之父殁，随母与继父生活，继父以自己的财货为子修筑宫庙，让子在岁时可以祭祀。顾炎武驳曰："夫物之不齐，物之情也。虽三王之世，不能使天下无孤寡之人，亦不能使天下无再适人之妇，且有前后家、东西家而为丧主者矣。假令妇年尚少，夫死，而有三五岁之子，则其本宗大功之亲自当为之收恤。又无大功之亲，而不许之从其嫁母，则转于沟壑而已。于是其母所嫁之夫，视之如子而抚之，以至于成人。此子之于若人也，名之为何，不得不称为继父矣。长而同居，则为之服齐衰期。先同居而后别居，则齐衰三月，以其抚育之恩，次于生我也。为此制者，所以寓恤孤之仁，而劝天下之人，不独子其子也。若曰'以其货财为之筑宫庙'，此后儒不得其说而为之辞。"③ 顾氏称《传》的作者为"后

---

① （清）张锡恭：《丧服郑氏学》卷二，上海书店 2017 年点校本，第 103 页。

② （清）张锡恭：《丧服郑氏学》卷二，上海书店 2017 年点校本，第 114 页。

③ （清）顾炎武：《日知录》卷五，《顾炎武全集》第 18 册，上海古籍出版社 2011 年点校本，第 253 页。

儒",言下之意,《传》文与《丧服》经文不可相提并论。据《传》文,可知继父为子修筑宫庙,子才对继父服齐衰不杖期。顾炎武则认为,与继父同居者为继父服齐衰不杖期,若先共同生活而后别居,则服齐衰三月。

《丧服》为父服斩衰三年,《传》曰:"为父何以三年也?父至尊也。"而为母则服齐衰三年,无《传》文。崔述说:"经为父斩衰三年而为母则齐衰三年,非薄母也,乃尊父也。古者家无二尊,服无二斩。斩也者,明所从也;古未有为妇人斩衰者也。父母之于子也,恩虽同而义异,故子之服之也,三年虽同而齐斩异。惟其同也,故曰'父兮生我,母兮鞠我;欲报之德,昊天罔极',曰'父母在,不远游',曰'事父母几谏'——皆主乎恩而言之也。惟其异也,故曰'父在观其志,父没观其行',而不曰'母在观其志',且曰'夫死从子矣'——此主乎义而言之也。"①《丧服》规定为父服斩衰三年,为母只服齐衰三年。崔述认为,之所以有如此差异,并非父之恩大于母之恩,而是出于"家无二尊""服无二斩"之考虑。

《丧服》"斩衰"章:"居倚庐……既练,舍外寝,始食菜果,饭素食。"崔述曰:"何以如是也?此人子之至情所不能已者也。盖父母既没,创钜痛深,食必难以下咽,且又恐其食为哀气所结而致疾也,故食粥焉,——粥者,易咽而又易化之物也。虞则哀少减,可以食矣;然美食犹不能食也,而菜果初登亦不免观之而感而痛生焉,故惟疏食水饮。……总之,礼本乎情,非强人以所不能行者也。若亲初丧而即能饮酒食肉,恬然不以为事,是其心已死矣,强之使必疏食,夫亦何益!"②崔述指出,亲人初丧,人子悲痛,故有"食粥""疏食水饮",这是针对人子丧亲钜痛实施的举措,合于情理。

第三节 清儒于《丧服》义例之研究

清儒十分重视《丧服》义例之研究。所谓"《丧服》义例",是指历代经学家从《丧服》所记丧服制度中归纳出来的原则或规律。由于经学家们的认识角度不同,所以对于《丧服》义例亦见仁见智,有的认识甚至互相牴牾。关于《丧服》义例的归纳,最早见诸《礼记》。《礼记·大传》言"服术有六",分别是"亲

① (清)崔述:《五服余论》,《崔东壁遗书》,上海古籍出版社1983年版,第664页。
② (清)崔述:《五服余论》,《崔东壁遗书》,上海古籍出版社1983年版,第664页。

亲""尊尊""名""出入""长幼""从服";《礼记·丧服小记》将《丧服》义例归纳为"亲亲""尊尊""长长""男女有别";郑玄则将《丧服》义例归纳为"正服""义服"和"降服"。汉代以后,贾公彦、黄榦、杨复等在前人基础上对《丧服》义例亦有辨析和归纳。清代是《丧服》研究的高峰时期,学人们对《丧服》义例格外重视,其中顾炎武、崔述、凌廷堪、郑珍、夏炘、夏燮、张锡恭等人的研究最有特色,他们或以"亲亲""尊尊"并重,或以"亲亲"为主,或主"三纲"而兼及"亲亲""尊尊"。

一、"亲亲""尊尊"义例

清儒普遍认同《礼记·大传》所言《丧服》"尊尊""亲亲"义例,不过于二者的关系却意见不一。清儒言《丧服》"亲亲""尊尊"义例之关系,大致有以下几种观点。

第一,"亲亲""尊尊"互为消长。

顾炎武对《丧服》"尊尊""亲亲"的关系作了辨析,他说:"'尊尊''亲亲',周道也。诸侯有一国之尊,为宗庙社稷之主,既没而余尊犹在,故公之庶子于所生之母,不得伸其私恩为之大功也。大夫之尊,不及诸侯,既没则无余尊,故其庶子于父卒,为其私亲,并依本服如邦人也。亲不敌尊,故厌;尊不敌亲,故不厌。此诸侯、大夫之辨也。"[1] 顾氏认为"亲亲""尊尊"互相消长,"尊尊"不一定重于"亲亲","亲亲"也并不一定重于"尊尊";在不同的关系中,"亲亲"与"尊尊"的地位和作用是不同的,比如在诸侯与庶子之间是亲不敌尊,而在大夫与庶子之间则是尊不敌亲。

第二,"亲亲""尊尊"并重。

凌廷堪撰《封建尊尊服制考》一文,重点对"服术"中的"尊尊"做了考证。

凌廷堪撰作此文的原因之一,是其认为"尊尊"对于认识服制十分重要。凌氏认为,"亲亲、尊尊二者,以为之经也"[2],而"其下四者,以为之纬也"[3]。

---

① （清）顾炎武:《日知录》卷五,《顾炎武全集》第 18 册,上海古籍出版社 2011 年点校本,第 257 页。

② （清）凌廷堪:《封建尊尊服制考》,《凌廷堪全集》第 1 册,黄山书社 2009 年点校本,第 293 页。

③ （清）凌廷堪:《封建尊尊服制考》,《凌廷堪全集》第 1 册,黄山书社 2009 年点校本,第 293 页。

而所谓"尊尊"者，"皆封建之服，何休所谓'质家亲亲，文家尊尊'是也。先王制礼，合封建而言之，故亲亲与尊尊并重"①。

凌廷堪撰作此文的原因之二，是其认为后儒不明"尊尊"之义，遂生妄陋。凌氏云："封建既废，尊尊之义，六朝诸儒或有能言之者。宋以后儒者因陋生妄，于其所不知，辄以己意衡量圣人，由是说《丧服》者日益多，而礼意日益晦，心窃惑焉。"②"窃谓不明尊尊之义，而言古之丧服，如瞽者无相，坐云雾之中而辨四方；无论信经传，疑经传，从郑注，违郑注，枝蔓不休，徒聒人耳，终无是处也。"③凌氏遂取《丧服》经、《传》言尊尊之义者辑为《封建尊尊服制考》一文，"俾读者一览而知，不致迷于所往，庶于经义不无少裨焉"④。

凌廷堪还举例从正反面以明"尊尊"之义的重要性。凌氏认为郑玄于"尊尊"的认识比较深刻。如《丧服》："女子子嫁者、未嫁者为世父母、叔父母、姑、姊妹。"《传》云："嫁者，其嫁于大夫者也。未嫁者，成人而未嫁者也。何以大功也？妾为君之党服，得与女君同。下言为世父母、叔父母、姑、姊妹者，谓妾自服其私亲也。"郑《注》："旧读合大夫之妾为君之庶子、女子子嫁者、未嫁者，言大夫之妾为此三人之服也。"又曰："此不辞，即实为妾遂自服其私亲，当言其以见之。《齐衰三月章》曰：'女子子嫁者、未嫁者为曾祖父母。'经与此同，足以见之矣。"张尔岐曰："旧读与《传》文甚协，郑君必欲破之，不知何故。且女子未嫁而逆降旁亲，于义亦自可疑。"⑤凌廷堪曰："此两节注与旧读互异，学者莫知所从，世多袭张氏之说，而不知其未深思也。考《丧服》'子嫁'《注》云：'凡女行于大夫以上曰嫁，行于士庶人曰适人。'此经例也。上经《齐衰三月章》'女子子嫁者、未嫁者为曾祖父母'，《传》曰：'嫁者，其嫁于大夫者也。未嫁者，其成人而未嫁者也。何以服齐衰三月？不敢降其祖也。'与此传正同。详《传》意，未嫁者谓许于大夫而未嫁者，盖尊尊之义。

① （清）凌廷堪：《封建尊尊服制考》，《凌廷堪全集》第1册，黄山书社2009年点校本，第293页。
② （清）凌廷堪：《封建尊尊服制考》，《凌廷堪全集》第1册，黄山书社2009年点校本，第293页。
③ （清）凌廷堪：《封建尊尊服制考》，《凌廷堪全集》第1册，黄山书社2009年点校本，第305页。
④ （清）凌廷堪：《封建尊尊服制考》，《凌廷堪全集》第1册，黄山书社2009年点校本，第293页。
⑤ （清）张尔岐：《仪礼郑注句读》卷十一，文渊阁《四库全书》第108册，第157页。

故郑君此注亦引《齐衰三月章》以证之，其义甚明。后儒昧于此义，故有逆降旁亲之疑，盖尊尊之义，郑君而后，知此者鲜矣。《注》虽与旧读异，其义甚精，世有好学深思者，当自知之。"①郑玄以前，有人认为"女子子嫁者、未嫁者"应接续上之"大夫之妾为君之庶子"，意即大夫之妾为大夫之庶子、女子子嫁者、未嫁者服大功九月。郑玄引《齐衰三月章》以破旧读，认为"女子子嫁者、未嫁者"当接后之"为世父母、叔父母、姑、姊妹"，"嫁者"谓嫁于大夫者，"未嫁者"谓许于大夫而未嫁者。凌氏认为，郑玄明"尊尊"之义，遂有此说，张尔岐等人不明"尊尊"之义，遂误驳郑而申旧读。

不过，凌廷堪认为郑玄于"尊尊"也有错误认知。比如《丧服》："君。"《传》曰："君至尊也。"郑《注》："天子、诸侯及卿、大夫有地者皆曰君。"贾《疏》："士无臣，虽有地，不得君称。"凌廷堪曰：《注》与《疏》皆谓士不得君称，显与经、《传》相违。敖氏继公曰：'诸侯及公、卿、大夫、士有臣者，皆曰君。'此说是也。……郑氏盖因《大传》有尊尊之说，知是封建之制，遂谓士卑无臣，别于大夫，以见尊尊之义。不知士有臣，从经、《传》之说，而尊尊之义乃益明也。"②《丧服》"妾为君"，《传》曰："君至尊也。"郑《注》："妾谓夫为君，不得体之，加尊之也，虽士亦然。"凌氏云："经所谓君，指士而言也。然则士卑无臣，不得称君，即注亦不能自守其说矣。君者，对臣妾之称也。《缌麻章》士有'贵臣、贵妾'，妾既称君，则臣亦得称君，《注》亦知己说之难通，故于'贵臣、贵妾'下注云：'此谓公士大夫之君也。'郑前注以上为卿士，盖曲护己说，不知《缌麻章》承上文'士为庶母'而言，尚得云士卑无臣，士妾又贱乎？疏不破注，自是唐人师法。然经既云士有贵臣，则不得云士无臣，违经而从注。考《特牲馈食记》'私臣门东，北面西上'，是士有臣之明证也。"③郑玄、贾公彦认为士无臣，因此"君"不包括士。凌氏列举证据，以明士有臣，士亦可称君。

凌廷堪据"尊尊"义例以驳敖继公等人之说。如《丧服》："公之庶昆弟、

① （清）凌廷堪：《封建尊尊服制考》，《凌廷堪全集》第1册，黄山书社2009年点校本，第321—322页。

② （清）凌廷堪：《封建尊尊服制考》，《凌廷堪全集》第1册，黄山书社2009年点校本，第294页。

③ （清）凌廷堪：《封建尊尊服制考》，《凌廷堪全集》第1册，黄山书社2009年点校本，第296页。

大夫之庶子为母、妻、昆弟。"《传》曰:"何以大功也? 先君余尊之所厌,不得过大功也。大夫之庶子,则从乎大夫而降。父之所不降,子亦不敢降也。"凌氏云:"'余尊所厌',郑君无注。敖氏云'以死者为其父尊之所厌',则大谬。窃谓公之庶昆弟,其父虽卒,而嫡子尚为诸侯,是先君之余尊犹在,故为所厌,不得伸也。苟知尊尊之义,则此传不难解也。"① 敖氏认为"余尊"是死者之父尊,凌氏则认为"余尊"是嫡子身上所体现的先君之余尊。

第三,"亲亲""尊尊"两不相悖,然以"亲亲"为重。

崔述《五服异同汇考》对《丧服》义例作了辨析。其曰:"丧非独服然也,其饮食,其居处,其言行,皆与寻常有异;而古人独于服致详焉者,所以立纲纪,正名分,殊亲疏而别尊卑也。故《丧服》一篇,两言足以蔽之,曰'尊尊''亲亲'而已。子生三年,然后免于父母之怀,故服皆以三年。由父而上推之,旁推之,则由期而大功,而小功,以至于缌;由母而推之,则为小功,为缌:皆亲亲之义也。斩衰之服三:子为父也,臣为君也,妻为夫也,尊尊也。父在为母期,庶子为父后者为其母缌,为尊者所厌也。妇为夫党则有从服,女为父党则有降服,为人后者服有变焉,母出母嫁服有变焉。尊尊亲亲不使两悖也。故服也者,纪纲名分之所系;犹之乎治国者必使上下有服,都鄙有章也。是以古人必于此致详也。"② 崔氏认为,"尊尊""亲亲"为《丧服》的根本义例,这两条义例"不相悖"。

崔述对《丧服》"亲亲"义例格外重视,因为服制来源于人之常情。比如崔述认为为父服斩衰三年并非圣人制之,而是人情使然,他说:"服何以三年也? 圣人制之乎? 非也。此人情之必至,行乎其所不得不行者也。何者? 凡哀莫重乎感,而感多因乎时。期也者,历时之一周也。故见新麦则感焉,见新谷则感焉,乍寒则感焉,乍暖则感焉;乃至蔬果新登,雨雪乍至,亦莫不观之而感,而哀生焉。凡至亲之丧,期之内无乎不哀也。故曰'至亲以期断'也。至于父母之丧,思尤深,义尤重,不但初见之而感而哀也,即再见之而犹不能不感,不能不哀,但感渐浅而哀渐杀耳。必至再期之后三见之,然后其情渐习,

---

① (清)凌廷堪:《封建尊尊服制考》,《凌廷堪全集》第 1 册,黄山书社 2009 年点校本,第 320 页。

② (清)崔述:《五服余论》,《五服异同汇考》卷三,《崔东壁遗书》,上海古籍出版社 1983 年版,第 662 页。

其心渐平，可以勉强复其故常，故亲丧皆以三年为断也。"①崔氏于此对父没之后子女情感世界的刻画可谓细致入微，这些情感是为父服丧三年的原因。崔述《五服余论》中有大篇幅的文字论"亲亲"的重要性，可见其虽然以"亲亲""尊尊"为《丧服》之义例，但是实际上以"亲亲"为重。

第四，"亲亲""尊尊"判然有别。

郑珍将《大传》和郑玄所言《丧服》义例结合起来加以考察，并对"亲亲""尊尊""降服"作了阐释。如其论"亲亲"义例曰："按服制之本，《三年问》曰：'至亲以期断。'至亲者，一体之亲也。父子首足，夫妻胖合，昆弟四体，皆骨肉不可分异，是为至亲。其生也恩爱绝常，其死也哀痛至极。圣人以送死当有已，复生当有节，一期则天地之中莫不更始也，因象之，而并断以齐衰期，是为服本。由是，亲以及亲，情有厚薄，则哀有深浅，而大功九月、小功五月、缌麻三月之差生焉。《小记》曰：'亲亲以三为五，以五为九，上杀、下杀、旁杀，而亲毕矣。'是故由父期而上杀，则祖大功，曾祖小功，高祖缌麻。由子期而下杀，则孙大功，曾孙小功，玄孙缌麻。由昆弟期而旁杀，则从父昆弟大功，从祖昆弟小功，族昆弟缌麻。上之由父而旁杀，则父母期，世叔父母大功，从祖父母小功，族父母缌麻。由祖而旁杀，则祖父母大功，从祖祖父母小功，族祖父母缌麻。由曾祖而旁杀，则曾祖父母小功，族曾祖父母缌麻。下之由子而旁杀，则子期，昆弟之子大功，从父昆弟之子小功，从祖昆弟之子缌麻。由孙而旁杀，则孙大功，昆弟之孙小功，从父昆弟之孙缌麻。由曾孙而旁杀，则曾孙小功，昆弟之曾孙缌麻。上由父至高祖，下由子至玄孙，旁由曾祖之昆弟至族昆弟，由祖之昆弟至从祖昆弟之子，由父之昆弟至从父昆弟之孙，由昆弟至昆弟之曾孙，皆各得四世，其服递杀，至缌而亲毕，过此则姓别于上，戚单于下，彼此皆无服。故曰四世而缌麻之穷也。又由母而推，则有母之父母昆弟姊妹；由妻而推，则有妻之父母；由姑而推，则有姑之子；由女而推，则有女之夫及子女，是为外亲，外亲之服皆缌麻。惟妇人以夫家为内，其尊者从夫降一等，其卑者与夫同，此亲亲之本服也。"②又论"尊尊"曰："圣人乃即其至尊重者而加隆焉。至尊莫如父，次莫如母，故特加父期为斩衰三年，加母期为齐衰三年。父既加，因上推及祖，旁推及世叔父，并加大功为期。母既加，因上推

---

① （清）崔述：《五服余论》，《崔东壁遗书》，上海古籍出版社 1983 年版，第 662 页。

② （清）郑珍：《仪礼私笺》卷四，《续修四库全书》第 93 册，第 285 页。

及外祖，旁推及从母，并加缌为小功。……"①郑珍以"至亲期断"为本，对《丧服》中的"亲亲""尊尊""加隆""降服"等义例条分缕析，认为"亲亲""尊尊"二者判然有别，而非你中有我、我中有你的关系。今人吴飞认为郑珍"欲融尊尊、亲亲为一说"，"他的理论，其实已经兼采了清儒丧服学的两个传统各自的说法，所言较清初徐建庵之学更周详细密，因而是清代丧服学理论的一个重大推进。"②吴飞指出郑珍的不足是"把尊尊与亲亲两个原则叛然二分，明晰有余，细密不足，对于丧服礼义的许多精微之处，就缺少解释力了"③。

第五，"尊尊"生于"亲亲"。

晚清学人张锡恭提出"正尊降服"说，此说见于其所撰《正尊降服篇》。张氏此说是针对元人敖继公而发。《丧服》："嫡孙。"《传》曰："何以期也？不敢降其嫡也。"敖继公曰："继公谓：祖于孙宜降于子一等而大功，此期者，亦异其为嫡加隆焉尔，非不降之谓也。"④敖氏认为，父为长子三年、祖为嫡孙期，皆加隆而非降。张氏认为敖氏"不知正尊降服之例，而强与传立异者也"⑤。张氏曰："服之本，至亲以期断。为父母当期，为子亦当期；为祖父母当大功，为孙亦当大功。为父母三年，为祖父母期者，亲之至，故尊之至，而加隆其服也。"⑥张氏据"至亲期断"原则，认为为父母当期，为祖父母当大功，由于加隆，故为父母三年，为祖父母期，嫡子与众子皆无异，而父母报众子期，只为嫡子三年，众孙为祖父母期，嫡孙为祖三年，祖父母为嫡孙期，而众孙大功。此皆是依加隆原则而言，无法解释《传》于此所云"不敢降"。张氏释曰："是孝子顺孙，其至敬根至爱而生，故其至尊从至亲而出。为父母三年不加隆，而人心不即于安，故为母有时或屈，而居处、饮食、哭泣、思慕必三年。是加隆之服，尊之至，由亲之至也。子孙虽卑属，其亲则一也。祖父母、父母不忍不报也。加隆者不忍不报，则所降者必其本服也。降其本服者，严父之谊；不忍不报者，爱子之仁。先王制礼，仁之至，谊之尽也。"⑦张氏认

① （清）郑珍：《仪礼私笺》卷四，《续修四库全书》第 93 册，第 285 页。
② 吴飞：《点校重刊丧服郑氏学序》，《丧服郑氏学》卷首，上海书店 2017 年点校本，第 20 页。
③ 吴飞：《点校重刊丧服郑氏学序》，《丧服郑氏学》卷首，上海书店 2017 年点校本，第 20 页。
④ （元）敖继公：《仪礼集说》卷十一，文渊阁《四库全书》第 105 册，第 397 页。
⑤ （清）张锡恭：《丧服郑氏学》卷六，上海书店 2017 年点校本，第 402 页。
⑥ （清）张锡恭：《丧服郑氏学》卷六，上海书店 2017 年点校本，第 402 页。
⑦ （清）张锡恭：《丧服郑氏学》卷六，上海书店 2017 年点校本，第 403 页。

为,为父母本服期,不过由于父母是至亲,故加隆三年以成至尊,由亲亲而生尊尊;至于子孙之加隆,父祖不忍不报,故所降者为本服,由亲亲以示尊尊,此与加隆三年以成至尊之义正相反。对于嫡子、嫡孙,父、祖父不降,并不是因为重嫡而加隆,而是考虑到嫡子、嫡孙传重的身份而不降其本服。《丧服传》于此所言"不敢降其嫡",而服期,是不降其正服,而并非如敖氏所云"为嫡加隆"也。

张锡恭"正尊降服"之说中的"尊尊""亲亲"并非截然分离,"尊尊"生于"亲亲"。此是对凌廷堪重"尊尊"而轻"亲亲"、郑珍严分"尊尊""亲亲"的纠偏。正如今人吴飞曰:"闻远先生遍读丧服学数百家,尤于清世诸师之说细加玩味,所以至亲期断、加隆、宗法、封建数义,皆折中于夫子,先生述尊尊、亲亲之大旨,极尽圆融精审。一家之言,足以承前启后,而清儒近三百年丧服学之精义,具汇于此。所言说,正尊降服说所统摄之丧服礼学,乃是清儒丧服学的集大成之说。"①

二、"三纲"义例

清代还有以"三纲"为《丧服》义例者。《白虎通义》曰:"三纲者,何谓也? 君臣、父子、夫妇也。"《礼记·乐记》:"然后圣人作,为父子君臣,以为纲纪。"孔《疏》引《礼纬》曰:"三纲,谓君为臣纲,父为子纲,夫为妻纲。"意即为臣、为子、为妇必须服从君、父、夫,同时君、父、夫要为臣、子、妇作表率。"三纲"之说,是当时人对于社会秩序的一种规划。

清初顾炎武曰:"为父斩衰三年,为母齐衰三年,此从子制之也。父在,为母齐衰杖期,此从夫制之也。家无二尊,而子不得自专,所谓'夫为妻纲,父为子纲'。审此可以破学者之疑,而息纷纭之说矣。"②顾氏认为,父死,子为母服齐衰三年,而不是服斩衰三年,体现的是"三纲"中的"从子";父在,子为母服齐衰杖期,体现的是"三纲"中的"从夫"。顾氏认为,若从"三纲"义例来理解《丧服》之规定,可息前人的纷争。

乾隆时期《钦定仪礼义疏》"妻为夫"条下之注:"子为父、臣为君、妻为夫,

---

① 吴飞:《点校重刊丧服郑氏学序》,《丧服郑氏学》卷首,上海书店 2017 年点校本,第 27 页。

② (清)顾炎武:《日知录》卷五,《顾炎武全集》第 18 册,上海古籍出版社 2011 年点校本,第 244 页。

此三纲也。从此递生他服，而不为他服之所生。递杀他服，而不为他服之所杀。"①《义疏》认为"三纲"为《丧服》递生、减杀的根据。此说对夏炘颇有启发。②夏氏曰："大哉！圣人之言，先得我心。为自汉以来儒者所未及道。"③

夏炘宗程朱理学，撰《三纲制服尊尊述义》，批评凌廷堪等人的《丧服》义例观。夏炘认为前人所言《丧服》义例不足据，他说："求之经记，列服虽网百有四十余条，引伸触类，曲畅旁通，若纲提纲，靡不振举，然后知《大传》之服术有六，《小记》之亲亲、尊尊、长长、男女有别诸说，皆后儒裔见缕推测之言，实未得周公制作之本原、孔门传受之要领也。"④夏炘认为"三纲"是《丧服》的核心义例，他说："《仪礼·丧服》一篇，其经非圣人不能作，其《传》非贤人不能述。后世议增议减，皆无当于先王制作之精义也。"⑤夏氏释此"精义"曰："夫服生于情，情生于亲，虽途之人皆知之，然但知亲亲而不知尊尊，则犹是野人之见，而无以明天下国家之有所统系也。尊尊之义奈何？三纲而已矣。"⑥夏氏认为，丧服源于情，即所谓"亲亲"，然而仅知"亲亲"而不知"尊尊"则是"野人之见"，因为有"尊尊"才有天下国家之秩序。夏炘进一步指出，"尊尊"之义是"三纲"，"三纲"才是《丧服》之根本义例，"三纲"可统系《丧服》林林总总的条目。

在"父纲制服"部分，夏炘指出，一家之中莫尊于父，故曰"父至尊"，由父而生子，由子而孙，而至玄孙，皆是以父为纲；祖乃父之父，曾祖是父之祖，亦是以父为纲。因此，为父服斩衰三年，父祖为祖后者服斩衰三年，推之曾祖、高祖皆然；子传父之重者，父也为长子服斩衰三年，皆是以父为纲而所制之服。在"君纲制服"部分，夏炘指出，天子君天下，诸侯君一国，有地之

① （清）高宗敕撰：《钦定仪礼义疏》卷二十二，文渊阁《四库全书》第 106 册，第 749 页。

② 《钦定仪礼义疏》此说对夏炘的影响，可参见张寿安：《十八世纪礼学考证的思想活力——礼教论争与礼秩重省》，北京大学出版社 2005 年版，第 132—133 页。

③ （清）夏炘：《三纲制服尊尊述义叙》，《三纲制服尊尊述义》卷首，《丛书集成三编》第 25 册，第 519 页。

④ （清）夏炘：《三纲制服尊尊述义叙》，《三纲制服尊尊述义》卷首，《丛书集成三编》第 25 册，第 520 页。

⑤ （清）夏炘：《三纲制服尊尊述义叙》，《三纲制服尊尊述义》卷首，《丛书集成三编》第 25 册，第 519 页。

⑥ （清）夏炘：《三纲制服尊尊述义叙》，《三纲制服尊尊述义》卷首，《丛书集成三编》第 25 册，第 519 页。

卿大夫君一邑,家相邑宰奉有地之大夫为君,所以诸侯为天子服斩衰三年,卿大夫士为为诸侯服斩衰三年,家相邑宰为有地之大夫服斩衰三年,皆是以君为纲而所制之服也。在"夫纲制服"部分,夏炘指出,在家服父以斩衰三年,出嫁则降而服齐衰期,此是以夫为天,将对父斩衰三年之服转移到夫之身上,此是源自"不二斩"之义制之;妇事舅姑,与子事父母同,虽是从服,然仍是源自"不二斩"之义。

夏炘以"三纲"为《丧服》的核心义例,其说虽非首创,然其详尽之论述,颇有集成意义。夏氏此说体现了清人在《丧服》研究方面的问题意识和求新取向,也体现了乾嘉学人在从事考据之同时对于经学义理的追求。张寿安云:"《大传》和《丧服小记》,自汉以来即是诠解《丧服》的重要参考文献。……夏炘却一举推翻。完全不细究其间仁义礼知、恩服、义服、节服、权服等历代礼经儒师的论辨阐释,只高举君父夫'三纲'即排列出上下尊卑的纲纪秩序。这和宋儒治经刊落注疏的'一贯'习性,极之相似。"① 张氏揭示了夏炘《丧服》学说与经典记载之异以及夏氏治经风格的历史渊源。

夏燮在其兄夏炘的基础上对《丧服》之义例做了探讨。夏燮云:"丧服之旨,莫先于正名,名正而后尊亲之杀,卑隆之差,礼所由生,义所由起。故名者人治之大,而丧者人道之至文者也。至尊之服,则父也、君也、夫也,所谓'三纲'者是也。至亲之服,在母也、妻也、子也、昆弟也,所谓'一体'者是也。"② 与凌廷堪、夏炘等人的《丧服》观一样,夏燮也主张摆脱《礼记·大传》和《丧服小记》的服术原则。其主张以"三纲"来解释"至尊之服",包括为君服,为父服,为夫服;以"一体"来释"至亲之服",包括为母服,为子服,为昆弟服。夏燮以"尊尊"之义释"正统不降之例",以"亲亲"之义释"五服递降之例"。他说:"由尊尊之义而推之,则祖也、嫡也、宗也,此正统不降之例;由亲亲之义而推之,则上杀也、下杀也、旁杀也,此五服递降之例也。不降之例,大夫之所同;递降之例,大夫则有异,而诸侯以上又异焉,所谓尊降厌降者是也。"③ 夏燮严格区别"尊尊"与"亲亲"义例,认为二者不可混淆。

夏燮以《丧服》和《礼记》之记载为基础,并参考郑《注》,归纳出二十

---

① 张寿安:《十八世纪礼学考证的思想活力——礼教论争与礼秩重省》,北京大学出版社2005年版,第132页。

② (清)夏燮:《五服释例叙》,《五服释例》卷首,《续修四库全书》第95册,第399页。

③ (清)夏燮:《五服释例叙》,《五服释例》卷首,《续修四库全书》第95册,第399页。

条丧服义例，分别是尊服例、正尊私尊服例、不降服例、尊降例、厌降例、出降例、从服例、报服例、女君与妾异同例、嫡子庶子异同例、大宗小宗服例、族亲服例、士与大夫以上异同例、吊服例、五服精粗等杀例、五服变除例、兼服变除例、通礼例、变礼例。在这些义例之下，夏燮又分若干小例，如尊服例之下又分二十四小例，分别是诸侯为天子、臣为君通例、公士大夫之臣为其君例、庶人为天子诸侯例、大夫为旧君及寄公为所寓之君例、诸侯之大夫为天子例、臣之妻为夫之君例、外宗内宗为君服例、外宗内宗之无服者例、外宗内宗之无爵者例、姑姊妹女子子尊同服例、始封之诸父昆弟服例、与诸侯为兄弟者在外例、诸侯之夫人为天子服例、诸侯之世子无服例、大夫之嫡子服例、诸侯诸臣为王后服例、诸侯之臣为小君服例、天子丧臣民服例、诸侯丧臣民服例、斩衰无义服例、旧君不反服例、君丧无私服例、未逾年之君例。夏燮于丧服条分缕析，其所归纳出来的义例突破了前人囿于《大传》和《丧服小记》已有之例，也扩展或"修正"了凌廷堪"尊尊"、夏炘"三纲"义例，对于《丧服》义例的研究颇有参考价值。

第四节　清儒《丧服》学透显出的经学观

清儒的《丧服》诠释既是受时代学风影响的结果，亦是时代学风的集中体现。清儒的《丧服》诠释所透显出的经学观主要有以下两点：

第一，清儒在从事《丧服》诠释时既重视名物制度之考证，又重视义例之归纳。这既体现了清儒的考据精神，又反映了清儒有别于宋儒的义理诉求。

清学与宋学的根本区别，是宋学重义理，清学重考据。《丧服》之研究，脱离名物制度无从谈起。在重视义理的宋代，除了车垓的《内外服制通释》以外，几乎没有可称道的《丧服》文献。考据学是清代学术的主流，特别是乾嘉时期经师们的精深考证，将中国经学考据之学推向了巅峰。清儒重视《丧服》学，正是他们重视经学考据学的集中体现。

据以上所述，可知清儒于《丧服》的研究集中在名物制度之考证和义例之归纳。清儒在考证《丧服》所记名物制度时，对于典籍记载、旧注旧疏等多加参考。比如徐乾学《读礼通考》共有二十九卷言丧期，八卷言丧服。其所征引的文献极为广泛，既有《周礼》《仪礼》《礼记》等礼经，又有马融、郑玄、班固、王肃、孔颖达、贾公彦、杜佑、朱熹、敖继公之经解。此外，崔述《五服异同汇考〉、沈彤《仪礼小疏》、胡培翚《仪礼正义》、张锡恭《丧服郑氏学》于《丧服》的名物制度皆有精密考证。各家所据材料不一，故考证的结论也不一定相同，然而各家皆持之有故，言之成理，在《丧服》名物制度的考证上较前人有突破。

重视《丧服》义例之辨析和归纳，是清儒治经特色之反映。在清代经学史上，治经重义例成为一种传统，最具有代表性的当属江永的《仪礼释例》和凌廷堪的《礼经释例》。经学家们希望通过对经典的内容进行辨析和归纳，从而找出一些具有规律性的“例”，然后以“例”来统系经典之内容，从而达到纲举目张的效果。关于《丧服》，《礼记》中就有所谓的“服术”，郑玄也曾归纳一些义例，清儒凌廷堪、郑珍、张锡恭等人对前人的《丧服》义例进行重新审视，特别是对“尊尊”“亲亲”义例做了充分的研究。夏炘、夏燮兄弟甚至跳出前人所归纳出的“尊尊”“亲亲”义例，以“三纲”为《丧服》义例。此虽非夏氏兄弟之发明，然夏氏兄弟却是此说的光大者。清儒重视《丧服》“例”之归纳，这种研究方法正是清儒考据精神之体现。

需要指出的是，清代考据学有义理和思想的支配，即使是乾嘉诸大儒，也不乏义理和思想的阐发。清儒在从事《丧服》诠释时，除了名物制度考证和义例归纳之外，往往还在社会背景之下对丧服制度加以辨析，如凌廷堪的《封建尊尊服制考》就是将丧服制度与西周宗法制度结合起来进行考察。这种在既定的社会背景下对经学文献所记制度所作之研究，已不是一般的经学考据，而是将研究的视野拓展到史学领域。此外，清儒还重视从“人情”的角度探讨“亲亲”“尊尊”义例，比如崔述在《五服余论》以很大篇幅对丧亲者的情感世界进行描述，就是从人之常情的角度去理解“亲亲”义例。由此可见，清儒的《丧服》研究在体现清代考据精神的同时，也体现了清人区别于性理之学的义理诉求。这也提醒我们在从事清代学术思想史的研究时，不能简单地以“考据”“义理”的标签去界定某位经学家或某些经学现象。

第二，清儒从事《丧服》研究时，既有恪守经学家法者，亦有不守家法而“唯善”是从者，此乃清代经学多元化的反映。

清儒对待前人解义的态度是十分复杂的。受辨疑思潮的影响，清初诸儒对历代奉为治礼圭臬的郑玄《仪礼注》多有疑义。比如元代敖继公好与郑玄为异，清初姚际恒《仪礼通论》的《丧服》部分却大量征引敖继公之解义，此外，姚氏直接与郑为异者也不少。由此可知，姚氏解《丧服》不唯郑是从。乾嘉时期的学者沈彤、崔述、胡培翚等人于郑玄《丧服》解义或从或违，皆以己意为断。疑经惑传在乾嘉时期学人们的《丧服》文献中随处可见，由此可窥清人独立思考、不盲从权威的治学精神。

清代部分学人在《丧服》诠释中恪守经学家法，这方面最具有代表性的是张锡恭的《丧服郑氏学》。该书谨守郑玄治经家法，无一语相出入。张氏曰："经有十三，吾所治者唯《礼经》；《礼经》十七篇，吾所解者唯《丧服》；注《丧服》者众矣，而吾所守者惟郑君一家之言。吾于学可谓隘矣。虽然，由吾书而探郑君之谊，其于郑君礼注之意，庶几其不倍乎?"① 张氏遍考前人《丧服》解义，并以申郑为己任。《丧服郑氏学》于历代发明郑氏解义者录之，与郑氏解义立异者则明辨之。其论证虽有"唯郑氏从"之嫌，然从经学史的角度看，恪守家法是经学研究的路数之一，其所具有的学术价值绝非"盲从"二字就可以一笔勾销。实际上，张锡恭《丧服郑氏学》在"从郑""申郑"的理念下，对于《丧服》经、《传》《记》以及郑玄等人解义皆有疏解；其在《丧服》全经凡例之下，对于郑玄解义之回护皆能持之有据，非泛泛之辈所能及也。

---

① 转引自（清）刘承幹：《丧服郑氏学序》，《丧服郑氏学》卷首，上海书店 2017 年点校本，第 7 页。

第十章　清代的《礼记·大学》诠释

　　《大学》是《礼记》的第四十二篇，论述了个人的道德修养、为学次第与治国平天下的关系。中唐以前，作为《礼记》的单篇，《大学》并没有引起人们的特别注意。自从韩愈、李翱以及北宋二程表彰《大学》以来，《大学》的地位得到很大提升。朱熹在前人的基础上撰《四书章句集注》，并将《大学》与《中庸》《论语》《孟子》合编为"四书"，《大学》遂成为理学重要的思想资源。元仁宗延祐年间（1314—1320）恢复科举，朱子《大学章句》被列为举业必修必考之书。明清沿元代科举旧制，朱子《大学章句》仍为科举考试的重要内容。由于《大学》与理学思想体系的建构有极为密切的关系，所以自宋代以后，《大学》解义除了见诸"四书"学文献，还见诸专门的《大学》著述。清代是继宋代之后思想文化发展的又一重要阶段，作为清代官方哲学的程朱理学依然兴盛，然而除了理学以外，汉宋、今古、中西之学也颇为流行，以至于清代文化呈现出极为多元的状态。① 在此文化背景下，清代的《大学》诠释亦有诸多面向。本部分拟从四个方面考察清代的《大学》诠释，以窥清人经典诠释的理路和特色。

第一节　《大学》可信与否之争

　　程朱理学十分重视《大学》，并将其置于"四书"之首。朱子据《大学》文本提出"三纲领""八条目"，从而构建起理学的认识论、工夫论和人生理想论。陆九渊、王阳明对程朱理学加以批判，如王阳明以"知行合一"说以

---

① 清代统治者高度重视理学，并将朱子的《四书章句集注》勒为功令。《清史稿》曰："有清科目取士，承明制用八股文。取《四子书》及《易》《书》《诗》《春秋》《礼记》五经命题，谓之制义。"[（清）赵尔巽等撰：《清史稿》卷一百八《选举三·文科》，中华书局 1977 年点校本，第 3147 页]

驳程朱的"格物致知"论，以"致良知"以驳程朱的"正心诚意"。尽管理学与心学有巨大的分歧，但是两派对于《大学》文本皆格外重视。程颐说："《大学》乃孔氏遗书，须从此学则不差。"① 朱熹将"格物致知"当作《大学》工夫之起始，并以《大学》作为理学修养论和方法论的基础，他说："愚谓致知格物，大学之端，始学之事也。"② 陆九渊、王阳明对于《大学》的认识不同于程朱，如王阳明并不认为"格物致知"为《大学》之端，而是认为"《大学》之要诚意而已矣"③。尽管理学与心学于《大学》之认识有很大差异，然而两派并不否定《大学》文本本身，而是皆以《大学》为据，从而构建自己的理学思想体系。

从整体上来看，清人对《大学》文本的态度可以分为两派，即信从者和批驳者。绝大部分人受宋明以来程朱理学和陆王心学的影响，对《大学》文本表示肯定，即使是对朱子的《大学》改本持有异议者，亦不疑《大学》文本的可靠性。如康熙帝认为"《学》《庸》皆孔子之传，而曾子、子思独得其宗"④，借这两部书，"明、新、止至善，家、国、天下之所以齐、治、平也，性、教、中和、天地、万物之所以位育，九经达道之所以行也"⑤。清初学人李颙认为《大学》是"孔门授受之教典，全体大用之成规"⑥，"吾人自读《大学》以来，亦知《大学》一书为明体适用之书，《大学》之学乃明体适用之学"⑦。李光地认为《大学》是"自夫子传之曾子、子思、孟子，言之若一，实古昔圣人教人

---

① （宋）程颢、程颐：《河南程氏遗书》卷二上，《二程集》上，中华书局 2004 年点校本，第 18 页。

② （宋）朱熹：《晦庵先生朱文公文集》卷七十二《吕氏大学解》，《朱子全书》第 24 册，上海古籍出版社、安徽教育出版社 2002 年点校本，第 3493 页。

③ （明）王阳明：《大学古本序》，《王阳明全集》卷七，上海古籍出版社 2014 年点校本，第 270 页。

④ （清）张廷玉等编：《日讲四书解义序》，《圣祖仁皇帝御制文集》卷十九，文渊阁《四库全书》第 1298 册，第 185 页。

⑤ （清）张廷玉等编：《日讲四书解义序》，《圣祖仁皇帝御制文集》卷十九，文渊阁《四库全书》第 1298 册，第 185 页。

⑥ （清）李颙：《四书反身录·大学》，《二曲集》卷二十九，中华书局 1996 年点校本，第 401 页。

⑦ （清）李颙：《四书反身录·大学》，《二曲集》卷二十九，中华书局 1996 年点校本，第 401 页。

之法，而孔子承之也"①，"此书者，曾、思相与衍绎成篇，名曰《大学》"②。李塨认为："《大学》载道甚正，自是孔门弟子所传述。"③ 刘光贲认为："礼者，人事之纲纪，王者之政，所以纲纪人事也。欲王政之行，必须人材。《大学》培养人材，以为立纲陈纪之用，则《大学》尤为诸礼之本。"④ 以上所列各家之说，或认为《大学》成于曾子和子思，或不明言《大学》的作者而只是认为其乃孔门弟子所传述，或为圣人教人之法，或为孔氏之遗书。透过这些观点，可知诸家皆认可自宋代以来理学家们所赋予《大学》文本的神圣性。

清代大多数学人认为《大学》文本的神圣性是不言而喻的，所以他们在从事《大学》诠释时，对于其文本的可靠性并无太多证明。不少"四书"学文献即是如此。如吴昌宗的《四书经注集证》、戚学标的《四书偶谈内外编》、翟灏的《四书考异》、颜元的《四书正误》等皆以疏通或补正旧注为目的，而于《大学》文本不持异议。此外，专门的《大学》诠释文献，如胡渭的《大学翼真》、王澍的《大学困学录》、惠士奇的《大学说》、张文蘉《大学偶言》、宋翔凤《大学古义说》虽然于朱子《大学章句》颇有异议，然于《大学》文本则表示信从。有清一代，对于《大学》文本持肯定意见者占主流，这与理学的传播以及与清代学人的尊经意识密切相关。

清代否定《大学》文本者不多，其中的代表人物是陈确和姚际恒，两人都生活在经典辨疑思潮盛行的明末清初。

陈确认为《大学》并非圣人之言、孔曾之书。他说："《大学》首章，非圣经也。其传十章，非贤传也。"⑤ 又说："嗟乎！五六百年来，大道既沈，言学之家，分崩离析，孰执其咎乎！语曰'止沸者抽其薪'，此探本之论也，姚江之合知行，山阴之言一贯，皆有光复圣道之功，而于《大学》之解，终落落难合。"⑥ 因此，陈氏决意"辨《大学》之决非圣经，为孔、曾雪累世之冤，为后学开荡平之路"⑦。

① （清）李光地：《大学古本说》，文渊阁《四库全书》第 210 册，第 4 页。
② （清）李光地：《大学古本说》，文渊阁《四库全书》第 210 册，第 4 页。
③ （清）李塨：《大学辨业》卷一，《续修四库全书》第 159 册，第 126 页。
④ （清）刘光贲：《大学古义》，《续修四库全书》第 159 册，第 272 页。
⑤ （清）陈确：《大学辨一》，《陈确集·别集》卷十四，中华书局 1979 年点校本，第 552 页。
⑥ （清）陈确：《大学辨二》，《陈确集·别集》卷十五，中华书局 1979 年点校本，第 567 页。
⑦ （清）陈确：《大学辨二》，《陈确集·别集》卷十五，中华书局 1979 年点校本，第 567 页。

陈确首先从言辞的角度对《大学》的作者作了探讨。他认为《大学》的言辞"游而无根""趋罔而终困""支离虚诞"①，故不可能为子游、子夏所言，亦不可能为先秦儒者所作。此外，陈确认为孔子、孟子皆不曾言及《大学》，可证《大学》非圣经。他说："孔、孟之言《春秋》，不一而足，而未尝一及所谓《大学》也。……子所雅言，《诗》《书》、执《礼》，而绝不及《大学》，何也？即《中庸》一书，世儒皆言是子思所作，吾亦未知其真伪何如。然'中庸'二字，夫子亦每言之，而独不及《大学》，何也？岂孔、孟诸弟之贤皆未足以语此乎？"②此外，陈氏认为从春秋到宋代，诸儒皆将《大学》看成是《礼记》的一部分，即使是推崇《大学》的朱子，亦没有将《大学》归于孔子。陈氏认为，宋仁宗表彰《大学》之后，《大学》才为学者所推崇。他说："宋仁宗特简《中庸》《大学》篇赐两新第，上有好者，下必有甚焉，学者辄相增加附会，致美其称，非有实也。"③言下之意，《大学》并无神圣性，即使有神圣性也是出于后人的附会。

陈确还从思想内容的角度以证《大学》非圣贤之书。如《大学》"知止而后意诚"一语，陈确驳曰："'知止'云云者，则愈诬矣。辟适远者未启行，而遥望逆旅以自慰曰'吾已知所税驾也'，知止则知止矣，而止故未有日矣。故未至而知止，如弗知而已，而何遽定、静、安、虑、得之可易言乎？且吾不知其所谓知止者，谓一知无复知者耶，抑一事有一事之知止，事事有事事之知止；一时有一时之知止，时时有时时之知止耶？……《大学》之所谓知止，必不然也。必也，其一知无复知者也。一知无复知，惟禅学之诞有之，圣学则无是也。"④陈氏认为，知止是相对的，今所谓知止，明则是无知，故《大学》所言"知止"不可从。

姚际恒驳《大学》的方法和内容与陈确很相近。⑤姚氏认为《大学》与禅学义理相同或相通，他说："前一篇全杂后世禅学，其用字义更有牵强失理处。"⑥其

① （清）陈确：《大学辨一》，《陈确集·别集》卷十四，中华书局 1979 年点校本，第 552 页。
② （清）陈确：《大学辨一》，《陈确集·别集》卷十四，中华书局 1979 年点校本，第 563 页。
③ （清）陈确：《大学辨一》，《陈确集·别集》卷十四，中华书局 1979 年点校本，第 562 页。
④ （清）陈确：《大学辨一》，《陈确集·别集》卷十四，中华书局 1979 年点校本，第 554 页。
⑤ 姚际恒并没有见过陈确的《大学辨》。姚氏说："海昌陈乾初有驳《大学》书，惜予未之见。"
　　[（清）杭世骏：《续礼记集说》卷九十七，《续修四库全书》第 102 册，第 703 页]
⑥ （清）杭世骏：《续礼记集说》卷九十七，《续修四库全书》第 102 册，第 702 页。

将《大学》的内容与佛学加以比较，如《大学》"明明德"，姚际恒曰："按德，《释名》：'得也，得事宜也。'是德乃人生躬行所自得之善。《帝典》'峻德'，赞其大也。德在天下也，故史臣以是赞尧，而《康诰》亦同其文焉。是德犹本体，明犹功用之谓。今云'明明德'，于'德'上加'明'字，又别以'明德'上加'明'字，则以明德为本体，明明德为功用，便堕入空虚，同于释氏，如释氏所云妙明直心、妙觉明性、元明明觉等义矣。"①姚氏认为，《大学》"明明德"与佛教空寂之说如出一辙。又如《大学》"止于至善"，姚际恒曰："禅家以戒定慧三者为关键，经云因戒生定，因定发慧，因戒生定。知止而后有定也，因定发慧，由定以至静，安而虑也，生与发，即而后义也。"②姚氏认为，《大学》"止于至善"与禅宗止观之义相同。

在明末清初的社会危机以及满清入关所产生的民族危机面前，一些思想家从迷梦中惊醒，他们从社会危机和民族危机中滋生出强烈的批判意识，而这些批判意识又有诸多面向。王夫之、顾炎武、黄宗羲等人为了纠正阳明后学所带来的虚浮学风，开始对理学加以反思，并有意识地将学术方向扭转到修己治人之道的实学上。如顾炎武提出"经学即理学"，意在复兴经学，并"以经学济理学之穷"，将经学引导至经世致用的道路上去。张尔岐等人则希望通过礼学来改变虚浮的学风，其所撰《仪礼郑注句读》以发明郑《注》、辨析贾《疏》为旨趣，一反宋明以来轻视汉唐注疏的学术取向。陈确、姚际恒是众多具有批判意识的思想家中的杰出代表，然而二人对传统之批判，与王夫之、顾炎武、黄宗羲等人颇有不同。王夫之等人所批判的主要是王学末流，而对于程朱理学还是颇为尊崇，比如王夫之于《大学》文本并无异议，于朱子《大学》解义多有申说。陈确所撰《大学辨》、姚际恒所撰《九经通论》既驳程、朱，又驳陆、王，其要颠覆的是程、朱和陆、王皆奉《大学》为经典的观念。③虽然理学和心学对于《大学》的诠释理路不同，但是两派对于《大学》文本的肯定态度却是相同的。陈确、姚际恒对《大学》文本的否定，实际上是希望通过批判《大学》，进而瓦解理学与心学之争的理论基础。既然两派所共同认可的《大学》

---

①　（清）杭世骏：《续礼记集说》卷九十七，《续修四库全书》第 102 册，第 704 页。

②　（清）杭世骏：《续礼记集说》卷九十七，《续修四库全书》第 102 册，第 704 页。

③　姚际恒的《礼记通论》已佚，今赖杭世骏《续礼记集说》所征引者，可知该书之概略也。姚氏《礼记通论》是其所撰《九经通论》之一，其于《大学》之辨伪，属于《礼记通论》的一部分。

文本没有价值，那么两派以《大学》为理论资源所建构的思想体系也就靠不住了，两派争议不断的问题之价值也随之瓦解。

第二节　《大学》古本与改本之争

汉代至宋初的学人遵《大学》的郑玄校本，此校本即后人所说的"古本"。理学和心学皆重视《大学》，然而两派对于《大学》的诠释路径各异。理学的代表人物朱熹为了构建理学思想体系，对《大学》文本作了新的调整和诠释。比如其延续程颐改"亲"为"新"的批注，在解释"亲民"时，也主张改"亲"为"新"，释"新"为"革新"之义。朱熹还在二程改本之基础上，对《大学》分经别传，并"窃取程子之意"以补"格物致知传"。而王阳明推崇《大学》古本，其通过对《大学》的诠释从而构建心学思想体系。王阳明否定程朱改《大学》"亲民"为"新民"，在其看来，"亲民"可涵"新民"，而"新民"不能涵纳"亲民"。此外，阳明认为古本《大学》释"诚意"的内容是在经文之后、传文之首，因此《大学》既无阙文，亦无错简。阳明心学以"诚意"为本体，"格致"为工夫，"诚意"在逻辑上优先于"格致"，此与朱熹强调"格致"之说有根本的区别。阳明推崇《大学》古本，意在驳朱子的"格致"之说，并为所谓"诚意"工夫寻找依据。

宋代以后，《大学》古本与改本之争从未停息过，正如清人郭嵩焘所云："朱子辑'四书'，首列《大学》。……元世定为科举甲令，学者尊其说八百余年。其要义所系，尤在'格物致知'一传，攻之者亦用是为射者之的。姚江之说行，聚讼纷纷，讫明之终，其说交胜。而朱子切己之学，循序渐进之功，于学者为有据依，老师大儒，笃信谨守，无敢失坠。雍乾之交，朴学日昌，博文强力，实事求是，凡言性理者，屏不得与于学，于是风气又一变矣。乃至并《大学》《中庸》之书蔑视之，以为《礼运》《学记》之支言绪论。"① 概而言之，清人于《大学》有遵古本和遵改本两派。王夫之、胡渭、李塨、惠士奇等人尊崇《大学》改本，而毛奇龄、李光地、刘沅、宋翔凤、郭嵩焘等人倡导《大学》古本。

由于"四书"包括《大学》，所以部分清代遵朱子学的"四书"学文献提倡朱子的《大学》改本。如王夫之的《读四书大全说》《四书稗疏》的《大学》

---

① （清）郭嵩焘：《大学章句质疑》，《续修四库全书》第159册，第239页。

部分就是以朱子改本为据。此外,一些清代学人还通过专门的《大学》著述,从而维护或驳难程朱理学。比如清初胡渭的《大学翼真》、李塨的《大学辨业》、惠士奇的《大学说》等皆是尊《大学》改本之作。胡渭《大学翼真》大旨以朱子为主,力辟王学古本之误。胡渭认为,宋代以后形成的《大学》古本和改本两派,"如庐山之横看成岭,侧看成峰,远近高低,所见各异,而《大学》之真面目几不可识矣"①。对于阳明遵古本之说,胡氏驳曰:"按古本《大学》,即今《礼记》所载《大学》篇是也。'此谓知本''此谓知之至也'二句,的是错简,无论其位置当在何处,即此二句之内,其义已有不可通者。……于不可从者而笃信之,且曲为之解,是郢书而燕说也,恶乎可?"②胡氏认为《大学》古本有错简、义有不可通者,故《大学》古本不可从。胡氏认为朱子划分《大学》经传"确不可易"③,他撰《大学翼真》,意在通过羽翼朱子《大学》改本,从而为朱子学张目。当然,胡氏对朱子改本的认同是从总体上来看的,这并不是说他对改本毫无异议。④

清代毛奇龄、李光地、刘沅、宋翔凤、郭嵩焘等人推崇《大学》古本,而反对朱子改本。在清代的《大学》诠释史上,这一派学者的观点格外引人注目。归纳起来看,他们推崇《大学》古本的原因主要有以下几点:

一是认为朱子改移《大学》文本不合汉儒校经之例。如毛奇龄说:"特汉儒校经,首禁私易。即《礼记》'子贡问乐'一章,明知错简,而仍其故文,并不敢增损一字。而《周书·武成》所谓无今文有古文者,即简编错互,未尝敢擅为动移,而但为之参注于其下,以为校经当如是耳。向使《大学》果有错误,苟非万不能通,亦宜效汉儒校经之例,还其原文,而假以辨释,况其所为错误者,则又程改而朱否,兄改而弟否者也。……因搜列旧文,略证诸说,而全列四改文于其后,曰《大学证文》。"⑤毛氏认为,汉人校经极为慎重,即

① (清)胡渭:《大学翼真凡例》,《大学翼真》卷首,文渊阁《四库全书》第208册,第907页。
② (清)胡渭:《大学翼真》卷三,文渊阁《四库全书》第208册,第949页。
③ (清)胡渭:《大学翼真凡例》,《大学翼真》卷首,文渊阁《四库全书》第208册,第908页。
④ 胡氏亦指出朱子《大学》改本有不尽可靠者,如"康诰"章已释"明明德",而"盘铭"一节复与上章相连,"邦畿"章始释"止至善",而"盘铭"章之末节又与下章相连,以致于"界限未清,学者疑之"。胡氏遂合"康诰""盘铭"为一章以释经,以致"界限亦更分明,虽与朱子分章小异,亦无嫌也"。[(清)胡渭:《大学翼真凡例》,《大学翼真》卷首,文渊阁《四库全书》第208册,第908页]
⑤ (清)毛奇龄:《大学证文》卷一,文渊阁《四库全书》第210册,第280页。

使文本有义不可通或有错简者，仍只参注其下，不敢擅自移改；朱子不仅疑改《大学》，且凭已意增"格物致知传"，与汉人校经原则相去甚远。

二是认为朱子划分《大学》经传之举不可从。毛奇龄以《周易》《论语》《孝经》早期称传而不称经以证《大学》不应分经分传。毛氏曰："《大学》不分经传，虽夫子出言成经，然在汉以前多以传称，如《易系辞》称大传，《彖辞》《象辞》称彖传、象传。汉武谓东方朔曰：'《传》曰：时然后言，人不厌其言。'则《论语》称传。即《孝经》已称经，而成帝赐翟方进册书云：'《传》曰：高而不危，所以长守贵也。'亦称为传可见。"① 李光地亦认为"《大学》初无经传，乃一篇首尾文字"②，言下之意，朱子划分《大学》经传是多余之举。李氏还说："《大学》之宗归于诚意、格物、明善者，其开端择术事耳。朱子亦既言之，而不能无疑于离合整散之间，是以有所更缉。今但不区经传，通贯读之，则旧本完成，无所谓缺乱者，若大义一惟程朱是据，污不至阿其所好，或以为习心入之先者，不知言者也。"③ 李氏认为，《大学》古本意义完整，并无缺乱，无需移易改动。宋翔凤亦认为《大学》古本"首尾完具，脉络贯通，无经传之可分"④，其遂撰《大学古义说》以明《大学》之"古义"。

三是认为朱子补《大学》"格物致知传"是多余之举。毛奇龄认为，《大学》古本完备，程朱所言"格物致知"在前人那里已有精当的解释。毛氏曰："予读《大学》，以为'格物致知'安有如后儒之纷纷者乎？既而读'此谓知本''此谓知至'之文，亦恍然曰：格致之义，前圣自解之矣！"⑤ 李光地亦反对朱子补"格物致知传"，他说："《大学》一书，二程、朱子皆有改订，若见之果确，一子定论便可千古，何明道订之，伊川订之，朱子又订之？朱子竟补格物传，尤启后人之疑。若格物应补，则所谓诚意在致其知，正心在诚其意，皆当补传矣。"⑥ 李氏认为，若"格物"补传，那么"诚意""正心"亦当补传。言下之意，朱子补"格物致知"传是多余之举。郭嵩焘认为解《大学》的关键在"致

① （清）毛奇龄：《四书賸言》卷一，文渊阁《四库全书》第210册，第209页。
② （清）李光地：《大学篇》，《榕村集》卷六，文渊阁《四库全书》第1324册，第602页。
③ （清）李光地：《大学古本私记序》，《榕村集》卷十，文渊阁《四库全书》第1324册，第673—674页。
④ （清）宋翔凤：《大学古义说序》，《大学古义说》卷首，《续修四库全书》第159册，第213页。
⑤ （清）毛奇龄：《大学证文》卷一，文渊阁《四库全书》第210册，第280页。
⑥ （清）李光地：《榕村语录》卷一《大学》，中华书局1995年点校本，第11页。

知""诚意",而非"格物致知",他说:"郑《注》以'致知在格物'别为一节,格物即是致知,故直曰'在',而不曰'先'。自'诚意'章以下,首言'所谓修身在正其心','齐家''治国'诸章并同此例。疑此云'致知在格物',而结之以'此谓知本''此谓知之至也',即朱子所补'格物致知'一章之义,经文本自无缺也。"①郭氏认为,"格物"即"致知",朱子所言"格物致知"之义,《大学》本身已有,不需再补。

四是认为朱子《大学》改本的义理文气不如古本深厚完足。如刘光蕡认为朱子《大学》改本"义理文气不如古本之深厚完足"②。刘氏举例曰:"如释'明明德'传三引《书》,而结以'皆自明也',为释明德之本体乎?抑释明德之功夫乎?明德为己所得于天之物,人岂不知,而待于传者特释之乎?意味已同嚼蜡,而以诚意后各传文气较之,则各传结构完密,与此大不相类。取古本读之,则知因诚意后实有明德于中,即能形著于外,故引《淇澳》《烈文》之诗证之。然前王没世,民不能忘,非求之民也,能自明其明德而已。由周及商,以至唐虞,圣王无不如是。自古为学,政无不从诚意做起,文意何等深厚完足,此首章释'明明德'之传,不如古本之善也。"③刘氏认为朱子《大学》改本不如古本文从字顺、意义丰富。

五是认为朱子的《大学》解义不通,以证古义可靠。如《大学》"在亲民",孔颖达曰:"'在亲民'者,言大学之道,在于亲爱于民。"朱子认为此"亲"当作"新",与"旧"相对。宋翔凤驳曰:"大学取士之法,以明明德为基,与'克明峻德'之理无异。故'克明峻德'者,尊贤也。又言'以亲九族'者,亲亲也。《书》古文说九族为上自高祖,下至玄孙,所谓'同姓从宗,合族属'也。又言'平章百姓',人含五常之性,发为五声,五五二十五,转而相杂,故姓有百。'平'读为辨,辨别章明也,所谓'异姓主名,治际会,名著而男女有别'也。盖行亲九族之法于百姓,则人无不亲。有虞氏之官百,因生以赐姓,故百姓亦为百官,有官则有姓,有姓则有族,有族则有亲,百官无不明亲亲之义,而'协和万邦,黎民于变时雍',则人人亲其亲,长其长,而天下平。《大学》继'明明德'而言'亲民'者以此,故王道之易易,亦基于用人而已矣。"④宋氏从孔

---

① (清)郭嵩焘:《大学章句质疑》,《续修四库全书》第 159 册,第 243—244 页。
② (清)刘光蕡:《大学古义》,《续修四库全书》第 159 册,第 271 页。
③ (清)刘光蕡:《大学古义》,《续修四库全书》第 159 册,第 271 页。
④ (清)宋翔凤:《大学古义说》上篇,《续修四库全书》第 159 册,第 215 页。

氏之说，以"亲"作本字解，而驳朱子以"新"释"亲"。宋氏指出，"明明德"与《书》"克明峻德"同有尊贤之义，"亲民"与"以亲九族"同有亲亲之义。宋氏还据"平章百姓"推导出百官皆明亲亲之义。在宋氏看来，从"明明德"到"亲民"，是有内在逻辑的，前者为尊贤，后者为亲亲，《大学》所言"王道之易易"皆以用人为始基。郭嵩焘亦认为朱子的《大学》解义有不可靠者。比如朱子将《大学》分为经传两部分，经"盖孔子之言而曾子述之"，传"则曾子之意而门人记之"①。郭氏据贾逵等人之言，认为"朱子分经传，而以曾子传孔子之言为经，门人所述曾子之言为传，似属以意拟之"②。此外，朱子以古人为学次第者，独赖《大学》之存，而《论》《孟》次之。郭嵩焘则认为"《论》《孟》是圣贤立教大旨，修己治人之术赅备。其中《大学》自是一篇整段工夫，子思之传圣学具见于此，以是见为学次第可也，似未宜与《论》《孟》比校次第"③。

六是认为朱子改本的负面影响甚巨。毛奇龄认为朱子移改《大学》，使后世于《大学》文本的认知出现混乱。他说："二程所改之仅存于二程全书之中，不必强世之皆为遵之，而元明两代则直主朱子改本，而用以取士，且复勒之令甲，敕使共遵，一如汉代今学之所为设科射策劝以利禄者，而于是朱子有《大学》，五经无《大学》矣。……明则取士从同，校文从异，故科目士子并不知朱本之外别有旧本。而一二学古者则又更起而施易之，或以彼易此，或以此易彼，尔非我是，竞相牴牾，而沿习既久，忽有伪造为古本，献之朝廷，以为石经旧文，所当颁学宫，而定科目者。夫祇一改经，而相沿祸烈至于如此，此不可不为之辨也。"④毛氏认为，后世学人或轻《大学》古本，或混淆古本，或伪造古本，究其根源皆是朱子改本所致。李光地指出，宋元以来《大学》古本虽受遵用，然而诸儒"皆不能允于心，而重有纂置为异论者，又无足述也"⑤，甚至《钦定礼记义疏》亦认为"自宋儒之说盛行，遂庋注疏于高阁，君子未尝不深惜之"，"考朱子《章句》，去小戴删定之年千有余岁矣，中间异学争鸣，群

①　（清）朱熹：《四书章句集注》，中华书局 1983 年点校本，第 4 页。
②　（清）郭嵩焘：《大学章句质疑》，《续修四库全书》第 159 册，第 242 页。
③　（清）郭嵩焘：《大学章句质疑》，《续修四库全书》第 159 册，第 242 页。
④　（清）毛奇龄：《大学证文》卷一，文渊阁《四库全书》第 210 册，第 278—280 页。
⑤　（清）李光地：《大学古本私记序》，《榕村集》卷十，文渊阁《四库全书》第 1324 册，第 673 页。

言淆乱"①。宋翔凤亦指出，自宋代程、朱等人订《大学》改本，元代悬为令甲后，《大学》"古义日湮，师传渐失，众家之说，转即歧途"②。

宋、明学人于《大学》古本和改本的态度，乃是各自学术立场之反映。追随程朱理学者，其《大学》诠释则从朱子改本；奉阳明心学者，其《大学》诠释则从古本。而清代学人于《大学》古本和改本的态度反映的学术立场则十分复杂。认可阳明心学的毛奇龄和褒奖程朱理学的李光地皆推崇《大学》古本而驳朱子改本。《钦定礼记义疏》在文本上以《大学》古本为据，而在解义上又以朱子为宗。既不法程、朱，又不宗陆王的今文家宋翔凤推崇《大学》古本，强调"微言大义"和经世致用。刘光贲推崇《大学》古本，既尊奉阳明心学，亦强调经世效用。郭嵩焘通过驳《大学》改本，从而维护朱子学。由此可见，清代学人对于《大学》古本和改本的态度，不可简单地以理学或心学的立场去加以概括。事实上，清人热衷于《大学》文本之考察，乃是宋明以来学界重视《大学》之风气使然。然而由于时过境迁，清代与宋、明学术不可同日而语，学术派别和内在理路渐趋复杂，以至于清人对待《大学》古本和改本的态度透显出与前人不同的学术旨趣。今人若仅以清人对待《大学》古本和改本的不同态度，就将其归为理学或心学的阵营，那就犯了简单化的错误。

第三节　利用《大学》批判或阐发理学思想③

宋代以来，"五经"让位于"四书"系统，《大学》由《礼记》的单篇转而成为"四书"之首，受到宋、元、明时期学者们的高度重视。继宋、元、明之后，不少清代学者仍借《大学》维护或阐发理学思想。此可从以下几个方面来看：

---

① （清）乾隆十三年敕撰：《钦定礼记义疏》卷六十七，文渊阁《四库全书》第124册，第230—231页。
② （清）宋翔凤：《大学古义说序》，《大学古义说》卷首，《续修四库全书》第159册，第213页。
③ 狭义的"理学"指程朱理学，而广义的"理学"包括程朱理学和陆王心学。南宋陆九渊曰："惟本朝理学，远过汉、唐，始复有师道。"（陆九渊：《与李省幹》，《陆九渊集》，中华书局1980年版，第14页）孙奇逢《理学宗传》言："谨守程、朱之训，然于陆、王亦甚喜之。"［（清）孙奇逢：《寄张蓬轩》，《孙奇逢集》，中州古籍出版社2003年版，第721页］陆氏和孙氏于此所言"理学"皆包括理学和心学。笔者于此标题所言"理学"，是从广义的角度来界定的，即包括理学和心学，而在此部分的具体论述中则是从狭义的角度言理学和心学，从而展现不同学派学人观点之间的差异。

第一，王夫之、李塨等人通过《大学》诠释从而批判心学或理学思想。

在王阳明看来，格物所获得的知，若不去行，则毫无意义，因此他主张"知行合一"，知中即有行，行中即有知。王夫之在从事《大学》诠释时批评王学的"知行合一"说，认为"姚江王氏知行合一之说得藉口以惑世，盖其旨本诸释氏，于无所可行之中，立一介然之知曰悟，而废天下之实理，实理废则亦无所忌惮而已矣"①。王夫之认为由行而有知，行在知先，知在行中逐渐形成。他说："盖天下之事，固因豫立，而亦无先知完了方才去行之理。使尔，无论事到身上，蓦你从容去致知不得；便偻有暇日，揣摩得十余年，及至用时，不相应者多矣。"②王夫之还以习棋艺为例以明行对于知的重要性，他说："格致有行者，如人学弈棋相似，但终日打谱，亦不能尽达杀活之机；必亦与人对弈，而后谱中谱外之理，皆有以悉喻其故。且方其逐著心力去打谱，已早属力行矣。"③王夫之指出，若只停留在理论上，则不可能真懂棋艺；与人对弈，理论与实践相结合，则棋艺可知。

李塨曾撰《大学辨业》，对《大学》作了与程、朱和陆、王不同的诠释。程、朱和陆、王重视本体，二者所言的"理"或"心"，在逻辑上优先于"事"。李塨则认为"理"与"事"不可分，离"事"不可言"理"。他说："六艺，《大学》之实事也。今云入大学便不甚学事，只理会理，何不观《内则》为学之序乎？且理与事亦何可分也？"④李塨以"学"为切入点从事《大学》之诠释，对其师颜元之说予以纠偏。李塨认为，《大学》的关键是讲"为学"，若只强调读书，或只强调力行，则皆有偏颇。⑤在此前提下，李塨对《大学》"格物致知"做了新的解释，他说："朱子亦知格物是学文，但认圣学未甚确，故言有离合，如以穷至性天为格物，则是上达知天命之事，非成童入学事也。以读书讲论文字为格物，则后世文墨之学，非古《大学》之物也。应接事物、存心省身为格

---

① （清）王夫之：《礼记章句》卷三十一，《船山全书》第4册，岳麓书社1998年点校本，第1256页。

② （清）王夫之：《读四书大全说》卷一，《船山全书》第6册，岳麓书社1998年点校本，第411页。

③ （清）王夫之：《读四书大全说》卷一，《船山全书》第6册，岳麓书社1998年点校本，第411页。

④ （清）李塨：《大学辨业》卷三，《续修四库全书》第159册，第138页。

⑤ （清）李塨：《大学辨业》卷三，《续修四库全书》第159册，第142页。

物,则又力行之功,非格物也。以力行为格物,是行先于知矣,倒矣。"①李氏认为,知先于行,而《大学》所言格物与力行有别,以力行为格物,是以行先于知,是将知行关系倒置。李氏证之以《中庸》《易》《中论》,认为学与行不可混而为一。具体到"格物致知",即"格物致知,学也,知也"②;"诚意、正心、修身、齐家、治国、平天下,行也"③。李氏认为,"格物致知"属于"知"的范畴,而诚意、正心、修身、齐家、治国、平天下属于"行"的范畴;若知与行为一,《大学》只言"格物致知"即可,不必再言"诚意""正心""修身""齐家""治国""平天下"。李氏此说,是对王阳明"知行合一"说的批判。

第二,毛奇龄、刘光蕡等人通过《大学》诠释从而继承并发展心学思想。

王阳明言"致良知",从而建构起一套道德修养论体系。刘宗周认为,王阳明言"致良知"不如言"慎独"简易明白,且易流入禅学,刘氏遂将"慎独""格致"看成是"诚意"的工夫,"诚意"则是"格致""慎独"的旨归。毛奇龄亦强调"诚意"的重要性,他说:"格物以修身为本,而修身则又以诚意为本。……是以'诚意'二字,为圣门下手第一工夫,假使意发而不善,则必知其不善,一如恶臭之在前,而恶而去之。其知不善者,知也,不欺也。"④"是必诚意之功,切磋以为学,琢磨以修身,而后为盛德至善,所谓明德于此,新民亦于此也。"⑤"修身者,明德之本,诚意者,又修身之本也。此圣功也。"⑥毛氏认为"诚意"是道德修养的"第一工夫",知与行皆统摄于"诚意"之下;"诚意"为"明德""新民"之本,"明德""新民"乃"诚意"之工夫。毛氏此说,是对刘宗周心学思想的继承和发展。

刘光蕡在阳明心学的基础上对《大学》"格物致知"作了新的诠释。他说:"阳明以为善去恶训格物,则格字有方格、扞格两义。'方格'为善也,'扞格'去恶也。"⑦此所谓"善""恶",皆是从道德伦理的层面来讲,而其所言"格物"之"物"则是从社会层面来看。在刘氏看来,"诚""正""修""齐""治""平"

---

① (清)李塨:《大学辨业》卷三,《续修四库全书》第159册,第136页。
② (清)李塨:《大学辨业》卷三,《续修四库全书》第159册,第137页。
③ (清)李塨:《大学辨业》卷三,《续修四库全书》第159册,第137页。
④ (清)毛奇龄:《大学知本图说》,《续修四库全书》第159册,第95页。
⑤ (清)毛奇龄:《大学知本图说》,《续修四库全书》第159册,第95页。
⑥ (清)毛奇龄:《大学知本图说》,《续修四库全书》第159册,第95页。
⑦ (清)刘光蕡:《大学古义》,《续修四库全书》第159册,第264页。

及所对应的"身""心""意""家""国""天下"皆是物，因此《大学》全篇皆言"格物"，朱子补"格物致知传"乃多余之举。刘氏认为，凡所言者皆"物"，因此其"格物"说消弭了主体与客体之界限。刘氏甚至以"格物"与"致知"为一，他说："万物皆吾性所固有，然谓之万数，实不止于万。则纷而难理，繁而易忘，必使人有一大方格、中界无数小格，使物各就其格，则各就理而不忘，则物格而知亦致矣。……致知即是格物，非两事两候也。"①刘氏认为，万物皆存于吾性，"格物"本身即"致知"。刘光贲对《大学》"格物致知"的诠释与心学的立场是一致的，其将"格物"之"物"限定在社会层面，消弭了"格物"与"致知"的界限，赋予了"格物致知"新的内涵。

第三，李颙、李光地等人通过《大学》诠释从而会通理学和心学思想。

朱子的"格物"论是通过反观博览而归之于约，而李颙认为"格物"并不需要外求，他说："身、心、意、知、家、国、天下，皆物也，而知为主。炯炯于心目之间，具众理，应万事，与天地合德，与日月合明，通乎昼夜而知，即章首所谓'明德'也。"②在李氏看来，"知"在逻辑上优先于家、国、天下，为家、国、天下的根据；而"知"并非客观存在，而是存于主体，因此"格物"就是"明善"。所谓"明善"，即明主体"身、心、意、知之则"③，此乃家、国、天下之根本。由此可见，李颙在采纳程、朱"即物穷理"概念的同时，还承袭了陆、王"发明本心"的内涵。在"格物"的次序上，李颙走了一条折衷理学与心学的道路。李氏认为，要先格"为物不贰之物"，此"物"乃本体，格此物则大本立；不采用朱子"今日格一物，明日格一物"的渐进法，而是"扫除廓清"，以至于"脱洒极而性光自朗"④，与心学反躬内省而豁然贯通的修养方式如出一辙。在"大本"已立之后，李氏强调通过"由内而外"，从而实现修齐治平。他说："此物未格，则主人正寐，借'格物'以醒主；此物既格，则主人已醒，由主人以'格物'。识得'格物'者是谁，便是洞本彻原，学见其大。"⑤此将程、

---

① （清）刘光贲：《大学古义》，《续修四库全书》第159册，第264页。

② （清）李颙：《南行述》，《二曲集》卷十，中华书局1996年点校本，第80页。

③ （清）李颙：《四书反身录·大学》，《二曲集》卷二十九，中华书局1996年点校本，第405页。

④ （清）李颙：《锡山要语》，《二曲集》卷五，中华书局1996年点校本，第40页。

⑤ （清）李颙：《四书反身录·大学》，《二曲集》卷二十九，中华书局1996年点校本，第406页。

朱和陆、王的修养认识论结合起来，正是"由工夫达本体""由本体开工夫"①。

　　李光地借《大学》之诠释，以调和程朱理学与陆王心学。朱子认为理在逻辑上优先于万事万物，理为事物之本体，王阳明则以心在认识主体之中，心为事物之本体。李光地则以"性"为本体，其认为《大学》所言"明德"就是"性"，明德为气所蔽，故需明之。此外，李氏强调性体"纯粹至善"②，是人伦事物的依据。由此可见，李氏将朱子所言的"理"变换为"性"，论证的思路与朱子并无二致。不过李氏所言性本体并不等同于朱子所言理本体，他说："程朱以理言性，惧夫混于气质以言性者也。别而言之，理散于事物，性统乎人心。知之者以为万物皆备于我，则性与理一也。"③李氏认为性既源自天地，又出自人本身，究其意，乃是欲弥合朱子与阳明之分歧。又如《大学》："知止而后有定，定而后能静，静而后能安，安而后能虑，虑而后能得。"朱熹认为"止"乃"所当止之地，即至善之所在"④，当人知至善之所在则志有定向，心不妄动，所处而安，处事精详，得其所止。王阳明认为至善之在吾心，而不假外求，则志有定，而无支离决裂错杂纷纭之患，心由此不妄动能静，静则能安，安则能虑，虑则有得。李光地则曰："子静、阳明辈攻驳格物，就是'知止'节头路未清。'知止'若如《章句》说，何须又用'定''静''安''虑'许多字面来赞他？圣贤等闲不轻说出'定''静'等字，'定''静'是为学根基，只是有此根基，却又要件件理会。'尊德性'是'道问学'之基，只是'尊德性'又不可不'道问学'。"⑤阳明认为朱子所言"至善"的源头不清，而朱子认为不事事体察则难知"至善"源头之所在。在李氏看来，朱子和阳明之说各有所长，若将朱子的"道问学"与阳明的"尊德性"结合起来，则可达到全面的认识。

　　钱穆先生说："清儒理学既无主峰可指，如明儒之有姚江；亦无大脉络大条理可寻，如宋儒之有程、朱与朱、陆。"⑥从清儒的《大学》诠释可窥他们对于理学和心学思想的阐发多是守成，而少创获。除了像王夫之等人将《大学》纳

---

① 房秀丽：《追寻生命的全体大用——李二曲理学思想及其教育价值》，齐鲁书社 2010 年版，第 111 页。

② （清）李光地：《大学古本说》，文渊阁《四库全书》第 210 册，第 2 页。

③ （清）李光地：《榕村集》卷一《观澜录》，文渊阁《四库全书》第 1324 册，第 536 页。

④ （宋）朱熹：《四书章句集注》，中华书局 1983 年点校本，第 3 页。

⑤ （清）李光地：《榕村语录》卷一，中华书局 1995 年点校本，第 8 页。

⑥ 钱穆：《〈清儒学案〉序》，《中国学术思想史论丛》（八），安徽教育出版社 2004 年版，第 362 页。

入"四书"系统作全面的阐释，尚有体系脉络可寻之外，其他如李塨、毛奇龄、李光地、刘光蕡等人皆是对程朱理学或陆王心学小有补缀或略有阐发，皆难以与宋代理学的开派者和集成者相比肩，也无法与明代集心学之大成的王阳明相提并论。

第四节　利用《大学》阐发实学思想

实学批判释老的"虚无寂灭之教"，而强调"实体"与"达用"，具体内容多涉及考据、经世、启蒙和科技等。实学在北宋时期开始兴起，在清代达到高峰。明清之际，顾炎武、黄宗羲、王夫之、颜元等都是著名的实学家，他们反对理学、心学的空泛无用成分，而主张"经学即理学"和经世致用；清代还出现了阎若璩、毛奇龄、江永、惠栋、戴震、段玉裁、王引之、王念孙等以考据见长的学者，他们以"实事求是""无征不信"为治学理念，对古籍进行整理、考证、校勘和辑佚；清代中晚期，致力于经世致用的今文经学跃上历史的舞台，推广西方科技的"格致"之学也兴盛起来。清代的实学精神，在清人的《大学》诠释中得到了集中的体现。

第一，颜元等人通过对《大学》的研究，认为理学"不切实用"。

清初颜元反对理学和心学的空谈成分，他说："试观两宋及今五百年学人，尚行禹、益、孔、颜之实事否？徒空言相续，纸上加纸，而静坐、语录中有学，小学、大学中无学矣；书卷两庑中有儒，小学、大学中无儒矣。圣道之衰，毋乃已极与！"① 颜元对于理学多有批判。如《大学》"明德""亲民""止于至善"，朱子曰："明德者，人之所得乎天，而虚灵不昧，以具众理而应万事者也。"② 朱子此说有明显的理学色彩。颜氏认为，"明明德"之"明"即"以道治吾身"③，"亲民"之"亲"即"以道治他们"④，"止于至善"即"明亲到十分满足"⑤；所谓"大人之学"，并非相对于"小人"而言，而是人人皆当做的，也是人人有能力去做的。颜氏对《大学》的解释是经验层面的，而非理学层面

---

①　（清）颜元：《大学辨业序》，《颜元集》下册，中华书局 1987 年点校本，第 395—396 页。

②　（宋）朱熹：《四书章句集注》，中华书局 1983 年点校本，第 3 页。

③　（清）颜元：《四书正误》卷一，《颜元集》上册，中华书局 1987 年点校本，第 158 页。

④　（清）颜元：《四书正误》卷一，《颜元集》上册，中华书局 1987 年点校本，第 158 页。

⑤　（清）颜元：《四书正误》卷一，《颜元集》上册，中华书局 1987 年点校本，第 158 页。

的。又如颜氏认为《大学》"格物"的"格",义同"格杀"的"格",其强调不脱离实际的习性才可获得真知。他说:"今之言'致知'者,不过读书、讲问、思辨已耳,不知致吾知者,皆不在此也。辟如欲知礼,任读几百遍礼书,讲问几十次,思辨几十层,总不算知。直须跪拜周旋,捧玉爵,执币帛,亲下手一番,方知礼是如此,知礼者斯至矣。辟如欲知乐,任读乐谱几百遍,讲问、思辨几十层,总不能知。直须搏拊击吹,口歌身舞,亲下手一番,方知乐是如此,知乐者斯至矣。是谓'物格而后知至'。"①颜元还以《大学》为据阐发义利观。自汉代董仲舒提出"正其谊不谋其利,明其道不致其功"以来,不少人或将义与利相对立,或重义轻利。颜元认为义与利并非绝然对立,利是义的基础,义中有利。比如《大学》"国不以利为利,以义为利也",颜元曰:"以义为利,圣贤平正道理也。尧舜'利用',《尚书》明与'正德''厚生'并为三事。利贞,利用安身,利用刑人,无不利。利者,义之和也。《易》之言'利'更多。孟子极驳'利'字,恶夫剥剋聚敛者耳。其实,义中之利,君子所贵也。后儒乃云'正其谊,不谋其利',过矣。宋人喜道之,以文其空疏无用之学。予尝矫其偏,改云'正其谊以谋其利,明其道而计其功'。"②颜元于此对"利"的肯定,是汉代以来义利观的翻转,也是颜李学派实学精神之体现。

第二,王夫之、阎若璩、毛奇龄、江永等人对《大学》及旧注的文字、所记的名物制度皆有考证。

清人在从事《大学》诠释时,于《大学》及旧注的文字有所辨析。如《大学》"寔能容之,以能保我子孙黎民",此"寔"字,前儒往往训为"实"。王夫之认为,"寔,丞职切,读如植,止也,与'实'字音义俱异。'寔能容之',言止此能容之一德,遂可以保子孙黎民,勿须他技。郑氏谓楚人混读'寔''实',非也"③。

由于先秦旧籍年代久远,所以《大学》及旧注所记载的地理、人物、掌故、概念等往往为后人所误读。清代学人于《大学》及旧注所记名物制度皆有考证。如阎若璩《四书释地》《四书释地续》《四书释地又续》《四书释地三续》于《大学》及旧注所记载的山川形势、州郡沿革等皆详加辨析。阎氏之初衷是"释

---

① (清)颜元:《四书正误》卷一,《颜元集》上册,中华书局1987年点校本,第159页。

② (清)颜元:《四书正误》卷一,《颜元集》上册,中华书局1987年点校本,第163页。

③ (清)王夫之:《四书稗疏·大学》,《船山全书》第6册,岳麓书社1998年点校本,第21页。

地"，后来扩展至人、物和掌故，故一续再续。江永《四书典林》《四书古人典林》是为举业而作之书，其体例则仿《北堂书钞》。《四书典林》《四书古人典林》除《论语》《孟子》《中庸》以外，于《大学》所涉及的人物、典制以及朱子《章句》所涉及的人或事多予以收录，引典据颇为赅备。其他如宋翔凤《四书释地辨证》、赵敬襄《四书集注引用姓氏考》、戴清《四书典故考辨》、凌曙《四书典故覈》、周柄中《四书典故辨正》《四书典故辨正续》等，皆有关于《大学》名物制度考证的内容。如《大学》之"大学"一词，郑玄读为"泰"，程子改读如字，朱子认为"大学"乃"大人之学"，与"小子之学"相对。王夫之则认为"大"与"小""太"与"少"，古代通用，"小学"与"少学""大学"与"太学"皆是相对而言。他说："按大小、太少，古通用，如大宰一曰太宰、小宰一曰少宰之类，不以老稚巨细分也。"①毛奇龄据《尚书大传》《汉书》《大戴礼记》《白虎通义》，认为"大学"乃学之大者，并不取决于年齿。李光地亦认为"大学"应读"太学"，他说："今人于《周官》小司马、小司空等，皆知读'小'为'少'，却不知大司马、大司空等，亦当读'大'为'太'也。如大宰之为太宰，小宰之为少宰，其显然者。则大学之为太学，小学之为少学，明矣。"②由此可见，清人于"大学"一词之释义并非恪守朱子之说，而是另有新见。

第三，宋翔凤利用《大学》阐述政治和教化观。

宋翔凤撰《大学古义说》，主张从政治和教育关系的角度从事《大学》之诠释。如朱子认为"大学"是相对于"小学"而言，强调学的内容，而非学的场地。宋翔凤则认为"大学"既涵教化的具体内容，又是学士之所、君王布政施教之处，其甚至将大学等同于古代的明堂、辟雍。③宋翔凤的《大学》诠释，蕴含着他的政治和教化观。如《大学》："所谓治国必先齐其家者，其家不可教而能教人者无之，故君子不出家而成教于国。"宋氏曰："古者立大学以教于国，而《大学》一篇至此始言教者，以诚意之功未密，则修身之事不至是不足以言教也。……此明堂之法即大学之法也。"④宋氏将教化之事与

①　（清）王夫之：《四书稗疏·大学》，《船山全书》第6册，岳麓书社1998年点校本，第19页。

②　（清）李光地：《榕村语录》卷一，中华书局1995年点校本，第6页。

③　惠栋有《明堂大道录》一书，在该书《明堂总论》部分，惠氏认为明堂为天子大庙，是天子禘祭、宗祀、朝觐、耕藉、养老、尊贤、飨射、献俘、望气、告朔之所，明堂为"大教之宫"。在该书《明堂大学》部分，惠栋广征博引，以证明堂与大学有密切关系。

④　（清）宋翔凤：《大学古义说》下篇，《续修四库全书》第159册，第226—227页。

齐家治国之道相结合,强调前者对于后者的重要性。宋氏认为,《大学》所记明堂制度、立学取人标准,以及格物、治平等,皆应根据古之记载以"实事求是"①,进而获得"微言大义"②,对于理学义理则应弃而不从。宋氏的释义已游离于《大学》文本之外,他所关注的并非《大学》文本原义,而是《大学》的"微言大义",此"微言大义"就是宋氏的社会理想和政治哲学,具有很强的主观性。宋翔凤从政治和教化的角度从事《大学》之诠释,开掘《大学》的"微言大义",与其学术风格是一致的。宋氏治学崇尚今文学,他说:"今文家传《春秋》《论语》,为得圣人之意。今文家者,博士之所传,自七十子之徒递相授受,至汉时而不绝。"③宋氏继承今文经学家经世致用的学术旨趣,其在从事《大学》诠释时力图论证古代的政治实践和道德理想是互相关联的,政治与教化合而不分。

第四,刘光蕡利用《大学》阐述经济思想。

刘光蕡藉《大学》阐发经世致用思想。如《大学》言"财聚则民散,财散则民聚",强调治国之道在贵德贱财。刘光蕡曰:"以人情物理言之,其为人人所欲为之事,需财用必多,其非人人所欲为之事,则无所用财者。人之生机,即天之动机,无财用,则人事绝,天理灭矣。"④财用是人的正常欲求,能否生财和散财是圣人区别于小人与暴君的标准。刘氏又说:"小人聚财,君子散财,圣人生财。唐虞之世,众圣人聚集一堂,而其所为乃杂工虞水火,其开创草昧之艰难在物,而不在民。及至汤武之世,纣、桀聚财以遏天下之生机。汤武起而散之,而天下平矣。汤武之经营在民,其实亦在财。除民之害,使民各安生业,即为民生财也。民之质矣,日用饮食,财乃日用饮食之资,所以遂民生也。自古至今,安有不善生财而可以称圣人哉!"⑤刘氏从财之聚、散、生的角度界定君子与小人、圣人与暴君,在其看来,圣人重财生财、以给民用,而小人和暴君聚财而不能生财,以至天下大乱。刘光蕡还以《大学》为据以明工商业对于强国富国的意义。其认为《大学》"生财有大道"节已指出"圣人参赞化育,大作用止是生财,财既生,仁者理之,不偏重于一而周流焉,则家给人

---

① (清)宋翔凤:《大学古义说序》,《大学古义说》卷首,《续修四库全书》第159册,第213页。
② (清)宋翔凤:《大学古义说序》,《大学古义说》卷首,《续修四库全书》第159册,第213页。
③ (清)宋翔凤:《论语说义》卷一,《续修四库全书》第155册,第270页。
④ (清)刘光蕡:《大学古义》,《续修四库全书》第159册,第279页。
⑤ (清)刘光蕡:《大学古义》,《续修四库全书》第159册,第278—279页。

足，天下长享，太平之福矣"①。若国家管理者不能生财，不知理财，而惟务聚财，则"天怒民怨，天下永无太平之日矣"②。

战国以来，主流的经济思想是以农业为本、工商为末，商业、手工业被认为是社会离乱之源。而在刘光蕡的时代，西方工业文明对于中国已造成巨大的冲击，重本抑末思想与时势已相背离。刘光蕡在古老的经典中寻找资源，并结合时代的需要以明工商业的重要性。孔子所言"来百工""工欲善其事，必先利其器"，子夏所言"百工居肆以成其事，君子学以致其道"，《礼》所称"火化之功"，以及《易》所述十卦之制作等，刘氏皆予以征引，并认为"圣门论财用未尝斤斤于理之而不能生之也"，意即前贤并非虚言财用，而是以务实态度待之。刘氏甚至认为近代机器生产的效能也在孔子的预料之中，他说："今外洋机器，一人常兼数人之功，一日能作数日之事，则真生众食寡，为疾用舒矣。《易》称黄帝尧舜之治归之制器，《大学》论生财，未必不见及此。故吾反覆此节，而知外洋机器之利，夫子必已见及，而时未至，不能遽兴，故露其机于此，以待身逢其时者之取而用之也。"③刘氏以近代机器生产与《大学》"生财""用财"相印证，意在肯定机器生产，提倡工业。

第五，一些清人利用《大学》"格物"一词与博物相附会或提倡西方科技。

郑玄训《大学》"格物"之"格"为"来"，"物"为"事"，且曰："其知于善深则来善物，知于恶深则来恶物。"④此所言"善""恶"，皆是从道德价值判断的角度去界定事物。在程朱那里，"格致"的意义，既有道德层面的，也有知识层面的。然而朱子所言"格致"并不限于通过事物之探究从而获得知识，还有通过"内圣"实现"外王"之理想。清人对"格致"一词亦颇为重视，除了前已述及的理学体系建构方面的需要，还有博物和提倡西方科技的意义。

明末清初的儒生常用"格致"来指称传教士带来的西方科技，如熊明遇的《格致草》就是结集西方天文历算学之作。明末清初儒生用"格致"来指称传教士带来的西方科技，既包括广义理论知识如天文、数学、物理，也涵盖经世所需的实用知识，如各种技艺，甚至是水文和博物。"格致"既指科学，也指

① （清）刘光蕡：《大学古义》，《续修四库全书》第 159 册，第 279 页。
② （清）刘光蕡：《大学古义》，《续修四库全书》第 159 册，第 279 页。
③ （清）刘光蕡：《大学古义》，《续修四库全书》第 159 册，第 279 页。
④ （清）阮元校刻：《十三经注疏（附校勘记）》，中华书局 1980 年版，第 1673 页。

技术；既指涉自然科学，也不排除历史、地理、政治和经济知识。①

由于康熙朝推行文字狱等文化政策，学人们遂埋头考据，而辨识各种事物也是这种求实学风的一大表现。康熙、雍正间，陈元龙所撰《格致镜原》是一部博物百科全书。作者之所以将书定名为"格致"而非"博物"，是因为此书除记录事物之外，还对各类事物的原委有细致之考订，即所谓"镜原"。陈氏将清代以前典籍所记事物分为乾象、坤舆、身体、谷、蔬、木、草、花、果、鸟、兽、水族、昆虫等三十类。是书"专务考订，以助格致之学。每纪一物，必究其原委，详其名号，疏其体类，考其制作，以资实用"②。《格致镜原》之"格致"，主要是从知识层面来说，近似清初指称西方科技的"格致"之义，而与理学道德、知识兼具的意涵颇有不同。

晚清习科技、办洋务的士大夫多将"格致"与实用技术和制造之理相等同。如19世纪70年代英国人麦华陀在上海建立格致书院，当年的《申报》如此报道："其意欲华人得悉泰西各学之门，且冀彼此较相亲近，勿视为远方不识之人也。凡西书之翻为汉文者，皆备置院中，机器等亦各供列。"③格致书院筹办之初，董事会向英国发函曰："设立格致书院，其意欲令中国便于考究西国格致之学、工艺之法、制造之理。"④格致书院的考课内容以讲求科学知识为主，所出考题也以科学和时事为主。19、20世纪之际，不少人将"格物"与其他新名词加以组合。如梁启超曰："西人一切格致制造之学，衣被五洲，震轹万国，及推原其起点，大率由目前至粗极浅之理，偶然触悟，遂出新机。"⑤又曰："倍根常曰格致之学，必当以实验为基础；又曰一切科学，皆以数学为其根。实为后世实验家之祖。"⑥此所谓"格致"，仍是与制造学相关的物理。不过当时"科学"一词也逐渐被人们当作与西方科技相对应的词汇，如康有为的《日本书目志》中的《科学之原理》《科学入门》是"最早在现代

---

① 金观涛、刘青峰：《观念史研究：中国现代重要政治术语的形成》，法律出版社2009年版，第339页。

② （清）陈元龙：《格致镜原凡例》，《格致镜原》卷首，文渊阁《四库全书》第1031册，第2页。

③ 《申报》1873年3月25日。

④ 《万国公报》第357卷，1875年10月9日。

⑤ （清）梁启超：《湖南时务学堂学约》，《梁启超全集》第1册，北京出版社1999年版，第107页。

⑥ （清）梁启超：《格致学沿革考略》，《梁启超全集》第2册，北京出版社1999年版，第951页。

意义上使用'科学'一词的"①。当"科学"一词被人们频繁使用后，"格致"一词逐渐淡出了人们认识科技的视界。

　　清人从事《大学》之诠释时，重视回应时代之需求。其中既有重视考据以辟理学虚浮学风的王夫之、毛奇龄、阎若璩、江永，又有强调经世致用的颜元、宋翔凤、刘光蕡。颜元、宋翔凤、刘光蕡等人推崇《大学》，由此可见他们对于古典文化的认同态度；他们还将《大学》的诠释与对西方科技、博物、政治、教化的认识相结合，展现了具有时代特色的经典诠释风格。如刘光蕡借《大学》"亲民"一词阐发民本思想，借"生财有大道"肯定工商业，宋翔凤藉《大学》力证古代政治与道德理想互相关联、政治与教化合而不分，既有学理层面的意义，又有现实社会层面的关照。他们所言《大学》的"古义"，并非意在通过训诂以求文本原义，而是在古典文献基础之上开出新义。这种借经典诠释从而经世致用的做法在中国古代源远流长，汉代的董仲舒、宋代的王安石、清代的康有为等人皆是在经典的诠释中从而实现他们经世理想。清人《大学》诠释所具有的这种经世取向，正是对中国传统经世学风的继承和弘扬。

---

① 金观涛、刘青峰：《观念史研究：中国现代重要政治术语的形成》，法律出版社 2009 年版，第 339 页。

第十一章　清代的《礼记·中庸》诠释

与《大学》一样，《中庸》也是《礼记》的单篇。由于其记载了与心性相关的内容，所以在流传过程中受到格外的重视。宋代二程、朱熹等人对《中庸》推崇备至，朱熹甚至将其从《礼记》中抽离出来，并为之作章句。朱熹《中庸章句》成为"四书"之一，在元、明、清时期被悬为功令。由于程朱理学在清代仍为官方哲学，所以《中庸》受到清代学人的高度重视，相关文献十分丰富。清人的《中庸》诠释，既见于时人解释《中庸》的专门之作，亦见于清人的"四书"文献。考察清人的《中庸》诠释情况，对于辨析清代理学与宋明理学之间的关系，以及认识清人经典诠释的特点、价值取向等皆有重要意义。

第一节　《中庸》文本可信与否以及与其他经典的关系

郑玄认为《中庸》是"孔子之孙子思伋作之，以昭明圣祖之德"①。二程认为《中庸》是孔门心法，"子思恐其久而差也，故笔之于书，以授孟子"②。此说为朱熹等人所承袭。由此可见，《中庸》为子思所作是汉唐和宋代学人的共识。清代推崇程朱理学者亦以《中庸》为子思所作，如康熙帝认为"《学》《庸》皆孔子之传，而曾子、子思独得其宗"③。有些不宗程朱理学的学者也认为《中庸》是子思所作。如李塨认为"子思恐道之岐也，不得已作《中庸》，明性天之正，以杜群妄见"④；惠栋认为《中庸》为"子思传其家学，著为此书"⑤；刘

---

① （清）阮元校刻：《十三经注疏》，中华书局 1980 年版，第 1625 页。
② （宋）朱熹：《四书章句集注》，中华书局 1983 年点校本，第 17 页。
③ （清）朱彝尊：《经义考》卷一，中华书局 1998 年版，第 19 页。
④ （清）李塨：《中庸传注》，《续修四库全书》第 159 册，第 357 页。
⑤ （清）惠栋：《易大义》，《续修四库全书》第 159 册，第 431 页。

师培认为"《中庸》……书出子思，业兴秦汉，礼家入录，不亦宜乎"①。

　　清人还从义理的角度肯定《中庸》为圣贤之书。如有人认为《中庸》义理与佛氏清寂无异，李光地驳曰："(《中庸》)既尊德性矣，而又必要道问学；既致广大矣，又必要尽精微；既极高明矣，又必要道中庸；既温故敦厚矣，又必要知新崇礼。"因此《中庸》"本末相资，内外交养"，"为圣学之全"②，与佛氏有根本的区别。清人张沐认为《中庸》的大旨是君子修道以教小人，而其修道的途径是由中而和，由大本而达道。他说："《大学》平天下之书也，《中庸》性命之书也。惟天下必本于致知，故性命之道必臻于位育，一为帝王传治理，而不外于心法，一为学者传心法，而不遗乎治理，五经总论无异义，而二书者尤相为表里。其有未明于《中庸》之说者，可玩《大学》，有未明于《大学》之说者，可详《中庸》，自不患于失所考耳。"③张氏认为言性命之说的《中庸》与讲平天下之理的《大学》互为表里，即是对《中庸》义理的肯定。

　　清代有些经学家在肯定《中庸》文本的同时，认为《中庸》与儒家其他经典的义理有相同或相通之处。如惠栋认为《中庸》与《易》义理相通，他说："此(指《中庸》)仲尼微言也。子思传其家学，著为此书，非明《易》不能通此书也。"④在《易大义》中，惠氏处处以《易》与《中庸》相比附。如《乾》为《周易》的第一卦，初九爻又为《乾》卦的第一爻，有起始之义；《既济》为《周易》的第六十三卦，此卦有结束、成功之义。在《易大义》中，惠栋以《乾》卦初九爻、《既济》卦与《中庸》相比附。如《中庸》曰："是故君子戒慎乎其所不睹，恐惧乎其所不闻，莫见乎隐，莫显乎微，故君子慎其独也。"惠栋认为，"戒慎""恐惧"为诚，"隐""微"为始，"君子慎独"，不诚则不能独，而"隐微，《乾》初爻也。初《乾》为积善，慎独之义，不诚则不能独，故终以至诚"⑤。惠氏于此是以《乾》卦初九爻释《中庸》"隐""微"之义，认为《乾》初九爻为"积善"阶段，有"慎独"之义，而"诚"是"慎独"的前提。又如《中庸》"致中和，天地位焉，万物育焉"，惠栋曰："致中和，即修道之人，天地位中

---

① (清)刘师培：《中庸问答》，《刘申叔遗书》下册，凤凰出版社1997年版，第1351页。
② (清)李光地：《榕村续语录》卷二，《榕村全书》第七册，福建人民出版社2013年点校本，第37页。
③ (清)张沐：《中庸疏略序》，《中庸疏略》卷首，《续修四库全书》第159册，第334页。
④ (清)惠栋：《易大义》，《续修四库全书》第159册，第431页。
⑤ (清)惠栋：《易大义》，《续修四库全书》第159册，第431页。

也，万物育和也，《既济》定也。"① 惠氏认为"致中和"即修道之人天地位中、万物有和，与《既济》卦之义相同。惠栋还以《周易》卦爻位的变化与《中庸》相比附。如惠栋据《中庸》"君子中庸，小人反中庸"，认为《中庸》是"并举君子小人者，阴阳之义也。《乾》为积善，君子中庸也。《坤》为积恶，小人反中庸也"②；"在爻，其初九、六三乎？又《乾》五居二，《坤》二居五，亦为反中庸也"③。又如《中庸》："子曰：'人皆曰予知，驱而纳诸罟擭陷阱之中，而莫之知辟也。'"惠栋曰：《未济》，六爻失位，故所遇皆罟擭陷阱也，而莫知之辟也"④；"罟擭，《离》也；陷阱，《坎》也。《离》上《坎》下为《未济》，罟擭陷阱"⑤。惠氏于此以《未济》的内外卦及六爻失位与《中庸》所言"罟擭陷阱"相比附。惠栋对易学有精深的研究，这使得他在从事经典诠释时有意或无意地牵合《易》理。其《易大义》并非解《易》之书，而是以《易》义与《中庸》相比附。在经典诠释史上，经典义近、义同者多，所以以经解经是经学家从事经典诠释的重要方法。以《易》释《中庸》，实际上是以经解经方法之应用。惠栋认为《易》是解释《中庸》最重要的经典，不明《易》就不能明《中庸》。惠氏的这种观点前所未有。周中孚认为惠氏《易大义》"稍觉其创"⑥，就是肯定惠氏的创见。平心而论，惠氏以《易》释《中庸》确为首创，然而，《中庸》的义理并非与《易》完全相合，舍《易》无以解《中庸》的观点无疑是武断的。

　　刘师培认为《中庸》是子思赞述《春秋》之书。郑玄云："以其（指《中庸》）记中和之为用也。庸，用也。"《中庸》"君子中庸"，郑玄云："庸，常也，用中为常道也。"刘师培据此，认为"中为中和，庸谓用，为常道，中与《春秋》异名同实"⑦。刘氏认为《春秋》大义有三，即"约周礼""孔子为素王"和"经制王法"，三者在《中庸》中皆有体现。比如《中庸》说"大哉圣人"，刘师培认为此"据素王为说"⑧。刘师培还指出，《中庸》与古文系统的《左传》相表里，而与今文系统的《公羊传》不合。他在《中庸问答》中设问："昔郑康成注《中庸》，

---

① （清）惠栋：《易大义》，《续修四库全书》第 159 册，第 431 页。
② （清）惠栋：《易大义》，《续修四库全书》第 159 册，第 431 页。
③ （清）惠栋：《易大义》，《续修四库全书》第 159 册，第 431 页。
④ （清）惠栋：《易大义》，《续修四库全书》第 159 册，第 432 页。
⑤ （清）惠栋：《易大义》，《续修四库全书》第 159 册，第 432 页。
⑥ （清）周中孚：《郑堂读书记（附补逸）》第 3 册，商务印书馆 1959 年版，第 75 页。
⑦ （清）刘师培：《中庸说》，《刘申叔遗书》下册，凤凰出版社 1997 年版，第 1348 页。
⑧ （清）刘师培：《中庸说》，《刘申叔遗书》下册，凤凰出版社 1997 年版，第 1349 页。

两据《公羊传》为说，今子独以《左氏》说之，何也?"答曰:"《公羊》师说有'黜周王鲁'之文，又其说曰'《春秋》舍周之文，从殷之质'，今《中庸》独言从周，知所宗为周礼，是与《公羊》说违，故其典制亦不相应。郑谊非也。"① 刘氏认为，《中庸》所言"从周"有宗周礼之义，与《左传》合，而与《公羊传》违。有人认为，既然《中庸》与《左传》合，为何取古文的《左传》之义入今文的戴《礼》? 刘师培认为，《礼记》的单篇并非全为今文，《月令》《曲礼》等就有古文的内容。他说:"二戴录《记》本自河间，非必当时五经家言也。是以四十九篇，《月令》第六，蔡邕说之，则曰官号职司与《周官》合，其他《祭法》与《国语》同。《曲礼》五官不应《王制》。"② 刘氏认为，戴圣虽然为今文家，然而在采录《记》文时并不专主今文一家，其兼取与古文相合的《中庸》，与采纳古文的《月令》《曲礼》是一样的。

清代也有人对《中庸》文本的可信度提出质疑，持这种观点的代表人物是姚际恒。姚氏认为《中庸》是伪书，并从多个角度作了论证:

一是从史实的角度以证《中庸》为伪。姚际恒说:"予分出此帙以为伪《中庸》者，盖以其为二氏之学也。然非予之私言也，实有左验。"③ 姚氏通过对戴颙、梁武帝、李翱、周敦颐、程颐、游酢、杨时、朱熹、杨简、罗洪先、徐世溥等人的生平事迹加以考察，发现这些人皆与佛教有密切的关系。在此基础上，姚氏曰:"好禅学者必尚《中庸》，尚《中庸》者必好禅学，《中庸》之为异学，其非予之私言也，不亦明乎?"④

二是认为《中庸》与佛老二氏之义相近。姚际恒说:"大抵佛之与老，其形迹似同，而指归实别。伪《中庸》之言，旁趋于老氏，预启夫佛氏，故其言有类老者，有类佛者。有一言而以为老可者，以为佛可者，则从其形迹而论也。"⑤ 比如《中庸》"是故君子戒慎乎其所不睹，恐惧乎其所不闻"，姚氏认为此与佛老之义同。他说:"'戒慎'二句，老子'致虚守静'之说近之，又庄子'私居而龙见''渊默而雷声'亦颇切合，而大义则全类乎禅。圣人教弟子，自

---

① （清）刘师培:《中庸问答》，《刘申叔遗书》下册，凤凰出版社 1997 年版，第 1350 页。

② （清）刘师培:《中庸问答》，《刘申叔遗书》下册，凤凰出版社 1997 年版，第 1350—1351 页。

③ （清）杭世骏:《续礼记集说》卷八十六，《续修四库全书》第 102 册，第 507—508 页。

④ （清）杭世骏:《续礼记集说》卷八十六，《续修四库全书》第 102 册，第 508 页。

⑤ （清）杭世骏:《续礼记集说》卷八十六，《续修四库全书》第 102 册，第 508 页。

入孝出弟，谨信爱众，亲仁学文，以及成人，处而敦行讲学，出而为政治民，无非应事接物上，固未尝教以独处静坐也。"① 姚氏还认为《中庸》"喜怒哀乐之未发谓之中，发而皆中节谓之和"一语与禅义相同。他说："予谓不谓之中，谓之空可也。此释氏心空法，对竟不起，湛如止水，天台三止观，空、不空、空不空之说亦如是。"②

三是认为《中庸》与子思的思想相矛盾。姚际恒说："《中庸》子思之言曰：'君子之道，辟如行远必自迩，辟如登高必自卑。'今伪《中庸》所言无非高远之事，何曾有一毫卑迩来？与子思之言不啻若冰炭。则予之分别仍非漫然者，不得咎我以割裂也。"③

四是认为《中庸》与孔子及其后学的思想不合。姚际恒说："圣人教人，举而近之；伪《中庸》教人，推而远之。举而近之者，只在日用应事接物上，如孝弟忠信以及视听言动之类是也；推而远之者，只在幽独自处静观参悟上，如以不睹不闻起，以无声无臭终是也。"④ 姚氏认为《中庸》教人"推而远之"，与《论语》中孔子教人之记载不合。比如《论语》记载孔子"出则事公卿，入则事父兄，丧事不敢不勉，不为酒困"，孔子称颜子之好学曰"不迁怒，不贰过"，姚氏据此，认为"圣人平日以此自省者，不离应事接物上见也"⑤，而"以《中庸》较之，有片言只字之合否？然则即使果为子思之言，宁有不信颜曾而反信子思者？又宁有不信孔子而反信子思者？"⑥

五是认为《中庸》与《论语》《孟子》的语言风格不一致。姚际恒说："伪《中庸》一味装大冒头，说大话。《孟子》曰'言近而指远者，善言也'，此则言远指近，恰与相反。《语》《孟》之言极平常，而意味深长，一字一句体验之，可以终身行之而无尽。伪《中庸》之言弥六合、遍宇宙，细按之则枵然无有也，非言远指近而何？"⑦

姚际恒认为，《中庸》是有人取《孟子》之文增以己意而成。其依据，一

① （清）杭世骏：《续礼记集说》卷八十六，《续修四库全书》第 102 册，第 513 页。
② （清）杭世骏：《续礼记集说》卷八十六，《续修四库全书》第 102 册，第 516 页。
③ （清）杭世骏：《续礼记集说》卷八十六，《续修四库全书》第 102 册，第 508 页。
④ （清）杭世骏：《续礼记集说》卷八十六，《续修四库全书》第 102 册，第 508 页。
⑤ （清）杭世骏：《续礼记集说》卷八十六，《续修四库全书》第 102 册，第 508 页。
⑥ （清）杭世骏：《续礼记集说》卷八十六，《续修四库全书》第 102 册，第 508 页。
⑦ （清）杭世骏：《续礼记集说》卷八十六，《续修四库全书》第 102 册，第 509 页。

是《中庸》"在下位"至"人之道也"部分与《孟子》内容大体相同。姚氏认为，"此若为孔子及子思之言，孟子必不抹去孔子、子思而以为己文"①，"《孟子》中从无与他经文同者，而此处独同《中庸》，是必作伪《中庸》者取《孟子》之文而增加己说也"②。在姚氏看来，《中庸》虽有抄袭《孟子》的内容，然与《孟子》的思想并不相符。比如姚氏认为《中庸》"诚者不免"以下，皆是从上文推衍出的，与《孟子》思想相反。姚氏说："《孟子》诚者天之道属天而言，思诚者人之道属人而言，义理分明。今加'不勉'数句以为圣人，则诚者亦属人言矣。以人而为天之道，义理乖舛，此作伪《中庸》语义，《孟子》从无此等语义，故曰与《孟子》之旨大相反也。"③

汉学与宋学之争贯穿整个清代学术发展的历程，只不过在不同的历史阶段，二者互有消长。由于汉代郑玄以《中庸》出自子思，宋代程、朱袭郑玄此说，所以清代持汉学或宋学立场者皆以《中庸》出自子思，《中庸》所阐述的是孔门义理。当然，持汉学和宋学立场者对于《中庸》所含孔门义理的理解是不同的。比如在惠栋的眼里，《中庸》所含孔门义理即《易》理，而在李光地等人那里，《中庸》所含孔门义理即程朱理学。需要指出的是，不能仅从汉宋之学的角度来理解清代学人于《中庸》文本的认识。比如明清之际的一些思想家在面对社会和民族危机时滋生出的强烈的批判意识，以及提出的一系列具有突破传统的新思想，并没有汉宋门户之见。姚际恒认为《中庸》非圣贤之书，是对人们不敢越雷池半步的程朱理学釜底抽薪似的批判。④姚氏对《中庸》的批判，就像清初陈确对《大学》的批判一样，是对世道人心体察的结果，也是明清之际的文化变异和辨伪学风之体现。

第二节　对朱熹《中庸章句》的态度

对于朱熹《中庸章句》，不少清人并非一味地肯定或否定。乾嘉学派的皖派代表人物戴震晚年所撰《中庸补注》一反前人解《中庸》之举措，他所补

---

① （清）杭世骏：《续礼记集说》卷八十八，《续修四库全书》第 102 册，第 565 页。

② （清）杭世骏：《续礼记集说》卷八十八，《续修四库全书》第 102 册，第 565 页。

③ （清）杭世骏：《续礼记集说》卷八十八，《续修四库全书》第 102 册，第 565 页。

④ 姚际恒的《礼记通论》是其《九经通论》的一部分，其于《中庸》之辨伪又属于《礼记通论》的一部分。

《中庸》之"注",并非朱熹的《中庸章句》,而是郑玄《注》。戴震于《中庸》经文之后,先征引郑玄《注》,再对郑《注》加以补充。其所补者,有郑玄不施注者,也有郑玄有注而释义不够深入者。值得注意的是,戴震在《中庸》不少经文之后仅征引郑玄《注》而不下己意,说明其认为郑《注》颇得经义。而在《中庸补注》中,戴震不征引朱熹解义,在"补注"中也不曾言及。戴震的《中庸》诠释,与其晚年对于汉学的肯定,以及对于宋明理学的批判态度是完全一致的。①

　　清代还有一些人主张将《中庸》还原到《礼记》中去考察。王夫之《礼记章句》、李光坡《礼记述注》、郭嵩焘《礼记质疑》等皆是如此。王夫之说:"凡此二篇(指《大学》《中庸》),今既专行,为学者之通习,而必归之《记》中者,盖欲使五经之各为全书,以见圣道之大,抑以知凡戴氏所集四十九篇,皆《大学》《中庸》大用之所流行,而不可以精粗异视也。"② 王夫之将《中庸》看成是《礼记》的一部分,并对《中庸》进行疏解,此为李光坡、朱彬、郭嵩焘等人效法,郭嵩焘说:"读船山《礼记章句》,寻其意悟,将合《大学中庸章句》为一书,以还戴《记》之旧,所得经义为多。"③ 王氏、李氏、朱氏和郭氏等人有意识地使《中庸》研究从理学回归经学,从而摆脱了宋代以来理学视域下的《中庸》诠释路数。

　　不过王夫之在《四书稗疏》《四书考异》《四书笺解》《读四书大全说》等著述中,仍是从"四书"学的视域来看待《中庸》的。王夫之认为朱子《中庸章句》"一出于心得,而深切著明,俾异端之徒无可假借,为至严矣"④,可见其对朱子的《中庸》解义是颇为推崇的。在《读四书大全说》等著作中,王夫之全录朱熹《中庸章句》,再阐发己说。郭嵩焘《中庸章句质疑》亦意在补朱熹《中庸章句》之"不足",然亦非全然质疑《中庸章句》。郭氏说:"《中庸》一书,则自汉以来儒者多能明其义,而其辨之明而析之精,亦始自程子。

---

① 戴震思想历程分前期、中期和后期。在前期,其对宋儒持肯定的态度,在中期和后期,则对宋儒持批判的态度。

② (清) 王夫之:《礼记章句》卷三十一,《船山全书》第 4 册,岳麓书社 1998 年点校本,第1246 页。

③ (清) 郭嵩焘:《礼记质疑自序》,《礼记质疑》卷首,岳麓书社 1992 年点校本,第 1 页。

④ (清) 王夫之:《礼记章句》卷三十一,《船山全书》第 4 册,岳麓书社 1998 年点校本,第1245 页。

而朱子所以阐发疏通之，其功尤深。"① 又说："《中庸章句质疑》大端一依《章句》，而辨证其所疑。盖朱子表章《中庸》之功至矣。汉以来儒者传注旨趣各不同，自程子出而后圣学之精微有以知其本末条理之所在，昭示学者，使知所从入。"② 由此可见，郭嵩焘对朱子《中庸章句》大体上是认可的。他对朱子的《中庸》解义提出异议，是借驳朱子以"尊经也"，"亦即所以尊朱子也"③。王夫之、郭嵩焘此举，是在经学与理学之间开出了一条新路，体现了清人徘徊在理学与经学之间的复杂心态。

不少清代学人质疑朱熹的《中庸章句》，他们的质疑可从以下三个方面来看：

一是驳朱熹《中庸章句》之分章。

朱熹将《中庸》分为三十三章，内容分为三部分。清代学人如颜元、毛奇龄认为朱熹于《中庸》的分章不合理。比如《中庸》"故至诚无息"部分，在朱熹《中庸章句》中是第二十六章。颜元认为"故至诚无息"是紧承上节"故时措之宜也"而来，"章分则理悖，不惟失《中庸》本旨，虽朱先生训诂文法，岂有开口用'故'字之理乎？"④ 颜氏指出，《中庸》"自'天命之谓性'至'至矣'，原总一篇，未尝有章节之分也"⑤。其是从《中庸》文句搭配的角度以驳朱熹之分章。又如《中庸》"诚者非自成己而已也"至"合外内之道也"，在朱熹《中庸章句》中是第二十五章；"故至诚无息"至"无为而成"，在朱熹《中庸章句》中是第二十六章。毛奇龄说："自'自诚明'始，其分性、教，分天道、人道，祇在'能尽其性'与'其次致曲'两节下皆合言之。故此章三'诚'者，皆性，皆天道，惟'诚之'二字属教，属人道，则诚者成己，诚者成物，正尽己性、尽人性，'故曰性之德'，岂可与'至诚无息'分作两截？"⑥ 毛氏从《中庸》思想的角度驳朱熹之分章。

有些清人为《中庸》重新分章。李光地将《中庸》划分为十二章，"首一

① （清）郭嵩焘：《中庸章句质疑序》，《中庸章句质疑》卷首，《续修四库全书》第 159 册，第 462 页。

② （清）郭嵩焘：《中庸章句质疑》卷下，《续修四库全书》第 159 册，第 502 页。

③ （清）郭嵩焘：《大学章句质疑序》，《大学章句质疑》卷首，《续修四库全书》第 159 册，第 240 页。

④ （清）颜元：《四书正误》卷二，《颜元集》上册，中华书局 1987 年点校本，第 170 页。

⑤ （清）颜元：《四书正误》卷二，《颜元集》上册，中华书局 1987 年点校本，第 170 页。

⑥ （清）毛奇龄：《四书改错》卷十三，华东师范大学出版社 2015 年点校本，第 291 页。

章全起,一章全结。中间前五章,申明性道教之源流。后五章,申明致中和之功用。第六章则承上启下,为全篇之枢纽。"① 虽然李光地驳朱子之分章,但是其意在完善朱子之理学。李氏认为自己"于章段离合之间,虽颇有所连断,然其义所自来,则皆窃取朱子平生之意"②。

二是驳朱熹《中庸章句》中的文字训诂。

有些清人从文字训诂的角度驳朱熹的《中庸章句》。如颜元认为朱熹的《中庸》文字训诂有自相矛盾处。《中庸》"致中和,天地位焉,万物育焉",朱熹曰:"致,推而极之也。……自戒惧而约之,以至于至静之中,无少偏倚,而其守不失,则极其中而天地位矣。自谨独而精之,以至于应物之处,无少差缪,而无适不然,则极其和而万物育矣。"③ 颜氏驳曰:"夫推者,用力扩拓去,自此及彼、自内而外、自近及远之辞也。推而极之,则又无彼不及、无外不周、无远不到之意也。曾可云'约之'乎? 曾可云'精之'乎? 曾可以至静之守不失,应物之处无差,而谓之'致中和'乎?《中庸》何以称天下之'大本'天下之'达道'乎?"④ 颜氏认为朱熹所言"推"与"约之""精之"之义相矛盾。

王夫之也对朱熹《中庸章句》的文字训诂作了辨析。如《中庸》"罟擭陷阱",朱熹以罟为网,擭为机槛,陷阱为坑坎。王夫之曰:"实则四字各为一义。罟,兽网也。擭,揉竹木施机设绳于兽往来之径,以罥其足。陷,槛也,植木交加为之,如牛豕圈,置羊犬其中,诱虎狼入,机发楗闭以生致之。阱则坑也。"⑤《中庸》的"庸"字,朱子以"平常"释之。王夫之据《说文》所言"庸,用也",《易》所言"庸行""庸言",以及《书》之言"庸",认为朱子以前无人以"平常"释"庸","盖以庸为日用则可,而于日用之下加'寻常'二字,则赘矣。道之见于事物者,日用而不穷,在常而常,在变而变,总此吾性所得之中以为之体而见乎用,非但以平常无奇而言审矣。"⑥ 王夫之认为,若以"平常"释"庸",

---

① (清)陶成:《四书解义发凡》,《四书解义》卷首,《榕村全书》第3册,福建人民出版社2013年点校本,第12页。

② (清)陶成:《四书解义发凡》,《四书解义》卷首,《榕村全书》第3册,福建人民出版社2013年点校本,第38页。

③ (宋)朱熹:《四书章句集注》,中华书局1983年点校本,第18页。

④ (清)颜元:《四书正误》卷二,《颜元集》上册,中华书局1987年点校本,第166页。

⑤ (清)王夫之:《四书稗疏》,《船山全书》第6册,岳麓书社1998年点校本,第22页。

⑥ (清)王夫之:《读四书大全说》卷二,《船山全书》第6册,岳麓书社1998年点校本,第454页。

不但文句累赘，还与文本原义不合。

三是驳朱熹《中庸章句》之义理。

有的清人还从义理的角度驳朱熹《中庸章句》。如颜元认为以朱熹为代表的理学家在从事《中庸》诠释时受禅宗的影响甚深。他说："《中庸》是引人向平实处做，向收敛、韬晦处做，正患后世凌高厉空、废弃卑迩、张皇表暴、修非闇修、德不玄德之弊也。故开卷至终篇，只从喜怒哀乐、子臣弟友上做工夫，到底至诚、立本、知化，不外了经纶大经。从戒惧、隐微说到天命於穆、文德不显，又从闇然内省说到笃恭、天下平、天载无声无臭，总是个平实，总是个收敛。"① 在颜氏看来，《中庸》的内容平实，与现实的关系密切，即使其言道理，也无玄虚蹈空；然而后人在从事《中庸》诠释时，"全翻了孔门本案，却强拉'无声无臭'去混掩禅宗"②。颜元举例以明朱熹阴袭释老之处。如《中庸》"致中和，天地位焉，万物育焉"，此"致"字，朱熹曰："致，推而极之也。……自戒惧而约之，以至于至静之中，无少偏倚，而其守不失。"③ 颜元认为，朱熹解义中的"至静"等概念是受到了禅宗的影响。他说："世有至静之中不失其守而天地便位者乎？有应物无差缪而万物便育者乎？几何而不以吾道之至诚等于仙释之空寂妄诞也！况春秋之天地不位、万物不育，将谓孔子至静之守犹有失、应物之处犹有差缪乎？抑致中致和而位焉育焉，子思竟为不验之空言乎？理之不通，明矣。"④"主静"概念由周敦颐提出，二程、朱熹递相阐发，是理学的重要概念。在颜元看来，"主静"体现的是禅宗精神，朱熹以"主静"释《中庸》，与圣人之道相背离。

毛奇龄认为，《大学》"诚意"，《中庸》"率性"，皆以"慎独"为入手工夫，并无二学。而《中庸》所言"戒慎""恐惧"只是慎；"不睹""不闻"只是独；"隐""微""动""静"总只一串。而朱熹的章句"抄变其文，巧作比配，自戒惧慎独、隐见微显、大本达道、中和位育，无不以动静、存察分配到底"⑤，以至于《中庸》文义支离破碎。

郭嵩焘对朱熹《中庸章句》之义理提出了质疑。程子所言"其书始言一理，

① （清）颜元：《四书正误》卷二，《颜元集》上册，中华书局 1987 年点校本，第 173 页。
② （清）颜元：《四书正误》卷二，《颜元集》上册，中华书局 1987 年点校本，第 173 页。
③ （宋）朱熹：《四书章句集注》，中华书局 1983 年点校本，第 18 页。
④ （清）颜元：《四书正误》卷二，《颜元集》上册，中华书局 1987 年点校本，第 165—166 页。
⑤ （清）毛奇龄：《四书改错》卷十六，华东师范大学出版社 2015 年点校本，第 371 页。

中散为万事,末复合为一理",《中庸章句》篇首引之。郭嵩焘以《周易》"天下同归而殊途,一致而百虑"为据,曰:"既散而为万殊,则亦无从复纳万殊而归之一也。《系辞》之言,所以与异端万法归宗之说判若天渊,不容假借。《中庸》祇是一理,贯澈天下事,澈始澈终,不越慎独,而德必依于知、仁、勇,功必要于诚,合成己成物以为行道之实。"① 在此基础上,郭氏认为"程子传授心法之言徒资姚江口实,而所云'末复合为一理',又疑一理散为万事,无复合于一理之旨,此程子之言之犹有间者也"②。

清人对朱熹《四书章句》的肯定或否定,与他们的学术立场是息息相关的。颜元是康熙年间提倡实学的代表人物,猛烈抨击宋明理学是颜元学术的显著特点。颜元批驳朱熹的《中庸章句》,正是其反宋明理学的立场之体现。毛奇龄对朱熹的《中庸章句》也是极力批驳,对此,学界的评价呈现两极分化,誉之亦极,毁之亦甚。凌廷堪站在汉学的立场上,认为毛氏此说"如医家之大黄,实有立起沉疴之效,为斯世不可无者"③。而朱派学人戴大昌、严可均则认为毛氏心术不正,有以巧言欺世之嫌。由此可见,清人对朱熹《中庸章句》之态度,正是他们学术立场之反映。

第三节　利用《中庸》阐发理学思想

康熙帝平定"三藩之乱"和统一台湾之后,特别强化了程朱理学的作用,从而形成了理学独尊的局面,影响十分深远。康熙帝对朱子学颇为推崇,他说:"自汉以来,儒者世出,将圣人经书多般讲解,愈解而愈难解矣。至宋时,朱子辈注《四书》《五经》,发出一定不易之理,故便于后人。朱子辈有功于圣人经书者,可谓大矣。"④ 康熙帝通过举行经筵、日讲,从而体认和推广理学。此外,康熙帝还拔擢理学人才,大批理学名臣如李光地、魏象枢、汤斌、耿介等人得到提拔重用。康熙帝以后诸帝皆重视理学,如乾隆帝曰:"夫治统原于道统,学不正则道不明。有宋周、程、张、朱子,于天人性命大本大原之所

---

① (清)郭嵩焘:《中庸章句质疑》卷上,《续修四库全书》第 159 册,第 463—464 页。
② (清)郭嵩焘:《中庸章句质疑》卷上,《续修四库全书》第 159 册,第 463—464 页。
③ (清)凌廷堪:《与阮中丞论克己书》,《凌廷堪全集》第 3 册,黄山书社 2009 年点校本,第 231 页。
④ (清)世宗:《圣祖仁皇帝庭训格言序》,文渊阁《四库全书》第 717 册,第 656 页。

在，与夫人用功节目之详，得孔、孟之心传，而于理欲、公私、义利之界，辨之至明。循之则为君子，悖之则为小人。为国家者，由之则治，失之则乱。"① 尽管乾嘉时期考据学发达，但是理学作为官方哲学的统治地位一直没有改变。兹以王夫之、李光地、戴震的《中庸》诠释为例，以见他们利用《中庸》阐发理学思想之概况。

王夫之通过《中庸》诠释从而批判阳明心学，以申程朱理学。在王夫之的《中庸》诠释中，反对陆王的倾向比较明显。王夫之认为，阳明及其后学对于《中庸》的诠释造成很大的危害。他说："姚江王氏出焉，则以其所得于佛、老者强攀是篇以为证据，其为妄也既莫之容诘，而其失之皎然易见者，则但取经中片句只字与彼相似者以为文过之媒。至于全书之义，详略相因，巨细毕举，一以贯之而为天德王道之全者，则茫然置之而不恤。迨其徒二王、钱、罗之流，恬不知耻，而窃佛、老之土苴以相附会，则害愈烈，而人心之坏，世道之否，莫不由之矣。"② 在夫之看来，阳明心学的问题是窃佛老之说为己说，佛老之学是邪说，而非正学。对于阳明心学的核心问题之一的"知行合一"说，王夫之借《中庸》诠释以驳之。如《中庸》"道之不行也，我知之矣，知者过之，愚者不及也。道之不明也，我知之矣，贤者过之，不肖者不及也"，王夫之曰："明、行相互而言者，理之固然，诚则明，明则诚也。诚、明相资以为体，知、行相资以为用，则于其相互，益知其必分矣。同者不相为用，资于是异者乃和同而起功，此定理也。不知其各有功效而相资，于是而姚江王氏知行合一之说得藉口以惑世；盖其旨本诸释氏，于无所可行之中，立一介然之知曰悟，而废天下之实理，实理废则亦无所忌惮而已矣。"③ 王夫之认为，明为体而行为用，二者"相资以为用"，既然如此，那么二者是有分别而非同一的关系；阳明以知（明）与行合一，知即是行，行即是知，是受佛教影响的学说。

王夫之是极富个性的思想家，他在《中庸》的诠释过程中，对程朱理学作

① 清代官修：《高宗纯皇帝实录》卷一百二十八，《清实录》第 10 册，中华书局 1985 年版，第 876 页。
② （清）王夫之：《礼记章句》卷三十一，《船山全书》第 4 册，岳麓书社 1998 年点校本，第 1246 页。
③ （清）王夫之：《礼记章句》卷三十一，《船山全书》第 4 册，岳麓书社 1998 年点校本，第 1256 页。

了引申和发挥。比如《中庸》"喜怒哀乐之未发谓之中，发而皆中节谓之和"，朱熹曰："中庸者，不偏不倚、无过不及，而平常之理，乃天命所当然，精微之极致也。"[1]"不偏不倚之中"在心之中，是体；"无过不及之中"在事之中，是用。王夫之则曰："以实求之：中者体也，庸者用也。未发之中，不偏不倚为体，而君子之存养，乃至圣人之敦化，胥用也。已发之中，无过不及以为体，而君子之省察，乃至圣人之川流，胥用也。未发未有用，而君子则自由其不显笃恭之用。已发既成乎用，而天理则固有其察上察下之体。中为体，故曰'建中'，曰'执中'，曰'时中'，曰'用中'；浑然在中者，大而万理万化在焉，小而一事一物亦莫不在焉。庸为用，则中之流行于喜怒哀乐之中，为之节文，为之等杀，皆庸也。"[2]与朱熹以已发之中为体、未发之中为用不同，王夫之认为已发、未发之中皆有体有用。王夫之还特别强调"未发之中""已发之中"皆与"用"相关；而"体"之中，"万理万化"和"一事一物"皆在其中，为"用"之庸，则是为体之中表现于为用的喜怒哀乐之"节文""等杀"。由此可见，王夫之的"中庸"解义，既重视经典古义之发掘，还重经世致用，处处体现其"实"的价值取向。尽管朱熹对理气心性、天理人欲皆多有关注，但是其落脚点还是解决现实问题。当然，为了应对释老，朱子过于强调理气心性，以至于其学说有虚就之嫌。从王夫之对朱熹《中庸》解义的批评，可见王氏所用的概念和思维模式并没有脱离程朱理学的话语体系，他对程朱理学只是局部的"矫正"，而并非像他对阳明心学那样作整体上的否定和批判。

清朝康熙年间的理学名臣李光地以程朱理学为宗。他曾在康熙帝前表示："臣之学，则仰体皇上之学也。近不敢背于程、朱，远不敢违于孔、孟，诵师说而守章句，佩服儒者，屏弃异端。"[3]李光地通过《中庸》之诠释，对程朱理学作了引申和发挥。如程朱据《中庸》"性""命""喜怒哀乐""未发""已发"，结合《易传》，从而构建起一套理学心性学说。朱熹主张"心统性情""心主性情"。所谓"心统性情"，就是心兼性情、心主宰性情。李光地在从事《中庸》诠释时，对心、性、情的关系提出了不同的看法。李氏认为，人与天皆有性、

① （宋）朱熹：《四书章句集注》，中华书局 1983 年点校本，第 18—19 页。

② （清）王夫之：《读四书大全说》卷二，《船山全书》第 6 册，岳麓书社 1998 年点校本，第451 页。

③ （清）李光地：《进读书笔录及论说序记杂文序》，《榕村全书》第 8 册，福建人民出版社2013 年点校本，第 256 页。

情、心，天与人并无不同，在人称性、情、心，在天则称天命，实为尊天之称谓；性又称太极，"性则太极也，太极动静而情与心见矣。……朱子之释太极也，曰'造化之枢纽，品汇之根氐'；又曰'极者至极之义，标准之名'，惟为造化之枢纽也，斯所以为至极之义也。惟为品汇之根氐也，斯所以为标准之名也"①。李光地认为太极是性，是心、情的主宰，故可概括为"性主心情"。又如张载等人据《中庸》"天命之谓性"，将性分为"天命之性"和"气质之性"，天理即"天地之性"，人欲即"气质之性"。张载此说被程、朱所继承，成为程朱理学的重要内容。李光地则以"人性"与"物性"取代宋明理学所言"天命之性"与"气质之性"。李氏认为，性无不同，不可强分"天命之性"和"气质之性"。他说："若乃禽畜之类，其生也，莫不有子母之爱，莫不有兄弟之亲。……下及鱼鳖，上及飞鸟，各以其类相聚，是有朋友。凡此皆天理之自然，故物之性与人不得而异。"②李氏认为，人性与物性在本质上是相同的，现实中的人性与物性的差异，是所禀之气的偏塞所致。

戴震于《中庸补注》以气论性，他说："生而限于天，是曰天命。凡分形气于父母，即为分于阴阳五行。人与百物各以类滋生，皆气化之自然。……性之大别，各以气类；而同类之中，又复不齐，故曰'天命之谓性'。"③在戴震看来，性皆与气相关，而不可离气而言性。戴震以气论性，与理学家"天地之性"与"气质之性"的二元划分截然不同，与理学家的"存天理"而"灭人欲"之说也大相径庭。④

由于时代学风和学人个体的原因，清代学人在《中庸》诠释的深度和系统性方面与宋代理学家还是有差距。即使像李光地这样的理学名臣，也仅是对宋明理学家的《中庸》诠释进行引申或增补；即便是王夫之这样颇具思辨力的思想家，《中庸》诠释也仅是其学术思想体系中很小的部分。不过，清人从理学的角度对《中庸》之诠释亦有创获，比如李光地对程朱理学"天地之性""气质之性"的新解，戴震从理学的视域对《中庸》所作的诠释，都是值得称道的。

---

① （清）李光地：《中庸余论》，《榕村全书》第3册，福建人民出版社2013年点校本，第70页。
② （清）李光地：《中庸余论》，《榕村全书》第3册，福建人民出版社2013年点校本，第85页。
③ （清）戴震：《中庸补注》，《戴震全集》第1册，清华大学出版社1991年点校本，第117页。
④ 以气论性，戴震并非第一人，明代王廷相就提出"性由气生"，对程朱理学加以批判。戴震此说，与王廷相的"性由气生"的命题很接近。

第四节　利用《中庸》阐发实学思想

清代一些学人利用《中庸》阐发实学思想。① 此可从以下几个方面来看。

一是颜元、李塨、戴震、郭嵩焘、王先谦等人以礼释《中庸》。

清初以颜元、李塨为代表的颜李学派十分重视礼乐，习礼是他们颇为重视的科目。颜元、李塨等人承袭郑玄以礼释《中庸》的传统，并作了申论。如颜元说："圣人之道，大而无外，至于'发育万物，峻极于天'，何等样极口赞扬！下面又说'待其人而后行'，又说'苟不至德，至道不凝'，何等样极力推重！而其中指实处则惟'礼仪三百，威仪三千'，可见礼便是圣人之道，便是至道。君子之尊、道、致、尽、极、道、温、知，皆所以'敦厚以崇此礼'也。其效至'上不骄'，'下不倍'，'有道足兴'，'无道足容'，皆谓能循此礼也。孔子一生学教，惟曰执礼，习礼，约之以礼。至其作《春秋》，谱其经世本领，凡合道处皆曰礼，在则然也。周公制礼，立八百年大统。太和在其宇宙间总名'六典'，止曰'周礼'。则礼之外固无学、无治矣。而后儒全废弃之，不学、不习、不行，从事于心头之禅宗、著述之章句，曰'道学'云云矣。其实道亡矣，非亡道也，亡礼也。学亡矣，非亡学也，亡习行也。仆甚为此惜，甚为此惧。"② 颜元认为，《中庸》所言"礼仪""威仪"，与他所言的"至道"相合；《中庸》所言君子的"尊""道""致""尽""极""温""知"，与他所言"敦厚以崇此礼"相合。颜氏以礼统摄《中庸》，意在通过具有实践意义的礼，从而实现排斥理学、显扬经世实学之目的。

李塨亦重视以礼释《中庸》。如《中庸》"知者过之，愚者不及也"，郑玄云："罕知其味，谓愚者所以不及也。过与不及，使道不行，唯礼能为之中。"李塨申之曰："此言最得《中庸》要领，故后文言武周君子皆以礼乐，盖礼乃道之实也。"③ 又如《中庸》"子曰：无忧者其惟文王乎"，李塨曰："孔子宪章文武，而言武周定业不过一礼，后文言居上为下，亦总归于礼乐，以此知《中庸》之身不出一礼。礼者，喜、怒、哀、乐，子、臣、弟、友之天则也。"④ 李塨指

---

① 此所谓"实学"主要是指"经世实学"和"考据实学"。持"实学"立场者主张学有根柢或有益身心和国事，反对空泛无用之学。

② （清）颜元：《四书正误》卷二，《颜元集》上册，中华书局1987年点校本，第171页。

③ （清）李塨：《恕谷中庸讲语》，《续修四库全书》第159册，第377页。

④ （清）李塨：《恕谷中庸讲语》，《续修四库全书》第159册，第381页。

出，孔子言《中庸》的要义是礼，而不是朱熹等人所说的理。

戴震亦以礼释《中庸》。如《中庸》的"中""大本"等概念含"喜怒哀乐"，且是"礼之所由生，政教自此出"，"礼"由"中"而生，且用来制"中"。在《中庸补注》中，戴震以数百字对"序昭穆""序爵""序事"的各种情况一一考证。如于"序昭穆"，戴氏曰："'序昭穆'，据子孙之昭穆。无爵者在阼阶前西面北上，昭为一，穆为一，凡二列。昭与昭齿，穆与穆齿，以次而南。"①"序爵"，戴震曰："'序爵'，据族与宾之有爵者。《文王世子》篇论公族朝于公曰：'内朝以齿，外朝则以官。''其在宗庙之中，则如外朝之位'。此序爵兼同姓、异姓之明证。"②戴震继承了郑玄和清初学人以礼释《中庸》的取向，是其重视实学之体现。

晚清学人郭嵩焘、王先谦等亦重视以礼释《中庸》。郭嵩焘认为《中庸》的大旨是礼，他说："圣人修道之教，立一中以尽天理之节文，礼而已矣。政刑者皆统于礼之中。《中庸》说道尽大而实以礼为之宗主。"③又说："《中庸》一书，大端言礼之精意，所以裁其过，辅其不及，以复其性之善而归于中。"④王先谦亦认为《中庸》的要义是礼，他说："先王所以为教，原于天而赋于人，君臣、父子、兄弟、夫妇、朋友之交，有分以相临，有情以相接，因其知觉而为之节文，莫之能外，则莫之能易也。非礼不动，以为修身之基，而尊亲之等杀，又礼所从出也。推其义，极于广大高明；谨其微，先在喜怒哀乐。是故由困知勉行，以几于知、仁、勇，由慎独以进于至诚无息，惟崇礼而已。……此《中庸》教人之微意也。"⑤

明末清初，学界已认识到王学末流空谈心性、流于狂禅之弊。学人们认为，即便是谈心性，也应根于经学，而不应师心自说。如黄宗羲云："受业者必先穷经，经术所以经世，方不为迂腐之学。"⑥在此背景下，一大批礼学家开

---

① （清）戴震：《中庸补注》，《戴震全集》第一册，清华大学出版社 1991 年点校本，第 131 页。
② （清）戴震：《中庸补注》，《戴震全集》第一册，清华大学出版社 1991 年点校本，第 131—132 页。
③ （清）郭嵩焘：《中庸章句质疑》卷上，《续修四库全书》第 159 册，第 464 页。
④ （清）郭嵩焘：《中庸章句质疑》卷下，《续修四库全书》第 159 册，第 492 页。
⑤ （清）王先谦：《中庸章句质疑序》，《中庸章句质疑》卷首，《续修四库全书》第 159 册，第 461—462 页。
⑥ （清）全祖望：《鲒埼亭集》卷十一《梨洲先生神道碑文》，《续修四库全书》第 1429 册，第 51 页。

始出现，礼学开始兴起。清人以礼释《中庸》，是他们重视礼学之反映，也是清代重实学的风气使然。当然，以礼释《中庸》并非清人首创，汉代郑玄已有之。清人继承了郑玄以礼释《中庸》的做法，并将其发扬光大。

二是阎若璩、樊廷枚、江永、凌曙等人对《中庸》所记名物制度作了考证。

清初学人阎若璩《四书释地》《四书释地续》《四书释地又续》《四书释地三续》涉及地理、人名等方面的考证四百二十余条。继阎氏之后，樊廷枚撰《四书释地补》《四书释地续补》《四书释地三补》，以补阎氏考证之不全。由于《中庸》为"四书"之一，所以阎氏、樊氏所作之考证涉及《中庸》所记地理和名物。随着乾嘉考据学的兴起，学人们的"四书"研究也具有强烈的考据特色。江永《四书典林》《四书古人典林》、凌曙的《四书典故核》等皆为考据精详之作。江永《四书古人典林》结合经史典籍之记载，将"四书"中涉及古人事迹者全部予以排比和罗列。他说："兹编体裁一新，力矫前弊，事之隐僻、未经搜罗者尚有之。若其著在简册、昭如日星者，固可一览瞭然，足资学者无穷之取材矣。"① 江氏于《中庸》所记人物之事详加考证。比如《中庸》作者子思的事迹，江永征引《礼记·檀弓》五次，相关事迹分别是"必诚必信""执亲丧""母丧""丧出母""论旧君反服"；征引《孔丛子》三次，相关事迹分别是"言鲁可兴""言苟变""国事日非"。凌曙《四书典故核》对《四书》中的典故作了详尽的考证。凌氏曰："吾人为学自治经始，治经自治'三礼'始。……欲治'三礼'者，当先精制义之法。制义依四子书以立言，而四子之说有涉于制度文物者，非详考而慎择之，则不能以措词。"② 在此书中，凌氏对《中庸》所涉及的典故作了考证，总共有四十余条。

三是颜元、李塨、戴震、康有为等人以《中庸》为资源阐发人生修养和社会理想。

清代一些学人据《中庸》阐发人生和社会理想。如颜元认为圣人之道的真谛在于讲实学、实政和实用。他说："学习躬行经济，吾儒本业也；舍此而书云书云，讲云讲云，宋明之儒也，非唐、虞、三代之儒也。"③ 这种思想贯

---

① （清）江永：《四书古人典林序》，《四书古人典林》卷首，《续修四库全书》第166册，第270—271页。

② （清）凌曙：《四书典故核序》，《四书典故核》卷首，《续修四库全书》第169册，第564—565页。

③ （清）颜元：《习斋记余》卷六，《颜元集》下册，中华书局1987年点校本，第519页。

穿了颜氏对《中庸》的诠释。颜元曾南游中州，友人好以《中庸》"博学之，审问之，慎思之，明辨之，笃行之"为谈柄。颜元说："问，问其所学也。思，思其所学也。辨，辨其所学也。行，行其所学也。自汉、宋来，'学'字已误，况博乎？况问、思、辨、行乎？"又曰："学，学礼，学乐，学射、御、书、数等也。博学之，则兵、农、钱、谷、水、火、工、虞、天文、地理，无不学也。以多读为学，圣人之学所以亡也。"① 颜元以"学"为纲领去统合《中庸》的"问""思""辨""行"，这是其不空谈心性、重视实践的学风之体现。

李塨认为《中庸》与《大学》所言的修、齐、治、平如出一辙。他说："戒惧是正心，慎独是诚意、致中和，则修、齐、治、平皆在内矣。特其入手在下文明善之知，而欲求知须好学，是致知格物也，《大学》一篇，正与此璧合。"② 又如《中庸》"哀公问政"章，李塨曰："此章全是《大学》道理。'柔远人''怀诸侯'是平天下，'尊贤''敬大臣''体群臣''子庶民''来百工'是治国，'亲亲'是齐家，'盛服非礼不动'是诚意、修身，'齐明'是正心，'明善'是致知，'学问思辨'是格物。欲治民获上信友，豫先顺亲，欲顺亲，豫先诚身，欲诚身，豫先明善，豫明善在学问思辨，即格、致、诚、正、修、齐、治、平，递有先后之说。好学择善，所以诚身，顺亲以下，是由诚身而推，故下文直接'诚'字发明之，即修身为本之意，古今学术无出此矣。"③ 李塨从人生和社会理想的角度释读《中庸》，认为《中庸》与《大学》所言"修""齐""治""平"是相通的。

戊戌变法失败之后，康有为在避难期间撰《中庸注》。康氏认为，《中庸》系孔子之大道，关生民之大泽，义理精微，值得发掘。他说："孔子生二千四百五十一年，康有为避地于槟榔屿英总督署之明夷阁。蒙难艰贞，俯地仰天，乃以其暇绎思，故记。瞯然念孔子之教论，莫精于子思《中庸》一篇。……此篇系孔子之大道，关生民之大泽，而晦冥不发，遂虑掩先圣之隐光，而失后学之正路。不敢自隐，因润色夙昔所论思，写付于世。"④ 康氏试图会通

---

① （清）颜元：《四书正误》卷二，《颜元集》上册，中华书局1987年点校本，第169页。

② （清）李塨：《恕谷中庸讲语》，《续修四库全书》第159册，第376页。

③ （清）李塨：《恕谷中庸讲语》，《续修四库全书》第159册，第383页。

④ （清）康有为：《中庸注》，《康有为全集》第5集，中国人民大学出版社2007年点校本，第369页。

《中庸》与公羊学,从而阐发他的社会政治思想。如《中庸》:"君子之中庸也,君子而时中。小人之中庸也,小人而无忌惮也。"康氏曰:"孔子之道,有三统、三世焉。其统异,其世异,则其道亦异。故君子当因其所处之时,观其会通,以行其典礼。上下无常,惟变所适。"①康氏以公羊学"三统三世"说以释《中庸》所言的"时中"。康氏还据《中庸》"温故而知新",从而阐发他的维新变法思想,他说:"夫故者,大地千万年之陈迹,不温寻之,则不知进化之由,虽欲维新而恐误。新者,万物无穷无尽之至理,不考知之,无以为进化之法,虽能胜古而亦愚。"②在康氏看来,孔子甚爱古迹,尤好新法,所以时人应"戒守旧之愚害,而亦不可为灭古之卤莽也"③。

中国古代的知识分子多兼通儒释道。当仕途通达、一帆风顺时便以儒修身、齐家、兼济天下;当仕途不畅、贬谪流放时,则多以释道修养身心、独善其身。戊戌变法失败,对康有为的内心世界造成很大的冲击。其《中庸注》调和佛儒,既是为了安顿自己的身心,也是寄予对未来的希望。如《中庸》曰:"在上位不陵下,在下位不援上,正己而不求于人,则无怨。"康氏曰:"知正己,则不尤人,易免于祸矣。庄子曰'知其无可奈何而安之若命',释氏之坚忍证阿那含者也。孟子曰'顺受其正',罗汉之随喜顺受也。子思之无入不自得,菩萨之地狱天宫皆成佛土也。释氏舍弃一切,弃家学道,以出烦恼,而生天成佛者。然孔子于明伦教物,实倡此义,令天下人人乐其境遇,不复苦恼。"④《中庸》:"知、仁、勇三者,天下之大德也,所以行之者一也。"康氏曰:"佛氏亦贵智慧、慈悲、勇猛三者,具天下之达德也。"⑤康氏于此据佛学以释《中庸》,从而表达在挫折中应该持有的人生态度。又如《中庸》曰:"国有道,其言足以兴;国无道,其默足以容。"康氏曰:"后人若无改制之大事,而托于

---

① (清)康有为:《中庸注》,《康有为全集》第 5 集,中国人民大学出版社 2007 年点校本,第 371 页。
② (清)康有为:《中庸注》,《康有为全集》第 5 集,中国人民大学出版社 2007 年点校本,第 386 页。
③ (清)康有为:《中庸注》,《康有为全集》第 5 集,中国人民大学出版社 2007 年点校本,第 386 页。
④ (清)康有为:《中庸注》,《康有为全集》第 5 集,中国人民大学出版社 2007 年点校本,第 375 页。
⑤ (清)康有为:《中庸注》,《康有为全集》第 5 集,中国人民大学出版社 2007 年点校本,第 380 页。

明哲默容，则为怯懦偷生之小人耳。"①康氏不甘于失败，他在鞭挞偷生之小人的同时寄希望于改制。

章太炎说："清代学术，方面甚广。"②一方面，古典学到了清代已成百川归海之气象；另一方面，明清之际"天崩地解"般的社会大动荡给后来的学者们留下了不少学术思考的空间，以至于清代学术呈现出多元的样态。就儒学而言，汉、宋、今、古之学在清代皆有广泛的影响，不同时期的学者以不同的学术立场和治学方法活跃在清代的学术舞台上。清代《中庸》诠释的角度多样且新颖，既有作者、成篇过程之探讨，又有文字和名物之考证；既有哲学意蕴之发掘，又有人生社会理想之表达。面对同样的问题，学人们所持的观点不尽一致，甚至针锋相对。对于《中庸》文本和朱熹的《中庸章句》既有肯定之论，亦有否定之说，还有调和折衷之言，这正是清代学术多元样态的写照。清代的《中庸》诠释未完全步宋明理学之后尘，而是通过转变诠释的角度和方法，从而拥有与宋明理学不尽一致的诉求，这也正是清代学术超越宋、元、明时期学术之体现。

---

①　（清）康有为：《中庸注》，《康有为全集》第 5 集，中国人民大学出版社 2007 年点校本，第 386 页。

②　（清）章太炎：《清代学术之系统》，《章太炎全集》第 2 辑，上海人民出版社 2015 年点校本，第 423 页。

第十二章 "三礼"与清代社会秩序之建构

清代是经学的"复盛时代"①，从《清经解》《续清经解》《清经解三编》，便可窥清代经学规模之宏大、考据之精深。在经学大盛的背景下，清人的"三礼"诠释取得了卓越的成就。近代以来，不少学者从经学的角度对清代的"三礼"诠释状况开展研究，在文献整理、目录编纂以及版本考订等方面皆有创获。不过，学人们将主要精力放在了经学层面的考察，而于"三礼"诠释与清代社会变迁、制度变革、移风易俗之间关系的辨析则着力不够，论著寥寥。即便是张寿安《十八世纪礼学考证的思想活力》、张仁善《礼·法·社会——清代法律转型与社会变迁》、林存阳《清初三礼学》《三礼馆：清代学术与政治互动的链环》、邓声国《清代"五服"文献概说》、吴丽娱《礼与中国古代社会》（明清卷）能将学术史与社会史研究相结合，涉及清代的"三礼"学及与政治和教育之关系，然讨论面并不广，未能全面触及清代"三礼"诠释与政治、社会、风俗、道德等多方面的问题。"三礼"之学在清代文化建设中占有十分重要的地位，探讨"三礼"在清代政治、教育和移风易俗中之运用，对于认识"三礼"在清代社会思想文化中的地位、扮演的角色以及发挥的作用等有着重要意义，对于丰富和深化清代经学史、学术思想史的研究皆有重要价值。鉴于此，本部分拟通过辨析清代"三礼"学与清代社会秩序建构之关系，以见清代朝野上下对待华夏传统文化的态度，并揭示"三礼"在清代应用之历史启示价值。

第一节 "三礼"与清廷议礼

"礼，时为大"（《礼记·礼器》），时代变了，礼亦需要有相应的调整，才

---

① （清）皮锡瑞：《经学历史·经学复盛时代》，《皮锡瑞全集》第 6 册，中华书局 2015 年点校本，第 87 页。

能焕发新的活力。不过在礼制建设或面对特殊的政治事件和人物关系时，过去惯常的礼制可能会被打破，人们对于礼的认识就会产生分歧。中国历朝历代皆有关于礼制的建设和应用的讨论，有些皇帝和大臣还亲自参与，甚至酿成大的事件。如北宋仁宗皇帝过世后，围绕濮安懿王的称谓，以司马光为首的台谏派与以欧阳修为首的中书派展开了长达十八个月的争论，皇帝、太后和众多朝臣皆卷入其中。由此可见，议礼在中国古代事关重大。

清廷议礼之事甚多，如《清史稿》载："雍正八年冬至，遇圣祖忌日，礼臣援旧例请代，下大学士九卿议。奏言《周礼·春官》称大祭祀王不亲则摄行。"① 雍正十三年（1735）正月十日上辛，未立春，帝曰"此非乘阳义也"，命礼臣集议。奏言："礼《月令》，立春日，天子迎春东郊，乃祈谷上帝。此礼本在立春后，请循例用次辛，或立春后上辛。"② 帝从之。乾隆七年（1742），"定议《周礼》祀天用玉辂，唐、宋参用大辇，今亲祀南郊，前期诣斋宫，宜御玉辇"③。乾隆七年，御史徐以升奏言："《春秋传》：'龙见而雩，为百谷祈膏雨也。'《祭法》：'雩宗，祭水旱也。'《礼·月令》：'雩，帝用盛乐，命百县雩祀，祀百辟卿士有益于民者，以祈谷实，是为常雩。'《周礼》：'稻人，旱暵共雩敛。'《春秋》书雩二十有一，有一月再雩者，旱甚也。是又因旱而雩。"④

清廷议礼内容颇为丰富，不仅涉及礼之仪，还涉及仪之名。比如清高宗母亲皇太后钮祜禄氏崩，葬于泰东陵，至东陵的第二天便行飨奠礼。高宗认为《清会典》旧称"遣奠"未妥，遂命儒臣对"遣奠"之称谓加以稽考。大学士言："遣奠之称，《礼经》并无明文，惟见于孔颖达《士丧礼疏》，唐以后相沿用之。盖颖达第用《仪礼》葬日将行苞牲体之车名为遣车，遂取遣字为奠名，牵合无当。复考《仪礼》将行之祭，'彻巾苞牲'，郑康成注云：'象既飨而归宾俎也。'又《礼记·杂记》云：'大飨既飨，卷三牲之俎归于宾馆，所以为哀也。'郑《注》云：'既飨归宾俎，言孝子哀亲之去也。'是将行之祭，原用飨礼，旧称遣奠，似不若作飨奠为长。"⑤ 据大学士之考证，"遣奠"之说源自孔颖达，而非《仪礼》；"遣奠"之说"牵合无当"，当用"飨"。大学士此说既与郑《注》相合，

① （民国）赵尔巽等撰：《清史稿》卷八十三，中华书局 1977 年点校本，第 2504 页。
② （民国）赵尔巽等撰：《清史稿》卷八十三，中华书局 1977 年点校本，第 2510 页。
③ （民国）赵尔巽等撰：《清史稿》卷八十三，中华书局 1977 年点校本，第 2504 页。
④ （民国）赵尔巽等撰：《清史稿》卷八十三，中华书局 1977 年点校本，第 2512 页。
⑤ （清）乾隆敕撰：《皇朝通志》卷四十七，文渊阁《四库全书》第 644 册，第 586—587 页。

又迎合了乾隆的心意。

此外，清世宗去世以后，继位的清高宗弘历欲行"三年之丧"，在政治上掀起轩然大波。据《丧服》，可知"三年之丧"对应的关系是子女为父母、父为嫡长子、臣为君。"三年之丧"在丧服制度中有着十分重要的地位，影响十分深远。① 由于"三年之丧"不仅关涉伦理，还牵涉政治，所以历代朝野上下对此皆不敢轻忽。不过涉及具体问题时，争议很大。清世宗去世以后，清高宗弘历欲行"三年之丧"，他说："皇考鞠育，顾复深恩，昊天罔极。今忽遭大故，龙驭上宾。朕自念生平无纤毫报答，日夜号泣，痛入五中。况我皇考仰体圣祖仁皇帝付托之重，教养万国臣民，十三年来，旰食宵衣，苦心远虑，备极劳瘁，此朕所亲知亲见者。是以薄海内外，共享昇平之福，贻及子孙，不独朕心感切，仰报无由也。若服制一节，仍遵定例，朕心实为不忍。惟有行三年之丧，稍尽思慕之诚于万一。天下臣民，仍照定例行。著诸王大臣，即行会议具奏。"② 弘历认为，"二十七日释服"之旧例很难表达对世宗的思慕和崇敬之情，自己欲行"三年之丧"。

然诸王大臣奏称"三年之丧"难以实行，他们以圣祖、世宗不行"三年之丧"以及杜预"心丧"之说为据，从而劝谏清高宗行"二十七日释服"之旧例。诸王大臣还以本朝成规以难高宗"三年之丧"之愿望。清高宗回应说："从前皇祖圣祖仁皇帝冲龄践阼，未得举行，而我皇考大行皇帝即位之时，军国重务速应办理之处甚多，是以俯准廷臣之请，然素服斋居，三年如一日也。"③ 高宗认为，圣祖幼年即位，故不行"三年之丧"；世宗即位时逢军国要务在身，不具备行"三年之丧"的条件。言下之意，圣祖、世宗并非不愿行"三年之丧"，而是客观条件不允许。高宗认为，自己所处的环境与父祖辈已有很大的不同，"今经皇考十三年宵旰勤劳，孜孜图治，举凡大纲小纪，莫不悉有章程"，因此"今日遵守成规，一如皇考在日。朕亲承指授，一一奉行而已。辗转思维，三年之丧，在朕今日，实属可行"④。

当皇太后钮祜禄氏得知高宗欲行"三年之丧"的决定后，她下旨，认为高

---

① 关于"三年之丧"的起源和演变，丁鼎先生曾有详尽的介绍。(丁鼎：《〈仪礼·丧服〉考论》，社会科学文献出版社 2003 年版，第 22—52 页)

② 清朝史官：《清实录》第九册《高宗纯皇帝实录》卷一，中华书局 1985 年影印本，第 144 页。

③ 清朝史官：《清实录》第九册《高宗纯皇帝实录》卷二，中华书局 1985 年影印本，第 163 页。

④ 清朝史官：《清实录》第九册《高宗纯皇帝实录》卷二，中华书局 1985 年影印本，第 163 页。

宗不应行"三年之丧",理由之一是"国家典礼重大,政务殷繁,实有至难举行之处"①;理由之二是"国朝服制,自有典章,亦不便轻为改易";理由之三是"为子臣者,自应仰体在天之灵,绍述缵承,共享和平之福,以成先志。若必欲重服三年以为尽孝,上撨大行皇帝圣心,亦未必鉴慰也"②。高宗视太后钮祜禄氏为国母,对她有言必遵,自然不会轻忽懿旨。经过廷议,总理事务大臣宣布新的服丧安排:"谨拟百日内,上服缟素,百日外,请发,易素服。诣几筵前,仍服缟素。诣皇太后宫,及御门,莅官,听政,咸素服,冠缀缨纬。升殿受朝,不宣表,不作乐,咸用吉服、礼服,并一切典礼,俱用礼服。二十七月服满,照百日礼致祭。祭毕,上释服。"③此是在综合考虑高宗和皇太后意见基础之上得出的折衷方案。一方面,高宗要二十七月服满后才释服,这满足了其"三年之丧"的愿望;另一方面,以百日为限,百日内"服缟素",百日外"请发""易素服"。此外,在御门、莅百官听政、恭诣皇太后宫、升殿受朝以及祭祀时所著服饰皆有所变通,而非亦步亦趋地守"三年之丧"之成规。

乾隆即位之初君臣和太后于"三年之丧"的讨论,折射出时人对于古典文化的态度和满汉关系的认识。在中国古代,"三年之丧"是重大的礼学问题,而此制度的形成是一个漫长的过程。关于"三年之丧"严密而系统的记载,见诸《仪礼·丧服》。"三年之丧"的服制,为历代朝野所重视,也是统治者醇化风俗、推行教化的重要参手段,是中国古典文化的重要内容。历代学人于"三年之丧"的诠释和理解不尽一致,不过他们从事"三年之丧"诠释时所依靠的材料却大体相同,即《仪礼》《礼记》《论语》之记载,以及郑玄、王肃等人之经解。这种推崇经典的做法是中国古人的文化价值取向和古典主义之体现。清高宗对"三年之丧"的推崇,他的决定以及辩护,体现了其对古典文化之尊崇。此事件还表明作为满清的弘历及其先辈们经过与汉族百余年的文化融合,对于汉文化的认识不断加深,并逐渐接受。林存阳说:"随着满汉文化的渐趋融合,以及满洲统治者熏陶于汉文化的加深,高宗的这一选择,应该说体现出了一种'满汉一体'格局下新的政治文化走向。因此,从政治层面来看,高宗之执意行三年之丧,已不单纯是服丧时间长短的问题,而是他欲借此来彰显'国家荷

---

① 清朝史官:《清实录》第九册《高宗纯皇帝实录》卷二,中华书局 1985 年影印本,第 175 页。
② 清朝史官:《清实录》第九册《高宗纯皇帝实录》卷二,中华书局 1985 年影印本,第 175 页。
③ 清朝史官:《清实录》第九册《高宗纯皇帝实录》卷二,中华书局 1985 年影印本,第 180 页。

天庥，承佑命，重熙累洽，同轨同文，所谓礼乐百年而后兴，此其时也'的为政求治旨趣。"① 正是有这种文化取向，才有清高宗后来设三礼馆、诏修《三礼义疏》之举，而清高宗一系列文化上的作为，又将满汉文化的融合推向了更高水平。

第二节 "三礼"与清廷制礼

清高宗弘历即位不久后就开设三礼馆，从事《三礼义疏》之编纂。三礼馆之设置，可补清圣祖时期于经典纂修之不足。乾隆元年（1736）六月十六日高宗谕总理事务大臣："昔我皇祖圣祖仁皇帝，阐明经学，嘉惠万世，以《大全》诸书，驳杂不纯，特命大臣等纂集《易》《书》《诗》《春秋》四经传说，亲加折衷，存其精粹，去其枝蔓，颁行学校，昭示来兹。而《礼记》一书，尚未修纂。"② 高宗认为，圣祖时于《易》《书》《诗》《春秋》皆有纂修，而于"三礼"则没能亲加折衷、去粗取精，因此，纂修《三礼义疏》，可补圣祖时期于经典纂修之不足。此外，设置三礼馆，可明"三礼"所含圣贤之意。高宗曰："'三礼'之传远矣。《周礼》六官，河间献王上之，《仪礼》十七篇，《礼记》四十九篇，高堂生、戴圣传之。汉唐以来，笺疏训释无虑数十家，考其义，或相抵牾，先儒尝讥其聚讼，要其掇拾灰烬之余，传先王制作之旧，得什一于千百。"③ 通过纂修《三礼义疏》，对"三礼"作新的诠释，以明经典原义。此外，通过纂修"三礼"新疏，从而寻获"三礼"蕴含的礼意。弘历说："夫礼之所为，本于天，殽于地，达之人伦日用，行于君臣、父子、兄弟、夫妇、朋友之间，斯须不可去者。天不变，道亦不变，此其本也。"④ 此所谓"本"，即"三礼"蕴含的儒家伦理道德。弘历认为，三礼馆之设置，于治道大有裨益，"《五经》乃政教之

---

① 林存阳：《三礼馆：清代学术与政治互动的链环》，社会科学文献出版社 2008 年版，第 28—29 页。

② 清朝史官：《清实录》第九册《高宗纯皇帝实录》卷二十一，中华书局 1985 年影印本，第 501 页。

③ （清）于敏中等奉敕编：《钦定三礼义疏序》，《御制文集初集》卷十一，文渊阁《四库全书》第 1301 册，第 103 页。

④ （清）于敏中等奉敕编：《钦定三礼义疏序》，《御制文集初集》卷十一，文渊阁《四库全书》第 1301 册，第 103 页。

原，而礼经更切于人伦日用，传所谓经纬万端、规矩无所不贯者也”①。在弘历看来，与其他经典相比较，礼经与人伦日用的关系更加密切，对于社会秩序整合的作用更加直接。

乾隆年间除了设置三礼馆，还有来保、李玉鸣等人奉敕纂修《大清通礼》五十卷。是书之纂修，是清代统治者整合社会秩序的重要举措。早在入关之前，清代统治者就准备纂修一代通礼，即“诏礼臣参酌往制，勒成礼书，为民轨则”②。清高宗即位以后，格外看重礼的教化意义。鉴于以往官方纂修的礼书“既苟简慢易，而无以称其情”③，清高宗曰：“三代以下，汉称近古，观叔孙通之朝仪，公玉带之明堂，不过椎轮牺具，后此如唐《开元礼》、宋《太常因革礼》、元《通礼》、明《集礼》取足征一朝掌故，迨承用日久，俗尚寖寻，精意远而敝边随之。”④由于庶民之礼与功令无关，故推行艰难，鉴于此，清高宗曰：“若考亭《家礼》，涑水《书仪》，党塾间以为兔园陈策，其事不关功令，故礼之通也，于是乎尤难。”⑤此外，清代官方所修纂的会典不便于庶民所用，高宗曰：“本朝会典所载，卷帙繁重，民间亦未易购藏。”⑥而通礼正可弥补其中的缺陷。

《大清通礼》一书受到“三礼”和历代礼书的影响至深，比如《大清通礼》对《周礼·大宗伯》所言“五礼”的次序作了调整。⑦《周礼》所记“五礼”的顺序是吉、凶、宾、军、嘉，《明集礼》调整为吉、嘉、宾、军、凶，《大清通礼》则调整为吉、嘉、军、宾、凶，且曰：“首吉礼，尊天祖也；次嘉礼，本

① 清朝史官：《清实录》第九册《高宗纯皇帝实录》卷二十一，中华书局 1985 年影印本，第 501 页。

② 赵尔巽等：《清史稿》卷八十二，中华书局 1977 年点校本，第 2483 页。

③ （清）于敏中等奉敕编：《钦定三礼义疏序》，《御制文集初集》卷十二，文渊阁《四库全书》第 1301 册，第 114 页。

④ （清）于敏中等奉敕编：《钦定三礼义疏序》，《御制文集初集》卷十二，文渊阁《四库全书》第 1301 册，第 114 页。

⑤ （清）于敏中等奉敕编：《钦定三礼义疏序》，《御制文集初集》卷十二，文渊阁《四库全书》第 1301 册，第 114 页。

⑥ （清）高宗：《大清通礼上谕》，《大清通礼》卷首，文渊阁《四库全书》第 655 册，第 2 页。

⑦ 关于“五礼”，不仅《周礼》提及，《尚书》亦提及。《大清通礼·凡例》云：“五礼之名肇于《虞书》，五礼之目，见于《周礼》。”[（清）来保、李玉鸣等奉敕撰：《大清通礼》卷首，文渊阁《四库全书》第 655 册，第 7 页]

人道也；次军礼，征伐大权也；次宾礼，柔远人也；次凶礼，以厚终也。"①《大清通礼》将军礼置于宾、凶二礼之前，可见清代对军事礼仪是十分重视的。此外，《大清通礼》对"三礼"既有继承，又有损益。比如《大清通礼》将凶礼分列圣大丧、列后大丧、皇贵妃丧、贵妃丧、妃丧、嫔丧、贵人丧、皇太子丧、皇子丧、亲王以下丧、亲王福晋以下丧、公主以下乡君以上丧、品官丧、庶士丧、庶人丧。其经典依据主要是《仪礼》中的《士丧礼》《既夕礼》《士虞礼》《丧服》。如于"官员丧礼"部分，初终、袭、小殓、大殓、成服、朝夕奠、亲宾吊奠赙、遣官祭奠、扶丧、闻丧奔丧、治葬具、牵柩朝祖、祖奠、遣奠发引、窆、反哭虞、卒哭祔、小祥、大祥、禫、忌日奠、拜妇皆源自《士丧礼》。《大清通礼》的不少仪节根据时代的需要而有所损益。比如开兆祀土神、祀土神题主则是清代自有的。又如小殓，《仪礼》所记仪节主要是给死者穿衣和覆衾，死者的服饰与官阶无关。而据《大清通礼》，官员死后，根据官品的不同，小殓时所穿服饰亦有差异。其云："是日执事者帷堂，如寝，陈殓床于堂东，加殓衣。三品以上五称，复三襌；二五品以上三称，复二襌；一六品以下二称，复一襌。一皆以缯，复衾。一二品以上色绛，四品以上色缃，五品色青，六品色绀，七品色灰。紟绞皆素帛，既办，乃迁尸床于堂中。行殓事毕，丧主暨诸子括发，加首绖、腰绖，皆以麻。"②官品不同，所加敛衣的颜色亦有异。此皆为《仪礼》所不载。

《大清通礼》的功能是"羽翼会典"③，内容是社会各个阶层的仪节，大到国家礼仪，小到个人的冠、昏、丧、祭。清代通礼所记者属于具体礼仪规范的"曲礼"，而这一切的渊源是"三礼"中的《仪礼》。如果说会典属于"经邦之轨则"，那么《大清通礼》则是通过全面细致的仪节使这些"轨则"得到全面落实。④

与修纂《三礼义疏》和《大清通礼》一样，修纂《礼器图式》亦是清高宗推行礼教、规范社会秩序的重要手段。高宗设"三礼馆"，派人修纂《三礼义

---

① （清）来保、李玉鸣等奉敕撰：《大清通礼凡例》，《大清通礼》卷首，文渊阁《四库全书》第 655 册，第 7 页。

② （清）来保、李玉鸣等奉敕撰：《大清通礼》卷五十，文渊阁《四库全书》第 655 册，第 499 页。

③ （清）高宗：《大清通礼序》，《大清通礼》卷首，文渊阁《四库全书》第 655 册，第 2 页。

④ 吕丽、张金平在《〈大清通礼〉的法律地位》（《当代法学》2014 年第 4 期）一文中对清代会典与通礼的关系作了比较细致的辨析。

疏》，希望借助于"三礼"从而廓清礼仪、发掘礼之深义。其派人修纂《大清通礼》，是结合礼之深意和历代礼仪，从而拥有一部适用于清代的礼书。而其命修纂《礼器图式》，则是试图规范礼器，从而为清代礼仪的开展设定标准。四库馆臣评价是书曰："若夫酌古宜今之精意，奉天法祖之鸿规，具见御制序文之中，尤万世臣民所宜遵道遵路者矣。"① 当然，此书的修纂是否实现了乾隆所说的"同一海内，整齐万民""淑世牖民"，则是另外一回事。

《礼器图式》既重视对"三礼"等经典注疏所记礼器之考察，亦重视礼器在现实中的应用。清高宗认为，礼器蕴含礼之精义，因此尊礼器旧制颇有必要。他以祭器为例曰："考之前古，笾豆簠簋诸祭器，或用金玉以示贵重，或用陶匏以崇质素，各有精意存乎其间。历代相承，去古寖远。至明洪武时更定旧章，祭品祭器悉遵古，而祭器则惟存其名以甆代之。我朝坛庙陈设祭品亦用甆，盖沿前明之旧。皇考世宗宪皇帝时，考按经典，范铜为器，颁之阙里，俾为世守，曾宣示廷臣，穆然见古先遗则。朕思坛庙祭器既遵用古名，则祭器自应悉仿古制，一体更正，以备隆仪。"② 高宗认为，明代祭器有名无实；他主张"仿古制"，以见古圣先贤之"遗则"。因此，《礼器图式》一书绘图的重要依据就是以"三礼"为代表的儒家经典及注疏。比如该书卷一《祭器》部分征引《周礼》经文注疏十九次，征引《仪礼》经文注疏二次，征引《礼记》经文注疏七次，征引聂崇义《新定三礼图》二次，征引《宋史·礼志》一次。

《礼器图式》还从应用的角度，对礼器的尺寸、色泽等作了规定。以祭器为例，聂崇义于一器绘一图，而《礼器图式》往往是一器绘多图。比如聂氏所绘簋、簠各一图，而《礼器图式》根据不同的祭祀对象，或同一祭祀对象于不同场所，所绘簋、簠各四十图，且所绘簋、簠的尺寸和色泽不同。此外，乾隆以前的礼器图并无《礼器图式》所谓的"仪器"和"武备"，四库馆臣认为"仪器、武备二类旧皆别自为书，今乃列之于礼器，与古例稍殊"，馆臣又说："盖礼者，理也，其义至大，其所包者亦至广，故凡有制而不可越者，皆谓之礼。《周官》所述皆政典，而兼得《周礼》之名，盖由于此。今以仪器、武备并归礼器，正三代之古义，未可以不类疑也。"③ 由此可见，《礼器图式》是从广义

---

① （清）永瑢等：《四库全书总目》卷八十二，中华书局1965年版，第707页。

② （清）乾隆十二年敕撰：《皇朝文献通考》卷九十三，文渊阁《四库全书》第634册，第90页。

③ （清）永瑢等：《四库全书总目》卷八十二《史部·政书类二》，中华书局1965年版，第707页。

上言"礼器",凡是与仪式相关的器物皆是"礼器"。

《礼器图式》的根本目的是发挥礼之教化功能,规范社会秩序,因此该书所绘礼器多是祭器、冠服、乐器、武备和仪器。《礼器图式》的着眼点并非"古制",而是应用。不过为了赋予所绘礼器的神圣性,清高宗强调该书要"仿古制",以见古圣先贤之"遗则"。该书广泛征引"三礼"等经典注疏,以及历代重要礼志,原因就是如此。不过,全书所绘礼器,有的见诸典籍,有的则不见诸典籍。比如"皇帝大驾卤簿"中的"八旗骁骑纛""八旗护军纛""八旗前锋纛",皆为清代以前礼图所不载。因此,《礼器图式》有古典主义和现实主义的双重特质,这是"礼时为大"在清代的又一实践。

第三节 "三礼"与清代化民成俗

清代朝廷和地方在化民成俗的过程中,对"三礼"多有诠释和应用。此可从以下几个方面来看:

第一,"三礼"是清代统治者实行的部分典礼之依据。

清廷虽然是以少数民族入主中原,然而统治者受汉地文化的影响,在治国方略上推行教化,以期形成良善美俗。比如朝廷和地方特别重视祭祀之礼,而不少祭祀礼源自"三礼"。如《礼记·月令》云"孟春之月……其帝太皞,其神句芒",又云"季冬之月……命有司大难旁磔,出土牛,以送寒气",郑玄曰:"土牛者,丑为牛,牛可牵止也。"祭句芒神和出土牛,是历代礼俗的重要内容,为历代官方和民间所高度重视。清代地方的"迎春"活动,有祭芒神和出土牛的仪节。据乾隆《彭山县志》载:"立春前一日,率寮属迎芒神、土牛于东郊。……各官朝服,仪杖鼓乐俱,至东郊,行两拜礼。祀芒神毕,迎神与土牛回县署仪门外棚厂内安设,芒神西向,土牛南向。各官至大堂,宴罢,退。次日立春时,设酒果祭芒神,三献。祝曰:'维神职司春令,德应苍龙,生意覃敷品汇,萌达。某等忝牧兹邑,具礼迎新,戴仰神功,育我黎庶,尚飨。'祝讫,复行四拜礼。各官执綵鞭立土牛旁,随长官环击土牛者三,绕牛三匝,以豆撒牛,人争拾豆,婴儿食之,痘疹稀少。"[1]此记载的按语是:"《礼记·月

---

① (清)张凤翥纂:《乾隆彭山县志》卷四,《中国地方志荟萃》(西南卷·第3辑)第9册,九州出版社2016年版,第204—205页。

令》季冬'出土牛，以送寒气'，取建丑属牛送旧之义，立春芒神司令迎新之义。"① 由此可见，《月令》"孟春祭芒神""季冬出土牛"的记载对后世礼俗的影响是十分深远的。不过也应看到，各地并非照搬《月令》的记载，而是有所变通。如《月令》所记季冬出土牛，清代合江县则将此仪用于立春时劝农耕，象征春耕的开始。

第二，"三礼"深刻地影响了清代律例之制定。

《大清律例》是清代传世的基本法典，其经顺治、康熙、雍正三朝君臣的努力，至乾隆时又有三泰重修，遂"刊布中外"。作为礼之根本的"三礼"对《大清律例》的制定产生了深远影响。《大清律例》受《周礼》的影响很大。清世宗所撰《大清律例序》云："《周礼》大小司寇之职，以三典诘四方，以五刑听狱讼，正岁帅其属而观刑象，不用法者，国有常刑。月吉始和，布刑于邦国都鄙，乃悬刑象之法于象魏，使万民聚而观之。是知先王立法定制，将以明示朝野，俾官习之而能断，民知之而不犯，所由息争化俗，而致于刑措也。"② 世宗据《周礼》大小司寇职能中的"三典诘四方""以五刑听狱讼""正岁帅其属而观刑象""布刑于邦国都鄙""悬刑象之法于象魏"，以明《大清律例》纂修的必要性。

清世宗以《周礼》为据以明《大清律例》推行之必要性。他说："是书也，岂惟百尔有位宜精思熟习，悉其聪明，以察小大之比，凡士之注名吏部，将膺民社之责者，讲明有素，则临民治事，不假于幕客、胥吏，而判决有余。若自通都大邑，至僻壤穷乡，所在州县，仿《周礼》布宪读法之制，时为解说，令父老子弟递相告戒，知畏法而重自爱，如此则听断明于上，牒讼息于下，风俗可正，礼让可兴，于以体皇考好生之德，而追虞廷从欲之治不难矣。"③ 在世宗看来，《周礼》"布宪读法"，对于推行《大清律例》，从而让百姓知法守法、正风俗、兴礼让等皆有积极意义。

第三，清代民间受朱子《家礼》的影响至为深远，而《家礼》的基础是《仪礼》。

---

① （清）张凤翥纂：《乾隆彭山县志》卷四，《中国地方志荟萃》（西南卷·第3辑）第9册，九州出版社2016年版，第205页。

② （清）世宗：《世宗宪皇帝御制大清律集解序》，《大清律例》卷首，文渊阁《四库全书》第672册，第378页。

③ （清）世宗：《世宗宪皇帝御制大清律集解序》，《大清律例》卷首，文渊阁《四库全书》第672册，第379页。

南宋朱子《家礼》是一部十分重要的礼书,其对宋、元、明时期的士庶礼仪产生了极为深远的影响。如明人丘濬曰:"文公先生因温公《书仪》,参以程、张二家之说而为《家礼》一书,实万世人家通行之典也。"① 朱子《家礼》对清代礼俗亦有深远影响。据乾隆《直隶泸州志》载:"国朝百年来,礼陶乐淑,几于道一而风同。士大夫特立独行者,冠、婚、丧、祭诸仪礼多仿朱紫阳《家礼》,参酌行之,虽未可尽求诸庸庸万辈,而所谓家诗户书者,固雍然可观也。"② 道光《荣县志》载:"丧礼有知遵《家礼》者,而竞修佛事者多,否则众皆非笑。"③ 咸丰《黔江县志》载:"丧礼,小殓大殓,胥遵古制,殁后多演行文公《家礼》一二日,择吉便葬。"④《家礼》以《仪礼》仪节为基础,然又多有变通,其于冠、婚、丧、祭仪节之设计皆能考虑现实之需要。清代地方所行之礼受《家礼》影响甚深,然亦根据时代的需要有所变通。比如同治《合江县志》云:"冠礼……间有行者,亦于婚礼前期行之,一醮三加,其仪甚简。"⑤ 而据嘉庆《江安县志》载,冠礼"今诗礼家尚多行之"⑥,且曰:"冠礼,成婚前一日,主人延集亲朋,请大宾一人、傧相四人。其大宾以前辈之显达,或子孙众多者为之。设冠席于东隅,设醮席于西隅。行三加后醮之,而命之字,以祝文告于先祖,谢宾与傧相毕,戚友致贺设宴。"⑦ 同治年间合江县所行乡饮酒礼既与《仪礼·士冠礼》有所不同,亦与朱子《家礼》有异。比如行冠礼的时间,《仪礼》并无明文,朱子《家礼》说"正月内择一日可也"⑧,而同治年间

① (明) 丘濬:《家礼仪节序》,《重编琼台稿》卷九,文渊阁《四库全书》第 1248 册,第 181 页。

② (清) 夏诏新纂修:《乾隆泸州志》卷五,《中国地方志荟萃》(西南卷·第 2 辑) 第 5 册,九州出版社 2016 年版,第 131 页。

③ (清) 王培荀等纂修:《道光荣县志》卷十八,《中国地方志荟萃》(西南卷·第 2 辑) 第 7 册,九州出版社 2016 年版,第 85 页。

④ (清) 张绍龄纂修:《黔江县志》卷二,《中国地方志荟萃》(西南卷·第 3 辑) 第 9 册,九州出版社 2016 年版,第 56 页。

⑤ (清) 秦湘修,杨致道、郑国楹纂:《同治合江县志》卷十八,《中国地方志荟萃》(西南卷·第 2 辑) 第 6 册,九州出版社 2016 年版,第 410 页。

⑥ (清) 赵朴修,郑存仁等纂:《嘉庆江安县志》卷一,《中国地方志荟萃》(西南卷·第 2 辑) 第 6 册,九州出版社 2016 年版,第 22 页。

⑦ (清) 赵朴修,郑存仁等纂:《嘉庆江安县志》卷一,《中国地方志荟萃》(西南卷·第 2 辑) 第 6 册,九州出版社 2016 年版,第 22 页。

⑧ (宋) 朱熹:《家礼》卷二,《朱子全书》第 7 册,上海古籍出版社、安徽教育出版社 2010 年点校本,第 889 页。

合江县行冠礼为"婚前一日"。清人对待朱子《家礼》的态度,体现了他们在试图沟通"古"与"今"方面所做的努力。

第四,清廷和民间重视推行化民成俗的各种礼仪,而这些礼仪与"三礼"有着密切关系。

朱子《家礼》重视冠、婚、丧、祭四礼,然而清代推行化民成俗的礼仪远不止此四礼,比如《仪礼》所记明长幼之序、选贤与能的乡饮酒礼,清代官方和民间就曾推行。据《清史稿》记载,顺治初年沿袭明制,令京府暨直省府、州、县,每年以孟春望日、孟冬朔日行乡饮酒礼于学宫。以致仕官为大宾,位西北;齿德兼优者为僎宾,位东北;次为介,位西南;宾之次为三宾;府、州、县官为主人,位东南。若顺天府则府尹为主人,司正一人主扬觯,教官任之。赞引、读律各二人,生员任之。此所云"大宾""僎宾",与《仪礼·乡饮酒礼》中所云"正宾""介"义近;此所谓"主人",与《仪礼·乡饮酒礼》所云"乡大夫""乡先生"义近。顺治初年所行乡饮酒礼的具体仪节源自《仪礼》,却有损益,比如司正扬而语曰:"恭惟朝廷,率由旧章,敦崇礼教,举行乡饮。非为饮食,凡我长幼,各相劝勉。为臣尽忠,为子尽孝,长幼有序,兄友弟恭,内睦宗族,外和乡党,毋或废坠,以忝所生。"[1] 司正此所言者为《仪礼》所不具,乃后世所增。又如据《仪礼·乡饮酒礼》"宾若有遵者,诸公、大夫",郑玄认为今文"遵"为"僎",且曰:"遵者,谓此乡之人仕至大夫者也,今来助主人乐宾,主人所荣而遵法者也。"《礼记·乡饮酒义》"坐僎于东北,以辅主人也",此"僎"是主人从属吏中选定的辅助行礼之人。乾隆年间行乡饮酒礼,此"僎"或有"乡居显宦有来观礼者""耆绅硕德者任之"[2],或阙之。

据清代地方志之记载,可知清代地方上行乡饮酒礼之概况。如嘉庆时期江安县行乡饮酒礼,"每岁正月十五日、十月初一日,于儒学行乡饮酒礼"[3],仪节有执事陈设座次、司正率执事习礼、执事者宰牲具馔、主人及僚属司正先诣学、主席率僚属出迎宾于庠门外、三让三揖而后升堂、主席又率僚属出迎僎、司正扬觯、司正举酒读律令,其中司正所读律令之内容与顺治初朝廷乡饮酒礼司正所读之内容基本相同。江安县所行乡饮酒礼是以《仪礼》为基础,然在具

---

① 赵尔巽等撰:《清史稿》卷八十九,中华书局 1977 年点校本,第 2654 页。

② 赵尔巽等撰:《清史稿》卷八十九,中华书局 1977 年点校本,第 2655 页。

③ (清)赵朴修,郑存仁等纂:《嘉庆江安县志》卷一,《中国地方志荟萃》(西南卷·第 2 辑)第 6 册,九州出版社 2016 年版,第 25 页。

体仪节上又多有变通，而非照搬《仪礼》。

第五，清代的家训、乡约、俗训等与"三礼"有密切关系。

家训是长辈对子孙立身处世、持家治业的教诲，是家庭教育的重要组成部分，对于个人教养的形成有着重要意义。清代的家训中，"三礼"常被征引和重新诠释。比如清康熙年间王家启所辑《择执录·学问类》征引了《礼记·学记》《经解》的部分内容；《择执录·敦伦类》征引了《礼记·曲礼》的部分内容。

乡约即适用于本乡本地的规约。清代的乡约，多以"三礼"为依据，比如清初学人陆世仪所撰《治乡三约》规定："治乡之法，每乡约正一人。"其释曰："《周礼》国中称乡遂，野外称都鄙。今制城都中为坊铺，城外称都鄙，即《周礼》遗意也，然可通谓之乡。"① 陆氏据《周礼》乡遂都鄙之制，以言治乡之法。《治乡三约》又曰："令民十家为联，联有首；十联为社，社有师。"其释曰："此即《周礼》比闾族党之制也。"② 此据《周礼》比闾族党之制，与治乡之法相印证。

俗训是以劝诫的方式从事道德伦理之宣扬，从而对人的日常行为起到规范和约束作用。清代的俗训亦常征引"三礼"，比如清人牟允中所编《庸行编》曰："《礼记》曰：'昏礼不贺，人之序也。'谓以子代父，以妇代姑，相承代之次第也，故不贺。嫁女之家，三夜不息烛，思相离也，欲相离，故不能寐。取妇之家，三日不举乐，思嗣亲也。谓娶妻以代父母，有可感伤，不忍用乐。今举世用之，不以为怪，昔人已有非之者，知礼君子不可用也。"③ 此以《礼记·郊特牲》所言"昏礼不贺"为据，从而批评清代婚礼用乐之举。

第四节　清人于社会秩序建构中重视"三礼"的原因

清代于社会秩序建构中重视"三礼"之原因，可从以下几个方面来看：

第一，清代朝野上下重视"三礼"在政治和教化中的作用，这是历代经典诠释传统之延续。

"三礼"所记之内容涉及先秦时期的社会、历史、伦理、价值观念等各个方面的内容，其所具有的丰富的思想文化内涵，使其从汉代开始便陆续成为官

---

① （清）陆世仪：《治乡三约》卷一，《丛书集成三编》第21册，第562页。
② （清）陆世仪：《治乡三约》卷一，《丛书集成三编》第21册，第564页。
③ （清）牟允中：《庸行编》卷七，《四库全书存目丛书》子部第157册，第157—643页。

方所认定的经典，并成为科考的重要科目。"三礼"亦受到历代统治者和学人的普遍重视，相关著述宏富。当面对道德陵夷、世风坏乱之社会现实，学人们往往利用"三礼"来阐发社会理想，从而修身齐家、治国理政、移风易俗。比如集汉代经学之大成的郑玄认为"为政在人，政由礼也"①，"重礼所以为国本"②，其为"三礼"作注的初衷，是"序尊卑之制，崇敬让之节"③。郑玄的《三礼注》寄托了他的社会政治理想，以期维护当时的国家统治。又如在积弊重重的宋代，"三礼"成为朝野上下高度重视的"法典"。北宋欧阳修、司马光、李觏、王安石、张载、二程，南宋朱熹、叶时、郑伯谦，以及其他很多两宋士人，都积极从事"三礼"之诠释。他们的初衷是解决现实社会所存在的各种问题，这些问题既涉及社会制度层面，也涉及教化、人伦道德和心灵归宿层面。汉唐以来的"三礼"诠释有着鲜明的通经致用取向，而清代延续了这种经典诠释传统，并扩大了诠释和应用的范围，赋予了新的时代特色。

第二，清代学人希望以"三礼"诠释实现经典的经世致用功能，从而纠晚明以来的经学之弊。

明末清初，学界于王学末流空谈心性、流于狂禅之弊已有清醒的认知。学人们认为，即使谈心性亦应从经学中获得，而不应师心自说。如焦竑说："经者性命之奥，政治之枢，文章之祖也。"④ 黄宗羲说："受业者必先穷经，经术所以经世，方不为迂腐之学。"⑤ 与其他经典研究不甚一致，礼学研究向来讲究考据，实学色彩更浓，经世致用效能更直接。因此，从事礼学研究对于扭转晚明学风空疏之弊有着重要意义。清初学人陆嘉淑曾说："名物器数之繁，莫备于经。考覈形状制度，比类指象，探赜穷变，莫详于汉唐诸儒。盖虽草木禽鱼，工人祝史所创述方名，经述所载列，无不竭智毕虑，尽其纤微曲折而后止。呜呼！名物器数，先王礼乐之本，而治天下之具之所托也。"⑥ 陆氏认为，名物器数研究乃礼乐的根本，治天下的道理皆蕴含其中。陆氏所言，可谓明末

① （清）阮元校刻：《十三经注疏（附校勘记）》，中华书局1980年影印本，第1633页。
② （清）阮元校刻：《十三经注疏（附校勘记）》，中华书局1980年影印本，第947页。
③ （清）皮锡瑞：《六艺论疏证》，《皮锡瑞全集》第3册，中华书局2015年点校本，第558页。
④ （清）朱彝尊：《经义考》卷二百九十七，中华书局1998年影印本，第1529页。
⑤ （清）全祖望：《鲒埼亭集》卷十一《梨洲先生神道碑文》，《续修四库全书》第1429册，第51页。
⑥ （清）朱彝尊：《经义考》卷二百五十一，中华书局1998年影印本，第1268页。

清初经学家之共同心声。清初《仪礼》学大家张尔岐强调从经学中获取圣人之意,他在《仪礼郑注句读序》云:"方愚之初读之也,遥望光气,以为非周、孔莫能为已耳,莫测其所言者何等也。及其矻矻乎读之,读已又默存而心历之,而后其俯仰揖逊之容,如可睹也,忠厚蔼恻之情,如将遇也。周文郁郁,其斯为郁郁矣,君子彬彬,其斯为彬彬矣。虽不可施之行事,时一神往焉,彷佛戴弁垂绅从事乎其间,忘其身之乔野鄙僿,无所肖似也。"① 张氏认为,《仪礼》所记之礼仪,是周、孔圣人奥义之体现。寻求圣人之意以济时用,这是张氏从事《仪礼》诠释之根本动机。张氏《仪礼》诠释崇实黜虚,顺应了明末清初反王学末流学术之大势,成为清代实学之先声。此外,清初礼学大家顾炎武、毛奇龄、阎若璩、姚际恒等皆希望通过对包括"三礼"在内的经典文本的重新审查,从而复兴晚明以来积衰之经学。

第三,清代统治者希望以"三礼"之应用从而实现社会秩序之整合。

清政权以少数民族入主中原,最开始时疲于征战,动荡的局势下难有文化之建设。不过随着局势走向稳定,制礼作乐遂被提上了日程。《清史稿》载:"世祖入关,顺命创制,规模闳远。顺治三年,诏礼臣参酌往制,勒成礼书,为民轨则。圣祖岁御经筵,纂成《日讲礼记解义》,敷陈虽出群工,阐绎悉遵圣训。高宗御定《三礼义疏》,网罗议礼家言,折衷至当,雅号钜制。若《皇朝三通》《大清会典》,其经纬礼律,尤见本原。"②"三礼"所蕴含的礼意以及仪式感,有益于社会秩序的整合,故受到历代统治者的重视。清圣祖十分重视文化建设,对经学研究也格外关注。清高宗即位之初设三礼馆,并委派人从事《三礼义疏》之纂修,是他对圣祖致力于文化建设事业的继承,也是对清初以来经学发展之回应。在清初顾炎武"经学即理学"思想的影响下,清代经学得到了很大发展,出现了一大批杰出的经学家,其中张尔岐、李光坡、盛世佐、江永、惠栋等人皆精研"三礼"。清高宗设三礼馆,可谓顺势而为,此馆进一步推动了清代"三礼"研究的开展,比如吴廷华撰《仪礼章句》,就是得益于在三礼馆纂修之经历。此后出现的胡匡衷、胡培翚、凌廷堪、卢文弨、金榜、孙希旦、朱彬等一大批杰出的礼学家,将乾隆以来的"三礼"研究推向了高潮。清

---

① (清)张尔岐:《仪礼郑注句读序》,《仪礼郑注句读》卷首,文渊阁《四库全书》第108册,第3—4页。

② 赵尔巽等撰:《清史稿》卷八十二,中华书局1977年点校本,第2483页。

代统治者希望学术与治术能实现良性互动，他们的文化政策确实是取得了一定的成效。①

　　清人于"三礼"之诠释，可以折射出中国古人对于社会秩序整合的基本认识，并为今天的道德建设和社会秩序的规范提供历史的鉴镜。"三礼"是中国古典文化之瑰宝，其所记载的礼仪制度和蕴含的礼学思想具有超越时空的价值。由于礼仪文化重要组成部分的"三礼"所具有的强大影响力，所以其在清代的社会领域仍然发挥着重要作用。而这种作用的发挥，与清代统治者依靠国家权力所作的积极推动和士人的积极参与分不开。清代学术界如张尔岐、徐乾学、秦蕙田、江永、凌廷堪、胡培翚、黄以周、孙诒让等人将注意力放在了"三礼"文献的整理和研究上，其为清廷和民间实践派的"三礼"应用提供了理论支撑。清代统治者和民间人士在议礼制礼以及践行礼的过程中，除了吸取历代制礼之经验外，还特别重视"三礼"本经本义之考察，而这恰恰是议礼制礼之关键，因为在礼仪文化的建设和推广过程中缺乏了对"三礼"本经本义之考察，仅借鉴或袭用过去历代所制之礼书，那么所议所制之礼就缺乏依据，其合法性就会受到质疑，推广自然难以进行。今人在从事礼仪文明重建时，对于礼学经典《周礼》《仪礼》《礼记》等当需特别重视，因为只有明白《周礼》《仪礼》《礼记》等所记载的礼仪制度和礼乐思想，才能知晓礼仪的来龙去脉，也才可避免礼仪重建陷入无源之水的境地。此外，清廷和民间对"三礼"的诠释和应用并非唯古是从、食古不化，而是根据时代的需要有所变通，这种顺势而为的精神，是礼学研究和应用中所应该特别重视的。只有做到了与时俱进，包括"三礼"在内的古老的经典才能焕发活力，并有益于当下。

---

① 清代学人埋头从事文献整理和研究，与清代的文字狱也有关系。从这个角度来看，清代学术与治术之间的矛盾也很突出。笔者于此主要是探讨"三礼"的诠释和应用对清代文化建设和社会秩序整合的正面影响。

结　语

　　清代是经学的"复盛时代"①，从阮元所编《清经解》、王先谦所编《清经解续编》、刘晓东所编《清经解三编》便可窥清代经学规模之宏大。在经学大盛的背景下，清人的"三礼"诠释取得了辉煌的成就。全面考察清人的"三礼"诠释，对于丰富清代的经典诠释学以及廓清清代经学史皆具有重要意义。鉴于此，本书对清人"三礼"诠释的宗旨、方法以及成就进行考察，以见清人"三礼"诠释的内容和特色。②

一、清代"三礼"诠释的经世取向

　　中国之被称为"礼仪之邦"者，端赖有"三礼"为其先导和教典。"三礼"所强调的礼乐精神内化于国民之心，外现于国人之行。自古以来，"三礼"之学不限于纯学理性的探讨，其还与社会秩序规范的实践有着十分密切的关系。历代的"三礼"学家，除了文本层面的文字训诂之外，还将"三礼"所强调的礼仪风范与社会的需要密切关联起来。比如有功于礼学最大的东汉郑玄治"三礼"，"非是注解，且可为朝廷定制也"③。刘歆、王安石等人则通过《周礼》之诠释，从而为社会变革提供思想资源。清人承继了前人"三礼"诠释的经世取

---

① （清）皮锡瑞：《经学历史·经学复盛时代》，《皮锡瑞全集》第 6 册，中华书局 2015 年版，第 87 页。

② 学界从文献的角度对清代《仪礼》学文献有所研究，这方面的代表作是邓声国的《清代〈仪礼〉文献研究》。该书于清代《仪礼》学文献的流派、诠释体式等有较深入的探讨。舒大刚主编的《儒学文献通论》于历代"三礼"文献的种类、数量等皆有介绍。此外，台湾学者张寿安的《十八世纪礼学考证的思想活力》，张仁善的《礼·法·社会——清代法律转型与社会变迁》，林存阳的《清初三礼学》《三礼馆：清代学术与政治互动的链环》，将学术史和社会史研究相结合，对清代"三礼"诠释与政治、学术的关系作了辨析。

③ （清）陈澧：《东塾读书记》卷十五，《陈澧集》第 2 册，上海古籍出版社 2008 年版，第 265 页。

向，并在新的社会历史条件下有所发展。

明清之际的不少学人如陈确、颜元、张尔岐、王夫之等深感王学末流空疏之弊，他们在经典诠释中寻求经世良方，颇具实用意味的"三礼"遂进入他们的诠释视域。张尔岐撰《仪礼郑注句读》时曰："方愚之初读之也，遥望光气，以为非周、孔莫能为已耳，莫测其所言者何等也。及其矻矻乎读之，读已，又默存而心历之，而后，其俯仰揖逊之容，如可睹也，忠厚蔼恻之情，如将遇也。周文郁郁，其斯为郁郁矣，君子彬彬，其斯为彬彬矣。虽不可施之行事，时一神往焉，彷佛戴弁垂绅从事乎其间，忘其身之乔野鄙僿，无所肖似也。"① 尽管张尔岐主要是从文献学的角度从事《仪礼》之诠释，然其撰作的根本动机是寻求圣人之意以济时用。王夫之则希望借《礼记》之诠释以明"中国之所以为中国，君子之所以为君子"②，还藉《礼记》以抒发对教化陵夷、世风败坏之深层忧虑。王夫之在《礼记章句序》曰："夫之生际晦冥，遘闵幽怨，悼大礼之已斩，惧人道之不立，欲乘未死之暇，上溯'三礼'，下迄汉、晋、五季、唐、宋以及昭代之典礼，折衷得失，立之定断，以存先王之精意，征诸实用，远俟后哲。"③鉴于礼仪崩坏之现状，王夫之希望通过折衷先前典礼及前人治礼得失，从而存先王之精意，以达经世之效用。

乾嘉时期是清代政治经济发展的极盛期，也是中国学术发展的高峰期。此间学人汲汲于文字、音韵、训诂、典章、制度、校勘、辑佚之学，考据蔚然成风。学界普遍认为乾嘉学人埋头于考据，割裂学术与社会的关系。然而通过考察乾嘉学人于"三礼"之诠释，可知他们考据之学的背后有对社会秩序建构的深沉思索。

如被奉为"一代礼宗"④ 的凌廷堪所撰的《礼经释例》多被认为仅是一部考据之作，然而凌廷堪《仪礼》诠释的深层动机，是其对礼的节情复性功能之认知。凌廷堪对礼的重要性之强调可谓无以复加。他认为礼是牢笼万有的学

---

① （清）张尔岐：《仪礼郑注句读序》，《仪礼郑注句读》卷首，文渊阁《四库全书》第 108 册，第 3—4 页。

② （清）王夫之：《礼记章句序》，《礼记章句》卷首，《船山全书》第 4 册，岳麓书社 2011 年版，第 9 页。

③ （清）王夫之：《礼记章句序》，《礼记章句》卷首，《船山全书》第 4 册，岳麓书社 2011 年版，第 10 页。

④ （清）江藩：《校礼堂文集序》，《凌廷堪全集》第 4 册，黄山书社 2009 年版，第 321 页。

问,"圣人之道,一礼而已"①,"礼之外别无所谓学也"②。凌氏撰《复礼》上、中、下三篇,对复礼的必要性作了全面而深刻的论述。其认为礼为圣人所作,圣人制礼是基于对人之善性的认知,即因父子之道而制为士冠礼,因君臣之道而制为聘觐礼,因夫妇之道而制为士昏礼,因长幼之道而制为乡饮酒礼,因朋友之道而制为士相见礼。在凌氏看来,"所以复其善者,学也;所以贯其学者,礼也"③,"是故圣人之道,一礼而已矣。……自元子以至于庶人,少而习焉,长而安焉。礼之外别无所谓学也"④。凌氏认为,圣人知人性涵有"五伦",故制礼以彰显"五伦"之善;而人要知"五伦"之善,须通过习礼去实现。

乾嘉学派皖派的代表人物戴震对"三礼"也颇有研究,其《考工记图》通过图、文对《考工记》的名物制度作了详细的考证。晚清皮锡瑞在《经学历史》"经学复盛时代"部分两次提到戴震《考工记图》,可见此书影响之深远。此外,戴震晚年入四库馆,对《大戴礼记》《仪礼识误》《仪礼集释》《仪礼释宫》等文献进行校勘。在《仪礼》校勘史上,戴震卓然一大家。戴震还对《礼记·乐记》"理欲之辨"有系统之研究,且颇有创见。戴震对"三礼"的重视,是基于其对"三礼"所涵义理及功能的深刻认识。戴震认为礼可以辨亲疏上下,他说:"言仁可以赅礼,使无亲疏上下之辨,则礼失而仁亦未为得。"⑤戴震认为,礼与仁有密切关系,若没有礼,人与人便无亲疏上下之辨,与佛家和墨子的学说就没有区别了,仁也因此而失去。戴震曰:"礼得,则亲疏上下之分尽。"⑥"礼至,则于有杀有等,各止其分而靡不得。"⑦通过礼,则有亲疏上下之别,社会才会趋于有序。戴震对《礼记·乐记》"理欲"观之辨析,意在驳宋明理学家对立地看待"天理"与"人欲"之关系。戴震说:"今既截然分理欲为二,治己以不出于欲为理,治人亦必以不出于欲为理,举凡民之饥寒愁怨,饮食男女,常情隐曲之感,咸视为人欲之甚轻者矣。轻其所轻,乃'吾重天理也,公义也',言虽美,而用之治人,则祸其人。"⑧戴震认为,当统治者将"天理"

① (清)凌廷堪:《复礼上》,《凌廷堪全集》第 1 册,黄山书社 2009 年版,第 13 页。
② (清)凌廷堪:《复礼上》,《凌廷堪全集》第 1 册,黄山书社 2009 年版,第 13 页。
③ (清)凌廷堪:《复礼上》,《凌廷堪全集》第 1 册,黄山书社 2009 年版,第 13 页。
④ (清)凌廷堪:《复礼上》,《凌廷堪全集》第 1 册,黄山书社 2009 年版,第 13 页。
⑤ (清)戴震:《仁义礼智》,《孟子字义疏证》,中华书局 1982 年版,第 48 页。
⑥ (清)戴震:《原善》卷上,《孟子字义疏证》,中华书局 1982 年版,第 62 页。
⑦ (清)戴震:《原善》卷上,《孟子字义疏证》,中华书局 1982 年版,第 66 页。
⑧ (清)戴震:《权》,《孟子字义疏证》,中华书局 1982 年版,第 58—59 页。

与"人欲"相对立的观念应用到社会治理中之后,言论看起来很美,实际上却是害人。戴震还认为,将"天理"与"人欲"分离,并以"天理"为是,"人欲"为非,那么尊者、长者、贵者就把持"天理"的解释权,从而对卑者、幼者、贱者形成欺压之势,即使卑者、幼者、贱者据理力争,也会落得大逆不道的恶名。后儒及统治者的这种做法,是因为他们对理的"自信",而这种"自信"导致他们将主观意见当作"理",因而"以理杀人"就是"以意见杀人"。戴震说:"由是以意见杀人,咸自信为理矣。"① 在戴震看来,宋明理学家将与"欲"对立的"理"应用于社会时,"理"便具有了杀人的功能。戴震在宋儒之基础上,对《礼记·乐记》所言"理欲之辨"所作的新阐释,受到学界的普遍重视,亦对中国近代社会有着启蒙意义。

如果说晚清以前的学者以"三礼"经世致用还是间接的,那么晚清部分学人的"三礼"学的经世致用就比较直接了。在晚清危难的时局下,传统士人心忧天下,他们通过经典诠释从而阐发经世致用思想。比如孙诒让通过《周礼》诠释从而阐发他对古今中西之学的认识,康有为通过《礼记·中庸》《礼运》诠释从而阐发他的社会人生理想,廖平通过《周礼》和《礼记·王制》诠释从而分辨今古文,进而影响了皮锡瑞和康有为。

孙诒让通经致用最典型的著作是其晚年所撰的《周礼政要》一书。② 在该书序言,孙氏曰:"中国变法之议,权舆于甲午,而极盛于戊戌。盖俀变而中阻,政法未更,而中西新故之辩,舛驰异趣,已不胜其哗哄。夫政之至精者,必协于群理之公,而通于万事之变。一切弗讲,而徒以中西新故书区畛以自隘,吾知其懵然一无所识也。中国开化四千年,而文明之盛莫尚于周。故《周礼》一经,政法之精详,与今泰东西诸国所以致富强者若合符契。然则华盛顿、拿坡仑、卢梭、斯密亚丹之伦所经营而讲贯,今人所指为西政之最新者,吾二千年前之旧政已发其端。吾政教不修,失其故步,而荐绅先生咸茫昧而莫知其原,是亦缀学者之耻也。辛丑夏天子眷念时艰,重议更法,友人以余尝治《周礼》,属捃摭其与西政合者甄辑之,以备财择。此非欲标楬古经以自张其虚憍,而饰其窳败也,夫亦明中西新故之无异轨,裨迁固之

---

① (清)戴震:《与段若膺论理书》,《戴震全集》第 1 册,清华大学出版社 1991 年版,第 214 页。

② 据朱芳圃所编《清孙仲容先生诒让年谱》,可知孙氏于光绪二十八年(1902)夏撰《周礼政要》四十篇。

士废然自反，无所腾其喙焉。"① 此段文字集中体现了孙诒让的古今中西观：中西方的政治观并非截然不同，而是可以会通；西方近代的政治理念与中国古代《周礼》蕴含的政治理念若合符契；通过考证《周礼》所记政治制度、发掘《周礼》所蕴含的政治理念，可以为解决时艰提供制度资源和思想资源。《周礼政要》以《周礼》经文为基础，以郑《注》为补充，对中国、西方、日本的相关制度加以辨析，从而寻找解决现实社会问题的途径。在此书中，孙诒让论述任何问题时皆先征引《周礼》经文，再阐发己见。孙诒让对《周礼》抱有真诚的迷信，他认为"有周一代至典，炳然大备"，"处今日而论治，宜莫若求其道于此经"②。他坚定地认为《周礼》出自周公，是后人治国理政的典范。孙氏的尊经精神是真切的，与同时代康有为等人的"尊经"有本质的不同。为了变法的需要，康有为对儒家经典也进行过一番研究，然而康氏多是利用，而非真正"尊经"。他的《新学伪经考》尽管在当时有极大影响，但是从学术的角度来看，其所作考证多经不起推敲。实际上，康有为在"尊经"的旗号下，做的是与经典本身无多大关系之事。与康氏不同，孙诒让的尊经是发自内心的。孙氏议政论政时皆以《周礼》为起点，这种做法源自于他内心对经典的敬畏和尊崇。当然，利用《周礼》经世致用，在中国古代并不鲜见，从新莽改制到王安石变法，再到郑伯谦《太平经国之书》、叶时《礼经会元》，试图通过《周礼》诠释以解决时弊者并不乏人，从这个角度来看，《周礼政要》并无新意。不过孙氏良苦的用心、悲悯的情怀却是值得后人钦佩的。

晚清康有为特别重视《礼记》，其所撰《中庸注》《礼运注》是通过对《礼记》的《中庸》《礼运》篇加以诠释，从而阐发社会人生理想。戊戌变法失败后，康有为在避难期间撰《中庸注》，认为《中庸》系孔子之大道。他说："瞯然念孔子之教论，莫精于子思《中庸》一篇。……此篇系孔子之大道，关生民之大泽，而晦冥不发，遂虑掩先圣之隐光，而失后学之正路。不敢自隐，因润色夙昔所论思，写付于世。"③康有为试图会通《中庸》与公羊学以阐发他的社会政治思想。如康氏借《中庸》"温故而知新"言维新变法，他说："夫故者，

---

① （清）孙诒让：《周礼政要序》，《周礼政要》卷首，中华书局 2010 年版，第 340 页。
② （清）孙诒让：《周礼正义序》，《周礼正义》卷首，中华书局 1987 年版，第 5 页。
③ （清）康有为：《中庸注》，《康有为全集》第 5 集，中国人民大学出版社 2007 年版，第369 页。

大地千万年之陈迹，不温寻之，则不知进化之由，虽欲维新而恐误。新者，万物无穷无尽之至理，不考知之，无以为进化之法，虽能胜古而亦愚。"①在康氏看来，孔子甚爱古迹，尤好新法，所以时人应"戒守旧之愚害，而亦不可为灭古之卤莽也"②。康有为还利用《礼运》的大同思想以构建政治思想体系，成《大同书》。康氏在《大同书》中认为汉、唐、宋、明不别治乱兴衰，皆小康之世，晚清是超越小康而追求大同之时。康氏曰："今者中国已小康矣，而不求进化，泥守旧方，是失孔子之意，而大悖其道也，甚非所以安天下乐群生也，甚非所以崇孔子同大地也。"③康有为认为，要实现小康到大同，就得托古改制、变法维新。康有为流亡海外期间用《礼运》与世界各国风俗相比附。如《礼运》："夫礼之初，始诸饮食。其燔黍捭豚，污尊而抔饮，蒉桴而土鼓，犹若可以致其敬于鬼神。"康氏曰："礼因人道而设，故亦以饮食之礼为始。今非洲之人，以猎为事，归而分之。此亦礼也。太古民愚，故尤尚鬼。今考埃及、叙利亚、印度、波斯及各野番之先，皆以事鬼神为至重。印度、波斯、犹太之经，半为祭礼。……土鼓，筑土为鼓也。此盖述太古石期之先，未能制器，先已有礼也。今滕越野人，台湾生番，及南洋、婆罗洲各岛之生番，非洲之野番，尚有。"④非洲人狩猎归而分之，康氏以《礼运》"始诸饮食"释之；埃及、叙利亚、印度、波斯及野番重事鬼神，康氏以《礼运》"致其敬于鬼神"释之；滕越野人、台湾、南洋、婆罗洲各岛之生番、非洲之野番未能制器而能行礼，康氏以《礼运》"蒉桴而土鼓"释之。

晚清也不乏通过"三礼"诠释构建思想体系，从而间接地对社会发生影响者。比如以经学之"变"而闻名天下的廖平对《周礼》《礼记·王制》给予了不少关注。在经学第一变中，廖平对《五经异义》经说加以分析，发现今、古学虽分为很多派，然在封国、爵禄、官制、丧葬等礼制方面"今与今

---

① （清）康有为：《中庸注》，《康有为全集》第 5 集，中国人民大学出版社 2007 年版，第 386 页。

② （清）康有为：《中庸注》，《康有为全集》第 5 集，中国人民大学出版社 2007 年版，第 386 页。

③ （清）康有为：《礼运注》，《康有为全集》第 5 集，中国人民大学出版社 2007 年版，第 553—554 页。

④ （清）康有为：《礼运注》，《康有为全集》第 5 集，中国人民大学出版社 2007 年版，第 558 页。

同，古与古同，二者不相出入"①。廖氏认为，今、古文经学所言礼制分别主《王制》和《周礼》。他说："《王制》一篇，以后来书志推之：其言爵禄，则职官志也；其言封建九州，则地理志也；其言命官、兴学，则选举志也；其言巡狩、吉凶、军宾，则礼乐志也；其言国用，则食货志也；其言司马所掌，则兵志也；其言司寇，则刑法志也；其言四夷，则外夷诸传也。大约宏纲巨领，皆已具此，宜其为一王大法欤！"② 与《王制》为今文之祖相对，廖平认为《周礼》是古文之祖，"古学全用《周礼》，于古为纯。"③"古学主《周礼》，隐与今学为敌。"④ 廖平的平分今古说影响深远，蒙文通评论曰："清代自宋于庭以来，大张今学之帜，然于今古之界畔不能辨，于是以三世诸义，滥及群经，视前世区区欲以文字辨今古学诚殊，而不知根荄则一也。以立学官与否为辨，则更肤浅不足道。……先生依许、郑《五经异义》，以明今古之辨在礼制，而归纳于《王制》《周官》。以《王制》《榖梁》鲁学为今学正宗，以《左氏》《周官》梁赵学为古学正宗，平分江河，若示指掌，千载之惑，一旦冰解。"⑤ 廖平经学凡六变，分辨今古是其经学之灵魂。从礼制的角度对今、古文所作的辨析，使两千年以来的今古文之争疑惑顿消。在经学传统中，公羊学乃今文学之重镇，《公羊传》乃今文学的示范性经典。然而随着清代今文学的演变，《王制》逐渐进入经学家的视域，被廖平称为今文之大宗，与传统意义上的以公羊学为今文学之中心的观念已大有不同。实际上，《王制》进入廖平以及其他今文家的视域绝非偶然。由于《周礼》是古文学的基本经典，汉代的古文经学家以及后来的不少学者都将其归为周公所著，代表的是周代之制。今文家最重视《公羊》经，然而《公羊》经多言改制，在具体制度的记述方面远不及《王制》系统。如何找到一种能与《周礼》言制度相抗衡的经典，是晚清今文家跃上学术舞台时的一个重要使命。在这样的背景下，与《周礼》一样重视制度的《王制》便进入今文家的视域。廖平倡之在前，皮锡瑞推之在后，《王制》遂成为晚清今文学的经中之经，今、古文之分的新观念也深入人心。特别是康有为

---

① （清）廖平：《今古学考》卷上，《廖平全集》第 1 册，上海古籍出版社 2015 年版，第 15 页。

② （清）廖平：《今古学考》卷下，《廖平全集》第 1 册，上海古籍出版社 2015 年版，第 58 页。

③ （清）廖平：《今古学考》卷上，《廖平全集》第 1 册，上海古籍出版社 2015 年版，第 29 页。

④ （清）廖平：《今古学考》卷下，《廖平全集》第 1 册，上海古籍出版社 2015 年版，第 34 页。

⑤ 蒙文通：《井研廖季平师与近代今文学》，四川大学古籍所编《儒藏》史部第 100 册，四川大学出版社 2007 年版，第 82 页。

在廖平平分今古说的启发下撰《新学伪经考》，使廖平的学说与晚清的社会变革关联起来。①

二、清代"三礼"诠释的求实精神

清人"三礼"诠释的求实精神，首先体现在他们于"三礼"经、注、疏之辨疑。

清人于"三礼"之辨疑，从清初就开始了。清初学人陈确说："凡儒先之言，一以孔、孟之学正之。"②以孔、孟之说为断的前提，就是回归原典，在经书中寻得孔、孟之真义。在此问题意识下，检讨经书文本的真实性和可靠性问题又一次被提出来，阎若璩、胡渭、毛奇龄、朱彝尊、姚际恒等一大批学人对包括《易》《书》《诗》《礼》等经书作了正本清源的工作。清前期于"三礼"之辨疑，姚际恒、毛奇龄、王夫之、万斯大、李光坡可谓代表人物。姚际恒《仪礼通论》于郑《注》、贾《疏》以及敖继公、郝敬的解义皆多有驳论。姚际恒反对郑玄以《周礼》解《仪礼》，认为郑玄"张《周礼》之帜而讹乱古礼，更足恨也"③。他还对"三礼"注疏表示强烈的质疑。如《仪礼·士昏礼》："舅飨送者以一献之礼，酬以束锦。"郑玄认为，此"锦"，古文作"帛"。姚际恒曰："古人束帛贵，束锦贱。《聘礼》国君享用束帛，而宾介私觌皆用束锦。主君报礼用束帛，而傧宾介用束锦。夫人归宾束帛，而宾傧使者束锦。又《公食大夫》侑币用束帛，而大夫相食侑币用束锦。其低昂轻重，悉可见矣。"④姚氏认为束帛贵而束锦贱，此用束锦与实际相合。姚际恒对《礼记·中庸》篇可谓从根本上予以否定。他说："大抵佛之与老，其形迹似同，而指归实别。伪《中庸》之言，旁趋于老氏，预启夫佛氏，故其言有类老者，有类佛者。有一言而以为老可者，以为佛可者，则从其形迹而论也。"⑤姚氏还认为《中庸》与孔子及孔门后学的思想不合。《中庸》教人"推而远之"，姚氏认为此不合《论语》的记载。《论语》

①　梁启超说："康先生之治《公羊》，治今文也，其渊源颇出自井研（廖平），不可诬也。"（梁启超：《论中国学术思想变迁之大势》，上海古籍出版社 2006 年版，第 105 页）钱穆也说："盖长素《伪经考》一书，亦非自创，而特剽窃之于川人廖平。"（钱穆：《中国近三百年学术史》下册，商务印书馆 2005 年版，第 713 页）

②　（清）陈确：《复张考夫书》，《陈确集》卷三，中华书局 1979 年版，第 132 页。

③　（清）姚际恒：《仪礼通论》卷十，中国社会科学出版社 1998 年版，第 338 页。

④　（清）姚际恒：《仪礼通论》卷二，中国社会科学出版社 1998 年版，第 64 页。

⑤　（清）杭世骏：《续礼记集说》卷八十六，《续修四库全书》第 102 册，第 508 页。

记载孔子"出则事公卿，入则事父兄，丧事不敢不勉，不为酒困"，孔子称颜子之好学曰"不迁怒，不贰过"，姚氏据此，认为"圣人平日以此自省者，不离应事接物上见也"①，而"以《中庸》较之，有片言只字之合否？然则即使果为子思之言，宁有不信颜曾而反信子思者，又宁有不信孔子而反信子思者？"②

清初学人万斯大亦极具辨疑精神。在《周官辨非》《礼记偶笺》等书中，万氏对郑《注》、贾《疏》等皆有辨析。其所论者多是前人解义之"非"，此所谓"非"，乃万氏自己之判断。比如万氏通过对《周礼》所记赋役的种类加以辨析，以证《周礼》为伪。《周礼·天官》大宰"九赋"之一的"关市之赋"，万氏曰："圣人之治天下，利民之事，丝发必兴，厉民之事，毫末必去。关市之赋，厉民之甚者也。"③ 在万斯大看来，周公若制礼，绝不可能将上述"关市之赋"笔之于书，以为常法。万斯大还对《周礼》所记民俗作了辨析，以明《周礼》非周代之书。《周礼·媒氏》云："中春之月，令会男女。于是时也，奔者不禁，而不用令者罚之。"万斯大据《礼记·内则》以及《诗·桑中》《蝃蝀》，曰："奔者不禁之言，败礼伤教之尤者也。……言奔者不禁，则作《周官》者见周末时俗，有男女相诱，如《溱洧》诗所云者，而官不禁，误以为周礼固然，而遂笔者，不知其大乱先王之教也。"④ 万斯大认为，《周礼·媒氏》所记"奔者不禁"乃周末之民俗，有败礼伤教之嫌。

除姚际恒、万斯大外，王夫之、方苞等人的"三礼"诠释也颇具辨疑精神。王夫之认为"《儒行》一篇，词旨夸诞，略与东方朔、扬雄谐之言相似"⑤。在王夫之看来，《儒行》乃末世儒者托为圣人之言。此外，王夫之认为《儒行》文本有脱误、文义有不通者。方苞的《周官析疑》《周官辩》《仪礼析疑》《礼记析疑》，从书名即可知辨疑是其"三礼"诠释的特色。比如郑氏、孔氏认为《礼记·曲礼上》"烛不见跋"之意为不等烛火烧到烛根部就要易烛，以免客人担心主人厌倦而有辞退之心。方苞驳云："旧说炬将尽则藏其余，恐客见以夜久辞，非也。易炬不愈见夜久而速客之退乎？此承上'烛至起'而言，即主人固留，亦不见跋而必退也。《诗》曰'厌厌夜饮'，燕礼无算乐后，有'执烛''为

---

① （清）杭世骏：《续礼记集说》卷八十六，《续修四库全书》第102册，第508页。
② （清）杭世骏：《续礼记集说》卷八十六，《续修四库全书》第102册，第508页。
③ （清）万斯大：《周官辨非》，《续修四库全书》第78册，第402页。
④ （清）万斯大：《周官辨非》，《续修四库全书》第78册，第409页。
⑤ （清）王夫之：《礼记章句》卷四十一，《船山全书》第4册，岳麓书社2011年版，第1457页。

烛’之文，故以不见跋为之节。"① 方氏认为，"烛不见跋"，意为客人不等烛火烧到根部就该起身告辞。

清人"三礼"学在多大程度实现了直击孔孟之"真义"，以及他们的辨疑是否完全实现了释疑，尚需打上一个问号。比如四库馆臣在肯定万斯大《仪礼商》的同时，对其《礼记偶笺》的评价并不高。馆臣曰："是书与所为《学礼质疑》相表里，皆独欲出新义，而多不能自通。如谓《士丧礼》所云乘车、道车、藁车即是遣车，则士亦有遣车，郑《注》谓士无遣车，误。……至谓祭天之圜丘即觐礼之方明坛，则尤骇见闻，不足深诘已。"② 又如四库馆臣认为方苞《仪礼析疑》有考证不精之嫌。《士昏礼》"纳征，玄𫄷束帛"，方苞云："致币之仪不具，何也？士庶人所通行，人皆知之。"③ 馆臣曰："夫经文'俪皮'以下既曰'如纳吉礼'，则非以人所通行而略之也。且束帛为十端，详于《周礼》郑《注》《礼记·杂记注》，十个为束，二端相向卷之，共为一两。苞第云'执一两以致辞'，则一两不知为何语矣。"④ 由此可见，方苞此说尚值得商榷。尽管如此，清人于"三礼"的辨疑精神，对于打破权威，从而实现对"三礼"经、注、疏中历代纠缠不清的问题的解决颇有助益。

清人"三礼"诠释的求实精神，还体现于他们无汉宋门户之见。清代学术史上有汉宋学之争。所谓汉宋之学，并非仅从时代上来说，也是从治经的方法言。汉学重视文字训诂、名物制度考证，其典型的形态是汉代的古文学和清代的乾嘉学派；宋学重视义理阐发，其典型的形态是宋代以来的理学和心学。汉学与宋学之争贯穿整个清代，江藩的《国朝汉学师承记》和方东树的《国朝宋学渊源记》将汉宋之争推向高潮。后世学人提及清代的汉宋学派，往往认为二者是壁垒森严、无可调和的两大学术派别。

清人从事"三礼"诠释时，不乏有门户之见者，比如清代汉学家惠栋从事"三礼"诠释时，最看重汉代经学家之解义。《九经古义·周礼古义》共征引三十七家，其中十九家出自汉代。《周礼古义》征引最多的乃汉代司马迁、郑玄、郑众、许慎、杜子春、班固等人的经史著作，其中征引郑玄经说达七十次。惠氏征引汉代以后学人的解义仅欧阳修、王应麟两家。由此可见，惠栋主要是以

① （清）方苞：《礼记析疑》卷一，文渊阁《四库全书》第 128 册，第 8 页。

② （清）永瑢等：《四库全书总目》卷二十四，中华书局 1965 年版，第 196—197 页。

③ （清）方苞：《仪礼析疑》卷二，文渊阁《四库全书》第 109 册，第 17 页。

④ （清）永瑢等：《四库全书总目》卷二十，中华书局 1965 年版，第 164 页。

先秦两汉文献为据，从而开展其《周礼》诠释。其"三礼"诠释的门户之见，由此得见。

惠栋"三礼"诠释有明确的汉学立场，此可谓特例。从整个清代"三礼"诠释史来看，汉宋门户之见却不甚明显，或者说大部分清代学人从事"三礼"诠释并无门户之见。比如清初王夫之《礼记章句》除了对《礼记》文本有校勘，还于《礼记》所记名物有考证。王夫之甚至视《大学》《中庸》为《礼记》的单篇，不强调二者优于《礼记》的其他篇。王夫之认为，《大学》《中庸》二篇，"今既专行，为学者之通习，而必归之《记》中者，盖欲使'五经'之各为全书，以见圣道之大，抑以知凡戴氏所集四十九篇，皆《大学》《中庸》大用之所流行，而不可以精粗异视也"①。在王夫之看来，若将《大学》《中庸》从《礼记》中抽离出来，"五经"则非完书，圣道之大亦难见。王夫之将《大学》《中庸》还原为《礼记》的单篇而加以诠释，实际上是对宋儒割裂和移易经典文本之举的否定，从汉宋之学的立场来说，王氏此举无疑是属于汉学系统。不过王夫之从事《礼记》诠释时多承张载、朱熹之说。比如在《礼运》篇的解题中，王夫之征引张载《正蒙·至当篇》；在解释《礼运》"鬼神之会五行之秀气也"中的"鬼神"二字时，也征引了张载解义。从学术立场来说，王夫之此举又属于宋学系统。由此可见，王夫之解《礼记》并无汉宋门户之见。

清前期李光坡《三礼述注》既征引郑玄、贾公彦、孔颖达之说，亦不废王安石、朱熹、陈傅良、叶时、王与之、刘执中、陈澔等宋、元学人之解义。李光坡在《礼记述注序》中说："今也不量其力，本述《注》《疏》、朱子之教也。"②于陈澔《礼记集说》曰："陈氏杂合《注》《疏》诸儒为文，或仍之，或以《注》《疏》增其未备，损其枝辞，标'《集说》曰'，从其实也。"③光坡治"三礼"无汉宋门户之见，由此得见。

清代雍、乾以后，"古书渐出，经义大明。惠、戴诸儒，为汉学大宗，已尽弃宋诠，独标汉帜矣"④。然而此时期的"三礼"诠释延续了清初求实学风，无门户之见成为此时期"三礼"诠释的主流学风。

---

① （清）王夫之：《礼记章句》卷三十一，《船山全书》第4册，岳麓书社2011年版，第1246页。

② （清）李光坡：《礼记述注序》，《礼记述注》卷首，文渊阁《四库全书》第127册，第281页。

③ （清）李光坡：《礼记述注序》，《礼记述注》卷首，文渊阁《四库全书》第127册，第281页。

④ （清）皮锡瑞：《经学历史·经学复盛时代》，《皮锡瑞全集》，中华书局2015年版，第90页。

　　乾隆年间，"三礼馆"所修《三礼义疏》融汇汉代以来各家的"三礼"解义，成为清代官方所编"三礼"学代表性著作。《三礼义疏》征引文献浩富，比如《周官义疏》征引汉代以来各家解义一百七十家，《仪礼义疏》征引历代解义一百九十一家，《礼记义疏》征各家解义达二百三十六家。《礼记义疏凡例》云："'三礼'同为圣典，而戴《记》旨非一端，必博征群籍以求精解确证，故自竹书、汲冢、周秦诸子、《帝王世纪》及《史》《汉》等，皆在采录。其诸儒由郑氏而下至本朝儒家专训戴经外，或注他经，或在别说，义有当引，咸采择以入案中，不另标姓氏。"① 由此可见，《三礼义疏》于汉宋以来学人之解义皆有征引。《三礼义疏》征引历代解义是以"求是"为原则，"说礼诸家或专尚郑、孔，或喜自立说，而好排注疏，纷纷聚讼，兹各虚心体究，无所专适，惟说之是者从之。"② 所谓"惟说之是者从之"，是说不管汉唐还是宋人解义，只要有益于理解经文者则采之，相反则弃之。四库馆臣认为《礼记义疏》"言各有当，义各有取，不拘守于一端，而后见衡鉴之至精也"③。由此可见《三礼义疏》择取经解唯"是"是从，无汉宋门户之见。

　　此外，乾嘉时期盛世佐《仪礼集编》、凌廷堪《礼经释例》、胡培翚《仪礼正义》、孙希旦《礼记集解》等"三礼"学名著皆无门户之见。比如胡培翚《仪礼正义》在《士冠礼》部分征引历代解义六十余家，其中汉唐时期的解义有十七家，宋、元、明时期的解义有十五家，清代的解义有三十三家；在《丧服》部分，征引历代解义一百余家，其中汉唐时期的解义有四十五家，宋、元、明时期的解义有二十八家，清代的解义有四十三家。胡培翚在从事《仪礼》诠释时无汉宋门户之见，只要有助于解经的解义皆予以征引，而不论解义所出之时代。

　　孙希旦征引先秦至清代部分学人的解义，成《礼记集解》。比如《曲礼上》部分，孙氏征引汉唐十家，宋代十七家，元代二家，清代二家；于《檀弓上》部分，征引汉唐七家，宋代十家，元代三家，清代一家；于《王制》部分，征引汉唐九家，宋代十六家，元代二家，明代一家，清代三家。孙希旦所征引者，宋代最多，汉、唐次之，元、明、清又次之。孙氏征引汉、唐时期最多者

① （清）乾隆十三年敕撰：《礼记义疏》卷首《凡例》，文渊阁《四库全书》第124册，第3页。
② （清）乾隆十三年敕撰：《礼记义疏》卷首《凡例》，文渊阁《四库全书》第124册，第3页。
③ （清）永瑢等：《四库全书总目》卷二十一，中华书局1965年版，第172页。

为郑玄，其次为孔颖达和陆德明；征引宋代最多者为朱熹，其次为吕大临。此外，孙氏对宋人王安石、方悫、马希孟，元人陈澔、吴澄的解义皆颇为重视。孙锵鸣曰："是书（指《礼记集解》）首取郑《注》、孔《义》，芟其繁芜，掇其枢要，下及宋、元以来诸儒之说，靡不博观约取。苟有未当，裁以己意。其于名物制度之详，必求确有根据，而大旨在以经注经，非苟为异同者也。"① 由此可见，孙希旦于前人解义皆择善而从，而无汉宋门户之见。

通过对清人"三礼"诠释之研究，可知清人在从事经典诠释时并非有那么明显的汉、宋门户意识。清末皮锡瑞曰："国初，汉学方萌芽，皆以宋学为根柢，不分门户，各取所长。是为汉、宋兼采之学。"② 不过，皮氏认为清初的"汉宋兼采"是"后人论之"，"而在诸公当日，不过实事求是，非必欲自成一家也"③。因此，说清初学人治"三礼"是汉宋兼采，倒不如说是无汉宋门户之见。即便是到了汉学如日中天的乾嘉时代，学人们于"三礼"之诠释仍不分门户，这在清代诸经诠释中是比较特殊的。由此可见，清代学人治"三礼"追求的是一个"实"字。此所谓"实"，就是通过对历代"三礼"解义予以重新审视，从而实现回归孔孟之"真义"。至于清人多大程度上回归了孔孟之"真义"，那是另外层面的问题。《易》《春秋》之学，汉、宋门户之见显然。然而清人在"三礼"诠释中无明显的门户之见，此与"三礼"学的固有传统是有关系的。自古以来，"三礼"之学都号称"实学"，文字训诂、名物制度考证是这门学问的最重要内容，脱离于此，"三礼"之研究便无从开展。因此，汉、唐与宋、元、明以来的"三礼"诠释皆以文字训诂和名物制度考证为其基本内容，求"实"便成了这门学问的学术价值取向，汉宋门户因此而淡化了。

三、清代"三礼"诠释的集成特点

清人的"三礼"诠释涉及文本校勘、文字训诂、名物制度考证以及礼意阐发，内容之广，程度之深，可谓空前。清代的"三礼"诠释有很强的集成特点。此可从以下几个方面来看。

---

① （清）孙锵鸣：《礼记集解序》，《礼记集解》卷首，中华书局1989年版，第1—2页。
② （清）皮锡瑞：《经学历史》，吴仰湘编：《皮锡瑞全集》第6册，中华书局2015年版，第93页。
③ （清）皮锡瑞：《经学历史》，吴仰湘编：《皮锡瑞全集》第6册，中华书局2015年版，第90页。

一是清人集中国古代《仪礼》校勘之大成。

清代的"三礼"校勘与清代训诂学的发展有密切的关系。校勘是训诂的基础，要读懂古代典籍，就必须先对古籍誊写中的文字讹误进行清理。反过来，文字学、训诂学也对校勘学的发展起到了推动作用。只有具备了训诂学的知识，同时又博闻强识，才可能纠正古籍中的讹误。清代"三礼"校勘的兴起与取得的巨大成就，与清人在考据学方面取得的成就是密不可分的。清人王鸣盛曾有一段代表性的论述，他说："读书之道当求其实，欲求其实必自精校始，不校者必不能读，不校不读，而动辄驾浮词，骋诡辩，坐长虚伪，甚无谓也。《周礼·外史》'掌达书名于四方'，郑《注》云：'古曰名，今曰字，使四方知书之文字，得能读之。'贾《疏》云：'正其名字，使四方知而读之也。'可见古人读书必先校正文字。圣人特率专官以董之，故《论语》夫子与子路论政，'必也正名'。皇侃《疏》引郑《注》云：'正名，谓正书字也。古者曰名，今世曰字。《礼记》曰：百名以上，则书之于策。孔子见时教不行，故欲正其文字之误。'《礼记·学记》云：'比年入学，中年考校，一年视离经。'郑《注》云：'离经，断句绝也'。由此观之，校书册，正文字，析章句，乃事之最急者，可不务乎？"[①] 宋代天道性命之学隆盛，而"三礼"文献校勘之学不兴，即便是张淳、李如圭、朱熹等人于《仪礼》有所校勘，也不成大气候。与宋代不同，清代学术以考据见长，校勘名家辈出。皮锡瑞在论清人"精校勘"时曰："国朝多以此名家，戴震、卢文弨、丁杰、顾广圻尤精此学。阮元《十三经校勘记》为经学之渊海。余亦见诸家丛书，刊误订讹，具析疑滞，有功后学者。"[②] 清代以校勘名家者多，经典校勘的著述形式不拘一格，既可是专著，亦可是经学杂考之作。清代的校勘学大家，又是文字、音韵、训诂学家。"三礼"方面，顾炎武、张尔岐、沈廷芳、金曰追、卢文弨、胡陪翚、阮元、俞樾、孙诒让、曹元弼等人对于"三礼"有精深之研究，这是他们的"三礼"校勘能取得巨大成就的根本原因。

"三礼"之中，清人最重视《仪礼》之校勘。其中的原因，清人已有交代。比如王鸣盛曰："自唐贞观而降，学者率尚词章，于《仪礼》一经，每苦难读。

---

① （清）王鸣盛：《仪礼经注疏正讹序》，《仪礼经注疏正讹》卷首，《续修四库全书》第 89 册，第 420 页。

② （清）皮锡瑞：《经学历史》，吴仰湘编：《皮锡瑞全集》第 6 册，中华书局 2015 年版，第 92 页。

至宋熙宁中，王安石始议罢之，不立学官，而道学诸公又喜谈德性，于制度文为一切置之不论，遂使十七篇传写镂刻之本误文脱字较他经尤甚。虽张氏淳、杨氏复、敖氏继公类能究心于此，而亦殊多踳驳不纯。沿至明神宗时，监本误脱，益不可问矣。"①清人重视《仪礼》之校勘，主要原因，一是宋人喜性命之学，考据色彩甚浓的《仪礼》研究就被忽略了；二是王安石变法，于《仪礼》不立学官，士人遂不重视；三是《仪礼》贾《疏》"文笔冗蔓，词义郁辖"，后世传抄易致误；四是明人以朱子《仪礼经传通解》为据从事《仪礼》之校勘（朱子此书多删润贾《疏》），遂失贾《疏》原貌。而《周礼》《礼记》的命运则不同。宋儒利用《周礼》论政，利用《礼记》构建性理之学，故学界于《周礼》《礼记》文本的重视程度远甚于《仪礼》。在清初由虚转实学风的大背景下，具有考据色彩的《仪礼》之学被人重新提起，《仪礼》学遂大昌。而此过程中，文本的整理是《仪礼》研究者之先务。顾炎武、张尔岐等人倡之于前，金日追、卢文弨等人赓续于后，通过诸大家的校勘，《仪礼》文本传抄的讹误得到有效的清理，《仪礼》的研究也取得了辉煌成就。《周礼》《礼记》方面，虽然有沈廷芳、阮元等人作了全经之校勘，然相对于《仪礼》的校勘来说，显得有些微不足道了。

二是清人集中国古代"三礼"图之大成。

清代经学研究的各个方面都是大放异彩，礼图研究亦是如此。清人于"三礼"图研究的角度多样。张惠言《仪礼图》、俞樾《士昏礼对席图》、吴之英《仪礼奭固礼事图》《礼器图》是专门的礼图著作，朱轼《仪礼节略》、徐乾学《读礼通考》、御定《三礼义疏》礼图仅是著作的一部分。俞樾《士昏礼对席图》是对"三礼"单篇中的仪节绘图，而张惠言《仪礼图》《三礼义疏》是对"三礼"中的一部或多部著作绘图。清代学人于前人所绘"三礼"图有从有违，徐乾学、朱轼等人多录前人之图，而黄以周、俞樾、吴之英在继承前人之图的同时还多出新图。清人于"三礼"图研究的规模空前，有集成意义。从目录之著录情况看，清代"三礼"图著作有数十部，而宋、元、明各朝的"三礼"图著作屈指可数。此外，由于清人能遍览清代以前经学家的经说，所以对"三礼"的诠释更趋准确，这就使得他们的"三礼"图绘制更加成熟。比如张惠言的《仪礼图》，

---

① （清）王鸣盛：《仪礼经注疏正讹序》，《仪礼经注疏正讹》卷首，《续修四库全书》第89册，第419—420页。

此书是在参考宋代杨复《仪礼图》等著作的基础上而成，故能扬前人之长而避前人之短。阮元将张氏图与杨氏图作了比较，认为张氏图"步武朗然"①，"尤为明著"②，且"于治经之道事半而功倍"③。皮锡瑞曰："惟张惠言《仪礼图》通行，比杨氏更精密。"④ 梁启超曰："张皋文的《仪礼图》，先为宫室衣服之图；次则十七篇，每篇各为之图；其不能为图者则代以表，每图每表皆缀以极简单之说明。用图表方法说经，亦可谓一大创作。"⑤

三是清人集中国古代《仪礼》例的研究之大成。

在清代经学史上，治经重义例成为一种传统，最具有代表性的当属江永的《仪礼释例》和凌廷堪的《礼经释例》。经学家们希望通过对经典之内容进行辨析和归纳，从而找出一些具有规律性的"例"，然后以"例"来统系经典之内容，从而达到纲举目张之效果。清儒凌廷堪、郑珍、张锡恭等人对前人的《丧服》义例进行重新审视，特别是对"尊尊""亲亲"义例作了充分的论述。有些清儒如夏炘、夏燮兄弟甚至跳出前人所归纳出的"尊尊""亲亲"义例，以"三纲"为《丧服》之义例。⑥ 清儒从事《丧服》义例研究时，从大量的文献排比中得出规律性的"例"，这种归纳是清儒普遍采用的方法，也是清儒考据精神之体现。

众家之中，凌廷堪所撰《礼经释例》是清代《仪礼》之例研究方面最杰出的著作。凌氏认为，《仪礼》所记名物仪节虽然繁多，但是众多的礼仪有"经纬可分"，有"途径可跻"，若找到了这些"经纬"和"途径"，就找到了治《仪礼》之筦钥。这些"经纬"和"途径"就是所谓的"例"。《礼经释例》释例共二百四十六则。其分类的标准，既不是吉、凶、军、宾、嘉五礼，亦不是冠、昏、丧、祭、乡、射、朝、聘八礼，而是将《仪礼》整本书所记诸礼的名物、向位、仪节进行重新分类。表面上看，凌氏所作分类的界限并不清晰，比如宾客之例、射例、祭例之中有器服，祭例中有饮食，而凌氏又单列宾客之例、器服之例和饮食之例，故其分类似有重复之嫌。然而细究之后，可知凌氏于例之

---

① （清）阮元：《仪礼图序》，《仪礼图》卷首，《续修四库全书》第 90 册，第 428 页。
② （清）阮元：《仪礼图序》，《仪礼图》卷首，《续修四库全书》第 90 册，第 428 页。
③ （清）阮元：《仪礼图序》，《仪礼图》卷首，《续修四库全书》第 90 册，第 428 页。
④ （清）皮锡瑞：《经学通论》，《皮锡瑞全集》第 6 册，中华书局 2015 年版，第 414 页。
⑤ （清）梁启超：《清代学术概论》，上海三联书店 2006 年版，第 174 页。
⑥ 以"三纲"为《丧服》之义例虽非夏氏兄弟之发明，然夏氏兄弟却是此说的光大者。

分类有其用心所在。若依 "五礼" 或 "八礼" 划分，进而探求《仪礼》之例，那么出现的问题将会更多，因为诸礼中皆有饮食、器服以及通例中的内容。而其划分为通例、饮食之例、宾客之例、射例、变例、祭例、器服之例、杂例八类，既考虑到比较特殊的射礼、祭礼之例，又考虑到其他诸礼普遍涉及的内容。《仪礼》所记乡射礼、大射礼、祭礼所涉及的器服、仪节与其他诸礼差别较大，不能杂入他例释之，故只能单独列出。而凌氏所列通例、宾客之例、饮食之例、器服之例则遍及诸礼，如饮食之例中的醴礼见于士冠礼、士昏礼、聘礼，器服之例中的几、席见于士冠礼、士昏礼、乡饮酒礼、乡射礼、士丧礼、士虞礼、公食大夫礼、聘礼、觐礼、燕礼、特牲馈食礼。由此可见，凌氏是在对《仪礼》所记诸礼作综合考察的基础上才分类和归纳出礼例，其所归纳的八例可以最大限度地揭示《仪礼》所记诸礼的名物、向位和仪节之规律。凌廷堪《礼经释例》是乾嘉时期朴学的代表作，受到当时和后世学人的高度肯定。阮常生曰："《礼经释例》……凡经中同异详略之文，多抒特见，务使条理秩然，非乡壁虚造，凭臆断以争胜于前人，其功不在后苍、大小戴、庆普诸人之下，海内学人当不苦其难读矣。"① 梁启超曰："凌次仲的《礼经释例》……将全部《仪礼》拆散了重新比较整理贯通一番，发现出若干原则。其方法最为科学的，实经学界一大创作也。"②《礼经释例》是《仪礼》之例研究方面的集大成之作，为后人治《仪礼》提供了极大的方便。

清人在时代学风之下融会历代 "三礼" 解义，从而使得清代的 "三礼" 诠释取得了辉煌的成就。梁启超说："试总评清代礼学之成绩，就专经解释的著作论，《仪礼》算是最大的成功。凌、张、胡、邵四部大著，各走各的路，各做到登峰造极，合起来又能互相为用，这部经总算被他们把所有的工作都做尽了。《周礼》一向很寂寞，最后有孙仲容一部名著，忽然光芒万丈。"③ 梁启超用 "登峰造极" "光芒万丈" 形容清人的《仪礼》和《周礼》诠释并不过分，不过梁氏说清人把《仪礼》"所有的工作都做尽了"，从今天来看，却未必如此。清代考古发掘不多，出土文献鲜见，因此学人们的 "三礼" 诠释主要依靠的是传世文献。以孙诒让的《周礼》诠释为例，从解经方法来看，孙氏《周礼正义》

---

① （清）阮常生：《礼经释例序》，《凌廷堪全集》第 4 册 "附录"，黄山书社 2009 年版，第 307 页。

② （清）梁启超：《中国近三百年学术史》，上海三联书店 2006 年版，第 174 页。

③ （清）梁启超：《中国近三百年学术史》，上海三联书店 2006 年版，第 176 页。

与前代学人并无二致。沈文倬曰："孙氏所处的是个新旧交替的时代，有可能接受新的方法进行研究，而他仍然只是通过汉儒旧训以求疏解《周礼》本文，所走的仍是朴学家的路径，不能改弦易辙，负起承先启后的时代使命，仅仅做了清代《周礼》学的总结工作，而没有新的开创。"①

《周礼》研究内容的拓展和方法的更新是在现当代才实现的。现代以来，随着出土文物的大量出现，以及"二重证据法"的应用，一些学者如郭沫若、李学勤、刘雨、张亚初等将金文或其他出土文献与《周礼》所记之职官进行比较研究，在此基础上判定《周礼》的作者和成书年代，从而实现了《周礼》研究方法的更新和内容的拓展。又如武威汉简以及二十世纪的考古发掘报告，对于二十世纪中后期以来的《仪礼》研究起到了很大的推动作用。由于武威出土本《仪礼》与今本《仪礼》的文字有所不同，与两戴本、《别录》本之篇名篇次亦有异，所以陈梦家、沈文倬、王关仕、刘文献等人对出土本和今本《仪礼》的经文作了校勘。此外，二十世纪中后期对中国文化抱有深厚感情的台湾地区学人希望通过出土材料和新的研究方法，对《仪礼》之仪节、名物、制度等进行研究，从而实现《仪礼》的"复原"。复原小组负责人孔德成云："《仪礼》一书自郑康成以来，注解者虽名家辈出，但囿于时代之关系，其所用之方法及数据，由今以观，似乎尚觉方面过少。故此次之研究，各分专题，运用考古学、民俗学、古器物学，参互比较文献上材料，以及历代学者研究之心得，详慎考证，纳为结论，然后将每一动作，以电影写实的方法表达出来；使读是书者，观其文而参其行，可得事半功倍之效。"② 以孔德成为首的台大学人在《仪礼》复原研究方面所作的努力，对于"三礼"研究领域的拓展及研究方法的更新有着重要的启发意义。这一切的实现，都是基于二十世纪新材料的发现与研究方法的更新。③ 由此可见，尽管清代的"三礼"诠释成就斐然，然而今人在新的社会文化背景下，以新的视野和方法从事"三礼"研究，仍然可以获得令人瞩目的成就。

---

① 沈文倬：《孙诒让周礼学管窥》，《菿闇文存》（下），商务印书馆 2006 年版，第 671 页。
② 孔德成：《仪礼复原研究丛刊序》，《仪礼复原研究丛刊》，台湾中华书局 1970 年版，书首。
③ 目前，清华大学彭林教授主持的项目"《仪礼》复原与当代日常礼仪重建研究"也是试图用新的手段复原古礼。该项目的《仪礼》复原部分，与上世纪台湾地区的"《仪礼》复原计划"的思路很接近。

主要参考文献

一、古籍

（清）惠栋：《易汉学》，中华书局 2007 年点校本。

（清）阎若璩：《尚书古文疏证》，上海古籍出版社 2010 年点校本。

（宋）王安石：《周官新义》，上海书店出版社 2012 年版。

（宋）林希逸：《考工记解》，文渊阁《四库全书》本。

（宋）俞庭椿：《周礼复古编》，文渊阁《四库全书》本。

（宋）王与之：《周礼订义》，文渊阁《四库全书》本。

（清）毛奇龄：《周礼问》，《续修四库全书》影印上海辞书出版社图书馆藏清康熙李塨等刻《西河合集》本。

（清）万斯大：《周官辨非》，《续修四库全书》影印南京图书馆藏清乾隆二十六年万福刻《万充宗先生经学五书》本。

（清）李光坡：《周礼述注》，文渊阁《四库全书》本。

（清）方苞：《周官集注》，文渊阁《四库全书》本。

（清）方苞：《考工记析疑》，《续修四库全书》影印华东师大图书馆藏清康熙六十年陈彭年雍正九年朱轼乾隆八年周力堂等递修本。

（清）江永：《周礼疑义举要》，文渊阁《四库全书》本。

（清）惠士奇：《礼说》，文渊阁《四库全书》本。

（清）乾隆十三年敕撰：《周官义疏》，文渊阁《四库全书》本。

（清）沈彤：《周官禄田考》，文渊阁《四库全书》本。

（清）孙诒让：《周礼正义》，中华书局 1987 年点校本。

（清）孙诒让：《周礼政要》，中华书局 2010 年点校本。

（清）龚元玠：《畏斋周礼客难》，《续修四库全书》影印华东师大图书馆藏清道光二十六年刻《十三经客难》本。

（清）刘沅：《周官恒解》，《十三经恒解》第 8 册，巴蜀书社 2016 年点校本。

（清）王聘珍：《周礼学》，《续修四库全书》影印清光绪十四年南菁书院刻《皇清经解续编》本。

（清）丁晏：《周礼释注》，《续修四库全书》影印复旦大学图书馆藏清咸丰二年聊城海源阁刻《六艺堂诗礼七编》本。

（清）姜兆锡：《周礼辑义》，《续修四库全书》影印复旦大学图书馆藏清雍正九年寅清楼刻本。

（清）孔广森：《周官肔测》，《续修四库全书》影印上海辞书出版社图书馆藏清光绪十六年山东书局刻《孔丛伯说经五稿》本。

（清）刘青芝：《周礼质疑》，《续修四库全书》影印清华大学图书馆藏清乾隆二十一年刻本。

（清）潘相：《周礼撮要》，《续修四库全书》影印华东师大图书馆藏清乾隆汲古阁刻本。

（宋）林希逸：《考工记解》，文渊阁《四库全书》本。

（清）段玉裁：《周礼汉读考》，《续修四库全书》影印上海辞书出版社图书馆藏清嘉庆刻本。

（清）徐养原：《周官故书考》，《续修四库全书》影印复旦大学图书馆藏清光绪陆氏刻《湖州丛书》本。

（清）程瑶田：《考工记创物小记》，《续修四库全书》影印上海辞书出版社图书馆藏清嘉庆刻《通艺录》本。

（清）王宗涑：《考工记考辨》，《续修四库全书》影印杭州大学图书馆藏清抄本。

（清）阮元：《考工记车制图解》，《续修四库全书》影印湖北省图书馆藏清乾隆七录书馆刻本。

（宋）李如圭：《仪礼释宫》，文渊阁《四库全书》本。

（宋）李如圭：《仪礼集释》，文渊阁《四库全书》本。

（宋）张淳《仪礼识误》，文渊阁《四库全书》本。

（宋）朱熹：《仪礼经传通解》，《朱子全书》第 2 册，上海古籍出版社、安徽教育出版社 2002 年点校本。

（宋）杨复：《仪礼图》，文渊阁《四库全书》本。

（元）敖继公：《仪礼集说》，文渊阁《四库全书》本。

（清）张尔岐：《仪礼郑注句读》，文渊阁《四库全书》本。

（清）张尔岐：《仪礼监本正误》，文渊阁《四库全书》本。

（清）张尔岐：《仪礼石本误字》，文渊阁《四库全书》本。

（清）毛奇龄：《昏礼辨正》，《续修四库全书》影印上海辞书出版社图书馆藏清康熙李塨等刻《西河合集》本。

（清）毛奇龄：《丧礼吾说》，《续修四库全书》影印上海辞书出版社图书馆藏清康熙李塨等刻《西河合集》本。

（清）李光坡：《仪礼述注》，文渊阁《四库全书》本。

（清）方苞：《仪礼析疑》，文渊阁《四库全书》本。

（清）褚寅亮：《仪礼管见》，《续修四库全书》影印浙江省图书馆藏清乾隆刻本。

（清）盛世佐：《仪礼集编》，文渊阁《四库全书》本。

（清）胡培翚、胡肇昕：《仪礼正义》，北京大学出版社 2016 年点校本。

（清）万斯大：《仪礼商》，文渊阁《四库全书》本。

（清）沈彤：《仪礼小疏》，文渊阁《四库全书》本。

（清）姚际恒：《仪礼通论》，中国社会科学出版社 1998 年点校本。

（清）乾隆十三年敕撰：《仪礼义疏》，文渊阁《四库全书》本。

（清）江永：《仪礼释例》，《续修四库全书》影印清道光二十四年刻钱氏《守山阁丛书》本。

（清）江永：《仪礼释宫增注》，文渊阁《四库全书》本。

（清）卢文弨：《仪礼注疏详校》，台湾"中央研究院"中国文哲研究所 2012 年点校本。

（清）胡匡衷：《仪礼释官》，《续修四库全书》影印浙江省图书馆藏清嘉庆二十一年研六阁刻本。

（清）凌廷堪：《礼经释礼》，《凌廷堪全集》第 1 册，黄山书社 2009 年点校本。

（清）胡承珙：《仪礼古今文疏义》，《续修四库全书》影印国家图书馆分馆藏清道光五年求是堂刻本。

（清）韦协梦：《仪礼蠡测》，《续修四库全书》影印复旦大学图书馆藏清道光二十五年带草轩刻本。

（清）张惠言：《仪礼图》，《续修四库全书》影印上海辞书出版社图书馆藏清嘉庆十年刻本。

（清）邵懿辰：《礼经通论》，《清经解续编》第 5 册，上海书店 1988 年影印本。

（清）吴廷华：《仪礼章句》，文渊阁《四库全书》本。

（清）崔述撰，顾颉刚编订：《五服余论》，《崔东壁遗书》，上海古籍出版社 1983 年版。

（清）郑珍：《仪礼私笺》，《续修四库全书》影印华东师大图书馆藏清同治五年唐鄂生刻本。

（清）刘沅：《仪礼恒解》，《十三经恒解》第 9 册，巴蜀书社 2016 年点校本。

（清）叶大庄：《丧服经传补疏》，《续修四库全书》影印华东师大图书馆藏清光绪玉屏山庄刻本。

（清）崔述：《五服异同汇考》，《崔东壁遗书》，上海古籍出版社 1983 年版。

（清）程瑶田：《仪礼丧服文足征记》，《续修四库全书》影印上海辞书出版社图书馆藏清嘉庆刻《通艺录》本。

（清）张锡恭：《丧服郑氏学》，上海书店 2017 年点校本。

（清）夏炘：《三纲制服尊尊述义》，《丛书集成三编》本。

（清）夏燮：《五服释例》，《续修四库全书》影印中国科学院图书馆藏清同治刻本。

（清）金曰追：《仪礼经注疏正讹》，《续修四库全书》影印复旦大学图书馆藏清乾隆五十三年张式慎刻本。

（清）王士让：《仪礼训解》，《续修四库全书》影印国家图书馆分馆藏清乾隆三十五年张源义刻本。

（清）蔡德晋：《礼经本义》，文渊阁《四库全书》本。

（清）马驌：《仪礼易读》，《四库全书存目丛书》本。

（清）朱轼：《仪礼节略》，《四库全书存目丛书》本。

（清）俞樾：《士昏礼对席图》，《清经解续编》本。

（清）曹元弼：《礼经学》，《续修四库全书》影印中国科学院图书馆藏清宣统元年刻本。

（清）曹元弼：《礼经校释》，《续修四库全书》影印复旦大学图书馆藏清光绪十八年刻后印本。

（清）吴之英：《仪礼奭固礼器图》，《续修四库全书》影印华东师大图书馆藏民国九年吴氏刻《寿栎庐丛书》本。

（宋）吕大临：《礼记解》，陈俊民辑校：《蓝田吕氏遗著辑校》，中华书局 1993 年版。

（宋）卫湜：《礼记集说》，文渊阁《四库全书》本。

（元）陈澔：《礼记集说》，文渊阁《四库全书》本。

（清）王夫之：《礼记章句》，《船山全书》第 4 册，岳麓书社 2011 年点校本。

（清）万斯大：《礼记偶笺》，《续修四库全书》影印上海辞书出版社图书馆藏清乾隆二十四年万福刻《万充宗先生经学五书》本。

（清）纳兰性德：《陈氏礼记集说补正》，文渊阁《四库全书》本。

（清）李光坡：《礼记述注》，文渊阁《四库全书》本。

（清）张沐：《礼记疏略》，《四库全书存目丛书》本。

（清）康熙年间敕编：《日讲礼记解义》，文渊阁《四库全书》本。

（清）乾隆十三年敕撰：《钦定礼记义疏》，文渊阁《四库全书》本。

（清）方苞：《礼记析疑》，文渊阁《四库全书》本。

（清）江永：《礼记训义择言》，文渊阁《四库全书》本。

（清）姜兆锡：《礼记章义》，《四库全书存目丛书》本。

（清）王澍：《礼记章义》，《四库全书存目丛书》本。

（清）杭世骏：《续礼记集说》，《续修四库全书》影印华东师大图书馆藏清光绪三十年浙江书局刻本。

（清）陈寿祺撰，（清）陈乔枞述：《礼记郑读考》，《续修四库全书》影印上海辞书出版社图书馆藏清刻《左海续集》本。

（清）汪绂：《礼记章句》，《续修四库全书》影印上海辞书出版社图书馆藏清光绪二十一年刻本。

（清）孙希旦：《礼记集解》，中华书局 1989 年点校本。

（清）朱彬：《礼记训纂》，中华书局 1996 年点校本。

（清）焦循：《礼记补疏》，《续修四库全书》影印复旦大学图书馆藏清道光六年半九书塾刻《六经补疏》本。

（清）郭嵩焘：《礼记质疑》，《续修四库全书》影印上海辞书出版社图书馆藏清光绪十六年思贤讲舍刻本。

（清）俞樾：《礼记异文笺》，《清经解续编》第 5 册，上海书店 1988 年影印本。

（清）皮锡瑞：《王制笺》，《皮锡瑞全集》第 4 册，中华书局 2015 年点校本。

（清）康有为：《礼运注》，《康有为全集》第 5 集，中国人民大学出版社 2007 年点校本。

（宋）聂崇义：《新定三礼图》，清华大学出版社 2006 年点校本。

（宋）陈祥道：《礼书》，文渊阁《四库全书》本。

（宋）朱熹：《家礼》，《朱子全书》第 7 册，上海古籍出版社、安徽教育出版社 2010 年点校本。

（明）刘绩：《三礼图》，文渊阁《四库全书》本。

（清）徐乾学：《读礼通考》，文渊阁《四库全书》本。

（清）惠栋：《明堂大道录》，《续修四库全书》影印上海辞书出版社图书馆藏清乾隆毕氏刻《经训堂丛书》本。

（清）惠栋：《禘说》，《续修四库全书》影印上海辞书出版社图书馆藏清乾隆毕氏刻《经训堂丛书》本。

（清）秦蕙田：《五礼通考》，文渊阁《四库全书》本。

（清）江永：《礼书纲目》，文渊阁《四库全书》本。

（清）林昌彝：《三礼通释》，北京图书馆出版社 2006 年影印本。

（清）黄以周：《礼书通故》，中华书局 2007 年点校本。

（清）金鹗：《求古录礼说》，《清经解续编》第 3 册，上海书店 1988 年影印本。

（清）顾栋高：《春秋大事表》，中华书局 1993 年点校本。

（清）康有为：《新学伪经考》，《康有为全集》第 1 集，中国人民大学出版社 2007 年点校本。

（宋）朱熹：《孟子集注》，《朱子全书》（修订本）第 6 册，上海古籍出版社、安徽教育出版社 2010 年点校本。

（清）戴震：《孟子字义疏证》，中华书局 1982 年点校本。

（唐）陆德明著，黄焯断句：《经典释文》，中华书局 1983 年版。

《景刊唐开成石经（附贾刻孟子严氏校文）》，中华书局 1997 年版。

（宋）毛居正：《六经正误》，文渊阁《四库全书》本。

（清）顾炎武：《九经误字》，《顾炎武全集》第 1 册，上海古籍出版社 2011 年点校本。

（清）朱彝尊：《经义考》，中华书局 1998 年影印本。

（清）惠栋：《九经古义》，文渊阁《四库全书》本。

（清）沈廷芳：《十三经注疏正字》，文渊阁《四库全书》本。

（清）王引之：《经义述闻》，上海书店出版社 2012 年点校本。

（清）阮元：《十三经注疏勘记》，《续修四库全书》影印南京图书馆藏清嘉庆阮氏文选楼刻本。

（清）徐养原：《顽石庐经书》，《续修四库全书》影印清光绪十四年南菁书院刻《皇清经解续编》本。

（清）阮元校刻：《十三经注疏（附校勘记）》，中华书局 1980 年版。

（清）彭元瑞：《石经考文提要》，《丛书集成续编》本。

（清）朱彬：《经传考证》，《清经解》第 7 册，上海书店出版社 1988 年版。

（清）俞樾：《群经平议》，《续修四库全书》影印清光绪二十五年刻《春在堂全书》本。

（清）廖平：《古学考》，《廖平全集》第 1 册，上海古籍出版社 2015 年点校本。

（清）廖平：《今古学考》，《廖平全集》第 1 册，上海古籍出版社 2015 年点校本。

（清）皮锡瑞：《经学通论》，《皮锡瑞全集》第 6 册，中华书局 2015 年点校本。

（清）皮锡瑞：《经学历史》，《皮锡瑞全集》第 6 册，中华书局 2015 年点校本。

（清）刘师培：《汉代古文学辨诬》，《刘申叔遗书》下册，凤凰出版社 1997 年版。

（清）毛奇龄：《大学知本图说》，《续修四库全书》影印上海辞书出版社图书馆藏清康熙李塨等刻《西河合集》本。

（清）毛奇龄：《大学证文》，文渊阁《四库全书》本。

（清）胡渭：《大学翼真》，文渊阁《四库全书》本。

（清）李光地：《大学古本说》，文渊阁《四库全书》本。

（清）李塨：《大学辨业》，《续修四库全书》影印上海辞书出版社图书馆藏清光绪五年王氏谦德堂刻《畿辅丛书·李恕谷遗书》本。

（清）宋翔凤：《大学古义说》，《续修四库全书》影印湖北省图书馆藏清刻本。

（清）郭嵩焘：《大学章句质疑》，《续修四库全书》影印华东师大图书馆藏清光绪十六年思贤讲舍刻本。

（清）刘光蕡：《大学古义》，《续修四库全书》影印上海辞书出版社图书馆藏民国九年王典章思过斋刻《烟霞草堂遗书》本。

（清）李塨：《中庸传注》，《续修四库全书》影印民国十二年四存学会铅印《颜李丛书》本。

（清）李塨：《恕谷中庸讲语》，《续修四库全书》影印民国十二年四存学会铅印《颜李丛书》本。

（清）惠栋：《易大义》，《续修四库全书》影印湖北省图书馆藏清嘉庆刻本。

（清）戴震：《中庸补注》，《戴震全集》第 1 册，清华大学出版社 1991 年点校本。

（清）郭嵩焘：《中庸章句质疑》，《续修四库全书》影印华东师大图书馆藏清光绪十六年思贤讲舍刻本。

（清）康有为：《中庸注》，《康有为全集》第 5 集，中国人民大学出版社 2007 年点校本。

（清）刘师培：《中庸问答》，《刘申叔遗书》下册，凤凰出版社 1997 年版。

（清）刘师培：《中庸说》，《刘申叔遗书》下册，凤凰出版社 1997 年版。

（宋）朱熹：《四书章句集注》，中华书局 1983 年点校本。

（清）毛奇龄：《四书賸言》，文渊阁《四库全书》本。

（清）毛奇龄：《四书改错》，华东师范大学出版社 2015 年点校本。

（清）王夫之：《读四书大全说》，《船山全书》第 6 册，岳麓书社 1998 年点校本。

（清）王夫之：《四书稗疏》，《船山全书》第 6 册，岳麓书社 1998 年点校本。

（清）张沐：《中庸疏略》，《续修四库全书》影印中国科学院图书馆藏清康熙刻本。

（清）颜元：《四书正误》，《颜元集》上册，中华书局1987年点校本。

（清）张廷玉等编：《日讲四书解义》，文渊阁《四库全书》本。

（清）江永：《四书古人典林》，《续修四库全书》影印中国科学院图书馆藏清乾隆三十九年集道堂刻本。

（清）凌曙：《四书典故核》，《续修四库全书》影印上海辞书出版社图书馆藏清嘉庆十三年刻本。

（汉）司马迁：《史记》，中华书局1959年点校本。

（汉）班固：《汉书》，中华书局1962年点校本。

（南朝·宋）范晔：《后汉书》，中华书局1965年点校本。

（唐）房玄龄等：《晋书》，中华书局1974年点校本。

（唐）魏徵：《隋书》，中华书局1973年点校本。

（宋）王应麟：《汉艺文志考证》，中华书局2011年版。

（宋）黎靖德辑：《朱子语类》，《朱子全书》（修订本）第17册，上海古籍出版社、安徽教育出版社2010年点校本。

（后晋）刘昫等：《旧唐书》，中华书局1975年点校本。

（元）脱脱：《宋史》，中华书局1985年点校本。

（清）陆世仪：《治乡三约》，《丛书集成三编》本。

（清）康熙二十六年敕编：《世祖章皇帝圣训》，文渊阁《四库全书》本。

（清）雍正九年敕编：《圣祖仁皇帝圣训》，文渊阁《四库全书》本。

（清）来保、李玉鸣等奉敕撰：《大清通礼》，文渊阁《四库全书》本。

（清）周中孚：《郑堂读书记（附补逸）》，商务印书馆1959年版。

（清）官修：《高宗纯皇帝实录》，《清实录》第10册，中华书局1985年版。

（清）永瑢等：《四库全书总目》，中华书局1965年版。

（清）夏诏新纂修：《乾隆泸州志》，《中国地方志荟萃》（西南卷·第2辑）第5册，九州出版社2016年版。

（清）王培荀等纂修：《道光荣县志》，《中国地方志荟萃》（西南卷·第2辑）第7册，九州出版社2016年版。

（清）张绍龄纂修：《黔江县志》，《中国地方志荟萃》（西南卷·第3辑）第9册，九州出版社2016年版。

（清）秦湘修，杨致道、郑国楹纂：《同治合江县志》，《中国地方志荟萃》（西南卷·第2辑）第6册，九州出版社2016年版。

（清）赵朴修，郑存仁等纂：《嘉庆江安县志》，《中国地方志荟萃》（西南卷·第2辑）第6册，九州出版社2016年版。

（清）张凤翥纂：《乾隆彭山县志》，《中国地方志荟萃》（西南卷·第3辑）第9册，九州出版社2016年版。

（清）崔述：《丰镐考信录》，《续修四库全书》影印清嘉庆二十二年道光二年四年陈履和递刻本。

（清）崔适：《史记探源》，中华书局 1986 年版。

（清）陈元龙：《格致镜原》，文渊阁《四库全书》本。

（清）梁启超：《中国近三百年学术史》，上海三联书店 2006 年版，第 185 页。

（清）梁启超：《论中国学术思想变迁之大势》，上海世纪出版集团 2006 年版。

（清）刘师培：《近代汉学变迁论》，《国粹学报》第 31 期，1907 年 7 月 29 日。

（宋）佚名：《家山图书》，文渊阁《四库全书》本。

（宋）黄震：《黄氏日抄》，文渊阁《四库全书》本。

（宋）洪迈：《容斋续笔》，上海古籍出版社 1978 年点校本。

（清）顾炎武：《日知录》，《顾炎武全集》第 18 册，上海古籍出版社 2011 年点校本。

（清）张尔岐：《蒿庵闲话》，《续修四库全书》影印国家图书馆藏清康熙徐氏真合斋磁版印本。

（清）王鏊：《震泽长语》，文渊阁《四库全书》本。

（清）俞正燮：《癸巳存稿》，《续修四库全书》影印上海辞书出版社图书馆藏清道光二十八年灵石杨氏刻《连筠簃丛书》本。

（清）牟允中：《庸行编》，《四库全书存目丛书》本。

（清）陈澧：《东塾读书记》，《陈澧集》，上海古籍出版社 2008 年点校本。

（清）郭嵩焘：《郭嵩焘日记》，湖南人民出版社 1981—1983 年版。

（宋）欧阳修：《欧阳修全集》，中华书局 2001 年点校本。

（宋）李觏：《李觏集》，中华书局 2011 年点校本。

（宋）程颢、程颐：《二程集》，中华书局 2004 年点校本。

（宋）张载：《张载集》，中华书局 1978 年点校本。

（宋）周敦颐：《周敦颐集》，中华书局 2009 年点校本。

（宋）胡宏：《胡宏集》，中华书局 1987 年点校本。

（明）王阳明：《王阳明全集》，上海古籍出版社 2014 年点校本。

（明）杨慎：《升庵集》，文渊阁《四库全书》本。

（明）丘濬：《重编琼台稿》，文渊阁《四库全书》本。

（清）陈确：《陈确集》，中华书局 1979 年点校本。

（清）颜元：《颜元集》，中华书局 1987 年点校本。

（清）孙奇逢：《孙奇逢集》，中州古籍出版社 2003 年版。

（清）李颙：《二曲集》，中华书局 1996 年点校本。

（清）李光地：《榕村全书》，福建人民出版社 2013 年点校本。

（清）段玉裁：《经韵楼集》，上海古籍出版社 2007 年版。

（清）黄宗羲：《黄宗羲全集》，浙江古籍出版社 2012 年版。

（清）方苞：《方苞集》，上海古籍出版社 2008 年点校本。

（清）惠栋：《松崖文钞》，《续修四库全书》影印清光绪刘氏刻《聚学轩丛书》本。

（清）戴震：《戴震文集》，中华书局 1980 年点校本。

（清）顾炎武：《顾炎武全集》，上海古籍出版社 2011 年点校本。

（清）臧庸：《拜经堂文集》，《续修四库全书》影印湖北省图书馆藏民国十九年宗氏石印本。

（清）全祖望：《鲒埼亭集》，《续修四库全书》影印清嘉庆九年史梦蛟刻本。

（清）章学诚：《章学诚遗书》，文物出版社 1985 年版。

（清）凌廷堪：《凌廷堪全集》，黄山书社 2009 年点校本。

（清）胡培翚：《胡培翚集》，台湾"中央研究院"中国文哲研究所 2005 年点校本。

（清）卢见曾：《雅雨堂文集》，《续修四库全书》影印清道光二十年卢枢清雅堂刻本。

（清）曾国藩：《曾国藩全集》，岳麓书社 1988 年版。

（清）俞樾：春在堂杂文》，《续修四库全书》影印上海辞书出版社图书馆藏清光绪二十五年刻《春在堂全书》本。

（清）孙诒让：《籀庼遗文》，中华书局 2013 年点校本。

（清）郭嵩焘：《郭嵩焘诗文集》，岳麓书社 1984 年版。

（清）曹元弼：《复礼堂文集》，1917 年刻本。

（清）章太炎：《章太炎全集》（太炎文录初编），上海人民出版社 2015 年点校本。

（清）章太炎：《章太炎全集》第二辑·演讲集（上），上海人民出版社 2015 年点校本。

（清）康有为：《康有为全集》，中国人民大学出版社 2007 年点校本。

（清）梁启超：《梁启超全集》，北京出版社 1999 年版。

（清）廖平：《廖平全集》，上海古籍出版社 2015 年点校本。

（清）皮锡瑞：《皮锡瑞全集》，中华书局 2015 年点校本。

（清）刘师培：《刘申叔遗书》，凤凰出版社 1997 年版。

二、著作

郭沫若：《沫若文集》，人民文学出版社 1957 年版。

任铭善：《礼记目录后案》，齐鲁书社 1982 年版。

张岱年：《中国哲学大纲》，中国社会科学出版社 1982 年版。

蒋伯潜：《十三经概论》，上海古籍出版社 1983 年版。

吴虞：《吴虞日记》，四川人民出版社 1984 年版。

郭在贻：《训诂学》，湖南人民出版社 1986 年版。

黄爱平：《四库全书纂修研究》，中国人民大学出版社 1989 年版。

林庆彰：《清初的群经辨伪学》，文津出版社 1990 年版。

中国科学院图书馆整理：《续修四库全书总目提要》，中华书局 1993 年版。

赵所生、薛正具主编：《中国历代书院志》，江苏教育出版社 1995 年版。

钱穆：《中国近三百年学术史》，商务印书馆 1997 年版。

周予同：《中国经学史讲义》，上海文艺出版社 1999 年版。

林庆彰、杨晋龙主编，陈淑谊编辑：《陈奂研究论集》，台湾"中央研究院"文哲所筹备处 2000 年版。

钱穆：《两汉经学今古文平议》，商务印书馆 2001 年版。

徐复观：《两汉思想史》，华东师范大学出版社 2001 年版。

丁鼎：《〈仪礼·丧服〉考论》，社会科学文献出版社 2003 年版。

洪湛侯：《徽派朴学》，安徽人民出版社 2005 年版。

邓声国：《清代五服文献概论》，北京大学出版社 2005 年版。

张舜徽：《清儒学记》，华中师范大学出版社 2005 年版。

张寿安《十八世纪礼学考证的思想活力——礼教论争与礼秩重省》，北京大学出版社 2005 年版。

邓声国：《清代〈仪礼〉文献研究》，上海古籍出版社 2006 年版。

方向东：《孙诒让训诂研究》，中华书局 2007 年版。

杨天宇：《郑玄三礼注研究》，中国社会科学出版社 2008 年版。

林存阳：《三礼馆：清代学术与政治互动的链环》，社会科学文献出版社 2008 年版。

金观涛、刘青峰：《观念史研究：中国现代重要政治术语的形成》，法律出版社 2009 年版。

黄开国：《廖平评传》，百花洲文艺出版社 2010 年版。

李源澄：《经学通论》，华东师范大学出版社 2010 年版。

余英时：《论戴震与章学诚》，生活·读书·新知三联书店 2012 年版。

胡适：《戴东原的哲学》，北京师范大学出版社 2014 年版。

支伟成：《清代朴学大师列传》，上海人民出版社 2014 年版。

傅璇琮等主编：《续修四库全书总目提要》，上海古籍出版社 2015 年版。

金玲：《程瑶田〈仪礼丧服文足征记〉再研究——以服叙问题为中心》，中山大学出版社 2016 年版。

三、论文

李振兴：《王肃之经学》，台湾政治大学中文研究所 1976 年，博士学位论文。

黄侃：《礼学略说》，载陈启泰编：《二十世纪中国礼学研究论集》，学苑出版社 1998 年版。

程克雅：《敖继公〈仪礼集说〉驳议郑注〈仪礼〉》，《东华人文学报》2000 年第 2 期。

彭林：《论清人的〈考工记〉研究——以〈轮人〉为例》，《台大中文学报》第 20 期。

张言梦：《汉至清代〈考工记〉研究和注释史述论稿》，南京师范大学 2005 年，博士学位论文。

沈文倬：《孙诒让周礼学管窥》，《菿闇文存》（下），商务印书馆 2006 年版。

彭林：《论姚际恒〈仪礼通论〉》，《湖南大学学报》（社会科学版）2006 年第 1 期。

张学智：《王夫之对礼的本质的阐释》，《北京大学学报》（哲学社会科学版）2006 年第 6 期。

胡玉缙：《礼书通故跋》，《礼书通故》卷末，中华书局 2007 年点校本。

王文锦：《礼书通故校点前言》，《礼书通故》卷首，中华书局 2007 年点校本。

向熹：《略谈〈周礼正义〉和汉语词汇史》，载中国训诂学研究会编：《孙诒让研究论文集》，百花洲文艺出版社 2007 年版。

乔秀岩：《〈周礼正义〉的非经学性质》，载中国训诂学研究会编：《孙诒让研究论文集》，百花洲文艺出版社 2007 年版。

沈文倬：《清代礼书提要三种》，载彭林编：《中国经学》第七辑，广西师范大学出版社 2010 年版。

陈功文：《胡培翚〈仪礼正义〉研究》，扬州大学 2011 年，博士学位论文。

吕丽、张金平：《〈大清通礼〉的法律地位》，《当代法学》2014 年第 4 期。

洪诚：《读周礼正义》，载杭州大学语言文学研究室编：《孙诒让研究》，内部发行本。

后 记

2016 年春天，课题"宋代'三礼'诠释研究"完成并结项。此后我将时间和精力投入清代"三礼"学的研究中。2017 年，"清代'三礼'诠释研究"获国家社科基金一般项目立项。四年过去了，本课题也顺利完成并结项。

清代是中国经学的高峰时期，礼学发达，名家辈出，文献浩富。拙著的研究侧重于经学方面的礼学，确切地说是"三礼"学。即便拙著对《读礼通考》《五礼通考》等通礼类文献有所考察，也是从"三礼"学的视角展开。至于礼俗类文献如朱轼《仪礼节略》、江永《昏礼从宜》等，则不在拙著的考察范围之内。

拙著的研究不求面面俱到，而是择取清代每个时期具有代表性的名家名著加以探讨，从而呈现清代"三礼"学的基本面貌。

拙著在写作的过程中得到了中国台湾地区詹海云先生的大力支持。詹先生在清代学术研究领域成就斐然，享誉海内外。近六年来，詹先生先后任四川大学、西南交通大学特聘教授。当我在研究遇到疑惑时，经常登门向詹先生请教，受益匪浅。这几年还得到不少前辈的提携和同事、朋友的鼓励，这些提携和鼓励是我能继续做一些研究的动力。

拙著能顺利出版，与人民出版社资深编辑方国根先生的大力支持是分不开的。继《宋代"三礼"诠释研究》出版以后，方先生又将拙著纳入了人民出版社的选题计划。拙著的出版，得到了西南财经大学科研处和社会发展研究院的经费支持。

四川大学李文泽先生审阅了书稿，并给出了中肯的修改意见，在此对李先生的支持表示诚挚的谢意。

在拙著出版之际，谨向各位关心和支持我的前辈和同仁表示崇高的敬意与衷心的感谢！

潘 斌

2021 年 1 月 4 日于成都

索　引

人名

关键词